CONTABILIDADE FINANCEIRA
INTRODUÇÃO AOS CONCEITOS, MÉTODOS E APLICAÇÕES

Tradução da 14ª edição norte-americana

Dados Internacionais de Catalogação na Publicação (CIP)
(Câmara Brasileira do Livro, SP, Brasil)

Weil, Roman L.
 Contabilidade financeira : introdução aos conceitos, métodos e aplicações / Roman L. Weil. Katherine Schipper, Jennifer Francis. Tradução técnica Edilene Santana Santos -- 2. ed. -- São Paulo : Cengage Learning, 2015.

 Título original: Financial accounting : an introduction to concepts, methods, and uses
 14. ed. norte-americana.
 Bibliografia
 ISBN 978-85-221-1863-2

 1. Contabilidade 2. Contabilidade financeira I. Schipper, Katherine. II. Francis, Jennifer. III. Título

15-08650 CDD-657.48

Índice para catálogo sistemático:

1. Contabilidade financeira : Empresas : Administração   657.48

CONTABILIDADE FINANCEIRA
INTRODUÇÃO AOS CONCEITOS, MÉTODOS E APLICAÇÕES

Tradução da 14ª edição norte-americana

Roman L. Weil
University of Chicago
University of California, San Diego

Katherine Schipper
Duke University

Jennifer Francis
Duke University

Tradução Técnica
Edilene Santana Santos
Professora da Escola de Administração de Empresas de São Paulo da Fundação Getulio Vargas (FGV-EAESP) e da Universidade Federal de São Paulo (UNIFESP).

Austrália • Brasil • Japão • Coreia • México • Cingapura • Espanha • Reino Unido • Estados Unidos

Contabilidade Financeira: Introdução aos Conceitos, Métodos e Aplicações
Tradução da 14ª edição norte-americana
2ª edição brasileira
Roman L. Weil / Katherine Schipper / Jennifer Francis

Gerente editorial: Noelma Brocanelli

Editora de desenvolvimento: Salete Del Guerra

Editora de aquisição: Guacira Simonelli

Supervisora de produção gráfica: Fabiana Alencar

Especialista em direitos autorais: Jenis Oh

Título original: Financial Accouting: An Introduction to Concepts, Methods, and Uses, 14e

ISBN 13: 978-1-111-82345-0

ISBN 10: 1-111-82345-6

Tradução Técnica: Edilene Santana Santos

Copidesque: Queni Winters

Revisores: Marisa Teixeira; Isabel Ribeiro; Pamela Andrade; Marileide Gomes

Projeto gráfico e Diagramação: Triall Composição Editorial Ltda.

Indexação: Joana Figueiredo

Capa: Buono Disegno

Imagem de abertura de capítulos: Sergey Nivens/Shutterstock

Imagem de capa: Thiago Leite/ Shutterstock

©2014, 2010, South-Western, Cengage Learning.
©2016 Cengage Learning Edições Ltda.

Todos os direitos reservados. Nenhuma parte deste livro poderá ser reproduzida, sejam quais forem os meios empregados, sem a permissão, por escrito, da Editora. Aos infratores aplicam-se as sanções previstas nos artigos 102, 104, 106, 107 da Lei nº 9.610, de 19 de fevereiro de 1998.

Esta editora empenhou-se em contatar os responsáveis pelos direitos autorais de todas as imagens e de outros materiais utilizados neste livro. Se porventura for constatada a omissão involuntária na identificação de algum deles, dispomo-nos a efetuar, futuramente, os possíveis acertos.

A editora não se responsabiliza pelo funcionamento dos links contidos neste livro que podem estar suspensos.

Para informações sobre nossos produtos, entre em contato pelo telefone
0800 11 19 39
Para permissão de uso de material desta obra, envie seu pedido para
direitosautorais@cengage.com

© 2016 Cengage Learning. Todos os direitos reservados.

ISBN: 13: 978-85-221-1863-2
ISBN: 10: 85-221-1863-9

Cengage Learning
Condomínio E-Business Park
Rua Werner Siemens, 111 – Prédio 11 – Torre A – Conjunto 12
Lapa de Baixo – CEP 05069-900 – São Paulo – SP
Tel.: (11) 3665-9900 – Fax: (11) 3665-9901
SAC: 0800 11 19 39

Para suas soluções de curso e aprendizado, visite:
www.cengage.com.br

Aos nossos estudantes

Seja qual for o nível de detalhe com o qual você sobrecarregue seus alunos, a chance de eles encontrarem na vida exatamente esse mesmo nível de detalhe é infinitesimal; e ainda que eles o encontrem, provavelmente já terão esquecido o que você disse a respeito. O estudo realmente útil traz a compreensão de uns poucos princípios gerais com uma fundamentação completa de como eles se aplicam a uma variedade de detalhes concretos. Na prática subsequente, os alunos terão esquecido os seus detalhes particulares; mas eles se lembrarão, por um senso comum inconsciente, de como aplicar os princípios a circunstâncias imediatas.

Alfred North Whitehead
The Aims of Education and Other Essays

ADVERTÊNCIA: Sabe-se que o estudo deste livro causa reflexão, ocasionalmente reflexão profunda. Efeitos colaterais típicos incluem leve ansiedade temporária seguida de um profundo entendimento e satisfação de longo prazo.

Prefácio

Ao longo dos anos nos referimos ao título do nosso livro pelo acrônimo FACMU, de *Financial accounting: an introduction to concepts, methods, and uses* (Contabilidade financeira: uma introdução aos conceitos, métodos e práticas). Consideramos conceitos, métodos e práticas como os elementos centrais do aprendizado e do ensino da contabilidade financeira.

O objetivo desta obra é:

- Ajudar os estudantes a desenvolver um entendimento satisfatório dos conceitos básicos subjacentes às informações financeiras, de modo que eles possam aplicá-los a novas e diferentes situações.
- Exercitar os estudantes na terminologia e métodos contábeis para que possam interpretar, analisar e avaliar as demonstrações financeiras e as notas explicativas normalmente publicadas nos relatórios anuais das empresas.

A maioria dos livros-texto de introdução à contabilidade financeira estabelece esses objetivos ou similares, porém, eles diferem na ênfase relativa a conceitos, métodos e práticas.

1. Conceitos. Este livro enfatiza as razões e implicações dos conceitos contábeis. Para aprender contabilidade, os estudantes precisam desenvolver a habilidade de conceituar as transações que a contabilidade resume e o processo de síntese. *Sem tais conceitos, os estudantes encontrarão dificuldade para enfocar as questões relevantes em situações novas e diferentes.*

   Portanto, cada capítulo identifica conceitos contábeis importantes e inclui exemplos numéricos ilustrando sua aplicação. O material no final do capítulo inclui muitos exercícios curtos e problemas mais longos para testar a habilidade dos estudantes em aplicar os conceitos a diferentes situações.

2. Métodos. Enfatizamos os procedimentos contábeis para que os estudantes tenham a capacidade de interpretar, analisar e avaliar demonstrações contábeis publicadas, porém, o texto não os leva para as minúcias. Os autores de livros-texto contábeis têm de decidir quanto incluir de procedimentos contábeis. Acreditamos que os estudantes aprendem de maneira mais eficaz trabalhando com exercícios e problemas. Contudo, a demasiada ênfase em procedimentos pode dar aos estudantes a falsa impressão de que eles estão entendendo os conceitos contábeis. Durante muitos anos, usamos neste livro uma combinação de conceitos e procedimentos que concluímos ser efetiva em sala de aula.

   Entender as implicações contábeis de um evento requer que os estudantes façam o lançamento do evento no livro diário. Em todo o livro utilizamos registros no livro diário para descrever a natureza de eventos contábeis. Além disso, a maioria dos capítulos contém exercícios e problemas que requerem a análise de transações com débitos e créditos. *Entretanto, não conclua, à primeira vista, que este texto tem como foco principal os procedimentos. Queremos que os estudantes aprendam conceitos; os procedimentos intensificam a aprendizagem sobre eles.*

3. Práticas. *Este livro busca ser uma ferramenta para superar o descompasso entre a preparação dos relatórios financeiros e sua utilização nas diversas situações de decisão.* Os capítulos consideram os efeitos de princípios contábeis alternativos na mensuração e interpretação correta dos resultados e da posição financeira. Numerosos problemas baseados em dados financeiros de empresas reais aparecem no final de cada capítulo.

VISÃO GERAL DESTA EDIÇÃO

O que é mais importante, e facilmente visível, é que simplificamos o livro. O texto diminui um pouco a discussão de tópicos contábeis avançados e simplifica os tratamentos remanescentes.

As mudanças mais visíveis ocorrem no início e no fim do livro

- Novo: Dividimos o antigo Capítulo 2, que tratava dos procedimentos de registro, em dois capítulos, os Capítulos 2 e 3. O Capítulo 2 trata de elementos básicos do balanço, e o Capítulo 3 trata de elementos básicos da demonstração do resultado.
- Novo: O Capítulo 17 agora aborda em um único lugar as questões de como organizar e apresentar os elementos do resultado. Discutimos em sequência as questões, enfatizando por que são importantes: resultado recorrente *versus* não recorrente, resultado operacional central *versus* outros resultados operacionais, lucro *versus* outros resultados abrangentes, e erros e mudanças de política contábil.

Outras características importantes da 14ª edição norte-americana, que afetam vários capítulos do livro, são:

- Integração das Normas Internacionais de Contabilidade (IFRS). Continuamos a integrar o padrão das IFRS no texto. Partimos da premissa de que os U.S. GAAP e as IFRS utilizam os mesmos conceitos, mas por vezes requerem ou permitem métodos diferentes. Para alunos de programas de pós-graduação, MBA e de graduações mais exigentes, em geral os métodos são idênticos ou similares; quando não o são, descrevemos e ilustramos as diferenças. Você pode facilmente ver o escopo dos detalhes sobre os U.S. GAAP/IFRS neste livro examinando a Figura 17.1. Essa figura mostra os capítulos e tópicos cuja discussão inclui tanto as IFRS como os U.S. GAAP.
- Valores justos e componentes de outros resultados abrangentes. Uma vez que os padrões U.S. GAAP e IFRS incorporam mais mensuração requerida ou permitida do valor justo, nós ampliamos a cobertura desse tema. A opção pelo valor justo no padrão U.S. GAAP afeta a contabilidade de alguns títulos de dívida e investimentos. Discutimos isso nos Capítulos 11, 13, 14, 15 e 17, tanto os conceitos como os métodos. Já que os valores justos afetam outros resultados abrangentes, expandimos também essa discussão.
- Demonstrações financeiras reais. Continuamos a utilizar trechos de demonstrações financeiras reais, no entanto, mudamos os nomes e as datas das demonstrações financeiras. O Capítulo 1, por exemplo, mostra as demonstrações financeiras da Great Deal e da Thames, as quais são baseadas nas demonstrações financeiras da Best Buy e da Thales, respectivamente.

As seguintes características afetam capítulos individuais.

- Tratamento do ciclo de registros contábeis nos primeiros capítulos. Dado o sucesso que os autores da Duke University têm tido com o material sobre lançamentos contábeis que eles fornecem aos estudantes de MBA antes do início das aulas de contabilidade financeira, organizamos o material sobre lançamentos do balanço patrimonial e da demonstração do resultado em dois capítulos que precedem a maior parte das discussões conceituais. O Capítulo 2 introduz ativos, passivos, patrimônio líquido, lançamentos no diário e contas T. O Capítulo 3 introduz o processo de registro de transações operacionais, lançamentos elementares de ajuste, lançamentos de fechamento e a preparação das demonstrações financeiras.

  Os Capítulos 2 e 3 fazem isso sem sobrecarregar o aluno com conceitos contábeis e econômicos avançados. O material de problemas do Capítulo 3 inclui os problemas "trabalhando retroativamente" que têm sido um diferencial deste livro. O ciclo básico de lançamentos apresenta transações aos alunos e pede a eles que façam os lançamentos no diário e os lançamentos de ajuste, preparem a demonstração do resultado, façam os lançamentos de fechamento e, finalmente, elaborem o balanço final e a demonstração do fluxo de caixa. Nos problemas "trabalhando retroativamente" apresentamos aos alunos alguns dos itens finais e pedimos para que eles deduzam os itens iniciais. Afirmamos que ninguém entende a contabilidade até trabalhar o ciclo de lançamentos tanto para trás como para a frente. O típico problema contábil apresenta os fatos e pede aos estudantes que elaborem as demonstrações financeiras. Os problemas "trabalhando retroativamente" partem de algum subconjunto de demonstrações contábeis e pedem aos estudantes que deduzam as transações subjacentes.
- Foco na mensuração, formatos e convenções relativas ao balanço patrimonial e à demonstração de resultados. O Capítulo 4 (Balanço patrimonial) introduz os critérios de reconhecimento e as bases de mensuração dos ativos e passivos, inclusive a mensuração do valor justo. O Capítulo 5 (Demonstração do resultado) continua com a descrição dos critérios básicos de reconhecimento e mensuração de receitas e despesas, bem como questões sobre a passagem do tempo. O Capítulo 8 contém uma discussão mais detalhada sobre o reconhecimento da receita. Todos os três capítulos abordam a classificação e apresentam diferenças que existem entre empresas, bem como entre empresas que adotam os U.S. GAAP e as IFRS.

- **Ênfase no método direto de calcular o fluxo de caixa das operações.** Tanto o FASB (*Financial Accounting Standard Board*) como o IASB (*International Accounting Standards Board*) têm expressado a preferência pelo método direto de calcular o fluxo de caixa das operações. Os estudantes provavelmente encontrarão cada vez mais o método direto nas suas carreiras profissionais. Assim, continuamos a enfatizar o método direto na 14ª edição norte-americana. Nossos alunos encontram dificuldade no método indireto de calcular o fluxo de caixa das operações quando iniciam o estudo da demonstração do fluxo de caixa. Por isso, concluímos que introduzir antes o método direto, como fazemos no Capítulo 1, ajuda os alunos a entender os ajustes requeridos para converter o lucro líquido no fluxo de caixa das operações pelo método indireto. Assim, o Capítulo 6 enfatiza o método direto, sem excluir o material sobre o método indireto, comumente encontrado na prática. O Capítulo 16 retoma a demonstração do fluxo de caixa, incluindo material sobre tópicos mais avançados de discussão em ambos os métodos, tanto direto como indireto, de apresentar o fluxo de caixa das operações. Por exemplo, incluímos o efeito de despesas com remuneração baseada em ações (*stock options*), perdas por imparidade e exercício de opções de ações pelos empregados, bem como o efeito tributário dessas transações.

- **Organização de tópicos envolvendo reconhecimento da receita e capital de giro.** O Capítulo 8 aborda o reconhecimento da receita, recebíveis e adiantamentos de clientes. O Capítulo 9 aborda outros ativos e passivos circulantes, inclusive estoques, fornecedores e reestruturação de passivos. A decisão de abordar juntas todas as questões de capital de giro resulta de nossa visão de que *a contabilização do passivo circulante tem mais em comum com a contabilização do ativo circulante do que com a contabilização do ativo não circulante*. Considere, por exemplo, os paralelos entre o método da provisão para devedores duvidosos e a contabilização dos custos com garantia.

- **Diferenças entre as IFRS e os U.S. GAAP quanto a ativos não circulantes.** O Capítulo 10 mostra as diferenças de tratamento dos ativos não circulantes entre os U.S. GAAP e as IFRS. No nível elementar deste livro, as maiores diferenças entre os U.S. GAAP e as IFRS na contabilização de ativos não circulantes ocorrem na contabilização dos custos de desenvolvimento e perda por redução do valor recuperável de ativos (*impairment*).

- **Organização de tópicos sobre passivos não circulantes.** O Capítulo 11 aborda as hipotecas, *bonds*/títulos de dívida, notas promissórias parceladas e obrigações de arrendamento mercantil (*leasing*). Arrendamentos mercantis (*leases*) são tão comuns nos negócios que os tratamos aqui como tópicos básicos e não avançados sobre passivos. Quando este livro estava sendo produzido, os reguladores propuseram mudar a contabilização dos arrendamentos. Introduzimos os tópicos de tal maneira que os alunos possam aprender ambos os tratamentos contábeis, o existente e o proposto. O Capítulo 12 aborda tributos sobre o lucro, financiamentos fora do balanço e planos de pensão de benefícios definidos, cada um em seção separada, o que permite ao professor selecionar um ou dois desses tópicos sem ter de abordar os três. Por exemplo, você pode pular o material sobre pensão e usar o material sobre tributação do lucro. Não esperamos que os alunos dominem todo esse material no primeiro período de contabilidade, mas muitos não cursarão outras disciplinas de contabilidade e descobrirão mais tarde em suas carreiras que precisam entender o básico sobre o tratamento contábil desses tópicos mais avançados. Incluímos esse material, no estilo FACMU de conceitos, métodos e práticas, a fim de que este livro sirva de referência sobre esses tópicos para nossos alunos.

- **Separação entre o tratamento de investimentos em títulos de mercado e derivativos e do método de equivalência patrimonial das demonstrações consolidadas.** O Capítulo 13 simplifica nossa cobertura da contabilidade de derivativos, enquanto o Capítulo 14 continua a apresentar o material sobre *joint ventures* e entidades de interesse variável (U.S. GAAP) e entidades de propósito específico (IFRS). Expandimos esse material em dois capítulos, a fim de apresentar maior cobertura de derivativos com um pouco mais de fôlego. Tal como no Capítulo 12, providenciamos alguns materiais avançados para apoiar a escolha do professor sobre quais tópicos avançados serão cobertos, e para que nossos alunos possam ter esse material à disposição quando encontrarem essas questões no trabalho ou em cursos mais avançados no currículo do MBA.

- **Sumário do projeto conjunto de FASB e IASB sobre a estrutura conceitual.** O Capítulo 17 discute a estrutura conceitual no FASB e no IASB e as mudanças que estão sendo consideradas nesse projeto conjunto.

- **Evidenciação de transações de uma empresa que afetam o seu patrimônio, exceto transações com os sócios.** Novo nesta edição, o Capítulo 17 trata de modo unificado as informações sobre o resultado que precisam ser evidenciadas na própria demonstração do resultado e em notas explicativas, inclusive a natureza e evidenciação das transações, erros contábeis e ajustes, lucro por ação e informação por segmento.

ORGANIZAÇÃO

Este livro está dividido em quatro partes principais:

- Parte 1: "Visão geral das demonstrações financeiras," abrange os Capítulos 1 a 3.
- Parte 2: "Conceitos e métodos contábeis," Capítulos 4 a 7.
- Parte 3: "Mensurando e apresentando ativos e passivos," Capítulos 8 a 15.
- Parte 4: "Síntese," Capítulos 16 e 17.

Em nossa visão, as quatro partes são níveis, ou passos, no processo de aprendizagem. A Parte 1 apresenta uma visão geral das principais demonstrações financeiras, elementos básicos de registros das transações e preparação das demonstrações financeiras. A Parte 2 discute o modelo conceitual básico que os contadores utilizam para gerar as principais demonstrações financeiras. A Parte 3 aborda os princípios contábeis específicos ou métodos utilizados na preparação das demonstrações financeiras. A Parte 4 resume e integra o material das primeiras três partes. Essa organização reflete nossa visão de que a aprendizagem é mais efetiva quando os alunos começam com um quadro amplo, a seguir decompõem esse quadro amplo em peças menores até atingir a profundidade desejada, sintetizando no final de modo que a relação entre as partes e o todo retenha a sua perspectiva.

O Capítulo 1 apresenta uma breve descrição das principais atividades de uma empresa (formulação de objetivos e estratégia, investimento, financiamento e operações) e mostra como as principais demonstrações financeiras – o balanço patrimonial, a demonstração do resultado e a demonstração do fluxo de caixa – informam os resultados dessas atividades. Utilizamos as atividades e as demonstrações financeiras das empresas Best Buy e Thales, renomeadas Great Deal e Thames, para ilustrar os conceitos importantes. O Capítulo 1 também fornece uma visão geral do ambiente da informação financeira. Muitos estudantes sentem-se inundados com a profusão de novos termos e conceitos depois de ler o Capítulo 1. Mais tarde, muitos alunos admitem que a ampla visão de conjunto ajudou a compor a unidade do material quando exploraram tópicos individuais em maior extensão e profundidade. Os Capítulos 2 (balanço patrimonial) e 3 (demonstração do resultado) enfocam o vocabulário e o processo de registro das transações. O Capítulo 3, diferentemente de outros textos, integra tanto os lançamentos de transações normais de um período como os lançamentos de ajuste de final do período. Quando os livros-texto discutem esses dois tipos de lançamentos em capítulos separados, os alunos frequentemente perdem de vista o fato de que a mensuração do resultado e da posição financeira requerem ambos os tipos de lançamento.

Os Capítulos 4 e 5 apresentam o modelo contábil conceitual básico que gera as demonstrações financeiras. Eles discutem os elementos das demonstrações financeiras: ativos, passivos, patrimônio líquido, receita e despesas. A estrutura conceitual do FASB e do IASB fornece a base para essas discussões, incluindo a mensuração do valor justo de ativos e passivos.

O Capítulo 6 discute o fluxo de caixa. Continuamos a colocar desde o início a abordagem da demonstração dos fluxos de caixa. Essa colocação serve a dois propósitos. Primeiramente, ela eleva essa demonstração a sua correta posição entre as principais demonstrações financeiras. Assim, os estudantes podem integrar os conceitos de lucratividade e fluxo de caixa mais efetivamente e começar a entender que um não necessariamente acompanha o outro. A abordagem dessa demonstração apenas no final do curso pode levar os estudantes a pensar que a demonstração do fluxo de caixa é menos importante. A inserção desse capítulo no início do livro força o aluno a sedimentar o entendimento do modelo contábil básico dos Capítulos 2, 3, 4 e 5. A preparação da demonstração do fluxo de caixa requer que o estudante trabalhe regressivamente a partir do balanço e da demonstração do resultado para reconstruir as transações que ocorreram. Nós apresentamos o método direto de calcular o fluxo de caixa das operações sem diminuir a importância do entendimento do método indireto. O FASB – por mais de uma década – e o IASB têm expressado a preferência pelo método direto. Poucas empresas nos EUA o utiliza atualmente, mas nós pensamos que isso mudará durante a carreira dos nossos alunos.

Os Capítulos 2 a 6 usam a Equação do Balanço ou mudanças na Equação do Balanço para motivar o entendimento dos tópicos discutidos. Cada um desses capítulos inclui um ou mais problemas simples que os estudantes podem trabalhar utilizando a abordagem da equação do balanço para preparar as principais demonstrações financeiras. Embora esses capítulos enfatizem os procedimentos de débito/crédito, os instrutores podem usar a abordagem da Equação do Balanço para comunicar a base da preparação das demonstrações.

Cada um dos Capítulos de 3 a 6 contém uma seção para análise e interpretação da demonstração financeira introduzida no capítulo. Isso antecipa a análise integrada do retorno e risco no Capítulo 7.

O Capítulo 7 descreve e ilustra ferramentas de análise das demonstrações financeiras. A discussão estrutura os vários indicadores financeiros em um formato multinível que, como os alunos concluíram, reduz a necessidade de memorizar fórmulas. Os professores que incorporam demonstrações anuais de companhias reais no seu curso, como fazemos com a Great Deal e a Thames, concluirão que a análise das demonstrações financeiras de tais empresas fornece uma verdadeira síntese nesse ponto. Um apêndice ao Capítulo 7 ilustra os procedimentos de preparação de demonstrações financeiras projetadas. Esse tópico sedimenta o entendimento da relação entre as principais demonstrações financeiras.

Os Capítulos 8 a 15 discutem as orientações dos U.S. GAAP e das IFRS para gerar as demonstrações financeiras. Cada capítulo não apenas descreve e ilustra a aplicação da orientação, mas também considera como os princípios contábeis afetam as demonstrações contábeis. Essa abordagem reflete a visão de que os estudantes devem estar aptos a interpretar e analisar demonstrações financeiras publicadas e a entender o efeito de métodos contábeis alternativos em tais avaliações.

O Capítulo 16 aprofunda a exploração da demonstração do fluxo de caixa, apresentando uma ilustração abrangente que inclui as transações abordadas nos Capítulos 8 a 14. O Capítulo 17 revê os princípios contábeis discutidos nos Capítulos 8 a 15 e trata de questões de prestação da informação que os reguladores estão atualmente abordando, particularmente aquelas em que os U.S. GAAP e as IFRS divergem.

No site da Cengage Learning, na página do livro, está disponível um glossário abrangente dos termos contábeis. Ele serve como ferramenta de referência para termos contábeis e de administração e apresenta descrições adicionais de alguns tópicos.

AGRADECIMENTOS

As seguintes pessoas fizeram comentários inestimáveis e perspicazes durante o desenvolvimento da 14ª edição norte-americana:

Laura Beal University of Nebraska at Omaha
Peggy De Prophetis University of Pennsylvania
Judith S. Flaxman Temple University
Joe Hatch Lewis University
Alison Iavarone Fordham University
Shirin Jahanian Piladelphia Community College
Adam Meyers Texas A&M University
John R. Page Tulane University
Wilson Seda New York University
Greg Sommers Southern Methodist University
James Taibleson New York University
Xiao-Jun Shang University of California, Berkeley
Stephen A. Zeff Rice Unviersity

O acima mencionado Stephen Zeff nos forneceu incontáveis comentários e materiais valiosos durante anos, inclusive diversas definições sobre normas internacionais de contabilidade para o glossário. A maioria delas aparece no glossário no item *Contabilidade Internacional*. Ele merece nossos especiais agradecimentos.

A Thomas Horton and Daughters, Inc. que nos permitiu reproduzir material de *Accounting: The Language of Business*. Os problemas 42, 43 e 44 do Capítulo 2 derivam dos que foram elaborados por Gerge H. Sorter. Esses problemas envolvem o trabalho de retroagir de uma demonstração financeira para outra, e os julgamos importantes para sedimentar o conhecimento.

A Katherine Xenophon-Rybowiak por nos ajudar a preparar o manuscrito para esta edição e a Lachina Publishing Services Inc. por preparar o índice.

Às seguintes pessoas da Cengage Learning: Matt Filimonov e Craig Avery, por proverem a orientação geral para o direcionamento e escopo da revisão e coordenação do processo de revisão, e Tim Bailey, pela coordenação da produção.

A Jim Emig e Catherine Lumbattis pela leitura cuidadosa e valiosas sugestões de capítulos do livro e do manual de soluções.

Aos empregados de Lachina Publishing Services, Inc. pela competência na edição de texto e composição e pelo excelente trabalho de paginação. Especiais agradecimentos a Bonnie Briggle por coordenar tais trabalhos.

A Michael Behnke por inspirar a ADVERTÊNCIA na página dedicatória.

Não esquecemos Sidney Davidson. O que podemos dizer? Ele nos ensinou, guiou e escreveu conosco. Somos descendentes intelectuais de Willian Paton. Muito obrigado.

Finalmente, a Clyde Stickney, que liderou os trabalhos do CFCMP durante 35 anos, desde seu início em 1974. Mesmo nesta edição, na qual seu nome não aparece como autor, ele fez um trabalho inestimável em todo o livro. Uma especial competência de Clyde é a de assegurar que nós, que estamos inclinados a fazer "descargas completas de sistema" (*full-core dump*), como os cientistas de computação o chamam, excluímos detalhes que os estudantes de MBA não precisam saber, mas também garantindo que cobrimos de modo abrangente os temas que abordamos. E ele, depois de 35 anos lendo infindáveis manuscritos e provas gráficas, desenvolveu um olhar perspicaz para detectar erros. Ele nos deixará saudades.

RLW
KS
JF

Sumário

Prefácio vii

PARTE 1
Declarações financeiras 1

Capítulo 1

Introdução às atividades empresariais e visão geral das demonstrações financeiras e do processo de informação financeira 3
    Visão geral das atividades empresariais 4
    Principais demonstrações financeiras 6
    Problema 1.1 para aprendizagem 20
    O Processo de divulgação financeira 21
    Convenções e conceitos básicos de contabilidade 25
    Métodos contábeis para medir o desempenho 26
    Problema 1.2 para aprendizagem 28
    Resumo 28
    Soluções dos problemas para aprendizagem 28
    Principais termos e conceitos 30
    Questões, exercícios e problemas 31

PARTE 2
Métodos e conceitos de contabilidade 43

Capítulo 2

As bases do registro das transações e da preparação das demonstrações financeiras: o balanço patrimonial 45
    Contas 46
    Balanço patrimonial 47
    Problema 2.1 para aprendizagem 52
    Problema 2.2 para aprendizagem 54
    Problema 2.3 para aprendizagem 59
    Problema 2.4 para aprendizagem 59
    Resumo 59
    Soluções dos problemas para aprendizagem 60
    Principais termos e conceitos 65
    Questões, exercícios e problemas 65

Capítulo 3

As bases do registro de transações e da preparação das demonstrações financeiras: a demonstração do resultado 73
    Demonstração do resultado 74
    Relação entre o balanço patrimonial e a demonstração do resultado 75

O processo de contabilização de receitas, despesas e dividendos 76
Problema 3.1 para aprendizagem 80
Problema 3.2 para aprendizagem 85
Problema 3.3 para aprendizagem 85
Preparação da demonstração financeira 86
Resumo 90
Soluções dos problemas para aprendizagem 91
Principais termos e conceitos 93
Questões, exercícios e problemas 93

Capítulo 4

Balanço patrimonial: apresentação e análise de recursos e financiamento 113
Conceitos subjacentes 113
Reconhecimento e mensuração de ativos 116
Três convenções subjacentes à mensuração de ativos 121
Problema 4.1 para aprendizagem 122
Reconhecimento e mensuração do passivo 122
Problema 4.2 para aprendizagem 125
Mensuração e evidenciação do patrimônio líquido 125
Resumo 127
Soluções dos problemas para aprendizagem 128
Principais termos e conceitos 128
Questões, exercícios e problemas 129

Capítulo 5

Demonstração do resultado: informação dos resultados das atividades operacionais 141
Conceitos subjacentes e terminologia 142
Estrutura da demonstração do resultado 142
Reconhecimento e mensuração da receita 146
Reconhecimento e mensuração da despesa 149
Problema 5.1 para aprendizagem 151
Resultado abrangente 151
Resumo 152
Soluções dos problemas para aprendizagem 152
Principais termos e conceitos 154
Questões, exercícios e problemas 154

Capítulo 6

Demonstração dos fluxos de caixa 165
A necessidade de uma demonstração dos fluxos de caixa 165
Visão geral da demonstração dos fluxos de caixa 166
Problema 6.1 para aprendizagem 169
Preparando a demonstração dos fluxos de caixa 171
Problema 6.2 para aprendizagem 178
Problema 6.3 para aprendizagem 182
Problema 6.4 para aprendizagem 186
Usando a informação da demonstração dos fluxos de caixa 188
Questões interpretativas envolvendo a demonstração dos fluxos de caixa 189
Problema 6.5 para aprendizagem 190
Resumo 191

Soluções dos problemas para aprendizagem 191
Principais termos e conceitos..198
Questões, exercícios e problemas..198

Capítulo 7

Introdução à análise das demonstrações financeiras 217
Objetivos da análise das demonstrações financeiras 218
Análise de rentabilidade 220
Problema 7.1 para aprendizagem 223
Problema 7.2 para aprendizagem 229
Análise de risco 230
Problema 7.3 para aprendizagem 234
Problema 7.4 para aprendizagem 236
Limitações da análise de índices..236
Demonstrações financeiras padronizadas 237
Resumo 241
Problema 7.5 para aprendizagem 243
Apêndice 7.1: Demonstrações financeiras *pro forma* 243
Soluções dos problemas para aprendizagem 252
Principais termos e conceitos..255
Questões, exercícios e problemas..256

PARTE 3

Mensurando e apresentando ativos e passivos utilizando U.S. GAAP e IFRS................................. 273

Capítulo 8

Reconhecimento de receita, recebíveis e adiantamentos de clientes...................................275
Revisão e aplicação dos princípios de reconhecimento do lucro 275
Aplicação dos princípios de reconhecimento do lucro 276
Problema 8.1 para aprendizagem 279
Reconhecimento do lucro no momento da venda..279
Problema 8.2 para aprendizagem 290
Reconhecimento do lucro após a venda 291
Problema 8.3 para aprendizagem 293
Problema 8.4 para aprendizagem 296
Reconhecimento do lucro antes da entrega 297
Problema 8.5 para aprendizagem 300
Resumo 300
Apêndice 8.1: Comparação dos critérios de reconhecimento da receita entre U.S. GAAP e IFRS.......301
Apêndice 8.2: Resumo do projeto conjunto *fasb-Iasb* para reconhecimento da receita 302
Soluções dos problemas para aprendizagem...303
Principais termos e conceitos..307
Questões, exercícios e problemas..308

Capítulo 9

Capital de giro 323
Conceitos subjacentes e terminologia 323
Principais contas do ativo circulante..324

Problema 9.1 para aprendizagem 331
Problema 9.2 para aprendizagem 337
Problema 9.3 para aprendizagem 339
Principais contas do passivo circulante 339
Problema 9.4 para aprendizagem 344
Problema 9.5 para aprendizagem 346
Resumo 346
Apêndice 9.1: Efeitos do UEPS nas demonstrações financeiras..347
Problema 9.6 para aprendizagem 351
Soluções dos problemas para aprendizagem...351
Principais termos e conceitos...356
Questões, exercícios e problemas..356

Capítulo 10

Ativos tangíveis e intangíveis de vida longa 371
Tratamento dos dispêndios como ativos *versus* como despesas..372
Mensuração pelo custo de aquisição 375
Problema 10.1 para aprendizagem 377
Tratamento do custo de aquisição durante a vida de um ativo de vida longa 378
Problema 10.2 para aprendizagem 381
Impacto de novas informações sobre ativos de vida longa 383
Problema 10.3 para aprendizagem 384
Problema 10.4 para aprendizagem 386
Descarte de ativos..386
Variações no valor justo dos ativos de vida longa 388
Apresentação de ativos de vida longa nas demonstrações financeiras 389
Resumo 391
Apêndice 10.1: procedimentos para *impairment* de ativos de vida longa conforme
U.S. GAAP e IFRS 392
Problema 10.5 para aprendizagem 395
Problema 10.6 para aprendizagem 397
Soluções dos problemas para aprendizagem...397
Principais termos e conceitos...400
Questões, exercícios e problemas..400

Capítulo 11

Notas (empréstimos), *bonds* e *leasing*... 409
Visão geral dos mercados de dívida de longo prazo..411
Contabilização de notas (empréstimos)...413
Problema 11.1 para aprendizagem 415
Contabilização de *bonds* 415
Problema 11.2 para aprendizagem 418
Problema 11.3 para aprendizagem 421
Problema 11.4 para aprendizagem 426
Opção pelo valor justo 427
Contabilização de *leasing*..428
Problema 11.5 para aprendizagem 435
Problema 11.6 para aprendizagem 438
Resumo 438
Soluções dos problemas para aprendizagem...439

Principais termos e conceitos..448
Questões, exercícios e problemas...448

Capítulo 12

Passivos: financiamentos fora do balanço, benefícios de aposentadoria e tributos sobre o lucro 459

Financiamentos fora do balanço...459
Problema 12.1 para aprendizagem 463
Benefícios de aposentadoria 463
Problema 12.2 para aprendizagem 472
Tributos sobre o lucro..474
Problema 12.3 para aprendizagem 478
Problema 12.4 para aprendizagem 481
Soluções dos problemas para aprendizagem...482
Principais termos e conceitos..486
Questões, exercícios e problemas...487

Capítulo 13

Títulos de mercado e derivativos 501

Questões sobre mensuração de ativos e reconhecimento do lucro..502
Contabilização e informação de títulos de mercado 504
Problema 13.1 para aprendizagem 508
Problema 13.2 para aprendizagem 511
Instrumentos derivativos...513
Problema 13.3 para aprendizagem 527
A opção pelo valor justo aplicada a títulos de mercado e a derivativos 528
Resumo 529
Apêndice 13.1: Resumo do IFRS 9, *instrumentos financeiros* 529
Soluções dos problemas para aprendizagem...529
Principais termos e conceitos..534
Questões, exercícios e problemas...534

Capítulo 14

Investimentos intercompanhia em ações ordinárias 543

Visão geral da contabilização e apresentação de investimentos em ações ordinárias.........................543
Investimentos minoritários ativos 545
Problema 14.1 para aprendizagem 550
Investimentos majoritários ativos 550
Problema 14.2 para aprendizagem 552
Problema 14.3 para aprendizagem 559
Entidades de participação variável (ou entidades de propósito específico) 561
Resumo 562
Soluções dos problemas para aprendizagem...564
Principais termos e conceitos..567
Questões, exercícios e problemas...567

Capítulo 15

Patrimônio líquido: contribuições e distribuições de capital 577

Contribuições de capital (capital social)..578
Problema 15.1 para aprendizagem 581

Distribuições corporativas..581
Problema 15.2 para aprendizagem..584
Problema 15.3 para aprendizagem..587
Problema 15.4 para aprendizagem..592
Resumo 592
Soluções dos problemas para aprendizagem..592
Principais termos e conceitos..595
Questões, exercícios e problemas...596

PARTE 4
Síntese 605

Capítulo 16
Demonstração dos fluxos de caixa: um outro olhar 607
Revisão dos conceitos subjacentes à demonstração dos fluxos de caixa 607
Revisão do procedimento das contas T para preparar a demonstração dos fluxos de caixa 608
Ilustração abrangente da demonstração dos fluxos de caixa..609
Problema 16.1 para aprendizagem 626
Ilustração do método direto para o fluxo de caixa das operações..626
Interpretando a demonstração dos fluxos de caixa 626
Os efeitos de transações envolvendo derivativos e a opção pelo valor justo na demonstração
dos fluxos de caixa 629
O efeito das transações envolvendo investimentos na demonstração dos fluxos de caixa................630
Resumo 630
Soluções dos problemas para aprendizagem..631
Problemas...632

Capítulo 17
Objetivos de aprendizagem 653
Seção 1: Revisão e síntese 653
Estrutura conceitual 653
Síntese de normas e conceitos das demonstrações financeiras 659
Problema 17.1 para aprendizagem 667
Seção 2: Extensões...671
Considerações adicionais sobre mensuração e informação do resultado...671
Problema 17.2 para aprendizagem 680
Lucro por ação 680
Soluções dos problemas para aprendizagem..685
Principais termos e conceitos..691
Exercícios e problemas 691

Índice..705

DECLARAÇÕES FINANCEIRAS

Parte 1

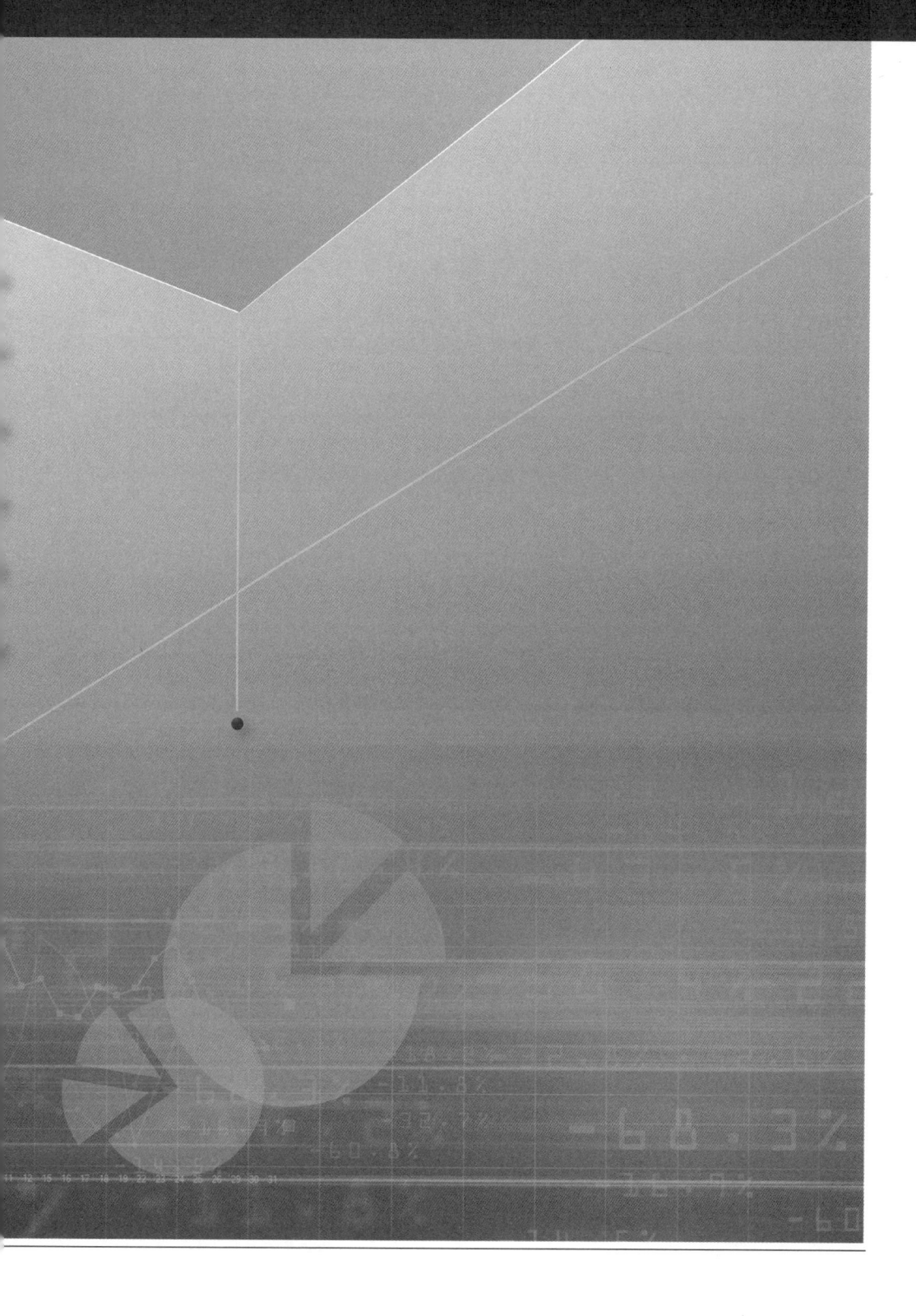

Capítulo 1

Introdução às atividades empresariais e visão geral das demonstrações financeiras e do processo de informação financeira

Para tomar decisões relacionadas à alocação de recursos, credores e investidores dependem de informações confiáveis e relevantes sobre posição financeira, lucratividade e risco. As demonstrações financeiras constituem um aspecto central dessas informações. O processo de preparação desses relatórios é denominado *contabilidade financeira* ou, mais amplamente, *divulgação financeira*. Compreender os fundamentos do processo de divulgação de informações financeiras é essencial para entender de que maneira os relatórios financeiros devem ser utilizados para a tomada de decisões relacionadas à alocação de recursos, como a realização de investimentos.

Você está prestes a embarcar no estudo da contabilidade financeira. Você conhecerá os conceitos contábeis utilizados pelas empresas para avaliar os resultados de seus negócios, os princípios contábeis propriamente ditos, alguns critérios e estimativas adotados pelos gestores ao aplicar os princípios contábeis e ferramentas para analisar as demonstrações financeiras. Você aprenderá sobre dois sistemas contábeis similares, mas não idênticos: U.S. GAAP[1] e International Financial Reporting Standards[2] (IFRS – Normas Internacionais de Contabilidade). Os sistemas contábeis especificam os princípios de contabilidade financeira que as empresas devem usar e os tipos de estimativas e julgamentos que os gestores devem fazer ao aplicar esses princípios. Nós apresentaremos esses dois sistemas neste capítulo e os ilustraremos com uma empresa que usa U.S. GAAP (Great Deal, Inc., ou simplesmente Great Deal) e uma empresa que usa IFRS (Thames Limited, ou simplesmente Thames), e continuaremos abordando-os ao longo do livro[3].

OBJETIVOS DE APRENDIZAGEM

1 Entender as quatro principais atividades das entidades empresariais: (a) estabelecer metas e estratégias, (b) obter financiamento, (c) fazer investimentos e (d) conduzir operações.

2 Compreender o propósito e o conteúdo das demonstrações financeiras: (a) balanço patrimonial, (b) demonstração do resultado, (c) demonstração dos fluxos de caixa e (d) demonstração das mutações do patrimônio líquido.

3 Entender o papel dos participantes no processo de divulgação da informação financeira, incluindo gestores e conselhos de administração, legisladores e reguladores contábeis, auditores externos independentes e usuários das demonstrações financeiras.

4 Aumentar a percepção da informação financeira como parte do sistema global de informação para a tomada de decisões relacionadas à alocação de recursos, incluindo dois sistemas contábeis de informação financeira (U.S. GAAP e Normas Internacionais de Contabilidade – IFRS, em inglês, International Financial Reporting Standards).

5 Entender a diferença entre o regime de caixa e o regime de competência e por que o último fornece uma medida melhor de desempenho.

---

1. GAAP se refere a princípios contábeis geralmente aceitos (*generally accepted accounting principles*). É a orientação regulatória para contabilidade financeira nos Estados Unidos. Os padrões U.S. GAAP e IFRS serão discutidos com mais detalhes ao longo deste livro.
2. O Brasil adota o padrão IFRS. As traduções e adaptações realizadas para implementar o IFRS no Brasil são denominadas CPC (Comitê de Pronunciamentos Contábeis). (NT)
3. As informações financeiras apresentadas da Great Deal e da Thames Limited são derivadas das demonstrações financeiras de duas empresas reais que usam, respectivamente, U.S. GAAP e IFRS. Essa informação foi modificada para inclusão neste livro.

Contabilidade financeira

Nosso objetivo é ajudá-lo a entender os conceitos, métodos e usos da contabilidade financeira a fim de capacitá-lo a utilizar a informação contábil-financeira de modo eficaz. Ao consultar demonstrações financeiras, você encontrará relatórios financeiros de diferentes formatos e apresentações. Mostraremos algumas dessas variações, cientes de que você encontrará muitas outras.

Como o título sugere, o capítulo introduz os conceitos, métodos e práticas que os capítulos seguintes discutirão em detalhes. Começaremos com a descrição das atividades empresariais da Great Deal e da Thames. Em seguida, veremos como as empresas avaliam os resultados de seus negócios e os relatam nas demonstrações financeiras. Por fim, descreveremos os diversos componentes do processo de divulgação financeira e apresentaremos os padrões U.S. GAAP e IFRS.

VISÃO GERAL DAS ATIVIDADES EMPRESARIAIS

Os gestores[4] de uma empresa preparam os relatórios financeiros para apresentar informações sobre seus negócios aos usuários externos. Entre estes figuram os proprietários da empresa, credores, reguladores e empregados. Para entender esses relatórios financeiros, é necessário compreender as atividades de uma empresa:

1. Estabelecer metas e estratégias.
2. Obter financiamento.
3. Fazer investimentos.
4. Conduzir operações.

Para ilustrar essas quatro atividades, utilizaremos duas empresas, Great Deal e Thames.

Exemplo 1. A Great Deal, com sede nos Estados Unidos, opera mais de 3.500 lojas de varejo nos Estados Unidos e no mundo, sendo os Estados Unidos o seu maior mercado. A empresa prepara suas demonstrações financeiras usando os U.S. GAAP. Suas lojas de varejo vendem eletroeletrônicos, material de escritório, *softwares* de entretenimento, utilidades domésticas e serviços relacionados.

Exemplo 2. A Thames, com sede na França, é uma empresa de sistemas que fornece sistemas de informação e serviços relacionados aos setores aeroespacial, de defesa e segurança. A Thames prepara suas demonstrações contábeis segundo as IFRS. Presente no mundo inteiro, tem na Europa seu maior mercado.

Embora a Great Deal e a Thames sejam diferentes em termos de modelo de negócio, tamanho e abrangência geográfica, seus gestores desempenham atividades empresariais similares. As diferenças entre os modelos de negócio das duas empresas afetam o conteúdo de cada atividade.

Estabelecer metas e estratégias corporativas

Metas são os resultados para os quais a empresa dirige suas energias, e **estratégias** são os meios para obtê-los. Exemplos de metas corporativas são maximizar o retorno dos proprietários da empresa, oferecer um bom ambiente de trabalho, incrementar o desempenho ambiental dos produtos da empresa e aprimorar o processo de fabricação. Os gestores, sob a supervisão do conselho (ou conselhos) de administração[5], formulam as estratégias da empresa – por exemplo, determinando as diretrizes da empresa e suas localizações geográficas e as específicas a cada unidade de negócio. Entre os fatores que afetam as metas e estratégias da empresa, figuram:

1. Metas e estratégias de empresas concorrentes.
2. Barreiras à entrada no setor, como patentes ou grandes investimentos em construção.
3. Natureza da demanda pelos produtos e serviços da empresa. Por exemplo, a demanda pode ser crescente, como para certos produtos farmacêuticos, ou relativamente estável, como para produtos de supermercado.
4. Existência e natureza da regulamentação governamental.

---

4. Usamos o termo *gestores* e *gestão* referindo-nos aos empregados que tomam decisões operacionais, de investimento e de financiamento, e aplicam normas contábeis para preparar demonstrações financeiras. Também usamos o termo *empresas* para esses mesmos tomadores de decisão.
5. Por lei, alguns países exigem que as empresas tenham dois conselhos de administração; outros países requerem apenas um.

As empresas fornecem amplas informações sobre suas metas e estratégias corporativas. Por exemplo, um recente relatório financeiro da Great Deal indica que o desenvolvimento das lojas, incluindo a entrada em novos mercados e o remodelamento/expansão das lojas existentes, atua no crescimento da empresa. O relatório fornece informação quantitativa sobre abertura e fechamento de lojas no ano passado, bem como planos para o próximo ano. De modo semelhante, recente relatório financeiro da Thames anuncia um plano para enfrentar as perspectivas de condições comerciais difíceis nos principais mercados mediante esforços de cortes de custos.

Estabelecer metas e estratégias não afeta diretamente os fluxos de caixa da empresa. As três outras atividades de negócio – realizar operações, fazer investimentos e obter financiamento – ou geram caixa ou usam caixa. A demonstração dos fluxos de caixa, apresentada adiante neste capítulo, descreve esses fluxos de caixa com mais detalhes.

Obter financiamento

Para realizar seus planos, as empresas necessitam de **financiamento**, isto é, de recursos dos proprietários e de credores. Os proprietários fornecem recursos a uma empresa e, em troca, recebem participações societárias. Em uma sociedade anônima ou companhia (*corporation*), a participação societária se dá na forma de ações e os proprietários são **acionistas**[6]. Em alguns casos, as ações são negociadas em mercados ativos, como a Bolsa de Valores de Nova York e a Bolsa de Valores de Londres. Empresas cujas ações são negociadas em mercados ativos são companhias abertas ou **empresas de capital aberto** sujeitas a regulamentação específica. Quando uma empresa levanta capital com os proprietários, ela não tem obrigação de reembolsar esses recursos. Às vezes, o conselho de administração pode decidir distribuir **dividendos** aos acionistas da empresa. Dividendos consistem na distribuição de ativos, muitas vezes em dinheiro, aos proprietários.

Os **credores** fornecem recursos que a empresa precisa reembolsar em valores específicos e em determinadas datas. Credores de *longo prazo* requerem pagamentos do tomador em um período superior a um ano. Credores de *curto prazo* requerem o pagamento dentro de um ano. Uma forma comum de financiamento de longo prazo são os *bonds* (ou outros tipos de título de dívida, como debêntures). Um contrato de *bond* especifica o montante emprestado e os termos do reembolso, incluindo o prazo e os valores de caixa que o tomador concorda em pagar ao credor. Outra forma comum de financiamento de longo prazo é o empréstimo bancário. Os bancos geralmente fazem empréstimos por períodos entre alguns meses e vários anos. Por fim, fornecedores de matérias-primas ou mercadorias que não requerem pagamento imediato também provêm recursos – a empresa recebe matérias-primas ou mercadorias agora, mas só paga mais tarde.

Cada empresa toma decisões de financiamento quanto à proporção dos recursos a serem obtidos dos proprietários, dos credores de longo prazo e de curto prazo. Cursos de finanças corporativas tratam de técnicas adotadas pelas empresas para tomar decisões de financiamento.

Fazer investimentos

Uma empresa faz investimentos para obter a capacidade produtiva de desempenhar seus negócios. As **atividades de investimento** envolvem a aquisição de:

1. **Terrenos, edifícios e equipamentos.** Esses investimentos proporcionam a capacidade de fabricar e vender produtos e de criar e vender serviços. São geralmente de longo prazo, no sentido de que provêm capacidade produtiva por vários anos.
2. **Patentes, licenças e outros direitos contratuais.** Esses investimentos propiciam direitos de usar ideias e processos. São intangíveis, no sentido de que não têm existência física.
3. **Ações ou títulos de dívida de outras empresas.** Esses investimentos tornam a empresa uma proprietária ou credora de outra empresa. Investimentos de curto prazo em ações de capital envolvem geralmente propriedade parcial, ao passo que investimentos de longo prazo em ações de capital envolvem propriedade parcial ou total de outra empresa.

---

6. Se o negócio é organizado na forma de *partnership* [de modo análogo às sociedades por quotas de responsabilidade limitada no Brasil (NT)], os proprietários são sócios (*partners*). Se o negócio é organizado na forma de *proprietorship* [semelhante à empresa individual no Brasil (NT)], abrange apenas o proprietário. Este livro considera as sociedades anônimas ou simplesmente companhias (*corporations*), nas quais os proprietários são acionistas.

4. **Estoques.** As empresas mantêm estoques de produtos a serem vendidos aos clientes. Por exemplo, a Great Deal mantém estoques de eletroeletrônicos, material de escritório, *softwares* de entretenimento e utilidades domésticas.
5. **Contas a receber de clientes.** Em muitos negócios, os clientes não pagam pelos bens e serviços imediatamente. *Contas a receber de clientes* (ou simplesmente clientes) descrevem os valores devidos à empresa pelos seus clientes em períodos curtos, como 30 dias. Ao proporcionar crédito aos clientes, a empresa não recebe o dinheiro na hora. Contudo, se não oferecer crédito, ela talvez não consiga vender.
6. **Caixa.** Muitas empresas mantêm saldo de caixa (em uma conta corrente da empresa) para pagar suas contas de curto prazo.

Cursos de contabilidade gerencial e de finanças corporativas tratam das técnicas adotadas pelas empresas para tomar decisões de investimento.

Realizar operações

Os gestores operam a capacidade produtiva da empresa para gerar lucros. As **atividades operacionais** incluem:

1. *Compras.* O departamento de compras de um varejista, como a Great Deal, adquire itens para vender aos clientes. O departamento de compras de uma fábrica, como a Thames, adquire matérias-primas necessárias para a produção.
2. *Produção.* O departamento de produção de uma fábrica combina matérias-primas, mão de obra e outros insumos de manufatura para produzir bens para a venda. Uma empresa de serviços combina insumos de mão de obra e outros para prestar serviços aos clientes.
3. *Marketing.* O departamento de marketing supervisiona as vendas e a distribuição de produtos e serviços aos clientes.
4. *Administração.* As atividades administrativas incluem processamento de dados, gestão de recursos humanos, departamento jurídico e outros serviços de suporte.
5. *Pesquisa e desenvolvimento.* Uma empresa realiza pesquisa e desenvolvimento com o objetivo de descobrir novos conhecimentos que ela pode usar para criar produtos, processos ou serviços novos.

Cursos de contabilidade gerencial, marketing e gestão de operações tratam das técnicas utilizadas pelas empresas para tomar decisões operacionais.

PRINCIPAIS DEMONSTRAÇÕES FINANCEIRAS

As empresas divulgam os resultados de seus negócios no **relatório anual para os acionistas**[7]. Tais relatórios podem conter cartas da diretoria descrevendo objetivos, estratégias e realizações da empresa, bem como descrições e imagens de produtos, instalações e funcionários da empresa. Se as ações da empresa forem negociadas na Bolsa, ela deverá apresentar um relatório anual a uma agência reguladora, geralmente uma agência governamental[8]. As leis e regulamentações do país onde as ações são negociadas especificam a forma e o conteúdo do relatório anual. Nos Estados Unidos, os requisitos regulatórios aplicáveis às empresas abertas requerem a inclusão da Discussão e Análise da Gestão (Management's Discussion and Analysis – MD&A)[9], na qual a diretoria discute resultados operacionais, liquidez (fontes e usos do caixa), recursos de capital e razões de mudanças na lucratividade e no risco durante o ano anterior.

---

7. Muitas empresas disponibilizam esses relatórios em seus *websites*, frequentemente na seção de relações com investidores. Os *websites* de algumas agências reguladoras também fornecem as informações requeridas, incluindo os relatórios anuais.
8. A agência reguladora pode requerer também *relatórios intermediários*, por exemplo, a cada três meses. Nos Estados Unidos, as empresas com ações na Bolsa apresentam relatórios trimestrais que contêm um subconjunto das informações do relatório anual. Esses relatórios trimestrais aparecem no *website* da agência reguladora (www.sec.gov). A agência reguladora nos Estados Unidos é a *Securities and Exchange Commission* (*SEC*). [No Brasil, também há a exigência de publicação de relatórios trimestrais para as empresas abertas, os quais ficam disponíveis no *website* da agência reguladora brasileira, a Comissão de Valores Mobiliários (CVM) (www.cvm.gov.br). (NT)]
9. O MD&A é um relatório norte-americano semelhante ao Relatório da Administração exigido pela CVM no Brasil. No entanto, não é o mesmo relatório. Recentemente, a CVM determinou que o Relatório de Administração publicado pelas empresas brasileiras seja feito nos moldes do MD&A. (NT)

Abordaremos as quatro principais demonstrações contábeis e as informações suplementares que as empresas divulgam:

1. *Balanço patrimonial ou demonstração da posição financeira* em um momento específico.
2. *Demonstração do resultado ou demonstração de lucros e perdas* em um período específico.
3. *Demonstração dos fluxos de caixa.*
4. *Demonstração das mutações do patrimônio líquido.*
5. *Notas explicativas* às demonstrações financeiras, incluindo várias tabelas de suporte.

Os próximos tópicos deste capítulo discutem brevemente cada um desses cinco itens. Ao descrevê-los, são citadas as demonstrações financeiras da Great Deal e da Thames. As demonstrações financeiras da Great Deal aparecem nas **Figuras 1.1 a 1.4**; as da Thames, nas **Figuras 1.5 a 1.8**. Começaremos com diversas observações sobre convenções e conceitos aplicáveis às demonstrações financeiras em geral.

Convenções nas demonstrações financeiras

Neste tópico, descreveremos algumas convenções utilizadas na preparação das demonstrações financeiras. Essas convenções determinam o período coberto pelas demonstrações financeiras (o período contábil), o número de períodos incluídos nos relatórios financeiros, as quantidades monetárias, a terminologia e o nível de detalhes das demonstrações financeiras.

Duração do período (contábil) de informação. As demonstrações financeiras podem abranger intervalos de qualquer duração. O período mais comum de um relatório externo é de um ano, chamado de **exercício social** (ou, simplesmente, exercício). Embora muitas adotem como ano-calendário o ano de exercício (isto é, o exercício termina em 31 de dezembro), algumas escolhem outros finais do ano de exercício[10]. Quando o exercício termina entre junho e dezembro do ano-calendário T, a convenção considera que a demonstração financeira pertence ao exercício T. Por exemplo, a demonstração financeira da Thames para o ano findo em 31 de dezembro de 2013 relata o desempenho da Thames para o exercício de 2013. Quando o exercício termina entre janeiro e maio do ano T, a convenção considera que a demonstração financeira pertence ao exercício de T-1. Por exemplo, a demonstração financeira da Great Deal para o ano findo em 27 de fevereiro de 2013 abrange o desempenho da empresa para o exercício de 2012[11].

Número de períodos do relatório. Para permitir comparações ao longo do tempo, tanto os U.S. GAAP como as IFRS exigem que as empresas incluam resultados de múltiplos períodos em cada relatório. As empresas precisam incluir dois balanços informando os saldos inicial e final das contas para o ano do exercício corrente e para o ano do exercício anterior. A **Figura 1.1** mostra que o relatório anual da Great Deal para o exercício de 2012 inclui o balanço datado de 27 de fevereiro de 2013 (o fim do exercício de 2012) e o balanço de 28 de fevereiro de 2012 (o fim do exercício de 2011). Para a demonstração do resultado, demonstração dos fluxos de caixa e demonstração das mutações do patrimônio líquido, a Securities and Exchange Commission (SEC) exige demonstrações do ano do exercício corrente e dos dois anos anteriores; as IFRS exigem demonstrações do ano de exercício corrente e do ano anterior.

Quantidades monetárias. As demonstrações financeiras apresentam uma quantidade numérica, a **quantidade monetária**, para cada item listado. As demonstrações financeiras indicam as unidades de mensuração, tanto a expressão numérica como as expressões "em milhares" ou "em milhões", e a moeda, por exemplo, dólares (US$) ou euros (€). Uma empresa geralmente apresenta demonstrações na moeda do país de sua sede ou onde ela realiza a maior parte dos seus negócios. Por exemplo, uma empresa com sede e a maior parte de suas atividades na Inglaterra apresentará seus resultados em libras esterlinas (£).

---

10. Nos Estados Unidos e em outros países, o ano de exercício social de uma entidade (*financial year*, *budget year*) é chamado de *fiscal year* da entidade, mesmo quando difere do ano-calendário (*calendar year*). Ver, para o termo "exercício social" no Brasil, a Lei das S/A (Lei n. 6.404/76), "Artigo 175: O exercício social terá duração de 1 (um) ano e a data do término será fixada no estatuto". (NT)
11. Nem todas as empresas seguem essa convenção, portanto é necessário cuidado ao comparar os resultados entre as empresas.

Figura 1.1

Great Deal, Inc.
Balanço patrimonial consolidado (em milhões de US$)

	27 de fevereiro de 2013	28 de fevereiro de 2012
Ativo		
Ativo circulante		
Caixa e equivalentes de caixa	1.826	498
Aplicações financeiras	90	11
Contas a receber de clientes	2.020	1.868
Estoques	5.486	4.753
Outros ativos circulantes	1.144	1.062
Total do ativo circulante	10.566	8.192
Imobilizado		
Terrenos e edifícios	757	755
Benfeitorias em imóveis de terceiros	2.154	2.013
Instalações e equipamentos	4.447	4.060
Imobilizado arrendado	95	112
	7.453	6.940
Menos: depreciação acumulada	(3.383)	(2.766)
Imobilizado líquido	4.070	4.174
Intangível		
Goodwill	2.452	2.203
Marcas	159	173
Carteira de clientes	279	322
Investimentos em outras companhias e outros	324	395
Outros ativos	452	367
Total do ativo	**$ 18.302**	**$ 15.826**
Passivo e patrimônio líquido		
Passivo circulante		
Fornecedores	5.276	4.997
Obrigações com bônus de compra não utilizados	463	479
Salários e encargos a pagar	544	459
Outras obrigações	1.681	1.382
Imposto de renda a pagar	316	281
Empréstimos e financiamentos de curto prazo	663	783
Parcela de curto prazo de financiamentos de longo prazo	35	54
Total do passivo circulante	8.978	8.435
Obrigações de longo prazo	1.256	1.109
Empréstimos e financiamentos de longo prazo	1.104	1.126
Total do passivo	11.338	10.670
Outras obrigações e provisões	–	–
Patrimônio líquido		
Ações preferenciais	–	–
Ações ordinárias	42	41
Ágio na emissão de ações	441	205
Lucros acumulados	5.797	4.714
Outros resultados abrangentes acumulados	40	(317)
Total do patrimônio líquido dos controladores da Great Deal	6.320	4.643
Participações de acionistas não controladores	644	513
Total do patrimônio líquido	6.964	5.156
Total do passivo e patrimônio líquido	**$ 18.302**	**$ 15.826**

Terminologia e nível de detalhes. Os U.S. GAAP e as IFRS proporcionam ampla orientação sobre o que as demonstrações financeiras devem conter, mas nenhum dos dois especifica completamente o nível de detalhes ou os nomes das contas. As IFRS contêm relativamente mais orientações. Por exemplo, as IFRS descrevem as subcontas que o balanço deve apresentar e os itens que uma empresa precisa evidenciar[12] separadamente. Os U.S. GAAP

---

12. International Accounting Standards Board (IASB), *International Accounting Standard 1*, "Presentation of Financial Statements" (Apresentação das Demonstrações Financeiras), revisto em 2003.

Introdução às atividades empresariais e visão geral das demonstrações financeiras e do processo de informação... 9

Figura 1.2

Great Deal, Inc.
Demonstração do resultado consolidada (em milhões de US$)

	27 de fevereiro de 2013	28 de fevereiro de 2012	27 de fevereiro de 2011
Receita	49.694	45.015	40.023
Custo das mercadorias vendidas	37.534	34.017	30.477
Lucro bruto	12.160	10.998	9.546
Despesas de vendas, gerais e administrativas	9.873	8.984	7.385
Despesas com reestruturação	52	78	0
Impairment do *goodwill* e marcas	0	66	0
Lucro operacional	2.235	1.870	2.161
Outras receitas (e despesas)			
Ganhos com investimentos e outros	54	35	129
Impairment de investimentos	0	(111)	0
Despesas financeiras	(94)	(94)	(62)
Lucro antes do imposto de renda e do resultado de participação em investidas	2.195	1.700	2.228
Despesa com imposto de renda	802	674	815
Resultado de participação em investidas	1	7	(3)
Lucro líquido consolidado	1.394	1.033	1.410
Lucro líquido atribuído a acionistas minoritários	(77)	(30)	(3)
Lucro líquido atribuído aos acionistas controladores da Great Deal, Inc.	1.317	1.003	1.407
Lucro por ação atribuível à Great Deal, Inc.			
Lucro por ação básico	3,16	2,43	3,20
Lucro por ação diluído	3,10	2,39	3,12
Média ponderada das ações em circulação (em milhões)			
Básica	416,8	412,5	439,2
Diluída	427,5	422,9	452,9

© Cengage Learning 2014

não apresentam orientação análoga à das IFRS[13]. *Por isso, você encontrará variações no nível de detalhes que as demonstrações financeiras apresentam.* Além disso, as regras nem sempre exigem que as empresas usem nomes específicos para contas e subcontas das demonstrações financeiras. Embora a prática tenda a convergir para certos títulos, como caixa, clientes e estoques, *você encontrará variações em títulos de contas, bem como em formato e apresentação.*

Com essas convenções em mente, começaremos a discutir as demonstrações financeiras.

Balanço patrimonial

O **balanço patrimonial**, também chamado de **relatório da posição financeira**, fornece informação, em um período determinado, sobre os recursos produtivos da empresa e as fontes de financiamento usadas para adquirir esses recursos. A **Figura 1.1** apresenta o balanço patrimonial da Great Deal em 27 de fevereiro de 2013 e em 28 de fevereiro de 2012. A **Figura 1.5** apresenta o balanço patrimonial da Thames em 31 de dezembro de 2013 e em 31 de dezembro de 2012. Esses balanços patrimoniais apresentam informações referentes ao fim de cada período ou exercício. O relatório anual da Great Deal estabelece que o seu exercício termina em 27 ou 28 de fevereiro de cada ano; a Thames estabelece que seu exercício termina em 31 de dezembro. A posição financeira da empresa em outras épocas do ano pode diferir substancialmente dos balanços patrimoniais do final do ano.

Conceitos de ativos, passivos e patrimônio líquido. O balanço patrimonial lista os ativos, passivos e patrimônio líquido da empresa e apresenta seus totais e subtotais. Cada conta do balanço tem um título que indica a natureza do item e a quantidade numérica em unidades monetárias. Por exemplo, a primeira conta no balanço da Great

---

13. No final de 2011 ainda estava incompleto um projeto de longa duração para aperfeiçoar e fazer convergir a orientação dos U.S. GAAP e das IFRS para apresentação das demonstrações financeiras.

Figura 1.3

Great Deal, Inc.
Demonstração dos fluxos de caixa consolidada (em milhões de US$)

	27 de fevereiro de 2013	28 de fevereiro de 2012	27 de fevereiro de 2011
Atividades operacionais			
Lucro líquido consolidado	1.394	1.033	1.410
Ajustes para reconciliar o lucro líquido com o caixa gerado pelas atividades operacionais:			
Depreciação	838	730	580
Amortização de ativos intangíveis de vida útil definida	88	63	1
Impairment de ativos	4	177	0
Despesas com reestruturação	52	78	0
Remuneração baseada em ações	118	110	105
Imposto de renda diferido	(30)	(43)	74
Benefícios tributários adicionais de remuneração baseada em ações	(7)	(6)	(24)
Outros, líquidos	(4)	12	(7)
	2.453	2.154	2.139
Variação de ativos e passivos operacionais:			
Clientes	(63)	(419)	12
Estoque de mercadorias	(609)	258	(562)
Outros ativos	(98)	(175)	42
Fornecedores	141	139	221
Outros passivos	279	(75)	74
Imposto de renda	103	(5)	99
Total do caixa gerado nas atividades operacionais	2.206	1.877	2.025
Atividades de investimento			
Aquisições de imobilizado em dinheiro	(615)	(1.303)	(797)
Aquisições de investimentos	(16)	(81)	(8.501)
Vendas de investimentos	56	246	10.935
Fusões e aquisições de empresas, líquidas do caixa adquirido	(7)	(2.170)	(89)
Mudanças no caixa restrito	18	(97)	(85)
Liquidação de *hedges* de investimento	40	0	0
Outros, líquidos	(16)	(22)	1
Total do caixa (utilizado) gerado nas atividades de investimento	(540)	(3.427)	1.464
Atividades de financiamento			
Recompra de ações ordinárias	0	0	(3.461)
Emissão de ações ordinárias	138	83	146
Dividendos pagos	(234)	(223)	(204)
Liquidação de empréstimos	(5.342)	(4.712)	(4.353)
Captação de dívida	5.132	5.606	4.486
Aquisição de participações de acionistas minoritários	(34)	(146)	0
Benefícios tributários adicionais de remuneração baseada em ações	7	6	24
Outros, líquidos	(15)	(23)	(16)
Total do caixa (utilizado) gerado nas atividades de investimento	(348)	591	(3.378)
Variação cambial sobre o caixa e equivalentes de caixa	10	19	122
Aumento (redução) do caixa e equivalentes de caixa	1.328	(940)	233
Saldo inicial do caixa e equivalentes de caixa	498	1.438	1.205
Saldo final do caixa e equivalentes de caixa	1.826	498	1.438
Informações adicionais sobre o fluxo de caixa:			
Imposto de renda pago	732	766	644
Juros pagos	78	83	49

Figura 1.4

Great Deal, Inc.
Demonstração das mutações do patrimônio líquido consolidada (em milhões de US$, exceto quantidade de ações)

	Número de ações ordinárias	Capital social – Ações ordinárias	Ágio na emissão de ações	Lucros ou prejuízos acumulados	Outros resultados abrangentes	Subtotal	Participações de não controladores	Total
Saldo em 28 de fevereiro de 2010	481	48	430	5.507	216	6.201	35	6.236
Lucro líquido	–	–	–	1.407	–	1.407	3	1.410
Outros resultados abrangentes, líquidos de impostos:								
Ajustes de conversão de subsidiárias no exterior	–	–	–	–	311	311	2	313
Perdas não realizadas em investimentos disponíveis para venda	–	–	–	–	(25)	(25)	–	(25)
Total do resultado abrangente						1.693	5	1.698
Efeito acumulado da adoção de novo padrão contábil relativo a posicionamentos tributários incertos	–	–	–	(13)	–	(13)	–	(13)
Remuneração baseada em ações exercida	4	–	93	–	–	93	–	93
Benefício fiscal de remunerações em ações, ações restritas e planos de aquisição de ações por empregados	–	–	17	–	–	17	–	17
Emissão de ações ordinárias para planos de aquisição de ações por empregados	1	–	53	–	–	53	–	53
Remuneração baseada em ações	–	–	105	–	–	105	–	105
Dividendos de ações ordinárias, $ 0,46 por ação	–	–	–	(204)	–	(204)	–	(204)
Recompra de ações ordinárias	(75)	(7)	(690)	(2.764)	–	(3.461)	–	(3.461)
Saldo em 27 de fevereiro de 2011	411	41	8	3.933	502	4.484	40	4.524
Lucro líquido	–	–	–	1.003	–	1.003	30	1.033
Outros resultados abrangentes, líquidos de impostos:								
Ajustes de conversão de subsidiárias no exterior	–	–	–	–	(830)	(830)	(175)	(1.005)
Perdas não realizadas em investimentos disponíveis para venda	–	–	–	–	(19)	(19)	–	(19)
Ajustes por reclassificação de perda por *impairment* em títulos classificados como disponíveis para venda	–	–	–	–	30	30	–	30
Total do resultado abrangente						184	(145)	39
Fusões e aquisições	–	–	–	–	–	–	666	666
Aquisição de participações de minoritários	–	–	–	–	–	–	(48)	(48)
Remuneração baseada em ações exercida	2	–	34	–	–	34	–	34
Benefício fiscal de remunerações em ações, ações restritas e planos de aquisição de ações por empregados	–	–	4	–	–	4	–	4
Emissão de ações ordinárias para planos de aquisição de ações por empregados	1	–	49	–	–	49	–	49
Remuneração baseada em ações	–	–	110	–	–	110	–	110
Dividendos de ações ordinárias, $ 0,54 por ação	–	–	–	(222)	–	(222)	–	(222)
Saldo em 28 de fevereiro de 2012	414	41	205	4.714	(317)	4.643	513	5.156
Lucro líquido	–	–	–	1.317	–	1.317	77	1.394
Outros resultados abrangentes, líquidos de impostos:								
Ajustes de conversão de subsidiárias no exterior	–	–	–	–	329	329	76	405
Ganhos não realizados em investimentos disponíveis para venda	–	–	–	–	28	28	–	28
Total do resultado abrangente						1.674	153	1.827
Ajustes de fusões e aquisições	–	–	–	–	–	–	(22)	(22)
Remuneração baseada em ações exercida	4	1	95	–	–	96	–	96
Benefício fiscal de remunerações em ações, ações restritas e planos de aquisição de ações por empregados	–	–	(19)	–	–	(19)	–	(19)
Emissão de ações ordinárias para planos de aquisição de ações por empregados	1	–	42	–	–	42	–	42
Remuneração baseada em ações	–	–	118	–	–	118	–	118
Dividendos de ações ordinárias, $ 0,56 por ação	–	–	–	(234)	–	(234)	–	(234)
Saldo em 27 de fevereiro de 2013	419	$ 42	$ 441	$ 5.797	$ 40	$ 6.320	$ 644	$ 6.964

Figura 1.5

Thames Limited
Balanço patrimonial consolidado (em milhões de euros [€] exceto quantidade de ações)

	31 de dezembro de 2013	31 de dezembro de 2012
Goodwill	2.986,9	2.793,2
Outros ativos intangíveis, líquido	925,3	1.129,3
Ativos tangíveis, líquido	1.338,3	1.262,9
Total dos ativos operacionais não circulantes	5.250,5	5.185,4
Participação em ativos líquidos de investidas	711,0	692,4
Investimentos disponíveis para a venda	101,9	175,4
Empréstimos e outros ativos financeiros	171,9	258,8
Total dos ativos financeiros não circulantes	6.235,3	6.312,0
Valor justo de derivativos: gestão do risco da taxa de juros	24,8	13,1
Planos de pensão e outros benefícios a empregados	66,0	44,0
Tributos diferidos no ativo	678,0	433,5
Total do ativo não circulante	7.004,1	6.802,6
Estoques e produtos em fabricação	2.210,8	2.227,4
Contratos de construção: ativos	2.243,2	2.400,6
Adiantamentos a fornecedores	342,4	548,2
Contas a receber, títulos de dívida e outros recebíveis	3.934,8	4.064,1
Valor justo de derivativos: gestão de risco cambial	172,6	292,4
Total do ativo circulante operacional	8.903,8	9.532,7
Recebíveis tributários correntes	40,4	13,1
Contas correntes com empresas investidas	94,8	65,1
Títulos de mercado para negociação	4,4	22,4
Caixa e equivalentes de caixa	1.960,1	1.499,8
Total do ativo circulante financeiro	2.099,7	1.600,4
Total do ativo circulante	11.003,5	11.133,1
Total do ativo	€ 18.007,6	€ 17.935,7
Capital, ágio na emissão de ações e outras reservas	4.168,3	4.498,9
Ajuste acumulado de conversão de moeda estrangeira	(283,2)	(399,8)
Ações em tesouraria	(141,5)	(150,2)
Patrimônio líquido	3.743,6	3.948,9
Participação de acionistas minoritários	10,2	2,9
Total do patrimônio líquido e participação de minoritários	3.753,8	3.951,8
Financiamentos de longo prazo	1.651,6	761,3
Planos de pensão e outros benefícios de empregados	856,7	847,5
Tributos diferidos no passivo	258,6	268,6
Total do passivo não circulante	2.766,9	1.877,4
Adiantamentos recebidos de clientes sobre contratos	3.849,4	3.687,4
Subvenções/bônus reembolsáveis	172,8	169,5
Contratos de construção: passivos	882,7	578,4
Provisões para contingências	1.129,8	961,5
Contas a pagar, títulos de dívida e outros passivos circulantes	4.736,0	5.045,9
Valor justo de derivativos: gestão de risco cambial	100,7	279,5
Total do passivo circulante operacional	10.871,4	10.722,2
Tributos a pagar no curto prazo	92,2	88,9
Financiamentos de curto prazo	326,4	1.136,3
Contas correntes com empresas investidas	196,9	159,1
Total do passivo circulante financeiro	523,3	1.295,4
Total do passivo circulante	11.486,9	12.106,5
Total do passivo e patrimônio líquido	€ 18.007,6	€ 17.935,7

© Cengage Learning 2014

Introdução às atividades empresariais e visão geral das demonstrações financeiras e do processo de informação...

Figura 1.6

Thames Limited
Contas de lucros e perdas consolidadas (em milhões de euros [€])

A. Demonstração de lucros e perdas consolidada	2013	2012
Receitas	€ 12.881,5	€ 12.664,8
Custo dos produtos vendidos	(10.633,4)	(9.964,5)
Despesas com pesquisa e desenvolvimento	(550,5)	(440,2)
Despesas com marketing e vendas	(901,9)	(806,7)
Despesas gerais e administrativas	(543,4)	(558,7)
Custos de reestruturação	(116,1)	(32,5)
Amortização de ativos intangíveis	(84,4)	(109,8)
Lucro das operações	51,8	752,4
Impairment de ativos operacionais não circulantes	(260,1)	(69,1)
Ganho (perda) na venda de ativos e outros	(1,0)	32,5
Lucro das atividades operacionais	(209,3)	718,5
Juros da dívida bruta	(91,6)	(101,4)
Receita financeira sobre o caixa e equivalentes de caixa	26,0	49,6
Custo da dívida líquida	(65,6)	(51,8)
Outras receitas (despesas) financeiras	(44,9)	(49,8)
Outros componentes de encargos de pensão	(105,1)	(11,1)
Imposto de renda	175,3	(103,0)
Participação nos lucros (prejuízos) líquidos de investidas	48,0	57,6
Lucro (prejuízo) líquido	€ (201,6)	€ 560,4
Do qual:		
Lucro líquido, acionista controlador	(201,8)	559,9
Participação de acionistas minoritários	0,2	0,5
Lucro por ação básico	€ (1,03)	€ 2,87
Lucro por ação diluído	€ (1,03)	€ 2,85
B. Demonstração consolidada do resultado abrangente	**2013**	**2012**
Lucro (prejuízo) líquido	€ (201,8)	€ 559,9
Conversão das demonstrações financeiras de subsidiárias estrangeiras	119,1	(263,3)
Hedge de investimentos no exterior, líquido de tributos	(2,5)	2,9
Hedge de fluxo de caixa, líquido de tributos	51,4	(29,7)
Ativos financeiros disponíveis para a venda, líquidos de tributos	1,5	(0,5)
Total de outros lucros (prejuízos) abrangentes, líquidos de tributos	169,5	(290,6)
Total do lucro (prejuízo) abrangente no período	€ (32,3)	€ 269,3

© Cengage Learning 2014

Deal é "Caixa e equivalentes de caixa", com $ 1.826 milhão. No cabeçalho do balanço está indicada a unidade de medida em milhões de dólares norte-americanos. A primeira conta do balanço da Thames é o *goodwill*, líquido, medido em milhões de euros (€); seu valor é € 2.986,9 milhões.

Ativos são recursos econômicos com potencial de gerar benefícios econômicos futuros para uma empresa. São exemplos de ativos os investimentos da empresa em itens que proporcionam capacidade produtiva. Por exemplo, tanto a Great Deal como a Thames mostram imóveis e equipamentos (a Thames os denomina "ativos tangíveis, líquidos") entre os ativos dos seus balanços[14].

Passivos são direitos dos credores. Os credores forneceram recursos, bens ou serviços e a empresa tem a obrigação de pagá-los por isso. Descrevemos a seguir dois exemplos de passivos resultantes do fato de a empresa ter recebidoido anteriormente benefícios (estoques, trabalho, serviços):

- Tanto a Great Deal como a Thames fizeram compras, mas ainda não pagaram o valor total devido. A Great Deal inclui o montante devido a seus fornecedores na conta do passivo denominada "Fornecedores". A Thames inclui o montante na conta "Contas a pagar, notas promissórias e outras obrigações de curto prazo".

---

14. A ordem na qual os ativos aparecem difere entre os balanços da Great Deal e da Thames. Discutiremos essa ordem mais tarde neste capítulo.

Figura 1.7

Thames Limited
Demonstração dos fluxos de caixa consolidada (em milhões de euros [€])

	2013	2012
Lucro líquido (prejuízo)	**€ (201,6)**	**€ 560,4**
Adições (deduções):		
Despesas com imposto sobre o lucro (ganho)	(175,3)	103,0
Participação no (lucro) prejuízo líquido de investidas, líquido de dividendos	(21,5)	(29,6)
Depreciação e amortização de ativos tangíveis e intangíveis	420,8	433,0
Provisão para planos de pensão e outros benefícios dos empregados	162,6	70,9
Impairment de ativos operacionais não circulantes	260,1	69,1
Ganhos (perdas) com a venda de ativos	1,0	(35,2)
Atribuições líquidas para provisões para reestruturação	12,1	(85,9)
Outros itens	26,6	49,4
Mudanças em requisitos de capital de giro e de provisões	924,6	(44,5)
Pagamento de contribuições / benefícios de pensões	(156,2)	(189,7)
Imposto sobre o lucro pago (recebido)	(98,2)	(80,1)
Fluxo de caixa líquido das atividades operacionais	**1.155,0**	**820,8**
Investimentos de capital	(418,9)	(534,6)
Proventos da venda de ativos tangíveis e intangíveis	5,8	11,7
Aquisições	(148,0)	(173,2)
Descartes	–	89,1
Variações em empréstimos	4,1	(24,7)
Variações no ativo circulante com empresas investidas	(32,0)	(6,8)
Aumento (redução) em títulos de mercado para negociação	24,0	(3,3)
Fluxo de caixa líquido das atividades de investimento	**(565,0)**	**(641,8)**
Dividendos pagos	(204,7)	(195,3)
Exercício de opções de ações	4,6	12,3
Proventos de venda de ações em tesouraria	17,0	(56,8)
Aumento de empréstimos	1.125,2	412,8
Liquidação de empréstimos	(1.103,9)	(184,4)
Fluxo de caixa líquido das atividades de financiamento	**(161,8)**	**(11,4)**
Efeitos da variação cambial	32,1	(131,9)
Total do aumento (redução) do caixa	**460,3**	**35,7**
Caixa no início do período	1.499,8	1.464,1
Caixa no fim do período	1.960,1	1.499,8
Divulgação suplementar de informação sobre o fluxo de caixa:		
Juros recebidos	32,5	32,5
Juros pagos	82,2	82,2

- Os empregados prestaram serviços cujo pagamento ainda não foi inteiramente realizado pela Great Deal e pela Thames. A Great Deal inclui os valores devidos aos empregados na conta do passivo "Salários e encargos a pagar". A Thames os inclui em "Contas a pagar, títulos de dívida e outros passivos circulantes".

O **patrimônio líquido** mostra o valor dos recursos que os proprietários aportaram, seja pela compra de ações, seja ao reinvestir (acumular) os ativos líquidos gerados pelos lucros. Os proprietários têm um direito sobre o ativo da empresa porque forneceram recursos a ela. O direito dos proprietários é um interesse residual sobre os ativos da empresa, isto é, os proprietários têm um direito sobre os ativos que *excedem* os ativos exigidos para satisfazer o direito dos credores. O patrimônio líquido apresenta tanto o valor investido pelos acionistas para seus direitos de propriedade como o valor dos lucros acumulados. A Thames combina o capital integralizado com os lucros acumulados na conta "Capital, ágio na emissão de ações e outras reservas". O total do patrimônio líquido da Thames é de € 3.743,6 milhões. A Great Deal também usa o termo *patrimônio líquido*. Em 27 de fevereiro de

Introdução às atividades empresariais e visão geral das demonstrações financeiras e do processo de informação...

2013 havia 419 milhões de ações emitidas para os acionistas, os quais haviam fornecido à Great Deal recursos de $ 483 milhões (= $ 42 + $ 441). Os lucros acumulados da Great Deal são de $ 5.797 milhões, discutidos a seguir.

Os **lucros acumulados** representam o *ativo líquido* (= total do ativo – total do passivo) que uma empresa obtém dos seus lucros que excedem os dividendos que ela distribuiu aos acionistas. Os gestores operam os ativos da empresa com a intenção de gerar lucro, ou seja, a empresa espera receber mais ativos do que consome nas suas operações. O aumento dos ativos, depois de deduzidos os direitos dos credores, é chamado de Lucros Acumulados e pertence aos proprietários da empresa. Em 27 de fevereiro de 2013, os lucros acumulados da Great Deal são de $ 5.797 milhões, o que significa que eles excedem os dividendos acumulados em US$ 5.797 milhões. Em 31 de dezembro de 2013, a Thames tem um *prejuízo acumulado*, como apresentado na **Figura 1.8**, a Demonstração das mutações no patrimônio líquido e participações de minoritários consolidada[15]. Um prejuízo acumulado significa que os lucros acumulados, subtraídos os dividendos, são negativos. O montante do prejuízo acumulado da Thames em 31 de dezembro de 2013 é de € 197,3 milhões.

Figura 1.8

Thames Limited
Demonstração das mutações do patrimônio líquido e participações de minoritários consolidada (em milhões de euros [€] exceto quantidade de ações)

	Número de ações em circulação (em 000s)	Capital social	Ágio	Lucros acumulados	Hedge de fluxo de caixa	Investimentos em títulos disponíveis para a venda	Ajustes de conversão cambial	Ações em tesouraria	Patrimônio líquido	Participação de minoritários	Total
Saldo em 31 de dezembro de 2011	195.401	595,0	3.638,2	(173,8)	86,0	4,5	(139,4)	(129,6)	3.880,9	3,3	3.884,2
Lucro líquido.............................	–	–	–	559,9	–	–	–	–	559,9	0,5	560,4
Outros prejuízos abrangentes............	–	–	–	–	(29,7)	(0,5)	(260,4)	–	(290,6)	(0,5)	(291,1)
Total do resultado abrangente..........	–	–	–	559,9	(29,7)	(0,5)	(260,4)	–	269,3	–	269,3
Aumento de capital........................	391	1,2	9,6	–	–	–	–	–	10,8	–	10,8
Dividendos.....................................	–	–	–	(195,3)	–	–	–	–	(195,3)	–	(195,3)
Pagamentos baseados em ações	–	–	–	27,9	–	–	–	–	27,9	–	27,9
Variações nas ações em tesouraria....	(811)	–	–	(20,4)	–	–	–	(20,6)	(41,0)	–	(41,0)
Outros...	–	–	–	(3,7)	–	–	–	–	(3,7)	–	(3,7)
Variações no escopo da consolidação	–	–	–	–	–	–	–	–	–	(0,4)	(0,4)
Total de transações com acionistas ...	(420)	1,2	9,6	(191,5)	–	–	0,0	(20,6)	(201,3)	(0,4)	(201,7)
Saldo em 31 de dezembro de 2012	194.981	596,2	3.647,8	194,6	56,3	4,0	(399,8)	(150,2)	3.948,9	2,9	3.951,8
Lucro líquido.............................	–	–	–	(201,8)	–	–	–	–	(201,8)	0,2	(201,6)
Outros prejuízos abrangentes............	–	–	–	–	51,4	1,5	116,6	–	169,5	0,6	170,1
Total do resultado abrangente..........	–	–	–	(201,8)	51,4	1,5	116,6	–	(32,3)	0,8	(31,5)
Aumento de capital........................	299	0,9	7,5	–	–	–	–	–	8,4	–	8,4
Dividendos.....................................	–	–	–	(204,7)	–	–	–	–	(204,7)	–	(204,7)
Pagamentos baseados em ações	–	–	–	22,5	–	–	–	–	22,5	–	22,5
Variações nas ações em tesouraria....	187	–	–	(1,6)	–	–	–	8,7	7,1	–	7,1
Outros...	–	–	–	(6,3)	–	–	–	–	(6,3)	–	(6,3)
Variações no escopo da consolidação	–	–	–	–	–	–	–	–	–	6,5	6,5
Total das transações com acionistas..	486	0,9	7,5	(190,1)	–	–	0,0	8,7	(173,0)	6,5	(166,5)
Saldo em 31 de dezembro de 2013	195.467	597,1	3.655,3	(197,3)	107,7	5,5	(283,2)	(141,5)	3.743,6	10,2	3.753,8

Um montante de ativos igual aos lucros acumulados não aparece em nenhuma conta do balanço patrimonial. As empresas usam os ativos gerados pela retenção dos lucros para adquirir vários ativos, incluindo estoques, edificações, equipamentos e outros. Quase toda empresa bem-sucedida usa uma grande porcentagem dos ativos que gera para repor ativos e crescer, não tanto para pagar dividendos.

Igualdade entre ativos e passivos mais patrimônio líquido. O valor total dos ativos é igual ao valor total dos passivos somado ao patrimônio líquido. Essa equação vale tanto para a Great Deal como para a Thames:

---

15. A orientação dos reguladores [inclusive brasileiros (NT)] usa o termo *participação de não controladores* e não *participação de minoritários*. Contudo, as empresas continuam por vezes a usar o último termo nos seus relatórios financeiros.

	Ativos	=	Passivos[16]	+	Patrimônio líquido
Great Deal	US$ 18.302	=	US$ 11.338	+	US$ 6.964
Thames	€ 18.007,6	=	€ 14.253,8	+	€ 3.753,8

Uma empresa investe os recursos que obtém de financiamentos. O balanço patrimonial enfoca os mesmos recursos em duas perspectivas: primeiramente, como ativos que a empresa mantém, tendo-os adquirido mediante esses recursos; em segundo lugar, como direitos dos credores e proprietários que forneceram esses recursos. Assim,

ou

Ativos	=	Passivos + Patrimônio líquido
Investimentos	=	Financiamentos
Aplicações de recursos	=	Fontes de recursos
Recursos	=	Direitos sobre os recursos

Os valores dos ativos individuais que compõem o total do ativo, representados pelas contas clientes, estoques, equipamentos e outros ativos, refletem as decisões de investimento da empresa. O *mix* de passivos mais patrimônio líquido reflete as decisões de financiamento da empresa. Ambos são mensurados na data do balanço patrimonial.

Classificação e agregação no balanço patrimonial. Tanto o U.S. GAAP quanto as IFRS exigem que o balanço patrimonial separe os itens circulantes dos não circulantes[17].

- O *ativo circulante* inclui caixa e ativos que a empresa espera converter em caixa, vender ou consumir dentro de um ano a partir da data do balanço. Exemplos são clientes e estoques.
- O *passivo circulante* representa obrigações que a empresa espera pagar dentro de um ano. Exemplos são fornecedores e salários a pagar a empregados.
- O *ativo não circulante* é o que será usado por vários anos. Exemplos são terrenos, edifícios, equipamentos e patentes.
- *Passivo não circulante e patrimônio líquido* são fontes de recursos cujos fornecedores não esperam receber pagamentos dentro do próximo ano. Pelo contrário, eles esperam por vezes o pagamento para depois do próximo ano.

As contas do balanço patrimonial representam valores *agregados*. Por exemplo, o valor mostrado na conta denominada "Estoques" no balanço da Great Deal representa todos os estoques da empresa.

Mensuração no balanço patrimonial. Tanto o U.S. GAAP quanto as IFRS usam duas bases de mensuração dos valores monetários com os quais são apresentados o ativo, o passivo e o patrimônio líquido no balanço patrimonial:

1. O valor histórico, que reflete o custo de aquisição dos ativos ou o montante dos recursos originalmente obtidos dos credores ou proprietários.
2. O valor corrente, que reflete alguma medida do valor corrente na data do balanço. A noção de valor corrente pode ser aplicada ao ativo, ao passivo ou ao patrimônio líquido.

Certas informações contábeis são apresentadas pelo *custo histórico*, ou seja, um **valor histórico**, e algumas pelo *custo corrente*, ou seja, um **valor corrente** (um exemplo de valor corrente é o *valor justo*), dependendo dos requisitos dos padrões U.S. GAAP e IFRS. Capítulos posteriores discutem e ilustram essas bases de mensuração.

Análise do balanço patrimonial. As empresas geralmente financiam ativos circulantes com passivos circulantes e financiam ativos não circulantes com passivos não circulantes e patrimônio líquido. Ativos circulantes, como contas a receber de clientes, geralmente se convertem em caixa dentro de um ano. As empresas podem usar esse fluxo de caixa de curto prazo para pagar passivos circulantes, que requerem pagamento dentro de um ano. Ativos não circulantes, como edifícios e equipamentos, geram fluxos de caixa durante vários anos. As empresas podem usar essas entradas de caixa mais alongadas para pagar os passivos de prazo longo quando eles vencerem.

---

16. Nem a Great Deal nem a Thames apresentam um subtotal do passivo total. Para obter o total dos passivos, some as contas do passivo. A Thames mostra o patrimônio líquido = € 3.743,6 e participação de minoritários (outro componente do patrimônio líquido) = € 10,2. A participação de minoritários (participação de não controladores) é discutida no Capítulo 14.

17. A Great Deal apresenta primeiramente o ativo circulante e o passivo circulante. A Thames apresenta primeiramente seu ativo não circulante e o passivo não circulante. As IFRS, mas não o U.S. GAAP, permitem a apresentação usada pela Thames.

O balanço patrimonial da Great Deal em 27 de fevereiro de 2013 mostra o seguinte (em milhões de dólares norte-americanos):

Ativo circulante	10.566	Passivo circulante	8.978
Ativo não circulante	7.736	Passivo não circulante e patrimônio líquido	9.324
Total	18.302	Total	18.302

Informação similar, apresentada no balanço patrimonial da Thames em 31 de dezembro de 2013, revela o seguinte (em milhões de euros [€]):

Ativo circulante	11.003,5	Passivo circulante	11.486,9
Ativo não circulante	7.004,1	Passivo não circulante e patrimônio líquido	6.520,7
Total	18.007,6	Total	18.007,6

Esses dados mostram que a Thames e a Great Deal levantaram recursos de fontes não correntes (passivo não circulante e patrimônio líquido) em quantidades que excedem o valor do ativo não circulante (no caso da Great Deal) ou são menores do que ele (no caso da Thames).

Demonstração do resultado

A **demonstração do resultado** (por vezes chamada de **demonstração de lucros e perdas** pelas empresas que aplicam as IFRS) fornece a informação sobre a lucratividade. Os termos *net income* (resultado líquido ou lucro líquido), *earnings* (ganhos ou lucro) e *profit* (lucro) são usados como sinônimos[18]. A **Figura 1.2** mostra a demonstração do resultado da Great Deal para os exercícios de 2012, 2011 e 2010. A Great Deal chama a sua demonstração do resultado de "demonstração do resultado consolidada". A **Figura 1.6** mostra a demonstração do resultado da Thames para 2012 e 2013. A Thames se refere à sua demonstração do resultado como "Contas de lucros e perdas consolidadas".

A demonstração do resultado relata o sucesso da empresa em gerar lucro em dado período[19]. O resultado líquido corresponde à diferença entre receitas e despesas, ajustado por outros ganhos ou perdas. (Neste capítulo, estamos ignorando ganhos e perdas.) A demonstração do resultado relata as fontes e valores das receitas da empresa e a natureza e valores das despesas. Uma empresa trabalha para gerar mais receitas do que despesas. O resultado líquido indica as realizações (receitas) da empresa relativas aos esforços necessários (despesas) para desempenhar as atividades operacionais. Se as despesas em um período excedem as receitas, o resultado é um **prejuízo líquido**.

As **receitas** (também chamadas de **vendas** ou **receita de vendas**) medem o influxo de ativos proveniente da venda de bens e da prestação de serviços aos clientes. Em troca de bens e serviços, a empresa recebe ativos (caixa ou promessas de pagamentos em dinheiro, as "Contas a receber de clientes"). O valor da receita gerada corresponde aos ativos líquidos recebidos. A Great Deal informa uma receita de US$ 49.694 milhões para o exercício de 2012. A Thames informa uma receita de € 12.881,5 milhões para o exercício de 2013.

As **despesas** medem a saída de ativos incorrida para gerar receitas. O *custo dos produtos vendidos* ou *custo das mercadorias vendidas* (uma despesa) mede o custo dos estoques vendidos aos clientes. Para uma empresa de serviços, este item, chamado *custo dos serviços prestados*, mede o custo de prover os serviços. As *despesas comerciais*

---

18. Nos relatórios brasileiros, utilizam-se tanto o termo "lucro" quanto "resultado" para se referir ao resultado da diferença entre receitas e despesas. Os termos "ganhos" e "perdas" atualmente são mais usados para se referir a ganhos ou perdas eventuais. No Brasil, os termos *profit*, *earnings* e *income* são traduzidos como "lucro" ou "resultado". Por exemplo, na mesma demonstração do resultado de uma empresa norte-americana, é comum aparecerem os termos *grossprofit, earnings before interest and taxes* e *net income*. Se essa empresa fosse brasileira, tais termos apareceriam como "lucro (ou resultado) bruto", "lucro (ou resultado) antes de juros e imposto de renda" e "lucro (ou resultado) líquido". Antes da adoção das IFRS, o termo oficial era lucro; após essa adoção, passou a ser usado oficialmente o termo "resultado", uma vez que é mais abrangente, servindo tanto para as situações de lucro como de prejuízo. Notar que o termo *income*, dependendo do contexto, pode significar em contabilidade "receita", "renda" ou "lucro". Por exemplo, *net income* (lucro líquido), *income tax* (imposto de renda). (NT)
19. Uma demonstração do resultado pode abranger um período de qualquer duração: um ano, um trimestre ou um mês. Em todos os casos, o período de relatório é o tempo decorrido entre dois balanços patrimoniais e aquele em relação ao qual a empresa mede o seu resultado.

e administrativas medem o custo da atividade de vender (por exemplo, comissões de vendedores) e dos serviços gerais administrativos usufruídos no período. Uma *despesa* significa que um ativo decresce ou que um passivo cresce. O valor da despesa corresponde à diminuição do ativo ou ao aumento do passivo.

Classificação das receitas e despesas. As empresas classificam as receitas e despesas de maneiras diversas e aplicam diferentes níveis de agregação. Por exemplo, a Thames informa despesas de pesquisa e desenvolvimento de € 550,5 milhões em 2013. Algumas empresas poderiam incluir essa despesa em outra conta. A demonstração do resultado da Thames classifica algumas despesas de acordo com o departamento que realizou as atividades (por exemplo, despesas com marketing e vendas) e outras segundo a sua natureza (por exemplo, imposto de renda).

Relação entre a demonstração do resultado e o balanço patrimonial. A demonstração do resultado é o elo entre o balanço patrimonial do início do período e o balanço patrimonial do fim do período. O montante dos lucros acumulados no balanço patrimonial representa a soma de todos os lucros (ou prejuízos) de uma empresa que excedam os dividendos[20]. O lucro líquido (ou prejuízo líquido) do período corrente ajuda a explicar a variação nos lucros acumulados entre o começo e o fim do período. Por exemplo, o lucro da Great Deal para o exercício de 2012, descrito na demonstração do resultado como "Lucro líquido atribuído aos acionistas controladores da Great Deal, Inc.", foi de US$ 1.317 milhão. A **Figura 1.4** mostra que a Great Deal pagou dividendos de US$ 234 milhões em dinheiro aos acionistas no exercício de 2012. Podemos usar essa informação para analisar a variação nos lucros acumulados da Great Deal (em milhões de US$):

Lucros acumulados, 28 de fevereiro de 2012	4.714
Adicionar lucro líquido do exercício de 2012	1.317
Subtrair dividendos declarados e pagos durante o exercício de 2012	(234)
Lucros acumulados, 27 de fevereiro de 2013	5.797

Demonstração dos fluxos de caixa

A **demonstração dos fluxos de caixa** informa o caixa gerado (ou utilizado) nas atividades operacionais, de investimento e de financiamento durante o período. Ela mostra onde a empresa obtém ou gera caixa e onde ela gasta. Se a empresa tende a operar com sucesso, ela precisa gerar mais caixa do que gasta. A empresa gera caixa nas operações quando coleta mais caixa dos clientes do que gasta nas atividades operacionais. Embora as empresas possam pedir emprestado caixa dos credores, as futuras operações precisam gerar caixa para pagar esses empréstimos.

A **Figura 1.3** apresenta as demonstrações do fluxo de caixa da Great Deal para os exercícios de 2012, 2011 e 2010. A **Figura 1.7** mostra essa informação para os exercícios de 2013 e 2012 da Thames. Essas demonstrações têm três partes, descrevendo atividades operacionais, de investimento e de financiamento que geram caixa.

Atividades operacionais. A maioria das empresas espera que a arrecadação de caixa dos clientes seja superior ao que elas pagam a fornecedores, empregados e outros para desempenhar suas atividades operacionais. Para muitas empresas, tais atividades constituem a principal fonte de caixa. Tanto a Great Deal como a Thames geraram fluxos de caixa significativos das atividades operacionais nos anos apresentados. Por exemplo, o caixa da Thames, proporcionado pelas atividades operacionais em 2013, foi de € 1.155,0 milhão, enquanto o da Great Deal, em 2012, foi de $ 2.206 milhões[21].

Atividades de investimento. As empresas adquirem edifícios, equipamentos e outros ativos não circulantes para manter ou expandir sua capacidade produtiva. Essas aquisições, chamadas de **investimentos de capital** (*capital expenditures* ou *capex*), usam caixa. Uma empresa pode obter o caixa necessário para investimentos de capital com a venda de ativos, com as atividades operacionais e de financiamento. O caixa gasto pela Great Deal na aquisição de imóveis e equipamentos adicionais foi de $ 615 milhões no exercício de 2012, já os investimentos de capital da Thames em 2013 foram de € 418,9 milhões.

---

20. Outros itens também podem afetar os lucros acumulados. Os capítulos posteriores discutem alguns deles; outros estão além do escopo deste livro.
21. Ambas as demonstrações começam com o lucro líquido e fazem ajustes nele para calcular o fluxo de caixa das operações. O **Capítulo 6** discute esses ajustes.

Atividades de financiamento. As empresas obtêm financiamento para custear suas atividades operacionais e de investimento emitindo ações ou títulos de dívida. Elas usam caixa para pagar dividendos e repagar ou extinguir dívidas com financiamentos, como pagamento de empréstimos de longo prazo. Por exemplo, o fluxo de caixa da Great Deal mostra que, no exercício de 2012, ela usou $ 5.342 milhões de caixa para amortizar empréstimos e financiamentos de longo prazo, captou $ 5.132 mediante a emissão de títulos de dívida e pagou $ 234 milhões de dividendos em dinheiro. A Thames pegou empréstimos de € 1.125,2 milhão, amortizou empréstimos de € 1.103,9 milhão e pagou dividendos em dinheiro de € 204,7 milhões.

Relação entre a demonstração dos fluxos de caixa, o balanço patrimonial e a demonstração do resultado. A demonstração dos fluxos de caixa explica a variação do caixa entre o começo e o fim do período. Ela também mostra as mudanças no caixa das atividades operacionais, de investimento e de financiamento. A tabela a seguir analisa as variações no caixa da Great Deal (para o exercício de 2012) e da Thames (para o exercício de 2013). Os números entre parênteses são subtraídos, indicando o uso do caixa líquido.

Variações no Caixa da Great Deal (exercício de 2012) e da Thames (exercício de 2013)

	Great Deal	Thames
Caixa no início do exercício de 2012 ou 2013	US$ 498	€ 1.499,8
Fluxo de caixa das operações durante o ano	2.206	1.155,0
Fluxo de caixa de investimentos durante o ano	(540)	(565)
Fluxo de caixa de financiamentos durante o ano	(348)	(161,8)
Ajuste de variação cambial[22]	10	32,1
Caixa no final do exercício de 2012 ou 2013	1.826	1.960,1

Além das fontes e dos usos do caixa, a demonstração dos fluxos de caixa mostra a relação entre o lucro líquido e o fluxo de caixa das operações. Este excede o lucro líquido nos três anos mostrados para a Great Deal. Para a Thames, o fluxo de caixa das operações é positivo no exercício de 2013, mesmo que ela tenha informado um prejuízo para esse ano; e, para o exercício de 2012, ele foi superior ao lucro líquido[23].

Demonstração das mutações do patrimônio líquido

A quarta demonstração financeira apresenta as mudanças no patrimônio líquido. As empresas usam vários títulos para a **demonstração das mutações do patrimônio líquido**. Por exemplo, o relatório da Great Deal na **Figura 1.4** chama-se "Demonstração das mutações do patrimônio líquido consolidada", enquanto o relatório da Thames na **Figura 1.8** chama-se "Demonstração das mutações do patrimônio líquido e participações de minoritários consolidada". Essa Demonstração apresenta componentes do patrimônio líquido, inclusive ações ordinárias e lucros acumulados, e as mudanças nesses componentes. Por exemplo, os lucros acumulados da Great Deal variaram entre 28 de fevereiro de 2012 e 27 de fevereiro de 2013 devido ao lucro líquido obtido pela Great Deal (aumento de $ 1.317 milhão) e ao pagamento de dividendos em dinheiro (um decréscimo de $ 234 milhões).

Notas explicativas e planilhas/anexos de apoio

As demonstrações financeiras apresentam informação agregada, como o valor total de terrenos, edifícios e equipamentos. Relatórios financeiros dão mais detalhes para alguns dos itens apresentados nas demonstrações financeiras. Eles fornecem material explicativo adicional para ajudar a entender as informações nas demonstrações financeiras. Esse material aparece em notas explicativas e **anexos**.

As **notas explicativas** das demonstrações financeiras descrevem a orientação contábil que a empresa usa para preparar as demonstrações financeiras. As notas explicativas também fornecem informação que detalha ou *de-*

---

22. Tanto a Great Deal como a Thames operam em vários países, o que implica que suas atividades envolvem muitas moedas. A Thames relata € 32,1 milhões como efeito de variações nas taxas de câmbio e inclui esses valor na sua demonstração dos fluxos de caixa. A Great Deal relata efeitos da variação cambial no montante de US$ 10 milhões. Este livro não aborda os efeitos contábeis das diferentes moedas ou das mudanças de taxa de câmbio entre moedas.

23. O **Capítulo 6** discute as razões da diferença entre o lucro líquido e o fluxo de caixa das operações.

sagrega itens e contas apresentados nas demonstrações financeiras. Para compreender o balanço patrimonial, a demonstração do resultado, a demonstração dos fluxos de caixa e a demonstração das mutações do patrimônio líquido, é necessário entender as notas explicativas.

Resumo: principais demonstrações financeiras

As demonstrações financeiras fornecem informações sobre a posição financeira da empresa (balanço patrimonial), sua lucratividade (demonstração do resultado), sua atividade de geração de caixa (demonstração dos fluxos de caixa) e as mudanças no seu patrimônio líquido. O balanço patrimonial relata os valores do ativo, passivo e patrimônio líquido na data do balanço. A demonstração do resultado divulga os resultados da utilização do ativo para gerar lucro durante o período do relatório e ajuda a explicar as mudanças nos lucros acumulados no balanço patrimonial entre o início e o fim do período. A demonstração dos fluxos de caixa apresenta as entradas e saídas de caixa das atividades operacionais, de investimento e de financiamento, explicando a variação do caixa no balanço patrimonial entre o início e o fim do período. A demonstração das mutações do patrimônio líquido relata as razões pelas quais os componentes do patrimônio líquido aumentaram ou diminuíram durante o período do relatório. Os usuários devem ler as demonstrações contábeis com as notas explicativas e anexos, os quais fornecem informação adicional para ajudá-los a entender as demonstrações financeiras.

PROBLEMA 1.1 PARA APRENDIZAGEM

Preparação de um balanço patrimonial e uma demonstração do resultado. As informações a seguir baseiam-se no relatório anual da Sargent AG, uma multinacional alemã. Os valores estão expressos em milhões de euros (€).

	30 de setembro	
	2013	2012
Contas do balanço patrimonial		
Contas a pagar a fornecedores	€ 8.382	€ 8.443
Imóveis e equipamentos (líquido de depreciação acumulada)	10.555	12.072
Caixa e equivalentes de caixa	4.005	10.214
Capital - Ações ordinárias	8.823	8.335
Ativos intangíveis	17.120	13.074
Outros ativos não circulantes	3.371	4.370
Títulos para investimento de longo prazo	12.577	7.998
Estoques	12.930	12.790
Financiamentos de longo prazo	9.860	13.122
Outros passivos não circulantes	8.174	9.547
Itens patrimoniais dos demais acionistas	351	858
Contas a receber de clientes	14.620	15.148
Outros ativos circulantes	16.377	11.862
Outros passivos circulantes	33.098	28.939
Lucros acumulados	20.453	16.702
Tributos sobre o lucro a pagar	2.414	1.582

(continua)

(continuação)

	30 de setembro de 2013
Contas da demonstração do resultado	
Custo das mercadorias vendidas...	€ 51.572
Despesas com tributos sobre o lucro	1.192
Outras despesas (não operacionais)	144
Receita de vendas	72.448
Despesas com pesquisa e desenvolvimento...	3.399
Despesas com vendas, gerais e administrativas...	12.103

a. Prepare um balanço patrimonial comparativo de 30 de setembro de 2013 (exercício de 2013) e de 30 de setembro de 2012 (exercício de 2012) no formato da **Figura 1.1**. Classifique as contas do balanço patrimonial entre as seguintes categorias: ativo circulante, ativo não circulante, passivo circulante, passivo não circulante e patrimônio líquido. Consulte o **Glossário** (disponível na página do livro, no site da editora) se você tiver dificuldade com quaisquer contas. Para cada ano, certifique-se de que o ativo é igual ao passivo somado ao patrimônio líquido no seu balanço patrimonial.

b. Prepare uma demonstração do resultado para o ano que termina em 30 de setembro de 2013. Classifique as contas da demonstração do resultado entre receitas e despesas.

c. Com base apenas nas informações dadas aqui, a empresa pagou dividendos em dinheiro aos seus acionistas durante o ano que termina em 30 de setembro de 2013? Se sim, qual foi o valor?

As soluções dos problemas para aprendizagem estão no final de cada capítulo.

O PROCESSO DE DIVULGAÇÃO FINANCEIRA

Este tópico trata dos participantes do **processo de divulgação financeira**:

1. Gestores e membros de conselhos de administração das entidades divulgadoras.
2. Órgãos normatizadores e reguladores da contabilidade.
3. Auditores externos independentes.
4. Usuários das demonstrações financeiras.

Serão também discutidos três conceitos e convenções que fundamentam o processo de divulgação financeira:

1. A distinção entre reconhecimento e realização.
2. Materialidade.
3. O período contábil.

Gestores e membros de conselhos de administração das entidades divulgadoras

As empresas recebem recursos dos proprietários com a expectativa de que os gestores utilizem-nos recursos para aumentar o valor para os acionistas. Os **gestores** são agentes dos acionistas cujo papel é salvaguardar e utilizar propriamente os recursos da empresa. Os gestores estabelecem controles internos para assegurar o registro adequado das transações e a mensuração e divulgação apropriada dos resultados dessas transações. Os acionistas elegem um **conselho de administração**, por vezes chamado de *conselho de diretoria*. O conselho de administração é responsável por selecionar, remunerar e supervisionar os gestores, por estabelecer a política de dividendos e por tomar decisões em questões relevantes, como aquisição de outras empresas e desinvestimento de linhas de negócio. Alguns conselhos de administração, incluindo os conselhos das empresas inscritas na Bolsa nos Estados Unidos, têm um comitê especial para supervisionar os relatórios financeiros.

Cabe aos gestores preparar os relatórios financeiros da empresa. Se uma empresa negocia ações no mercado aberto, as leis e regulamentações especificam o sistema contábil que ela precisa seguir (por exemplo, U.S. GAAP ou IFRS). A gestão é responsável por entender as transações, eventos e procedimentos que ela relata nas demonstrações financeiras e pela adequada aplicação das normas contábeis.

Órgãos normatizadores e entidades reguladoras da contabilidade

As empresas aplicam normas contábeis para preparar suas demonstrações financeiras. Este livro abrange dois sistemas de normas contábeis, U.S. GAAP e IFRS. Este tópico discute esses dois conjuntos de normas e seus regimes regulatórios[24].

U.S. GAAP. Nos Estados Unidos, a Securities and Exchange Commission (**SEC** – Comissão de Valores e Mercado Mobiliário), uma agência do governo federal, tem autoridade para estabelecer normas contábeis. A SEC é também uma agência fiscalizadora da legislação de títulos mobiliários dos Estados Unidos. A SEC faz aplicar as normas contábeis exigidas para **empresas norte-americanas e estrangeiras nela registradas** (estas também denominadas emissoras privadas estrangeiras). Uma empresa norte-americana registrada na SEC é uma empresa com sede nos Estados Unidos que inscreve e negocia na Bolsa seus títulos no país. Uma empresa registrada não norte-americana é uma empresa com sede legal fora dos Estados Unidos que apresentou à SEC os documentos necessários para inscrever e negociar seus títulos na Bolsa no país.

Embora a SEC ocasionalmente emita orientações contábeis, ela, em geral, delega a tarefa de estabelecer normas da contabilidade financeira ao Financial Accounting Standards Board (**FASB** – Conselho de Normas de Contabilidade Financeira), uma do setor privado com sete membros votantes. Seus membros trabalham exclusivamente para a entidade e deixam de ser vinculados a seus empregadores anteriores. Quando o FASB aborda uma questão de divulgação financeira, seus procedimentos de tramitação asseguram que ele receba contribuições de várias partes, incluindo de preparadores, auditores e usuários das demonstrações financeiras[25].

A terminologia comum engloba os pronunciamentos do FASB na compilação de regras, procedimentos e práticas contábeis, conhecida como **princípios contábeis geralmente aceitos** (**GAAP** – generally accepted accounting principles). A orientação contábil aplicável à preparação dos relatórios financeiros das empresas norte-americanas é o padrão U.S. GAAP, mas inclui também determinações da SEC, consensos da *Emerging Task Force* (Força-Tarefa de Emergência, um comitê que opera sob supervisão do FASB) e alguns pronunciamentos do American Institute of Certified Public Accountants (AICPA – Instituto Americano dos Contadores Independentes Certificados), uma associação profissional. Desde seu início, em 1973, até 2009, o FASB emitiu a maior parte dos seus pronunciamentos na forma de **Declarações de Normas da Contabilidade Financeira** (**SFAS** – Statements of Financial Accounting Standards), que possuem um número (por exemplo, *SFAS 95*) e um título (por exemplo, "Demonstração dos Fluxos de Caixa").

Em 2009, o FASB concluiu um projeto de codificação que organizou todos os U.S. GAAP por tema (por exemplo, receitas). A **Codificação das Normas Contábeis** (ASC – Accounting Standards Codification) do conselho é hoje a fonte dos U.S. GAAP e pode ser acessada no *website* do FASB. A referência a uma norma se dá pela sua seção de codificação (ou ASC); por exemplo, o item Estoques está no código FASB ASC 330; Receitas no ASC 605; Pesquisa e Desenvolvimento no ASC 730. O FASB emite novas orientações regulatórias na forma de Atualizações das Normas Contábeis (ASU – Accounting Standards Updates), que são emendas à Codificação das Normas Contábeis.

Os membros do FASB tomam decisões regulatórias guiados por uma **estrutura conceitual** que aborda as seguintes questões[26]:

---

24. O Brasil adota hoje o padrão IFRS de forma obrigatória. Para a convergência ao padrão IFRS, foi criado o Comitê de Pronunciamentos Contábeis (CPC), órgão normatizador responsável por traduzir e adaptar as IFRS à realidade brasileira. O CPC foi criado nos moldes do FASB e é composto de seis entidades representantes dos preparadores da informação contábil, dos auditores independentes dessa informação, dos analistas e usuários da informação, bem como dos intermediários e da academia: o Conselho Federal de Contabilidade (CFC), a Associação Brasileira das Companhias Abertas (Abrasca), o Instituto dos Auditores Independentes do Brasil (Ibracon), a Associação dos Analistas e Profissionais de Investimento do Mercado de Capitais (Apimec), a BM&F/Bovespa (Bolsa de Mercadorias, Valores e Futuros) e a Fundação Instituto de Pesquisas Contábeis, Atuariais e Financeiras (Fipecafi). Os CPCs são tornados efetivos via aceitação pela Comissão de Valores Mobiliários (CVM), que tem poderes legais para introduzir novos padrões de contabilidade para as companhias abertas; pelo CFC, que tem poderes para regular os profissionais de contabilidade; e pelo Banco Central, que tem poderes para regular as instituições financeiras (até o momento, nem todos os CPCs foram incorporados pelo Banco Central). A convergência para o padrão IFRS no Brasil ocorreu em duas fases: uma primeira etapa de adoção parcial em 2008, em que foram implementadas algumas normas (CPC 00 a 14), e uma segunda fase de adoção completa a partir do exercício de 2010. Ao contrário de outros países, em que o padrão IFRS foi adotado apenas para companhias abertas, no Brasil ele é aplicado a todas as empresas: o padrão IFRS completo (o *full IFRS*) é obrigatório para todas as sociedades anônimas (abertas e fechadas) e demais empresas de grande porte (receita a partir de R$ 300 milhões ou ativo a partir de R$ 240 milhões); para as empresas de pequeno e médio porte, foi adotada uma versão mais simplificada desse padrão, o IFRS para Pequenas e Médias Empresas, chamado no Brasil CPC PME, uma adaptação do *IFRS for SMEs*. (NT)
25. Informação adicional está disponível no *website* do FASB (www.fasb.org).
26. A estrutura conceitual do FASB está nos Statements of Financial Accounting Concepts (Declarações dos Conceitos da Contabilidade Financeira), disponíveis no *website* do FASB.

1. *Objetivo da divulgação financeira.* A estrutura conceitual estabelece como objetivo da divulgação financeira fornecer informações a investidores atuais e potenciais, credores e outros para apoiá-los na tomada de decisões sobre alocação de recursos[27].
2. *Características qualitativas da informação contábil.* A estrutura conceitual estabelece duas características qualitativas da informação financeira que possibilitam que a informação atinja o objetivo da divulgação financeira. Essas duas características são relevância e representação fidedigna:

   - **Relevância:** a informação deve ser pertinente às decisões dos usuários das demonstrações financeiras. Isso significa que ela deve ter a capacidade de afetar suas decisões de alocação de recursos.
   - **Representação fidedigna:** a informação deve representar o que se supõe que ela represente. Isso significa que a informação deve corresponder ao fenômeno que está sendo relatado e deve ser razoavelmente completa e livre de viés e erro.

   A estrutura conceitual também estabelece certos atributos da informação financeira que incrementam a capacidade de a informação atingir o objetivo da divulgação financeira.

   - **Comparabilidade:** a informação deve facilitar comparações entre empresas e ao longo do tempo. A informação contábil é comparável se as empresas contabilizam eventos e transações similares da mesma maneira.
   - **Verificabilidade:** a informação é verificável se é fundamentada e se observadores independentes chegam ao consenso de que uma descrição específica de um item é uma representação fidedigna desse item. A informação pode ser verificada de diversas maneiras, inclusive, por exemplo, pela observação direta, como contar o montante do caixa ou o estoque.
   - **Tempestividade e inteligibilidade (ou compreensibilidade):** para ser útil em decisões de alocação de recursos, a informação precisa estar disponível aos tomadores de decisão a tempo de conseguir influenciar suas decisões. Além disso, os tomadores de decisão precisam ser capazes de entender tal informação. Os relatórios financeiros são preparados com a premissa de que os usuários têm conhecimento razoável dos negócios e de que analisam diligentemente os relatórios.

3. *Elementos das demonstrações financeiras.* A estrutura conceitual define ativos, passivos, receitas, despesas e outros itens e contas. Um item pode aparecer nas demonstrações financeiras apenas se ele se enquadra nessas definições. Itens que não se enquadram podem ser divulgados nas notas explicativas.
4. *Princípios de reconhecimento e mensuração.* A estrutura conceitual define **reconhecimento** como a descrição de um item com palavras e números nas demonstrações contábeis com o montante incluído nos totais. Por exemplo, o montante a pagar aos fornecedores é um item reconhecido que aparece como passivo no balanço patrimonial, e esse montante é parte do total do passivo. Outros itens nos relatórios financeiros não são reconhecidos nas demonstrações financeiras; entretanto, se são significativos, aparecem como **evidenciações** (*disclosures*) nas notas explicativas. A estrutura conceitual especifica os critérios que um item precisa atingir para ser reconhecido nas demonstrações financeiras. Ela também descreve várias maneiras de medir os itens reconhecidos.

A estrutura conceitual orienta o FASB na elaboração das normas contábeis. Contudo, a estrutura conceitual não é uma estrutura rigorosa e analítica da qual o FASB possa deduzir logicamente métodos contábeis aceitáveis[28].

International Financial Reporting Standards (IFRS). Há algum tempo, a contabilidade era uma atividade específica de cada jurisdição, ou seja, *cada* país desenvolvia suas próprias normas de contabilidade. Consequentemente, empresas com atividade em diversos países aplicavam normas diferentes em seus relatórios financeiros, o que impedia comparações de empresas por investidores e credores. A globalização dos mercados de capitais aumentou a necessidade de demonstrações financeiras comparáveis entre países.

O International Accounting Standards Board (**IASB** – Conselho Internacional de Normas Contábeis) é uma entidade independente, normatizadora da contabilidade, com membros votantes de diversos países. (Em 2011, eram 15 membros votantes; esse número está sujeito a mudanças.) As normas instituídas pelo IASB são as Normas

---

27. Com uma exceção, um método de contabilizar estoques e custo dos produtos vendidos, os métodos contábeis permitidos ou requeridos pelo U.S. GAAP diferem dos métodos requeridos para calcular o lucro tributável nos Estados Unidos. Com exceção dos estoques, você deverá pressupor que haverá diferenças significativas entre os métodos da contabilidade tributária e os métodos da contabilidade financeira sob U.S. GAAP e IFRS.
28. O **Capítulo 17** discute mais detalhadamente a estrutura conceitual do FASB.

Internacionais de Contabilidade (International Financial Reporting Standards – **IFRS**). O IASB começou a operar em 2001[29]. Mais de 100 países requerem ou permitem às empresas usar o padrão IFRS ou um conjunto de normas baseadas nas IFRS ou a elas adaptadas. Cada um desses países tem seus procedimentos regulatórios para fazer cumprir as IFRS. Esses procedimentos diferem consideravelmente entre os países.

Em 2007, a SEC adotou regras que permitem a empresas estrangeiras que estão inscritas e negociam ações na Bolsa nos Estados Unidos (*non-US SEC registrants*) usar as IFRS nos seus relatórios financeiros à SEC, sem reconciliação com o U.S. GAAP. Antes dessa mudança de regra, as empresas não norte-americanas registradas na SEC podiam usar qualquer conjunto de normas para preparar seus relatórios financeiros, mas precisavam reconciliar esses números apresentados com os números que teriam apresentado se tivessem preparado seus relatórios usando U.S. GAAP. O principal efeito da mudança de regra de 2007 foi criar *dois* conjuntos de sistemas aceitáveis de divulgação financeira nos Estados Unidos, especificamente o U.S. GAAP para empresas norte-americanas registradas na SEC e as IFRS para empresas registradas não norte-americanas[30].

O FASB e o IASB se comprometeram a convergir suas normas. O objetivo do processo de **convergência** é eliminar as diferenças entre os padrões U.S. GAAP e IFRS e aperfeiçoar as normas resultantes. A intenção é produzir um único conjunto de normas para a divulgação financeira de alta qualidade. Além disso, um projeto separado está em andamento para convergir, completar e aperfeiçoar a estrutura conceitual[31].

Auditores independentes

Os conselhos reguladores exigem que as empresas que negociam títulos com o público obtenham uma auditoria dos seus relatórios financeiros realizada por um auditor independente[32,33]. Mesmo que não haja negociações públicas de títulos, as fontes financeiras, como os bancos, podem exigir que a empresa obtenha uma auditoria independente dos seus informes financeiros. Uma auditoria envolve:

1. Avaliar a capacidade do sistema contábil de uma empresa de acumular, mensurar e sintetizar dados das transações realizadas.
2. Avaliar a efetividade operacional do sistema contábil.
3. Determinar se os relatórios financeiros cumprem os requisitos normativos da autoridade reguladora.

O auditor obtém evidências para a primeira avaliação estudando os procedimentos e controles internos incorporados ao sistema contábil da companhia. Para a segunda avaliação, o auditor examina uma amostra das transações reais. Para a terceira avaliação, o auditor obtém referências mediante uma combinação de procedimentos de auditoria. As conclusões do auditor são apresentadas no **parecer dos auditores** (*audit opinion*), que faz parte dos relatórios financeiros.

Questões acerca da qualidade dos relatórios financeiros e da auditoria ensejaram iniciativas por parte do governo dos Estados Unidos. Por exemplo, a **Lei Sarbanes-Oxley** (Sarbanes-Oxley Act) de 2002 estabeleceu o **Conselho Supervisor da Contabilidade das Empresas Abertas** (Public Company Accounting Oversight Board – PCAOB), responsável por monitorar a qualidade das auditorias das empresas listadas na SEC. Essa lei exige que o conselho registre as empresas que realizam auditorias independentes; estabeleça normas aceitáveis de auditoria, controle de qualidade e independência; e providencie inspeções periódicas de auditores registrados. Além disso, para as empresas maiores cujas ações são negociadas nos Estados Unidos, a Lei Sarbanes-Oxley exige que o auditor independente avalie a efetividade do sistema de controle interno da empresa para a divulgação financeira.

---

29. As normas emitidas pelo seu conselho predecessor, o International Accounting Standards Committee (IASC – Comitê Internacional de Normas Contábeis) chamam-se *International Accounting Standards* (IAS) e estão incluídas no padrão IFRS.
30. Empresas não norte-americanas registradas na SEC poderiam também escolher aplicar U.S. GAAP ou algum outro padrão contábil (que não IFRS nem U.S. GAAP) e reconciliar os números resultantes com U.S. GAAP. Quando da publicação deste livro, a SEC ainda não havia decidido se permitiria ou exigiria que empresas norte-americanas registradas aplicassem o padrão IFRS.
31. Informações específicas sobre as atividades da convergência estão no *website* do FASB (www.fasb.org) e no *website* do IASB (www.ifrs.org). O **Capítulo 17** sintetiza algumas das diferenças entre U.S. GAAP e IFRS.
32. Os empregados podem também conduzir auditorias (chamadas *auditorias internas*). O conhecimento e a familiaridade dos empregados em relação às atividades da empresa incrementam a qualidade do trabalho de auditoria e aumentam a probabilidade de que ela possa gerar sugestões para aperfeiçoar operações.
33. No Brasil, a auditoria independente é obrigatória para todas as empresas de grande porte (receita a partir de R$ 300 milhões ou ativo a partir de R$ 240 milhões), abertas ou fechadas. (NT)

Usuários das demonstrações financeiras

A intenção dos agentes normatizadores e reguladores de Bolsas é que os relatórios financeiros forneçam informações que ajudem os tomadores de decisão a alocar recursos (por exemplo, emprestar recursos ou comprar ações) e avaliar os resultados de suas decisões. O relatório financeiro não objetiva avaliar o valor da empresa nem fornecer *toda* a informação de que os tomadores de decisão possam necessitar para tomar decisões de alocação de recursos. Os relatórios financeiros objetivam fornecer informações úteis para que os tomadores de decisão avaliem o montante, o tempo e a incerteza de futuros fluxos de caixa.

Os usuários das demonstrações financeiras precisam ter conhecimento razoável sobre negócios e os tipos de transações realizados pelas empresas. Eles também devem ter um bom conhecimento dos critérios de contabilidade financeira seguidos pela empresa ao preparar seus relatórios e um entendimento razoável dos critérios e estimativas necessários para aplicar esses princípios.

CONVENÇÕES E CONCEITOS BÁSICOS DE CONTABILIDADE

Reconhecimento e **realização** são dois conceitos fundamentais de contabilidade. Itens reconhecidos já foram caracterizados como aqueles que contêm palavras e números nas demonstrações financeiras, com seus valores incluídos nos totais. Os itens devem preencher algumas condições para ser reconhecidos[34]. Realização se refere à conversão de uma conta não caixa em caixa. Um exemplo de evento realizado é a coleta em caixa de uma conta a receber de clientes.

As convenções contábeis reconhecem muitos itens ou contas contábeis (ao incluí-los nas demonstrações financeiras) antes que a empresa os realize (convertendo-os em caixa). Para ilustrar, suponhamos que uma empresa envie um produto por $ 1.000 a prazo, pagável em 30 dias, para um cliente digno de crédito. A empresa *reconhece* a receita quando envia os bens, mas *realiza* o evento quando recebe o caixa.

A **materialidade** abrange a ideia de que os relatórios financeiros não precisam englobar itens tão pequenos que não tenham significado para os usuários. Itens imateriais não aparecem nos relatórios financeiros. Não existe um parâmetro quantitativo preciso de materialidade, portanto os preparadores das demonstrações contábeis devem aplicar o julgamento para decidir se dado item é ou não material.

A **convenção do período contábil** se refere à duração dos períodos do relatório financeiro. A maioria das atividades empresariais não pode ser dividida em partes distintas. Por exemplo, uma empresa adquire uma fábrica e a utiliza para manufaturar produtos por 30 anos. Outra empresa adquire veículos para entrega e os usa para transportar mercadorias aos clientes por 5 anos. Dado que não há um ponto natural de interrupção das atividades de negócio, a convenção é preparar demonstrações financeiras referentes a períodos de duração específica. Essa abordagem facilita a comparação ao longo do tempo e as análises entre as empresas.

Um período contábil (também chamado de **período de divulgação**) é o tempo entre duas datas de balanços patrimoniais sucessivos. Os balanços patrimoniais preparados em 31 de dezembro de um ano e em 31 de dezembro do ano seguinte delimitam um período contábil de um ano-calendário. O balanço patrimonial de 31 de dezembro de um ano é também o balanço patrimonial inicial do ano seguinte. Os balanços patrimoniais preparados no dia 30 de novembro e no dia 31 de dezembro delimitam um período contábil de um mês – o mês de dezembro.

Algumas empresas usam o ano-calendário como período contábil, enquanto outras utilizam um **ano natural de negócios**, que coincide com mudanças nas atividades operacionais. Por exemplo, as empresas frequentemente estabelecem o seu final de ano quando seus estoques atingem o nível mínimo. Varejistas como a Great Deal costumam usar como fechamento o final de janeiro ou de fevereiro, que é o fim natural da estação de vendas da época das festas. Dessa forma, a data final de um ano natural de negócios fica associada às atividades da empresa.

As empresas podem preparar *relatórios intermediários* por períodos inferiores a um ano. Preparar relatórios intermediários não elimina a necessidade de preparar o relatório anual. Empresas com títulos na Bolsa nos Estados Unidos precisam preparar e registrar na SEC relatórios trimestrais, além dos anuais. As empresas registram relatórios trimestrais mediante o formulário 10-Q da SEC (o relatório 10-Q) e o relatório anual por meio do formulário 10-K da SEC (o relatório 10-K). Algumas empresas usam o relatório 10-K como relatório anual para os acionistas. Outras incorporam o relatório 10-K ao seu relatório anual. Outras, ainda, preparam um relatório anual separado para os acionistas, além do relatório 10-K.

---

34. Por exemplo, o **Capítulo 4** discute os critérios de reconhecimento dos itens a serem incluídos no ativo e no passivo do balanço patrimonial. O **Capítulo 8** discute os critérios de reconhecimento das receitas na demonstração do resultado.

MÉTODOS CONTÁBEIS PARA MEDIR O DESEMPENHO

Muitas atividades operacionais começam em um período contábil e terminam em outro. Por exemplo, uma empresa pode adquirir um prédio em um período e usá-lo por 30 anos. As empresas podem comprar mercadorias em um período contábil, pagar por elas em um segundo período, vendê-las em um terceiro e receber o caixa dos clientes em um quarto período. O recebimento do caixa pode preceder a venda da mercadoria, como ocorre quando os clientes fazem pagamentos adiantados, ou ser posterior, quando a venda é feita a prazo. Medir o desempenho em um período específico exige medir o valor de receitas e despesas das atividades operacionais que se estendem por mais de um período contábil. Há duas abordagens para medir o desempenho operacional:

1. O regime de caixa.
2. O regime de competência.

Contabilidade pelo regime de caixa

Na contabilidade pelo **regime de caixa**, uma empresa mede o desempenho por vender bens e prestar serviços quando recebe dinheiro dos clientes ou faz pagamentos em dinheiro a fornecedores de bens e serviços. Para entender a mensuração do desempenho no regime contábil de caixa, considere a seguinte informação:

Exemplo 3. Joan Adam abre uma loja de suprimentos de arte (Adam-Art Supply) em 1º de janeiro de 2013. O financiamento da loja consiste em € 150.000 em dinheiro, fornecido por Joan em troca de todo o capital social da empresa. A empresa aluga um espaço em 1º de janeiro e paga dois meses de aluguel adiantado, no valor de € 14.000. Em janeiro, a empresa adquire mercadorias ao custo de € 140.000, pagando € 86.000 à vista e adquirindo o restante (€ 54.000) a prazo, para pagamento em fevereiro. As vendas a clientes em janeiro totalizaram € 140.000, sendo € 114.000 à vista e € 26.000 a receber em fevereiro e março. O custo das mercadorias vendidas em janeiro foi de € 42.000. A empresa paga € 25.000 em salários.

Adotando o regime de caixa, a empresa registra vendas quando recebe caixa. O resultado é o recebimento em dinheiro menos o desembolso em dinheiro para bens e serviços. O total das vendas da Adam-Art Supply em janeiro foi de € 140.000, mas ela só registra recebimento em caixa de € 114.000. Ela registrará os € 26.000 restantes quando os clientes pagarem os valores devidos nos meses seguintes. A empresa adquire mercadorias ao custo de € 140.000 em janeiro, mas paga apenas € 86.000 em caixa aos fornecedores. No regime de caixa, a medida de desempenho subtrai apenas o caixa pago do caixa recebido. A empresa também subtrai as despesas de janeiro com salários (€ 25.000) e aluguel (€ 14.000), ainda que ela tenha pago o aluguel tanto de janeiro como de fevereiro. O caixa gasto com mercadorias e serviços (€ 125.000 = € 86.000 + € 25.000 + € 14.000) excedeu em € 11.000 os recebimentos em caixa dos clientes (€ 114.000) durante janeiro:

Entradas de caixa	
Recebimentos em caixa de clientes	€ 114.000
Total das entradas de caixa	114.000
Saídas de caixa	
Caixa pago para aluguel	(14.000)
Caixa pago para mercadoria	(86.000)
Caixa pago para salários	(25.000)
Total das saídas de caixa	(125.000)
Fluxo de caixa líquido	€ (11.000)

Como base para a mensuração do desempenho de determinado período contábil, o regime contábil de caixa apresenta três desvantagens:

1. O regime de caixa não confronta o custo dos esforços necessários para gerar as entradas com essas mesmas entradas. As saídas de caixa de um período podem se referir a atividades operacionais cujas entradas de caixa ocorrem em períodos anteriores ou posteriores. Por exemplo, o pagamento de € 14.000 garante o aluguel tanto

de janeiro como de fevereiro. No entanto, o regime de caixa subtrai todo o valor para medir o desempenho de janeiro e nenhum valor em fevereiro. Consequentemente, o desempenho de fevereiro parecerá melhor que o de janeiro unicamente em razão do pagamento do aluguel.

O regime de caixa funciona melhor para conjugar o custo dos esforços necessários para gerar entradas durante períodos mais longos, não mais curtos. Por exemplo, se a Adam-Art Supply calcular o desempenho de *dois* meses, janeiro e fevereiro, os € 14.000 de custo de aluguel corresponderão exatamente aos benefícios que a empresa recebe no período. Contudo, postergar a mensuração de desempenho não é uma boa solução, uma vez que os usuários das demonstrações contábeis desejam informação tempestiva e, pelas razões mencionadas ao tratarmos da convenção de períodos contábeis, as atividades de negócio não se dividem nitidamente em projetos e períodos discretos.

2. O regime de caixa separa o reconhecimento da receita do processo de obtenção dessas receitas. A empresa deve reconhecer as receitas quando as obtém ao entregar bens e serviços aos clientes. A entrega ocorre frequentemente antes de a empresa receber caixa dos clientes. Esperar para reconhecer as receitas até que a empresa receba caixa resulta em relatar os efeitos das atividades operacionais um ou dois períodos *depois* da atividade crítica de geração da receita – a compra de bens e serviços pelo cliente. Por exemplo, as vendas para clientes em janeiro da Adam-Art Supply foram de € 140.000. No regime de caixa, a empresa não reconhecerá € 26.000 desse montante até que ela receba em caixa em fevereiro ou mais tarde.

3. O desempenho medido pelo regime de caixa é sensível ao momento dos desembolsos de caixa. Por exemplo, a mensuração pelo regime de caixa reduz do desempenho de janeiro da Adam-Art Supply o valor total de € 14.000 pagos pelo aluguel, embora a empresa vá beneficiar-se dos resultados dessa despesa pelos dois meses seguintes. Além disso, uma postergação de apenas alguns dias no desembolso de caixa, próximos ao fim do período contábil, aumentará inapropriadamente os resultados desse período.

Contabilidade pelo regime de competência

O **regime de competência** reconhece a receita quando uma empresa vende bens (empresas industriais ou comerciais) ou presta serviços (empresas de serviços). As despesas são reconhecidas no período em que a empresa reconhece as receitas que esses custos ajudaram a produzir. Assim, a contabilidade pelo regime de competência busca confrontar despesas com receitas. Quando o consumo dos benefícios futuros de um ativo não está correlacionado a uma receita específica, a empresa reconhece esses gastos como despesa no período em que a empresa utiliza os benefícios.

Exemplo 4. Pelo regime contábil de competência, a Adam-Art Supply reconhece como receita em janeiro de 2013 o total de € 140.000 das vendas de janeiro, embora só tenha recebido € 114.000 em caixa até o fim de janeiro. A empresa tem uma expectativa razoável de receber os € 26.000 restantes em fevereiro ou pouco depois. A venda (e entrega) dos bens, e não o recebimento em caixa dos clientes, provoca o reconhecimento da receita. A mercadoria vendida em janeiro custou € 42.000. O reconhecimento desse valor como despesa (custo das mercadorias vendidas) corresponde ao custo da mercadoria vendida com a receita decorrente da venda desses bens. Do total (€ 14.000) do pagamento de aluguel adiantado, apenas € 7.000 se aplicam ao custo dos benefícios consumidos em janeiro. Os restantes € 7.000 compram benefícios para o mês de fevereiro e, portanto, aparecerão no balanço patrimonial de 31 de janeiro como um ativo. Diversamente do custo da mercadoria vendida, os salários e despesas de janeiro não se confrontam com suas receitas. Esses custos se tornam despesas de janeiro na medida em que a empresa consumiu salários e serviços de aluguel durante o mês. Pelo regime de competência, a Adam-Art informaria em janeiro um lucro líquido de € 66.000:

Receita de vendas	€ 140.000
Custo das mercadorias vendidas	(42.000)
Despesas com aluguel	(7.000)
Despesa com salários	(25.000)
Lucro líquido	€ 66.000

O regime de competência ilustra o **princípio da confrontação**: ele faz corresponder as despesas com as receitas a elas relacionadas, subtraindo seus valores para medir o desempenho. Essa medida de desempenho independe de a empresa ter recebido caixa como entrada pelas receitas ou despendido caixa como saída pelas despesas.

O regime de competência possibilita uma melhor medida do desempenho operacional de janeiro da Adam-Art Supply em comparação ao regime de caixa por duas razões:

1. As receitas refletem mais precisamente os resultados da atividade de vendas em janeiro que o caixa recebido dos clientes no período.
2. As despesas possuem maior correspondência com as receitas relatadas que os desembolsos em relação aos recebimentos.

O regime de competência também proporciona uma medida superior de desempenho para períodos futuros pois as atividades dos períodos futuros arcarão com sua parte dos custos de aluguel e outros serviços que a empresa consumirá.

A maioria das empresas adota o regime contábil de competência. Daqui por diante, todas as discussões pressupõem a adoção do regime de competência.

PROBLEMA 1.2 PARA APRENDIZAGEM

Regime de caixa versus regime de competência na contabilidade. A Thompson Hardware Store inicia suas operações em 1º de janeiro de 2013, quando Jacob Thompson investe $ 30.000 pelo total do capital social da empresa. A empresa aluga um prédio em 1º de janeiro e paga dois meses adiantados de aluguel no valor de $ 2.000. Em 1º de janeiro ela também paga $ 1.200 de prêmio para um seguro de imóvel e responsabilidade civil com cobertura até 31 de dezembro de 2013. A empresa adquire $ 28.000 em mercadorias para estoque em 2 de janeiro, a prazo, e paga $ 10.000 desse valor em 25 de janeiro. Em 31 de janeiro, o custo das mercadorias não vendidas é de $ 15.000. Durante esse mês, a empresa faz vendas à vista a clientes totalizando $ 20.000 e vendas a prazo totalizando $ 9.000. A empresa recebe $ 2.000 desses créditos de vendas no fim de janeiro. A empresa paga outros custos em janeiro, como segue: $ 400 de água, luz e telefone; $ 650 de salários; e $ 350 de tributos. Quais são as receitas, despesas e lucro da Thompson Hardware Store em janeiro, assumindo: 1) o regime de competência e 2) o regime de caixa?

RESUMO

Este capítulo mostra como as atividades empresariais se relacionam com as demonstrações financeiras. Ele dá uma visão geral das quatro demonstrações financeiras básicas. Capítulos posteriores examinarão os conceitos e procedimentos próprios de cada demonstração. Este capítulo ainda descreve o processo de divulgação financeira e introduz os padrões U.S. GAAP e IFRS.

Agora nos voltaremos ao estudo da contabilidade financeira. Para compreender os conceitos e procedimentos do livro, você deve estudar os exemplos numéricos apresentados em cada capítulo e resolver os diversos problemas, incluindo os de aprendizagem.

SOLUÇÕES DOS PROBLEMAS PARA APRENDIZAGEM

Solução sugerida para o problema 1.1

(Preparação de um balanço patrimonial e de uma demonstração do resultado usando os dados da Sargent AG)

a. Balanço patrimonial para os anos terminando em 30 de setembro de 2013 e 30 de setembro de 2012.

	30 de setembro	
	2013	2012
Ativo		
Caixa e equivalentes de caixa	€ 4.005	€ 10.214
Contas a receber de clientes	14.620	15.148
Estoques	12.930	12.790
Outros ativos circulantes	16.377	11.862
Total do ativo circulante	47.932	50.014
Imóveis e equipamentos (líquido de depreciação acumulada)	10.555	12.072
Ativos intangíveis	17.120	13.074
Títulos para investimento de longo prazo	12.577	7.998
Outros ativos não circulantes	3.371	4.370
Total do ativo não circulante	43.623	37.514
Total do ativo	€ 91.555	€ 87.528
Passivo e patrimônio líquido		
Contas a pagar a fornecedores	€ 8.382	€ 8.443
Tributos sobre o lucro a pagar	2.414	1.582
Outros passivos circulantes	33.098	28.939
Total do passivo circulante	43.894	38.964
Financiamentos de longo prazo	9.860	13.122
Outros passivos não circulantes	8.174	9.547
Total do passivo não circulante	18.034	22.669
Total do passivo	61.928	61.633
Capital social	8.823	8.335
Lucros acumulados	20.453	16.702
Outros itens do patrimônio líquido	351	858
Total do patrimônio líquido	29.627	25.895
Total do passivo mais patrimônio líquido	€ 91.555	€ 87.528

Ativo	=	Passivo	+	Patrimônio líquido
Exercício 2013: € 91.555 milhões	=	€ 61.928 milhões	+	€ 29.627 milhões
Exercício 2012: € 87.528 milhões	=	€ 61.633 milhões	+	€ 25.895 milhões

b. Demonstração do resultado para o ano findo em 30 de setembro de 2013:

Receita de vendas	€ 72.448
Custo das mercadorias vendidas	(51.572)
Despesas com pesquisa e desenvolvimento	(3.399)
Despesas com vendas, gerais e administrativas	(12.103)
Lucro operacional	5.374
Outras despesas (não operacionais)	(144)
Lucro antes dos tributos sobre o lucro	5.230
Despesas com tributos sobre o lucro	(1.192)
Lucro líquido	€ 4.038

c. Sim. A mudança nos Lucros Acumulados é de € 3.751 milhões e o Lucro Líquido é de € 4.038 milhões. Baseando-se apenas nessas informações, os dividendos são de € 287 milhões (= € 4.038 − € 3.751).

Solução sugerida para o problema 1.2

(Thompson Hardware Store: regime de caixa *versus* regime de competência na contabilidade)

Cálculo das receitas, despesas e resultado para janeiro de 2013 pelos regimes de caixa e de competência:

	Regime de caixa	Regime de competência
Receitas	22.000	29.000
Despesas:		
Aluguel	2.000	1.000
Seguro	1.200	100
Gastos com estoque	10.000	13.000
Gastos com água, luz e telefone	400	400
Salários	650	650
Tributos	350	350
Total das despesas	14.600	15.500
Resultado líquido	7.400	13.500

PRINCIPAIS TERMOS E CONCEITOS

Accounting Standards Codification
Acionistas, sócios
Ano natural de exercício
Atividades de investimento
Atividades operacionais
Ativo
Balanço patrimonial ou demonstração da posição financeira
Comissão de Valores Mobiliários (CVM)
Comitê de Pronunciamentos Contábeis (CPC)
Comparabilidade
Conselho de administração
Convenção do período contábil, período de divulgação
Convergência
Credores
Demonstração das mutações do patrimônio líquido
Demonstração do resultado ou demonstração de lucros e perdas
Demonstração dos fluxos de caixa
Despesas
Dividendos
Empresas não norte-americanas registradas na SEC
Empresas norte-americanas registradas na SEC
Estratégias
Estrutura conceitual

Evidenciação (*disclosure*)
Exercício
Financial Accounting Standards Board (FASB)
Financiamento
Gestores
Inteligibilidade (Compreensibilidade)
International Accounting Standards Board (IASB)
International Financial Reporting Standards (IFRS)
Investimento de capital (*capex*)
Lei Sarbanes-Oxley
Lucro, lucro líquido
Lucros acumulados
Management's Discussion and Analysis (*MD&A*)
Materialidade
Metas
Negociados na Bolsa
Notas explicativas e anexos
Parecer dos auditores
Passivo
Patrimônio líquido
Prejuízo líquido
Princípio da confrontação
Processo de divulgação financeira
Public Company Accounting Oversight Board (PCAOB)

Introdução às atividades empresariais e visão geral das demonstrações financeiras e do processo de informação...   31

Realização
Receitas, vendas, receita de vendas
Reconhecimento
Regime de caixa
Regime de competência
Relatório anual para os acionistas
Relatório da administração
Relevância
Representação fidedigna

Securities and Exchange Commission (SEC)
Statements of Financial Accounting Standards (SFAS)
Tempestividade
U.S. GAAP (generally accepted accounting principles)
Valor corrente
Valor histórico
Valor monetário
Verificabilidade

QUESTÕES, EXERCÍCIOS E PROBLEMAS

Questões

1. Reveja o significado dos termos e conceitos listados em Principais Termos e Conceitos consultando o **Glossário** no site da Cengage Learning.
2. O capítulo descreve quatro atividades comuns a todas as entidades: estabelecer metas e estratégias, atividades de financiamento, atividades de investimento e atividades operacionais. Como essas atividades diferem entre uma organização sem fins lucrativos e uma empresa de negócios?
3. "A analogia fotográfica para o balanço patrimonial é uma foto e para a demonstração do resultado e demonstração do fluxo de caixa é um filme." Explique.
4. O que está envolvido em uma auditoria por um auditor independente externo?
5. Quem prepara as demonstrações financeiras de uma empresa?
6. Em que sentido os fornecedores de matérias-primas, mercadorias ou serviços do trabalho (empregados) podem ser fontes de financiamento para a empresa?
7. Em que sentido as contas a receber de clientes podem ser fontes de financiamento para os clientes da empresa?
8. As atividades de investimento dizem respeito à aquisição de capacidade produtiva para permitir à empresa realizar suas atividades. Exemplos dessa capacidade incluem (1) terreno, edifícios e equipamentos, (2) patentes e licenças. Em que esses dois tipos de capacidade se assemelham e em que diferem?
9. Quando o ano de exercício de uma empresa difere do ano-calendário?
10. As demonstrações financeiras incluem valores em unidades monetárias. Qual o maior determinante da escolha da moeda pela empresa para a divulgação financeira?
11. Ativos e passivos aparecem no balanço patrimonial como circulantes ou não circulantes. Qual a diferença entre um item circulante e um item não circulante? Por que os usuários das demonstrações financeiras podem se interessar por essa distinção?
12. A base da mensuração para relatar itens do balanço patrimonial de uma empresa pode ser valores históricos ou valores correntes. Qual a diferença entre essas duas bases de mensuração?
13. Como uma demonstração do resultado conecta dois balanços patrimoniais sucessivos? Como uma demonstração do fluxo de caixa conecta dois balanços patrimoniais sucessivos?
14. Qual o papel dos seguintes participantes no processo de divulgação financeira: U.S. Securities and Exchange Commission (SEC), Financial Accounting Standard Board (FASB) e International Accounting Standards Board (IASB)?
15. Este capítulo apresenta os sistemas General Accepted Accounting Principles (U.S. GAAP) e International Financial Reporting Standards (IFRS). Qual desses sistemas uma empresa norte-americana pode usar e qual uma empresa estrangeira listada na Bolsa nos Estados Unidos pode usar?
16. Qual o propósito das estruturas conceituais do FASB e do IASB?
17. Qual a vantagem do regime contábil de competência em relação ao regime de caixa para medir desempenho?

Exercícios

18. **Entendendo o balanço patrimonial.** Considere a **Figura 1.9**, que contém informações do balanço patrimonial integrante dos relatórios financeiros da Palmer Coldgate, uma fabricante norte-americana de produtos de

consumo. Essa empresa divulga todos os valores em milhões de dólares norte-americanos (US$). Responda às seguintes questões de acordo com as informações dessa figura.

a. Qual é o maior ativo da empresa e qual é o seu valor no balanço patrimonial?
b. Qual o valor total do ativo não circulante da empresa?
c. Qual o maior passivo da empresa e qual o seu valor no balanço patrimonial?
d. Qual o valor da diferença entre o ativo circulante e o passivo circulante da empresa?
e. A empresa tem sido lucrativa desde o seu início? Como você sabe?
f. Que fração do seu ativo a empresa financia com o seu passivo?
g. Verifique que o ativo da empresa é igual à soma do passivo mais o patrimônio líquido.

Figura 1.9

Palmer Coldgate
Balanço patrimonial consolidado (em milhões de US$)

No final do ano	2013
ATIVO	
Ativo circulante	
Caixa e equivalentes de caixa	428,7
Clientes/recebíveis (líquido de provisões de $ 50,6 e $ 46,4, respectivamente)	1.680,7
Estoques	1.171,0
Outros ativos circulantes	338,1
Total do ativo circulante	3.618,5
Imobilizado, líquido	3.015,2
Goodwill, líquido	2.272,0
Outros ativos intangíveis, líquido	844,8
Outros ativos	361,5
Total do ativo	10.112,0
PASSIVO E PATRIMÔNIO LÍQUIDO	
Passivo circulante	
Notas e empréstimos a pagar	155,9
Parcela de curto prazo da dívida de longo prazo	138,1
Contas a pagar a fornecedores	1.066,8
Imposto de renda a pagar	262,7
Outros passivos circulantes	1.539,2
Total do passivo circulante	3.162,7
Dívida de longo prazo	3.221,9
Imposto de renda diferido	264,1
Outros passivos	1.177,1
Total do passivo	7.825,8
Outras obrigações e provisões	–
Patrimônio líquido	
Ações preferenciais	197,5
Ações ordinárias, ao valor nominal de $ 1 (1.000.000.000 ações autorizadas, 732.853.180 ações emitidas)	732,9
Ágio na emissão de ações	1.517,7
Lucros acumulados	10.627,5
Outros resultados abrangentes acumulados	(1.666,8)
	11.408,8
Remunerações diferidas	(218,9)
Ações em tesouraria, pelo custo	(8.903,7)
Total do patrimônio líquido	2.286,2
Total do passivo e patrimônio líquido	10.112,0

Introdução às atividades empresariais e visão geral das demonstrações financeiras e do processo de informação...

19. **Entendendo a demonstração do resultado.** Considere a **Figura 1.10**, que contém informações sobre a demonstração do resultado integrante dos relatórios financeiros da Capcion, uma fabricante austríaca de papel e embalagens. A Capcion divulga todos os valores em euros (€). Responda às seguintes questões de acordo com as informações dessa figura.
   a. Qual a maior despesa da Capcion na sua demonstração do resultado e qual o seu valor?
   b. Qual a segunda maior despesa da Capcion na sua demonstração do resultado e qual o seu valor?
   c. Qual a proporção entre o resultado bruto e as vendas da Capcion (essa razão é a porcentagem da margem bruta)?
   d. Que valor a Capcion informa como lucro operacional para 2013? Que valor ela relata como lucro antes dos impostos? O que explica a diferença entre ambos?
   e. Qual é a taxa efetiva dos impostos da Capcion no ano? (A taxa efetiva de impostos é a razão entre a despesa do imposto de renda e o lucro antes dele.)
   f. A Capcion obteve lucro no ano ou incorreu em prejuízo? De quanto?

Figura 1.10

Capcion
Demonstração do resultado consolidada

(em milhares de euros [€])	Ano findo em 31 de dezembro de 2013
Receita de vendas	1.736.959,2
Custo das mercadorias vendidas	(1.331.292,1)
Resultado bruto	**405.667,1**
Outras receitas e despesas operacionais	10.746,7
Despesas com vendas e distribuição	(172.033,4)
Despesas administrativas	(74.204,0)
Outras despesas operacionais	(758,2)
Resultado operacional	**169.418,2**
Despesas financeiras	(9.082,9)
Receitas financeiras	14.534,1
Participação no lucro (prejuízo) de empresas investidas	377,9
Outras receitas (despesas), líquido	(4.383,4)
Resultado antes do imposto de renda	**170.863,9**
Despesas com imposto de renda	(54.289,9)
Resultado líquido do exercício	**116.574,0**

© Cengage Learning 2014

20. **Entendendo a demonstração dos fluxos de caixa.** A informação, baseada em uma adaptação da demonstração dos fluxos de caixa da Seller Redbud, uma varejista norte-americana, é mostrada na **Figura 1.11**. Essa empresa divulga todos os valores em dólares norte-americanos (US$). Responda às seguintes questões de acordo com as informações dessa figura.

   a. A Seller Redbud gerou déficit ou superávit de caixa nas atividades operacionais durante o ano apresentado? Em que montante?
   b. A Seller Redbud gerou déficit ou superávit de caixa nas atividades de investimento durante o ano apresentado? Em que montante?
   c. A Seller Redbud gerou déficit ou superávit de caixa nas atividades de financiamento durante o ano apresentado? Em que montante?
   d. Qual foi o fluxo de caixa líquido da Seller Redbud no ano apresentado?
   e. Qual a variação no saldo de caixa entre o início e o fim do ano apresentado? O que causou essa variação?

21. **Relações no balanço patrimonial.** O balanço patrimonial da EuroTel, uma empresa de comunicação da União Europeia, mostra um ativo circulante de € 20.000 milhões, um passivo circulante de € 15.849 milhões, um patrimônio líquido de € 17.154 milhões e um ativo não circulante de € 29.402 milhões. Qual o valor do passivo não circulante no balanço patrimonial da EuroTel?
22. **Relações no balanço patrimonial.** O balanço patrimonial da GoldRan, uma companhia sul-africana de mineração, mostra um ativo circulante de R 6.085,1, um ativo não circulante de R 49.329,8, um passivo não circulante de R 13.948,4 e um passivo circulante de R 4.360,1. A GoldRan apresenta seus montantes em milhões de *rands* (R) sul-africanos. Qual o valor do patrimônio líquido no balanço patrimonial da GoldRan?
23. **Relações na demonstração do resultado.** A demonstração do resultado da GrandRider, uma montadora inglesa, relatou receitas de £ 7.435, custo dos produtos vendidos de £ 6.003, outras despesas operacionais de £ 918, um prejuízo de £ 2 em uma venda e um lucro financeiro líquido de £ 221. A despesa com impostos no ano foi de £ 133. A GrandRider apresenta seus montantes em milhões de libras esterlinas (£). Calcule o lucro ou o prejuízo líquido da GrandRider.
24. **Relações na demonstração do resultado.** A demonstração do resultado da AutoCo, uma montadora norte-americana, relatou receitas de $ 207.349, custo dos produtos vendidos de $ 164.682, outras despesas operacionais, incluindo tributos sobre o lucro, de $ 50.335 e um lucro financeiro líquido, depois dos impostos, de $ 5.690. Os valores estão expressos em milhões de dólares norte-americanos (US$). Calcule o lucro líquido ou o prejuízo líquido da AutoCo.

Figura 1.11

Seller Redbud
Demonstração dos fluxos de caixa consolidada

(em milhares de US$)	Ano findo em 31 de janeiro de 2013
Fluxo de caixa das atividades operacionais	
Lucro líquido	562.808
Ajustes para reconciliar o lucro líquido com o caixa gerado pelas atividades operacionais:	
Depreciação	157.770
Amortização de prêmio de *bonds*	1.538
Remuneração baseada em ações	43.755
Benefícios tributários da remuneração baseada em ações	2.719
Tributos sobre o lucro diferidos	2.315
(Aumento) diminuição de ativos, líquido do efeito de aquisições:	
Estoques de mercadoria	(96.673)
Investimentos em títulos de mercado	(3.020)
Outros ativos circulantes	(16.217)
Outros ativos	529
(Diminuição) aumento de passivos, líquido do efeito de aquisições:	
Contas a pagar a fornecedores	(31.764)
Despesas do exercício a pagar e outros passivos circulantes	15.774
Passivos de créditos e bonificações de mercadoria	24.430
Tributos sobre o lucro a pagar	(74.530)
Aluguel a pagar e outros passivos	25.102
Caixa líquido das atividades operacionais	$ 614.536

(continua)

(continuação)

Figura 1.11

Seller Redbud
Demonstração dos fluxos de caixa consolidada

(em milhares de US$)	Ano findo em 31 de janeiro de 2013
Fluxo de caixa das atividades de investimento	
Aquisição de títulos de investimento mantidos até o vencimento	–
Liquidação de títulos de investimento mantidos até o vencimento	494.526
Aquisição de títulos de investimento disponíveis para a venda	(1.495.155)
Liquidação de títulos de investimento disponíveis para a venda	1.546.430
Investimentos de capital	(358.210)
Pagamento de aquisições, líquido do caixa adquirido	(85.893)
Caixa líquido fornecido (utilizado) nas atividades de investimento	101.698
Fluxo de caixa das atividades de financiamento:	
Rendimentos do exercício de opções de ações	22.672
Benefícios tributários adicionais de remuneração baseada em ações	5.990
Recompra de ações ordinárias, incluindo taxas de corretagem	(734.193)
Pagamento de preço de compra diferido de aquisição	–
Caixa líquido utilizado nas atividades de financiamento	(705.531)
Aumento (diminuição) líquido de caixa e equivalentes de caixa	10.703
Caixa e equivalentes de caixa:	
No início do período	213.381
No fim do período	224.084

25. **Relações em lucros acumulados.** O balanço patrimonial da Veldt, uma empresa sul-africana, mostrou saldo de lucros acumulados de R 5.872,4 no fim de 2013 e de R 4.640,9 no fim de 2012. O lucro líquido do ano foi de R 2.362,5 milhões. Todos os valores são em milhões de *rands* sul-africanos (R). Calcule o montante dos dividendos declarados no ano.

26. **Relações em lucros acumulados.** O balanço patrimonial da Delvico, uma empresa indiana, mostrou lucros acumulados de Rs 26.575 no início do ano e de Rs 70.463 no fim do mesmo ano. A empresa declarou dividendos durante o ano no valor de Rs 3.544. Todos os valores são em milhões de rupias indianas (Rs). Calcule o lucro líquido do ano.

27. **Relações no fluxo de caixa.** A demonstração do fluxo de caixa da BargainPurchase, uma varejista, apresentou entrada líquida de caixa das operações no valor de $ 4.125, uma saída líquida de caixa para investimento no valor de $ 6.195 e uma entrada líquida de caixa de financiamentos no valor de $ 3.707. O balanço patrimonial mostrou um saldo de caixa de $ 813 no início do ano. Todos os valores estão expressos em milhões de dólares norte-americanos (US$). Calcule o montante do caixa no balanço patrimonial no fim do ano.

28. **Relações no fluxo de caixa.** A demonstração do fluxo de caixa da Buenco, uma empresa argentina, apresentou entrada líquida de caixa das operações no valor de Ps 427.182 e uma saída líquida de caixa para financiamentos no valor de Ps 21.806. Os balanços patrimoniais comparativos mostraram saldo inicial de caixa de Ps 32.673 e saldo final de caixa de Ps 101.198. Todos os valores estão expressos em milhões de pesos argentinos (Ps). Calcule o valor do caixa gerado ou utilizado nas atividades de investimento.

29. **Preparação de um balanço patrimonial simples; classificações entre circulante e não circulante.** A Kenton Limited iniciou operações de varejo em 1º de janeiro de 2013. Nessa data, ela emitiu 10.000 ações de capital social no valor de £ 50.000. Em 31 de janeiro, usou £ 48.000 para alugar uma loja, pagando adiantado pelos dois anos seguintes. A Kenton também comprou £ 12.000 em mercadorias a prazo, concordando em pagar ao fornecedor em 30 dias. A Kenton aplica as IFRS. Prepare, em formato adequado, o balanço patrimonial da Kenton em 31 de janeiro de 2013.

30. **Preparação de um balanço patrimonial simples; classificações entre circulante e não circulante.** A Heckle Group iniciou operações como empresa de consultoria de engenharia em 1º de junho de 2013. Nessa data,

ela emitiu 100.000 ações de capital social no valor de € 920.000. Durante o mês de junho, a Heckle utilizou € 600.000 dos proventos para comprar equipamentos de escritório. Ela adquiriu uma patente por € 120.000, concordando em pagar ao vendedor em 30 dias. Em 30 de junho, a Heckle tomou um empréstimo de € 400.000 em um banco, a juros de 8% ao ano, com liquidação total em 30 de junho de 2016. Prepare, em formato adequado, o balanço patrimonial da Heckle em 30 de junho de 2013.

31. **Regime de competência *versus* regime de caixa.** As informações a seguir baseiam-se na demonstração financeira da Hewston, uma grande empresa de manufatura. A receita anual é de $ 66.387 milhões e as despesas líquidas (incluindo tributos sobre o lucro) são de $ 62.313 milhões. Durante o ano, a empresa recebeu dos clientes $ 65.995 milhões em caixa e teve saídas de caixa de $ 56.411 milhões associadas a pagamentos a fornecedores e vendedores.

    a. Calcule o lucro líquido e o fluxo de caixa líquido do ano.
    b. Como pode o caixa recebido dos clientes ser inferior à receita?
    c. Como pode o pagamento a fornecedores e vendedores ser inferior às despesas?

32. **Regime de competência *versus* regime de caixa.** Considere as seguintes informações relatadas pela DairyLamb, uma empresa da Nova Zelândia; todos os valores são em dólares neozelandeses (NZD). A empresa relatou receitas de $ 13.882, custo dos produtos vendidos de $ 11.671, juros e outras despesas de $ 2.113 e despesas com tributos de $ 67. Ela também informou $ 13.894 em recebimentos de caixa de clientes, $ 102 em diversos recebimentos de caixa, $ 5.947 em desembolsos de caixa aos empregados e credores, $ 6.261 em desembolsos de caixa para leite, $ 402 em pagamentos de juros e $ 64 em pagamentos de impostos. Calcule o lucro líquido e o seu fluxo de caixa líquido.

Problemas

33. **Relações no balanço patrimonial.** Valores selecionados do balanço patrimonial da ComputerCo, localizada em Singapura, são relacionados a seguir. Todos os valores estão expressos em milhões de dólares de Singapura (SGD). Calcule os valores faltantes.

	2013	2012
Total do ativo	199.824	?
Passivo não circulante	7.010	?
Ativo não circulante	?	17.368
Total do passivo e patrimônio líquido	?	?
Passivo circulante	139.941	126.853
Patrimônio líquido	?	53.721
Total do passivo	?	?
Ativo circulante	170.879	170.234

34. **Relações no balanço patrimonial.** Valores selecionados do balanço patrimonial da SinoTwelve, uma empresa chinesa de manufatura, são relacionados a seguir. Todos os valores estão expressos em milhões de dólares norte-americanos (US$). Calcule os valores faltantes.

	2013	2012
Total do ativo	?	5.450.838
Passivo circulante	4.488.461	3.527.504
Ativo circulante	?	3.062.449
Total do passivo e patrimônio líquido	7.199.847	?
Passivo não circulante	1.098.123	?
Patrimônio líquido	?	1.134.276
Ativo não circulante	2.494.481	?
Total do passivo	?	?

35. **Relações na demonstração de resultados.** Valores selecionados da demonstração dos resultados da EastonHome, uma empresa norte-americana de produtos manufaturados, são relacionados a seguir. Todos os valores estão expressos em milhões de dólares norte-americanos (US$). Calcule os valores faltantes.

	2013	2012	2011
Vendas..	13.790	?	11.397
Custo dos produtos vendidos..	?	5.536	5.192
Despesas com vendas e administrativas...........................	4.973	4.355	3.921
Outras (receitas) despesas...	121	186	69
Despesas com juros, líquido...	157	159	136
Despesa com tributos sobre o lucro..................................	759	648	728
Lucro líquido..	1.738	1.354	?

36. **Relações na demonstração de resultados.** Valores selecionados da demonstração dos resultados da YankeeFashion, uma empresa varejista norte-americana, são relacionados a seguir. Todos os valores estão expressos em milhões de dólares norte-americanos (US$). Calcule os valores faltantes.

	2013	2012	2011
Receita líquida...	4.295,4	3.746,3	3.305,4
Custo das mercadorias vendidas.......................................	1.959,2	1723,9	1620,9
Despesas com vendas e administrativas...........................	1.663,4	1.476,9	1377,6
Outras (receitas) despesas...	34,0	?	2,7
Despesas (receitas) com juros, líquido.............................	?	(1,2)	6,4
Despesa com tributos sobre o lucro..................................	242,4	194,9	107,4
Lucro líquido..	400,9	308,0	?

37. **Relações na demonstração dos fluxos de caixa.** As informações a seguir baseiam-se nos dados relatados na demonstração dos fluxos de caixa da AB Brown, uma empresa sueca. Todos os valores estão expressos em milhões de coroas suecas (SEK).

	2013	2012	2011
Entradas de caixa	15.587	1.290	K 657
Ingressos de empréstimos..	94	124	174
Vendas de ações ordinárias...	19.210	18.489	16.669
Receitas operacionais, líquidas de despesas.....................	152	185	362
Venda de imobilizado...	3.499	6.180	6.375
Venda de investimentos de curto prazo............................	406	58	–
Outras atividades de financiamento.................................	–	663	–
Outras atividades de investimento...................................			
Saídas de caixa			
Aquisição de imobilizado..	4.319	3.827	3.365
Aquisição de empresas...	26.292	18.078	1.210
Liquidação de empréstimos..	1.291	9.510	2.784
Dividendos pagos...	8.132	7.343	4.133
Outras atividades de financiamento.................................	–	–	288
Outras atividades de investimento...................................	573	–	1.131

Prepare uma demonstração dos fluxos de caixa para a AB Brown para os três anos apresentados, aplicando o formato da **Figura 1.3**. Estabeleça o caixa gerado nas operações como sendo igual a receitas menos despesas operacionais. O saldo de caixa no início de 2011 foi de SEK 30.412. A AB Brown classifica as mudanças nos investimentos de curto prazo como atividades de investimento.

38. **Relações na demonstração dos fluxos de caixa.** Valores selecionados da demonstração do fluxo de caixa da Jackson Corporation para os anos findos em 31 de outubro de 2013, 2012 e 2011 aparecem a seguir (valores em milhões de dólares norte-americanos, US$).

	2013	2012	2011
Entradas de caixa			
Ingressos de empréstimos de longo prazo............................	836	5.096	3.190
Entradas de caixa das operações.......................................	19.536	19.083	17.233
Emissão de ações ordinárias..	67	37	3
Venda de imobilizado..	332	401	220
Outras transações de investimento.....................................	71	0	268
Total de entradas	20.842	24.617	20.914
Saídas de caixa			
Aquisição de imobilizado	3.678	3.640	1.881
Saídas de caixa das operações...	16.394	18.541	18.344
Liquidação de empréstimos de longo prazo........................	766	922	687
Outras atividades de investimento	0	1.501	0
Total de saídas...	20.838	24.604	20.912

Prepare uma demonstração dos fluxos de caixa para cada um dos três anos – 2013, 2012 e 2011 – aplicando o formato da Figura 1.3. Estabeleça o caixa gerado nas operações como sendo igual às receitas que geraram caixa menos as despesas que usaram caixa. O saldo de caixa em 31 de outubro de 2012 era de US$ 102 milhões.

39. **Preparando um balanço patrimonial e demonstração do resultado.** Os registros contábeis da JetAway Airlines revelam o seguinte: o exercício termina em 30 de setembro e os montantes estão expressos em milhares de US$.

	30 de setembro	
Itens do balanço patrimonial	2013	2012
Fornecedores..	157.415	156.755
Clientes	88.799	73.448
Caixa..	378.511	418.819
Capital..	352.943	449.934
Parcelas de curto prazo de empréstimos de longo prazo.............................	11.996	7.873
Estoques...	50.035	65.152
Empréstimos de longo prazo...	623.309	871.717
Outros ativos circulantes...	56.810	73.586
Outros passivos circulantes	681.242	795.838
Outros ativos não circulantes..	4.231	12.942
Outros passivos não circulantes..	844.116	984.142
Imobilizado (líquido)..	4.137.610	5.008.166
Lucros acumulados	2.044.975	2.385.854

Itens da demonstração do resultado	Para o ano findo em 30 de setembro de 2013
Despesas com combustível...	892.415
Despesas com juros...	22.883
Receitas de juros...	14.918
Despesas de manutenção...	767.606
Outras despesas operacionais..	1.938.753
Receita de vendas...	4.735.587
Despesas com salários e benefícios...	1.455.237

a. Prepare um balanço patrimonial comparativo para a JetAway Airlines em 30 de setembro de 2013 e 30 de setembro de 2012, no formato da **Figura 1.1**. Classifique cada item do balanço em uma das seguintes categorias: ativo circulante, ativo não circulante, passivo circulante, passivo não circulante e patrimônio líquido.

b. Prepare uma demonstração do resultado para a JetAway Airlines para o ano findo em 30 de setembro de 2013.

c. Prepare um anexo explicando a variação nos lucros acumulados entre 30 de setembro de 2012 e 30 de setembro de 2013. A JetAway declarou e pagou dividendos durante o exercício de 2013.

40. **Regime de caixa *versus* regime de competência.** Jack Block abre uma empresa de serviços tributários e contábeis, a Block's Tax and Bookkeeping Services, em 1º de julho de 2013. Ele investe $ 40.000 no capital social total do negócio e a empresa toma emprestado $ 20.000 do banco local, prometendo liquidar o empréstimo em 31 de dezembro de 2013, a juros de 8% ao ano, ou aproximadamente $ 133 por mês (= [0,08 × 20.000]/12 meses). A empresa aluga um espaço em 1º de julho e paga $ 6.000 por três meses adiantados de aluguel e arrenda equipamento de escritório para o ano, pagando $ 12.000 adiantados pela locação por seis meses. A empresa contrata um auxiliar de escritório pagando-lhe $ 72.000 por ano com pagamentos a cada dois meses, realizando o primeiro em 31 de agosto. Por fim, em julho, a empresa paga $ 370 em dinheiro pelo custo de material de escritório; uma contagem física no fim de julho mostra que ainda estão disponíveis $ 280 em material de escritório. Em julho, a Block's Tax and Bookkeeping Services presta serviços aos clientes no valor de $ 44.000. Em 31 de julho de 2013, os clientes já haviam pago $ 13.000 do montante devido.

a. Qual é o resultado da Block's Tax and Bookkeeping Services em julho de 2013:
(1) Aplicando o regime de caixa.
(2) Aplicando o regime de competência.

b. Qual o saldo de caixa disponível na Block's Tax and Bookkeeping em 31 de julho de 2013? Por que esse valor de caixa disponível não é uma boa representação do desempenho da empresa em julho?

41. **Regime de caixa *versus* regime de competência.** Dina Richards abre uma papelaria de alto padrão, a Stationery Plus, em 1º de novembro de 2013. Ela financia a loja investindo $ 80.000 em dinheiro em troca de todas as ações do capital social da empresa. Ela também obtém um empréstimo bancário de $ 100.000, comprometendo-se a pagar quatro parcelas de $ 25.000 no fim de cada quadrimestre, a partir de 31 de dezembro. A taxa de juros sobre o saldo devedor é de 12% ao ano (ou 1% ao mês); os juros são pagáveis juntamente com as amortizações do valor principal. A loja aluga um espaço, pagando $ 9.000 por seis meses de aluguel, e adquire mercadorias ao custo de $ 40.000. O fornecedor concorda em permitir que a Stationery Plus pague metade ($ 20.000) imediatamente e a outra metade em 15 de dezembro. Para atrair clientes, a empresa lhes dá 40 dias de prazo para pagar por suas compras. Outros custos mensais da Stationery Plus são $ 10.000 de salários e $ 480 de água, luz, telefone e seguros, todos pagos em dinheiro no final de cada mês. Em novembro, o total de vendas aos clientes foi de $ 56.000. No fim do mês, a Stationery Plus já havia recebido $ 23.000; ela recebeu o restante até 15 de dezembro. Em dezembro, o total de vendas aos clientes foi de $ 62.000; até o final do mês, a empresa já tinha recebido $ 34.000. Até então, nenhum cliente havia deixado de pagar o valor devido dentro de 40 dias. Em dezembro, a Stationery Plus adquiriu mais mercadorias ao custo de $ 55.000, pagando a metade imediatamente e concordando em pagar a outra metade em janeiro. Em novembro, a Stationery Plus vendeu mercadorias que tinha adquirido por $ 29.000, e em dezembro vendeu mercadorias que tinha adquirido por $ 33.600.

a. Qual o resultado da Stationery Plus em novembro de 2013:
   (1) Aplicando o regime de caixa.
   (2) Aplicando o regime de competência.
b. Qual o resultado da Stationery Plus em dezembro de 2013:
   (1) Aplicando o regime de caixa.
   (2) Aplicando o regime de competência.

42. **Relações entre lucro líquido e fluxo de caixa.** A ABC Company começa o ano muito bem. A empresa produz pequenos dispositivos (*widgets*) – exatamente o que o consumidor deseja. Ela os produz por $ 0,75 cada um e os vende por $ 1. A ABC Company mantém um estoque igual às entregas dos últimos 30 dias, paga suas contas à vista e recebe o caixa dos clientes dentro de 30 dias da venda. O gerente de vendas prevê um crescimento nas vendas de 500 dispositivos ao mês, a partir de fevereiro. Parece que será um grande ano, e ele começa assim:

1º de janeiro	Caixa, $ 875; contas a receber de clientes, $ 1.000; estoques, $ 750
Janeiro	Em janeiro a empresa vende a prazo, por $ 1.000, mil dispositivos custando $ 750. O lucro líquido do mês é $ 250. A empresa coleta no início do mês os recebíveis vincendos. A produção é de mil unidades a um custo total de $ 750. Os registros contábeis, no final de janeiro, mostram o seguinte:
1º de fevereiro	Caixa, $ 1.125; contas a receber de clientes, $ 1.000; estoque, $ 750
Fevereiro	Como previsto, as vendas dão um salto para 1.500 unidades. Com o correspondente aumento de produção para manter o estoque de 30 dias, a ABC Company fabrica duas mil unidades ao custo de $ 1.500. Ela recebe todos os valores das vendas de janeiro. O lucro líquido acumulado até agora é de $ 625. Agora os registros contábeis mostram o seguinte:
1º de março	Caixa, $ 625; contas a receber de clientes, $ 1.500; estoque, 1.125.
Março	Em março, as vendas ficam ainda melhores, aumentando para duas mil unidades. Os pagamentos são à vista. A produção, para aderir à política de estoques, é de 2.500 unidades. Os resultados operacionais do mês mostram um lucro líquido de $ 500. O lucro acumulado até a data é de $ 1.125. Os registros contábeis mostram o seguinte:
1º de abril	Caixa, $ 250; contas a receber de clientes, $ 2.000; estoque, $ 1.500
Abril	Em abril, as vendas dão um salto de mais 500 unidades, passando a 2.500, e o diretor da ABC Company parabeniza o gerente de vendas. Os clientes estão pagando pontualmente. A produção aumenta para três mil unidades e o negócio obtém $ 625 de lucro líquido no mês, para um lucro acumulado até a data de $ 1.750. O diretor da ABC Company pega um avião para Miami antes que o contador emita um relatório. De repente, ele recebe um telefonema do tesoureiro: "Volte! Precisamos de caixa!"
1º de maio	Caixa, $ 0; contas a receber de clientes, $ 2.500; estoque, $ 1.875

a. Prepare uma análise explicando o que aconteceu com a ABC Company. (*Dica*: Calcule o valor dos recebimentos de caixa e dos desembolsos de caixa durante o período de 1º de janeiro a 1º de maio.)
b. Como uma empresa pode mostrar um lucro líquido crescente e um montante de caixa decrescente?
c. Que entendimentos esse problema proporciona para a necessidade das três demonstrações financeiras – balanço patrimonial, demonstração do resultado e demonstração dos fluxos de caixa?
d. Quais providências você sugere à ABC Company tomar para resolver o seu problema de fluxo de caixa?

43. **Relações do balanço patrimonial e da demonstração do resultado.** (Preparado pelo professor Wesley T. Andrews Jr. e reproduzido com adaptações, com permissão.)

Era uma vez, muitos e muitos anos atrás, um senhor feudal que vivia numa pequena província da Europa central. O senhor, chamado Barão Barba-Ruiva, morava num castelo no alto de uma colina. Benevolente, ele assumia responsabilidade pelo bem-estar de muitos camponeses que ocupavam a terra em torno do castelo. A cada primavera, quando a neve começava a derreter, o Barão decidia como prover o sustento de todos os seus súditos durante o próximo ano.

Numa primavera, o Barão estava pensando sobre a safra de trigo da próxima estação. "Acredito que 30 acres[35] da minha terra, que vale cinco *bushels*[36] de trigo por acre, produzirão trigo suficiente para o próximo inverno", ponderou, "mas quem cuidará da lavoura? Acho que vou delegar a tarefa de cultivar o trigo a Ivan, o Incansável, e a Igor, o Imutável". Imediatamente ele mandou chamar para uma audiência Ivan e Igor, dois membros da pequena nobreza conhecidos por seu trabalho duro e pela mente não muito ativa.

"Ivan, você vai plantar 20 acres de terreno e Igor vai plantar 10 acres", começou o Barão. "Vou dar a Ivan 20 *bushels* de trigo para semear e 20 libras-peso[37] de fertilizante. (Vinte libras de fertilizante valem dois *bushels* de trigo.) Igor receberá 10 *bushels* de trigo para semear e 10 libras de fertilizante. Darei a cada um de vocês um boi para puxar o arado, mas vocês têm de negociar os dois arados com Feyador, o fabricante de arados. Os bois, aliás, têm apenas 3 anos de idade e não foram ainda usados na lavoura; assim, eles ainda terão pela frente uns bons 10 anos a mais de uso. Cuidem bem deles, pois um boi vale 40 *bushels* de trigo. Voltem no próximo outono e devolvam os bois e os arados juntamente com as suas colheitas." Ivan e Igor se curvaram e deixaram o castelo, levando as coisas fornecidas pelo Barão.

O verão chegou e passou. Depois do outono, Ivan e Igor voltaram ao castelo para prestar contas ao senhor pelas coisas que lhes foram dadas na primavera. Ivan, despejando 223 *bushels* de trigo no chão, disse: "Meu senhor, entrego um boi levemente usado, um arado quebrado que não tem mais conserto e 223 *bushels* de trigo. Eu, infelizmente, devo a Feyador, o produtor de arados, três *bushels* de trigo pelo arado que recebi dele na última primavera. Como o senhor esperava, usei todo o fertilizante e toda a semente que o senhor me deu na última primavera. O senhor também se lembrará dos 20 *bushels* de trigo que pegou de minha colheita para seu uso pessoal".

Igor, a quem tinham sido dados 10 acres de terra, 10 *bushels* de trigo e 10 *pounds* de fertilizante, falou a seguir. "Aqui estão, meu senhor, o boi parcialmente utilizado, o arado, pelo qual eu dei a Feyador, o produtor de arados, três *bushels* de trigo da minha colheita e 105 *bushels* de trigo. Eu também usei todas as minhas sementes e todo o fertilizante que recebi na última primavera. E, meu senhor, há alguns dias o senhor também pegou de minha colheita 30 *bushels* de trigo para sua própria mesa. Acredito que o arado ainda está bom para mais duas estações."

"Vassalos, vocês fizeram um bom trabalho", disse o Barão Barba-Ruiva. Abençoados com tal louvor, os dois vassalos partiram. Depois que eles saíram, o Barão Barba-Ruiva, vendo os dois bois famintos comendo devagar o trigo empilhado no solo, começou a contemplar o que havia acontecido. "Sim", ele pensou, "eles trabalharam bem, mas pergunto-me: qual deles trabalhou melhor?"

a. Que unidade de medida o Barão Barba-Ruiva deveria usar para medir a posição financeira e o desempenho operacional?
b. Prepare um balanço patrimonial de Ivan e de Igor tanto no início como no fim do período.
c. Prepare uma demonstração do resultado de Ivan e de Igor no período.
d. Elabore uma planilha reconciliando as mutações do patrimônio líquido do proprietário entre o início e o fim do período.
e. Quem teve melhor desempenho no período, Igor ou Ivan? Explique.

---

35. 1 acre = 4.047 m², aproximadamente. (NT)
36. 1 *bushel* de trigo = 27,2 kg, aproximadamente. (NT)
37. 1 *pound* (libra-peso) = 0,453 kg aproximadamente. (NT)

MÉTODOS E CONCEITOS DE CONTABILIDADE

Parte 2

Capítulo 2

As bases do registro das transações e da preparação das demonstrações financeiras: o balanço patrimonial

As empresas realizam transações com clientes, fornecedores, funcionários, entidades governamentais e outros. Este capítulo mostra como o contador registra as transações e prepara as demonstrações financeiras, enfocando os procedimentos de registro, enquanto o restante do livro aborda os princípios e julgamentos contábeis que formam o núcleo da contabilidade financeira. Os procedimentos de registro organizam e apresentam as transações de forma padronizada para facilitar ao usuário a compreensão e a interpretação das demonstrações financeiras.

Você pode pensar: "Eu não pretendo ser contador. Por que preciso aprender os procedimentos de registro?" O entendimento do registro de transações e da preparação das demonstrações financeiras vai ajudá-lo a desenvolver duas habilidades: (1) comunicar o resultado das transações; e (2) entender como as transações afetam as demonstrações financeiras e como estas refletem as transações. Adotamos a perspectiva do usuário ao longo do texto, o que significa que focamos como um usuário pode entender e analisar melhor os relatórios financeiros. *Sua habilidade de analisar as demonstrações financeiras será limitada se você não entender como elas refletem o processo de registro das transações e as escolhas da gestão sobre critérios contábeis e seus julgamentos profissionais.*

Este capítulo aborda três conceitos relativos aos registros contábeis:

1. A natureza dual (dualidade) das transações e eventos.
2. O uso das contas T e dos lançamentos no livro diário para registrar a dualidade de uma transação ou evento.
3. A preparação de um balanço patrimonial simples.

Considerando-se que esses conceitos têm uma terminologia comum aos registros contábeis, começaremos com uma visão geral dos principais termos e suas definições. Os capítulos posteriores descreverão esses termos com mais detalhes.

> **OBJETIVOS DE APRENDIZAGEM**
>
> **1** Aprender as convenções para registrar transações, incluindo a natureza dual das transações e o uso das contas T e dos lançamentos no livro diário.
>
> **2** Entender por que o registro das transações constitui a base da preparação das demonstrações financeiras.

CONTAS

Terminologia comum

A contabilidade consiste em um sistema de contas para registrar as transações. O nome ou o título de cada **conta** descreve a natureza dos itens da conta. Entre as contas comuns estão Caixa, Edifícios e Equipamentos. O montante de cada conta aparece em uma linha de um balanço patrimonial ou de uma demonstração do resultado. Um sistema detalhado de contas permite ao preparador das demonstrações financeiras decompor, ou seja, *desagregar* cada transação para transmitir informações sobre os efeitos da transação. Por exemplo, separar a informação em Caixa, Contas a Receber e Estoques é mais esclarecedor que combinar todas as transações que afetam essas três contas em uma única conta chamada Ativos Circulantes. As contas também agrupam os efeitos de transações similares durante o período. Por exemplo, se uma empresa vende um milhão de cópias de um *software* durante o ano, seria pouco útil registrar o efeito de *cada uma* dessas milhares de transações. O processo contábil combina, ou seja, *agrega* os efeitos de transações semelhantes para a divulgação financeira[1].

A contabilidade não prescreve uma lista das contas que uma empresa deve usar. A flexibilidade da administração para escolher os nomes de contas resulta da complexidade e da natureza diferenciada do negócio, de considerações de informações sigilosas[2] e do espaço que seria necessário para uma longa lista de contas. Embora as empresas precisem dessa flexibilidade, seguir práticas convencionais de nomenclatura aumenta a inteligibilidade dos títulos de contas[3]. Acreditamos que será melhor para você como usuário das demonstrações contábeis também seguir essas convenções – escolhendo títulos de contas descritivos e inequívocos, usando nomes de contas idênticos (ou similares) para itens idênticos (ou similares) e, na medida em que seu vocabulário contábil evolua, escolhendo títulos comumente utilizados em outras demonstrações para descrever determinado item.

A palavra *contas* se refere a itens do balanço patrimonial, discutido neste capítulo, e da demonstração do resultado, abordada adiante. As contas do balanço patrimonial são **contas permanentes** no sentido de permanecerem abertas, com saldo não zero, no fim do período de relatório. Por outro lado, as contas da demonstração do resultado, discutidas no próximo capítulo, são **contas temporárias**, no sentido de que elas começam o período com saldo zero, acumulam informações durante o período de relatório e têm saldo zero no final deste. Consequentemente, uma conta do balanço patrimonial mostra um saldo no final de um período, como um mês, um trimestre ou um ano, ao passo que uma conta da demonstração do resultado mostra o montante para um período[4]. O registro de transações durante um período causa aumentos e diminuições nas contas. Para contas do balanço patrimonial, o total de adições durante o período aumenta o saldo (inicial) transferido da data do balanço patrimonial anterior, e o total de subtrações diminui esse saldo.

O **Capítulo 1** apresentou o balanço patrimonial como uma das principais demonstrações financeiras. O balanço patrimonial mostra os **ativos** da empresa e as fontes de financiamento desses ativos – os **passivos** e o **patrimônio líquido**, que possuem direito sobre esses ativos. O próximo tópico descreve diversas contas típicas do balanço patrimonial.

---

1. No caso, usando uma conta denominada Receita de Vendas. (NT)
2. Em igualdade de condições, um usuário das demonstrações financeiras preferirá ter dados mais desagregados, uma vez que um usuário pode sempre agregar dados (mas não pode fazer o inverso). Contudo, os leitores das demonstrações financeiras de uma empresa incluem também concorrentes; por isso, a orientação contábil permite certa dose de flexibilidade para combinar as informações de maneira a disfarçar informações competitivamente delicadas (ou seja, confidenciais). Entretanto, em alguns casos, a regulamentação requer a informação desagregada. Por exemplo, tanto U.S. GAAP quanto IFRS requerem a divulgação de informações por segmento, a qual detalha recursos (ativos) e resultados das operações (lucro ou prejuízo) por segmento. (O **Glossário** define tanto *segmento* como *divulgação [disclosure] por segmento*.)
3. No Brasil, as instituições financeiras regidas pelo Banco Central são obrigadas a usar um plano de contas padrão, denominado Cosif. Já as demais empresas têm flexibilidade para definir seu próprio plano de contas, embora exista um plano de contas padrão que deve ser usado pelas empresas abertas para divulgar as demonstrações financeiras anuais (denominadas DFPs – Demonstrações Financeiras Padronizadas) no sistema da CVM. Embora esse padrão exista, recomendamos cuidado ao comparar relatórios de empresas diferentes ou até relatórios de uma mesma empresa relativos a exercícios diferentes (que não estejam apresentados comparativamente no mesmo arquivo), pois as empresas não seguem o mesmo nível de detalhamento e atribuem usos diferentes para a conta Outras. (NT)
4. O processo de fechamento, discutido no **Capítulo 3**, assegura que cada conta da demonstração do resultado tenha saldo zero no fim do período de relatório, e que os valores que estavam nas contas da demonstração do resultado sejam transferidos para a conta Lucros Acumulados do balanço patrimonial no fim do período.

BALANÇO PATRIMONIAL

Terminologia comum

Contas típicas do ativo. Este tópico apresenta diversas contas típicas do ativo.

Caixa: moedas e notas, cheques bancários, ordens de pagamento, depósitos bancários contra os quais a empresa pode sacar cheques e depósitos a prazo, normalmente contas de poupança e certificados de depósito[5]. Embora as ordens de pagamento sejam direitos em relação a indivíduos e instituições, elas são tratadas como *caixa*.

Títulos de mercado (ou aplicações financeiras): títulos de dívida (*bonds*) governamentais ou ações e títulos de dívida de empresas que a empresa conservará por um prazo relativamente curto. A expressão *de mercado* (*marketable*) implica que a empresa pode facilmente comprar e vender esses títulos, talvez por intermédio de uma bolsa como a Bolsa de Valores de Nova York ou a Bolsa de Valores de Londres[6].

Contas a receber (clientes): valores devidos por clientes pelas vendas a prazo de bens e serviços. A conta Clientes descreve o valor total devido pelos clientes (ou seja, recebível). A entidade divulgadora mantém um registro separado para cada cliente e monitora aqueles que não pagaram no prazo combinado.

Notas (promissórias) a receber: valores devidos por clientes ou outros a quem a empresa fez empréstimos ou concedeu crédito estendido. O cliente ou outro tomador declara o direito por escrito em uma nota promissória formal, o que distingue esse direito de uma conta a receber.

Juros a receber: juros sobre ativos, como notas promissórias ou *bonds*, que o tomador deve à entidade divulgadora, pela passagem do tempo, mas que a entidade divulgadora ainda não recebeu.

Estoques: produtos prontos para a venda, produtos parcialmente fabricados e materiais usados na fabricação de produtos. (O termo "estoques" [*stocks*], de uso comum em diversos países, corresponde a *inventory* [inventário] nos Estados Unidos[7].) *Estoques de mercadorias* refletem produtos disponíveis, adquiridos para a venda, como conservas enlatadas nas gôndolas de uma mercearia ou ternos nos cabides de uma loja de roupas. *Estoques de matérias-primas* abrange materiais ainda não utilizados na fabricação dos produtos. *Estoques de produtos em elaboração* incluem produtos ainda incompletos. *Estoques de produtos acabados* abrangem produtos prontos, mas ainda não vendidos.

Adiantamentos a fornecedores: pagamentos que a empresa fez antecipadamente a um fornecedor por produtos (como matérias-primas) ou serviços (como anúncios na Web que ainda não foram exibidos) que ela receberá em data posterior.

Adiantamento de aluguel: aluguel pago adiantado pelo uso futuro de terreno, edifício, equipamento e outros recursos; uma forma particular de Adiantamentos a Fornecedores.

Adiantamento de seguro: prêmios de seguro pagos para futura cobertura; uma forma particular de Adiantamentos a Fornecedores.

Investimentos em títulos: títulos de dívida (*bonds*) ou ações ordinárias ou preferenciais que a empresa pretende manter por mais de um ano.

Terreno (Land): terreno usado nas operações ou ocupado por prédios utilizados nas operações.

Edifícios: fábricas, lojas, armazéns e outros.

Equipamentos: tornos, máquinas, ferramentas, caldeiras, computadores, guindastes, esteiras transportadoras, automóveis e outros.

Móveis e instalações: mesas, cadeiras, vitrines e outros equipamentos de vendas e de escritório.

Depreciação acumulada: o valor cumulativo do custo de aquisição de ativos de longo prazo (como edificações e equipamentos) que a empresa já alocou aos custos de produção ou a despesas do período corrente e de períodos anteriores. O valor dessa conta é subtraído do custo do ativo de longo prazo a que se refere, mensurando, assim, o *valor contábil* (por vezes chamado de *valor escritural* ou *valor contábil líquido*) do ativo.

Patentes: direitos assegurados por um número variável de anos (dependendo do país que emite a patente) que proíbem outras empresas de manufaturar, usar ou vender certos processos ou dispositivos. O tratamento contábil

---

5. No Brasil, essa conta é denominada Caixa e Equivalentes a Caixa, pois o termo "Caixa" é usado apenas para dinheiro em espécie. Enquanto a conta Bancos é usada para movimentações em conta corrente, a conta Aplicações Financeiras é usada para depósitos a prazo, normalmente contas de poupança e certificados de depósito bancário (CDBs). (NT)

6. Ou como a BMF/Bovespa no Brasil. (NT)

7. O termo *stock*, como inventário, não deve ser confundido com o termo *common stock* [capital social, ações ordinárias], um componente do patrimônio líquido.

do custo de aquisição de uma patente depende de a empresa adotar U.S. GAAP ou IFRS. Ambos requerem que a empresa reconheça como ativo o custo de adquirir uma patente de terceiros. Sob U.S. GAAP, as empresas contabilizam como despesas os custos de pesquisa e desenvolvimento de um processo ou dispositivo patenteável. As IFRS requerem que as empresas reconheçam como despesas os custos incorridos de pesquisa, mas, em algumas circunstâncias, que reconheçam os custos de desenvolvimento como um ativo[8].

Goodwill: quando uma empresa adquire outra empresa, ela mede os ativos adquiridos e os passivos assumidos pelos seus valores justos correntes. Se o preço de compra excede a soma dos valores justos dos ativos identificáveis menos os passivos identificáveis, o excesso é o *goodwill*. *Goodwill* é um ativo que inclui intangíveis que a empresa adquirente não pode identificar separadamente; por exemplo, a lealdade dos clientes. Esses atributos desejáveis são a razão de o comprador pagar mais pela empresa adquirida do que a soma dos valores justos de todos os outros ativos, menos os passivos, identificados na aquisição[9].

Contas típicas do passivo. Este tópico apresenta diversas contas típicas do passivo.

Fornecedores (ou contas a pagar a fornecedores): valores devidos por conta de produtos e serviços adquiridos mediante um acordo formal de crédito. A empresa tipicamente paga esses passivos um ou dois meses depois da data do balanço patrimonial. (Os mesmos itens aparecem como Contas a Receber [Clientes] no balanço patrimonial do credor.)

Empréstimos e financiamentos (ou notas promissórias a pagar): o valor de face de notas promissórias que a empresa emite em função de empréstimos de um banco ou da compra financiada de bens e serviços. (O mesmo item aparece como Notas Promissórias a Receber no balanço do credor.) A maioria das Contas a Pagar, Contas a Receber, Notas Promissórias a Pagar e Notas Promissórias a Receber é de itens circulantes, devidos dentro de um ano da data do balanço. Itens similares devidos mais de um ano após a data do balanço patrimonial podem ter o mesmo título de conta, mas aparecer nas seções de ativos não circulantes ou passivos não circulantes do balanço patrimonial.

Juros a pagar: juros de obrigações que se acresceram ou acumularam, mas que a empresa não pagou até a data do balanço. (O mesmo item aparece como Juros a Receber no balanço do credor.) As empresas frequentemente incluem este item juntamente com o precedente em uma só conta chamada Empréstimos e Financiamentos[10].

Tributos sobre o lucro a pagar (ou imposto de renda e contribuição social a pagar): valor estimado dos tributos incidentes sobre o lucro[11] devidos e não pagos, calculados com base no lucro tributável da empresa.

Adiantamentos de clientes: uma obrigação incorrida quando uma empresa recebe pagamentos antecipados por produtos e serviços que ela vai fornecer aos clientes no futuro. É um passivo não monetário, pois a empresa tem uma obrigação de entregar bens e serviços e não de devolver o dinheiro. Mesmo assim, a empresa registra esse passivo pelo montante de caixa recebido[12].

Adiantamentos de locatários ou *aluguel recebido antecipadamente*: outro exemplo de passivo não monetário que é um adiantamento de um cliente locatário. Por exemplo, o locatário pode pagar o aluguel de seu escritório com vários meses de antecedência. O proprietário do espaço não pode incluir em sua receita os valores recebidos do locatário por aluguéis de meses futuros até que ele tenha prestado os serviços de aluguel. Enquanto isso, o recebimento adiantado resulta em um passivo pagável em serviços – o uso do espaço. (No balanço do locatário, o mesmo montante aparece como uma despesa antecipada no ativo, frequentemente chamada de Adiantamento de Aluguel.)

Hipoteca a pagar: uma forma de nota promissória de longo prazo, ou financiamento, na qual o tomador deu propriedades imóveis específicas em garantia do pagamento. Se o tomador não pagar o empréstimo ou os juros de acordo com o contrato, o credor pode requerer a venda da propriedade para gerar caixa para quitar o empréstimo[13].

Debêntures (ou bonds a pagar): uma forma de empréstimo de longo prazo. O tomador assina um contrato escrito formal chamado *escritura de emissão* (*indenture*). O tomador frequentemente levanta os fundos de diversos emprestadores, cada um dos quais recebe uma comprovação escrita de sua parte no empréstimo.

Imposto de renda diferido (ou tributos diferidos): montante dos tributos sobre o lucro que é postergado para além do atual período contábil[14].

---

8. O **Capítulo 9** discute com mais detalhes o tratamento de patentes desenvolvidas internamente e compradas externamente.
9. O **Capítulo 4** aborda os valores justos com detalhes.
10. Essa nota é apresentada no balanço pelo saldo devedor dos empréstimos, incluindo o valor do principal mais os juros devidos e não pagos até a data do balanço. (NT)
11. No Brasil, o Imposto de Renda e a Contribuição Social sobre o Lucro Líquido. (NT)
12. O **Capítulo 8** discute essa conta com mais detalhes.
13. No Brasil, normalmente não há uma conta específica para financiamentos com hipoteca; esse tipo de financiamento costuma ser incluído na mesma conta geral de Empréstimos e Financiamentos. (NT)
14. O **Capítulo 12** discute esse item que aparece no balanço patrimonial da maioria das companhias.

Contas típicas do patrimônio líquido. Este tópico apresenta diversas contas típicas do patrimônio líquido.

Capital social – Ações ordinárias (pelo valor de face): o valor em dinheiro ou outros ativos recebidos, igual ao valor nominal, ou valor de face, ou valor declarado, da principal de ações do capital votante; é parte do capital contribuído[15].

Ágio na emissão de ações: o valor do caixa ou outros ativos recebidos na época de emissão de ações, acima do valor nominal ou declarado das ações. Algumas empresas usam o título Capital Contribuído Excedente ao Valor Nominal (ou Declarado). Contadores e analistas se referem à soma dos valores dessa conta juntamente com a conta Capital Acionário – Ações Ordinárias, valor nominal, como *capital contribuído*, uma vez que a soma desses dois itens representa o caixa e outros ativos diretamente providos pelos acionistas da empresa. A distinção entre essa conta e a precedente tem relevância frequente no direito, mas não na economia: os proprietários contribuíram com ativos, em geral caixa, e é isso que importa na maioria das análises das empresas.

Capital social – Ações preferenciais: o valor de caixa e outros ativos recebidos por ações de uma classe do capital da empresa que tem alguma preferência em relação às ações ordinárias. Formas comuns de preferência incluem um dividendo maior ou uma prioridade em termos de distribuição de ativos no caso de liquidação da empresa. As ações preferenciais, se uma empresa as possui, são parte do capital contribuído.

Lucros acumulados (ou reservas de lucro): o ativo líquido (definido como todos os ativos menos todos os passivos) aumenta à medida que a empresa gera lucros superiores aos dividendos distribuídos em dinheiro (ou em outros ativos). Quando uma empresa obtém lucro, ela gera novos ativos líquidos. A empresa pode distribuir esses ativos ou mantê-los para várias finalidades. Lucros Acumulados é a conta do balanço patrimonial que mostra o valor do ativo líquido que a empresa gerou com os lucros, mas não distribuiu aos proprietários como dividendos. Os lucros acumulados não são ativos, mas representam a origem de recursos para financiamento dos ativos acumulados.

Outros resultados abrangentes acumulados: uma conta que acumula variações no ativo líquido que não estão incluídas no lucro líquido.

Balanço patrimonial típico

O balanço patrimonial agrupa contas individuais por tipo (ativo, passivo e patrimônio líquido) e lista-as com seus saldos em uma data específica. A data do balanço aparece na parte de cima. As categorias de ativo e passivo também agrupam contas individuais conforme o tempo esperado para sua transformação em caixa, ou seja, para a realização dos ativos em dinheiro ou para o pagamento dos passivos. A terminologia comum denomina, respectivamente, de **ativos circulantes** e **passivos circulantes** os itens cujos recebimentos ou pagamentos a empresa espera que ocorram dentro de um ano. Se uma empresa espera receber ou pagar itens além de um ano da data do balanço, ele classifica-os, respectivamente, como **ativos não circulantes** e **passivos não circulantes**[16].

O balanço patrimonial começa com uma lista de ativos e a seguir apresenta os passivos e o patrimônio líquido. A **Figura 2.1** mostra o balanço patrimonial da Toothpaste Soap Company ("Toothpaste") para o exercício findo em 31 de dezembro do Ano 7[17]. A Toothpaste é uma companhia líder em produtos de consumo que atua em dois segmentos principais: (1) higiene bucal, higiene pessoal e limpeza doméstica (incluindo produtos como creme dental, sabonetes e xampus); e (2) nutrição.

Tanto U.S. GAAP como IFRS requerem que as empresas divulguem no balanço patrimonial os valores relativos ao exercício anterior, além do exercício atual. A Toothpaste informa os valores do ano anterior na coluna mais à direita (assinalada com Ano 6) e os valores do ano atual na coluna da esquerda (assinalada com Ano 7)[18]. A lista das contas do ativo, passivo e patrimônio líquido inclui muitas das contas antes descritas, bem como algumas outras contas (como ações em tesouraria) que serão discutidas em capítulos posteriores. Conforme os U.S. GAAP, os ativos e passivos aparecem em ordem decrescente de liquidez (velocidade de transformação em caixa); muitas empresas que divulgam segundo as IFRS invertem essa ordem.

---

15. No Brasil, costuma ser usada uma única conta para o Capital Social, sem subdividi-lo entre Ações Ordinárias e Ações Preferenciais. (NT)
16. O **Capítulo 4** descreve essas classificações do balanço patrimonial com mais detalhes.
17. Adaptamos esse balanço a partir das demonstrações financeiras publicadas pela Colgate Palmolive Company.
18. As empresas não adotam a mesma ordem para mostrar os resultados do ano corrente e do ano anterior. Algumas empresas ordenam as colunas a partir das anteriores para as mais recentes; outras, das mais recentes para as anteriores.

Figura 2.1

Toothpaste Soap Company
Balanço Patrimonial

Em 31 de dezembro	Ano 7	Ano 6
ATIVO		
Ativo Circulante		
Caixa e Equivalentes de Caixa	$ 428,7	$ 489,5
Clientes (líquido da provisão para créditos de liquidação duvidosa de 50,6 e 46,4, respectivamente)	1.680,7	1.523,2
Estoques	1.171,0	1.008,4
Outros Ativos Circulantes	338,1	279,9
Total do Ativo Circulante	3.618,5	3.301,0
Imobilizado, líquido	3.015,2	2.696,1
Goodwill, líquido	2.272,0	2.081,8
Outros Ativos Intangíveis, líquido	844,8	831,1
Outros Ativos	361,5	228,0
Total do Ativo	$ 10.112,0	$ 9.138,0
PASSIVO E PATRIMÔNIO LÍQUIDO		
Passivo Circulante		
Notas e empréstimos a pagar	155,9	174,1
Parcela de curto prazo da dívida de longo prazo	138,1	776,7
Contas a pagar a fornecedores	1.066,8	1.039,7
Imposto de Renda a pagar	262,7	161,5
Outros passivos circulantes	1.539,2	1.317,1
Total do passivo circulante	3.162,7	3.469,1
Dívida de longo prazo	3.221,9	2.720,4
Imposto de Renda diferido	264,1	309,9
Outros passivos	1.177,1	1.227,7
Total do Passivo	7.825,8	7.727,1
Outras obrigações e provisões	—	—
Patrimônio Líquido		
Ações preferenciais	197,5	222,7
Ações ordinárias, ao valor nominal de $ 1 (1.000.000.000 ações autorizadas, 732.853.180 ações emitidas)	732,9	732,9
Ágio na emissão de ações	1.517,7	1.218,1
Lucros acumulados	10.627,5	9.643,7
Outros resultados abrangentes acumulados	(1.666,8)	(2.081,2)
	11.408,8	9.736,2
Remunerações Diferidas	(218,9)	(251,4)
Ações em Tesouraria, pelo custo	(8.903,7)	(8.073,9)
Total do Patrimônio Líquido	2.286,2	1.410,9
Total do Passivo e Patrimônio Líquido	$ 10.112,0	$ 9.138,0

© Cengage Learning 2014

Efeito dual das transações

As empresas realizam transações ou trocas com outras entidades e indivíduos. Por exemplo, as empresas adquirem mercadorias de fornecedores, pagam funcionários pelos serviços prestados, vendem mercadorias aos clientes, pagam impostos aos governos e assim por diante. Além disso, ocorrem outros eventos que não envolvem trocas. Por exemplo, as empresas consomem os serviços dos edifícios e dos equipamentos à medida que os utilizam em suas atividades e incorrem na obrigação de pagar juros sobre empréstimos. Os contadores registram os efeitos de *cada um* desses eventos e transações no momento em que ocorrem e então *acumulam* os efeitos de todos os eventos e transações para apresentação nas demonstrações financeiras.

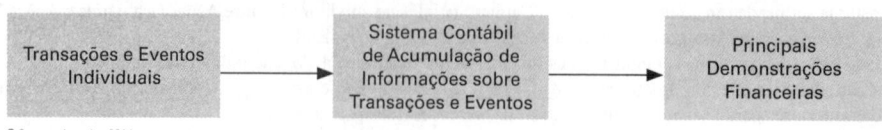

Transações e Eventos Individuais → Sistema Contábil de Acumulação de Informações sobre Transações e Eventos → Principais Demonstrações Financeiras

© Cengage Learning 2014

A **equação do balanço patrimonial** proporciona a estrutura analítica que utilizamos neste livro para entender os efeitos das transações e dos eventos nas demonstrações financeiras. Essa equação capta os efeitos na demonstração financeira das transações operacionais, de investimento e de financiamento – três atividades fundamentais das empresas. Ela mostra a igualdade entre o ativo e o passivo mais o patrimônio líquido:

Ativo = Passivo + Patrimônio Líquido

Essa equação requer que o ativo de uma entidade se equivalha ou contrabalance o mesmo montante de financiamento proporcionado por credores e proprietários da companhia. Enquanto o total do passivo somado ao patrimônio líquido mostra as origens de todo o financiamento da empresa, o ativo mostra como ela mantém ou investiu esses recursos. A equação do balanço mantém essa igualdade informando na demonstração financeira os efeitos de cada evento e transação de forma dual, o que se denomina **efeito dual das transações** (ou método das partidas dobradas). Todo evento ou transação, qualquer que seja, terá um dos quatro efeitos a seguir ou alguma combinação deles:

1. Aumenta um ativo e aumenta ou um passivo ou um patrimônio líquido.
2. Diminui um ativo e diminui ou um passivo ou um patrimônio líquido.
3. Aumenta um ativo e diminui outro ativo.
4. Aumenta um passivo ou um patrimônio líquido e diminui outro passivo ou patrimônio líquido.

Para entender os efeitos duais das várias transações na equação do balanço, considere as seguintes transações da Miller Corporation (Miller) em janeiro, quando ela está se preparando para abrir a empresa em 1º de fevereiro:

(1) Em 1º de janeiro, a Miller emite 10 mil ações ordinárias com valor nominal de $ 10 por $ 100.000 em dinheiro.

(2) Em 5 de janeiro, a empresa paga $ 12.000 em dinheiro pelo aluguel de equipamentos por um ano. Nessa transação, o ativo da empresa é o aluguel pré-pago e não os equipamentos.

(3) Em 15 de janeiro, a Miller compra um estoque de mercadorias ao custo de $ 15.000 de um fornecedor, combinando pagar mais tarde.

(4) Em 21 de janeiro, ela paga ao fornecedor do item **(3)** $ 8.000 do valor devido.

(5) Em 25 de janeiro, o fornecedor do item **(3)** aceita 700 ações ordinárias da Miller pelo valor nominal para quitar os $ 7.000 devidos.

(6) Em 31 de janeiro, a Miller paga $ 600 em dinheiro pelo prêmio de seguro de um ano, com início de cobertura em 1º de fevereiro.

(7) Em 31 de janeiro, a Miller recebe $ 3.000 de um cliente por mercadorias que ela entregará em fevereiro.

(8) Em 31 de janeiro, a Miller adquire um imóvel por $ 40.000 e financia essa compra assinando uma nota promissória pagável a um banco local. A Miller promete quitá-la em três anos e pagar juros de 10% ao ano.

A **Figura 2.2** ilustra o efeito dual dessas transações na equação do balanço patrimonial. Após cada transação, o ativo equivale ao passivo mais o patrimônio líquido.

Cada transação tem no mínimo dois efeitos. Por exemplo, na transação **(1)**, a Miller emite ações ordinárias aos acionistas e recebe caixa. Na transação **(2)**, a Miller faz um desembolso de caixa e recebe o direito de usar equipamentos. Na transação **(3)**, a Miller promete fazer um pagamento a um fornecedor e recebe estoque de mercadorias. Essas e outras transações registradas no sistema contábil resultam de trocas. Os registros contábeis refletem efeitos no ativo, no passivo e no patrimônio líquido, gerados por essas trocas.

O registro de cada transação mantém a igualdade do balanço patrimonial. As transações **(1)**, **(3)**, **(7)** e **(8)** aumentam ativos e aumentam ou um passivo ou um patrimônio líquido. A transação **(4)** diminui um ativo e um passivo. As transações **(2)** e **(6)** aumentam um ativo e diminuem outro ativo. A transação **(5)** aumenta um patrimônio líquido e diminui um passivo.

Figura 2.2

Miller Corporation
Ilustração do Efeito Dual das Transações na Equação do Balanço

Transação	Ativo	=	Passivo	+	Patrimônio Líquido
(1) Em 1º de janeiro, a Miller emite 10 mil ações ordinárias com valor nominal de $ 10 por $ 100.000 em dinheiro (um aumento em um ativo e em um patrimônio líquido). Subtotal...	+ 100.000 / 100.000	=	0 / 0	+	+ 100.000 / 100.000
(2) Em 5 de janeiro, a Miller paga $ 12.000 em dinheiro por um ano de aluguel de equipamentos (um aumento em um ativo e uma diminuição em outro ativo). Subtotal...	+ 12.000 / − 12.000 / 100.000	=	0	+	100.000
(3) Em 15 de janeiro, a Miller compra um estoque de mercadorias no valor de $ 15.000 de um fornecedor, a prazo (um aumento em um ativo e em um passivo). Subtotal...	+ 15.000 / 115.000	=	+ 15.000 / 15.000	+	100.000
(4) Em 21 de janeiro, ela paga ao fornecedor em (3) $ 8.000 do valor devido (uma diminuição em um ativo e em um passivo). Subtotal...	− 8.000 / 107.000	=	− 8.000 / 7.000	+	100.000
(5) Em 25 de janeiro, o fornecedor em (3) aceita 700 ações ordinárias da Miller para quitar os $ 7.000 devidos (um aumento em um patrimônio líquido e uma diminuição em um passivo). Subtotal...	107.000	=	− 7.000 / 0	+	+ 7.000 / 107.000
(6) Em 31 de janeiro, a Miller paga $ 600 em dinheiro pelo prêmio de seguro de um ano, iniciando em 1º de fevereiro (um aumento em um ativo e uma diminuição em outro ativo). Subtotal...	+ 600 / − 600 / 107.000	=	0	+	107.000
(7) Em 31 de janeiro, a Miller recebe $ 3.000 de um cliente por mercadorias que ela entregará em fevereiro (um aumento em um ativo e em um passivo). Subtotal − 31 de janeiro..	+ 3.000 / 110.000	=	+ 3.000 / 3.000	+	107.000
(8) Em 31 de janeiro, a Miller adquire um imóvel por $ 40.000, financiados por uma nota promissória pagável a um banco local. Total − 31 de janeiro...	+ 40.000 / $ 150.000	=	+ 40.000 / $ 43.000	+	$ 107.000

PROBLEMA 2.1 PARA APRENDIZAGEM

Efeito dual das transações na equação do balanço patrimonial. Usando o formato da **Figura 2.2**, indique os efeitos de cada uma das seguintes transações da Gaines Corporation na equação do balanço.

1. A empresa emite 20 mil ações ordinárias com valor nominal de £ 10 por £ 12 por ação em dinheiro.
2. A empresa emite *bonds* com valor principal de £ 100.000 por £ 100.000 em dinheiro.
3. A empresa adquire por £ 220.000 em dinheiro um terreno custando £ 40.000 e um prédio custando £ 180.000.
4. A empresa adquire a prazo equipamentos custando £ 25.000 e estoque de mercadorias ao custo de £ 12.000.
5. A empresa assina um contrato de aluguel de um equipamento e paga £ 1.500 de aluguel adiantado.
6. A empresa paga £ 28.000 aos fornecedores em **4**.

Contas T

Embora a **Figura 2.2** ilustre o efeito dual de transações individuais, ela não provê um processo para preparar o balanço patrimonial. Especificamente, a figura não descreve o quanto do ativo total de $ 150.000 no fim do período (31 de janeiro para a Miller Corporation) representa caixa, estoque, equipamentos e assim por diante. Uma apresentação desagregada dos itens do balanço fornece aos usuários das demonstrações financeiras informações sobre as fontes de financiamento da empresa e sobre como a administração investiu em ativos específicos o dinheiro e outros ativos recebidos dos acionistas e credores. Por exemplo, a **Figura 2.1** mostra que, em 31 de dezembro do Ano 7, a Toothpaste investiu mais de $ 1 bilhão em estoques. Para chegar a um formato de informação desagregada, introduzimos o uso das contas T para acumular informações sobre como as transações e os eventos durante o período afetam contas específicas do ativo, do passivo e do patrimônio líquido.

Uma **conta T** é um dispositivo ou convenção para organizar e acumular os lançamentos ou registros contábeis de transações que afetam uma conta *individual*, como caixa, contas a receber, empréstimos e financiamentos, ou ágio na emissão de ações. Como o próprio nome indica, a conta T se parece com a letra T, com uma linha horizontal dividida por uma vertical[19]. Convencionalmente, o nome da conta individual a que se refere aparece na linha horizontal.

Título da Conta

Aumentos e diminuições na conta T. Um lado do espaço formado pela linha vertical registra aumentos na conta e o outro registra diminuições. Qual dos lados registra aumentos e qual registra diminuições depende de a conta T representar uma conta de ativo, passivo ou patrimônio líquido. A prática estabelecida segue três regras:

1. Aumentos nos ativos são mostrados no lado esquerdo e diminuições no lado direito.
2. Aumentos nos passivos aparecem no lado direito e diminuições aparecem no lado esquerdo.
3. Aumentos no patrimônio líquido aparecem no lado direito e diminuições aparecem no lado esquerdo.

Essa prática reflete o fato de que, na equação do balanço, os ativos aparecem à esquerda do sinal de igualdade, ao passo que os passivos e o patrimônio líquido aparecem no lado direito. Seguindo esse formato, os saldos do ativo aparecem no lado esquerdo das contas T e os saldos do passivo e do patrimônio líquido aparecem do lado direito[20].

O montante líquido ou saldo de uma conta é dado pela diferença entre a soma dos itens registrados em cada lado da conta. Como observamos anteriormente, o saldo de uma conta do ativo em geral aparece como um valor no lado esquerdo, ao passo que as contas do passivo e do patrimônio líquido em geral têm saldos líquidos no lado direito. O saldo em uma conta no final de um exercício é o saldo inicial de abertura da conta no próximo exercício. Por convenção, a primeira linha de uma conta T registra o saldo inicial ou de abertura, enquanto a última linha registra o saldo final ou saldo de fechamento. Assim, a seguinte equação descreve uma conta típica do ativo com um saldo no lado esquerdo:

	Saldo Inicial de uma Conta do Ativo (lado esquerdo)
+	Soma das transações que afetam o lado esquerdo da Conta do Ativo
−	Soma das transações que afetam o lado direito da Conta do Ativo
=	Saldo Final da Conta do Ativo (lado esquerdo)

Para uma conta típica do passivo ou do patrimônio líquido, a equação da conta T é a seguinte:

	Saldo Inicial de uma Conta do Passivo ou do Patrimônio Líquido (lado direito)
+	Soma das transações que afetam o lado direito da Conta do Passivo ou do Patrimônio Líquido
−	Soma das transações que afetam o lado esquerdo da Conta do Passivo ou do Patrimônio Líquido
=	Saldo Final da Conta do Passivo ou do Patrimônio Líquido (lado direito)

A igualdade dos montantes das transações registradas à esquerda e à direita proporciona uma checagem eficiente da precisão dos lançamentos efetuados. *Se ao analisar uma transação você encontrar montantes diferentes nos lados esquerdo e direito, você saberá que cometeu algum erro.*

---

19. No Brasil, a conta T é também chamada de razonete. (NT)
20. Como abordaremos no próximo tópico deste capítulo, algumas contas que aparecem na seção ativo do balanço se acumulam por subtração de um ativo. Elas são chamadas de **contas redutoras** ou contracontas, termo geral usado para contas que acumulam subtrações de outra conta. Um aumento em uma conta redutora do ativo aparece no lado direito e não no lado esquerdo da conta T. Uma conta redutora do ativo aparece no lado do ativo no balanço como uma subtração de um ativo, e não como conta do passivo ou do patrimônio líquido. Existem também contas redutoras do passivo e do patrimônio líquido; nos próximos capítulos, discutiremos essas contas, na medida em que elas surjam.

Débito e crédito. Os contadores usam duas abreviações: débito (D) e crédito (C). **Debitar** significa "efetuar um lançamento no lado esquerdo de uma conta". **Débito** significa "um lançamento no lado esquerdo de uma conta". **Creditar** significa "efetuar um lançamento no lado direito de uma conta". **Crédito** significa "um lançamento no lado direito de uma conta". Combinando esses termos com as três regras das contas T, temos:

- Um débito indica (1) um aumento em um ativo, ou (2) uma diminuição em um passivo, ou (3) uma diminuição em um item do patrimônio líquido.
- Um crédito indica (1) uma diminuição em um ativo, ou (2) um aumento em um passivo, ou (3) um aumento em um item do patrimônio líquido.

Para manter a igualdade da equação do balanço, é necessário que os valores debitados em várias contas para cada transação sejam iguais aos valores creditados em várias contas. Consequentemente, a soma dos saldos em contas de saldo devedor, no fim de cada período, deve ser igual à soma dos saldos das contas de saldo credor. A expressão "Débitos igualam créditos" (ou "Não existe débito sem que haja crédito de igual valor") se aplica tanto a cada transação individual como ao balanço patrimonial como um todo.

Resumo da terminologia e procedimento contábil. As seguintes contas T resumem o uso convencional do formato das contas e dos termos *débito* e *crédito*.

Conta do Ativo			Conta do Passivo			Conta do Patrimônio Líquido	
Saldo Inicial				Saldo Inicial			Saldo Inicial
Aumentos	Diminuições		Diminuições	Aumentos		Diminuições	Aumentos
+	−		−	+		−	+
D	C		D	C		D	C
Saldo Final				Saldo Final			Saldo Final

Refletindo o efeito dual das transações nas contas T

Para mostrar como o efeito dual das transações muda as contas T, a **Figura 2.3** apresenta os registros das transações da Miller Corporation em janeiro, usando contas T separadas para cada item do balanço patrimonial. Os números entre parênteses se referem às oito transações de janeiro. Os dados na **Figura 2.3** mostram que o ativo total da Miller Corporation em 31 de janeiro, no valor de $ 150.000, inclui $ 82.400 de caixa, $ 15.000 de estoque de mercadorias, $ 600 de adiantamento de seguros (adiantamentos *à* seguradora), $ 12.000 de adiantamento de aluguel (adiantamentos *a* locadores) e $ 40.000 de edifícios. O passivo total somado ao patrimônio líquido, no valor de $ 150.000, abrange $ 3.000 de adiantamentos de clientes, $ 40.000 de empréstimos e financiamentos e $ 107.000 de capital social.

O balanço patrimonial pode ser preparado usando-se os valores mostrados como saldos das contas T. O balanço patrimonial da Miller Corporation após as oito transações de janeiro é apresentado na **Figura 2.4**.

PROBLEMA 2.2 PARA APRENDIZAGEM

Contas T para várias transações. Efetue contas T para as seguintes contas:

Caixa	Empréstimos e Financiamentos
Estoque de Mercadorias	Terrenos
Adiantamento de Aluguel	Edifícios
Equipamentos	Capital Social
Fornecedores	Ágio na Emissão de Ações

Indique se cada conta é um ativo, passivo ou patrimônio líquido. Registre nas contas T as transações da Gaines Corporation do **Problema 2.1 para Aprendizagem**.

Figura 2.3
Miller Corporation
Contas T Individuais Mostrando Transações

Caixa (Ativo)					Fornecedores (Passivo)				
	Aumenta D		Diminui C			Diminui D		Aumenta C	
(1)	100.000	12.000	(2)		(4)	8.000	15.000	(3)	
(7)	3.000	8.000	(4)		(5)	7.000			
		600	(6)				0	Saldo	
Saldo	82.400								

Estoque de Mercadorias (Ativo)					Adiantamentos de Clientes (Passivo)				
	Aumenta D		Diminui C			Diminui D		Aumenta C	
(3)	15.000						3.000	(7)	
Saldo	15.000						3.000	Saldo	

Adiantamento de Seguros (Ativo)					Empréstimos e Financiamentos (Passivo)				
	Aumenta D		Diminui C			Diminui D		Aumenta C	
(6)	600						40.000	(8)	
Saldo	600						40.000	Saldo	

Adiantamento de Aluguel (Ativo)					Capital Social (Patrimônio Líquido)				
	Aumenta D		Diminui C			Diminui D		Aumenta C	
(2)	12.000						100.000	(1)	
Saldo	12.000						7.000	(5)	
							107.000	Saldo	

Edifícios (Ativo)					Lucros Acumulados (Patrimônio Líquido)				
	Aumenta D		Diminui C			Diminui D		Aumenta C	
(8)	40.000						0	Saldo	
Saldo	40.000								

Lançamentos no livro diário

O tópico anterior ilustrou o uso das contas T para:

1. Registrar os efeitos das transações em contas individuais do balanço patrimonial.
2. Somar os efeitos de todas as transações que afetam uma conta durante o período, obter um saldo final dessa conta e, então, preparar o balanço.

As contas T são um instrumento pedagógico útil para compreender como cada transação flui e se acumula dentro de várias contas. Por isso, elas proporcionam as informações necessárias para preparar o balanço patrimonial. Se, contudo, o balanço resultante não fecha, é necessário rastrear os registros de todas as transações para encontrar

Figura 2.4

Miller Corporation
Balanço Patrimonial
31 de janeiro

ATIVO
Ativo Circulante

Caixa	82.400
Estoques de Mercadorias	15.000
Adiantamento de Seguros	600
Adiantamento de Aluguel	12.000
	110.000
Total do Ativo Circulante	

Imobilizado

Edifícios	40.000
Total do Ativo	150.000

PASSIVO E PATRIMÔNIO LÍQUIDO
Passivo Circulante

Adiantamentos de Clientes	3.000

Passivo Não Circulante

Empréstimos e Financiamentos	40.000
Total do Passivo	43.000

Patrimônio Líquido

Capital Social	107.000
Lucros Acumulados	—
Total do Passivo e Patrimônio Líquido	150.000

o erro. Rastrear o erro usando as contas T pode ser complicado e consumir muito tempo porque os efeitos de cada transação se dispersam entre duas ou mais contas T.

Para resolver esse problema, apresentamos um passo que precede o registro das transações nas contas T: o lançamento no livro diário. O **livro diário** adota um formato padronizado para indicar as contas e os montantes afetados por cada transação. Cada lançamento no livro diário reflete os débitos e créditos equalizados entre várias contas. O contador transfere os valores do livro diário para as contas T adequadas. Pressupondo-se que foi feito o registro apropriado das contas T e somando-se todos os lançamentos nas contas T, o balanço patrimonial resultante fechará (isto é, o ativo total será igual à soma do passivo total com o patrimônio líquido). Os lançamentos do livro diário formalizam o raciocínio que fundamenta o lançamento dos resultados das transações diretamente nas contas T[21].

O formato padrão de um lançamento no livro diário é o seguinte:

Título da conta	Valor
Título da conta	Valor

O lançamento no livro diário indica o efeito dual de uma transação tanto nas contas como no saldo das contas. Por convenção, a primeira linha do livro diário é a linha de débito e a segunda (recuada) é a linha de crédito.

---

21. Neste livro, usamos por vezes as contas T, por vezes o livro diário, e outras vezes ambos, para ilustrar o efeito das transações. Ambos são instrumentos pedagógicos que respaldam o seu entendimento do efeito das transações. As empresas inicialmente registram as transações em lançamentos no *livro diário* e então os transpõem para o *livro razão*. As contas T (ou razonetes) são dispositivos de simplificação didática da **transferência** dos registros para o livro razão.

As bases do registro das transações e da preparação das demonstrações financeiras: o balanço patrimonial 57

| Conta Debitada .... | Valor Debitado |
| Conta Creditada .... | Valor Creditado |

Os lançamentos no livro diário seguem as mesmas regras de aumentos e diminuições das contas do ativo, passivo e patrimônio líquido, como já ilustrado para os lançamentos das contas T:

1. Débitos aumentam uma conta do ativo, ou diminuem uma conta do passivo ou do patrimônio líquido.
2. Créditos diminuem uma conta do ativo, ou aumentam uma conta do passivo ou do patrimônio líquido.

Os lançamentos no livro diário podem ter múltiplas de débito e/ou de crédito. O efeito dual requer que a soma dos valores debitados seja igual à soma dos valores creditados, de modo que o lançamento no livro diário feche. Ao assegurar-se de que todos os lançamentos individuais no livro diário fechem, garante-se, ao mesmo tempo, que o total do ativo seja igual à soma do total do passivo com o total do patrimônio líquido.

Os lançamentos no livro diário geralmente incluem a data da transação e uma explicação da transação registrada. Frequentemente, incluem também um número. Neste livro, mostramos por vezes como os lançamentos no livro diário afetam a equação do balanço patrimonial. Essa equação não faz parte dos lançamentos registrados, mas ajuda a explicar a transação[22]. Assim, o formato padrão dos lançamentos no livro diário nos primeiros capítulos deste livro é o seguinte:

(#) Data
Conta Debitada .... Valor
Conta Creditada .... Valor

Ativos	=	Passivos	+	Patrimônio Líquido	(Classificação)

Explicação do lançamento.

Os capítulos posteriores omitem a caixa com a equação do balanço. Utilizamos a coluna "Classificação" para indicar a conta do patrimônio líquido afetada pela transação.

A seguir, são apresentados os lançamentos das oito transações da Miller Corporation no diário:

(1) 1º de janeiro
Caixa 100.000
Capital Social 100.000

Ativos	=	Passivos	+	Patrimônio Líquido	(Classificação)
+ 100.000				+ 100.000	Capital Contr.

Emissão de 10 mil ações ao valor nominal de $ 10 em dinheiro. A emissão de ações ordinárias aumenta o *capital contribuído*, especificamente o capital social.

---

22. Outra abordagem, por vezes usada com fins pedagógicos, é incluir abreviações para ativos (A), passivos (P) e patrimônio líquido (PL) para descrever o tipo de conta afetada em cada lançamento no livro diário. Por exemplo, a aquisição de um equipamento em troca de uma promessa de pagar ao seu fornecedor no futuro seria lançada (registrada) da seguinte forma:

| Equipamento (A)... | Valor Debitado |
| Notas Promissórias a Pagar (P).. | Valor Creditado |

(2) 5 de janeiro

Adiantamento de Aluguel 12.000

  Caixa 12.000

Ativos	=	Passivos	+	Patrimônio Líquido	(Classificação)
+12.000					
−12.000					

Pagamento adiantado de $ 12.000 pelo aluguel de equipamento.

(3) 15 de janeiro

Estoque de Mercadorias 15.000

  Fornecedores 15.000

Ativos	=	Passivos	+	Patrimônio Líquido	(Classificação)
+15.000		+15.000			

Compra de estoque de mercadorias a prazo ao custo de $ 15.000.

(4) 21 de janeiro

Fornecedores 8.000

  Caixa 8.000

Ativos	=	Passivos	+	Patrimônio Líquido	(Classificação)
−8.000		−8.000			

Pagamento de contas a pagar a fornecedores de $ 8.000, em dinheiro.

(5) 25 de janeiro

Fornecedores 7.000

  Capital Social 7.000

Ativos	=	Passivos	+	Patrimônio Líquido	(Classificação)
		−7.000		+7.000	Capital Contr.

Emissão de 700 ações ordinárias ao valor nominal de $ 10 para quitação de $ 7.000 de contas a pagar.

(6) 31 de janeiro

Adiantamento de Seguro 600

  Conta Creditada 600

Ativos	=	Passivos	+	Patrimônio Líquido	(Classificação)
+600					
−600					

Pagamento do prêmio de seguro de $ 600 por um ano de seguro adiantado.

(7) 31 de janeiro

Caixa 3.000

  Adiantamento de Clientes 3.000

Ativos	=	Passivos	+	Patrimônio Líquido	(Classificação)
+3.000		+3.000			

Recebimento de $ 3.000 de cliente por mercadoria a ser entregue em fevereiro.

As bases do registro das transações e da preparação das demonstrações financeiras: o balanço patrimonial   59

(8)	31 de janeiro		
	Edifícios	40.000	
	Empréstimos e Financiamentos		40.000

Ativos	=	Passivos	+	Patrimônio Líquido	(Classificação)
+40.000		+40.000			

Aquisição de prédio ao custo de $ 40.000, financiado por banco local mediante nota promissória a pagar.

● PROBLEMA 2.3   PARA APRENDIZAGEM

Lançamentos no livro diário de várias transações. Prepare os lançamentos no livro diário das seis transações da Gaines Corporation, citadas no **Problema 2.1 para Aprendizagem**.

● PROBLEMA 2.4   PARA APRENDIZAGEM

Lançamentos no livro diário, contas T e preparação do balanço patrimonial. A Electronics Appliance Corporation começa a operar em 1º de setembro e realiza as seguintes transações em setembro:

(1) 1º de setembro: Emite 4.000 ações ordinárias, com valor nominal de US$ 10, a $ 12 por ação em dinheiro.
(2) 2 de setembro: Dá 600 ações ordinárias com valor nominal de US$ 10 para adquirir uma patente de outra empresa. As duas entidades concordam com o preço de $ 7.200 pela patente.
(3) 5 de setembro: Paga US$ 10.000 por dois meses de aluguel adiantados do edifício da fábrica que está alugando por três anos, a partir de 1º de outubro. O aluguel mensal é de US$ 5.000.
(4) 12 de setembro: Compra matéria-prima a prazo no valor de US$ 6.100.
(5) 15 de setembro: Recebe um cheque de US$ 900 de um cliente como depósito para um pedido especial do equipamento que a Electronics planeja fabricar. O preço do contrato é de US$ 4.800.
(6) 20 de setembro: Adquire equipamento de escritório com preço de tabela de US$ 950. Após deduzir um desconto de $ 25 para pagamento à vista, ela emite um cheque para o pagamento total.
(7) 28 de setembro: Adianta o valor de US$ 200 em dinheiro a três empregados que começarão a trabalhar em 1º de outubro.
(8) 30 de setembro: Compra equipamentos para a fábrica ao custo de US$ 27.500. Ela emite um cheque de US$ 5.000 e assume uma nota promissória de longo prazo a pagar pelo saldo devedor.
(9) 30 de setembro: Ela paga US$ 450 como custo dos trabalhos de instalar os equipamentos em (8).
   a. Prepare os lançamentos no livro diário de cada uma das nove transações.
   b. Faça as contas T e dê entrada nas nove transações. Note que todos os saldos das contas são zero no início de setembro.
   c. Prepare um balanço patrimonial da Electronics Appliance Corporation em 30 de setembro.

RESUMO

O registro dos efeitos de cada transação de forma dual nas contas mantém a equação do balanço patrimonial: ativo = passivo + patrimônio líquido. O formato de um lançamento no livro diário para registrar uma transação é o seguinte:

Conta Debitada (Aumentos do Ativo e Diminuições do Passivo e do Patrimônio Líquido)..	Valor Debitado
Conta Debitada (Diminuições do Ativo e Aumentos do Passivo e do Patrimônio Líquido)..	Valor Creditado

As contas T proporcionam um modo alternativo para organizar o registro das transações. Elas são também úteis para coletar os registros de uma série de transações que afetam uma única conta durante um período. Assim como os lançamentos no livro diário, as contas T refletem o efeito dual das transações, como mostra o seguinte formato de uma conta T:

Conta do Ativo	
Saldo Inicial	
Aumentos	Diminuições
D	C
Saldo Final	

Conta do Passivo (ou do Patrimônio Líquido)	
	Saldo Inicial
Diminuições	Aumentos
D	C
	Saldo Final

O processo de registro das transações até o balanço patrimonial envolve, em geral, os seguintes passos:

1. Registrar cada transação em um sistema ou outro registro na forma de um lançamento no livro diário.
2. Transpor os valores dos lançamentos do livro diário para contas individuais do balanço patrimonial no livro razão. Contas T são dispositivos úteis nas ilustrações de livros-texto e nos problemas de final de capítulo para mostrar a acumulação dos efeitos das transações no balanço patrimonial.

SOLUÇÕES DOS PROBLEMAS PARA APRENDIZAGEM

Solução sugerida para o problema 2.1

(Gaines Corporation; efeito dual das transações na equação do balanço patrimonial)

Transação	Ativo	=	Passivo	+	Patrimônio Líquido
1. A empresa emite 20.000 ações ordinárias com valor nominal de £ 10 por £ 12 por ação em dinheiro.	+ £ 240.000	=	0	+	+ £ 240.000
2. A empresa emite *bonds* com valor principal de £ 100.000 por £ 100.000 em dinheiro.	+ 100.000	=	+ 100.000	+	0
3. A empresa adquire por £ 220.000 em dinheiro um terreno custando £ 40.000 e um prédio ao custo de £ 180.000.	+ 220.000 − 220.000	=	0	+	0
4. A empresa adquire a prazo equipamentos custando £ 25.000 e estoque de mercadorias ao custo de £ 12.000.	37.000	=	37.000	+	0
5. A empresa assina um contrato de aluguel de um equipamento e paga £ 1.500 de aluguel adiantado.	+ 1.500 − 1.500	=	0	+	0
6. A empresa paga £ 28.000 aos fornecedores em 4.	− 28.000	=	− 28.000		
Total	£ 349.000	=	£ 109.000	+	£ 240.000

Solução sugerida para o problema 2.2

(Gaines Corporation; contas T para várias transações)

Caixa (Ativo)			
(1)	240.000	220.000	(3)
(2)	100.000	1.500	(5)
		28.000	(6)

Estoque (Ativo)			
(4)	12.000		

Adiantamento de Aluguel (Ativo)			
(5)	1.500		

Terreno (Ativo)			
(3)	40.000		

Edifícios (Ativo)			
(3)	180.000		

Equipamentos (Ativo)			
(4)	25.000		

Contas a Pagar (Passivo)			
(6)	28.000	37.000	(4)

Bonds a Pagar (Passivo)			
		100.000	(2)

Capital Social (Patrimônio Líquido)			
		200.000	(1)

Ágio na Emissão de Ações (Patrimônio Líquido)			
		40.000	(1)

Solução sugerida para o problema 2.3
(Gaines Corporation; lançamentos no livro diário de várias transações)

(1) Caixa 240.000
    Capital Social 200.000
    Ágio na Emissão de Ações 40.000

Ativos	=	Passivos	+	Patrimônio Líquido	(Classificação)
+240.000				+200.000	Capital Contr.
				+40.000	Capital Contr.

Emissão de 20.000 ações ordinárias ao valor nominal de £ 10 a £ 12 por ação em dinheiro.

(2) Caixa 100.000
    Bonds a Pagar 100.000

Ativos	=	Passivos	+	Patrimônio Líquido	(Classificação)
+100.000		+100.000			

Emissão de *bonds* com valor principal de £ 100.000 por £ 100.000 em caixa.

(3) Terreno 40.000
    Edifício 180.000
    Caixa 220.000

Ativos	=	Passivos	+	Patrimônio Líquido	(Classificação)
+40.000					
+180.000					
−220.000					

Compra por £ 220.000 de terreno ao custo de £ 40.000 e de um prédio ao custo de £ 180.000.

(4) Equipamento 25.000
    Estoque 12.000
    Contas a Pagar 37.000

Ativos	=	Passivos	+	Patrimônio Líquido	(Classificação)
+25.000		+37.000			
+12.000					

Compra a prazo de equipamento ao custo de £ 25.000 e de estoque de mercadoria por £ 12.000.

(5) Adiantamento de Aluguel 1.500
    Caixa 1.500

Ativos	=	Passivos	+	Patrimônio Líquido	(Classificação)
+1.500					
−1.500					

Pagamento de £ 1.500 por aluguel adiantado de equipamento.

(6)

Contas a Pagar 28.000
  Caixa 28.000

Ativos	=	Passivos	+	Patrimônio Líquido	(Classificação)
−28.000		−28.000			

Pagamento de £ 28.000 ao fornecedor em (4).

Solução sugerida para o problema 2.4
(Electronics Appliance Corporation; lançamentos no livro diário, contas T e preparação do balanço patrimonial)

a. Seguem os lançamentos no livro diário para as nove transações:

(1) 1º de setembro

Caixa 48.000
  Capital Social 40.000
  Ágio na Emissão de Ações 8.000

Ativos	=	Passivos	+	Patrimônio Líquido	(Classificação)
+48.000				+40.000	Capital Contr.
				+8.000	Capital Contr.

Emissão de 4.000,00 ações ordinárias a $ 10, valor nominal, por $ 12 em caixa por ação.

(2) 2 de setembro

Patente 7.200
  Ações ordinárias 6.000
  Capital adicional realizado 1.200

Ativos	=	Passivos	+	Patrimônio Líquido	(Classificação)
+7.200				+6.000	Capital Contr.
				+1.200	Capital Contr.

Emissão de 600 ações ordinárias a $ 10, valor nominal, para adquirir patente; o valor de mercado das ações é $ 12/ação

(3) 5 de setembro

Adiantamentos de Aluguel 10.000
  Caixa 10.000

Ativos	=	Passivos	+	Patrimônio Líquido	(Classificação)
−10.000					
+10.000					

Pagamento adiantado do aluguel de outubro e novembro do imóvel da fábrica.

(4) 12 de setembro

Estoque de Matérias-primas 6.100
  Contas a Pagar (Fornecedores) 6.100

Ativos	=	Passivos	+	Patrimônio Líquido	(Classificação)
+6.100		+6.100			

Compra a prazo de matérias-primas ao custo de $ 6.100.

(5) 15 de setembro

Caixa 900
    Adiantamentos de Clientes 900

Ativos	=	Passivos	+	Patrimônio Líquido	(Classificação)
+900		+900			

Recebimento adiantado de $ 900 de um cliente como depósito pela compra de um equipamento a ser fabricado no futuro.

(6) 20 de setembro

Equipamento 925
    Caixa 925

Ativos	=	Passivos	+	Patrimônio Líquido	(Classificação)
+925					
–925					

Compra de equipamento com preço de tabela de $ 950 por $ 925, após desconto para pagamento à vista.

(7) 28 de setembro

Adiantamentos a Empregados 200
    Caixa 200

Ativos	=	Passivos	+	Patrimônio Líquido	(Classificação)
+200					
–200					

Adiantamento de $ 200 a funcionários que começarão a trabalhar em 1º de outubro.

(8) 30 de setembro

Equipamento 27.500
    Caixa 5.000
    Notas Promissórias a Pagar 22.500

Ativos	=	Passivos	+	Patrimônio Líquido	(Classificação)
+27.500		+22.500			
–5.000					

Compra de equipamento por $ 5.000 em caixa, assumindo nota promissória a pagar de $ 22.500 pelo saldo devedor do preço de compra.

(9) 30 de setembro

Equipamento 450
    Caixa 450

Ativos	=	Passivos	+	Patrimônio Líquido	(Classificação)
+450					
–450					

Pagamento do custo de instalação de $ 450 do equipamento adquirido em **(8)**.

b. A **Figura 2.5** apresenta contas T da Electronics Appliance Corporation e mostra os registros dos nove lançamentos. As letras *A*, *P* e *PL* depois do título das contas indicam a categoria das contas no balanço patrimonial.

c. A **Figura 2.6** apresenta o balanço patrimonial em 30 de setembro.

Figura 2.5

Electronics Appliance Corporation
Contas T e Transações em Setembro
(Problema 2.4)

Caixa (A)			
(1) 48.000			
(5) 900	10.000	(3)	
	925	(6)	
	200	(7)	
	5.000	(8)	
	450	(9)	
✓ 32.325			

Adiantamentos a Funcionários (A)	
(7) 200	
✓ 200	

Estoque de Matéria-prima (A)	
(4) 6.100	
✓ 6.100	

Adiantamento de Aluguel (A)	
(3) 10.000	
✓ 10.000	

Equipamentos (A)	
(6) 925	
(8) 27.500	
(9) 450	
✓ 28.875	

Patente (A)	
(2) 7.200	
✓ 7.200	

Contas a Pagar (Fornecedores) (P)	
	6.100 (4)
	6.100 ✓

Adiantamentos de Clientes (P)	
	900 (5)
	900 ✓

Notas Promissórias a Pagar (P)	
	22.500 (8)
	22.500 ✓

Capital Social (PL)	
	40.000 (1)
	6.000 (2)
	46.000 ✓

Ágio na Emissão de Ações (PL)	
	8.000 (1)
	1.200 (2)
	9.200 ✓

Figura 2.6

Electronics Appliance Corporation
Balanço Patrimonial
30 de setembro
(Problema 2.4)

ATIVO

Ativo Circulante
Caixa	32.325
Adiantamentos a Funcionários	200
Estoques de Matéria-prima	6.100
Adiantamento de Aluguel	10.000
Total do Ativo Circulante	48.625

Imobilizado
Equipamento	28.875

Intangíveis
Patente	7.200
Total do Ativo	84.700

PASSIVO E PATRIMÔNIO LÍQUIDO

Passivo Circulante
Contas a Pagar (Fornecedores)	6.100
Adiantamentos de Clientes	900
Total do Passivo Circulante	7.000

Passivo Não Circulante
Notas Promissórias a Pagar	22.500
Total do Passivo	29.500

Patrimônio Líquido
Capital Social, valor nominal de $ 10	46.000
Ágio na Emissão de Ações	9.200
Total do Patrimônio Líquido	55.200
Total do Passivo e Patrimônio Líquido	84.700

As bases do registro das transações e da preparação das demonstrações financeiras: o balanço patrimonial

PRINCIPAIS TERMOS E CONCEITOS

Ativo
Ativo e passivo circulante e não circulante
Conta
Conta redutora
Conta T
Contas permanentes
Contas temporárias
Crédito

Débito
Efeito dual das transações
Equação do balanço patrimonial
Lançamento no livro diário
Passivo
Patrimônio líquido
Transferência

QUESTÕES, EXERCÍCIOS E PROBLEMAS

Questões

1. Reveja o significado dos termos e conceitos listados em Principais termos e conceitos.
2. Por que toda contabilização de transação tem dois efeitos?
3. Qual a relação entre uma conta T e um lançamento no livro diário?
4. O que distingue ativos não circulantes de ativos circulantes?
5. Qual o propósito de usar contas redutoras? Qual a alternativa a esse uso?

Exercícios

6. **Efeito dual na equação do balanço patrimonial.** A Fresh Foods Group, varejista europeia que opera supermercados em sete países, realizou as três seguintes transações em 2013: (1) comprou e recebeu a prazo, de vários fornecedores, estoques ao custo de € 678 milhões; (2) devolveu estoques no valor de € 45 milhões em razão de defeitos ocorridos durante o transporte; (3) pagou a vários fornecedores o montante total devido. Indique os efeitos dessas três transações na equação do balanço patrimonial. A Fresh Foods Group adota as IFRS e divulga seus resultados em milhões de euros (€).

7. **Efeito dual na equação do balanço patrimonial.** A Cement Plus, empresa especializada em materiais de construção, realizou as quatro seguintes transações em 2014: (1) comprou e recebeu estoques ao custo de $ 14.300 milhões, dos quais $ 12.000 milhões foram a prazo e o restante pago à vista; (2) comprou uma máquina por $ 3.000 milhões à vista; (3) emitiu 2.000 ações ordinárias por $ 6.500 milhões em dinheiro; (4) emitiu ações ordinárias a seus fornecedores pelo saldo devedor das compras de estoques. Indique os efeitos dessas quatro transações na equação do balanço patrimonial. A Cement Plus adota U.S. GAAP e divulga seus resultados em milhões de dólares norte-americanos (US$).

8. **Classificação no balanço patrimonial.** De acordo com os princípios contábeis geralmente aceitos (GAAP), os itens do balanço patrimonial são classificados de uma das seguintes maneiras:

    Ativo (A)
    Passivo (P)
    Patrimônio Líquido (PL)
    Item que não apareceria no balanço patrimonial preparado convencionalmente, segundo os princípios contábeis geralmente aceitos – GAAP (N/A)

    Usando as abreviações, indique a classificação apropriada dos seguintes itens. Caso não encontre no capítulo embasamento para dar uma resposta, faça uma tentativa.

    a. Salários a pagar
    b. Lucros acumulados
    c. Notas promissórias a receber
    d. Pedidos não atendidos de clientes
    e. Terreno

f. Juros a pagar
g. Estoque de produtos em processamento
h. Hipotecas a pagar
i. Gastos pré-operacionais
j. Adiantamentos de clientes
k. Adiantamentos a funcionários
l. Patentes
m. Disponibilidade de bom crédito
n. Capital social – ações ordinárias

9. **Classificação no balanço patrimonial.** De acordo com os princípios contábeis geralmente aceitos (GAAP), os itens do balanço patrimonial são classificados de uma das seguintes maneiras:

   Ativo (A)

   Passivo (P)

   Patrimônio Líquido (PL)

   Item que não apareceria no balanço patrimonial preparado convencionalmente, segundo os princípios contábeis geralmente aceitos – GAAP (N/A)

   Usando as abreviações, indique a classificação apropriada dos seguintes itens. Caso não encontre no capítulo embasamento para dar uma resposta, faça uma tentativa.

   a. Ações preferenciais
   b. Móveis e instalações
   c. Passivo potencial por ação judicial (ainda não julgada); os advogados estimam que haja 40% de chance de perda material de valor.
   d. Adiantamento de aluguel
   e. Capital contribuído acima do valor nominal
   f. Caixa disponível
   g. *Goodwill*
   h. Passivo estimado sob contrato de garantia
   i. Estoque de matérias-primas
   j. Rendimento de aluguel recebido antecipadamente
   k. Títulos a pagar
   l. Seguro pago antecipadamente
   m. Tributos sobre o lucro a pagar
   n. Ações em tesouraria

Problemas

10. **Efeito dual das transações na equação do balanço patrimonial e nos lançamentos no livro diário.** Considere que, durante o Ano 15, a Bullseye Corporation, uma varejista americana, realizou as seis seguintes transações. A Bullseye Corporation adota os U.S. GAAP e divulga seus resultados em milhões de dólares norte-americanos (US$). Não se preocupe se, depois dessas transações, o balanço da conta Caixa for negativo. A empresa resolverá essa questão mediante transações não mostradas aqui.

    (1) A empresa emite 20 milhões de ações ordinárias com valor nominal de US$ 0,0833 por um total de $ 960 milhões em dinheiro.

    (2) Adquire mercadorias custando US$ 1.500 milhão a prazo.

    (3) Adquire uma nova loja, composta de um edifício ao custo de US$ 3.200 milhões e um terreno ao custo de US$ 930 milhões. Ela paga à vista ao proprietário.

    (4) Compra a prazo instalações para a nova loja ao custo de US$ 860 milhões.

    (5) Paga o valor devido aos fornecedores de mercadorias pela transação em (2).

    (6) Paga ao fornecedor das instalações pela transação em (4) a metade do valor devido em dinheiro. A outra metade ela paga emitindo 8,6 milhões de ações ordinárias em favor do fornecedor. À época dessa transação, as ações da Bullseye Corporation são negociadas no mercado a US$ 50 por ação.

a. Indique o efeito dessas seis transações na equação do balanço patrimonial usando o seguinte formato:

Número da Transação	Ativo	=	Passivo	+	Patrimônio Líquido
(1)	+ 960		$ 0		+ 960
Subtotal	$ 960	=	$ 0	+	$ 960

b. Faça os lançamentos das seis transações no livro diário.

11. **Efeito dual das transações na equação do balanço patrimonial e lançamentos no livro diário.** Considere que, durante o Ano 14, a Inheritance Brands, fabricante e distribuidora norte-americana, realizou as cinco seguintes transações. A Inheritance Brands adota U.S. GAAP e divulga seus resultados em milhões de dólares norte-americanos (US$). Você pode arredondar as casas decimais para o primeiro dígito após a vírgula.

(1) A empresa emite 10 milhões de ações ordinárias, com valor nominal de $ 3,125, por US$ 55 por ação em dinheiro.

(2) No final do Ano 14, a empresa adquire um terreno pelo custo de US$ 250 milhões e um edifício ao custo de US$ 900 milhões. Ela paga a compra com $ 400 milhões em dinheiro e promete pagar o restante no Ano 15. Ela assina uma nota promissória pelo saldo devedor.

(3) A empresa paga US$ 30 milhões à vista por uma apólice de um ano de seguro sobre o terreno e o edifício. O período de cobertura começa no início do Ano 15.

(4) A empresa adquire a prazo estoque de mercadoria de vários fornecedores ao custo de $ 400 milhões.

(5) A empresa paga em dinheiro aos fornecedores da transação (4) pela sua compra a prazo.

a. Indique o efeito dessas cinco transações na equação do balanço patrimonial usando o seguinte formato:

Número da Transação	Ativo	=	Passivo	+	Patrimônio Líquido
(1)	+ 550		$ 0		+ 550
Subtotal	$ 550	=	$ 0	+	$ 550

b. Faça os lançamentos no livro diário das cinco transações.

12. **Lançamentos de várias transações.** Expresse as seguintes transações da Winkle Grocery Store, Inc., em forma de lançamento no livro diário. Se um lançamento não for necessário, indique a razão. Você pode omitir as explicações dos lançamentos. A empresa:

(1) Recebe US$ 30.000 de John Winkle em troca de 1.000 ações ordinárias com valor nominal de US$ 30.

(2) Dá uma nota promissória de 60 dias a juros de 8% a um banco e recebe dele US$ 5.000 em caixa.

(3) Aluga um edifício e paga o aluguel anual de US$ 12.000 adiantado.

(4) Adquire mostruário ao custo de US$ 8.000 e emite um cheque pelo valor total.

(5) Adquire estoque de mercadoria custando US$ 25.000. A empresa emite um cheque de $ 12.000, com o restante a ser pago em 30 dias.

(6) Fecha um contrato com um restaurante próximo, pelo qual ele concorda em comprar US$ 2.000 em alimentos por semana. A empresa recebe adiantado um cheque para as duas primeiras semanas.

(7) Obtém uma apólice de seguro contra fogo provendo cobertura de US$ 50.000 com início no próximo mês. Ela paga o prêmio anual de US$ 1.200.

(8) Paga $ 600 por anúncios que aparecerão nos jornais no próximo mês.

(9) Faz um pedido de US$ 35.000 de mercadorias a fornecedores, a ser entregue no próximo mês.

13. **Registrando transações e preparando o balanço patrimonial.** A Moulton Corporation realizou as sete transações a seguir em dezembro do Ano 12, preparando-se para abrir o negócio em 1º de janeiro do Ano 13. Continuaremos com os dados da Moulton Corporation no **Capítulo 3**, **Problema 3.22**. Você não precisará de algumas das informações dadas aqui até abordar aquele problema. Essas informações serão dadas aqui porque as empresas frequentemente as obtêm no momento da transação aqui descrita.

(1) Emitiu 80.000 ações ordinárias com valor nominal de US$ 10, em dinheiro.

(2) Adquiriu à vista um terreno no valor de US$ 50.000 e um prédio no valor de US$ 450.000. Informação para uso posterior: o prédio tem uma vida útil esperada de 25 anos a partir de 1º de janeiro do Ano 13.

(3) Comprou estoque de mercadoria de vários fornecedores ao custo de US$ 280.000, a prazo.

(4) Pelo estoque comprado em (3), pagou US$ 250.000 ao preço original de fatura, a tempo de obter um desconto de 2% para pagamento à vista. A empresa toma os descontos recebidos como uma redução no custo do estoque. A empresa ainda não pagou os US$ 30.000 restantes das compras a prazo.

(5) Pagou US$ 12.000 por uma apólice de seguro de um ano sobre o terreno e prédio. A cobertura do seguro começa em 1º de janeiro.

(6) Tomou um empréstimo de US$ 300.000 de um banco em 31 de dezembro do Ano 12. Informação para uso posterior: o empréstimo tem uma taxa de juros de 8% ao ano e prazo de cinco anos. Os juros são devidos em 1º de janeiro de cada ano, começando em 1º de janeiro do Ano 14, e o valor do principal, de US$ 300.000, vence em 31 de dezembro do Ano 17.

(7) Adquiriu equipamento em 31 de dezembro ao custo de US$ 80.000 e assinou uma nota promissória pagável ao fornecedor a uma taxa de 6% ao ano. A nota promissória vence em 30 de junho do Ano 13. Informação para uso posterior: o equipamento tem uma vida útil estimada de 5 anos.

a. Registre essas sete transações em contas T.
b. Prepare o balanço patrimonial da Moulton Corporation em 31 de dezembro.

14. **Registrando transações e preparando o balanço patrimonial.** A Patterson Corporation inicia suas operações em 1º de janeiro do Ano 13. Veja as premissas dadas no fim desta lista. O **Problema 3.23** dá continuidade a este problema. A empresa realiza as seguintes transações em janeiro:

(1) Emite 15.000 ações ordinárias com valor nominal de US$ 10 por US$ 210.000 em dinheiro.

(2) Emite 28.000 ações ordinárias em troca de terreno, prédio e equipamento. O terreno aparece no balanço com um valor de US$ 80.000, o prédio com valor de US$ 220.000 e o equipamento com valor de $ 92.000.

(3) Emite 2.000 ações ordinárias em favor de outra empresa para adquirir uma patente. O preço da ação é de $ 14 por ação.

(4) Adquire estoques de mercadoria ao preço de tabela de US$ 75.000 de vários fornecedores, a prazo.

(5) Adquire equipamento ao preço de tabela de US$ 6.000. Ela deduz um desconto de US$ 600 e paga o valor líquido em dinheiro. A empresa trata esses descontos como redução no custo de compra do equipamento.

(6) Paga custo de frete de $ 350 para transporte do equipamento em (5). A empresa trata os custos de frete como parte do custo de aquisição do equipamento.

(7) Descobre que estoques de mercadorias no valor de $ 800 estão com defeito e os devolve ao fornecedor, com crédito total. Os estoques tinham sido comprados a prazo – ver (4) – e nenhum pagamento havia sido feito até a devolução dos produtos.

(8) Assina um contrato para aluguel de uma frota de automóveis começando em 1º de fevereiro. Paga adiantado o valor de US$ 1.400 pelo aluguel de fevereiro.

(9) Paga faturas referentes aos estoques de mercadorias comprados em (4) pelo preço tabelado original de $ 60.000, depois de deduzir um desconto de 3% pelo pagamento à vista. A empresa trata descontos dessa natureza como redução do custo de aquisição dos estoques de mercadoria.

(10) Obtém cobertura de seguro contra fogo e danos a terceiros da Southwest Insurance Company. A apólice, válida por dois anos a partir de 1º de fevereiro, tem um prêmio de US$ 2.400, que ainda não foi pago.

(11) Assina com um cliente um contrato de US$ 20.000 por mercadorias que a Patterson planeja entregar no futuro. O cliente adianta US$ 4.500 do valor contratado.

(12) Adquire um armazém ao custo de US$ 60.000 em 31 de janeiro. A empresa dá uma entrada de US$ 7.000 e assume uma hipoteca de 20 anos a uma taxa anual de 6% pelo saldo devedor. Informação para uso posterior: os juros vencem em 31 de janeiro de cada ano.

(13) Descobre que estoques de mercadorias adquiridas originalmente por US$ 1.500 estão com defeito e os devolve ao fornecedor. O estoque já havia sido pago em (9). As mercadorias devolvidas são o único item comprado desse fornecedor particular em janeiro. O reembolso do dinheiro ainda não foi recebido do fornecedor.

(14) Em 31 de janeiro, a empresa compra 6.000 ações ordinárias com valor nominal de US$ 10 da General Cereal Corporation por US$ 95.000. Essa compra é uma utilização de curto prazo do excedente de caixa. As ações da General Cereal Corporation são negociadas na Bolsa de Valores de Nova York.

As seguintes premissas ajudarão você a resolver certas incertezas contábeis:
- As transações **(2)** e **(3)** ocorrem no mesmo dia da transação **(1)**.
- As faturas pagas em **(9)** são as únicas compras que tiveram descontos oferecidos pelos fornecedores em favor do comprador.

a. Registre essas 14 transações em contas T.
b. Prepare um balanço patrimonial com data de 31 de janeiro do Ano 13.

15. **Registrando transações em contas T e preparando o balanço patrimonial.** Veronica Regaldo abre um novo negócio no México em 1º de janeiro do Ano 8 para operar uma loja de varejo. As transações da Regaldo Department Stores em janeiro do Ano 8 para abrir sua primeira loja de varejo em fevereiro do Ano 8 são apresentadas a seguir. A Regaldo adota as IFRS e divulga seus resultados em milhares de pesos mexicanos ($).

    (1) 1º de janeiro do Ano 8: Recebe $ 500.000 de Veronica Regaldo pela totalidade das ações ordinárias da Regaldo Department Stores. As ações não têm valor nominal ou declarado.

    (2) 5 de janeiro do Ano 8: Paga a outra empresa $ 20.000 por uma patente e ao governo mexicano $ 4.000 para registrá-la. As IFRS tratam o custo de registro da patente como parte do seu custo de aquisição.

    (3) 10 de janeiro do Ano 8: Faz pedidos de mercadorias a vários fornecedores ao custo de $ 200.000. Veja as transações **(5)**, **(6)** e **(7)** para informações posteriores com relação a esses pedidos de mercadoria.

    (4) 15 de janeiro do Ano 8: Assina um contrato de aluguel de terreno e prédio por $ 30.000 ao mês. O período de aluguel começa em 1º de fevereiro do Ano 8. A Regaldo paga $ 60.000 adiantados pelos primeiros dois meses de aluguel.

    (5) 20 de janeiro do Ano 8: Recebe as mercadorias pedidas em 10 de janeiro do Ano 8. A Regaldo posterga o pagamento da mercadoria até receber uma fatura do fornecedor – ver a transação **(7)** a seguir.

    (6) 21 de janeiro do Ano 8: Descobre que mercadorias no valor de $ 8.000 estão com defeito e devolve os itens ao fornecedor.

    (7) 25 de janeiro do Ano 8: Recebe faturas no valor de $ 160.000 pelas mercadorias recebidas em 20 de janeiro do Ano 8. Depois de subtrair o desconto permitido de 2% por pagamento à vista, a Regaldo paga aos fornecedores o valor devido de US$ 156.800 (0,98 × $ 160.000). A empresa trata os descontos dessa natureza como redução do custo de aquisição das mercadorias.

    (8) 30 de janeiro do Ano 8: Obtém cobertura de seguro contra fogo e danos a terceiros da Windwards Islands Insurance Company para o período a partir de 1º de fevereiro do Ano 8. Ela paga o prêmio de um ano no valor de $ 12.000.

    a. Registre essas oito transações em contas T.
    b. Prepare o balanço patrimonial da Regaldo Department Stores em 31 de janeiro do Ano 8.

16. **Registrando transações e preparando o balanço patrimonial.** A Whitley Products Corporation começa a operar em 1º de abril. A empresa realiza as seguintes transações em abril:

    (1) Emite 25.000 ações ordinárias com valor nominal de $ 10 por $ 15 em dinheiro.

    (2) Adquire um terreno ao custo de $ 25.000 e um prédio ao custo de $ 275.000, pagando $ 50.000 à vista e assinando uma nota promissória pagável a um banco local pelo saldo devedor da compra.

    (3) Adquire equipamentos ao custo de $ 125.000 à vista.

    (4) Paga US$ 2.800 pelo transporte dos equipamentos ao escritório da Whitley Products Corporation. O padrão U.S. GAAP trata o custo do transporte como parte do custo de aquisição do equipamento.

    (5) Paga US$ 3.200 para instalar e testar os equipamentos. O padrão U.S. GAAP trata o custo de instalação e teste de equipamentos como parte do seu custo de aquisição.

    (6) Paga US$ 12.000 pelo prêmio de seguro de propriedade e contra danos a terceiros relativos ao prédio e equipamentos com cobertura a partir de 1º de maio.

    (7) Concorda em fabricar mercadorias customizadas para um cliente particular começando em maio ao preço de venda de US$ 15.000. O cliente adianta no ato do pedido US$ 1.500 do valor da venda.

    (8) Faz o pedido de matérias-primas de vários fornecedores ao custo de US$ 60.000.

    (9) Recebe a notificação dos fornecedores de que a matéria-prima pedida na transação **(8)** foi embarcada. A mercadoria pertence aos fornecedores até que seja recebida pela Whitley Products Corporation.

    (10) Recebe as matérias-primas transportadas na transação **(9)**.

(11) Descobre que matéria-prima no valor de $ 8.000 está danificada e a devolve ao fornecedor. A empresa ainda não pagou ao fornecedor.

(12) Paga o valor devido pelas matérias-primas aos fornecedores nas transações **(8)**, **(9)**, **(10)** e **(11)** após deduzir 2% por pagamento à vista. A empresa trata descontos dessa natureza como uma redução no custo de aquisição das matérias-primas.

a. Registre essas 12 transações em contas T.

b. Prepare o balanço patrimonial da Whitley Products Corporation em 30 de abril.

17. Efeito de erros de registro na equação do balanço patrimonial. Usando a notação SUP (superestimado), SUB (subestimado) e NÃO (sem efeito), indique os efeitos no ativo, passivo e patrimônio líquido de *deixar de registrar* ou *registrar incorretamente* cada uma das seguintes transações e eventos. Por exemplo, a falha por deixar de registrar a emissão de ações ordinárias de US$ 10.000 em dinheiro seria mostrada como segue:

- Ativo – SUB US$ 10.000
- Passivo – NÃO
- Patrimônio líquido SUB–US$ 10.000

(1) Uma empresa efetuou um pedido de mercadorias de US$ 23.000 de um fornecedor, mas não registrou nada nas suas contas.

(2) A empresa recebeu a mercadoria da transação **(1)** e a registrou debitando Estoques de Mercadorias e creditando Contas a Pagar (Fornecedores) em US$ 32.000.

(3) A empresa adquiriu um automóvel por US$ 20.000, pagando US$ 2.000 à vista e assinando uma nota promissória pelo valor restante. Ela registrou a aquisição debitando Automóvel em $ 20.000, creditando Caixa em US$ 18.000 e Notas Promissórias a Pagar em US$ 2.000.

(4) A empresa paga US$ 1.800 pelo prêmio anual de seguro do automóvel da transação **(3)**, debitando Automóvel e creditando Caixa em US$ 1.800. O período do seguro começa no próximo mês.

(5) A empresa recebeu de um cliente um pedido de US$ 5.500 de mercadorias que ela entregará no próximo mês. O cliente incluiu um cheque de US$ 1.500. A empresa não fez nenhum lançamento dessa transação.

(6) A empresa emitiu 2 mil ações ordinárias com US$ 10 de valor nominal, tendo um valor de mercado de US$ 32.000 em troca de um terreno. Ela registrou a transação debitando Terreno e creditando Ações Ordinárias em US$ 20.000.

(7) A empresa assinou um contrato de trabalho com seu presidente a um salário anual de US$ 275.000. O período do contrato começa no próximo mês. A empresa não registrou nada nas suas contas relativamente a esse acordo.

18. Efeito de erros de registro na equação do balanço patrimonial. Uma empresa registrou várias transações lançando-as no livro diário, como mostrado a seguir. Usando a notação SUP (superestimado), SUB (subestimado) e NÃO (sem efeito), indique os efeitos no ativo, passivo e patrimônio líquido de todos os erros de registro dessas transações. Por exemplo, se uma empresa registrasse a emissão de ações ordinárias de US$ 10.000 em dinheiro debitando Caixa e creditando Títulos de Dívida a Pagar, os efeitos do erro seriam mostrados da seguinte forma:

- Ativo – NÃO
- Passivo – SUP US$ 10.000
- Patrimônio líquido SUB0–US$ 10.000

(1) Equipamento	10.000	
Caixa		2.000
Títulos a Receber		8.000

Ativos	=	Passivos	+	Patrimônio Líquido	(Classificação)
+10.000					
– 2.000					
– 8.000					

Para registrar a aquisição de materiais pagando $ 2.000 à vista e assinando promissórias no valor de $ 8.000 para o balanço.

As bases do registro das transações e da preparação das demonstrações financeiras: o balanço patrimonial

(2) Equipamento 4.000
    Caixa 1.000
    Títulos a Pagar 3.000

Ativos	=	Passivos	+	Patrimônio Líquido	(Classificação)
+4.000		+3.000			
–1.000					

Para registrar a colocação de um pedido de equipamento a ser entregue no próximo mês. A empresa fez um depósito de $ 1.000 com o pedido.

(3) Caixa 800
    Clientes 800

Ativos	=	Passivos	+	Patrimônio Líquido	(Classificação)
+800					
–800					

Para registrar um adiantamento de um cliente por mercadoria que será entregue no próximo mês. O cliente não devia nada à empresa na época dessa transação.

(4) Adiantamento de Aluguel 1.000
    Aluguel a Pagar 1.000

Ativos	=	Passivos	+	Patrimônio Líquido	(Classificação)
+1.000		+1.000			

Para registrar a assinatura de um contrato de aluguel do espaço de um armazém pelo período de um ano, começando no próximo mês. O aluguel mensal de $ 1.000 é devido no primeiro dia de cada mês.

(5) Patente 2.500
    Caixa 2.500

Ativos	=	Passivos	+	Patrimônio Líquido	(Classificação)
+2.500					
–2.500					

Para registrar a emissão de ações ordinárias para aquisição de uma patente.

(6) Estoques de Mercadorias 4.900
    Caixa 4.900

Ativos	=	Passivos	+	Patrimônio Líquido	(Classificação)
+4.900					
–4.900					

Para registrar a aquisição de materiais de escritório à vista.

Capítulo 3

As bases do registro de transações e da preparação das demonstrações financeiras: a demonstração do resultado

Este capítulo mostra de que forma o contador registra as transações operacionais e, em seguida, combina esses registros para preparar a demonstração do resultado. Este capítulo, tal como o anterior, enfoca os procedimentos de registro e não os princípios e julgamentos contábeis.

Este capítulo aborda quatro conceitos para os registros:

1. A natureza dual (dualidade) das transações e eventos.
2. O uso das contas T e dos lançamentos no livro diário para registrar a dualidade de uma transação ou evento.
3. A preparação de uma demonstração do resultado simples e demonstração dos fluxos de caixa.
4. O *link* ou *articulação* entre o balanço patrimonial e a demonstração do resultado.

Esses conceitos se baseiam na terminologia de registro contábil apresentada no **Capítulo 2**.

A palavra *conta* se refere a itens tanto do balanço patrimonial como da demonstração do resultado. Uma **conta** é um dispositivo para identificar o valor em uma linha do balanço patrimonial ou da demonstração do resultado. As contas do balanço patrimonial são **contas permanentes**, no sentido de que permanecem abertas, com saldos não zero, no final do período de divulgação. Por outro lado, as contas da demonstração do resultado são **contas temporárias**, no sentido de que começam um período com saldo zero, acumulam informações durante o período de divulgação e apresentam saldo zero no final desse período. Uma conta da demonstração do resultado mostra o montante em determinado período.

O processo de fechamento (discutido a seguir) assegura que cada conta da demonstração do resultado tenha saldo zero no fim do período de divulgação, e que os valores das contas da demonstração do resultado sejam transferidos para a conta Lucros Acumulados no fim desse período para o qual a demonstração do resultado divulga dados.

OBJETIVOS DE APRENDIZAGEM

1 Continuar conhecendo as convenções para o registro das transações, incluindo a natureza dual das transações, o uso das contas T e os lançamentos no livro diário.

2 Entender o registro das transações da demonstração do resultado em contas temporárias, que o processo de registro fecha no fim do período e transfere para a conta Lucros Acumulados, do balanço patrimonial.

3 Compreender a necessidade de ajustar lançamentos e começar a entender como os contadores utilizam diversos dados e indícios para computar o valor desses lançamentos.

4 Entender a distinção entre lançamentos de transações, lançamentos de ajustes e lançamentos de fechamento.

5 Entender como o balanço patrimonial e a demonstração do resultado são articulados.

DEMONSTRAÇÃO DO RESULTADO

Terminologia comum

O **Capítulo 2** descreveu a aplicação de três convenções do processo de registro (efeito dual das transações, contas T e lançamentos no livro diário) para as transações que afetam o balanço patrimonial e enfatizou a utilidade da equação do balanço patrimonial para entender como o registro das transações mantém a equivalência do ativo com o passivo somado ao patrimônio líquido. Consideraremos agora as transações operacionais que afetam a demonstração do resultado, a segunda principal demonstração financeira que as empresas preparam para divulgar suas atividades. Primeiramente, descreveremos alguns títulos de contas utilizadas nas demonstrações do resultado que provêm um sentido aos termos típicos (chamados por vezes de "linhas" ou "itens de linha") usados nas publicações das demonstrações do resultado.

Receitas ou vendas: uma medida dos ativos recebidos (por exemplo, caixa) em troca dos produtos vendidos e dos serviços prestados. Fora dos Estados Unidos, vendas ou receitas são por vezes chamadas de *faturamento*[1].

Custo dos produtos vendidos: o custo das mercadorias ou dos produtos vendidos. O *custo dos serviços prestados* é um conceito similar aplicável a empresas de serviços.

Despesas operacionais (Selling, General and Administrative – SG&A – despesas comerciais, gerais e administrativas): gastos incorridos para vender produtos e serviços (como os salários da força de vendas), bem como gastos de administração (como os salários dos altos executivos, aluguel e seguro dos edifícios e mobiliário da sede da companhia)[2].

Despesas com pesquisa e desenvolvimento (P&D): gastos incorridos para criar e desenvolver novos produtos, processos e serviços.

Despesas com marketing (propaganda): gastos incorridos com o fim de aumentar as vendas atraindo mais clientes ou de induzir clientes atuais a aumentar suas compras. Nenhuma regra estabelece que a demonstração do resultado mostre separadamente esses itens, os quais podem fazer parte das despesas operacionais.

Despesa de juros: o custo de usar recursos gerados por empréstimos.

Receita de juros: receita decorrente de valores emprestados a outros ou de investimentos em títulos que rendem juros.

Tributos sobre o lucro: tributos federais, estaduais e locais sobre o lucro.

Uma demonstração do resultado típica

Assim como o balanço patrimonial, a demonstração do resultado relaciona as contas de acordo com o tipo. A demonstração do resultado apresenta, para dado período, as receitas (entradas de ativos líquidos) e as despesas (saídas de ativos líquidos); a diferença é o lucro líquido (também chamado de *resultado*). Se as despesas excedem as receitas no período, o resultado é um *prejuízo* ou *prejuízo líquido*.

A demonstração do resultado começa com as receitas (por vezes chamadas de linha de topo – *top line*) e, a seguir, subtrai as despesas associadas à operação do negócio (por exemplo, custo dos produtos vendidos, despesas operacionais, P&D e marketing). Os itens seguintes apresentam outras fontes de receita (como receitas de juros) e outras despesas (como despesas de juros) para chegar ao lucro líquido (por vezes chamado de linha de baixo – *bottom line*). Algumas empresas declaram, e posteriormente pagam, dividendos aos seus acionistas. Um dividendo é uma distribuição de ativos líquidos gerados pelos lucros – não uma despesa incorrida para gerar lucros –, de forma que jamais aparece como despesa na demonstração do resultado.

A demonstração do resultado da Toothpaste Company para o ano fiscal findo em 31 de dezembro do Ano 7 aparece na **Figura 3.1**. Tanto U.S. GAAP quanto IFRS requerem a apresentação das demonstrações do resultado do exercício atual e dos dois exercícios anteriores. A Toothpaste divulga os resultados do exercício atual, Ano 7, na primeira (a mais à esquerda) coluna de números, e os resultados do Ano 6 e 5 nas duas outras colunas. A demonstração do resultado da Toothpaste reflete uma lista relativamente esparsa de contas. A demonstração do resultado da maioria das empresas contém mais detalhes, ou seja, mais linhas ou itens de linha.

---

1. No Brasil, a conta se chama Receita de Vendas. (NT)
2. No Brasil, as despesas operacionais costumam ser evidenciadas em três linhas separadas: uma para as despesas comerciais, outra para as despesas administrativas e a terceira para outras despesas e/ou receitas operacionais. (NT)

Figura 3.1
Demonstração do Resultado da Toothpaste Company

Para o ano findo em 31 de dezembro	Ano 7	Ano 6	Ano 5
Receita de vendas, líquido	13.789,7	12.237,7	11.396,9
Custo das mercadorias vendidas	6.042,3	5.536,1	5.191,9
Lucro bruto	7.747,4	6.701,6	6.205,0
Despesas operacionais	4.973,0	4.355,2	3.920,8
Outras (receitas) despesas, líquido	121,3	185,9	69,2
Lucro operacional	2.653,1	2.160,5	2.215,0
Despesas com juros, líquido	156,6	158,7	136,0
Lucro antes de tributos sobre o lucro	2.496,5	2.001,8	2.079,0
Provisão para tributos sobre o lucro	759,1	648,4	727,6
Lucro líquido	1.737,4	1.353,4	1.351,4

As empresas têm considerável flexibilidade na maneira de apresentar itens do resultado. A Toothpaste, por exemplo, apresenta subtotais para Lucro bruto, Lucro operacional e Lucro antes dos tributos sobre o lucro. Esses itens serão abordados com mais profundidade em outro tópico deste e de próximos capítulos.

RELAÇÃO ENTRE O BALANÇO PATRIMONIAL E A DEMONSTRAÇÃO DO RESULTADO

A demonstração do resultado conecta os balanços patrimoniais inicial e final. O saldo inicial da conta Lucros Acumulados, do patrimônio líquido, mais o lucro líquido da demonstração do resultado menos os dividendos é igual ao saldo final de Lucros Acumulados. A equação que descreve a relação entre o balanço patrimonial e a demonstração do resultado mediante os Lucros Acumulados é a seguinte:

$$\text{Lucros Acumulados (inicial)} + \text{Lucro Líquido} - \text{Dividendos} = \text{Lucros Acumulados (final)}$$

Nesse sentido, a terminologia comum frequentemente diz que a demonstração do resultado "se articula" com o balanço patrimonial. Os lucros acumulados mensuram o excedente acumulado de lucro líquido acima dos dividendos durante a vida da empresa. *Acumulado* significa que os lucros acumulados agregam *todos* os lucros não distribuídos.

A análise do balanço patrimonial da Toothpaste, mostrado na **Figura 2.1**, revela que o saldo dos seus Lucros Acumulados aumentou de $ 9.643,7 milhões em 31 de dezembro do Ano 6 para $ 10.627,5 milhões no Ano 7. Vemos na **Figura 3.1** que o lucro líquido da Toothpaste no Ano 7 foi de $ 1.737,4 milhão. Em outra parte de seu relatório anual, a Toothpaste relatou dividendos de $ 721,6 milhões para portadores de ações ordinárias e $ 28 milhões para portadores de ações preferenciais, ou seja, um total de $ 749,6 milhões de dividendos. Com essa informação, podemos calcular se o balanço patrimonial e a demonstração do resultado da Toothpaste se articulam examinando se a relação dos lucros acumulados se mantém:

$$\text{Lucros Acumulados (inicial)} + \text{Lucro Líquido} - \text{Dividendos} = \text{Lucros Acumulados (final)}$$
$$= 9.643,7 + 1.737,4 - 749,6$$
$$= 10.631,5$$

O valor calculado de $ 10.631,5 milhões é $ 4 milhões maior que o saldo divulgado dos Lucros Acumulados de $ 10.627,5 milhões da Toothpaste no Ano 7. Essa diferença de $ 4 milhões resulta de um ajuste decorrente da aplicação de um novo padrão contábil, que a Toothpaste deduziu dos Lucros Acumulados.

Em suma, a relação dos lucros acumulados não se sustenta para o Ano 7 da Toothpaste porque outras transações afetaram seus Lucros Acumulados durante o ano[3].

---

3. Aqui ignoramos esses tipos de itens; voltamos a eles no **Capítulo 15**.

A seguinte desagregação da equação do balanço patrimonial mostra a relação entre receitas, despesas e dividendos com componentes do balanço patrimonial.

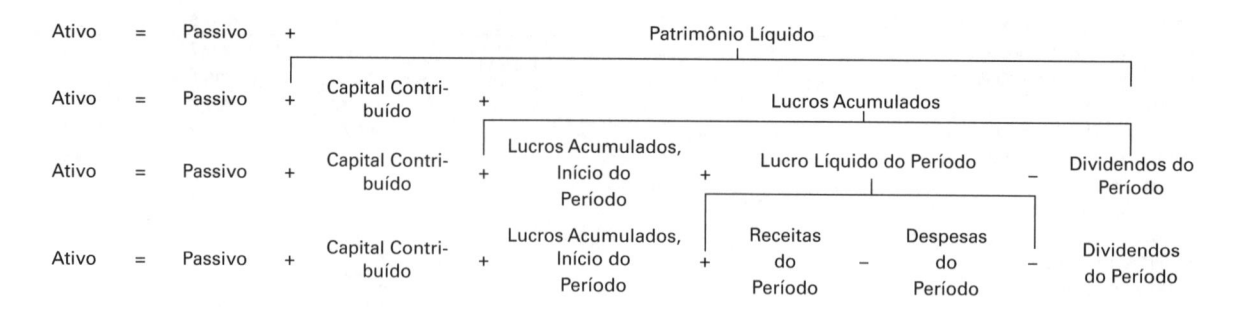

Ativo = Passivo + Patrimônio Líquido

Ativo = Passivo + Capital Contribuído + Lucros Acumulados

Ativo = Passivo + Capital Contribuído + Lucros Acumulados, Início do Período + Lucro Líquido do Período − Dividendos do Período

Ativo = Passivo + Capital Contribuído + Lucros Acumulados, Início do Período + Receitas do Período − Despesas do Período − Dividendos do Período

Esse diagrama mostra que os itens que afetam o lucro líquido (receitas e despesas) também afetam o patrimônio líquido. É possível, portanto, registrar valores de receitas e despesas diretamente na conta de Lucros Acumulados. Portanto, a mensuração do lucro líquido envolveria a solução da relação dos lucros acumulados com o lucro líquido, conforme segue:

$$\text{Lucro Líquido} = \text{Lucros Acumulados no Final do Período} - \text{Lucros Acumulados no Início do Período} + \text{Dividendos}$$

O propósito da demonstração do resultado não é o cálculo do lucro líquido, porque o leitor pode fazer isso analisando a equação dos lucros acumulados. Registrar as receitas e despesas diretamente na conta de Lucros Acumulados suprime a informação sobre as causas do lucro líquido. As linhas da demonstração do resultado mostram as fontes e os valores das receitas, bem como a natureza e os valores das despesas que se compensam no lucro do período. Conhecer esses componentes ajuda a entender as causas do desempenho da empresa. Conhecer o propósito da demonstração do resultado – mostrar os itens componentes do lucro líquido – ajudará você a entender os procedimentos para a sua preparação.

Os contadores mantêm contas individuais de receita e despesa durante o exercício para permitir a preparação da demonstração do resultado. Vale lembrar, conforme discutido no **Capítulo 2**, que as contas da demonstração do resultado são temporárias, em contraposição às contas permanentes que aparecem no balanço patrimonial. Todas as contas temporárias começam com saldo zero e acumulam informações no período. Depois de preparar a demonstração do resultado no final do período, o contador transfere o saldo de cada conta temporária de receita e despesa para a conta Lucros Acumulados. Esse procedimento é chamado de *fechamento* das contas de receita e despesa porque, depois do fechamento (isto é, depois da transferência para os Lucros Acumulados), cada conta de receita e despesa fica com saldo zero. Os Lucros Acumulados aumentam de acordo com o valor do lucro líquido (ou diminuem conforme o valor do prejuízo líquido) do período.

Manter contas separadas de receita e despesa durante o período e transferir seus saldos para a conta Lucros Acumulados tem o mesmo efeito na equação do balanço patrimonial que registrar desde o início as receitas e despesas na conta Lucros Acumulados. As contas separadas de receitas e despesas coletam as informações necessárias para apresentar os tipos específicos de receitas e despesas na demonstração do resultado, a qual, sem isso, poderia mostrar o montante total do lucro líquido, mas não os seus componentes. Uma vez que as contas de receitas e despesas tenham servido ao seu propósito de acumular itens específicos de receita e despesa em um período contábil, elas não têm propósito ulterior nesse período. O contador encerra essas contas, de modo que elas começam o período contábil seguinte com saldo zero, preparadas para os lançamentos de receita e despesa do novo período.

O PROCESSO DE CONTABILIZAÇÃO DE RECEITAS, DESPESAS E DIVIDENDOS

Receitas, despesas e dividendos aumentam ou diminuem os lucros acumulados; por isso, os procedimentos de registro desses itens são os mesmos que os das transações que afetam o patrimônio líquido.

As bases do registro de transações e da preparação das demonstrações financeiras: a demonstração do resultado

Patrimônio Líquido	
Diminui (Débito)	Aumenta (Crédito)
Despesas Dividendos	Receitas Aumento de Capital Social

Uma transação que gera receita aumenta o ativo líquido (seja por aumento do ativo ou diminuição do passivo) e incrementa o patrimônio líquido. O lançamento usual no livro diário para registrar uma transação de receita é, portanto, o seguinte:

Aumento do Ativo ou Diminuição do Passivo (ou ambos)...............................						Valor	
Receita...							Valor
Ativos	=	Passivos	+	Patrimônio Líquido	(Class.)		
+	ou	–		+	DRE → Lucros Ac.		
Lançamento típico para reconhecimento de receita.							

Usamos a designação DRE[4] → Lucros Ac. na coluna "(Class.)" para indicar uma conta da demonstração do resultado que é transferida para lucros acumulados no fim do período.

Uma transação que gera uma despesa diminui o ativo líquido (seja por diminuição do ativo ou aumento do passivo) e reduz o patrimônio líquido. O lançamento usual no livro diário para registrar uma transação de despesa é, portanto, o seguinte:

Despesa...						Valor	
Diminuição do Ativo ou Aumento do Passivo (ou ambos)........................							Valor
Ativos	=	Passivos	+	Patrimônio Líquido	(Class.)		
–	ou	+		–	DRE → Lucros Ac.		
Lançamento típico para reconhecimento de despesa.							

Dividendos, que uma empresa pode pagar em dinheiro ou outro ativo, reduzem o ativo líquido e diminuem o patrimônio líquido. Pressupomos que as empresas paguem dividendos em dinheiro, a menos que haja informação contrária. O seguinte lançamento no livro diário registra a declaração de dividendos pelo conselho de administração:

Lucros Acumulados...						Valor	
Dividendos a Pagar							Valor
Ativos	=	Passivos	+	Patrimônio Líquido	(Class.)		
		+		–	Lucros Ac.		
Lançamento típico para o registro de declaração de dividendos.							

O lançamento a seguir registra o pagamento de dividendos:

Dividendos a Pagar...						Valor	
Caixa...							Valor
Ativos	=	Passivos	+	Patrimônio Líquido	(Class.)		
–		–					
Lançamento típico para o registro de pagamento de dividendos.							

---
4. DRE = Demonstração do Resultado do Exercício. (NT)

Embora os lançamentos no livro diário dos dividendos sejam semelhantes aos lançamentos das despesas, os dividendos não são despesas. Eles não são gastos incorridos para gerar receitas. Representam distribuições, aos proprietários, dos ativos que a empresa obteve das suas operações. Uma vez que os dividendos não são despesas, eles não afetam a mensuração do lucro líquido e, portanto, não se incluem no cálculo do lucro líquido. Observe que a demonstração do resultado na **Figura 3.1** não mostra nenhuma dedução pelos $ 749,6 milhões de dividendos pagos no Ano 7.

Ilustração de efeitos duais e lançamentos no livro diário das transações de resultados

No **Capítulo 2**, ilustramos as transações da Miller Corporation em janeiro. Nenhuma daquelas transações envolveu contas da demonstração do resultado. A **Figura 2.4** mostra um saldo zero na conta de Lucros Acumulados em 31 de janeiro, pois em janeiro a Miller não gerou receitas, não incorreu em despesas nem declarou dividendos.

Neste tópico, consideraremos transações que afetam tanto a demonstração dos resultados como o balanço patrimonial. Abordaremos sete transações da Miller em fevereiro.

Transação 1. Em 5 de fevereiro, a Miller compra um adicional de $ 25.000 em mercadorias, a prazo.

| (1) | Estoques de Mercadorias | 25.000 | |
| | Contas a Pagar | | 25.000 |

Ativos	=	Passivos	+	Patrimônio Líquido	(Classificação)
+25.000		+25.000			

Aquisição de estoques custando US$ 25.000, a prazo.

Transação 2. Em fevereiro, a Miller vende mercadorias a clientes no valor de $ 50.000. Desse valor, $ 3.000 representam vendas a clientes, pagos antecipadamente em 31 de janeiro. Nós havíamos registrado esse valor como Adiantamento de Clientes (**Capítulo 2**, transação **(7)** que ocorreu em janeiro). A Miller fez a venda dos $ 47.000 restantes a prazo. As empresas de varejo, como a Miller, tipicamente reconhecem a receita no momento em que entregam as mercadorias aos clientes, independentemente de eles terem feito o pagamento à vista. O lançamento no livro diário para registrar essa venda é:

(2)	Adiantamentos de Clientes	3.000	
	Contas a Receber	47.000	
	Receita de Vendas		50.000

Ativos	=	Passivos	+	Patrimônio Líquido	(Classificação)
+47.000		−3.000		+50.000	DRE → Lucros Ac.

Vendas de mercadorias por $ 50.000, dos quais $ 3.000 se referem a recebimento em dinheiro em janeiro por mercadorias entregues a clientes em fevereiro e $ 47.000 se referem a vendas a prazo em fevereiro, pelas quais a Miller receberá dinheiro algum tempo depois da entrega das mercadorias aos clientes.

Receita de Vendas é uma conta temporária da demonstração do resultado que a Miller vai transferir para Lucros Acumulados no fim de fevereiro.

Transação 3. O custo de aquisição da mercadoria vendida ao cliente na transação **(2)** é de $ 30.000. Uma vez que a Miller vendeu e entregou essa mercadoria ao cliente, ela não é mais um ativo da Miller. O seguinte lançamento no livro diário reduz o saldo da conta estoque da Miller e reconhece o custo do estoque vendido como uma despesa. (As empresas frequentemente postergam o cálculo do custo dos produtos vendidos até o fim do período e computam o custo de todas as vendas de uma só vez. Neste exemplo, mostramos apenas uma transação de vendas, portanto só há um custo de produtos vendidos a ser computado, seja no tempo da venda ou no fim do período.)

(3)	Custo das Mercadorias Vendidas	30.000	
	Estoque de Mercadorias		30.000

Ativos	=	Passivos	+	Patrimônio Líquido	(Classificação)
–30.000				–30.000	DRE → Lucros Ac.

O custo das mercadorias vendidas aos clientes em fevereiro é $ 30.000.

Custo das Mercadorias Vendidas é uma conta temporária da demonstração do resultado que a Miller transferirá para Lucros Acumulados no fim de fevereiro. O sinal de menos sob o Patrimônio Líquido mostra o efeito no Patrimônio Líquido e não no Custo dos Produtos Vendidos.

Transação 4. A Miller Corporation incorre em $ 14.500 de despesas de vendas e administrativas em fevereiro. O lançamento no livro diário para registrar essa transação é:

(4)	Despesas Operacionais	14.500	
	Caixa		14.500

Ativos	=	Passivos	+	Patrimônio Líquido	(Classificação)
–14.500				–14.500	DRE → Lucros Ac.

Despesas operacionais pagas em dinheiro em fevereiro, no total de $ 14.500.

Pressupomos que a Miller Corporation recebeu todos os benefícios desses serviços de vendas e administrativos em fevereiro, de modo que o valor total do gasto é uma despesa do mês. Nada dessa despesa resulta em um ativo que apareceria no balanço patrimonial no final de fevereiro.

Transação 5. A Miller Corporation recebe $ 35.000 de clientes por vendas anteriores feitas a prazo. A Miller reconheceu a receita dessas vendas no momento da venda (ver transação **(2)** em fevereiro); ela não registrará essas receitas novamente. O recebimento de dinheiro dos clientes aumenta o saldo da conta caixa e diminui contas a receber (clientes).

(5)	Caixa	35.000	
	Contas a Receber		35.000

Ativos	=	Passivos	+	Patrimônio Líquido	(Classificação)
+35.000					
–35.000					

Recebimentos de caixa de $ 35.000 de vendas anteriores feitas a prazo.

Transação 6. A Miller paga $ 20.000 a fornecedores por mercadorias anteriormente compradas a prazo. O lançamento desse pagamento no livro diário é:

(6)	Fornecedores	20.000	
	Caixa		20.000

Ativos	=	Passivos	+	Patrimônio Líquido	(Classificação)
–20.000		–20.000			

Pagamentos de $ 20.000 por compras anteriores feitas a prazo.

Transação 7. A Miller Corporation declara e paga dividendos de $ 1.000 aos acionistas. O lançamento desse dividendo no livro diário é:

(7) Lucros Acumulados					1.000	
Caixa						1.000

Ativos	=	Passivos	+	Patrimônio Líquido	(Classificação)
–1.000				–1.000	Lucros Ac.

Dividendos declarados e pagos em fevereiro no total de $ 1.000.

Esses sete lançamentos no livro diário resumem as atividades da Miller Corporation em fevereiro. Cada lançamento registra uma troca realizada entre a Miller e seus fornecedores, seus clientes ou seus acionistas. Simplificamos os lançamentos no livro diário ao agregar transações mensais em um único número total.

O sistema contábil transfere as informações desses lançamentos para as contas afetadas do balanço patrimonial e da demonstração do resultado; essa atividade é o **processo de transferência**. Utilizamos as contas T para mostrar os saldos das contas no início de fevereiro (da **Figura 2.3**) e a transferência dessas transações da Miller Corporation em fevereiro. A **Figura 3.2** mostra as contas T com as sete transações registradas em azul. Discutiremos em seguida os lançamentos registrados em vermelho e dourado. As contas do balanço patrimonial têm saldos iguais no começo de fevereiro e no fim de janeiro. As contas da demonstração do resultado têm saldos zero no início de fevereiro (por definição, pois são contas temporárias). Tanto as contas do balanço patrimonial como as da demonstração do resultado refletem os efeitos das sete transações de fevereiro.

PROBLEMA 3.1 PARA APRENDIZAGEM

Lançamentos no livro diário de transações durante um período. A Harris Equipment Corporation começou a operar em 2 de janeiro do Ano 2, emitindo 10.000 ações ordinárias, com valor nominal de $ 10, a $ 15 por ação em dinheiro. A firma realiza as seguintes transações no Ano 2:

1. 2 de janeiro do Ano 2: Adquire um edifício ao custo de $ 80.000 e equipamentos ao custo de $ 40.000. Ela paga à vista o valor de $ 60.000 e assume uma hipoteca a juros de 10% para o restante do valor da compra. ("Assume uma hipoteca" significa que a empresa toma emprestado o dinheiro e assina uma nota hipotecária para o credor.) Os juros são pagáveis em 2 de janeiro de cada ano, começando um ano depois da compra.
2. 2 de janeiro do Ano 2: Obtém uma apólice de dois anos de seguro contra fogo para o edifício e equipamento. Paga adiantado o prêmio de seguro de $ 1.200 para um período de dois anos.
3. Durante o Ano 2: Adquire mercadorias a prazo totalizando $ 320.000. Faz pagamentos a esses fornecedores no Ano 2 no total de $ 270.000.
4. Durante o Ano 2: Realiza vendas de mercadorias no total de $ 510.000, sendo $ 80.000 à vista e $ 430.000 a prazo. Os recebimentos de créditos de clientes durante o Ano 2 totalizam $ 360.000.
5. Durante o Ano 2: Paga aos funcionários salários no valor total de $ 80.000.
6. Durante o Ano 2: Paga água, luz e telefone no valor total de $ 1.300.
7. 1º de novembro do Ano 2: Recebe de um cliente um adiantamento de $ 600 em dinheiro pela venda de uma mercadoria a ser entregue em janeiro do Ano 3.
8. 1º de novembro do Ano 2: Recebe de um cliente uma nota promissória de $ 1.000 pagável em 90 dias a juros de 9% ao ano, para acertar uma conta a receber pendente.
9. 1º de dezembro do Ano 2: Aluga parte do seu edifício por um período de três meses, a $ 300 por mês. A firma recebe o aluguel do período, no valor de $ 900, adiantado.

Faça os lançamentos no livro diário para registrar essas transações do Ano 2. (O próximo problema analisa lançamentos de ajuste no fim do Ano 2, inclusive reconhecendo o custo das mercadorias vendidas.) Omita as explicações nos lançamentos do livro diário e o campo que mostra os efeitos na equação do balanço patrimonial.

Lançamentos de ajuste

As transações **(1)** a **(7)** envolvem trocas entre a Miller Corporation e outras entidades e indivíduos em fevereiro. Cada uma das sete transações envolve uma transação ou troca que desencadeia o reconhecimento contábil na forma de um lançamento no livro diário. Por exemplo, os eventos das transações **(1)** e **(2)** são, respectivamente, uma compra de estoque e a venda de mercadoria a um cliente. Além dos lançamentos que resultam de transações ou trocas, alguns resultam da passagem do tempo. Por exemplo, a despesa com juros de empréstimos acumula-se à medida que o tempo passa. As despesas com aluguel e seguro acumulam-se à medida que a empresa usa esses serviços.

A maioria das empresas registra lançamentos no livro diário que resultam da passagem do tempo no fim do período contábil. Esses lançamentos são chamados de **lançamentos de ajuste**, pois ajustam os registros contábeis pelas mudanças no balanço patrimonial e na demonstração do resultado que ocorrem continuamente e refletem mudanças nos recursos (ativos) da empresa e nos direitos sobre esses ativos (passivos e patrimônio líquido). Os lançamentos de ajuste são parte da mensuração do lucro líquido do período e da posição financeira no final do período. Algumas empresas registram o custo das mercadorias vendidas como um lançamento de ajuste, calculando-o apenas uma vez no período, e não a cada vez que fazem uma venda. A menos que informemos em contrário, presumimos que as empresas, em nossos exemplos e problemas, computam o custo das mercadorias vendidas uma só vez no período como um lançamento de ajuste. Neste exemplo da Miller Corporation, mostramos essa computação na Transação **(3)** porque não havíamos ainda apresentado o conceito e os procedimentos dos lançamentos de ajuste.

A Miller Corporation fará cinco lançamentos de ajuste no fim de fevereiro (mostrados em vermelho na **Figura 3.2**).

Transação 8. A Miller registra o custo do seguro, que é a parte do seguro pré-pago atribuída aos serviços de seguro recebidos em fevereiro. A Miller pagou $ 600 pelo prêmio de um ano de seguro em 31 de janeiro para cobertura desde 1º de fevereiro desse ano até 31 de janeiro do ano seguinte. Assumindo a alocação de um valor igual desse prêmio de seguro a cada mês do ano, o custo do seguro em fevereiro é de $ 50 (= $ 600/12 meses). A Miller inclui o custo do seguro em despesas operacionais. O lançamento é:

(8) Despesas Operacionais	50	
Adiantamento de Seguro		50

Ativos	=	Passivos	+	Patrimônio Líquido	(Classificação)
–50				–50	DRE → Lucros Ac.

O consumo dos serviços de seguro recebidos em fevereiro é de $ 50.

Os restantes $ 550 do adiantamento do seguro tornam-se despesa nos 11 meses seguintes. Nesse tempo, eles permanecem como ativo no balanço patrimonial.

Transação 9. A Miller registra a despesa de aluguel, que é a parte do aluguel pré-pago atribuída aos serviços de aluguel consumidos em fevereiro. A Miller já havia feito o pagamento de $ 12.000 em 31 de janeiro como adiantamento do seu aluguel pelo período de 1º de fevereiro desse ano até 31 de janeiro do ano seguinte. Assumindo a alocação de um valor igual dessa despesa de aluguel a cada mês do ano, a despesa do aluguel da Miller Corporation em fevereiro é de $ 1.000 (= $ 12.000/12 meses). A Miller inclui a despesa de aluguel em suas despesas operacionais. O lançamento é:

(9) Despesas Operacionais	1.000	
Adiantamento de Aluguel		1.000

Ativos	=	Passivos	+	Patrimônio Líquido	(Classificação)
–1.000				–1.000	DRE → Lucros Ac.

O consumo dos serviços de aluguel recebidos em fevereiro é de $ 1.000.

Figura 3.2

Miller Corporation
Contas T Individuais Mostrando as Transações durante Fevereiro

	Caixa (A)				Clientes (A)		
✓	82.400			✓	0		
(5)	35.000	14.500	(4)	(2)	47.000	35.000	(5)
		20.000	(6)				
		1.000	(7)				
✓	81.900			✓	12.000		

	Estoque de Mercadorias (A)				Adiantamento de Seguro (A)		
✓	15.000			✓	600		
(1)	25.000	30.000	(3)			50	(8)
✓	10.000			✓	550		

	Adiantamento de Aluguel (A)		
✓	12.000		
		1.000	(9)
✓	11.000		

	Edifícios (A)				Depreciação Acumulada (A)		
✓	40.000					0	✓
						167	(10)
✓	40.000					167	✓

	Fornecedores (P)				Adiantamentos de Clientes (P)		
		0	✓			3.000	✓
(6)	20.000	25.000	(1)	(2)	3.000		
		5.000	✓			0	✓

	Empréstimos e Financiamentos (P)				Juros a Pagar (P)		
		40.000	✓			0	✓
						333	(11)
		40.000	✓			333	✓

(continua)

Os $ 11.000 restantes do adiantamento de aluguel tornar-se-ão despesa nos próximos 11 meses.

(continuação)

Figura 3.2
Miller Corporation
Contas T Individuais Mostrando as Transações durante Fevereiro

Tributos sobre o Lucro a Pagar (P)				Despesa com Tributos sobre o Lucro (DRE)			
	0	✓		✓	0		
	1.382	(12)	(12)	1.382	1.382	(13)
	1.382	✓		✓	0		

Capital Social (PL)				Lucros Acumulados (PL)			
	107.000	✓			0	✓	
			(7)	1.000	2.568	(13)
	107.000	✓			1.568	✓	

Receita de Vendas (DRE)				Custo das Mercadorias Vendidas (DRE)			
		0	✓	✓	0		
(13)	50.000	50.000	(2)	(3)	30.000	30.000	(13)
		0	✓	✓	0		

Despesas de Juros (DRE)				Despesas Operacionais (DRE)			
✓	0			✓	0		
(11)	333	333	(13)	(4)	14.500		
✓	0			(8)	50		
				(9)	1.000		
				(10)	167	15.717	(13)
				✓	0		

Preto = Saldos
Azul = Lançamentos de Transações
Vermelho = Lançamentos de Ajuste
Dourado = Lançamentos de Fechamento

© Cengage Learning 2014

Transação 10. A Depreciação Acumulada mostra o valor cumulativo do custo de aquisição de ativos de vida longa que a empresa tem alocado ao custo de produção ou a despesas. Em 1º de fevereiro, a Miller começa a consumir os serviços do edifício que ela comprou em 31 de janeiro por $ 40.000 e registrou como ativo naquela data[5]. A Miller registra a depreciação do edifício desde 1º de fevereiro (a data em que começou a utilizá-lo) para refletir o consumo ao longo do tempo dos serviços do edifício. Considere que a Miller espera que o edifício dure 20 anos e acredita que ele não terá mais valor naquela data (isto é, o valor residual ao fim de 20 anos será zero). A Miller depreciará o custo do edifício ao longo de sua vida útil registrando uma despesa proporcional ao valor da vida do ativo que transcorreu no período. O valor da depreciação em cada mês é, portanto, $ 167 [= $ 40.000 / (20 anos × 12 meses por ano)]. A Miller inclui a depreciação do edifício nas despesas operacionais.

Uma maneira de registrar a depreciação é reduzir o valor da conta Edifício em $ 167 e reconhecer uma despesa de $ 167. Em vez de reduzir diretamente a conta Edifício, as empresas usam uma conta redutora do balanço patrimonial chamada de Depreciação Acumulada para acumular as subtrações decorrentes das despesas de depreciação. Ou seja, em cada período contábil a Miller adicionará à conta Depreciação Acumulada o custo dos serviços do edifício utilizados durante o período. A conta Depreciação Acumulada aparece no balanço patrimonial como uma subtração do custo de aquisição do prédio[6]. Uma conta, como a Depreciação Acumulada, que acumula subtrações de outra conta é uma **conta redutora**. Assim, a Miller registrará a depreciação de fevereiro como segue:

---
5. O **Capítulo 10** descreve os julgamentos e estimativas envolvidos na mensuração da depreciação de ativos de vida longa. A transação **(10)** apenas ilustra a mecânica ou procedimentos das contas afetadas.
6. O **Capítulo 10** explica a informação extra proporcionada por esse registro separado.

(10) Despesas Operacionais (Despesa de Depreciação)..	167	
Depreciação Acumulada...		167

Ativos	=	Passivos	+	Patrimônio Líquido	(Classificação)
−167				−167	DRE → Lucros Ac.

Depreciação do edifício de $ 167 em fevereiro.

O sinal de menos sob os Ativos na equação do balanço patrimonial indica o efeito nos ativos, não na Depreciação Acumulada. De modo similar, o sinal de menos sob o Patrimônio Líquido indica o efeito no patrimônio líquido e não nas Despesas Operacionais.

Transação 11. A Miller Corporation registra despesas de juros da nota promissória a pagar no mês de fevereiro. Em 31 de janeiro, a Miller tinha assinado uma nota promissória prometendo pagar ao banco os $ 40.000 do principal do empréstimo de três anos e fazer pagamentos anuais à taxa de 10% ao ano, ou $ 4.000 (= 10% × $ 40.000) por ano. Sempre que a Miller prepara demonstrações financeiras, ela calcula o valor dos juros que acumularam desde a data da demonstração financeira anterior. No final de fevereiro, a Miller reconhecerá (acumulará) $ 333 (= $ 4.000/12) de juros, que é 1/12 dos juros totais anuais, fazendo o seguinte lançamento de ajuste:

(11) Despesas de Juros...	333	
Juros a Pagar..		333

Ativos	=	Passivos	+	Patrimônio Líquido	(Classificação)
		+333		−333	DRE → Lucros Ac.

O custo dos juros da nota promissória a pagar em fevereiro é de $ 333.

Transação 12. A Miller Corporation reconhece despesas tributárias sobre o lucro antes do imposto de renda. Assumimos um imposto de renda à alíquota de 35%. O lucro líquido antes do imposto de renda em fevereiro é de $ 3.950 (= $ 50.000 − $ 30.000 − $ 14.500 − $ 50 − $ 1.000 − $ 167 − $ 333). A despesa com tributos sobre o lucro é, portanto, $ 1.382 (= 0,35 × $ 3.950). As empresas pagam imposto de renda por trimestre; assim, os impostos da Miller permanecem não pagos até o fim de fevereiro. Os tributos sobre o lucro são despesas do período contábil, independentemente de quando a empresa efetue o pagamento. O lançamento de ajuste para registrar a despesa tributária é:

(12) Despesas com Tributos sobre o Lucro	1.382	
Tributos a Pagar		1.382

Ativos	=	Passivos	+	Patrimônio Líquido	(Classificação)
		+1.382		−1.382	DRE → Lucros Ac.

Os tributos incidentes sobre o lucro em fevereiro são de $ 1.382.

Além de registrar os efeitos que surgem com a passagem do tempo, os lançamentos de ajuste corrigem erros que a firma detecta no final do período. Esses lançamentos são, por vezes, chamados de *ajustes de correção*. Por exemplo, tributos imobiliários sobre o edifício sede podem ter sido debitados na conta Custo dos Produtos Vendidos e não em Despesas Operacionais, ou o pagamento a um fornecedor por compras a prazo pode ter aparecido como débito em Clientes e não em Fornecedores. Tais erros não ocorreram na Miller Corporation em fevereiro; por isso, ela não precisa fazer lançamentos de ajuste para corrigir erros. Após todos os lançamentos de ajuste estarem completos, o contador transfere-os para as contas afetadas. Os lançamentos de ajuste aparecem em vermelho na **Figura 3.2**.

PROBLEMA 3.2 PARA APRENDIZAGEM

Fazendo lançamentos de ajuste no livro diário no fim do período. Reveja os dados da Harris Equipment Corporation no **Problema 3.1**. Faça os lançamentos de ajuste em 31 de dezembro do Ano 2 para refletir os itens a seguir. Você pode omitir as explicações nos lançamentos do livro diário e o campo que mostra os efeitos na equação do balanço patrimonial.

10. O edifício adquirido em 2 de janeiro do Ano 2 (ver a transação **(1)** do **Problema 3.1**) tem 20 anos de vida útil estimada e zero de valor residual. O equipamento tem 7 anos de vida útil estimada e valor residual de $ 5.000. A firma usa o método linear de depreciação.
11. A empresa reconhece a despesa com seguro da apólice de seguro contra fogo obtida em 2 de janeiro do Ano 2 (ver a transação **(2)** do **Problema 3.1**).
12. Após fazer um inventário físico no fim do ano, a empresa conclui que o custo das mercadorias vendidas durante o Ano 2 foi de $ 180.000 (ver a transação **(3)** do **Problema 3.1**).
13. A empresa reconhece despesa com juros do passivo relativo à hipoteca no Ano 2 (ver a transação **(1)** do **Problema 3.1**).
14. Os salários ganhos pelos empregados nos três últimos dias de dezembro totalizam $ 800. A firma os pagará em 4 de janeiro do Ano 3.
15. A firma reconhece receitas de juros sobre a nota promissória a receber (ver a transação **(8)** do **Problema 3.1**).
16. A empresa faz um lançamento de ajuste para registrar o valor correto da receita de aluguel do Ano 2 (ver a transação **(9)** do **Problema 3.1**).
17. A firma declara dividendos de $ 25.000. Ela os pagará em 15 de janeiro do Ano 3.
18. A alíquota do imposto de renda é de 40% do lucro líquido antes dos impostos.

PROBLEMA 3.3 PARA APRENDIZAGEM

Preparando lançamentos de ajuste. Para obter um registro eficiente dos recebimentos e pagamentos de caixa relativos às operações, a firma pode creditar todos os recebimentos nas contas de receita e debitar todos os desembolsos de caixa nas contas de despesas.

A eficiência decorre de tratar todos os recebimentos e todos os desembolsos da mesma maneira. A empresa pode programar seu computador para registrar automaticamente recebimentos operacionais de caixa e desembolsos. No registro do dia a dia das transações, o programa de computador não precisa determinar se uma transação especifica de caixa reflete a liquidação de um valor acumulado do passado, ou uma receita ou despesa corretamente atribuída ao período atual, ou um adiantamento referente a um período futuro. No fim do período, os contadores analisam os saldos existentes das contas e constroem os lançamentos de ajuste requeridos para corrigi-los. Esse processo resulta em saldos temporariamente incorretos em algumas contas do balanço patrimonial e da demonstração do resultado durante o período contábil.

Elabore o lançamento de ajuste requerido para cada um dos seguintes cenários.

a. Em 1º de maio do Ano 2, um locatário pagou $ 12.000 de aluguel pelo período de um ano começando na mesma data. O locatário debitou o valor total em Despesa de Aluguel e creditou em Caixa, mas não fez lançamentos de ajuste para aluguel entre 1º de maio e 31 de dezembro. Efetue o lançamento de ajuste a ser feito em 31 de dezembro do Ano 2 para reconhecer os saldos apropriados nas contas de Adiantamento de Aluguel e de Despesas de Aluguel. Qual o valor da Despesa de Aluguel no Ano 2?

b. Os livros do locatário em 31 de dezembro do Ano 2, depois dos lançamentos de ajuste, mostram um saldo de $ 10.000 na conta Adiantamento de Aluguel. Esse valor representa o aluguel para o período de 1º de janeiro a 30 de abril do Ano 3. Em 1º de maio do Ano 3, o locatário pagou $ 36.000 pelo aluguel de um ano, começando em 1º de maio do Ano 3. O locatário debitou esse valor em Despesa de Aluguel e creditou em Caixa, mas não fez lançamentos de ajuste para aluguel durante o Ano 3. Elabore o lançamento de ajuste requerido em 31 de dezembro do Ano 3. Qual a despesa de aluguel do Ano 3?

c. Os livros do locatário em 31 de dezembro do Ano 3, depois dos lançamentos de ajuste, mostram um saldo de $ 20.000 na conta Adiantamento de Aluguel. Esse valor representa o aluguel para o período de 1º de janeiro a 30 de abril do Ano 4. Em 1º de maio do Ano 4, o locatário pagou $ 48.000 pelo aluguel de um ano, começando em 1º de maio do Ano 4. O locatário debitou esse valor em Despesa de Aluguel e creditou em Caixa, mas não fez lançamentos de ajuste para aluguel durante o Ano 4. Efetue o lançamento de ajuste requerido em 31 de dezembro do Ano 4. Qual a despesa de aluguel do Ano 4?

PREPARAÇÃO DA DEMONSTRAÇÃO FINANCEIRA

Preparação da demonstração do resultado

As contas de receita e despesa mostram os efeitos das transações de resultado em fevereiro e lançamentos de ajuste no fim de fevereiro. Podemos utilizar esses valores para preparar uma demonstração do resultado para o mês. A **Figura 3.3** mostra a demonstração do resultado da Miller Corporation em fevereiro.

Figura 3.3

Miller Corporation
Demonstração do Resultado
para o Mês de Fevereiro

Receita de Vendas	$ 50.000
Custo das Mercadorias Vendidas	(30.000)
Despesas Operacionais	(15.717)
Lucro Operacional	4.283
Despesas de Juros	(333)
Lucro Antes dos Tributos sobre o Lucro	3.950
Despesas com Tributos sobre o Lucro	(1.382)
Lucro Líquido	$ 2.568

© Cengage Learning 2014

Essa demonstração do resultado segue a convenção de que parênteses indicam números a serem subtraídos. Números sem parênteses são receitas, subtotais de lucro ou lucro líquido. A **Figura 3.3** mostra a medida do lucro antes dos encargos financeiros (isto é, despesa de juros) e dos impostos. Essa medida é chamada de *lucro operacional*[7]. O lucro operacional consiste, usualmente, em receitas de vendas menos despesas associadas às operações centrais, em que *central* se refere a transações que são necessárias para a atividade da empresa. A Miller Corporation opera um negócio de *varejo*: ela compra e revende mercadorias. Seu cálculo do lucro operacional inclui as receitas associadas à venda de mercadoria e as despesas associadas à operação desse negócio. Essas despesas incluem, por exemplo, o custo das mercadorias vendidas e despesas com vendas e administrativas. Nem o padrão U.S. GAAP nem as IFRS definem o lucro operacional, ainda que esse subtotal apareça com frequência nas demonstrações do resultado. Os gestores podem exercer julgamento para decidir se divulgarão esse número e, se divulgado, eles podem exercer julgamento sobre como calculá-lo[8]. Além disso, as IFRS requerem a apresentação à parte dos custos financeiros, como mostrado na **Figura 1.6** para a Thames. A Thames, em particular, divulga despesas financeiras no valor de € 91,6 milhões no Ano 9.

Encerramento das contas de resultado

As contas de receita e despesa serviram, até agora, ao seu propósito de acumular valores a serem incluídos nos itens da demonstração do resultado. Ou seja, cada conta de receita contém o montante dessa receita e cada conta de despesa contém o montante dessa despesa. As contas da demonstração do resultado são temporárias e, como tais, terão sempre saldos inicial e final zero. O próximo passo é transferir os valores de ambas as contas para a conta de Lucros Acumulados – isto é, encerrar cada conta de receita e despesa no período. O **processo de fechamento** envolve zerar o saldo de cada conta da demonstração do resultado:

1. Debitando as contas de receita e creditando Lucros Acumulados pelos valores das contas de receita.
2. Creditando as contas de despesa e debitando Lucros Acumulados pelos valores das contas de despesa[9].

---

7. No Brasil, também é usado o termo "Lucro antes de Juros e Imposto de Renda" (Lajir) ou o mesmo termo em inglês (*EBIT – Earnings Before Interest and Taxes*). (NT)
8. No Brasil, esse número é padronizado pela CVM, sendo usada a denominação Resultado antes dos Resultados Financeiros e dos Tributos. (NT)
9. No Brasil, os lançamentos de encerramento das contas de resultado não costumam ser efetuados diretamente na conta Lucros Acumulados, mas passam antes em uma conta transitória denominada Apuração do Resultado, que recebe as contrapartidas dos lançamentos de encerramento

As bases do registro de transações e da preparação das demonstrações financeiras: a demonstração do resultado

Os fechamentos são mostrados em dourado na **Figura 3.2**.

Uma conta da demonstração do resultado com saldo devedor requer um lançamento de fechamento que credite tal conta porque um lançamento de fechamento de crédito fará resultar em zero o saldo da conta. A conta Custo das Mercadorias Vendidas da Miller tem um saldo devedor de $ 30.000. O lançamento de fechamento para essa conta é:

Lucros Acumulados					30.000	
Custo das Mercadorias Vendidas						30.000

Ativos	=	Passivos	+	Patrimônio Líquido	(Classificação)
				–30.000	DRE → Lucros Ac.
				+30.000	DRE → Lucros Ac.

Para fechar a conta Custo das Mercadorias Vendidas em Lucros Acumulados no fim de fevereiro.

Uma conta da demonstração do resultado com saldo credor requer um lançamento de fechamento que debite tal conta, pois um lançamento de fechamento de débito fará resultar em zero o saldo da conta. Por exemplo, a conta Receitas de Vendas da Miller tem um saldo credor de $ 50.000. O lançamento de fechamento para essa conta é:

Receita de Vendas					50.000	
Lucros Acumulados						50.000

Ativos	=	Passivos	+	Patrimônio Líquido	(Classificação)
				–50.000	DRE → Lucros Ac.
				+50.000	DRE → Lucros Ac.

Para fechar a conta Receitas de Vendas em Lucros Acumulados no fim de fevereiro.

A **Figura 3.2** mostra, em dourado, os lançamentos de fechamento para as contas de receita e despesa; o lançamento reúne todas as contas da demonstração do resultado em um único lançamento no livro diário:

(13) Receita de Vendas 50.000	
Custo das Mercadorias Vendidas	30.000
Despesas Operacionais	15.717
Despesas de Juros	333
Despesas com Tributos sobre o Lucro	1.382
Lucros Acumulados	2.568
Para fechar as contas de resultado e transferir o resultado apurado para a conta Lucros Acumulados no fim de fevereiro.	

O efeito líquido do lançamento **(13)** no livro diário muda o saldo da conta de Lucros Acumulados para refletir o lucro líquido do período. No caso da Miller Corporation, o efeito líquido credita Lucros Acumulados em fevereiro pelo lucro de $ 2.568 (como divulgado na demonstração do resultado mostrada na **Figura 3.3**).

Se você observar os lançamentos no livro diário das transações **(3)** a **(12)**, verá que todo lançamento de uma receita ou despesa mostra no campo (Classificação) da equação do balanço a notação "DRE → Lucros Ac.". Essa designação indica que, depois, haverá um lançamento de fechamento que reclassifica o valor da conta da demonstração do resultado para a conta Lucros Acumulados do balanço patrimonial.

---

das receitas e despesas. Ou seja, apura-se primeiro o resultado na conta Apuração do Resultado, fazendo a diferença entre os valores transferidos do procedimento de encerramento das contas de receita e despesa e, só então, esse resultado é transferido para a conta Lucros Acumulados. É claro que, no final, os dois processos chegam ao mesmo resultado. (NT)

Preparação do balanço patrimonial

Depois de concluído o processo de fechamento, todas as contas com saldo não zero são contas do balanço patrimonial. Podemos usar essas contas para preparar o balanço patrimonial no fim do período. A **Figura 3.4** apresenta os balanços comparativos da Miller Corporation em 31 de janeiro e 28 de fevereiro.

O saldo de Lucros Acumulados aumentou de zero, no fim de janeiro, para $ 1.568 no fim de fevereiro. Essa mudança em Lucros Acumulados é igual ao lucro líquido de $ 2.568 menos dividendos de $ 1.000. Lucros Acumulados começará em março com um saldo de $ 1.568. O lucro líquido menos os dividendos (se houver) em março será adicionado aos $ 1.568, obtendo o saldo de Lucros Acumulados no final de março. O saldo da conta Lucros Acumulados, tal como todas as outras contas do balanço patrimonial, reflete o efeito *cumulativo* das transações que afetam essa conta.

Figura 3.4

Miller Corporation
Balanços Patrimoniais Comparativos

	28 de fevereiro	31 de janeiro
ATIVO		
Caixa	$ 81.900	$ 82.400
Clientes	12.000	–
Estoques de Mercadorias	10.000	15.000
Adiantamento de Seguros	550	600
Adiantamento de Aluguel	11.000	12.000
Total do Ativo Circulante	115.450	110.000
Edifícios	40.000	40.000
Depreciação Acumulada	(167)	0
Edifícios, Líquido de Depreciação	39.833	40.000
Total do Ativo	$ 155.283	$ 150.000
PASSIVO E PATRIMÔNIO LÍQUIDO		
Fornecedores	5.000	–
Adiantamentos de Clientes	–	3.000
Juros a Pagar	333	–
Tributos sobre o Lucro a Pagar	1.382	–
Total do Passivo Circulante	6.715	3.000
Empréstimos e Financiamentos	40.000	40.000
Total do Passivo	46.715	43.000
Capital Social	107.000	107.000
Lucros Acumulados	1.568	–
Total do Patrimônio Líquido	108.568	107.000
Total do Passivo e Patrimônio Líquido	$ 155.283	$ 150.000

Preparação da demonstração dos fluxos de caixa

A demonstração dos fluxos de caixa descreve as fontes e os usos do caixa durante um período e os classifica em atividades operacionais, de investimento e de financiamento. Ela proporciona uma explicação detalhada das mudanças no saldo da conta caixa durante o período. Por exemplo, a demonstração dos fluxos de caixa da Miller Corporation explica por que o saldo do caixa diminuiu de $ 82.400 em 1º de fevereiro para $ 81.900 em 28 de fevereiro[10]. A primeira abordagem, chamada de *método direto*, envolve uma listagem relativamente linear das fontes e usos do caixa das atividades operacionais para o bom entendimento a partir da identificação e compreensão das

---

10. Os **Capítulos 6** e **16** focam na demonstração dos fluxos de caixa e descrevem duas abordagens utilizadas para calcular o fluxo de caixa das operações.

As bases do registro de transações e da preparação das demonstrações financeiras: a demonstração do resultado

transações que afetam a conta caixa. A segunda abordagem, chamada de *método indireto*, reconcilia o lucro líquido com o fluxo de caixa das operações, ajustando o lucro líquido pelos componentes não caixa da demonstração do resultado. Embora o método indireto predomine na prática, seria difícil entendê-lo neste momento, pois ainda não discutimos os ajustes necessários para reconciliar o lucro líquido com o fluxo de caixa das operações[11].

Conforme observado anteriormente, o saldo do caixa da Miller diminuiu em $ 500 em fevereiro. Uma demonstração simplificada dos fluxos de caixa em fevereiro, mostrada na **Figura 3.5**, explica essa mudança.

Figura 3.5

Miller Corporation
Demonstração dos Fluxos de Caixa – Método Direto
Para o Mês de Fevereiro

Fontes de Caixa	
Caixa Recebido de Clientes	35.000
Usos do Caixa	
Caixa Pago por Despesas Operacionais	(14.500)
Caixa Pago a Fornecedores	(20.000)
Dividendos Pagos	(1.000)
Variação do Caixa	(500)
Caixa no Início do Mês	82.400
Caixa no Final do Mês	81.900

As linhas apresentadas na **Figura 3.5** correspondem a todas as transações que geraram caixa e a todas que consumiram caixa em fevereiro. Uma maneira de identificá-las é observar a conta T da conta caixa (mostrada na **Figura 3.2** e reproduzida a seguir):

	Caixa (A)		
	82.400		
(5)	35.000	14.500	(4)
		20.000	(6)
		1.000	(7)
	81.900		

Recorde-se, da transação **(2)**, de que os $ 50.000 de receitas de vendas em fevereiro são compostos de $ 3.000 na forma de adiantamento em dinheiro recebido em janeiro (portanto, uma entrada de caixa na demonstração dos fluxos de caixa de janeiro) e $ 47.000 na forma da promessa do cliente de pagar no futuro (portanto, esse valor será uma entrada de caixa no período contábil no qual o caixa for recebido). A transação **(5)** nos diz que a Miller recebeu em fevereiro $ 35.000 em dinheiro de clientes por conta de mercadorias compradas a prazo em janeiro. Assim, a Miller tem $ 35.000 de *entrada* de caixa em fevereiro associada a recebimentos em dinheiro de clientes pelas vendas feitas em fevereiro.

As saídas de caixa em fevereiro são constituídas por $ 14.500 de pagamento de despesas operacionais e de $ 20.000 por pagamento de itens que tinham sido comprados a prazo em fevereiro. A Miller também pagou dividendos em dinheiro no valor de $ 1.000. O total das saídas de caixa ($ 35.500) supera as entradas de caixa ($ 35.000), o que significa que a Miller usou algum caixa próprio para cobrir o déficit de $ 500. Como mostrado na **Figura 3.5**, esse déficit explica a diminuição do saldo do caixa de $ 82.400, no começo de fevereiro, para $ 81.900 no fim de fevereiro.

A demonstração dos fluxos de caixa na **Figura 3.5** é uma representação simplificada baseada na demonstração dos fluxos de caixa preparada usando o método direto. Tanto sob o padrão U.S. GAAP como sob as IFRS, a demonstração dos fluxos de caixa apresenta fontes e usos do caixa por atividade. Ou seja, a demonstração contém seções separadas para os fluxos de caixa das operações, de investimentos e de financiamentos[12].

---
11. Por essa razão, ilustramos o método direto neste capítulo e postergamos a discussão do método indireto para o **Capítulo 6**.
12. Deixamos a discussão dessas três seções, bem como de questões mais complexas relativas a essa demonstração, para o **Capítulo 6** e o **Capítulo 16**.

RESUMO

A demonstração do resultado relata os resultados das atividades operacionais. O processo de registro das atividades operacionais envolve:

- Registro de transações, mas nem todas as atividades operacionais envolvem transações do período atual. Portanto, para registrar efeitos de eventos que ocorrem sem transações, a empresa faz
- Lançamentos de ajuste e, depois de preparar a demonstração do resultado, ela faz
- Lançamentos de fechamento, visando transferir os montantes de receita e despesa para Lucros Acumulados.

Todas as contas da demonstração do resultado são temporárias: elas começam e terminam com saldo zero. O processo de fechamento assegura que o saldo final de uma conta da demonstração do resultado seja zero, mediante débito ou crédito em cada conta pelo valor exato necessário para assegurar que os débitos igualem os créditos, de modo que o saldo final seja zero. A compensação do crédito ou débito de cada uma dessas transações de fechamento constitui os Lucros Acumulados. Assim, o processo de fechamento reflete a articulação entre a demonstração do resultado e o balanço patrimonial, tal como expressa na relação dos lucros acumulados:

$$\text{Lucros Acumulados (iniciais)} + \text{Lucro Líquido} - \text{Dividendos} = \text{Lucros Acumulados (finais)}$$

Nessa equação, o lucro líquido é a soma dos valores individuais das receitas e despesas.

A natureza dual das transações e as consequências dessa natureza para o processo de registro se estendem a itens para os quais nenhum evento provoca um lançamento no livro diário. Alguns itens geram lançamentos no livro diário e reconhecimento nas demonstrações financeiras por causa da passagem do tempo, como salários ganhos mas ainda não pagos aos funcionários, o consumo de uma porção pré-paga de um ativo (por exemplo, adiantamento de aluguel ou adiantamento de seguro) e juros acumulados de empréstimos, mas ainda não pagos. A companhia registra esses e outros itens similares fazendo lançamentos de ajuste no fim do exercício. Lançamentos de ajuste podem aumentar ou diminuir saldos nas contas do balanço patrimonial e da demonstração do resultado.

Visão geral do processo contábil

O processo de registro geralmente envolve os seguintes passos:

1. Registrar cada transação na forma de um lançamento no livro diário.
2. Transferir os valores dos lançamentos no livro diário para contas individuais do balanço patrimonial e da demonstração do resultado no livro razão. As contas T são dispositivos úteis para acumular os efeitos das transações nas contas do balanço patrimonial e da demonstração do resultado.

Esses dois passos ocorrem diariamente (e talvez muitas vezes durante o dia). Os demais ocorrem, tipicamente, no final do exercício:

3. Fazer lançamentos de ajuste nas contas para corrigir erros e para refletir impactos nas demonstrações financeiras de itens decorrentes de utilização ou passagem do tempo.
4. Preparar a demonstração do resultado do período a partir dos valores das contas da demonstração do resultado.
5. Fechar as contas temporárias da demonstração do resultado, transferindo seus valores para lucros acumulados.
6. Preparar o balanço patrimonial a partir dos valores das contas do balanço patrimonial.
7. Preparar a demonstração dos fluxos de caixa a partir dos valores do balanço patrimonial e de detalhes das transações que afetam o caixa.

O **Quadro 3.1** mostra essas operações, que foram ilustradas nos tópicos anteriores utilizando transações da Miller Corporation em fevereiro.

Quadro 3.1 Ciclo dos Registros Contábeis

Resultados das Transações	Lançamento das Transações no Livro Diário	Transferência para Contas T	Elaboração de Lançamentos de Ajuste e de Correção	Preparação da Demonstração do Resultado	Lançamentos de Fechamento	Preparação do Balanço Patrimonial	Preparação da Demonstração dos Fluxos de Caixa
Ocorrem continuamente durante o período			Ocorrem no final do exercício				

As bases do registro de transações e da preparação das demonstrações financeiras: a demonstração do resultado

SOLUÇÕES DOS PROBLEMAS PARA APRENDIZAGEM

Sugestão para o problema 3.1
(Harris Equipment Corporation; lançamento no livro diário de transações durante um período.)

(1)	2 de janeiro do Ano 2		
	Edifício	80.000	
	Equipamento	40.000	
	Caixa		60.000
	Hipoteca a Pagar		60.000
(2)	2 de janeiro do Ano 2		
	Adiantamento de Seguro	1.200	
	Caixa		1.200
(3)	Durante o Ano 2		
	Estoque de Mercadorias	320.000	
	Fornecedores		320.000
	Durante o Ano 2		
	Fornecedores	270.000	
	Caixa		270.000
(4)	Durante o Ano 2		
	Caixa	80.000	
	Clientes	430.000	
	Receita de Vendas		510.000
	Nota: A Harris Equipment Corporation reconhece todos os custos dos produtos vendidos no final do período; ver o próximo problema para aprendizagem.		
	Durante o Ano 2		
	Caixa	360.000	
	Clientes		360.000
(5)	Durante o Ano 2		
	Despesas com Salários	80.000	
	Caixa		80.000
(6)	Durante o Ano 2		
	Despesas com Água, Energia e Telefone	1.300	
	Caixa		1.300
(7)	1º de novembro do Ano 2		
	Caixa	600	
	Adiantamentos de Clientes		600
(8)	1º de novembro do Ano 2		
	Notas Promissórias a Receber	1.000	
	Clientes		1.000
(9)	1º de dezembro do Ano 2		
	Caixa	900	
	Adiantamentos de Locatários		900

Sugestão para o problema 3.2

(Harris Equipment Corporation; lançamentos de ajuste no livro diário no fim do período.)

(10)	Despesa de Depreciação..	$ 9.000	
	Depreciação Acumulada..		$ 9.000
	($ 80.000 – 0)/20 = $ 4.000		
	($ 40.000 – $ 5.000)/7 = $ 5.000		
(11)	Despesa de Seguro...	$ 600	
	Adiantamento de Seguro...		$ 600
(12)	Custo das Mercadorias Vendidas...	$ 180.000	
	Estoque de Mercadoria...		$ 180.000
(13)	Despesa de Juros...	$ 6.000	
	Juros a Pagar...		$ 6.000
	$ 60.000 x 0,10 = $ 6.000		
(14)	Despesas com Salários...	$ 800	
	Salários a Pagar...		$ 800
(15)	Juros a Receber..	$ 15	
	Receita de Juros..		$ 15
	$ 1.000 x 0,09 x 60/360		
(16)	Adiantamentos de Locatários...	$ 300	
	Receita de Aluguel..		300
(17)	Lucros Acumulados...	$ 25.000	
	Dividendos a Pagar...		$ 25.000
(18)	Despesas com Tributos sobre o Lucro...	$ 93.046	
	Tributos sobre o Lucro a Pagar..		$ 93.046
	0,40 ($ 510.000 + $ 900 – $ 600 + 15 – $ 80.000 – $ 1.300 – $ 9.000 – $ 600 – $ 180.000 – $ 6.000 – $ 800) = $ 93.046		

Sugestão para o problema 3.3

(Preparação de lançamentos de ajuste.)

a. A conta Adiantamentos de Aluguel no balanço patrimonial do final do ano deveria representar quatro meses de adiantamento. O aluguel mensal é $ 1.000 (= $ 12.000/12); portanto, o saldo requerido da conta Adiantamentos de Aluguel é de $ 4.000 (= 4 × $ 1.000). As Despesas de Aluguel no Ano 2 são de $ 8.000 (= 8 × $ 1.000 = $ 12.000 – $ 4.000).

Adiantamentos de Aluguel..	4.000	
Despesas de Aluguel...		4.000
Para aumentar o saldo da conta Adiantamentos de Aluguel, reduzindo o saldo da conta Despesa de Aluguel.		

b. A conta Adiantamentos de Aluguel no balanço patrimonial do final do Ano 3 deveria representar quatro meses de pagamento. O aluguel mensal é $ 3.000 (= $ 36.000/12); portanto, o saldo requerido da conta Adiantamentos de Aluguel é de $ 12.000 (= 4 × $ 3.000). O saldo dessa conta já é de $ 10.000; portanto, o lançamento de ajuste precisa aumentá-lo em $ 2.000 (= $ 12.000 – $ 10.000).

Adiantamentos de Aluguel..	2.000	
Despesas de Aluguel...		2.000
Para aumentar o saldo da conta Adiantamentos de Aluguel, reduzindo o saldo da conta Despesa de Aluguel.		

A conta de Despesas de Aluguel terá um saldo no fim do Ano 3, antes dos lançamentos de fechamento, no valor de $ 34.000 (= $ 36.000 – $ 2.000). Esse valor inclui $ 10.000 para o aluguel de janeiro a abril e $ 24.000 (= $ 3.000 × 8) para o aluguel de maio a dezembro.

c. A conta Adiantamentos de Aluguel no balanço patrimonial do final do Ano 4 deveria representar quatro meses de pagamento. O aluguel mensal é $ 4.000 (= $ 48.000/12); portanto, o saldo requerido da conta Adiantamentos de Aluguel é de $ 16.000 (= 4 × $ 4.000). O saldo dessa conta é de $ 20.000; portanto, o lançamento de ajuste precisa diminuí-lo em $ 4.000 (= $ 20.000 – $ 16.000).

As bases do registro de transações e da preparação das demonstrações financeiras: a demonstração do resultado

Despesas de Aluguel..	4.000	
Adiantamentos de Aluguel		4.000
Para reduzir o saldo da conta Adiantamentos de Aluguel, aumentando o saldo da conta Despesa de Aluguel.		

A conta Despesas de Aluguel terá um saldo no fim do Ano 4, antes dos lançamentos de fechamento, no valor de $ 52.000 (= $ 48.000 + $ 4.000). Esse valor inclui $ 20.000 para o aluguel de janeiro a abril e $ 32.000 (= $ 4.000 × 8) para o aluguel de maio a dezembro.

PRINCIPAIS TERMOS E CONCEITOS

Conta
Contas permanentes
Contas redutoras
Contas temporárias

Lançamentos de ajuste
Processo de fechamento
Processo de transferência

QUESTÕES, EXERCÍCIOS E PROBLEMAS

Questões

1. Reveja o significado dos termos e conceitos listados em Principais Termos e Conceitos.
2. Qual o propósito das contas temporárias?
3. A que se refere a "articulação do balanço patrimonial com a demonstração do resultado"?
4. Qual o propósito da demonstração do resultado?
5. Qual a diferença básica entre lançamento de ajuste e lançamento de correção?

Exercícios

6. **Analisando mudanças nas contas a receber (clientes).** A BrasPetro SA, uma grande empresa petroquímica brasileira, divulgou um saldo de R$ 1.594,9 milhão em Contas a Receber no início do Ano 7 e de R$ 1.497,0 milhão no fim do Ano 7. Sua demonstração do resultado divulgou um total de Receitas de Vendas de R$ 12.134,5 milhões no Ano 7. Considerando que a empresa faz todas as suas vendas a prazo, compute o valor do caixa recebido dos clientes durante o Ano 7. A BrasPetro aplica o padrão contábil brasileiro e divulga seus resultados em milhões de reais (R$), a moeda brasileira. Para responder a esta questão, assuma que a BrasPetro usa ou U.S. GAAP ou IFRS; para fins deste problema, a escolha é indiferente.

7. **Analisando mudanças no estoque.** A BigWing Company, uma fábrica norte-americana de aviões, divulgou um saldo de $ 8.105 milhões em estoque no início do Ano 7 e $ 9.563 milhões no fim do Ano 7. Sua demonstração do resultado divulgou Custo dos Produtos Vendidos de $ 45.375 milhões para o Ano 7. Calcule o custo do estoque comprado ou manufaturado nesse ano 7. A BigWing Company aplica U.S. GAAP e divulga seus resultados em milhões de dólares norte-americanos (US$).

8. **Analisando mudanças no estoque e em contas a pagar a fornecedores.** A EkaPhone, uma empresa sueca especializada em redes de comunicação, divulgou um saldo em Estoques de SEK 21.470 milhões no início do Ano 7 e de SEK 22.475 milhões no fim do Ano 7. Ela também divulgou um saldo de Contas a Pagar a Fornecedores de SEK 18.183 milhões no início do Ano 7 e de SEK 17.427 milhões no fim do Ano 7. Durante esse ano, a EkaPhone divulgou SEK 114.059 milhões em Custo das Mercadorias Vendidas. Calcule o valor dos pagamentos feitos aos fornecedores de mercadorias durante o Ano 7 pelas compras efetuadas a prazo. Considere que todas as compras de estoque da EkaPhone são feitas a prazo. A empresa aplica IFRS e divulga seus resultados em milhões de coroas suecas (SEK).

9. **Analisando mudanças em tributos sobre o lucro a pagar.** A Conima Corporation, uma firma de construção japonesa, divulgou um saldo da conta de Tributos sobre o Lucro a Pagar no valor de ¥ 3.736 milhões no início do Ano 7 e de ¥ 14.310 milhões no fim do Ano 7. O lucro líquido antes dos tributos sobre o lucro

para o Ano 7 totalizou ¥ 73.051 milhões. Assuma que a firma está sujeita a uma alíquota de tributos sobre o lucro de 43%. Calcule o valor dos pagamentos de tributos sobre o lucro durante o Ano 7. A Conima Corporation aplica padrões contábeis japoneses e divulga seus resultados em milhões de ienes (¥). Para responder a esta questão, considere que a firma usa ou U.S. GAAP ou IFRS; para fins deste problema, a escolha é indiferente.

10. **Analisando mudanças em lucros acumulados**. A Ealing Corporation, uma empresa norte-americana de energia, divulgou um saldo de Lucros Acumulados de US$ 2.796 milhões no início do Ano 7 e de US$ 3.257 milhões no fim dessa ano 7. Com base nas demonstrações financeiras da Ealing Corporation para o Ano 7, ela declarou e pagou US$ 251 milhões de dividendos no Ano 7. Calcule o valor do lucro líquido do Ano 7. A empresa adota U.S. GAAP e divulga seus resultados em milhões de dólares norte-americanos (US$).

11. **Relações entre demonstrações financeiras.** As informações a seguir baseiam-se nas demonstrações financeiras do Ano 7 de uma empresa de produtos de saúde alemã, adaptadas das demonstrações financeiras da Bayer Group. A Bayer Group aplica IFRS e divulga os seus resultados em milhões de euros (€). Calcule a informação faltante nos quatro casos independentes seguintes. As letras entre parênteses se referem a:

   BP – Balanço Patrimonial
   DRE – Demonstração do Resultado do Exercício
   DFC – Demonstração dos Fluxos de Caixa

a.	Contas a Receber, 1º de janeiro, Ano 7 (BP)	5.868
	Vendas a Prazo no Ano 7 (DRE)	32.385
	Recebimentos de Clientes durante o Ano 7 (DFC)	?
	Contas a Receber, 31 de dezembro do Ano 7 (BP)	5.830
b.	Tributos sobre o Lucro a Pagar, 1º de janeiro, Ano 7 (BP)	109
	Despesas com Tributos sobre o Lucro no Ano 7 (DRE)	?
	Pagamentos a Governos durante o Ano 7 (DFC)	763
	Tributos sobre o Lucro a Pagar, 31 de dezembro, Ano 7 (BP)	56
c.	Empréstimos e Financiamentos - longo prazo, 1º de janeiro, Ano 7 (BP)	14.723
	Captação de novos empréstimos durante o Ano 7 (DFC)	2.155
	Pagamentos de Principal de Empréstimos durante o Ano 7 (DFC)	?
	Empréstimos e Financiamentos – longo prazo, 31 de dezembro, Ano 7 (BP)	12.911
d.	Lucros Acumulados, 1º janeiro, Ano 7 (BP)	6.782
	Lucro Líquido do Ano 7 (DRE)	4.711
	Dividendos Declarados e Pagos durante o Ano 7 (DFC)	?
	Lucros Acumulados, 31 de dezembro, Ano 7 (BP)	10.749

12. **Relações entre demonstrações financeiras.** As informações a seguir baseiam-se nas demonstrações financeiras do Ano 7, adaptadas das demonstrações da Beyond Petroleum (BP). A BP aplica IFRS e divulga seus resultados em milhões de dólares norte-americanos (US$). Calcule a informação que falta nos quatro casos independentes a seguir. As letras entre parênteses se referem a:

   BP – Balanço Patrimonial
   DRE – Demonstração do Resultado do Exercício
   DFC – Demonstração dos Fluxos de Caixa

a.	Clientes, 1º de janeiro, Ano 7 (BP)	?
	Vendas a Prazo no Ano 7 (DRE)	288.951
	Recebimentos de Clientes a Prazo durante o Ano 7 (DFC)	289.623
	Clientes, 31 de dezembro do Ano 7 (BP)	38.020
b.	Tributos sobre o Lucro a Pagar, 1º de janeiro, Ano 7 (BP)	2.635
	Despesas com Tributos sobre o Lucro no Ano 7 (DRE)	10.442
	Pagamentos a Governos durante o Ano 7 (DFC)	?
	Tributos sobre o Lucro a Pagar, 31 de dezembro, Ano 7 (BP)	3.282
c.	Fornecedores, 1º de janeiro, Ano 7 (BP)	42.236
	Compras de Suprimentos durante o Ano 7 (DFC)	15.162
	Pagamentos a Fornecedores durante o Ano 7 (DFC)	?
	Fornecedores, 31 de dezembro, Ano 7 (BP)	43.152

d.	Lucros Acumulados, 1º de janeiro, Ano 7 (BP)	88.453
	Lucro Líquido do Ano 7 (DRE)	21.169
	Dividendos Declarados e Pagos durante o Ano 7 (DFC)	8.106
	Lucros Acumulados, 31 de dezembro, Ano 7 (BP)	?

13. **Lançamentos no livro diário para estoques e fornecedores.** Em 31 de dezembro do Ano 6, a conta de Estoques de Mercadorias de uma empresa japonesa de eletrônica tinha um saldo de ¥ 408.710 milhões, com base nas demonstrações financeiras do Ano 7. Considere que, no Ano 7, a empresa adquiriu a prazo estoques no valor de ¥ 1.456.412 milhão. Em 31 de dezembro do Ano 7, ela tem mercadoria disponível no valor de ¥ 412.387 milhões. A conta Fornecedores tinha um saldo de ¥ 757.006 milhões em 31 de dezembro do Ano 6 e de ¥ 824.825 milhões em 31 de dezembro do Ano 7. Apresente os lançamentos no livro diário das alterações nas contas Estoques e Fornecedores durante o Ano 7. A empresa divulga seus resultados em milhões de ienes (¥). Para responder a esta questão, assuma que a empresa usa ou U.S. GAAP ou IFRS; para fins deste problema, a escolha é indiferente.

14. **Lançamentos no livro diário para seguros.** A Bonana Company, uma empresa norte-americana de desenho, fabricação e varejo de vestuário, divulgou um saldo de adiantamentos de seguro de $ 24 milhões, com base nas suas demonstrações financeiras de 31 de março do Ano 8, fim do seu exercício. Considere que o total desse saldo se refere a uma apólice de seguro com dois meses remanescentes de cobertura. Assuma também que, em 1º de junho do Ano 8, a empresa pagou $ 156 milhões para a renovação de sua apólice por um ano. Faça os lançamentos no livro diário que a Bonana faria em 30 de abril, 31 de maio, 30 de junho, 31 de julho e 1º de junho, todos do Ano 8, assumindo que a empresa fecha os seus livros contábeis mensalmente. A Bonana aplica U.S. GAAP e divulga seus resultados em milhões de dólares norte-americanos (US$).

15. **Lançamentos no livro diário para adiantamentos de aluguel.** A EBB Group, sediada na Suíça, é uma das maiores empresas de engenharia do mundo. A EBB aplica U.S. GAAP e divulga seus resultados em milhões de dólares norte-americanos (US$). Conforme suas demonstrações financeiras para o Ano 7, a EBB divulgou, em 1º de janeiro do Ano 7, um saldo de $ 247 milhões em sua conta de Adiantamentos de Aluguel; considere que esse valor reflete seus pagamentos de aluguel da fábrica e espaço de escritório para o próximo mês. Assuma também que, em 31 de janeiro do Ano 7, a EBB pagou $ 3.200 milhões como aluguel anual pelo período de 1º de fevereiro do Ano 7 a 31 de janeiro do Ano 8. O exercício da EBB é o ano-calendário.
    a. Efetue os lançamentos no livro diário que a EBB Group faria em janeiro do Ano 7 que afetam a conta Adiantamentos de Aluguel.
    b. Faça os lançamentos no livro diário que a empresa faria no fim do Ano 7 que afetam a conta Adiantamentos de Aluguel.

16. **Lançamentos no livro diário de empréstimos.** Uma companhia de papel sul-africana, a SAPC Limited (SAPC), em 30 de setembro do Ano 6, divulga o valor de $ 1.634 milhão na conta Empréstimos e Financiamento mais Juros. A SAPC adota IFRS e divulga seus resultados em milhões de dólares norte-americanos (US$). Em 30 de setembro do Ano 7, esse saldo aumentou para $ 1.828 milhão. Assuma que, em 30 de março do Ano 7, a SAPC tomou emprestado $ 1.200 milhão de um banco local. Esse empréstimo tem juros de 7,5% ao ano e vence em 31 de março do Ano 9. Considere também que a SAPC faz seus pagamentos de juros uma vez ao ano, no último dia de março. O exercício da SAPC começa em 1º de outubro e termina em 30 de setembro. A empresa fecha seus livros em 30 de setembro de cada ano.
    a. Qual o lançamento no livro diário feito pela SAPC para registrar o pagamento da dívida durante o exercício findo em 30 de setembro do Ano 7?
    b. Apresente os lançamentos feitos pela SAPC durante os exercícios findos em 30 de setembro do Ano 7, do Ano 8 e do Ano 9, referentes ao empréstimo bancário obtido em 30 de março do Ano 7.

17. **Lançamentos no livro diário relativos à demonstração do resultado.** Uma montadora japonesa (JCM) divulgou Vendas de Produtos de ¥ 22.670 bilhões no exercício findo em 31 de março do Ano 7. O Custo dos Produtos Vendidos foi de ¥ 18.356 bilhões. Assuma que a JCM fez todas as vendas a prazo. Até 31 de março do Ano 7, a JCM havia recebido o pagamento de todas as vendas feitas a prazo no ano fiscal findo em 31 de março do Ano 7. Apresente os lançamentos feitos pela JCM durante o exercício findo em 31 de março do Ano 7 referentes a essas transações. A JCM aplica U.S. GAAP e divulga seus resultados em bilhões de ienes (¥).

18. **Lançamentos no livro diário relativos à demonstração do resultado.** Uma empresa farmacêutica de Israel (IDC) divulgou Vendas Líquidas de $ 9.408 milhões no exercício findo em 31 de dezembro do Ano 7. Con-

forme as demonstrações financeiras da IDC para o Ano 7, o custo desses produtos vendidos foi de $ 6.531 milhões. Considere que a IDC fez todas essas vendas a prazo, pelas quais recebeu $ 2.659 milhões no Ano 7. Apresente os lançamentos no livro diário feitos pela JCM no Ano 7 referentes a essas transações. A IDC aplica U.S. GAAP e divulga seus resultados em milhões de dólares norte-americanos (US$).

19. **Lançamentos no livro diário para corrigir erros de registro.** No exercício findo em 31 de dezembro do Ano 14, a Bostick Enterprises pagou $ 120.000 por equipamentos que havia comprado em 1º de janeiro do Ano 14. O equipamento tem vida útil de 10 anos e valor residual zero. A firma registrou a aquisição debitando Despesas com Equipamentos e creditando Caixa em $ 120.000. Efetue os lançamentos que a Bostick Enterprises faria para corrigir seu erro inicial e quaisquer efeitos relacionados (ignore os efeitos tributários). A firma aplica U.S. GAAP e divulga seus resultados em milhões de dólares norte-americanos (US$).

Problemas

20. **Preparando um balanço patrimonial e uma demonstração do resultado.** Os registros contábeis da Callen Incorporated revelam o seguinte no Ano 7 e no Ano 8. A Callen aplica U.S. GAAP e divulga seus resultados em milhões de euros (€).

Itens do Balanço Patrimonial	31 de dezembro Ano 8	31 de dezembro Ano 7
Fornecedores	16.402	14.063
Caixa	30.536	2.559
Imobilizado	98.130	149.990
Capital Social, Ações Ordinárias	72.325	72.325
Estoque de Mercadorias	114.249	151.894
Empréstimos e Financiamentos (devidos dentro de um ano)	15.241	43.598
Dívida de Longo Prazo	31.566	38.315
Outros Ativos Circulantes	109.992	134.916
Outros Passivos Circulantes	84.334	109.335
Outros Ativos Não Circulantes	56.459	88.955
Outros Passivos Não Circulantes	19.859	27.947
Lucros Acumulados	169.639	222.731

Itens da Demonstração do Resultado	Para o Ano Findo em 31 de dezembro do Ano 8
Despesas Administrativas	141.183
Custo das Mercadorias Vendidas	382.349
Despesas com Tributos sobre o Lucro	24.324
Despesas de Juros	2.744
Receita de Vendas	695.623
Despesas de Vendas	72.453

a. Prepare um balanço patrimonial comparativo da Callen Incorporated em 31 de dezembro do Ano 7 e em 31 de dezembro do Ano 8. Classifique cada item do balanço em uma das seguintes categorias: ativo circulante, ativo não circulante, passivo circulante, passivo não circulante e patrimônio líquido.

b. Elabore uma demonstração do resultado da Callen Incorporated no exercício findo em 31 de dezembro do Ano 8. Separe os itens do resultado em receitas e despesas.

c. Prepare um anexo explicando as variações em Lucros Acumulados entre 31 de dezembro do Ano 7 e 31 de dezembro do Ano 8. A Callen declarou dividendos durante o Ano 8. Você precisará deduzir seu valor ao trabalhar esta parte do problema.

21. **Preparando um balanço patrimonial e uma demonstração do resultado.** As informações a seguir baseiam-se nos dados contábeis do Ano 7 e Ano 8 da China Oil Company (COC), uma grande empresa petroquímica chinesa. A COC aplica IFRS e divulga seus resultados em milhões de dólares norte-americanos (US$).

Itens do Balanço Patrimonial	31 de dezembro	
	Ano 8	Ano 7
Caixa	$ 88.589	$ 54.070
Clientes	18.419	8.488
Adiantamentos a Fornecedores	20.386	12.664
Estoques	88.467	76.038
Outros Ativos Circulantes	20.367	13.457
Imobilizado	247.803	231.590
Propriedades de Petróleo e Gás	326.328	270.496
Ativos Intangíveis	20.022	16.127
Outros Ativos Não Circulantes	163.711	132.214
Fornecedores	104.460	77.936
Adiantamentos de Clientes	12.433	11.590
Outros Passivos Circulantes	84.761	90.939
Dívida de Longo Prazo	35.305	30.401
Outros Passivos Não Circulantes	42.062	36.683
Capital Social, Ações Ordinárias	444.527	354.340
Lucros Acumulados	270.544	213.255

Itens da Demonstração do Resultado	Ano 8
Receitas Operacionais Líquidas	$ 835.037
Juros e Outras Receitas	3.098
Custos das Mercadorias Vendidas	487.112
Despesas de Vendas	41.345
Despesas Gerais e Administrativas	49.324
Outras Despesas Operacionais	64.600
Despesas de Juros	2.869
Tributos sobre o Lucro	49.331

a. Prepare uma demonstração do resultado da COC para o exercício findo em 31 de dezembro do Ano 8.

b. Faça um balanço patrimonial comparativo da COC em 31 de dezembro do Ano 7 e em 31 de dezembro do Ano 8. Mostre ativos não circulantes antes de ativos circulantes e passivos não circulantes antes de passivos circulantes, como é costume no IFRS, que é adotado pela COC.

c. Prepare uma análise das variações em Lucros Acumulados durante o ano findo em 31 de dezembro do Ano 8.

22. **Análise de transações e preparação da demonstração do resultado e do balanço patrimonial.** Consulte as informações da Moulton Corporation em 31 de dezembro, Ano 12, no **Capítulo 2, Problema 2.13**. A Moulton Corporation abriu seu negócio em 1º de janeiro do Ano 13. Ela adota o regime de competência. As transações e eventos durante o Ano 13 foram:

(1) Durante o Ano 13: Estoque adquirido a prazo, de vários fornecedores, ao custo de $ 1.100.000.

(2) Durante o Ano 13: Mercadoria vendida a clientes por $ 2.000.000 a prazo.

(3) Durante o Ano 13: O custo das mercadorias vendidas aos clientes totalizou $ 1.200.000.

(4) Durante o Ano 13: Recebeu $ 1.400.000 de clientes por vendas feitas anteriormente a prazo.

(5) Durante o Ano 13: Pagou a fornecedores $ 950.000 por compras de mercadorias feitas anteriormente a prazo.

(6) Durante o Ano 13: A empresa pagou a vários fornecedores de serviços de vendas e administrativos o valor de $ 625.000. Consumiu todos os benefícios desses serviços durante o Ano 13.

(7) 30 de junho do Ano 13: Quitou a nota promissória pagável ao fornecedor com juros (ver transação **(7)** no **Capítulo 2, Problema 2.13**).

(8) 31 de dezembro do Ano 13: Reconheceu juros do empréstimo bancário de longo prazo (ver transação **(6)** no **Capítulo 2, Problema 2.13**).

(9) 31 de dezembro do Ano 13: Reconheceu despesa de seguro no Ano 13 (ver transação **(5)** no **Capítulo 2, Problema 2.13**).

(10) 31 de dezembro do Ano 13: Reconheceu despesa de depreciação no Ano 13 (ver transações **(2)** e **(7)** no **Capítulo 2, Problema 2.13**).

(11) 31 de dezembro do Ano 13: Reconheceu despesa com imposto de renda e imposto de renda a pagar no Ano 13. A alíquota do imposto é de 40%. Considere que o imposto de renda do Ano 13 é pago em 15 de março do Ano 14.

a. Usando contas T, lance os saldos das contas do balanço patrimonial em 1º de janeiro do Ano 13 (ver **Capítulo 2, Problema 2.13** e os efeitos das 11 transações anteriores).

b. Faça uma demonstração do resultado no Ano 13.

c. Prepare um balanço comparativo em 31 de dezembro do Ano 12 e em 31 de dezembro do Ano 13.

23. **Análise de transações e preparação da demonstração do resultado e do balanço patrimonial.** Consulte as informações da Patterson Corporation em janeiro do Ano 13, no **Capítulo 2, Problema 2.14**. As seguintes transações e eventos ocorrem em fevereiro:

    (1) 1º de fevereiro: A empresa paga o prêmio de seguro contra fogo e danos a terceiros por dois anos no valor de $ 2.400, com cobertura a partir de 1º de fevereiro.

    (2) 5 de fevereiro: Adquire mercadorias ao custo de $ 1.050.000. Desse valor, $ 1.455 são de fornecedores aos quais a Patterson devolveu mercadorias defeituosas em janeiro, mas pelas quais a empresa ainda não recebeu o reembolso dos valores pagos. A Patterson Corporation fez as demais compras a prazo.

    (3) Em fevereiro: Vende mercadorias a clientes totalizando $ 1.500.000. Desse valor, $ 4.500 foram para clientes que fizeram adiantamentos a clientes em janeiro. A empresa faz as demais vendas a prazo.

    (4) Em fevereiro: O custo das mercadorias vendidas aos clientes em **(3)** foi de $ 950.000.

    (5) Em fevereiro: Pagou em dinheiro despesas de vendas e administrativas de $ 235.000.

    (6) Em fevereiro: Recebeu $ 1.206.000 de um cliente por vendas efetuadas a prazo.

    (7) Em fevereiro: Paga $ 710.000 a fornecedores de mercadorias por compras anteriores feitas a prazo.

    (8) 28 de fevereiro: Reconhece despesa de aluguel de fevereiro.

    (9) 28 de fevereiro: Reconhece despesa de depreciação de $ 2.500 em fevereiro. A Patterson Corporation usa uma conta de Depreciação Acumulada.

    (10) 28 de fevereiro: Reconhece despesa de amortização de $ 450 da patente. A Patterson Corporation não usa uma conta de Amortização Acumulada para patentes; em vez disso, registra os valores amortizados diretamente na conta da patente.

    (11) 28 de fevereiro: Reconhece um valor apropriado de despesa de seguro em fevereiro.

    (12) 28 de fevereiro: Reconhece despesa de juros da hipoteca a pagar (ver transação **(12)** no **Capítulo 2, Problema 2.14**).

    (13) 28 de fevereiro: Reconhece despesa com imposto de renda em fevereiro. A alíquota do imposto é de 40%. Os tributos de fevereiro são pagos em 15 de abril.

    a. Usando contas T, lance os saldos das contas do balanço patrimonial em 1º de fevereiro do Ano 13 (ver **Capítulo 2, Problema 2.14**) e os efeitos das 13 transações anteriores.

    b. Elabore uma demonstração do resultado no mês de fevereiro do Ano 13.

    c. Prepare um balanço comparativo em 31 de janeiro e em 28 de fevereiro do Ano 13.

24. **Transações diversas e lançamentos de ajuste.** Considere que a LBJ Group (LBJ), uma empresa europeia de engenharia, realizou as seis seguintes transações durante o exercício findo em 31 de dezembro do Ano 3. A LBJ aplica U.S. GAAP e divulga seus resultados em milhões de dólares norte-americanos (US$). Faça os lançamentos no livro diário para registrar: (1) cada uma das seis transações; e (2) todos os lançamentos de ajuste necessários em 31 de dezembro do Ano 3. Você pode omitir as explicações nos lançamentos no livro diário. Assuma que as seis transações são independentes umas das outras.

    a. Em 1º de novembro do Ano 3, a LBJ dá uma nota promissória de 90 dias a um fornecedor pela compra de um estoque ao custo de $ 180.000. A promissória tem juros de 8% ao ano e vence em 31 de janeiro do ano seguinte.

    b. Em 5 de dezembro do Ano 3, a LBJ recebe $ 842.000 em dinheiro de um cliente para produtos e serviços que ela entregará em janeiro do Ano 4.

    c. A LBJ adquire uma máquina em 1º de outubro do Ano 3 por $ 1.400.000 à vista. Ela espera que a máquina tenha 10 anos de vida útil e um valor residual de $ 160.000.

As bases do registro de transações e da preparação das demonstrações financeiras: a demonstração do resultado

d. Em 30 de setembro do Ano 3, a LBJ vende mercadorias a um cliente, a prazo, por $ 565.000. A mercadoria tem um custo para a LBJ de $ 422.000.

e. A LBJ adquire, em 1º de setembro do Ano 3, um seguro pelos próximos 12 meses sobre o seu edifício sede, cuja cobertura inicia-se na mesma data. Ela paga à vista $ 360.000 pela apólice.

f. Em 16 de novembro do Ano 3, a LBJ emite 40 mil ações ordinárias com valor nominal de $ 1, por $ 26 por ação. A LBJ usa os proventos de caixa para quitar contas a pagar.

25. Lançamentos no livro diário, preparação da demonstração do resultado e do balanço patrimonial. O balanço patrimonial da Rybowiak's Building Supplies em 30 de junho do Ano 12 assim se apresenta:

RYBOWIAK'S BUILDING SUPPLIES Balanço Patrimonial 30 de junho, Ano 12	
Ativo	
Caixa	$ 44.200
Clientes	27.250
Estoque de Mercadorias	68.150
Adiantamento de Seguros	400
Total do Ativo Circulante	140.000
Equipamento – Pelo Custo	210.000
Menos Depreciação Acumulada	(84.000)
Equipamento – Líquido	126.000
Total do Ativo	$ 266.000
Passivo e Patrimônio Líquido	
Fornecedores	$ 33.100
Notas Promissórias a Pagar	5.000
Salários a Pagar	1.250
Total do Passivo Circulante	$ 39.350
Capital Social	150.000
Lucros Acumulados	76.650
Total do Patrimônio Líquido	226.650
Total do Passivo e Patrimônio Líquido	$ 266.000

As seguintes transações ocorreram no mês de julho:

(1) Vendeu mercadoria a prazo pelo preço total de venda de $ 85.000.

(2) Comprou estoque de mercadoria a prazo de vários fornecedores por $ 46.300.

(3) Pagou aluguel do mês de julho no valor de $ 11.750.

(4) Pagou salários a funcionários em julho no valor de $ 20.600.

(5) Recebeu contas de clientes no valor de $ 34.150.

(6) Pagou fornecedores no valor de $ 38.950.

As informações que afetam lançamentos de ajuste no fim de julho são:

(7) A empresa pagou o prêmio para uma apólice de seguro de um ano em 1º de março do Ano 12, com cobertura a partir da mesma data. Essa é a única apólice em vigor em 30 de junho do Ano 12.

(8) A empresa deprecia seu equipamento em 10 anos. O valor residual do equipamento é insignificante.

(9) Os empregados ganharam salários de $ 1.600 nos últimos dois dias de julho, mas não foram pagos. Esses são os únicos salários não pagos no fim de julho.

(10) A nota promissória a pagar é de 90 dias, com taxa de juros de 6%, e foi emitida em 30 de junho do Ano 12.

(11) O estoque de mercadorias disponível em 31 de julho do Ano 12 tem o valor total de $ 77.950. O custo dos produtos vendidos em julho é igual ao valor do estoque de mercadorias em 30 de julho, mais as compras de mercadorias durante julho menos o estoque de mercadorias em 31 de julho do Ano 12.

a. Faça os lançamentos no livro diário que refletem as transações e outros eventos de julho. A empresa classifica despesas pela sua natureza (isto é, seguro, depreciação). Receitas e despesas devem aparecer na conta Lucros Acumulados, mas com uma indicação da conta específica de receita ou despesa debitada ou creditada. Não deixe de indicar se o lançamento aumenta ou diminui ativos, passivos ou o patrimônio líquido.
b. Registre os saldos existentes no balanço patrimonial de 30 de junho do Ano 12 e os efeitos dos 11 itens anteriores em contas T.
c. Prepare uma demonstração do resultado para o mês de julho. Ignore os tributos sobre o lucro.
d. Faça os lançamentos de fechamento nas contas T a partir de **b**.
e. Prepare um balanço comparativo em 30 de junho e em 31 de julho do Ano 12.

26. **Preparando a demonstração do resultado e do balanço patrimonial usando o regime de competência.** Bob Hansen abre uma loja de varejo em 1º de janeiro de 2013. Hansen investe $ 50.000 por todo o capital social da empresa. A loja toma um empréstimo de $ 40.000 de um banco local. Ela deve quitar o empréstimo e os juros de 2013 e 2014 em 31 de dezembro de 2014. A taxa de juros é de 10% ao ano. A loja compra um edifício por $ 60.000 à vista. O edifício tem 30 anos de vida útil, com valor residual estimado de zero, e será depreciado pelo método linear. A loja compra $ 125.000 em mercadorias, a prazo, em 2013 e paga $ 97.400 do valor no fim de 2013. Um inventário físico feito em 31 de dezembro de 2013 indica que há $ 15.400 em mercadorias disponíveis.

    Ao longo de 2013, a loja faz vendas à vista aos clientes totalizando $ 52.900 e vendas a prazo totalizando $ 116.100. Das vendas a prazo, a loja recebe $ 54.800 até 31 de dezembro de 2013. A loja incorre em outras despesas e as paga: $ 34.200 de salários; $ 2.600 de água, energia e telefone. As contas não pagas ao final de 2013 são US$ 2.400 em salários e US$ 180 de água, energia e telefone. A empresa está sujeita a tributos sobre o lucro à alíquota de 40%. Os tributos de 2013 devem ser pagos em 15 de março de 2014. Considere que Hansen adota U.S. GAAP e divulga em dólares norte-americanos (US$).

    a. Prepare uma demonstração do resultado da Hansen Retail Store em 2013 assumindo que a empresa usa o regime de competência e reconhece as receitas no momento da venda. Mostre os cálculos de cada receita e despesa.
    b. Prepare um balanço patrimonial da Hansen Retail Store em 31 de dezembro de 2013. Mostre os cálculos de cada item do balanço.

27. **Análise de transações e preparação da demonstração do resultado e do balanço patrimonial.** Consulte as informações sobre a Regaldo Department Stores em 31 de janeiro do Ano 8 no **Capítulo 2, Problema 2.15**. A empresa abriu o negócio em 1º de fevereiro do Ano 8. As transações e eventos em fevereiro do Ano 8 foram:

    (1) 1º de fevereiro: Comprou balcões de mostruário e equipamentos de informática por $ 90.000. A empresa tomou empréstimo de $ 90.000 de um banco local para financiar essas compras. O empréstimo tem juros de 12% ao ano e vence, juntamente com os juros, em 1º de fevereiro do Ano 9.
    (2) Em fevereiro: Comprou estoque de mercadorias a prazo num total de $ 217.900.
    (3) Em fevereiro: Vendeu mercadorias ao custo de $ 162.400 a vários clientes, sendo $ 62.900 à vista e $ 194.600 a prazo.
    (4) Em fevereiro: Pagou $ 32.400 de salários a empregados por serviços durante o mês.
    (5) Em fevereiro: Pagou $ 2.700 de água, energia e telefone, por serviços usufruídos em fevereiro do Ano 8.
    (6) Em fevereiro: Recebeu $ 84.600 de clientes por vendas a prazo (ver transação **(3)** anteriormente).
    (7) Em fevereiro: Pagou a fornecedores faturas de mercadorias (ver transação **(2)** anteriormente) com preço original de $ 210.000 a tempo de receber 2% de desconto pelo pagamento à vista e $ 29.000 a outros fornecedores depois de transcorrido o prazo para desconto. A empresa trata os descontos obtidos como uma redução do custo das mercadorias.
    (8) 28 de fevereiro: Os salários ganhos pelos empregados nos últimos dias de fevereiro, que a empresa pagará em março do Ano 8, totalizaram $ 6.700.
    (9) 28 de fevereiro: Os serviços de água, energia e telefone, que a firma utilizou em fevereiro e não pagará até maio do Ano 8, totalizaram $ 800.
    (10) 28 de fevereiro: Os balcões de mostruário e os equipamentos de informática adquiridos na transação **(1)** têm vida útil esperada de 5 anos e zero de valor residual no final desse período. A empresa deprecia esses equipamentos com base linear pela vida útil esperada e usa uma conta de Depreciação Acumulada.

(11) 28 de fevereiro: A empresa reconhece uma parte apropriada do aluguel adiantado em 31 de janeiro do Ano 8.

(12) 28 de fevereiro: A empresa reconhece uma parte apropriada do seguro adiantado em 31 de janeiro do Ano 8.

(13) 28 de fevereiro: A empresa amortiza (isto é, reconhece como despesa) a patente por 60 meses. Ela não usa uma conta de Amortização Acumulada para a patente.

(14) 28 de fevereiro: A empresa reconhece uma parte apropriada da despesa de juros do empréstimo conforme a transação **(1)**.

(15) 28 de fevereiro: A empresa está sujeita a tributos sobre o lucro à alíquota de 30% sobre o lucro líquido antes dos impostos. A lei tributária requer que as empresas paguem os tributos no 15º dia do mês seguinte ao fim do trimestre (ou seja, 15 de abril do Ano 8, 15 de junho do Ano 8, 15 de outubro do Ano 8 e 15 de janeiro do Ano 9).

a. Usando contas T, lance os saldos das contas do balanço patrimonial em 1º de fevereiro do Ano 8, conforme o **Capítulo 2**, **Problema 2.15**, e os efeitos das 15 transações anteriores.

b. Prepare uma demonstração do resultado do mês de fevereiro do Ano 8.

c. Faça um balanço patrimonial comparativo em 31 de janeiro do Ano 8 e em 28 de fevereiro do Ano 8.

28. Análise de transações e preparação da demonstração do resultado e do balanço patrimonial. A Zealock Bookstore abriu sua livraria perto de um *campus* universitário em 1º de julho do Ano 4. Transações e eventos da Zealock Bookstore no Ano 4 estão relacionados a seguir. A empresa adota o ano-calendário como seu exercício.

(1) 1º de julho do Ano 4: Recebe $ 25.000 de Quinn Zealock por 25.000 ações ordinárias do capital social, a $ 1 de valor nominal.

(2) 1º de julho do Ano 4: Obtém $ 30.000 em empréstimo de um banco local para capital de giro. O empréstimo tem juros de 6% ao ano e vence, juntamente com juros, em 30 de junho do Ano 5.

(3) 1º de julho do Ano 4: Assina um contrato de aluguel por três anos, sendo $ 20.000 por ano. Paga o aluguel do primeiro ano adiantado.

(4) 1º de julho do Ano 4: Adquire estantes de livros por $ 4.000 à vista. As estantes têm vida útil estimada de 5 anos e zero de valor residual.

(5) 1º de julho do Ano 4: Adquire computadores por $ 10.000 à vista. Os computadores têm vida útil estimada de 3 anos e valor residual de $ 1.000.

(6) 1º de julho do Ano 4: Faz depósitos em caução em várias distribuidoras de livros totalizando $ 8.000. Os depósitos são reembolsáveis em 30 de junho do Ano 5 se a livraria pagar pontualmente todos os valores devidos pelos livros comprados das distribuidoras entre 1º de julho do Ano 4 e 30 de junho do Ano 5.

(7) Durante o Ano 4: Compra livros a prazo de vários distribuidores ao custo de $ 160.000.

(8) Durante o Ano 4: Vende livros custando $ 140.000 por $ 172.800. Do total das vendas, $ 24.600 são à vista e $ 148.200 a prazo.

(9) Durante o Ano 4: Devolve livros não vendidos e livros com pedidos errados no valor de $ 14.600. A empresa ainda não havia feito o pagamento desses livros.

(10) Durante o Ano 4: Recebe $ 142.400 de vendas feitas a prazo.

(11) Durante o Ano 4: Paga $ 16.700 de salários a funcionários.

(12) Durante o Ano 4: Paga às distribuidoras de livros $ 139.800 pelas compras a prazo.

(13) 28 de dezembro do Ano 4: Recebe $ 850 de adiantamentos de clientes por pedidos especiais de livros que a empresa encomendará e espera receber durante o Ano 5.

(14) 31 de dezembro do Ano 4: Registra um valor apropriado de despesa de juros do empréstimo de **(2)** no Ano 4.

(15) 31 de dezembro do Ano 4: Registra um valor apropriado de despesa de aluguel no Ano 4.

(16) 31 de dezembro do Ano 4: Registra um valor apropriado de despesa de depreciação das estantes de livros em **(4)**.

(17) 31 de dezembro do Ano 4: Registra um valor apropriado de despesa de depreciação dos computadores em **(5)**.

(18) 31 de dezembro do Ano 4: Registra um valor apropriado de despesa de tributos sobre o lucro no Ano 4. A alíquota dos tributos é de 40%. Os tributos são pagáveis em 15 de março do Ano 5.

a. Usando contas T, lance as 18 transações e eventos anteriores.

b. Prepare uma demonstração do resultado para os seis meses terminando em 31 de dezembro do Ano 4.

c. Prepare um balanço patrimonial em 31 de dezembro do Ano 4.

Observação: O **Problema 29** amplia este problema para incluir as transações de resultado no Ano 5.

29. **Análise de transações e preparação de demonstrações do resultado e de balanços patrimoniais comparativos.** Consulte as informações sobre a Zealock Bookstore no **Problema 28**. As seguintes transações se referem ao Ano 5.

   (1) 15 de março do Ano 5: Paga os tributos sobre o lucro do Ano 4.

   (2) 30 de junho do Ano 5: Quita o empréstimo bancário, juntamente com os juros.

   (3) 1º de julho do Ano 5: Obtém um novo empréstimo de $ 75.000 do banco. O empréstimo vence em 30 de junho de 2010, com juros de 8% ano, pagáveis no vencimento.

   (4) 1º de julho do Ano 5: Recebe das distribuidoras de livros o reembolso da caução.

   (5) 1º de julho do Ano 5: Paga o aluguel devido pelo período de 1º de julho do Ano 5 a 30 de junho do Ano 6.

   (6) Durante o Ano 5: Compra livros a prazo ao custo de $ 310.000.

   (7) Durante o Ano 5: Vende livros custando $ 286.400 por $ 353.700. Do total das vendas, $ 24.900 são à vista, $ 850 são pelas encomendas especiais recebidas em dezembro do Ano 4 e $ 327.950 são a prazo.

   (8) Durante o Ano 5: Devolve livros não vendidos custando $ 22.700. A empresa ainda não havia feito o pagamento por esses livros.

   (9) Durante o Ano 5: Recebe $ 320.600 das vendas a prazo.

   (10) Durante o Ano 5: Paga $ 29.400 de salários a funcionários.

   (11) Durante o Ano 5: Paga $ 281.100 às distribuidoras de livros por compras de livros a prazo.

   (12) 31 de dezembro do Ano 5: Declara e paga dividendos no valor de $ 4.000.

   a. Usando contas T, registre os valores do balanço patrimonial de 31 de dezembro do Ano 4, conforme o **Problema 28**, os efeitos das 12 transações anteriores e os lançamentos requeridos em 31 de dezembro do Ano 5 para medir adequadamente o lucro líquido do Ano 5 e a posição financeira em 31 de dezembro do Ano 5.

   b. Prepare uma demonstração do resultado comparativa do Ano 4 e Ano 5.

   c. Faça um balanço patrimonial comparativo em 31 de dezembro do Ano 4 e 31 de dezembro do Ano 5.

30. **Reconstruindo a demonstração do resultado e o balanço patrimonial.** (Adaptado de um problema de Stephen A. Zeff) A Portobello Co., uma empresa de varejo, está no seu décimo ano de operação. Em 28 de dezembro do Ano 18, três dias antes de fechar o seu exercício, uma enchente súbita devastou o escritório administrativo da empresa e destruiu quase todos os seus registros contábeis. A empresa salvou os balanços patrimoniais de 31 de dezembro do Ano 17 (ver **Figura 3.6**), o talão de cheques, os extratos bancários e alguns remanescentes encharcados dos saldos de contas específicas a receber e de contas a pagar. Com base em um exame dos documentos salvos e em uma série de entrevistas com os funcionários da empresa, você obtém as seguintes informações:

   (1) A agência de seguros da empresa avisa que a apólice de seguro de quatro anos da empresa expira em seis meses, em 31 de dezembro do Ano 18. A apólice custou $ 12.000 quando a empresa pagou o prêmio de quatro anos no Ano 15.

   (2) No Ano 18, o conselho de administração da empresa declarou $ 6.000 de dividendos, dos quais a firma pagou $ 3.000 em dinheiro aos acionistas durante o Ano 18 e pagará o restante durante o Ano 19. No início do Ano 18, a empresa também pagou em dinheiro $ 1.800 em dividendos que o conselho de administração havia declarado no ano anterior.

   (3) Em 1º de abril do Ano 18, a companhia recebeu da Appleton Co. $ 10.900 em dinheiro, o que incluiu o principal de $ 10.000 mais juros para quitação total da nota promissória de nove meses, datada de 1º de julho do Ano 17. Conforme os termos da nota promissória, a Appleton pagou todos os juros no vencimento em 1º de abril do Ano 18.

   (4) O valor devido pela empresa aos fornecedores de mercadorias em 31 de dezembro do Ano 18 era $ 20.000 menor que o valor devido em 31 de dezembro do Ano 17. No Ano 18, a empresa pagou $ 115.000 a fornecedores de mercadorias. O custo do estoque de mercadorias em 31 de dezembro do Ano 18, com base em uma contagem física, era $ 18.000 maior que o saldo da conta Estoque de Mercadorias do balanço patrimonial em 31 de dezembro do Ano 17. Em 8 de dezembro do Ano 18, a companhia trocou ações ordinárias do seu capital social por estoques de mercadoria no valor de $ 11.000. A política da empresa é comprar toda mercadoria a prazo.

As bases do registro de transações e da preparação das demonstrações financeiras: a demonstração do resultado 103

Figura 3.6

Portobello Co.
Balanço Patrimonial
31 de dezembro do Ano 17
(Problema 30)

ATIVO	
Caixa	$ 18.600
Contas a Receber de Clientes	33.000
Notas Promissórias a Receber	10.000
Juros a Receber	600
Estoques de Mercadorias	22.000
Adiantamentos de Seguros	4.500
Total do Ativo Circulante	88.700
Sistema de Computadores:	
Pelo Custo	$ 78.000
Menos Depreciação Acumulada	(26.000)
Líquido	52.000
Total do Ativo	$ 140.700
PASSIVO E PATRIMÔNIO LÍQUIDO	
Contas a Pagar a Fornecedores de Mercadorias	$ 36.000
Dividendos a Pagar	1.800
Salários a Pagar	6.500
Tributos a Pagar	10.000
Adiantamentos de Clientes	600
Total do Passivo	54.900
Capital Social	40.000
Lucros Acumulados	45.800
Total do Patrimônio Líquido	85.800
Total do Passivo e Patrimônio Líquido	$ 140.700

(5) A empresa comprou, em 1º de março do Ano 18, caminhões de entrega por $ 60.000. Para financiar a aquisição, ela emitiu em favor do vendedor uma nota promissória de quatro anos no valor de $ 60.000, com juros de 10% ao ano. A empresa precisa pagar juros dessa promissória a cada seis meses, começando em 1º de setembro do Ano 18. A companhia fez o pagamento requerido nessa data. Os caminhões de entrega têm vida útil esperada de 10 anos e valor residual estimado de $ 6.000. A companhia usa o método linear de depreciação.

(6) O sistema de computadores da empresa tem vida útil esperada de seis anos e valor residual esperado de zero.

(7) A empresa faz todas as vendas a prazo e reconhece a receita no momento do embarque para os clientes. Ao longo do Ano 18, a companhia recebeu $ 210.000 em dinheiro dos seus clientes. O contador da empresa refez o (livro) razão subsidiário das Contas a Receber, o registro detalhado do valor que cada cliente devia à empresa. Ele mostrou que os clientes deviam à empresa $ 51.000 em 31 de dezembro do Ano 18. Um exame mais focado revelou que $ 1.400 do caixa recebido de clientes no Ano 18 se devem a mercadorias que a empresa não entregará antes do Ano 19. Além disso, $ 600 do caixa recebido dos clientes durante o Ano 17 se referem a mercadorias que a empresa não enviou aos clientes antes do Ano 18.

(8) A companhia pagou $ 85.000 em dinheiro aos funcionários no Ano 18. Desse valor, $ 6.500 se referem a serviços prestados no ano 17 e $ 4.000 se referem a serviços que serão prestados no Ano 19. Os funcionários prestaram os serviços restantes durante o Ano 18. Em 31 de dezembro do Ano 18, a companhia deve aos empregados $ 1.300 por serviços prestados nos últimos dias desse ano.

(9) A companhia pagou $ 27.000 em dinheiro por tributos sobre a propriedade e sobre o lucro no Ano 18. Desse valor, $ 10.000 se referem a tributos sobre o lucro aplicáveis ao Ano 17 e $ 3.000 se referem a tributos sobre a propriedade aplicáveis ao Ano 19. A companhia deve $ 4.000 de tributos sobre o lucro em 31 de dezembro do Ano 18.

(10) A empresa fechou um contrato com uma consultoria gerencial para serviços de consultoria. O preço total do contrato é de $ 48.000. O contrato determina que a empresa pague a primeira parcela de $ 12.000 em dinheiro em 1º de janeiro do Ano 19, e a companhia tem intenção de fazê-lo. Até 31 de dezembro do Ano 18, a empresa de consultoria prestou 10% do total estimado dos serviços contratados.

Prepare uma demonstração do resultado para o Ano 18 e um balanço patrimonial em 31 de dezembro do Ano 18.

31. Reconstruindo a demonstração do resultado e o balanço patrimonial. A Computer Needs, Inc., opera uma loja de varejo que vende *hardware* e *software* de computadores. Ela iniciou suas atividades em 2 de janeiro do Ano 7 e foi bem-sucedida no primeiro ano, gerando um lucro líquido de $ 8.712 e terminando o ano com $ 15.600 na sua conta bancária. A **Figura 3.7** apresenta uma demonstração do resultado do Ano 7 e a **Figura 3.8** apresenta o balanço patrimonial no fim do Ano 7.

Com o passar do Ano 8, os proprietários e gestores da Computer Needs, Inc., sentiram que estavam indo cada vez melhor. As vendas pareciam estar acima das do Ano 7 e havia sempre clientes na loja. Infelizmente, uma grande tempestade de raios atingiu a loja em 31 de dezembro do Ano 8 e o computador que continha os

Figura 3.7

Computer Needs, Inc.
Demonstração do Resultado
Do Ano Findo em 31 de dezembro do Ano 7
(Problema 31)

Vendas	$ 152.700
Custo das Mercadorias Vendidas	(116.400)
Despesas Operacionais	(17.400)
Depreciação	(2.800)
Juros	(4.000)
Tributos sobre o Lucro	(3.388)
Lucro Líquido	$ 8.712

Figura 3.8

Computer Needs, Inc.
Balanço Patrimonial
31 de dezembro do Ano 7
(Problema 31)

ATIVO	
Caixa	$ 15.600
Contas a Receber	32.100
Estoque de Mercadorias	46.700
Adiantamentos	1.500
Total do Ativo Circulante	95.900
Imobilizado:	
Ao Custo	$ 59.700
Menos Depreciação Acumulada	(2.800)
Líquido	56.900
Total do Ativo	$152.800
PASSIVO E PATRIMÔNIO LÍQUIDO	
Contas a Pagar – Fornecedores de Mercadorias	$ 37.800
Tributos sobre o Lucro a Pagar	3.388
Outros Passivos Circulantes	2.900
Total do Passivo Circulante	44.088
Hipotecas a Pagar	50.000
Total do Passivo	94.088
Capital Social	50.000
Lucros Acumulados	8.712
Total do Patrimônio Líquido	58.712
Total do Passivo e Patrimônio Líquido	$ 152.800

registros da empresa foi destruído. A Computer Needs, Inc., enfrenta agora o desafio de calcular o lucro do Ano 8 para poder avaliar seu desempenho e calcular os impostos do ano.

Prepare uma demonstração do resultado do Ano 8 e um balanço patrimonial no fim do Ano 8. Para ajudá-lo nessa empreitada, considere as seguintes informações:

(1) O banco no qual a Computer Needs tem conta forneceu um sumário das transações durante o Ano 8, como mostrado na **Figura 3.9**.

(2) O dinheiro recebido em janeiro do Ano 9 de empresas de cartões de crédito de terceiros e de clientes por vendas feitas durante o Ano 8 totalizou $ 40.300. Essa é a sua melhor estimativa de contas a receber pendentes em 31 de dezembro do Ano 8.

(3) Auxiliares fizeram uma contagem física do estoque de mercadorias em 1º de janeiro do Ano 9. Usando os catálogos atuais dos fornecedores, você estima que as mercadorias têm um custo total de $ 60.700.

(4) A Computer Needs, Inc., pagou seu prêmio anual de seguros em 1º de outubro do Ano 8 (incluído nos valores pagos a "Outros Provedores" na **Figura 3.9**). Você observa que $ 1.800 do prêmio de seguro se aplicam à cobertura no Ano 9.

(5) Com base na depreciação ocorrida no Ano 7 e no novo equipamento comprado no Ano 8, você estima que a despesa de depreciação no Ano 8 é de $ 3.300.

(6) As faturas recebidas dos fornecedores de mercadorias em janeiro do Ano 9 totalizaram $ 45.300. Essa é a sua melhor estimativa das contas a pagar a esses fornecedores em aberto em 31 de dezembro do Ano 8.

(7) Outros Passivos Circulantes representam valores pagáveis a empregados e outros provedores de serviços de venda e administrativos. O total de Outros Passivos Circulantes em 31 de dezembro do Ano 8 é de $ 1.200.

Figura 3.9

Computer Needs, inc.
Análise das Mutações nas Contas Bancárias
Do Ano Findo em 31 de dezembro do Ano 8
(Problema 31)

Saldo, 1º de janeiro do Ano 8	$ 15.600
Recebimentos:	
Dinheiro de Vendas à Vista	37.500
Cheques recebidos de Cartões de Crédito de Terceiros e de Clientes	151.500
Desembolsos:	
A Fornecedores de Mercadorias	(164.600)
A Funcionários e Outros Provedores de Atividades de Vendas e Administrativas	(21.000)
Ao Governo, por Tributos sobre o Lucro do Ano 8	(3.388)
Ao Banco, por Juros ($ 4.000) e Principal da Hipoteca ($ 800)	(4.800)
A Fornecedor de Equipamento	(6.000)
Saldo em 31 de dezembro do Ano 8	$ 4.812

Prepare uma demonstração do resultado da Computer Needs, Inc., para o Ano 8 e um balanço patrimonial em 31 de dezembro do Ano 8. A taxa de tributos sobre o lucro é de 28%.

32. **Efeitos de erros na demonstração do resultado.** Considere as seguintes informações hipotéticas da Embotelladora Andina S.A. (Embotelladora), a produtora e distribuidora de produtos da Coca-Cola no Chile. A Embotelladora aplica os padrões contábeis do Chile e divulga seus resultados em milhares de pesos chilenos ($). Utilizando as notações SUP (superavaliado), SUB (subavaliado) e NE (nenhum efeito), indique os efeitos (direção e valor) nos ativos, passivos e patrimônio líquido em 31 de dezembro dos seguintes erros e omissões independentes. Ignore as implicações tributárias.

a. Em 1º de dezembro, a Embotelladora pagou $ 120.000 pelo aluguel de um edifício por dezembro e janeiro. No mesmo dia, a empresa debitou Despesas de Aluguel e creditou Caixa em $ 120.000 e não fez nenhum outro lançamento sobre esse aluguel em dezembro ou janeiro.

b. Em 15 de dezembro, a Embotelladora recebeu $ 82.000 de um cliente como depósito para uma mercadoria que espera entregar ao cliente no próximo mês de janeiro. A empresa debitou Caixa e creditou Receitas de Vendas no mesmo dia e não fez nenhum outro lançamento sobre esse depósito em dezembro ou janeiro.

c. Em 1º de dezembro, a Embotelladora adquiriu um caminhão para ser usado no transporte de bebidas do armazém central aos varejistas. O caminhão custou $ 98.000, tem vida útil esperada de 4 anos e zero de valor residual. A empresa registrou a transação debitando Despesa de Caminhão e creditando Caixa em $ 98.000 e não fez nenhum outro lançamento em dezembro sobre essa aquisição.

d. Em 15 de dezembro, a Embotelladora adquiriu material de escritório ao custo de $ 86.800. Ela registrou a compra debitando Despesa de Material de Escritório e creditando Caixa. A conta Estoque de Material de Escritório tinha um saldo de $ 27.700 em 1º de dezembro. Com base em um inventário físico em 31 de dezembro, estavam disponíveis $ 24.600 em materiais de escritório. A empresa não fez nenhum outro lançamento em 31 de dezembro sobre materiais de escritório.

e. A Embotelladora incorreu em despesas de juros de $ 34.500 no mês de dezembro por um empréstimo de 60 dias obtido em 1º de dezembro. A firma registrou corretamente o empréstimo nos seus livros em 1º de dezembro, mas não fez nenhum lançamento para registrar juros em 31 de dezembro. O empréstimo deve ser pago com juros no fim do próximo mês, em 31 de janeiro.

f. A Embotelladora adquiriu mercadoria a prazo por $ 17.900 em 23 de dezembro, debitando Estoque de Mercadorias e creditando Contas a Pagar. A empresa pagou essa compra em 28 de dezembro debitando Custo dos Produtos Vendidos e creditando Caixa, mas não havia vendido a mercadoria até 31 de dezembro.

33. **Efeito de erros de registro nas demonstrações financeiras.** A Forgetful Corporation (Forgetful) deixou de fazer vários lançamentos de ajuste em 31 de dezembro, o fim do seu período contábil. A Forgetful aplica U.S. GAAP e divulga em dólares norte-americanos (US$). Indique os efeitos da falha em ajustar corretamente os seguintes itens nos ativos, passivos e patrimônio líquido em 31 de dezembro, usando as descrições *superavaliado*, *subavaliado* e *nenhum efeito*. Determine também o valor de cada efeito. Ignore as implicações dos tributos sobre o lucro.

a. Em 15 de dezembro, a Forgetful Corporation recebeu de um cliente um adiantamento de $ 1.400 por produtos a serem manufaturados e entregues em janeiro. A empresa registrou o adiantamento debitando Caixa e creditando Receitas de Vendas e não fez nenhum lançamento de ajuste em 31 de dezembro.

b. Em 1º de julho, a Forgetful Corporation adquiriu uma máquina por $ 5.000 e registrou a aquisição debitando Custo dos Produtos Vendidos e creditando Caixa. A máquina tem vida útil de 5 anos e valor residual estimado de zero.

c. Em 1º de novembro, a Forgetful Corporation recebeu uma nota promissória de $ 2.000 de um cliente como liquidação de uma conta a receber. Ela debitou Notas Promissórias a Receber e creditou Contas a Receber pelo recebimento da promissória. A nota é de seis meses e vence em 30 de abril do ano seguinte, tendo juros de 12% ao ano. A Forgetful Corporation não fez nenhum outro lançamento referente a essa nota promissória.

d. A Forgetful Corporation pagou seu prêmio de seguro anual de $ 1.200 em 1º de outubro, primeiro dia da cobertura anual. A empresa debitou Adiantamento de Seguro em $ 900, debitou Despesa de Seguro em $ 300 e creditou Caixa em $ 1.200. Ela não fez nenhum outro lançamento referente a esse seguro.

e. O Conselho de Administração da Forgetful Corporation declarou um dividendo de $ 1.500 em 31 de dezembro. O dividendo será pago após 15 dias, em 15 de janeiro. A Forgetful Corporation se descuidou de registrar a declaração de dividendos.

f. Em 1º de dezembro, a Forgetful Corporation adquiriu uma máquina a prazo por $ 50.000, debitando Máquinas e creditando Fornecedores em $ 50.000. Dez dias depois, a companhia pagou a conta e obteve desconto de 2%. Ela creditou Caixa em $ 49.000 e Receitas Diversas em $ 1.000. Ela debitou Fornecedores em $ 50.000. A Forgetful Corporation normalmente registra descontos obtidos como redução no custo dos ativos. Em 28 de dezembro, a empresa pagou $ 4.000 em dinheiro a empregados para instalar a máquina; ela debitou Despesas de Manutenção e creditou Caixa em $ 4.000. A máquina começou a operar dez dias depois, em 1º de janeiro. Uma vez que a firma não colocou a máquina em operação até 1º de janeiro, ela corretamente não registrou nenhuma depreciação no ano de aquisição.

34. **Trabalhando retroativamente até ao balanço patrimonial do início do período.** (Os **Problemas 34** a **36** derivam de problemas de George H. Sorter.) Os seguintes dados se referem à Prima Company.

   (1) **Figura 3.10:** Balanço patrimonial em 31 de dezembro do Ano 8.
   (2) **Figura 3.11:** Demonstração do resultado e dos lucros acumulados do Ano 8.
   (3) **Figura 3.12:** Demonstração dos recebimentos e desembolsos de caixa no Ano 8.

   As compras de mercadorias durante o período, todas a prazo, foram de $ 127.000. Todas as Outras Despesas Operacionais foram creditadas a Adiantamentos.

As bases do registro de transações e da preparação das demonstrações financeiras: a demonstração do resultado

Figura 3.10

Prima Company
Balanço Patrimonial
31 de dezembro do Ano 8
(Problema 34)

ATIVO

Caixa	$ 10.000
Títulos Negociáveis no Mercado	20.000
Contas a Receber	25.000
Estoques de Mercadorias	30.000
Adiantamentos por Serviços Diversos	3.000
Total do Ativo Circulante	88.000
Imobilizado (pelo custo)	40.000
Menos Depreciação Acumulada	(16.000)
Imobilizado (líquido)	24.000
Total do Ativo	$112.000

PASSIVO E PATRIMÔNIO LÍQUIDO

Fornecedores (de mercadorias)	$ 25.000
Juros a Pagar	300
Tributos a Pagar	4.000
Total do Passivo Circulante	29.300
Nota Promissória a Pagar (6% longo prazo)	20.000
Total do Passivo	49.300
Capital Social	50.000
Lucros Acumulados	12.700
Total do Patrimônio Líquido	62.700
Total do Passivo e Patrimônio Líquido	$112.000

Figura 3.11

Prima Company
Demonstração do Resultado e dos Lucros Acumulados
Do Ano Findo em 31 de dezembro do Ano 8
(Problema 34)

Vendas	$ 200.000
Menos Despesas:	
Custo das Mercadorias Vendidas	130.000
Despesa de Depreciação	4.000
Despesas Tributárias	8.000
Outras Despesas Operacionais	47.700
Despesas de Juros	1.200
Total de Despesas	190.900
Lucro Líquido	9.100
Menos Dividendos	5.000
Aumento em Lucros Acumulados	$ 4.100

Prepare um balanço patrimonial em 31 de dezembro do Ano 7. (*Dica*: Usando contas T, faça os lançamentos dos valores do balanço patrimonial em 31 de dezembro do Ano 8. Usando as informações da demonstração do resultado e da demonstração dos recebimentos e desembolsos de caixa, refaça as transações que ocorreram durante o ano e lance os valores nos lugares apropriados usando contas T ou planilhas de transações. Finalmente, calcule os valores no balanço patrimonial em 31 de dezembro do Ano 7.)

35. **Trabalhando retroativamente até recebimentos e desembolsos de caixa.** A **Figura 3.13** apresenta o balanço patrimonial comparativo da The Secunda Company no início e no fim do Ano 8. A **Figura 3.14** mostra a demonstração do resultado do Ano 8. A empresa faz todas as vendas a prazo e compra todos os bens e serviços a

Figura 3.12

Prima Company
Demonstração dos Recebimentos e Desembolsos de Caixa
Do Ano Findo em 31 de dezembro do Ano 8
(Problema 34)

Recebimentos de Caixa:

Vendas à Vista	$ 47.000
Recebimentos de Créditos a Clientes	150.000
Total de Recebimentos	$ 197.000

Desembolsos de Caixa:

Pagamentos a Fornecedores de Mercadorias	$ 128.000
Pagamentos a Fornecedores de Serviços Diversos	49.000
Pagamentos de Tributos	7.500
Pagamentos de Juros	1.200
Pagamentos de Dividendos	5.000
Compra de Títulos Negociáveis no Mercado	8.000
Total de Desembolsos	198.700
Excedente de Desembolsos sobre Recebimentos	$ 1.700

Figura 3.13

The Secunda Company
Balanço Patrimonial
31 de dezembro do Ano 8 e 31 de dezembro do Ano 7
(Problema 35)

	31 de dezembro	
	Ano 8	Ano 7
ATIVO		
Caixa	$ 9.000	$ 20.000
Contas a Receber	51.000	36.000
Estoques de Mercadorias	60.000	45.000
Adiantamentos por Serviços Diversos	1.000	2.000
Total do Ativo Circulante	121.000	103.000
Imobilizado (pelo custo)	$ 40.000	$ 40.000
Menos Depreciação Acumulada	(18.000)	(16.000)
Imobilizado (líquido)	22.000	24.000
Total do Ativo	143.000	127.000
PASSIVO E PATRIMÔNIO LÍQUIDO		
Juros a Pagar	$ 2.000	$ 1.000
Contas a Pagar	40.000	30.000
Total do Passivo Circulante	42.000	31.000
Hipoteca a Pagar	17.000	20.000
Total do Passivo	59.000	51.000
Capital Social	50.000	50.000
Lucros Acumulados	34.000	26.000
Total do Patrimônio Líquido	84.000	76.000
Total do Passivo e Patrimônio Líquido	$ 143.000	$ 127.000

prazo. A conta Outras Despesas Operacionais inclui depreciação e apropriações de adiantamentos. A empresa debita Dividendos Declarados durante o ano em Lucros Acumulados.

Prepare uma planilha mostrando todas as transações de caixa do Ano 8. (*Dica*: Usando contas T, lance os valores mostrados em 31 de dezembro do Ano 7 e em 31 de dezembro do Ano 8. Começando com as contas de receita e despesa, refaça as transações que ocorreram durante o ano e lance os valores em lugares apropriados nas contas T. Note que a conta Lucros Acumulados no balanço patrimonial em 31 de dezembro do Ano 8 reflete os efeitos das atividades de resultado e os dividendos durante esse ano.)

As bases do registro de transações e da preparação das demonstrações financeiras: a demonstração do resultado **109**

Figura 3.14

The Secunda Company
Demonstração do Resultado
Do Ano Findo em 31 de dezembro do Ano 8
(Problema 35)

Receita de Vendas	$ 100.000
Menos Despesas:	
Custo das Mercadorias Vendidas	50.000
Despesa de Juros	3.000
Outras Despesas Operacionais	29.000
Total de Despesas	82.000
Lucro Líquido	$ 18.000

36. **Trabalhando retroativamente até a demonstração do resultado.** A Tertia Company apresenta os balanços patrimoniais no início e no fim do Ano 8 (**Figura 3.15**), bem como a demonstração dos recebimentos e desembolsos de caixa (**Figura 3.16**). Prepare uma demonstração combinada do lucro e lucros acumulados no Ano 8. (*Dica*: Usando contas T, lance os valores mostrados em 31 de dezembro do Ano 7 e em 31 de dezembro do Ano 8. Começando com os recebimentos e desembolsos de caixa do ano, refaça as transações que ocorreram durante o ano e lance-as nos lugares apropriados nas contas T. A conta Lucros Acumulados no balanço patrimonial em 31 de dezembro do Ano 8 reflete o efeito das atividades de lucro e os dividendos nesse ano.)

37. **Preparando lançamentos de ajuste.** Considere que a empresa encerra seus livros uma vez por ano em 31 de dezembro. A empresa emprega um auxiliar de contabilidade em tempo integral e um contador profissional em meio período, o qual faz todos os lançamentos de ajuste necessários para a preparação das demonstrações financeiras em 31 de dezembro. Durante o ano, a empresa adota as seguintes convenções simplificadas de escrituração e registro das transações: quando recebe à vista, ela debita o caixa e credita uma conta de

Figura 3.15

Tertia Company
Balanço Patrimonial
31 de dezembro do Ano 8 e 31 de dezembro do Ano 7
(Problema 36)

	31 de dezembro	
	Ano 8	**Ano 7**
ATIVO		
Caixa	$ 67.800	$ 40.000
Contas e Notas Promissórias a Receber	41.000	36.000
Estoques de Mercadorias	49.500	55.000
Juros a Receber	700	1.000
Adiantamentos por Serviços Diversos	5.200	4.000
Imobilizado	47.000	47.000
Menos Depreciação Acumulada	(12.000)	(10.000)
Total do Ativo	$ 99.200	$173.000
PASSIVO E PATRIMÔNIO LÍQUIDO		
Contas a Pagar (diversos serviços)	$ 2.500	$ 2.000
Contas a Pagar (fornecedores de mercadorias)	41.000	34.000
Tributos sobre a Propriedade a Pagar	1.500	1.000
Hipotecas a Pagar	30.000	35.000
Total do Passivo	75.000	72.000
Capital Social	25.000	25.000
Lucros Acumulados	99.200	76.000
Total do Patrimônio Líquido	124.200	101.000
Total do Passivo e do Patrimônio Líquido	$199.200	$173.000

Figura 3.16

Tertia Company
Demonstração dos Recebimentos e Desembolsos de Caixa
Do Ano Findo em 31 de dezembro do Ano 8
(Problema 36)

	Ano 8
RECEBIMENTOS DE CAIXA	
1. Recebimentos de Créditos a Clientes	$ 144.000
2. Vendas à Vista	63.000
3. Recebimentos de Juros	1.000
Total de Recebimentos de Caixa	208.000
MENOS DESEMBOLSOS DE CAIXA	
4. Pagamentos a Fornecedores de Mercadorias	$ 114.000
5. Pagamento de Hipoteca	5.000
6. Pagamentos de Juros	500
7. Adiantamento a Fornecedores de Serviços Diversos	57.500
8. Pagamentos de Tributos sobre a Propriedade	1.200
9. Pagamento de Dividendos	2.000
Total de Desembolsos de Caixa	180.200
Aumento do Saldo de Caixa no Ano 8	$ 27.800

receita; quando paga à vista, ela debita uma conta de despesa e credita o caixa. As justificativas do uso dessa convenção simplificada para o registro das transações são: (1) obter um registro eficiente dos recebimentos e desembolsos de caixa, de modo que a firma tenha um saldo atualizado da sua conta caixa; e (2) evitar o envolvimento do contador profissional até o final do ano. Em 31 de dezembro, ele faz os lançamentos de ajuste necessários para registrar corretamente as receitas e despesas do período e calcular os saldos corretos das contas do balanço patrimonial. Elabore o lançamento de ajuste necessário para cada um dos cenários a seguir.

  a. Em 1º de setembro do Ano 6, um locatário pagou $ 24.000 de aluguel pelo período de um ano, começando naquela data. O locatário debitou o valor total em Despesa de Aluguel e creditou Caixa. Ele não fez nenhum lançamento de ajuste para aluguel entre 1º de setembro e 31 de dezembro. Elabore o lançamento de ajuste a ser feito em 31 de dezembro do Ano 6 para reconhecer adequadamente os saldos nas contas de Adiantamento de Aluguel e Despesa de Aluguel. Qual o valor da Despesa de Aluguel no Ano 6?

  b. Considere a parte **a**. Os livros do locatário em 31 de dezembro do Ano 6, depois dos lançamentos de ajuste, mostram um saldo na conta Adiantamento de Aluguel de $ 16.000. Esse valor representa o aluguel do período de 1º de janeiro até 31 de agosto do Ano 7. Em 1º de setembro do Ano 7, o locatário pagou $ 30.000 pelo aluguel de um ano, começando em 1º de setembro do Ano 7. Ele debitou esse valor em Despesa de Aluguel e creditou Caixa, mas não fez nenhum lançamento de ajuste de aluguel durante o Ano 7. Elabore o lançamento de ajuste requerido em 31 de dezembro do Ano 7. Qual é a Despesa de Aluguel do Ano 7?

  c. Considere a parte **b**. Os livros do locatário em 31 de dezembro do Ano 7, depois dos lançamentos de ajuste, mostram um saldo na conta Adiantamento de Aluguel de $ 20.000. Esse valor representa o aluguel para o período de 1º de janeiro a 31 de agosto do Ano 8. Em 1º de setembro do Ano 8, o locatário pagou $ 18.000 pelo aluguel para o período de seis meses, começando em 1º de setembro do Ano 8. Ele debitou esse valor em Despesa de Aluguel e creditou Caixa, mas não fez nenhum lançamento de ajuste no Ano 8. Elabore o lançamento de ajuste requerido em 31 de dezembro do Ano 8. Qual foi a Despesa de Aluguel no Ano 8?

  d. Sempre que a empresa faz pagamentos de salários, ela debita Despesa de Salário e credita Caixa. No início de abril, a conta Salários a Pagar tinha um saldo de $ 5.000, representando trabalho executado, mas não pago, nos últimos dias de março. Em abril, a empresa pagou $ 30.000 de salários, debitando o valor total em Despesa de Salário. No fim de abril, uma análise dos valores de trabalhos executados desde o último dia de pagamento indica que os empregados executaram trabalhos no valor de $ 4.000 que eles não receberam. Esses são os únicos salários não pagos no fim de abril. Elabore o lançamento de ajuste requerido. Qual a Despesa de Salário de abril?

e. A empresa adquiriu uma apólice de seguros para cobertura de um ano, começando em 1º de maio do Ano 5, e debitou o valor total em Despesa de Seguro. Depois que a firma fez os lançamentos de ajuste, o balanço patrimonial de 31 de dezembro do Ano 5 mostrou corretamente $ 3.000 de Adiantamentos de Seguro. Elabore o lançamento de ajuste que a empresa precisa fazer em 31 de janeiro do Ano 6, considerando que ela fecha seus livros mensalmente e prepara um balanço patrimonial em 31 de janeiro do Ano 6.
f. Para os recebimentos de um locador referentes a um prédio de apartamentos, o auxiliar de contabilidade sempre credita Receita de Aluguel pelos recebimentos em dinheiro provenientes dos locatários. No começo do Ano 7, a conta do passivo Adiantamentos de Locatários tinha um saldo credor de $ 25.000, representando recebimentos dos locatários por serviços de aluguel que o locador prestará durante o Ano 7. No Ano 7, a empresa recebeu $ 250.000 dos locatários. Ela debitou Caixa e creditou Receita de Aluguel. Ela não fez nenhum lançamento de ajuste no Ano 7. No fim desse ano, uma análise das contas individuais indica que, das contas já recebidas, $ 30.000 representam recebimentos por serviços de aluguel que o locador prestará aos locatários durante o Ano 8. Faça o lançamento de ajuste requerido. Qual a Receita de Aluguel no Ano 7?
g. Quando a empresa adquiriu um novo equipamento ao custo de $ 10.000 em 1º de janeiro do Ano 5, o auxiliar de contabilidade debitou Despesa de Depreciação e creditou Caixa em $ 10.000, mas não fez nenhum outro lançamento para esse equipamento no Ano 5. O equipamento tem vida útil esperada de 5 anos e valor residual estimado de zero. Elabore o lançamento de ajuste requerido para o contador preparar o balanço patrimonial em 31 de dezembro do Ano 5.

Capítulo 4

Balanço patrimonial: apresentação e análise de recursos e financiamento

Considerando o balanço patrimonial de uma empresa, um usuário das demonstrações financeiras pode levantar questões como:

1. O balanço patrimonial mostra todos os recursos econômicos da empresa como ativos e todos os direitos sobre esses recursos como passivos e patrimônio líquido? Se não, que tipos de recursos e reivindicações não estão reconhecidos no balanço patrimonial e por quê?
2. Como os valores divulgados no balanço patrimonial se relacionam com os preços observados no mercado? Por exemplo, qual é a relação do valor informado para um ativo com o valor que a empresa receberia se vendesse esse ativo? O valor informado de um passivo será igual ao valor que a empresa teria de pagar para quitar a obrigação? Qual é a relação do valor demonstrado do patrimônio líquido com o valor de mercado das ações da empresa?
3. O que o balanço patrimonial revela sobre a forma como a empresa financia seus ativos? Por que os arranjos financeiros diferem entre as empresas?

Entender o balanço patrimonial permite ao usuário responder a essas e outras perguntas sobre a posição financeira da empresa. Este capítulo discute os seguintes conceitos subjacentes ao balanço patrimonial, enfatizando ativo e passivo:

- Definição
- Reconhecimento
- Mensuração

O domínio desses conceitos requer o entendimento dos processos utilizados para preparar o balanço patrimonial, descritos no **Capítulo 2**.

> **OBJETIVOS DE APRENDIZAGEM**
>
> **1** Entender os conceitos de ativo, passivo e patrimônio líquido, incluindo os critérios para reconhecimento (registro) desses itens no balanço patrimonial, mensuração de seus valores (mensuração) e identificação de onde eles aparecem no balanço patrimonial (classificação).
>
> **2** Entender como e por que as normas de reconhecimento e mensuração segundo os U.S. GAAP e as IFRS afetam as informações divulgadas nos balanços patrimoniais.

CONCEITOS SUBJACENTES

Igualdade do balanço patrimonial

O **Capítulo 1** apresentou o balanço patrimonial, uma das três principais demonstrações financeiras. Alguns se referem ao balanço patrimonial como *demonstração da posição financeira*. O balanço patrimonial apresenta recursos (ativos) e o financiamento desses recursos (passivos e patrimônio líquido) em um ponto do tempo[1]. Ele reflete a seguinte equivalência, chamada de **equação do balanço patrimonial**:

$$\text{Ativo} = \text{Passivo} + \text{Patrimônio Líquido}$$

Essa equação requer que os ativos correspondam ao financiamento provido por credores e proprietários da empresa. Sob outro enfoque, os gestores usam os fundos providos pelos credores (na forma de passivos) e proprietários (na forma de patrimônio líquido) para adquirir recursos (na forma de ativos). A natureza e o *mix* de passivos e patrimônio líquido formam a **estrutura financeira**, tópico ao qual retornaremos adiante.

Classificações do balanço patrimonial

Os balanços apresentam listas de itens agrupados por categoria. Duas categorias usadas para agrupar ativos e passivos resultam do tempo de recebimento de caixa (para ativos) ou de pagamentos de caixa (para passivos). Os ativos que os gestores esperam converter em caixa, vender, ou que sejam consumidos durante o **ciclo operacional** normal do negócio são chamados de **ativos circulantes**. Todos os outros ativos são chamados de **não circulantes**. Do mesmo modo, as obrigações que os gestores esperam quitar com pagamento de caixa ou outra forma de pagamento durante o ciclo operacional da empresa são **passivos circulantes**, ao passo que todas as outras obrigações são **passivos não circulantes**.

O ciclo operacional é o período necessário para converter dinheiro em bens e serviços vendáveis, vender esses bens e serviços aos clientes e receber deles dinheiro em pagamento. O modelo de negócio da empresa determina o seu ciclo operacional. O ciclo operacional pode ser curto, como de um a três meses. Alguns setores, como a indústria de construção e vinicultura, têm ciclos operacionais que se estendem por vários anos. A menos que um ciclo operacional se estenda por mais de um ano, a convenção contábil adota um ano para distinguir itens circulantes de itens não circulantes. Assim, costuma-se entender que a expressão *ativo circulante* (*passivo circulante*) implica ativos (passivos) que serão convertidos (ou pagos) em dinheiro dentro de um ano.

Ativos circulantes incluem dinheiro; títulos negociáveis no mercado mantidos por curto prazo; contas e notas a receber; estoque de mercadorias, matérias-primas, suprimentos, produtos em processamento e produtos finais; e certos adiantamentos, como seguros e aluguéis pagos antes de receber os serviços do seguro ou do aluguel. Ativos não circulantes incluem imobilizado (terrenos, edifícios, equipamentos), investimentos de longo prazo em títulos e ativos intangíveis (como patentes, marcas e *goodwill*).

Os passivos circulantes incluem valores devidos a fornecedores (contas a pagar), a funcionários (salários) e a entidades governamentais (tributos a pagar). Incluem também a parte corrente das dívidas de longo prazo – isto é, a parte dos empréstimos e financiamentos e dos títulos de dívida a pagar que precisa ser paga no próximo ano. Os passivos não circulantes incluem obrigações a juros com vencimento além de um ano (como *bonds*, hipotecas e títulos de dívida similares), algumas obrigações decorrentes de arrendamento de longo prazo, algumas obrigações decorrentes de planos de aposentadoria e certas obrigações que não têm juros, como imposto de renda diferido.

Formato do balanço patrimonial: U.S. GAAP

Um balanço patrimonial típico lista primeiramente os ativos, seguidos dos passivos e do patrimônio líquido. Segundo U.S. GAAP, o balanço lista os ativos do mais líquido para o menos líquido, em que *líquido* se refere à facilidade de converter o ativo em caixa. Um balanço patrimonial preparado conforme U.S. GAAP começa com o mais líquido dos ativos circulantes – caixa e equivalentes de caixa – e, então, segue para outros ativos circulantes e, depois, para os ativos não circulantes. Da mesma forma, o balanço lista os passivos, partindo daqueles que a empresa quitará mais cedo (os passivos mais circulantes ou mais próximos do vencimento) e terminando com aqueles que serão pagos por último (os mais não circulantes ou distantes do vencimento).

A **Figura 1.1** (no **Capítulo 1**) mostra o balanço patrimonial da Great Deal, preparado conforme U.S. GAAP em 27 de fevereiro de 2013. O balanço começa com caixa e equivalentes de caixa de $ 1.826 milhão. Ela lista a

---

1. Os requisitos de demonstrações financeiras da jurisdição da sede da empresa determinam com que frequência ela deve preparar o balanço patrimonial, registrá-lo no corpo regulador apropriado e divulgá-lo. Por exemplo, nos Estados Unidos, todas as empresas com títulos de dívida ou de capital negociados em bolsas precisam preparar e publicar demonstrações financeiras a cada trimestre. Em outros países, a divulgação semestral é mais comum. Nada impede uma apresentação mais frequente da demonstração financeira, por exemplo, para divulgar uma tomada de decisão ou negociações com um credor, como um banco.

seguir, em ordem, os demais ativos circulantes em ordem decrescente de liquidez, com estoques de mercadoria (de US$ 5.486 milhões) e outros ativos (de US$ 1.144 milhão), o menos líquido dos ativos circulantes. A lista dos ativos não circulantes segue:

- Imobilizado líquido... 4.070 milhões
- *Goodwill* .... 2.452 milhões
- Marcas .... 159 milhões
- Relacionamento com clientes .... 279 milhões
- Ações e outros investimentos .... 324 milhões
- Outros ativos.. 452 milhões

Na seção do passivo, a Great Deal mostra que o passivo que ela precisa quitar o mais rapidamente são as contas a pagar (valores devidos a fornecedores) de US$ 5.276 milhões. A seguir está a obrigação da Great Deal com vales-presente (bônus de compra) não utilizados[2]. Os próximos na fila dos pagamentos são os valores ganhos pelos funcionários, mas ainda não pagos (salários e encargos a pagar), de US$ 544 milhões. Descendo no balanço, a Great Deal informa uma dívida de longo prazo de $ 1.104 milhão. Esse valor exclui pagamentos da dívida de longo prazo que vencem no próximo ano. A parte corrente da dívida de longo prazo (US$ 35 milhões) aparece entre os passivos circulantes. Na seção do patrimônio líquido, a Great Deal informa US$ 5.797 milhões de lucros acumulados, a fonte de ativos líquidos que a empresa gerou mediante seu processo de lucros ao longo do tempo (seus lucros acumulados) e não distribuiu aos acionistas.

Com base no balanço da Great Deal, podemos verificar a equação do balanço patrimonial: ativos (US$ 18.302 milhões) equivalem aos passivos (a soma de US$ 8.978, US$ 1.256 e US$ 1.104, ou seja, US$ 11.338 milhões) mais o patrimônio líquido ($ 6.964 milhões).

Formato do balanço patrimonial: IFRS

O padrão IFRS permite, mas não requer, a ordem inversa nos balanços, sendo os ativos e passivos listados do menos líquido ao mais líquido. Esse formato de divulgação aparece na **Figura 1.5** (no **Capítulo 1**), que contém o balanço patrimonial da Thames Limited. O balanço da Thames, datado de 31 de dezembro de 2013, começa com o menos líquido dos ativos – *goodwill* – de € 2.986,9 milhões. Os ativos tangíveis não circulantes da Thames (€ 1.338,3 milhão) consistem no imobilizado (terrenos, edificações, plantas e equipamentos). Abaixo na lista, os ativos mais líquidos da Thames são o seu caixa (no cofre da empresa ou em bancos) e equivalentes, de € 1.960,1 milhão no fim de 2013. Podemos usar a equação do balanço da Thames para verificar que os ativos (€ 18.007,6 milhões) equivalem à soma dos passivos (€ 2.766,9 mais € 11.486,9, ou seja, € 14.253,8 milhões) com o patrimônio líquido (€ 3.753,8 milhões).

Embora a Great Deal use U.S. GAAP e a Thames use IFRS, seus balanços apresentam informações similares, ainda que em ordem diferente. Muitas questões, contudo, permanecem sem resposta:

1. Quais recursos uma empresa reconhece como ativos e quais obrigações ela reconhece como passivos? Isto é, a quais condições um item precisa atender para ser um ativo ou um passivo em um balanço patrimonial? Essas condições diferem entre U.S. GAAP e IFRS?
2. Como as empresas mensuram ativos e passivos? Isto é, que número aparecerá próximo ao item no balanço? São diferentes as mensurações entre U.S. GAAP e IFRS?
3. Como as empresas mensuram o patrimônio líquido? Quais são os componentes do patrimônio líquido e como eles aparecem no balanço patrimonial? Esses componentes, sua mensuração e sua forma de apresentação são os mesmos sob U.S. GAAP e IFRS?

Este capítulo aborda essas questões. Distinguimos, quando necessário, os requisitos dos U.S. GAAP e IFRS. Referimo-nos aos pronunciamentos do FASB e do IASB como *orientação regulatória*.

---

2. A contabilização de vales-presente (bônus de compra) é discutida no **Capítulo 5**.

RECONHECIMENTO E MENSURAÇÃO DE ATIVOS

Definição e reconhecimento de um ativo

Reconhecimento de um ativo significa que o item é um ativo no balanço patrimonial. Para que um item seja um ativo, ele precisa atender (1) à definição de um ativo e (2) aos critérios de reconhecimento de um ativo[3].

- **Definição de ativo.** Um ativo é um provável[4] benefício econômico futuro que uma empresa controla por conta de um evento ou transação passada. A definição de ativo é semelhante entre U.S. GAAP e IFRS.
- **Reconhecimento de um ativo.** Os três critérios para reconhecimento de um ativo são:
    1. A empresa possui ou controla o direito de usar o item.
    2. O direito de usar o item é gerado como resultado de uma transação ou troca passada.
    3. O benefício futuro tem um atributo relevante de mensuração que pode ser quantificado com suficiente confiabilidade.

Embora todos os ativos gerem benefícios futuros, nem tudo o que gera benefício futuro é um ativo contábil. Isso porque um benefício futuro, para se qualificar como um ativo contábil, precisa preencher os três critérios de reconhecimento, os dois primeiros dos quais fazem parte da própria definição de ativo. O terceiro critério diz respeito ao reconhecimento: um item que atende à definição de um ativo precisa ser mensurável com razoável confiabilidade. *Confiabilidade* de um valor informado significa que o valor corresponde ao que ele se propõe representar e é razoavelmente livre de erro ou viés, no sentido de que múltiplos agentes mensuradores independentes concordariam com tal valor[5]. Por exemplo, se um valor informado em um balanço patrimonial visa representar o custo de aquisição de um estoque, uma medida razoável seria o preço pago. Tal preço pode ser confirmado por agentes independentes de mensuração como o valor constante das faturas dos estoques. Nem U.S. GAAP nem IFRS especificam qual grau de confiabilidade é suficiente, sugerindo que esse julgamento é subjetivo e depende do contexto.

Para entender como essas condições influenciam o reconhecimento dos ativos, consideramos vários exemplos de transações que resultam em benefícios econômicos futuros, mas podem não resultar em reconhecimento de um ativo. Exceto quando informado, tanto os U.S. GAAP como as IFRS requerem o mesmo tratamento contábil para esses exemplos.

Exemplo 1. A Great Deal vendeu uma televisão por $ 1.000 a um cliente que fez a compra usando um cartão de crédito da Great Deal. Embora a empresa ainda não tenha recebido dinheiro algum, ela recebeu um benefício econômico futuro, na forma de uma promessa de pagamento de dinheiro. A Great Deal reconheceria esse benefício como um ativo (uma conta a receber) porque ela tem o direito de receber um valor definido de dinheiro ($ 1.000) como resultado da venda da televisão.

Exemplo 2. A Thames comprou um novo equipamento que será utilizado na produção de sistemas de comunicação. O novo equipamento substitui um processo de trabalho intensivo por um processo mecânico roboticamente controlado. A Thames concorda em dar ao vendedor do equipamento 200.000 ações do seu capital social em pagamento pelo equipamento. No momento da transação, o preço da ação da Thames era de € 32 por ação. A empresa reconhecerá o novo equipamento como um ativo porque ela o controla e espera receber benefícios futuros na forma de redução de custos do trabalho[6].

---

3. A definição de ativo do U.S. GAAP está no *Statement of Financial Accounting Concepts No. 6* do FASB, "Elements of Financial Statements," 1985, par. 26; e seus critérios de reconhecimento de ativos estão no *Statement of Financial Accounting Concepts No. 5* do FASB, "Recognition and Measurement in Financial Statements of Business Enterprises", 1984, par. 63-65. A definição de ativo do IFRS está no *Framework for the Preparation and Presentation of Financial Statements* do IASB, "Chapter 4, the remaining text", 2010, par. 4.4-4.14.

4. A palavra *provável* é empregada para captar a ideia de que acordos comerciais são frequentemente incertos quanto aos resultados. Ela se refere a itens ou eventos que se espera razoavelmente que ocorrerão, ou que se acredita que ocorreram com base nas evidências disponíveis.

5. O FASB e o IASB emitiram orientações conceituais em setembro de 2010 que empregam o termo "representação fidedigna" (*representational faithfulness*) para captar as ideias associadas com a confiabilidade nos critérios de reconhecimento dos ativos. A orientação conceitual da representação fidedigna está no FASB, *Statement of Financial Accounting Concepts No. 8*, "Conceptual Framework for *Financial Reporting, Chapter 3, Qualitative Characteristics of Useful Financial Information*", 2010, par. QC12-QC16. A orientação conceitual do IFRS está no IASB *Framework for the Preparation and Presentation of Financial Statements*, Chapter 3, 2010, par QC12-QC16.

6. Discutiremos em um tópico posterior o valor que a Thames informará no seu balanço para esse equipamento. Essa é a questão da *mensuração* do ativo.

Exemplo 3. A Thames vendeu 16 sistemas de defesa por um total de € 80 milhões. O cliente concordou em pagar à Thames € 20 milhões no momento em que ela lhe entregou os sistemas, e o restante em quatro prestações iguais no fim de cada um dos próximos quatro anos. No momento do pagamento final, a Thames transferirá o título legal do equipamento ao cliente. Embora a empresa tenha o título legal do equipamento durante os próximos quatro anos, ela não tem o direito de usá-los. Desde que o cliente faça os pagamentos requeridos, os benefícios futuros dos sistemas encontram-se com o cliente e permanecerão com ele. Assim, os sistemas são ativos do cliente e não da Thames. Ela reconhecerá como ativo os € 20 milhões recebidos em dinheiro no momento da entrega e um recebível (uma conta a receber) pelos pagamentos remanescentes.

Exemplo 4. Alguns clientes compram regularmente itens eletrônicos da Great Deal em virtude do serviço à parte da empresa, o Nerd Squad, que presta assistência aos clientes na instalação desses itens. A Great Deal emprega uma equipe de talentos e investe para assegurar um serviço de alta qualidade. Os gestores acreditam que o serviço conduz à maior fidelidade dos clientes, que estarão mais dispostos a comprar da Great Deal no futuro. Assim, clientes satisfeitos com o Nerd Squad provêm benefícios futuros na forma de aumento de vendas dos produtos da Great Deal. Nem as vendas futuras nem os clientes satisfeitos são ativos no balanço patrimonial da Great Deal, pois ela não controla as futuras decisões de compra dos clientes.

Exemplo 5. Continuando com o **Exemplo 4**, o próprio Nerd Squad proporciona um benefício futuro. Contudo, ele não é um ativo no balanço patrimonial da Great Deal, uma vez que não é possível possuir ou controlar um ser humano. (No caso de times desportivos, o ativo é o contrato com os jogadores, não os próprios jogadores.)

Exemplo 6. Tal como muitas empresas, a Great Deal desenvolveu e mantém uma lista dos seus clientes e suas características para enviar-lhes catálogos e outras promoções. Criar e manter um cadastro de clientes consome tempo e recursos, de modo que a decisão de fazer um cadastro traz certos investimentos e gastos contínuos. Os benefícios esperados de uma lista de clientes são os fluxos de caixa futuros associados com as compras feitas por clientes cadastrados, depois que eles recebem os materiais promocionais. Quanto maior e mais detalhado for o cadastro dos clientes e quanto mais clientes de alto poder de compra ele contiver, tanto maiores serão os benefícios futuros da lista de clientes. Contudo, uma lista de clientes desenvolvida internamente não é um ativo. Embora esse item obedeça à *definição* de um ativo, ele não preenche o terceiro critério de *reconhecimento*, pois a empresa não pode medir os benefícios futuros da lista com confiabilidade suficiente. A empresa, contudo, pode reconhecer como um ativo uma lista de clientes *comprada externamente* e medi-la (registrá-la) pelo seu preço de compra. A Great Deal inclui o preço de compra dessas listas de clientes compradas no ativo, denominado Carteira de Clientes (cadastro de clientes), no seu balanço patrimonial[7].

Exemplo 7. A Thames planeja abrir uma fábrica na Polônia no próximo ano. Ela identificou uma fábrica que poderia ser comprada por € 500 milhões e adaptada para seu uso por € 200 milhões. A Thames planeja usar uma combinação de dinheiro disponível e de dinheiro levantado com a emissão de ações ordinárias para financiar a transação. Embora a Thames tenha o firme propósito de comprar e modificar a planta industrial, ela não é um ativo até que a empresa tenha obtido o seu controle como resultado de uma transação com o proprietário atual.

Exemplo 8. Continuando com a transação proposta no **Exemplo 7**, suponha que tanto o proprietário da planta como a Thames assinem um contrato no qual eles *prometem* transacionar – comprar e vender a planta – um ano mais tarde. Tal troca de promessas é um **contrato executório**, uma troca de promessas para desempenho mútuo no futuro que nenhuma das partes começou ainda a desempenhar. A Thames adquiriu os direitos dos benefícios futuros proporcionados por essa planta, mas o contrato não é executado por nenhuma das duas partes, nem pelo proprietário (que precisa deixar o controle da planta) nem pela Thames (que precisa pagar o preço acordado da compra). Contratos executórios, tipicamente, não são ativos nem passivos até que uma ou ambas as partes contratantes comecem a cumprir as suas obrigações contratuais.

Exemplo 9. Continuando com as transações descritas nos **Exemplos 7 e 8**, suponha que a Thames pague ao proprietário da planta € 100 milhões com vistas à compra da planta. A Thames terá cumprido parcialmente o contrato e reconhecerá o ativo na medida do seu cumprimento parcial. Neste exemplo, a empresa reconheceria um ativo chamado Depósito Pago pela Fábrica no valor de € 100 milhões.

---

7. O **Capítulo 10** discute com mais detalhes a distinção entre ativos intangíveis desenvolvidos internamente e adquiridos, e apresenta certas diferenças entre U.S. GAAP e IFRS.

Mensuração de ativos

Cada ativo no balanço patrimonial tem um valor monetário associado (a medida desse ativo). A orientação regulatória especifica as bases de mensuração desses valores monetários. Neste tópico, descrevemos várias bases de mensuração usadas por U.S. GAAP e IFRS.

Custo de aquisição ou custo histórico. Custo (histórico) de aquisição é o valor em dinheiro pago (ou o valor equivalente de caixa ou outras formas de pagamento) para adquirir o ativo. A maioria dos ativos é medida inicialmente usando o custo de aquisição, que a empresa pode em geral documentar por referência a contratos, faturas ou cheques quitados. A razão de medir inicialmente um ativo pelo seu custo de aquisição é que o comprador acredita que o ativo vai gerar benefícios futuros (isto é, maiores entradas de caixa ou menores saídas de caixa) que são pelo menos tão grandes quanto o preço da compra. Se fosse o contrário, o comprador sofreria uma perda econômica imediata e não teria nenhum incentivo para adquirir o ativo. Esse raciocínio implica que o custo de aquisição coloca um limite mínimo nos benefícios futuros esperados desse ativo.

No caso de um ativo não financeiro, o custo de aquisição inclui o preço de fatura e todos os gastos efetuados ou obrigações incorridas para preparar esse ativo para uso. Por exemplo, custos de transporte, custos de instalação, encargos de manuseio e comissões de corretagem estão entre os custos incorridos para colocar o ativo em serviço. O custo de aquisição de alguns equipamentos é mostrado na seguinte ilustração:

Preço de Fatura do Equipamento	$ 400.000
Menos: 2% de desconto pelo pagamento à vista	(8.000)
Preço Líquido da Fatura	392.000
Custo de Transporte	13.800
Custo de Instalação	27.000
Custo Total	$432.800

A empresa pode adquirir ativos pagando em dinheiro ou trocando por outros itens de valor. Por exemplo, uma empresa pode trocar suas próprias ações para adquirir um ativo. Se o recurso trocado pelo ativo não é dinheiro, o custo de aquisição é o valor justo do recurso dado ou o valor justo do ativo recebido, aquele que a firma possa medir com maior confiabilidade.

Exemplo 10. Retorne ao **Exemplo 2**, no qual a Thames comprou um novo equipamento em troca de 200 mil ações do seu capital social. No momento da transação, o preço da ação da Thames era € 32 por ação. A Thames registraria o equipamento no seu balanço patrimonial por € 6,4 milhões (= 200 mil ações × € 32 por ação), permanecendo inalterado o valor justo das ações, mais qualquer custo adicional de preparação do equipamento para seu uso desejado.

Custo corrente de reposição. O **custo corrente de reposição** de um ativo é o valor que a empresa pagaria para obter outro ativo com idêntico potencial de serviço; ele é, portanto, um **valor de entrada** que reflete as condições econômicas na data da mensuração. Essa base de mensuração é frequentemente usada nos U.S. GAAP para mensurar estoques cuja utilidade (tipicamente em termos de capacidade de ser vendável) para a empresa caiu para valores inferiores ao seu custo de aquisição. Uma vez que estoques são comprados ou produzidos com frequência, mensurar seu custo corrente de reposição pode ser tão simples quanto consultar catálogos ou listas de preços dos fornecedores[8].

Valor realizável líquido. Valor realizável líquido é o valor líquido (preço de venda menos custos para vender) que a empresa receberia se vendesse o ativo em uma transação justa e sem favorecimento. O valor realizável líquido é um **valor de saída,** pois reflete o preço que uma empresa receberia quando um ativo deixa a empresa. O valor realizável líquido é similar, mas não idêntico, ao valor justo.

Valor justo. Os U.S. GAAP e as IFRS definem **valor justo** como "o preço que seria recebido pela venda de um ativo ou pago pela transferência de um passivo em uma transação ordenada entre participantes do mercado na data

---

8. O **Capítulo 9** discute o tema estoques com mais detalhes.

da mensuração"[9]. Diferentemente do valor realizável líquido, na mensuração do valor justo o preço não é reduzido pelos custos de vender ou outros custos de transação[10]. A noção de valor justo como um valor de *saída* se aplica tanto aos ativos como aos passivos.

O valor justo de um ativo é um **custo de oportunidade** no sentido de que o valor justo reflete o valor que a empresa poderia receber se vendesse o ativo hoje. O valor justo é o valor ao qual a empresa renuncia por não vender o ativo. O valor justo reflete uma perspectiva de *participante do mercado*. Isso significa que a empresa mede o valor justo baseada em como os participantes do mercado usariam o ativo, não em como a gestão deseja usá-lo. Além disso, o valor justo reflete as condições econômicas atuais, ao contrário do custo de aquisição, que reflete as condições econômicas que existiam quando a empresa adquiriu o ativo. Como resultado, o valor justo pode mudar, e muda com a frequência, direção e magnitude das mudanças determinadas pelas condições econômicas.

O valor justo é também um valor hipotético (isto é, o preço pelo qual a empresa *poderia* vender o ativo) e, portanto, não requer dados de transações reais para a mensuração do ativo. Por outro lado, os custos de aquisição dos ativos costumam ser facilmente observáveis a partir dos registros das transações reais, como as faturas. Embora as mensurações do valor justo não precisem ser baseadas em transações reais, alguns valores justos são mais observáveis que outros. Por exemplo, alguns ativos, como *commodities* e títulos, são negociados em mercados ativos e bem organizados, de modo que a empresa pode observar seus valores justos. Ao contrário, para ativos que não são negociados em mercados ativos, a empresa precisa estimar seus valores justos. Ao estimá-los, a orientação regulatória requer que a empresa use técnicas de mensuração, dados e pressupostos que os participantes do mercado adotariam para chegar ao preço da transação. Discutiremos a seguir um exemplo de técnica que as empresas podem utilizar para conseguir a mensuração de um valor justo quando não existem mercados ativos para o ativo.

Valor presente dos fluxos de caixa líquidos futuros. O valor presente é o valor que resulta quando usamos uma taxa de juros apropriada para descontar um ou mais fluxos de caixa futuros para o presente. O **valor presente dos fluxos de caixa futuros** é a soma dos valores presentes das entradas e saídas futuras de caixa associadas a um ativo. O valor presente não é um atributo de mensuração. É, antes, um meio de chegar a ele. Em particular, se os componentes de um cálculo do valor presente – a taxa de desconto e as entradas e saídas futuras de caixa – são valores que os participantes do mercado reconhecem, a empresa pode usar essa técnica para chegar a uma estimativa de valor justo. O valor presente de um ativo é sempre menor que a soma das entradas e saídas não descontadas associadas a esse ativo porque algum montante do custo de juros incorrido é sempre associado ao uso do caixa e outros recursos. O exemplo a seguir apresenta essa abordagem geral.

Exemplo 11. A Great Deal empresta US$ 1 milhão à Worldwide Retailers Inc. Os termos do empréstimo requerem que a Worldwide pague à Great Deal US$ 130.000 no fim de cada um dos próximos cinco anos e um adicional de US$ 655.000 no fim do quinto ano. O valor total do dinheiro que a Worldwide pagará à Great Deal é de US$ 1.305 milhão (= [$ 130.000 × 5] + $ 655.000). O valor presente dos fluxos de caixa futuros associados a esse empréstimo difere à medida que muda a taxa de desconto. Se a taxa de desconto for a mesma que um participante do mercado demandaria em um acordo normal do mercado, o valor presente será uma estimativa do valor justo do empréstimo. Por exemplo, se a taxa é de 7%, o valor presente, que é também o valor justo, é calculado da seguinte forma (considerando que o fluxo de caixa ocorre no fim do ano indicado, em milhões):

Primeiro Ano:	$130 \div (1,07)^1$	=	121,50
Segundo Ano:	$130 \div (1,07)^2$	=	113,55
Terceiro Ano:	$130 \div (1,07)^3$	=	106,12
Quarto Ano:	$130 \div (1,07)^4$	=	99,18
Quinto Ano:	$130 \div (1,07)^5$	=	92,69
Sexto Ano:	$655 \div (1,07)^5$	=	467,01
Total:			1.000,05

---

9. A definição do padrão U.S. GAAP está na ASC [*Accounting Standards Codification* do FASB, NT] 820-10, par. 35-2. A aplicação da mensuração do valor justo aos ativos está na ASC 820-10, par. 35-10 a 35-15. A definição do IFRS está no *IFRS 13 do* IASB, *Fair Value Measurement*, 2011, Appendix A.
10. A razão de serem excluídos os custos da transação é que eles não são um atributo de um ativo ou passivo, mas, antes, custos incorridos para vender um ativo ou transferir um passivo. Eles são específicos à transação e não ao ativo ou passivo que está sujeito à transação.

A soma desses fluxos de caixa futuros descontados é de $ 1 milhão (após arredondamento). Do ponto de vista do negócio, a Great Deal está emprestando $ 1 milhão com a expectativa de que ela receberá o principal de $ 1 milhão mais um retorno anual de 7%. A Great Deal espera receber da Worldwide um fluxo de caixa total *não descontado* de $ 1.305 milhão (= [$ 130 × 5] + $ 655). Essas entradas de caixa não descontadas incluem tanto o principal como os juros de 7%[11].

Podemos utilizar a técnica do fluxo de caixa descontado para estimar um valor justo na ausência de um preço observável de mercado. Primeiramente, a empresa precisa identificar os valores dos fluxos de caixa futuros. No exemplo do empréstimo, os fluxos de caixa estão especificados no contrato de financiamento. Na prática, contudo, os futuros fluxos de caixa associados a um ativo podem depender de vários fatores, incluindo a inovação tecnológica, introdução de produtos pelos concorrentes e taxas de inflação. Mesmo no exemplo do empréstimo, com fluxos de caixa contratualmente especificados, há alguma possibilidade de que a Worlwide venha a inadimplir (isto é, não faça os pagamentos prometidos). Em uma mensuração do valor justo, a Great Deal utilizaria uma perspectiva de mercado para estimar a probabilidade de inadimplência.

Em segundo lugar, a empresa seleciona a taxa apropriada para descontar os fluxos de caixa futuros para o presente. Para fazer uma estimativa do valor justo de um ativo, a taxa de desconto deve ser a mesma que os participantes do mercado utilizariam, refletindo as condições econômicas atuais, que incluem expectativas de inflação e todas as incertezas sobre os fluxos de caixa de um ativo.

Abordagens de mensuração de ativos específicos

Um mesmo ativo pode ter mensurações diferentes para fins tributários, para fins de divulgação financeira e para fins gerenciais de tomadas de decisões internas. Além disso, certas situações especiais dos negócios requerem mensurações específicas; por exemplo, uma apólice de seguro de um armazém pode especificar que o valor segurado é o custo de reposição do armazém. Neste livro, enfocamos a mensuração para a divulgação financeira.

Tanto os U.S. GAAP como as IFRS especificam as bases de mensuração de ativos para a divulgação financeira. Conforme observado anteriormente, o custo de aquisição é a base inicial de mensuração para a maior parte dos ativos. A mensuração subsequente depende do tipo de ativo. A seguir, discutiremos diversas categorias amplas de ativos e suas mensurações.

Ativos financeiros incluem caixa e equivalentes de caixa, como contas a receber (clientes). O ativo financeiro mais líquido, dinheiro, aparece como o montante disponível no caixa ou em bancos. As contas a receber de clientes aparecem como o montante de dinheiro que a empresa espera receber. Se o tempo para recebimento excede um ano, a empresa, por convenção, desconta a entrada futura de caixa ao valor presente; se não, a mensuração de recebíveis ignora a implicação de juros. Dado que a empresa recebe a maior parte das contas a receber dentro de um a três meses, a convenção de ignorar o desconto desses ativos reside na falta de materialidade[12].

Além do caixa e recebíveis, muitas empresas têm também ativos financeiros na forma de investimentos em títulos negociáveis no mercado, tipicamente títulos de dívida e ações emitidas por outras empresas. A empresa mede, inicialmente, esses ativos pelo custo de aquisição, mas a mensuração subsequente depende da natureza do investimento[13].

Ativos não financeiros são recursos tangíveis e intangíveis que a empresa usa nas operações para gerar fluxos de caixa futuros. Exemplos comuns incluem estoques, terreno, edifícios, máquinas, licenças e patentes. Inicialmente, as empresas medem os ativos não financeiros pelo custo de aquisição; a seguir, reduzem esse valor para refletir o consumo dos benefícios econômicos do ativo ao longo do tempo, bem como para reconhecer declínios no valor justo do ativo.

O primeiro ajuste resulta do processo de *depreciação*, que aloca o custo de aquisição, menos o valor residual estimado, aos períodos durante os quais o ativo proporciona benefícios futuros (também chamados de vida útil do ativo). A depreciação aloca o custo do ativo aos períodos de benefício. O processo de depreciação sempre resulta na redução do valor contábil do ativo[14], do custo de aquisição inicial até o valor residual. O propósito da depreciação é alocar custos a períodos de benefícios, e não acompanhar mudanças no valor justo.

---

11. Discutiremos mais detalhadamente a mensuração do valor justo no **Capítulo 11**. Outras técnicas para estimar o valor justo de ativos fogem ao escopo deste livro.
12. O **Capítulo 1** aborda o conceito de materialidade.
13. O **Capítulo 13** discute os investimentos em títulos negociáveis no mercado.
14. O valor contábil do ativo é o valor informado no balanço patrimonial.

O segundo ajuste resulta do *impairment* (perda do valor recuperável), que ocorre quando o valor justo de um ativo cai para valores inferiores ao seu valor contábil. Tanto os U.S. GAAP como as IFRS requerem que as empresas testem seus ativos por *impairment* e têm regras específicas para medir o valor de uma perda por *impairment*[15].

TRÊS CONVENÇÕES SUBJACENTES À MENSURAÇÃO DE ATIVOS

Há três convenções subjacentes à mensuração dos valores dos ativos: continuidade; relevância e confiabilidade; e conservadorismo.

Continuidade

A contabilidade pressupõe que a empresa permanecerá em operação por tempo suficientemente longo para executar seus planos. Uma empresa que está **em continuidade** realiza mudanças nos valores justos dos seus ativos utilizando esses ativos ou vendendo-os. **Realizado** significa aqui convertido em caixa. Um item é **reconhecido**, para fins contábeis, quando é apresentado nas demonstrações financeiras[16]. Para a maioria dos ativos, os U.S. GAAP e as IFRS prescrevem as seguintes regras de reconhecimento:

- *Diminuições de valor.* A empresa reconhece diminuições de valor como perdas por *impairment* quando a diminuição ocorre antes de realizar o recebimento dos fluxos de caixa reduzidos. Assim, a empresa geralmente reconhece perdas não realizadas.
- *Aumentos de valor.* Os U.S. GAAP proíbem o reconhecimento de ganhos não realizados por aumento do valor justo da maioria dos ativos não financeiros. A empresa pode realizar o aumento desse valor vendendo o ativo valorizado. As IFRS permitem, mas não requerem, que as firmas reconheçam aumentos não realizados nos valores justos de alguns ativos não financeiros nos seus balanços patrimoniais. Isto é, elas permitem às empresas *reavaliar* certos ativos não financeiros pelos seus valores justos que excedam os valores contábeis[17].

Relevância e confiabilidade

Lembre-se do terceiro critério para reconhecimento de um ativo: o benefício futuro tem uma base relevante de mensuração que a empresa pode quantificar com suficiente confiabilidade[18]. **Relevância** significa que a informação poderia afetar as decisões dos usuários das demonstrações financeiras. A informação contábil-financeira relevante ajuda os usuários a fazer previsões ou corrigir suas expectativas. Os reguladores devem escolher qual dos diversos atributos dos ativos, como custo histórico, valor justo e valor de mercado, proporciona a medida mais relevante, sujeita a considerações de confiabilidade.

Confiabilidade significa que a informação apresentada é razoavelmente livre de erros e vieses e representa o que se propõe a representar. Os reguladores entendem que a mensuração ao custo histórico proporciona informação confiável que representa fidedignamente o valor econômico sacrificado para adquirir o ativo. Confiabilidade inclui também a verificabilidade do valor medido. O custo de aquisição é confiável uma vez que diferentes contadores provavelmente concordarão com o mesmo valor porque cada um deles pode verificar o custo de aquisição mediante contratos e faturas. Mensurações a valor justo podem ser confiáveis, por exemplo, se o ativo que está sendo mensurado é negociado em mercados ativos. Dado que muitos ativos não são negociados em mercados ativos, alguns contadores consideram o custo de aquisição mais confiável que valores justos.

---

15. O **Capítulo 10** discute esses requisitos mais amplamente.
16. A distinção entre reconhecimento e realização é essencial no regime contábil de competência, daí a importância atribuída aos critérios de reconhecimento. A empresa reconhece itens que são qualificados para inclusão nas demonstrações financeiras quando eles entram nas demonstrações financeiras, independentemente de estarem realizados mediante conversão em caixa.
17. O **Capítulo 10** discute esses casos.
18. Relevância e representação fidedigna são discutidas no FASB, *Statement of Financial Accounting Concepts No. 8*, "Chapter 3, Qualitative Characteristics of Accounting Information", 2010, par. QC6-QC10 e par. QC12-QC16, respectivamente.

Conservadorismo

Historicamente, **conservadorismo** tem caracterizado a preferência pela informação financeira tal "que possíveis erros de mensuração estejam na direção de uma subavaliação e não de uma superavaliação do lucro líquido e dos ativos líquidos"[19]. Conservadorismo é a base da prática de informar certos ativos pelo menor valor entre o custo de aquisição e o valor justo[20]. A regra de testar ativos para *impairment* e de registrar perdas por *impairment* repousa na noção de que um valor contábil no balanço patrimonial não deveria exceder o valor do caixa que a empresa espera receber usando ou vendendo o ativo. Assim, a mensuração do custo de aquisição combinado com o teste para *impairment* proporciona valores conservadores (isto é, menores) para os ativos no balanço patrimonial.

A aceitação geral dessas três convenções não as justifica. Alguns gestores aparentemente preferem as mensurações pelo custo de aquisição às mensurações pelo valor justo, uma vez que estas frequentemente causam maior volatilidade no lucro informado. A volatilidade resulta de que os valores justos refletem as mudanças das condições econômicas conforme elas ocorrem. Para a maioria dos casos, U.S. GAAP e IFRS especificam a base de mensuração. Apontaremos os casos para os quais os gestores podem escolher a base da mensuração.

PROBLEMA 4.1 PARA APRENDIZAGEM

Reconhecimento e mensuração de ativos. As transações a seguir se referem à Polo Ralph Lauren ("Polo"). Para cada uma delas, indique se a transação imediatamente dá origem a um ativo para Polo e, se sim, determine o nome da conta e o valor que a Polo registrará.

a. A Polo gasta $ 16 milhões para anunciar uma nova linha de perfumes, na expectativa de que os anúncios atraiam novos clientes.

b. A Polo assina um contrato com a Nordstrom para a distribuição de toda a sua linha de roupas. A Polo promete distribuir certos *jeans* exclusivamente pela Nordstrom, e esta promete expô-los e fazer a divulgação de forma a promover o aumento das vendas. A Polo estima o valor justo do contrato em $ 4 milhões.

c. A Polo investe $ 24 milhões em pesquisa e desenvolvimento em relação à sua linha de cosméticos.

d. A Polo despende $ 800.000 em programas de apoio ao treinamento de gestores de nível médio para obterem MBA. Historicamente, 80% dos gestores que buscam fazer MBA o obtêm e permanecem na empresa por cinco anos ou mais.

e. A Polo adquire e ocupa um armazém fora de Seattle assinando uma hipoteca de $ 75 milhões. O título legal do armazém permanece com o banco (o titular/cedente da hipoteca) porque a Polo ainda não fez todos os pagamentos da hipoteca.

RECONHECIMENTO E MENSURAÇÃO DO PASSIVO

Definição e reconhecimento do passivo

Um passivo é gerado quando uma empresa recebe bens e serviços e, em troca, promete pagar ao provedor desses bens ou serviços um valor razoavelmente definido em um futuro razoavelmente definido[21]. Todos os passivos contábeis são obrigações, mas nem todas as obrigações são passivos contábeis. Para ser um passivo, um item precisa obedecer (1) à definição de passivo e (2) aos critérios de reconhecimento.

- **Definição de passivo.** Passivos são prováveis futuros sacrifícios[22] de benefícios econômicos, decorrentes de obrigações presentes de transferir ativos ou prover serviços a outras entidades no futuro, como resultado de um evento ou transação passada.

---

19. Accounting Principles Board, *Statement 4*, par. 171, como discutido no FASB, *Statement of Financial Accounting Concepts No. 2*, "Qualitative Characteristics of Accounting Information", 1980. Este último foi sucedido em 2010 pelo *Statement of Financial Accounting Concepts No. 8*. Mais tarde, você aprenderá que nenhum método contábil pode apresentar lucros menores em todos os períodos. Os métodos mais conservadores apresentam lucros menores nos períodos anteriores e lucros mais altos nos períodos posteriores.
20. Como discutido anteriormente, as IFRS, mas não o U.S. GAAP, permitem, mas não requerem, que certos ativos sejam mensurados pelo valor justo, mesmo quando este excede o custo de aquisição. Nesse sentido, o padrão IFRS é menos conservador que U.S. GAAP.
21. A definição de passivo dos U.S. GAAP está no *Statement of Financial Accounting Concepts No. 6* do FASB, "Elements of Financial Statements", 1985, par. 35, e seus critérios de reconhecimento estão no *Statement of Financial Accounting Concepts No. 5*, "Recognition and Measurement in Financial Statements of Business Enterprises", 1984, par. 63-65. A definição de passivo das IFRS está no *Framework for the Preparation and Presentation of Financial Statements* do IASB, 1989, par. 60-64. O **Glossário** discute as definições de passivo dos U.S. GAAP e IFRS.
22. Tal como no caso da definição de ativo, o uso da palavra *provável* na definição de passivo se refere a algo que pode ser razoavelmente esperado ou julgado crível, com base em evidência disponível.

- **Reconhecimento de um passivo.** Os critérios para reconhecimento de um passivo são:
    1. O item representa uma obrigação presente, não um futuro compromisso ou intenção potencial.
    2. A obrigação deve existir como resultado de uma transação ou troca passada, chamada de *fato gerador*.
    3. A obrigação deve requerer um provável recurso econômico futuro que a empresa tem pouca ou nenhuma capacidade de evitar.
    4. A obrigação deve ter uma base relevante de mensuração que possa ser quantificada pela empresa com suficiente confiabilidade.

Para ajudá-lo a melhor entender o reconhecimento dos passivos, consideraremos vários exemplos de transações que resultam em obrigações, bem como algumas que não resultam em obrigações.

Exemplo 12. A Great Deal comprou estoques de mercadorias da Sony e concordou em pagar $ 180.000 em 30 dias. Essa obrigação é um passivo no balanço patrimonial da Great Deal porque a empresa recebeu os bens e deve pagar um montante definido, $ 180.000, em um tempo futuro razoavelmente definido, 30 dias. Como a Great Deal prometeu pagar o valor dentro de um ano, trata-se de um passivo circulante (contas a pagar ou fornecedores).

Exemplo 13. A Great Deal tomou um empréstimo de US$ 50 milhões emitindo *bonds* de longo prazo cujos termos requerem que, em 27 de fevereiro de cada ano, ela pague 10% de juros sobre o montante emprestado. Além disso, a Great Deal deve quitar os $ 50 milhões emprestados em 20 anos. A obrigação de $ 50 milhões é um passivo, pois a Great Deal recebeu o dinheiro e precisa quitar o débito. A empresa informa o montante do empréstimo como passivo não circulante no seu balanço patrimonial (incluído na Dívida de Longo Prazo) até o fim do 19º ano, quando reclassificará os $ 50 milhões como passivo circulante (incluído na Parte Circulante da Dívida de Longo Prazo). Por outro lado, os 10% anuais de juros tornam-se passivo à medida que o tempo passa. No fim de cada ano, a Great Deal registrará (acumulará) $ 5 milhões (0,10 × $ 50 milhões) como Juros a Pagar, um passivo circulante. O fato gerador é a passagem do tempo.

Exemplo 14. A Thames recebeu um adiantamento de € 60 milhões de um cliente para sistemas aeronáuticos que entregará no próximo ano. O dinheiro adiantado cria um passivo de € 60 milhões para a Thames. O fato gerador é o recebimento do dinheiro pela Thames. A empresa incorreu na obrigação de entregar os sistemas aéreos no próximo ano; caso contrário, precisará devolver o dinheiro adiantado[23]. Como a Thames espera se liberar dessa obrigação dentro de 12 meses com a entrega dos sistemas, ela classifica os € 60 milhões como passivo circulante no seu balanço patrimonial, incluído em Adiantamentos de Clientes[24].

Exemplo 15. A Thames fecha um acordo com o sindicato dos funcionários, prometendo aumentar os salários em 6% e incrementar os benefícios de saúde. Embora esse acordo crie uma obrigação, ele não gera imediatamente um passivo, pois o fato gerador ainda não ocorreu. O evento ocorre quando os funcionários prestam serviços que requerem que a Thames pague salários e proveja benefícios de saúde. À medida que os funcionários trabalham, a Thames reconhece um passivo no seu balanço patrimonial.

O acordo no **Exemplo 15** é um **contrato mutuamente não executado** (também chamado de **contrato executório**) porque nem a Thames nem seus funcionários executaram o contrato. As empresas em geral não reconhecem as obrigações criadas por contratos executórios como passivos contábeis nem reconhecem os benefícios desses contratos como ativos, como antes ilustrado no **Exemplo 8**[25].

Exemplo 16. A Thames dá garantia de cinco anos no sistema de comunicações que ela produz e vende. A promessa de prover serviços de reparo sob o contrato de garantia cria uma obrigação resultante da venda desses sistemas. O preço de venda de um sistema da Thames inclui o pagamento de serviços futuros de garantia, mesmo que a fatura não mostre explicitamente a parte do preço total de compra associada à garantia. No momento da venda, a Thames recebe um benefício (o caixa recebido do cliente), embora ainda não tenha cumprido suas obrigações relativas ao período de garantia. Ela cumprirá essas obrigações ao longo dos cinco anos da garantia. Com base na experiência passada, a empresa estima tanto a proporção dos clientes que buscarão serviços sob

---

23. Em algumas transações desse tipo, o fabricante não tem a opção de devolver o dinheiro. Se o fabricante não entregar os produtos conforme o prometido, ele poderá ser juridicamente passível de perdas e danos, com base nos prejuízos econômicos que o cliente venha a sofrer por não ter obtido os itens prometidos.
24. Discutiremos essa conta com mais detalhes no **Capítulo 8**.
25. O **Capítulo 12** discute o tratamento contábil de alguns desses contratos.

o contrato de garantia como o custo esperado de prestar esses serviços. Essas estimativas formam a base de mensuração do passivo de garantia[26].

Exemplo 17. Um cliente entrou com uma ação judicial pedindo danos de € 10 milhões por um sistema de defesa defeituoso que a Thames fabricou. O caso ainda não foi a julgamento, portanto a justiça ainda não proferiu veredito. As empresas não reconhecem ações judiciais não decididas, a menos que a empresa julgue que ela provavelmente perderá e que a estimativa de perda satisfaça outras condições. Se a firma julga que uma perda é menos que provável, ou que a perda é provável, mas não pode ter um valor estimado de pagamento, ela não reconhecerá um passivo. Ou seja, a menos que seja *provável* que a Thames tenha de pagar *e* possa estimar o valor do pagamento, ela não registrará um passivo por essa ação judicial. A Thames evidenciará nas notas explicativas das suas demonstrações contábeis a existência da ação judicial (se ela for material) e o potencial de futuros pagamentos.

A garantia no **Exemplo 16** ilustra um passivo que é de tempo e/ou valor incerto. *Provável* como critério de reconhecimento de passivos com valor e/ou tempo incerto tem um significado diferente do seu significado na definição de ativo e passivo. A orientação das IFRS para reconhecer esses passivos define *provável* como mais plausível do que não, o que implica mais de 50%. Aplicando esse critério ao **Exemplo 16**, a Thames deve determinar se a probabilidade de os clientes requererem serviços de garantia excede 50% e, se sim, a empresa reconhecerá o passivo da garantia. Os U.S. GAAP não estabelecem um limite preciso para *provável*. Na prática, a regra aproximada é que seja pelo menos 80% provável para ser reconhecido. Os U.S. GAAP e as IFRS requerem mensurações similares (mas não idênticas) desses passivos. Ambos especificam que a empresa reconheça o passivo (isto é, mensure o passivo) pelo valor mais provável[27].

A ação judicial (**Exemplo 17**) ilustra uma obrigação que a empresa não reconheceria, seja sob os U.S. GAAP, seja sob as IFRS, embora a empresa devesse evidenciar a ação judicial nas notas explicativas, caso a julgasse material. Neste exemplo, a empresa não julga a obrigação originada na ação judicial como provável e não pode estimar razoavelmente o valor.

Contratos como os ilustrados nos **Exemplos 16** e **17** são comuns. Por exemplo, a maioria das empresas que vendem produtos inclui algum tipo de garantia (**Exemplo 16**). Eventos como a ação judicial no **Exemplo 17** são frequentemente evidenciados, mas não reconhecidos, porque não preenchem os critérios específicos para o reconhecimento contábil dos passivos. Por exemplo, a Great Deal apresenta uma linha do balanço para compromissos e contingências: Outras Obrigações e Provisões (**Figura 1.1**); a Nota Explicativa 13 contém informações sobre esse item. O balanço da Thames (**Figura 1.5**) apresenta uma conta chamada Reservas para Contingências; a Nota Explicativa 22 contém mais informações[28].

Resumo do reconhecimento do passivo

Os **Exemplos 12 a 17** ilustram obrigações com vários níveis de incerteza em relação ao valor e ao tempo, bem como quanto à mensuração. A **Figura 4.1** classifica as obrigações em seis categorias com base nessas características. Como ilustram os exemplos da figura, as obrigações variam consideravelmente na medida em que contêm incertezas. Em alguns casos, a orientação regulatória exclui o reconhecimento de certas obrigações que não atingem o limite de probabilidade.

Mensuração do passivo

Muitos passivos são financeiros, requerendo quitação em dinheiro ou outros ativos. A empresa informa os que vencem em até um ano pelo valor requerido para quitar a obrigação. Se as datas de pagamento se estendem para o futuro por mais de um ano (por exemplo, no caso dos *bonds* da Great Deal no **Exemplo 13**), a empresa registra o passivo no balanço como um passivo não circulante, mensurado pelo valor presente dos fluxos de caixa futuros[29].

---

26. O **Capítulo 9** discute passivos de garantia.
27. Conforme os U.S. GAAP, se há uma série de possíveis resultados e nenhum valor dessa série é mais provável que os outros, a empresa deve reconhecer o mínimo da série. Segundo as IFRS, se um contrato envolve grande número de itens, como em uma garantia, a empresa deve reconhecer o valor esperado.
28. O **Glossário** contém a discussão de *reserva*, tal como a palavra é usada em contabilidade.
29. O **Capítulo 11** descreve a mensuração das obrigações de dívida.

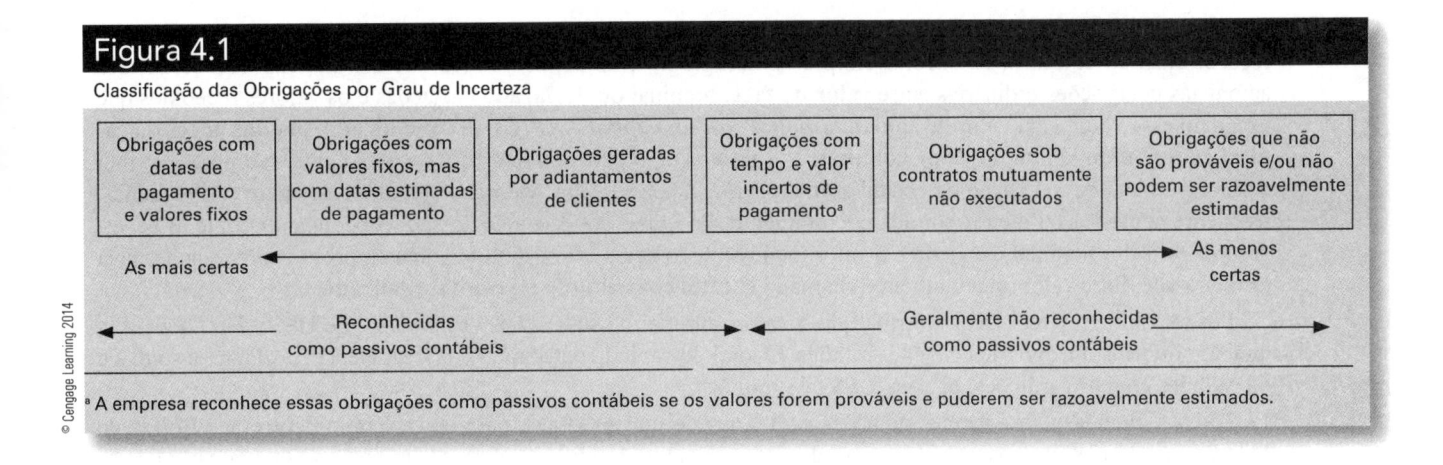

Figura 4.1
Classificação das Obrigações por Grau de Incerteza

| Obrigações com datas de pagamento e valores fixos | Obrigações com valores fixos, mas com datas estimadas de pagamento | Obrigações geradas por adiantamentos de clientes | Obrigações com tempo e valor incertos de pagamento[a] | Obrigações sob contratos mutuamente não executados | Obrigações que não são prováveis e/ou não podem ser razoavelmente estimadas |

As mais certas ←──→ As menos certas

←── Reconhecidas como passivos contábeis ──→   ←── Geralmente não reconhecidas como passivos contábeis ──→

[a] A empresa reconhece essas obrigações como passivos contábeis se os valores forem prováveis e puderem ser razoavelmente estimados.

© Cengage Learning 2014

Um passivo que requer a entrega de bens ou a prestação de serviços, e não o pagamento de dinheiro, é um passivo não financeiro. O passivo de garantia no **Exemplo 16** é não financeiro porque a Thames concordou em prover serviços – reparos no sistema. O adiantamento em dinheiro no **Exemplo 14** é também não financeiro, pois a Thames liquidará o passivo mediante entrega de sistemas. Outros exemplos de passivos não financeiros gerados por pagamentos em dinheiro dos clientes incluem os valores recebidos por varejistas por vales-presente (ainda) não aproveitados, por editoras de revistas pelas entregas futuras, por grupos teatrais e times esportivos pelas futuras sessões ou jogos, por locadores pelos serviços futuros de aluguel e por empresas aéreas, por passagens compradas antecipadamente. Os títulos da conta usada para passivos desse tipo podem ser Adiantamentos de Clientes, Receitas Diferidas, Receitas a Apropriar e Resultados Diferidos[30].

● PROBLEMA 4.2 PARA APRENDIZAGEM

Reconhecimento e mensuração de passivos. As transações a seguir se referem à Polo Ralph Lauren ("Polo"). Para cada uma delas, indique se a transação imediatamente dá origem a um passivo e, se sim, determine o título da conta e o valor que a Polo reconhecerá.

a. As lojas da Polo vendem vales-presente a $ 100 cada um. Assuma que os vales-presente expiram em três anos da data da emissão.

b. Considere o **Problema 4.1**, parte a. A Polo recebe uma fatura de $ 16 milhões por serviços de propaganda de um fornecedor, uma agência especializada em anúncios pela televisão.

c. Advogados notificam a Polo de que a firma é ré em uma ação judicial que demanda $ 12 milhões em danos e lucros cessantes, com base na alegação de que a Polo usou ilegalmente desenhos de moda pertencentes ao autor. Os advogados da Polo preveem que a justiça provavelmente a julgará culpada na ação e os gestores da Polo estimam que a escala dos danos varia entre $ 2 e $ 10 milhões, sendo todos os valores dessa escala igualmente prováveis.

d. Uma greve de duas semanas fechou uma das fábricas da Polo. Como resultado, a empresa não pôde entregar mercadorias no total de $ 20 milhões, pelas quais já havia recebido pagamento.

MENSURAÇÃO E EVIDENCIAÇÃO DO PATRIMÔNIO LÍQUIDO

O **patrimônio líquido** é um interesse ou direito residual. Isto é, os proprietários (acionistas) de uma empresa têm um direito sobre os ativos não requeridos para cobrir os direitos dos credores[31]. Por isso, a mensuração dos ativos e passivos do balanço patrimonial determina a mensuração do total do patrimônio líquido. O processo contábil também proporciona um cálculo (uma derivação) independente do valor do patrimônio líquido.

As leis corporativas em muitas jurisdições requerem que, dentro do patrimônio líquido, as empresas distingam os valores recebidos dos proprietários dos valores gerados pelas operações que a empresa não distribuiu entre os

---
30. Embora esses títulos de contas sejam comuns na prática, não usamos todos eles neste livro. A palavra "receita" (*revenue*) nas contas poderia fazer o leitor inferir que a firma reconheceu itens no lucro quando, na verdade, não é o caso.
31. FASB, *Statement of Financial Accounting Concepts No. 6*, "Elements of Financial Statements", 1985, par. 49.

proprietários. Os valores que a empresa informa como recebidos dos proprietários são iguais aos valores que ela recebeu quando emitiu ações. Muitas empresas desagregam, ainda, os valores iniciais que elas receberam dos acionistas pelas ações ordinárias entre **valor de face**, nominal ou **declarado** das ações e os valores recebidos que excedem esse valor, chamados de **ágio** (*additional paid-in capital – APIC*), **prêmio na emissão das ações** ou **capital contribuído acima do valor nominal**[32]. Usaremos *ágio* para nos referirmos a essa conta. A empresa atribui o valor nominal de uma ação de capital a uma quantia à sua escolha. Valores nominais costumam ser pequenos, frequentemente $ 1 ou menos por ação, e raramente são iguais aos que a empresa recebe quando emite as ações. A soma do valor nominal e do ágio é o valor total recebido pelos acionistas quando a empresa emite as ações pela primeira vez. Esse valor total também é chamado **capital contribuído** ou **capital realizado**.

Por exemplo, a Great Deal informa que o valor nominal de suas ações ordinárias é de US$ 42 milhões. Ela também informa um ágio de US$ 441 milhões. O total do capital contribuído da Great Deal é, portanto, a soma de 42 milhões com 441 milhões, ou seja, US$ 483 milhões.

Todas as vendas subsequentes de ações ordinárias de um investidor para outro (como ocorre nas Bolsas de Valores) não têm efeito nos valores registrados do patrimônio líquido. A empresa emitente *não* toma parte nessas transações. Consequentemente, em um mercado de ações ascendente, o total do valor do capital contribuído informado no balanço patrimonial será frequentemente menor que o valor atual de mercado das ações ordinárias. O valor de balanço do patrimônio líquido não proporciona, nem tal é sua finalidade, uma medida do valor de mercado do valor das ações. O usuário pode, contudo, conhecer o valor de mercado de uma empresa listada em Bolsa tomando o preço mais recente da ação (informado em vários serviços *online*) e multiplicando-o pelo número de ações emitidas, como divulgado no balanço patrimonial.

Lucros acumulados medem os ativos líquidos gerados pelas operações de uma empresa excedentes aos dividendos declarados. A conta Lucros Acumulados acumula os valores desses lucros não distribuídos ao longo do tempo. Quando uma empresa acumula prejuízos em vez de lucros, a conta é tipicamente chamada de **Prejuízos Acumulados** e não Lucros Acumulados.

Os lucros acumulados são uma fonte de financiamento dos ativos. Os lucros acumulados não são caixa ou outros ativos. Ao contrário dos passivos e do capital contribuído, aos quais a prática comum trata como *financiamento externo*, a prática comum trata os lucros acumulados como *financiamento interno*.

Exemplo 18. A Hoskins Limited foi legalmente registrada em 1º de janeiro de 2011. Na sua oferta inicial de ações (IPO – initial public offering), a empresa emitiu 15 mil ações com valor nominal de € 0,10 cada uma, por € 10 por ação em dinheiro. Em 2011, a Hoskins gerou um lucro líquido de € 30.000 e pagou dividendos de € 10.000. A seção do patrimônio líquido do balanço patrimonial da Hoskins em 31 de dezembro de 2011 é a seguinte:

Capital social (15 mil ações ordinárias emitidas e em circulação, ao valor nominal de € 0,10 por ação)	1.500
Ágio na emissão de ações	148.500
Lucros acumulados	20.000
Total do patrimônio líquido	170.000

O valor de € 1.500 informado como o total do valor nominal das ações é o valor nominal por ação multiplicado pelo número de ações emitidas, ou seja, € 0,10 por ação × 15 mil ações. O valor de € 148.500 informado como ágio na emissão de ações é a diferença entre os proventos de € 150.000 (= 15.000 × € 10) da venda das ações e o valor nominal de € 1.500. O valor de € 20.000 de lucros acumulados informado pela Hoskins no seu primeiro ano de operações é o valor dos lucros não distribuídos, ou seja, € 30.000 do lucro menos € 10.000 de dividendos.

Exemplo 19. Dando continuidade ao **Exemplo 18**, suponha que hoje é 31 de dezembro de 2012. Em 2012, a Hoskins emitiu outras 5 mil ações de capital a € 12 por ação, obteve um lucro líquido de € 5.000 e pagou dividendos de € 10.000. A seção do patrimônio líquido do balanço patrimonial da Hoskins em 31 de dezembro de 2012 é a seguinte:

---

32. A distinção entre valor nominal e ágio na emissão de ações tem relevância legal, mas não econômica. Por isso, algumas empresas informam uma única conta, frequentemente chamada de capital social, que corresponde à soma do valor nominal com o ágio.

Capital social (20 mil ações ordinárias emitidas e em circulação com valor nominal de € 0,10 por ação)	2.000
Ágio na emissão de ações	208.000
Lucros acumulados	15.000
Total do patrimônio líquido	225.000

O valor de € 2.000 informado como o total do valor nominal das ações é o valor nominal por ação multiplicado pelo número de ações emitidas, ou seja, € 0,10 por ação × 20.000 ações. Esse valor de € 2.000 é a soma do valor nominal de 1.500 ações emitidas em 2011 com o valor nominal de 5.000 ações emitidas em 2012. O valor de € 208.000 informado como ágio na emissão de ações é a soma do ágio de € 148.500 de 2011 com € 59.500 do ágio da emissão de 5.000 ações em 2012 (€ 12 por ação × 5.000 ações menos € 500 de valor nominal, ou seja, € 60.000 – € 500). O aumento do preço da ação da Hoskins de € 10 para € 12 em 2012 por ação não muda o valor informado no balanço patrimonial pelas 15.000 ações emitidas em 2011. A empresa não muda os valores informados do total do capital contribuído (valor nominal mais ágio) para refletir mudanças no preço das ações. Esses valores refletem o preço das ações no momento em que a empresa fez as emissões originais[33].

O valor de € 15.000 de lucros acumulados, informado pela Hoskins no fim de 2012, é o valor de lucros não distribuídos no seu segundo ano de operação, igual aos lucros acumulados de € 20.000 no início de 2012, mais € 5.000 de lucro em 2012 menos € 10.000 de dividendos em 2012. Dado que os dividendos reduzem os lucros acumulados e não os lucros atuais, a empresa pode declarar um pagamento de dividendos que exceda o lucro líquido do ano. A empresa poderia até mesmo pagar dividendos em um ano em que gerou prejuízo.

RESUMO

O balanço patrimonial apresenta três classes de itens: ativos, passivos e patrimônio líquido. Esses itens expressam a posição financeira da empresa em um momento do tempo. Em um enfoque mais amplo, os ativos representam os benefícios econômicos futuros na forma de recursos disponíveis para realizar operações. Os passivos e o patrimônio líquido mostram as fontes de recursos que a empresa usou para adquirir os recursos e mostra os direitos sobre eles. Os dois seguintes fatores são fundamentais para preparar um balanço patrimonial:

1. Determinar se os itens obedecem às definições e aos critérios de reconhecimento de ativos e passivos e, se sim,
2. Decidir como mensurar esses itens.

Para uma empresa reconhecer um ativo, um recurso precisa representar um benefício econômico futuro que ela controla como resultado de uma transação ou troca passada, e a empresa deve ser capaz de mensurar esse recurso com suficiente confiabilidade. Para uma empresa reconhecer uma obrigação como um passivo, a obrigação precisa impor um sacrifício econômico futuro decorrente de um evento ou transação passada, o qual a firma tenha pouco ou nenhum controle em evitar, e a empresa precisa poder mensurar essa obrigação com suficiente confiabilidade. O patrimônio líquido informa os valores de recursos atribuíveis às contribuições dos proprietários e resultantes da retenção de ativos líquidos gerados pelos lucros. O patrimônio líquido equivale à diferença entre o total dos ativos e o total dos passivos, e tipicamente compreende o capital contribuído e os lucros acumulados.

A maioria das definições e dos critérios de reconhecimento dos ativos e passivos – particularmente para os itens enfocados neste livro – é similar entre U.S. GAAP e IFRS. Tendo um item atingido os critérios de reconhecimento, a empresa precisa mensurar o valor que ela informará no balanço patrimonial. A mensuração depende do item considerado. U.S. GAAP e IFRS especificam como uma empresa deve mensurar cada ativo e passivo. As empresas geralmente medem ativos financeiros pelo seu valor equivalente de caixa, embora elas costumem informar ativos não financeiros pelo custo de aquisição reduzido pelo uso e por *impairment*.

---

33. O **Capítulo 15** descreve transações mais complexas que afetam o ágio na emissão de ações.

SOLUÇÕES DOS PROBLEMAS PARA APRENDIZAGEM

Solução sugerida para o problema 4.1
(Polo Ralph Lauren; reconhecimento e mensuração de ativos)

a. A Polo não reconhece um ativo. U.S. GAAP e IFRS não permitem às empresas capitalizar a maioria das despesas com propaganda como ativos (exceto certos custos de marketing de resposta direta[34]), em razão da incerteza sobre os benefícios futuros e da incerteza da mensuração.

b. A Polo não reconhece um ativo. U.S. GAAP e IFRS não permitem às empresas registrar mudanças de promessas como ativos.

c. U.S. GAAP e IFRS não permitem o reconhecimento de despesas com pesquisa como ativos, dadas a incerteza dos benefícios futuros e a incerteza de mensuração. Essa questão contábil é discutida com mais detalhes no **Capítulo 10**.

d. A Polo não reconhece um ativo por conta da incerteza dos benefícios futuros e da incerteza da mensuração, como dado na parte **a**.

e. A Polo reconhece um ativo, Terreno e Edifício, e o mensura por $ 75 milhões. A Polo precisa alocar o preço entre terreno e edifício porque o edifício é depreciável e o terreno não. A empresa provavelmente baseará a alocação em avaliações separadas do terreno e do edifício. A transmissão legal do título não é necessária para justificar o reconhecimento como ativo. A Polo adquiriu o direito de usar o terreno e o edifício e pode manter esses direitos enquanto fizer os pagamentos requeridos da obrigação de hipoteca.

Solução sugerida para o problema 4.2
(Polo Ralph Lauren; reconhecimento e mensuração de passivos)

a. A Polo registraria um passivo, Adiantamentos de Clientes, mensurado pelo valor recebido pela venda dos vales-presente.

b. A Polo registraria um passivo, Contas a Pagar (Fornecedores), mensurando-o em US$ 16 milhões.

c. A Polo reconhecerá um passivo, mensurado pelo ponto mínimo da escala, aplicando U.S. GAAP.

d. No momento em que recebeu o pagamento, a Polo registrou um passivo de $ 20 milhões em Adiantamentos de Clientes. Uma vez que a empresa já reconheceu um passivo e considerando que os clientes estão dispostos a esperar pela entrega atrasada, a empresa não precisa reconhecer um passivo adicional.

PRINCIPAIS TERMOS E CONCEITOS

Ágio na emissão de ações, prêmio da ação, capital contribuído excedente ao valor nominal
Ativo circulante
Ativo não circulante
Ativos financeiros
Ativos não financeiros
Capital contribuído, capital realizado
Ciclo operacional
Confiabilidade
Conservadorismo
Continuidade
Contrato executório

Contrato mutuamente não executado, contrato executório
Custo (histórico) de aquisição
Custo corrente de reposição
Custo de oportunidade
Definição de ativo
Definição de passivo
Equação do balanço patrimonial
Estrutura de financiamento
Lucros acumulados
Passivo circulante
Passivo não circulante

---

[34]. Os custos de marketing de resposta direta consistem, principalmente, em anúncios que incluem cupons para produtos e serviços da empresa. Os U.S. GAAP concluíram que as empresas podem mensurar com suficiente grau de confiabilidade os prováveis benefícios econômicos futuros desses custos, de modo que elas podem reconhecer esses custos como ativos no balanço patrimonial. A empresa amortiza então esse ativo pelo seu período de benefícios futuros; no caso dos cupons, a vida útil do serviço é de três meses. (American Institute of Certified Public Accounting [AICPA, NT], Accounting Standards Executive Committee, Statement of Position 937, *Reporting on Advertising Costs*, 1994.)

Patrimônio líquido
Prejuízos acumulados
Realizado
Reconhecido
Reconhecimento de ativo
Reconhecimento de passivo
Relevância

Valor de face, nominal ou declarado
Valor de lançamento
Valor de saída
Valor justo
Valor presente dos fluxos de caixa futuros
Valor realizável líquido

QUESTÕES, EXERCÍCIOS E PROBLEMAS

Questões

1. Reveja o significado dos termos e conceitos listados em **Principais Termos e Conceitos**.
2. A quem pode prejudicar a convenção do conservadorismo?
3. Um dos critérios de reconhecimento de um ativo ou passivo é que haja uma transação. Que justificativa você vê nesse requisito?
4. Identifique o princípio contábil subjacente que orienta os itens a serem incluídos no custo de aquisição de estoques, equipamento, edifícios e outros ativos semelhantes. Qual é a razão desse princípio contábil?
5. A contabilidade tipicamente não reconhece nem ativos nem passivos de contratos mutuamente não executados. Que justificativa você vê para esse tratamento?
6. A contabilidade trata os descontos em dinheiro obtidos na compra de mercadorias ou equipamentos como uma redução do valor registrado dos ativos adquiridos. Que justificativa você vê para esse tratamento?
7. Um grupo de investidores possui um prédio de escritórios que ele aluga sem mobília aos locatários. Ele comprou o edifício há cinco anos de uma construtora. Naquele momento, ele esperava que o prédio tivesse vida útil de 40 anos. Indique os procedimentos que você poderia seguir para verificar o valor de mensuração desse edifício aplicando cada uma das seguintes abordagens de mensuração:
    a. Custo de aquisição.
    b. Custo ajustado de aquisição (reduzido pelos serviços já consumidos).
    c. Custo corrente de reposição.
    d. Valor realizável líquido.
    e. Valor justo.
8. Alguns dos ativos de uma empresa correspondem aos passivos de outra empresa. Por exemplo, uma conta a receber no balanço de um vendedor é uma conta a pagar no balanço do comprador. Indique se cada um dos seguintes itens é um ativo ou um passivo, e dê o título correspondente da conta no balanço patrimonial da outra parte da transação:
    a. Adiantamentos de Clientes.
    b. Títulos a Pagar.
    c. Juros a Receber.
    d. Despesa Antecipada de Seguro.
    e. Receita Antecipada de Aluguel.
9. Indique se cada um dos seguintes itens atende a todos os critérios da definição de passivo. Se sim, como a empresa mensura o seu valor?
    a. Juros acumulados, mas não pagos, de uma nota promissória.
    b. Adiantamentos de clientes por bens e serviços a serem entregues depois.
    c. Pedidos confirmados de clientes por bens e serviços a serem entregues depois.
    d. Garantias de produtos.
    e. Danos que a empresa deve pagar se perder uma ação judicial pendente.
    f. Promessas contratuais de comprar quantidades específicas de gás natural pelos próximos dez anos.
    g. Promessas de uma empresa aérea de prover voos no futuro em troca de milhas percorridas se os clientes acumularem certo número de milhas com tarifas regulares.

10. Qual o valor do passivo que uma empresa reconhece em cada um dos seguintes casos independentes?

  a. Um queixoso abre uma ação judicial contra a companhia. A probabilidade de que a companhia vai perder é de 90%. Se ela perder, o valor da perda será muito provavelmente $ 100.000.

  b. Uma empresa de cereais emite cupons que podem ser trocados por caixas de cereais. Ela emite um milhão de cupons que prometem ao varejista resgatá-los por $ 1 cada um. A probabilidade de resgate de qualquer um dos cupons é de 9%.

11. A palavra *provável* aparece na definição de ativos e passivos e nos critérios de reconhecimento de passivos com valor ou tempo incerto.

  a. Qual o significado de *provável* nas definições de ativos e passivos?

  b. Qual a diferença do significado de *provável* no critério de reconhecimento de passivos com valor e/ou tempo incerto em U.S. GAAP e IFRS?

Exercícios

12. Formatos do balanço patrimonial. As informações a seguir baseiam-se no balanço patrimonial da Aracel, uma fabricante brasileira de polpa de papel, no Ano 6. Ela aplica U.S. GAAP e informa seus resultados em milhares de dólares norte-americanos (US$). (Adaptado das demonstrações financeiras da Aracruz Celulose).

Estoques	202.704
Outros Ativos Circulantes	132.782
Outros Passivos de Longo Prazo	350.761
Imobilizado, líquido	2.151.212
Lucros Acumulados	1.293.301
Caixa e Investimentos de Curto Prazo	579.643
Goodwill	192.035
Capital Social, Ações Ordinárias (sem valor nominal)	295.501
Ações Preferenciais	614.496
Outros Ativos Não Circulantes	451.757
Passivo Circulante	286.819
Dívida de Longo Prazo	1.155.050
Contas a Receber	285.795

  a. Prepare um balanço patrimonial da Aracel no Ano 6, considerando que a empresa aplica U.S. GAAP.

  b. Prepare um balanço patrimonial da Aracel no Ano 6, considerando que a empresa aplica IFRS.

13. Formatos do balanço patrimonial. As informações a seguir baseiam-se no balanço patrimonial da Delicious Foods Group, uma distribuidora belga de alimentos, no Exercício 7. Ela aplica IFRS e informa seus resultados em milhões de euros (€). Prepare um balanço patrimonial da Delicious Food que use um formato comum às empresas que informam conforme U.S. GAAP. (Adaptado das demonstrações contábeis da Delhaize Group.)

Ativos	2.445,7
Goodwill	552,1
Ativos Intangíveis	3.383,1
Imobilizado	244,0
Outros Ativos Não Circulantes	6.624,9
Estoques	1.262,0
Recebíveis	564,6
Outros Ativos Circulantes	121,5
Caixa e Equivalentes de Caixa	248,9
	2.197,0
Total do Ativo	8.821,9

(continua)

(continuação)

Passivo e Patrimônio Líquido	
Capital Acionário	50,1
Prêmio na Emissão de Ações	2.698,9
Lucros Acumulados	2.355,3
Outras Reservas e Ajustes	(1.428,3)
Total do Patrimônio Líquido	3.676,0
Dívida de Longo Prazo	1.911,7
Obrigações sob *Leasing* Financeiro	595,9
Provisões	207,2
Outros Passivos Não Circulantes	210,4
Total do Passivo Não Circulante	2.925,2
Empréstimos de Curto Prazo	41,5
Dívida de Longo Prazo, Parte Circulante	108,9
Obrigações sob *Leasing* Financeiro, Parte Circulante	39,0
Provisões	41,8
Tributos sobre o Lucro a Pagar	58,7
Contas a Pagar (Fornecedores)	1.435,8
Despesas do Período a Pagar	375,7
Outros Passivos Circulantes	119,3
Total do Passivo Circulante	2.220,7
Total do Passivo	5.145,9
Total do Passivo e Patrimônio Líquido	8.821,9

14. **Classificação das contas de uma demonstração financeira.** O balanço patrimonial ou a demonstração do resultado classifica vários itens de uma das seguintes maneiras:

   AC – Ativo Circulante
   AN – Ativo Não Circulante
   PC – Passivo Circulante
   PN – Passivo Não Circulante
   CC – Capital Contribuído
   LA – Lucros Acumulados
   DRE – Item da Demonstração do Resultado (despesa ou receita)
   X – O item geralmente não aparece nem no balanço nem na demonstração do resultado

   Usando as abreviações dessa lista, indique a classificação dos itens a seguir de acordo com U.S. GAAP e IFRS. Se as classificações diferirem entre U.S. GAAP e IFRS, indique quais seriam as diferenças.

   a. Fábrica.
   b. Receita de juros.
   c. Ações em tesouraria, recompradas pela companhia.
   d. Despesas com pesquisa e desenvolvimento.
   e. Automóveis usados pela equipe de vendas.
   f. Caixa disponível.
   g. Promessa a um vendedor de comprar estoques dele no próximo período.
   h. Comissões ganhas pela equipe de vendas.
   i. Estoques de suprimentos.
   j. Nota promissória a pagar, com vencimento em três meses.
   k. Aumento do valor justo do terreno.
   l. Dividendos declarados.
   m. Tributos sobre o lucro devidos ao governo estadual ou municipal.
   n. Nota promissória a pagar, com vencimento em seis anos.
   o. A parte da nota a pagar em **n** que é devida no próximo ano.

15. **Relações no balanço patrimonial.** A Jennings Group, uma companhia gestora de investimentos da Malásia, informou os seguintes dados nos últimos quatro anos. A Jennings adota o padrão contábil da Malásia e informa seus resultados em milhões de ringgit (RM). Calcule os valores que faltam no balanço patrimonial em cada um dos quatro anos. Ao responder esta questão, considere que a Jennings usa U.S. GAAP. (Adaptado das demonstrações contábeis da Genting Group.)

	Ano 7	Ano 6	Ano 5	Ano 4
Ativo Não Circulante	?	18.717,4	11.289,1	9.713,9
Patrimônio Líquido	21.537,3	16.666,9	9.002,0	?
Total do Ativo	?	28.224,7	?	?
Passivo Circulante	?	4.351,3	1.494,2	1.755,2
Ativo Circulante	10.999,2	?	?	6.882,6
Passivo Não Circulante	5.721,7	?	?	3.540,7
Total do Passivo e Patrimônio Líquido	30.178,9	?	18.491,3	?

16. Relações no balanço patrimonial. Valores selecionados do balanço de quatro anos recentes da Kyoto Corporation, uma empresa japonesa de construção, são apresentados na tabela a seguir. A Kyoto aplica o padrão contábil japonês e informa seus resultados em milhões de ienes (¥). Calcule os valores que faltam no balanço em cada um dos quatro anos. Ao responder esta questão, considere que a Kyoto usa IFRS. (Adaptado das demonstrações financeiras da Kajima Corporation.)

	Ano 10	Ano 9	Ano 8	Ano 7
Total do Ativo	2.107	?	?	1.870
Passivo Não Circulante	437	?	411	467
Ativo Não Circulante	?	773	703	?
Total do Passivo	?	?	1.583	?
Passivo Circulante	1.318	1.148	?	1.172
Patrimônio Líquido	?	298	220	?
Ativo Circulante	1.323	1.133	?	1.110
Total do Passivo e Patrimônio Líquido	?	?	?	?

17. Relações no balanço patrimonial. Valores selecionados do balanço de quatro anos recentes da Finmest Corporation, uma empresa finlandesa de papel, são apresentados na tabela a seguir. A Finmest aplica o padrão IFRS e informa seus resultados em milhões de euros (€). Calcule os valores que faltam no balanço em cada um dos quatro anos. (Adaptado das demonstrações financeiras da Metso Corporation.)

	Ano 11	Ano 10	Ano 9	Ano 8
Ativo Circulante	3.357	2.995	?ᵃ	2.097
Ativo Não Circulante	?	1.973	?	?
Total do Passivo	?	?	?	?
Total do Ativo	?	?	3.904	?
Passivo Circulante	?ᶜ	2.610	1.802	1.466
Passivo Não Circulante	957	?	?	1.109
Total do Patrimônio Líquido	?	?	1.292	?
Capital Contribuído	?	711	?	634
Lucros Acumulados	910	?ᵇ	553	361
Total do Passivo e Patrimônio Líquido	5.254	?	?	?

ᵃAtivo Circulante – Passivo Circulante = € 675.
ᵇO Lucro Líquido do ano 10 é de € 252 e os dividendos são de € 66.
ᶜAtivo Circulante – Passivo Circulante = € 651.

18. Reconhecimento e mensuração de ativos e passivos. Depois de ganhar o concurso *America's Next Top Model*, Danielle Evans assinou um contrato com a Ford Models, foi nomeada modelo propaganda da Cover-Girl e assinou um contrato para uma divulgação de fotos na revista *Elle*. Embora a Ford não tenha revelado detalhes do contrato, em condições normais os pagamentos seriam de US$ 500.000 anuais para os próximos três anos. Considere que o valor atual desses pagamentos é US$ 1,2 milhão. Ao assinar o contrato com Danielle, a Ford também a presenteia com um BMW M3 esporte conversível, avaliado em US$ 70.000. Como a Ford Models deveria tratar esse contrato no momento da assinatura?

19. Reconhecimento e mensuração de ativo. A Duke University, uma universidade norte-americana, proporciona até oito semestres de ensino universitário a até dois filhos de professores e funcionários da universidade. Para fazer jus a esse benefício, o membro do corpo docente ou de funcionários da universidade deve ter prestado pelo menos sete anos consecutivos de serviços em tempo integral e trabalhar em tempo integral quando os benefícios são recebidos. A Duke estima que esse benefício de ensino contribui para reter e atrair funcionários. Como ela deveria tratar essas despesas com ensino a cada ano?

20. **Mensuração de ativo.** Suponha que a Jennifer's Juice (JJ), uma varejista de produtos orgânicos nos Estados Unidos, comprou recentemente um novo sistema de refrigeração para sua loja em Chapel Hill, na Carolina do Norte. A JJ pagou $ 1,3 milhão pela unidade de refrigeração e um adicional de US$ 120.000 para adaptá-la às suas necessidades específicas. A JJ pagou US$ 55.000 pelo transporte e instalação da unidade, mais US$ 48.000 por um prêmio de seguro anual para o primeiro ano, o qual começa no próximo mês. Finalmente, considere que a JJ contratou um técnico em refrigeração que está encarregado da manutenção da unidade; seu salário anual é de US$ 80.000. Que valor do custo de aquisição da unidade de refrigeração a JJ deverá registrar? Descreva o tratamento de todos os valores que você não incluiu no custo de aquisição da unidade.

21. **Reconhecimento de provisão para perda.** Considere a seguinte série hipotética de eventos. Ao fazer compras na loja da Nordstrom em 5 de julho de 2013, um cliente escorrega na escada rolante e cai, tendo ferimentos nas costas e no pescoço. Em 15 de janeiro de 2014, o cliente impetra uma ação judicial contra a Nordstrom, demandando $ 1 milhão. O caso é julgado em primeira instância em 30 de abril de 2014. O júri[35] apresenta seu veredito em 15 de junho de 2014 e considera a Nordstrom responsável por negligência. O júri defere perdas e danos ao cliente no valor de $ 400.000. A Nordstrom entra em 25 de junho de 2014 com apelação a um tribunal superior, o qual decide, em 1º de novembro de 2014, que a primeira instância deveria julgar novamente o caso. A primeira instância inicia o novo julgamento em 21 de março de 2015. Outro júri, em 20 de abril de 2015, julga novamente a Nordstrom responsável por negligência e defere US$ 500.000. Em 15 de maio de 2015, a Nordstrom paga os $ 500.000. A Nordstrom adota U.S. GAAP.

    a. Quando (se for o caso) a Nordstrom deveria reconhecer um passivo gerado por esses eventos? Se a Nordstrom reconhecesse um passivo, qual seria o seu valor? Explique o seu raciocínio.

    b. Qual seria a diferença se a Nordstrom usasse IFRS?

22. **Reconhecimento e mensuração de um ativo.** As transações hipotéticas a seguir se referem à Nestlé SA, fábrica de chocolates suíça. Indique se cada transação dá origem imediata a um ativo da companhia sob U.S. GAAP e, separadamente, sob IFRS. Se a Nestlé reconhecer um ativo, determine o título da conta, o valor e a classificação do ativo no balanço patrimonial como ativo circulante ou como ativo não circulante. A Nestlé informa seus resultados em milhões de francos suíços (CHF).

    a. A Nestlé investe CHF 800 milhões em um *bond* governamental. O *bond* tem valor de CHF 1.000 milhão no vencimento em cinco anos, e a Nestlé tem a intenção de mantê-lo até o vencimento.

    b. Dois meses antes do final do ano, a Nestlé paga à sua seguradora CHF 240 milhões para cobrir os prêmios anuais das suas fábricas na Europa.

    c. A Nestlé paga a uma construtora da República Tcheca CHF 6 milhões por uma opção de compra de uma área de terreno no qual ela tem a intenção de construir um armazém para atender aos mercados orientais da Europa. O preço do terreno é de CHF 450 milhões.

    d. A Nestlé assina um contrato de trabalho de quatro anos com seu diretor executivo com um pacote avaliado em CHF 17,4 milhões ao ano. Desse valor, CHF 3,1 milhões são o salário base e o restante são bônus esperados e acordos diferidos de compensação. O período contratual começa no próximo mês.

    e. A Nestlé despende CHF 80 milhões em pesquisa e desenvolvimento (P&D) referente a um novo chocolate de baixa caloria; 60% do valor total foi gasto em pesquisa e o restante em desenvolvimento. Se a P&D tiver sucesso, a firma poderá obter uma patente da nova fórmula. O custo de preencher os papéis e outros procedimentos para obter a patente é de CHF 0,5 milhão.

    f. A Nestlé recebeu o aviso de que um fornecedor de cacau embarcou por navio sementes de cacau no valor faturado de CHF 700 milhões, com pagamento devido em 30 dias. O fornecedor permanece titular das sementes de cacau até o recebimento pela Nestlé.

23. **Reconhecimento e mensuração de ativo.** As transações hipotéticas a seguir se referem à Ryanair Holdings, Plc. (Ryanair), uma empresa aérea irlandesa. Indique se cada transação dá origem imediata a um ativo da companhia sob U.S. GAAP e, separadamente, sob IFRS. Se a Ryanair reconhecer um ativo, determine o título da conta, o valor e a classificação do ativo no balanço patrimonial como ativo circulante ou como ativo não circulante. A Ryanair informa seus resultados em milhões de euros (€).

    a. A diretoria da Ryanair decide comprar 10 aviões Boeing 777 ao custo de € 640 milhões cada um.

---

35. Ao contrário do Brasil e da maioria de outros países, nos Estados Unidos (e no Canadá) o julgamento mediante um corpo de jurados (júri) não é predominantemente restrito a casos graves criminais, mas é amplamente utilizado em ações civis. (NT)

b. A Ryanair faz um pedido à Boeing de dez aviões 777 ao custo de € 640 milhões cada um.

c. A Ryanair paga à Boeing € 60 milhões como depósito pelos aviões pedidos, conforme **b**.

d. A Ryanair gasta € 50 milhões para obter direitos de aterrissagem no Capital International Airport de Pequim.

e. A Ryanair emite um cheque de € 12 milhões e assume perante seu banco uma hipoteca de € 65 milhões para comprar novos equipamentos de terra ao custo de € 77 milhões.

f. A Ryanair emite ações ordinárias com valor de mercado de € 160 milhões para adquirir aviões usados de uma companhia aérea regional falida. O valor contábil dos equipamentos nos livros da empresa aérea falida é de € 75 milhões.

24. Reconhecimento e mensuração de passivo. As transações a seguir se referem à Hana Microelectronic Public Company Limited (Hana Microelectronic), uma empresa eletrônica e de semicondutores sediada na Tailândia. Indique se cada transação dá origem imediata a um passivo sob U.S. GAAP e, separadamente, sob IFRS. Se a contabilidade reconhecer um passivo, determine o título da conta, o valor e a classificação do passivo no balanço patrimonial como passivo circulante ou como passivo não circulante. A Hana Microelectronic informa seus resultados em milhões de baht (Bt).

a. A Hana Microelectronic concorda em comprar o terreno e uma planta de manufatura da Fujitsu Limited por Bt 3.000 milhões.

b. A Hana Microelectronic recebe um cheque de Bt 168 milhões de um cliente pela entrega de uma mercadoria que a empresa produzirá no próximo mês.

c. Considere o evento em **b**, mas assuma agora que a Hana Microelectronic entregará a metade da mercadoria no próximo mês e o restante em três anos.

d. Durante o ano, a Hana Microelectronic emite 6 milhões de ações ordinárias com valor nominal de Bt 1 por Bt 62 milhões.

e. A Hana Microelectronic toma emprestados Bt 24 milhões de um banco local, pagáveis em prestações iguais nos próximos três anos e tendo juros à taxa anual de 9%.

f. A Hana Microelectronic assina um contrato de compra de pelo menos Bt 45 milhões de mercadorias de um fornecedor particular pelos próximos dois anos.

g. Considere a parte **f** e assuma que a Hana Microelectronic faz um pedido de Bt 15 milhões dessas mercadorias.

25. Reconhecimento e mensuração de passivo. As transações hipotéticas a seguir se referem à Filarmônica de Berlim. Indique se cada transação dá origem imediata a um passivo sob U.S. GAAP e, separadamente, sob IFRS. Se a Filarmônia de Berlim reconhecer um passivo, determine o título da conta, o valor e a classificação do passivo no balanço patrimonial como passivo circulante ou como passivo não circulante. A Filarmônica de Berlim informa seus resultados em euros (€).

a. A Filarmônica de Berlim recebe € 3.040.000 por ingressos vendidos para a próxima temporada.

b. A Filarmônica de Berlim faz a uma gráfica um pedido total de € 185.000 de programas de apresentações da orquestra para a próxima temporada.

c. A Filarmônica de Berlim recebe os programas pedidos em **b** juntamente com uma fatura de € 185.000.

d. A Filarmônica de Berlim recebe de um dos seus advogados a notícia de que uma cliente regular que assistia a um concerto na última temporada, sentada na primeira fila, entrou com uma ação judicial demandando € 10 milhões por ter perdido a audição. Em geral, essa cliente se sentava atrás, mas os funcionários pediram que ela fosse para a frente nesse concerto em virtude de um defeito no assento.

e. A Filarmônica de Berlim assina um contrato de três anos com seu primeiro violinista, a um salário de € 140.000 por ano.

f. A Filarmônica de Berlim assina um contrato de cinco anos com *Sir* Simon Rattle, o atual maestro, para ser o porta-voz da orquestra no fim do seu contrato atual em 2012. Conforme os termos do contrato, a Filarmônica pagará a *Sir* Simon uma compensação anual de € 2 milhões, começando em 2012. *Sir* Simon ganhará a compensação independentemente de a Filarmônica de Berlim pedir que ele faça pronunciamentos em cada ano.

26. Reconhecimento e mensuração de provisão por perda. Considere o seguinte cenário hipotético da Royal Dutch Shell (Shell), uma empresa de gás e petróleo com sede na Holanda. Uma das plataformas de petróleo da Shell entrou em colapso, causando danos ao fundo do mar e danos ambientais à água do mar nas proximidades. Dadas as informações a seguir, que valor, se houver, deveria a Shell considerar como passivo se ela aplicasse U.S. GAAP e, separadamente, IFRS? A Shell informa seus resultados em milhões de dólares norte-americanos (US$).

a. Engenheiros que examinaram o local acreditam que a maior parte do dano será solucionada naturalmente, o que os levou a concluir que há 90% de chance de os danos serem zero. Eles acreditam, ainda, que há 10% de chance de que as forças da natureza não resolvam os danos, o que demandará uma intervenção adicional que custará $ 10 milhões.
b. Após uma nova análise, os engenheiros mencionados em **a** revisaram suas avaliações. Eles acreditam que há 51% de chance de que os danos sejam de $ 5 milhões e 49% de chance de que os danos sejam zero.
c. Ambientalistas que examinaram o local acreditam que o dano é extenso e requer limpeza imediata, com a seguinte escala de estimativas: $ 25 milhões (probabilidade de 20%), $ 300 milhões (probabilidade de 35%) e US$ 4.000 milhões (probabilidade de 45%).
d. Após uma nova análise, os ambientalistas mencionados em **c** revisaram suas avaliações. Eles agora acreditam que há 85% de chance de que os danos sejam de US$ 5.000 milhões e 15% de chance de que eles sejam zero.

Problemas

27. **Efeito de erros de registro na equação do balanço.** Magyar Telekom é uma empresa húngara de telecomunicações. A companhia aplica IFRS e informa seus resultados em forints húngaros (HUF). Para cada uma das seguintes transações ou eventos hipotéticos da Magyar Telekom, indique os efeitos nos ativos, passivos e patrimônio líquido de *faltas de registro* ou *registros incorretos* de uma transação ou evento. Use a notação SUP (superavaliado), SUB (subavaliado) ou NE (nenhum efeito). Por exemplo, a falha da Magyar Telekom em registrar a emissão de ações ordinárias no valor de HUF 10.000 em dinheiro seria mostrada como segue:
    - Ativos – SUB HUF 10.000.
    - Passivos – NE.
    - Patrimônio Líquido – SUB HUF 10.000.

    (1) A Magyar Telekom fez um pedido de HUF 5.600 milhões de estoques de um fornecedor, mas não registrou nada em suas contas.

    (2) A Magyar Telekom recebeu a mercadoria da transação (1) e registrou-a debitando Estoque e creditando Contas a Pagar (Fornecedores) em HUF 6.500 milhões.

    (3) A Magyar Telekom adquiriu novos equipamentos ao custo de HUF 17.000 milhões, pagando HUF 2.500 milhões à vista e assinando uma nota promissória pelo restante do preço de compra. Ela registrou a aquisição debitando Equipamentos em HUF 2.500 milhões e creditando Caixa em HUF 2.500 milhões.

    (4) A empresa pagou o prêmio anual de HUF 36.000 milhões pelo seguro sobre seu edifício sede, debitando Propriedade e creditando Caixa em HUF 36.000 milhões. O período do seguro começa no próximo mês.

    (5) A Magyar Telekom ganhou um contrato para fornecer serviços de telecomunicações a um cliente no próximo ano. O valor do contrato é de HUF 25.000 milhões. O cliente entregou à Magyar Telekom um cheque no valor de HUF 6.000 milhões. A empresa não fez nenhum lançamento desses eventos no livro diário.

    (6) A empresa emitiu 2 milhões de ações ordinárias com valor nominal de HUF 100, quando as ações eram negociadas no mercado por HUF 700 cada uma. Ela emitiu as ações para comprar terrenos. Ela registrou a transação debitando Terrenos e creditando Capital Social – Ações Ordinárias em HUF 200 milhões.

    (7) A empresa assinou um contrato de três anos de emprego com seu executivo-chefe por um salário anual de HUF 6,6 milhões. O período de emprego começa no próximo mês. A empresa não registrou em suas contas nada a respeito desse contrato.

28. **Efeito de erros de registro na equação do balanço.** A Siderúrgica Venezuelana "Sivensa" SA é uma companhia siderúrgica e metalúrgica. Considere que, em um ano recente, ela registrou várias transações com os seguintes lançamentos no livro diário. A companhia adota IFRS e informa seus resultados em milhares de dólares norte-americanos (US$). Usando a notação SUP (superavaliado), SUB (subavaliado) ou NE (nenhum efeito), indique os efeitos nos ativos, passivos e patrimônio líquido de qualquer erro da Sivensa nos registros dessas transações. Por exemplo, se a Sivensa registrou a emissão de US$ 10.000 em ações ordinárias, debitando Caixa e creditando *Bonds* a Pagar, os efeitos desse erro seriam:
    - Ativo – NE.
    - Passivo – SUP US$ 10.000.
    - Patrimônio Líquido – SUB US$ 10.000.

(1) Equipamentos 10.000
    Caixa 2.000
    Contas a Receber 8.000

Ativos	=	Passivos	+	Patrimônio Líquido	(Classificação)
+10.000					
−2.000					
−8.000					

A Sivensa adquiriu equipamentos pelo custo de $ 10.000, pagando $ 2.000 à vista e assinando uma promissória de $ 8.000. Ela debitou Equipamentos e creditou Caixa em $ 2.000 e creditou Contas a Receber em $ 8.000.

(2) Equipamentos 4.000
    Nota Promissória a Pagar 4.000

Ativos	=	Passivos	+	Patrimônio Líquido	(Classificação)
+4.000		+4.000			

A Sivensa fez pedido de um equipamento de $ 4.000 que ela receberá no próximo mês. A Sivensa fez um depósito de $ 1.000 por ocasião do pedido e prometeu pagar o restante na entrega do equipamento. A Sivensa debitou Equipamentos em $ 4.000 e creditou Notas Promissórias a Pagar em $ 4.000

(3) Caixa 800
    Contas a Receber 800

Ativos	=	Passivos	+	Patrimônio Líquido	(Classificação)
+800					
−800					

A Sivensa recebeu $ 800 como depósito de um cliente. Debitou Caixa e creditou Contas a Receber em $ 800. O cliente não devia nenhum valor à Sivensa no momento dessa transação.

(4) Adiantamento de Aluguel 1.000
    Aluguel a Pagar 1.000

Ativos	=	Passivos	+	Patrimônio Líquido	(Classificação)
+1.000		+1.000			

A Sivensa assinou um contrato de aluguel de um espaço de armazém pelo período de um ano, começando no próximo mês. O aluguel mensal de $ 1.000 é devido no primeiro dia de cada mês. A Sivensa debitou Adiantamento de Aluguel e creditou Aluguel a Pagar em $ 1.000.

(5) A Sivensa trocou ações ordinárias com valor de mercado de $ 2.500 por uma patente e não fez nenhum lançamento dessa transação no livro diário.

(6) Estoques de Mercadorias 4.900
    Caixa 4.900

Ativos	=	Passivos	+	Patrimônio Líquido	(Classificação)
+4.900					
−4.900					

A Sivensa adquiriu $ 4.900 em equipamentos de escritório à vista. Ela debitou Estoques em $ 4.900 e creditou Caixa em $ 4.900.

29. **Formato do balanço, terminologia e métodos contábeis.** A **Figura 4.1** apresenta o balanço da Hathway Atlantic Airways Limited (Hathway), uma companhia aérea de Hong Kong, no exercício findo em 31 de dezembro dos Anos 11 e 10. Esse balanço usa a terminologia, o formato e os métodos contábeis do padrão Hong Kong Financial Reporting Standards (HKFRS). A Hathway informa resultados em milhões de dólares de Hong Kong (HKD). (Adaptado das demonstrações financeiras da Cathay Pacific Airways Limited.)

   a. Prepare um balanço patrimonial da Hathway em cada ano segundo o formato e a terminologia comumente usados pelas empresas que aplicam U.S. GAAP.

   b. Elabore um balanço patrimonial da Hathway em cada ano segundo o formato e a terminologia comumente usados pelas empresas que aplicam IFRS.

30. **Formato do balanço, terminologia e métodos contábeis.** A **Figura 4.2** apresenta o balanço patrimonial preparado pela Infotech Limited, uma empresa indiana de tecnologia da informação, nos Anos 12 e 11. A Infotech aplica os padrões contábeis emitidos pelo Instituto dos Contadores Credenciados da Índia e informa seus resultados em milhões de rupias (Rs.) (Adaptado das demonstrações financeiras da Infosys Limited.)

Figura 4.1

Hathway Atlantic Airways Limited
Balanços Patrimoniais
(Valores em milhões de dólares de Hong Kong [HKD])
(Problema 29)

	Ano findo em 31 de dezembro	
	Ano 11	Ano 10
ATIVO E PASSIVO		
Ativo e Passivo Não Circulante		
Ativo Imobilizado	62.388	57.602
Ativo Intangível	7.782	7.749
Investimentos em Coligadas	10.054	8.826
Outros Recebíveis e Investimentos de Longo Prazo	3.519	3.406
	83.743	77.583
Passivo de Longo Prazo	(40.323)	(33.956)
Depósitos Relacionados em Penhor e Garantia	7.833	8.164
Passivo de Longo Prazo, Líquido	(32.490)	(25.792)
Obrigações de Benefícios de Aposentadoria	(268)	(170)
Tributos Diferidos	(6.771)	(6.508)
	(39.529)	(32.470)
Ativos Não Circulantes, Líquidos	44.214	45.113
Ativos e Passivos Circulantes		
Estoques	882	789
Clientes e Outros Recebíveis	11.376	8.735
Fundos Líquidos	21.649	15.624
	33.907	25.148
Parcela Circulante de Passivos de Longo Prazo	(4.788)	(7.503)
Depósitos Relacionados em Penhor e Garantia	910	1.352
Parcela Circulante Líquida de Passivos de Longo Prazo	(3.878)	(6.151)
Fornecedores e Outras Contas a Pagar	(14.787)	(10.999)
Receitas de Transporte Não Realizadas	(6.254)	(4.671)
Tributação	(2.475)	(2.902)
	(27.394)	(24.723)
Ativo Circulante, Líquido	6.513	425
Ativo Líquido	50.727	45.538
CAPITAL E RESERVAS		
Capital Social	788	787
Reservas	49.761	44.599
Recursos Atribuíveis aos Acionistas da Hathway Atlantic	50.549	45.386
Participação de Minoritários	178	152
Total do Patrimônio Líquido	50.727	45.538

Figura 4.2

Infotech Limited
Balanço Patrimonial
Dos Anos 12 e 11
(valores em milhões de rupias [Rs.], (Problema 30)

	Ano findo em 31 de dezembro	
	Ano 12	Ano 11
FONTES DE RECURSOS		
Recursos dos Acionistas		
Capital Social	286	286
Reservas e Excedentes	13.204	10.876
	13.490	11.162
APLICAÇÃO DOS RECURSOS		
Ativo Fixo		
Custo original	4.508	3.889
Menos: Depreciação acumulada	1.837	1.739
Valor contábil líquido	2.671	2.150
Mais: Construções em andamento	1.260	957
	3.931	3.107
Investimentos	964	839
Ativos de Tributos Diferidos	99	79
Ativos Circulantes, Empréstimos e Adiantamentos		
Devedores diversos	3.093	2.292
Saldos de caixa e bancos	6.429	5.470
Empréstimos e adiantamentos	2.705	1.199
	12.227	8.961
***Menos*: Passivos Circulantes e Provisões**		
Passivo Circulante	1.483	1.162
Provisões	2.248	662
Ativo Circulante, Líquido	8.496	7.137
	13.490	11.162

a. Prepare um balanço patrimonial da Infotech em ambos os anos segundo o formato e a terminologia usados pelas empresas que aplicam U.S. GAAP.

b. Elabore um balanço patrimonial da Infotech em ambos os anos segundo o formato e a terminologia comumente usados pelas empresas que aplicam IFRS.

31. **Formato do balanço, terminologia e métodos contábeis.** A **Figura 4.3** mostra o balanço patrimonial preparado pela Svenson, uma empresa sueca de telecomunicações, para os Anos 7 e 6. A Svenson aplica IFRS e informa seus resultados em milhões de coroas suecas (SEK). Além dos itens apresentados no balanço da Svenson, suponha que as informações hipotéticas a seguir são do seu conhecimento. (Adaptado das demonstrações financeiras da Ericsson.)

- No Ano 7, a Svenson reavaliou um terreno com custo de aquisição de SEK 300 milhões para seu valor justo atual de SEK 1.200 milhão.

- No Ano 7, a Svenson deu baixa em equipamentos com valor contábil de SEK 2.400 milhões pelo seu valor justo de SEK 1.600 milhão.

- Incluída nas provisões atuais do Ano 7 está uma perda estimada de uma ação judicial que uma empresa iniciou alegando infração a uma patente. A Svenson estima a seguinte escala de resultados dessa ação judicial: 10% de chances de perda de SEK 6.000 milhões, 10% de chance de perda de SEK 2.400 milhões, 30% de chance de perda de SEK 500 milhões, 10% de chance de perda de SEK 40 milhões e 40% de chance de perda zero.

Prepare um balanço patrimonial da Svenson no Ano 7 segundo o formato, a terminologia e os métodos contábeis requeridos pelo U.S. GAAP. Ignore os efeitos da tributação sobre o lucro e quaisquer revisões dos valores informados.

Figura 4.3

Svenson
Balanço Patrimonial
Dos Anos 7 e 6
(Valores em milhões de coroas suecas [SEK]) (Problema 31)

	31 de dezembro	
	Ano 7	Ano 6
ATIVO		
Ativo Não Circulante		
Ativo Intangível		
Custos de desenvolvimento capitalizados	3.661	4.995
Goodwill	22.826	6.824
Direitos de propriedade intelectual, marcas e outros ativos intangíveis	23.958	15.649
Imobilizado	9.304	7.881
Ativos financeiros		
Capital em joint ventures e coligadas	10.903	9.409
Outros investimentos em ações e participações	738	721
Financiamento a clientes, não circulante	1.012	1.921
Outros ativos financeiros, não circulantes	2.918	2.409
Ativos de tributos diferidos	11.690	13.564
	87.010	63.373
Ativo circulante		
Estoques	22.475	21.470
Contas a receber de clientes	60.492	51.070
Financiamento a clientes, circulante	2.362	1.735
Outros recebíveis, circulantes	15.062	15.012
Investimentos de curto prazo	29.406	32.311
Caixa e equivalentes de caixa	28.310	29.969
	158.107	151.567
Total do ativo	245.117	214.940
PATRIMÔNIO LÍQUIDO E PASSIVO		
Patrimônio líquido		
Patrimônio líquido	134.112	120.113
Participação minoritária no patrimônio líquido de subsidiárias	940	782
	135.052	120.895
Passivo não circulante		
Benefícios de pós-emprego	6.188	6.968
Provisões, não circulantes	368	602
Passivos de tributos diferidos	2.799	382
Empréstimos, não circulantes	21.320	12.904
Outros passivos não circulantes	1.714	2.868
	32.389	23.724
Passivo circulante		
Provisões, circulantes	9.358	13.280
Empréstimos, circulantes	5.896	1.680
Fornecedores a pagar	17.427	18.183
Outros passivos circulantes	44.995	37.178
	77.676	70.321
Total do patrimônio líquido e passivo	245.117	214.940

32. **Formato do balanço, terminologia e métodos contábeis.** A **Figura 4.4** apresenta o balanço patrimonial da Paul Loren Company nos Anos 10 e 9. Esse balanço adota o formato e os métodos contábeis do padrão U.S. GAAP, e a Paul Loren informa seus resultados em milhões de dólares norte-americanos (US$). (Adaptado das demonstrações contábeis da Polo Ralph Lauren.)

Além dos itens divulgados no balanço da Paul Loren, suponha que as seguintes informações hipotéticas são do seu conhecimento:

- No Ano 10, a Paul Loren reavaliou um prédio com custo de aquisição de $ 200 milhões, reduzindo-o para seu valor justo atual de US$ 182 milhões.

Figura 4.4

Paul Loren Company
Balanços Patrimoniais
Dos Anos 10 e 9
(Valores em milhões de dólares norte-americanos [US$]) (Problema 32)

	Ano 10	Ano 9
ATIVO		
Ativo Circulante		
Caixa e equivalentes de caixa	563,1	481,2
Investimentos de curto prazo	584,1	338,7
Contas a receber, líquido de provisão para créditos de liquidação duvidosa de $ 206,1 e $ 190,9 milhões	381,9	474,9
Estoques	504,0	525,1
Ativos de tributos diferidos	103,0	101,8
Adiantamentos de despesas e outros	139,7	135,0
Total do Ativo Circulante	2.275,8	2.056,7
Investimentos não circulantes	75,5	29,7
Imobilizado, líquido	697,2	651,6
Ativos de tributos diferidos	101,9	102,8
Goodwill	986,6	966,4
Ativos intangíveis, líquidos	363,2	348,9
Outros ativos	148,7	200,4
Total do Ativo	4.648,9	4.356,5
PASSIVO E PATRIMÔNIO LÍQUIDO		
Passivo Circulante		
Contas a pagar	149,8	165,9
Tributos sobre o lucro a pagar	37,8	35,9
Despesas a pagar e outros	559,7	472,3
Total do Passivo Circulante	747,3	674,1
Dívida de Longo Prazo	747,3	674,1
Passivos de Tributos Diferidos	282,1	406,4
Outros Passivos Não Circulantes	126,0	154,8
Total do Passivo	1.902,7	1.909,4
PATRIMÔNIO LÍQUIDO		
Classe A: ações ordinárias, valor nominal $ 0,01 por ação; 75,7 milhões e 72,3 milhões de ações emitidas; 56,1 e 55,9 milhões de ações em circulação	0,8	0,7
Classe B: ações ordinárias, valor nominal $ 0,01 por ação; 42,1 milhões e 43,3 milhões de ações emitidas e em circulação	0,4	0,4
Ágio na emissão de ações	1.243,8	1.108,4
Lucros acumulados	2.544,9	2.177,5
Ações em tesouraria, Classe A, pelo custo (19,6 milhões e 16,4 milhões de ações)	(1.197,7)	(966,7)
Outros resultados abrangentes acumulados	154,0	126,8
Total do Patrimônio Líquido	2.746,2	2.447,1
Total do Passivo e Patrimônio Líquido	4.648,9	4.356,5

- No ano 10, a Paul Loren reavaliou os estoques com custo de aquisição de $ 135 milhões, aumentando-o para seu valor justo atual de $ 165 milhões.
- Incluída nas contingências e provisões do Ano 10 está uma ação judicial aberta contra a Paul Loren por quebra de um contrato. A Paul Loren estima a seguinte escala de resultados dessa ação judicial: 70% de chance de danos de US$ 100 milhões, 20% de chance de danos de $ 500 milhões e 10% de chance de danos de US$ 1 bilhão.

a. Prepare um balanço patrimonial da Paul Loren no Ano 10 segundo o formato, a terminologia e os métodos contábeis requeridos pelos U.S. GAAP. Ignore os efeitos dos tributos sobre o lucro e quaisquer revisões dos valores informados.

b. Qual seria a diferença da sua resposta à parte **a** se a Paul Loren utilizasse as IFRS?

Capítulo 5

Demonstração do resultado: informação dos resultados das atividades operacionais

A demonstração do resultado informa o **lucro líquido** (ou **prejuízo líquido**) referente a um período, como um trimestre ou um ano. O lucro líquido (também chamado de **resultado líquido**) corresponde às receitas menos as despesas, mais ganhos menos perdas[1]. Este capítulo enfoca as receitas e as despesas. As **receitas** refletem o aumento do patrimônio líquido resultante do aumento nos ativos líquidos (ativos menos passivos) que uma empresa recebe dos seus clientes ao vender produtos ou prestar serviços. As **despesas** refletem a diminuição do patrimônio líquido resultante da redução dos ativos líquidos consumidos para gerar receitas. Como medida de desempenho, as receitas refletem o valor dos produtos vendidos ou serviços prestados pela empresa, e as despesas refletem os esforços necessários para criar e entregar esses produtos e serviços. Os usuários das demonstrações financeiras analisam o lucro líquido porque ele sintetiza o quanto uma empresa é bem-sucedida em transformar esforços (despesas) em produtos e serviços vendáveis (receitas), com maior lucro líquido indicando melhor desempenho.

Este capítulo considera os princípios de mensuração e procedimentos contábeis subjacentes ao reconhecimento das receitas e despesas. Nossa abordagem foca o reconhecimento simples da receita[2]. Também discutimos as maneiras típicas com que as demonstrações do resultado classificam e apresentam itens. Concluímos com a confrontação entre o resultado abrangente e o lucro líquido.

OBJETIVOS DE APRENDIZAGEM

1. Compreender as classificações das receitas e das despesas na demonstração do resultado.
2. Entender o momento do reconhecimento da receita e da despesa e sua mensuração.
3. Aprender o conceito de resultado abrangente e a relação entre lucro líquido e resultado abrangente.

---

1. O FASB usa o termo *earnings* no *Statement of Financial Accounting Concepts No. 5*, "Recognition and Measurement in Financial Statements of Business Enterprises", 1984, por exemplo, no par. 33-34. O IASB usa o termo *profit* no *International Accounting Standard 1*, "Presentation of Financial Statements", revisto em 2003, por exemplo, no par. 82-88. Muitos preparadores das demonstrações financeiras usam *lucro líquido* ou resultado líquido para se referir a esse conceito, e nós seguiremos essa convenção, com o entendimento de que lucro líquido (*net income*), lucro (*profit*) e lucro ou ganho (*earnings*) se referem ao mesmo item.
2. O **Capítulo 8** contém uma discussão mais detalhada dos critérios usados pelas empresas para decidir quando reconhecer uma receita (tempestividade [*timing*]) e qual o valor da receita a ser reconhecido (mensuração).

CONCEITOS SUBJACENTES E TERMINOLOGIA

O **Capítulo 3** apresenta a demonstração do resultado, uma das principais demonstrações financeiras. A demonstração do resultado também é chamada de *demonstração das operações, demonstração da atividade operacional* ou *demonstração de lucros e perdas*. Diversamente do balanço patrimonial, que apresenta ativos, passivos e patrimônio líquido em um ponto do tempo, a demonstração do resultado reflete os resultados das operações durante um período contábil. O período contábil é o período de tempo decorrido entre o balanço patrimonial inicial e o balanço final. Por exemplo, a **Figura 1.2** mostra a demonstração do resultado da Great Deal dos anos findos em 27 de fevereiro de 2013, 28 de fevereiro de 2012 e 27 de fevereiro de 2011. A demonstração do resultado reflete *mudanças* nos ativos líquidos *durante* o período contábil de um ano entre as duas datas do balanço. Em outras palavras, a demonstração do resultado apresenta uma medida resumida dos incrementos decorrentes das receitas e dos decréscimos decorrentes das despesas que ocorreram *durante* o período contábil. Diversamente, o balanço patrimonial apresenta o *nível* dos ativos, passivos e patrimônio líquido *na data* da divulgação. A equação que relaciona o balanço patrimonial com a demonstração do resultado (discutida no **Capítulo 3**) capta essa distinção:

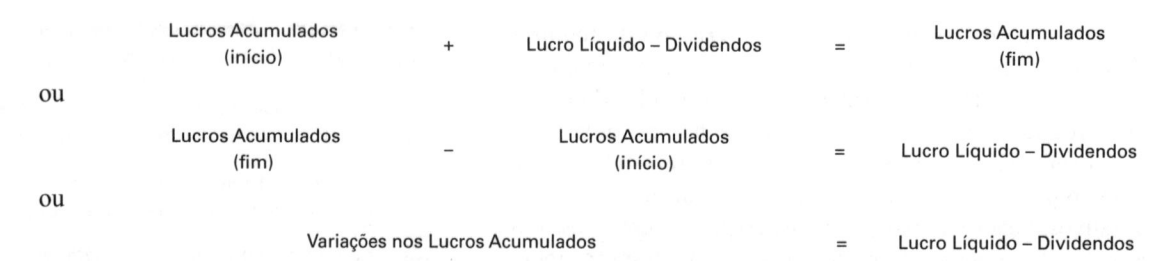

$$\text{Lucros Acumulados (início)} + \text{Lucro Líquido} - \text{Dividendos} = \text{Lucros Acumulados (fim)}$$

ou

$$\text{Lucros Acumulados (fim)} - \text{Lucros Acumulados (início)} = \text{Lucro Líquido} - \text{Dividendos}$$

ou

$$\text{Variações nos Lucros Acumulados} = \text{Lucro Líquido} - \text{Dividendos}$$

Essa equação mostra que a variação nos Lucros Acumulados é igual à variação nos ativos líquidos, que é igual ao lucro líquido ajustado pelos dividendos. No ano findo em 27 de fevereiro de 2013, a Great Deal informa um lucro líquido de US$ 1.317 milhão e dividendos de US$ 234 milhões. Com base na equação anterior, o lucro líquido da Great Deal, subtraídos os dividendos para o exercício de 2012, era de $ 1.083 milhão (= US$ 1.317 milhão − US$ 234 milhões), exatamente a variação nos lucros acumulados entre os exercícios de 2012 e de 2011, calculada pela diferença entre seus balanços patrimoniais (US$ 1.083 milhão = $ 5.797 milhões − US$ 4.714 milhões).

ESTRUTURA DA DEMONSTRAÇÃO DO RESULTADO

Os itens da demonstração do resultado são agrupados por amplas categorias de receitas e despesas. Os requisitos de U.S. GAAP e IFRS para a apresentação da demonstração do resultado são similares, exceto:

- Além da separação entre receitas e despesas, U.S. GAAP provê pouca orientação sobre quais itens a empresa precisa apresentar separadamente e em que ordem. As IFRS requerem a apresentação separada de receitas, custos financeiros (por exemplo, despesas de juros), despesas com tributos sobre o lucro, lucro ou prejuízo do período e alguns outros itens.
- Tanto U.S. GAAP como IFRS requerem a apresentação separada de itens cujo tamanho, natureza ou frequência sejam necessários para expressar o desempenho com precisão.
- Tanto U.S. GAAP como IFRS requerem a apresentação separada de itens relativos a operações descontinuadas[3], bem como a parte do lucro ou prejuízo atribuível à participação dos acionistas minoritários[4].
- As IFRS permitem às empresas apresentar as despesas, seja por natureza, seja por função. O U.S. GAAP omite esse ponto, mas a Securities and Exchange Commission requer que as empresas classifiquem as despesas de acordo com a função[5].

---

3. O **Capítulo 17** aborda as operações descontinuadas.
4. O **Capítulo 14** discute a participação dos minoritários com mais detalhes. A orientação oficial usa o termo "participação de não controladores" (*noncontrolling interest*), mas, na prática, muitas empresas usam o termo "participação de minoritários" (*minority interest*).
5. Todas as demonstrações do resultado mostradas neste livro apresentam as despesas de acordo com a função, como despesas administrativas ou custo dos produtos vendidos. A classificação por natureza agrupa as despesas pela sua finalidade – por exemplo, despesas com remuneração de funcionários ou com seguros.

Para ilustrar as diferenças entre os formatos de demonstrações do resultado, examinamos as demonstrações do resultado da Great Deal (**Figura 1.2** no **Capítulo 1**) e da Thames (**Figura 1.6** no **Capítulo 1**).

Divulgação de receitas

As demonstrações do resultado começam com as receitas. Por isso, os analistas se referem frequentemente ao crescimento da receita como crescimento da "linha de cima" (*top-line growth*). No **Capítulo 3**, definimos *receitas* (ou *vendas* ou *receitas de vendas*) como a entrada de ativos líquidos (por exemplo, caixa ou recebíveis) recebidos em troca do provimento de produtos e serviços. Tanto U.S. GAAP quanto IFRS permitem uma significativa amplitude em relação à possibilidade e à forma de agrupar receitas provenientes de múltiplas linhas de negócios (frequentemente denominadas *segmentos*) na demonstração do resultado. Não há requisito de que uma empresa com muitos segmentos divulgue separadamente na *demonstração do resultado* as receitas de cada segmento[6]. A demonstração do resultado da Great Deal do exercício findo em 27 de fevereiro de 2013 informa receitas de $ 49.694 milhões. A demonstração do resultado do exercício findo em 31 de dezembro de 2013 da Thames informa receitas de € 12.881,5 milhões.

Divulgação de despesas

Imediatamente abaixo das receitas, a Great Deal e a Thames divulgam as informações sobre o custo das vendas. O **custo das vendas** (**custo das mercadorias vendidas, custo dos produtos vendidos ou custo dos serviços prestados**)[7] é o custo dos produtos vendidos e dos serviços providos durante o período. A Great Deal informa custos das mercadorias vendidas de $ 37.534 milhões; a Thames informa custos dos produtos vendidos de € 10.633,4 milhões.

A terminologia comum se refere à diferença entre receita de vendas e custo de vendas como **margem bruta**, **lucro bruto** ou **resultado bruto**. A Great Deal informa um lucro bruto de $ 12.160 milhões. A Thames não divulga esse número, mas podemos calculá-lo como sendo € 2.248,1 milhões (= € 12.881,5 milhões – € 10.633,4 milhões). Nem U.S. GAAP nem IFRS definem o lucro bruto ou requerem sua divulgação na demonstração do resultado. Contudo, como ambos os padrões contábeis requerem a apresentação separada de vendas e custo de vendas, será sempre possível calcular o lucro bruto.

Depois do custo de vendas, a demonstração do resultado tipicamente mostra a dedução das **despesas operacionais**. Além do custo de vendas, dois tipos comuns de despesas operacionais são despesas com vendas, gerais e administrativas (*SG&A – selling, general, and administrative expenses*) e despesas com pesquisa e desenvolvimento (P&D)[8]. A Great Deal informa despesas com vendas, gerais e administrativas de $ 9.873 milhões, enquanto a Thames informa despesas de SG&A de € 1.445,3 milhão (a soma de despesas de marketing e vendas de € 901,9 e despesas gerais e administrativas de € 543,4 milhões), bem como despesas de P&D de € 550,5 milhões.

Subtraindo-se as despesas operacionais do lucro bruto, tem-se o **lucro operacional** ou **resultado operacional**. Nem U.S. GAAP nem IFRS requerem a divulgação separada do lucro operacional. Além disso, nem U.S. GAAP nem IFRS definem *operacional* no contexto da demonstração do resultado; assim, não há uma lista de itens considerados despesas operacionais[9]. Itens classificados como despesa operacional refletem o julgamento dos gestores. A Great Deal e a Thames divulgam lucro operacional de US$ 2.235 milhões e de € 51,8 milhões, respectivamente.

Outros itens (não operacionais) seguem a apresentação das despesas operacionais e do lucro operacional. A maioria das empresas que adotam U.S. GAAP divulgam separadamente custos financeiros, como despesas de juros. As IFRS requerem a apresentação separada dos custos financeiros. Tanto U.S. GAAP como IFRS requerem a apresentação separada de itens importantes que não decorrem dos negócios centrais da empresa. Por exemplo, a venda do edifício sede pode gerar um ganho que aumenta o lucro. Vendê-lo, no entanto, não faz parte do negócio central; assim, esse ganho não seria incluído nas receitas de vendas principais. Em vez disso, seria incluído com

---

6. Tanto U.S. GAAP como IFRS requerem a evidenciação (*disclosure*) de informação seletiva sobre os segmentos de negócios em *notas explicativas* às demonstrações financeiras. A distinção que fazemos aqui é que a demonstração do resultado tipicamente não provê informações sobre os resultados operacionais de segmentos de negócio. O **Capítulo 17** discute a divulgação por segmento.
7. No Brasil, o termo *custo das mercadorias vendidas* é usado para empresas comerciais, *custo dos produtos vendidos* para empresas industriais e *custo dos serviços prestados* para empresas de serviços. (NT)
8. No Brasil, não é comum separar as despesas com pesquisa e desenvolvimento das demais despesas operacionais. Por outro lado, as empresas normalmente apresentam as despesas comerciais ou com vendas em contas separadas das despesas gerais e administrativas. (NT)
9. Contudo, tanto U.S. GAAP como IFRS definem o termo *operacional* para fins da demonstração dos fluxos de caixa.

outros itens não centrais e informado abaixo do lucro operacional, provavelmente como Outras Receitas e Despesas[10].

A lista dos itens não operacionais da Great Deal inclui despesas de juros de $ 94 milhões (que reduzem o lucro) e outros resultados positivos de US$ 54 milhões (que aumentam o lucro). Os itens não operacionais da Thames incluem receitas com juros e despesas de juros, outras receitas e despesas financeiras, e ganhos e perdas ocasionais. O efeito final dos itens não operacionais reduz o lucro da Thames em € 476,1 milhões.

Subtraindo-se as despesas não operacionais do lucro operacional, obtém-se o *lucro antes do imposto de renda* (Lair). Multiplicando-se esse valor pela alíquota dos tributos sobre o lucro, tem-se o valor da *despesa com tributos sobre o lucro* (ou despesa com imposto de renda). Subtraindo-se a despesa com imposto de renda do lucro antes do imposto, tem-se o lucro líquido depois do imposto[11].

Por vezes, uma empresa vende uma parte de suas operações, tal como uma linha de negócios. A contabilidade se refere a essas unidades como *operações descontinuadas*[12] e as distingue das *operações continuadas* da empresa. Tanto U.S. GAAP como IFRS requerem que, na demonstração do resultado, o **lucro das operações continuadas** seja apresentado separado do **lucro das operações descontinuadas.** A apresentação separada ajuda os usuários da demonstração do resultado a prever os lucros futuros. A empresa espera que o lucro das operações continuadas seja recorrente, ao passo que o lucro das operações descontinuadas não ocorrerá novamente. Por motivos semelhantes, o balanço patrimonial apresenta separadamente os ativos e passivos das operações descontinuadas.

Para ilustrar, a **Figura 5.1** mostra a demonstração do resultado da Wheaton Corporation no ano findo em 31 de janeiro de 2013 (exercício de 2012), e a **Figura 5.2** mostra o seu balanço patrimonial para o mesmo exercício. A demonstração do resultado da Wheaton mostra um prejuízo de US$ 79 milhões no exercício de 2012, decorrente de

Figura 5.1

Wheaton Corporation
Demonstração do Resultado Consolidada
(Valores em milhões de dólares (US$))

	Exercícios findos em 31 de janeiro		
	2013	2012	2011
Receitas:			
Vendas líquidas	405.046	401.087	373.821
Mensalidades e outras receitas	3.168	3.287	3.202
	408.214	404.374	377.023
Custos e despesas:			
Custo das mercadorias vendidas	304.657	304.056	284.137
Despesas de vendas, gerais e administrativas	79.607	77.520	70.934
Lucro operacional	23.950	22.798	21.952
Juros:			
Dívida	1.787	1.896	1.863
Arrendamentos financeiros	278	288	240
Receitas de juros	(181)	(284)	(309)
Resultado de juros, líquido	1.884	1.900	1.794
Lucro das operações continuadas antes dos tributos sobre o lucro	22.066	20.898	20.158
Provisão para tributos sobre o lucro:			
Correntes	7.643	6.564	6.897
Diferidos	(504)	581	(8)
	7.139	7.145	6.889
Lucro das operações continuadas	14.927	13.753	13.269
Lucro (prejuízo) das operações descontinuadas, líquidos de tributos	(79)	146	(132)
Lucro líquido consolidado	14.848	13.899	13.137
Menos lucro líquido consolidado atribuível à participação de minoritários	(513)	(499)	(406)
Lucro líquido consolidado atribuível à Wheaton	14.335	13.400	12.731

© Cengage Learning 2014

---

10. No Brasil, essas operações são incluídas em Outras Receitas/Despesas Operacionais, mas esse item é informado antes do lucro operacional, afetando o seu valor. (NT)

11. Discutiremos no **Capítulo 12** como a divulgação financeira apresenta as informações relativas aos tributos sobre a renda.

12. A orientação oficial reserva o termo *operações descontinuadas* para a venda de linhas de negócios inteiras, não de ativos individuais. As definições de operações descontinuadas diferem entre U.S. GAAP e IFRS e são discutidas no **Capítulo 17**.

Demonstração do resultado: informação dos resultados das atividades operacionais

operações descontinuadas. O seu balanço do exercício de 2012 mostra ativos circulantes e passivos circulantes de operações descontinuadas de US$ 140 milhões e US$ 92 milhões, respectivamente. A Wheaton os classifica como itens circulantes porque espera aliená-los dentro de um ano.

Figura 5.2

Wheaton Corporation
Balanços Patrimoniais Consolidados
(Valores em milhões de dólares)

	31 de janeiro	
	2013	2012
ATIVO		
Ativo circulante:		
Caixa e equivalentes de caixa	7.907	7.275
Contas a receber, líquido	4.144	3.905
Estoques	33.160	34.511
Adiantamento de despesas e outros	2.980	3.063
Ativos circulantes de operações descontinuadas	140	195
Total do ativo circulante	48.331	48.949
Imobilizado:		
Terrenos	22.591	19.852
Edifícios e benfeitorias	77.452	73.810
Instalações e equipamentos	35.450	29.851
Equipamentos de transporte	2.355	2.307
Total do imobilizado	137.848	125.820
Menos depreciação acumulada	(38.304)	(32.964)
Imobilizado líquido	99.544	92.856
Imobilizado sob arrendamento financeiro:		
Imobilizado sob arrendamento financeiro	5.669	5.341
Menos depreciação acumulada	(2.906)	(2.544)
Imobilizado sob arrendamento, líquido	2.763	2.797
Goodwill	16.126	15.260
Outros ativos e despesas diferidas	3.942	3.567
Total do ativo	170.706	163.429
PASSIVO E PATRIMÔNIO LÍQUIDO		
Passivo circulante:		
Financiamentos de curto prazo	523	1.506
Fornecedores	30.451	28.849
Outras contas a pagar	18.734	18.112
Imposto de renda a pagar	1.365	677
Dívida de longo prazo com vencimento dentro de um ano	4.050	5.848
Obrigações de *leasing* financeiro com vencimento dentro de um ano	346	315
Passivos circulantes de operações descontinuadas	92	83
Total do passivo circulante	55.561	55.390
Dívida de longo prazo	33.231	31.349
Obrigações de longo prazo de *leasing* financeiro	3.170	3.200
Imposto de renda diferido e outros	5.508	6.014
Direitos resgatáveis de participações de minoritários	307	397
Provisões e contingências	–	–
Patrimônio Líquido		
Ações preferenciais (ao valor nominal de $ 0,10)	–	–
Ações ordinárias (ao valor nominal de $ 0,10)	378	393
Ágio na emissão de ações	3.803	3.920
Lucros acumulados	66.638	63.660
Outros prejuízos abrangentes acumulados	(70)	(2.688)
Total do patrimônio líquido dos acionistas (controladores) da Wheaton	70.749	65.285
Participações de acionistas não controladores	2.180	1.794
Total do patrimônio líquido	72.929	67.079
Total do passivo e patrimônio líquido	170.706	163.429

Este capítulo discute demonstrações do resultado preparadas pela Great Deal e pela Wheaton, que usam U.S. GAAP, e pela Thames, que usa IFRS. Essas descrições ilustram os diversos formatos e nomes de contas usados na demonstração do resultado. Nossa abordagem até agora focou na *apresentação* de itens da demonstração do resultado e deixou várias perguntas sem resposta:

1. Que condições precisam ser preenchidas para que uma empresa registre uma receita ou despesa?
2. Como uma empresa mensura receitas e despesas?

O próximo tópico aborda essas questões.

RECONHECIMENTO E MENSURAÇÃO DA RECEITA

Reconhecimento da receita

Reconhecimento da receita se refere ao momento e à mensuração das receitas. Os gestores aplicam os critérios de reconhecimento da receita para decidir se dada transação resulta no registro de receitas e das despesas a ela relacionadas. O reconhecimento da receita é uma das questões mais complexas da divulgação financeira. Essa complexidade decorre de dois aspectos:

- Primeiro, informações enganosas sobre a receita são uma forma comum de fraude contábil.
- Segundo, as empresas frequentemente juntam produtos e serviços e os vendem mediante acordos de múltiplos elementos. Um exemplo desse acordo é a venda de maquinário com cinco anos de garantia, serviços de instalação, treinamento de empregados e atualização de *software*[13].

Distinguimos receitas, que aumentam os ativos líquidos, de outras transações que aumentam os ativos líquidos, mas não envolvem transação com clientes. Por exemplo, a emissão de ações ordinárias contra dinheiro aumenta os ativos líquidos, mas não gera receita. As receitas são constituídas por trocas de bens e serviços por ativos que são inerentes às operações centrais da empresa.

Também distinguimos receitas de **ganhos** e despesas de **perdas**. Anteriormente neste capítulo, abordamos a venda do edifício sede com um ganho. O ganho significa que o dinheiro e outros ativos recebidos são superiores ao valor contábil do edifício no momento da venda. O ganho aumenta os ativos líquidos e o lucro, mas não decorre de uma transação com um cliente que é inerente às operações centrais da empresa. Por isso, o ganho não é receita operacional. De modo similar, uma perda diminui os ativos líquidos e o lucro líquido, mas não é parte do negócio central da empresa nem das despesas operacionais. Por exemplo, a Thames informa como item não operacional uma perda de € 1,0 milhão na venda de ativos.

O reconhecimento da receita envolve decisões tanto do momento (quando reconhecer uma receita) como de mensuração (o valor da receita a ser reconhecido). Com relação ao momento, a empresa pode reconhecer a receita no momento em que produziu os itens para vender, no momento em que os entregou aos clientes, no momento em que recebeu o dinheiro dos clientes, ou em outro momento. Os U.S. GAAP e as IFRS contemplam critérios de reconhecimento da receita que regem o momento de reconhecimento das receitas[14]. Por enquanto, apresentaremos uma análise simples dos critérios de reconhecimento da receita, a fim de explicar uma característica importante do regime de competência e ilustrar os lançamentos no livro diário para o registro das receitas e despesas. Como um princípio geral do regime de competência, a empresa reconhece uma receita quando a transação atende a duas condições:

I. O vendedor entregou todos (ou quase todos) os bens e serviços que concordou em prover.
II. O vendedor recebeu dinheiro ou outro ativo que ele pode converter em dinheiro; por exemplo, uma conta a receber.

O critério I foca no desempenho do vendedor. As empresas reconhecem receitas em muitas vendas de bens e serviços no momento da venda, pois geralmente é nesse momento que o vendedor entrega todos os bens e serviços. Mesmo que alguns itens permaneçam não realizados (por exemplo, promessas de prover serviços de

---

13. Discutiremos questões de reconhecimento e mensuração de acordos de múltiplos elementos no **Capítulo 8**.
14. O **Capítulo 8** aborda esses critérios.

garantia e de aceitar devoluções de clientes), o vendedor pode reconhecer receitas desde que tenha cumprido substancialmente suas obrigações com o cliente e o vendedor possa medir razoavelmente o custo dos itens não realizados.

O critério II foca a mensuração do valor em dinheiro que o vendedor finalmente receberá. O preço de troca entre o cliente e o vendedor representa os ativos trocados pelo cliente pelos bens e serviços e proporciona a medida da receita.

Aplicação do reconhecimento da receita

Para entender os critérios de reconhecimento da receita e sua importância para a informação financeira, consideraremos vários exemplos de transações que envolvem a venda de produtos e serviços. Essas transações poderão, ou não, resultar no reconhecimento de receitas.

Exemplo 1. A Great Deal vendeu uma televisão por $ 1.000 a um cliente que pagou em dinheiro. Como a televisão está em promoção, cliente não pode devolvê-la nem trocá-la. A Great Deal recebeu em dinheiro; assim, a transação atende ao critério II. Ela também preenche o critério I porque a Great Deal não tem obrigações adicionais após a compra da televisão pelo cliente. A empresa reconheceria a receita dessa transação e faria o seguinte lançamento no livro diário[15]:

Caixa 1.000
    Receita de Vendas 1.000

Ativos	=	Passivos	+	Patrimônio Líquido	(Classificação)
+1.000				+1.000	DRE → Lucros Ac.

Venda de mercadorias por $ 1.000 em dinheiro.

Exemplo 2. A Great Deal vendeu uma televisão por $ 1.000 a um cliente que pagou com um cartão de crédito da Great Deal. Como a televisão está em promoção, cliente não pode devolvê-la nem trocá-la. A Great Deal recebeu uma promessa de pagamento em dinheiro (uma conta a receber); assim, a transação atende ao critério II[16]. Ela também preenche o critério I porque a Great Deal não tem obrigações adicionais. A empresa reconheceria a receita dessa transação e faria o seguinte lançamento no livro diário:

Contas a Receber (Clientes) 1.000
    Receita de Vendas 1.000

Ativos	=	Passivos	+	Patrimônio Líquido	(Classificação)
+1.000				+1.000	DRE → Lucros Ac.

Venda de mercadorias por $ 1.000 a prazo.

Exemplo 3. A Great Deal vende vales-presente. Ela tem um passivo porque prometeu prover a mercadoria ao detentor do vale-presente até o valor do vale-presente. Suponha que os vales-presente expirem em cinco anos após a data de emissão, de modo que a Great Deal não tem mais a obrigação de prover a mercadoria depois da data de expiração. Se a Great Deal vende um vale-presente de US$ 1.000 no primeiro dia de um exercício contábil, ela espera entregar a mercadoria prometida nos próximos 60 meses. A Great Deal recebeu US$ 1.000 em caixa; assim, a transação preenche o critério II. Contudo, a empresa não atende ao critério I. Ela incorreu em uma obrigação de US$ 1.000 a cumprir no futuro[17]. No momento da compra do vale-presente, a Great Deal faria o seguinte lançamento no livro diário:

---

15. A Great Deal também reconheceria o custo das mercadorias vendidas quando ela reconhece a receita. Discutiremos adiante, neste capítulo, os lançamentos de custos das vendas no livro diário.
16. Retornaremos à mensuração de contas a receber no **Capítulo 8**, quando levantaremos a questão dos clientes que podem não pagar.
17. Esse é um exemplo de obrigação de cumprimento diferido. As obrigações de cumprimento diferido serão discutidas no **Capítulo 8**.

Caixa					1.000	
Adiantamento de Clientes¹						1.000
Ativos	=	Passivos	+	Patrimônio Líquido	(Classificação)	
+1.000		+1.000			DRE → Lucros Ac.	
No momento da compra do vale-presente, para registrar sua venda à vista.						

A Great Deal não reconhece a receita no momento em que ela vendeu o vale-presente, mas quando entrega a mercadoria ao detentor do vale. Se o detentor do vale usá-lo para comprar um monitor de computador por $ 700, a Great Deal fará o seguinte lançamento no diário para reconhecer a receita:

Adiantamento de Clientes					700	
Receita de Vendas						700
Ativos	=	Passivos	+	Patrimônio Líquido	(Classificação)	
		−700		+700	DRE → Lucros Ac.	
No momento da venda do monitor de computador, para reconhecer a venda.						

Na data de expiração do vale-presente, a Great Deal reconheceria o valor remanescente do vale com o seguinte lançamento no diário[18]:

Adiantamento de Clientes					300	
Receita de Vendas						300
Ativos	=	Passivos	+	Patrimônio Líquido	(Classificação)	
		−300		+300	DRE → Lucros Ac.	
Para reconhecer a receita de porção não utilizada de vale-presente no final de 60 meses, quando ele expirou.						

Exemplo 4. Outro comprador de vale-presente pagou-o com um cartão de crédito da Great Deal. A única diferença é que o ativo que a Great Deal recebeu é uma conta a receber, não dinheiro. Assim, o lançamento no livro diário relativo a essa receita é o mesmo apresentado no **Exemplo 3**, exceto que o primeiro lançamento mostra um débito no Caixa em vez de um débito em Contas a Receber:

Contas a Receber (Clientes)					1.000	
Adiantamentos de Clientes						1.000
Ativos	=	Passivos	+	Patrimônio Líquido	(Classificação)	
+1.000		+1.000				
No momento da venda do vale-presente, para registrar a venda dele a prazo.						

---

18. Se o detentor do vale-presente deixar de utilizar o valor total de US$ 1.000 até a data de expiração, a Great Deal reconhecerá como receita o valor remanescente do vale. Esse tratamento é um dos diversos tratamentos possíveis para saldos não utilizados de vales-presente. Neste exemplo, há uma clara data de expiração. Alguns vales-presente não têm data de expiração e alguns estados nos Estados Unidos têm leis que especificam uma duração mínima de vales-presente ou proíbem sua expiração. Depois de algum tempo, que varia conforme as leis estaduais, o valor não utilizado de um vale-presente torna-se uma propriedade não reclamada, a qual pode reverter para a empresa ou para o governo, dependendo da lei estadual. Na prática, muitos varejistas americanos estabelecem suas operações de vales-presente em estados cujas leis lhes permitem reter os saldos não utilizados dos vales-presente.

Em ambos os **Exemplos, 1** e **3**, a Great Deal recebe dinheiro de um cliente; assim, as duas transações atendem ao critério II. A transação no **Exemplo 1** também atende ao critério I porque o cliente tem a posse da televisão, ao passo que a transação no **Exemplo 3** não satisfaz o critério I até que o cliente use o vale-presente. Por isso, a Great Deal reconhece a receita no **Exemplo 1**, mas não no **Exemplo 3**. Nos **Exemplos 2** e **4**, a Great Deal não recebeu dinheiro do cliente. Mesmo assim, em ambos os casos, as transações preenchem o critério II, pois a Great Deal espera coletar em dinheiro a conta a receber. A transação no **Exemplo 2** também atende ao critério I porque o cliente toma posse da televisão. Já a transação no **Exemplo 4** não satisfaz o critério I. Por isso, a Great Deal reconhece a receita no **Exemplo 2**, mas não no **Exemplo 4**. Os **Exemplos** de 1 a 4 ilustram um conceito importante do regime contábil de competência – o momento de recebimento do dinheiro de um cliente não afeta o momento de reconhecimento da receita. O que importa é se o vendedor recebeu ativos que ele pode converter em dinheiro e se ele cumpriu as suas obrigações de entregar bens e serviços.

Mensuração da receita

A empresa vendedora mensura a receita pelo valor do caixa ou equivalentes de caixa dos ativos não caixa que ela recebe dos clientes. Esse valor é, tipicamente, o preço de troca entre comprador e vendedor no momento da venda. Contudo, se a empresa não cumprir todas as suas obrigações, ela precisará ajustar o preço de troca para refletir as obrigações não cumpridas.

RECONHECIMENTO E MENSURAÇÃO DA DESPESA

Momento da mensuração da despesa

Os ativos provêm benefícios futuros e as despesas medem o consumo desses benefícios. O momento do **reconhecimento da despesa** enfoca *quando* a empresa consome os benefícios. A questão fundamental é: "Quando a empresa consome os benefícios de um ativo?" Isto é, quando o ativo deixa o balanço patrimonial e se torna uma despesa na demonstração do resultado?

Balanço Patrimonial	Demonstração do Resultado
Ativos ⟶	Despesas (que reduzem o lucro líquido e os lucros cumulados no balanço patrimonial)

Critérios para o reconhecimento da despesa

A empresa reconhece uma despesa se uma das duas seguintes condições se sustenta:

1. *O consumo de um ativo resulta de uma transação que leva ao reconhecimento de uma receita.* Por exemplo, o reconhecimento da receita de venda de mercadorias consome os benefícios do ativo Estoque e resulta em um aumento da despesa chamada Custo das Mercadorias Vendidas. O valor dessa despesa é determinado pelos **custos de produtos** associados ao estoque. Essa confrontação do custo do item vendido com a receita da venda (chamada de **convenção da confrontação**) vincula o momento do reconhecimento de algumas despesas ao reconhecimento da receita.
2. *O consumo do ativo resulta da passagem do tempo.* Por exemplo, a empresa consome benefícios do seu aluguel mensal de um armazém no mês atual. Por isso, ela informa o custo como parte das suas **despesas de período** desse mês. A maior parte das despesas administrativas são despesas do período.

Reconhecimento do custo de produtos

Um vendedor de produtos pode, facilmente, confrontar o consumo dos benefícios do ativo vendido com as receitas de sua venda. Especificamente, no momento da venda e do reconhecimento da receita, o estoque deixa o balanço patrimonial do vendedor. Este reconhece a receita juntamente com a redução do estoque e registra o custo das mercadorias vendidas como despesa pelo mesmo valor da diminuição do estoque[19].

---
19. Discutiremos a contabilização do estoque no **Capítulo 9**.

Reconhecimento das despesas de período

Muitos gastos beneficiam períodos contábeis e não se vinculam a transações específicas de receitas. Exemplos comuns são o custo de gerenciar a empresa, incluindo o salário do presidente, custos da contabilidade e dos sistemas de informação e atividades de suporte como serviços legais, treinamento de funcionários e planejamento corporativo. Esses *custos administrativos* não são diretamente relacionados aos produtos produzidos ou vendidos. A empresa reconhece esses custos como despesas quando ela consome seus benefícios no período. Ela os trata, portanto, como despesas de período.

Outro exemplo de despesa de período é o custo de marketing ou de vendas do produto, por exemplo, salários e comissões da equipe de vendas e os custos de produzir catálogos. A empresa reconhece esses custos como despesas no período no qual ela os consome.

Mensuração da despesa

As despesas mensuram o consumo de ativos durante um período contábil; assim, a base de mensuração da despesa é a mesma da mensuração do ativo consumido. Se a empresa mensura um ativo pelo custo de aquisição no balanço patrimonial, ela também medirá as despesas pelo custo de aquisição do ativo consumido. Os **Exemplos 5** e **6** ilustram os conceitos de custo de produto, despesas de período e mensuração da despesa.

Exemplo 5. No **Exemplo 1**, a Great Deal vendeu uma televisão por $ 1.000 em dinheiro. Conforme o **Exemplo 1**, a Great Deal reconhece a receita dessa transação, o que resulta no seguinte lançamento:

Caixa 1.000
　Receita de Vendas 1.000

Ativos	=	Passivos	+	Patrimônio Líquido	(Classificação)
+1.000				+1.000	DRE → Lucros Ac.

Venda de mercadoria por $ 1.000.

A Great Deal precisa mostrar também a despesa associada com a televisão vendida. Se a Great Deal tivesse comprado a televisão por $ 650, ela registraria o seguinte lançamento no livro diário para reconhecer a despesa associada à sua venda:

Custo das Mercadorias Vendidas 650
　Estoque 650

Ativos	=	Passivos	+	Patrimônio Líquido	(Classificação)
−650				−650	DRE → Lucros Ac.

Para registrar a redução do estoque associada à venda da mercadoria.

Essa transação afeta a demonstração do resultado da Great Deal. Ela também afeta o balanço patrimonial quando as contas de receita e despesa são encerradas na conta Lucros Acumulados. A parte da receita da transação aumenta Lucros Acumulados em US$ 1.000 e a parte da despesa diminui Lucros Acumulados em US$ 650. O efeito líquido aumenta Lucros Acumulados em US$ 350 (antes dos impostos). Os ativos líquidos também aumentam em US$ 350, resultado do aumento de US$ 1.000 no caixa e da diminuição de US$ 650 no estoque.

Exemplo 6. A Great Deal imprime e envia pelo correio anúncios aos seus clientes preferenciais antes dos eventos anuais de vendas. Suponha que esses gastos totalizam $ 2 milhões por ano. Embora os gestores da Great Deal acreditem que gastar essa quantia para promover eventos de vendas aumentará a margem bruta em pelo menos US$ 2 milhões, eles não conseguem estabelecer um nexo causal entre um gasto promocional e a venda de um item específico. Consequentemente, a Great Deal trata os custos da promoção como despesas de período no período em que eles foram incorridos.

Demonstração do resultado: informação dos resultados das atividades operacionais

Despesas com Propaganda e Promoções						2.000.000	
Caixa							2.000.000

Ativos	=	Passivos	+	Patrimônio Líquido	(Classificação)
– 2.000.000				– 2.000.000	DRE → Lucros Ac.

Para registrar $ 2 milhões de custos de propaganda e promoção.

PROBLEMA 5.1 — PARA APRENDIZAGEM

Reconhecimento da receita e da despesa. A Crandall SA adota o regime de competência e reconhece as receitas no momento em que vende produtos ou presta serviços. Em cada transação, indique o valor da receita ou despesa que a Crandall reconhece *em abril* e mostre os lançamentos no livro diário que a Crandall faria *em abril*.

a. Recebe € 15.000 em dinheiro de clientes em abril pelas mercadorias vendidas e entregues em março. O custo das mercadorias para a empresa foi de € 8.000.

b. Vende mercadorias a clientes em abril no valor de € 24.500 à vista. As mercadorias custaram € 6.500 para a empresa.

c. Vende a clientes, a prazo, mercadorias por € 105.000. A empresa espera receber o dinheiro em maio. As mercadorias custaram € 82.000 para a empresa quando ela as comprou do fornecedor no mês anterior. A empresa ainda não efetuou o pagamento ao fornecedor.

d. Paga a fornecedores € 45.000 em abril por mercadorias recebidas de fornecedores e vendidas a clientes em março por € 109.000.

e. Paga a fornecedores € 50.000 em abril por mercadorias recebidas dos fornecedores e vendidas a clientes em abril. A Crandall vendeu as mercadorias por € 90.400.

f. Recebe de fornecedores e vende a clientes, em abril, mercadorias que custaram € 20.000. O preço de venda das mercadorias para o cliente foi de € 38.000, tudo a prazo. A empresa espera pagar os fornecedores em maio.

g. Recebe de fornecedores em abril mercadorias que custaram € 101.000 e que a empresa espera pagar em maio. A empresa também espera vendê-las em maio por € 124.000.

h. Recebe € 26.500 de clientes por mercadorias que a empresa entregará em maio. A empresa ainda não tem as mercadorias e espera adquiri-las em maio por € 23.000.

RESULTADO ABRANGENTE

Os tópicos anteriores deste capítulo abordaram o reconhecimento e a mensuração de receitas e despesas que resultam em lucro líquido. A venda de produtos e a prestação de serviços aos clientes aumentam (diminuem) tanto os ativos líquidos como os lucros acumulados no valor do lucro (ou prejuízo) líquido.

U.S. GAAP e IFRS requerem que, em alguns casos, as empresas alterem o valor contábil de certos ativos e passivos. Ambos os conjuntos de normas contábeis excluem a possibilidade de reconhecimento dessas alterações no lucro líquido e, portanto, nos lucros acumulados. Em vez disso, as empresas devem reconhecer essas mudanças em **outros resultados abrangentes (ORA)**. Capítulos posteriores abordam os itens que requerem esse tratamento contábil. Por enquanto, apresentaremos o conceito de ORA e de Outros Resultados Abrangentes Acumulados (ORAA).

Exemplo 7. Suponha que U.S. GAAP e IFRS exigem que as empresas reduzam a mensuração de um ativo de US$ 10 milhões para US$ 8 milhões em decorrência de eventos econômicos. As regras contábeis especificam, além disso, que a empresa deve incluir os $ 2 milhões de diminuição dos ativos líquidos (= US$ 10 milhões – US$ 8 milhões) em ORA, e não no lucro líquido. A empresa faria o seguinte lançamento:

Outros Resultados Abrangentes (Diminuição no Valor de um Ativo)	2.000.000	
Ativo		2.000.000

A soma do Lucro Líquido com Outros Resultados Abrangentes é o **resultado abrangente**, o qual inclui todas as mudanças nos ativos líquidos do período, exceto as originadas de transações com os proprietários[20].

---

20. Transações típicas com proprietários incluem dividendos, emissões de ações e recompra de ações.

> Lucro Líquido + Outros Resultados Abrangentes = Resultado Abrangente

Tanto U.S. GAAP como IFRS exigem que as empresas informem o efeito cumulativo de outros resultados abrangentes na conta do balanço patrimonial chamada de **Outros Resultados Abrangentes Acumulados (ORAA)**. Outros Resultados Abrangentes Acumulados acumulam Outros Resultados Abrangentes ao longo do tempo, do mesmo modo que Lucros Acumulados acumulam Lucro Líquido menos dividendos ao longo do tempo. ORAA é um componente do patrimônio líquido.

Lucros Acumulados (inicial)	+	Lucro Líquido − Dividendos	=	Lucros Acumulados (final)
Outros Resultados Abrangentes Acumulados (inicial)	+	Outros Resultados Abrangentes	=	Outros Resultados Abrangentes Acumulados (final)

Tanto U.S. GAAP como IFRS requerem que as empresas apresentem os itens que estão incluídos em Outros Resultados Abrangentes. As empresas podem escolher dois formatos[21]:

1. Uma demonstração única do resultado abrangente que mostra *todas* as mudanças nos ativos líquidos. Essa demonstração inclui tanto o Lucro Líquido como Outros Resultados Abrangentes.
2. A apresentação de duas demonstrações: uma demonstração do resultado e outra separada do resultado abrangente.

RESUMO

O lucro líquido de um período é a diferença entre as receitas de vendas de bens e serviços e as despesas incorridas para gerar essas receitas, somadas a certos ganhos e perdas do período. U.S. GAAP e IFRS requerem o regime de competência, que separa o reconhecimento da receita do recebimento de caixa. Um vendedor reconhece receitas quando ele cumpre suas obrigações para com o cliente e quando ele recebe caixa ou um ativo que é convertível em caixa. A empresa confronta as receitas reconhecidas com os custos dos produtos vendidos (custos de produto). A despesa resultante é o custo das mercadorias vendidas. A empresa reconhece outras despesas do período em que ela consome os benefícios dos ativos (despesas de período).

SOLUÇÕES DOS PROBLEMAS PARA APRENDIZAGEM

Solução sugerida para o problema 5.1
(Reconhecimento da receita e da despesa)

a. A Crandall não reconhece nem receitas nem despesas em abril. A empresa faz um lançamento no livro diário em abril para reconhecer o caixa recebido por vendas feitas em março:

Caixa	15.000	
Contas a Receber		15.000

---

21. Em 2011, o FASB emitiu a ASU (*Accounting Standards Update* [NT]) No. 2011-05, *Presentation of Comprehensive Income*, atualizando a ASC 220. A ASU no. 2011-05 dispõe sobre essa escolha de dois formatos. A orientação entra em vigor para os exercícios iniciando em 31 de dezembro de 2011. Antes dessa orientação, as firmas que adotavam U.S. GAAP também tinham a opção de apresentar itens de Outros Resultados Abrangentes como parte da demonstração das mutações do patrimônio líquido.

b. Em abril, a Crandall reconhece receitas de € 24.500 e despesas de € 6.500.

Caixa	24.500	
Receita de Vendas		24.500
Custo das Mercadorias Vendidas	6.500	
Estoque de Mercadorias		6.500

c. Em abril, a Crandall reconhece receitas de € 105.000 e despesas de € 82.000.

Contas a Receber	105.000	
Receita de Vendas		105.000
Custo das Mercadorias Vendidas	82.000	
Estoque de Mercadorias		82.000

d. A Crandall não reconhece nem receitas nem despesas em abril. A empresa faz o seguinte lançamento no livro diário em abril para reconhecer o caixa pago a fornecedores:

Fornecedores	45.500	
Caixa		45.500

e. Em abril, a Crandall reconhece receitas de € 90.400 e despesas de € 50.000.

Estoque de Mercadorias	50.000	
Caixa		50.000
Caixa	90.400	
Receita de Vendas		90.400
Custo das Mercadorias Vendidas	50.000	
Estoque de Mercadorias		50.000

f. Em abril, a Crandall reconhece receitas de € 38.000 e despesas de € 20.000.

Estoque de Mercadorias	20.000	
Fornecedores		20.000
Contas a Receber	38.000	
Receita de Vendas		38.000
Custo das Mercadorias Vendidas	20.000	
Estoque de Mercadorias		20.000

g. A Crandall não reconhece nem receitas nem despesas em abril. A empresa faz o seguinte lançamento no livro diário em abril para reconhecer o recebimento de mercadorias e a obrigação de pagar por elas:

Estoque de Mercadorias	101.000	
Fornecedores		101.000

h. A Crandall não reconhece nem receitas nem despesas em abril. A empresa faz o seguinte lançamento no livro diário em abril para reconhecer o recebimento de caixa dos clientes e a obrigação em que ela incorre de entrega futura das mercadorias:

Caixa	26.500	
Adiantamentos de Clientes		26.500

PRINCIPAIS TERMOS E CONCEITOS

Convenção da confrontação
Custo de produtos
Custo dos produtos vendidos, custo dos serviços prestados
Despesas
Despesas de período
Despesas operacionais
Ganhos
Lucro
Lucro líquido e prejuízo líquido
Lucro operacional

Margem bruta, lucro bruto
Outros resultados abrangentes (ORA)
Outros resultados abrangentes acumulados (ORAA)
Perdas
Receitas
Reconhecimento da despesa
Reconhecimento da receita
Resultado abrangente
Resultado das operações continuadas
Resultado das operações descontinuadas

QUESTÕES, EXERCÍCIOS E PROBLEMAS

Questões

1. Reveja o significado dos **Principais Termos e Conceitos.**
2. "A mensuração dos ativos e passivos se relaciona estreitamente com a mensuração das receitas e despesas." Explique.
3. Diferencie um custo de uma despesa.
4. Tanto as despesas de juros por empréstimos como os dividendos de ações ordinárias reduzem os ativos líquidos e o patrimônio líquido. Os contadores tratam os juros como uma despesa que impacta o lucro líquido, mas não tratam os dividendos das ações ordinárias como uma despesa. Explique a razão dessa aparente inconsistência.
5. Por que é importante separar o resultado das operações descontinuadas do resultado das operações continuadas na demonstração do resultado?
6. No regime contábil de competência, a empresa reconhece receitas mesmo que ela ainda não tenha recebido o dinheiro. Que critérios as transações de vendas precisam preencher para que o vendedor reconheça receitas antes de receber o dinheiro?
7. Um cliente pagou à empresa, adiantado, por mercadorias que ela entregará no próximo mês. Por que não é permitido à empresa reconhecer a receita quando ela recebe o dinheiro?
8. Por que é importante separar ganhos de receitas?
9. Por que pode ser difícil comparar duas empresas semelhantes em termos dos seus lucros operacionais?
10. Um estudante diz: "É inconcebível para mim que uma empresa possa informar um aumento no lucro líquido e tenha ficado sem caixa". Esclareça essa aparente contradição.

Exercícios

11. **Reconhecimento da receita.** A Neiman Marcus, uma varejista norte-americana, adota o regime de competência e segue o padrão U.S. GAAP. Ela reconhece a receita no momento em que vende a mercadoria. Indique o

valor da receita (se houver) que a empresa reconhece nos meses de fevereiro, março e abril em cada uma das seguintes transações, nas quais a Neiman Marcus:

a. Recebe US$ 800 em dinheiro de um cliente em março por um terno sob medida que a empresa confeccionará e entregará ao cliente em abril.
b. Recebe US$ 2.160 em dinheiro de clientes por refeições que ela servirá no restaurante da empresa em março.
c. Recebe US$ 39.200 em dinheiro de clientes em março por mercadorias vendidas e entregues em fevereiro.
d. Vende a prazo, em março, mercadorias pelas quais a empresa receberá US$ 59.400 em dinheiro em abril.
e. Aluga um espaço da loja a uma agência de viagens por US$ 9.000 por mês, a partir de 1º de março. Recebe US$ 18.000 em dinheiro em 1º de março por dois meses de aluguel.
f. O mesmo que em e, exceto que ela recebe o cheque pelos aluguéis de março e abril em 1º de abril.

12. **Reconhecimento de receita.** A Fonterra Cooperative Group Limited (Fonterra), uma cooperativa de laticínios da Nova Zelândia, adota o regime de competência e reconhece a receita no momento em que vende produtos ou presta serviços. A Fonterra aplica o padrão contábil da Nova Zelândia e divulga seus resultados em milhões de dólares neozelandeses (NZ$). Ao responder esta questão, suponha que a Fonterra adota IFRS. Indique quais das seguintes transações ou eventos dão imediatamente origem ao reconhecimento de uma receita por parte da cooperativa:

a. A Fonterra pasteurizou 13.000 litros de leite que ela entregará a uma cadeia de lojas de alimentos na próxima semana. A Fonterra ainda não entregou o leite nem emitiu a fatura para a loja de alimentos. O preço de venda do leite é NZ$ 26.000.
b. Considere a parte a e suponha que a loja pagou à Fonterra um depósito de NZ$ 5.000 pelo pedido do leite.
c. A Fonterra entregou o leite e emitiu a fatura para a loja, a qual ainda não efetuou o pagamento.
d. Um dia após a entrega, a loja telefonou para a Fonterra e informou que precisou descartar 3 mil litros de leite porque ele teria se estragado antes da entrega. A loja se recusa a pagar por esses 3 mil litros.
e. A Fonterra gastou NZ$ 10 milhões para desenvolver uma técnica que transforma um derivado de caseína (uma proteína encontrada no leite e no queijo) em etanol. A Fonterra espera usar essa técnica para gerar vendas de, pelo menos, NZ$ 2 milhões no próximo ano.
f. Considere a parte e e suponha que a Fonterra assinou contratos no valor de $ 400 milhões para vendas de etanol.

13. **Reconhecimento de despesa.** A Sun Microsystems adota o regime de competência e reconhece a receita no momento em que ela vende produtos ou presta serviços. Ela aplica o padrão U.S. GAAP e divulga seus resultados em milhões de dólares. Indique o valor das despesas (se houver) que a empresa reconhece nos meses de junho, julho e agosto em cada uma das seguintes transações hipotéticas:

a. Paga US$ 180.000 em 1º de julho pelo aluguel de um ano de um armazém, começando na mesma data.
b. Recebe contas de água, luz e telefone em 2 de julho no valor de US$ 4.560 por serviços referentes a junho. Ela paga as contas em julho.
c. Compra material de escritório a prazo em julho por US$ 12.600. Paga $ 5.500 por essas compras em julho e o restante em agosto. O valor do material de escritório disponível em 1º de julho era de $ 2.400; em 31 de julho, US$ 9.200; em 31 de agosto, US$ 2.900.
d. Paga US$ 7.200 em 15 de julho por impostos imobiliários sobre o prédio do escritório referentes ao exercício corrente.
e. Paga US$ 2.000 em 15 de julho como depósito para uma *van* customizada para entregas, que o fabricante entregará em 30 de setembro.
f. Paga US$ 4.500 em 25 de julho como adiantamento sobre o salário de agosto de um funcionário.
g. Paga US$ 6.600 em 25 de julho por anúncios que apareceram em revistas de informática em junho.

14. **Reconhecimento da despesa.** A Tesco Plc. é uma cadeia varejista de alimentos com sede na Inglaterra. Ela adota o regime de competência e reconhece a receita no momento em que vende produtos ou presta serviços. Ela aplica IFRS e informa em libras esterlinas (£). Indique o valor da despesa reconhecida em outubro (se houver) em cada uma das seguintes transações hipotéticas:

a. Paga £ 440.000 em 5 de outubro por comerciais veiculados na televisão inglesa em setembro.
b. Paga £ 1.200.000 em 6 de outubro por unidades de refrigeração entregues às suas lojas em 30 de setembro. A empresa espera que os refrigeradores durem cinco anos e não tenham valor residual.

c. Paga $ 300.000 em 10 de outubro por impostos imobiliários pelo período de 1º de outubro desse ano até 30 de setembro do ano seguinte.

d. Paga $ 15.500 em 15 de outubro por suprimentos de limpeza comprados em 10 de outubro. O material de limpeza disponível em 1º de outubro custou $ 3.500 e, em 31 de outubro, $ 5.400.

e. Paga $ 4.000 em 20 de outubro por reparos efetuados em uma empilhadeira em 1º de outubro. A empilhadeira tem vida útil remanescente de 5 anos em 1º de outubro.

f. Paga $ 100.000 em 25 de outubro como depósito por um terreno que a Tesco planeja comprar para uma nova loja.

g. Paga $ 200.000 em 31 de outubro como aluguel de outubro e novembro de um armazém.

15. **Relacionando o lucro líquido com mutações no balanço patrimonial.** Dados comparativos do balanço patrimonial da Bondier Corporation (Bondier), uma fabricante de aviões canadense, em 31 de janeiro do Ano 8 e 31 de janeiro do Ano 7, aparecem na planilha a seguir, baseada na demonstração financeira da Bondier em 31 de janeiro do Ano 8. A Bondier adota o padrão contábil do Canadá e divulga seus resultados em milhões de dólares norte-americanos (US$). Ao responder essas questões, suponha que a Bondier usa U.S. GAAP ou IFRS; para fins deste problema, a escolha não importa.

Bondier Corporation Dados do Balanço Patrimonial 31 de Janeiro, Ano 7 e Ano 8	31 de janeiro	
	Ano 8	Ano 7
Total do Ativo	20.562	18.577
Passivo	17.444	15.844
Capital Social	2.078	1.968
Lucros Acumulados	1.040	765

A Bondier declarou e pagou dividendos de US$ 30 milhões no ano findo em 31 de janeiro do Ano 8. No mesmo ano, a empresa também informou um ajuste positivo de US$ 12 milhões em Lucros Acumulados.

a. Calcule o lucro líquido do ano findo em 31 de janeiro do Ano 8, analisando as mudanças em Lucros Acumulados.

b. Demonstre que a seguinte relação se sustenta:

Lucro Líquido = Aumento do Ativo – Aumento do Passivo
– Aumento do Capital Contribuído + Dividendos + ou – Ajustes

16. **Relacionando o lucro líquido com mutações no balanço patrimonial.** A Magtelkom, uma empresa húngara de telecomunicações, divulgou as seguintes informações no balanço patrimonial dos Anos 11 e 12. A Magtelkom adota IFRS e divulga seus resultados em milhões de forints húngaros (HUF).

Magtelkom Dados do Balanço Patrimonial Ano 11 e Ano 12	Ano 12	Ano 11
Total do Ativo	1.135.578	1.131.595
Total do Passivo	553.885	538.428
Capital Contribuído	129.954	128.728
Participação de Minoritários	66.695	67.128
Lucros Acumulados	385.044	?

No Ano 12, a Magtelkom declarou e pagou dividendos de $ 72.729 milhões e fez outros ajustes que aumentaram os Lucros Acumulados em $ 307 milhões.

a. Calcule o saldo de Lucros Acumulados da Magtelkom no Ano 11.

b. Calcule o lucro líquido da Magtelkom no Ano 12.

17. Relações na demonstração do resultado. Informações selecionadas da demonstração do resultado dos anos findos em 31 de março dos Anos 9 e 10 da Novo Limited (Novo), uma fabricante de computadores pessoais de Hong Kong, são apresentadas a seguir. A Novo adota o padrão contábil de Hong Kong e divulga seus resultados em milhares de dólares norte-americanos (US$). Ao responder essas questões, suponha que a Novo usa U.S. GAAP ou IFRS; para fins deste problema, a escolha não importa.

	Ano 10	Ano 9
Receitas	16.351.503	13.978.309
Custo dos Produtos Vendidos	13.901.523	12.091.433
Despesas de Vendas e Administrativas	1.103.713	1.033.296
Lucro Bruto	?	?
Lucro antes dos Impostos	?	?
Despesas de Propaganda	595.902	488.150
Despesas de Pesquisa e Desenvolvimento	229.759	196.225
Outras Receitas (Despesas)	?	18.130
Despesa com Tributos sobre o Lucro	47.613	26.197
Lucro Líquido	484.708	?

Calcule os valores que faltam para os Anos 9 e 10.

18. Relações na demonstração do resultado. Informações selecionadas da demonstração do resultado dos Anos 11, 12 e 13 da SwissTek, uma empresa suíça de engenharia, são apresentadas a seguir. A SwissTek adota U.S. GAAP e divulga seus resultados em milhões de dólares norte-americanos (US$).

	Ano 13	Ano 12	Ano 11
Vendas de Produtos	24.816	?	17.622
Despesa com Tributos sobre o Lucro	595	?	464
Lucro antes dos Juros e Impostos	4.023	2.557	?
Vendas de Serviços	4.367	3.778	3.342
Despesas de Vendas e Administrativas	4.975	?	3.780
Custo dos Serviços Prestados	?	2.570	2.305
Lucro antes dos Impostos	?	2.076	1.199
Outras Receitas Operacionais (Despesas)	?	139	37
Despesas de Juros e Outras Despesas Financeiras	286	?	407
Lucro Bruto	8.968	6.744	?
Custo dos Produtos Vendidos	17.292	13.967	13.205
Outras Receitas Não Operacionais (Despesas)	?	(321)	(258)
Receitas com Juros e Dividendos	273	147	?
Lucro Líquido	3.757	1.390	?

Calcule os valores que faltam para cada um dos três anos.

19. Relações entre lucro e patrimônio líquido. Informações selecionadas, baseadas nos balanços comparativos da James John Corporation (James John), uma desenvolvedora, fabricante e varejista norte-americana de roupas, dos exercícios findos em 31 de março dos Anos 10, 11 e 12, são apresentadas a seguir. A James John adota U.S. GAAP e divulga seus resultados em milhões de dólares norte-americanos (US$).

James John Corporation
Dados do Balanço Patrimonial
31 de março, Ano 12, Ano 11 e Ano 10

	31 de março		
	Ano 12	Ano 11	Ano 10
Capital Social	?	?	1,1
Outros Resultados Abrangentes Acumulados	?	(27,2)	0,0
Lucros Acumulados	1.742,3	?	1.090,3
Ações em Tesouraria	?	(87,1)	(80,0)
Ágio na Emissão de Ações	872,5	783,6	?
Total do Patrimônio Líquido	2.334,9	?	1.675,7

A James John não emitiu novas ações ordinárias depois do Ano 10. No Ano 11, ela informou um lucro líquido de US$ 308,5 milhões e declarou e pagou dividendos de $ 19,6 milhões. No Ano 12, a James John pagou US$ 234,4 milhões para recomprar ações ordinárias. Calcule os valores que faltam em cada um dos três anos.

20. **Relações entre lucro e patrimônio líquido.** Informações selecionadas, baseadas nos balanços comparativos da Palmgate Company (Palmgate), uma fabricante norte-americana de produtos de consumo, dos exercícios findos em 31 de dezembro dos Anos 7, 8 e 9, são apresentadas na planilha a seguir. A Palmgate adota U.S. GAAP e divulga seus resultados em milhões de dólares norte-americanos (US$).

Palmgate Company
Informações Selecionadas das Demonstrações Financeiras
31 de dezembro, Ano 9, Ano 8 e Ano 7

	Ano findo em 31 de dezembro		
	Ano 9	Ano 8	Ano 7
Informação da Demonstração do Resultado:			
Lucro Líquido	1.737,4	1.353,4	1.351,4
Outros Resultados Abrangentes	414,4	?	1,5
Informação do Balanço Patrimonial:			
Capital Social	?	?	732,9
Outros Resultados Abrangentes Acumulados	?	(2.081,2)	(1.804,7)
Compensação Não Realizada (*Unearned*)	(218,9)	(251,4)	(283,3)
Ações Preferenciais	197,5	222,7	253,7
Lucros Acumulados	10.627,5	?	8.968,1
Ações em Tesouraria	?	?	(7.581,0)
Ágio na Emissão de Ações	1.517,7	1.218,1	?
Total do Patrimônio Líquido	?	?	1.350,1
Outras Informações:			
Dividendos Declarados e Pagos	?	677,8	607,2
Custo das Ações Recompradas	829,8	492,9	615,6
Emissão de Ações Ordinárias	0	0	0

Calcule os valores que faltam em cada um dos três anos.

21. **Relações de outros resultados abrangentes acumulados.** Informações selecionadas, baseadas nos balanços comparativos da MosTechi Corporation (MosTechi), uma fabricante japonesa de produtos eletrônicos, são apresentadas na planilha a seguir, referente aos exercícios findos em 31 de março dos Anos 6, 7 e 8. A MosTechi adota U.S. GAAP e divulga seus resultados em milhões de ienes (¥).

MosTechi Corporation
Dados do Balanço Patrimonial
31 de março, Ano 8, Ano 7 e Ano 6

	31 de março		
	Ano 8	Ano 7	Ano 6
Capital Social	626.907	624.124	621.709
Outros Resultados Abrangentes Acumulados	?	?	?
Lucros Acumulados	?	1.602.654	1.506.082
Ações em Tesouraria	?	(3.127)	(6.000)
Ágio na Emissão de Ações	1.143.423	1.136.638	1.134.222
Total do Patrimônio Líquido	3.351.500	?	2.870.338

Os outros resultados abrangentes do Ano 7 foram de $ 229.238; no Ano 8, foram de $ 40.944. No Ano 8, a MosTechi teve um lucro líquido de $ 126.328 e declarou e pagou dividendos de $ 25.042. No Ano 8, a MosTechi divulgou uma diminuição de $ 3.807 em lucros acumulados como ajuste do efeito cumulativo de uma mudança contábil. Calcule os valores que faltam em cada um dos três anos.

22. Relações de outros resultados abrangentes acumulados. Informações selecionadas, baseadas nos balanços comparativos da Solaronx Company (Solaronx), uma fabricante norte-americana de produtos de defesa, são apresentadas na planilha a seguir, referente aos exercícios findos em 31 de dezembro dos Anos 10, 11 e 12. A Solaronx adota U.S. GAAP e divulga seus resultados em milhões de dólares (US$).

Solaronx Company Dados do Balanço Patrimonial 31 de março, Ano 12, Ano 11 e Ano 10			
	31 de dezembro		
	Ano 12	**Ano 11**	**Ano 10**
Capital Social	5	5	5
Outros Resultados Abrangentes Acumulados	?	?	(1.919)
Lucros Acumulados	?	?	2.998
Ações em Tesouraria	(816)	(543)	(73)
Ágio na Emissão de Ações	10.097	9.722	9.540
Total do Patrimônio Líquido	?	?	?

Os outros resultados abrangentes da Solaronx do Ano 12 foram de US$ 774 comparados com (US$ 31) no Ano 11 e US$ 275 no Ano 10. Além disso, no Ano 12, a Solaronx fez um ajuste único de (US$ 1.338) em outros resultados abrangentes acumulados. Os resultados abrangentes do Ano 12 foram de US$ 2.057, comparados com US$ 840 no Ano 11 e US$ 692 no Ano 10. Os dividendos declarados e pagos aumentaram de US$ 356 no Ano 10 para $ 394 no Ano 11 e para US$ 429 no Ano 12. Calcule os valores que faltam em cada um dos três anos.

23. Operações descontinuadas. Informações selecionadas, baseadas nas demonstrações financeiras da PharmaCare, são apresentadas na planilha a seguir, referente aos exercícios findos em 31 de dezembro dos Anos 6 e 7. A PharmaCare é uma companhia farmacêutica alemã que adota IFRS e divulga seus resultados em milhões de euros (€).

   a. Que parte do lucro líquido total da PharmaCare no Ano 7 veio de operações descontinuadas? Como isso se compara com o Ano 6?

   b. Que parte do ativo total da PharmaCare no Ano 7 está associada a operações descontinuadas? Como isso se compara com o Ano 6?

   c. O que explica o grande declínio dos ativos mantidos no Ano 7 pela PharmaCare decorrentes de operações descontinuadas?

PharmaCare Dados do Balanço e da Demonstração do Resultado 31 de dezembro, Ano 7 e Ano 6		
	31 de dezembro	
	Ano 7	**Ano 6**
Lucro de Operações Continuadas (depois dos impostos)	2.306	1.526
Lucro de Operações Descontinuadas (depois dos impostos)	2.410	169
Ativos Mantidos de Operações Descontinuadas	84	2.925
Total do Ativo	51.378	55.891

24. Operações descontinuadas. Informações selecionadas da Oratel S.A.E. (Oratel), uma empresa egípcia de telecomunicações, são apresentadas na planilha a seguir, referente aos exercícios findos em 31 de dezembro dos Anos 13 e 12. A Oratel adota padrões contábeis do Egito e divulga seus resultados em milhões de libras egípcias (£). Ao responder esta questão, suponha que a Oratel adota U.S. GAAP ou IFRS; para fins deste problema, a escolha é indiferente.

Contabilidade financeira

Oratel S.A.E.
Dados do Balanço e da Demonstração do Resultado
31 de dezembro, Ano 13 e Ano 12

	31 de dezembro	
	Ano 13	Ano 12
Lucro de Operações Continuadas (antes dos impostos)	9.293.448	4.456.900
Ativos Mantidos para Operações Descontinuadas	?	7.327.709
Impostos sobre o Lucro de Operações Continuadas	2.571.426	?
Lucro de Operações Descontinuadas (líquido de impostos)	?	1.020.213
Lucro de Operações Continuadas (depois dos impostos)	?	3.595.713
Lucro Líquido	11.935.088	?
Ativos Utilizados em Operações Continuadas	34.348.838	?
Total do Ativo	39.492.853	34.209.746

Calcule os valores que faltam em cada um dos anos.

Problemas

25. Formatos da demonstração do resultado. Informações da demonstração do resultado da Cementex Corporation (Cementex) dos exercícios findos em 31 de dezembro dos Anos 9 e 10 são apresentadas na planilha a seguir. A Cementex é uma empresa mexicana de construção, adota padrões contábeis do México e divulga seus resultados em milhões de pesos ($).

Cementex Corporation
Dados da Demonstração do Resultado
31 de dezembro, Ano 10 e Ano 9

	31 de dezembro	
	Ano 10	Ano 9
Vendas Líquidas	236.669	213.767
Custo dos Produtos Vendidos	157.696	?
Lucro Bruto	?	77.320
Despesas Administrativas e de Vendas	33.120	28.588
Despesas de Distribuição	13.405	?
Outras Despesas, líquido	3.281	580
Lucro Operacional	?	33.925
Despesas Financeiras	8.809	?
Receita Financeira	862	536
Receita (Despesa) de Instrumentos Financeiros	2.387	(161)
Outras Receitas (Despesas) Financeiras	6.647	4.905
Resultado de Equivalência Patrimonial em Coligadas	1.487	1.425
Lucro Antes dos Tributos sobre o Lucro	?	34.845
Imposto de Renda	?	?
Lucro Consolidado	?	?
Participação de Minoritários	837	?
Parte do Lucro Atribuível aos Acionistas da Cementex	?	27.855

Suponha que a Cementex tem uma alíquota tributária efetiva de 15,11% no Ano 10 e de 16,35% no Ano 9.

a. Calcule os valores que faltam em cada um dos dois anos.

b. Prepare, em formato adequado, a demonstração do resultado da Cementex para os Anos 9 e 10, considerando que a empresa adota IFRS.

26. Formatos da demonstração do resultado. Informações da demonstração do resultado da GoodLuck Brands dos exercícios findos em 31 de dezembro dos Anos 6, 7 e 8 são apresentadas na planilha a seguir. A GoodLuck Brands é uma manufatureira e distribuidora norte-americana. A empresa adota U.S. GAAP e divulga seus resultados em milhões de dólares norte-americanos (US$).

Demonstração do resultado: informação dos resultados das atividades operacionais

GoodLuck Brands
Dados da Demonstração do Resultado
31 de dezembro, Ano 8, Ano 7 e Ano 6

	31 de dezembro		
	Ano 8	Ano 7	Ano 6
Vendas Líquidas	8.769,0	7.061,2	6.145,2
Custo dos Produtos Vendidos	4.618,9	3.843,0	3.342,1
Impostos de Exação sobre Bebidas Alcoólicas	514,0	326,5	299,7
Despesas de Propaganda, Administrativas e de Vendas	2.070,1	1.694,4	1.433,6
Amortização de Intangíveis	43,5	33,4	35,4
Encargos de Reestruturação	21,2	–	9,8
Lucro Operacional	1.501,3	1.163,9	1.024,6
Despesas de Juros	332,4	158,9	77,3
Outras Despesas (Receitas) Financeiras	(40,2)	78,9	(47,0)
Lucro antes da Participação de Minoritários e de Impostos	1.209,1	926,1	994,3
Imposto de Renda	311,1	324,5	261,1
Participação de Minoritários	67,9	20,0	17,2
Resultado das Operações Continuadas	830,1	581,6	716,0
Resultado das Operações Descontinuadas, líquido de impostos	–	39,5	67,8
Lucro Líquido	830,1	621,1	783,8

Prepare em formato adequado as demonstrações do resultado da GoodLuck Brands nos Anos 6, 7 e 8, considerando que a firma adota IFRS.

27. **Corrigindo erros em transações da demonstração do resultado.** A Broyo Corporation (Broyo), uma grande empresa de papel, divulgou a seguinte demonstração do resultado do seu exercício findo em 31 de dezembro do Ano 13. A empresa adota IFRS e divulga seus resultados em milhões de euros (€).

	Ano 13
Vendas Líquidas	4.221
Custo dos Produtos Vendidos	(3.110)
Lucro Bruto	1.111
Despesas de Propaganda, Administrativas e de Vendas	(794)
Outros Lucros Operacionais, líquido	17
Resultado de Equivalência Patrimonial em Coligadas	1
Lucro Operacional	335
Receitas e Despesas Financeiras, líquido	(43)
Resultado de Operações Continuadas, antes dos impostos	292
Impostos sobre a Renda	(72)
Resultado de Operações Continuadas, depois dos impostos	220
Resultado de Operações Descontinuadas, líquido de impostos	17
Lucro	237
Parte do Lucro de Propriedade dos Minoritários	1
Parte do Lucro de Propriedade dos Acionistas	236

A Broyo prestou informações adicionais sobre os seis seguintes eventos que aconteceram no Ano 13 com todos os valores divulgados em milhões de euros.

a. Em 5 de outubro do Ano 13, a Broyo assinou um contrato de venda com a Office Supplies International. O contrato trata da entrega de 50 mil caixas de papel a um preço total de $ 200. Nessa data, a Broyo reconheceu receitas de $ 200 e custo de vendas de $ 160. Nenhuma entrega devida a esse contrato ocorreu até 31 de dezembro do Ano 13.

b. Em 18 de outubro do Ano 13, a Broyo assinou um contrato de $ 45 com um cliente. O cliente fez, na época, um depósito de $ 20 em dinheiro, que a Broyo registrou como receita. A empresa não reconheceu nenhuma despesa em 18 de outubro do Ano 13.

c. A Broyo cumpriu os termos do contrato em **b** em 28 de novembro do Ano 13. O custo do estoque entregue pela empresa foi de $ 36. Como a Broyo havia registrado receitas em outubro, ela não fez nenhum lançamento em 28 de novembro.

d. No quarto trimestre do Ano 13, a Broyo gastou $ 11 em pesquisa e desenvolvimento. Esse gasto, focado na criação de um novo papel à prova d'água, foi malsucedido. A Broyo capitalizou $ 11 como desenvolvimento no ativo, que ela planeja amortizar em dez anos, a partir do Ano 14.

e. Em 1º de dezembro do Ano 13, a Broyo entregou a um cliente $ 266 em produtos de papel ao custo de $ 250. O cliente prometeu pagar à Broyo em janeiro do Ano 14. Como a empresa não recebeu o dinheiro em 31 de dezembro, ela não registrou nada sobre essa transação.

f. Em 5 de dezembro do Ano 13, a Broyo vendeu uma das suas fábricas de polpa por $ 100. Antes da venda, a fábrica de polpa tinha no balanço um valor contábil de $ 80. A Broyo registrou a transação da seguinte maneira: debitou $ 100 no caixa, debitou fábricas e equipamentos em $ 80, creditou $ 80 em custo dos bens vendidos e creditou receitas em $ 100.

Em cada uma das transações, determine se as receitas e despesas estão super ou subavaliadas. Ignore os efeitos tributários.

28. **Corrigindo erros em transações da demonstração do resultado.** A Dragonfly Limited (Dragonfly), uma empresa diversificada de eletrônica, com sede em Cingapura, divulgou a seguinte demonstração do resultado do seu exercício findo em 31 de dezembro do Ano 7. A Dragonfly adota o padrão contábil de Cingapura e divulga seus resultados em milhares de dólares de Cingapura ($). Ao responder a este problema, considere que a Dragonfly utiliza U.S. GAAP ou IFRS; para fins deste problema, a escolha é indiferente.

	Ano 7
Vendas	460.830
Custo das Mercadorias Vendidas	(416.378)
Lucro Bruto	44.452
Outras Receitas	1.558
Despesas de Vendas e Marketing	(20.714)
Despesas Gerais e Administrativas	(20.254)
Despesas de Desenvolvimento	(1.232)
Despesas Financeiras, líquidas	(6.692)
Ganhos na Venda de Terreno	6.546
Resultado de Equivalência Patrimonial em Coligadas	(2)
Lucro antes dos Impostos	3.662
Tributos	(1.094)
Lucro (Prejuízo)	2.568
Parte do Lucro de Propriedade dos Minoritários	(567)
Parte do Lucro de Propriedade dos Acionistas	3.135

Suponha que a Dragonfly forneceu informações adicionais sobre os seis seguintes eventos que aconteceram no Ano 7, sendo todos os valores divulgados em milhares de dólares de Cingapura.

a. Em janeiro do Ano 7, a Dragonfly recebeu $ 1.000 em dinheiro de clientes que haviam comprado itens a crédito em dezembro do Ano 6. A empresa entregou esses itens até meados de dezembro do Ano 6. A Dragonfly reconheceu em janeiro receitas de $ 1.000.

b. Em 2 de fevereiro do Ano 7, a empresa concordou em fornecer a um cliente $ 25.000 em produtos eletrônicos de alto padrão. Nessa data, a Dragonfly reconheceu receitas de $ 25.000 e custo das mercadorias vendidas de $ 18.000, refletindo o valor contábil do estoque de alto padrão. A Dragonfly entregou os produtos contratados em setembro do Ano 7.

c. Em 4 de junho do Ano 7, a Dragonfly vendeu um terreno que havia comprado muitos anos antes, anteriormente ao *boom* do mercado imobiliário. O valor contábil do terreno nos livros da empresa era de $ 454, e a Dragonfly o vendeu por $ 7.000. A Dragonfly registrou um ganho de $ 6.546 pela venda do terreno.

d. No Ano 7, a empresa incorreu em $ 1.232 de custos de desenvolvimento associados a um novo produto que ela já havia desenvolvido, registrando esses gastos como despesa. O projeto e a fabricação do produto já estavam praticamente concluídos. O auditor da empresa concluiu que ela deveria ter capitalizado os custos de desenvolvimento.

e. Em dezembro do Ano 7, a Dragonfly reconheceu uma receita de juros de $ 230 decorrente de investimentos em títulos negociados no mercado. A empresa incluiu esse ganho na receita de vendas.

f. A Dragonfly gastou $ 15.000 em propaganda no Ano 7. Como os gestores acreditavam que os anúncios resultariam em lucro futuro, eles capitalizaram as despesas como um ativo. Não houve amortização desse ativo.

Em cada uma dessas transações, determine se as receitas e despesas do Ano 7 estão super ou subavaliadas.

29. Classificando e interpretando demonstrações do resultado. A SeaBreeze Inc., uma fábrica de semicondutores de Taiwan, divulgou as seguintes informações referentes ao Ano 12. A SeaBreeze adota IFRS e divulga seus resultados em milhões de yuan (¥).

	Ano 12
Receitas	1.891.466
Custo dos Produtos Vendidos	(1.737.427)
Lucro Bruto	154.039
Despesas de Vendas, Gerais e Administrativas	(98.524)
Lucro antes dos Impostos	55.515
Tributos sobre o Lucro	(23.594)
Lucro Líquido	31.921

Informações adicionais às quais você tem acesso revelam os cinco itens a seguir (todos os valores divulgados em milhões de yuan):

a. No Ano 12, a SeaBreeze obteve $ 10.000 em ganhos com a venda de ativos. A empresa incluiu esses ganhos como parte das Receitas.

b. A SeaBreeze incluiu uma receita financeira de $ 25.800 como parte das Receitas e despesas financeiras de $ 12.000 como parte do Custo dos Produtos Vendidos.

c. A empresa incluiu uma baixa de $ 6.000 no estoque em Despesas de Vendas, Gerais e Administrativas. Nessa indústria, tal baixa costuma ser incluída em Custo dos Produtos Vendidos.

d. A SeaBreeze incluiu gastos de $ 34.000 com pesquisa e desenvolvimento em Custo dos Produtos Vendidos. Nenhum dos gastos se relacionou com tecnologia comprovada (portanto, corretamente, não foram capitalizados).

e. No Ano 12, a empresa definiu um plano de descontinuar parte de suas operações. As operações descontinuadas contribuíram com $ 22.000 para o lucro bruto.

Avalie a maneira como a SeaBreeze classificou cada um desses cinco itens na sua demonstração do resultado. Se não concordar com a classificação, exponha seu raciocínio e determine o efeito da classificação alternativa que você recomenda na margem bruta e no lucro líquido da empresa.

30. Classificando e interpretando demonstrações do resultado. A Dyreng Plc. (Dyreng), uma construtora da Bélgica, divulgou as seguintes informações referentes ao Ano 11. A Dyreng adota IFRS e divulga seus resultados em milhares de euros (€).

	Ano 11
Receitas	18.957,2
Custo dos Serviços Prestados	(14.161,9)
Lucro Bruto	4.795,3
Outras Receitas Operacionais	107,9
Despesas de Vendas, Gerais e Administrativas	(3.929,5)
Outras Despesas Operacionais	(36,5)
Lucro Operacional	937,2
Despesas Financeiras	(347,2)
Resultado de Equivalência Patrimonial	14,5
Lucro antes dos Impostos e Operações Descontinuadas	604,5
Despesa com Tributos sobre o Lucro	(203,7)
Resultado Líquido de Operações Continuadas	400,8
Resultado de Operações Descontinuadas (líquido de impostos)	23,7
Lucro Líquido	424,5

Informações adicionais às quais você tem acesso revelam os seis itens a seguir (todos os valores divulgados em milhares de euros):

a. No Ano 11, a Dyreng assinou um contrato com a Cidade de Londres para construir um terminal no aeroporto de Gatwick. A construção começará no Ano 12. Como prova de seu compromisso com esse projeto, a Cidade de Londres fez um depósito de $ 80 contra o preço contratado de $ 240. A construtora reconheceu nessa transação uma receita de $ 240 no Ano 11. Como a Dyreng ainda não havia realizado trabalhos, ela não registrou custos dos serviços prestados na época em que reconheceu a receita.

b. A Dyreng reconheceu receitas de $ 700 no Ano 11 referentes a um contrato assinado no Ano 10. Ela realizou todo o trabalho no Ano 10, mas o cliente não quitou o pagamento até o Ano 11. Ao reconhecer a receita, a Dyreng reconheceu o custo do trabalho realizado de $ 660 como despesa.

c. No Ano 11, a Dyreng consolidou suas funções administrativas e vendeu um prédio de escritórios por $ 560. O valor contábil do prédio era de $ 600. A empresa informou essa transação em receitas e em custo de vendas, respectivamente.

d. Após preparar a demonstração do resultado do Ano 11, a Dyreng verificou que $ 45 do lucro associado a operações descontinuadas estava incluído em Outras Receitas Operacionais. Ignore os efeitos tributários ao avaliar essa transação.

e. No Ano 11, a Dyreng concluiu uma reforma. O preço do contrato era $ 450 e a empresa gastou $ 230 em materiais, trabalho e despesas gerais. A Dyreng mandou a fatura para o cliente, mas, como não recebeu o pagamento no Ano 11, não reconheceu essa transação na sua demonstração do resultado desse ano.

f. No Ano 11, uma empresa ofereceu pagar à Dyreng pelo aluguel de um espaço de *outdoor* em um andaime que a construtora estava levantando para uma reforma. O cliente ofereceu $ 960 para alugar o espaço por um ano. A Dyreng aceitou a oferta e registrou $ 960 como redução do custo de serviços prestados do projeto de reforma. Ao fim do Ano 11, restavam seis meses de aluguel.

Avalie o modo como a Dyreng classificou cada um dos seis itens na sua demonstração do resultado. Se não concordar com a classificação, exponha seu raciocínio e determine o efeito da classificação alternativa que você recomendaria no lucro bruto e no lucro de operações continuadas antes dos impostos.

31. **Cálculo de alíquotas de impostos.** Uma fabricante multinacional de equipamentos de informática divulgou os seguintes valores em dois anos recentes (em milhões de dólares norte-americanos (US$)). Ela adota U.S. GAAP.

	Ano 10	Ano 9
Receitas	88.396	87.548
Despesas	(76.862)	(75.791)
Lucro antes dos Tributos sobre o Lucro	11.534	11.757
Despesas com Tributos sobre o Lucro	(3.441)	(4.045)
Lucro Líquido	8.093	7.712

a. Calcule a razão lucro líquido dividido pelas receitas em cada ano.
b. Calcule a razão lucro antes dos impostos dividido pelas receitas em cada ano.
c. Calcule a razão despesa com tributos sobre o lucro dividida pelo lucro antes dos impostos, uma relação chamada de *alíquota efetiva de tributos*.
d. O que essas relações sugerem como a principal razão da mudança na lucratividade entre os Anos 10 e 9?

Capítulo 6

Demonstração dos fluxos de caixa

O que a Delta Airlines e a Delphi têm em comum? Ambas entraram em falência no início dos anos 2000. As empresas que entram em falência frequentemente operaram lucrativamente por muitos anos antes de falir. As falências ocorreram porque essas empresas não foram capazes de gerar caixa suficiente para cobrir custos operacionais e pagamentos de dívidas. A capacidade de gerar fluxos de caixa e de gerenciá-los ao longo do tempo é fundamental para o sucesso das empresas. Por essa razão, tanto U.S. GAAP quanto IFRS requerem que as empresas preparem uma **demonstração dos fluxos de caixa** mostrando as fontes e os usos do caixa durante o período. A demonstração dos fluxos de caixa informa o impacto das atividades operacionais, de investimento e de financiamento nos fluxos de caixa durante o período. A demonstração dos fluxos de caixa se relaciona com a demonstração da posição financeira (balanço patrimonial) e com a demonstração das operações (demonstração do resultado), mas se distingue delas.

> **OBJETIVOS DE APRENDIZAGEM**
>
> **1** Entender por que o uso do regime de competência para preparar o balanço patrimonial e a demonstração do resultado cria a necessidade de uma demonstração dos fluxos de caixa.
>
> **2** Entender os tipos de transações que resultam em fluxos de caixa das atividades operacionais, de investimento e de financiamento.
>
> **3** Desenvolver a capacidade de preparar uma demonstração dos fluxos de caixa a partir de balanços patrimoniais comparativos e de uma demonstração do resultado.
>
> **4** Desenvolver a capacidade de analisar a demonstração dos fluxos de caixa.

A NECESSIDADE DE UMA DEMONSTRAÇÃO DOS FLUXOS DE CAIXA

Como pode uma empresa lucrativa ficar sem caixa? Duas explicações se apresentam como respostas.

1. **O lucro líquido de um período específico não se iguala ao fluxo de caixa das operações.** O **Capítulo 1** ressalta que a maior parte das empresas adota o regime de competência para mensurar o desempenho operacional. Isso significa que o lucro não é igual ao fluxo de caixa em dado período. Para entender como isso é possível, considere os princípios do reconhecimento da receita e da despesa:

    ■ **Reconhecimento da receita.** As empresas costumam reconhecer a receita no momento da venda/entrega, independentemente de quando elas recebem o caixa da venda. Algumas empresas, como as companhias aéreas, recebem o caixa *antes* de prestar serviços e reconhecer receitas. Outras empresas, como fábricas e distribuidoras, recebem o caixa *depois* de prover bens e prestar serviços. Assim, as receitas na demonstração do resultado em geral não são iguais ao caixa recebido dos clientes no mesmo período.

- **Reconhecimento da despesa.** As empresas reconhecem despesas no período em que reconhecem as respectivas receitas ou no período em que consomem materiais ou serviços usados nas operações. A saída de caixa relativa a uma despesa específica nem sempre ocorre no período em que a empresa reconhece a despesa. Assim, as despesas na demonstração do resultado geralmente não são iguais ao caixa pago aos fornecedores de materiais e serviços nesse período.

A maioria das saídas de caixa para despesas operacionais ocorre *antes* que a empresa receba as entradas de caixa das vendas. Essa defasagem entre as saídas e as entradas de caixa pode conduzir a faltas de caixa, particularmente em empresas que estão crescendo. Considere uma empresa típica cujos desembolsos de caixa aos empregados e fornecedores precedem o recebimento de caixa dos clientes. Quanto mais rápido a empresa cresce (isto é, quanto mais rápido ela contrata empregados e aluga mais espaço para expandir os negócios), maior é o déficit de caixa. A empresa pode, por exemplo, pedir um empréstimo a um banco para pagar empregados e fornecedores enquanto espera para receber o caixa dos clientes.

Esses exemplos ilustram que, em qualquer período contábil, a demonstração do resultado não reflete os fluxos de caixa do período. Em outras palavras, a aplicação do regime de competência para mensurar o lucro líquido cria a necessidade de uma demonstração à parte que informe o impacto das operações nos fluxos de caixa. Essa demonstração ajuda o leitor a julgar as necessidades de caixa da empresa e como ela lidou com essas necessidades.

2. **A empresa recebe entradas de caixa e desembolsa saídas de caixa em virtude de atividades de investimentos e de financiamento.** A demonstração do resultado não informa diretamente muitas das entradas e saídas de caixa de investimentos e financiamentos. Para entender como os fluxos de investimento e financiamento afetam diferentemente o lucro e o caixa, considere os seguintes exemplos:

- As empresas que estão construindo sua capacidade produtiva geralmente usam caixa para adquirir terrenos, plantas e equipamentos. A empresa *capitaliza* (isto é, registra um ativo, não uma despesa) seus gastos com terrenos, plantas e equipamentos no período da aquisição. As demonstrações do resultado de períodos posteriores refletem as despesas relativas a esses gastos na forma de despesas de depreciação.
- Os pagamentos de dívidas requerem caixa. Alguns desses pagamentos são despesas de juros que a demonstração do resultado informará; outros se referem à quitação do principal. Esses pagamentos do principal não são despesas, por isso nunca aparecem na demonstração do resultado.
- Algumas empresas usam o caixa para pagar dividendos. Dividendos não são despesas na demonstração do resultado. Dividendos são distribuições de ativos líquidos aos proprietários.

Nem o balanço patrimonial nem a demonstração do resultado mostram as fontes e os usos de caixa da empresa. Um balanço patrimonial informa o saldo da conta caixa no início e no fim do período contábil, mas não explica por que o caixa variou durante o período. A demonstração do resultado mensura o aumento (ou a diminuição) dos ativos líquidos provenientes das vendas de bens e prestação de serviços por valor maior (ou menor) que seus custos. O regime de competência da contabilidade resulta em um aumento dos ativos líquidos quando a empresa obtém lucro, mas raramente todo esse lucro é em caixa. A demonstração dos fluxos de caixa ajuda o leitor a entender como uma empresa obtém e utiliza o caixa.

VISÃO GERAL DA DEMONSTRAÇÃO DOS FLUXOS DE CAIXA

A **Figura 6.1** apresenta a demonstração dos fluxos de caixa da Kellogg para o exercício findo em 31 de dezembro de 2013. Discutiremos os métodos direto e indireto de calcular o fluxo de caixa das operações mais tarde neste capítulo. Para facilitar discussões posteriores, também apresentaremos os balanços patrimoniais da Kellogg dos exercícios de 2012 e 2013 (**Figura 6.2**) e sua demonstração do resultado de 2013 (**Figura 6.3**).

A demonstração explica as razões das mutações do caixa entre as datas do balanço patrimonial

As últimas linhas da demonstração dos fluxos de caixa da Kellogg informam o valor do caixa no balanço patrimonial da empresa no início e no fim do período. Esses valores são os mesmos informados no balanço patrimonial de 2013 da Kellogg como saldo inicial do caixa ($ 524 milhões) e saldo final do caixa ($ 255 milhões). Tanto U.S.

Figura 6.1
Kellogg Group
Demonstração Consolidada dos Fluxos de Caixa
(valores em milhões de US$)

Método Indireto	2013
Fluxos de caixa das operações:	
Lucro Líquido	1.192
Mais: Despesa de Depreciação	243
Variações no capital de giro:	
Clientes	(132)
Estoque	27
Fornecedores	136
Outras Contas a Pagar	(140)
Fluxos de Caixa das Operações	**1.326**
Fluxos de caixa de investimentos:	
Aquisição de Imobilizado	(525)
Aquisição de Investimentos de Longo Prazo	(264)
Fluxos de Caixa Aplicados em Investimentos	**(789)**
Fluxos de caixa de financiamentos:	
Pagamentos de *Bonds* a Pagar	(233)
Dividendos Pagos	(573)
Fluxos de Caixa Usados em Investimentos	**(806)**
Variações nos Fluxos de Caixa	**(269)**
Saldo Inicial do Caixa	524
Saldo Final do Caixa	255

Método Direto	2013
Fluxos de caixa das operações:	
Fontes de Caixa	
Recebimentos de Clientes	12.690
Usos de Caixa:	
Caixa Pago a Fornecedores	(7.049)
Caixa Dispendido com Despesas de Vendas, Gerais e Administrativas	(3.554)
Caixa Despendido com Juros	(276)
Caixa Despendido com Imposto de Renda	(485)
Fluxos de Caixa das Operações	**1.326**
Fluxos de caixa de investimentos:	
Aquisição de Imobilizado	(525)
Aquisição de Investimentos de Longo Prazo	(264)
Fluxos de Caixa Aplicados em Investimentos	**(789)**
Fluxos de caixa de financiamentos:	
Pagamentos de *Bonds* a Pagar	(233)
Dividendos Pagos	(573)
Fluxos de Caixa Usados em Investimentos	**(806)**
Variações nos Fluxos de Caixa	**(269)**
Saldo Inicial do Caixa	524
Saldo Final do Caixa	255

GAAP como IFRS requerem que a demonstração dos fluxos de caixa explique as variações do caixa e dos **equivalentes de caixa**. Equivalentes de caixa representam investimentos altamente líquidos de curto prazo nos quais a empresa colocou o excedente de caixa. Neste texto, usamos o termo *fluxos de caixa* para nos referir tanto ao caixa como aos equivalentes de caixa[1]. As demais linhas das demonstrações dos fluxos de caixa mostram as entradas e saídas de caixa durante o período. Essas entradas e saídas explicam a variação do caixa entre as duas datas do balanço patrimonial. Assim, a demonstração dos fluxos de caixa informa os fluxos ou mudanças no caixa ao longo do tempo, ao passo que o balanço patrimonial informa o valor do caixa em datas específicas.

A demonstração classifica as razões das mutações do caixa como atividade operacional, de investimento ou de financiamento

As entradas e saídas de caixa durante o ano aparecem na demonstração dos fluxos de caixa em uma das três categorias: operacional, de investimento e de financiamento. O **Quadro 6.1** apresenta os três tipos de fluxos de caixa, a seguir descritos.

1. **Operações.** Uma empresa financeiramente saudável gera entradas de caixa sustentáveis provenientes das vendas de produtos e prestação de serviços. O valor do fluxo de caixa das operações indica em que medida as atividades operacionais geram mais caixa que utilizam. Uma empresa pode usar o **fluxo de caixa das operações** para adquirir edifícios e equipamentos, pagar dividendos, quitar dívidas de longo prazo e pagar outras atividades de investimento e de financiamento.

2. **Investimentos.** A segunda seção da demonstração dos fluxos de caixa mostra o valor do **fluxo de caixa das atividades de investimento**. A aquisição de ativos não circulantes, particularmente terrenos, projetos e equipamentos, costuma representar um grande e contínuo uso do caixa. Uma empresa precisa repô-los na medida

---

1. FASB, *Statement of Financial Accounting Standards No. 95*, "Statement of Cash Flows", 1987 (**Codification Topic 230**); IASB, *International Accounting Standard No. 7*, "Statement of Cash Flows", 1992.

Figura 6.2

Kellogg Group
Balanço Patrimonial Consolidado
(valores em milhões de US$)

	2013	2012
ATIVO CIRCULANTE		
Caixa e Equivalentes de Caixa	255	524
Clientes	1.143	1.011
Estoque	897	924
Total do Ativo Circulante	2.295	2.459
Imobilizado (pelo Custo)	4.500	3.975
Depreciação Acumulada	1.567	1.324
Imobilizado (líquido)	2.933	2.651
Investimentos de Longo Prazo	2.138	1.874
Total do Ativo	7.366	6.984
PASSIVO CIRCULANTE		
Fornecedores	561	425
Tributos e Juros a Pagar	78	78
Outras Contas a Pagar	102	242
Total do Passivo Circulante	741	745
Bonds a Pagar	1.789	2.022
Patrimônio Líquido		
Lucros Acumulados	4.836	4.217
Total do Patrimônio Líquido	4.836	4.217
Total do Passivo e do Patrimônio Líquido	7.366	6.984

Figura 6.3

Kellogg Group
Demonstração Consolidada do Resultado
(valores em milhões de US$, exceto dados por ação)

	2013
Receita de Vendas	12.822
Custo dos Produtos Vendidos	(7.212)
Despesa de Depreciação	(243)
Despesas de Vendas, Gerais e Administrativas	(3.414)
Lucro Operacional	1.953
Despesa com Juros	(276)
Lucro antes dos Tributos sobre o Lucro	1.677
Despesa com Tributos sobre o Lucro	(485)
Lucro Líquido	1.192

Quadro 6.1

Operações	Caixa Recebido das Vendas de Produtos e Serviços	− Caixa Desembolsado com Operações de Produtos e Serviços	= Fluxo de Caixa das Operações
			+ −
Investimentos	Caixa Recebido de Vendas de Investimentos e do Imobilizado	− Caixa Pago na Aquisição de Investimentos e do Imobilizado	= Fluxo de Caixa de Investimentos
			+ −
Financiamentos	Caixa Recebido da Emissão de Dívida ou de Ações	− Caixa Desembolsado com Dividendos ou Recompra de Dívida ou de Ações	= Fluxo de Caixa de Financiamento
			= Variação Líquida do Caixa no Período

em que se tornam obsoletos e adquirir outros ativos não circulantes para crescer. Ela pode obter parte do caixa necessário para adquirir ativos não circulantes a partir da venda de ativos não circulantes existentes. Tais entradas de caixa, entretanto, raramente cobrem o custo das aquisições dos novos ativos. As empresas que não estão experimentando um rápido crescimento podem frequentemente financiar a aquisição de ativos não circulantes com o fluxo de caixa das operações. Empresas que crescem rapidamente precisam, muitas vezes, pedir emprestados recursos ou emitir ações de capital para financiar essas aquisições.

3. **Financiamentos.** Em terceiro lugar, uma empresa obtém caixa a partir de empréstimos ou de emissões de ações. Ela usa o caixa para pagar dividendos aos acionistas e para recomprar ações em circulação. Esses valores aparecem como fluxos de **caixa das atividades de financiamento** na demonstração dos fluxos de caixa.

Ambiguidades na Classificação dos Fluxos de Caixa. Os fluxos de caixa nem sempre se enquadram nitidamente em uma das três categorias. Por exemplo, você pode pensar no caixa recebido de investimentos em títulos – sob a forma de recebimento de juros ou dividendos – como atividade operacional. A lógica para esse tratamento é que juros e dividendos aparecem como receitas na demonstração do resultado. Por outro lado, você pode considerar o caixa recebido de juros e dividendos como provindo de atividades de investimento. A lógica para esse tratamento é que os fluxos de caixa provindos da compra e venda de investimentos em alguns títulos aparecem como atividades de investimentos na demonstração dos fluxos de caixa. O padrão U.S. GAAP requer que as empresas classifiquem os recebimentos de caixa de juros e dividendos como uma atividade operacional e classifiquem os fluxos de caixa relativos à compra e à venda de investimentos em títulos como atividade de investimento. Já o IFRS permite às empresas escolher e classificar o caixa recebido de juros e dividendos como atividades operacionais, de investimento ou de financiamento, contanto que a classificação seja aplicada de maneira consistente ao longo dos diversos períodos.

Ambiguidades similares surgem com a despesa de juros. Classificar a saída de caixa para pagamento de juros como uma atividade operacional seria consistente com sua inclusão na demonstração do resultado como uma despesa. Por outro lado, classificar a saída de caixa com pagamento de juros como uma atividade de financiamento seria consistente com a classificação de emissões e quitações de débitos como uma atividade financeira. Os U.S. GAAP requerem que as empresas classifiquem os desembolsos de caixa para pagamento de juros como uma atividade operacional. As IFRS permitem que as empresas escolham a classificação (operacional, de investimento ou de financiamento) dos desembolsos de caixa para pagamento de juros, novamente requerendo uma classificação consistente de período a período. Sob ambos os padrões U.S. GAAP e IFRS, tanto a emissão e quitação de débito como o pagamento de dividendos em dinheiro são atividades de financiamento.

Por fim, certas compras e vendas de títulos podem ser uma atividade de investimento ou uma atividade operacional, e os aumentos e as diminuições em certos empréstimos de curto prazo podem ser atividades operacionais ou de financiamento.

PROBLEMA 6.1 PARA APRENDIZAGEM

Classificando fluxos de caixa por tipo de atividade. Indique se cada uma das seguintes transações do período corrente apareceria na demonstração dos fluxos de caixa como atividade operacional, de investimento ou de financiamento. Se alguma transação não deveria aparecer na demonstração dos fluxos de caixa, sugira a razão. Suponha que a empresa adota U.S. GAAP.

a. Desembolso de $ 96.900 para fornecedores de mercadorias.
b. Recebimento de $ 200.000 por emissão de ações ordinárias.
c. Recebimento de $ 49.200 de clientes por vendas feitas nesse período.
d. Recebimento de $ 22.700 de clientes nesse período por vendas feitas no período anterior.
e. Recebimento de $ 1.800 de um cliente por produtos que a empresa entregará no próximo período.
f. Desembolso de $ 16.000 como despesa de juros de dívida.
g. Desembolso de $ 40.000 para adquirir terreno.
h. Emissão de ações ordinárias no valor de mercado de $ 60.000 para adquirir terreno.
i. Desembolso de $ 25.300 como compensação a empregados por serviços prestados nesse período.
j. Desembolso de $ 7.900 a empregados por serviços prestados no período anterior, mas não pagos naquele período.
k. Desembolso de $ 53.800 por uma patente comprada de um inventor.
l. Aquisição de um edifício mediante emissão de nota promissória a pagar a um banco.
m. Desembolso de $ 19.300 como dividendo para os acionistas.
n. Recebimento de $ 12.000 pela venda de um equipamento que custou originalmente $ 20.000 e tinha $ 8.000 de depreciação acumulada no momento da venda.
o. Desembolso de $ 100.000 para resgatar *bonds* no vencimento.
p. Desembolso de $ 40.000 para adquirir ações ordinárias da IBM.
q. Recebimento de $ 200 em dividendos da IBM relativos às ações ordinárias adquiridas conforme o item **p**.

Lendo e interpretando as informações da demonstração dos fluxos de caixa

Consulte a **Figura 6.1**. O Kellogg Group informou um fluxo de caixa de operações positivo em 2013 no valor de $ 1.326 milhão. Esse valor foi maior que as saídas de caixa de $ 789 milhões para fins de investimentos. O excedente de caixa das operações em relação ao fluxo de caixa aplicado em investimentos é conhecido em finanças como **fluxo de caixa livre**[2]. O fluxo de caixa livre da Kellogg para o exercício de 2013 foi de $ 537 milhões (ou seja, $ 1.326 menos $ 789).

As empresas utilizam o fluxo de caixa livre para vários fins; por exemplo, para quitar empréstimos, pagar dividendos, recomprar ações ou adicionar ao caixa no balanço patrimonial. No ano mais recente, o Kellogg Group informa que pagou dividendos ($ 573 milhões) e resgatou *bonds* ($ 233 milhões). A saída líquida de caixa da Kellogg para atividades de financiamento foi de $ 806 milhões ou $ 269 milhões a mais que o seu fluxo de caixa livre. Assim, como mostram as últimas linhas da **Figura 6.1**, o saldo de caixa da Kellogg diminuiu em $ 269 milhões, ou seja, de $ 524 milhões no início de 2013 para $ 255 milhões no fim de 2013. Esse declínio fica também evidente na comparação entre os saldos de caixa no balanço patrimonial da Kellogg (**Figura 6.2**).

Formatos de apresentação da demonstração dos fluxos de caixa

Tanto os U.S. GAAP como as IFRS permitem flexibilidade quanto à apresentação das informações na demonstração dos fluxos de caixa. Existem, contudo, as seguintes exigências:

- As empresas precisam informar os fluxos de caixa das operações, de investimentos e de financiamentos do ano atual e dos dois anos anteriores.
- As empresas precisam informar os saldos inicial e final e a variação no saldo de caixa. A variação do caixa precisa corresponder à soma das entradas e saídas das atividades operacionais, de investimento e de financiamento.
- Dentro das categorias de fluxos de caixa de investimento e de financiamento, a apresentação da maioria dos itens não deve ser pelo seu valor líquido, ou seja, pela diferença entre as entradas e saídas de caixa. Em vez disso, a empresa deve mostrar as entradas e saídas brutas (isto é, não subtraídas umas das outras). A informação em bruto requer, por exemplo, que as empresas mostrem o valor do caixa despendido em adquirir itens do imobilizado no ano separadamente do valor de caixa recebido de vendas de itens do imobilizado durante o ano[3].
- As seções operacional, de investimento e de financiamento da demonstração dos fluxos de caixa não informam *transações não monetárias*, por vezes chamadas de *transações não caixa*. Transações não monetárias afetam ativos e passivos no balanço patrimonial, mas não resultam em entradas ou saídas de caixa. Exemplos incluem a aquisição de equipamento em troca de ações de capital ou a conversão de dívida em ações. As empresas precisam evidenciar as transações não monetárias no corpo da demonstração dos fluxos de caixa ou em anexo separado ou em uma nota explicativa.

Para ilustrar essas exigências, consulte a demonstração dos fluxos de caixa da Great Deal, Inc. (**Figura 1.3**) e a demonstração dos fluxos de caixa da Thames Limited (**Figura 1.7**). Ambas as empresas:

- informam separadamente os fluxos de caixa das atividades operacionais, de investimento e de financiamento;
- relacionam os saldos inicial e final com a variação dos fluxos de caixa durante o ano; e
- usam o método indireto para apresentar os fluxos de caixa, calculando o fluxo de caixa das operações com referência ao lucro líquido. Discutiremos o método indireto mais tarde neste capítulo.

---

2. *Fluxo de caixa livre* não é um termo técnico em contabilidade; é um termo utilizado por analistas financeiros e bancos de investimento que tem várias definições. Assegure-se de entender bem a definição usada em cada caso.
3. Dado que a divulgação pelo valor bruto provê mais informações que a divulgação pelo valor líquido, os reguladores consideram que a divulgação pelo bruto proporciona uma melhor representação das atividades operacionais, de investimento e de financiamento.

A demonstração dos fluxos de caixa relaciona o lucro líquido com o fluxo de caixa das operações

O seu primeiro contato com a elaboração de uma demonstração dos fluxos de caixa ocorreu no **Capítulo 3**. Lá você analisou cada lançamento (variação) na conta Caixa e colocou cada variação em uma demonstração dos fluxos de caixa. Você não classificou os fluxos de caixa em atividades operacionais, de investimento ou de financiamento. Embora tanto U.S. GAAP como IFRS expressem uma preferência pela apresentação dos fluxos de caixa das operações tal como você calculou no **Capítulo 3** (o método direto), a maioria das empresas apresenta-os relacionando o lucro líquido com o fluxo de caixa das operações (o método indireto).

1. **Método direto.** O método direto de apresentar a seção do caixa das operações na demonstração dos fluxos de caixa informa os valores recebidos de clientes menos o caixa desembolsado com fornecedores, empregados, credores e autoridades tributárias. O painel à direita da **Figura 6.1** mostra a demonstração dos fluxos de caixa da Kellogg usando o método direto.
2. **Método indireto.** O método indireto de apresentar a seção do caixa das operações na demonstração dos fluxos de caixa começa com o lucro líquido do período e ajusta-o excluindo as receitas e despesas que não representaram entradas nem saídas de caixa no período corrente. O painel esquerdo da **Figura 6.1** mostra a demonstração dos fluxos de caixa da Kellogg usando o método indireto.

A maioria das empresas divulga o fluxo de caixa das operações usando o método indireto. Antes de o FASB e o IASB terem expressado preferência pelo método direto, a maioria das empresas utilizava o método indireto; assim, tanto preparadores como usuários estão familiarizados com o método indireto[4]. Analistas financeiros experientes, que usam a demonstração dos fluxos de caixa, geralmente conhecem os ajustes necessários para converter o lucro líquido em fluxo de caixa das operações. Nossa experiência ao ensinar a demonstração dos fluxos de caixa indica que, no início do contato com a demonstração dos fluxos de caixa, alguns estudantes têm dificuldade de entender esses ajustes e, por isso, acham o método direto mais fácil de compreender. Ilustraremos o cálculo do fluxo de caixa das operações usando tanto o método indireto (porque ele é amplamente utilizado) como o direto (porque ele pode ser mais fácil de entender). Os dois métodos diferem apenas no que se refere à forma de apresentação do fluxo de caixa das operações, sendo idênticos em relação ao modo de apresentação dos fluxos de caixa de investimentos e de financiamentos:

Demonstração dos Fluxos de Caixa

Fluxo de Caixa das Operações (FCO) pelo método indireto	Fluxo de Caixa das Operações (FCO) pelo método direto
Fluxo de Caixa de Investimentos (FCI)	Fluxo de Caixa de Investimentos (FCI)
Fluxo de Caixa de Financiamentos (FCF)	Fluxo de Caixa de Financiamentos (FCF)
Variação do Caixa = FCO + FCI + FCF	Variação do Caixa = FCO + FCI + FCF

PREPARANDO A DEMONSTRAÇÃO DOS FLUXOS DE CAIXA

Uma empresa pode preparar sua demonstração dos fluxos de caixa diretamente a partir dos lançamentos em sua conta Caixa, classificando cada transação que afeta o caixa como uma atividade operacional, de investimento ou de financiamento. À medida que aumenta o número de transações que afetam o caixa, essa abordagem se torna complicada. A maioria das empresas projeta seus sistemas contábeis a fim de reunir as informações necessárias para preparar as demonstrações do resultado e os balanços patrimoniais. No final, elas usam as informações da demonstração do resultado e do balanço patrimonial para preparar a demonstração dos fluxos de caixa. Apresentamos uma planilha de trabalho de contas T para transformar a informação do balanço patrimonial e da demonstração do

---

4. Se uma empresa usa o método direto, ela precisa também apresentar uma relação separada do lucro líquido para o caixa das operações. Essa relação pode aparecer no final da demonstração dos fluxos de caixa ou em nota explicativa à parte.

resultado para fins de preparação da demonstração dos fluxos de caixa. Essa abordagem baseia-se no entendimento da fórmula, a seguir descrita, para calcular a variação do caixa a partir do balanço patrimonial.

A equação da variação do caixa

Para entender a preparação de uma demonstração dos fluxos de caixa, você precisa entender como as variações do caixa se relacionam com as variações de contas não caixa. A equação é a seguinte:

Equação do Balanço   Ativo = Passivo + Patrimônio Líquido
(Eq. 1)   Caixa + Ativos Não Caixa = Passivo + Patrimônio Líquido

Essa equação precisa ser verdadeira para os balanços elaborados no início e no fim do período. Se os balanços patrimoniais do início e do fim do período mantêm a equação contábil, então a seguinte equação também precisa se manter:

(Eq. 2)   Variação do Caixa + Variação de Ativos Não Caixa = Variação do Passivo + Variação do Patrimônio Líquido

Rearranjando os termos dessa equação, obtemos a equação da variação do caixa:

Equação da Variação do Caixa (Eq. 3)   Variação do Caixa = Variação do Passivo + Variação do Patrimônio Líquido − Variação de Ativos Não Caixa

O lado esquerdo da **equação da variação do caixa (Eq. 3)** representa a variação do caixa. O lado direito da equação reflete variações em todas as contas não caixa e deve ser igual à variação do caixa. A equação estabelece que a variação do caixa (lado esquerdo) é igual à variação do passivo mais a variação do patrimônio líquido menos a variação de ativos não caixa (lado direito). Por exemplo, um empréstimo bancário aumenta o caixa e um passivo, ao passo que a emissão de ações aumenta o caixa e o patrimônio líquido. Cada uma dessas transações aumenta ambos os lados da **Equação 3**.

O desembolso de caixa para adquirir ativos não caixa, por exemplo, estoque ou equipamento, diminui o caixa e aumenta os ativos não caixa. Os aumentos de ativos não caixa têm um sinal negativo no lado direito da equação; assim, o desembolso de caixa para adquirir ativos diminui ambos os lados da **Equação 3**. *Identificamos as causas da variação do caixa estudando as variações de contas não caixa e classificando cada variação em atividades operacionais, de investimento ou de financiamento.* Essa sentença em itálico fornece uma visão geral dos procedimentos que estão na base da planilha de trabalho de contas T para a demonstração dos fluxos de caixa.

Planilha de trabalho de contas T

A **planilha de trabalho de contas T** não mostra as contas como elas aparecem no livro razão. Trata-se, antes, de uma espécie de papel de rascunho usado para cálculos que não são parte do sistema formal de registros. Utilizamos a planilha de trabalho das contas T para mostrar os efeitos das transações na conta Caixa. Dado o grande número de transações que afetam a conta Caixa durante um período, a maioria das empresas prepara a demonstração dos fluxos de caixa depois de preparar a demonstração do resultado e o balanço patrimonial. Esta seção apresenta um procedimento passo a passo para preparar a demonstração dos fluxos de caixa a partir do balanço patrimonial e da demonstração do resultado.

Passo 1. Obter balanços patrimoniais do início e do fim do período coberto pela demonstração dos fluxos de caixa e uma demonstração do resultado desse período. Utilizamos os balanços comparativos da Kellogg de 31 de dezembro de 2012 e de 2013 (**Figura 6.2**) e sua demonstração do resultado para o exercício 2013 (**Figura 6.3**).

Passo 2. Preparar uma planilha de trabalho de contas T. Um exemplo baseado na Kellogg para o exercício de 2013 aparece na **Figura 6.4**. O topo da planilha mostra uma conta T máster intitulada Caixa, subdividida em três seções chamadas Operações, Investimentos e Financiamentos. O número no topo de cada conta T é o saldo inicial, o número no fim é o saldo final. Os valores inicial e final da Kellogg são, respectivamente, $ 524 milhões e $ 255 milhões, e correspondem aos valores informados no balanço patrimonial (**Figura 6.2**). Os sinais de visto indicam que os números são saldos. A conta T máster, Caixa, representa o lado esquerdo da **Equação 3** de variação do caixa.

Depois de preparar a conta T máster do Caixa (o topo da **Figura 6.4**), complete a planilha de trabalho preparando contas T para cada conta do passivo, patrimônio líquido e ativos não caixa. A parte inferior da **Figura 6.4** mostra as contas T de cada conta não caixa da Kellogg que variou durante o exercício de 2013. O saldo da conta Tributos e Juros a Pagar não variou; portanto, a planilha não inclui uma conta T para esse item. Coloque os saldos inicial e final de cada conta a partir do balanço patrimonial (ver **Figura 6.2**). A soma das variações dessas contas T individuais expressa o lado direito da **Equação 3** da variação do caixa.

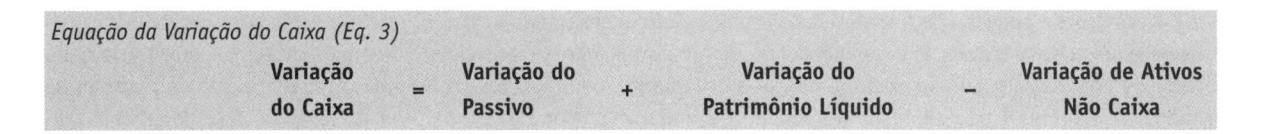

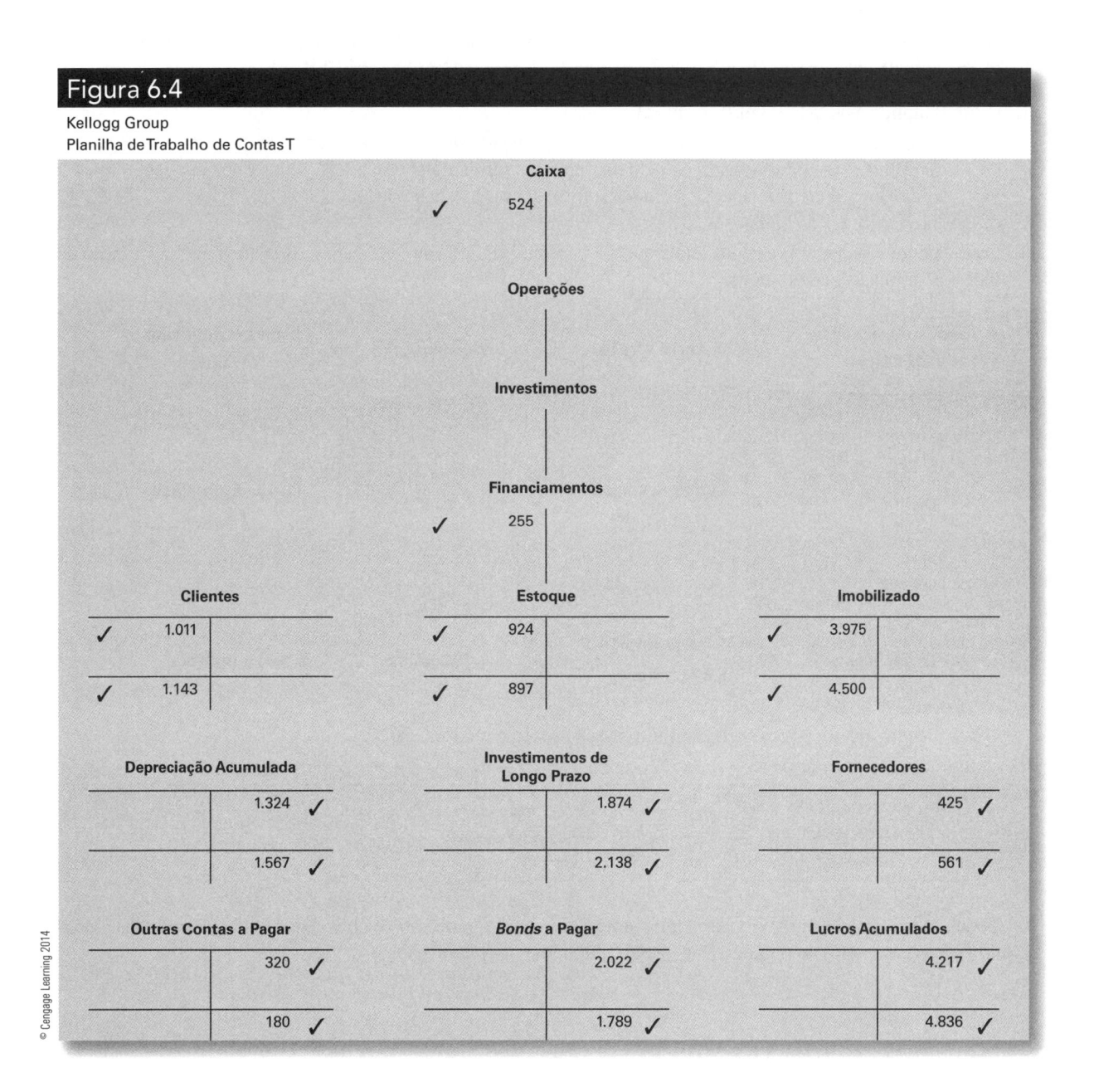

Equação da Variação do Caixa (Eq. 3)

$$\text{Variação do Caixa} = \text{Variação do Passivo} + \text{Variação do Patrimônio Líquido} - \text{Variação de Ativos Não Caixa}$$

Figura 6.4

Kellogg Group
Planilha de Trabalho de Contas T

Caixa
✓ 524

Operações

Investimentos

Financiamentos
✓ 255

Clientes		Estoque		Imobilizado	
✓ 1.011		✓ 924		✓ 3.975	
✓ 1.143		✓ 897		✓ 4.500	

Depreciação Acumulada		Investimentos de Longo Prazo		Fornecedores	
	1.324 ✓		1.874 ✓		425 ✓
	1.567 ✓		2.138 ✓		561 ✓

Outras Contas a Pagar		*Bonds* a Pagar		Lucros Acumulados	
	320 ✓		2.022 ✓		4.217 ✓
	180 ✓		1.789 ✓		4.836 ✓

Passo 3. Explique a variação na conta T máster, Caixa, entre o início e o fim do período. Fazemos isso contabilizando o efeito no caixa da variação de cada conta não caixa durante o período. Primeiro, reconstrua os lançamentos originalmente registrados nas contas durante o período. Lance esses registros nas mesmas contas da planilha de trabalho de contas T. A seguir, classifique esses lançamentos na conta máster do caixa como atividade operacional, de investimento ou de financiamento. A variação líquida de todas as contas não caixa fornece a informação necessária para calcular a variação do caixa, o lado esquerdo da **Equação 3**. Se as transações reconstruídas explicarem a variação líquida do lado direito da Equação da Variação do Caixa (**Equação 3**), elas também explicarão as causas da variação do caixa (lado esquerdo).

Ao elaborar a planilha de trabalho das contas T, fizemos *lançamentos analíticos* que se parecem com lançamentos no livro diário. Após completarmos a planilha de trabalho das contas T e prepararmos a demonstração dos fluxos de caixa, descartamos os lançamentos analíticos ou os salvamos em um arquivo para nos lembrarmos, no próximo período, do que fizemos no período atual.

Os débitos na planilha de trabalho das contas T devem ser iguais aos créditos. São erros comuns incluir registros parciais de uma transação e registrar parte de uma transação no lado errado de uma conta T. Os erros se tornam evidentes ao completarmos a planilha de trabalho, quando os lançamentos de uma ou mais contas da planilha de trabalho das contas T não explicam a variação da conta no período. O preparador precisa então retomar cada lançamento para descobrir a fonte do erro.

A reconstrução das transações durante o ano geralmente se torna mais fácil contabilizando primeiramente informação suplementar. A seguinte informação se aplica à Kellogg no exercício 2013:

1. O lucro líquido é de $ 1.192 milhão (**Figura 6.3**).
2. Não houve vendas, descartes ou *impairments* de imobilizado durante o período. A despesa de depreciação é de $ 243 milhões, como informado na demonstração do resultado (**Figura 6.3**). Esse valor também é igual à variação da conta de depreciação acumulada informada no balanço patrimonial entre 2012 e 2013 de $ 243 milhões (ou seja, $ 1.567 menos $ 1.324).
3. Os dividendos declarados e pagos totalizam $ 573 milhões. Esse valor também se relaciona com a variação de lucros acumulados, como segue:

Lucros Acumulados Iniciais + **Lucro Líquido** − **Dividendos** = **Lucros Acumulados Finais**

Ou

Dividendos = **Lucros Acumulados Iniciais** + **Lucro Líquido** − **Lucros Acumulados Finais**

Para a Kellogg:

Dividendos = $ 4.217 milhões + $ 1.192 milhão − $ 4.836 milhões
= $ 573 milhões

O lançamento analítico para registrar a informação sobre o lucro líquido é:

(1) Caixa (Operações: Lucro Líquido)	1.192	
Lucros Acumulados		1.192
Lançamento analítico registrado em planilha de trabalho de conta T		

Todos os lançamentos no livro diário que, juntos, registram o processo de obtenção de $ 1.192 milhão de lucro líquido são equivalentes ao seguinte lançamento individual no livro diário:

Ativos Líquidos (=Todos os Ativos Menos Todos os Passivos)				1.192	
Lucros Acumulados					1.192

Variação do Caixa	=	Variação do Passivo	+	Variação do Patrimônio Líquido	−	Variação de Ativos Não Caixa
+ 1.192				+ 1.192		
(Operações)						

Lançamento sumário equivalente a registrar lucros de $ 1.192 milhão.

O lançamento anterior no livro diário resume todos os efeitos das atividades de obtenção de lucro no balanço patrimonial como um débito nos Ativos Líquidos. Tanto a planilha de trabalho das contas T como a seção fluxo de caixa das operações de uma demonstração real dos fluxos de caixa, no método indireto, começam com a suposição provisória de que todos os lucros geram caixa das operações. Adições e subtrações subsequentes ajustam pelas transações nas quais tal suposição se mostra inválida. Assim, no lançamento analítico **(1)**, o débito mostra um aumento provisório no caixa das operações igual ao lucro líquido do período.

Equação da Variação do Caixa (Eq. 3)

$$\text{Variação do Caixa} = \text{Variação do Passivo} + \text{Variação do Patrimônio Líquido} - \text{Variação de Ativos Não Caixa}$$

Nem todas as despesas diminuem o caixa. Para calcular o caixa das operações, precisamos adicionar de volta no lucro líquido os valores das despesas que não representaram saída de caixa nesse período, mas, em vez disso, tiveram como contrapartida ativos não caixa desse período. Um exemplo é a despesa de depreciação, ilustrada no lançamento **(2)**:

(2)	Caixa (Operações: Soma da Despesa de Depreciação de Volta)	243	
	Depreciação Acumulada		243
	Lançamento analítico registrado em planilha de trabalho de conta T		

A despesa de depreciação, subtraída no cálculo do lucro líquido, não reduziu o caixa nesse período. Algum tempo atrás, a Kellogg usou o caixa para adquirir o imobilizado que ela agora deprecia. O uso do caixa apareceu na demonstração dos fluxos de caixa daquele período passado como um uso de caixa para investimento. (Nós reexaminaremos esse uso do caixa quando considerarmos o lançamento analítico da conta Imobilizado.) O lançamento analítico para despesa de depreciação adiciona-a de volta no lucro líquido ao calcularmos o fluxo de caixa das operações.

A seguir, registramos a informação suplementar referente aos dividendos declarados e pagos no valor de $ 573 milhões:

(3)	Lucros Acumulados	573	
	Caixa (Financiamento: Dividendos; Subtração)		573
	Lançamento analítico registrado em planilha de trabalho de conta T		

Os dividendos reduzem os lucros acumulados e o caixa. Pagar dividendos em dinheiro é uma atividade de financiamento na demonstração dos fluxos de caixa.

Uma vez que a planilha de trabalho das contas T reflete informações suplementares, precisamos fazer inferências sobre as razões das variações remanescentes nas contas não caixa do balanço patrimonial[5]. Explicações sobre as mudanças das contas não caixa são fornecidas a seguir, na ordem do balanço patrimonial.

---

5. O preparador de uma demonstração dos fluxos de caixa de uma empresa real utilizará a informação dos registros da empresa referentes à variação de cada conta.

A conta Clientes mostra um aumento de $ 132 milhões (ou seja, $ 1.143 menos $ 1.011). O lançamento analítico para registrar essa informação na planilha de trabalho é o seguinte:

(4)	Clientes..	132	
	Caixa (Operações: Subtrações)...		132
	Lançamento analítico registrado em planilha de trabalho de conta T		

As operações da empresa no período geraram vendas, mas nem todas essas vendas resultaram em aumento de caixa. Algumas vendas aumentaram as contas a receber de clientes. Como iniciamos a demonstração dos fluxos de caixa com o lucro líquido (provisoriamente assumindo que todas as vendas geram caixa), precisamos subtrair a parte das receitas que não produziram caixa ao abordarmos o caixa das operações. A parte das receitas que não produziram caixa é igual ao excedente de vendas a prazo sobre os recebimentos de caixa dos clientes. Esse valor equivale à variação na conta Clientes. O valor do aumento (diminuição) nas contas a receber de clientes é o valor que precisa ser subtraído (adicionado) do lucro líquido para calcular o caixa das operações.

A próxima conta não caixa que variou, Estoque, mostra um declínio de $ 27 milhões (ou seja, $ 897 menos $ 924). O lançamento analítico na planilha de trabalho para explicar a variação em Estoque é o seguinte:

(5)	Caixa (Operações: Adição)...	27	
	Estoque...		27
	Lançamento analítico registrado em planilha de trabalho de conta T		

A Kellogg reduziu o valor do estoque no seu balanço patrimonial. Para calcular o caixa das operações, precisamos adicionar ao lucro líquido a diminuição do estoque durante o ano. Se o estoque tivesse aumentado, o valor desse aumento seria subtraído.

A próxima conta não caixa, o Imobilizado, mostra um aumento de $ 525 milhões (ou seja, $ 4.500 menos $ 3.975). O ponto **(2)** da informação suplementar diz que a Kellogg não teve vendas, descartes ou *impairments* do Imobilizado em 2013. A única transação remanescente que poderia afetar essa conta é a compra de novo Imobilizado em 2013. O valor da compra precisa ser igual ao aumento dessa conta no valor de $ 525 milhões. O lançamento analítico é o seguinte:

(6)	Imobilizado (Custo)...	525	
	Caixa (Investimento: Aquisição de Imobilizado)...		525
	Lançamento analítico registrado em planilha de trabalho de conta T		

A próxima conta não caixa, Investimentos de Longo Prazo, aumentou em $ 264 milhões (ou seja, $ 2.138 menos $ 1.874) em 2013. Não havendo outra informação, assumimos que a Kellogg adquiriu investimentos de longo prazo contra caixa em 2013. O lançamento analítico é o seguinte:

(7)	Investimentos de Longo Prazo...	264	
	Caixa (Investimento: Aquisição de Investimentos de Longo Prazo)......................		264
	Lançamento analítico registrado em planilha de trabalho de conta T		

A próxima conta não caixa, Contas a Pagar a Fornecedores, aumentou em 2013 de $ 425 milhões para $ 561 milhões, ou seja, em $ 136 milhões. O lançamento analítico é o seguinte:

(8)	Caixa (Operações: Adições)..	136	
	Contas a pagar..		136
	Lançamento analítico registrado em planilha de trabalho de conta T		

Para entender esse lançamento analítico, considere que a Kellogg aumentou o valor de suas contas a pagar porque comprou um recurso (tal como estoque) a crédito. No fim de 2013, a Kellogg adquiriu o recurso, mas não pagou ainda ao fornecedor. O caixa das operações da Kellogg é, portanto, mais alto nesse ano, pelo valor do aumento das contas a pagar a fornecedores.

A próxima conta não caixa que mostra uma variação é Outras Contas a Pagar. O lançamento analítico é o seguinte:

(9)	Outras Contas a Pagar..	140	
	Caixa (Operações: Subtração)...		140
	Lançamento analítico registrado em planilha de trabalho de conta T		

O raciocínio por trás desse lançamento analítico é o oposto do lançamento analítico em **(8)**. A conta Outras Contas a Pagar declinou em $ 140 milhões (ou seja, $ 102 menos $ 242), indicando que a Kellogg reduziu esse passivo (pagando em dinheiro) mais do que aumentou os recursos adquiridos de credores. O efeito líquido é uma saída de caixa das operações pelo valor da diminuição, $ 140 milhões.

Bonds a Pagar, a última conta não caixa que ainda não teve sua variação explicada, mostra uma diminuição de $ 233 milhões (ou seja, $ 1.789 menos $ 2.022) no exercício de 2013. Inferimos que a Kellogg usou o caixa para resgatar alguns de seus *bonds* a pagar durante o ano. O lançamento analítico é o seguinte:

(10)	*Bonds* a Pagar	233	
	Caixa (Financiamento: *Bonds* a Pagar Pagos)...		233
	Lançamento analítico registrado em planilha de trabalho de conta T		

A **Figura 6.5** apresenta a planilha de trabalho das contas T completa da Kellogg referente a 2013. Os dez lançamentos analíticos explicam todas as variações das contas T não caixa e mostram anotações dos componentes de variação na conta Caixa.

Passo 4. No último passo, usamos as informações da conta T máster do caixa na planilha de trabalho preenchida para preparar a demonstração dos fluxos de caixa. A **Figura 6.1** apresenta a demonstração dos fluxos de caixa da Kellogg. Descreveremos a preparação da demonstração do fluxo de caixa por ambos os métodos, direto e indireto, no próximo tópico.

Método direto de preparação da demonstração dos fluxos de caixa

Neste tópico, descreveremos como preparar a seção do fluxo de caixa das operações da demonstração dos fluxos de caixa usando o método direto. O painel do lado direito da **Figura 6.1** mostra a demonstração dos fluxos de caixa preparada pelo método direto. A apresentação pelo método direto segue três passos apresentados em três painéis na **Figura 6.8**.

Passo 1. Copie a demonstração do resultado no campo esquerdo.

Passo 2. Copie no campo central todas as adições e subtrações da *seção operações* da conta máster Caixa na planilha de trabalho das contas T, inclusive os $ 1.192 do lucro líquido mostrados abaixo do campo. Coloque o número junto ao item da demonstração do resultado relacionado à adição ou subtração. Por exemplo, coloque a subtração de Contas a Receber junto à Receita de Vendas, o ajuste da Depreciação junto à Despesa de Depreciação e assim por diante. Para fazer isso, você precisa entender a qual item da demonstração do resultado dada adição ou subtração se refere. Ao colocar o número na coluna **(b)**, use parênteses se o número representa uma diminuição do caixa; a ausência de parênteses significa que o número representa um aumento do caixa. Acrescente os números na coluna **(b)** para confirmar que você apresentou o método indireto de cálculo do fluxo de caixa das operações. A coluna **(b)** é similar à seção de operações da demonstração dos fluxos de caixa preparada usando o método indireto, exceto que os números têm uma ordem diferente – o lucro líquido embaixo e não em cima – e os outros números estão na ordem da demonstração do resultado.

Passo 3. Coloque os números nas colunas **(a)** e **(b)** e escreva as somas na coluna **(d)**. Nomeie a soma como Recebimentos ou como Pagamentos e descreva a natureza do recebimento ou pagamento. Coloque os números na coluna **(d)**. Se você tiver feito esse trabalho corretamente, a soma na coluna **(d)** corresponderá à soma da coluna **(b)** e será igual ao fluxo de caixa das operações.

Figura 6.5
Kellog Group
Planilha de Trabalho das Contas T (com Mudanças em Contas não Caixa)

Caixa

		✓	524		

Operações

Lucro Líquido	(1)	1.192	132	(4)	Aumento em Clientes
Desp. de Depreciação: Adição	(2)	243	140	(9)	Diminuição em Outras Contas a Pagar
Diminuição no Estoque	(5)	27			
Aumento em Fornecedores	(8)	136			

Investimentos

		525	(6)	Aquisição de Imobilizado
		264	(7)	Aquisição de Investimentos de Longo Prazo

Financiamentos

		573	(3)	Pagamento de Dividendos
		233	(10)	Pagamento de *Bonds* a Pagar

		✓	255	

Clientes

✓	1.011		
(4)	132		
✓	1.143		

Estoque

✓	924		
		27	(5)
✓	897		

Imobilizado

✓	3.975		
(6)	525		
✓	4.500		

Depreciação Acumulada

		1.324	✓
		243	(2)
		1.567	✓

Investimentos de Longo Prazo

		1.874	✓
		264	(8)
		2.138	✓

Fornecedores

		425	✓
		136	(8)
		561	✓

Outras Contas a Pagar

		320	✓
		140	(9)
		180	✓

Bonds a Pagar

		2.022	✓
(10)	233		
		1.789	✓

Lucros Acumulados

		4.217	✓
(3)	573	1.192	(1)
		4.836	✓

PROBLEMA 6.2 — PARA APRENDIZAGEM

Preparando uma planilha de trabalho de contas T para a demonstração dos fluxos de caixa. A **Figura 6.6** apresenta um balanço comparativo da Robbie Corporation de 31 de dezembro de 2012 e 2013. A **Figura 6.7** mostra a demonstração do resultado de 2013. Em 2013, a empresa não vendeu itens do imobilizado. Ela declarou e pagou dividendos de $ 2.000. Elabore uma planilha de trabalho de contas T para a preparação da demonstração dos fluxos de caixa de 2013. Use o formato apresentado na **Figura 6.5**.

Figura 6.6

Robbie Corporation
Balanço Patrimonial Comparativo
31 de dezembro de 2013 e 2012
(Problema 6.2)
(todos os valores em milhares de US$)

	31 de dezembro	
	2013	2012
ATIVO		
Ativo Circulante		
Caixa	25	10
Contas a Receber	22	15
Estoque de Mercadorias	18	20
Total do Ativo Circulante	65	45
Ativo Não Circulante		
Imobilizado	66	50
Menos Depreciação Acumulada	(31)	(25)
Total Imobilizado	35	25
Total do Ativo	100	70
PASSIVO E PATRIMÔNIO LÍQUIDO		
Passivo Circulante		
Contas a Pagar a Fornecedores	37	30
Total do Passivo Circulante	37	30
Passivo Não Circulante		
Bonds a Pagar	18	10
Total do Passivo	55	40
Patrimônio Líquido		
Capital Social	20	10
Lucros Acumulados	25	20
Total do Patrimônio Líquido	45	30
Total do Passivo e Patrimônio Líquido	100	70

Figura 6.7

Robbie Corporation
Demonstração do Resultado
Referente a 2013
(Problema 6.2)
(todos os valores em milhares de US$)

Receita de Vendas	180
Custo das Mercadorias Vendidas	(140)
Despesas de Vendas, Gerais e Administrativas	(25)
Despesas de Depreciação	(6)
Despesa com Juros	(2)
Lucro Líquido	7

Método indireto de preparação da demonstração dos fluxos de caixa

O método indireto se aplica à seção do caixa de operações da demonstração dos fluxos de caixa. Esse método começa com o lucro líquido divulgado e ajusta-o para derivar o fluxo de caixa das operações. Ilustraremos os ajustes e o cálculo do fluxo de caixa de operações no método indireto usando os dados da Kellogg. A demonstração dos fluxos de caixa da Kellogg para o exercício de 2013, preparada conforme o método indireto, é mostrada no painel esquerdo da **Figura 6.1**.

Figura 6.8

Kellogg Group. Derivando o Fluxo de Caixa de Operações pelo Método Direto. Utilizando os Dados da Planilha de Trabalho das Contas T

Cada passo é um painel separado. Versões ulteriores condensarão todo o trabalho em um único painel.

1. Copiar a Demonstração do Resultado e o Fluxo de Caixa das Operações

Operações	(a)	(b)	Variações nas Contas do Balanço a partir da Planilha de Trabalho das Contas T (c)	(d)
Receita de Vendas	$ 12.822			
Custo das Mercadorias Vendidas	(7.212)			
Despesas de Depreciação	(243)			
Despesas Operacionais	(3.414)			
Despesa com Juros	(276)			
Despesa com IR	(485)			
Lucro Líquido	$ 1.192			
		$ 1.326	= Fluxo de Caixa das Operações pelo Método Indireto	$ —

2. Copiar as Informações da Planilha de Trabalho das Contas T e Juntar ao Item Relacionado da Demonstração do Resultado

Operações	(a)	Copiar da Planilha de Trabalho das Contas T (b)	Variações nas Contas do Balanço a partir da Planilha de Trabalho das Contas T (c)	(d)
Receita de Vendas	$ 12.822	(132)	= Aumento de Contas a Receber	
Custo das Mercadorias Vendidas	(7.212)	27	= Diminuição de Estoque	
		136	= Aumento de Fornecedores	
Despesas de Depreciação	(243)	243	= (Despesa sem Uso de Caixa)	
Despesas Operacionais	(3.414)	(140)	= Diminuição de Outras Contas a Pagar	
Despesa com Juros	(276)		IR e Juros a Pagar (sem variar na conta do Balanço)	
Despesa com IR	(485)			
Lucro Líquido	$ 1.192	$ 1.192	= Lucro Líquido	
		$ 1.326	= Caixa das Operações pelo Método Indireto	$ —

3. Somar as Colunas e Derivar Recebimentos e Desembolsos Diretos

Operações	(a)	Copiar da Planilha de Trabalho das Contas T (b)	Variações nas Contas do Balanço a partir da Planilha de Trabalho das Contas T (c)	Método Direto (d)	Das Operações: Recebimentos Menos Desembolsos
Receita de Vendas	$ 12.822	(132)	= Aumento de Contas a Receber	$ 12.690	= Recebimentos de Clientes
Custo das Mercadorias Vendidas	(7.212)	27	= Diminuição de Estoque	(7.049)	= Pagamentos a Fornecedores
		136	= Aumento de Fornecedores		
Despesas de Depreciação	(243)	243	= (Despesa sem Uso de Caixa)	—	
Despesas Operacionais	(3.414)	(140)	= Diminuição de Outras Contas a Pagar	(3.554)	= Pagamentos de Despesas Operacionais
Despesa com Juros	(276)		IR e Juros a Pagar (sem variar na conta do balanço)	(276)	= Pagamentos de Juros
Despesa com IR	(485)			(485)	= Pagamentos de IR
Lucro Líquido	$ 1.192	1.192	= Lucro Líquido		
		$ 1.326	= Caixa das Operações pelo Método Indireto	$ 1.326	= Caixa das Operações pelo Método Direto

Observe que as informações na coluna **(b)** correspondem ao fluxo de caixa das operações derivado pelo método indireto.

A primeira linha mostra o lucro líquido de $ 1.192 milhão da Kellogg, a partir da demonstração do resultado (**Figura 6.3**). O primeiro ajuste ao lucro líquido é adicionar a despesa não caixa de depreciação de $ 243 milhões (a terceira linha da demonstração do resultado da Kellogg na **Figura 6.3**). Para entender esse ajuste, note que a Kellogg usou o caixa em algum período anterior para adquirir um prédio ou equipamento. Naquele período anterior, ela informou o uso do caixa como uma atividade de investimento. A depreciação aparece como uma despesa na demonstração do resultado porque ela reflete o uso de uma porção do edifício ou equipamento cujo serviço se estende por muitos anos. A contabilidade reconhece uma porção do custo desses ativos como despesa de depreciação de cada período. A despesa de depreciação diminui o patrimônio líquido e aumenta a depreciação acumulada, a qual diminui os ativos líquidos[6]. O lançamento no livro diário que a empresa faria para reconhecer a despesa de depreciação é:

Despesa de Depreciação..	243	
Depreciação Acumulada...		243
Lançamento no livro diário para reconhecer despesa de depreciação de $ 243 milhões no exercício.		

A despesa de depreciação não consome caixa. Isso é evidente porque o caixa não é creditado no lançamento acima. Contudo, o valor da despesa de depreciação reduz o lucro líquido.

O método indireto começa com o lucro líquido, que inclui uma subtração pela despesa de depreciação (a terceira linha da **Figura 6.3** mostra essa subtração). Como a despesa de depreciação reduz o lucro líquido, mas não consome caixa, a adição do valor da despesa de depreciação de volta ao lucro líquido resulta em um valor que é mais próximo dos fluxos de caixa. Assim, sob o método indireto, o ajuste que retorna a depreciação elimina o efeito da despesa não caixa no cálculo dos fluxos de caixa das operações[7].

Os ajustes remanescentes do lucro líquido se relacionam com variações em itens de capital de giro. Em particular, a **Figura 6.1** mostra subtrações de $ 132 milhões em contas a receber de clientes, de $ 140 milhões em outras contas a pagar e adições de $ 27 milhões em estoque e de $ 136 milhões de fornecedores. Explicaremos um desses ajustes – o de contas a receber de clientes – e deixaremos os demais para capítulos posteriores.

Lembre-se de que as contas a receber de clientes representam o valor que os clientes que compraram a prazo devem na data do balanço patrimonial. Para apurar o valor que a Kellogg recebeu dos seus clientes em 2013, é importante entender:

- **Caixa recebido de vendas a prazo de períodos *anteriores*.** A Kellogg fez vendas em períodos anteriores, bem como no período atual, e recebeu *neste* período caixa de clientes que compraram em períodos *anteriores*. A receita dessas vendas *anteriores* apareceu na demonstração do resultado de períodos *anteriores*. Essas vendas aumentaram as contas a receber da Kellogg no período anterior e foram seguidas por uma diminuição em contas a receber *neste* período quando a Kellogg recebeu o dinheiro.
- **Vendas à vista neste período e vendas a crédito *neste* período que foram pagas também *neste* período.** A Kellogg recebeu caixa adicional de clientes que (a) pagaram à vista *neste* período e (b) compraram a crédito e pagaram *neste* período. Ambos os casos resultam em que não haja variação nas contas a receber do início ao fim de 2013.
- **Vendas a prazo *neste* período que não foram ainda recebidas.** A Kellogg fez vendas a prazo em 2013 pelas quais só receberá em períodos futuros.

A **Figura 6.2** mostra que, como resultado das transações descritas anteriormente, as contas a receber da Kellogg aumentaram em $ 132 milhões (ou seja, $ 1.143 menos $ 1.011) em 2013. Assim, o valor do caixa que a Kellogg recebeu de clientes em 2013 é igual à receita de vendas de 2013 ($ 12.822 milhões, informado na **Figura 6.3**), reduzido pelo aumento do valor de contas a receber durante esse período (ou aumentado pela

---

6. A contabilidade de ativos de vida longa é discutida no **Capítulo 10**. Introduzimos aqui a despesa de depreciação e a depreciação acumulada porque elas são fundamentais para a demonstração dos fluxos de caixa.
7. Vendo de outra forma, imagine uma empresa cuja única atividade no período foi registrar uma despesa de depreciação de $ 100 – nada além disso. Essa empresa informaria um lucro líquido negativo, um prejuízo de $ 100, mas nenhuma variação no caixa. O fluxo de caixa das operações é zero. Assim, a reconciliação precisa começar com prejuízo de –$ 100 e estornar a seguir a despesa de depreciação de $ 100, a fim de reconciliar o prejuízo líquido de –$ 100 com o fluxo de caixa zero das operações. Capítulos posteriores explicam por que a variação da conta Depreciação Acumulada no balanço patrimonial raramente é igual ao valor da despesa de depreciação na demonstração do resultado.

diminuição em contas a receber nesse período)[8]. Assim, a Kellogg recebeu $ 12.690 milhões em caixa dos seus clientes em 2013 ($ 12.822 milhões de receita de vendas menos $ 132 milhões de aumento em contas a receber)[9].

Para refletir o valor do caixa recebido dos clientes, o método indireto ajusta o lucro líquido pela diferença entre as receitas reconhecidas ($ 12.822 milhões) e o valor do caixa recebido ($ 12.690 milhões). Essa diferença é a variação em contas a receber durante o período. Sob o método indireto, a empresa subtrairá do lucro líquido um aumento em contas a receber e adicionará ao lucro uma diminuição em contas a receber para chegar ao fluxo de caixa das operações.

O quadro a seguir resume os ajustes ao lucro líquido requeridos pelo método indireto para contabilizar as variações em itens de capital de giro:

Conta de Capital de Giro	Ajuste ao Lucro Líquido Requerido para Apurar o Fluxo de Caixa das Operações pelo Método Indireto
Variação no Ativo Circulante	
Aumento	Subtração do valor do aumento
Diminuição	Adição do valor da diminuição
Variação no Passivo Circulante	
Aumento	Adição do valor do aumento
Diminuição	Subtração do valor da diminuição

Para entender que os métodos indireto e direto calculam o mesmo valor do caixa das operações, considere o resumo a seguir. O método indireto parte do lucro líquido, que corresponde às receitas menos as despesas. A seguir ele ajusta o lucro líquido pelas receitas ou despesas que produzem ou usam caixa em valores diferentes do item de receita ou despesa. O método direto lista cada valor de receita que aumenta o caixa e cada valor de despesa que o diminui.

PROBLEMA 6.3 PARA APRENDIZAGEM

Derivando a demonstração dos fluxos de caixa a partir de uma planilha de trabalho de contas T. Consulte o Problema 6.2 e sua solução, bem como a Figura 6.13.

a. Usando as informações da planilha de trabalho das contas T na **Figura 6.13** e o formato da **Figura 6.8**, elabore o fluxo de caixa das operações usando o método direto para a Robbie Corporation em 2013.

b. Prepare a seção do caixa das operações da demonstração dos fluxos de caixa de 2013 da Robbie Corporation usando o método direto.

c. Elabore a seção do caixa das operações da demonstração dos fluxos de caixa de 2013 da Robbie Corporation usando o método indireto.

d. Prepare a seção do caixa de investimentos e a seção do caixa de financiamentos da demonstração dos fluxos de caixa de 2013 da Robbie Corporation.

e. Relacione o fluxo de caixa líquido de 2013 da Robbie Corp. com a variação de cada conta mostrada no balanço patrimonial.

Extensão da ilustração para transações mais complexas

A ilustração da Kellogg é mais simples que uma típica demonstração dos fluxos de caixa em pelo menos quatro aspectos:

1. Poucas contas do balanço patrimonial requerem explicação.
2. Diversas transações mais complexas, que afetam o fluxo de caixa das operações, não ocorrem.

---

8. Sob outro ponto de vista, considere duas suposições irreais. Em primeiro lugar, tenha em mente que, por algum tempo, a empresa não recebeu nenhum caixa por suas contas a receber do seu balanço patrimonial no início do período. Assim, o valor do caixa que a firma recebe dos seus clientes é igual à receita de vendas menos o aumento das contas a receber. Em segundo, suponha que uma empresa tenha feito, historicamente, vendas a prazo, mas no período atual ela faz todas as vendas à vista e recebe algumas das contas a receber do seu balanço patrimonial no início do período. Assim, o valor do caixa que ela recebe no período é igual à receita de vendas somado à diminuição de contas a receber.
9. Esse é o mesmo valor informado como Recebimentos de Clientes conforme o método direto (painel direito da **Figura 6.1**).

3. Cada transação registrada no Passo 3 envolve apenas um débito e um crédito.
4. Com exceção da conta de Lucros Acumulados, cada explicação da variação de uma conta não caixa envolve apenas um lançamento analítico na planilha de trabalho.

A maioria das complicações que surgem na interpretação das demonstrações dos fluxos de caixa publicadas se refere a eventos contábeis que serão discutidos nos próximos capítulos. Ilustraremos aqui uma complicação que surge da venda de um ativo. Primeiramente, assumiremos que a empresa vendeu algum dos seus equipamentos durante o ano pelo seu *valor contábil*. Isto é, assumimos que os proventos de caixa da venda são iguais ao custo de aquisição do ativo menos a depreciação acumulada do ativo. Com esse pressuposto, não há nem ganho nem perda com a venda.

Venda de um Equipamento sem Ganho nem Perda. Reconsidere o exemplo da Kellogg, assumindo que ela vendeu um equipamento em 2013 por $ 13 milhões à vista. Ela pagou originalmente $ 20 milhões por ele e sua depreciação acumulada foi de $ 7 milhões. O lançamento feito durante o ano para registrar a venda do equipamento foi o seguinte:

Caixa	13
Depreciação Acumulada	7
Edifícios e Equipamentos (Custo)	20
Lançamento no livro diário pela venda de equipamento pelo valor contábil.	

Suponha também que a diminuição do caixa em 2013 é ainda de $ 269 milhões. Para refletir a nova informação sobre a venda do ativo, adicionamos um novo lançamento no livro diário (**1a**), substituímos o lançamento (**6**) por (**6a**) e substituímos o lançamento analítico (**2**) por (**2a**). O seguinte lançamento na planilha de trabalho das contas T reconhece o efeito da venda do equipamento:

(**1a**)	Caixa (Investimento: Venda de Equipamento)..	13
	Depreciação Acumulada	7
	Imobilizado (Custo)...	20
	Lançamento analítico registrado na planilha de trabalho das contas T.	

O débito no Caixa (Investimento: Venda de Equipamento) mostra o caixa proveniente da venda. Como resultado do lançamento analítico (**1a**), as contas T para Imobilizado (Custo) e Depreciação Acumulada aparecem como segue:

Imobilizado (Custo)				Depreciação Acumulada (A−)		
✓	3.975				1.324	✓
		20 (**1a**)		(**1a**) 7		
✓	4.500				1.567	✓

Podemos agora analisar a variação da conta Imobilizado (Custo): a conta T requer um valor de débito líquido de $ 525 milhões para chegar a seu saldo. A conta T indica um crédito (lançamento **1a**) de $ 20 milhões para reconhecer a venda do equipamento. Para explicar o aumento líquido na conta Imobilizado (Custo), dada a diminuição de $ 20 milhões, precisaria ter ocorrido uma aquisição de $ 545 milhões (ou seja, $ 525 + $ 20) de Imobilizado em 2013 pela Kellogg.

O lançamento analítico reconstruído, que substitui o lançamento (**6**) e completa a explicação da variação nesta conta, é o seguinte:

(**6a**)	Imobilizado (Custo)..	545
	Caixa (Investimento: Aquisição de Imobilizado)	545
	Lançamento analítico registrado na planilha de trabalho das contas T.	

De modo similar, para explicar a variação na conta T de Depreciação Acumulada, consideramos a variação líquida de crédito de $ 243 milhões e o lançamento de débito de $ 7 milhões (**1a**) para reconhecer a venda do ativo. Assim, a despesa de depreciação de 2013 deve ter sido de $ 250 milhões (ou seja, $ 243 + $ 7). O lançamento analítico reconstruído, que substitui o lançamento analítico (**2**) e completa a explicação da variação da conta Depreciação Acumulada, é o seguinte:

(2a)	Caixa (Operações: Estorno da Despesa de Depreciação)...	250	
	Depreciação Acumulada		250
Lançamento analítico registrado na planilha de trabalho das contas T.			

O aumento da despesa de depreciação de $ 7 milhões reduz o lucro de $ 1.192 para $ 1.185 milhão (ou seja, $ 1.192 menos $ 7). Não há efeito no caixa das operações. A **Figura 6.9** apresenta uma planilha de trabalho revisada das contas T da Kellogg, incorporando a nova informação da venda do equipamento.

Perda na Venda de Equipamento. Suponha agora que, em 2013, a Kellogg vendeu o referido equipamento por $ 12 milhões em vez de $ 13 milhões. O lançamento para registrar a venda do equipamento é o seguinte:

Caixa	12	
Perda na venda do Equipamento	1	
Depreciação Acumulada	7	
Edifícios e Equipamentos (Custo)		20

Esse lançamento remove dos registros contábeis todos os valores relativos ao equipamento vendido, inclusive o seu custo de aquisição de $ 20 milhões e os $ 7 milhões de depreciação acumulada reconhecida enquanto a Kellogg usava o equipamento. O lançamento também registra o caixa que a Kellogg recebeu pela venda do equipamento. A diferença entre os proventos de caixa e o valor contábil do equipamento é uma perda de $ 1 milhão (ou seja, $ 12 menos [$ 20 menos $ 7]). Essa perda reduz o lucro líquido em $ 1 milhão.

O seguinte lançamento analítico na planilha de trabalho das contas T reconhece o efeito da venda do equipamento por $ 12 milhões:

(1a)	Caixa (Investimentos: Venda de Equipamentos)..	12	
	Caixa (Operações: Estorno da Perda na Venda de Equipamento)...........................	1	
	Depreciação Acumulada	7	
	Edifícios e Equipamentos (Custo)		20
Lançamento analítico registrado na planilha de trabalho das contas T.			

O débito no Caixa (Investimentos: Venda de Equipamentos) mostra a entrada de caixa de $ 12 milhões proveniente da venda. O débito no Caixa (Operações: Estorno da Perda na Venda de Equipamento) de $ 1 milhão estorna do lucro líquido a perda com a venda do equipamento. Similarmente ao estorno da despesa de depreciação, o débito no Caixa (Operações: Estorno da Perda na Venda do Equipamento) não representa uma fonte operacional de caixa. O estorno elimina a subtração da perda no cálculo do lucro líquido. A perda reduziu o lucro, mas não usou caixa nesse período. A empresa desembolsou caixa em algum momento do passado e descartou o ativo comprado com aquele caixa por um valor menor que o valor contábil.

O impacto da venda do equipamento com uma perda em várias linhas da demonstração dos fluxos de caixa é o seguinte:

OPERAÇÕES	
Lucro Líquido (Perda na Venda do Equipamento)...	(1)
Estorno da Perda na Venda do Equipamento	1
Fluxo de Caixa das Operações	0
INVESTIMENTO	
Caixa Proveniente da Venda de Equipamento..	12
Variação no Caixa da Venda de Equipamento..	12

Figura 6.9
Kellogg Group
Planilha de Trabalho de Contas T Revisada

Caixa

		✓	524		

Operações

Lucro Líquido	(1)	1.185	132	(4)	Aumento em Clientes
Desp. de Depreciação: Adição	(2a)	250	140	(9)	Diminuição em Outras Contas a Pagar
Diminuição no Estoque	(5)	27			
Aumento em Fornecedores	(8)	136			

Investimentos

Caixa Proveniente da Venda do Imobilizado	(1a)	13	545	(6a)	Aquisição de Imobilizado
			264	(7)	Aquisição de Investimentos de Longo Prazo

Financiamentos

			573	(3)	Pagamento de Dividendos
			233	(10)	Pagamento de *Bonds* a Pagar
		✓	255		

Clientes

✓	1.011		
(4)	132		
✓	1.143		

Estoque

✓	924		
		27	(5)
✓	897		

Imobilizado

✓	3.975		
(6)	525	20	(1a)
✓	4.500		

Depreciação Acumulada

		1.324	✓
(1a)	7	250	(2a)
		1.567	✓

Investimentos de Longo Prazo

		1.874	✓
		264	(7)
		2.138	✓

Fornecedores

		425	✓
		136	(8)
		561	✓

Outras Contas a Pagar

		320	✓
		140	(9)
		180	✓

Bonds a Pagar

		2.022	✓
(10)	233		
		1.789	✓

Lucros Acumulados

		4.217	✓
(3)	573	1.185	(1)
		4.829	✓

O reconhecimento de uma perda com a venda de equipamento poderia, na visão de alguns, indicar que a empresa registrou uma depreciação insuficiente nos períodos anteriores. Se a Kellogg tivesse sabido com certeza que receberia $ 12 milhões pelo equipamento, ela teria reconhecido mais $ 1 milhão de despesa de depreciação durante os períodos em que o usou. Assim, a venda do equipamento não teria resultado nem em ganho nem em perda.

Ganho na Venda de Equipamento. Levando mais adiante essa ilustração, suponha que a Kellogg recebeu $ 15 milhões em caixa quando vendeu o equipamento. O lançamento para registrar essa venda é o seguinte:

Caixa	15	
Depreciação Acumulada	7	
Edifícios e Equipamentos (Custo)		20
Ganho na Venda de Equipamento...		2
Lançamento no livro diário para registrar venda de equipamento.		

Esse lançamento, tal como o que reconhece a venda com perda, remove os valores do balanço patrimonial referentes ao custo do equipamento e sua depreciação acumulada e registra os proventos de caixa. Nesse caso, os proventos de caixa excederam o valor contábil do equipamento, resultando em um ganho. Esse ganho aumentou o lucro líquido em $ 2 milhões.

O seguinte lançamento analítico na planilha de trabalho das contas T reconheceria o efeito de $ 2 milhões da venda do equipamento:

(1a)	Caixa (Investimento: Venda de Equipamento)...	15	
	Depreciação Acumulada	7	
	Imobilizado (Custo)...		20
	Caixa (Operações: Estorno do Ganho na Venda de Equipamento)		2
	Lançamento analítico registrado na planilha de trabalho das contas T.		

O débito em Caixa (Investimento: Venda de Equipamento) mostra $ 15 milhões de proventos da venda. O crédito em Caixa (Operações: Estorno do Ganho na Venda de Equipamento) reduz o lucro líquido pelo ganho na venda do equipamento que não proporcionou um fluxo de caixa operacional. Se não subtrairmos os $ 2 milhões na seção de operações da planilha de trabalho, superdimensionaremos o valor da entrada de caixa dessa transação, como resumido na seguinte análise:

OPERAÇÕES	
Lucro Líquido (Ganho na Venda do Equipamento)...	2
Estorno do Ganho na Venda do Equipamento Que Não Gera Entrada de Caixa Operacional	(2)
Fluxo de Caixa das Operações	0
INVESTIMENTO	
Proventos da Venda de Equipamento	15
Variação no Caixa pela Venda de Equipamento...	15

PROBLEMA 6.4 PARA APRENDIZAGEM

Preparando uma demonstração dos fluxos de caixa. A **Figura 6.10** mostra um balanço patrimonial comparativo da Gordon Corporation em 31 de dezembro de 2012 e 2013. A **Figura 6.11** apresenta a demonstração do resultado de 2013. Segue informação suplementar relativa à Gordon Corporation:

- Em 2013, a empresa declarou e pagou dividendos de $ 120.000.
- Em 2013, a empresa vendeu edifícios e equipamentos que originalmente custaram $ 55.000 e haviam acumulado uma depreciação de $ 30.000 até o momento da venda.

a. Prepare uma planilha de trabalho de contas T para a elaboração da demonstração dos fluxos de caixa para 2013 usando o método indireto dos fluxos de caixa das operações.
b. Obtenha uma apresentação dos fluxos de caixa das operações usando o formato da **Figura 6.8**.
c. Apresente a demonstração dos fluxos de caixa para 2013 usando o método direto dos fluxos de caixa das operações.

Figura 6.10

Gordon Corporation
Balanço Patrimonial Comparativo
31 de dezembro de 2013 e 2012
(Problema 6.4)
(todos os valores em milhares de US$)

	31 de dezembro	
	2013	2012
ATIVO		
Ativo Circulante		
Caixa	40	70
Clientes	420	320
Estoque de Mercadorias	470	360
Despesas Antecipadas	70	50
Total do Ativo Circulante	1.000	800
Imobilizado		
Terreno	250	200
Edifícios e Equipamentos (Líquidos da Depreciação Acumulada de $ 840 em 2013 e $ 800 em 2012)	1.150	1.000
Total do Imobilizado	1.400	1.200
Total do Ativo	2.400	2.000
PASSIVO E PATRIMÔNIO LÍQUIDO		
Passivo Circulante		
Fornecedores	440	320
Tributos sobre o Lucro a Pagar	80	60
Outras Contas a Pagar	360	170
Total do Passivo Circulante	880	550
Passivo Não Circulante		
Bonds a Pagar	200	250
Total do Passivo	1.080	800
Patrimônio Líquido		
Capital Social	540	500
Lucros Acumulados	780	700
Total do Patrimônio Líquido	1.320	1.200
Total do Passivo e do Patrimônio Líquido	2.400	2.000

Figura 6.11

Gordon Corporation
Demonstração do Resultado
Referente a 2013
(Problema 6.4)
(todos os valores em milhares de US$)

Receitas	1.600
Menos:	
Custo das Mercadorias Vendidas	(900)
Despesas de Depreciação	(70)
Despesas de Vendas e Administrativas	(255)
Despesa com Juros	(30)
Perdas na Venda de Edifícios e Equipamentos	(15)
Despesa de Tributos sobre o Lucro	(130)
Lucro Líquido	200

USANDO A INFORMAÇÃO DA DEMONSTRAÇÃO DOS FLUXOS DE CAIXA

A demonstração dos fluxos de caixa proporciona informações que ajudam o leitor a avaliar (1) o impacto das operações na liquidez e (2) as relações entre os fluxos de caixa das atividades operacionais, de investimento e de financiamento.

Impacto das operações na liquidez

Talvez a mais importante omissão do balanço patrimonial e da demonstração do resultado seja a forma como as operações do período afetam os fluxos de caixa. Aumentos nos lucros nem sempre geram aumentos no fluxo de caixa das operações. Quando o aumento do lucro resulta da expansão das operações, a empresa tem geralmente uma diminuição no fluxo de caixa das operações. Uma empresa em crescimento e bem-sucedida pode ter valores crescentes de contas a receber e estoques, o que resulta em um hiato entre os lucros e os fluxos de caixa. A necessidade de esperar pelo recebimento de contas a receber, mas tendo de adquirir e pagar estoque adicional antecipadamente às vendas futuras, pode conduzir a um caixa negativo das operações. Os negócios crescentes utilizam frequentemente financiamento mediante emissão de dívida ou de ações para superar suas dificuldades de caixa. O insucesso na obtenção de financiamento de longo prazo pode conduzir a problemas crônicos de liquidez.

Por outro lado, um aumento no fluxo de caixa pode corresponder a lucros reduzidos. Considere, por exemplo, uma empresa que está passando por problemas operacionais e reduz o escopo de suas atividades. Embora ela provavelmente venha a informar lucro líquido reduzido e até prejuízos, ela pode ter fluxos de caixa positivos das operações. O fluxo de caixa positivo resulta do recebimento de contas a receber de períodos anteriores sem renovar os estoques, desse modo economizando o caixa.

Relações entre os fluxos de caixa das atividades operacionais, de investimento e de financiamentos

As relações entre os fluxos de caixa de cada uma das três principais atividades das empresas diferem dependendo das características dos produtos das empresas e da sua maturidade; por exemplo, uma empresa crescendo rapidamente *versus* uma empresa estável e madura. Considere os quatro padrões de fluxos de caixa:

Fluxos de Caixa de:	Empresa A	Empresa B	Empresa C	Empresa D
Operações	(3)	7	15	8
Investimentos	(15)	(12)	(8)	(2)
Financiamentos	18	5	(7)	(6)
Fluxo de Caixa Líquido	0	0	0	0

A **Empresa A** é uma empresa nova que cresce rapidamente e não é ainda lucrativa. Ela apresenta aumentos de suas contas a receber e estoques e, assim, tem fluxo de caixa das operações negativo. Para sustentar esse crescimento, a **Empresa A** investe em imobilizado e se apoia em fontes externas de recursos de caixa para financiar suas atividades operacionais e de investimento.

A **Empresa B** é mais estabelecida que a **Empresa A**, mas ainda está crescendo. Ela opera lucrativamente e gera fluxo de caixa das operações positivo. Esse fluxo, contudo, não atinge o valor necessário para financiar aquisições de imobilizado. A **Empresa B**, portanto, precisa de financiamento externo.

A **Empresa C** ilustra o padrão de fluxo de caixa de uma empresa madura e estável. Ela gera um fluxo de caixa das operações suficiente para adquirir novo imobilizado, para quitar financiamentos de períodos anteriores e, talvez, para pagar dividendos.

A **Empresa D** está em estágios iniciais de declínio. Seu fluxo de caixa das operações é positivo, talvez em virtude da queda de contas a receber e estoques. Nos estágios ulteriores de declínio, seu fluxo de caixa das operações poderá tornar-se negativo. Uma empresa em declínio reduz os seus investimentos de capital (capex) e utiliza algum fluxo de caixa das operações para quitar dívidas pendentes e recomprar ações. Ela poderá usar também o caixa para investir no desenvolvimento de novos produtos ou entrar em outros setores.

Esses quatro casos não abrangem, naturalmente, todos os padrões de fluxos de caixa encontrados nas demonstrações financeiras. Eles ilustram como as características dos produtos e setores de uma empresa podem afetar a interpretação das informações da demonstração dos fluxos de caixa.

QUESTÕES INTERPRETATIVAS ENVOLVENDO A DEMONSTRAÇÃO DOS FLUXOS DE CAIXA

Alguns analistas consideram o fluxo de caixa das operações tão ou mais importante que o lucro líquido como medida de desempenho e para fazer avaliações[10]. Para interpretar o caixa das operações como uma medida de desempenho operacional, é necessário considerar fluxos de caixa ao longo de duas dimensões:

1. O seu *timing*.
2. A sua classificação e *disclosure* na demonstração dos fluxos de caixa e nas notas explicativas relacionadas.

O *timing* dos fluxos de caixa das operações

As empresas podem, de certa forma, escolher quando vão desembolsar caixa. Protelar pagamentos nos últimos dias de um período contábil conserva o caixa e, portanto, aumenta o fluxo de caixa das operações no período. Os pagamentos de caixa durante o início do próximo período reduzem o fluxo de caixa das operações desse período. Assim, atrasar pagamentos[11] aumenta o fluxo de caixa das operações no primeiro período e o diminui no segundo período. A empresa pode repetir o processo no final do segundo período – adiando os pagamentos para o terceiro período – para eliminar os efeitos negativos dos pagamentos feitos no início do segundo período. Uma empresa em crescimento que empurra pagamentos no final de cada período para o próximo informa maior fluxo de caixa das operações em cada período do que ela faria se não postergasse pagamentos no final de cada período. Tal empresa, na verdade, está obtendo financiamento de curto prazo dos seus fornecedores. Na ausência de contratos e outros acordos que impeçam a postergação de pagamentos, essa prática de negócios é legal. No entanto, o atraso de pagamentos pode prejudicar a reputação da empresa e sua pontuação (*rating*) de crédito.

Classificação e *disclosure* de transações

Anteriormente neste capítulo, discutimos certas ambiguidades na classificação dos fluxos de caixa. Outras classificações ambíguas envolvem instrumentos financeiros complexos que estão além do escopo deste livro. Outras, ainda, envolvem transações que você ainda não conhece. Um analista que deseje utilizar o fluxo de caixa das operações como um indicador de desempenho deve estar consciente de que as decisões de classificação podem afetar o caixa das operações de modo significativo.

Exemplo 1. Distinguir os fluxos de caixa para adquirir estoques dos fluxos de caixa para as atividades de investimento. Suponha que uma empresa compre itens tais como filmes e jogos para aluguel de curto prazo aos clientes. A vida útil desses itens se estende de aproximadamente seis meses a dois anos.

- Esses itens são estoques? Se sim, o caixa pago para a compra deles é um fluxo de caixa operacional.
- Ou serão esses itens ativos não circulantes? Se sim, o caixa pago é um fluxo de caixa de investimento.

A empresa não vende esses itens; ela os aluga. A prática contábil classifica os pagamentos de caixa para adquirir itens de aluguel como parte das operações. A classificação não afeta o caixa total pago pela empresa para adquirir itens de aluguel. O caixa das operações é maior se a empresa classifica o dispêndio como uma aquisição de ativos não circulantes.

---

10. Ao realizar uma avaliação (por exemplo, de uma empresa), é importante distinguir entre itens não recorrentes e itens recorrentes. A demonstração dos fluxos de caixa frequentemente apresenta itens operacionais de uma forma que dificulta a interpretação dessa distinção entre recorrente/não recorrente. Para superar isso, é necessário estudar itens da demonstração do resultado, como descreve o **Capítulo 17**.
11. Prática conhecida como "pedalar". (NT)

Exemplo 2. Muitos vendedores de automóveis financiam uma parte dos seus estoques tomando emprestado de bancos. Esses arranjos são comumente chamados de "financiamento do pátio" (*floor plan financing*). Um "financiamento do pátio" será um fluxo de caixa operacional, porque ele funciona como uma conta a pagar no financiamento de estoques, ou será um fluxo de caixa de financiamento? A prática contábil classifica esses arranjos como financiamento. A classificação não afeta os fluxos de caixa totais nem afeta a substância do arranjo financeiro, mas afeta o fluxo de caixa das operações.

PROBLEMA 6.5 — PARA APRENDIZAGEM

Efeito de transações na demonstração dos fluxos de caixa. A **Figura 6.12** mostra uma demonstração simplificada dos fluxos de caixa de um período. Em 11 das linhas da demonstração aparecem números. Outras linhas (indicadas com um "S") são vários subtotais e totais; ignore-as para o restante deste problema. Suponha que o ciclo contábil está completo no período e que a empresa preparou todas as suas demonstrações financeiras. Ela então descobre que deixou de considerar uma transação. Ela registra-a nas contas e corrige todas as demonstrações financeiras. Para cada uma das seguintes transações, indique qual linha numerada da demonstração dos fluxos de caixa varia e determine o valor e a direção da variação. Se o lucro líquido, linha **(3)**, variar, não deixe de indicar se aumentou ou diminuiu. Ignore os efeitos tributários.

(*Dica*: Primeiro, elabore o lançamento que a empresa faria nas suas contas para registrar a transação. A seguir, para cada linha do lançamento no livro diário, identifique a linha da **Figura 6.12** afetada pela transação.)

a. Despesa de depreciação de $ 2.000 de um computador de escritório.
b. Aquisição de máquinas por $ 10.000 à vista.
c. Declaração de dividendos de capital no valor de $ 6.500 em dinheiro; a empresa pagou os dividendos até o fim do exercício.
d. Emissão de ações ordinárias no valor de $ 12.000 em dinheiro.
e. Proventos da venda de um investimento em ações ordinárias de outra empresa, um ativo não circulante, por $ 15.000 à vista; a empresa vendeu o investimento pelo seu valor contábil de $ 15.000.

Figura 6.12
Demonstração dos Fluxos de Caixa Simplificada
(Problema 6.5)

OPERAÇÕES	
Recebimentos de Clientes..	(1)
Menos: Pagamentos a Fornecedores, Empregados e Outros..	–(2)
Fluxo de Caixa das Operações [= (1) – (2)]...	–S1
Reconciliação do Lucro Líquido com o Fluxo de Caixa das Operações	
Lucro Líquido...	(3)
Adições ao Lucro Líquido para Calcular o Fluxo de Caixa das Operações...	+(4)
Subtrações do Lucro Líquido para Calcular o Fluxo de Caixa das Operações.......................................	–(5)
Fluxo de Caixa das Operações [= (3) + (4) – (5)]..	S1
INVESTIMENTOS	
Proventos da Venda de Ativos "de Investimento"..	+(6)
Caixa Usado para Adquirir Ativos "de Investimento"..	–(7)
Fluxos de Caixa de Investimento [= (6) – (7)]...	S2
FINANCIAMENTOS	
Caixa Proveniente de Aumentos em Dívida ou Capital Social...	+(8)
Caixa Usado para Reduzir Dívida ou Capital Social...	–(9)
Caixa Usado para Dividendos..	–(10)
Fluxos de Caixa de Financiamento [= (8) – (9) – (10)]..	S3
Variações nos Fluxos de Caixa [= S1 + S2 + S3]..	(11)
Saldo Inicial do Caixa..	S4
Saldo Final do Caixa [= (11) + S4]...	S5

RESUMO

A demonstração dos fluxos de caixa informa os efeitos das atividades operacionais, de investimento e de financiamento nos fluxos de caixa. Essas informações ajudam os leitores a entender os seguintes conceitos:

1. O efeito das operações na liquidez de uma empresa.
2. O nível de investimento de capital necessário para dar suporte aos níveis atuais e crescentes de atividade.
3. As maiores variações nos financiamentos de uma empresa.

A preparação da demonstração dos fluxos de caixa requer a análise das variações das contas do balanço patrimonial no período, como representado na equação da variação do caixa (**Equação 3**). Como resultado da equação do balanço patrimonial, a variação líquida do caixa é igual à variação líquida de todas as contas não caixa.

A demonstração dos fluxos de caixa geralmente apresenta o fluxo de caixa das operações no formato indireto, começando com o lucro líquido do período. O formato indireto ajusta o lucro líquido pelas receitas que não geram caixa, pelas despesas que não usam caixa e por mudanças em contas de capital de giro. O resultado é o fluxo de caixa das operações. Algumas empresas usam o método direto de apresentar o fluxo de caixa das operações, listando todos os recebimentos gerados pelas transações de receitas e subtraindo todos os desembolsos pelas despesas que usam caixa durante o período atual. Os fluxos de caixa das atividades de investimento e de financiamento aparecem depois do fluxo de caixa das operações.

A interpretação da demonstração dos fluxos de caixa requer um entendimento das características econômicas dos setores nos quais a empresa conduz suas atividades, incluindo intensidade de capital, características de crescimento e fatores similares.

SOLUÇÕES DOS PROBLEMAS PARA APRENDIZAGEM

Solução sugerida para o problema 6.1

(Classificando fluxos de caixa por tipo de atividade.)

a. De operações
b. De financiamento
c. De operações
d. De operações
e. De operações
f. De operações
g. De investimento
h. O item não afeta os fluxos de caixa durante o período atual e, portanto, não aparece na demonstração dos fluxos de caixa. A empresa precisa evidenciar (*disclose*) essa transação em um anexo separado ou em nota explicativa das demonstrações financeiras.
i. De operações
j. De operações
k. De investimento
l. O item não afeta os fluxos de caixa durante o período atual e, portanto, não aparece na demonstração dos fluxos de caixa. A empresa precisa evidenciar (*disclose*) essa transação em uma relação separada ou em nota explicativa das demonstrações financeiras.
m. De financiamento
n. De investimento
o. De financiamento
p. De investimento
q. De operações

Solução sugerida para o problema 6.2

(Robbie Corporation: preparando uma planilha de trabalho de contas T para a demonstração dos fluxos de caixa.)

A **Figura 6.13** apresenta a planilha de trabalho de contas T completa da Robbie Corporation.

Figura 6.13

Robbie Corporation
Planilha de Trabalho de Contas T
(Problema 6.2)
(todos os valores em milhares de US$)

Caixa

✓	10		

Operações

(2)	2	7	(1)
(4)	6		
(5)	7		
(8)	7		

Investimentos

		16	(3)

Financiamentos

(6)	8	2	(9)
(7)	10		

✓	25		

Contas a Receber

✓	15	
(1)	7	
✓	22	

Estoque

✓	20		
		2	(2)
✓	18		

Imobilizado

✓	50		
(3)	16		
✓	66		

Depreciação Acumulada

		25	✓
		6	(4)
		31	✓

Fornecedores

		30	✓
		7	(5)
		37	✓

Bonds a Pagar

		10	✓
		8	(6)
		18	✓

Capital Social

		10	✓
		10	(7)
		20	✓

Lucros Acumulados

		20	✓
(9)	2	7	(8)
		25	✓

Solução sugerida para o problema 6.3

(Robbie Corporation: derivando a demonstração dos fluxos de caixa a partir da planilha de trabalho de contas T)

a. A **Figura 6.14** deriva a apresentação, pelo método direto, do fluxo de caixa das operações a partir da planilha de trabalho de contas T da **Figura 6.13**.

b. A demonstração dos fluxos de caixa da Robbie Corporation derivada pelo método direto é a seguinte:

Fontes de Caixa:	
Recebimento de Clientes	$ 173.000
Usos do Caixa:	
Caixa Pago a Fornecedores de Mercadorias	(131.000)
Caixa Pago por Despesas de Vendas, Gerais e Administrativas	(25.000)
Caixa Pago por Cobrança de Juros	(2.000)
Fluxo de Caixa das Operações	**$ 15.000**

c. A demonstração dos fluxos de caixa da Robbie Corporation derivada pelo método indireto é mostrada a seguir:

Lucro Líquido	$ 7.000
Despesa de Depreciação (Adição)	6.000
Ajustes pelas Variações do Capital de Giro:	
Aumento de Contas a Receber (Subtração)	(7.000)
Diminuição de Estoque (Adição)	2.000
Aumento de Contas a Pagar (Adição)	7.000
Fluxo de Caixa das Operações	**$ 15.000**

Figura 6.14

Robbie Corporation
Derivando o Fluxo de Caixa de Operações pelo Método Direto
Utilizando os Dados da Planilha de Trabalho das Contas T
(Problema 6.3)

1. Copiar a Demonstração do Resultado e o Fluxo de Caixa das Operações
2. Copiar as Informações da Planilha de Trabalho das Contas T e Juntar ao Item Relacionado da Demonstração do Resultado
3. Somar as Colunas e Derivar Recebimentos e Desembolsos Diretos

Operações (a)		Método Indireto (b)	Variações nas Contas do Balanço a partir da Planilha de Trabalho das Contas T (c)	Método Direto (d)	Das Operações: Recebimentos Menos Desembolsos
Receita de Vendas	$ 180.000	$ (7.000)	= Aumento de Contas a Receber **(1)**	$ 173.000	Recebimentos de Clientes
Custo das Mercadorias Vendidas	(140.000)	2.000	= Diminuição de Estoque **(2)**	(131.000)	Pagamentos a Fornecedores
		7.000	= Aumento de Fornecedores **(5)** (sem variação na conta do Balanço)		
Despesas de Vendas e Admin...	(25.000)			(25.000)	Pagamentos de Despesas de Vendas e Administrativas
Despesas de Depreciação	(6.000)	6.000	(Despesa sem Uso de Caixa) **(4)**	–	
Despesa com Juros	(2.000)	–	Juros a Pagar (sem variação na conta do Balanço)	(2.000)	Pagamentos de Juros
Lucro Líquido	$ 7.000	$ 7.000	= Lucro Líquido Totais	$ 15.000	= Caixa das Operações pelo Método Direto Totais
		$ 15.000	= Caixa das Operações pelo Método Indireto		

Note que a informação na coluna **(b)** é o fluxo de caixa das operações derivado pelo método indireto, com itens em uma ordem diferente.

d. Os fluxos de caixa de investimento e de financiamento de 2013 da Robbie Corporation são os seguintes:

Fluxo de Caixa de Investimento	
Imobilizado Adquirido	$ (16.000)
Fluxo de Caixa de Investimento	**(16.000)**
Fluxo de Caixa de Financiamento	
Emissão de *Bonds* a Pagar	$ 8.000
Emissão de Ações Ordinárias	10.000
Dividendos Pagos a Ações Ordinárias	(2.000)
Fluxo de Caixa de Financiamento	**$ 16.000**

Figura 6.15

Gordon Corporation
Planilha de Trabalho de Contas T
(Problema 6.4)
(todos os valores em milhares de US$)

Caixa

✓		70			

Operações

(1)		200	100		(5)
(4)		70	110		(6)
(3)		15	20		(7)
(10)		120			
(11)		20			
(12)		190			

Investimentos

(3)		10	50		(8)
			245		(9)

Financiamentos

(14)		40	120		(2)
			50		(13)
✓		40			

Contas a Receber

✓	320	
(5)	100	
✓	420	

Estoque

✓	360	
(6)	110	
✓	470	

Despesas Antecipadas

✓	50	
(7)	20	
✓	70	

Terreno

✓	200	
(8)	50	
✓	250	

Imobilizado

✓	1.800			
(9)	245	55		(3)
✓	1.990			

Depreciação Acumulada

			800	✓
(3)	30		70	(4)
			840	✓

Fornecedores

		320	✓
		120	(10)
		440	✓

IR a Pagar

		60	✓
		20	(11)
		80	✓

Outras Contas a Pagar

		170	✓
		190	(12)
		360	✓

***Bonds* a Pagar**

		250	✓
(13)	50		
		200	✓

Capital Social

		500	✓
		40	(14)
		540	✓

Lucros Acumulados

		700	✓
(2)	120	200	(1)
		780	✓

e. Segue a variação dos fluxos de caixa de 2013 da Robbie Corporation:

Fluxo de Caixa das Operações (Métodos Direto e Indireto)	$ 15.000
Fluxo de Caixa de Investimento	(16.000)
Fluxo de Caixa de Financiamento	16.000
Fluxo de Caixa Líquido	**15.000**
Saldo de Caixa, Início de 2013	10.000
Saldo de Caixa, Fim de 2013	**$ 25.000**

Solução sugerida para o problema 6.4

(Gordon Corporation: preparando uma demonstração dos fluxos de caixa.)

A **Figura 6.15** apresenta a planilha de trabalho de contas T completa da Gordon Corporation. A **Figura 6.16** mostra a apresentação, pelo método direto, do fluxo de caixa das operações. A **Figura 6.17** apresenta uma demonstração formal dos fluxos de caixa.

Figura 6.16

Gordon Corporation
Derivando o Fluxo de Caixa de Operações pelo Método Direto
Utilizando os Dados da Planilha de Trabalho das Contas T
(Problema 6.4)
(todos os valores em milhares de US$)

1. Copiar a Demonstração do Resultado e o Fluxo de Caixa das Operações
2. Copiar as Informações da Planilha de Trabalho das Contas T e Juntar ao Item Relacionado da Demonstração do Resultado
3. Somar as Colunas e Derivar Recebimentos e Desembolsos Diretos

Operações	Método Indireto (a)	(b)	Variações nas Contas do Balanço a Partir da Planilha de Trabalho das Contas T (c)	Método Direto (d)	Das Operações: Recebimentos Menos Desembolsos
Receita de Vendas	1.600	(100)	= Aumento de Contas a Receber	1.500	Recebimentos de Clientes
Custo das Mercadorias Vendidas	(900)	120	= Aumento de Fornecedores	(890)	Pagamentos a Fornecedores
		(110)	= Diminuição de Estoque	–	
Despesas de Depreciação	(70)	70	= (Despesa sem Uso de Caixa)		
Despesas de Vendas e Administrativas	(255)	190	= Aumento em Outras Contas a Pagar	(85)	Pagamentos de Despesas de Vendas e Administrativas
		(20)	= Aumento em Despesas Antecipadas		
Despesa com Juros	(30)	–	= Juros a Pagar (sem variação na conta do Balanço)	(30)	Pagamentos de Juros
Perda na Venda de Imobilizado	(15)	15	(Perda sem Uso de Caixa)	–	
Despesa com IR	(130)	20	= Aumento no IR a Pagar	(110)	Pagamentos de IR
Lucro Líquido	200	200	= Lucro Líquido	385	= Caixa das Operações pelo Método Direto Totais
		385	= Caixa das Operações pelo Método Indireto		

Note que a informação na coluna **(b)** é o fluxo de caixa das operações derivado pelo método indireto, com itens em uma ordem diferente.

Figura 6.17

Gordon Corporation
Demonstração dos Fluxos de Caixa
Referente a 2013
(Problema 6.4)
(todos os valores em milhares de US$)

OPERAÇÕES

Recebimentos de Clientes	1.500	
Pagamentos a Fornecedores de Mercadorias	(890)	
Pagamentos de Despesas de Vendas e Administrativas	(85)	
Pagamentos de Juros a Credores	(30)	
Pagamentos de Imposto de Renda	(110)	
Fluxo de Caixa das Atividades Operacionais		385

RECONCILIAÇÃO DO LUCRO LÍQUIDO COM O CAIXA GERADO PELAS OPERAÇÕES

Lucro Líquido	200
Adições:	
Despesa de Depreciação	70
Perda na Venda de Equipamento	15
Aumento de Fornecedores	120
Aumento em Imposto de Renda a Pagar	20
Aumento em Outras Contas a Pagar	190
Subtrações:	
Aumento em Contas a Receber	(100)
Aumento em Estoques de Mercadoria	(110)
Aumento em Despesas Antecipadas	(20)
Fluxo de Caixa das Operações	385

INVESTIMENTO

Aquisição de Terreno	(50)	
Venda de Edifício e Equipamento	10	
Aquisição de Edifício e Equipamento	(245)	
Caixa Usado para Investimento		(285)

FINANCIAMENTO

Emissão de Ações Ordinárias	40	
Dividendos Pagos	(120)	
Resgate de *Bonds*	(50)	
Caixa Usado em Financiamentos		(130)
Diminuição Líquida do Caixa		(30)
Caixa no Início de 2013		70
Caixa no Fim de 2013		40

Solução sugerida para o problema 6.5

(Efeito de transações na demonstração dos fluxos de caixa.) Preparar o lançamento no livro diário de cada transação ajuda a entender o efeito nas 11 linhas numeradas da **Figura 6.12**.

a.   Despesa de Depreciação 2.000
            Depreciação Acumulada 2.000

Variações no Caixa	=	Variações nos Passivos	+	Variações no Patrimônio Líquido	−	Variações em Ativos Não Caixa
0		0		−2.000		−2.000

Esse lançamento não tem impacto nos fluxos de caixa das operações; assim, ele não tem efeito nas linhas **(1)** e **(2)**. Ele envolve um débito em uma conta da demonstração do resultado, por isso a linha **(3)** diminui em $ 2.000. A despesa com depreciação reduz o lucro líquido, mas não afeta a linha do caixa **(11)**. Assim, a linha **(4)** aumenta em $ 2.000 pelo retorno da despesa de depreciação ao lucro líquido. Esse estorno elimina o efeito da depreciação tanto no fluxo de caixa das operações como no caixa.

b. Máquinas 10.000
      Caixa 10.000

Variações no Caixa	=	Variações nos Passivos	+	Variações no Patrimônio Líquido	−	Variações em Ativos Não Caixa
−10.000 (Investim.)		0		0		+10.000

Esse lançamento não envolve recebimentos de clientes nem pagamentos a fornecedores; assim, ele não afeta as linhas **(1)** e **(2)**. Como ele envolve um crédito no Caixa, a linha **(11)** decresce em $ 10.000. Uma vez que a linha **(11)** é a variação líquida no caixa do período, alguma outra linha precisa também variar. A aquisição de equipamentos representa atividades de Investimento, por isso a linha **(7)** aumenta em $ 10.000. Note que a linha **(7)** tem um sinal negativo, o que significa um aumento em um valor subtraído; o aumento dessa linha diminui o caixa.

c. Lucros Acumulados 6.500
      Caixa 6.500

Variações no Caixa	=	Variações nos Passivos	+	Variações no Patrimônio Líquido	−	Variações em Ativos Não Caixa
−6.500 (Financ.)		0		−6.500		0

Esse lançamento envolve um crédito no Caixa, portanto a linha **(11)** diminui em $ 6.500. Dividendos são uma atividade de financiamento; assim, a linha **(10)** diminui em $ 6.500.

d. Caixa 12.000
      Capital Social 12.000

Variações no Caixa	=	Variações nos Passivos	+	Variações no Patrimônio Líquido	−	Variações em Ativos Não Caixa
+12.000 (Financ.)		0		+12.000		0

O débito no Caixa significa um aumento de $ 12.000 na linha **(11)**. A emissão de ações é uma transação de financiamento; assim, a linha **(8)** aumenta em $ 12.000.

e. Caixa 15.000
      Investimentos em Ações 15.000

Variações no Caixa	=	Variações nos Passivos	+	Variações no Patrimônio Líquido	−	Variações em Ativos Não Caixa
+15.000 (Investim.)		0		0		−15.000

O débito no Caixa significa que a linha **(11)** aumenta em $ 15.000. A venda de investimentos em títulos é uma atividade financeira, por isso a linha **(6)** aumenta em $ 15.000.

PRINCIPAIS TERMOS E CONCEITOS

Demonstração dos fluxos de caixa
Equação da variação do caixa
Equivalentes de caixa
Fluxo de caixa das atividades de financiamento
Fluxo de caixa das atividades de investimento
Fluxo de caixa das operações
Fluxo de caixa livre
Método direto
Método indireto
Planilha de trabalho de contas T

QUESTÕES, EXERCÍCIOS E PROBLEMAS

Questões

1. Reveja o significado dos termos e conceitos listados em Principais Termos e Conceitos.
2. "pode-se alcançar mais facilmente o objetivo de informação da demonstração do resultado sob o regime de competência e o objetivo de informação da demonstração dos fluxos de caixa emitindo-se uma única demonstração do resultado usando o regime de caixa." Avalie essa proposta.
3. "O regime contábil de competência cria a necessidade da demonstração dos fluxos de caixa." Explique.
4. "A demonstração dos fluxos de caixa proporciona informações sobre variações na estrutura dos ativos de uma empresa e fontes de financiamento." Explique.
5. Um estudante observou: "O método direto de calcular o fluxo de caixa das operações é mais fácil de entender que o método indireto. Por que a maioria das empresas segue o método indireto ao preparar suas demonstrações dos fluxos de caixa?" Responda ao estudante.
6. A demonstração dos fluxos de caixa classifica os desembolsos de caixa para despesas de juros como uma atividade operacional, mas classifica os desembolsos de caixa para amortizar empréstimos como uma atividade financeira. Explique esse aparente paradoxo.
7. Sob U.S. GAAP, a demonstração dos fluxos de caixa classifica os desembolsos de caixa para juros de dívida como uma atividade operacional, mas classifica os desembolsos de caixa para dividendos aos acionistas como uma atividade financeira. Explique esse aparente paradoxo.
8. A demonstração dos fluxos de caixa classifica as variações de contas a pagar a fornecedores como uma atividade operacional, mas classifica as variações de empréstimos bancários de curto prazo como uma atividade financeira. Explique esse aparente paradoxo.
9. A aquisição de equipamento assumindo uma hipoteca é uma transação que as empresas não podem apresentar nas suas demonstrações dos fluxos de caixa, mas precisam informar em um anexo ou nota explicativa. Qual o valor da informação sobre esse tipo de transação? Qual a razão de sua exclusão da demonstração dos fluxos de caixa?
10. Um escritor afirmou: "A despesa de depreciação é uma fonte importante de caixa para o crescimento". Um leitor criticou essa afirmação: "É um fato estabelecido que, se uma empresa optar por registrar $ 10 milhões a mais de depreciação do que registrava, ela não obterá com isso um centavo sequer a mais de caixa disponível para planos de expansão ou para aumento de estoques ou recebíveis. Por isso, falar em despesa de depreciação como fonte de caixa é incorreto e enganoso". Comente essas afirmações levando em conta efeitos tributários.
11. Uma empresa gerou lucro líquido no ano atual, mas o fluxo de caixa das operações foi negativo. Como isso pode acontecer?
12. Uma empresa gerou prejuízo no ano atual, mas o fluxo de caixa das operações foi positivo. Como isso pode ocorrer?
13. A venda de um equipamento à vista por um valor maior que o seu valor contábil resulta em um recebimento igual ao valor contábil do equipamento mais um ganho da venda, que aparece no lucro. Como um contador pode tratar essa transação na demonstração dos fluxos de caixa? Considere os métodos direto e indireto.

Exercícios

14. **Derivar receita de vendas a partir de dados da demonstração dos fluxos de caixa e do balanço patrimonial.** A Microchem Corporation informou um saldo de € 5.196 milhões em contas a receber no início do ano e de € 5.334 milhões no fim do ano. A sua demonstração dos fluxos de caixa usando o método direto informou recebimentos de caixa dos clientes no valor de € 33.551 milhões no ano. Considerando que a empresa faz todas as vendas a prazo, calcule o valor das vendas durante o ano.

15. **Obter o custo das mercadorias vendidas a partir de dados da demonstração dos fluxos de caixa.** A seção que mostra o fluxo de caixa das operações da Electropin Company usando o método indireto informou um aumento de $ 1.753 milhão em estoques durante o ano e nenhuma variação em contas a pagar a fornecedores de mercadorias. O método direto mostrou pagamentos a fornecedores no valor de $ 64.713 milhões. Calcule o custo das mercadorias vendidas pela Electropin durante o ano.

16. **Obter o custo das mercadorias vendidas a partir de dados da demonstração dos fluxos de caixa.** A seção que mostra o fluxo de caixa das operações da Taylor Stores usando o método indireto informou um aumento de $ 5,7 milhões em estoques durante o ano. Ela também informou que o saldo nas contas a pagar a fornecedores de mercadorias aumentou em $ 5,9 milhões. O método direto mostrou pagamentos a fornecedores no valor de $ 646,9 milhões. Calcule o custo dos produtos vendidos pela Taylor durante o ano.

17. **Obter despesas de remunerações e salários a partir de dados da demonstração dos fluxos de caixa.** O Yoshi Group informou na sua relação do lucro líquido com o fluxo de caixa das operações uma diminuição de remunerações e salários a pagar no valor de ¥ 21 milhões durante o ano. A empresa forneceu dados mostrando que os pagamentos de remunerações e salários a empregados no ano foram de ¥ 8.853 milhões. Calcule o valor das despesas do Yoshi Group com remunerações e salários durante o ano.

18. **Obter desembolsos de caixa para dividendos.** A JAJ Incorporated informou um saldo de lucros acumulados de $ 26.571 milhões no início do ano e de $ 28.132 milhões no fim do ano. A sua conta de dividendos a pagar aumentou em $ 233 milhões durante o ano. Ela informou um lucro líquido de $ 5.030 milhões no ano. Qual o valor do caixa desembolsado pela JAJ para dividendos durante o ano? Indique onde essa informação apareceria na demonstração dos fluxos de caixa simplificada da **Figura 6.12**.

19. **Efeito de empréstimos e juros na demonstração dos fluxos de caixa.** A Gillette Limited tomou emprestado o valor de £ 250 milhões em 1º de outubro mediante emissão de títulos de dívida (*bonds*). A dívida tem juros anuais à taxa de 6%, que ela deve pagar em 1º de abril e em 1º de outubro de cada ano. A dívida vence em 20 anos da data da emissão. O exercício da Gillette termina em 31 de dezembro de cada ano. Usando o formato da **Figura 6.12**, indique os efeitos dessas transações na demonstração dos fluxos de caixa da Gillette no ano da emissão, dado que os *bonds* estavam no balanço da empresa entre 1º de outubro e 31 de dezembro.

20. **Efeito de tributos sobre o lucro na demonstração dos fluxos de caixa.** A Radion Corporation informou um saldo de $ 78,1 milhões em Tributos sobre o Lucro a Pagar no início do ano e de $ 60,1 milhões no fim do ano, além de uma despesa com tributos sobre o lucro de $ 161,5 milhões durante o ano. Usando o formato da **Figura 6.12**, indique os efeitos de todas essas transações na demonstração dos fluxos de caixa da Radion no ano.

21. **Efeito de transações de aluguel na demonstração dos fluxos de caixa.** A Jennings Company informou um saldo da sua conta Adiantamentos de Aluguel (Pagamentos Adiantados ao Locador) no valor de $ 1.200 em 1º de janeiro de 2014, pelo uso do edifício no mês de janeiro de 2014. Em 1º de fevereiro de 2014, a empresa pagou $ 18.000 pelo aluguel anual para o período de 1º de fevereiro de 2014 a 31 de janeiro de 2015. Ela registrou esse pagamento de aluguel debitando Adiantamento de Aluguel (Pagamentos Adiantados ao Locador) e creditando o Caixa em $ 18.000. No fim de 2014, a empresa fez todos os lançamentos adequados para informar esses valores no balanço patrimonial e na demonstração do resultado. Usando o formato da **Figura 6.12**, indique os efeitos dessas transações na demonstração dos fluxos de caixa da empresa no ano de 2014.

22. **Calculando componentes de entrada de caixa das operações.** A **Figura 6.18** fornece itens das demonstrações financeiras do ano da Infotech Corporation, uma empresa de engenharia de sistemas. Qual o valor do caixa recebido pela Infotech dos clientes durante o ano?

23. **Calculando componentes de saída de caixa das operações.** Consulte a **Figura 6.18**, que apresenta itens das demonstrações financeiras da Infotech Corporation.
    a. Quanto a Infotech pagou durante o ano a seus fornecedores de produtos?
    b. Quanto a Infotech pagou durante o ano a seus empregados e fornecedores de outros serviços?

Figura 6.18

Infotech Corporation
Dados da Demonstração do Resultado do Ano Atual
(Exercícios 22 e 23)
(todos os valores em milhares de US$)

Vendas	14.508	
Custo dos Produtos Vendidos	(11.596)	
Despesa de Depreciação	(114)	
Outras Despesas, Inclusive Salários e Remunerações	(2.276)	
Tributos sobre o Lucro	(210)	
Lucro Líquido	312	
DADOS A PARTIR DOS BALANÇOS DO INÍCIO E DO FIM DO ANO		
Contas a Receber	782	Diminuição
Estoques	66	Diminuição
Adiantamentos e Outros Custos	102	Diminuição
Contas a Pagar a Fornecedores de Produtos	90	Aumento
Passivo Circulante por Remunerações e Salários a Pagar	240	Diminuição

24. **Planilha para entender a relação entre variações em itens da demonstração do resultado e variações em itens da demonstração dos fluxos de caixa.** A planilha no *site* deste livro contém uma versão dinâmica da planilha reproduzida a seguir:

	A	B	C
1			**Linhas de uma**
2			**Demonstração dos**
3	**Demonstração do Resultado**		**Fluxos de Caixa Esquemática**
4	Receitas confrontadas com entradas de caixa no período	25	Linha **(1)**
5	Receitas e ganhos sem entradas de caixa no período	1	
6	Despesas confrontadas com desembolsos no período	(15)	Linha **(2)**
7	Despesas e perdas sem saída de caixa no período	(4)	
8	Lucro Líquido	7	Linha **(3)**
9	**Método Direto de Obter o Fluxo de Caixa das Operações**		
10	Receitas confrontadas com entradas de caixa no período	25	Linha **(1)**
11	Despesas e perdas sem saída de caixa no período	(15)	Linha **(2)**
12	Fluxo de caixa das operações	10	S1
13	**Método Indireto de Obter o Fluxo de Caixa das Operações**		
14	Lucro Líquido	7	Linha **(3)**
15	Estorno de despesas e perdas sem saídas de caixa no período	4	Linha **(4)**
16	Subtração de receitas que não geraram recebimentos no período	(1)	Linha **(5)**
17	Fluxo de caixa das operações	10	S1

Na versão dinâmica desta planilha disponível no *site*, você poderá mudar qualquer dos números da seção em amarelo e ver o efeito da mudança na seção dos fluxos de caixa das operações da demonstração dos fluxos de caixa.

a. Faça o *download* da planilha e mude a primeira linha da demonstração do resultado de $ 25 para $ 27, aumentando o lucro em $ 2. Qual o efeito em **S1**?

b. Volte à configuração original. Mude apenas a segunda linha da demonstração do resultado de $ 1 para $ 5, aumentando o lucro em $ 4. Quais os efeitos nas linhas **(1)** a **(5)** e **S1** das seções dos fluxos de caixa das operações?

c. Volte à configuração original. Agora, faça duas alterações: mude a terceira linha da demonstração do resultado de ($15) para ($17) e mude a quarta linha de ($4) para ($2), deixando inalterado o lucro. Quais os efeitos das seções dos fluxos de caixa das operações nas linhas **(1)** a **(5)** e **S1**?

25. **Trabalhando retroativamente a partir das variações da conta Edifícios e Equipamento.** Os balanços patrimoniais comparativos da Dearing Incorporated mostram um saldo na conta Edifícios e Equipamentos pelo custo de $ 17.369 milhões no final do ano; um ano antes, o saldo era de $ 16.825 milhões. A conta de Depreciação Acumulada mostra um saldo de $ 5.465 milhões no final do ano e de $ 4.914 milhões um ano antes. A demonstração dos fluxos de caixa informa que os gastos com aquisição de edifícios e equipamentos durante o ano totalizaram $ 1.314 milhão. A demonstração do resultado indica uma despesa de depreciação de $ 1.253 milhão durante o ano. A empresa vendeu edifícios e equipamentos durante o ano pelos seus valores contábeis.

    Calcule o custo de aquisição e a depreciação acumulada dos edifícios e equipamentos que a Dearing vendeu em dinheiro durante o ano e os proventos (receita) da venda.

26. **Preparando uma demonstração dos fluxos de caixa a partir das variações de contas do balanço patrimonial.** Os balanços comparativos da Incloud Airlines mostram as seguintes informações referentes a um ano recente (valores em milhares de US$):

Variação	Valor	Direção
Caixa	40.308[a]	Aumento
Contas a Receber	15.351	Diminuição
Estoques	15.117	Aumento
Despesas Antecipadas	16.776	Aumento
Imobilizado (pelo custo)	1.134.644[b]	Aumento
Depreciação Acumulada	264.088[b]	Aumento
Outros Ativos Não Operacionais	8.711	Aumento
Contas a Pagar a Fornecedores	660	Diminuição
Outras Contas a Pagar de Curto Prazo	114.596	Aumento
Dívida de Longo Prazo	244.285	Aumento
Outros Passivos Não Operacionais	140.026	Aumento
Capital Social	96.991	Aumento
Lucros Acumulados	340.879[c]	Aumento

[a] O caixa era de $ 378.511 no início do ano e de $ 418.819 no fim do ano.
[b] A Incloud Airlines não vendeu nenhum imobilizado durante o ano.
[c] O lucro líquido foi de $ 474.378.

   a. Prepare uma demonstração dos fluxos de caixa do ano para a Incloud Airlines. Trate as variações em ativos não operacionais como transações de investimento e as variações em passivos não operacionais como transações de financiamento.
   b. Discuta brevemente o padrão dos fluxos de caixa das atividades operacionais, de investimento e de financiamento da Incloud Airlines no período.

27. **Calculando e interpretando o fluxo de caixa das operações.** Os seguintes itens aparecem nas demonstrações financeiras da Bamberger Enterprises de um ano recente (valores em milhares de US$):

Vendas	14.600
Despesa de Depreciação	(210)
Imposto de Renda	(200)
Outras Despesas	(13.900)
Lucro Líquido	290

As variações nas contas do ativo circulante e do passivo circulante foram as seguintes:

Contas a Receber	780	Diminuição
Estoques	80	Diminuição
Despesas Antecipadas	100	Diminuição
Contas a Pagar a Fornecedores	90	Aumento
Outras Contas a Pagar	240	Diminuição

   a. Calcule o valor do fluxo de caixa das operações.
   b. Comente as principais razões pelas quais o fluxo de caixa das operações excede o lucro líquido.

28. **Calculando e interpretando o fluxo de caixa das operações.** Dados selecionados da Finanka, uma fabricante finlandesa de telefones celulares, são apresentados a seguir (valores em milhões de euros):

	2013	2012	2011	2010
Lucro Líquido (Prejuízo)	3.847	2.542	1.689	1.032
Despesa de Depreciação	1.009	665	509	465
Aumento (Diminuição) em:				
Contas a Receber	2.304	982	1.573	272
Estoques	422	362	103	121
Despesas Antecipadas	(49)	33	17	(77)
Contas a Pagar a Fornecedores	458	312	140	90
Outras Contas a Pagar	923	867	1.049	450

   a. Calcule o valor do fluxo de caixa das operações em cada um dos quatro anos usando o método indireto.
   b. Discuta brevemente as razões mais importantes pelas quais o fluxo de caixa das operações difere do lucro líquido ou prejuízo líquido do ano.

29. **Calculando e interpretando fluxos de caixa.** A Market Star é uma empresa de serviços de marketing que cria anúncios para clientes e anuncia na televisão, revistas e outros meios de comunicação. Contas a receber representam valores devidos pelos clientes e contas a pagar representam valores a serem pagos aos vários meios de comunicação. A Market Star adquiriu outras empresas de marketing nos últimos anos. A seguir são apresentados dados selecionados da Market Star dos últimos três anos (valores em milhões de US$):

	2013	2012	2011
Lucro Líquido	499	363	279
Despesa de Depreciação e Amortização	226	196	164
Aumento (Diminuição) em Contas a Receber	514	648	238
Aumento (Diminuição) em Estoques	98	13	35
Aumento (Diminuição) em Despesas Antecipadas	125	(10)	64
Aumento (Diminuição) em Contas a Pagar	277	786	330
Aumento (Diminuição) em Outros Passivos Circulantes	420	278	70
Aquisição de Imobilizado	150	130	115
Aquisição de Investimentos em Ações (não circulante)	885	643	469
Dividendos Pagos	122	104	88
Emissão de Dívida de Longo Prazo	599	83	208
Emissão (Reaquisição) de Ações Ordinárias	(187)	(252)	42

   a. Prepare uma demonstração comparativa dos fluxos de caixa da Market Star para os últimos três anos. Use o método indireto para apresentar o fluxo de caixa das operações.
   b. Discuta a relação entre o lucro líquido e o fluxo de caixa das operações e o comportamento das atividades operacionais, de investimento e de financiamento durante os três anos.

30. **Efeitos de ganhos e perdas com vendas de equipamentos nos fluxos de caixa.** A **Figura 6.19** apresenta uma demonstração simplificada dos fluxos de caixa da Largay Corporation para o ano corrente (valores em centenas de dólares norte-americanos, US$). Após preparar a demonstração dos fluxos de caixa para o ano corrente, você descobriu que a empresa vendeu um item dos equipamentos no último dia do ano, mas não a registrou na contabilidade nem depositou o cheque recebido do comprador. O equipamento custou originalmente $ 50.000 e tinha uma depreciação acumulada de $ 40.000 no momento da venda. Refaça a demonstração dos fluxos de caixa da figura, supondo que a Largay Corporation vendeu o equipamento à vista pelos seguintes valores (ignore tributos sobre o lucro):
   a. $ 10.000
   b. $ 12.000
   c. $ 8.000

31. **Efeitos de várias transações na demonstração dos fluxos de caixa.** A **Figura 6.12** apresenta uma demonstração simplificada dos fluxos de caixa de um exercício. Em 11 das linhas da demonstração aparecem números. Outras linhas são vários totais e subtotais; ignore essas linhas no restante do problema. Considere que o ciclo contábil do período está completo e que a empresa preparou todas as demonstrações financeiras. Ela descobre, então, que omitiu uma transação. Ela a registra nas contas e corrige todas as demonstrações financeiras. Para cada uma das seguintes transações, indique quais das linhas numeradas da demonstração dos fluxos de caixa

Figura 6.19

Largay Corporation
Demonstração dos Fluxos de Caixa
Ano Atual
(Exercício 30)
(todos os valores em milhares de US$)

OPERAÇÕES	
Lucro Líquido	100
Despesa de Depreciação	15
Variações em Contas de Capital de Giro	(40)
Fluxo de Caixa das Operações	75
INVESTIMENTO	
Aquisição de Edifícios e Equipamentos	(30)
FINANCIAMENTO	
Quitação de Dívida de Longo Prazo	(40)
Variação do Caixa	5
Caixa no Início do Ano	27
Caixa no Fim do Ano	32

© Cengage Learning 2014

variarão e determine o valor e a direção da variação. Se o lucro líquido, linha **(3)**, variar, indique se ele aumenta ou diminui. Ignore os efeitos tributários sobre o lucro. (*Dica*: Primeiro, faça o lançamento que a empresa faria para registrar a transação nas contas. A seguir, para cada linha do lançamento no livro diário, identifique a linha afetada da **Figura 6.12**.)

a. Amortização de uma patente, tratada como despesa, $ 600.
b. Aquisição de um local para a fábrica, emitindo em troca ações com valor de mercado de $ 50.000.
c. Aquisição de estoque a prazo por $ 7.500; suponha que ele cresceu no ano antes de a empresa registrar a transação omitida.
d. Aquisição de estoque à vista por $ 6.000; suponha que ele cresceu no ano antes de a empresa registrar a transação omitida.
e. Perda por incêndio não segurado em estoque de mercadoria, totalizando $ 1.500; suponha que ele aumentou no ano antes de a empresa registrar a transação omitida.
f. Recebimento de uma conta a receber totalizando $ 1.450; suponha que contas a receber aumentaram no ano antes de a empresa registrar a transação omitida.
g. Emissão de títulos de dívida no valor de $ 10.000 em dinheiro.
h. Venda de equipamento à vista pelo seu valor contábil de $ 4.500.

Problemas

32. Inferindo fluxos de caixa a partir de dados das demonstrações financeiras. A **Figura 6.20** apresenta dados das demonstrações financeiras da Heidi's Hide-Out, um clube de bar e *videogame* com espaços de aluguel para festas. A Heidi's trata com:

- Muitos empregados, alguns dos quais receberam adiantamentos de salários e outros a quem ela deve remunerações por trabalhos anteriores.
- Muitos locadores, alguns dos quais receberam pagamentos adiantados e outros a quem ela deve aluguéis de meses passados.
- Muitos clientes, alguns dos quais já pagaram por festas especiais ainda não realizadas e outros que ainda não pagaram por festas já promovidas.
- Muitos fornecedores de produtos, incluindo alimentos e bebidas, alguns dos quais já foram pagos por pedidos ainda não recebidos e alguns que já entregaram produtos pelos quais a Heidi's ainda não pagou.

A Heidi's e seus clientes, fornecedores e empregados fazem todas as transações usando caixa, nunca ativos não caixa.

Figura 6.20

Heidi's Hide-Out
Detalhes Selecionados das Demonstrações Financeiras
Ano Atual
(Problema 32)

	Começo do Ano	Fim do Ano
BALANÇOS PATRIMONIAIS		
Caixa	$ 22.000	$ 10.000
Contas a Receber de Clientes de Varejo	8.000	8.900
Estoques de Mercadoria de Varejo	11.000	10.000
Adiantamentos a Empregados	1.000	1.500
Adiantamentos a Locadores (Aluguel Pré-pago)	5.000	5.600
Adiantamentos a Fornecedores de Mercadoria de Varejo	10.000	10.500
Total do Ativo	$ 57.000	$ 46.500
Contas a Pagar a Fornecedores de Mercadorias de Varejo	8.000	7.700
Adiantamentos de Clientes de Varejo	9.000	10.000
Aluguel a Pagar a Locadores	6.000	5.300
Salários a Pagar a Empregados	2.000	1.800
Patrimônio Líquido	32.000	21.700
Total do Passivo e Patrimônio Líquido	$ 57.000	$ 46.500
DEMONSTRAÇÃO DO RESULTADO DO ANO		
Receita de Vendas de Clientes de Varejo		$ 120.000
Custo das Mercadorias de Varejo Vendidas	90.000	
Despesa de Aluguel	33.000	
Despesa de Salários	20.000	
Menos: Total de Despesas		(143.000)
Lucro Líquido (Prejuízo)		$ (23.000)

a. Calcule o valor do caixa recebido de clientes de varejo no ano atual.
b. Calcule o valor do caixa que a Heidi's pagou aos locadores durante o ano atual pelo aluguel de espaço.
c. Calcule o valor do caixa que a Heidi's pagou a empregados durante o ano atual.
d. Calcule o valor do caixa que a Heidi's pagou a fornecedores de mercadorias de varejo, o que inclui alimentos e bebidas que ela vende aos clientes, durante o ano atual.

33. **Inferindo fluxos de caixa a partir de dados do balanço patrimonial e da demonstração do resultado.** (Baseado em um problema preparado por Stephen A. Zeff.) Você trabalha para o Plains State Bank como analista especializado nas demonstrações contábeis de pequenas empresas que buscam empréstimos do banco. A Digit Retail Enterprises Inc. fornece a você o balanço patrimonial de 31 de dezembro de 2012 e 2013 (**Figura 6.21**) e sua demonstração do resultado de 2013 (**Figura 6.22**). A empresa não adquiriu nenhum novo item do imobilizado durante o ano.

    a. Calcule o valor do caixa recebido de clientes em 2013.
    b. Calcule o custo de aquisição da mercadoria adquirida em 2013.
    c. Calcule o valor do caixa pago a fornecedores de mercadorias em 2013.
    d. Calcule o valor do caixa pago a empregados assalariados em 2013.
    e. Calcule o valor do caixa pago a empresas seguradoras em 2013.
    f. Calcule o valor do caixa pago a locadores pelo espaço alugado em 2013.
    g. Calcule o valor dos dividendos pagos em 2013.
    h. Calcule o valor do caixa recebido pela venda de imobilizado em 2013.

34. **Preparando e interpretando uma demonstração do fluxo de caixa usando uma planilha de trabalho de contas T.** Dados condensados das demonstrações financeiras da Hale Company do exercício atual aparecem nas **Figuras 6.23** e **6.24**. No ano atual, a empresa vendeu por $ 5.000 equipamentos que custaram $ 15.000, com $ 10.000 de depreciação acumulada.

Figura 6.21

Digit Retail Enterprises Inc.
Balanço Patrimonial
(Problema 33)

	31 de dezembro de 2013	31 de dezembro de 2012
ATIVO		
Ativo Circulante		
Caixa	$ 50.000	$ 36.000
Contas a Receber de Clientes	38.000	23.000
Notas Promissórias a Receber	–	7.500
Juros a Receber	–	100
Estoque de Mercadorias	65.000	48.000
Adiantamento de Seguro	12.000	9.000
Adiantamento de Aluguel	–	2.000
Total do Ativo Circulante	165.000	125.600
Imobilizado		
Pelo Custo	90.000	100.000
Menos Depreciação Acumulada	(35.000)	(20.000)
Líquido	55.000	80.000
Total do Ativo	$ 220.000	$ 205.600
PASSIVO E PATRIMÔNIO LÍQUIDO		
Passivo Circulante		
Contas a Pagar – Fornecedores de Mercadorias	$ 20.000	$ 18.000
Salários a Pagar	2.800	2.100
Aluguéis a Pagar	3.000	–
Adiantamentos de Clientes	6.100	8.500
Notas Promissórias a Pagar	5.500	–
Dividendos a Pagar	2.600	4.200
Outros Passivos Circulantes	3.700	1.300
Total do Passivo Circulante	43.700	34.100
Patrimônio Líquido		
Capital Social	164.500	160.000
Lucros Acumulados	11.800	11.500
Total do Patrimônio Líquido	176.300	171.500
Total do Passivo e Patrimônio Líquido	$ 220.000	$ 205.600

Figura 6.22

Digit Retail Enterprises Inc.
Demonstração do Resultado
De 2013
(Problema 33)

Receita de Vendas	$ 270.000
Ganho na Venda de Imobilizado	3.200
Receita de Juros	200
Total das Receitas	273.400
Menos Despesas:	
Custo das Mercadorias Vendidas	145.000
Despesas de Salários	68.000
Despesas de Aluguel	12.000
Despesas de Seguro	5.000
Despesas de Depreciação	20.000
Outras Despesas	13.800
Total das Despesas	263.800
Lucro Líquido	$ 9.600

Figura 6.23

Hale Company
(Problema 34)

	1º de janeiro	31 de dezembro
ATIVO		
Caixa	$ 52.000	$ 58.000
Contas a Receber	93.000	106.000
Estoque	151.000	162.000
Terreno	30.000	30.000
Edifícios e Equipamentos (Custo)	790.000	830.000
Menos Depreciação Acumulada	(460.000)	(504.000)
Total do Ativo	$ 656.000	$ 682.000
PASSIVO E PATRIMÔNIO LÍQUIDO		
Contas a Pagar pelo Estoque	$ 136.000	$ 141.000
Juros a Pagar	10.000	8.000
Hipoteca a Pagar	120.000	109.000
Capital Social	250.000	250.000
Lucros Acumulados	140.000	174.000
Total do Passivo e Patrimônio Líquido	$ 656.000	$ 682.000

Figura 6.24

Hale Company
Demonstração do Resultado e de Lucros Acumulados
Ano Atual
(Problema 34)

Receita de Vendas		$ 1.200.000
Despesas		
Custo das Mercadorias Vendidas	788.000	
Remunerações e Salários	280.000	
Depreciação	54.000	
Juros	12.000	
Tributos sobre o Lucro	22.000	
Total de Despesas		1.156.000
Lucro Líquido		44.000
Dividendos de Ações Ordinárias		(10.000)
Adição aos Lucros Acumulados do Ano		34.000
Lucros Acumulados, 1º de janeiro		140.000
Lucros Acumulados, 31 de dezembro		$ 174.000

a. Prepare uma demonstração dos fluxos de caixa da Hale Company do exercício usando o método indireto de cálculo do fluxo de caixa das operações. Dê suporte à demonstração com uma planilha de trabalho de contas T.

b. Obtenha uma apresentação dos fluxos de caixa das operações usando o método direto.

c. Apresente uma demonstração dos fluxos de caixa da Hale Company usando o método direto dos fluxos de caixa das operações. Inclua a relação do lucro líquido com o fluxo de caixa das operações.

d. Comente sobre o padrão dos fluxos de caixa das atividades operacionais, de investimento e de financiamento.

35. **Preparando e interpretando uma demonstração dos fluxos de caixa usando uma planilha de trabalho de contas T.** Os dados das demonstrações financeiras da Dickerson Manufacturing Company para o ano atual aparecem na **Figura 6.25**. Seguem-se algumas outras informações:

(1) O lucro líquido do ano foi de $ 568.000; os dividendos declarados e pagos foram de $ 60.000.

(2) A despesa de depreciação do ano foi de $ 510.000 sobre edifícios e maquinário.

(3) A empresa vendeu por $ 25.000 maquinário que custou originalmente $ 150.000, com depreciação acumulada de $ 120.000.

(4) A empresa resgatou *bonds* durante o ano pelo valor contábil.

Figura 6.25

Dickerson Manufacturing Company
Balanço Patrimonial Comparativo
(Problema 35)

	1º de janeiro	31 de dezembro
ATIVO		
Ativo Circulante		
Caixa	$ 358.000	$ 324.000
Contas a Receber	946.000	1.052.000
Estoque	1.004.000	1.208.000
Total do Ativo Circulante	2.308.000	2.584.000
Ativo Não Circulante		
Terreno	$ 594.000	$ 630.000
Edifícios e Equipamentos	8.678.000	9.546.000
Menos Depreciação Acumulada	(3.974.000)	(4.364.000)
Total do Ativo Não Circulante	5.298.000	5.812.000
Total do Ativo	$ 7.606.000	$ 8.396.000
PASSIVO E PATRIMÔNIO LÍQUIDO		
Passivo Circulante		
Fornecedores	$ 412.000	$ 558.000
Tributos a Pagar	274.000	290.000
Outras Contas a Pagar no Curto Prazo	588.000	726.000
Total do Ativo Circulante	1.274.000	1.574.000
Passivo Não Circulante		
Bonds a Pagar	1.984.000	1.934.000
Total do Passivo	3.258.000	3.508.000
Patrimônio Líquido		
Capital Social	$ 1.672.000	$ 1.704.000
Lucros Acumulados	2.676.000	3.184.000
Total do Patrimônio Líquido	4.348.000	4.888.000
Total do Passivo e Patrimônio Líquido	$ 7.606.000	$ 8.396.000

a. Prepare uma demonstração dos fluxos de caixa da Dickerson Manufacturing Company para o ano usando o método indireto de cálculo do fluxo de caixa das operações. Dê suporte à demonstração com uma planilha de trabalho de contas T.

b. Comente sobre o padrão dos fluxos de caixa das atividades operacionais, de investimento e de financiamento.

36. **Preparando o método direto de derivar o fluxo de caixa das operações a partir de dados do relatório anual publicado.** A GTI, Inc., fabrica peças, componentes e equipamentos de processamento para aplicações eletrônicas e de semicondutores para as indústrias de comunicação, informática, automóveis e aparelhos domésticos. Suas vendas tendem a variar com as mudanças no ciclo dos negócios, uma vez que as vendas da maior parte dos seus clientes são cíclicas. A **Figura 6.26** apresenta os balanços patrimoniais da GTI de 31 de dezembro de 2011, 2012 e 2013 e a **Figura 6.27** mostra as demonstrações do resultado de 2012 e de 2013. As notas explicativas das demonstrações financeiras revelam o seguinte (os valores estão em milhares de US$).

(1) A despesa de depreciação, incluída nas Despesas Administrativas, foi de $ 641 em 2012 e de $ 625 em 2013.

(2) Outros Ativos Não Circulantes representam patentes. A amortização das patentes, incluída nas Despesas Administrativas, foi de $ 25 em 2012 e $ 40 em 2013.

(3) Tanto as variações em Outros Ativos Circulantes como em Outros Ativos Não Circulantes são transações operacionais relativas a Despesas Administrativas.

a. Prepare uma planilha de trabalho de contas T para a elaboração de uma demonstração dos fluxos de caixa da GTI para 2012 e 2013.

b. Elabore uma demonstração dos fluxos de caixa da GTI de 2012 e 2013. Apresente o fluxo de caixa das operações pelo método indireto.

c. Apresente a derivação dos fluxos de caixa das operações de 2012 pelo método direto.

d. Discuta a relação entre o lucro líquido e o fluxo de caixa das operações e os padrões dos fluxos de caixa das atividades operacionais, de investimento e de financiamento.

Figura 6.26

GTI Inc.
Balanços Patrimoniais
(Problema 36)
(todos os valores em milhares de US$)

	31 de dezembro		
	2013	2012	2011
ATIVO			
Caixa	367	475	430
Contas a Receber	2.545	3.936	3.768
Estoques	2.094	2.966	2.334
Despesas Antecipadas	122	270	116
Total do Ativo Circulante	5.128	7.647	6.648
Imobilizado (líquido)	4.027	4.598	3.806
Outros Ativos Não Circulantes	456	559	193
Total do Ativo	9.611	12.804	10.647
PASSIVO E PATRIMÔNIO LÍQUIDO			
Contas a Pagar (a fornecedores do estoque)	796	809	1.578
Notas a Pagar a Bancos	2.413	231	11
Outros Passivos Circulantes	695	777	1.076
Total do Passivo Circulante	3.904	1.817	2.665
Dívida de Longo Prazo	2.084	4.692	2.353
Outros Passivos Não Circulantes	113	89	126
Total do Passivo	6.101	6.598	5.144
Capital Social – Ações Preferenciais	289	289	–
Capital Social – Ações Ordinárias	86	85	83
Ágio na Emissão de Ações	4.394	4.392	4.385
Lucros Acumulados	(1.259)	1.440	1.035
Total do Patrimônio Líquido	3.510	6.206	5.503
Total do Passivo e Patrimônio Líquido	9.611	12.804	10.647

Figura 6.27

GTI Inc.
Demonstração do Resultado
(Problema 36)
(todos os valores em milhares de US$)

	2013	2012
Vendas	11.960	22.833
Custo dos Produtos Vendidos	(11.031)	(16.518)
Despesas de Vendas e Administrativas	(3.496)	(4.849)
Despesas de Juros	(452)	(459)
Despesas de Tributos sobre o Lucro	328	(590)
Lucro Líquido (Prejuízo)	(2.691)	417
Dividendos de Ações Preferenciais	(8)	(12)
Lucro Líquido (Prejuízo) Disponível aos Acionistas Ordinários	(2.699)	405

37. **Interpretando uma demonstração dos fluxos de caixa elaborada pelo método direto de apresentação do fluxo de caixa das operações.** A **Figura 6.28** mostra as demonstrações do resultado consolidadas da Carter Corporation de três anos recentes. A Carter usa o método direto para apresentar o fluxo de caixa das operações, o qual é mostrado na **Figura 6.29**.

   a. Qual foi a variação em contas a receber em 2013?
   b. As contas a pagar a fornecedores de estoque aumentaram em $ 181,4 em 2013. Qual foi a variação do estoque em 2013?
   c. Em qual montante o valor pago por juros em 2013 diferiu da despesa de juros? Obtenha o montante e indique se o valor pago excedeu ou não as despesas.

Figura 6.28

Carter Corporation
Demonstração do Resultado das Operações Consolidadas
(Problemas 37 e 38)

Em milhões, exceto quantidades de ações	2013	2012	2011
Receitas líquidas	$ 76.329,5	$ 43.821,4	$ 37.006,7
Custo das receitas	60.221,8	32.079,2	27.312,1
Lucro bruto	16.107,7	11.742,2	9.694,6
Total das despesas operacionais	11.314,4	9.300,6	7.675,1
Lucro operacional	4.793,3	2.441,6	2.019,5
Despesas de juros, líquida	434,6	215,8	110,5
Lucro antes do imposto de renda	4.358,7	2.225,8	1.909,0
Provisão para imposto de renda	1.721,7	856,9	684,3
Lucro líquido	2.637,0	1.368,9	1.224,7
Dividendos preferenciais, líquido de benefícios de imposto de renda	14,2	13,9	14,1
Lucro líquido disponível aos acionistas ordinários	2.622,8	1.355,0	1.210,6
LUCRO BÁSICO POR AÇÃO ORDINÁRIA:			
Lucro líquido	$ 1,97	$ 1,65	1,49
Média ponderada das ações ordinárias em circulação	1.328,2	820,6	811,4
LUCRO DILUÍDO POR AÇÃO ORDINÁRIA			
Lucro líquido	$ 1,92	$ 1,60	$1,45
Média ponderada das ações ordinárias em circulação	1.371,8	853,2	841,6
Dividendos declarados por ação ordinária	0,22875	0,15500	0,14500

Figura 6.29

Carter Corporation
Excertos da Demonstração dos Fluxos de Caixa
Fluxo de Caixa das Operações Apresentado pelo Método Direto
(Problemas 37 e 38)
(todos os valores em milhões de US$)

	2013	2012	2011
FLUXO DE CAIXA DAS ATIVIDADES OPERACIONAIS			
Recebimentos de caixa das receitas	61.986,3	43.273,7	36.923,1
Caixa pago a fornecedores de estoques	(45.772,6)	(31.422,1)	(26.403,9)
Caixa pago a outros fornecedores e empregados	(10.768,6)	(9.065,3)	(8.186,7)
Juros e dividendos recebidos	33,6	15,9	6,5
Juros pagos	(468,2)	(228,1)	(135,9)
Imposto de renda pago	(1.780,8)	(831,7)	(591,0)
Caixa líquido gerado pelas atividades operacionais	3.229,7	1.742,4	1.612,1

d. Note que o lucro cresceu em pouco mais de 10% entre 2011 e 2012, mas quase dobrou entre 2012 e 2013. Que causas você sugere para essa mudança drástica?

38. **Interpretando uma demonstração do fluxo de caixa com base no método direto de apresentação do fluxo de caixa das operações.** Consulte as informações sobre a Carter Corporation no problema anterior.

a. Qual foi a variação em contas a receber em 2012?

b. Os estoques aumentaram $ 624,1 em 2012. Qual foi a variação de contas a pagar pelos estoques em 2012?

c. Em qual montante o valor pago por juros em 2012 diferiu da despesa de juros? Indique se o valor pago foi superior ou inferior à despesa.

39. **Trabalhando retroativamente através da demonstração dos fluxos de caixa.** A Quintana Company apresenta o balanço patrimonial mostrado na **Figura 6.30** e a demonstração dos fluxos de caixa mostrada na **Figura 6.31** para o ano de 2013. A empresa vendeu investimentos, equipamento e terreno em dinheiro pelo seu valor contábil líquido. A depreciação acumulada do equipamento vendido foi de $ 20.000.

Prepare um balanço patrimonial do início do ano, 1º de janeiro de 2013.

Figura 6.30

Quintana Company
Todas as Contas do Balanço Patrimonial
(31 de dezembro de 2013)
(Problema 39)

ATIVO

Caixa	$ 25.000
Contas a Receber	220.000
Estoque de Mercadorias	320.000
Terreno	40.000
Edifícios e Equipamentos (pelo custo)	500.000
Menos Depreciação Acumulada	(200.000)
Investimentos (não circulantes)	100.000
Total do Ativo	$ 1.005.000

PASSIVO E PATRIMÔNIO LÍQUIDO

Contas a Pagar	$ 280.000
Outros Passivos Circulantes	85.000
Bonds a Pagar	100.000
Capital Social	200.000
Lucros Acumulados	340.000
Total do Passivo e do Patrimônio Líquido	$ 1.005.000

Figura 6.31

Quintana Company
Demonstração dos Fluxos de Caixa
De 2013
(Problema 39)

OPERAÇÕES

Lucro Líquido		$ 200.000
Adições:		
Despesa de Depreciação		60.000
Aumentos em Contas a Pagar		25.000
Subtrações:		
Aumentos em Contas a Receber		(30.000)
Aumentos em Estoque de Mercadoria		(40.000)
Diminuição em Outros Passivos Circulantes		(45.000)
Fluxo de Caixa das Operações		170.000

INVESTIMENTOS

Venda de Investimentos	$ 40.000	
Venda de Edifícios e Equipamento	15.000	
Venda de Terreno	10.000	
Aquisição de Edifícios e Equipamentos	(130.000)	
Fluxo de Caixa de Investimentos		(65.000)

FINANCIAMENTOS

Emissão de Ações Ordinárias	$ 60.000	
Emissão de *Bonds*	40.000	
Dividendos Pagos	(200.000)	
Fluxo de Caixa de Financiamentos		(100.000)
Variação Líquida do Caixa		$ 5.000

40. **Interpretando a demonstração dos fluxos de caixa.** A **Figura 6.32** apresenta a demonstração dos fluxos de caixa da Swoosh Shoes, Inc., de três anos.

    a. Por que a Swoosh teve um aumento no lucro líquido, mas uma diminuição no fluxo de caixa das operações durante esse período de três anos?

Figura 6.32

Swoosh Shoes Inc.
Demonstração dos Fluxos de Caixa
(Problema 40)
(todos os valores em milhões de US$)

	2013	2012	2011
OPERAÇÕES			
Lucro Líquido	287	243	167
Depreciação e Amortização	34	17	15
Outras Adições e Subtrações	3	5	(5)
Capital de Giro Gerado pelas Operações	324	265	177
(Aumento) Diminuição em Contas a Receber	(120)	(105)	(38)
(Aumento) Diminuição em Estoques	(275)	(86)	(25)
(Aumento) Diminuição em Outros Ativos Operacionais Circulantes	(6)	(5)	(2)
Aumento (Diminuição) em Contas a Pagar	59	36	21
Aumento (Diminuição) em Outros Passivos Operacionais Circulantes	32	22	36
Fluxo de Caixa das Operações	14	127	169
INVESTIMENTOS			
Venda de Imobilizado	2	1	3
Aquisição de Imobilizado	(165)	(87)	(42)
Aquisição de Investimento	(48)	(3)	(1)
Fluxo de Caixa de Investimentos	(211)	(89)	(40)
FINANCIAMENTOS			
Aumento em Dívida de Curto Prazo	269	–	–
Aumento em Dívida de Longo Prazo	5	1	–
Emissão de Ações Ordinárias	3	2	3
Diminuição em Dívida de Curto Prazo	–	(8)	(96)
Diminuição em Dívida de Longo Prazo	(10)	(2)	(4)
Dividendos	(41)	(26)	(22)
Fluxo de Caixa de Financiamentos	226	(33)	(119)
Variação do Caixa	29	5	10
Caixa no Início do Ano	89	84	74
Caixa no Fim do Ano	118	89	84

b. Qual a explicação provável para as variações no fluxo de caixa de investimentos da Swoosh durante esse período de três anos?

c. Como a Swoosh financiou suas atividades de investimento durante esse período de três anos?

d. Avalie a razoabilidade do uso de empréstimos de curto prazo pela Swoosh em 2013.

41. **Interpretando a demonstração dos fluxos de caixa.** A **Figura 6.33** apresenta a demonstração dos fluxos de caixa da Spokane Paper Group, uma empresa de produtos florestais, de três anos recentes. Durante esse período, ela enfrentou dificuldades financeiras, o que pode ser visto pelo padrão de prejuízos crescentes no tempo.

    a. A Spokane Paper Group operou com prejuízo líquido em cada ano, mas gerou um fluxo de caixa das operações positivo. Explique.

    b. Qual a explicação provável para as variações no fluxo de caixa das atividades de investimentos da Spokane Paper Group durante esse período de três anos?

    c. Qual a explicação provável para as variações nos financiamentos de longo prazo durante 2011 e 2012?

42. **Interpretando relações da demonstração dos fluxos de caixa.** A **Figura 6.34** apresenta demonstrações dos fluxos de caixa de oito companhias do mesmo ano:

    a. American Airlines (transporte aéreo)
    b. American Home Products (produtos farmacêuticos)
    c. Interpublic Group (propaganda e outros serviços de marketing)
    d. Procter & Gamble (produtos de consumo)

Figura 6.33

Spokane Paper Group
Demonstração dos Fluxos de Caixa
(Problema 41)
(todos os valores em milhões de US$)

	2013	2012	2011
OPERAÇÕES			
Lucro Líquido (Prejuízo)	(63)	(77)	(154)
Depreciação	236	268	266
Outras Adições (Subtrações)	41	(43)	(56)
(Aumento) Diminuição em Contas a Receber	(68)	–	(46)
(Aumento) Diminuição em Estoques	6	(31)	(3)
Aumento (Diminuição) em Contas a Pagar	55	15	9
Aumento (Diminuição) em Outros Passivos Circulantes	9	(1)	50
Fluxo de Caixa das Operações	216	131	66
INVESTIMENTO			
Venda de Imobilizado	171	24	202
Aquisição de Imobilizado	(271)	(222)	(283)
Outras Transações de Investimento	(75)	9	(31)
Fluxo de Caixa de Investimentos	(175)	(189)	(112)
FINANCIAMENTO			
Aumento (Diminuição) em Dívida de Curto Prazo	25	27	(54)
Aumento de Dívida de Longo Prazo	139	84	131
Aumento de Ações Preferenciais	–	287	191
Diminuição de Dívida de Longo Prazo	(116)	(269)	(164)
Dividendos	(84)	(67)	(55)
Outras Transações Financeiras	2	(2)	(5)
Fluxo de Caixa de Financiamentos	(34)	60	44
Variação do Caixa	7	2	(2)
Caixa no Início do Ano	22	20	22
Caixa no Fim do Ano	29	22	20

© Cengage Learning 2014

    e. Reebok (calçados atléticos)
    f. Texas Instruments (eletrônica)
    g. Limited Brands (varejo de especialidades)
    h. Upjohn (produtos farmacêuticos)

Discuta a relação entre lucro líquido e fluxo de caixa das operações e o padrão dos fluxos de caixa das atividades operacionais, de investimento e de financiamento de cada empresa.

43. **Interpretando os métodos direto e indireto.** Consulte a **Figura 6.35** da Fierce Fighters Corporation, que mostra informações extraídas de sua Demonstração dos Fluxos de Caixa, com o fluxo de caixa das operações apresentado pelo método indireto, de três anos recentes. Usamos esses anos para ilustrar um período de diminuição sucessiva do fluxo de caixa das operações. As colunas denominadas *Variação* e sombreadas não aparecem no original.

    a. Com base na **Figura 6.35**, escreva uma curta explanação (não mais que 50 palavras) sobre por que o fluxo de caixa das operações da Fierce Fighters' declinou em aproximadamente 20% por ano entre 2011 e 2012 e, a seguir, também entre 2012 e 2013. Se não puder explicar, sugira por que isso pode ter acontecido.

    b. Agora, consulte a **Figura 6.36** da Fierce Fighters, que mostra informações extraídas de sua Demonstração dos Fluxos de Caixa, com o fluxo de caixa das operações apresentado pelo método direto, dos mesmos três anos indicados em **a**. Escreva uma curta explanação (não mais que 50 palavras) sobre por que o fluxo de caixa das operações da Fierce Fighters' declinou em aproximadamente 20% por ano entre 2011 e 2012 e, a seguir, também entre 2012 e 2013. Se você não puder explicar, sugira por que isso pode ter acontecido.

    c. Que método de apresentação do fluxo de caixa das operações você considera mais fácil de interpretar?

Figura 6.34

Demonstração dos Fluxos de Caixa de Empresas Selecionadas
(Problema 42)
(todos os valores em milhões de US$)

	American Airlines	American Home Products	Interpublic Group	Procter & Gamble	Reebok	Texas Instruments	Limited Brands	Upjohn
OPERAÇÕES								
Lucro Líquido (Prejuízo)	(110)	1.528	125	2.211	254	691	455	491
Depreciação	1.223	306	61	1.134	37	665	247	175
Outras Adições (Subtrações)	166	71	23	196	(4)	(9)	–	7
(Aumento) Diminuição em Contas a Receber	37	14	(66)	40	(65)	(197)	(102)	6
(Aumento) Diminuição em Estoques	(27)	(157)	16	25	(82)	(60)	(74)	(21)
Aumento (Diminuição) em Contas a Pagar	34	325	59	98	35	330	118	63
Aumento (Diminuição) em Outros Passivos Circulantes	54	(185)	(15)	(55)	(2)	112	110	(11)
Fluxo de Caixa das Operações	1.377	1.902	203	3.649	173	1.532	754	710
INVESTIMENTOS								
Investimentos de Capital (líquido)	(2.080)	(473)	(79)	(1.841)	(62)	(1.076)	(430)	(224)
Venda (Aquisição) de Títulos Negociáveis	290	24	3	23	–	(47)	–	(287)
Venda (Aquisição) de Outras Empresas	–	(9.161)	–	(295)	–	–	(60)	308
Outras Atividades de Investimento	36	(5)	(85)	105	(4)	–	–	(1)
Fluxo de Caixa de Investimentos	(1.754)	(9.615)	(161)	(2.008)	(66)	(1.123)	(490)	(204)
FINANCIAMENTOS								
Aumento (Diminuição) em Empréstimos de Curto Prazo	(380)	8.640	35	(281)	37	(1)	(322)	5
Aumento em Dívida de Longo Prazo	730	–	42	414	–	1	150	15
Aumento de Capital Social	1.081	38	19	36	13	110	17	–
Diminuição em Dívida de Longo Prazo	(1.069)	–	(15)	(797)	(3)	(88)	–	(46)
Aquisição de Ações em Tesouraria	–	(314)	(37)	(14)	(112)	–	–	(32)
Dividendos	(49)	(903)	(36)	(949)	(25)	(79)	(102)	(264)
Outras Atividades de Financiamento	82	11	(14)	1	(12)	4	–	37
Fluxo de Caixa de Financiamentos	395	7.472	(6)	(1.590)	(102)	(53)	(257)	(285)
Variação do Caixa	18	(241)	36	51	5	356	7	221
Caixa no Início do Ano	45	1.937	256	2.322	79	404	34	281
Caixa no Fim do Ano	63	1.696	292	2.373	84	760	41	502

Figura 6.35

Fierce Fighters Corporation
Dados de Demonstrações dos Fluxos de Caixa Consolidadas
(Colunas sombreadas de variações não estão no original)
(Problema 43)
(todos os valores em milhões de US$)

Método Indireto Ano findo em 31 de dezembro	2013	Variação	2012	Variação	2011
Caixa Gerado pelas Atividades Operacionais					
Lucro Líquido	427	(181)	608	141	467
Ajustes para Reconciliar o Lucro Líquido com o Caixa Líquido Gerado pelas Operações:					
Depreciação	266	91	175	(18)	193
Amortização de Ativos Intangíveis	379	173	206	10	196
Ações Ordinárias Emitidas para Empregados	46	38	8	6	2
Perdas na Venda de Operações Descontinuadas	–	(56)	56	56	–
Perdas (Ganho) na Venda de Imobilizado	(7)	(20)	13	(8)	21
Lucro com Benefícios de Pensões	(269)	223	(492)	(243)	(249)
Diminuição (Aumento) em Contas a Receber	1.273	1.952	(679)	(849)	170
Custos de Estoques	(28)	(105)	77	(95)	172
Despesas Antecipadas e Outros Ativos Circulantes	17	45	(28)	(73)	45
Aumento (Diminuição) em Adiantamentos de Clientes em Contratos de Longo Prazo	(648)	(1.314)	666	645	21
	(696)	(783)	87	89	(2)
Contas a Pagar e Outros Provisionamentos	(65)	(85)	20	28	(8)
Provisões para Perdas Contratuais	174	(171)	345	115	230
Imposto de Renda Diferido	(13)	(41)	28	(30)	58
Imposto de Renda a Pagar	(75)	17	(92)	37	(129)
Benefícios de Pensão					
Outras Transações Não Caixa	36	24	12	(8)	(20)
Caixa Líquido Gerado pelas Operações	817	(193)	1.010	(197)	1.207

As variações vão da direita para a esquerda, de 2011 a 2012 e de 2012 a 2013. Cada número na coluna de variação é uma diferença: número à esquerda da variação menos o número à direita da variação.

Figura 6.36

Fierce Fighters Corporation
Dados de Demonstrações dos Fluxos de Caixa Consolidadas
(Colunas sombreadas de variações não estão no original)
(Problema 43)
(todos os valores em milhões de US$)

Método Direto (Sem relação do lucro líquido com o fluxo de caixa das operações) Ano findo em 31 de dezembro	2013	Variação	2012	Variação	2011
Caixa Gerado pelas Atividades Operacionais					
Fontes de Caixa					
Caixa Recebido de Clientes					
Recebimentos de Clientes por Contratos de Longo Prazo	3.102	1.664	1.438	(253)	1.691
Outros Recebimentos	11.148	4.145	7.003	(447)	7.450
Menos: Caixa Pago a Fornecedores e Empregados	(13.251)	(6.001)	(7.250)	465	(7.715)
Margem Líquida de Caixa	999	(192)	1.191	(235)	1.426
Percentual de Contribuição da Margem de Caixa	7,0%		14,1%		15,6%
Proventos de Acordo Judicial	220	220	–	–	–
Juros Recebidos	17	–	17	(1)	18
Restituições de Imposto de Renda Recebidas	23	8	15	(60)	75
Outros Recebimentos de Caixa	24	14	10	3	7
Caixa Gerado pelas Atividades Operacionais	1.283	50	1.233	(293)	1.526
Outros Usos Operacionais do Caixa					
Juros Pagos	333	168	165	(51)	216
Imposto de Renda Pago	126	69	57	(28)	85
Outros Pagamentos em Dinheiro	7	6	1	(17)	18
Caixa Usado nas Atividades Operacionais	466	243	223	(96)	319
Caixa Líquido Gerado pelas Atividades Operacionais	817	(193)	1.010	(197)	1.207

As variações vão da direita para a esquerda, de 2011 a 2012 e de 2012 a 2013. Cada número na coluna de variação é uma diferença: número à esquerda da variação menos o número à direita da variação.

44. Questões sobre a manipulação do fluxo de caixa das operações. A alta gestão financeira quer aumentar o fluxo de caixa das operações. Ela pede a você para implementar as estratégias a seguir. Qual delas, se implementada, fará aumentar o fluxo de caixa das operações em comparação com o valor apurado se você não implementar a estratégia da empresa? Comente sobre a sensatez e a adequação de tais estratégias.

  a. A empresa atrasa a manutenção de equipamentos até o início do próximo período.
  b. A empresa atrasa a compra de novo equipamento até o início do próximo período.
  c. A empresa vende $ 1 milhão de contas a receber por $ 980.000 em caixa a uma instituição financeira, mas concorda em reembolsar o comprador por valores não recebidos acima de $ 20.000.
  d. A empresa atrasa o pagamento de prêmios de seguros aos empregados até o início do próximo período.
  e. A empresa atrasa o pagamento de alguns fornecedores até depois da data de vencimento e até o início do próximo período.
  f. A empresa vende mercadorias em dinheiro, mas promete aos clientes que eles poderão devolvê-las com reembolso total após o início do próximo período.

Capítulo 7

Introdução à análise das demonstrações financeiras

O **Capítulo 1** apresentou as demonstrações financeiras da Great Deal, Inc. Como mostrado na **Figura 1.2**, a Great Deal lucrou $ 1.317 milhão no exercício de 2012, $ 1.003 milhão no exercício de 2011 e $ 1.407 milhão em 2010. A **Figura 1.1** mostra que o ativo total da Great Deal aumentou no mesmo período de $ 12.758 milhões em 2010 para $ 15.826 milhões em 2011 e para $ 18.302 milhões em 2012.

Esses dados financeiros não indicam se a Great Deal está tendo um bom ou mau desempenho. Especificamente, nem o balanço patrimonial nem a demonstração do resultado fornecem, isoladamente, informações suficientes para responder às seguintes questões sobre o desempenho e o risco da Great Deal:

- Como a recente lucratividade da Great Deal se compara com sua lucratividade anterior e com a apresentada por seus concorrentes?
- Qual a fonte da lucratividade da Great Deal? Ela provém da venda de produtos e serviços a preços mais altos que o seu custo? Ou ela decorre de vendas em grande volume de produtos e serviços? Ou de uma combinação de ambos?
- Que riscos enfrenta a Great Deal? Por exemplo, a Great Deal está apta a pagar suas dívidas no vencimento?

Responder a essas questões requer a análise das demonstrações financeiras da Great Deal e das informações relacionadas fornecidas pelas notas explicativas dessas demonstrações. Este capítulo apresenta as ferramentas e técnicas de análise das demonstrações financeiras. O **Quadro 7.1** mostra os passos típicos da análise e avaliação de uma demonstração financeira.

OBJETIVOS DE APRENDIZAGEM

1. Conhecer a relação entre o retorno esperado e o risco de alternativas de investimento, bem como o papel da análise das demonstrações financeiras na geração de informações sobre retorno e risco.

2. Compreender a necessidade de reconhecer a escala das operações ao analisar o desempenho. A escala é incorporada à análise mediante relações ou índices (*ratios*).

3. Entender a utilidade do retorno sobre o patrimônio líquido (ROE – *return on equity*) e do retorno sobre o ativo (ROA – *return on assets*) como medidas de lucratividade e a relação entre essas duas medidas.

4. Reconhecer os resultados da desagregação do ROE usando a Análise DuPont (Modelo DuPont).

5. Saber a distinção entre risco de liquidez de curto prazo e risco de liquidez de longo prazo e os índices financeiros usados para avaliá-los.

6. Desenvolver a habilidade de comparar o desempenho tanto ao longo do tempo como entre empresas.

7. (Apêndice) Desenvolver a habilidade de preparar demonstrações financeiras projetadas (*pro forma*).

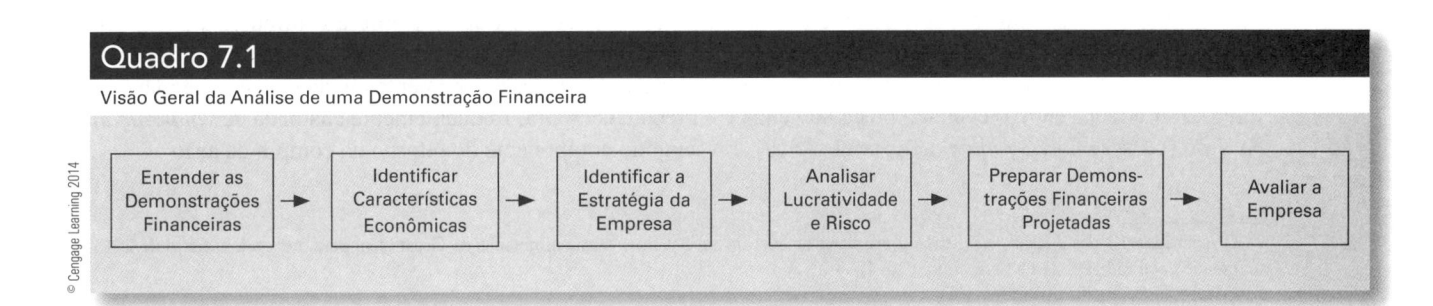

Quadro 7.1
Visão Geral da Análise de uma Demonstração Financeira

Entender as Demonstrações Financeiras → Identificar Características Econômicas → Identificar a Estratégia da Empresa → Analisar Lucratividade e Risco → Preparar Demonstrações Financeiras Projetadas → Avaliar a Empresa

1. **Entender o propósito e o conteúdo das três principais demonstrações financeiras e notas explicativas relacionadas.** Nossa análise das demonstrações financeiras considera o balanço patrimonial, a demonstração do resultado e a demonstração dos fluxos de caixa, discutidos nos **Capítulos 4, 5 e 6**, respectivamente.
2. **Identificar as características econômicas do setor. Começamos por identificar as características do setor da empresa.** A Great Deal é uma varejista norte-americana de eletroeletrônicos, material de escritório, *software* de entretenimento, utilidades domésticas e serviços relacionados. As principais características econômicas desse setor são as seguintes:
    - **Natureza dos produtos.** A Great Deal oferece produtos e serviços similares aos ofertados pelos concorrentes. A terminologia comum se refere a tais produtos como *commodities*.
    - **Extensão da concorrência.** O setor é competitivo, com muitas empresas oferecendo produtos similares. Barreiras de entrada para novos competidores incluem tamanho, rede de distribuição e penetração no mercado.
    - **Características de crescimento.** O mercado norte-americano está saturado, de modo que um crescimento ulterior deve vir da introdução de novos conceitos de loja e da expansão internacional.
3. **Identificar a estratégia da empresa.** A seguir, identificamos a estratégia da empresa para competir no seu setor e ganhar vantagem competitiva. A Great Deal enfatiza uma ampla gama de produtos ofertados, preços relativamente baixos e serviço superior. Ela vende tanto em lojas físicas como pela internet.
4. **Calcular e interpretar indicadores de retorno e de risco.** A maioria das análises das demonstrações financeiras examina relações (*ratios*) que capturam ou retorno ou risco. Esses índices ou indicadores (*ratios*) baseados em dados das demonstrações financeiras proporcionam uma ferramenta analítica usada para avaliar retorno e risco. Este capítulo descreve e ilustra os principais indicadores de retorno e de risco.

    Ao analisar o retorno e o risco da empresa, é frequentemente útil comparar o desempenho da empresa com um *benchmark* ou referencial. Dois referenciais comuns são o próprio desempenho da empresa em um período anterior (análise de séries temporais = *time-series analysis*) e o desempenho dos competidores no mesmo período (análise transversal = *cross-sectional analysis*). Ilustraremos ambos os tipos de análise mais adiante neste capítulo.
5. **Preparar demonstrações financeiras *pro forma*, ou seja, projetadas.** Depois de estudar a lucratividade e o risco de uma empresa no passado recente, o analista frequentemente prepara demonstrações financeiras *pro forma*, ou seja, projetadas, para os próximos três ou quatro anos, usando hipóteses e suposições sobre condições econômicas, do setor e específicas da empresa[1].
6. **Avaliar a empresa.** A análise usa o lucro líquido projetado, fluxos de caixa e outros itens das demonstrações financeiras para avaliar a empresa. Este livro não considera a avaliação de empresas, que é um tópico avançado em contabilidade e finanças.

OBJETIVOS DA ANÁLISE DAS DEMONSTRAÇÕES FINANCEIRAS

A primeira questão do analista ao estudar um conjunto de demonstrações financeiras é: "O que estou buscando?" A resposta requer um entendimento sobre decisões de investimento. Para ilustrar, suponha que você precise decidir como investir um presente de $ 25.000 recebido recentemente. Você restringe sua decisão de investimento a duas alternativas: comprar um certificado de depósito em um banco local ou comprar ações ordinárias da Great Deal, Inc. As ações da Great Deal são vendidas atualmente por $ 25 cada uma. Você baseará sua decisão no **retorno** que prevê obter de cada investimento e no **risco** associado a esse retorno.

O banco paga atualmente juros à taxa de 3% ao ano em certificados de depósito (CDB). Como o banco provavelmente permanecerá no negócio[2], você se sente confiante de que receberá 3% a cada ano. O retorno do investimento na Great Deal tem dois componentes. Primeiro, você antecipa que a empresa continuará a pagar um dividendo em dinheiro de, no mínimo, $ 0,15 por ação. Além disso, o preço de mercado da ação da Great Deal provavelmente variará entre o momento em que você comprou suas ações e o momento em que você as venderá no futuro. A diferença entre o eventual preço da venda e o preço da compra, frequentemente chamada de *valorização da ação* (ou *desvalorização da ação*, se negativa), é o segundo componente do retorno da compra da ação.

---

1. O **Apêndice 7.1** deste capítulo ilustra a preparação de demonstrações financeiras projetadas da Great Deal para o exercício fiscal de 2013 (exercício encerrado em 27 de fevereiro de 2014).
2. O banco dificilmente quebrará. (NT)

O investimento em ações ordinárias envolve risco maior (isto é, maior variabilidade de resultados) que o investimento em certificados de depósito. Isso se dá porque a lucratividade futura da Great Deal afetará os seus dividendos futuros e variações de preço de mercado. Se os concorrentes abrirem mais lojas ou introduzirem novos produtos ou serviços que possam erodir a participação de mercado da Great Deal, o resultado futuro poderá ser menor do que você previu. Por outro lado, se a Great Deal abrir mais lojas ou introduzir novos produtos e serviços, o seu lucro futuro poderá ser maior do que você hoje antecipa. Fatores macroeconômicos, como inflação e desemprego, podem também afetar o preço de mercado das ações da Great Deal, bem como fatores como variações da taxa de câmbio que afetam o custo da mercadoria importada ou ações regulatórias do governo. Dado que a maioria dos indivíduos prefere menor risco ao maior risco, você desejará um retorno esperado maior se comprar ações da Great Deal do que se investir no certificado de depósito.

A pesquisa teórica e empírica mostrou que o retorno esperado do investimento em uma empresa está relacionado, em parte, à lucratividade esperada da empresa. O analista estuda os lucros passados da empresa para entender seu desempenho operacional e embasar suas previsões de lucratividade futura. Decisões de investimento também requerem avaliação do risco. Uma empresa pode encontrar-se sem caixa e incapaz de pagar a seus fornecedores pontualmente. Ela poderá, também, ter emitido tanta dívida que venha a ter dificuldade em fazer os pagamentos de juros e do principal. As demonstrações financeiras proporcionam informações para avaliar como esses e outros elementos de risco afetam o retorno esperado. Por isso, a maioria das análises das demonstrações financeiras explora algum aspecto do retorno da empresa e/ou do seu risco. O **Quadro 7.2** resume a relação entre análise das demonstrações financeiras e decisões de investimento.

O papel das demonstrações financeiras na avaliação do retorno e do risco

Os leitores não podem responder com facilidade a questões sobre o retorno e o risco das empresas com base nas informações cruas das demonstrações financeiras nem podem comparar duas empresas usando esses dados. Por exemplo, não se pode avaliar a lucratividade examinando o montante do lucro líquido. Isso porque um grande montante de lucro líquido pode resultar de uma grande empresa estar tendo pequenos lucros ou de uma pequena empresa estar tendo grandes lucros. Similarmente, não seria sensato concluir que duas empresas têm saúde financeira equivalente só porque elas informam o mesmo montante de lucro. Em vez disso, é mais importante considerar o tamanho da empresa quando se avalia sua lucratividade ou quando se comparam duas empresas. A análise financeira usa índices financeiros e demonstrações financeiras padronizadas para lidar com diferenças de tamanho ou de escala nas operações de uma empresa. Demonstrações do resultado padronizadas expressam cada linha da demonstração do resultado como percentual da receita líquida de vendas. Balanços patrimoniais padronizados expressam cada linha do balanço patrimonial como um percentual do ativo total. Discutiremos as demonstrações financeiras padronizadas mais tarde neste capítulo.

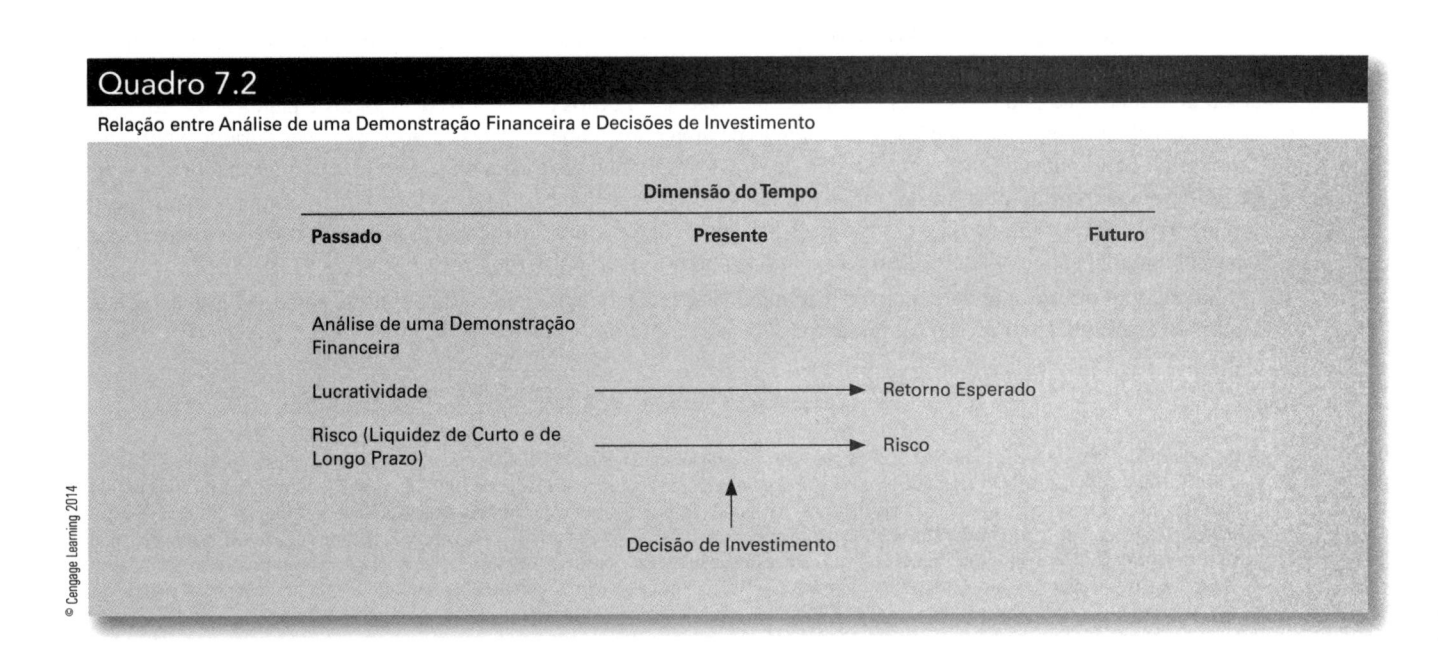

Quadro 7.2
Relação entre Análise de uma Demonstração Financeira e Decisões de Investimento

	Dimensão do Tempo	
Passado	**Presente**	**Futuro**
Análise de uma Demonstração Financeira		
Lucratividade	⎯⎯⎯⎯⎯⎯⎯⎯→	Retorno Esperado
Risco (Liquidez de Curto e de Longo Prazo)	⎯⎯⎯⎯⎯⎯⎯⎯→	Risco
	↑ Decisão de Investimento	

© Cengage Learning 2014

Índices financeiros

Os índices financeiros incorporam a escala das operações, por exemplo, relacionando o valor que a empresa gera com o valor do investimento em ativos. O analista expressa a relação entre dois itens das demonstrações financeiras (lucro e investimento, por exemplo) na forma de um índice (*ratio*). Alguns índices comparam itens dentro da demonstração do resultado, alguns usam apenas dados do balanço e outros relacionam itens de múltiplas demonstrações financeiras. Os índices facilitam a análise de uma demonstração financeira porque eles resumem os dados de forma fácil de entender, interpretar e comparar. Depois de calcular os índices, o analista deve compará-los com um *benchmark*. A lista a seguir fornece diversos possíveis *benchmarks* para um índice financeiro:

1. O índice planejado para o período.
2. O índice correspondente durante o período precedente da mesma firma.
3. O índice correspondente de uma empresa similar do mesmo setor.
4. O índice médio de outras empresas do mesmo setor.

Para demonstrar o cálculo de índices financeiros, utilizaremos os dados das demonstrações financeiras da Great Deal dos exercícios de 2010, 2011 e 2012, que aparecem na **Figura 1.1** (balanço patrimonial), **Figura 1.2** (demonstração do resultado) e **Figura 1.3** (demonstração dos fluxos de caixa). Recomendamos que você identifique os valores dos índices financeiros discutidos neste capítulo com os valores das demonstrações financeiras da Great Deal.

ANÁLISE DE RENTABILIDADE

Uma empresa se engaja em operações para gerar lucro líquido. Por exemplo, a Great Deal vende eletroeletrônicos, material de escritório e utilidades domésticas aos clientes para gerar lucro líquido. Este tópico discute duas medidas de **rentabilidade**, retorno sobre o patrimônio líquido e retorno sobre ativos, e como esses índices se relacionam mutuamente.

Retorno sobre o patrimônio líquido

O **retorno sobre o patrimônio líquido** (ROE, *return on equity*) mede o desempenho de uma empresa ao usar os recursos fornecidos pelos acionistas para gerar lucro. Essa medida de rentabilidade relaciona o lucro líquido com a parte dos ativos da empresa que os acionistas financiaram.

$$ROE = \frac{(Lucro\ Líquido)}{(Patrimônio\ Líquido\ Médio)}$$

O numerador do índice ROE é o lucro líquido tal como informado na demonstração do resultado. Dado que o lucro líquido já deduziu a remuneração dos credores (na forma de despesas de juros), o lucro líquido pode ser considerado o lucro que está disponível aos acionistas. Não subtraímos dividendos declarados e pagos aos acionistas porque dividendos são distribuições aos acionistas de uma porção dos retornos gerados para eles durante o período. O conselho de administração da empresa decide se pagará dividendos e especifica o valor. O denominador[3] do índice ROE é o valor médio do patrimônio líquido do período[4]. A média é tomada ao longo do período no qual o lucro líquido (o numerador) foi gerado. Por exemplo, se o numerador captura o lucro líquido anual, então o denominador deve ser a média entre os valores de início e fim de ano do patrimônio líquido.

Baseado na informação do balanço patrimonial (**Figura 1.1**) e da demonstração do resultado (**Figura 1.2**) da Great Deal, o ROE da empresa no exercício de 2012 é de 21,7%:

$$ROE = \frac{\$\ 1.317}{0,5 \times (\$\ 5.156 + \$\ 6.964)} = \frac{\$\ 1.317}{\$\ 6.060} = 21,7\%$$

---

[3]. Os indicadores que relacionam números da demonstração do resultado com números do balanço patrimonial costumam ser calculados com várias alternativas de denominador: o valor inicial, o valor final ou o valor médio. Embora a utilização do valor médio [(saldo inicial + saldo final)/2] tenha a vantagem de incorporar aumentos ou diminuições na conta do balanço que podem ocorrer durante o período, as fórmulas que usam o valor inicial ou o valor final no denominador também são muito comuns. Aconselha-se ao analista, caso o cálculo dos índices não tenha sido efetuado por ele, ter o cuidado de examinar que fórmula foi utilizada, a fim de minimizar possíveis enganos na interpretação dos índices. (NT)

[4]. A medida do patrimônio líquido utilizado na fórmula do ROE deve ser o valor contábil do patrimônio líquido dos acionistas ordinários. Assim, as ações preferenciais devem ser excluídas. O Capítulo 15 aborda as ações preferenciais.

O ROE de 21,7% da Great Deal significa que cada dólar do patrimônio líquido gerou 21,7 centavos de lucro líquido. Para determinar se um ROE de 21,7% indica um desempenho bom ou ruim, podemos comparar o ROE da Great Deal de 2012 com o do ano anterior. O ROE da empresa para o exercício de 2011 foi de 20,7%:

$$ROE = \frac{\$\,1.003}{0,5 \times (\$\,4.524 + \$\,5.156)} = \frac{\$\,1.003}{\$\,4.840} = 20,7\%$$

A rentabilidade da Great Deal (medida na forma do ROE) cresceu entre 2011 e 2012.

Retorno sobre o ativo

O **retorno sobre o ativo** (ROA, *return on assets*) mede o desempenho da empresa na geração de lucro líquido independentemente de como esses ativos são financiados (isto é, com dívida *versus* com patrimônio líquido). O ROA difere do ROE porque o ROE mede a rentabilidade de uma forma específica de financiamento – a parte proporcionada pelos acionistas. A fórmula do ROA é a seguinte:

$$ROA = \frac{(Lucro\ Líquido)}{Ativo\ Total\ Médio}$$

O ROA é a razão entre o lucro líquido[5] de dado período e o ativo total médio do mesmo período. Usamos os dados da **Figura 1.1** e da **Figura 1.2** para calcular o ROA da Great Deal de 2012, como segue:

$$ROA = \frac{(Lucro\ Líquido)}{Ativo\ Total\ Médio} = \frac{\$\,1.317}{0,5 \times (\$\,15.826 + \$\,18.302)} = 7,7\%$$

O ROA da Great Deal indica que ela ganhou $ 0,077 para cada dólar de ativo no exercício de 2012. Para determinar se esse retorno indica um bom ou mau desempenho podemos comparar o ROA de 2012 da Great Deal com o seu ROA do ano anterior. Calculamos o ROA da Great Deal de 2011 da seguinte maneira:

$$ROA = \frac{(Lucro\ Líquido)}{Ativo\ Total\ Médio} = \frac{\$\,1.003}{0,5 \times (\$\,12.758 + \$\,15.826)} = 7,0\%$$

Esses resultados indicam que a Great Deal melhorou o uso de seus ativos entre 2011 e 2012. O ROA aumentou de $ 0,07 por dólar de ativos para $ 0,077 por dólar de ativos, ou seja, um crescimento de 10% (10% = [0,077 – 0,07]/0,07) no ROA.

Relação entre retorno sobre o patrimônio líquido e retorno sobre o ativo

Nossa análise anterior indica que o ROE da Great Deal excede o seu ROA. Por exemplo, no exercício de 2012, o ROE foi de 21,7% comparado com um ROA de 7,7%. O que causa essa relação, de resto comum, em firmas lucrativas? O segredo para entender a relação entre ROE e ROA está em entender a **alavancagem financeira**, a qual mede o grau em que os ativos da empresa são financiados por dívida. A alavancagem financeira relaciona o retorno sobre o patrimônio líquido com o retorno sobre o ativo, como segue:

$$ROE = ROA \times Alavancagem\ Financeira$$

$$\frac{(Lucro\ Líquido)}{Patrimônio\ Líquido\ Médio} = \frac{Lucro\ Líquido}{Ativo\ Total\ Médio} \times \frac{Ativo\ Total\ Médio}{Patrimônio\ Líquido\ Médio}$$

---

5. Há também várias formas alternativas de calcular o ROA. Talvez mais comum que a que utiliza o lucro líquido no numerador seja usar o lucro antes dos juros e imposto de renda – Lajir (ou, em inglês, EBIT – *earnings before interest and tax*), também chamado de lucro operacional. Quando se usa o EBIT no denominador, o objetivo é calcular a rentabilidade geral do negócio como um todo, independentemente de quem financiou os ativos da empresa, se credores ou acionistas. O EBIT representa o lucro gerado pelo negócio antes de deduzir a remuneração de credores (na forma de juros) e a parcela do governo (imposto de renda e outros tributos incidentes sobre o lucro). (NT)

Essa fórmula mostra que o retorno sobre o patrimônio líquido é igual ao retorno sobre o ativo multiplicado pela *alavancagem financeira*, que corresponde à razão entre o ativo médio total e o patrimônio líquido médio total[6]. Se uma empresa é financiada por patrimônio líquido (isto é, nenhum ativo é financiado por dívida), sua alavancagem financeira é 1 (ou seja, 100%). Por outro lado, uma empresa que financiou 50% de seus ativos mediante patrimônio líquido teria um índice de alavancagem financeira de 2 (ou 200%).

A **Figura 7.1** mostra os componentes do ROE da Great Deal nos exercícios de 2011 e 2012. O índice de alavancagem financeira (ativo total médio dividido pelo patrimônio líquido médio) é 2,82 para o exercício de 2012 (= [0,5 × ($ 15.826 + $ 18.302)] / [0,5 × ($ 5.156 + $ 6.964)]). Um índice de alavancagem financeira de 2,82 significa que cada dólar de patrimônio líquido financia cerca de $ 2,82 de ativos. A diferença em relação a 1,0 nesse índice captura o grau em que os ativos são financiados por fontes de recursos não-patrimônio-líquido. Vemos também que o produto entre o ROA (7,7%) da Great Deal e sua alavancagem financeira (2,82) é igual ao seu ROE de 2012, de 21,7%.

A comparação entre o ROE e seus componentes em 2012 com os de 2011 revela que o aumento do ROE entre 2011 e 2012 resulta de dois efeitos que se contrabalançam. Em primeiro lugar, o ROA da Great Deal aumentou de 7,0% para 7,7%. Em segundo, a alavancagem financeira da Great Deal declinou de 2,95 para 2,82. Uma vez que o ROE cresceu no total, podemos concluir que o primeiro efeito (aumento do ROA) excedeu o segundo efeito (o declínio da alavancagem financeira).

NOTA CONCEITUAL

O uso do ativo total médio como denominador na relação do ROA significa que as decisões de financiamento (capital próprio ou capital de terceiros) da empresa não afetam o denominador dessa relação. Contudo, essas decisões de financiamento afetam o numerador do ROA (lucro líquido) porque a despesa de juros reduz o lucro líquido. Para incorporar o efeito do custo de juros, o analista ajusta o numerador da fórmula do ROA pelos efeitos das decisões de financiamento. Esse ajuste resulta na seguinte fórmula ajustada do ROA:

$$ROA = \frac{(\text{Lucro Líquido}) + \text{Despesa de Juros após Tributos}}{\text{Ativo Total Médio}}$$

A fórmula ajustada do ROA retorna a despesa de juros (ajustada pelos seus efeitos tributários) ao lucro líquido. A despesa de juros gera um benefício fiscal na medida em que é deduzida no cálculo do lucro tributável, que constitui o lucro sobre o qual a empresa paga os tributos sobre o lucro. *Ceteris paribus* ("Tudo o mais permanecendo constante"), a despesa de juros beneficia a empresa diminuindo seu lucro tributável e, portanto, reduzindo os tributos a pagar. O valor dos tributos economizados por causa da dedutibilidade tributária da despesa de juros é o valor da despesa de juros multiplicado por um menos a alíquota de imposto de renda[7] da empresa. Dada essa inclusão do ajuste do lucro pelos efeitos das escolhas de fontes de financiamento da empresa, a fórmula ajustada do ROA é a fórmula tecnicamente correta para o cálculo do ROA. O ROA ajustado da Great Deal nos exercícios de 2011 e 2012 é calculado como segue[8]:

$$ROA = \frac{(\text{Lucro Líquido}) + \text{Despesa de Juros após Tributos}}{\text{Ativo Total Médio}}$$

$$= \frac{\$ 1.137 + (1 - 0,365)(\$ 94)}{0,5 \times (\$ 15.826 + 18.302)} = 8,1\%$$

$$ROA = \frac{(\text{Lucro Líquido}) + \text{Despesa de Juros após Tributos}}{\text{Ativo Total Médio}}$$

$$= \frac{\$ 1.003 + (1 - 0,396)(\$ 94)}{0,5 \times (\$ 12.758 + 15.826)} = 7,4\%$$

Embora a fórmula ajustada seja a fórmula correta quando o ROA é calculado por si só, ela não é a fórmula usada no modelo DuPont de decomposição do ROE. Por isso, para fins deste capítulo, usamos a fórmula não ajustada ao nos referirmos ao índice ROA.

---

6. A alavancagem financeira pode ser medida de diversas maneiras, inclusive pela razão entre a dívida total média e os ativos totais médios, pela razão entre o patrimônio líquido médio e o ativo total médio, e o inverso de qualquer dessas outras razões. A fórmula acima usa a razão entre o ativo médio total e o patrimônio líquido médio.
7. No Brasil, somam-se as alíquotas de Imposto de Renda e de Contribuição Sindical sobre o lucro. (NRT.)
8. A alíquota de tributos sobre o lucro da Great Deal é de 39,6% no exercício de 2011 e de 36,5% no exercício de 2012.

Figura 7.1

Great Deal, Inc.
Componentes do Retorno sobre o Patrimônio Líquido

	ROE	=	Retorno sobre o Ativo	x	Alavancagem Financeira
2012	21,7%	=	7,7%	x	2,82
2011	20,7%	=	7,0%	x	2,95

● PROBLEMA 7.1 — PARA APRENDIZAGEM

Analisando o retorno sobre o patrimônio líquido. Balanços patrimoniais e demonstrações do resultado da Markum Corporation são apresentados nas **Figuras 7.2** e **7.3**, respectivamente. Usando a informação dessas demonstrações financeiras, responda as seguintes questões sobre a rentabilidade da Markum.

a. Qual foi o retorno sobre o patrimônio líquido (ROE) da Markum em 2013?
b. Qual foi o retorno sobre o ativo (ROA) da Markum em 2013?
c. Por que o ROE da Markum é diferente do seu ROA em 2013?

Figura 7.2

Markum Corporation
Balanços Patrimoniais Consolidados Referente aos Anos 2012 e 2013
valores em milhões de dólares (US$)

	2013		2012	
Ativo				
Caixa e equivalentes de caixa	6.000	4,8%	4.000	4,0%
Contas a receber	15.000	12,1%	12.000	12,0%
Estoques de mercadorias	28.000	22,6%	20.000	20,0%
Total do ativo circulante	49.000	39,5%	36.000	36,0%
Imobilizado, líquido	75.000	60,5%	64.000	64,0%
Total do ativo	124.000	100,0%	100.000	100,0%
Passivo e Patrimônio Líquido				
Fornecedores	31.000	25,0%	24.800	24,8%
Salários a pagar e outros	19.000	15,3%	16.000	16,0%
Total do passivo circulante	50.000	40,3%	40.800	40,8%
Dívida de longo prazo	18.000	14,5%	12.000	12,0%
Patrimônio líquido				
Ações ordinárias	1.500	1,2%	1.000	1,0%
Ágio na emissão de ações	24.500	19,8%	18.000	18,0%
Lucros acumulados	30.000	24,2%	28.200	28,2%
Total do patrimônio líquido	56.000	45,2%	47.200	47,2%
Total do passivo e patrimônio líquido	124.000	100,0%	100.000	100,0%

Figura 7.3

Markum Corporation
Demonstração do Resultado Consolidada Referente aos Anos 2012 e 2013
valores em milhões de dólares (US$)

	2013		2012	
Receita	92.000	100,0%	85.000	100,0%
Custo das mercadorias vendidas	67.000	72,8%	70.000	76,1%
Lucro bruto	25.000	27,2%	15.000	16,3%
Despesas de vendas, gerais e administrativas	8.000	8,7%	6.000	6,5%
Despesas com pesquisa e desenvolvimento	7.000	7,6%	5.000	5,4%
Lucro operacional	10.000	10,9%	4.000	4,3%
Despesa de juros	2.000	2,2%	1.000	1,1%
Lucro antes de tributos sobre o lucro	8.000	8,7%	3.000	3,3%
Despesas com tributos sobre o lucro	3.200	3,5%	1.200	1,3%
Lucro líquido	4.800	5,2%	1.800	2,0%
Alíquota de imposto		40,0%		40,0%

Análise de decomposição DuPont

Uma ferramenta útil para entender as fontes de lucratividade de uma empresa (mensurada pelo ROE e pelo ROA) é a **Análise de Decomposição DuPont**. Essa análise desagrega o ROE nos seus componentes alavancagem financeira e ROA (como fizemos no tópico anterior) e, a seguir, desagrega o ROA no produto de dois outros índices: a **margem de lucro** e o **giro do ativo**. O **Quadro 7.3** ilustra essa desagregação.

A desagregação do ROA dá-se da seguinte maneira:

$$\text{ROA} = \text{Margem de Lucro} \times \text{Giro do Ativo}$$

$$\frac{\text{(Lucro Líquido)}}{\text{Ativo Total Médio}} = \frac{\text{(Lucro Líquido)}}{\text{(Receita de Vendas)}} \times \frac{\text{(Receita de Vendas)}}{\text{(Ativo Total Médio)}}$$

A margem de lucro (lucro líquido dividido pela receita de vendas) mede a habilidade da empresa de controlar o nível das despesas relativas a vendas, aumentar os preços em relação às despesas incorridas ou uma combinação de ambos. Mediante o controle de despesas e o aumento dos preços de venda, a empresa pode, a partir de um valor dado, aumentar os lucros das atividades de venda e melhorar sua margem de lucro.

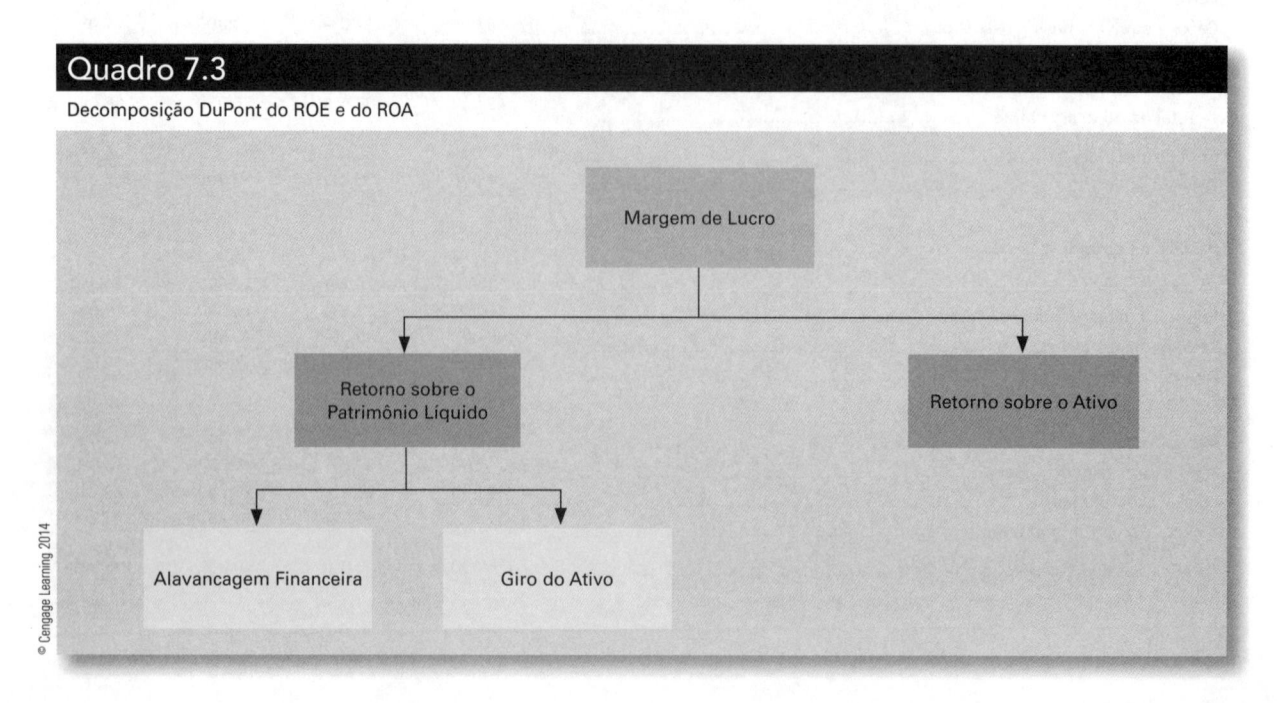

Quadro 7.3

Decomposição DuPont do ROE e do ROA

O giro do ativo mede a habilidade da empresa de gerar vendas a partir do seu investimento em ativos ou, alternativamente, controlar o montante de ativos que ela usa para gerar um nível específico de receita de vendas. Quanto menor o montante de ativos de que a firma necessita para gerar dado nível de vendas, tanto melhor (maior) o seu giro de ativos e maior a rentabilidade da empresa.

A **Figura 7.4** apresenta a desagregação do ROA da Great Deal entre a margem de lucro e o giro do ativo nos exercícios de 2011 e 2012. Os dados mostram que o aumento antes observado no ROA de 7,0% em 2011 para 7,7% em 2012 é resultado de dois fatores que se contrabalançam:

- um aumento na margem de lucro de 2,2% para 2,7%; e
- um declínio no giro do ativo de 3,1 para 2,9.

Para localizar as causas dessas variações, analisaremos as variações da margem de lucro e do giro do ativo no próximo tópico.

Uma empresa pode incrementar o seu ROA aumentando a margem de lucro e/ou o giro do ativo. Pode ser difícil alterar um ou outro desses componentes. Por exemplo, uma empresa que vende *commodities* em um mercado competitivo tem poucas oportunidades de aumentar a sua margem de lucro por aumento de preços. Essa empresa teria de incrementar o seu giro do ativo total (por exemplo, encurtando o período de manutenção de estoques pela imposição de controles mais rigorosos do estoque) para aumentar o seu ROA. Mas uma empresa cujas atividades requerem investimentos substanciais no imobilizado e que opera eficientemente, próximo à sua capacidade, tem habilidade limitada de aumentar o seu ROA incrementando o seu giro do ativo total. Tal empresa poderá ter mais flexibilidade para ações que aumentem sua margem de lucro (por exemplo, criando lealdade à marca de seus produtos para aumentar as vendas).

A margem de lucro e o giro do ativo são também mutuamente relacionados. *Ceteris paribus* é de esperar que reduzir o preço de vendas dos produtos (e, assim, diminuir a margem de lucro) aumentaria a venda desses produtos (incrementando, com isso, o giro do ativo). Inversamente, aumentar os preços de venda (portanto, incrementar a margem de lucro) reduziria os volumes de venda (reduzindo, portanto, o giro do ativo).

Analisando variações na margem de lucro

As variações das despesas da empresa relativas às receitas de vendas causam variações na margem de lucro. Para apresentar essa relação, expressamos as linhas individuais da demonstração do resultado como porcentagem da receita. O conjunto dessas porcentagens, para cada despesa individual e lucro líquido, é chamado de *demonstração do resultado padronizada*. As demonstrações do resultado padronizadas da Great Deal para os exercícios de 2010 a 2012 são mostradas na **Figura 7.5**, a qual indica que a margem de lucro da Great Deal aumentou entre 2011 e 2012 em decorrência dos seguintes efeitos:

- O custo das mercadorias vendidas como percentual da receita de vendas declinou de 75,6% para 75,5%. Possíveis razões para esse declínio são:
    - O crescimento da Great Deal (medido pelo aumento do ativo total entre 2011 e 2012) pode ter permitido a ela comprar mercadoria a custos mais baixos, ou por ela obter descontos pela maior quantidade ou por obter maior poder de barganha sobre os fornecedores.
    - A Great Deal pode ter conduzido seu *mix* de vendas para produtos ou mercados geográficos com menor custo das mercadorias vendidas como porcentagem das vendas.
    - A Great Deal pode ter melhorado seus controles sobre a compra, armazenagem e entrega de mercadorias, reduzindo o custo de armazenagem e obsolescência.

Figura 7.4

Great Deal, Inc.
Desagregação do ROA para 2011 e 2012

	ROA	=	Margem de Lucro	×	Giro do Ativo
2012	7,7%	=	2,7%	×	2,9
2011	7,0%	=	2,2%	×	3,1

Figura 7.5

Great Deal, Inc.
Demonstrações do Resultado Padronizadas
Referentes aos Anos 2012, 2011 e 2010
valores em milhões de dólares (US$)

	2012		2011		2010	
Receita	49.694	100,0%	45.015	100,0%	40.023	100,0%
Custo das mercadorias vendidas	37.534	75,5%	34.017	75,6%	30.477	76,1%
Lucro bruto	12.160	24,5%	10.998	24,4%	9.546	23,9%
Despesas de vendas, gerais e administrativas	9.873	19,9%	8.984	20,0%	7.385	18,5%
Despesas de reestruturação	52	0,1%	78	0,2%	0	0,0%
Impairment de *goodwill* e de marca	0	0,0%	66	0,1%	0	0,0%
Lucro operacional	2.235	4,5%	1.870	4,2%	2.161	5,4%
Outras receitas (despesas)						
Lucros em investimentos e outros	54	0,1%	35	0,1%	129	0,3%
Impairment de investimentos	0	0,0%	(111)	−0,2%	0	0,0%
Despesa de juros	(94)	−0,2%	(94)	−0,2%	(62)	−0,2%
Lucro antes do imposto de renda e dos resultados de participação em coligadas	2.195	4,4%	1.700	3,8%	2.228	5,6%
Despesa com imposto de renda	802	1,6%	674	1,5%	815	2,0%
Resultado de equivalência patrimonial em coligadas	1	0,0%	7	0,0%	(3)	0,0%
Lucro líquido inclusive participação de minoritários	1.394	2,8%	1.033	2,3%	1.410	3,5%
Lucro líquido atribuído a acionistas minoritários	(77)	−0,2%	(30)	−0,1%	(3)	0,0%
Lucro líquido atribuído à Great Deal, Inc.	1.317	2,7%	1.003	2,2%	1.407	3,5%

© Cengage Learning 2014

- As despesas de vendas, gerais e administrativas (SG&A, *selling, general, and administrative*), como porcentagem das vendas, declinaram de 20,0% para 19,9%. Possíveis razões para esse declínio são:
  - A falência de um concorrente poderá ter reduzido a competição, permitindo à Great Deal reduzir propaganda e outros custos de marketing.
  - A Great Deal pode ter melhorado seus canais de distribuição, resultando em menores despesas operacionais.
  - A Great Deal pode ter mudado seu *mix* de vendas para produtos ou mercados geográficos com menores despesas de vendas ou administrativas.
- Tanto as despesas de reestruturação como as despesas com *impairment* declinaram como porcentagem das vendas. As despesas de reestruturação declinaram de 0,2% para 0,1% e as com *impairment* declinaram de 0,1% para 0,0%. A diminuição desses percentuais indica que a Great Deal teve menos eventos de reestruturação e menos *impairments* no exercício de 2012 em comparação com 2011.

Analisando variações no índice de giro do ativo

Variações no giro de tipos específicos de ativos resultam em variações no giro do ativo total. O analista geralmente calcula em separado o giro de três tipos de ativos: contas a receber, estoques e ativos fixos.

Giro de Contas a Receber (Clientes). O giro de contas a receber indica o quão depressa uma firma recebe o dinheiro das vendas a crédito. O **giro de contas a receber** é igual à receita de vendas dividida pela média de contas a receber durante o período[9]:

$$\frac{(\text{Receita de Vendas})}{(\text{Contas a Receber Média})}$$

---

9. Teoricamente, o numerador deveria incluir apenas vendas a crédito (isto é, excluindo as vendas à vista) se o objetivo é medir a rapidez com que uma empresa recebe suas contas a receber. Muitas empresas, exceto varejistas que tratam diretamente com os consumidores (como lanchonetes de *fast-food*), vendem seus bens e serviços a crédito. Outras, como a Great Deal, têm ambas, vendas a crédito e vendas à vista. As empresas raramente evidenciam as proporções entre vendas a crédito e vendas à vista nas suas demonstrações financeiras. Assim, o analista usa a receita de vendas no numerador do giro das contas a receber, reconhecendo que a inclusão das vendas à vista faz crescer o numerador e, por isso, exagera o giro das contas a receber (clientes).

O giro das contas a receber da Great Deal no exercício de 2012 é o seguinte:

$$\frac{\text{(Receita de Vendas)}}{\text{(Contas a Receber Média)}} = \frac{\$\ 46.964}{(0,5 \times (\$\ 1.868 + \$\ 2.020))} = 38,3 \text{ vezes por ano}$$

O analista frequentemente expressa o giro de contas a receber em termos do número médio de dias decorridos entre o momento em que a empresa vende e o momento em que ela recebe mais tarde o caixa. Esse cálculo é chamado *prazo médio de recebimento (PMR)*. Para calcular esse índice, divida 365 dias pelo giro das contas a receber. O prazo médio de recebimento da Great Deal no exercício de 2012 foi de 9,5 dias (= 365 dias/38,3 vezes no ano). Em 2011, o giro de suas contas a receber foi de 55,9, ou seja, 6,5 dias. O declínio do giro de contas a receber e o aumento do prazo médio de recebimento indicam que a Great Deal foi mais vagarosa em converter vendas em recebimentos de caixa no exercício de 2012 em comparação com o exercício de 2011. O giro de contas a receber declinante e o aumento do prazo médio de recebimento de clientes podem resultar dos seguintes fatores:

- A Great Deal pode estar, ao longo do tempo, aumentando a proporção de suas vendas a prazo (*versus* à vista). Dado que nosso cálculo inclui (erroneamente) as vendas à vista no numerador, mas não no denominador, uma mudança na proporção de vendas à vista ao longo do tempo criará mudanças no índice.
- A Great Deal pode estar oferecendo aos clientes prazos de pagamentos mais atraentes (para o consumidor) a fim de aumentar as vendas. *Ceteris paribus*, os clientes preferirão pagar mais tarde que mais cedo.

A maioria das empresas que vendem a outras empresas, e não aos consumidores, vende a prazo e recebe em 30 a 90 dias. Para interpretar o giro das contas a receber de determinada empresa, bem como o prazo médio de recebimento, é necessário conhecer os termos da venda. Se os termos de venda da empresa são "30 dias corridos" e ela recebe suas contas a receber em 45 dias, então os recebimentos não correspondem aos termos estabelecidos. Tal resultado justifica uma revisão da atividade de crédito e recebimento para verificar a causa e conduzir a ações corretivas. Se a empresa oferece termos de "45 dias corridos" e os dias de vendas a receber são 45, isso indica que a empresa trata as contas a receber de acordo com os termos estabelecidos.

Muitas empresas vendem a prazo aos clientes como uma estratégia para estimular as vendas. Os clientes tendem a comprar mais se tiverem crédito. As empresas podem também incentivar os clientes a protelar o pagamento de suas compras como meio de gerar juros para a empresa vendedora por meio de taxas financeiras sobre valores em atraso. Por isso, comparar os giros de contas a receber ao longo do tempo e entre empresas requer uma análise da taxa de crescimento das vendas, o valor da receita de juros gerada, o custo de administrar a atividade de concessão de crédito e as perdas por contas incobráveis.

Giro do Estoque. O **giro do estoque** indica quão rápido as empresas vendem seus estoques, medido em termos da taxa de movimento de produtos que entram e saem da empresa. O giro do estoque é igual ao custo das mercadorias vendidas dividido pelo estoque médio do período:

$$\frac{\text{(Custo das Mercadorias Vendidas)}}{\text{(Estoque Médio)}}$$

O numerador é igual ao custo dos estoques vendidos durante o período[10]. O denominador é igual ao custo médio dos estoques disponíveis durante o período. O giro do estoque da Great Deal no exercício de 2012 é o seguinte:

$$\frac{\text{(Custo das Mercadorias Vendidas)}}{\text{(Estoque Médio)}} = \frac{(\$\ 37.534)}{(0,5 \times (\$\ 4.753 + \$\ 5.486))} = 11,0 \text{ vezes por ano}$$

Os itens permanecem no estoque em média por 33,2 dias (= 365 dias/11,0 vezes por ano) antes da venda. No exercício de 2011, o giro do estoque da Great Deal foi de 10,8 vezes ou 33,8 dias. O aumento do giro do estoque (e diminuição do prazo médio de estocagem) pode resultar dos seguintes fatores:

---

10. Alguns analistas calculam o giro do estoque usando a receita de vendas, e não o custo das mercadorias vendidas, como numerador. Desde que a relação entre o preço de venda e o custo das mercadorias vendidas permaneça relativamente constante, ambas as medidas identificarão as variações na tendência no giro do estoque. Contudo, o uso da receita de vendas no numerador conduz a medidas incorretas do giro do estoque no cálculo do prazo médio de estocagem (número médio de dias em que o estoque está disponível até a venda).

- Melhorias no sistema de controle de estoque, reduzindo os níveis de estoque, o custo de estocagem e a obsolescência. Essa explicação é consistente com a diminuição do percentual que o custo das mercadorias vendidas representa das vendas, anteriormente discutido.
- Um deslocamento do *mix* de vendas para DVDs, CDs ou outros produtos que giram mais rapidamente.

A gestão do giro de estoque envolve duas considerações opostas. De um lado, para dado valor da margem de lucro dos produtos, as empresas preferem vender o máximo possível de produtos com um mínimo de ativos mantidos em estoque. Um aumento no giro do estoque entre períodos indica uma redução dos custos de financiamento do estoque. Por outro lado, a administração não quer ter tão pouco estoque a ponto de haver falta de estoque e perda de vendas. Aumentos no giro do estoque causados por falta de estoque sinalizam perda de clientes, contrapondo-se, desse modo, à vantagem ganha pela diminuição de investimento em estoque. As empresas precisam equilibrar essas considerações opostas ao estabelecer níveis de estoque e, com isso, o giro do estoque.

Giro do ativo fixo. O **giro do ativo fixo** mede a relação entre as vendas e o investimento em ativos fixos – terreno, edifícios e equipamentos, ou seja, o imobilizado. É mais difícil entender a noção de "giro" do ativo fixo do que o giro dos estoques. Uma denominação mais apropriada do giro do ativo fixo poderia ser *índice de produtividade do ativo fixo* porque ele mede as vendas geradas por um determinado nível de investimento em ativos fixos.

$$\frac{\text{(Receita de Vendas)}}{\text{(Imobilizado Médio)}}$$

O giro do ativo fixo da Great Deal para o exercício de 2012 é:

$$\frac{\text{(Receita de Vendas)}}{\text{(Imobilizado Médio)}} = \frac{(\$\ 46.964)}{(0,5 \times (\$\ 4.174 + \$\ 4.070))} = 12,1 \text{ vezes por ano}$$

Assim, cada $ 1,00 investido em ativo imobilizado no exercício de 2012 gerou $ 12,10 em vendas. No exercício de 2011, cada $ 1,00 investido em ativos fixos gerou $ 12,00 em vendas. Ou seja, o giro do imobilizado cresceu entre 2011 e 2012. O analista deveria interpretar com cautela as variações no giro do ativo fixo. As empresas frequentemente investem em ativos fixos (por exemplo, novas instalações de produção) bem antes de esses ativos gerarem vendas de produtos manufaturados em suas fábricas ou vendidos em suas lojas. Por isso, um índice baixo ou declinante de giro do ativo fixo pode indicar uma empresa em expansão, preparando-se para um futuro crescimento. Por outro lado, uma empresa experimentando um declínio nas vendas poderia cortar seus investimentos em ativo imobilizado, incrementando assim o giro do ativo fixo.

Alguns analistas julgam o inverso do giro do ativo fixo útil para comparar as características operacionais de empresas diferentes. O índice inverso mede o investimento em ativos fixos requerido para gerar vendas. Para a Great Deal, esse índice inverso em 2012 é $ 0,08 (= $ 1,0/12,1 vezes). Esse cálculo implica que a Great Deal precisou de $ 0,08 em ativos fixos para gerar $ 1,00 de vendas em 2012.

Resumo dos Índices de Giro do Ativo. A **Figura 7.6** apresenta os quatro índices discutidos da Great Deal para os anos de 2011 e 2012. Já notamos antes que o giro do ativo da Great Deal declinou entre esses anos. O giro das contas a receber diminuiu de 55,9 para 38,3 entre 2011 e 2012. As contas a receber representavam 11% (= $ 2.020/$ 18.302) do ativo total da Great Deal no exercício de 2012. O índice declinante de giro de contas a receber, considerado isoladamente, diminuiria o giro do ativo total. Por outro lado, o estoque e os ativos fixos juntos compreendem aproximadamente 52% do ativo total (= [$ 5.486 + $ 4.070]/$ 18.302) e esses dois índices aumentaram em pequenos valores. Essas pequenas variações no giro do estoque e no giro do ativo fixo, combinadas com o valor alto desses ativos, não compensam os efeitos do declínio do giro das contas a receber. Os efeitos contrabalanceados das variações desses três índices de giro do ativo conduziram ao declínio do índice de giro do ativo total entre 2011 e 2012.

Resumo da análise de decomposição DuPont

A análise de decomposição DuPont ajuda o analista a entender as bases do desempenho da empresa, medido pelo retorno sobre o patrimônio líquido. A análise DuPont mostra o seguinte:

- O ROE resulta da interação de seus componentes: ROA e alavancagem financeira. A alavancagem financeira captura a escolha sobre a parte do ativo financiada por dívida *versus* patrimônio líquido.

Figura 7.6
Great Deal, Inc.
Índices de Giro do Ativo

	2012	2011
Giro do Ativo Total	2,9	3,1
Giro de Contas a Receber	38,3	55,9
Giro do Estoque	11,0	10,8
Giro do Ativo Fixo	12,1	12,0

- O ROA resulta da interação de seus componentes: a margem de lucro e o giro do ativo. A margem de lucro resulta da relação entre despesas e receitas. O giro do ativo reflete os efeitos dos índices de giro de contas a receber, estoque e ativos fixos.

PROBLEMA 7.2 PARA APRENDIZAGEM

Analisando o retorno sobre o ativo. Consulte as informações da Markum Corporation apresentadas no **Problema 7.1**. Identifique as prováveis razões do aumento do índice de retorno sobre o ativo de 2013. Use, para sua interpretação, os percentuais da demonstração do resultado padronizada e índices individuais de giro do ativo.

Resumo da análise de rentabilidade

Este capítulo apresenta duas amplas medidas de avaliação da rentabilidade: ROE e ROA. O **Quadro 7.4** resume a discussão. No Nível 1, o ROA e o ROE mensuram a rentabilidade geral e o efeito da alavancagem financeira. No Nível 2, desagregamos o ROA nos seus componentes margem de lucro e giro do ativo. No Nível 3, prosseguimos desagregando a margem de lucro e o giro do ativo para obter novas informações sobre as razões das variações da rentabilidade.

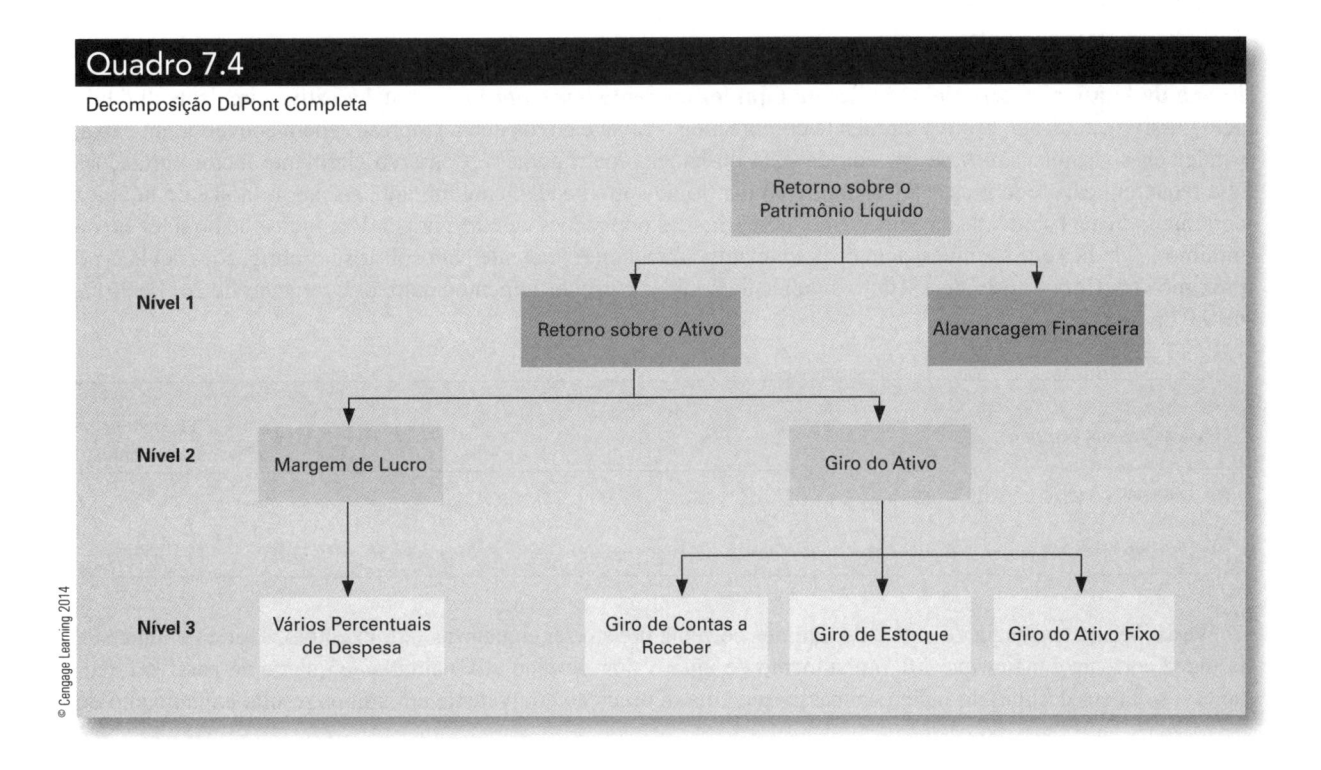

Quadro 7.4
Decomposição DuPont Completa

Nível 1: Retorno sobre o Patrimônio Líquido → Retorno sobre o Ativo; Alavancagem Financeira

Nível 2: Retorno sobre o Ativo → Margem de Lucro; Giro do Ativo

Nível 3: Margem de Lucro → Vários Percentuais de Despesa; Giro do Ativo → Giro de Contas a Receber, Giro de Estoque, Giro do Ativo Fixo

ANÁLISE DE RISCO

Os investidores, ao decidir entre investimentos potenciais, precisam considerar os riscos comparativos desses investimentos. Vários fatores afetam o risco de uma empresa:

1. Fatores macroeconômicos, como inflação, taxa de juros e taxas de desemprego.
2. Fatores setoriais, como competição, mudanças tecnológicas e mudanças regulatórias.
3. Fatores específicos da empresa, como greves trabalhistas, perdas de instalações por incêndio e outras casualidades, ou competências e talentos importantes da equipe de gestão.

Uma avaliação importante de risco diz respeito à **liquidez**, a capacidade da empresa de pagar suas contas com pontualidade. Avaliar a liquidez requer um horizonte de tempo. Considere as três seguintes questões:

1. A empresa tem caixa para pagar seus empregados amanhã?
2. A empresa terá caixa suficiente para pagar seus fornecedores em seis meses?
3. A empresa terá caixa suficiente para pagar um empréstimo que vence em cinco anos?

Para responder à primeira pergunta, examinaremos se o valor do caixa em mãos e no banco é suficiente para pagar os valores devidos aos empregados amanhã. Para a segunda questão, precisamos saber o valor do caixa que a empresa espera gerar nas operações nos próximos seis meses, bem como o valor de eventuais empréstimos que a empresa espera tomar. O caixa obtido de qualquer dessas três fontes pode ser usado para pagar fornecedores. Para a terceira pergunta, focamos na habilidade da empresa de gerar caixa em longo prazo e determinamos se o valor do caixa gerado é suficiente para quitar o empréstimo de longo prazo no vencimento. Enquanto as questões 1 e 2 capturam o risco de liquidez de curto prazo da empresa, a questão 3 captura o risco de longo prazo da empresa. Abordaremos a seguir os índices que capturam os riscos de liquidez de curto e de longo prazo.

Medidas de risco de liquidez de curto prazo

Este tópico discute quatro métricas de avaliação do **risco de liquidez de curto prazo**:

1. Índice de liquidez corrente (*current ratio*).
2. Índice de liquidez seca (*quick ratio*).
3. Índice do fluxo de caixa das operações sobre o passivo circulante.
4. Índice de giro do capital de giro.

Índice de Liquidez Corrente. O **índice de liquidez corrente** (*current ratio*) é igual ao ativo circulante dividido pelo passivo circulante. O ativo circulante compreende o caixa e ativos que a empresa espera converter em caixa, vender ou consumir dentro de um ano da data do balanço patrimonial. O passivo circulante inclui obrigações que requerem caixa (ou prestação de serviços) dentro de aproximadamente um ano. Assim, o índice de liquidez corrente indica a habilidade da empresa em cumprir suas obrigações de curto prazo. Um índice de liquidez de no mínimo 1,0 indica que a empresa tem disponível ativo circulante suficiente para cobrir suas obrigações devidas no próximo ano. Como mostrado a seguir, o índice de liquidez corrente aumentou entre os exercícios de 2011 e 2012, de 0,97 para 1,18.

Índice de liquidez corrente	=	(Ativo Circulante) / (Passivo Circulante)
2012: $10.566/$ 8.987		1,18
2011: $ 8.192/$ 8.435		0,97

Variações na tendência do índice de liquidez corrente podem ser enganosas. Por exemplo, quando o índice de liquidez corrente é maior que 1,0, um aumento de igual valor tanto no ativo circulante quanto no passivo circulante resulta em declínio do índice, ao passo que uma diminuição equivalente em ambos resulta em aumento do índice[11]. Uma aplicação dessa relação aritmética é que, durante uma recessão (quando há poucas oportunidades de crescimento), uma empresa pode usar o seu caixa para pagar seu passivo circulante, fazendo o índice de liquidez corrente crescer. Contrariamente, durante um período de *boom*, uma empresa pode conservar caixa (para financiar oportunidades de crescimento) postergando pagamentos de seu passivo circulante, fazendo o índice de liquidez corrente diminuir. Assim, um alto índice de liquidez pode acompanhar condições de deterioração do negócio, ao passo que um índice decrescente pode acompanhar operações lucrativas.

Além disso, a administração pode tomar medidas para apresentar um melhor índice de liquidez corrente na data do balanço patrimonial do que durante o resto do ano. Por exemplo, perto do fim do período contábil, uma empresa pode atrasar as compras de estoque a prazo, ou pode apressar o recebimento de um empréstimo a receber não circulante e usar os proventos para reduzir o passivo circulante. Tais ações irão aumentar o índice de liquidez corrente. Os analistas se referem a essas práticas como ações "de fachada" (*window dressing*).

Índice de Liquidez Seca. Uma variação do índice de liquidez corrente é o **índice de liquidez seca** (*quick ratio*). Esse índice inclui no numerador apenas aqueles ativos circulantes que uma empresa pode converter rapidamente em dinheiro, tipicamente o caixa, títulos negociáveis no mercado e contas a receber. Algumas empresas podem converter seus estoques mais rapidamente em caixa que outras podem converter suas contas a receber. Os fatos, em cada caso, indicarão se o analista deverá incluir contas a receber ou excluir o estoque. O denominador inclui todo o passivo circulante. Um índice de liquidez seca de aproximadamente a metade do índice de liquidez corrente é normal, embora isso varie conforme o setor.

Supondo que o índice de liquidez seca da Great Deal inclui contas a receber e exclui o estoque, os índices de liquidez seca dos exercícios de 2011 e 2012 são:

Índice de Liquidez Seca	=	(Caixa, Títulos Negociáveis no Mercado, Contas a Receber) / (Passivo Circulante)
2012: ($ 1.826 + $ 90 + $ 2.020)/$ 8.978		0,44
2011: ($ 498 + $ 11 + $ 1.868)/$ 8.435		0,28

O índice de liquidez seca da Great Deal, da mesma forma que o índice de liquidez corrente, cresceu entre 2011 e 2012 em decorrência de aumentos no caixa, em títulos negociáveis no mercado e em contas a receber. Em ambos os anos, o índice de liquidez seca da Great Deal esteve abaixo do *benchmark* de metade do índice de liquidez corrente. Isso, provavelmente, ocorre porque o maior ativo circulante da Great Deal, o estoque, não é afetado pelo índice de liquidez seca. Uma vez que é razoável acreditar que a Great Deal poderia, se quisesse, vender rapidamente a maior parte do (se não todo o) estoque, podemos calcular seus índices de liquidez seca incluindo o estoque.

Índice de Liquidez Seca Incluindo Estoque	=	(Caixa, Títulos Negociáveis no Mercado, Contas a Receber e Receber) / (Passivo Circulante)
2012: ($ 1.826 + $ 90 + $ 2.020 + $ 5.486)/$ 8.978		1,05
2011: ($ 498 + $ 11 + $ 1.868 + $ 4.753)/$ 8.435		0,85

Esses dados indicam que os índices de liquidez seca da Great Deal são muito maiores quando o estoque está incluído.

Índice Fluxo de Caixa das Operações sobre o Passivo Circulante. Alguns analistas criticam o índice de liquidez corrente e o índice de liquidez seca como medidas do risco de liquidez de curto prazo porque eles usam valores do balanço patrimonial em uma data específica. Se os valores da demonstração financeira naquela data são

---

11. A regra geral é que a adição de valores iguais tanto no numerador quanto no denominador de uma fração move essa fração para próximo de 1,0, ao passo que a subtração de igual valor do numerador e denominador de uma fração a faz se afastar de 1,0.

anormalmente maiores ou menores, os índices resultantes não refletirão as condições normais. Se a administração sabe que os analistas vão avaliar a empresa usando um desses índices em uma data particular, ela pode tomar medidas para manipulá-lo (*window dress*). Por exemplo, uma empresa pode usar o caixa para pagar um passivo circulante (reduzindo o numerador e o denominador) ou adquirir estoque a prazo (aumentando o numerador e o denominador).

O índice fluxo de caixa das operações sobre o passivo circulante supera essas deficiências. O numerador dessa relação é o fluxo de caixa das operações do período e o denominador é o passivo circulante médio do período. Empresas saudáveis e maduras costumam ter um índice de 40% ou mais. Os índices do fluxo de caixa das operações sobre o passivo circulante da Great Deal de 2011 e 2012 são os seguintes:

Índice do Fluxo de Caixa das Operações sobre o Passivo Circulante	= (Fluxo de Caixa das Operações) / (Passivo Circulante Médio)
2012: $ 2.206/[0,5 × ($ 8.435 + $ 8.978)]	25,3%
2011: $ 1.877/[0,5 × ($ 6.769 + $ 8.435)]	24,7%

Os índices do fluxo de caixa das operações sobre o passivo circulante da Great Deal estão abaixo do *benchmark* de 40%.

Índices de Giro do Capital de Giro. Os índices de giro do capital de giro ajudam a avaliar o **ciclo financeiro**[12] (**ciclo de caixa, ciclo do lucro**) da empresa, que captura a extensão de tempo desde o dispêndio de caixa para comprar ou produzir produtos para a venda até a venda dos produtos, recebimentos dos clientes e pagamentos dos fornecedores. Assim, o ciclo financeiro (ou ciclo de caixa) pode ser considerado o período de que a empresa necessita para financiar seus gastos operacionais, o que corresponde aos gastos líquidos associados aos ciclos de sua produção, vendas, recebimentos e pagamentos. Durante o ciclo operacional, uma empresa de varejo como a Great Deal tem diversas transações:

1. Adquire estoque a prazo de fornecedores.
2. Vende estoque à vista ou a prazo a clientes.
3. Recebe valores devidos de clientes.
4. Paga valores devidos aos fornecedores.

Esse ciclo se repete na maioria das empresas. O prazo médio de estocagem (isto é, 365 dias/giro do estoque) indica a extensão do período entre a compra e a venda do estoque durante cada ciclo operacional. O prazo médio de recebimento – PMR (isto é, 365 dias/giro de contas a receber) indica a extensão do período entre a venda do estoque e o recebimento do caixa dos clientes em cada ciclo operacional.

As empresas precisam financiar seus investimentos em estoques e contas a receber. Em geral, os fornecedores proporcionam uma parte do financiamento necessário. O número de dias em que as contas a pagar permanecem pendentes (isto é, 365 dias/giro de contas a pagar) indica a extensão do período entre a compra de estoque a prazo e o pagamento de caixa aos fornecedores em cada ciclo operacional. O **giro de contas a pagar** é igual às compras a prazo divididas pela média das contas a pagar. Embora as empresas não evidenciem suas compras, o analista pode deduzir o valor em uma empresa comercial, como segue:

Estoque Inicial + Compras = Custo das Mercadorias Vendidas + Estoque Final

---

12. Neste livro, os autores utilizam o termo "ciclo operacional" como sinônimo de ciclo de caixa (ou ciclo financeiro). No entanto, vários autores utilizam uma terminologia mais precisa, distinguindo dois tipos de ciclo do negócio: o ciclo operacional e o ciclo financeiro ou de caixa. O ciclo operacional é entendido como o tempo necessário para realizar todo o ciclo normal do negócio, da compra da matéria-prima até o recebimento dos clientes. Já ciclo de caixa ou ciclo financeiro é o período médio de escassez de caixa, abrangendo o período entre o pagamento aos fornecedores e o recebimento dos clientes. Embora, *ceteris paribus*, quanto maior o ciclo operacional maior a necessidade de capital de giro (ou ciclo de caixa), parte da necessidade de capital de giro decorrente de um ciclo operacional longo pode ser suprida obtendo-se prazo de fornecedores dos produtos. Ou seja, o ciclo operacional é igual ao prazo médio de estocagem mais o prazo médio de recebimento de clientes, e o ciclo financeiro ou de caixa é igual ao ciclo operacional menos o prazo médio de pagamento a fornecedores. Como no Brasil vários livros fazem a distinção entre ciclo operacional e ciclo de caixa e este livro usa o termo *operating cycle* como sinônimo de *cash cycle*, optamos por usar neste capítulo "ciclo financeiro" ou "ciclo de caixa" e não ciclo operacional, visando evitar maiores confusões de conceito. (N.T.)

Rearranjando esses termos, obtém-se:

Compras = Custo das Mercadorias Vendidas + Estoque Final − Estoque Inicial

As compras da Great Deal aparecem abaixo para 2011 e 2012:

	Compras	=	Custo das Mercadorias Vendidas	+	Estoque Final	−	Estoque Inicial
2012	$ 38.267	=	$ 37.534	+	$ 5.486	−	$ 5.486
2011	$ 34.062	=	$ 34.017	+	$ 4.753	−	$ 4.708

Os índices de giro de contas a pagar da Great Deal para 2011 e 2012 foram:

Giro de Contas a Pagar	= Compras / (Média de Contas a Pagar)
2012: $ 38.267/[0,5 × ($ 4.997 + $ 5.276)]	11,2
2011: $ 34.062/[0,5 × $ 4.297 + $ 4.997)]	11,0

O número médio de dias em que as contas a pagar da Great Deal permaneceram em aberto (prazo médio de pagamento) em 2011 foi de 33,2 (= 365/11,0) e, em 2012, foi de 32,7 (= 365/11,2). A interpretação do giro de contas a pagar envolve considerações opostas. Um aumento no giro de contas a pagar (uma diminuição nos dias até o pagamento) indica que uma empresa paga as suas obrigações aos fornecedores mais rapidamente, o que requer caixa e até desperdiça benefícios de caixa quando a empresa paga antes do necessário. Por outro lado, um giro mais rápido de contas a pagar também significa um valor menor de contas a pagar que a empresa precisa pagar no futuro. A maioria das empresas deseja estender suas contas a pagar ao máximo que podem, mas também quer manter suas relações com os fornecedores. As empresas, portanto, negociam condições favoráveis de pagamento e, então, deixam para pagar até pouco antes do último momento acordado.

O período de tempo (em dias) durante o qual uma empresa converte caixa em produtos e serviços, vende esses produtos e serviços aos clientes e recebe destes constitui o ciclo financeiro (ou ciclo de caixa) da empresa. Calculamos o ciclo financeiro da Great Deal da seguinte forma:

Ano	Prazo Médio de Estocagem (PME)	+	Prazo Médio de Recebimento (PMR)	−	Prazo Médio de Pagamento (PMP)	=	Ciclo Financeiro (ou ciclo de caixa)
2012	33,2	+	9,5	−	32,7	=	10,0
2011	33,8	+	6,5	−	33,2	=	7,2

A Great Deal reduziu seu prazo médio de estocagem, aumentou seu prazo médio de recebimento de clientes e reduziu seu prazo médio de pagamento a fornecedores entre 2011 e 2012. O efeito líquido dessas mudanças foi o crescimento do ciclo financeiro da Great Deal em 2,8 dias (de 7,2 dias para 10 dias) entre 2011 e 2012. Uma inspeção nos componentes do ciclo financeiro revela que esse crescimento deveu-se, em primeiro lugar, ao crescimento do prazo médio de recebimento de 6,5 dias para 9,5 dias. O ciclo financeiro de 10 dias em 2012 significa que as saídas de caixa operacional da Great Deal ocorrem aproximadamente dez dias antes, em média, do que suas entradas de caixa. Assim, se quiser financiar esse *gap*, a empresa precisa fazer um empréstimo por aproximadamente dez dias.

Resumo da Análise do Risco de Liquidez de Curto Prazo. Os índices de liquidez corrente e de liquidez seca medem a liquidez em determinada data. Os índices de liquidez corrente da Great Deal estão próximos do valor de *benchmark* de 1,0, enquanto seus índices de liquidez seca e de fluxo de caixa operacional sobre passivo circulante estão abaixo dos valores de *benchmark*. A Great Deal tem sido mais lenta em coletar suas contas a receber, com o prazo médio de recebimento aumentando de 6,5 dias em 2011 para 9,5 dias em 2012. A Great Deal acelerou as vendas de estoque, reduzindo seu prazo médio de estocagem de 33,8 dias em 2011 para 33,2 dias em 2012. Por fim, a Great Deal financiou uma proporção decrescente de suas compras por postergação de pagamentos a fornecedores, como se evidencia pelo declínio do seu prazo médio de pagamento de 33,2 dias em 2011 para 32,7 dias em 2012. Considerado no seu todo, o risco de liquidez de curto prazo da Great Deal parece baixo.

> **● PROBLEMA 7.3 PARA APRENDIZAGEM**
>
> **Analisando o risco de liquidez de curto prazo.** Consulte as informações da Markum Corporation nas **Figuras 7.2 e 7.3**.
> a. Calcule o índice de liquidez corrente e o índice de liquidez seca da Makum em 2013.
> b. Calcule os índices de giro do capital de giro da Markum (giro de contas a receber, giro de estoque e giro de contas a pagar) em 2013.
> c. Qual foi o ciclo financeiro (em dias) da Markum em 2013?
> d. Qual a sua avaliação do risco de liquidez de curto prazo da Markum Corporation no fim de 2013?

Métricas de risco de liquidez de longo prazo

Os analistas usam métricas do **risco de liquidez de longo prazo** (também chamado de *risco de solvência*) para avaliar a capacidade de uma empresa em cumprir pagamentos de juros e principal da dívida de longo prazo e obrigações similares no vencimento. Se uma empresa não pode fazer o pagamento pontualmente, ela se torna insolvente e pode precisar se reorganizar ou liquidar.

A habilidade da empresa de gerar lucro por vários anos fornece a melhor proteção contra o risco de liquidez de longo prazo. Se uma empresa é lucrativa, ela gerará caixa suficiente nas operações ou obterá o financiamento necessário dos credores e proprietários. Portanto, as métricas de lucratividade anteriormente discutidas se aplicam também à avaliação do risco de liquidez de longo prazo. Além disso, os analistas medem o risco de liquidez de longo prazo mediante índices de endividamento, a razão fluxo de caixa das operações sobre o passivo total e o índice de cobertura de juros.

Índices de Endividamento. Diversas variações de índices de endividamento medem o risco de liquidez de longo prazo. Por causa dessas variações, o analista deve ter cautela ao comparar os índices de endividamento entre as empresas. Em particular, ele deve entender qual dos índices está sendo calculado e comparado.

Usamos três índices de endividamento para medir o risco de liquidez de longo prazo:

1. Endividamento Geral = Passivo Total/Ativo Total
2. Índice de Endividamento de Longo Prazo = Dívida de Longo Prazo/Ativo
3. Índice de Endividamento sobre o Patrimônio Líquido = Dívida de Longo Prazo/Patrimônio Líquido

O endividamento geral (passivo/ativo) mede a parte do ativo financiada pelo passivo. O índice de endividamento de longo prazo mede a parte do ativo financiada por dívida de longo prazo. O índice de endividamento sobre o patrimônio líquido mede o financiamento obtido por dívida de longo prazo em relação ao patrimônio líquido. Em geral, índices de endividamento maiores significam maior risco de liquidez de longo prazo, ou seja, maior probabilidade de que a empresa possa ser incapaz de cumprir os pagamentos de juros e do principal no futuro. As empresas precisam decidir quanto de alavancagem financeira, com seu risco conexo, elas podem suportar.

A **Figura 7.7** mostra esses índices de endividamento da Great Deal nos exercícios fiscais de 2011 e 2012. Dado que esses três índices de endividamento (e suas versões) são altamente correlacionados, os analistas geralmente se apoiam em um ou dois desses índices para avaliar o risco de liquidez de longo prazo.

Os índices de endividamento da Great Deal mostram padrões semelhantes entre 2011 e 2012. Todos indicam que o risco de liquidez de longo prazo da empresa diminuiu.

Ao avaliar índices de endividamento, os analistas costumam variar o *benchmark* em relação à estabilidade dos lucros e dos fluxos de caixa das operações da empresa. Quanto mais estáveis os lucros e fluxos de caixa, tanto maior o índice de endividamento aceitável ou considerado seguro. As concessionárias de serviços de utilidade

Figura 7.7

Great Deal, Inc.
Índices de Endividamento

Índice de Endividamento Geral

2012: $ 11.338/$ 18.302...	61,9
2011: $ 10.670/$ 15.826...	67,4

Índice de Endividamento de Longo Prazo

2012: $ 1.104/$ 18.302...	6,0
2011: $ 1.126/$ 15.826...	7,1

Índice de Endividamento sobre o Patrimônio Líquido

2012: $ 1.104/$ 6.964...	15,9
2011: $ 1.126/$ 5.156...	21,8

pública[13], por exemplo, têm altos índices de passivo sobre ativo, frequentemente da ordem de 60% a 70%. A estabilidade dos lucros e dos fluxos de caixa das concessionárias de serviços de utilidade pública torna esses altos índices aceitáveis para muitos investidores. Esses mesmos investidores poderiam julgar esse alto grau de alavancagem inaceitável para empresas com lucros e fluxos de caixa menos estáveis.

Razão Fluxo de Caixa das Operações sobre o Passivo Total. Os índices de endividamento não consideram a disponibilidade de caixa para o serviço da dívida (isto é, para pagar juros e principal no vencimento). A **razão fluxo de caixa das operações sobre o passivo total** supera essa deficiência. Este índice de fluxo de caixa se assemelha ao que avalia o risco de liquidez de curto prazo, mas aqui o denominador inclui todo o passivo (tanto circulante como não circulante). Uma empresa madura e financeiramente saudável costuma ter um índice do fluxo de caixa das operações sobre o passivo total de 20% ou mais.

Os índices do fluxo de caixa das operações sobre o passivo total da Great Deal de 2011 e 2012 são os seguintes:

Razão Fluxo de Caixa das Operações sobre o Passivo Total	= (Fluxo de Caixa das Operações) / (Passivo Total Médio)
2012: $ 2.206/[0,5 × ($ 10.670 + $ 11.338)]...	20,0%
2011: $ 1.438/[0,5 × ($ 8.234 + $ 10.670)]...	15,2%

A razão fluxo de caixa das operações sobre o passivo total da Great Deal estava abaixo do *benchmark* de 20% em 2011 e o alcançou em 2012.

Índice de Cobertura de Juros. Outra medida de risco de liquidez de longo prazo é o número de vezes que o lucro cobre (paga) as despesas de juros. O índice de cobertura dos juros é igual ao lucro antes da despesa de juros e imposto de renda dividido pela despesa de juros[14]. Este índice indica a proteção relativa que a lucratividade operacional proporciona aos credores da dívida. Os analistas consideram, em geral, um índice de cobertura de juros menor que 3,0 arriscado, embora prefiram um índice que é estável ao longo do tempo a outro que é algo maior na média mas flutua. Um *benchmark* de 3,0 significa que a empresa tem três vezes mais lucro antes da despesa de juros e dos tributos sobre o lucro do que ela precisa para pagar suas despesas de juros.

Os índices de cobertura de juros da Great Deal em 2011 e 2012 são os seguintes:

---

13. Serviços de utilidade pública *(utilities)* são os serviços de interesse público fornecidos à população ou diretamente pelo governo ou via concessões a empresas privadas, abrangendo o fornecimento de energia, água, telefonia, e óleo e gás. (NT)
14. Se os contratos de dívida requerem pagamentos periódicos do principal, o denominador do índice de cobertura de juros pode incluí-los.

Índice de Cobertura de Juros	$= \dfrac{\text{(Lucro Líquido antes dos Juros e dos Tributos sobre o Lucro)}}{\text{(Despesa de Juros)}}$
2012: ($ 2.195 + $ 94)/$ 94	24,4 vezes
2011: ($ 1.700 + $ 94)/$ 94	19,1 vezes

Os índices de cobertura de juros da Great Deal cresceram de 19,1 vezes em 2011 para 24,4 vezes em 2012. Como esses índices de cobertura de juros excedem facilmente o *benchmark* de 3,0, inferimos que a empresa tem lucratividade para cobrir suas despesas de juros.

Pode-se criticar o índice de cobertura de juros como uma medida de liquidez de longo prazo porque ele usa o lucro e não os fluxos de caixa no numerador. As empresas pagam juros e outras obrigações com caixa e não com lucro. Se o índice é relativamente baixo, o analista deve usar alguma medida de fluxos de caixa, como o fluxo de caixa das operações, no numerador.

Resumo da Análise do Risco de Liquidez de Longo Prazo. A análise da liquidez de longo prazo foca no valor da dívida (em particular da dívida de longo prazo) na estrutura de financiamento da empresa e na adequação do lucro e fluxos de caixa com o serviço dessa dívida. A Great Deal tem uma pequena fração do ativo financiada por dívida de longo prazo e seus índices de cobertura de juros são robustos. Ambos sugerem que o risco de liquidez de longo prazo da Great Deal é baixo.

PROBLEMA 7.4 — PARA APRENDIZAGEM

Analisando o risco de liquidez de longo prazo. Consulte as informações da Markum Corporation nas **Figuras 7.2** e **7.3**.

a. Calcule os três índices de endividamento da Markum em 2012 e 2013: índice de endividamento geral, índice de endividamento de longo prazo e índice de endividamento sobre o patrimônio líquido.

b. Calcule o índice de cobertura de juros de 2012 e 2013.

c. O risco de liquidez de longo prazo da Markum melhorou ou piorou entre 2012 e 2013? Qual a sua avaliação do risco de liquidez de longo prazo da Markum Corporation no fim do exercício de 2013?

LIMITAÇÕES DA ANÁLISE DE ÍNDICES

A análise de índices, como instrumento para o entendimento da saúde financeira da empresa, tem limitações:

1. Como os índices utilizam dados das demonstrações financeiras como entrada, os fatores que causam deficiências nas demonstrações financeiras afetarão os índices a partir delas calculados.

2. As variações em muitos índices são mutuamente correlacionadas e, assim, não proporcionam uma consideração independente. Por exemplo, o índice de liquidez corrente e o índice de liquidez seca muitas vezes variam proporcionalmente e na mesma direção. Em geral, os analistas calculam um subconjunto de índices para avaliar uma dimensão particular de lucratividade e de risco.

3. Ao comparar índices entre períodos de uma mesma empresa, o analista precisa reconhecer variações nas condições econômicas, por exemplo, mudanças na linha de produtos ou nos mercados geográficos atendidos, mudanças nos preços e aquisições de empresas.

4. Ao comparar índices de determinada empresa com índices de outras empresas, o analista precisa reconhecer diferenças entre essas empresas, por exemplo, diferentes métodos de contabilidade, de operações e tipos de financiamentos.

5. Índices financeiros não indicam, isoladamente, uma gestão boa ou ruim; eles indicam áreas que o analista deve investigar mais a fundo. Por exemplo, uma diminuição no giro do estoque (em geral considerada uma tendência indesejável) pode refletir a acumulação de mercadoria para manter as lojas de varejo totalmente abastecidas durante um período previsto de aumento da demanda. O analista precisa combinar os índices com uma investigação de outros fatos antes de chegar a conclusões.

DEMONSTRAÇÕES FINANCEIRAS PADRONIZADAS

Demonstrações financeiras padronizadas, que mostram cada item da demonstração como uma porcentagem de um mesmo valor, são úteis para avaliar uma empresa particular ao longo do tempo ou para comparar empresas de diversos tamanhos. Como observado no início deste capítulo, **balanços patrimoniais padronizados** expressam cada item como uma porcentagem do ativo total. **Demonstrações do resultado padronizadas** expressam cada item como uma porcentagem da receita. Abordamos anteriormente as demonstrações do resultado padronizadas da Great Deal, apresentadas na **Figura 7.5**. A **Figura 7.8** mostra os balanços patrimoniais padronizados da Great Deal nos exercícios de 2010 a 2012.

A **Figura 7.8** revela que as contas a receber da Great Deal, como porcentagem do ativo total, são de 11% em 2012. Será 11% alto ou baixo em relação a outras empresas cujos modelos de negócio são similares aos da Great Deal? Será o imobilizado padronizado da Great Deal de 22,2% em 2012 alto ou baixo? A comparação dos itens do balanço padronizado da Great Deal com os de outras empresas do mesmo setor pode proporcionar o entendimento sobre se a Great Deal tem desempenho melhor, igual ou pior que seus concorrentes.

A comparação entre empresas mediante balanços patrimoniais padronizados presume que o tamanho e a escala de um negócio não afetam a relação entre dado item do balanço patrimonial e o ativo total. Da mesma forma, a comparação entre empresas mediante demonstrações do resultado padronizadas supõe que o tamanho e a escala de um negócio não afetam a relação entre dado item da demonstração do resultado e a receita total. Essas suposições podem, entretanto, não se sustentar. Empresas grandes frequentemente conseguem economias de escala que afetam a proporcionalidade dos componentes do negócio, reduzindo assim a comparabilidade entre seus índices padronizados e os de concorrentes de menor escala. Por exemplo, um grande comprador de bens e serviços (como a Great Deal) tem maior poder de negociação sobre seus fornecedores em relação ao poder de negociação de um pequeno comprador (tal como uma pequena loja local de aparelhos eletrônicos). Maior poder de negociação significa:

- **Menor preço por unidade.** Permanecendo a quantidade constante, preços menores por unidade implicam um valor menor por unidade do estoque, o que afeta tanto o giro do estoque como a porcentagem do custo das mercadorias vendidas.
- **Compras mais frequentes, de quantidades proporcionalmente menores.** Compras mais frequentes de quantidades menores reduzem a quantidade do estoque mantido pela Great Deal, o que aumenta o giro do estoque.
- **Melhores condições de pagamento.** Melhores condições de pagamento aumentam o tempo de retenção do caixa pela Great Deal, o que melhora o índice do giro de contas a pagar.

Uma comparação entre as demonstrações financeiras padronizadas da Great Deal com as de um concorrente menor, a Consumer Electronics Limited (CEL), sugere que a Great Deal tem poder de negociação. A **Figura 7.9** mostra os balanços patrimoniais da CEL nos exercícios de 2010 a 2012 e a **Figura 7.10** mostra suas demonstrações do resultado nos mesmos períodos. A demonstração financeira da CEL é apresentada em milhares de dólares, enquanto a Great Deal divulga seus resultados em milhões de dólares. A CEL é, portanto, substancialmente menor que a Great Deal. Para discernir a influência do poder de negociação, notamos que a Great Deal tem porcentagens padronizadas menores para estoque e porcentagens padronizadas de contas a pagar maiores que a CEL. Em geral, os analistas não comparariam os balanços patrimoniais padronizados de duas empresas cujo tamanho difere significativamente. Por exemplo, um usuário informado não compararia o balanço patrimonial padronizado da Great Deal com o balanço padronizado de uma loja local de eletrônicos.

Analisando o desempenho da empresa usando índices financeiros

Como já discutido neste capítulo, duas abordagens comuns para avaliar se uma empresa teve desempenho bom ou ruim durante dado período contábil envolvem a comparação dessa empresa com:

1. Seu próprio desempenho em um período anterior.
2. O desempenho de outras empresas no mesmo período em que o desempenho da empresa é mensurado.

A primeira abordagem é chamada de **análise de séries temporais** e envolve a comparação ao longo do tempo entre os índices financeiros da empresa. A segunda abordagem, chamada de **análise transversal** (*cross-section*), envolve a comparação dos índices financeiros da empresa analisada com os índices financei-

Figura 7.8

Great Deal, Inc.
Balanços Patrimoniais Padronizados
Referentes aos exercícios 2012, 2011 e 2010
(valores em milhões de dólares, US$)

	2012		2011		2010	
Ativo						
Ativo Circulante						
Caixa e equivalentes de caixa	1.826	10,0%	498	3,1%	1.438	11,3%
Investimentos de curto prazo	90	0,5%	11	0,1%	64	0,5%
Contas a receber	2.020	11,0%	1.868	11,8%	549	4,3%
Estoques de mercadorias	5.486	30,0%	4.753	30,0%	4.708	36,9%
Outros ativos circulantes	1.144	6,3%	1.062	6,7%	583	4,6%
Total do ativo circulante	10.566	57,7%	8.192	51,8%	7.342	57,5%
Imobilizado				0,0%		0,0%
Terrenos e prédios	757	4,1%	755	4,8%	732	5,7%
Benfeitorias em imóveis arrendados	2.154	11,8%	2.013	12,7%	1.752	13,7%
Instalações e equipamentos	4.447	24,3%	4.060	25,7%	3.057	24,0%
Imobilizado sob *leasing* financeiro	95	0,5%	112	0,7%	67	0,5%
	7.453	40,7%	6.940	43,9%	5.608	44,0%
	3.383	18,5%	2.766	17,5%	2.302	18,0%
Menos: depreciação acumulada	4.070	22,2%	4.174	26,4%	3.306	25,9%
Imobilizado líquido	2.452	13,4%	2.203	13,9%	1.088	8,5%
Goodwill	159	0,9%	173	1,1%	97	0,8%
Marcas	279	1,5%	322	2,0%	5	0,0%
Carteira de clientes	324	1,8%	395	2,5%	605	4,7%
Investimentos em outras companhias e outros	452	2,5%	367	2,3%	315	2,5%
Outros ativos	18.302	100,0%	15.826	100,0%	12.758	100,0%
Total do ativo						
Passivo e Patrimônio Líquido						
Passivo Circulante						
Fornecedores	5.276	28,8%	4.997	31,6%	4.297	33,7%
Obrigações de vales-presentes não resgatados	463	2,5%	479	3,0%	531	4,2%
Salários e encargos a pagar	544	3,0%	459	2,9%	373	2,9%
Outras contas a pagar	1.681	9,2%	1.382	8,7%	975	7,6%
Imposto de renda a pagar	316	1,7%	281	1,8%	404	3,2%
Empréstimos e financiamentos de curto prazo	663	3,6%	783	4,9%	156	1,2%
Parcela de curto prazo de financiamentos de longo prazo	35	0,2%	54	0,3%	33	0,3%
Total do passivo circulante	8.978	49,1%	8.435	53,3%	6.769	53,1%
Obrigações de longo prazo	1.256	6,9%	1.109	7,0%	838	6,6%
Empréstimos e financiamentos de longo prazo	1.104	6,0%	1.126	7,1%	627	4,9%
Outras obrigações e provisões						
Patrimônio Líquido						
Ações preferenciais	0	0,0%	0	0,0%	0	0,0%
Ações ordinárias	42	0,2%	41	0,3%	41	0,3%
Ágio na emissão de ações	441	2,4%	205	1,3%	8	0,1%
Lucros acumulados	5.797	31,7%	4.714	29,8%	3.933	30,8%
Outros resultados abrangentes acumulados	40	0,2%	(317)	–2,0%	502	3,9%
Total do patrimônio líquido da Great Deal	6.320	34,5%	4.643	29,3%	4.484	35,1%
Participação de acionistas não controladores	644	3,5%	513	3,2%	40	0,3%
Total do patrimônio líquido	6.964	38,1%	5.156	32,6%	4.524	35,5%
Total do passivo e do patrimônio líquido	18.302	100,0%	15.826	100,0%	12.758	100,0%

Figura 7.9

Consumer Electronics Limited
Balanços Patrimoniais Padronizados
Referentes aos exercícios 2012, 2011 e 2010
(valores em milhares de dólares, US$)

	2012		2011		2010	
Ativo						
Caixa e equivalentes de caixa	612	5,0%	451	4,2%	406	4,8%
Contas a receber	1.512	12,5%	1.417	13,1%	1.350	16,0%
Estoques de mercadorias	3.567	29,4%	3.984	36,9%	2.910	34,4%
Outros ativos circulantes	301	2,5%	721	6,7%	456	5,4%
Total do ativo circulante	5.992	49,3%	6.573	60,9%	5.122	60,6%
Terreno	697	5,7%	546	5,1%	401	4,7%
Edifícios e equipamentos, líquidos da depreciação	5.454	44,9%	3.678	34,1%	2.929	34,7%
Total do imobilizado	6.151	50,7%	4.224	39,1%	3.330	39,4%
Total do ativo	12.143	100,0%	10.797	100,0%	8.452	100,0%
Passivo e Patrimônio Líquido						
Fornecedores	1.040	8,6%	1.066	9,9%	906	10,7%
Títulos a pagar	2.015	16,6%	1.814	16,8%	1.524	18,0%
Outros passivos circulantes	584	4,8%	816	7,6%	410	4,9%
Total do passivo circulante	3.639	30,0%	3.696	34,2%	2.840	33,6%
Dívida de longo prazo	1.741	14,3%	1.724	16,0%	1.243	14,7%
Patrimônio Líquido:						
Ações ordinárias	25	0,2%	25	0,2%	20	0,2%
Ágio na emissão de ações	1.653	13,6%	1.750	16,2%	1.649	19,5%
Lucros acumulados	5.085	41,9%	3.602	33,4%	2.700	31,9%
Total do patrimônio líquido	6.763	55,7%	5.377	49,8%	4.369	51,7%
Total do passivo e do patrimônio líquido	12.143	100,0%	10.797	100,0%	8.452	100,0%

Figura 7.10

Consumer Electronics Limited
Demonstrações do Resultado Padronizadas
Referentes aos exercícios 2012, 2011 e 2010
(valores em milhares de dólares, US$)

	2012		2011		2010	
Receita	25.675	100,0%	23.542	100,0%	19.120	100,0%
Custo das mercadorias vendidas	17.765	69,2%	16.713	71,0%	13.711	71,7%
Lucro bruto	7.910	30,8%	6.829	29,0%	5.409	28,3%
Despesas de vendas, gerais e administrativas	5.681	22,1%	5.412	23,0%	4.162	21,8%
Despesas de reestruturação	0	0,0%	13	0,1%	4	0,0%
Lucro operacional	2.229	8,7%	1.404	6,0%	1.243	6,5%
Lucro de investimentos	12	0,0%	16	0,1%	8	0,0%
Despesa de juros	(123)	–0,5%	(131)	–0,6%	(27)	–0,1%
Lucro antes de tributos sobre o lucro	2.118	8,2%	1.289	5,5%	1.224	6,4%
Despesas de tributos sobre o lucro	635	2,5%	387	1,6%	367	1,9%
Lucro líquido	1.483	5,8%	902	3,8%	857	4,5%

ros de uma ou mais empresas no mesmo período. As empresas selecionadas para a comparação em uma análise *cross-section* compartilham elementos de negócios comuns com a empresa sob análise; esses elementos podem ser o setor, o tamanho, a estratégia de negócio e o grau de diversificação geográfica ou de produto. Exemplificamos a seguir tanto uma análise de séries temporais quanto uma análise *cross-section* de índices financeiros da Great Deal.

Exemplo de uma Análise de Séries Temporais de Índices Financeiros. A **Figura 7.5** mostra que a porcentagem do lucro bruto (= lucro bruto dividido pela receita de vendas) aumentou ao longo do tempo de 23,9% em 2010 para 24,4% em 2011 e 24,5% em 2012. A porcentagem crescente do lucro bruto resulta da porcentagem decrescente do custo das mercadorias vendidas (de 76,1% em 2010 para 75,6% em 2011 e 75,5% em 2012).

A receita de vendas aumentou a cada ano, de 2010 a 2012. O aumento anual das vendas, combinado com o custo decrescente das mercadorias vendidas como percentual das vendas, sugere que a Great Deal apresentou alguma combinação entre vantagens de preço, vantagens de compra ou mudanças no *mix* de vendas para produtos de margem mais alta. Isso significa que o custo das mercadorias vendidas não cresceu na mesma proporção que a receita de vendas; na verdade, ele cresceu a uma taxa menor que a do aumento de vendas. Independentemente das causas subjacentes, os aumentos nas vendas, juntamente com os aumentos em menor proporção do custo das mercadorias vendidas, explicam a diminuição da porcentagem dessa despesa.

A Great Deal teve uma diminuição na sua porcentagem do lucro operacional (= lucro operacional dividido pela receita de vendas) de 5,4% para 4,2% entre 2010 e 2011, e um aumento, entre 2011 e 2012, de 4,2% para 4,5%. A diminuição entre 2010 e 2011 resultou de três fatores:

1. Uma diminuição da porcentagem do custo das mercadorias vendidas sobre as vendas.
2. Um aumento da porcentagem das despesas de vendas, gerais e administrativas (ou despesas operacionais).
3. Um aumento da porcentagem de despesas esporádicas (encargos de reestruturação e *impairment* de ativo).

Como discutido anteriormente neste capítulo, o aumento na lucratividade entre 2011 e 2012 resultou da combinação de três fatores:

1. Uma diminuição no custo das mercadorias vendidas como percentual das vendas.
2. Uma queda no percentual das despesas de vendas, gerais e administrativas.
3. Uma redução do percentual de despesas esporádicas.

O analista teria de identificar as razões dessas variações ao longo do tempo ao estudar a lucratividade da Great Deal.

Exemplo de uma Análise Transversal de Índices Financeiros. Exemplificaremos uma análise transversal dos índices financeiros da Great Deal examinando os índices financeiros de um concorrente da Great Deal, a Consumers Electronics Limited (CEL). A **Figura 7.9** contém o balanço patrimonial padronizado da CEL e a **Figura 7.10** contém sua demonstração do resultado padronizada dos exercícios de 2010 a 2012.

Uma análise transversal compara a Great Deal com outras varejistas, preferencialmente outras cujos produtos e serviços sejam similares aos oferecidos pela Great Deal. Comparar indicadores financeiros de varejistas com não varejistas faz pouco sentido. A não comparabilidade resulta dos diferentes modelos de negócio – diversos tipos de ativo e diferentes estruturas financeiras – que distinguem a Great Deal de companhias como a Boeing, uma fabricante de aviões, do McDonald's, um varejista de refeições rápidas, ou da Colgate Palmolive, uma fabricante de produtos de consumo. Diferenças de modelos de negócio e suas implementações criam diferenças de risco e de desempenho entre as empresas, o que, por sua vez, afeta os resultados divulgados nas demonstrações financeiras. Nós comparamos a Great Deal com um único concorrente (CEL). Uma abordagem alternativa poderia compará-la com diversas outras empresas semelhantes. Independentemente da escolha, o objetivo é manter constantes os efeitos dos modelos de negócio, pela identificação de um competidor (ou competidores), usando classificação por setores ou outros fatores para determinar a similaridade.

Levando em consideração as demonstrações do resultado padronizadas da CEL e da Great Deal, a porcentagem da margem de lucro da CEL de 5,8% em 2012 (razão do lucro líquido sobre a receita) é aproximadamente 2,2 vezes a margem de lucro de 2,7% da Great Deal no mesmo exercício. Uma inspeção dos componentes das duas demonstrações do resultado revela que a porcentagem mais alta da margem de lucro da CEL decorre de uma porcentagem menor de custo das mercadorias vendidas (69,2% no exercício de 2012 *versus* 75,5% da Great Deal) e de uma proporção maior de despesas de vendas, gerais e administrativas (22,1% em 2012 *versus* 19,9% da Great

Deal). A porcentagem maior do custo das mercadorias vendidas da Great Deal é consistente com o fato de a empresa ser uma grande comerciante de massa; ela terá uma porcentagem maior do custo das mercadorias vendidas (comparada com outra menor e local, como a CEL) em virtude da concorrência e dos preços agressivos. A Great Deal registrará, contudo, economias de escala nas suas despesas operacionais, como se evidencia pelas despesas operacionais mais baixas (em relação à CEL) como porcentagem das vendas.

É importante observar que nossa análise presume que a Great Deal e a CEL classificam, denominam e agregam as informações de modo similar. Por exemplo, supomos que a Great Deal e a CEL colocam custos de ocupação de loja na mesma linha em suas demonstrações do resultado. Mas isso pode não acontecer. Além disso, as empresas geralmente não evidenciam informações desagregadas suficientes para ajustar as demonstrações financeiras. Com frequência, o analista pode encontrar um nível de agregação dos dados disponíveis em categorias mais amplas que incluem itens de custos similares. Por exemplo, o analista pode calcular e comparar as porcentagens do lucro operacional sobre as vendas de duas empresas. Essa comparação é apropriada na medida em que o analista tenha identificado todas as despesas operacionais das duas empresas. No exercício de 2012, a porcentagem do lucro operacional sobre as vendas da Great Deal é de 4,5%, comparada com 8,7% da CEL.

Mesmo para outras empresas com características similares, os formatos da demonstração do resultado podem ser tão "não comparáveis" que impeçam qualquer comparação dos itens e subtotais. Nesses casos, a única comparação apropriada baseia-se nas porcentagens da margem de lucro. Isso porque, por definição, o lucro líquido é comparável entre todas as empresas que divulgam conforme as mesmas normas contábeis. Além disso, dado que o lucro líquido agrega todos os itens da demonstração do resultado, ele não é afetado por diferenças de formato, apresentação, denominação e agregação dos itens da demonstração do resultado. Por essas razões, a porcentagem da margem de lucro (a razão do lucro líquido sobre a receita de vendas) é um índice largamente utilizado na avaliação e comparação de desempenho operacional de empresas similares. As porcentagens da margem de lucro não são comparáveis entre empresas de modelos de negócios diferentes.

RESUMO

A **Figura 7.11** resume o cálculo dos índices das demonstrações financeiras discutidos neste capítulo.

Este capítulo começou com a questão sobre a alternativa de investir em um certificado de depósito ou em ações da Great Deal. A análise das demonstrações financeiras da Great Deal indica que ela é uma empresa que cresce e é lucrativa, com poucas indicações de problemas de liquidez, seja em curto ou em longo prazo. Um investidor precisaria de três informações adicionais antes de tomar a decisão de investimento. A primeira seriam dados, além das demonstrações financeiras, que o ajudassem a entender a lucratividade e o risco futuro da empresa. Tais dados podem incluir artigos na imprensa financeira, comunicados da empresa sobre seus planos de gastos para ativos de longo prazo, opiniões de analistas sobre as necessidades de despesas e estratégias de concorrentes. Em segundo lugar, o investidor deve conhecer sua disposição de assumir riscos. Em terceiro, ele precisa decidir se o preço atual das ações as torna uma compra atrativa[15]. Antes de fazer recomendações de compra/venda aos investidores, os analistas comparam suas avaliações de lucratividade e de risco com o preço das ações da empresa. Os analistas podem recomendar a compra de ações de uma empresa sofrivelmente gerenciada cujas ações eles julgam estar subvalorizadas em vez de ações de uma empresa bem gerida cujas ações eles consideram supervalorizadas. Nesse estágio da decisão de investimento, a análise requer intuição, julgamento e experiência.

---

15. As publicações financeiras discutem outros fatores da decisão de investimento. Talvez o mais importante deles seja como um investimento se insere na carteira total do investidor. A pesquisa moderna sugere que a adequação de um potencial investimento depende mais dos atributos de outros componentes da carteira de investimento e da atitude do investidor quanto ao risco do que dos atributos do próprio investimento potencial.

Figura 7.11
Resumo dos Índices das Demonstrações Financeiras

Índice	Numerador	Denominador
Índices de Rentabilidade		
Retorno sobre o patrimônio líquido (ROE)	Lucro líquido	Patrimônio líquido médio durante o período
Retorno sobre os ativos (ROA)	Lucro líquido	Ativo total médio durante o período
Retorno sobre o ativo ajustado por financiamentos	Lucro líquido + despesa de juros (líquido de efeitos tributários)	Ativo total médio durante o período
Margem de lucro	Lucro líquido	Receita de vendas
Proporção de várias despesas	Várias despesas	Receita de vendas
Giro do ativo	Receita de vendas	Ativo total médio durante o período
Giro de contas a receber	Receita de vendas	Média de contas a receber durante o período
Giro do estoque	Custo dos produtos vendidos	Estoque médio durante o período
Giro do imobilizado	Receita de vendas	Média do imobilizado durante o período
Índice de alavancagem financeira	Ativo total médio durante o período	Patrimônio líquido médio durante o período
Índices de Risco de Liquidez de Curto Prazo		
Liquidez corrente	Ativo circulante	Passivo circulante
Liquidez seca	Ativos de alta liquidez (caixa, títulos negociáveis e contas a receber)[a]	Passivo circulante
Razão fluxo de caixa das operações sobre o passivo circulante	Fluxo de caixa das operações	Média de contas a pagar durante o período
Giro de contas a pagar	Compras[b]	Média de contas a pagar durante o período
Prazo médio de recebimento	365 dias	Giro de contas a receber
Prazo médio de estocagem	365 dias	Giro do estoque
Prazo médio de pagamento	365 dias	Giro de fornecedores
Índices de Liquidez de Longo Prazo		
Endividamento geral	Passivo	Ativo
Endividamento de longo prazo	Dívida de longo prazo	Ativo
Endividamento sobre o patrimônio líquido	Dívida de longo prazo	Patrimônio líquido
Razão fluxo de caixa das operações sobre o passivo total	Fluxo de caixa das operações	Passivo total
Índice de cobertura de juros	Lucro antes dos juros e dos tributos sobre o lucro	Despesa de juros

[a] O cálculo pode excluir contas a receber em algumas empresas e incluir estoques em outras.
[b] Compras = custo das mercadorias vendidas + estoques finais − estoques iniciais.

PROBLEMA 7.5 — PARA APRENDIZAGEM

Calculando indicadores de rentabilidade e de risco. Usando as informações do balanço patrimonial (**Figura 7.9**) e da demonstração do resultado (**Figura 7.10**) da Consumer Electronics, calcule os seguintes índices para o exercício de 2012:

a. Retorno sobre o patrimônio líquido (ROE).
b. Retorno sobre os ativos (ROA).
c. Índice de alavancagem financeira.
d. Margem de lucro.
e. Porcentagem do custo de produtos vendidos.
f. Porcentagem das despesas operacionais.
g. Giro do ativo.
h. Giro de contas a receber.
i. Giro do estoque.
j. Giro do imobilizado.
k. Liquidez corrente.
l. Liquidez seca.
m. Giro de contas a pagar.
n. Ciclo financeiro.
o. Endividamento geral.
p. Endividamento de longo prazo.
q. Endividamento sobre o patrimônio líquido.
r. Índice de cobertura de juros.

APÊNDICE 7.1: DEMONSTRAÇÕES FINANCEIRAS *PRO FORMA*

Os contadores usam o termo **demonstrações financeiras *pro forma*** (simuladas) referindo-se a demonstrações financeiras anuais preparadas segundo um conjunto de suposições. Um conjunto de suposições pode ser o de que algumas transações, que realmente ocorreram e estão informadas na demonstração do resultado da empresa naquele exercício, não teriam ocorrido. Essas transações, excluídas como se não tivessem acontecido, podem se referir a receitas, despesas, ganhos e perdas não habituais e não recorrentes. Nesses casos, as empresas informam lucros *pro forma* para indicar aos usuários das demonstrações financeiras o que elas consideram lucros normais, recorrentes.

O uso mais tradicional do termo "demonstrações financeiras *pro forma*" se refere a demonstrações financeiras baseadas em suposições sobre o futuro. Um conjunto de suposições pode ser que parâmetros históricos (por exemplo, taxas de crescimento ou taxas de retorno) terão continuidade. Alternativamente, as demonstrações financeiras *pro forma* podem refletir novas suposições sobre taxas de crescimento, níveis de endividamento, de lucratividade e assim por diante. Por exemplo, uma empresa pode projetar vendas futuras, lucro líquido, ativos e fluxos de caixa para averiguar se as operações vão gerar fluxos de caixa suficientes para financiar desembolsos para ativos de longo prazo. Uma empresa pode mudar sua linha de produtos ou política de preços e desejar estimar o impacto nas taxas de retorno. Uma empresa pode projetar os valores de uma futura demonstração financeira para uma aquisição que tem em vista a fim de averiguar o preço que poderia pagar.

Este apêndice descreve e ilustra procedimentos para a preparação de demonstrações financeiras *pro forma* (projetadas) e ensina a utilizá-los. No seu contato com conceitos de contabilidade gerencial e de custos, você encontrará a noção de orçamento. Um orçamento total de uma empresa significa o mesmo que uma demonstração financeira *pro forma* (projetada), exceto pelo fato de que as demonstrações financeiras projetadas costumam ter outros usos e formatos. Os gestores e analistas usam relatórios financeiros *pro forma* e orçamentos por motivos diferentes, mas adotam procedimentos similares para prepará-los.

Preparando demonstrações financeiras *pro forma*

A preparação de demonstrações financeiras projetadas requer suposições sobre o futuro. A utilidade das demonstrações financeiras projetadas depende da razoabilidade desses pressupostos. Vários programas de planilhas facilitam os cálculos necessários para preparar essas demonstrações, mas a advertência "Se entra lixo, sai lixo" certamente se aplica – os resultados não terão qualidade nem validade melhor do que os pressupostos de entrada. Os analistas mais cautelosos organizam uma lista de todos os pressupostos, de preferência em uma única seção da planilha. Demonstrações *pro forma* bem preparadas permitem ao analista variar pressupostos críticos para ver como os resultados variam.

A preparação das demonstrações financeiras *pro forma* normalmente começa com a demonstração do resultado, seguida do balanço patrimonial e da demonstração do fluxo de caixa. O nível da atividade operacional dita o valor necessário de ativos, o que, por sua vez, afeta o nível requerido de financiamento. Os valores da demonstração dos fluxos de caixa vêm diretamente da demonstração do resultado *pro forma* e dos balanços patrimoniais comparativos.

Seguimos os seguintes passos para a preparação das demonstrações financeiras projetadas:

1. Projetar receitas operacionais.
2. Projetar despesas operacionais exceto o custo de financiamentos e tributos sobre o lucro.
3. Projetar os ativos necessários para sustentar o nível da atividade operacional projetada.
4. Projetar o financiamento (passivos e capital contribuído) necessário para financiar o nível de ativos, conforme **3**.
5. Projetar o custo do financiamento da dívida projetada no passo **4**, a despesa de tributos sobre o lucro, o lucro líquido, os dividendos e a variação nos lucros acumulados.
6. Projetar a demonstração dos fluxos de caixa a partir dos valores do balanço patrimonial e da demonstração do resultado projetados.

A **Figura 7.12** resume esses seis passos. Para ilustrar a preparação das demonstrações financeiras *pro forma*, usamos os dados da Great Deal discutidos anteriormente neste capítulo. Projetaremos as suas demonstrações para o exercício de 2013. **Observação: Todas as discussões de porcentagens refletem o arredondamento para a primeira casa decimal (por exemplo, 10,1%). Os cálculos subjacentes não são arredondados.**

Passo 1: projetar receitas operacionais

As projeções começam com a receita de vendas. O analista estuda o padrão histórico das variações das vendas e avalia se esse padrão continuará. Entre as questões levantadas estão as seguintes:

1. A empresa planeja modificar linhas de produto ou políticas de preço, fazer aquisições de outras companhias ou realizar outras ações que alterariam o padrão histórico das vendas?
2. A empresa espera que os concorrentes modificarão suas estratégias ou que novos competidores entrarão no mercado, alterando, com isso, a participação no mercado?
3. As condições da economia afetarão as vendas da empresa? Por exemplo, as vendas da empresa flutuam conforme os ciclos econômicos, permanecem estáveis ou flutuam conforme outras variáveis, como o crescimento da população local?

As premissas sobre a receita de vendas são determinantes para a maioria das demais premissas, o que torna essa premissa, em geral, a mais importante.

A **Figura 7.2** indica que a receita de vendas da Great Deal cresceu de $ 40.023 para $ 45.015 entre 2010 e 2011, uma taxa de crescimento de 12,5% [= ($ 45.015/$ 40.023) – 1]. As vendas cresceram de $ 45.015 para $ 49.694 entre 2011 e 2012, uma taxa de crescimento de 10,4% [= ($ 49.694/$ 45.015) – 1]. A diminuição na taxa de crescimento ocorreu em um ano em que a Great Deal não fez nenhuma grande aquisição corporativa e a economia teve crescimento lento. Consideramos que as condições econômicas serão levemente mais fracas em 2013 e projetamos que a receita da Great Deal crescerá 10% entre 2012 e 2013. Assim, as vendas projetadas para 2013 são $ 54.663 (= $ 49.694 × 1,10).

Passo 2: projetar despesas operacionais

A projeção de despesas operacionais requer o entendimento do comportamento de diversos custos operacionais. Entre as questões que um analista levanta estão as seguintes:

Figura 7.12

Preparando Demonstrações Financeiras *Pro Forma*

Demonstração do resultado e de lucros acumulados

PASSO 1: Projetar receitas operacionais

Receita de vendas
Outras receitas

PASSO 2: Projetar despesas operacionais

Custo das mercadorias vendidas
Despesas de vendas e administrativas
Lucro antes da despesa de juros e dos tributos sobre o lucro

PASSO 5: Projetar custo de financiamentos, despesa de tributos sobre o lucro e a variação em lucros acumulados

Despesa de juros
Despesa de tributos sobre o lucro
Lucro líquido
Dividendos
Variação em lucros acumulados

Balanço patrimonial

PASSO 3: Projetar ativos

Caixa
Contas a receber
Estoques
Outros ativos circulantes
Investimentos
Imobilizado
Outros ativos

PASSO 4: Projetar passivos e capital contribuído

Fornecedores
Notas promissórias a pagar
Outros passivos circulantes
Dívida de longo prazo
Outros passivos
Capital contribuído

PASSO 5: Projetar lucros acumulados

Lucros acumulados

Demonstração dos fluxos de caixa

PASSO 6: Projetar a demonstração dos fluxos de caixa

Operações

Lucro líquido
Depreciação
Outros ajustes
Variação em recebíveis
Variação em estoques
Variação em outros ativos circulantes
Variação em fornecedores
Variação em outros passivos circulantes

FLUXO DE CAIXA DAS OPERAÇÕES

Investimentos

Aquisição de ativo imobilizado
Venda de investimentos
Aquisição de investimentos
Outras transações de investimento

FLUXO DE CAIXA DE INVESTIMENTOS

Financiamentos

Variação em notas promissórias a pagar
Variação em dívida de longo prazo
Variação em dividendos
Outras transações de financiamento

FLUXO DE CAIXA DE FINANCIAMENTOS

1. O item de despesa tende a variar com o nível das vendas – um padrão de comportamento caracterizado como custo variável? Ou o item de despesa tende a permanecer relativamente constante em um período particular, independentemente do nível das vendas – um padrão de comportamento caracterizado como custo fixo? Quando você estudar o comportamento dos custos nos cursos de contabilidade gerencial e de economia, aprenderá que quase todos os custos variam em longo prazo, mas alguns parecem fixos no curto prazo. A decisão de dado custo ser fixo ou variável depende do período da projeção.
2. O item de despesa tem características tanto de custo variável como de custo fixo – um padrão descrito como custo misto ou custo em degraus?
3. A empresa tem algum poder discricionário de mudar o valor de um item de custo fixo no curto prazo em resposta a condições atuais (por exemplo, manutenção ou despesas com propaganda)? Ou há pouco poder discricionário para mudar um custo fixo (por exemplo, depreciação de equipamento)?

Entender o comportamento de cada despesa ajuda a projetar o seu valor.

A **Figura 7.5** apresenta as demonstrações do resultado padronizadas da Great Deal dos exercícios de 2010, 2011 e 2012. Usamos esses percentuais padronizados para projetar as despesas operacionais.

Custo das Mercadorias Vendidas. A Great Deal compra mercadorias para vender aos clientes. Portanto, o custo das mercadorias vendidas variará com as vendas. A porcentagem de custos dessas mercadorias diminuiu de 76,1% em 2010 para 75,6% em 2011 e para 75,5% em 2012. Consideremos que a diminuição resulta da implementação de sistemas de controle de estoque nas suas lojas de varejo, e que a Great Deal se beneficiará ainda mais desses sistemas de controle em 2013, reduzindo o custo das mercadorias vendidas em relação às vendas a uma porcentagem de 75,2%. O custo projetado das mercadorias vendidas em 2013 é de $ 41.107 milhões (ou seja, 0,752 × $ 54,663).

Despesas de Vendas e Administrativas. A proporção das despesas de vendas e administrativas sobre as vendas aumentou de 18,5% em 2010 para 20,0% em 2011 e diminuiu para 19,9% em 2013. Projetamos que tais despesas serão iguais a 19,5% das vendas em 2013. As despesas de vendas e administrativas projetadas para 2013 são de $ 10.659 milhões (ou seja, 0,195 × $ 54.663).

Outras Despesas Operacionais. As empresas podem informar outras despesas operacionais na sua demonstração do resultado, algumas das quais são recorrentes, outras não. Um exemplo de outra despesa operacional recorrente é a realizada com pesquisa e desenvolvimento (P&D). Um exemplo de uma despesa operacional não recorrente são as despesas de reestruturação. A Great Deal não tem despesa de P&D; portanto, não prevemos nenhuma despesa operacional recorrente (além dos custos das mercadorias vendidas e despesas de vendas e administrativas). A Great Deal informa despesas de reestruturação e *impairments*, mas não de modo consistente ao longo dos anos. Consideramos que a Great Deal não terá despesas de reestruturação nem *impairments* de ativos em 2013.

Despesas Não Operacionais. Os itens remanescentes da demonstração do resultado da Great Deal se referem a outros ganhos e outras perdas. Outros ganhos consistem, geralmente, em ganhos esporádicos com vendas de ativos e lucro obtido com a venda de investimentos. Outras perdas consistem em perdas esporádicas com a venda de ativos ou *impairments* de ativos, encargos financeiros (despesa de juros) e tributos sobre o lucro. Supomos que a Great Deal não terá ganhos ou perdas esporádicos em 2013, e que ela terá $ 50 milhões de ganho com investimentos. Com base em empréstimos recentes, consideramos que a Great Deal pague juros à taxa de 6% ao ano. Por fim, assumimos que a empresa incorra em tributos sobre o lucro à taxa de 36% ao ano. Postergamos a projeção dos valores da despesa de juros até projetarmos o valor da dívida, e deixamos para projetar os tributos sobre o lucro após conhecermos a projeção de lucro antes dos tributos sobre o lucro.

Os itens remanescentes da demonstração do resultado da Great Deal se referem aos resultados de equivalência patrimonial em investimentos em coligadas e ao valor do lucro atribuído à participação de acionistas não controladores[16]. De maneira bem simplificada, o resultado de equivalência patrimonial se refere à proporção dos lucros e prejuízos das investidas nas quais a Great Deal possui participação entre 20% e 50%. No exercício de 2012, esses lucros eram de $ 1 milhão. Para o exercício de 2013, os resultados de equivalência patrimonial são projetados em $ 3 milhões.

O lucro líquido atribuído à participação de minoritários se refere à parte do lucro da Great Deal que é atribuível à participação de acionistas residuais (minoritários) em empresas nas quais a Great Deal tem controle ou participação majoritária. Por exemplo, se a Great Deal possui 90% de outra empresa, a participação de acionistas não controladores ou minoritários é de 10%. O valor projetado dos lucros atribuíveis à participação de minoritários para o exercício de 2013 é de $ 100 milhões.

Passo 3: projetar ativos

A projeção do ativo total no balanço patrimonial requer pressupostos consistentes com os que originaram a demonstração do resultado. Uma abordagem assume um giro do ativo total (isto é, vendas/ativo total médio) semelhante ao dos anos anteriores. Por exemplo, o giro do ativo total da Great Deal foi de 3,0 em 2010, 3,1 em 2011 e 2,9 em 2012. Considerando que a Great Deal tem a meta de 2,8 de giro do ativo total para 2013, podemos calcular seu ativo total projetado no fim de 2013 resolvendo a seguinte equação:

$$\text{Giro Total do Ativo} = \frac{\text{Vendas}}{(\text{Ativo Total Médio})} = \frac{(\$ 54.663)}{(0,5 \times (18.302 + X))} = 2,8$$

Resolvendo para a incógnita na equação (X, que é igual ao ativo total no fim do exercício de 2013), obtém-se um ativo total projetado no fim de 2013 de $ 20.743 milhões. O analista pode, então, usar as porcentagens do balanço patrimonial padronizado para alocar esse total às contas individuais do balanço patrimonial. Utilizamos essa abordagem para projetar saldos específicos dos ativos da Great Deal.

Uma abordagem alternativa usa a taxa histórica anual de crescimento do ativo total de 11% durante os últimos três anos (isto é, a média entre – 6% de crescimento em 2010, 24% de crescimento em 2011 e 16% de crescimento

---

16. O **Capítulo 14** descreve tanto as participações em empresas afiliadas quanto as participações de acionistas não controladores.

em 2012). Essa abordagem obtém um ativo total de $ 20.315 milhões (ou seja, $ 18.302 × 1,11). O analista poderá então aplicar as porcentagens do balanço patrimonial padronizado para alocar os $ 20.315 milhões às contas individuais do balanço patrimonial. Uma terceira abordagem usa um *mix* de giros do ativo e taxas de crescimento para os vários ativos e então agrega os valores dos ativos individuais para calcular o ativo total.

Caixa. Consideramos que a porcentagem padronizada do caixa (10,0% do ativo total) da Great Deal reflete o valor do caixa que ela necessita manter para as operações. A projeção do caixa e equivalentes de caixa para 2013 é de $ 2.070 milhões (ou seja, $ 20.743 × 10,0%).

Se outras previsões indicam que a Great Deal terá mais caixa do que $ 2.070 milhões, assumimos que ela pagará a diferença como dividendos a seus acionistas. Se as projeções revelarem que a Great Deal precisará de caixa, supomos que ela emitirá (venderá) ações ordinárias. Esses pressupostos indicam como a Great Deal usará o caixa extra, se disponível, ou gerará caixa extra, se necessário. A preparação de demonstrações financeiras *pro forma* requer que o preparador conheça como a empresa responderá ao fato de vir a ter mais caixa que o necessário ou de ter falta de caixa.

Investimentos de Curto Prazo. Investimentos de curso prazo refletem o caixa que a Great Deal usou para adquirir títulos de dívida e ações emitidos por outras entidades. Usando a porcentagem padronizada de 2012, projetamos o saldo final de investimentos de curto prazo em 2013 de $ 102 milhões (ou seja, $ 20.743 × 0,5%).

Contas a Receber. Para a maioria das empresas, as contas a receber variam com as vendas. O balanço patrimonial padronizado da Great Deal mostra que as contas a receber, como porcentagem do ativo total, diminuíram de 11,8% em 2011 para 11% em 2012. Presumimos que as contas a receber vão manter essa porcentagem de 11,0% do ativo em 2012. As contas a receber projetadas para 2013 são de $ 2.002 milhões (ou seja, $ 20.743 × 11%).

Estoques. Os estoques de mercadoria foram de 36,9% do ativo total em 2010 e diminuíram para 30,0% em 2011 e 2012. Supomos que a porcentagem do estoque sobre o ativo total permanecerá em 30,0% em 2013. O estoque de mercadorias projetado é de $ 5.438 milhões (ou seja, $ 20.743 × 30,0%).

Outros Ativos Circulantes. O balanço patrimonial padronizado da Great Deal mostra que outros ativos circulantes foram de 4,6%, 6,7% e 6,3% do ativo total em 2010, 2011 e 2012, respectivamente. Consideramos que os outros ativos circulantes permanecerão em 6,3% em 2013. Assim, outros ativos circulantes no fim de 2013 serão de $ 1.134 milhão (ou seja, $ 20.743 × 6,3%).

Imobilizado. Supomos que a Great Deal projete o imobilizado bruto, a depreciação acumulada e o imobilizado líquido mantendo as mesmas porcentagens de 2012, ou seja, 40,7% (imobilizado bruto), 18,5% (depreciação acumulada) e 22,2% (imobilizado líquido). Os saldos projetados para esses itens do balanço patrimonial são $ 8.447 milhões (ou seja, $ 20.743 × 40,7%) para o imobilizado bruto, $ 3.834 milhões (ou seja, $ 20.743 × 18,5%) para a depreciação acumulada e $ 4.613 milhões (ou seja, $ 8.447 − $ 3.834) para o imobilizado líquido.

Além disso, consideramos que a Great Deal não teve baixas ou *impairments* de imobilizado em 2010. Assim, a única transação afetando o imobilizado será a aquisição de imobilizado (investimentos de capital ou *capex*), e a única transação afetando a depreciação acumulada será o encargo periódico da depreciação (despesa de depreciação). Como o **Capítulo 10** descreve em detalhes, diversas outras transações afetam o imobilizado. Essas transações serão levadas em conta na preparação de conjuntos mais complexos de demonstrações financeiras *pro forma*.

Ativos Intangíveis. Os ativos intangíveis da Great Deal consistem em *goodwill* (13,4% do ativo total no exercício de 2012), marcas (0,9% do ativo total) e carteira de clientes (1,5% do ativo total). Presumimos que os valores dessas contas do balanço patrimonial permanecerão com as mesmas porcentagens de 2012 em 2013. Assim, os valores projetados para ativos intangíveis para 2013 são: $ 2.779 milhões para o *goodwill* (ou seja, $ 20.743 × 13,4%), $ 180 milhões para marcas (= $ 20.743 × 0,9%) e $ 316 milhões para carteira de clientes (= $ 20.743 × 1,5%).

Investimentos em Participações em Outras Empresas e Outros. Participações em outras companhias e outros investimentos se referem principalmente à propriedade de ações ordinárias de outras empresas pela Great Deal. Assumimos que a Great Deal manterá participações em outras companhias e outros investimentos na mesma porcentagem padronizada de 1,8% de 2012. Assim, o valor projetado desse item do balanço patrimonial é de $ 367 milhões (ou seja, $ 20.743 × 1,8%).

Outros Ativos. Outros ativos refletem, em geral, diversos ativos que são agregados, por conveniência, em uma só conta. Supomos que a Great Deal manterá os outros ativos na mesma porcentagem padronizada de 2,5% do ativo total de 2012. O valor projetado de outros ativos para 2013 é de $ 512 milhões (ou seja, $ 20.743 × 2,5%).

Passo 4: projetar passivos e capital contribuído

A seguir, projetaremos o lado do financiamento do balanço patrimonial. A projeção dos passivos e do capital contribuído flui diretamente da projeção do nível de atividade operacional estimada nos passos **1** e **2** e da projeção do ativo total no passo **3**.

Fornecedores. Como porcentagem do ativo total, as contas a pagar a fornecedores da Great Deal foram de 28,8% no exercício de 2012. Consideramos a mesma porcentagem para o exercício de 2013. As contas a pagar a fornecedores projetadas para 2013 são $ 5.980 milhões (ou seja, $ 20.743 × 28,8%).

Outros Passivos Circulantes. A Great Deal informa diversos outros passivos circulantes, inclusive vales-presentes não resgatados, salários, outras contas a pagar, tributos sobre o lucro a pagar, dívida de curto prazo e parte circulante de dívida de longo prazo. Para simplificar, supomos que os valores dessas contas no final de 2013 se aproximam das suas porcentagens padronizadas de 2012[17]. Aplicando essas porcentagens ao valor projetado do ativo total de $ 20.743, obtemos os seguintes valores para esses itens:

Passivo Circulante	Cálculo	Valor Projetado para o Final do Exercício de 2013
Vales-presentes não resgatados	$ 20.743 × 2,5%	$ 525
Salários a pagar	$ 20.743 × 3,0%	617
Outras contas a pagar	$ 20.743 × 9,2%	1.905
Tributos sobre o lucro a pagar	$ 20.743 × 1,7%	358
Dívida de curto prazo	$ 20.743 × 2,6%	751
Porção circulante da dívida de longo prazo	$ 20.743 × 0,2%	40

Passivos Não Circulantes. Os passivos não circulantes da Great Deal incluem passivos que se estendem por mais de um ano e são relacionados às operações (e não a financiamentos). Essa conta inclui obrigações de aposentadoria e tributos diferidos. Para simplificar, projetaremos esses passivos usando suas porcentagens padronizadas de 2012. Para 2013, o valor do passivo não circulante projetado é de $ 1.424 milhão (ou seja, $ 20.743 × 6,9%).

Dívida de Longo Prazo. Esta conta reflete os empréstimos da Great Deal que têm vencimento além de um ano. A porção devida dentro de um ano é incluída em porção circulante de dívida de longo prazo, um passivo circulante. Normalmente, o valor da dívida de longo prazo reflete as necessidades de caixa da empresa e é calculada após determinadas outras entradas e saídas de caixa. Para determinar dessa maneira o valor do financiamento da dívida, requer-se um processo iterativo de "solução" para projetar as demonstrações financeiras. Dada a complexidade do processo iterativo, usamos uma abordagem mais simples para ilustrar a elaboração de demonstrações financeiras projetadas. Especificamente, seguimos a suposição prévia de usar as porcentagens de 2012 para projetar a dívida de longo prazo do exercício de 2013. A dívida de longo prazo no final de 2013 é de $ 1.251 milhão (ou seja, $ 20.743 × 6,0%).

Ações Preferenciais. A Great Deal não tem ações preferenciais na sua estrutura de capital de 2010 a 2012. Presumimos o mesmo para 2013. O valor projetado das ações preferenciais no final de 2013 é, portanto, zero.

Ações Ordinárias e Ágio na Emissão de Ações. Os pressupostos da conta caixa indicavam que a Great Deal emitiria ações ordinárias se o valor do caixa gerado durante o ano fosse insuficiente para cobrir o saldo projetado da conta caixa de $ 2.070 milhões. O valor do caixa gerado ou consumido pela empresa em 2013 não é ainda conhecido porque não projetamos a demonstração dos fluxos de caixa. Por enquanto, consideramos que a Great Deal não emitirá ações ordinárias em 2013. Essa suposição poderá ser revista se a demonstração dos fluxos de caixa indicar que esse caixa é necessário. Os valores projetados de ações ordinárias e ágio na emissão de ações no final do exercício de 2013 são, portanto, iguais aos seus saldos de 2012 de $ 42 milhões e de $ 441 milhões, respectivamente.

---

17. Em cálculos *pro forma* mais complexos, os valores projetados dos passivos circulantes operacionais (vales-presentes não resgatados e salários a pagar) podem ser vinculados a vendas porque vendas são um indicador da atividade operacional. O valor projetado da dívida de curto prazo seria vinculado a necessidades financeiras. Além disso, a porção circulante da dívida de longo prazo é evidenciada nas notas explicativas das demonstrações financeiras. Esse valor é normalmente conhecido a partir dos contratos de dívida que especificam o quanto da dívida tem vencimento no próximo ano.

Outros Resultados Abrangentes Acumulados. Consideramos que outros resultados abrangentes acumulados crescem na proporção do ativo total. O valor projetado de outros resultados abrangentes acumulados no final de 2013 é de $ 45 milhões (ou seja, $ 20.743 × 0,2%).

Participação de Acionistas Não Controladores. Presumimos que a participação de minoritários mantém a mesma porcentagem padronizada do exercício de 2012. A participação de minoritários projetada para 2013 é de $ 730 milhões (ou seja, $ 20.743 × 3,5%).

Passo 5: projetar despesa de juros, despesa de tributos sobre o lucro, lucro líquido, dividendos e variação nos lucros acumulados

Despesa de Juros. A despesa de juros costuma ter uma relação muito estável com o nível de empréstimos. Nossa projeção de passivos financeiros considerou uma taxa de juros de 6% sobre o endividamento existente em 2013. O endividamento médio projetado para 2013 é de $ 1.922 milhão [= 0,5 × ($ 663 + $ 35 + $ 1.104 + $ 751 + $ 40 + $ 1.251)]. A despesa de juros projetada é de $ 115 milhões (= 0,06 × $ 1.922).

Despesa de Tributos sobre o Lucro. As projeções de vendas, despesas operacionais e despesa de juros obtêm um lucro antes dos tributos de $ 2.832 milhões (= $ 54.663 − $ 41.107 − $ 10.659 + $ 50 − $ 115). Supomos para 2013 uma taxa de tributos de 36%. A despesa projetada de tributos sobre o lucro é $ 1.020 milhão (= 0,36 × $ 2.832).

Lucros Acumulados. Lucros acumulados aumentam em virtude do lucro líquido projetado para 2013 e diminuem pelo valor dos dividendos declarados. O valor do lucro líquido projetado para 2013 é de $ 1.815 milhão, como indicado na demonstração do resultado *pro forma* mostrada na **Figura 7.13**. Há duas abordagens para calcular o valor dos dividendos declarados. Na primeira, aplicamos a equação do balanço patrimonial para determinar o valor total dos lucros acumulados projetados para 2013, depois aplicamos a equação dos lucros acumulados para inferir o valor dos dividendos declarados.

```
Ativos = $ 20.743 milhões
Passivos = $ 5.980 + 525 + 617 + 1.905 + 358 + 751 + 40 + 1.424 + 1.251
        = $ 12.850 milhões

Patrimônio Líquido = $ 42 + 441 + Lucros Acumulados + $ 45 + 730
                   = $ 1.258 + Lucros Acumulados
```

Equação do Balanço Patrimonial:

```
Ativo = Passivo + Patrimônio Líquido
$ 20.743 = 12.850 + 1.258 + Lucros Acumulados
```

Resolvendo para Lucros Acumulados, temos:

Lucros Acumulados no final de 2013 = $ 6.635 milhões

A seguir, aplicamos a equação dos lucros acumulados e resolvemos pelo valor dos dividendos:

```
Lucros Acumulados, Final = Lucros Acumulados, Início + Lucro Líquido − Dividendos
$ 6.635                  = $ 5.797 + $ 1.815 − Dividendos
Dividendos               = $ 977 milhões
```

Na segunda abordagem, projetamos a demonstração dos fluxos de caixa da Great Deal e determinamos o valor do excesso de caixa (se houver) que a empresa gerará no exercício de 2013. De acordo com nossas suposições sobre o caixa, todo o caixa acima de $ 2.070 milhões será pago como dividendos. Voltaremos a essa segunda abordagem após termos calculado a demonstração dos fluxos de caixa *pro forma* da Great Deal para 2013.

A preparação das demonstrações financeiras *pro forma* seguindo os primeiros cinco passos resulta em uma demonstração do resultado projetada (**Figura 7.13**) e em um balanço patrimonial projetado (**Figura 7.14**). **Observação: Alguns itens do balanço patrimonial não somam exatamente com os valores mostrados devido a arredondamentos.**

Passo 6: projetar a demonstração dos fluxos de caixa

O analista pode preparar uma demonstração dos fluxos de caixa *pro forma* diretamente a partir da demonstração do resultado *pro forma* e do balanço patrimonial *pro forma*. A **Figura 7.15** apresenta a demonstração dos fluxos de caixa da Great Deal para o exercício de 2013. **Observação: Alguns itens do balanço patrimonial não somam exatamente com os valores mostrados devido a arredondamentos.**

Observe o seguinte sobre a demonstração dos fluxos de caixa projetada:

- Calculamos o valor das aquisições de imobilizado (investimentos de capital) durante 2013 a partir da variação dos saldos finais dessa conta. Esse valor é de $ 994 milhões (ou seja, $ 8.447 – $ 7.453). O valor da despesa de depreciação é igual à variação na conta de depreciação acumulada. A despesa de depreciação para 2013 é de $ 451 milhões (ou seja, $ 3.834 – $ 3.383) milhões. Como descrito no **Capítulo 10**, esses cálculos são mais complexos se há baixa de ativos fixos durante o ano.
- O aumento no caixa de $ 244 milhões em 2013 ($ 2.384 – $ 1.495 – $ 651 + 5)[18] na demonstração dos fluxos de caixa corresponde à variação do caixa no balanço patrimonial padronizado.
- Se não tivéssemos calculado dividendos usando a primeira abordagem descrita no passo **5**, poderíamos agora calculá-los a partir da demonstração dos fluxos de caixa usando a segunda abordagem descrita no passo **5**. As suposições sobre o caixa sugerem que o saldo de caixa seja de $ 2.070 milhões no final de 2013. Dados os fluxos de caixa sem mencionar dividendos projetados pela demonstração dos fluxos de caixa, podemos inferir os dividendos necessários para obter o saldo final do caixa:

Fluxos de caixa das operações	$ 2.384
– Fluxos de caixa usados em investimentos	($ 1.495)
+ Fluxos de caixa de financiamentos	$ 240 + $ 86 + 5 – Dividendos
= Variação no caixa	$ 244

Figura 7.13

Great Deal, Inc.
Demonstração do Resultado *Pro Forma*
(valores em milhões de US$)

	2013
Receita	$ 54.663
Custo das mercadorias vendidas	41.107
Lucro bruto	13.557
Despesas de vendas, gerais e administrativas	10.659
Despesas de reestruturação	0
Impairment de *goodwill* e de marcas	0
Lucro operacional	$ 2.897
Outros ganhos (perdas)	
Resultado de equivalência patrimonial e outros	50
Impairment de investimentos	0
Despesa de juros	(115)
Lucro antes de tributos sobre o lucro e resultado de equivalência patrimonial	2.832
Despesas de tributos sobre o lucro	1.020
Resultado de equivalência patrimonial	3
Lucro líquido incluindo participação de não controladores	1.815
Lucro líquido atribuído à participação de não controladores	(100)
Lucro líquido atribuído à Great Deal	$1.715

---

18. Caixa das operações + investimentos + financiamentos + efeitos de variações na taxa de câmbio. (NT)

Podemos resolver para o valor dos dividendos como segue:

$$\$ 2.384 - \$ 1.495 + 240 + 86 + 5 - \text{Dividendos} = \$ 244 \text{ milhões}$$
$$\text{Dividendos} = \$ 977 \text{ milhões}$$

Figura 7.14

Great Deal, Inc.
Balanço Patrimonial *Pro Forma*
(valores em milhões de US$)

	2013
Ativo	
Ativo circulante	
Caixa e equivalentes de caixa	2.070
Investimentos de curto prazo	102
Contas a receber	2.289
Estoques de mercadorias	6.218
Outros ativos circulantes	1.297
Total do ativo circulante	11.975
Imobilizado	
Terrenos e prédios	858
Benfeitorias em imóveis arrendados	2.441
Instalações e equipamentos	5.040
Imobilizado sob *leasing* financeiro	108
	8.447
Menos: depreciação acumulada	3.834
Imobilizado líquido	4.613
Goodwill	2.779
Marcas	180
Carteira de clientes	316
Investimentos em outras companhias e outros	367
Outros ativos	512
Total do ativo	20.743
Passivo e Patrimônio Líquido	
Passivo circulante	
Fornecedores	5.980
Obrigações de vales-presentes não resgatados	525
Salários e encargos a pagar	617
Outras contas a pagar	1.905
Imposto de renda a pagar	358
Empréstimos e financiamentos de curto prazo	751
Parcela de curto prazo de financiamentos de longo prazo	40
Total do passivo circulante	10.176
Obrigações de longo prazo	1.424
Empréstimos e financiamentos de longo prazo	1.251
Outras obrigações e provisões	
Patrimônio líquido	
Ações preferenciais	0
Ações ordinárias	42
Ágio na emissão de ações	441
Lucros acumulados	6.635
Outros resultados abrangentes acumulados	45
Total do patrimônio líquido da Great Deal	7.163
Participação de acionistas não controladores	730
Total do patrimônio líquido	7.893
Total do passivo e patrimônio líquido	20.743

Figura 7.15

Great Deal, Inc.
Demonstração dos Fluxos de Caixa *Pro Forma*
(valores em milhões de US$)

	2013
Atividades Operacionais	
Lucro líquido incluindo participações em não controladas	1.815
Ajustes para reconciliar o lucro líquido com o caixa total gerado nas operações:	
depreciação	451
Variações em ativos operacionais, líquidos de ativos adquiridos e de passivos:	
Contas a receber	(269)
Estoques de mercadorias	(732)
Outros ativos circulantes	(153)
Contas a pagar	704
Outros passivos	359
Tributos sobre o lucro	42
Passivos de longo prazo	168
Total do caixa gerado pelas atividades operacionais	2.384
Atividades de Investimento	
Adições ao imobilizado	(994)
Aquisição de ativos intangíveis	(385)
Aquisição de investimentos de curto prazo	(12)
Aquisição de participações em outras companhias	(43)
Outros Ativos não circulantes	(60)
Caixa total (usado para) gerado por atividades de investimentos	(1.495)
Atividades de Financiamento	
Emissão de ações ordinárias	0
Dividendos pagos	(977)
Emissão de dívida	240
Aumento de participações em não controladas	86
Caixa total (usado para) gerado por atividades de financiamentos	(651)
Efeito da variação da taxa de câmbio no caixa	5
Aumento (diminuição) no caixa e em equivalentes de caixa	244
Caixa e equivalentes de caixa no início do ano	1.826
Caixa e equivalentes de caixa no final do ano	2.070

© Cengage Learning 2014

SOLUÇÕES DOS PROBLEMAS PARA APRENDIZAGEM

Solução sugerida para o problema 7.1

(Markum Corporation; analisando o retorno sobre o patrimônio líquido.)

a. Retorno sobre o patrimônio líquido

$$\frac{\text{Lucro Líquido}}{\text{Patrimônio Líquido Médio}} = \frac{\$ 4.800}{\$ 51.600} = 9,3\%$$

b. Retorno sobre os ativos, não ajustado para financiamentos

$$\frac{\text{Lucro Líquido}}{\text{Ativo Total Médio}} = \frac{\$ 4.800}{\$ 112.000} = 4,3\%$$

c. O ROE da Markum é maior que o seu ROA porque o seu índice de alavancagem financeira é maior que 1,0. Como mostrado abaixo, a alavancagem financeira da Markum é 2,2:

$$\frac{\text{Ativo Total Médio}}{\text{Patrimônio Líquido Médio}} = \frac{\$ 112.000}{\$ 51.600} = 2,2$$

Solução sugerida para o problema 7.2

(Markum Corporation; analisando o retorno sobre os ativos.)

Retorno sobre os ativos $\quad \dfrac{\text{Lucro Líquido}}{\text{Ativo Total Médio}} = \dfrac{\$\,4.800}{\$\,112.000} = 4{,}3\%$

Margem de Lucro $\quad \dfrac{\text{Lucro Líquido}}{\text{Vendas}} = \dfrac{\$\,4.800}{\$\,92.000} = 5{,}2\%$

Porcentagem do CMV $\quad \dfrac{\text{Custo das Mercadorias Vendidas}}{\text{Vendas}} = \dfrac{\$\,67.000}{\$\,92.000} = 72{,}8\%$

Porcentagem das Despesas Operacionais $\quad \dfrac{\text{Despesas Operacionais}}{\text{Vendas}} = \dfrac{\$\,8.000}{\$\,92.000} = 8{,}7\%$

Porcentagem de P&D $\quad \dfrac{\text{Despesas de P\&D}}{\text{Vendas}} = \dfrac{\$\,7.000}{\$\,92.000} = 7{,}6\%$

Índice de Giro do Ativo $\quad \dfrac{\text{Vendas}}{\text{Ativo Total Médio}} = \dfrac{\$\,92.000}{\$\,112.000} = 0{,}8 \text{ vez por ano}$

Giro de Contas a Receber $\quad \dfrac{\text{Vendas}}{\text{Média de Contas a Receber}} = \dfrac{\$\,92.000}{\$\,13.500} = 6{,}8 \text{ vezes por ano}$

Giro do Estoque $\quad \dfrac{\text{Custo das Mercadorias Vendidas}}{\text{Estoque Médio}} = \dfrac{\$\,67.000}{\$\,24.000} = 2{,}8 \text{ vezes por ano}$

Giro do Imobilizado $\quad \dfrac{\text{Vendas}}{\text{Imobilizado Médio}} = \dfrac{\$\,92.000}{\$\,69.500} = 1{,}3 \text{ vez por ano}$

Solução sugerida para o problema 7.3

(Markum Corporation; analisando o risco de liquidez de curto prazo.)

a. Liquidez Corrente $\quad \dfrac{\text{Ativo Circulante}}{\text{Passivo Circulante}} = \dfrac{\$\,67.000}{\$\,92.000} = 72{,}8\%$

Liquidez Seca $\quad \dfrac{\text{Caixa + Recebíveis}}{\text{Passivo Circulante}} = \dfrac{\$\,21.000}{\$\,50.000} = 42{,}0\%$

b. Giro de Contas a Receber $\quad \dfrac{\text{Vendas}}{\text{Média de Contas a Receber}} = \dfrac{\$\,92.000}{\$\,13.500} = 6{,}8 \text{ vezes por ano}$

Giro do Estoque $\quad \dfrac{\text{Custo das Mercadorias Vendidas}}{\text{Estoque Médio}} = \dfrac{\$\,67.000}{\$\,24.000} = 2{,}8 \text{ vezes por ano}$

Giro de Contas a Pagar $\quad \dfrac{\text{Compras}}{\text{Média de Contas a Pagar}} = \dfrac{\$\,75.000}{\$\,27.900} = 2{,}7 \text{ vezes por ano}$

c. Prazo Médio de Recebimento $\quad \dfrac{365}{\text{Giro de Contas a Receber}} = \dfrac{365}{6{,}8} = 54 \text{ dias}$

Prazo Médio de Estocagem $\quad \dfrac{365}{\text{Giro do Estoque}} = \dfrac{365}{2{,}8} = 131 \text{ dias}$

Prazo Médio de Pagamento $\quad \dfrac{365}{\text{Giro de Contas a Pagar}} = \dfrac{365}{2{,}7} = 136 \text{ dias}$

Ciclo Financeiro = Prazo Médio de Recebimento + Prazo Médio de Estocagem − Prazo Médio de Pagamento = 49 dias

d. O risco de liquidez de curto prazo da Markum parece um tanto alto no final de 2013. Seu índice de liquidez corrente de 72,8% é menor que 1,0. O índice de liquidez seca da Markum (42,0%) se situa na faixa de *benchmark* de aproximadamente a metade de seu índice de liquidez corrente. Seu ciclo financeiro é de 49 dias, indicando que a Markum precisaria de 49 dias de financiamento para cobrir o período líquido em que suas saídas de caixa excedem suas entradas de caixa.

Solução sugerida para o problema 7.4

(Markum Corporation; analisando o risco de liquidez de longo prazo.)

			2012		2013	
a. Endividamento Geral	$\dfrac{\text{Total do Passivo}}{\text{Passivo Circulante}}$	=	$\dfrac{52.800}{100.000}$	= 52,8%	$\dfrac{68.000}{124.000}$	= 54,8%
Índice da Dívida de Longo Prazo	$\dfrac{\text{Dívida de Longo Prazo Total}}{\text{Passivo Circulante}}$	=	$\dfrac{12.000}{100.000}$	= 12,0%	$\dfrac{18.000}{124.000}$	= 14,5%
Índice da Dívida de Longo Prazo sobre o Patrimônio Líquido	$\dfrac{\text{Dívida de Longo Prazo Total}}{\text{Patrimônio Líquido Total}}$	=	$\dfrac{12.000}{47.200}$	= 25,4%	$\dfrac{18.000}{56.000}$	= 32,1%
b. Índice de Cobertura de Juros =	$\dfrac{\text{Lucro Líquido + Despesa de Tributos sobre o Lucro + Despesa de Juros}}{\text{Despesa de Juros}}$	=	$\dfrac{4.800 + 3.200 + 2.400}{2.000} = 5,0$		$\dfrac{1.800 + 1.200 + 1.000}{1.000} = 4,0$	

c. O risco de liquidez de longo prazo da Markum aumentou entre 2012 e 2013, como evidenciado pelo aumento dos índices de endividamento e diminuição do índice de cobertura de juros. O índice de cobertura de juros permanece aceitável (embora um tanto quanto baixo) no fim de 2013, e os índices de endividamento estão também bastante razoáveis. De modo geral, a posição de solvência de longo prazo da Markum é forte no fim do exercício de 2013.

Solução sugerida para o problema 7.5

(Consumer Electronics Limited; calculando índices de rentabilidade e de risco.)

a. Retorno sobre o Patrimônio Líquido (ROE) = $\dfrac{1.483}{0,5 \times (5.377 + 6.763)}$ = 24,4%

b. Retorno sobre os Ativos (ROA) = $\dfrac{1.483}{0,5 \times (10.797 + 12.143)}$ = 12,9%

c. Índice de Alavancagem Financeira = $\dfrac{0,5 \times (10.797 + 12.143)}{0,5 \times (5.377 + 6.763)}$ = 1,9

d. Margem de Lucro = $\dfrac{1.483}{25.675}$ = 5,8%

e. Porcentagem do Custo das Mercadorias Vendidas = $\dfrac{17.765}{25.675}$ = 69,2%

f. Porcentagem de Despesas Operacionais = $\dfrac{5.681}{25.675}$ = 22,1%

g. Giro do Ativo = $\dfrac{25.675}{0,5 \times (10.797 + 12.143)}$ = 2,2 vezes por ano

h. Giro de Contas a Receber = $\dfrac{25.675}{0,5 \times (1.417 + 1.512)}$ = 17,5 vezes por ano

i. Giro do Estoque $= \dfrac{17.765}{0,5 \times (3.984 + 3.567)} = 4{,}7$ vezes por ano

j. Giro do Imobilizado $= \dfrac{25.675}{0,5 \times (4.224 + 6.151)} = 4{,}9$ vezes por ano

k. Índice de Liquidez Corrente $= \dfrac{5.992}{3.639} = 1{,}6$

l. Índice de Liquidez Seca $= \dfrac{612 + 1.512}{3.639} = 0{,}58$

m. Giro de Contas a Pagar $= \dfrac{17.765 + 3.567 - 3.984}{0,5 \times (1.066 + 1.040)} = 16{,}5$ vezes por ano

n. Ciclo Financeiro $= (365/17{,}5) + (365/4{,}7) - (365/16{,}5) = 76$ dias

o. Índice de Endividamento Geral $= \dfrac{3.639 + 1.741}{12.143} = 44{,}3\%$

p. Índice da Dívida de Longo Prazo $= \dfrac{1.741}{12.143} = 14{,}3\%$

q. Índice da Dívida sobre o Patrimônio Líquido $= \dfrac{1.741}{6.763} = 25{,}7\%$

r. Índice de Cobertura de Juros $= \dfrac{1.483 + 635 + 123}{123} = 18{,}2$ vezes

PRINCIPAIS TERMOS E CONCEITOS

Alavancagem financeira
Análise de decomposição DuPont
Análise de séries temporais
Análise transversal (*cross section*)
Balanço patrimonial padronizado
Ciclo financeiro, ciclo do caixa, ciclo do lucro
Demonstrações financeiras *pro forma*
Giro de contas a pagar
Giro de contas a receber
Giro de estoque
Giro do ativo, índice de giro do ativo
Giro do imobilizado
Índice de cobertura de juros
Índice de dívida de longo prazo
Índice de dívida sobre o patrimônio líquido

Índice de endividamento geral
Índice de liquidez seca
Índice do fluxo de caixa de operações sobre o passivo circulante
Índice do fluxo de caixa de operações sobre o passivo total
Liquidez
Lucratividade
Margem de lucro
Retorno e risco
Retorno sobre o ativo (ROA)
Retorno sobre o patrimônio líquido (ROE)
Risco de liquidez de curto prazo
Risco de liquidez de longo prazo

QUESTÕES, EXERCÍCIOS E PROBLEMAS

Questões

1. Reveja o significado dos termos e conceitos listados em Principais Termos e Conceitos.
2. "Os índices financeiros são uma métrica útil para relacionar dois itens nas demonstrações financeiras. Contudo, é difícil interpretar as variações em um índice particular porque a explicação pode referir-se a com variações no numerador, no denominador ou em ambos." Explique essa afirmação usando a variação de 65% para 68% na porcentagem do custo das mercadorias vendidas sobre vendas.
3. No cálculo do retorno sobre o ativo, a fórmula simples do ROA não ajusta pela despesa de juros. Explique por que é tecnicamente mais correto fazer um ajuste pela despesa de juros ao calcular esse índice, bem como a forma do ajuste.
4. O giro do ativo total de uma empresa diminuiu, mas houve aumento do giro de suas contas a receber, do estoque e do ativo imobilizado. Sugira possíveis explicações.
5. Explique por que o retorno sobre o patrimônio líquido de uma empresa que não tem ações preferenciais será menor que o retorno sobre o patrimônio líquido de uma empresa similar com ações preferenciais.
6. O presidente de uma empresa afirmou: "As operações de nossa companhia são tais que precisamos girar nosso ativo uma vez a cada quatro semanas". O presidente de uma empresa de outro setor disse: "As operações de nossa companhia são tais que vivemos confortavelmente com um giro do ativo de quatro vezes por ano". Explique o que esses dois presidentes provavelmente queriam dizer.
7. Alguns argumentam que, para cada empresa, em determinado tempo, há um índice ideal de giro do estoque. Explique.
8. Em que circunstâncias a taxa de retorno sobre o patrimônio líquido será superior à taxa de retorno sobre o ativo? Em que circunstâncias ela será menor?
9. Um empreendedor afirmou que sua nova companhia teve desempenho superior *tanto* na margem de lucro *quanto* no giro do ativo. Explique se isso é provável.
10. Dada a maneira como a alavancagem financeira afeta o ROE, por que uma empresa não faz empréstimos do máximo valor possível, isto é, por que não aumenta os empréstimos até perto de 100% do financiamento a que tem acesso?

Exercícios

11. **Calculando e desagregando a taxa de retorno sobre o ativo.** Os relatórios anuais de duas cadeias de restaurantes (Calem Incorporated e Garter Company) revelam os seguintes valores (em milhões de US$):

	Calem	Garter
Receitas	2.352	22.787
Lucro líquido	76	2.335
Ativo total médio	1.473	29.183

    A Calem administra uma cadeia de restaurantes focada em refeições com preços baixos e é proprietária de todos os seus restaurantes. A Garter também vende refeições a preços baixos, mas opera tanto restaurantes próprios como franqueados. A Garter é proprietária dos terrenos e prédios da maior parte dos seus restaurantes franqueados e aluga o espaço aos franqueados.

    a. Calcule a taxa de retorno sobre o ativo de cada companhia.
    b. Desagregue a taxe de retorno sobre o ativo, conforme o item **a**, entre os componentes de margem de lucro e de giro total do ativo.
    c. Comente a relativa rentabilidade das duas companhias.

12. **Análise de rentabilidade de dois tipos de varejistas.** Informações extraídas de relatórios anuais recentes de dois varejistas (valores em milhões de US$) mostram que uma dessas companhias é uma cadeia de lojas de descontos e a outra é uma varejista especializada em vestuário. Indique qual dessas companhias é a cadeia de lojas de descontos e qual é a varejista especializada. Explique seu raciocínio usando os índices financeiros apropriados.

	Companhia A	Companhia B
Vendas	3.750	6.834
Lucro líquido	476	243
Ativo total médio	2.458	2.574

13. Calculando e desagregando a taxa de retorno sobre o patrimônio líquido. Seguem-se algumas informações extraídas dos relatórios anuais da petrolífera Mobilex de três anos recentes (valores em milhões de US$):

	2013	2012	2011
Receitas	404.552	377.635	370.680
Lucro líquido	40.610	39.500	36.130
Ativo total médio	230.549	213.675	201.796
Patrimônio líquido médio	117.803	112.515	106.471

a. Calcule a taxa de retorno sobre o patrimônio líquido em cada ano.
b. Desagregue a taxa de retorno sobre o patrimônio líquido nos componentes margem de lucro, giro total do ativo e índice de alavancagem financeira.
c. Qual foi a variação da rentabilidade da Mobilex ao longo dos três anos?

14. Análise de rentabilidade de duas companhias. Os seguintes dados mostram quatro itens das demonstrações financeiras de um ano recente de duas companhias (valores em milhões de US$):

	Companhia A	Companhia B
Para o Ano		
Receitas	3.750	6.143
Lucro líquido	476	934
Média durante o ano		
Ativo total	2.458	5.594
Patrimônio líquido	2.256	2.566

a. Calcule a taxa de retorno sobre o ativo de cada companhia. Desagregue a taxa de retorno sobre o ativo nos componentes margem de lucro e giro do ativo total.
b. Calcule a taxa de retorno sobre o patrimônio líquido de cada companhia. Desagregue a taxa de retorno sobre o patrimônio líquido nos componentes margem de lucro, giro do ativo total e índice de alavancagem financeira.
c. As duas companhias são uma fabricante de motocicletas de marca e um operador de varejo de lojas especializadas em café, principalmente em instalações alugadas. Qual das companhias corresponde a A e B? Que indícios você encontrou para chegar a essa conclusão?

15. Análise de rentabilidade de duas companhias. Os seguintes dados mostram quatro itens das demonstrações financeiras de um ano recente de duas companhias (valores em milhões de US$):

	Companhia A	Companhia B
Para o ano		
Receitas	38.334	93.469
Lucro líquido	6.986	6.999
Média durante o ano		
Ativo total	52.010	187.882
Patrimônio líquido, ações ordinárias	39.757	49.558

a. Calcule a taxa de retorno sobre o ativo de cada companhia e desagregue o ROA nos componentes margem de lucro e giro total do ativo.
b. Calcule a taxa de retorno sobre o patrimônio líquido de cada companhia e desagregue o ROE nos componentes margem de lucro, giro do ativo total e índice de alavancagem financeira.
c. As duas companhias são uma construtora e uma fabricante de semicondutores e serviços de telecomunicação. Qual das companhias corresponde a A e B? Que indícios você encontrou para chegar a essa conclusão?

16. Analisando contas a receber de duas companhias. Os relatórios anuais da Delta e da SunnyDay Company, duas fabricantes de computadores, revelam as informações a seguir referentes ao ano atual (valores em milhões de US$). A Delta vende computadores pessoais customizados, principalmente a pessoas físicas. A SunnyDay vende computadores de ponta e *software* de internet, principalmente a empresas.

	Delta	SunnyDay
Vendas	61.133	13.873
Contas a receber, 1º de janeiro	6.152	2.702
Contas a receber, 31 de dezembro	7.693	2.964

a. Calcule o giro de contas a receber de cada companhia.
b. Calcule o prazo médio de recebimento de cada companhia.
c. Por que os giros de contas a receber dessas duas companhias são diferentes?

17. Analisando estoques ao longo de três anos. As seguintes informações se referem às atividades da Funtime, Inc., uma fabricante de brinquedos (valores em milhões de euros, €):

	2013	2012	2011
Vendas	5.970	5.650	5.179
Custo dos produtos vendidos	3.193	3.038	2.806
Estoque médio	406	380	415

a. Calcule o giro do estoque em cada ano.
b. Calcule o prazo médio de estocagem em cada ano.
c. Calcule a porcentagem do custo dos produtos vendidos sobre as vendas em cada ano.
d. Foi boa a gestão do estoque da Funtime ao longo dos três anos?

18. Analisando o giro do ativo imobilizado ao longo de três anos. As informações a seguir se referem ao Mickey Group, uma companhia de entretenimento (valores em milhões de libras esterlinas, £).

	2013	2012	2011
Vendas	35.510	33.747	31.374
Ativo imobilizado médio	16.270	16.174	15.362
Investimentos em imobilizado	1.566	1.299	1.823
Despesas de depreciação	1.491	1.436	1.339

a. Calcule o giro do ativo imobilizado em cada ano.
b. Foi boa a gestão do investimento em ativo imobilizado do Mickey Group ao longo dos três anos?

19. Calculando e interpretando índices de liquidez de curto prazo. Dados tomados das demonstrações financeiras da FleetSneak, uma fabricante de calçados e roupas de atletismo, apresentam-se da seguinte maneira (valores em milhões de US$):

Para o ano	2013	2012	2011	
Receitas	16.326	14.955	13.740	
Custo dos produtos vendidos	9.165	8.368	7.624	
Lucro líquido	1.492	1.392	1.212	
Fluxo de caixa das operações	1.879	1.668	1.571	
Em 31 de maio	2013	2012	2011	2010
Caixa e títulos negociáveis	2.847	2.303	1.825	1.229
Contas a receber	2.495	2.383	2.262	2.120
Estoques	2.122	2.077	1.811	1.650
Despesas antecipadas	613	583	453	529
Total do ativo circulante	8.077	7.346	6.351	5.528
Contas a pagar	1.040	952	775	780
Empréstimos bancários	131	299	76	153
Outros passivos circulantes	1.413	1.362	1.148	1.098
Total do passivo circulante	2.584	2.613	1.999	2.031

a. Calcule os índices de liquidez corrente e de liquidez seca em 31 de maio de cada ano.
b. Calcule o índice do fluxo de caixa de operações sobre o passivo circulante e os índices de giro de contas a receber, do estoque e de contas a pagar para 2011, 2012 e 2013.
c. Qual foi a variação do risco de liquidez de curto prazo da FleetSneak durante o período de três anos?

20. **Calculando e interpretando índices de liquidez de curto prazo.** Dados tomados das demonstrações financeiras da Geneva S.A., uma empresa de produtos alimentícios sediada na Suíça, apresentam-se da seguinte maneira (valores em milhões de euros, €):

Para o ano	2013	2012	2011	
Receitas	89.625	78.533	73.135	
Custo dos produtos vendidos	37.530	32.474	30.435	
Lucro líquido	8.874	7.277	6.498	
Fluxo de caixa das operações	11.030	9.197	8.461	
Em 31 de dezembro	**2013**	**2012**	**2011**	**2010**
Caixa e títulos negociáveis	5.737	7.129	11.188	9.887
Contas a receber	9.316	9.056	9.193	7.640
Estoques	5.602	4.988	5.250	4.545
Despesas antecipadas	955	760	1.234	756
Total do ativo circulante	21.610	21.933	26.865	22.828
Contas a pagar	8.566	7.810	7.151	5.871
Empréstimos bancários	14.826	9.626	12.120	9.525
Outros passivos circulantes	2.783	2.742	3.792	3.415
Total do passivo circulante	26.175	20.178	23.063	18.811

a. Calcule os índices de liquidez corrente e de liquidez seca em 31 de dezembro de cada ano.
b. Calcule o índice do fluxo de caixa de operações sobre o passivo circulante e os índices de giro de contas a receber, do estoque e de contas a pagar para 2011, 2012 e 2013.
c. Qual foi a variação do risco de liquidez de curto prazo da Geneva durante o período de três anos?

21. **Calculando e interpretando índices de liquidez de longo prazo.** Dados tomados das demonstrações financeiras da Kyoto Electric, uma geradora e provedora de serviços elétricos do Japão, apresentam-se da seguinte maneira (valores em milhões de ienes):

Para o ano	2013	2012	2011	
Lucro líquido antes dos juros e dos tributos sobre o lucro	651	635	538	
Fluxo de caixa das operações	1.074	936	1.411	
Despesa de juros	155	161	165	
Em 31 de dezembro	**2013**	**2012**	**2011**	**2010**
Dívida de longo prazo	5.871	6.278	7.150	7.391
Total do passivo	10.488	10.814	11.247	11.540
Total do patrimônio líquido	3.034	2.780	2.502	2.360

a. Calcule o índice de endividamento de longo prazo e o índice de endividamento sobre o patrimônio líquido no fim de 2010, 2011, 2012 e 2013.
b. Calcule o índice do fluxo de caixa de operações sobre o passivo total e o índice de cobertura de juros de 2011 a 2013.
c. Qual foi a variação do risco de liquidez de longo prazo da Kyoto Electric durante o período de três anos?

22. **Calculando e interpretando índices de liquidez de longo prazo.** Dados tomados das demonstrações financeiras da Arctagon, uma fabricante de aço com sede na Holanda, aparecem a seguir (valores em milhões de euros, €). A Arctagon adquiriu outras companhias de aço durante o período de três anos.

Para o ano	2013	2012	2011	
Lucro líquido antes dos juros e dos tributos sobre o lucro	11.538	6.624	4.160	
Fluxo de caixa das operações	8.539	6.828	6.034	
Despesa de juros	676	895	404	
Em 31 de dezembro	**2013**	**2012**	**2011**	**2010**
Dívida de longo prazo	15.106	16.416	6.760	1.206
Total do passivo	52.749	53.114	17.448	7.760
Total do patrimônio líquido	38.662	31.947	11.264	4.301

a. Calcule o índice de endividamento de longo prazo e o índice de endividamento sobre o patrimônio líquido no fim de cada ano.

b. Calcule o índice do fluxo de caixa de operações sobre o passivo total e o índice de cobertura de juros de 2011 a 2013.

c. Qual foi a variação do risco de liquidez de longo prazo da Arctagon durante o período de três anos?

23. **Efeitos de várias transações em índices das demonstrações financeiras.** Indique os efeitos imediatos (aumento, diminuição, sem efeito) de cada uma das seguintes transações independentes sobre (1) a taxa de retorno sobre o patrimônio líquido; (2) o índice de liquidez corrente; e (3) o índice de endividamento geral. Faça quaisquer suposições necessárias.

a. Uma empresa compra a prazo estoque de mercadoria pelo custo de $ 205.000.

b. Uma empresa vende por $ 150.000 a prazo estoque de mercadoria que custou $ 120.000.

c. Uma empresa recebe $ 100.000 de clientes em contas a receber.

d. Uma empresa paga $ 160.000 a fornecedores em contas a pagar.

e. Uma empresa vende por $ 10.000 uma máquina que custou $ 40.000 e com depreciação acumulada de $ 30.000.

f. Uma empresa declara dividendos de $ 80.000, a serem pagos no próximo período contábil.

g. Uma empresa emite ações ordinárias por $ 75.000.

h. Uma empresa adquire uma máquina ao custo de $ 60.000. Ela dá $ 10.000 à vista e, pelo saldo restante do preço de compra, assina uma nota promissória de $ 50.000 pagável em cinco anos da data da compra.

24. **Efeitos de várias transações em índices das demonstrações financeiras.** Indique os efeitos (aumento, diminuição, sem efeito) de cada uma das seguintes transações independentes sobre (1) o capital de giro (= ativo circulante – passivo circulante) e (2) o índice de liquidez seca, incluindo contas a receber, mas excluindo o estoque de mercadoria. Considere os pressupostos necessários.

a. Uma empresa vende por € 300.000 a prazo estoque de mercadoria que custou € 240.000.

b. Uma empresa declara dividendos de € 160.000, a serem pagos no próximo período contábil.

c. Uma empresa compra a prazo estoque de mercadoria pelo custo de € 410.000.

d. Uma empresa vende por € 20.000 uma máquina que custou $ 80.000 e com depreciação acumulada de € 60.000.

e. Em decorrência de defeitos, uma empresa devolve ao fornecedor estoque de mercadoria comprado por € 7.000 à vista. A empresa recebe um reembolso à vista.

f. Uma empresa emite 10.000 ações ordinárias de € 10 de valor de face, no último dia do período contábil, por € 15 cada ação. Ela usa os proventos para adquirir os ativos de outra empresa, compostos de contas a receber (€ 30.000), estoque de mercadorias (€ 60.000) e imobilizado (€ 100.000). A empresa adquirente também concorda em pagar o passivo de € 40.000 da empresa adquirida. O índice de liquidez seca da empresa adquirida é de, no mínimo, 0,75.

Problemas

25. **Calculando e interpretando índices de rentabilidade e de risco em uma série temporal.** A Bullseye Corporation, com sede nos Estados Unidos, administra lojas de varejo que oferecem vestuário, utilidades domésticas, produtos eletrônicos, produtos esportivos, brinquedos e produtos de entretenimento a preços de desconto. A Bullseye se diferencia dos concorrentes fazendo *merchandising* de tendência com produtos de marca, enfatizando o serviço ao cliente e proporcionando uma experiência de compra confortável e atrativa. Ela também oferece o seu próprio cartão de crédito aos clientes. A empresa aumentou o seu número de lojas de 1.397 em 31 de dezembro de 2010 para 1.591 em 31 de dezembro de 2013. A taxa de crescimento das vendas de lojas

abertas há pelo menos dois anos foi de 5,6% no exercício findo em 31 de dezembro de 2011, 4,8% no exercício findo em 31 de dezembro de 2012 e 3,0% no exercício findo um ano depois. As demonstrações financeiras da Bullseye nos exercícios findos em 31 de dezembro de 2011, 2012 e 2013 são apresentadas na **Figura 7.16** (demonstração do resultado), **Figura 7.17** (balanço patrimonial) e **Figura 7.18** (demonstração dos fluxos de

Figura 7.16

Bullseye Corporation
Demonstração do Resultado Comparativa
(valores em milhões de US$)
(Problema 25)

	Para o ano findo em 31 de dezembro		
	2013	2012	2011
Receita de vendas	61.471	57.878	51.271
Outras receitas	1.918	1.637	1.376
Total das receitas	63.389	59.515	52.647
Menos despesas:			
Custo das mercadorias vendidas	41.895	39.399	34.927
Despesas de vendas e administrativas	16.200	15.022	13.370
Juros	669	597	490
Total	58.764	55.018	48.787
Lucro antes dos tributos sobre o lucro	4.625	4.497	3.860
Despesa com tributos sobre o lucro	1.776	1.710	1.452
Lucro líquido	2.849	2.787	2.408

Figura 7.17

Bullseye Corporation
Balanço Patrimonial Comparativo
(valores em milhões de US$)
(Problema 25)

	31 de dezembro			
	2013	2012	2011	2010
ATIVO				
Caixa	2.450	813	1.648	2.245
Contas a receber (líquido)	8.054	6.194	5.666	5.069
Estoques	6.780	6.254	5.838	5.384
Despesas antecipadas	1.622	1.445	1.253	1.224
Total do ativo circulante	18.906	14.706	14.405	13.922
Imobilizado	25.908	22.681	20.501	18.042
Outros ativos não circulantes	1.559	1.212	1.552	1.511
Total do ativo	46.373	38.599	36.458	33.475
PASSIVO E PATRIMÔNIO LÍQUIDO				
Contas a pagar	6.721	6.575	6.268	5.779
Porção circulante da dívida de longo prazo	1.964	1.362	753	504
Outros passivos circulantes	3.097	3.180	2.567	1.937
Total do passivo circulante	11.782	11.117	9.588	8.220
Dívida de longo prazo	16.939	9.925	10.582	10.216
Outros passivos não circulantes	2.345	1.924	2.083	2.010
Total do passivo	31.066	22.966	22.253	20.446
Ações ordinárias (valor de face de $ 0,10)	68	72	73	74
Ágio na emissão de ações	2.656	2.387	2.121	1.810
Lucros acumulados	12.761	13.417	12.013	11.148
Outros resultados abrangentes acumulados	(178)	(243)	(2)	(3)
Total do patrimônio líquido	15.307	15.633	14.205	13.029
Total do passivo e do patrimônio líquido	46.373	38.599	36.458	33.475

Figura 7.18

Bullseye Corporation
Demonstração dos Fluxos de Caixa Comparativa
(valores em milhões de US$)
(Problema 25)

	Para o ano findo em 31 de dezembro		
	2013	2012	2011
OPERAÇÕES			
Lucro líquido	2.849	2.787	2.408
Adições e subtrações			
Despesa de depreciação	1.659	1.496	1.409
Outras adições e subtrações	485	296	474
(Aumento) Diminuição em contas a receber	(602)	(226)	(244)
(Aumento) Diminuição em estoques	(525)	(431)	(454)
(Aumento) Diminuição em despesas antecipadas	(38)	(25)	(52)
Aumento (Diminuição) em contas a pagar	111	435	489
Aumento (Diminuição) em outros passivos circulantes	186	530	421
Fluxo de caixa das operações	4.125	4.862	4.451
INVESTIMENTOS			
Aquisições de imobilizado	(4.369)	(3.928)	(3.388)
Outras transações de investimento	(1.826)	(765)	(761)
Fluxo de caixa de investimentos	(6.195)	(4.693)	(4.149)
FINANCIAMENTOS			
Aumento (Diminuição) em empréstimos de curto prazo	500	–	–
Aumento em empréstimos de longo prazo	7.617	1.256	913
Emissão de ações ordinárias	210	181	231
Diminuição de empréstimos de longo prazo	(1.326)	(1.155)	(527)
Aquisição de ações ordinárias	(2.808)	(901)	(1.197)
Dividendos	(442)	(380)	(318)
Outras transações de financiamento	(44)	(5)	(1)
Fluxo de caixa de financiamentos	3.707	(1.004)	(899)
Variação líquida do caixa	1.637	(835)	(597)
Caixa no início do ano	813	1.648	2.245
Caixa no final do ano	2.450	813	1.648

© Cengage Learning 2014

caixa). A **Figura 7.19** mostra os índices financeiros da Bullseye nos exercícios findos em 31 de dezembro de 2011 e 2012.

a. Calcule os valores dos índices listados na **Figura 7.19** no exercício findo em 31 de dezembro de 2013.

b. Quais as prováveis razões das variações na taxa de retorno sobre os ativos da Bullseye durante o período de três anos? Analise os índices financeiros com a máxima profundidade possível.

c. Quais as prováveis razões das variações da taxa de retorno sobre o patrimônio líquido da Bullseye durante o período de três anos?

d. Qual foi a variação do risco de liquidez de curto prazo da Bullseye durante o período de três anos?

e. Qual foi a variação do risco de liquidez de longo prazo da Bullseye durante o período de três anos?

26. **Rentabilidade e análise de risco em uma configuração de análise transversal (*cross-section*).** Este problema compara os índices de rentabilidade e de risco de três grandes cadeias de descontos: Cartoo, Taggle e Wilmet. A Cartoo tem sede na Espanha, já Taggle e a Wilmet têm suas sedes nos Estados Unidos. As **Figuras 7.20** e **7.21** apresentam os índices de rentabilidade da Cartoo, Taggle e Wilmet para os exercícios de 2011, 2012 e 2013. A **Figura 7.22** mostra os índices de risco das três empresas. A **Figura 7.23** apresenta outros dados selecionados dessas empresas. Todos os valores estão expressos em dólares norte-americanos (US$) para permitir a comparação entre elas. O primeiro item na **Figura 7.23** mostra o aumento das vendas e, entre colchetes, o aumento das vendas em lojas que foram abertas há pelo menos dois anos (vendas de mesma loja). O aumento nas vendas totais é igual à soma dos aumentos das vendas de mesma loja com os aumentos de vendas decorrentes da abertura de novas lojas e aquisição de outras mediante aquisições corporativas. Estude esses índices e responda às seguintes questões:

Figura 7.19
Bullseye Corporation
Análise de Índices Financeiros
(Problema 25)

Para o Exercício	2012	2011
Retorno sobre o ativo	7,4%	6,9%
Margem de lucro	4,8%	4,7%
Giro do ativo total	1,5	1,5
Outras receitas/vendas	2,8%	2,7%
Custo das mercadorias vendidas/vendas	68,1%	68,1%
Despesas de vendas e administrativas/vendas	25,9%	26,1%
Despesa de juros/vendas	1,0%	1,0%
Despesa com tributos sobre o lucro/vendas	2,3%	2,9%
Índice de giro de contas a receber	9,8%	9,6
Índice de giro do estoque	6,5	6,2
Índice de giro do ativo imobilizado	2,7	2,7
Retorno sobre o patrimônio líquido	18,7%	17,7%
Índice de alavancagem financeira	2,5	2,6
Índice de liquidez corrente	1,3	1,5
Índice de liquidez seca	0,6	0,8
Índice de giro de contas a pagar	6,2	5,9
Índice do fluxo de caixa das operações sobre o passivo circulante	47,0%	50,0%
Índice do passivo sobre o ativo	59,5%	61,0%
Índice de endividamento de longo prazo	25,7%	29,0%
Índice de endividamento sobre o patrimônio líquido	63,5%	74,5%
Índice do fluxo de caixa das operações sobre o passivo total	21,5%	20,8%
Índice de cobertura de juros	8,5	8,9

a. Wilmet e Taggle seguem estratégias diferentes. A Wilmet tem, consistentemente, uma taxa mais alta de retorno sobre o ativo (ROA) do que a Taggle. Usando as informações apresentadas nas figuras, sugira as razões para essas diferenças de rentabilidade operacional.

b. Wilmet e Cartoo seguem estratégias similares. A Wilmet tem, consistentemente, desempenho melhor no ROA do que a Cartoo. Usando as informações apresentadas nas figuras, sugira as razões para essas diferenças de rentabilidade operacional.

c. Alguma dessas empresas parece apresentar risco excessivo no final de 2013?

27. **Calculando e interpretando índices de rentabilidade e de risco.** A Gappo Group e a Limito Brands mantêm posições de liderança no mercado de varejo de especialidades de vestuário. Os produtos da Gappo (jeans, blusas, saias) são mais padronizados que os da Limito. Os produtos da Limito são mais voltados à moda e reluzentes. A **Figura 7.24** apresenta as demonstrações do resultado comparativas do exercício de 2013, e a **Figura 7.25** mostra os balanços patrimoniais comparativos da Gappo e da Limito no final dos seus exercícios de 2012 e 2013. Os fluxos de caixa das operações no exercício de 2013 foram de $ 2.081 milhões para a Gappo e de $ 765 milhões para a Limito. A alíquota de tributos sobre o lucro é de 35%. Com base nessas informações e nos indicadores financeiros apropriados, qual companhia é:

a. Mais lucrativa no exercício de 2013?

b. Menos arriscada em termos de liquidez de curto prazo no exercício de 2013?

c. Menos arriscada em termos de liquidez de longo prazo no exercício de 2013?

28. **Interpretando índices de rentabilidade e de risco.** A Depkline plc é uma empresa farmacêutica com sede na Inglaterra. A **Figura 7.26** apresenta índices financeiros da Depkline para 2011, 2012 e 2013. Responda às seguintes questões:

a. Quais as prováveis razões do aumento da margem de lucro durante o período de três anos de 2011 a 2013?

b. Quais as prováveis razões da diminuição do giro do ativo total de 0,88 em 2012 para 0,81 em 2013?

c. Quais as prováveis razões da diminuição do índice de liquidez corrente de 1,5 em 2012 para 1,3 em 2013?

d. Quais as prováveis razões do padrão de variações dos dois índices de fluxos de caixa durante o período de três anos de 2011 a 2013?

Figura 7.20

Cartoo, Taggle e Wilmet
Análise Transversal (Cross-Section) de Lucratividade do ROA
(Problema 26)

ROA

	2011	2012	2013
Cartoo	3,8%	3,4%	3,4%
Taggle	7,0%	7,2%	6,4%
Wilmet	8,5%	8,0%	7,8%

	Margem de Lucro			Giro do Ativo Total		
	2011	2012	2013	2011	2012	2013
Cartoo	2,5%	2,4%	2,3%	1,5	1,4	1,5
Taggle	4,7%	4,8%	4,6%	1,5	1,5	1,4
Wilmet	3,7%	3,5%	3,4%	2,3	2,3	2,3

	Cartoo			Taggle			Wilmet		
	2011	2012	2013	2011	2012	2013	2011	2012	2013
Vendas	100,0%	100,0%	100,0%	100,0%	100,0%	100,0%	100,0%	100,0%	100,0%
Outras receitas	1,5	1,4	1,5	2,7	2,8	3,1	1,1	1,2	1,2
Custo das mercadorias vendidas	(80,4)	(80,6%)	(80,7)	(68,1)	(68,1)	(68,2)	(76,9)	(76,6)	(76,5)
Propaganda	(1,5)	(1,4)	(1,5)	(2,0)	(2,0)	(1,9)	(0,5)	(0,6)	(0,5)
De vendas e administrativas	(15,2)	(15,1)	(15,1)	(24,1)	(23,9)	(24,4)	(17,7)	(18,1)	(18,4)
Tributos sobre o lucro	(1,3)	(1,3)	(1,2)	(3,2)	(3,3)	(3,3)	(2,0)	(2,0)	(2,0)
Margem de lucro	2,5%	2,4%	2,3%	4,7%	4,8%	4,6%	3,7%	3,5%	3,4%
Giro de recebíveis	13,8	12,8	13,3	9,6	9,8	8,6	141,2	125,4	115,3
Giro do estoque	10,0	10,2	10,3	6,2	6,5	6,4	7,7	8,0	8,3
Giro do ativo fixo	3,8	3,9	3,9	2,7	2,7	2,5	3,9	3,8	3,7
Porcentagem do Ativo Total:									
Recebíveis	11%	12%	10%	16%	16%	17%	2%	2%	2%
Estoque	12	11	12	16	16	15	22	22	20
Ativo imobilizado	37	37	37	56	59	56	59	60	61
Outros	40	40	41	12	9	12	17	16	17
Total	100%	100%	100%	100%	100%	100%	100%	100%	100%

29. **Interpretando índices de rentabilidade e de risco.** A Scantania é uma empresa sueca que fabrica caminhões e outros veículos pesados e disponibiliza financiamento para as compras de seus clientes. A **Figura 7.27** apresenta os índices financeiros da Scantania para 2011, 2012 e 2013. Na demonstração do resultado padronizada, o valor do Resultado Líquido com Financiamentos é a diferença entre os juros recebidos dos clientes e a despesa de juros sobre os valores tomados emprestados para financiar esses recebíveis.

Figura 7.21

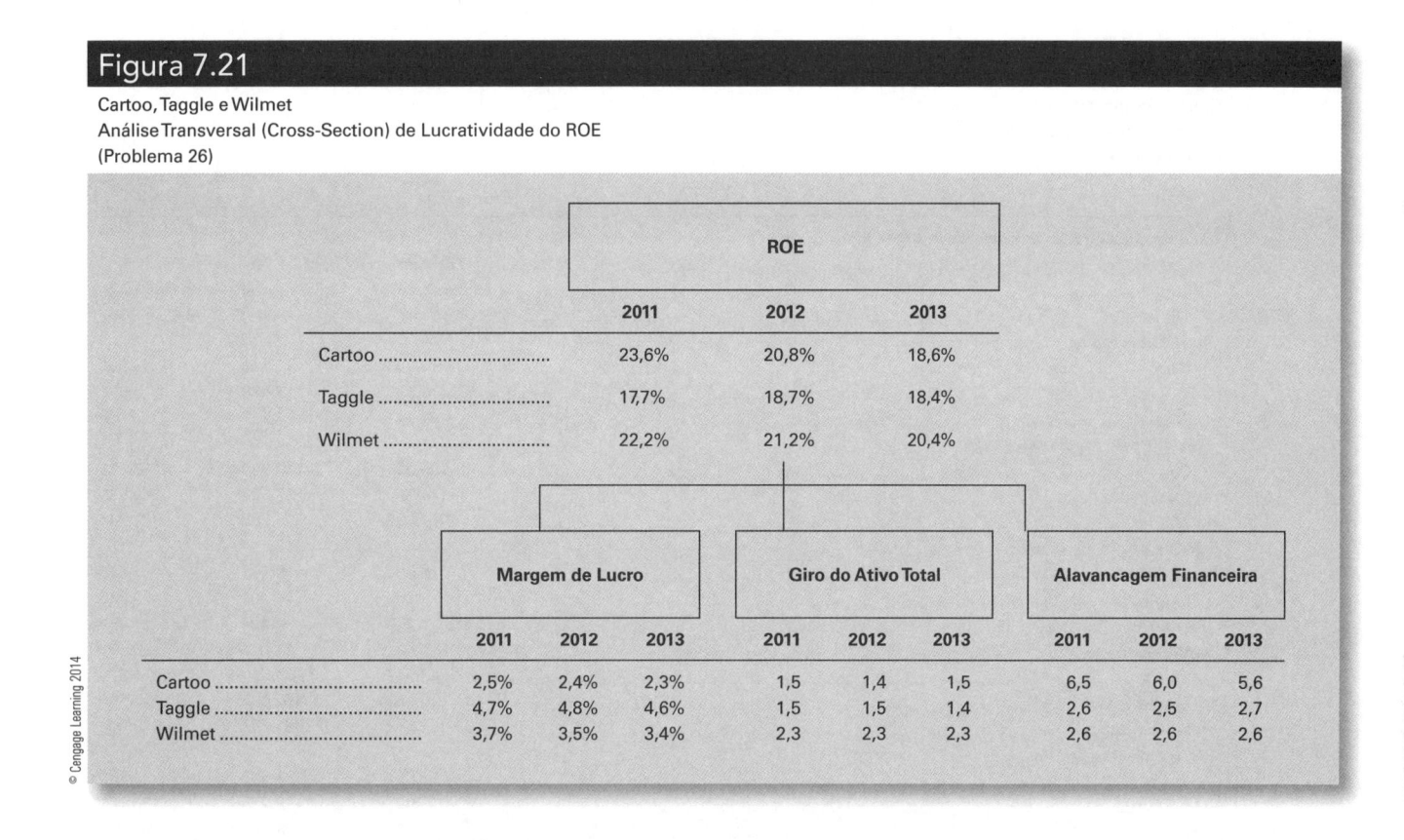

Cartoo, Taggle e Wilmet
Análise Transversal (Cross-Section) de Lucratividade do ROE
(Problema 26)

ROE

	2011	2012	2013
Cartoo	23,6%	20,8%	18,6%
Taggle	17,7%	18,7%	18,4%
Wilmet	22,2%	21,2%	20,4%

	Margem de Lucro			Giro do Ativo Total			Alavancagem Financeira		
	2011	2012	2013	2011	2012	2013	2011	2012	2013
Cartoo	2,5%	2,4%	2,3%	1,5	1,4	1,5	6,5	6,0	5,6
Taggle	4,7%	4,8%	4,6%	1,5	1,5	1,4	2,6	2,5	2,7
Wilmet	3,7%	3,5%	3,4%	2,3	2,3	2,3	2,6	2,6	2,6

Figura 7.22

Cartoo, Taggle e Wilmet
Análise Transversal (Cross-Section) de Risco
(Problema 26)

	Cartoo			Taggle			Wilmet		
	2011	2012	2013	2011	2012	2013	2011	2012	2013
Liquidez de curto prazo									
Índice de liquidez corrente	0,65	0,66	0,67	1,50	1,32	1,60	0,90	0,90	0,81
Índice de liquidez seca	0,36	0,37	0,36	0,76	0,63	0,89	0,19	0,20	0,16
Índice do fluxo de caixa de operações sobre o ativo circulante	19,4%	16,4%	19,4%	50,0%	47,0%	36,0%	38,3%	40,1%	36,9%
Prazo médio de recebimento	26	29	27	38	37	42	3	3	3
Prazo médio de estocagem	36	36	36	59	56	57	48	46	44
Prazo médio de pagamento	95	96	91	62	59	57	36	37	37
Liquidez de longo prazo									
Índice do passivo sobre o ativo	82,1%	80,6%	80,0%	61,0%	59,5%	67,0%	63,2%	60,8%	62,5%
Índice de endividamento de longo prazo	26,3%	25,9%	25,7%	29,0%	25,7%	36,5%	25,3%	23,4%	24,5%
Índice de endividamento sobre o patrimônio líquido	146,8%	133,4%	128,6%	74,5%	63,5%	110,7%	68,7%	59,8%	65,5%
Índice do fluxo de caixa das operações sobre o passivo total	11,2%	10,1%	11,8%	20,8%	21,5%	15,3%	21,0%	21,6%	20,0%
Índice de cobertura de juros	6,6	6,5	6,0	8,9	8,5	7,9	13,1	11,3	10,4

a. Quais as prováveis razões do aumento da margem de lucro durante o período de três anos de 2011 a 2013?
b. Quais as prováveis razões da diminuição da proporção do custo dos produtos vendidos sobre as vendas, combinada com o aumento do índice de giro do estoque durante o período de três anos?
c. Quais as prováveis razões do aumento do giro do ativo imobilizado entre 2012 e 2013?

Figura 7.23

Cartoo, Taggle e Wilmet
Outros Dados Financeiros Selecionados
(Problema 26)

	2011	2012	2013
Taxa de crescimento das vendas [mesma loja]			
Cartoo	1,0% [0,9%]	5,2% [1,2%]	6,8% [1,8%]
Taggle	12,2% [5,6%]	12,9% [4,8%]	6,3% [3,0%]
Wilmet	9,8% [3,4%]	11,7% [2,0%]	8,6% [1,6%]
Número de lojas			
Cartoo	$ 7.003	$ 7.358	$ 7.906
Taggle	1.397	1.488	1.591
Wilmet	6.141	6.779	7.262
Área em pés quadrados (000s)			
Cartoo	$ 156.216	$ 164.354	$ 181.899
Taggle	178.260	192.064	207.945
Wilmet	741.897	806.988	869.341
Vendas por pé quadrado			
Cartoo	$ 582	$ 587	$ 618
Taggle	288	301	296
Wilmet	416	428	431
Vendas por loja			
Cartoo	$ 12.988.587	$ 13.103.550	$ 14.224.804
Taggle	36.700.787	38.896.505	38.636.706
Wilmet	50.308.582	50.891.282	51.573.396
Pés quadrados por loja			
Cartoo	$ 22.307	$ 22.337	$ 23.008
Taggle	127.602	129.075	130.701
Wilmet	120.810	119.042	119.711
Estoque por pé quadrado			
Cartoo	$ 49	$ 46	$ 52
Taggle	33	33	33
Wilmet	43	42	40
Ativo imobilizado por pé quadrado			
Cartoo	$ 156	$ 154	$ 163
Taggle	115	118	125
Wilmet	115	117	122
Vendas por funcionário			
Cartoo	$ 242.942	$ 248.590	$ 269.992
Taggle	178.458	193.443	197.592
Wilmet	201.925	213.617	209.818

Figura 7.24

Gappo Group e Limito Brands
Demonstrações do Resultado Comparativas
(valores em milhões de US$)
(Problema 27)

Para o ano findo em 31 de agosto de 2013	Gappo Group	Limito Brands
Vendas	15.763	10.134
Receita de juros	117	146
Ganhos líquidos de desinvestimentos em lojas de varejo	–	230
Total das receitas	15.880	10.510
Despesas:		
Custo das mercadorias vendidas	10.071	6.592
De vendas e administrativas	4.377	2.640
De juros	26	149
De tributos sobre o lucro	539	411
Total de despesas	15.013	9.792
Lucro líquido	867	718

Figura 7.25

Gappo Group e Limito Brands
Balanços Patrimoniais Comparativos
(valores em milhões de US$)
(Problema 27)

Para o ano findo em 31 de agosto	Gappo Group		Limito Brands	
	2013	2012	2013	2012
ATIVO				
Caixa e títulos negociáveis	1.939	2.644	1.018	500
Contas a receber	–	–	355	176
Estoques	1.575	1.796	1.251	1.770
Despesas antecipadas	572	589	295	325
Total do ativo circulante	4.086	5.029	2.919	2.771
Imobilizado (líquido)	3.267	3.197	1.862	1.862
Outros ativos não circulantes	485	318	2.656	2.460
Total do ativo	7.838	8.544	7.437	7.093
PASSIVO E PATRIMÔNIO LÍQUIDO				
Contas a pagar	1.006	772	517	593
Porção circulante da dívida de longo prazo	138	325	7	8
Outros passivos circulantes	1.289	1.175	850	1.108
Total do passivo circulante	2.433	2.272	1.374	1.709
Dívida de longo prazo	50	188	2.905	1.665
Outros passivos não circulantes	1.081	910	939	764
Total do passivo	3.564	3.370	5.218	4.138
Capital social – Ações ordinárias	55	55	262	262
Ágio na emissão de ações	2.783	2.631	1.550	1.565
Lucros acumulados	9.223	8.646	4.758	4.277
Outros resultados abrangentes acumulados	125	77	31	(17)
Ações em tesouraria	(7.912)	(6.235)	(4.382)	(3.132)
Total do patrimônio líquido	4.274	5.174	2.219	2.955
Total do passivo e patrimônio líquido	7.838	8.544	7.437	7.093

d. O giro do ativo total permaneceu em 0,85 entre 2011 e 2012, mas o giro das contas a receber, do estoque e do ativo imobilizado aumentou. Qual a provável explicação para o giro do ativo total ter permanecido estável?

e. Quais as prováveis explicações para o aumento dos dois índices de fluxo de caixa entre 2011 e 2012?

f. Quais as razões da diminuição dos índices de liquidez corrente e de liquidez seca entre 2012 e 2013?

30. **Análise de detetive – identificando empresas.** A análise efetiva das demonstrações financeiras requer o entendimento das características econômicas da empresa. As relações entre diversos itens das demonstrações financeiras proporcionam evidência de muitas dessas características. A **Figura 7.28** apresenta os balanços patrimoniais padronizados resumidos e as demonstrações do resultado padronizadas resumidas de 12 empresas de setores diferentes. Tanto esses balanços como as demonstrações do resultado padronizadas expressam vários itens, como porcentagens da receita operacional (isto é, a demonstração divide todos os valores pela receita operacional do ano). Um traço em um item particular da demonstração financeira não significa que o valor seja zero. Isso apenas indica que o valor não é suficientemente grande para que a empresa o divulgue. As 12 empresas, os países de suas sedes e uma breve descrição de suas atividades são apresentados a seguir:

(1) Accor (França): maior grupo hoteleiro do mundo, opera hotéis sob os nomes de Sofitel, Novotel, Motel 6 e outros. A Accor tem crescido nos últimos anos mediante a aquisição de cadeias hoteleiras estabelecidas.

(2) Arbed-Acier (Luxemburgo): oferece produtos de bobinas de aço, principalmente para a indústria automobilística europeia.

(3) Carrefour (França): administra supermercados e hipermercados na Europa, América Latina e Ásia.

(4) Deutsche Telekon (Alemanha): o maior provedor de serviços de telecomunicação com e sem fio. O setor de telecomunicações tem experimentado um aumento da desregulamentação nos últimos anos.

Figura 7.26

Depkline plc
Índices das Demonstrações Financeiras
(Problema 28)

	2011	2012	2013
Taxa de crescimento das vendas	7,6%	8,5%	6,3%
Índices de rentabilidade			
Retorno sobre ativos	18,8%	20,4%	18,6%
Margem de lucro	21,6%	23,2%	23,0%
Índice de giro do ativo total	0,87	0,88	0,81
Retorno sobre o patrimônio líquido	72,5%	64,3%	55,8%
Índice de alavancagem financeira	3,9	3,1	3,0
Índice de giro de contas a receber	5,2	5,3	5,1
Índice de giro do estoque	2,2	2,2	2,0
Índice de giro do ativo imobilizado	3,4	3,4	3,1
Demonstração do resultado padronizada			
Vendas	100,0%	100,0%	100,0%
Lucro com investimentos	1,6	1,7	2,2
Outras receitas	1,7	1,2	1,9
Custo dos produtos vendidos	(22,0)	(21,6)	(23,4)
Despesas de vendas e administrativas	(33,5)	(31,2)	(30,6)
Pesquisa e desenvolvimento	(14,5)	(14,9)	(14,6)
Outras despesas operacionais	(0,2)	(0,1)	(0,1)
Tributos sobre o lucro	(9,5)	(10,4)	(10,2)
Despesa de juros (líquida de efeito tributário)	(1,5)	(1,1)	(1,7)
Índices de risco de liquidez de curto prazo			
Índice de liquidez corrente	1,4	1,5	1,3
Índice de liquidez seca	1,0	1,0	0,9
Fluxo de caixa de operações sobre passivo circulante	66,1%	52,5%	70,9%
Prazo médio de recebimento	70	69	72
Prazo médio de estocagem	167	168	186
Prazo médio de pagamento	120	105	100
Índices de risco de liquidez de longo prazo			
Índice de endividamento geral	72,2%	62,2%	68,0%
Índice de endividamento de longo prazo	19,4%	18,7%	22,8%
Índice de endividamento sobre o patrimônio líquido	69,6%	49,5%	71,3%
Índice do fluxo de caixa de operações sobre o ativo total	32,6%	24,7%	33,7%
Índice de cobertura de juros	15,6	22,6	14,0

© Cengage Learning 2014

(5) Fortis (Holanda): oferece seguros e serviços bancários. As receitas operacionais incluem os prêmios de seguro recebidos, o lucro de investimentos e a receita com juros de empréstimos. As despesas operacionais incluem valores realmente pagos ou valores que a empresa espera pagar no futuro pelas coberturas de seguro pendentes durante o ano.

(6) Interpublic Group (Estados Unidos): cria peças de anúncios para os clientes. Compra tempo e espaço de propaganda em várias mídias e os vende aos clientes. As receitas operacionais representam uma comissão ou *fee* ganho pela Interpuclic por peça de anúncio criado e por tempo e espaço vendido. As despesas operacionais incluem remunerações pagas aos empregados. A Interpublic adquiriu outras empresas de serviços de marketing nos últimos anos.

(7) Marks & Spencer (Inglaterra): opera lojas de departamentos na Inglaterra e outras lojas de varejo na Europa e nos Estados Unidos. Oferece seu próprio cartão de crédito para as compras dos clientes.

(8) Nestlé (Suíça): o maior processador de alimentos do mundo, oferecendo alimentos preparados, cafés, produtos à base de leite e águas minerais.

(9) Roche Holding (Suíça): cria, fabrica e distribui uma ampla variedade de medicamentos prescritos.

(10) Sun Microsystems (Estados Unidos): projeta, fabrica e vende estações de trabalho de engenharia e servidores usados para manter redes integradas de computadores. A Sun terceiriza a fabricação de muitos dos componentes de seus computadores.

Introdução à análise das demonstrações financeiras 269

Figura 7.27

Scantania AB
Índices das Demonstrações Financeiras
(Problema 29)

	2011	2012	2013
Taxa de crescimento das vendas	11,5%	11,7%	19,4%
Índices de lucratividade			
Retorno sobre ativos	6,3%	7,1%	9,5%
Margem de lucro	7,4%	8,4%	10,1%
Índice de giro do ativo total	0,85	0,85	0,94
Retorno sobre o patrimônio líquido	20,7%	23,8%	33,6%
Índice de alavancagem financeira	3,3	3,3	3,5
Índice de giro de contas a receber	1,97	2,03	2,16
Índice de giro do estoque	4,92	5,21	5,79
Índice de giro do ativo fixo	2,51	2,65	3,02
Demonstração do resultado padronizada			
Vendas	100,0%	100,0%	100,0%
Lucro com investimentos	1,2	1,0	0,5
Resultado líquido com financiamentos	1,6	1,4	1,3
Custo dos produtos vendidos	(75,5)	(73,9)	(73,2)
Despesas de vendas e administrativas	(11,3)	(10,9)	(9,8)
Pesquisa e desenvolvimento	(3,9)	(4,3)	(4,0)
Tributos sobre o lucro	(3,7)	(4,1)	(4,2)
Despesa de juros (líquida de efeito tributário)	(1,0)	(0,9)	(0,6)
Índices de risco de liquidez de curto prazo			
Índice de liquidez corrente	1,2	1,2	1,0
Índice de liquidez seca	0,8	0,9	0,7
Fluxo de caixa de operações sobre passivo circulante	35,1%	37,5%	37,7%
Prazo médio de recebimento	186	179	169
Prazo médio de estocagem	74	70	63
Prazo médio de pagamento	34	38	38
Índices de risco de liquidez de longo prazo			
Índice de endividamento geral	69,7%	70,3%	72,9%
Índice de endividamento de longo prazo	24,7%	20,3%	21,7%
Índice de endividamento sobre o patrimônio líquido	81,4%	68,6%	80,1%
Índice do fluxo de caixa de operações sobre o ativo total	15,5%	19,1%	20,7%
Índice de cobertura de juros	8,8	11,0	18,2

© Cengage Learning 2014

(11) Tokyo Electric Power (Japão): provê serviços de energia elétrica principalmente à comunidade de Tóquio. Mantém quase uma posição de monopólio na sua área de serviço.

(12) Toyota Motor (Japão): montadora de veículos que oferece serviços de financiamento aos seus clientes.

Use todas as pistas que você conseguir para fazer a correspondência entre os indicadores das companhias ilustradas na **Figura 7.28** e as companhias e setores listados aqui.

31. **Preparando demonstrações financeiras** *pro forma* (requer o **Apêndice 7.1**). O **Problema 25** apresenta as demonstrações financeiras da Bullseye Corporation para os exercícios findos em 31 de dezembro de 2011, 2012 e 2013, bem como os índices financeiros.

   a. Prepare um conjunto de demonstrações financeiras da Bullseye Corporation para os exercícios de 2014 a 2018 usando os pressupostos detalhados a seguir.

   b. Descreva ações que a Bullseye poderia empreender para superar a falta de caixa projetada no item **a**.

   c. Quais as prováveis razões das variações projetadas no retorno sobre o patrimônio líquido?

Pressupostos da demonstração do resultado

1. As vendas cresceram 12,2% em 2011 e 12,9% em 2012, principalmente em decorrência do aumento do número de novas lojas e do crescimento das vendas em lojas abertas há mais de um ano. As vendas cresceram apenas 6,3% em 2013 devido a condições de recessão. Embora a Bullseye Corporation continue a aumentar o número

Figura 7.28

Dados para Exercício de Detetive de Índices (Problema 30)

	1	2	3	4	5	6	7	8	9	10	11	12
BALANÇO PATRIMONIAL NO FINAL DO ANO												
Caixa e títulos negociáveis	4,7%	16,4%	8,9%	8,4%	16,7%	7,4%	16,1%	21,3%	72,0%	8,3%	1,4%	338,8%
Recebíveis	8,5	15,9	16,5	27,6	35,9	17,7	81,1	29,6	24,0	10,5	5,9	533,4%
Estoques	9,9	2,8	9,9	5,8	6,4	25,7	—	1,3	20,0	2,9	—	—
Imobilizado, pelo custo	40,8	20,9	59,0	69,6	88,3	130,9	23,0	110,3	83,3	278,9	535,4	15,3
Depreciação acumulada	(15,0)	(9,1)	(33,2)	(17,8)	(50,5)	(67,7)	(11,8)	(35,5)	(35,2)	(112,5)	(284,9)	(12,9)
Imobilizado, líquido	25,8	11,8	25,8	51,8	37,8	63,2	11,2	74,8	48,1	166,4	250,5	2,4
Participações em outras empresas	4,0	14,3	3,0	0,6	18,8	10,3	1,3	10,7	7,7	22,4	16,9	41,9
Outros ativos	15,0	10,9	11,7	3,6	7,1	1,9	63,5	42,1	69,1	56,3	5,4	61,9
Total do ativo	67,9%	72,1%	75,8%	97,8%	122,7%	126,2%	173,2%	179,8%	240,9%	266,8%	280,1%	978,4%
Passivo circulante	37,3%	25,5%	29,7%	26,4%	42,7%	34,5%	106,0%	65,1%	48,3%	42,6%	51,3%	820,8%
Dívida de longo prazo	12,0	6,1	6,6	9,1	22,2	23,3	22,7	49,6	56,4	95,8	167,7	76,9
Outros passivos não circulantes	2,1	1,8	5,9	2,3	4,2	17,2	10,6	10,9	24,5	27,8	24,7	42,2
Patrimônio líquido	16,5	38,7	33,6	60,0	53,6	51,2	33,9	54,2	111,7	100,6	36,4	38,5
Total do passivo e patrimônio líquido	67,9%	72,1%	75,8%	97,8%	122,7%	126,2%	173,2%	179,8%	240,9%	266,8%	280,1%	978,4%
DEMONSTRAÇÃO DO RESULTADO DO ANO												
Receitas operacionais	100,0%	100,0%	100,0%	100,0%	100,0%	100,0%	100,0%	100,0%	100,0%	100,0%	100,0%	100,0%
Outras receitas	1,1%	2,7%	1,0%	0,2%	0,7%	2,3%	1,9%	0,3%	13,8%	0,7%	—	—
Custo dos produtos vendidos	87,8	45,2	44,5	64,6	68,0	81,0	55,3	75,5	27,2	45,0	57,3	32,6
Despesa de depreciação e amortização	3,0	4,9	4,1	3,2	5,9	5,3	2,0	7,1	9,9	23,9	19,9	—
Despesas de vendas e administrativas	6,3	24,8	38,9	24,3	16,4	13,6	27,8	8,1	40,0	15,2	7,3	22,5
Despesa de juros	1,4	0,4	2,0	1,3	0,4	3,5	1,9	3,0	5,2	8,6	8,6	35,4
Despesa de pesquisa e desenvolvimento	—	9,8	1,3	—	3,7	—	—	—	13,8	—	—	—
Despesa de tributos sobre o lucro	1,3	5,8	3,1	2,4	2,5	0,3	5,9	3,7	4,4	3,9	2,8	2,2
Todos os outros itens (líquido)	(0,8)	—	0,8	0,3	0,6	(2,1)	0,7	(1,1)	—	0,6	—	1,7
Total de despesas	99,0%	90,9%	94,7%	96,1%	97,5%	101,6%	93,7%	95,8%	100,5%	97,2%	95,9%	94,4%
Lucro líquido	2,1%	11,8%	6,3%	4,1%	3,2%	0,7%	8,2%	4,5%	13,3%	3,5%	4,1%	5,6%

de lojas, as condições econômicas e a concorrência provavelmente restringirão o crescimento das vendas. Assim, suponha que as vendas crescerão 9% ao ano entre 2014 e 2018.
2. Outras receitas, representando juros em contas a receber, têm sido de aproximadamente 3% das vendas nos últimos três anos. Presuma que outras receitas manterão essa taxa histórica.
3. A porcentagem do custo das mercadorias vendidas sobre as vendas aumentou levemente de 66,1% em 2011 para 68,2% em 2013. Suponha que a porcentagem do custo das mercadorias vendidas sobre as vendas será de 68,1% entre 2014 e 2018.
4. A porcentagem de despesas de vendas e administrativas teve um leve aumento de 26,1% das vendas em 2011 para 26,2% das vendas em 2013. A Bullseye vai realizar economias de escala, uma vez que a sua taxa de crescimento de vendas crescerá 9% ao ano. Considere que a porcentagem das despesas de vendas e administrativas sobre as vendas será de 26,0% de 2014 a 2018.
5. A Bullseye Corporation tomou empréstimos, como dívidas de longo prazo, para construir novas lojas. A média de juros sobre essa dívida foi de aproximadamente 4,4% em 2013. Assuma que a taxa de juros de todos os empréstimos a vencer (dívida de longo prazo e porção corrente da dívida de longo prazo) da empresa será de 5% de 2014 a 2018. Calcule a despesa de juros sobre o valor médio dos empréstimos vigentes em cada ano.
6. A taxa média de tributos sobre o lucro como porcentagem do lucro antes dos tributos sobre o lucro ficou em torno de 38% nos últimos três anos. Considere uma alíquota de 38% de tributos sobre o lucro de 2014 a 2018.
7. Os dividendos da Bullseye Corporation aumentaram a uma taxa média anual de 17,9% entre 2011 e 2013. Presuma que os dividendos crescerão 16% ao ano entre 2014 e 2018.

Pressupostos do balanço patrimonial

8. O caixa será o valor necessário para igualar o ativo total com o passivo total mais o patrimônio líquido.
9. As contas a receber aumentarão à mesma taxa de crescimento das vendas.
10. O estoque aumentará à mesma taxa de crescimento das vendas.
11. As despesas antecipadas se referem a custos operacionais contínuos como aluguel e seguros. Suponha que os adiantamentos pagos crescerão à mesma taxa de crescimento das vendas.
12. O imobilizado cresceu 12,4% ao ano nos três últimos anos. A construção de novas lojas vai requerer investimentos adicionais em imobilizado, mas não com a taxa de crescimento dos últimos anos. Presuma que o imobilizado crescerá 10% ao ano entre 2014 e 2018.
13. Outros ativos variaram apenas em pequenos montantes nos últimos três anos. Suponha que outros ativos permanecerão com o mesmo valor do final de 2013 no período de 2014 a 2018.
14. O índice do giro de contas a pagar aumentou de 5,9 em 2011 para 6,4 em 2013. Considere que a Bullseye Corporation terá aumentado o seu giro de contas a pagar para 6,5 vezes por ano de 2014 a 2018.
15. As notas explicativas das demonstrações contábeis da Bullseye Corporation indicam que a porção da dívida de longo prazo que vence no curto prazo em cada ano é a seguinte: 2013, $ 1.964 (o valor já aparece no balanço patrimonial de 31 de dezembro de 2013); 2014, $ 1.951; 2015, $ 1.251; 2016, $ 2.236; 2017, $ 107; 2018, $ 2.251.
16. Outros passivos circulantes se referem a atividades operacionais contínuas e espera-se que elas aumentem à mesma taxa de crescimento das vendas.
17. A Bullseye Corporation usa a dívida de longo prazo para financiar aquisições de imobilizado. Suponha que a dívida de longo prazo venha a diminuir pelo valor da dívida de longo prazo reclassificada como passivo circulante a cada ano e que, então, o valor remanescente venha a aumentar à mesma taxa de crescimento do imobilizado. Por exemplo, o balanço patrimonial da Bullseye Corporation mostra a porção corrente da dívida de longo prazo como sendo $ 1.964. A empresa quitará esse valor em 2014. Em 2014, ela reclassificará $ 1.951 de dívida de longo prazo para porção corrente de dívida de longo prazo (veja item 15). Isso deixará um saldo preliminar da dívida de longo prazo de $ 14.988 (= $ 16.939 − $ 1.951). A Bullseye Corporation aumentará esse valor da dívida de longo prazo pela taxa de 10% de crescimento do imobilizado. O valor projetado da dívida de longo prazo no balanço patrimonial de 31 de dezembro de 2014 é de $ 16.487 (= $ 14.988 × 1,1).
18. Outros passivos não circulantes incluem um valor referente a benefícios de aposentadoria e impostos a vencer em mais de um ano. Suponha que outros passivos não circulantes aumentarão à mesma taxa de crescimento das vendas.
19. Presuma que o capital social e o ágio na emissão de ações não variarão.

20. Considere que outros resultados abrangentes acumulados aumentarão à mesma taxa de crescimento das vendas.

Pressupostos da demonstração dos fluxos de caixa

21. Suponha que a despesa de depreciação aumentará à mesma taxa de crescimento do imobilizado.
22. Presuma que as variações em outros passivos não circulantes e em outros resultados abrangentes acumulados no balanço patrimonial são atividades operacionais.
23. Considere que o valor de outras transações financeiras é zero de 2014 a 2018.

Parte 3

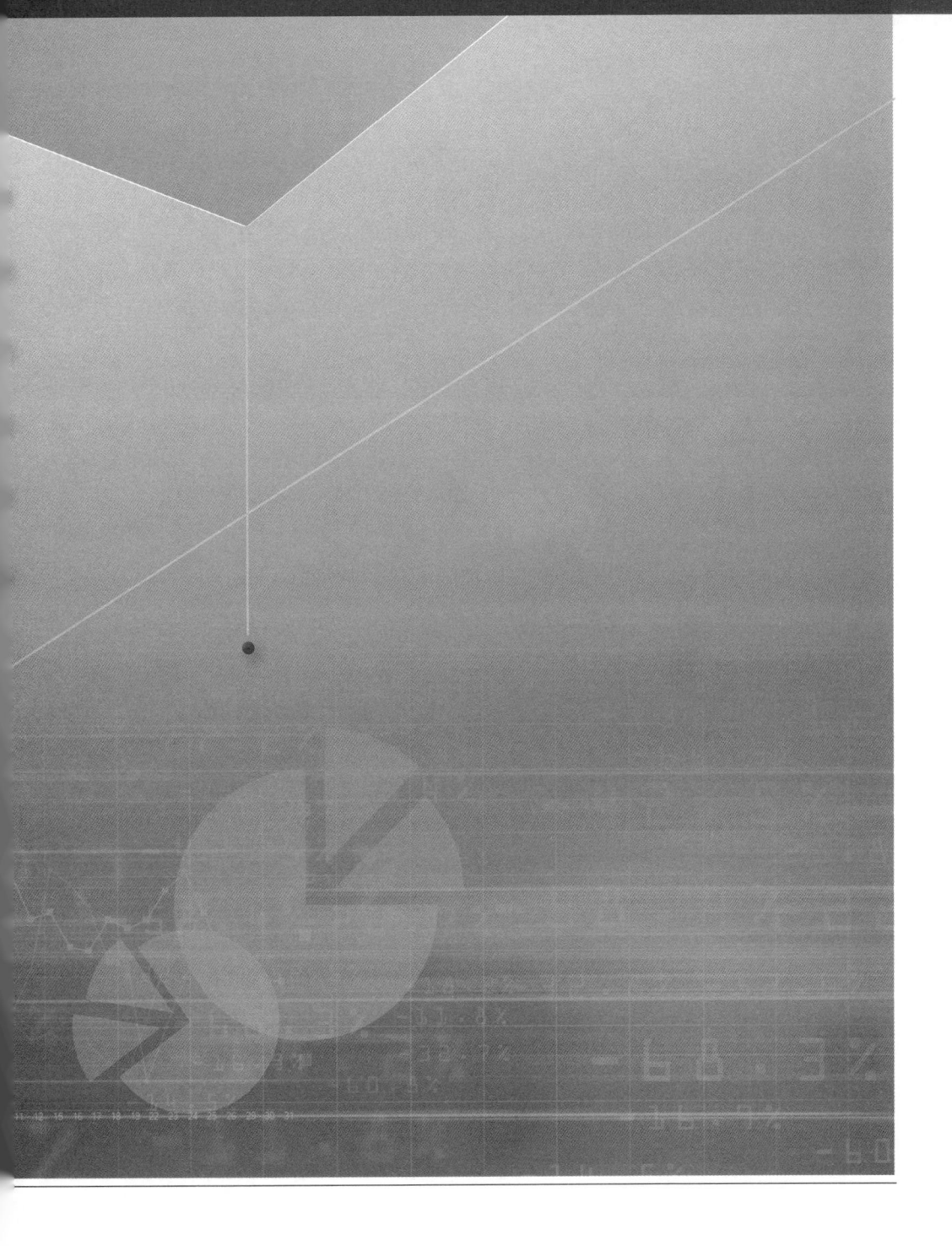

MENSURANDO E APRESENTANDO ATIVOS E PASSIVOS UTILIZANDO U.S. GAAP E IFRS

CAPÍTULO 8

Reconhecimento de receita, recebíveis e adiantamentos de clientes

REVISÃO E APLICAÇÃO DOS PRINCÍPIOS DE RECONHECIMENTO DO LUCRO

O **Capítulo 5** descreve o regime de competência para o reconhecimento contábil do lucro. Sob esse regime, a receita aumenta o lucro e as despesas relacionadas diminuem-no. A orientação oficial contém critérios específicos para reconhecimento de receitas e despesas. Este capítulo amplia os critérios de **reconhecimento da receita** e **mensuração da receita** que foram apresentados no **Capítulo 5**. O reconhecimento da receita determina se e quando um item é de receita. A mensuração da receita estabelece o seu valor. Os padrões U.S. GAAP e IFRS têm critérios bastante similares[1]. Começaremos com uma descrição geral dos critérios de reconhecimento da receita e então apresentaremos diversos exemplos que ilustram o momento (*timing*) de reconhecimento da receita e a sua mensuração.

Reconhecimento da receita. Tanto os U.S. GAAP como as IFRS expõem as condições que os acordos com os clientes precisam preencher para que as empresas reconheçam a receita. Embora as especificidades dessas condições possam diferir (como discutido no **Apêndice 8.1**), os dois critérios conceituais para o reconhecimento da receita são os seguintes:

1. O vendedor precisa ter cumprido suas obrigações para com o cliente, por exemplo, transferindo-lhe a propriedade dos produtos[2].

> **OBJETIVOS DE APRENDIZAGEM**
>
> **1** Conhecer e aplicar os critérios para o reconhecimento da receita, inclusive o momento (*timing*) do reconhecimento e a mensuração da receita.
>
> **2** Compreender a relação entre receitas (uma conta da demonstração do resultado), contas a receber (um ativo) e adiantamentos de clientes (um passivo).
>
> **3** Entender a mensuração de contas a receber, incluindo a provisão para créditos de liquidação duvidosa e a provisão para devolução de produtos vendidos.

---

1. O **Apêndice 8.1** descreve as diferenças entre as orientações do U.S. GAAP e as das IFRS para o reconhecimento da receita no que se refere até o momento da publicação deste livro. O IASB e o FASB estão trabalhando em um projeto conjunto para convergir a orientação regulatória para o reconhecimento da receita. O **Apêndice 8.2** descreve as propostas de reconhecimento da receita que fazem parte desse projeto.
2. Como discutido no **Apêndice 8.1**, o padrão U.S. GAAP se refere à entidade vendedora como tendo obtido as receitas por ter completado o processo de ganhos (*earnings*), enquanto o padrão IFRS se refere à transferência de riscos e benefícios da propriedade aos clientes (no caso de receitas envolvendo produtos) e a ter havido a prestação dos serviços (no caso de receitas envolvendo serviços).

2. O vendedor precisa ter obtido um ativo do cliente que possa ser mensurado com confiabilidade. Se o ativo não é caixa, o vendedor precisa estar razoavelmente certo de que o converterá em caixa.

Reconhecimento da despesa. A empresa reconhece despesas quando consome ativos (**reconhecimento da despesa**). Se um evento ou transação conduz ao reconhecimento de uma receita, as empresas confrontam o consumo dos ativos (a despesa), no tempo, com a receita reconhecida. Por exemplo, o vendedor reconhece o custo dos produtos vendidos quando reconhece a receita da venda desses produtos.

APLICAÇÃO DOS PRINCÍPIOS DE RECONHECIMENTO DO LUCRO

Exemplo 1. A Costco Wholesale Corporation (Costco) opera lojas de varejo. Para comprar em uma loja da Costco, os clientes precisam pagar uma anuidade de associado em dinheiro ou usando cartão da American Express. Um cliente paga uma anuidade de $ 50, compra um pacote de 20 toalhas de papel por $ 12,85 e quatro pneus novos por $ 440. A compra dos pneus inclui a troca e o alinhamento por um técnico da Costco, e ainda serviços de alinhamento e balanceamento pelos três anos seguintes. O cliente paga com cartão de crédito da American Express[3].

Quando a Costco deve reconhecer os $ 50 da anuidade como receita? A Costco pode mensurar com confiabilidade a receita das vendas de anuidade e tem a obrigação de estar pronta para prestar os serviços de compra nas lojas da Costco por um ano. A empresa deve reconhecer 1/12 dos $ 50 da anuidade, ou $ 4,17 por mês, durante o período referente à anuidade.

Quando a Costco deve reconhecer a receita da venda das toalhas de papel? Uma vez que a Costco não tem obrigação ulterior relativa à compra das toalhas de papel pelo cliente, ela reconhecerá a receita no momento da venda.

Quando a Costco deve reconhecer a receita da venda de pneus, bem como os serviços de troca, alinhamento e balanceamento? No momento da instalação inicial, a Costco cumpre sua obrigação de entregar os pneus, da troca inicial e dos serviços de alinhamento. A empresa deve reconhecer a receita da porção dos $ 440 do preço de venda aplicáveis à venda dos pneus e aos serviços de instalação (e do alinhamento realizado) no momento da instalação. Ela deve postergar o reconhecimento da receita da porção de $ 440 do preço de venda aplicável aos serviços subsequentes de alinhamento e balanceamento até que tenha prestado os serviços ao longo dos três anos seguintes.

Exemplo 2. A Pol Roget Vineyards processa uvas para fazer champanhe que ela engarrafa, arrolha e então faz envelhecer em cavernas subterrâneas. Durante o processo de envelhecimento, os vinicultores, a cada poucos meses, giram as garrafas à mão, um quarto de giro por vez; além disso, a intervalos fixos, eles executam uma liberação de gases de fermentação. Considere que a Pol Roget faz um contrato de venda de champanhe a um cliente por € 15 milhões. Segundo os termos do contrato, a empresa armazenará o champanhe nas suas cavernas e realizará todas as funções associadas ao processo de envelhecimento. O preço de venda inclui o custo de produção do champanhe e da prestação de serviço durante o processo de envelhecimento. O cliente paga à Pol Roget € 7,5 milhões no começo do processo de armazenamento e envelhecimento e concorda em pagar o restante na entrega da bebida.

Quando a Pol Roget deve reconhecer a receita da venda do champanhe? A Pol Roget deve reconhecer a receita no momento em que entrega o champanhe ao cliente, pois a empresa não terá cumprido suas obrigações até que o cliente tenha tomado posse do champanhe. Isso se justifica porque a qualidade da bebida pode vir a ser má e, nesse caso, o cliente poderá devolvê-la (ou sequer aceitar a entrega) e recusar-se a pagar os € 7,5 milhões remanescentes.

---

3. Quando o cliente paga com cartão de crédito, o varejista recebe o pagamento prontamente da operadora do cartão, em geral com um pequeno percentual a menos do que o cliente promete pagar. Sob a perspectiva do varejista, é como uma venda à vista com um pequeno desconto sobre o preço à vista. A operadora do cartão de crédito assume o risco de não pagamento pelo cliente, o qual compensa a operadora pagando taxas financeiras e outras remunerações.

Exemplo 3. Entre outros itens, a Apple vende computadores Mac aos clientes, que recebem os computadores físicos (possivelmente com o *software* instalado). Os clientes também têm acesso a serviços de não *software* pós-entrega e o direito de receber certos *upgrades* de *software* à medida que a Apple os desenvolver. A Apple vende os Macs por vários preços, inclusive um modelo por aproximadamente $ 2.500. Os clientes pagam à vista ou com cartão de crédito.

Quando a Apple deve reconhecer a receita dos Macs? A Apple pode mensurar confiavelmente o valor total da receita porque os clientes pagam à vista ou ela recebe o caixa, logo depois, da empresa de cartão de crédito. A empresa separa do total das receitas ($ 2.500 no exemplo) a porção que representa obrigações já cumpridas (entrega do computador) e as obrigações futuras (prover serviços de não *software* e possíveis *upgrades*). Ela reconhece a receita da venda do computador no momento da entrega e reconhece a receita associada com as obrigações futuras ao longo da vida útil estimada do computador. Retomaremos este exemplo mais tarde neste capítulo.

Exemplo 4. A Bombardier é uma fabricante canadense de trens e aviões. Nesse setor, o processo de manufatura geralmente excede um ano. Suponha que a Bombardier recentemente assinou um contrato de € 2 bilhões para fornecer 25 novos trens de alta velocidade a um cliente da União Europeia. O cliente pagou um depósito de € 250 milhões e pagará o restante em parcelas iguais ao longo dos próximos quatro anos.

Quando a Bombardier deve reconhecer a receita desse contrato? No momento em que a Bombardier assina o contrato e recebe € 250 milhões em caixa do cliente, ela ainda não cumpriu nenhuma obrigação, por isso não pode reconhecer receita. Embora a aplicação da primeira condição para o reconhecimento de receitas pareça implicar que a Bombardier deva reconhecer o total de € 2 bilhões como receita quando ela entrega os trens, existem políticas especiais de reconhecimento de receitas de contratos de longo prazo. Se a Bombardier pode confiavelmente estimar tanto a receita do contrato como os custos de cumpri-lo, ela reconhecerá a receita e os custos associados ao contrato ao longo da sua validade. Discutiremos a orientação para o reconhecimento da receita de contratos de longo prazo como este mais adiante neste capítulo.

Exemplo 5. A Mitchells & Butlers é uma das maiores operadoras de *pubs* e restaurantes na Inglaterra. Entre outras atividades, ela administra e concede franquia a aproximadamente 40 restaurantes de vinho sob o nome All Bar One. Suponha que, no contrato com um franqueado do All Bar One, a Mitchells & Butlers concorda em prover serviços, incluindo escolha do lugar, projeto de decoração, marketing, propaganda e recrutamento, e o franqueado concorda em pagar £ 30.000. É comum no setor permitir que o franqueado pague prestações iguais ao longo de vários anos.

Quando a Mitchells & Butlers deve reconhecer a receita do contrato de franquia? No momento da assinatura do contrato com o franqueado, a empresa provavelmente não realizou todos os serviços prometidos. Mesmo que ela tenha feito isso, o valor do caixa que a Mitchells & Butlers receberá pode não ser mensurável com confiabilidade, em virtude da incerteza de que o franqueado pagará as £ 30.000. O não atendimento ao segundo critério de reconhecimento da receita (que se refere à mensuração confiável do ativo recebido pelo vendedor) postergará o reconhecimento da receita até que o vendedor possa superar a incerteza sobre o valor que será recebido.

Esses exemplos ilustram variações de duas questões sobre o momento (*timing*) e a mensuração das receitas: se o vendedor cumpriu, ou completou substancialmente, todas as obrigações, e se o vendedor recebeu um ativo confiavelmente mensurável. Listamos sobre isso vários tópicos que este capítulo discutirá com mais detalhes:

- Contabilização de promessas de clientes de pagar mais tarde. O vendedor registra-as como contas a receber (clientes).
- Contabilização de acordos cujos recebimentos são altamente incertos. A contabilidade requer que os vendedores reconheçam a receita quando recebem o caixa.
- Contabilização de pagamentos dos clientes ao vendedor antes que ele entregue os produtos ou serviços. O vendedor registra esses pagamentos como adiantamentos de clientes.
- Contabilização de direitos dos clientes de devolverem produtos, isto é, devolução de vendas.
- Contabilização de contratos que contêm diversos componentes, isto é, contratos com múltiplas entregas.
- Contabilização de contratos de longo prazo, usando os métodos do percentual concluído e do contrato cumprido.

O regime de competência separa o reconhecimento da receita do recebimento do caixa. Os critérios de reconhecimento requerem que o vendedor tenha (1) cumprido suas obrigações para com o cliente e (2) recebido ativos que são caixa ou podem ser convertidos em caixa. O vendedor pode reconhecer a receita antes, depois ou no momento do recebimento do caixa. Um comprador pode trocar uma promessa de pagamento futuro por bens e serviços. O vendedor reconhece tais promessas como contas a receber (clientes) e as classifica como um ativo circulante no seu balanço patrimonial. (O mesmo valor é uma conta a pagar no balanço patrimonial do comprador.) O fato de alguns clientes não pagarem os valores que eles devem significa que o valor contábil das Contas a Receber no balanço patrimonial deve mostrar o valor que o vendedor espera receber e não o valor que lhe é devido. Este capítulo descreve os procedimentos contábeis para esses créditos de liquidação duvidosa.

Às vezes, o cliente paga ao vendedor em dinheiro antes de receber os produtos ou serviços; são exemplos os pagamentos em caixa de € 7,5 milhões no **Exemplo 2** e de € 250 milhões no **Exemplo 4**. O vendedor aumentou tanto seus ativos (seu caixa) como suas obrigações. Ele reconhece um passivo, adiantamento de clientes, para produtos e serviços no valor do caixa recebido[4]. Quando o vendedor cumprir suas obrigações, ele reconhecerá a receita e reduzirá o seu passivo.

Alguns acordos permitem ao cliente devolver produtos. Esses acordos podem criar tanta incerteza a ponto de o vendedor ter de postergar o reconhecimento da receita até que o período de devolução tenha expirado. Em outras transações, o vendedor reconhece a receita no momento da venda e as **devoluções de vendas** esperadas nesse momento[5]. Acordos que permitem ao cliente devolver produtos levantam questões tanto de desempenho (o vendedor cumpriu todas as suas obrigações?) como de mensuração.

As empresas, por vezes, vendem pacotes de produtos e serviços em um **contrato de múltipla entrega**. Por exemplo, a venda de um Mac pela Apple (**Exemplo 3**) inclui o computador, mais serviços de não *software* e possíveis serviços de *upgrade*. Em alguns casos, o vendedor separa o contrato em seus componentes ou elementos, para fins contábeis, analisando cada componente separadamente para o reconhecimento da receita[6]. O vendedor aloca a receita total do contrato entre os seus componentes e determina quando realizou cada um deles. Aplicando U.S. GAAP, o vendedor atribui receita a cada componente com base nos preços de venda relativos, ou seja, o preço pelo qual o vendedor venderia separadamente um componente de entrega individual (o preço de venda separada). A receita alocada a um componente é o preço total do contrato multiplicado pela proporção entre o preço de venda separada desse componente e a soma dos preços de venda separada de todos os componentes.

Uma orientação especial para o reconhecimento da receita se aplica a contratos de longo prazo, como o contrato de trens da Bombardier (**Exemplo 4**). Quando puder confiavelmente estimar tanto os custos desses contratos como os valores que ele receberá, o vendedor utilizará o **método do percentual concluído** para reconhecer a receita e os custos associados ao contrato. Uma implementação desse método mensura a receita em um período como a proporção do custo incorrido no período em relação ao total estimado do custo do contrato. A porcentagem do contrato cumprida nesse período é igual à do custo total incorrida no período, a qual determina a receita reconhecida. Para ilustrar, se em 2013 a Bombardier incorreu em 20% do custo total de fornecer os 25 trens, ela reconhecerá 20% do valor total do contrato como receita de 2013, ou seja, € 400 milhões (= 20% × € 2 bilhões). A Bombardier também reconhecerá como despesa de 2013 20% do custo total. Sob essa abordagem, ela não reconhece a receita quando entrega trens ao cliente; antes, reconhece a receita na medida em que incorre em custos.

---

4. Se o vendedor completa suas obrigações em um ano, Adiantamento de Clientes é um passivo circulante. Se o acordo se prolonga além de um ano, o vendedor rateia o adiantamento de caixa recebido do cliente entre a porção que ele abaterá ao longo do ano (passivo circulante) e a porção que ele abaterá depois de um ano (passivo não circulante).
5. O padrão IFRS não contém orientações expressas determinando se o vendedor deve postergar o reconhecimento da receita até que o período de devolução tenha expirado. Os U.S. GAAP apresentam seis condições que uma transação deve preencher para que o vendedor reconheça a receita no momento da venda se o cliente tem o direito de devolução (FASB, *Statement of Financial Accounting Standards No. 48, Revenue* "Recognition When Right of Return Exists", 1981) (**Codification Topic 605**).
6. O padrão U.S. GAAP fornece critérios para o vendedor decidir quando deve separar um contrato de múltipla entrega em seus elementos para fins contábeis (*Emerging Issues Task force Issue No. 08-1*, "Revenue Arrangements with Multiple Deliverables", 2010 (**Codification Topic 605**). (U.S. GAAP provê regras especiais para *software*.) O padrão IFRS se refere à necessidade, em certas circunstâncias, de aplicar critérios de reconhecimento da receita a componentes de uma única transação que possam ser identificados separadamente, mas não oferece critérios para fazer essa separação. Os mecanismos de separação de um contrato em seus múltiplos elementos estão além do escopo deste livro.

> **PROBLEMA 8.1 PARA APRENDIZAGEM**
>
> **Reconhecimento da receita antes, depois ou no momento da venda.** Suponha que a Sony (o vendedor) embarca 5 mil televisores LCD de tela plana de 42 polegadas para a Great Deal (o comprador). Para cada um dos seguintes acordos independentes, aplique os critérios gerais de reconhecimento da receita para decidir quando a Sony deverá reconhecer a receita.
>
> a. O contrato estabelece que a Great Deal pague à Sony $ 2.000 por televisão dentro de 30 dias do recebimento. A Great Deal pode devolver à Sony, a qualquer momento, televisores danificadas ou defeituosas e receber reembolso total.
> b. O contrato determina que a Great Deal pague à Sony $ 2.000 por televisor dentro de 30 dias do recebimento. A Great Deal pode devolver as televisores à Sony por qualquer razão até seis meses após o recebimento.
> c. O contrato prevê que a Great Deal venda as televisões atuando por conta da Sony. A Great Deal é responsável pela armazenagem e seguro das televisores, pelo marketing e pela fixação do preço de venda, dentro de uma faixa de preços de venda acordada. O preço esperado de venda é de $ 3.400 por televisão. Em troca do bom desempenho desses serviços, a Sony paga $ 400 por televisor a Great Deal. A qualquer momento, a Great Deal pode devolver os televisores não vendidas à Sony.

RECONHECIMENTO DO LUCRO NO MOMENTO DA VENDA

Muitas transações satisfazem os critérios de reconhecimento da receita no momento da venda (isto é, no momento da entrega de produtos e serviços). Por exemplo, algumas empresas fabricam (ou compram) um produto ou criam um serviço, identificam um cliente, entregam a ele o produto ou serviço e recebem caixa ou algum outro ativo no momento da entrega. Para justificar o reconhecimento da receita no momento da venda, as empresas precisam contabilizar os efeitos de certos eventos que ocorrem *depois* do momento da venda, incluindo:

- Alguns clientes que não pagarão o que devem. Esse evento dá origem à questão contábil das contas incobráveis de clientes. Essa questão afeta a mensuração de contas a receber.
- Alguns clientes que devolverão produtos. Esse evento dá origem à questão contábil da estimativa de devoluções de vendas.
- Clientes que receberão serviços de garantia. Esse evento dá origem à questão contábil dos custos de garantias.

Consideraremos as duas primeiras questões neste capítulo e, no **Capítulo 9**, discutiremos a contabilização de garantias.

Contas a receber

Contas a receber (ou **Clientes**) são o valor, no balanço patrimonial do vendedor, devido pelos clientes que compraram produtos e serviços a crédito. Uma conta a receber é geralmente um ativo circulante, uma vez que o vendedor espera receber caixa dentro de um curto período, como 30 dias. Os recebíveis que permitem pagamentos para além de um ano da data do balanço são ativos não circulantes.

Nem todos os clientes, em última análise, pagam as quantias devidas. Uma conta a receber que o vendedor jamais consegue receber é uma **conta incobrável**. Uma empresa não quer vender produtos e serviços a clientes que deixarão de pagar, mas o custo de identificar tais clientes (supondo que isso seja possível) frequentemente excede os benefícios de fazê-lo. Por exemplo, um varejista que quisesse assegurar que *todos* os clientes de crédito efetivamente paguem precisaria, no momento da venda:

- Reunir informações sobre a qualidade do crédito do cliente, por exemplo, mediante seu histórico.
- Avaliar a habilidade e vontade do cliente de pagar a quantia devida.

Reunir e analisar esses dados tomaria tempo e poderia resultar em perdas de vendas se os clientes fossem comprar em outros lugares. Além disso, com o intuito de evitar maus débitos, o varejista provavelmente negaria crédito a muitos clientes que pagariam suas contas, pois eles não passariam nos testes rigorosos para eliminar *toda* possível venda a crédito que poderia vir a ser incobrável. O vendedor teria mais vantagem em aceitar algumas contas incobráveis para poder aumentar o conjunto das vendas. Na medida em que o valor recebido das vendas a crédito exceda o custo dos produtos vendidos e os outros custos de atender esses clientes, o varejista terá vantagem.

O fato de muitas empresas julgarem que é uma solução otimizada suportar o custo de recebíveis incobráveis não implica que a empresa conceda crédito indiscriminadamente ou que não se dedique aos esforços de cobrança.

Uma análise de custo-benefício da política de crédito deve orientar uma estratégia que resulte em contas incobráveis dentro de um valor razoavelmente previsível antes de a empresa realizar qualquer venda.

Método de provisão para créditos de liquidação duvidosa

As duas principais questões das contas a receber são (1) mensuração do valor no balanço patrimonial e (2) momento (*timing*) do reconhecimento da redução do lucro em virtude de algumas contas se tornarem incobráveis. A orientação oficial requer que os vendedores informem um valor de contas a receber *líquido* de valores estimados como incobráveis. Esse é o valor que a empresa espera receber efetivamente dos clientes, o qual será menor que o valor que eles, ao comprar, tinham concordado em pagar. Com relação ao *timing*, o vendedor precisa reconhecer uma redução no lucro pelos valores a receber incobráveis quando as informações disponíveis indicarem que as contas não serão cobráveis, e não apenas quando o cliente realmente se tornar inadimplente depois de algum tempo. O exemplo a seguir ilustra esses requisitos contábeis.

Exemplo 6. A Turf Maintenance Company iniciou, em 1º de janeiro de 2013, o negócio de prestação de serviços de manutenção de gramados. Ela envia faturas aos seus clientes no final de cada mês e espera o pagamento dentro de 30 dias. Em 2013, a Turf Maintenance faturou $ 2 milhões por serviços prestados durante o ano. Ela fez os lançamentos no livro diário no fim de cada mês, debitando Contas a Receber pelo valor bruto faturado e creditando Receita de Vendas. O efeito agregado desses lançamentos em 2013 é o seguinte:

Contas a Receber, Bruto...	2.000.000	
Receita de Vendas...		2.000.000
Para reconhecer vendas a crédito em 2013.		

Se um cliente não paga em 30 dias, a Turf Maintenance toma medidas para receber, como enviar uma nova fatura ou telefonar para o cliente. Ambas as ações obtêm alguns pagamentos dos clientes, mas algumas contas permanecerão incobráveis. Como política de negócios, a Turf Maintenance trata as contas não recebidas em dinheiro dentro de seis meses como contas incobráveis.

O reconhecimento da receita antes de o vendedor receber o caixa requer estimar o valor das contas incobráveis com razoável confiabilidade[7]. A orientação oficial requer o **método da provisão** para créditos de liquidação duvidosa. O método da provisão envolve *estimar* o valor de contas a receber incobráveis associadas com as vendas a crédito. A empresa reconhece esse valor estimado, que reduz o lucro, como um lançamento de ajuste no fim de cada período contábil. O crédito é para a conta redutora do ativo, **Provisão para Créditos de Liquidação Duvidosa (PCLD)** (ou Provisão para Devedores Duvidosos, PDD). Essa conta reduz a conta do ativo **Contas a Receber, Bruto**, que é o valor devido pelos clientes. O valor do caixa que a empresa espera receber dos clientes (**Contas a Receber, Líquido**) equivale à conta do ativo (Contas a Receber, Bruto) deduzida de sua conta redutora (Provisão para Créditos de Liquidação Duvidosa):

> Contas a Receber, Bruto
> Menos: Provisão para Créditos de Liquidação Duvidosa
> = Contas a Receber, Líquido

A maioria das empresas apresenta a redução do lucro como Despesa com Créditos de Liquidação Duvidosa, que elas incluem entre as despesas gerais e administrativas ou em despesas comerciais[8].

A seguir, ilustramos os procedimentos contábeis do método da provisão, seguidos por uma discussão de como os gestores estimam contas incobráveis.

Suponha que a Turf Maintenance estima que não receberá 2% do total de vendas a crédito em determinado mês. No fim de cada mês, ela faz um lançamento de ajuste debitando Despesa com Créditos de Liquidação Duvidosa

---

7. O segundo critério para o reconhecimento da receita estabelece que a empresa precisa ter recebido caixa ou *algum outro ativo que ela possa medir com razoável confiabilidade*. Se a empresa recebeu uma promessa de pagamento, mas não pode mensurá-la com razoável confiabilidade, então o acordo não preenche o segundo critério, nem o U.S. GAAP nem o IFRS permitem à empresa reconhecer a receita.
8. Há diferentes práticas quanto ao lançamento do débito em uma conta de despesa (Despesa com Créditos de Liquidação Duvidosa) ou em uma conta redutora da receita. Neste livro, usamos a conta de despesa. O registro do débito em uma conta redutora da receita resulta em medir vendas líquidas pelo valor de caixa que a empresa espera receber.

e creditando Provisão para Créditos de Liquidação Duvidosa (PCLD). O efeito agregado desses lançamentos em 2013 é o seguinte:

Despesa com Créditos de Liquidação Duvidosa...	40.000
Provisão para Créditos de Liquidação Duvidosa (PCLD)...	40.000
Para registrar contas incobráveis estimadas em relação a vendas a crédito em 2013 ($ 40.000 = 2% × $ 2.000.000).	

Despesa com Provisão para Créditos de Liquidação Duvidosa é também chamada de **Despesa com Devedores Duvidosos** e **Despesa com Provisão para Contas Incobráveis**[9]. O reconhecimento de despesa com PCLD de $ 40.000 registra o valor que a Turf Maintenance não espera receber em caixa como uma redução do lucro de 2013. A Turf Maintenance não está excluindo contas de clientes específicos como incobráveis. Ela está mensurando contas a receber pelo valor que espera receber. A empresa ainda não sabe que contas precisará excluir porque elas ainda não comprovaram ser incobráveis.

A Provisão para Créditos de Liquidação Duvidosa (PCLD) é uma conta redutora do ativo, apresentada no Capítulo 2, que aparece como uma subtração entre os ativos do balanço patrimonial de uma empresa. Uma conta redutora do ativo geralmente tem um saldo credor, o qual, diminuído pelo saldo devedor da conta do ativo, reduz o ativo total. Um crédito na conta redutora PCLD aumenta o valor subtraído de Contas a Receber, Bruto, reduzindo o saldo devedor de Contas a Receber, Líquido[10].

Contas a Receber, Bruto, é uma conta de controle. Uma **conta de controle** (por vezes chamada de **conta controladora**) agrega um grupo de contas semelhantes[11]. A empresa mantém uma conta separada para cada cliente, incluindo o nome dele. A soma dos saldos das contas individuais dos clientes é o saldo da conta de controle, Contas a Receber, Bruto. Quando a empresa recebe caixa de um cliente, ela debita Caixa e credita a conta recebível daquele cliente específico. A soma dos balanços nas contas individuais dos clientes constitui o balanço na conta de controle, Contas a Receber, Bruto. Se os clientes da Turf Maintenance pagaram $ 1.900.000 em caixa em 2013, ela fará o seguinte lançamento com os seguintes valores agregados:

Caixa...	1.900.000
Contas a Receber – contas específicas	1.900.000
Para reconhecer recebimentos de caixa de clientes em 2013, por vendas a crédito feitas em 2013.	

Após esse lançamento, Contas a Receber, Bruto, reflete a soma dos valores individuais devidos pelos clientes que ainda não pagaram, um total de $ 100.000 ($ 2.000.000 – $ 1.900.000). Contas a Receber, Líquido, é de $ 60.000 (= $ 100.000, o saldo de Contas a Receber, Bruto, – $ 40.000, o saldo da PCLD).

A Turf Maintenance não sabe, no momento em que presta serviços e envia faturas, quais clientes não pagarão. Se soubesse, não venderia a crédito a esses clientes. Para contabilizar a despesa estimada associada com o seu portfólio de contas a receber individuais, a empresa cria uma conta separada, PCLD, que é uma conta redutora das Contas a Receber. O valor bruto menos a provisão resulta em Contas a Receber, Líquido, que reflete o valor que a empresa espera receber[12].

Quando uma empresa determina que uma conta de certo cliente é incobrável, ela remove esse valor específico debitando em Provisão para Créditos de Liquidação Duvidosa e creditando Contas a Receber[13]. Esse processo é chamado de **baixa** (*writing-off*) da conta do cliente. A Turf Maintenance considera incobrável toda conta de cliente

---
9. Provisão neste contexto se refere a uma despesa no U.S. GAAP, não a um passivo. *Provisão* no IFRS se refere a um passivo cuja incidência no tempo (*timing*) e/ou cujo valor são incertos.
10. A terminologia convencional frequentemente tira a palavra *Bruto* do título dessa conta. Contas a Receber, Líquido, mede o valor que a empresa espera receber.
11. Outro exemplo de conta de controle é o Imobilizado. A maioria das empresas mantém contas separadas para cada grupo de máquinas, para cada máquina ou para cada prédio.
12. U.S. GAAP e IFRS requerem que as empresas evidenciem informações suficientes para permitir ao leitor das demonstrações financeiras calcular Contas a Receber, Bruto, Provisão para Créditos de Liquidação Duvidosa e Contas a Receber, Líquido.
13. Algumas autoridades tributárias não permitem às empresas usar o método da provisão para calcular a dedução tributária por créditos incobráveis, mas requerem que as empresas reconheçam a despesa com créditos de liquidação duvidosa apenas quando elas concluem que uma conta é incobrável. Essa abordagem é chamada frequentemente de *método da baixa direta de incobráveis*. Isso não é permitido pelo padrão U.S. GAAP nem pelo padrão IFRS.

não recebida após seis meses. A cada período contábil, a Turf Maintenance verifica quais contas permaneceram não recebidas nos últimos seis meses e trata-as como incobráveis, dando-lhes baixa. Se, em 2013, a Turf Maintenance identificasse contas de clientes específicos em um total de $ 15.000 com saldos não pagos por seis meses e lhes desse baixa, o lançamento no livro diário seria o seguinte:

Provisão para Créditos de Liquidação Duvidosa (PCLD)..	15.000
Contas a Receber – contas específicas	15.000
Para baixar como incobráveis contas de clientes totalizando $ 15.000 em 2013.	

A baixa de contas específicas de clientes como incobráveis usando o método da provisão não tem efeito na demonstração do resultado. O efeito no lucro ocorre quando a empresa registra Despesa com PCLD. A baixa de contas específicas de clientes também não tem efeito em Contas a Receber, Líquido, porque o valor da baixa diminui Contas a Receber (Bruto) e sua conta redutora, a Provisão para Créditos de Liquidação Duvidosa, exatamente pelo mesmo valor. Para observar isso, note que, depois da baixa de contas incobráveis de clientes, o saldo de Contas a Receber, Bruto, diminuiu em $ 15.000, da mesma forma que o saldo de PCLD.

O método da provisão resulta em informar Contas a Receber, Líquido, no balanço patrimonial pelo valor que a empresa espera receber em caixa. No fim de 2013, a Turf Maintenance espera receber $ 60.000, mensurados como segue:

Contas a Receber, Bruto ($ 2.000.000 – $ 1.900.000 – $ 15.000)...	$ 85.000
Menos Provisão para Incobráveis ($ 40.000 – $ 15.000)	(25.000)
Contas a Receber, Líquido	$ 60.000

Nota de procedimento sobre o método da provisão

As empresas costumam cancelar contas específicas de clientes *durante* o período contábil, na medida em que identificam clientes específicos cujas contas se tornaram incobráveis. Em geral, elas reconhecem a despesa com PCLD como lançamento de ajuste no *final* do período. Consequentemente, antes de fazer esse lançamento de ajuste, a empresa pode ter um saldo devedor em PCLD. Depois do lançamento de ajuste para reconhecer a despesa com PCLD, essa conta tem sempre um saldo credor. Como tais lançamentos precedem a preparação do balanço patrimonial, um saldo devedor em Provisão para Incobráveis nunca aparece no balanço patrimonial.

A **Figura 8.1** resume os procedimentos contábeis associados às vendas a prazo. As setas ilustram os quatro lançamentos no diário:

1. A seta pontilhada mostra a venda de produtos e serviços a prazo (um débito em Contas a Receber e um crédito em Receita de Vendas).
2. A seta preta mostra o caixa recebido de clientes (um débito em Caixa e um crédito em Contas a Receber).
3. A seta cinza-escura mostra a variação no valor estimado de incobráveis (um débito em Despesa com PCLD e um crédito em PCLD).
4. A seta cinza-clara mostra a baixa (*write-off*) de uma conta particular de um cliente que a empresa classificou como incobrável (um débito em PCLD e um crédito em Contas a Receber).

Estimando o valor de créditos de liquidação duvidosa

No **Exemplo 6**, consideramos que 2% das vendas a crédito se tornariam incobráveis. Ilustraremos agora duas abordagens que os gestores podem utilizar para essa estimativa: o **procedimento da porcentagem das vendas** e o **procedimento da idade de vencimento de contas a receber**. Ao longo do tempo, os dois métodos, usados corretamente, darão o mesmo total de lucro acumulado e o mesmo ativo total. Os padrões U.S. GAAP e IFRS não prescrevem que as empresas usem um ou outro procedimento, e algumas empresas usam ambos os métodos. Por exemplo, a **Figura 8.2** reproduz a política contábil de uma empresa de varejo para contas incobráveis. A empresa estima incobráveis usando diversos fatores, incluindo dados históricos com base na idade de vencimento de con-

Figura 8.1
Resumo das contas afetadas por vendas a crédito

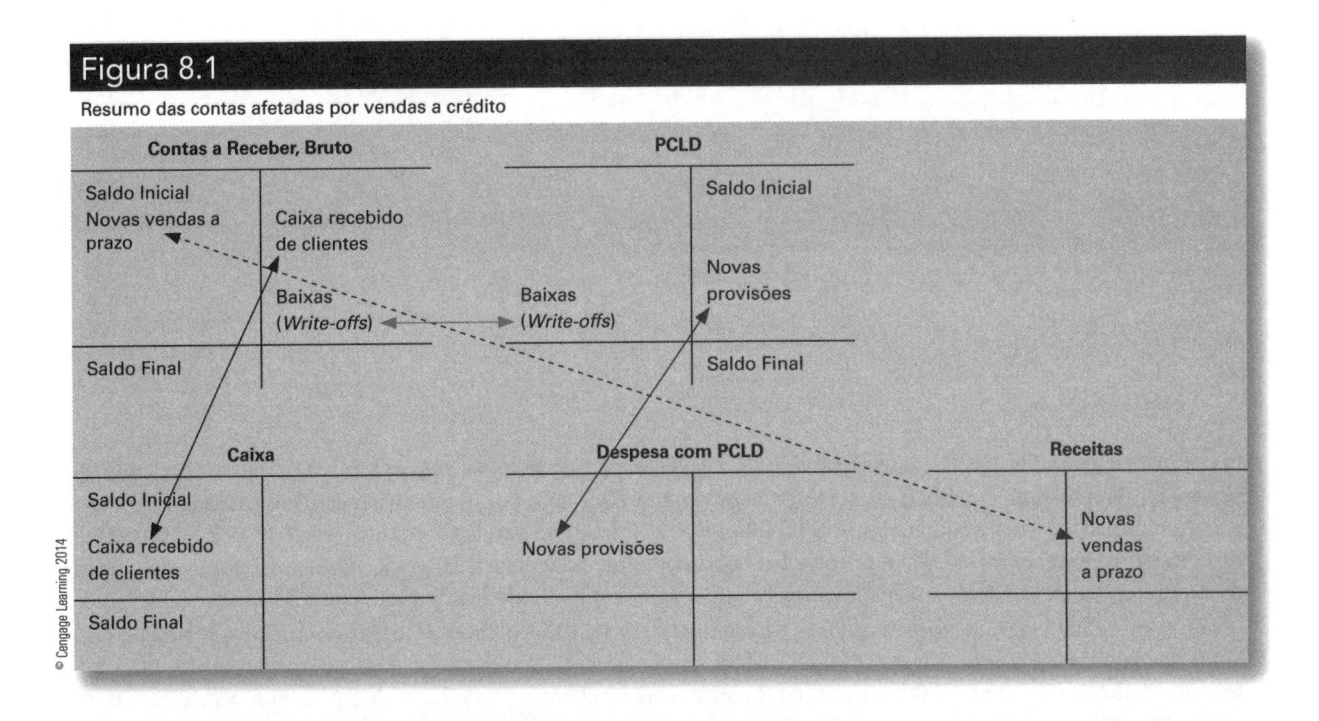

Contas a Receber, Bruto		PCLD	
Saldo Inicial Novas vendas a prazo	Caixa recebido de clientes		Saldo Inicial
	Baixas (Write-offs)	Baixas (Write-offs)	Novas provisões
Saldo Final			Saldo Final

Caixa		Despesa com PCLD	Receitas
Saldo Inicial			
Caixa recebido de clientes		Novas provisões	Novas vendas a prazo
Saldo Final			

Figura 8.2
Descrição de política contábil de provisão para créditos de liquidação duvidosa

Nossa provisão para créditos de liquidação duvidosa representa nossa melhor estimativa de perdas inerentes a nossas contas a receber na data do balanço patrimonial. Avaliamos a capacidade de cobrança de nossas contas a receber com base em diversos fatores, incluindo tendências históricas de idade de vencimento de contas, experiências de baixa e expectativas de desempenho futuro. Reconhecemos encargos financeiros em contas inadimplentes até que essas contas tenham baixa. Contas inadimplentes são canceladas quando são consideradas incobráveis, geralmente após passados 151 dias sem recebimento do total de um pagamento mensal agendado. As contas podem receber baixa antes, no caso de falência do cliente ou de outras circunstâncias que tornem improvável um ulterior recebimento.

tas, experiência passada com baixas e previsões de futuras perdas de créditos, e utiliza um corte de 151 dias para declarar uma conta específica como incobrável, ou uma data anterior se as circunstâncias permitirem, tal como a falência de um cliente.

Procedimento da porcentagem das vendas

O *procedimento da porcentagem das vendas* surge da ideia de que os valores incobráveis variarão com o volume das vendas a prazo. A empresa estima a porcentagem apropriada estudando a sua própria experiência ou inquirindo a partir da experiência de outras empresas. Depois de estimado o valor dos saldos da PCLD associados às vendas a crédito em cada período, a empresa faz um lançamento de ajuste para debitar Despesa com PCLD e creditar a PCLD. O **Exemplo 6** utiliza essa abordagem.

Procedimento da idade de vencimento de contas a receber

O procedimento da idade de vencimento de contas a receber envolve dois passos:

1. Estimar o valor que a empresa não espera receber das contas a receber existentes.
2. Ajustar o saldo da PCLD, de modo que o saldo dessa conta, quando subtraído de Contas a Receber, Bruto, reflita o valor do caixa que a empresa espera receber.

A estimativa do valor devido pelos clientes que a empresa não espera receber se baseia em informações sobre a idade das contas a receber (o número de dias em que elas permaneceram sem recebimento). A **Figura 8.3** ilustra

Figura 8.3
Ilustração da idade de vencimento de recebíveis

Classificação das Contas	Valor	Porcentagem Estimada de Inadimplência	Valor Estimado de Inadimplência
Ainda não vencida	$ 35.000	8,0%	$ 2.800
Vencida entre 1-30 dias	18.000	20,0%	3.600
Vencida entre 31-60 dias	15.000	40,0%	6.000
Vencida entre 61-180 dias	13.000	60,0%	7.800
Vencida há mais de 180 dias	4.000	100,0%	4.000
	$ 85.000		$ 24.200

© Cengage Learning 2014

uma possível classificação de contas individuais a receber por idade; uma empresa estima esses valores por experiência. Para ilustrar o método da idade de vencimento, considere que, no final de 2013, o saldo em Contas a Receber, Bruto, da Turf Maintenance é $ 85.000 (= $ 2.000.000 de vendas a crédito em 2013 − $ 1.900.000 de recebimentos de caixa − $ 15.000 de contas baixadas como incobráveis em 2013). A **Figura 8.3** apresenta a idade de vencimento dessas contas a receber e mostra que o valor estimado de inadimplência é $ 24.200.

O valor debitado em despesa com PCLD e creditado em PCLD é o valor necessário para ajustar o saldo pelo valor da inadimplência estimada na análise de idade de vencimento. Antes de verificar a idade das contas, a PCLD tem um saldo *devedor* de $ 15.000 pelas contas canceladas de clientes específicos. A Turf Maintenance registrará, no final de 2013, o seguinte lançamento no livro diário para obter um saldo credor de $ 24.200 em PCLD:

Despesa com PCLD	39.200	
PCLD		39.200

Para ajustar o saldo da PCLD para $ 24.200 (= − $ 15.000 + $ 39.200)

Comparação dos procedimentos da porcentagem das vendas e da idade de vencimento

A **Figura 8.4** resume as diferenças entre o procedimento da porcentagem das vendas e o procedimento da idade de vencimento das contas. O valor *estimado* pelas empresas aparece em vermelho e o valor *calculado* (em uma conta de chegada) com base nessa estimativa aparece em azul. No procedimento da porcentagem das vendas, a empresa estima e reconhece sua despesa com PCLD; o crédito correspondente aumenta o saldo da PCLD. No procedimento da idade de vencimento, a empresa estima o saldo final da conta PCLD e faz um lançamento de crédito para trazer o saldo para o valor estimado; o débito correspondente vai para Despesa com PCLD. Se a porcentagem usada no método da porcentagem de vendas refletir razoavelmente a experiência de recebimentos, o saldo na conta da provisão deverá ser o mesmo no fim de cada período conforme ambos os métodos.

Aplicando o método da porcentagem das vendas, a empresa estima sua despesa com PCLD e utiliza essa despesa, o saldo inicial da PCLD e a quantia referente às baixas para calcular o saldo final da PCLD. Aplicando o método da idade de vencimento, a empresa estima a PCLD no final do ano (o saldo final dessa conta) e utiliza esse saldo final, o saldo inicial e a quantia referente às baixas para calcular a PCLD do período.

Abordando variações nas estimativas de créditos de liquidação duvidosa

Mudanças das condições econômicas, das políticas de garantia de crédito, dos esforços de cobrança e outros fatores geram diferenças entre valores incobráveis estimados e reais. Essas diferenças tornam necessária a revisão das estimativas a cada período contábil para refletir informações atualizadas. Tanto os U.S. GAAP como as IFRS requerem que as empresas considerem essas mudanças prospectivamente, isto é, que não façam ajustes retroativos na demonstração do resultado e no balanço patrimonial de períodos passados para expressar diferenças entre valores estimados e reais de incobráveis, mas ajustem o saldo em PCLD a partir de então.

Figura 8.4
Comparação de Métodos de Estimativa da PCLD

Método da Porcentagem das Vendas Provisão para Incobráveis	Método da Idade de Vencimento Provisão para Incobráveis
Saldo Inicial	Saldo Inicial
Nova provisão (estimada)	Nova provisão (conta de chegada)
Cancelamentos (*Write-offs*)	Cancelamentos (*Write-offs*)
Saldo Final (conta de chegada)	Saldo Final (estimado)

A aplicação prospectiva de variações das estimativas baseia-se na ideia de que as estimativas são um componente essencial do regime de competência. Se as empresas fazem estimativas conscientes, os ajustes pelas diferenças entre resultados estimados e reais serão periódicos e pequenos, salvo mudanças súbitas e substanciais das condições econômicas. Ajustes retroativos de valores previamente divulgados por conta de diferenças entre estimativas e resultados reais conduziriam a reformulações das demonstrações financeiras anteriores, provavelmente confundindo os usuários dessas demonstrações e minando sua credibilidade.

Os **Exemplos 7, 8** e **9** ilustram a contabilização de contas incobráveis. Nesses exemplos, calculamos o saldo final da PCLD usando o método da idade de vencimento das contas. A seguir, obtemos a despesa com PCLD implicada no saldo final e a comparamos com o valor resultante do método da porcentagem das vendas.

Exemplo 7. No início de 2013, o saldo da PCLD da Coral Designs é de € 120.000. Durante esse ano, as vendas a crédito da Coral Designs foram de € 5.000.000; desse valor, ela estima que 2% se tornarão incobráveis. Em 2013, a empresa deu baixa em € 60.000 de contas a receber. No fim de 2013, ela estima, com base na idade de vencimento das contas, que o saldo final da PCLD será de € 130.000. A conta T que representa essa informação é:

Provisão para Créditos de Liquidação Duvidosa (PCLD)			
		120.000	Saldo Inicial
Baixas	60.000		
		?	Despesa com PCLD
		130.000	Saldo Final

No método da idade de vencimento das contas, a Coral Designs calcula a Despesa com PCLD: € 120.000 – € 60.000 + Despesa com PCLD = € 130.000. A despesa é de € 70.000:

Despesa com PCLD..	70.000	
PCLD		70.000
Para registrar o valor de Despesa com PCLD que assegura que o saldo final de PCLD é € 130.000.		

No método da porcentagem das vendas, a Despesa PCLD seria de € 100.000 (= 2% × € 5.000.000) e o saldo final em Provisão para Incobráveis seria de € 160.000, ou seja, € 30.000 a mais que o sugerido pelo outro método.

Exemplo 8. Considere as mesmas informações do **Exemplo 7**, exceto que a administração estima que o saldo final de Provisão para Incobráveis é € 200.000. A conta T que representa essa informação é:

Provisão para Créditos de Liquidação Duvidosa (PCLD)			
Baixas	60.000	120.000	Saldo Inicial
		?	Despesa com PCLD
		200.000	Saldo Final

No método da idade de vencimento, a Coral Designs resolve pela Despesa com PCLD: € 120.000 – € 60.000 + Despesa com PCLD = € 200.000. A despesa é de € 140.000:

Despesa com PCLD..		140.000
PCLD...		140.000
Para registrar o valor de Despesa com PCLD que assegura que o saldo final de PCLD é € 200.000.		

A despesa com PCLD de € 140.000, estimada conforme o método de idade de vencimento das contas, é € 40.000 maior que o valor calculado pelo método da porcentagem das vendas.

Exemplo 9. Considere as mesmas informações do **Exemplo 7**, exceto que a administração estima que o saldo final de Provisão para Incobráveis é € 45.000. A conta T que representa essa informação é:

Provisão para Créditos de Liquidação Duvidosa (PCLD)			
Baixas	60.000	120.000	Saldo Inicial
		?	Despesa com PCLD
		45.000	Saldo Final

Quando resolvemos pela despesa, vemos que, para que o saldo final de PCLD seja de € 45.000, a Coral Designs precisa registrar um *débito* de € 15.000 nessa conta e um *crédito* para redução na Despesa com PCLD.

Provisão para Créditos de Liquidação Duvidosa (PCLD)			
		120.000	Saldo Inicial
Baixas	60.000		
Despesa com PCLD	?		
		45.000	Saldo Final

A Coral Designs registraria o seguinte lançamento no livro diário:

PCLD...		15.000
Despesa com PCLD..		15.000
Para registrar o valor de Despesa com PCLD que assegura que o saldo final de PCLD é € 45.000.		

O **Exemplo 9** ilustra um cenário no qual as informações atuais indicam que as estimativas anteriores de contas incobráveis eram altas demais. A Coral Designs não reconhecerá nenhuma despesa com PCLD em 2013 e, além disso, reverterá € 15.000 que já tinham sido reconhecidos como despesa com PCLD. Portanto, as despesas totais (das quais a despesa com PCLD é uma componente) da Coral Designs são *menores* em € 15.000 em 2013, e o ativo líquido no final do ano é maior em € 15.000.

Resumo da contabilização de contas incobráveis

A contabilização de contas incobráveis usando o método da provisão envolve quatro etapas:

(1)	**Vendas de Produtos a Crédito**	
	Contas a Receber, Bruto..	Preço de Venda
	Receita de Vendas...	Preço de Venda
(2)	**Recebimento de Caixa dos Clientes**	
	Caixa..	Valor Recebido
	Contas a Receber, Bruto..	Valor Recebido
(3)	**Estimativa de Contas Incobráveis Esperadas**[14]	
	Despesa com PCLD...	Valor Incobrável Estimado
	PCLD...	Valor Incobrável Estimado
(4)	**Baixa de Valores Incobráveis Usando o Método da Provisão**[15]	
	PCLD...	Valor Incobrável Real
	Contas a Receber, Bruto..	Valor Incobrável Real

Análise de contas a receber

Este tópico considera a apresentação das contas a receber nas demonstrações financeiras, índices comuns envolvendo contas a receber e transferências de contas a receber em troca por caixa.

Apresentação nas demonstrações financeiras. As contas a receber aparecem no balanço patrimonial pelo valor que a empresa espera receber. O valor líquido é o valor bruto dos recebíveis menos o valor da PCLD. A **Figura 1.1** mostra o balanço patrimonial da Great Deal para os exercícios findos em 27 de fevereiro de 2013 (exercício de 2012) e 28 de fevereiro de 2012 (exercício de 2011), com saldos finais de Recebíveis de $ 2.020 milhões e $ 1.868 milhão, respectivamente.

A **Figura 8.5** mostra variações na PDD (um nome alternativo para PCLD) da Great Deal durante os exercícios de 2012 e 2011.

Usando as informações do balanço patrimonial da Great Deal (**Figura 1.1**) e da **Figura 8.5**, podemos calcular o saldo final de Contas a Receber, Bruto, em 27 de fevereiro de 2013 e em 28 de fevereiro de 2012.

27 de fevereiro de 2013, Contas a Receber, Bruto = Contas a Receber, Líquido + PDD

= $ 2.020 milhões + $ 101 milhões

= $ 2.121 milhões

28 de fevereiro de 2012, Contas a Receber, Bruto = Contas a Receber, Líquido + PDD

= $ 1.868 milhão + $ 97 milhões

= $ 1.965 milhão

Podemos agora obter o lançamento de ajuste que a Great Deal fez no exercício findo em 27 de fevereiro de 2013 para registrar a despesa com PDD. A **Figura 8.5** mostra uma adição de $ 48 milhões à PDD; esse valor é a despesa com PDD. O lançamento de ajuste seria o seguinte:

Despesa com PDD...	48
PDD...	48
A Great Deal usa como título da conta PDD em vez de PCLD.	

---

14. O método das porcentagens das vendas estima a despesa com PCLD diretamente e o método da idade de vencimento das contas estima o saldo final da PCLD diretamente. As empresas revisam suas estimativas a cada período contábil e aplicam as novas estimativas prospectivamente.

15. Uma empresa cancela uma conta específica de cliente quando determina que a conta é incobrável.

Figura 8.5

Great Deal, Provisão para Devedores Duvidosos (PDD)
(valores em milhões de US$)

Coluna A	Coluna B	Coluna C	Coluna D	Coluna E
		Adições		
Descrição	Saldo no Início do Período	Lançadas em Custos e Despesas	Deduções	Saldo no Final do Período
Provisão para devedores duvidosos: No ano findo em:				
27 de fevereiro de 2013	97	48	(44)[a]	101
28 de fevereiro de 2012	114	(5)	(12)[a]	97

[a] Deduções consistem em baixas de contas incobráveis, líquidas de recuperações.

A **Figura 8.5** mostra deduções em PDD de $ 44 milhões durante o exercício de 2012, refletindo a baixa de contas específicas de clientes:

PDD	44
Contas a Receber (Bruto)	44

Podemos também analisar os recebimentos de caixa de todos os clientes, tanto das vendas à vista como das vendas a prazo que foram pagas por eles. Na **Figura 1.2**, a receita da Great Deal para o exercício de 2012 é de $ 49.694 milhões. Para simplificar, consideramos que todas essas vendas foram a crédito. O caixa recebido dos clientes reduz Contas a Receber. Calculamos esse valor usando uma conta T que mostra os saldos inicial e final de Contas a Receber e outras transações que afetam essa conta:

Contas a Receber, Bruto			
Saldo Inicial	1.965		
Novas vendas a prazo	49.694	44	Baixas de incobráveis
		49.494	Caixa recebido de clientes
Saldo Final	2.121		

Assumimos que as vendas a crédito são de $ 49.694 milhões; anteriormente, analisamos a baixa de incobráveis de $ 44 milhões. Resolvemos pelo Caixa Recebido de Clientes, como segue:

Saldo Final = Saldo Inicial + Novas Vendas a Crédito
− Baixas de Incobráveis − Caixa Recebido de Clientes
$ 2.121 = $ 1.965 + $ 49.694 − $ 44 − Caixa Recebido de Clientes

O Caixa Recebido de Clientes no exercício findo em 27 de fevereiro de 2013 foi de $ 49.494 milhões. Você pode ver que os pressupostos sobre a parte das vendas totais feitas a crédito não são cruciais para essa análise de quanto caixa a Great Deal recebeu dos seus clientes. Os lançamentos na conta T ilustram que, para cada dólar de vendas à vista assumidas, tanto as vendas a crédito assumidas quanto o valor do Caixa Recebido de Clientes diminuem em um dólar.

Índices financeiros envolvendo contas a receber. As demonstrações financeiras contêm informações para analisar a capacidade de cobrança das contas a receber e a adequação da despesa com PCLD. Índices normais usados nessa análise são o **índice de giro de contas a receber** e o **prazo médio de recebimento**, ambos descritos no **Capítulo 7**. A seguir, descrevemos a porcentagem de baixas de incobráveis, que analisa contas incobráveis especificamente. Usando as informações da **Figura 1.1** e da **Figura 8.5**, podemos calcular o valor baixado como incobrável no exercício de 2012 comparado com o valor médio devido pelos clientes (média de contas a receber, bruto):

Ano Findo	Contas Baixadas como Incobráveis	Contas a Receber, Líquido	Provisão para Devedores Duvidosos	Contas a Receber, Bruto	Baixas/Média de Contas a Receber, Bruto
27 de fevereiro de 2013	$ 44	$ 2.020	$ 101	% 2.121	1,08%
28 de fevereiro de 2012	$ 12	$ 1.868	$ 97	$ 1.965	

No exercício de 2012, as baixas de contas incobráveis da Great Deal foram 1,08% das Contas a Receber, Bruto.

Dois índices usados para avaliar a PDD são o índice de Despesa com PDD sobre a Receita de Vendas e o índice de PDD sobre Contas a Receber, Bruto. A **Figura 1.2** mostra que a receita de vendas da Great Deal é de $ 49.694 milhões e $ 45.015 milhões para os anos findos em 27 de fevereiro de 2013 e 28 de fevereiro de 2012, respectivamente. Combinando essa informação com os dados da **Figura 8.5**, podemos calcular esses índices como segue:

Ano Findo	Despesa com PDD (Receita) (1)	Vendas (2)	Despesa com PDD (Receita) como % de Vendas (1) / (2) = (3)	Saldo da Conta PDD (4)	Contas a Receber, Bruto (5)	Conta PDD como % de Contas a Receber (4) / (5) = (6)
27 de fevereiro de 2013	$ 48	$ 49.694	0,097%	$ 101	$ 2.121	4,76%
28 de fevereiro de 2012	$ (5)	$ 45.015	(0,011%)	$ 97	$ 1.965	4,94%

O índice de despesa com PDD sobre vendas foi de 0,097% no exercício de 2012. Considerando-se que a Great Deal creditou despesa com PDD no exercício de 2011, esse índice foi (0,011%) em 2011. A conta de provisão como porcentagem de contas a receber (bruto) diminuiu entre os exercícios de 2011 e 2012 de 4,94% para 4,76%.

Transferências de contas a receber em troca de caixa. Uma empresa converte suas contas a receber em caixa recebendo o caixa dos clientes ou transferindo a terceiros os recebíveis (o direito de receber o caixa dos clientes) em troca de caixa. Uma empresa que transfere seus recebíveis em troca de caixa pode apresentar contas a receber menores (ou não), dependendo da forma da transferência e do respectivo tratamento contábil. Pelo menos três formas de transferência são possíveis:

1. Uma empresa pode dar suas contas a receber como garantia de um empréstimo. A empresa mantém o controle físico das contas a receber, recebe o caixa dos clientes e quita o empréstimo. Se ela deixa de pagar o empréstimo, o credor pode reivindicar os recebíveis dados em garantia. Se uma empresa usou suas contas a receber como garantia para um empréstimo, ela continuará a mostrar esses recebíveis como um ativo, e haverá também um passivo de empréstimos a pagar. A empresa deve evidenciar (em Notas Explicativas) o acordo de empréstimo nos seus relatórios financeiros.
2. Uma empresa pode *vender* (*factor*) suas contas a receber a um banco ou outra instituição financeira em troca de caixa[16]. Nesse caso, o financiador controla os recebíveis e recebe o caixa dos clientes. As contas a receber da empresa que as cedeu em uma operação de *factoring* não aparecem no seu balanço patrimonial, já que foram por ela vendidas.
3. Uma empresa pode transferir contas a receber a uma entidade legal separada que emite títulos de dívida a investidores; a empresa remete a eles o caixa recebido dos clientes na medida em que esses recebimentos de caixa ocorrem. A empresa pode ser obrigada a pagar aos investidores se os clientes deixarem de fazer pagamentos

---

16. No Brasil, as empresas de *factoring*, que compram recebíveis, são chamadas Sociedades de Fomento Mercantil, e têm registro na Junta Comercial, não sendo instituições financeiras. (NT)

suficientes para pagar o principal e os juros do título de dívida. Esse acordo é uma securitização, um processo que transforma um ativo (contas a receber) em títulos de dívida mantidos pelos investidores.

Embora uma discussão detalhada das transferências de contas a receber em troca de caixa esteja além do escopo deste livro, levantamos aqui essa questão pela sua importância para a comparação de contas a receber entre empresas. Em particular, se uma empresa transfere seus recebíveis e outra não, os saldos de contas a receber e os respectivos índices das duas empresas não são comparáveis, mesmo que haja semelhanças entre as duas empresas nos mercados de produtos. O **Capítulo 12** discute a transferência de recebíveis com mais detalhes.

PROBLEMA 8.2 PARA APRENDIZAGEM

Reconhecimento da receita no momento da venda. Prepare lançamentos no livro diário das seguintes transações e eventos hipotéticos no ano findo em 31 de dezembro de 2013. A Scania é uma grande fabricante sueca de caminhões pesados, ônibus, motores e equipamentos que presta serviços relacionados.

a. Fevereiro: a Scania vende quatro motores de caminhão a SEK 20.000 cada um. O cliente concorda em lhe pagar em 60 dias.
b. Março: a Scania assina um contrato com um cliente para entregar 50 contêineres de transporte, a um preço total de venda de SEK 250.000. A Scania espera entregar os contêineres em junho. O cliente concorda em pagar na entrega.
c. Abril: o cliente paga totalmente os quatro motores de caminhão, conforme o item **a**.
d. Maio: a Scania vende um caminhão a um cliente por SEK 725.000 e o entrega imediatamente. O cliente paga à Scania 20% do preço na entrega e concorda em pagar o restante em 120 dias.
e. Junho: a Scania entrega os contêineres (de acordo com o item **b**) e o cliente paga conforme prometido.
f. Julho: O cliente (item **d**) entra em processo de falência. A Scania não espera receber desse cliente nenhuma parte do recebível remanescente.
g. Dezembro: a Scania estima que 2% das vendas a crédito de 70 bilhões de SEK durante o ano serão incobráveis.

Devolução de vendas: uma aplicação do método da provisão

Apresentamos o método da provisão no contexto das contas a receber incobráveis. Em geral, os contadores usam esse método quando, no momento da venda, eles podem estimar com razoável confiabilidade os efeitos que afetarão fluxos de caixa futuros, tais como devoluções de vendas. Devoluções de vendas ocorrem quando um cliente devolve um produto contra um reembolso. Quando o cliente tem o direito de devolver o produto recebendo um reembolso e a empresa consegue estimar razoavelmente o valor das devoluções no momento da venda, os padrões U.S. GAAP e IFRS requerem que a empresa use o método da provisão para estimar e reconhecer os efeitos das devoluções[17]. Especificamente, a empresa vendedora debita uma conta redutora da receita pelas devoluções esperadas para reduzir as receitas do exercício atual para o valor estimado que *não* será devolvido pelos clientes por devoluções de vendas. Ao reduzir as receitas do período atual, a empresa mensura as receitas com base no montante de caixa que ela espera receber das vendas do período atual, o que inclui os efeitos das devoluções estimadas. Tanto os U.S. GAAP como as IFRS proíbem o reconhecimento da receita quando os clientes têm o direito de devolver produtos, a menos que a empresa possa razoavelmente estimar o valor das devoluções e use o método da provisão para incorporar essas estimativas no cálculo do lucro. A **Figura 8.6** mostra uma tabela da Great Deal que é similar à **Figura 8.5**, exceto por mostrar a atividade na conta de Provisão para Devoluções de Vendas.

No início do exercício de 2012, o saldo de Provisão para Devoluções de Vendas da Great Deal era de $ 18 milhões. Esse valor aumentou durante o ano em $ 14 milhões. O lançamento para registro desse aumento no livro diário é:

Devoluções de Vendas	14
Provisão para Devoluções de Vendas	14

---

17. Nem todas as vendas com direito à devolução se qualificam para o reconhecimento da receita. O padrão U.S. GAAP fornece critérios explícitos para que uma venda com direito à devolução se qualifique para o reconhecimento da receita (FASB, *Statement of Financial Accounting Standards No. 48*, "Reconhecimento da Receita Quando Existe o Direito de Devolução", 1981) (**Codification Topic 605**). O IFRS não provê critérios explícitos. A qualificação de uma venda com direito à devolução para o reconhecimento da receita está fora do escopo deste livro.

Figura 8.6

Great Deal, Provisão para Devoluções de Vendas
(valores em milhões de US$)

Coluna A Descrição	Coluna B Saldo no Início do Período	Coluna C Adições Lançadas em Custos e Despesas	Coluna D Deduções	Coluna E Saldo no Final do Período
Provisão para devoluções de vendas, líquido: No ano findo em:				
3 de fevereiro de 2013	18	14	$ 15[a]	17
28 de janeiro de 2012	16	11	$ 9[a]	18

[a] As deduções consistem em devoluções reais, baixadas pelo valor da mercadoria devolvida e da comissão de vendas revertida.

A conta Devoluções de Vendas é uma conta redutora da receita que acumula subtrações da receita bruta. O débito em Devoluções de Vendas reduz a Receita de Vendas, Líquido, e, portanto, reduz o lucro[18]. A conta Provisão para Devoluções de Vendas é também uma conta redutora; ela acumula subtrações de Contas a Receber, Bruto. O saldo de Provisão para Devoluções de Vendas é a estimativa efetuada pela empresa dos recebíveis que serão cancelados ou do caixa que ela pagará para satisfazer os clientes que devolvem suas mercadorias. A **Figura 8.6** mostra que as devoluções de clientes da Great Deal (incluindo os efeitos de comissões de vendas revertidas) foram de $ 15 no exercício de 2012. Assim, o saldo final em Provisão para Devoluções de Vendas é de $ 17 (= $ 18 + $ 14 – $ 15).

As empresas vendedoras também usam o método da provisão para contabilizar garantias de produtos. Uma garantia promete ao cliente o direito de reparo ou reposição se o produto comprado estiver defeituoso. A empresa precisa estar apta a estimar razoavelmente os custos esperados da garantia no momento da venda. Se ela não pode fazer isso, deve postergar o reconhecimento da receita até que possa estimar esses custos ou conhecer o seu valor atual. Discutiremos a contabilização de garantias no **Capítulo 9**. Mais genericamente, variações no método da provisão aparecem em arranjos de transações nos quais a empresa vendedora reconhece a receita antes de ter resolvido toda a incerteza sobre fluxos futuros de caixa relacionados com a venda.

RECONHECIMENTO DO LUCRO APÓS A VENDA

Algumas empresas prestam serviços substanciais depois da venda; outras enfrentam considerável incerteza sobre os recebimentos de caixa. Ambas as condições resultam em incerteza que pode impossibilitar o reconhecimento da receita no momento da venda. Recordamos aqui as duas condições relativas aos dois critérios para reconhecimento da receita:

Critério 1. O vendedor deve ter cumprido substancialmente suas obrigações para com o cliente.
Critério 2. O vendedor deve ter obtido um ativo do cliente que ele possa confiavelmente mensurar. Se o ativo não é caixa, o vendedor deve estar razoavelmente certo de que ele será convertido em caixa.

Obrigação substancial remanescente

Nos **Exemplos 1 a 4**, o vendedor recebe caixa dos clientes antes de completar todas ou basicamente todas as suas obrigações. O **Exemplo 1** mostra o recebimento de $ 50 pela Costco por uma anuidade (de um clube). O **Exemplo 2** apresenta o recebimento de metade do preço do contrato de € 15 milhões para a produção de champanhe. O **Exemplo 3** ilustra o recebimento, pela Apple, de $ 2.500 antes que ela forneça serviços futuros de não *software* e de *upgrade*. O **Exemplo 4** expõe o recebimento, pela Bombardier, de € 250 milhões antes que ela forneça 25 trens de alta velocidade. Embora o vendedor tenha recebido caixa (critério 2), ele não ganhou todas essas receitas de caixa por ter fornecido produtos e prestado serviços (critério 1). Em vez disso, o vendedor incorreu na

---
18. O débito em Devoluções de Vendas aumenta o valor dessa conta, uma conta redutora da receita. A Subtração do saldo de Devoluções de Vendas da Receita de Vendas reduz a receita total e o lucro líquido.

obrigação de prover bens e serviços. O termo genérico para esses passivos é **obrigações de desempenho diferido** e um título comum da conta é **Adiantamentos de Clientes**. Outros nomes comuns dessa conta são **Receitas Diferidas** e **Receitas Antecipadas**[19]. Em contraste com outros passivos, como contas a pagar, que as empresas normalmente quitam pagando caixa, essas obrigações de desempenho são quitadas mediante entrega dos produtos ou serviços prometidos. A empresa reconhece a receita quando ela cumpre a obrigação para com o cliente mediante o desempenho prometido.

Para ilustrar a contabilização de uma empresa por ter recebido caixa dos clientes antes de ter obtido receita pela entrega de produtos ou serviços, considere a venda de $ 50 de uma anuidade. Se a Costco vendeu uma quota um mês antes do fim do ano contábil, ela registrará o recebimento de caixa do cliente e a respectiva obrigação de desempenho (estar pronta para dar acesso à compra) como segue:

Caixa	50,00
Adiantamentos de Clientes	50,00

A Costco ganha a receita cumprindo suas obrigações sob o contrato de sócio. Essas obrigações consistem em permitir ao cliente-sócio comprar em qualquer loja da Costco pelos próximos 12 meses. A empresa reconhece $ 4,17 como receita, ou 1/12 do pagamento de $ 50,00 a cada mês no qual ela cumpre essa obrigação:

Adiantamentos de Clientes	4,17
Receita de Vendas	4,17

Depois desse lançamento no livro diário, a conta Adiantamentos de Clientes tem um saldo de $ 45,83 no final do exercício.

A venda de um computador Mac pela Apple segue procedimentos similares, com dois fatores de complicação. Primeiro, o preço de venda de $ 2.500 inclui três elementos: (1) o computador; (2) serviços de não *software;* e (3) *upgrades*. A Apple recebe a receita de venda do computador quando o entrega ao cliente. Ela ganhará a outra receita ao longo da vida do produto. A Apple alocará o total da receita aos três elementos do contrato de venda, de acordo com os preços de venda relativos dos elementos. Nesse contexto, preço de venda se refere ao preço pelo qual a empresa (ou outra empresa vendendo um produto ou serviço similar) vende separadamente um componente a entregar; em alguns casos, a empresa precisa estimar o preço de venda. A receita de um componente é a receita total multiplicada pela proporção do preço de venda separada desse componente sobre a soma dos preços de venda de todos os componentes. Por exemplo, assuma os seguintes preços de venda separada dos três componentes desse contrato: computador, $ 2.200; serviços de não *software*, $ 300; *upgrades*, $ 200. A soma dos três preços de venda separada é $ 2.700. Portanto, a Apple aloca os $ 2.500 da receita total como segue (valores arredondados até o próximo dólar inteiro):

- $ 2.037 (= $ 2.500 × [$ 2.200/$ 2.700]) para o computador.
- $ 278 (= $ 2.500 × [$ 300/$ 2.700]) para serviços de não *software*.
- $ 185 (= $ 2.500 × [$ 200/$ 2.700]) para *upgrades* do *software*.
- $ 2.500 (= $ 2.037 + $ 278 + $ 185) total.

A segunda questão diz respeito ao momento de reconhecimento da receita dos componentes separados do contrato. A Apple cumpriu sua obrigação de entregar o computador no momento da venda. Por isso, ela reconhecerá $ 2.037 de receita quando o cliente receber o produto[20]. Os serviços de não *software* e de *upgrade* são, no momento da venda, elementos não entregues. Uma nota explicativa da Apple evidencia nos seus relatórios financeiros que ela reconhece a receita de elementos não entregues em uma base linear sobre a vida útil estimada do serviço, variando de 24 a 48 meses. Nesse exemplo, consideramos uma vida útil de 48 meses. O seguinte lançamento no livro

---

19. Não há uma terminologia padrão para essa conta, e algumas empresas usam nomes que são específicos em seus setores. Por exemplo, as empresas aéreas usam o título da conta de Passivo de Tráfego Aéreo (*Air* Traffic Liability). O título da conta *Receitas Diferidas* confunde, por vezes, os alunos que a interpretam como uma conta da demonstração do resultado. Tentamos evitar o termo *receita* em títulos de contas do balanço patrimonial.
20. A Apple também registrará o custo dos produtos vendidos, não considerado nesse exemplo.

diário resume a contabilização da Apple pela venda de um computador Mac. Por simplificação, consideramos que a venda ocorre no primeiro dia do exercício da Apple.

No Momento da Venda

Caixa	2.500
Receita de Vendas	2.037
Adiantamentos de Clientes[21]	463

Para registrar a venda de um Mac e serviços de não *software* e de *upgrade* relacionados por $ 2.500.

No Fim de Um Ano

Adiantamentos de Clientes	115,75
Receita de Vendas	115,75

No fim do ano, para reconhecer receitas associadas a serviços de não *software* e de *upgrade* de $ 115,75 (= $ 463/48 meses × 12 meses).

PROBLEMA 8.3 — PARA APRENDIZAGEM

Reconhecimento da receita depois da venda quando permanecem obrigações remanescentes substanciais. Prepare lançamentos no livro diário de cada uma das transações e eventos hipotéticos que afetam a Scania durante o exercício findo em 31 de dezembro de 2013.

a. Março: a Scania assina um contrato para entregar 50 contêineres de transporte por um preço total de SEK 250.000. O cliente paga à Scania o valor integral na data em que ambas as partes assinam o contrato. A empresa espera entregar os contêineres em junho.
b. Maio: a Scania vende um caminhão a um cliente por SEK 725.000, o qual ela entrega imediatamente. O cliente paga à Scania 20% na entrega e concorda em pagar o restante em 60 dias. O preço do contrato inclui uma sessão de treinamento de dois dias que a Scania vai formular e entregar em junho, bem como um suporte de três anos ao cliente, após a entrega do caminhão. Os preços de venda separada são: caminhão, SEK 690.000; sessão de treinamento, SEK 40.000; suporte ao cliente, SEK 50.000.
c. Junho: a Scania entrega os contêineres (conforme o item **a**) e a sessão de treinamento (conforme o item **b**).
d. Setembro: a Scania e um cliente prometem assinar um contrato em janeiro de 2014 para a entrega de dez ônibus em troca de SEK 7 milhões. O cliente concorda em pagar à Scania em outubro um depósito de SEK 200.000.
e. Outubro: o cliente (item **d**) paga SEK 200.000 à Scania.
f. Dezembro: a Scania reconhece oito meses (de maio a dezembro) de suporte ao cliente proporcionado em conjunto com a venda do caminhão, conforme o item **b**.

Incerteza substancial remanescente sobre recebimentos de caixa

Em algumas transações de vendas, o vendedor não pode estimar com confiabilidade o momento e o valor do recebimento em caixa. Um exemplo é o contrato de franquia (**Exemplo 5**) que obriga o franqueado a fazer pagamentos substanciais de caixa ao longo de um período extenso em troca de bens e serviços que o vendedor normalmente fornece muito antes de receber o caixa. A taxa de inadimplência em franquias (e outros pequenos negócios) é alta e, por isso, o vendedor não pode estimar com confiabilidade a porção da remuneração inicialmente acordada da franquia que ele de fato receberá.

Quando existe uma incerteza substancial no momento da venda em relação ao valor ou no momento dos recebimentos de caixa, tanto os U.S. GAAP como as IFRS vinculam o reconhecimento da receita com o recebimento de caixa. Dois métodos contábeis comuns atendem a esse requisito: o método das prestações e o método da recuperação do custo[22]. Descrevemos a seguir esses métodos e a orientação que determina quando um vendedor deve usá-los.

Método das prestações. O **método das prestações** reconhece a receita na medida em que o vendedor recebe o caixa do cliente. O vendedor aplica a **porcentagem da margem bruta** à transação para calcular a porção do **lucro**

---

21. A Apple usa o título de conta "Receita Diferida".
22. O padrão U.S. GAAP descreve esses métodos no parágrafo 12 e nota 8 relacionada do Accounting Principles Board. *Opinion No. 10*, "Omnibus Opinion – 1966", 1966 (**Codification Topic 605**). O padrão IFRS não usa esses termos.

bruto total reconhecido em cada período contábil. O lucro bruto é igual à receita de vendas menos o custo dos produtos vendidos. A porcentagem da margem bruta corresponde ao lucro bruto dividido pela receita de vendas.

Para ilustrar, suponha que um cliente concorda em pagar £ 20.000 nos próximos três anos em três prestações de £ 7.500, £ 8.750 e £ 3.750[23]. O custo para o varejista do item comprado é de £ 14.000. Assim, o lucro bruto é £ 6.000 (ou seja, £ 20.000 – £ 14.000). A porcentagem da margem bruta é 30% (= £ 6.000/£ 20.000) do total da receita. Imediatamente após a venda, o cliente tem a posse física do estoque e o vendedor reconhece uma conta a receber, credita estoque e difere o lucro bruto da venda até que ele receba o caixa[24]. Nesse exemplo, o lançamento no livro diário no momento da venda é:

Contas a Receber..	20.000	
Estoque		14.000
Lucro Bruto Diferido...		6.000
Para creditar a conta Estoque do balanço patrimonial pelo estoque que a empresa vendeu, para reconhecer contas a receber e reconhecer o lucro bruto diferido[25].		

O vendedor reconhece o caixa recebido como receita. A porcentagem da margem bruta (30% nesse exemplo) multiplicada pelo caixa recebido corresponde ao lucro bruto reconhecido. O custo dos produtos vendidos é uma conta de chegada (o valor requerido para chegar ao saldo do lançamento no livro diário). O lançamento no livro diário para registrar o recebimento de £ 7.500 da primeira prestação, reconhecer a receita e o custo dos produtos vendidos é:

Caixa	7.500	
Lucro Bruto Diferido..	2.250	
Custo dos Produtos Vendidos (conta de chegada)..	5.250	
Contas a Receber...		7.500
Receita de Vendas		7.500
Para registrar o recebimento da primeira prestação de £ 7.500, reconhecer receita igual ao caixa recebido, reduzir a conta Lucro Bruto Diferido no valor igual à margem bruta sobre o caixa recebido, de £ 2.250 (= 30% × £ 7.500), e reconhecer o custo dos produtos vendidos (uma conta de chegada). A contribuição para o lucro é de £ 2.250 (ou seja, £ 7.500 de receita – £ 5.250 de custo dos produtos vendidos).		

O lançamento no livro diário para registrar o recebimento da segunda prestação de £ 8.750 é:

Caixa	8.750	
Lucro Bruto Diferido..	2.625	
Custo dos Produtos Vendidos (conta de chegada)..	6.125	
Contas a Receber...		8.750
Receita de Vendas		8,750
Para registrar o recebimento da segunda prestação de £ 8.750, reconhecer receita igual ao caixa recebido, reduzir a conta Lucro Bruto Diferido no valor igual à margem bruta sobre o caixa recebido, de £ 2.625 (= 30% × £ 8.750), e reconhecer o custo dos produtos vendidos (uma conta de chegada). A contribuição para o lucro é de £ 2.625 (ou seja, £ 8.750 de receita – £ 6.125 de custo dos produtos vendidos).		

---

23. Esse exemplo (e outros neste capítulo) ignora os juros nos pagamentos a prazo dos clientes.
24. O lucro bruto diferido (ou margem bruta diferida) não é um passivo porque o vendedor cumpriu sua obrigação para com o cliente. Conceitualmente, o lucro bruto diferido é uma conta redutora do ativo (FASB, *Statement of Financial Accounting Concepts No. 6*, "Elements of Financial Statements", 1985, par. 232-234); contudo, muitas empresas o apresentam como passivo circulante ou entre o passivo e o patrimônio líquido.
25. Incluímos o lucro bruto diferido como uma redução do ativo, conforme Concepts Statement 6.

O lançamento no livro diário para registrar a terceira prestação paga de £ 3.750 é:

Caixa...	3.750	
Lucro Bruto Diferido..	1.125	
Custo dos Produtos Vendidos (conta de chegada)......................................	2.625	
Contas a Receber...		3.750
Receita de Vendas...		3.750
Para registrar o recebimento da terceira prestação de £ 3.750, reconhecer receita igual ao caixa recebido, reduzir a conta Lucro Bruto Diferido no valor igual à margem bruta sobre o caixa recebido, de £ 1.125 (= 30% × £ 3.750), e reconhecer o custo dos produtos vendidos (uma conta de chegada). A contribuição para o lucro é de £ 1.125 (ou seja, £ 3.750 de receita – £ 2.625 de custo dos produtos vendidos).		

Depois que o cliente faz o pagamento da terceira prestação, o saldo em Contas a Receber, Bruto, no balanço patrimonial do vendedor é zero, a receita cumulativa do vendedor é £ 20.000 (= £ 7.500 + £ 8.750 + £ 3.750) e o custo cumulativo dos produtos vendidos é £ 14.000 (= £ 5.250 + £ 6.125 + £ 2.625). O lucro bruto cumulativo é de £ 6.000 (= £ 20.000 – £ 14.000 = £ 2.250 + £ 2.625 + £ 1.125).

Se o cliente falha em fazer todos os pagamentos prometidos, o vendedor pode recuperar a posse do item vendido e incluí-lo em seu estoque pelo seu valor realizável líquido. O vendedor também cancelará os saldos remanescentes em Contas a Receber, Bruto, e em Lucro Bruto Diferido, reconhecendo um ganho ou perda na recuperação. Neste exemplo, se o cliente deixou de fazer o pagamento da terceira prestação e o vendedor recuperou o estoque com valor realizável líquido de £ 2.600, o vendedor fará o seguinte lançamento no livro diário:

Estoque – Itens Recuperados...	2.600	
Lucro Bruto Diferido..	1.125	
Perda com a Recuperação (conta de chegada)...	25	
Contas a Receber, Bruto..		3.750
Para cancelar uma prestação incobrável de contas a receber (£ 3.750) e o correspondente lucro bruto (£ 1.125), reconhecer estoque recuperado pelo seu valor realizável líquido (£ 2.600) e uma perda (£ 25).		

Método da recuperação do custo. O **método da recuperação do custo** confronta os custos da geração de receita com os recebimentos de caixa até que o vendedor recupere todos os seus custos. Isto é, o vendedor torna despesas iguais a receitas em cada período até que ele recupere todos os seus custos, e não reconhece lucro bruto no resultado até que tenha recuperado todos os custos da venda. Depois que recebimentos cumulativos de caixa tenham igualado os custos totais, o vendedor informa a receita sem qualquer despesa confrontada na demonstração do resultado. O vendedor faz o mesmo lançamento no livro diário no momento da venda pelo método da recuperação do custo que fez pelo método das prestações. A diferença entre os dois métodos aparece depois, quando o cliente faz pagamentos de prestações. Em vez de aplicar a porcentagem da margem bruta a cada recebimento de caixa do cliente, o vendedor equaliza o custo dos produtos vendidos com a receita até recuperar todo o custo. Ilustramos essas diferenças usando lançamentos no livro diário, considerando os mesmos termos da transação do exemplo precedente. Não repetimos o lançamento no livro diário no momento da venda, que é o mesmo nos dois métodos contábeis.

O lançamento no livro diário do vendedor para registrar o primeiro recebimento de caixa de £ 7.500 é o seguinte:

Caixa...	7.500	
Custo dos Produtos Vendidos (conta de chegada)......................................	7.500	
Contas a Receber, Bruto..		7.500
Receita de Vendas...		7.500
Para registrar o recebimento da primeira prestação de £ 7.500, reconhecer receita igual ao caixa recebido e o custo dos produtos vendidos igual à receita. O vendedor recuperou £ 7.500 do seu custo total de £ 14.000. A contribuição para o lucro é £ 0 (ou seja, £ 7.500 de receita – £ 7.500 de custo dos produtos vendidos).		

O lançamento no livro diário do vendedor para registrar o segundo recebimento de caixa de £ 8.750 é o seguinte:

Caixa...	8.750	
Lucro Bruto Diferido...	2.250	
Custo dos Produtos Vendidos (conta de chegada)....................................	6.500	
Contas a Receber, Bruto...		8.750
Receita de Vendas...		8.750
Para registrar o recebimento da segunda prestação de £ 8.750, reconhecer receita igual ao caixa recebido e o custo dos produtos vendidos de £ 6.500. Este valor, combinado com a despesa anterior de £ 7.500, indica que o vendedor recuperou seus custos de £ 14.000. A contribuição para o lucro é de £ 2.250 (ou seja, £ 8.750 da receita – £ 6.500 do custo dos produtos vendidos).		

O lançamento no livro diário do vendedor para registrar o terceiro recebimento de caixa de £ 3.750 é o seguinte:

Caixa...	3.750	
Lucro Bruto Diferido...	3.750	
Contas a Receber, Bruto...		3.750
Receita de Vendas...		3.750
Para registrar o recebimento da terceira prestação de £ 3.750 e reconhecer receita igual ao caixa recebido. O vendedor já recuperou seus custos de £ 14.000; por isso, ele reconhece o valor total do caixa recebido como lucro. A contribuição para o lucro é de £ 3.750 (ou seja, £ 3.750 de receita – £ 0 de custo dos produtos vendidos).		

Se o cliente deixa de fazer os pagamentos prometidos, o vendedor pode recuperar o item vendido. A contabilização da recuperação é similar ao previamente ilustrado quanto ao método das prestações.

Método das Prestações Comparado ao Método da Recuperação do Custo. O método das prestações informa o lucro antes do método da recuperação do custo. Esse padrão se sustenta independentemente de o cliente fazer ou não todos os pagamentos prometidos. As diferenças surgem a partir da lógica diferente que fundamenta os dois métodos. A lógica do método das prestações presume que o vendedor receberá todo o caixa prometido[26]. A lógica do método da recuperação de custo considera o recebimento do caixa altamente incerto. Consequentemente, o método da recuperação do custo diferencia o reconhecimento de qualquer lucro até que o vendedor tenha recuperado todos os custos.

O padrão U.S. GAAP permite que as empresas adotem o método das prestações ou o método da recuperação do custo apenas quando os recebíveis são cobráveis ao longo de um extenso período e o vendedor não tem base razoável para estimar o caixa que irá receber[27]. O padrão IFRS não contém esse nível de detalhe; contudo, sua orientação geral implica um critério qualitativo similar.

PROBLEMA 8.4 PARA APRENDIZAGEM

Reconhecimento do lucro quando a capacidade de recebimento é incerta. Em 1º de janeiro de 2013, suponha que a Scania concorde em vender dois caminhões por SEK 1.080.000, que custam para a Scania SEK 980.000, a uma organização sem fins lucrativos, a Project Hope, que planeja abrir um negócio de transporte. A Project Hope recebeu fundos parciais para esse empreendimento e seu plano de negócios, incluindo fluxos de caixa projetados, indica uma incerteza significativa sobre sua viabilidade financeira. A Scania concorda em entregar os caminhões em janeiro e permitir à Project Hope pagar em prestações iguais durante 12 meses, com o primeiro pagamento vencendo a 30 de junho de 2013. Suponha que a Project Hope faça os três primeiros pagamentos e deixe de fazer os demais; presuma também que a Scania recupere os dois caminhões em dezembro de 2013, quando seu valor líquido realizável é de SEK 690.000. Prepare os lançamentos no livro diário para essa transação, considerando que:

a. A Scania usa o método das prestações.
b. A Scania usa o método da recuperação do custo.

---

26. Ou que, quando cessarem os recebimentos do cliente, o vendedor poderá recuperar os produtos para cobrir os custos relativos ao que não foi ainda recebido.
27. Nota 8 do Accounting Principles Board, *Opinion No. 10*, "Omnibus Opinion – 1966" (**Codification Topic 605**).

RECONHECIMENTO DO LUCRO ANTES DA ENTREGA

Uma empresa por vezes reconhece a receita e as despesas *antes* de entregar os itens prometidos ao cliente, em períodos nos quais ela atua sob um contrato de longo prazo. Um exemplo é a venda de trens da Bombardier (**Exemplo 4**). Contratos de longo prazo (por exemplo, produção ou construção de aviões, trens, navios ou edifícios) apresentam, com frequência, três características:

1. O período de construção (produção) se estende por diversos períodos contábeis.
2. O vendedor identifica um comprador, concorda com um preço de contrato antecipadamente e tem poucas dúvidas quanto à capacidade do cliente de fazer os pagamentos acordados.
3. O comprador faz pagamentos periódicos do preço do contrato à medida que o trabalho progride. Eles costumam ser chamados de **pagamentos progressivos**.

Contratos de longo prazo com essas características podem atender aos critérios de reconhecimento da receita durante o período de construção ou de produção. Esses critérios incluem:

- A existência de um contrato que especifique o comprador, o produto a ser entregue e um preço acordado.
- O vendedor espera razoavelmente que o comprador pague o valor do contrato em caixa à medida que a construção progride ou quando o trabalho for concluído.
- O vendedor pode estimar confiavelmente os custos em que incorrerá ao prestar esses serviços futuros.

Quando o contrato atende a esses critérios, os padrões U.S. GAAP e IFRS requerem que as empresas reconheçam o lucro usando o método do percentual concluído. Quando o contrato não atende aos critérios, o padrão U.S. GAAP requer que as empresas reconheçam o lucro usando o método do contrato concluído. O padrão IFRS não permite o método do contrato concluído e, em vez disso, especifica uma variante do método da recuperação do custo[28]. Discutiremos a seguir os métodos do percentual concluído e do contrato concluído.

Método do percentual concluído

O **método do percentual concluído** reconhece uma porção do preço do contrato como receita durante cada período de construção ou produção. A porção da receita reconhecida é baseada na proporção do trabalho total realizado durante o período[29]. Uma medida comumente usada da proporção do trabalho total realizado é a relação entre os custos incorridos até a data e o total estimado dos custos do contrato[30]. A empresa geralmente acumula esses custos em uma conta do estoque chamada **Construção em Andamento** ou **Construção em Processo**. À medida que a empresa reconhece a receita de porções do preço do contrato, ela também reconhece iguais porções do custo estimado do contrato como despesas, debitando Custo dos Produtos Vendidos e creditando Construção em Andamento. O método do percentual concluído segue o regime contábil de competência e confronta as despesas com as receitas relacionadas. O cronograma de recebimentos de caixa (isto é, pagamentos progressivos) do cliente não afeta o reconhecimento da receita. Mesmo que o contrato especifique que o cliente pagará o total do preço do contrato quando o vendedor entregar o produto, o vendedor pode usar esse método desde que possa estimar razoavelmente o valor do caixa que ele receberá e os custos em que espera incorrer para completar o trabalho.

Para ilustrar o método do percentual concluído, retomamos o **Exemplo 4**, no qual a Bombardier concorda em fornecer 25 trens pelos próximos quatro anos pelo preço total contratado de € 2 bilhões. O cliente paga € 250 milhões na assinatura do contrato e pagará o preço contratado remanescente em quatro prestações de € 437,5 milhões no fim de cada ano por quatro anos. A Bombardier estima que o custo total do cumprimento desse contrato é de € 1,6 bilhão, o qual será incorrido da seguinte forma: no primeiro ano, € 400 milhões; no segundo, € 600 milhões; no terceiro ano, € 400 milhões; e no quarto, € 200 milhões. Ela espera um lucro bruto de € 400 milhões (ou seja, € 2 bilhões – € 1,6 bilhão) nesse contrato. A Bombardier mensura o percentual concluído como o percentual do total de custos incorridos sobre o custo total estimado; portanto, ela reconhecerá receita e despesa do contrato como segue (valores monetários em milhões de euros, €)[31]:

---

28. A orientação do U.S. GAAP é: *Accounting Research Bulletin No. 45*, "Long-Term Construction-Type Contracts", 1955 (**Codification Topic 605**). A orientação do IFRS é: *International Accounting Standard 11*, "Construction Contracts", 1993.
29. Em situações mais complexas, nas quais a estimativa de custo muda à medida que o tempo passa, o valor da receita por período depende da porcentagem do trabalho cumulativo realizado até o fim do período, comparado com o total cumulativo no fim do período precedente.
30. Outro método, não discutido nem exemplificado aqui, é o método de estimativa de engenharia. Nesse método, especialistas estimam a fração de trabalho executada em qualquer período pelo exame físico da construção em andamento.
31. Nesse exemplo, os custos reais da Bombardier são idênticos aos seus custos esperados a cada ano e no total.

Ano	Grau de Execução (Completion)	Receita	–	Despesa	=	Lucro
1	400/1.600 = 25,0%	500		400		100
2	600/1.600 = 37,5%	750		600		150
3	400/1.600 = 25,0%	500		400		100
4	200/1.600 = 12,5%	250		200		50
		2.000	–	1.600	=	400

O lançamento da Bombardier no livro diário, quando ela recebe o pagamento inicial do caixa, é o seguinte:

Início do Primeiro Ano

Caixa	250	
Adiantamentos de Clientes		250
Para registrar o recebimento de € 250 milhões no momento da assinatura do contrato.		

No fim do primeiro ano, a Bombardier reconhecerá o recebimento da primeira prestação e a porção apropriada (25%, grau de execução no ano 1) da receita e das despesas, conforme o método do percentual concluído:

Fim do Primeiro Ano

Caixa	437,5	
Adiantamentos de Clientes		437,5
Para registrar a primeira prestação do preço remanescente do contrato, € 437,5 milhões (= 25% × [€ 2.000 – € 250])		

Adiantamentos de Clientes	500	
Custo dos Produtos Vendidos	400	
Receita de Vendas		500
Construção em Andamento[32]		400
No fim do primeiro ano, o saldo de Adiantamentos de Clientes é de € 187,5 milhões (= € 250 milhões + € 437,5 milhões – € 500 milhões)		

No fim do segundo ano, a Bombardier reconhecerá o recebimento da segunda prestação e a porção apropriada (37,5%, grau concluído no ano 2) do total da receita e das despesas conforme o método do percentual concluído:

Fim do Segundo Ano

Caixa	437,5	
Adiantamentos de Clientes		437,5
Para registrar a segunda prestação do preço remanescente do contrato, € 437,5 milhões (= 25% x [€ 2.000 – € 250])		

Contas a Receber, Bruto	125,0	
Adiantamentos de Clientes	625,0	
Custo dos Produtos Vendidos	600,0	
Receita de Vendas		750,0
Construção em Andamento		600,0
Antes de a Bombardier reconhecer a receita do segundo ano, o saldo em Adiantamentos de Clientes era de € 625 milhões (= Saldo inicial de € 187,5 + € 437,5). A Bombardier primeiro reduz o saldo de Adiantamentos de Clientes a zero (debitando € 625 milhões) e depois registra a receita remanescente reconhecida de € 125 milhões (= € 750 – € 625) como débito em Contas a Receber, Bruto[33].		

---

32. Por simplificação, não mostramos os lançamentos no livro diário que debitam a conta do estoque Construção em Andamento e creditam várias contas do ativo e do passivo na medida em que a Bombardier acumula custos do contrato.

33. A Bombardier também aplicará o método da provisão para estimar contas a receber incobráveis descritas antes neste capítulo.

No fim do terceiro ano, a Bombardier reconhecerá o recebimento da terceira prestação e a porção apropriada (25%, grau concluído no ano 3) da receita e das despesas conforme o método do percentual concluído:

Fim do Terceiro Ano

Caixa	437,5	
Contas a Receber, Bruto		125,0
Adiantamentos de Clientes		312,5

Para registrar a terceira prestação do preço remanescente do contrato, € 437,5 milhões (= 25% × [€ 2.000 − € 250]). Primeiro, a Bombardier aplica o recebimento do caixa aos valores devidos pelo cliente (Contas a Receber, Bruto) e, a seguir, registra o remanescente como Adiantamentos de Clientes.

Contas a Receber, Bruto	187,5	
Adiantamentos de Clientes	312,5	
Custo dos Produtos Vendidos	400,0	
Receita de Vendas		500,0
Construção em Andamento		400,0

Antes de a Bombardier reconhecer a receita do terceiro ano, o saldo em Adiantamentos de Clientes era de € 312,5 milhões. Para registrar a receita do terceiro ano, a Bombardier primeiro reduz o saldo de Adiantamentos de Clientes a zero (debitando € 312,5) e então registra a receita remanescente reconhecida de € 187,5 milhões (= € 500 − € 312,5) como Contas a Receber, Bruto.

No fim do quarto ano, a Bombardier reconhecerá o pagamento da última prestação e a porção apropriada (12,5%, grau concluído no ano 4) da receita e das despesas conforme o método do percentual concluído:

Fim do Quarto Ano

Caixa	437,5	
Contas a Receber, Bruto		187,5
Adiantamentos de Clientes		250,0

Para registrar a última prestação do preço remanescente do contrato, € 437,5 milhões (= 25% × [€ 2.000 − € 250]). O vendedor primeiro aplica o recebimento do caixa aos valores devidos pelo cliente (Contas a Receber, Bruto) e, a seguir, registra o remanescente como Adiantamentos de Clientes.

Adiantamentos de Clientes	250,0	
Custo dos Produtos Vendidos	200,0	
Receita de Vendas		250,0
Construção em Andamento		200,0

Método do contrato concluído

O **método do contrato concluído** também se aplica a contratos de construção de longo prazo e a contratos similares. Esse método posterga o reconhecimento da receita até que o vendedor conclua toda a construção ou produção e transfira o item finalizado ao cliente. O padrão U.S. GAAP especifica o método do contrato concluído quando o resultado do contrato é duvidoso considerando-se a falta de estimativas confiáveis – ou dos custos ou do caixa a ser recebido. Dando continuidade ao exemplo anterior, se a Bombardier usasse o método do contrato concluído, ela não reconheceria receitas nem despesas do contrato dos trens nos primeiros três anos. No quarto ano, na entrega dos 25 trens, ela reconheceria a receita de € 2 bilhões e o custo dos produtos vendidos de € 1,6 bilhão. O lucro bruto total é € 400 milhões, tanto conforme o método do percentual concluído como o método do contrato concluído, mas este último posterga todo o reconhecimento da receita até que a Bombardier tenha finalizado o projeto. Aplicando o método do contrato concluído, enquanto está produzindo os trens, a Bombardier reconheceria os recebimentos de caixa do cliente (pagamentos progressivos) como débitos no Caixa e créditos em Adiantamentos de Clientes e acumularia custos do contrato na conta Construção em Andamento.

Método do percentual concluído comparado ao método do contrato concluído

Enquanto o método do percentual concluído proporciona informações sobre o desempenho do vendedor durante o período do contrato, e o método do contrato concluído informa o lucro apenas quando ele cumpre o contrato. O método do percentual concluído reflete o desempenho atual de forma mais periódica que o método do contrato concluído. Quanto mais curta a duração do contrato, menores as diferenças contábeis entre as duas abordagens.

Uma vez que a evidência convincente de um contrato é uma condição de reconhecimento da receita, as empresas utilizam o método do contrato concluído se não há um contrato com um cliente específico. Um exemplo é a construção especulativa de prédios residenciais e outras situações que requerem um futuro esforço de marketing. Pode haver também incerteza substancial quanto ao preço de venda e, portanto, quanto ao caixa que o vendedor receberá. Além disso, se há suficiente incerteza quanto ao custo total do contrato, o vendedor não pode usar o método do percentual concluído – mesmo que ele tenha um contrato com preço específico.

Requisitos do IFRS para o reconhecimento da receita de um contrato quando o vendedor não pode estimar confiavelmente o resultado

O padrão IFRS especifica o método do percentual concluído quando o vendedor pode estimar confiavelmente o resultado de um contrato. Se o vendedor não pode estimar confiavelmente custos e receitas, o IFRS requer que ele reconheça receitas iguais aos custos incorridos e despendidos. Essa abordagem é uma variante do método da recuperação do custo, anteriormente descrito.

PROBLEMA 8.5 PARA APRENDIZAGEM

Reconhecimento do lucro de um contrato de construção de longo prazo. Suponha que a General Construction Company (GC) contrata com um cliente chinês em junho de 2013 a construção de um edifício ao preço de 145 milhões de yuan (¥). A GC planeja começar a construção em 1º de janeiro de 2014 e terminar em setembro de 2016. Ela estima que o seu custo total de construção será de ¥ 100 milhões. A GC incorreu em custos de ¥ 30 milhões em 2014, ¥ 60 milhões em 2015 e ¥ 10 milhões em 2016. O cliente concorda em fazer pagamentos progressivos iguais no primeiro dia de cada ano. A GC entregou o edifício em setembro de 2016. Calcule o lucro bruto (= receita menos custo dos produtos vendidos) da GC neste contrato em 2014, 2015 e 2016, considerando que:

a. A GC usa o método do percentual concluído.
b. A GC usa o método do contrato concluído.
c. A GC usa o método especificado pelo padrão IFRS quando ela não pode estimar confiavelmente o resultado do contrato. Suponha que todos os custos incorridos são recuperáveis.

RESUMO

A receita é o maior item recorrente da demonstração contábil da maioria das empresas e um importante determinante da lucratividade da empresa. A receita representa entrada de ativos das transações com clientes. O momento e o critério de mensuração da receita e das despesas associadas são objeto de orientação detalhada do padrão U.S. GAAP e de orientação geral do padrão IFRS. A orientação determina as condições de reconhecimento da receita antes, ao longo e depois do momento da venda. O vendedor precisa ter recebido receitas, no sentido de que deve ter cumprido, ou basicamente cumprido, suas obrigações para com o cliente, e deve poder estimar o caixa ou valor equivalente de caixa recebido do cliente. Se falta um desses requisitos, o vendedor precisa postergar o reconhecimento da receita. A orientação contábil também provê procedimentos especiais para contratos que contêm múltiplas entregas e para contratos de longo prazo.

Contas a receber (bruto) reflete os valores que os clientes prometeram pagar à empresa. O balanço patrimonial apresenta esses recebíveis líquidos de valores incobráveis. Quando o vendedor constata que um recebível se tornou incobrável, ele dá baixa no recebível.

APÊNDICE 8.1: COMPARAÇÃO DOS CRITÉRIOS DE RECONHECIMENTO DA RECEITA ENTRE U.S. GAAP E IFRS

Reconhecimento da receita segundo o padrão U.S. GAAP

A orientação conceitual estabelece que o vendedor reconheça a receita quando a transação atende às seguintes condições[34]:

1. O vendedor ganhou a receita, ou seja, ele cumpriu substancialmente o que prometeu ao cliente (a condição "ganha").
2. A receita é realizada ou realizável, isto é, o vendedor recebeu caixa ou outro ativo que ele possa converter em caixa (a condição "realizada ou realizável").

Além disso, a Securities and Exchange Commission (SEC) dos Estados Unidos emitiu o *Staff Accounting Bulletin No. 104* (*SAB 104*), que resume as quatro seguintes condições para o reconhecimento da receita[35]:

1. Evidência convincente de que existe um contrato.
2. A entrega ocorreu ou os serviços foram prestados.
3. O preço do vendedor ao comprador está fixado ou é determinável.
4. A capacidade de recebimento é razoavelmente assegurada, isto é, o vendedor pode mensurar o valor da receita e está razoavelmente certo de recebê-la.

As condições **2**, **3** e **4** do *SAB 104* são similares às duas condições estabelecidas no *Concepts Statement 5*. O *SAB 104* também requer a evidência convincente de que o vendedor tem um contrato com o comprador, negócios anteriores ou práticas costumeiras de negócios. O contrato estabelece responsabilidades do vendedor e do comprador acerca da natureza e entrega dos produtos e serviços, os riscos assumidos pelo comprador e pelo vendedor, o momento dos pagamentos de caixa e fatores similares.

Reconhecimento da receita segundo o padrão IFRS

O padrão IFRS distingue receita de vendas de produtos e receita de vendas de serviços[36] e especifica cinco condições gerais para o reconhecimento da receita; todas se aplicam à venda de produtos, mas as condições **1** e **2** se aplicam *somente* a produtos:

1. O vendedor transferiu ao comprador os riscos e benefícios significativos dos bens.
2. O vendedor não reteve nem o controle efetivo nem qualquer tipo de envolvimento associado à propriedade.
3. O valor da receita pode ser mensurado com confiabilidade.
4. É provável que o vendedor obtenha os benefícios econômicos associados à transação.
5. Os custos incorridos ou a serem incorridos podem ser mensurados confiavelmente.

Quanto aos serviços, o padrão IFRS especifica as condições **3**, **4** e **5**, mais uma nova condição: *o estágio de execução da transação no fim do período contábil pode ser medido confiavelmente*.

Comparação entre U.S. GAAP e IFRS

As condições **1** e **2** do padrão IFRS são análogas à condição "ganha" do U.S. GAAP – especificam que o vendedor precisa ter cumprido suas obrigações. As condições **3** e **4** são análogas à condição "realizada ou realizável" do U.S. GAAP – especificam que o vendedor obtém um ativo razoavelmente mensurável que resultará em benefícios. A condição **5** no padrão IFRS diz respeito à mensuração do custo ou da despesa reconhecida.

U.S. GAAP e IFRS são consistentes na ideia de um processo de ganho (que o IFRS descreve em termos da transferência de riscos e benefícios da propriedade) e no princípio da realização (que o IFRS descreve em termos da mensuração confiável e da habilidade de obter benefícios econômicos). Isso não significa, contudo, que o re-

---
34. FASB, *Statement of Financial Accounting Concepts No. 5*, "Recognition and Measurement in Financial Statements of Business Enterprises", 1984, par. 83-84.
35. SEC, *Staff Accounting Bulletin No. 104*, 17 CFR Part 211, December 2003.
36. International Accounting Standards Committee, *International Accounting Standard 18*, "Revenue", 1993.

conhecimento da receita seja o mesmo sob U.S. GAAP e IFRS. O padrão U.S. GAAP provê mais de 200 peças de orientação, muitas das quais são específicas ao setor ou à transação. O IFRS contém uma norma geral e algumas normas mais específicas. Assim, por exemplo, o padrão U.S. GAAP contém orientação específica para o reconhecimento da receita de remunerações de franquia, vendas de *software* e vendas de imóveis, ao passo que a norma geral do padrão IFRS para reconhecimento da receita não aborda esses contratos específicos ao setor[37].

APÊNDICE 8.2: RESUMO DO PROJETO CONJUNTO FASB-IASB PARA RECONHECIMENTO DA RECEITA

História e objetivo do projeto

O FASB e o IASB emitiram em 2008 um Documento de Discussão descrevendo seus propósitos iniciais de melhoria e convergência na orientação regulatória sobre o reconhecimento da receita. Os objetivos do projeto são:

- Emitir uma única norma contábil que se aplique à maioria dos contratos de receita e não difira substancialmente entre U.S. GAAP e IFRS.
- Remover inconsistências e insuficiências nas orientações existentes.
- Reduzir o número de abordagens diferentes do reconhecimento da receita.
- Incrementar a comparabilidade e prover informação mais útil aos usuários dos relatórios financeiros.

O FASB e o IASB emitiram um esboço de apresentação conjunta em junho de 2010 e um esboço revisto em janeiro de 2012. Esses esboços de apresentação descrevem os requisitos propostos para o reconhecimento da receita e buscam contribuições de preparadores de demonstrações financeiras, usuários, auditores e outros. Quando da publicação deste livro, o FASB e o IASB estavam analisando essas contribuições. Este Apêndice resume certas características das propostas do FASB-IASB quanto ao reconhecimento da receita[38].

Orientação proposta

O **Apêndice 8.1** descreve a orientação conceitual para o reconhecimento da receita sob U.S. GAAP e IFRS que existe no momento da publicação deste livro. A orientação que está sendo desenvolvida pelo FASB e IASB substituiria a orientação atual por um único princípio central:

A transferência de um bem ou serviço ao cliente determina o momento do reconhecimento da receita. A transferência ocorre quando o cliente obtém controle sobre o item transferido, o qual pode ocorrer em um momento do tempo ou ao longo do tempo.

A aplicação desse princípio central envolve cinco passos, começando com o requisito de que exista um contrato implícito ou explícito entre o vendedor e o comprador:

1. Identificar o contrato com o cliente.
2. Identificar os cumprimentos separados das obrigações do contrato (este passo poderia envolver a identificação de componentes separados de um contrato de múltipla entrega).
3. Determinar o preço da transação.
4. Alocar o preço da transação às obrigações de cumprimento separado.
5. Reconhecer a receita por ocasião do cumprimento da obrigação (isto é, no momento em que o cliente obtém controle do bem ou serviço, por exemplo, assumindo a titularidade legal ou a posse física). A proposta também esclarece que uma empresa pode satisfazer a obrigação ao longo do tempo em certas condições.

---

37. FASB, *Statement of Financial Accounting Standards No. 45*, "Accounting for Franchise Fee Revenue", 1981 (**Codification Topic 952**) e *Statement of Financial Accounting Standards* No. 66, "Accounting for Sales of Real Estate", 1982 (**Codification Topic 360**).
38. Como resultado desse projeto conjunto, foi publicada em 28 de maio de 2014 a norma IFRS 15: *Revenue from Contracts with Customers*, que entrará em vigor em 1º de janeiro de 2017. Segundo o padrão IFRS, na maioria dos contratos, como nos de varejo, essa nova norma provocará pouca alteração (se houver) no valor e no momento do reconhecimento da receita; algumas alterações são previstas, sobretudo, nos contratos de longo prazo e de múltiplos elementos. [Ver *www.ifrs.org/Current-Projects/IASB-Projects/Revenue-Recognition/Documents/IFRS-15/Revenue-from-Contracts-Project-summary-Feedback-Statement-May-2014.pdf*.]. (NT)

Em muitos casos, a proposta não afeta a prática contábil atual. Por exemplo, a proposta não afeta o reconhecimento da receita em transações de caixa no ponto da venda. Como outro exemplo, a orientação proposta não exclui o método do percentual concluído. De resto, muitas das práticas atuais que seriam afetadas pela proposta se aplicam a contratos que estão além do escopo deste livro. Contudo, há quatro diferenças propostas que afetariam as abordagens contábeis discutidas neste **Capítulo 8**:

1. A proposta enfoca a existência de um contrato com o cliente e não o recebimento de um ativo. A proposta não requer um *threshold* (patamar mínimo) de capacidade de recebimento para reconhecimento da receita; assim, o método das prestações e o método da recuperação do custo poderiam ser afetados. Se, contudo, há dúvida suficiente quanto à capacidade de recebimento, o contrato pode não existir, o que exclui o reconhecimento da receita.
2. A proposta foca os preços da transação e não um valor fixo ou determinado, como é atualmente requerido pelo *SAB 14*. O preço de transação pode incluir elementos variáveis cujos efeitos no valor da transação precisariam ser estimados.
3. A proposta de tratamento de contratos de múltipla entrega ou de múltiplos elementos requer que o vendedor avalie o contrato para determinar quais elementos são *distintos*. Distinto é um novo termo proposto que se refere a se o vendedor vende o produto ou serviço separadamente ou se o cliente pode se beneficiar do produto ou serviço separadamente ou com outros itens que ele possa obter com facilidade. Contudo, as propostas de alocação da receita total das vendas aos elementos separados são similares aos procedimentos descritos sobre a Apple neste capítulo, os quais se baseiam em preços de venda independentes para componentes separados do contrato, incluindo estimativas desses preços.
4. A proposta requereria que a redução no lucro associada a recebíveis que se espera se tornem incobráveis apareça como redução da receita, não como uma despesa, por exemplo, Despesa com Créditos de Liquidação Duvidosa. Essa mudança não afetaria o lucro, mas sim a linha da demonstração do resultado em que este item seria evidenciado.

SOLUÇÕES DOS PROBLEMAS PARA APRENDIZAGEM

Solução sugerida para o problema 8.1

(Sony Corporation; reconhecimento da receita antes, depois ou no momento da venda.)

a. No momento do embarque para a Great Deal, a Sony incorreu na maioria dos seus custos. A Sony deve ter experiência suficiente para estimar o custo de televisões danificadas ou defeituosas. Assim, o contrato parece atender ao primeiro critério de reconhecimento da receita, o cumprimento substancial. O segundo critério também é atendido porque há um preço contratado (de $ 2.000 por televisão) e a Great Deal concorda em pagar em 30 dias. A Sony pode reconhecer a receita dessa transação quando a Great Deal tomar posse das televisões, normalmente quando ela as receber ou quando a Sony as embarcar.

b. Esse contrato é semelhante ao abordado no item **a**. No momento do embarque, a Sony atendeu ao primeiro critério do reconhecimento da receita. Contudo, pode haver incerteza substancial sobre se a Great Deal devolverá as televisões e será reembolsada. A Sony pode reconhecer receitas dessa transação na primeira entre duas datas: (1) quando a Great Deal notifica a Sony de que vendeu todas as televisões ou (2) seis meses depois do recebimento do produto pela Great Deal. Nesses dois momentos não há incerteza sobre a devolução das televisões para a Sony. A Great Deal se comprometeu a pagar a Sony dentro de 30 dias. Se a Sony pode estimar confiavelmente o número de televisões devolvidas, então, segundo o U.S. GAAP, pode ser permitido à Sony reconhecer a receita da mesma maneira que no item **a**, dependendo de outros fatores não discutidos aqui.

c. Nessa situação, a Great Deal age como consignatária das televisões da Sony; a Sony é a consignante. Em um contrato de consignação, o consignante (Sony) envia bens (televisões) ao consignatário (Great Deal) para venda e a Sony mantém a titularidade do bem até que a Great Deal faça a venda. A Sony não deve reconhecer a receita quando embarca as televisões porque o valor que ela receberá depende, em última análise, de se e a que preço a Great Deal venderá os bens. Por isso, o valor de caixa que a Sony receberá é incerto em relação tanto ao valor quanto ao tempo. Assim, a Sony deverá reconhecer a receita apenas quando tiver recebido o caixa da Great Deal, ou quando esta informar à Sony os valores que vai remeter pelas vendas feitas no período.

Solução sugerida para o problema 8.2

(Scania; reconhecimento da receita no momento da venda.)

a. Para registrar a venda de quatro motores de caminhão a SEK 20.000 cada um, com pagamento do cliente a ser recebido em 60 dias.

Contas a Receber, Bruto	80.000	
Receita de Vendas		80.000

b. A Scania não faz nenhum lançamento no momento em que assina o contrato de SEK 250.000 pelos 50 contêineres de transporte porque não houve nenhum cumprimento e o cliente não fez nenhum pagamento.

c. O cliente faz o pagamento integral dos quatro motores conforme o item **a**.

Caixa	80.000	
Contas a Receber, Bruto		80.000

d. Para registrar a venda de um caminhão por SEK 725.000.

Caixa	145.000	
Contas a Receber, Bruto	580.000	
Receita de Vendas		725.000

e. Para registrar receita, entrega de contêineres e recebimento do cliente.

Caixa	250.000	
Receita de Vendas		250.000

f. Para baixar um valor incobrável de SEK 580.000.

Provisão para Créditos de Liquidação Duvidosa (PCLD)	580.000	
Contas a Receber, Bruto		580.000

g. Para registrar despesa com PCLD no exercício.

Despesa com PCLD	1,4 bilhão	
PCLD		1,4 bilhão

Solução sugerida para o problema 8.3

(Scania; reconhecimento da receita depois da venda quando permanecem obrigações remanescentes substanciais.)

a. Para registrar o recebimento de SEK 250.000 como adiantamento de cliente do contrato de entrega de 50 contêineres. A Scania ainda não cumpriu a obrigação de entregar os contêineres.

Caixa	250.000	
Adiantamento de Clientes		250.000

b. Para registrar a venda do caminhão, sessão de treinamento e suporte ao cliente.

Caixa	145.000	
Contas a Receber, Bruto	580.000	
Receita de Vendas		641.347
Adiantamentos de Clientes		83.653

A soma dos preços de venda separada dos três elementos do contrato é de SEK 780.000 (= SEK 690.000 + SEK 40.000 + SEK 50.000). A porção do contrato alocada ao caminhão é SEK 641.347 (= SEK 725.000 × [SEK 690.000/SEK 780.000]). A porção atribuída ao treinamento é SEK 37.179 (= SEK 725.000 × [SEK 40.000/SEK 780.000]) e a porção atribuída ao suporte ao cliente é SEK 46.474 (= SEK 725.000 × [SEK 50.000/SEK 780.000]).

c. Para registrar a venda de contêineres (item **a**) e a entrega da sessão de treinamento (item **b**).

Adiantamento de Clientes	250.000	
Receita de Vendas		250.000

Adiantamento de Clientes	37.179	
Receita de Vendas		37.179

d. Nenhum lançamento no livro diário porque só houve troca de promessas.

e. Para registrar o pagamento feito pelo cliente conforme o contrato no item **d**.

Caixa	200.000	
Adiantamento de Clientes		200.000

f. Lançamento de ajuste por oito meses de suporte ao cliente, de maio a dezembro (ver item **b**).

Adiantamento de Clientes	10.328	
Receita de Vendas		10.328

Conforme o item **b**, a porção da receita total do contrato alocada ao suporte ao cliente é SEK 46.474 (= SEK 725.000 × [SEK 50.000/SEK 780.000]). A Scania reconhecerá esse valor como receita a ser rateada (igualmente) ao longo de três anos (36 meses) do período de suporte. A receita de 2013 é de SEK 10.328 (= SEK 46.474 × [8 meses/36 meses]) para o suporte de maio a dezembro.

Solução sugerida para o problema 8.4

(Scania; reconhecimento do lucro quando a capacidade de recebimento é incerta.)

a. **Análise e lançamentos no livro diário conforme o método das prestações.** No momento da venda, a Scania desreconhece os dois caminhões, reconhece um recebível e reconhece um lucro bruto diferido de SEK 100.000 (= SEK 1.080.000 − SEK 980.000). A porcentagem da margem bruta é aproximadamente 9,26% (= SEK 100.000/SEK 1.080.000). O lançamento no livro diário é:

Contas a Receber, Bruto	1.080.000	
Estoque		980.000
Lucro Bruto Diferido		100.000

Por convenção, a Scania pode apresentar o lucro bruto diferido entre seus passivos; nós o classificamos como uma redução do ativo, conforme *Concepts Statement 6*.

Junho-agosto: a Project Hope faz três pagamentos mensais. O lançamento no livro diário de cada um dos três pagamentos é:

Caixa	90.000	
Lucro Bruto Diferido	8.334	
Custo dos Produtos Vendidos (conta de chegada)	81.666	
Receita de Vendas		90.000
Contas a Receber, Bruto		90.000

A Scania recebe 1/12 do total do preço do contrato, ou seja, SEK 90.000 (= SEK 1.080.000/12 meses) e reconhece esse valor como receita. No método das prestações, a Scania também reconhece o lucro bruto = porcentagem da margem bruta (0,0926) × o caixa recebido (SEK 90.000), ou seja, SEK 8.334. Depois que a Project Hope fez três pagamentos, de SEK 90.000 cada um, o saldo em Contas a Receber é de SEK 810.000 (= SEK 1.080.000 − [3 × SEK 90.000]). O saldo em lucro bruto diferido é de SEK 74.998 (= SEK 100.000 − [3 × SEK 8.334]).

Depois que a Project Hope deixa de fazer os pagamentos prometidos, em dezembro de 2013, a Scania recupera os dois caminhões quando o seu valor realizável é de SEK 690.000:

Estoque – Itens Recuperados	690.000	
Lucro Bruto Diferido	74.998	
Perdas com a Recuperação (conta de chegada)	45.002	
Contas a Receber, Bruto		810.000

A Scania cancela os saldos remanescentes de Contas a Receber e de Lucro Bruto Diferido, reconhece o estoque recuperado pelo seu valor realizável e uma perda.

b. **Análise e lançamento no livro diário usando o método da recuperação do custo.** No momento da venda, a Scania faz o mesmo lançamento no livro diário nos dois métodos, o método das prestações e o método da recuperação do custo.

Junho-agosto: a Project Hope faz três pagamentos mensais. O lançamento para registrá-los é:

Caixa	90.000	
Custo dos Produtos Vendidos	90.000	
Receita de Vendas		90.000
Contas a Receber, Bruto		90.000

A Scania recebe 1/12 do total do preço do contrato, ou seja, SEK 90.000 (= SEK 1.080.000/12 meses). No método de recuperação do custo, a Scania reconhece o custo dos produtos vendidos igual à receita, até que ela recupere o custo total de SEK 980.000. A margem bruta de cada mês durante junho-agosto é zero. Depois que a Project Hope fez três pagamentos, o saldo em Contas a Receber é SEK 810.000 (= SEK 1.080.000 − [3 × SEK 90.000]). O saldo em Lucro Bruto Diferido é de SEK 100.000.

Depois que a Project Hope deixa de fazer os pagamentos prometidos, em dezembro de 2013, a Scania recupera a posse dos dois caminhões quando o seu valor realizável é de SEK 690.000.

Estoque – Itens Recuperados	690.000	
Lucro Bruto Diferido	100.000	
Perdas de Recuperação (conta de chegada)	20.000	
Contas a Receber, Bruto		810.000

A Scania cancela os saldos remanescentes de Contas a Receber e de Lucro Bruto Diferido, reconhece o estoque recuperado pelo seu valor realizável líquido e uma perda.

Solução sugerida para o problema 8.5

(General Construction Company: reconhecimento do lucro de um contrato de construção de longo prazo.)

a. Método do percentual concluído:

Ano	Percentual Concluído Incremental	Receita Reconhecida	Despesas Reconhecidas	Lucro Líquido
2014	30/100 (= 0,30)	¥ 43,5 milhões	¥ 30,0 milhões	¥ 13,5 milhões
2015	60/100 (= 0,60)	87,0 milhões	60,0 milhões	27,0 milhões
2016	10/100 (= 0,10)	14,5 milhões	10,0 milhões	4,5 milhões
Total	100/100 (= 1,00)	¥ 145,0 milhões	¥ 100,0 milhões	¥ 45,0 milhões

b. Método do contrato concluído:

Ano	Receita Reconhecida	Despesas Reconhecidas	Lucro Líquido
2014	¥ 0	¥ 0	¥ 0
2015	0	0	0
2016	145,0 milhões	100,0 milhões	45,0 milhões
Total	¥ 145,0 milhões	¥ 100,0 milhões	¥ 45,0 milhões

c. IFRS, quando a GC não pode estimar confiavelmente o resultado do contrato:

Ano	Receita Reconhecida	Despesas Reconhecidas	Lucro Líquido
2014	¥ 30,0 milhões	¥ 30,0 milhões	¥ 0
2015	60,0 milhões	60,0 milhões	0
2016	55,0 milhões	10,0 milhões	45,0 milhões
Total	¥ 145,0 milhões	¥ 100,0 milhões	¥ 45,0 milhões

PRINCIPAIS TERMOS E CONCEITOS

- Baixa de incobráveis (*writing-off*)
- Conta Construção em Andamento, Conta Construção em Andamento
- Conta de controle (ou controladora)
- Conta incobrável
- Contas a Receber, Bruto
- Contas a receber, Clientes
- Contas a Receber, Líquido
- Contrato de múltipla entrega
- Despesa com Provisão para Créditos de Liquidação Duvidosa, Despesa com Provisão para Devedores Duvidosos, Despesa com Provisão para Contas Incobráveis
- Devolução de vendas
- (Índice de giro) de contas a receber
- Mensuração da receita
- Método da provisão
- Método da recuperação do custo
- Método das prestações
- Método do contrato concluído
- Método do percentual concluído
- Obrigações de cumprimento diferidas, Adiantamentos de Clientes, Receitas Diferidas, Receitas Antecipadas
- Pagamentos progressivos
- Porcentagem da margem bruta, lucro bruto
- Prazo médio de recebimento
- Procedimento da porcentagem das vendas
- Provisão para Créditos de Liquidação Duvidosa (PCLD), Provisão para Devedores Duvidosos (PDD)
- Reconhecimento da despesa
- Reconhecimento da receita
- Securitização

QUESTÕES, EXERCÍCIOS E PROBLEMAS

Questões

1. Reveja o significado dos termos e conceitos listados em Principais Termos e Conceitos.
2. O método da recuperação do custo e o método do contrato concluído de reconhecimento da receita são similares na medida em que ambos postergam o reconhecimento do lucro mesmo que a empresa receba caixa. Em que esses dois métodos diferem?
3. A contabilização de um contrato de múltiplos elementos separa o contrato com o cliente em partes (componentes ou entregas) e atribui a cada componente uma porção da receita total do contrato. O método do percentual concluído para contabilizar um contrato de construção de longo prazo também separa o contrato para fins contábeis. Quais as semelhanças e as diferenças do método do contrato de múltiplos elementos e do método do percentual concluído?
4. O método da provisão para contabilização de contas a receber incobráveis envolve a criação de uma conta redutora que mostra o valor estimado dos recebíveis incobráveis. Por que os usuários das demonstrações financeiras desejariam conhecer esse número e o valor bruto das contas a receber?
5. **a.** Um velho ditado em tênis diz que, se o seu saque sempre é bom, você não está sacando forte o suficiente. Uma afirmação parecida nos negócios poderia ser que, se você não tem contas incobráveis, não está vendendo suficientemente a crédito. Comente sobre a validade e o paralelismo entre as duas afirmações.
   b. Quando são preferíveis mais contas incobráveis a menos contas incobráveis?
   c. Quando é preferível um alto percentual a um baixo percentual de contas incobráveis?
6. Em que circunstâncias Provisão para Créditos de Liquidação Duvidosa terá um saldo devedor durante o período contábil? A apresentação do balanço patrimonial de Provisão para Créditos de Liquidação Duvidosa no final do período jamais deveria mostrar um saldo devedor. Por quê?
7. As empresas de construção frequentemente usam o método do percentual concluído. Por que uma empresa típica de manufatura não usa esse método de reconhecimento da receita?
8. Tanto o método das prestações como o método da recuperação dos custos reconhecem a receita quando uma empresa recebe o caixa. Por que, então, o padrão do lucro (isto é, receitas menos despesas) se diferencia ao longo do tempo entre esses dois métodos?
9. "Quando o valor total do caixa que uma empresa espera receber de um cliente é altamente incerto, o método de recuperação do custo parece ser mais apropriado que o método das prestações." Explique.
10. Um editor de uma revista oferece uma assinatura anual com desconto se os clientes pagarem três anos adiantados. Nesse programa de assinaturas, o editor recebe dos clientes $ 45.000, que ele credita em Adiantamentos de Clientes. O custo estimado de publicar e distribuir revistas a esses clientes é de $ 32.000. Por que a contabilidade informa um passivo de $ 45.000 em vez de $ 32.000?
11. Tanto créditos de liquidação duvidosa quanto devoluções esperadas reduzem o lucro das vendas no período. Quais as semelhanças e diferenças entre a contabilização desses dois itens?
12. Conceitualmente, que tipo de conta é Lucro Bruto Diferido que surge no método contábil das prestações? Como essa conta costuma ser classificada no balanço patrimonial?

Exercícios

13. **Reconhecimento da receita em vários negócios.** Discuta quando os seguintes tipos de empresas devem reconhecer a receita de vendas e os custos relacionados:
    a. Uma loja de sapatos.
    b. Um estaleiro construindo um porta-aviões sob contrato com o governo.
    c. Uma incorporadora construtora vendendo contratos de longo prazo com pequenas entradas.
    d. Uma barbearia.
    e. Uma empresa de cultivo de cítricos.
    f. Uma produtora de filmes de televisão que trabalha vendendo o direito dos filmes a uma rede de televisão pelos primeiros três anos, após os quais todos os direitos são da produtora.
    g. Uma construtora de residências que constrói casas para vendê-las depois aos clientes.
    h. Um produtor de uísques finos que faz a bebida envelhecer por seis a 12 anos antes da venda.

i. Uma associação de crédito que empresta dinheiro para hipotecas residenciais.
j. Uma agência de viagens que vende em um período passagens aos clientes que viajarão ou as devolverão no próximo período.
k. Uma gráfica que só imprime materiais de escritório sob encomenda.
l. Um vendedor de cupons para lojas de alimentos, os quais são resgatáveis pelos clientes das lojas na compra de vários produtos.
m. Um distribuidor atacadista de alimentos.
n. Uma fazenda de criação de gado.
o. Uma empresa de navegação que recebe carga em um período contábil, transporta-a através do oceano em um segundo período e descarrega em um terceiro período; o transporte é feito sob contrato e o recebimento do caixa pelo frete é relativamente certo.

14. **Reconhecimento do lucro em diversos contratos de empresas.** Consulte a orientação regulatória conceitual para o reconhecimento da receita dada no **Apêndice 8.1**. Aplicando essa orientação, discuta o momento do reconhecimento da receita e as questões de mensuração relacionadas.

   a. A Companhia A desenvolve *software* e o vende aos clientes mediante pagamento adiantado. Ela fornece aos clientes uma senha de acesso ao seu *site*, válida por dois anos após a entrega do *software*. Com a senha, eles podem baixar certos dados e outros *softwares*. A Companhia A tem obrigação de atualizar o seu *site*.
   b. A Companhia B desenvolve *software* e o vende a uma nova empresa de serviços de armazenamento de dados (Sard), que promete pagar pelo *software* ao longo dos próximos dois anos. A Sard, por sua vez, coloca o *software* em seu *site* e vende aos clientes o direito de acessá-lo.
   c. A Companhia C desenvolve *software* que ela coloca em seu *site*. Ela vende aos clientes os direitos de acessar esse *software online* por um período de dois anos. Os clientes pagam antecipadamente pelo direito de acesso ao *software*.
   d. A Companhia D mantém um *site* de leilões. Ela cobra dos clientes uma remuneração adiantada para listar os produtos à venda e uma remuneração por transação quando a venda é feita. A remuneração por transação é reembolsável se o ganhador do leilão deixa de honrar o seu compromisso de comprar o produto.
   e. A Companhia E vende produtos de vários fornecedores em seu *site*. Ela transmite os pedidos de compra dos clientes para as empresas fornecedoras, que preenchem os pedidos. Os clientes pagam suas compras usando cartões de crédito de terceiros. A Companhia E recebe uma comissão dos fornecedores para cada item vendido.
   f. A Companhia F vende produtos de várias empresas fornecedoras em seu *site*. Ela promete aos fornecedores vender um número mínimo de itens a cada mês e paga armazenagem e seguro por um mínimo de unidades. A armazenagem real dessas unidades ocorre nos armazéns dos fornecedores. As empresas fornecedoras também fazem os embarques para os clientes, os quais pagam pelas suas compras usando cartões de crédito de terceiros.
   g. A Companhia G fabrica e vende computadores pessoais (PCs). Os clientes recebem um desconto de $ 400 na compra de um computador se comprarem serviços de acesso à internet por três anos após a venda do computador. Os clientes enviam os cupons de desconto a um provedor de internet chamado ISP. O ISP responde por 90% do custo inicial do desconto e o fabricante de PCs arca com os outros 10%. Se os clientes não subscrevem o período de três anos, as partes realocam o custo do desconto, $ 360 (= 0,90 × $ 400) arcado inicialmente pelo ISP e $ 40 (= 0,10 × $ 400) arcado pelo fabricante, de tal forma que este paga ao ISP por uma redução de $ 360 da parte do provedor no desconto para um valor menor.
   h. A Companhia H vende espaço de anúncios em seu *site* a outras empresas. Mediante pagamento adiantado, ela garante às outras empresas certo número mínimo de visitas, vistas ou *click-throughs*[39] mensais, no período contratado de um ano. Ela deve devolver uma porção *pro rata* da remuneração se as visitas e *click--throughs* ficarem abaixo da garantia.
   i. A Companhia I vende espaço de anúncio em seu *site* a outras empresas. Ela recebeu recentemente 10 mil ações ordinárias da Upstart Company em pagamento por certo espaço de anúncios. A Upstart Company pretende fazer uma oferta pública inicial de ações de seu capital dentro de seis meses. Na rodada mais recente, os fundos de *venture capital* pagaram $ 10 por ação ordinária.

---

[39]. Relação do número de *clicks* sobre o número de vezes que um anúncio é exibido (NT).

j. Tanto a Companhia J quanto a Companhia K mantêm *sites*. Cada uma vende espaço de anúncio à outra por um período acordado, sem que haja transferência de dinheiro.

15. **Significado da provisão para créditos de liquidação duvidosa.** Indique se o que se segue descreve precisamente o significado da conta Provisão para Créditos de Liquidação Duvidosa. Se a descrição não se aplicar a essa conta, discuta por que não.
    a. Ativos disponíveis para o caso de clientes mais tarde não pagarem o que devem.
    b. Caixa disponível para o caso de clientes mais tarde não pagarem o que devem.
    c. Estimativa de valores que os compradores que adquiriram bens nesse período ainda não pagaram e não pagarão mais tarde.
    d. Estimativa do valor dos produtos comprados por clientes, pagos ou não, que a empresa estima que serão devolvidos por eles.
    e. Estimativa dos produtos comprados por clientes em qualquer tempo, mas que ainda não foram pagos nem serão mais tarde.
    f. Estimativa do valor que a empresa deverá a outros se seus clientes, que compraram produtos nesse período, não pagarem mais tarde o que devem.
    g. Estimativa do valor que a empresa deverá a outros se seus clientes que alguma vez compraram seus produtos não pagarem mais tarde o que devem.
    h. Estimativa do valor de vendas no período atual que se tornará despesa com créditos incobráveis no corrente período.
    i. Um valor de lucro diferido.
    j. Uma parte dos lucros acumulados.

16. **Reconhecimento da receita no momento da venda e adiantamentos de clientes.** Pret a Marger é uma varejista de alimentos com lojas na Inglaterra e nos Estados Unidos conhecida pelo seu menu rápido e fresco. Um cliente de uma loja no aeroporto de Heathrow, em Londres, comprou uma baguete de presunto e queijo (£ 4,50), uma salada de frutas pequena (£ 2,40) e um *muffin* de banana (£ 1,50), e pagou em dinheiro.
    a. Que lançamento no livro diário a Pret a Manger fará para essa transação?
    b. Suponha que, além desses itens, o cliente comprou um cartão da Pret a Manger (para usar em futuras compras nas lojas Pret a Manger) por £ 40,00. Que lançamento no livro diário a varejista fará para essa transação?
    c. Considere que o cliente não pagou em dinheiro, mas com um cartão da Pret a Manger comprado um mês antes. Presuma que há saldo suficiente no cartão para cobrir o custo de suas compras. Que lançamento no livro diário a Pret a Manger registrará?

17. **Reconhecimento da receita no momento da venda e adiantamentos de clientes.** Um cliente fez as seguintes compras na Bet, Bath & Beyond, uma varejista norte-americana de utilidades domésticas: $ 100 em toalhas de banho, $ 135 por um ferro, $ 45 por uma tábua de passar roupa e $ 250 por um vale-presente. Os impostos foram de 5% do valor da compra e venda. O cliente pagou à vista. Que lançamento no livro diário fará a Bet, Bath & Beyond para reconhecer a receita nessa transação? Ignore os lançamentos para reconhecer as despesas.

18. **Reconhecimento da receita no momento da venda.** Marks and Spencer Group é um varejista da Inglaterra que aplica IFRS e divulga seus resultados em milhões de libras esterlinas (£). As notas explicativas das suas demonstrações financeiras fornecem as seguintes informações:

    - A receita abrange venda de produtos aos clientes menos uma dedução apropriada para devoluções e descontos. A Marks and Spencer registra as receitas de vendas de móveis e de itens comprados *online* na entrega ao cliente.

    - A Marks and Spencer registra contas a receber pelo seu valor nominal menos uma provisão para créditos de liquidação duvidosa e devoluções de vendas. O saldo inicial da provisão para créditos de liquidação duvidosa e devoluções de vendas foi de £ 1,1 milhão e o saldo final foi de £ 3,3 milhões. Não houve recuperações de contas incobráveis durante o ano.

    Considere que, no ano findo em 29 de março de 2013, a empresa registrou vendas (antes dos descontos e devoluções) de £ 9.022,0 milhões. O custo das mercadorias vendidas em 2013 foi de £ 5.535,2 milhões. Suponha que a Mark and Spencer estima que descontos e devoluções serão de 1% das vendas. Presuma, ainda, que ela fez todas as vendas a crédito e estima que 1,5% das receitas será incobrável.

a. Que lançamento no livro diário fez a Mark and Spencer no ano findo em 29 de março de 2013 para reconhecer receitas e despesas?

b. Que lançamento no livro diário fez a Mark and Spencer no ano findo em 29 de março de 2013 para reconhecer devoluções de vendas e despesas de provisão para créditos de liquidação duvidosa?

c. Qual foi o valor combinado de devoluções de vendas e das baixas de contas incobráveis no ano findo em 29 de março de 2013?

19. **Reconhecimento da receita no momento da venda.** Considere que a Lentiva Group Limited forneceu, nas notas explicativas de suas demonstrações financeiras, a seguinte descrição de sua política de reconhecimento da receita:

- A Lentiva reconhece a receita da venda de produtos (como *hardware* e *software*) quando efetivamente transfere tanto a propriedade como o risco de perda ao cliente, em geral quando há evidência convincente de que um contrato de venda existe, sendo o preço fixo ou determinável e a capacidade de recebimento razoavelmente assegurada, e de que a entrega já ocorreu.

- A Lentiva posterga a receita de contratos de fornecimento de serviços de treinamento e amortiza esses valores como ganhos durante o período do contrato, geralmente três anos.

Suponha que, em 1º de janeiro de 2013, a Lentiva vendeu 50 mil *laptops* a um sistema educacional público por $ 75 milhões. O preço dos computadores inclui um contrato de serviços de treinamento que a Lentiva distribuirá nos próximos dois anos. O preço separado dos serviços de treinamento é de $ 100 por *laptop* e o preço de venda separada de um *laptop* é de $ 1.500. O custo de um *laptop* para a Lentiva é de $ 1.200 e o custo esperado do treinamento é de $ 50 por *laptop*. No momento da venda, o cliente pagou à Lentiva $ 15 milhões e prometeu pagar o restante em 30 dias. Supondo que o contrato atende ao primeiro critério de reconhecimento da receita, que lançamentos no livro diário fará a Lentiva nas seguintes datas:

a. 1º de janeiro de 2013?
b. 31 de dezembro de 2013?
c. 31 de dezembro de 2014?

20. **Lançamentos no livro diário para cupons.** A Morrison's Cafeteria vende cupons que os clientes podem usar mais tarde para comprar refeições. Cada talão de cupons é vendido por $ 25 e tem $ 30 de valor de face, ou seja, o cliente pode usar o talão para comprar refeições com preço de $ 30 no cardápio. Em 1º de janeiro, havia $ 4.000 de cupons vendidos pela Morrison's ainda não utilizados e reembolsáveis. As entradas de caixa dos próximos três meses aparecem na seguinte planilha:

	Março	Fevereiro	Janeiro
Clientes Pagando à Vista	50.000	48.500	48.000
Venda de Talões de Cupons	2.400	2.200	2.100
Total Recebimentos de Caixa	52.400	50.700	50.100

Os clientes resgataram cupons com valor de face descontado para refeições como segue: janeiro, $ 1.600; fevereiro, $ 2.300; março, $ 2.100.

a. Prepare lançamentos no livro diário para janeiro, fevereiro e março para refletir essas informações.

b. Que efeito, se houver, têm as vendas e resgates de cupons no passivo do balanço patrimonial de 31 de março?

21. **Lançamentos no livro diário para contratos de serviço.** A Abson Corporation iniciou atividades em 1º de janeiro de 2013, vendendo impressoras. Ela também vende serviços de manutenção e reparo de impressoras por $ 600 ao ano. Quando um cliente assina um contrato de serviço, a Abson recebe a remuneração de $ 600 e credita Remunerações Adiantadas de Contratos de Serviços. A empresa reconhece receitas trimestralmente no ano de cobertura. Para fins de cálculo da receita, a Abson considera que todas as vendas de contratos de serviços ocorrem na metade de cada trimestre. As vendas de contratos e despesas de serviços em 2013 aparecem na seguinte planilha:

	Vendas de Contratos	Despesas de Serviços
Primeiro Trimestre	180.000 (300 contratos)	32.000
Segundo Trimestre	300.000 (500 contratos)	71.000
Terceiro Trimestre	240.000 (400 contratos)	105.000
Quarto Trimestre	120.000 (200 contratos)	130.000

a. Prepare lançamentos no livro diário para os primeiros três trimestres de 2013 da Abson Corporation. Suponha que a empresa prepare relatórios trimestrais em 31 de março, 30 de junho e 30 de setembro de 2013.
b. Qual é o saldo da conta Remunerações Adiantadas de Contratos de Serviços em 31 de dezembro de 2013?

22. **Método da provisão para créditos de liquidação duvidosa.** A Diversified Technologies iniciou suas atividades em 1º de janeiro de 2013. As vendas a prazo em 2013 foram de $ 126.900. Os recebimentos de clientes das vendas a prazo em 2013 foram $ 94.300. A Diversified Technologies estima que não conseguirá cobrar 4% dessas vendas. Em 2013, a empresa deu baixa em $ 2.200 de contas a receber incobráveis. Ela usa o método da provisão para créditos de liquidação duvidosa.

a. Calcule o valor da despesa com provisão para créditos de liquidação duvidosa em 2013.
b. Calcule o valor contábil de contas a receber no balanço patrimonial de 31 de dezembro de 2013.

23. **Idade de vencimento de contas a receber.** As contas a receber da York Company mostram os seguintes saldos:

Idade das Contas	Saldo a Receber
0-30 dias	1.200.000
31-60 dias	255.000
61-120 dias	75.000
Mais de 120 dias	30.000

A York Company usa o procedimento da idade de vencimento de contas a receber. O saldo credor em Provisão para Créditos de Liquidação Duvidosa (PCLD) é agora de $ 16.000. A análise da experiência de cobrança sugere que a York use as seguintes porcentagens para estimar os valores que provavelmente se mostrarão incobráveis: 0-30 dias, 0,5%; 31-60 dias, 1,0%; 61-120 dias, 10%; e mais de 120 dias, 30%. Prepare o lançamento no livro diário dos valores estimados de PCLD.

24. **Idade de vencimento de contas a receber.** A Dove Company apresenta os seguintes saldos de contas a receber, por idade de vencimento:

Idade das Contas	Saldo a Receber
Ainda não vencidas	1.200.000
0-30 dias	400.000
31-60 dias	90.000
61-120 dias	40.000
Mais de 120 dias	20.000

O saldo credor de Provisão para Créditos de Liquidação Duvidosa (PCLD) é agora de $ 17.200. A análise da Dove Company de sua experiência de cobrança sugere que a empresa deveria usar as seguintes porcentagens para estimar os valores que provavelmente se mostrarão incobráveis: 0-30 dias, 0,5%; 31-60 dias, 1,0%; 61-120 dias, 10%; e mais de 120 dias, 70%. Prepare o lançamento no livro diário para registrar a despesa com PCLD.

25. **Idade de vencimento de contas a receber.** Os registros financeiros da Hamilia S.A. mostram os seguintes saldos de suas contas a receber:

Idade das Contas	Saldo a Receber
0-30 dias	980.000
31-90 dias	130.000
91-150 dias	102.000
Mais de 150 dias	68.000

A Hamilia usa o procedimento da idade de vencimento de contas a receber. No fim do exercício, o saldo credor de Provisão para Devedores Duvidosos (PDD) é de € 96.000. A análise da Hamilia de sua experiência recente de cobrança sugere que ela deveria usar as seguintes porcentagens para estimar os valores que provavelmente se mostrarão incobráveis: 0-30 dias, 0,5%; 31-90 dias, 3,0%; 91-150 dias, 15%; e mais de 150 dias, 75%. Prepare o lançamento no livro diário para registrar a PDD.

26. Reconstruindo eventos ao usar o método da provisão. Alguns dados das contas da Seward Corporation são apresentados a seguir; o exercício da empresa termina em 31 de dezembro.

	1º de janeiro	31 de dezembro
Contas a Receber, Bruto..	$ 82.900 Dv.	$ 87.300 Dv.
Provisão para Devedores Duvidosos (PDD)	$ 8.700 Cr.	$ 9.100 Cr.
Despesa de Dívidas Incobráveis..	–	$ 4.800 Dv.
Receita de Vendas..	–	$ 240.000 Cr.

A empresa faz todas as vendas a prazo. Não houve durante o ano recuperações de contas baixadas nos anos anteriores.

Faça os lançamentos no livro diário das seguintes transações e eventos durante o ano:
a. Vendas a prazo.
b. Reconhecimento de despesa com provisão para devedores duvidosos.
c. Baixa de contas incobráveis.
d. Recebimento de caixa de clientes de vendas a prazo.

27. Método da provisão: reconstruindo lançamentos a partir de eventos. (De um problema de S.A. Zeff.) Em 2013, a Pandora Company deu baixa em $ 2.200 de contas a receber como incobráveis. Ela não recebeu nenhum caixa em 2013 pelas contas às quais havia dado baixa nos anos anteriores. O saldo da conta Provisão para Devedores Duvidosos no balanço patrimonial era de $ 3.500 no começo de 2013 e de $ 5.000 no fim do ano. Apresente o lançamento no livro diário que a empresa fez para registrar a estimativa de incobráveis em 2013.

28. Método da provisão: reconstruindo lançamentos a partir de eventos. (De um problema de S.A. Zeff.) Os balanços patrimoniais da Milton Corporation em 31 de dezembro de 2013 e de 2014 mostram Contas a Receber, Bruto, de $ 15.200.000 e de $ 17.600.000, respectivamente. Os saldos em Provisão para Devedores Duvidosos (PDD) no início e no fim de 2014 eram créditos de $ 1.400.000 e de $ 1.550.000, respectivamente. A demonstração do resultado desse ano mostra que a despesa com PDD era de $ 750.000, ou seja, 1% das vendas. A empresa faz todas as vendas a prazo. Não houve recuperações em 2014 de contas baixadas em anos anteriores. Apresente todos os lançamentos no livro diário feitos em 2014 que afetam Contas a Receber e Provisão para Devedores Duvidosos.

29. Método da provisão: reconstruindo o lançamento a partir de eventos. Identifique a transação ou evento que daria origem aos lançamentos independentes no livro diário a seguir.

a.	Despesa com PDD	2.300	
	Provisão para Devedores Duvidosos..		2.300

b.	Provisão para Devedores Duvidosos..	450	
	Contas a Receber..		450

c.	Provisão para Devedores Duvidosos..	200	
	Despesa com PDD		200

30. Lançamentos no livro diário pelo método da provisão. Dados relativos a vendas a prazo da Heath Company são apresentados a seguir. A Heath Company começou a operar em 2011.

Ano	Vendas a Prazo	Contas Baixadas como Incobráveis, no Ano		
		2011	2012	2013
2011...	$ 340.000	$ 1.800	$ 5.800	$ 3.000
2012...	450.000	–	2.500	8.200
2013...	580.000	–	–	2.900
	$ 1.370.000	$ 1.800	$ 8.300	$ 14.100

A Heath Company estima que 3% das vendas a prazo se tornarão, em última análise, incobráveis. Essas contas geralmente ocorrem dentro de três anos do ano da venda.

a. Prepare lançamentos no livro diário para reconhecer a despesa com PDD e para dar baixa a contas incobráveis de 2011, 2012 e 2013, usando o método da provisão.

b. Será uma taxa de 3% das vendas a prazo razoável para estimar os incobráveis da Health Company?

31. **Lançamentos no livro diário pelo método da provisão.** Os dados a seguir se referem a vendas a prazo da Schneider Corporation. A empresa começou a operar em 2011.

Ano	Vendas a Prazo	Contas Baixadas como Incobráveis, no Ano		
		2011	2012	2013
2011	$ 750.000	$ 1.300	$ 8.700	% 3.900
2012	1.200.000	–	2.500	16.600
2013	2.400.000	–	–	3.100
	$ 4.350.000	$ 1.300	$ 11.200	$ 23.600

A Schneider Corporation estima que 2% das vendas a prazo serão, em última análise, incobráveis. Essas contas geralmente ocorrem dentro de três anos do ano da venda.

a. Prepare lançamentos no livro diário para reconhecer a despesa com PDD e para dar baixa a contas incobráveis de 2011, 2012 e 2013, usando o método da provisão.

b. Será uma taxa de 2% das vendas a prazo razoável para estimar os incobráveis da empresa?

32. **Reconstruindo eventos ao usar o método da provisão.** Considere os seguintes dados das contas da Fujitsu Limited para os exercícios findos em 31 de março de 2012 e de 2011. A Fujitsu divulga seus resultados em milhões de ienes (¥). Para fins deste problema, suponha que a empresa aplica U.S. GAAP ou IFRS.

	31 de março de 2012	31 de março de 2011
Contas a Receber, Bruto	$ 1.054.048	$ 885.300
Provisão para Contas Incobráveis	(6.906)	(6.781)
Receita de Vendas	5.100.163	–

Presuma que a Fujitsu estima que 1% das vendas, que são todas a prazo, serão incobráveis. Não houve recuperações durante o ano de contas baixadas em anos anteriores. Faça os lançamentos no livro diário para registrar:

a. Vendas a prazo durante o ano.

b. Reconhecimento de despesa com PDD.

c. Baixa de contas realmente incobráveis durante o ano.

d. Recebimento de caixa dos clientes das vendas a prazo durante o ano.

33. **Efeitos de transações envolvendo fornecedores e clientes nos fluxos de caixa.** WollyMartin Limited, uma grande varejista, forneceu as seguintes informações dos seus registros contábeis para o exercício findo em 30 de setembro de 2013:

Contas Selecionadas do Balanço Patrimonial	30 de setembro de 2013	30 de setembro de 2012
Contas a Receber	$ 8.600	$ 8.000
Menos: Provisão para Créditos de Liquidação Duvidosa (PCLD)	(750)	(700)
Estoque de Mercadorias	11.200	11.000
Contas a Pagar	7.500	7.000
Contas Selecionadas da Demonstração do Resultado	**2013**	
Receita de Vendas	130.000	
Despesa com PCLD	(2.000)	
Custo das Mercadorias Vendidas	(85.000)	

A atividade da WollyMartin caracteriza-se por muitos clientes de varejo – alguns dos quais não pagaram pelos produtos que compraram – e muitos fornecedores de produtos, alguns dos quais entregaram produtos pelos quais a empresa ainda não pagou. A WollyMartin liquida todas as contas com seus fornecedores e clientes com caixa, nunca com ativos não caixa.

   a. Calcule o valor do caixa que a WollyMartin recebeu dos seus clientes durante o ano.

   b. Calcule o valor do caixa que a WollyMartin pagou a seus fornecedores durante o ano.

34. Métodos do percentual concluído e do contrato concluído no reconhecimento do lucro. A Shannon Construction Company aceitou construir um armazém por $ 6.000.000. Os custos esperados e reais da construção do armazém foram os seguintes: 2012, $ 1.200.000; 2013, $ 3.000.000; e 2014, $ 600.000. A empresa finalizou o armazém em 2014. Calcule receita, despesa e lucro antes dos tributos sobre o lucro em 2012, 2013 e 2014 usando os métodos do percentual concluído e do contrato concluído.

35. Métodos do percentual concluído e do contrato concluído no reconhecimento do lucro. A Raytheon concordou em construir um sistema de detecção de mísseis por $ 900 milhões. Os custos esperados e reais de construção foram os seguintes: 2011, $ 200 milhões; 2012, $ 200 milhões; e 2013, $ 300 milhões. A Raytheon concluiu o sistema em 2013. Calcule receita, despesa e lucro antes dos tributos sobre o lucro em 2011, 2012 e 2013, usando os métodos do percentual concluído e do contrato concluído.

36. Métodos das prestações e da recuperação do custo no reconhecimento do lucro. Durante o exercício findo em 31 de dezembro de 2013, a Cunningham Realty Partners vendeu uma área de terreno custando $ 80.000 por $ 120.000. O cliente concordou em pagar o preço de compra em quatro prestações anuais, com o primeiro pagamento feito em 31 de dezembro de 2013. Calcule receita, despesa e lucro antes dos tributos sobre o lucro para cada um dos quatro anos, usando os métodos das prestações e da recuperação dos custos.

37. Métodos das prestações e da recuperação do custo no reconhecimento do lucro. Durante o exercício findo em 31 de dezembro de 2012, uma fábrica de aviões vendeu um jato por $ 72 milhões; considere que o custo do jato foi de $ 57 milhões. O cliente concordou em pagar à fábrica $ 24 milhões por ano, por três anos, com o primeiro pagamento feito em 31 de dezembro de 2012. Calcule receita, despesa e lucro antes dos tributos sobre o lucro para cada um dos três anos, usando os métodos das prestações e da recuperação dos custos.

Problemas

38. Reconhecimento da receita no momento e depois da venda. Suponha que, em dezembro de 2013, a Nordstrom vendeu $ 20 milhões em mercadorias e outros $ 12 milhões em vales-presente, dos quais $ 24 milhões foram a crédito e o restante à vista. A Nordstrom adquiriu a mercadoria por $ 7,2 milhões. Considere, ainda, que a empresa estima que 1% das vendas a crédito em dezembro serão incobráveis e que os clientes vão devolver 2% de toda a mercadoria vendida em dezembro. Os vales-presente não estão incluídos na venda de mercadorias para efeitos de estimar a devolução das vendas.

   a. Que lançamentos no livro diário a Nordstrom fará em dezembro de 2013 para registrar as vendas desse mês?

   b. Considere que a Nordstrom fecha os seus relatórios mensalmente. Que lançamentos de ajuste a empresa fará em dezembro de 2013?

   c. Presuma que não há outras transações afetando o lucro tributável do mês. Quanto lucro antes dos tributos sobre o lucro teve a Nordstrom em dezembro de 2013?

   d. Em janeiro de 2014, clientes usaram vales-presente para comprar $ 6 milhões em mercadorias, que custaram $ 3,6 milhões à Nordstrom. Que lançamentos no livro diário a empresa fará em janeiro de 2014 para contabilizar essas vendas? Considere a mesma porcentagem de devolução de vendas que em dezembro de 2013.

39. Reconhecimento da receita no momento e depois da venda. Hilton Garden Inn, uma divisão da Hilton Hotels, oferece a seus clientes duas escolhas quando reservam quartos. O cliente pode comprar pela internet uma diária não reembolsável por $ 150 ou pagar a taxa reembolsável de $ 220 por noite. Tanto na compra de uma quanto da outra, o cliente precisa autorizar a cobrança do valor total em um cartão de crédito no ato da reserva. Nas compras pela internet da diária especial, o cliente perde o valor pago na reserva em caso de cancelamento. Para o quarto reembolsável, o cancelamento antes das 15 horas do dia de chegada resulta em reembolso do valor pago na reserva, e um cancelamento após as 15 horas resulta na perda de um dia à taxa de reserva ($ 220). Que lançamentos no livro diário a Hilton Garden Inn registraria nas seguintes transações, supondo que ela busque fazer lançamentos corretos a cada dia? Ignore os lançamentos envolvendo despesas. Presuma que as empresas de cartão de crédito creditam o dinheiro na conta bancária da Hilton Garden Inn no mesmo dia em que ela transmite a cobrança no cartão de crédito do cliente, ou seja, no mesmo dia da reserva inicial.

a. Em 2 de fevereiro de 2013, um cliente faz pela internet uma reserva especial não reembolsável para quatro noites, começando em 16 de fevereiro de 2013. O cliente chega ao hotel em 16 de fevereiro e parte em 20 de fevereiro de 2013.

b. Em 2 de fevereiro de 2013, um cliente faz pela internet uma reserva não reembolsável por quatro noites, começando em 16 de fevereiro de 2013. Dois dias antes, o cliente cancela a reserva.

c. Em 2 de fevereiro de 2013, um cliente faz uma reserva reembolsável por quatro noites, começando em 16 de fevereiro de 2013. Ele chega ao hotel em 16 de fevereiro e parte em 20 de fevereiro.

d. Em 2 de fevereiro de 2013, um cliente faz uma reserva reembolsável por quatro noites, começando em 16 de fevereiro de 2013. Dois dias antes, o cliente cancela a reserva.

e. Em 2 de fevereiro de 2013, um cliente faz uma reserva reembolsável por quatro noites, começando em 16 de fevereiro de 2013. Às 18 horas de 16 de fevereiro, ele cancela a reserva.

40. **Reconhecimento da receita no momento e depois da venda.** A Stone Pest Control oferece serviços de dedetização a clientes em vários contratos e pacotes. Por exemplo, um cliente poderia chamar a Stone para vir aplicar *sprays* contra insetos; por esse serviço, ela cobra $ 80 por serviço chamado. Para uma inspeção separada de cupins, a Stone cobra um preço de venda de $ 100. Alternativamente, o cliente pode assinar um contrato anual de $ 300 com a Stone para visitas trimestrais mais uma inspeção de cupins. O contrato anual também permite ao cliente requisitar serviços de *spray* a qualquer tempo entre as visitas trimestrais sem ônus adicional. A empresa estima que, em média, um cliente requisita esse serviço uma vez por ano, além das visitas trimestrais. Para cada uma das transações seguintes, prepare as transações que a Stone faria para reconhecer receitas. Ignore os lançamentos envolvendo despesas.

a. Em 2 de janeiro de 2013, um cliente chama a Stone para aplicar *spray* contra insetos. Ele não tem nenhum contrato com a Stone. A empresa faz o serviço em 4 de janeiro de 2013 e o cliente paga à vista.

b. Em 2 de janeiro de 2013, um cliente chama a Stone para aplicar *spray* contra insetos e fazer inspeção de cupins. Ele não tem nenhum contrato com a Stone. A empresa faz o serviço em 4 de janeiro de 2013 e o cliente paga à vista.

c. Em 2 de janeiro de 2013, um cliente chama a Stone para aplicar *spray* contra insetos e fazer inspeção de cupins. Ele assina um contrato com a Stone em 4 de janeiro de 2013, na mesma data em que a empresa faz o primeiro serviço trimestral e a inspeção de cupins. O cliente paga o total do preço do contrato à vista em 4 de janeiro.

d. Como a Stone contabilizaria os serviços de *spray* que ocorrem entre os serviços trimestrais?

e. Em 30 de abril de 2013, o cliente, conforme o item **c**, pede à Stone para vir aplicar *spray* contra formigas.

41. **Analisando variações em contas a receber.** Dados selecionados das demonstrações financeiras da Kajima Corporation são apresentados a seguir, para os exercícios findos desde 31 de março de 2009 até 31 de março de 2012. A empresa aplica normas contábeis japonesas e divulga seus resultados em milhões de ienes (¥). Para fins deste problema, considere que a Kajima adota como padrão U.S. GAAP ou IFRS.

	2012	2011	2010	2009
Balanço Patrimonial				
Contas e Notas Promissórias a Receber, Bruto	630.044	468.387	455.517	382.692
Provisão para Devedores Duvidosos (PDD)	5.286	10.673	8.341	13.441
Demonstração do Resultado				
Receitas (assuma 100% a prazo)	1.891.466	1.775.274	1.687.380	
Despesa com PDD	1.084	3.152	2.999	

a. Prepare lançamentos no livro diário de 2010, 2011 e 2012 para registrar:
   (1) Receitas.
   (2) Reconhecimento de despesa com PDD.
   (3) Baixa de clientes que realmente se tornaram incobráveis.
   (4) Recebimentos de caixa dos clientes.

b. Calcule os seguintes índices, combinando Contas e Notas Promissórias a Receber:
   (1) Índice de giro de contas a receber de 2010, 2011 e 2012. Use as vendas totais no numerador e a média de contas a receber (líquido) no denominador.
   (2) Despesa com PDD dividida pelas vendas a prazo em 2010, 2011 e 2012.

(3) Provisão para Devedores Duvidosos dividida pela média de contas a receber (bruto) em 2010, 2011 e 2012.

(4) Baixas de contas incobráveis divididas pela média de contas a receber (bruto) em 2010, 2011 e 2012.

c. O que sugerem os índices calculados conforme o item **b** sobre a experiência de cobrança da Kajima Corporation em 2010-2012?

42. **Analisando variações em contas a receber.** As demonstrações financeiras e notas explicativas da Polaris Corporation revelam o seguinte sobre os quatro anos findos em março de 2010-2013 (valores em milhões de US$):

	2013	2012	2011	2010	
Vendas Totais	4.880,1	4.295,4	3.746,3	3.305,4	
Despesa com PDD	36,8	40,1	20,1	20,1	

	Fim de Março				
	2013	2012	2011	2010	2009
Contas a Receber, Bruto	680,4	605,6	599,2	566,7	539,5
Menos: Provisão para Devedores Duvidosos (PDD)	(172,0)	(138,1)	(115,0)	(111,0)	(97,8)
Contas a Receber, Líquido	508,4	467,5	484,2	455,7	441,7

Suponha que as vendas a prazo da Polaris perfazem 75% das vendas totais em cada ano.

a. Calcule o valor das contas baixadas como incobráveis em 2010-2013.

b. Calcule o valor dos recebimentos de caixa de clientes de vendas a prazo em cada um dos quatro anos findos em março de 2010-2013.

c. Calcule o valor total do caixa recebido de clientes em cada um dos quatro anos findos em março de 2010-2013.

d. Calcule o índice de giro de contas a receber nos exercícios findos em março de 2010-2013. Use as vendas totais no numerador e a média de contas a receber, líquido, no denominador.

43. **Analisando evidenciações (*disclosures*) de contas a receber.** A Aracruz Celulose, uma empresa brasileira de fabricação de celulose, aplica o padrão U.S. GAAP e divulga seus resultados em milhões de US$. Nos anos findos em 31 de dezembro de 2012 e 2011, ela divulgou as seguintes informações sobre contas a receber:

	31 de dezembro de 2012	31 de dezembro de 2011
Contas a Receber, Bruto	365.921	290.429
Provisão para Créditos de Liquidação Duvidosa	4.318	4.634
Baixas de Incobráveis	433	25

Em 31 de dezembro de 2010, a Provisão para Créditos de Liquidação Duvidosa (PCLD) tinha um saldo de $ 4.067.

a. Qual o valor contábil de contas a receber no balanço patrimonial da Aracruz dos anos findos em 31 de dezembro de 2012 e 31 de dezembro de 2011?

b. Qual o valor total que os clientes devem à Aracruz em 31 de dezembro de 2012 e de 2011?

c. Que lançamentos no livro diário a Aracruz fez em 2012 e 2011 para reconhecer Despesa com PCLD?

44. **Analisando evidenciações (*disclosures*) de contas a receber.** A Metso Corporation é uma empresa de engenharia da Finlândia especializada em *design* e desenvolvimento para a indústria de papel e celulose. A empresa aplica o padrão IFRS e divulga seus resultados em milhões de euros (€). Para os anos findos em 31 de dezembro de 2012 e 2011, a Metso divulgou as seguintes informações sobre contas a receber:

	31 de dezembro de 2012	31 de dezembro de 2011
Contas a Receber, Líquido	1.274	1.218
Provisão para Devedores Duvidosos (PDD)	36	35
Despesa com PDD	13	10
Outras Despesas com Provisão	(7)	(4)

As Outras Despesas com Provisão refletem os efeitos de aquisições de empresas e de taxas de câmbio. Em 31 de dezembro de 2010, a Provisão para Devedores Duvidosos tinha um saldo de € 35.

   a. Qual o valor contábil de contas a receber nos balanços patrimoniais da Metso nos anos findos em 31 de dezembro de 2012 e 31 de dezembro de 2011?

   b. Qual o total devido à empresa pelos seus clientes em 31 de dezembro de 2012 e 2011?

   c. Que lançamentos fez a Metso em 2012 e 2011 para reconhecer baixas de contas incobráveis?

45. Reconstruindo transações afetando contas a receber e contas incobráveis. As vendas, todas a prazo, da Pins Company em 2013, seu primeiro ano de operações, foram de $ 700.000. Os recebimentos totalizaram $ 500.000. Em 31 de dezembro de 2013, a empresa estimou que 2% de todas as vendas se tornariam provavelmente incobráveis. Naquela data, a Pins Company baixou contas específicas de clientes no valor de $ 8.000. Os saldos de contas selecionadas em 31 de dezembro de *2014* são os seguintes:

Contas a Receber, Bruto (Devedor)	$ 300.000
Provisão para Devedores Duvidosos (Devedor)	10.000
Receita de Vendas (Credor)	800.000

Em 31 de dezembro de 2014, a Pins Company verificou a idade de vencimento e os saldos de suas contas a receber e estimou que o saldo final de contas a receber de 2014 continha $ 11.000 de prováveis incobráveis, ou seja, a conta da provisão deveria ter $ 11.000 de saldo credor final. Ela fez os ajustes apropriados para registrar essa estimativa. Algumas das vendas de $ 800.000 em 2014 foram feitas à vista e outras a prazo; esses valores não são fornecidos intencionalmente.

   a. Qual era o saldo em Contas a Receber, Bruto, no fim de *2013*? Calcule o valor e indique se era devedor ou credor.

   b. Qual era o saldo de Provisão para Devedores Duvidosos no fim de *2013*? Calcule o valor e indique se era devedor ou credor.

   c. Qual foi a despesa com PDD em *2014*?

   d. Qual o valor das contas a receber específicas que foram baixadas como incobráveis em *2014*?

   e. Qual foi o total dos recebimentos de caixa em *2014* de clientes (de vendas à vista e de clientes que compraram a prazo, seja em *2013* ou em *2014*)?

   f. Qual é o saldo líquido de contas a receber incluído no ativo total do balanço patrimonial de 31 de dezembro de *2014*?

46. Efeitos de erros envolvendo contas a receber nos índices das demonstrações financeiras. Indique – usando SUPER (superavaliado), SUB (subavaliado) ou NÃO (sem efeito) – o efeito antes dos impostos dos seguintes erros: (1) na taxa de retorno sobre o ativo, (2) no índice de giro de contas a receber e (3) no índice de endividamento geral (passivo sobre ativo). Cada um desses índices é menor que 100% antes de se descobrir o erro.

   a. Uma empresa, usando o método da provisão, negligenciou provisionar contas de incobráveis estimadas no final do período.

   b. Uma empresa, usando o método da provisão, negligenciou baixar contas específicas de clientes que se tornaram incobráveis no final do período.

   c. Uma empresa creditou um cheque recebido de um cliente em Adiantamentos de Clientes embora ele tenha feito o pagamento de compras anteriormente feitas a prazo.

   d. Uma empresa registrou como venda um pedido recebido de um cliente no último dia do período contábil embora não vá embarcar o produto até o próximo período contábil.

   e. Uma empresa vendeu a um cliente produtos a prazo e registrou corretamente as transações nas contas. O cliente devolveu os produtos poucos dias após a venda, antes de pagar por eles, mas a empresa negligenciou registrar a devolução dos produtos em suas contas. A empresa normalmente trata devoluções de vendas como redução em Receita de Vendas.

47. Reconhecimento de venda de um fabricante de gerador nuclear. A companhia francesa de energia Areva recentemente ganhou um contrato de $ 2 bilhões para construir uma planta de enriquecimento de urânio. A Areva começou a construir em 2013 e espera completar o trabalho em 2019. Suponha que o cliente concorda em pagar da seguinte forma: no momento da assinatura, em 20 de dezembro de 2012, $ 20 milhões; em 31 de dezembro de 2013-2018, $ 100 milhões; e, no final, em 31 de dezembro de 2019, $ 1.380 milhão. Considere, além disso, que a Areva incorre nos seguintes custos de construir o gerador: 2013, $ 340 milhões; 2014-2018,

$ 238 milhões por ano; e, em 2019, $ 170 milhões. A Areva usa a conta Construção em Andamento para acumular custos. Embora os custos envolvam uma mescla de pagamentos em dinheiro, créditos em contas do ativo e em contas do passivo, presuma para fins deste problema que todos os custos são pagos em caixa.

a. Calcule o valor da receita, despesa e lucro antes dos tributos sobre o lucro que a Areva informará para os anos de 2013 a 2019 segundo os seguintes métodos de reconhecimento da receita:

(1) Método do percentual concluído.

(2) Método do contrato concluído.

b. Mostre os lançamentos que a Areva fará no livro diário para este contrato em 2012, 2013, 2014-2018 e 2019 segundo cada um dos dois métodos de reconhecimento da receita mencionados no item a.

48. **Reconhecimento do lucro de uma empresa construtora.** Em 15 de outubro de 2010, a Flanikin Construction Company fechou um contrato para construir um *shopping center* ao preço de $ 180 milhões. A planilha dos recebimentos de caixa e dos custos do contrato, esperados e reais, é a seguinte:

Ano	Recebimento de Caixa dos Clientes	Custos Estimados e Reais Incorridos
2010	$ 36.000.000	$ 12.000.000
2011	45.000.000	36.000.000
2012	45.000.000	48.000.000
2013	54.000.000	24.000.000
	$ 180.000.000	$ 120.000.000

a. Calcule o valor da receita, despesa e lucro líquido para cada um dos quatro anos, segundo os seguintes métodos de reconhecimento da receita:

(1) Método do percentual concluído.

(2) Método do contrato concluído.

b. Mostre os lançamentos no livro diário que a Flanikin fará em 2010, 2011, 2012 e 2013 para esse contrato. A empresa acumula custos do contrato em uma conta Contratos em Andamento. Embora os custos envolvam uma mescla de pagamentos em dinheiro, créditos em contas do ativo e em contas do passivo, considere para fins deste problema que todos os custos são registrados como créditos em Contas a Pagar.

c. Qual método você acredita que proporciona a melhor medida do desempenho da Flanikin Construction Company nesse contrato? Por quê?

49. **Reconhecimento do lucro quando o recebimento do cliente é incerto.** A Furniture Retailers vende móveis a clientes de varejo oferecendo amplos prazos de pagamento. Em janeiro de 2013, um cliente compra um conjunto completo de sala de jantar e sala de estar por $ 8.400 com um plano de prestações sem entrada e pagamentos mensais de $ 400, começando em 31 de janeiro de 2013. O custo dos móveis para a Furniture Retailers é de $ 6.800. A empresa classifica Lucro Bruto Diferido como passivo no seu balanço patrimonial. Ignore juros e contas a receber não recebidas. Que lançamentos no livro diário fará a Furniture Retailers (1) no momento da venda em janeiro de 2013 e (2) quando ela recebe cada pagamento mensal do cliente, conforme cada um dos seguintes métodos de reconhecimento da receita:

a. O método das prestações.

b. O método da recuperação do custo.

50. **Reconhecimento do lucro quando o recebimento é incerto.** A Appliance Sales and Service vende utilidades domésticas de porte[40] a clientes de varejo, oferecendo amplos prazos de pagamento. O seu exercício termina em 30 de junho. Em julho de 2013, um cliente comprou um *freezer*, uma geladeira e um forno de convecção em um plano de prestações sem entrada e com dez pagamentos de $ 244, começando em 31 de julho de 2013. A porcentagem da margem bruta desse contrato é de 9%. A Appliance Sales and Service classifica o Lucro Bruto Diferido como passivo no seu balanço patrimonial. Ignore juros e contas a receber não recebidas.

a. Suponha que o cliente faz os dez pagamentos. Que lançamentos no livro diário a Appliance Sales and Service fará (1) no momento da venda em julho de 2013 e (2) quando ela recebe cada pagamento mensal do cliente, conforme cada um dos seguintes métodos de reconhecimento da receita:

(1) O método das prestações.

(2) O método da recuperação do custo.

---

40. Linha branca. (NT)

b. Considere que o cliente deixe de fazer pagamentos depois do pagamento de novembro de 2013. Em dezembro de 2013, a Appliance Sales and Service recupera as três peças e estima que pode vendê-las por $ 980. Que lançamento no livro diário a Appliance Sales and Service fará conforme cada um dos seguintes métodos de reconhecimento da receita:

(1) O método das prestações.

(2) O método da recuperação do custo.

51. Pontos de venda *versus* método das prestações para o reconhecimento do lucro. A empresa de catálogo J.C. Spangle abriu o negócio em 1º de janeiro de 2012. As atividades da companhia nos primeiros dois anos são apresentadas a seguir:

Ano	2013	2012
Vendas, Todas a Prazo	$ 300.000	$ 200.000
Recebimentos de Clientes		
Das Vendas de 2012	110.000	90.000
Das Vendas de 2013	120.000	–
Compras de Mercadorias	240.000	180.000
Estoque de Mercadorias em 31/12	114.000	60.000
Todas as Despesas, Exceto Mercadorias, Pagas em Dinheiro	44.000	32.000

a. Prepare demonstrações do resultado para 2012 e 2013, considerando que a empresa use o regime de competência e reconheça a receita no momento da venda.

b. Prepare demonstrações do resultado para 2012 e 2013, considerando que a empresa use o regime de competência e reconheça a receita no momento do recebimento do caixa segundo o método contábil das prestações. "Todas as Despesas, Exceto Mercadorias, Pagas em Caixa" são despesas do período.

52. Reconhecimento da receita de uma franquia. Tanto a Pickin Chicken como a Country Delight vendem franquias de seus restaurantes de frango. O franquiado recebe o direito de usar os produtos do franqueador e benefícios de treinamento e programas publicitários nacionais. O franquiado concorda em pagar $ 50.000 pelos direitos exclusivos da franquia em uma cidade. Desse valor, o franquiado paga $ 20.000 ao assinar o contrato de franquia e promete pagar o restante em cinco prestações iguais anuais de $ 6.000 cada uma, começando um ano após a assinatura do contrato de franquia. A Pickin Chicken reconhece a receita da franquia quando assina os contratos, ao passo que a Country Delight reconhece a receita da franquia com base nas prestações. Em 2011, cada companhia vendeu oito franquias. Em 2012, cada uma vendeu cinco franquias. Em 2013, nenhuma das empresas vendeu franquias.

a. Calcule o valor da receita que cada empresa reconheceu em 2011 e 2012.

b. Para você, quando um franqueador deve reconhecer a receita da franquia? Por quê?

53. Reconhecimento do lucro em vários tipos de negócios. As empresas, em sua maioria, reconhecem pelo menos alguma receita no momento da venda ou na entrega de produtos e serviços e, seguindo o princípio do regime de competência, confrontam as despesas com as receitas associadas ou com o período no qual consomem recursos em operações. A **Figura 8.7** apresenta demonstrações do resultado padronizadas de sete empresas de um ano recente com os valores expressos como percentual da receita total, bem como a receita que cada dólar médio de ativo usado durante o ano gera para cada empresa. Segue-se uma breve descrição das atividades de cada empresa.

A **Amgen** se dedica ao desenvolvimento, à manufatura e ao comércio de produtos biotecnológicos. O desenvolvimento e a aprovação de produtos biotecnológicos demora dez anos ou mais. A Amgen tem dois produtos principais que ela fabrica e vende, e diversos outros em desenvolvimento.

A **Brown-Forman** é uma destiladora de bebidas alcoólicas fortes. Depois de combinar ingredientes, a companhia envelhece as bebidas por cinco anos ou mais.

A **Deere** fabrica equipamentos agrícolas. Ela vende esses equipamentos a uma rede de distribuidores independentes, os quais, por sua vez, os vendem aos consumidores finais.

A **Fluor** se dedica a serviços de construção em projetos plurianuais. Ela subcontrata a maioria do trabalho real de construção e recebe uma remuneração pelos seus serviços.

A **Golden West** (agora parte do Wachovia) é uma empresa de poupança e empréstimos. Ela toma depósitos dos clientes e empresta recursos, principalmente para hipotecas residenciais de pessoas físicas. Os clientes geralmente pagam uma taxa (chamada "pontos") no momento da tomada do empréstimo, de acordo com o

Figura 8.7
Demonstração do Resultado Padronizada de Empresas Selecionadas

	Amgen	Brown-Forman	Deere	Fluor	Golden West	Merrill Lynch	Rockwell Collins
Receitas							
Vendas de Produtos...	98,7%	99,9%	83,6%	–	–	–	99,3%
Vendas de Serviços...	–	–	–	99,7%	2,0%	47,5%	–
Juros sobre Investimentos.............................	1,3	0,1	16,4	0,3	98,0	52,5	0,7
Total das Receitas.......................................	100,0%	100,0%	100,0%	100,0%	100,0%	100,0%	100,0%
Despesas							
Custo dos Produtos ou Serviços Vendidos....	(14,3)	(35,5)	(69,4)	(95,6)	–	(43,3)	(77,4)
Comerciais e Administrativas.........................	(23,4)	(33,1)	(11,4)	(0,6)	(15,9)	–	(12,6)
Outras Despesas Operacionais[a]...................	(26,4)	(15,4)	(3,5)	–	(3,3)	–	–
Juros..	(0,7)	(1,3)	(11,0)	(0,2)	(60,4)	(47,2)	(0,9)
Lucro Antes dos Tributos sobre o Lucro........	35,2%	14,7%	4,7%	3,6%	20,4%	9,5%	9,1%
Despesa de Tributos sobre o Lucro................	(16,1)	(5,9)	(1,6)	(1,3)	(8,4)	(3,9)	(3,5)
Lucro Líquido...	19,1%	8,8%	3,1%	2,3%	12,0%	5,6%	5,6%
Receita/Ativo total Médio...........................	0,9	1,3	0,7	3,1	0,1	0,1	1,2

[a] Representa custos de pesquisa e desenvolvimento da Amgen e da Deere, tributos indiretos da Brown-Forman e uma provisão para perdas com empréstimos da Golden West.

valor emprestado. Os pagamentos mensais das hipotecas incluem juros sobre o valor do saldo remanescente do empréstimo e uma amortização parcial do principal do empréstimo.

A **Merrill Lynch** (hoje parte do Bank of America) se dedica ao ramo de títulos mobiliários. Ela obtém recursos principalmente de fontes de curto prazo do mercado de capitais e os investe, principalmente, em instrumentos financeiros de curto prazo prontamente negociáveis. A empresa busca gerar um retorno dos investimentos maior que o custo dos recursos investidos. A Merrill Lynch também oferece serviços remunerados, como consultoria financeira, compra e venda de títulos aos clientes, subscrição de títulos e gestão de investimentos.

A **Rockwell Collins** é uma empresa de tecnologia eletrônica e aeroespacial. Ela se dedica à pesquisa e ao desenvolvimento por conta e ordem de seus clientes, que incluem o governo americano e entidades do setor privado. Seus contratos tendem a durar muitos anos e renovam-se continuamente.

a. Quando cada uma dessas empresas deveria reconhecer a receita? Que questões especiais cada empresa enfrenta para reconhecer as despesas?

b. Sugira possíveis razões das diferenças entre o lucro líquido dividido pelas porcentagens da receita dessas companhias.

54. **Entendendo o propósito da conta Provisão para Devedores Duvidosos.** Um membro do Comitê de Auditoria de uma empresa faz ao diretor financeiro a seguinte pergunta: "Como você sabe que a Provisão para Devedores Duvidosos é adequada?" Discuta a adequação ou não de cada uma das seguintes respostas independentes.

a. "Penso que é muito mais provável do que não que o valor do caixa e de títulos negociáveis seja adequado para cobrir qualquer falta de caixa causada por clientes que não paguem o que devem."

b. "Eu chequei a Despesa com PDD das vendas efetuadas no período anterior e acho o valor razoável."

c. "Efetuei um levantamento da idade de vencimento de todas as contas a receber de todas as vendas desse período e acho o valor razoável."

d. "Fiz um levantamento da idade de vencimento de todas as contas a receber e acho o valor razoável."

e. "Efetuamos uma confirmação detalhada dos recebíveis dos clientes a cujas contas a empresa deu baixa por terem sido consideradas incobráveis nesse período e achamos as decisões apropriadas, dadas as circunstâncias."

f. "Efetuamos uma confirmação detalhada dos recebíveis dos clientes cujas contas a empresa nem recebeu nem considerou incobráveis nesse período e achamos as decisões apropriadas, dadas as circunstâncias."

g. "Sei que a conta da provisão estava correta no final do último período e chequei a Despesa com PDD desse período usando a porcentagem de vendas recomendada para essa classe de clientes por duas das melhores agências de informação de crédito."

Capítulo

9

Capital de giro

CONCEITOS SUBJACENTES E TERMINOLOGIA

O **Capítulo 3** apresentou a distinção entre ativo e passivo *circulante* e *não circulante*. Para um ativo, a distinção entre circulante e não circulante reside em a empresa converter o benefício em caixa, consumi-lo ou vendê-lo dentro de um ciclo operacional. Para o passivo, a distinção se refere à empresa pagar ou, de alguma forma, liquidar a obrigação dentro de um ciclo operacional. Dado que o ciclo operacional, para a maioria das empresas, é um ano ou menos, um ano é o corte convencional para a distinção entre ativo ou passivo circulante e não circulante. O **capital de giro** é a diferença entre o ativo circulante e o passivo circulante de uma empresa. O **índice de liquidez corrente**, também chamado de **índice de capital de giro**, é o ativo circulante dividido pelo passivo circulante.

Tanto o capital de giro como o índice de liquidez corrente proporcionam informações quanto à **liquidez**. Liquidez se refere à habilidade da empresa de cumprir suas obrigações de curto prazo à medida que elas vencem. Uma empresa cujo ativo circulante excede o passivo circulante tem capital de giro positivo e um índice de liquidez corrente superior a um. Quando o passivo circulante é maior que o ativo circulante, o capital de giro é negativo e o índice de liquidez corrente é menor que um. Embora a maioria das empresas tenha capital de giro positivo, um capital de giro negativo não significa que a empresa não possa cumprir suas obrigações de curto prazo. Uma empresa pode, por exemplo, contar com uma linha de crédito de um banco que lhe permite fazer empréstimos para cumprir obrigações de curto prazo.

A **Figura 1.1** (no **Capítulo 1**) mostra o balanço patrimonial da Great Deal dos exercícios findos em 2013 e 2012. A **Figura 1.5** mostra informações similares da Thames dos anos findos em 31 de dezembro de 2013 e 2012. O balanço patrimonial da Great Deal revela um capital de giro de $ 1.588 milhão (ou seja, $ 10.566 – $ 8.978) e um índice de liquidez corrente de 1,18 em 27 de fevereiro de 2013. Nessa data, enquanto a Great Deal tinha $ 1,18 em ativos circulantes para cada $ 1,00 de passivos com vencimento no ano seguinte, a Thames tinha um capital de giro negativo de € 483 milhões (ou seja, € 11.004 – € 11.487). Contudo, o passivo circulante da Thames inclui *Provisões para Contingências*, explicadas na nota 22 de suas demonstrações financeiras. Muito desse valor não requer

OBJETIVOS DE APRENDIZAGEM

1 Identificar os principais componentes do capital de giro (exceto contas a receber e adiantamentos de clientes, discutidos no **Capítulo 8**, e títulos negociáveis, discutidos no **Capítulo 13**) e as transações que dão origem a cada componente. Os componentes incluem caixa, adiantamentos pagos, estoque, fornecedores, notas (promissórias) de curto prazo, outras contas a pagar (como salários e impostos), garantias e passivos de reestruturação.

2 Entender os componentes do estoque, fluxos de custo do estoque e a contabilização do estoque em fábricas e empresas comerciais.

3 Compreender o reconhecimento e a mensuração de passivos de garantias e de passivos de reestruturação.

uma saída de caixa dentro de um ano da data do balanço; o motivo disso será discutido mais tarde neste livro. Por enquanto, tenha em mente que, muitas vezes, os cálculos mecânicos dos índices das demonstrações financeiras não obtêm resultados comparáveis entre as empresas.

A definição contábil de capital de giro (ativo circulante total menos passivo circulante total) difere da definição frequentemente usada em finanças, em virtude do tratamento dado a itens que não se relacionam claramente com as operações de uma empresa. O capital de giro, definido em finanças, é igual ao **ativo operacional** circulante menos o **passivo operacional** circulante, excluindo os passivos e os ativos circulantes que refletem a estrutura financeira da empresa, chamados de **ativos** e **passivos financeiros**. O balanço patrimonial da Thames na **Figura 1.5** explicita essas distinções, classificando os ativos financeiros circulantes separadamente dos ativos operacionais circulantes. A regra geral para distinguir um ativo operacional (ou passivo operacional) de um ativo (ou passivo) financeiro é a sua finalidade: a empresa usa esse item diretamente nas operações ou para financiar essas operações? Do lado do ativo, o ativo financeiro circulante costuma abranger ativos que geram lucro de juros ou de investimentos, como títulos negociáveis no mercado e outros investimentos de curto prazo[1]. Do lado do passivo, o passivo financeiro circulante inclui obrigações que geram juros. Exemplos incluem empréstimos bancários de curto prazo e a porção circulante das dívidas de longo prazo. Neste livro, usamos o termo *capital de giro* no sentido contábil.

O restante deste capítulo foca ativos circulantes específicos (caixa, adiantamentos pagos e estoques) e passivos circulantes específicos (contas a pagar, empréstimos de curto prazo, outras contas a pagar, tributos sobre o lucro a pagar, garantias e passivos de reestruturação)[2].

PRINCIPAIS CONTAS DO ATIVO CIRCULANTE

Caixa e equivalentes de caixa

Caixa inclui dinheiro vivo, remessas de dinheiro, cheques bancários, contas correntes e depósitos a prazo. Muitas empresas combinam caixa e **equivalentes de caixa** em uma única linha do balanço patrimonial. Equivalentes de caixa se referem a ativos líquidos de curto prazo nos quais a empresa investiu temporariamente sobras de caixa. Geralmente, investimentos com vencimento de três meses ou menos se qualificam como equivalentes de caixa. As empresas classificam investimentos de vencimento maior como investimentos de curto prazo ou títulos negociáveis. A mensuração do caixa e equivalentes de caixa é o valor de caixa dos instrumentos incluídos nessa categoria.

Despesas antecipadas

Despesas antecipadas ou **adiantamentos pagos** (também chamados de **ativos pré-pagos**[3]) são ativos que representam serviços pelos quais uma empresa pagou antes de consumir, como pagamentos de aluguel e de seguros feitos antes de ela consumi-los. Por exemplo, se em 1º de agosto uma empresa pagasse £ 18.000 pela cobertura de seguro para os próximos 12 meses, ela faria o seguinte lançamento no livro diário:

Seguro Pré-pago..	18.000	
Caixa		18.000
Para registrar pagamento de caixa por cobertura de seguro por 12 meses.		

---

1. Um usuário das demonstrações financeiras não pode adivinhar a intenção de um gestor em manter títulos negociáveis e outros investimentos de curto prazo. Por exemplo, a gestão pode planejar utilizar esses ativos para dar suporte a uma estratégia operacional. Se for assim, a administração classificará esses títulos ou investimentos como ativos operacionais.
2. O **Capítulo 8** descreve duas contas de capital de giro associadas às receitas (contas a receber e adiantamentos de clientes). Adiamos a discussão de outros ativos e passivos circulantes para futuros capítulos. Por exemplo, descrevemos títulos negociáveis no **Capítulo 13**, a porção circulante da dívida de longo prazo no **Capítulo 11** e a porção circulante de impostos diferidos no **Capítulo 12**.
3. Uma vez que todos os ativos são pré-pagos, preferimos o termo *adiantamentos pagos*, mas a prática se refere a eles frequentemente como *ativos pré-pagos*.

Ao final de cada um dos próximos 12 meses, a empresa registraria o seguinte lançamento no livro diário:

Despesa de Seguro..	1.500	
Seguro Pré-pago..		1.500
Para registrar £ 1.500 (= 18.000/12 meses) de serviços de seguro consumidos.		

Se a empresa tivesse preparado o balanço patrimonial em 31 de dezembro, o pré-pagamento seria de £ 10.500 (= £ 18.000 − [5 meses × £ 1.500/mês]).

Estoque

Estoque se refere a itens que uma empresa mantém para vender ou para processar como parte de suas operações. Quando uma empresa vende estoque, o valor contábil desse estoque se torna uma despesa, o Custo dos Produtos Vendidos. Os estoques são um ativo maior em empresas comerciais e manufatureiras, e o custo dos produtos vendidos costuma ser sua maior despesa.

A *equação do estoque* descreve variações no estoque. A seguinte equação mensura todas as quantidades em unidades físicas:

$$\underbrace{\text{Estoque Inicial} + \text{Adições}}_{\text{Bens Disponíveis para Venda (ou Uso)}} - \text{Retiradas} = \text{Estoque Final}$$

Uma empresa que começa o período com 2.000 libras de açúcar (estoque inicial) e compra (adiciona) 4.500 libras tem 6.500 (= 2.000 + 4.500) libras disponíveis para venda ou uso. O termo *bens disponíveis para venda* (ou *uso*) se refere à soma do Estoque Inicial às Adições. Se a empresa usa (retira) 5.300 libras, permanecem 1.200 libras de açúcar no fim do período (estoque final).

A equação do estoque pode também ser escrita como segue:

$$\underbrace{\text{Estoque Inicial} + \text{Adições}}_{\text{Bens Disponíveis para Venda (ou Uso)}} - \text{Estoque Final} = \text{Retiradas}$$

Se uma empresa começa o período com 2.000 libras de açúcar, compra 4.500 e verifica ter em mãos 1.200 no fim do período, ela utilizou 5.300 (= 2.000 + 4.500 − 1.200) libras de açúcar no período[4].

As demonstrações financeiras informam valores financeiros (como dólares, euros e yuan), não valores físicos (como unidades, quilogramas e pés cúbicos). O contador transforma as quantidades físicas dos estoques em valores financeiros atribuindo custos a essas quantidades físicas. Quando os custos de aquisição são constantes, todos os itens do estoque têm o mesmo custo por unidade. As quantidades físicas e os valores financeiros variam juntos, de modo que a variação em valores monetários registrada nos estoques resulta de variações nas quantidades. Questões sobre contabilização de estoques surgem porque os custos unitários de aquisição dos itens de estoque variam ao longo do tempo.

O restante deste tópico discute três questões sobre a contabilização de estoques:

1. Os tipos de custos incluídos no custo de aquisição de estoque.
2. O tratamento de variações do valor de mercado dos estoques subsequente à aquisição.
3. O pressuposto de fluxo de custo usado para rastrear o movimento dos custos na entrada e saída do estoque, incluindo os efeitos da variação dos custos unitários de estoque ao longo do tempo.

---

4. Essa forma da equação do estoque requer que a empresa conheça Bens Disponíveis para Venda e Estoque Final. A partir dessas quantidades conhecidas, ela calcula as Retiradas. Essa forma de calcular as retiradas é chamada de *método de inventário periódico*. Quando uma empresa contabiliza os itens na medida em que os retira do estoque, ela está usando o chamado *método de inventário permanente*.

Questão 1: Custos Incluídos no Estoque

O princípio para inclusão no custo é que o valor do estoque no balanço patrimonial deve incluir todos os custos incorridos para adquirir bens e prepará-los para a venda.

Empresas comerciais, como a Great Deal, adquirem itens de estoque prontos para a venda. O custo de aquisição inclui o preço de fatura menos descontos para pagamento à vista, mais o custo do transporte, recebimento, desempacotamento, inspeção e armazenagem, bem como os custos incorridos em registrar as compras nas contas.

Empresas manufateiras, como a Thames, não adquirem itens de estoque prontos para a venda. Elas transformam, em fábricas, matérias-primas, partes compradas e componentes em produtos finais. O custo de aquisição dos estoques manufaturados inclui três categorias de custos:

- **Materiais diretos** (também chamados de **matérias-primas**): o custo de materiais que uma empresa de manufatura pode atribuir diretamente a unidades do produto que ela fabrica. Por exemplo, materiais diretos para a Thames podem incluir aço, plástico, parafusos e porcas, CD/rádios e sistemas de navegação montados, além de outros itens que se tornam, fisicamente, parte do item manufaturado.
- **Mão de obra direta:** o custo do trabalho de transformar matérias-primas em produtos finais. Esse custo, para a Thames, inclui a remuneração dos operários de fábrica na linha de produção.
- **Custos indiretos de fabricação (*manufacturing overhead*):** uma variedade de custos indiretos que a empresa não pode atribuir diretamente aos produtos manufaturados, mas que são essenciais para que ocorra a produção; por exemplo, depreciação, seguros e taxas das instalações industriais, supervisão do trabalho da fábrica e suprimentos dos equipamentos de fábrica.

Até que a empresa de manufatura venda seus produtos e reconheça a receita, ela trata todos os custos de manufatura como **custos do produto**. Os custos do produto são ativos. A empresa acumula custos de produtos em várias contas do estoque: matérias-primas, produtos em elaboração (também chamados de trabalho em processo ou em progresso) e produtos acabados (ver no **Glossário** o **fluxo de custos** com um diagrama mostrando o acúmulo do custo do produto.) Empresas negociadas em bolsas norte-americanas devem evidenciar os valores de cada um desses três componentes do estoque nas suas demonstrações financeiras, usualmente em uma nota explicativa. O padrão IFRS observa que as informações sobre componentes do estoque "são úteis aos usuários das demonstrações financeiras"[5]. A título de ilustração, o balanço patrimonial da Thames (**Figura 1.5**, no **Capítulo 1**) informa um valor contábil do estoque de € 2.210,8 milhões no exercício findo em 31 de dezembro de 2013. O **Quadro 9.1** mostra os componentes do estoque da Thames, conforme revelado na nota explicativa nº 15 das suas demonstrações financeiras (em milhões de euros)[6].

Uma empresa manufatureira, assim como uma empresa comercial, também incorre em custos de comercialização (por exemplo, comissões de vendas e depreciação, seguros e tributos sobre os automóveis do pessoal de vendas) e em custos administrativos (por exemplo, salário do supervisor executivo, depreciação dos computadores utilizados no setor de recursos humanos). Tanto as empresas comerciais como as manufatureiras consideram os custos administrativos e os custos de vendas como **despesas de período**. Despesas de período não são ativos. As empresas reconhecem esses custos e despesas no período em que consomem os produtos e serviços.

Visão geral do processo contábil de uma empresa manufatureira. O **Quadro 9.1** resume o fluxo de custos de uma empresa manufatureira, e o **Quadro 9.2** mostra o fluxo dos custos de manufatura pelas várias contas.

Uma empresa manufatureira mantém contas separadas para estoques nos vários estágios da produção. A conta **Estoque de Matérias-primas** mostra o custo das matérias-primas adquiridas, mas ainda não transferidas ao chão de fábrica. A empresa manufatureira registra as compras de matérias-primas debitando a conta Estoque de Matérias-primas. Quando o fabricante transfere matérias-primas para o chão de fábrica, ele também transfere o custo das matérias-primas da conta Estoque de Matérias-primas para a conta Estoque de Produtos em Processo. Ela registra essa transferência como crédito na conta Estoque de Matérias-primas pelo custo das matérias-primas transferidas e como débito na conta Estoque de Trabalho em Processo. O saldo em Estoque de Matérias-primas é o custo das matérias-primas disponíveis no depósito ou armazém.

---

5. International Financial Standards Board, *International Accounting Standard 2*, Inventories, revised 2003, par. 37. [O IAS 2, em seu parágrafo 2, item b, determina que as empresas evidenciem em notas explicativas o valor contábil do estoque em classificações apropriadas à entidade, NT].

6. A Thames subtrai uma provisão para perda do estoque. Essa provisão para perda representa o valor pelo qual a Thames estima que o custo do estoque excede os seus valores de reposição.

Figura 9.1

Thames
Nota 15: Estoques

	2013	2012
Matérias-primas	530,5	504,1
Produtos em Progresso (inclusive contratos de construção)	1.195,7	1.191,1
Produtos Semiacabados e Acabados	859,6	859,9
Mercadorias para Revenda	125,1	145,1
Total Bruto	2.710,9	2.700,2
Provisões para Perda (Nota A)	(500,1)	(472,8)
Total Líquido	2.210,8	2.227,4

Nota A: O termo *Provisões para Perda* indica o valor pelo qual o valor bruto do estoque excede a medida do valor de mercado desses estoques, chamado de "Total líquido".

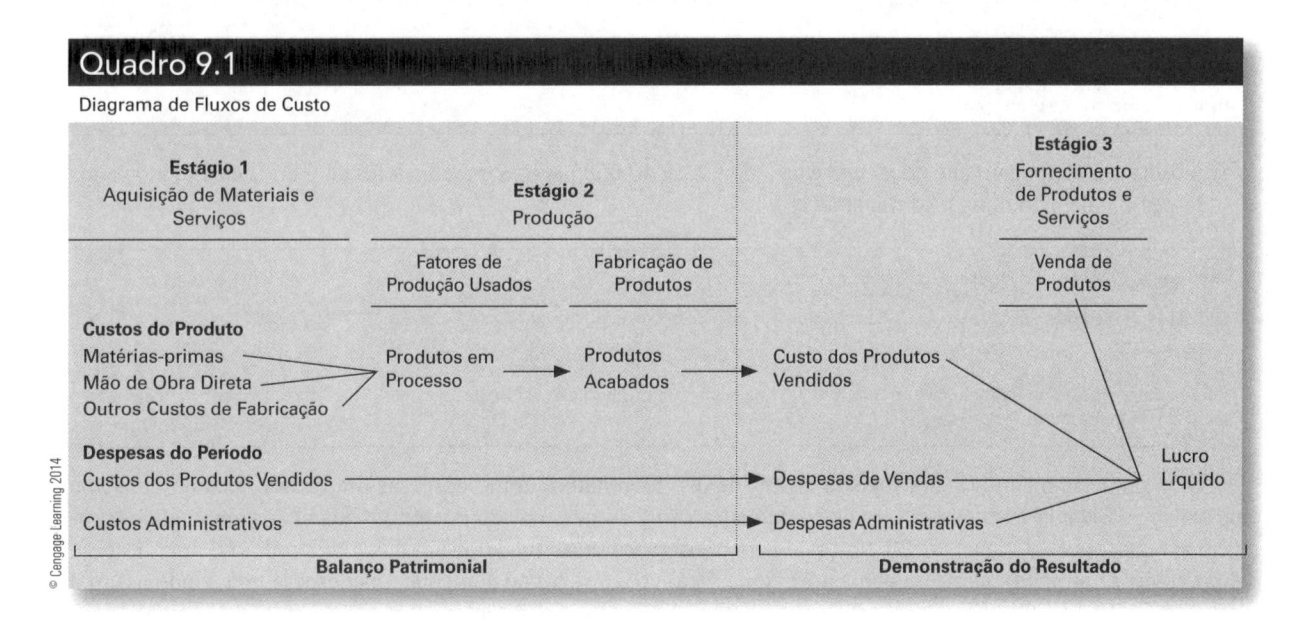

Quadro 9.1

Diagrama de Fluxos de Custo

Estágio 1 — Aquisição de Materiais e Serviços
Estágio 2 — Produção (Fatores de Produção Usados → Fabricação de Produtos)
Estágio 3 — Fornecimento de Produtos e Serviços (Venda de Produtos)

Custos do Produto
- Matérias-primas
- Mão de Obra Direta
- Outros Custos de Fabricação
→ Produtos em Processo → Produtos Acabados → Custo dos Produtos Vendidos → Lucro Líquido

Despesas do Período
- Custos dos Produtos Vendidos → Despesas de Vendas → Lucro Líquido
- Custos Administrativos → Despesas Administrativas → Lucro Líquido

Balanço Patrimonial | Demonstração do Resultado

A conta **Estoque de Produtos em Processo** (também chamada de **Estoque de Trabalho em Processo ou em Progresso**) acumula o custo das matérias-primas transferidas para o chão de fábrica, o custo do trabalho direto utilizado na produção e os custos indiretos da fábrica. No final do processo de manufatura, a empresa transfere fisicamente as unidades terminadas do chão de fábrica ao depósito de produtos acabados. Ela também transfere os custos do produto dessas unidades terminadas para **Estoque de Produtos Acabados**. A empresa credita a conta Estoque de Produtos em Processo pelos custos de manufatura atribuídos às unidades terminadas transferidas para o depósito de produtos acabados e debita a conta Estoque de Produtos Acabados. O saldo da conta Estoque de Produtos em Processo mede os custos acumulados no produto para as unidades ainda não terminadas.

A conta **Estoque de Produtos Acabados** mensura o custo de fabricação das unidades completadas, mas ainda não vendidas. A venda dos produtos manufaturados aos clientes resulta na transferência do seu custo da conta Estoque de Produtos Acabados para a conta **Custo dos Produtos Vendidos**, uma despesa que reduz o lucro líquido e, por fim, os lucros acumulados. O lançamento no livro diário é um débito em Custo dos Produtos Vendidos e um crédito em Estoque de Produtos Acabados.

Exemplo 1. A Moon Products começou suas operações na Bélgica em 1º de janeiro emitindo 10 mil ações ordinárias ao valor de face de € 10 por € 30 por ação. Seguem as transações de janeiro e seus correspondentes lançamentos no livro diário:

(1) A empresa aluga um prédio e paga 12 meses adiantado. O valor é € 250.000.

Adiantamento de Aluguel	250.000	
Caixa		250.000
Para registrar pagamento adiantado do aluguel de 12 meses.		

(2) A empresa compra a prazo matérias-primas ao custo de € 25.000.

Estoque de Matérias-primas	25.000	
Contas a Pagar		25.000
Para registrar compra de estoque a prazo.		

(3) A empresa envia aos departamentos de produção matérias-primas custando € 20.000.

Estoque de Produtos em Processo	20.000	
Estoque de Matérias-primas		20.000
Para registrar a transferência de materiais para os departamentos de produção.		

(4) A folha total de pagamento de janeiro é de € 60.000: € 40.000 pagos a trabalhadores da fábrica e € 20.000 pagos ao pessoal de marketing e administrativo.

Estoque de Produtos em Processo	40.000	
Despesas de Salários	20.000	
Caixa		60.000
Para registrar custos da folha de pagamento: € 40.000 de custos de produto e € 20.000 de despesa do período.		

Uma empresa manufatureira registra custos de não manufatura como despesas do período quando consome os serviços. Ela consome os serviços de comercialização e do pessoal administrativo quando os empregados provêm esses serviços. O lançamento em **(4)** ilustra a diferença entre registrar um custo de produto e uma despesa do período. O primeiro débito aumenta uma conta do ativo e o segundo aumenta uma despesa, reduzindo assim o patrimônio líquido. Os lançamentos **(5)** e **(6)** também dividem um item entre um custo de produto e uma despesa do período.

(5) Os dispêndios de água, luz e telefone em janeiro são de € 1.200. Desse valor, € 1.000 são para atividades de manufatura e € 200 são para atividades de comercialização e administrativas.

Estoque de Produtos em Processo	1.000	
Despesas de Água, Luz e Telefone	200	
Caixa		1.200
Para registrar custos de água, luz e telefone: € 1.000 de custos de produto e € 200 de despesa do período.		

(6) Considere o lançamento **(1)**. A despesa de aluguel de janeiro é € 20.833 (= 250.000/12 meses). A empresa usa 70% do espaço alugado para fins de manufatura e 30% para fins administrativos (não manufatura).

Estoque de Produtos em Processo	14.583	
Despesa de Aluguel	6.250	
Adiantamento de Aluguel		20.833
Para registrar consumo de serviços de aluguel pré-pago: € 14.583 de custos de produto e € 6.250 de despesa do período.		

Quadro 9.2
Fluxo dos Custos de Manufatura pelas Contas

Estoque de Matérias-primas		Estoque de Produtos em Processo		Estoque de Produtos Acabados		Custo dos Produtos Vendidos	
Aumentos do Ativo com Débitos	Diminuições do Ativo com Créditos	Aumentos do Ativo com Débitos	Diminuições do Ativo com Créditos	Aumentos do Ativo com Débitos	Diminuições do Ativo com Créditos	Diminuições do Patrimônio Líquido com Débitos	Aumentos do Patrimônio Líquido com Créditos
Custo de Matérias-primas Compradas	Custos de Matérias-primas Incorridos na Fabricação →	Custos de Matérias-primas Incorridos na Fabricação	Custos de Fabricação de Unidades Concluídas e Transferidas para o Depósito →	Custos de Fabricação de Unidades Concluídas e Transferidas para o Depósito	Custos de Fabricação das Unidades Vendidas →	Custos de Fabricação das Unidades Vendidas	

Caixa ou Salários a Pagar							
Aumentos do Ativo ou Diminuição do Passivo	Diminuição do Ativo ou Aumento do Passivo						
	Custos do Trabalho Direto Incorridos na Fabricação →	Custos do Trabalho Direto Incorridos na Fabricação					

Caixa, Depreciação Acumulada e Outras Contas							
Aumentos do Ativo ou Diminuição do Passivo	Diminuição do Ativo ou Aumento do Passivo						
	Custos Indiretos Incorridos na Fabricação →	Custos Indiretos Incorridos na Fabricação					

(7) Unidades concluídas em janeiro e transferidas para o depósito de produtos acabados têm um custo de manufatura de € 48.500[7].

Estoque de Produtos Acabados..	48.500	
Estoque de Produtos em Processo..		48.500
Para registrar a transferência de unidades concluídas para o estoque de produtos acabados.		

(8) As vendas totais de janeiro são de € 75.000, das quais € 25.000 são a prazo.

Caixa...	50.000	
Contas a Receber..	25.000	
Receita de Vendas...		75.000
Para registrar vendas de € 75.000		

---

7. Na prática, as empresas usam métodos de contabilização de custos, ensinados em outras disciplinas, para calcular o custo dos produtos manufaturados e transferidos para o estoque de produtos acabados.

(9) O custo dos bens vendidos em janeiro é de € 42.600.

Custo dos bens vendidos..	42.600	
Estoque de Produtos Acabados...		42.600
Para registrar custo de vendas de € 42.600.		

A **Figura 9.2** apresenta uma demonstração do resultado antes dos impostos da Moon Products em janeiro. A **Figura 9.3** mostra as contas T, resumindo os lançamentos no livro diário que afetam as contas de estoque em janeiro. A empresa obteve lucro antes dos impostos de € 5.950 em janeiro. No fim de janeiro, ela tem um saldo de € 5.000 em Estoque de Matérias-primas, € 27.083 em Estoque de Produtos em Processo e € 5.900 em Estoque de Produtos Acabados. O balanço patrimonial da Moon Products em janeiro mostra um valor contábil de Estoques de € 37.983 (= € 5.000 + € 27.083 + € 5.900).

Figura 9.2

Moon Products
Demonstração do Resultado
Referente a Janeiro

Receita de Vendas...	75.000
Menos Despesas:	
Custo dos Produtos Vendidos...	42.600
Despesas de Salários...	20.000
Despesas de Água, Luz e Telefone..	200
Despesa de Aluguel...	6.250
Total de Despesas..	69.050
Lucro Antes dos Impostos...	5.950

Figura 9.3

Moon Products
Contas T Mostrando Transações do Estoque em Janeiro

Estoque de Matéria-prima					Estoque de Produtos em Processo			
✓	0				✓	0		
(2)	25.000	20.000	(3)		(3)	20.000		
					(4)	40.000	48.500	(7)
					(5)	1.000		
					(6)	14.583		
✓	5.000				✓	27.083		

Estoque de Produtos Acabados					Custo dos Produtos Vendidos		
✓	0						
(7)	48.500	42.600	(9)		(9)	42.600	
✓	5.900						

Resumo da contabilização das operações de manufatura. Os procedimentos contábeis para os custos comerciais e administrativos das empresas manufatureiras são semelhantes aos das empresas comerciais. A empresa registra como despesas esses custos do período quando ela consome os serviços. Os procedimentos contábeis das empresas manufatureiras diferem dos das empresas comerciais pelo tratamento dos estoques. Uma empresa comercial adquire produtos prontos para a venda. Ela debita compras de mercadorias na conta Estoque e credita essa conta quando vende a mercadoria. Uma empresa manufatureira incorre em custos para transformar matérias-primas em produtos em processo e, depois, em produtos acabados. Quando uma empresa manufatureira consome matérias-primas, serviços do trabalho e serviços indiretos de fábrica no processo de manufatura, o consumo resulta na criação de um ativo – unidades parcialmente concluídas ou concluídas do estoque. Até que a empresa manufatureira venda as unidades produzidas, ela acumula (debita) custos de manufatura em contas do ativo – a conta Estoque de Matérias-primas, a conta Estoque de Produtos em Processo e a conta Estoque de Produtos Acabados. No momento da venda, a empresa credita a conta Estoque de Produtos Acabados e debita o custo dos produtos vendidos pelo custo das unidades vendidas.

PROBLEMA 9.1 PARA APRENDIZAGEM

Fluxo de custos de manufatura pelas contas. Os seguintes dados se referem às atividades manufatureiras da Haskell Ltd. em março.

	1º de março	31 de março
Estoque de Matérias-primas	42.400	46.900
Estoque de Produtos em Processo	75.800	63.200
Estoque de Produtos Acabados	44.200	46.300
Custos de Fábrica Incorridos Durante o Mês		
Matérias-primas Adquiridas		60.700
Serviços de Trabalho Recebidos		137.900
Energia Elétrica		1.260
Outros Custos de Fabricação		
Aluguel de Equipamentos de Fábrica		1.800
Aluguel do Edifício da Fábrica		4.100
Seguro Pré-pago Expirado		1.440
Receitas e Custos Não Fábrica		
Receita de Vendas		400.000
Despesas de Vendas e Administrativas		125.000

a. Calcule o custo das matérias-primas usadas em março.
b. Calcule o custo das unidades concluídas em março e transferidas para produtos acabados.
c. Calcule o custo das unidades vendidas em março.
d. Calcule o lucro antes dos impostos em março.

Questão 2: Avaliação Subsequente à Aquisição

Tanto o padrão U.S. GAAP como o IFRS requerem que as empresas registrem os estoques inicialmente pelo custo de aquisição (**Questão 1** discutida anteriormente). Contudo, o valor de mercado dos estoques mantidos por uma empresa pode mudar. Este tópico discute o tratamento das variações do valor de mercado dos estoques após a aquisição. U.S. GAAP e IFRS definem valor de mercado de modo diferente, mas ambos baseiam a definição na variação do custo de repor o estoque (**custo de reposição**)[8].

Aumentos no valor de mercado. Os estoques podem aumentar em valor de mercado após a aquisição por várias razões. O aumento é chamado de *ganhos de estocagem*. Por exemplo, a falta de uma matéria-prima (como um minério de terras raras) pode aumentar o valor de mercado dessa matéria-prima e, com isso, elevar o valor de mercado do estoque do qual essa matéria-prima é componente. Um novo acordo de trabalho pode aumentar o custo do trabalho e, com isso, elevar o custo de reposição dos estoques de manufatura. Se uma empresa fosse reavaliar seus estoques pelo custo maior de reposição, ou valor de mercado, ela faria o seguinte lançamento:

Estoques	X	
Ganhos de Estocagem Não Realizados		X
Para registrar aumento no valor de mercado dos estoques.		

Nem U.S. GAAP nem IFRS permitem que as empresas reavaliem estoques acima do seu valor de aquisição[9]. Embora um aumento no valor de mercado do estoque possa permitir à empresa aumentar o seu preço de venda, a empresa não realiza o benefício desse aumento até que ela venda o estoque. Tanto U.S. GAAP como IFRS adiam o reconhecimento de um ganho de estocagem até que a empresa venda o estoque.

Diminuições no valor de mercado. Estoques podem diminuir em valor de mercado por várias razões. A diminuição é chamada de *perda de estocagem*. Um concorrente pode introduzir um produto tecnologicamente superior; um produto pode incluir materiais que se descobriu provocarem danos à saúde; a introdução de uma matéria-prima de menor custo diminui o custo de manufatura de um produto que usa essa matéria-prima como componente.

Tanto U.S. GAAP como IFRS requerem que as empresas registrem *impairment* (isto é, reduzam o valor contábil no balanço patrimonial) nos estoques quando o seu custo de reposição cai abaixo do custo de aquisição. Os contadores se referem a esse estoque como *desvalorizado* (*impaired*) e se referem a essa base de avaliação como **menor valor entre custo e mercado** (custo ou mercado, o menor)[10]. O lançamento no livro diário para registrar o *impairment* do estoque resulta em uma perda e em um valor contábil menor no balanço patrimonial. O padrão U.S. GAAP não permite às empresas reconhecer subsequentes aumentos de valor. Por outro lado, o IFRS permite às empresas reverter *impairments* anteriores até o valor do custo original de aquisição do estoque se as circunstâncias que causaram o *impairment* do estoque deixarem de existir.

Para ilustrar o *impairment* do estoque, se a Great Deal experimentasse um declínio de $ 5.000 no valor de mercado de um estoque com custo de aquisição de $ 119.000, ela faria o seguinte lançamento para reconhecer o *impairment*:

Perdas por *Impairment* de Estoques	5.000	
Estoque		5.000
Para registrar uma perda por *impairment* no estoque de $ 5.000.		

A conta Perdas por *Impairment* de Estoques (por vezes chamada de Perda por Redução ao Valor de Mercado, ou Desvalorização) é uma despesa do período. Muitas empresas incluem essa perda no custo das mercadorias vendidas.

Considere, por exemplo, os cálculos na **Figura 9.4** com um estoque inicial de $ 19.000, compras de $ 100.000 e estoque final de $ 25.000 com valor de mercado de $ 20.000. O Custo das Mercadorias Vendidas é $ 5.000 maior quando a empresa registra o estoque final pelo menor valor entre custo e mercado do que quando ela registra o estoque pelo custo de aquisição. A perda de $ 5.000 aumenta o Custo das Mercadorias Vendidas em $ 5.000 e reduz o Lucro Líquido em $ 5.000 comparado com a base do custo de aquisição. A empresa deve evidenciar nas notas explicativas grandes baixas incluídas no Custo das Mercadorias Vendidas para que os usuários das demonstrações financeiras possam entender os componentes da conta Custo das Mercadorias Vendidas.

---

8. Veja no Glossário o termo menor valor entre custo e mercado.
9. Uma exceção a essa regra para ativos agrícolas está além do escopo deste livro.
10. AICPA, Committee on Accounting Procedures, *Accounting Research Bulletin No. 43*, "Inventory Pricing", 1953 (**Codification Topic 330**); International Accounting Standards Board, *International Accounting Standard 2*, "Inventories", revised 2003. Ver no **Glossário** o termo *menor valor entre custo e mercado*.

Figura 9.4

Calculando o Custo das Mercadorias Vendidas Usando Diferentes Bases para a Avaliação do Estoque

	Base pelo Custo	Base pelo Menor Valor entre Custo e Mercado
Estoque Inicial	19.000	19.000
Compras	100.000	100.000
Produtos Disponíveis para a Venda	119.000	119.000
Menos Estoque Final	(25.000)	(20.000)
Custo das Mercadorias Vendidas	94.000	99.000

Se o mesmo estoque aumentou seu valor de mercado em $ 3.000 no período subsequente conforme o padrão U.S. GAAP, a empresa continuaria a registrar o estoque por $ 20.000, o menor valor entre o custo e o mercado. Se, contudo, a Great Deal preparou suas demonstrações financeiras conforme o padrão IFRS, ela reverteria a porção do seu *impairment* anterior, fazendo o seguinte lançamento no livro diário:

Estoque	3.000	
Reversão de *Impairment* em Estoques		3.000

Para registrar uma recuperação parcial do *impairment* no estoque, permitida pelo IFRS, mas não pelo U.S. GAAP.

Empresas de setores que frequentemente experimentam flutuações de preço costumam utilizar uma conta de provisão para registrar ajustes pelo menor valor entre custo e mercado[11]. Por exemplo, a **Figura 9.5** mostra o tipo de evidenciação que a Nestlé utilizou para descrever sua conta de provisão para desvalorização do estoque. O balanço patrimonial da Nestlé mostra estoques com valor contábil de $ 9.272 milhões. O valor *bruto* do estoque é $ 9.547 milhões, igual ao valor *líquido* (valor contábil de balanço) de $ 9.272 milhões mais o saldo final de Provisão para Perdas de $ 275 milhões. A empresa estima o *impairment* do estoque originado pela aplicação da regra do menor valor entre custo e mercado e registra o *impairment* em uma conta redutora do estoque, a Provisão para Redução ao Valor Realizável Líquido. Se a empresa tivesse ajustes pelo menor valor entre custo e mercado de $ 100 milhões no Ano 7, ela faria o seguinte lançamento no diário:

Perdas por Desvalorização de Estoques	100	
Provisão para Redução ao Valor Realizável Líquido		100

Para registrar uma perda por *impairment* de estoque de $ 100 milhões. A Perda por Desvalorização de Estoques reduz o lucro do período. A conta de Provisão não cresceu pelo valor cheio de $ 100 entre o final do Ano 6 e o final do Ano 7 porque outros itens do estoque aumentaram em valor de mercado, parcialmente a perda por *impairment*.

Figura 9.5

Estoque nos Anos 7 e 6, Findos em 31 de Dezembro, com Base em Evidenciações da Nestlé

10. Estoques	Ano 7	Ano 6
Matérias-primas, Produtos em Progresso e Diversos Fornecimentos	3.590	3.102
Produtos Acabados	5.957	5.164
Provisão para Redução ao Valor Realizável Líquido	(275)	(237)
	9.272	8.029

---

11. Conforme U.S. GAAP, uma empresa não registra um *impairment* de estoque nas suas demonstrações financeiras trimestrais (interim) se há "substancial evidência de que os preços de mercado se recuperarão antes que o estoque seja vendido" (**Codification Topic 330-10-55**).

De acordo com o padrão IFRS, a empresa reverteria as baixas na conta Provisão para *Impairment* de Estoque desde que essas reversões não excedessem o valor acumulado das baixas anteriores[12]. A base de avaliação pelo menor valor entre custo e mercado é uma política contábil conservadora pelas seguintes razões:

1. Ela reconhece perdas com diminuições do valor de mercado antes que ocorra a venda, mas reconhece ganhos por aumentos no valor de mercado acima do custo original de aquisição apenas quando a venda ocorre.
2. Ela registra estoques no balanço patrimonial por valores que nunca são maiores, mas podem ser menores, que o custo de aquisição[13].

Venda subsequente de estoque pelo menor valor entre custo e mercado. Contanto que o estoque para o qual a empresa contabilizou um *impairment* permaneça vendável, ela registrará receitas na eventual venda dos itens. A empresa debitará Custo das Mercadorias Vendidas e creditará Estoque no momento em que reconhece a receita. A diferença entre o valor da receita e o valor do custo das mercadorias vendidas é o lucro bruto da transação. Mantendo-se o preço de venda constante, o ajuste pelo menor valor entre custo e mercado reduz o valor contábil do estoque no período da baixa, mas aumenta o lucro bruto reconhecido na eventual venda do estoque em um período futuro.

Se o *impairment* e a venda do estoque ocorrem em um mesmo período, a demonstração do resultado desse período capta ambos os efeitos. A perda por *impairment* contrabalançará o valor menor de mercado do estoque reconhecido em custos das mercadorias vendidas. Se a firma vende o estoque de valor reduzido em um período contábil posterior, a perda por *impairment* reduzirá o lucro em um período anterior, mas o lucro bruto maior da venda em período posterior contrabalançará parcialmente a perda. Por exemplo, se a Great Deal estimasse que, por mudança na moda, roupas femininas não vendidas no valor de $ 400 milhões teriam um valor irrisório de mercado, a Great Deal registraria uma perda por *impairment* de $ 400 milhões, reduzindo o valor contábil do estoque a zero. Se a Great Deal vende as roupas por $ 5 milhões em um período contábil subsequente, ela reconhecerá o valor de zero em custo das mercadorias vendidas e um lucro bruto de $ 5 milhões na venda, obtendo um lucro líquido de – $ 395 milhões (ou seja, – $ 400 + $ 5) ao longo dos dois períodos. Se a Great Deal não tivesse aplicado o menor valor entre custo e mercado, o lucro líquido do período em que a venda ocorreu teria sido o mesmo, – $ 395 milhões. O menor valor entre custo e mercado não muda o lucro líquido total ao longo da vida do item, mas resulta em lucros menores em períodos anteriores.

Resumo dos efeitos das reavaliações do estoque. Os ganhos e perdas associados com uma unidade do estoque são a diferença entre o seu preço de venda e seu custo de aquisição. As regras de reavaliação do estoque determinam *quando* esse ganho ou perda aparecerá nas demonstrações financeiras ao longo dos períodos entre a aquisição e a venda final. Se uma empresa reavaliasse para cima o estoque por um valor superior ao seu custo de aquisição (o que, de modo geral, não é permitido pelo padrão U.S. GAAP nem pelo IFRS), o lucro do período da valorização do estoque seria maior do que se a empresa tivesse aplicado o menor valor entre custo e mercado; contudo, em um período posterior, quando a empresa vender o estoque, o lucro será menor. O lucro posterior menor resulta de que o estoque terá um valor contábil mais alto no balanço patrimonial e, portanto, gerará um valor maior em custo das mercadorias vendidas. Quando uma empresa usa a base de menor valor entre custo e mercado, o lucro do período em que ocorre a desvalorização no estoque é menor do que se a empresa usasse a base do custo de aquisição, mas o lucro em um período posterior, quando ela vender o estoque, será maior. Assim, o lucro de cada período considerado isoladamente depende da avaliação do estoque no balanço patrimonial.

Questão 3: Pressupostos de Fluxo de Custo

Se os registros contábeis contêm informações tanto do custo do estoque inicial de um período (que é igual ao estoque final do último período) e informações sobre as compras feitas ou sobre os custos de produção incorridos durante o período, a empresa pode facilmente mensurar o custo dos produtos disponíveis para venda ou uso. As empresas podem confrontar as unidades vendidas e as unidades do estoque final com compras específicas usando

---

12. Além disso, considerando-se que a empresa faz ajustes pelo menor valor entre custo e mercado em cada tipo ou classe de estoque, uma empresa que adota o padrão IFRS pode registrar tanto um *impairment* em uma classe de estoque como uma reversão em uma classe diferente do estoque no mesmo período.
13. Consulte o **Glossário** para uma definição do *conservadorismo* em contabilidade. Políticas contábeis conservadoras resultam tanto em um menor ativo total como em menores lucros acumulados, implicando, assim, menores totais acumulados de lucro líquido. O conservadorismo não significa registrar um lucro mais baixo em todos os períodos. Em um prazo maior, uma política contábil que resulta em lucro mais baixo em períodos anteriores deve resultar em lucro superior em alguns períodos subsequentes. A política contábil conservadora resulta em lucro menor em períodos próximos.

códigos de barra nos produtos e outros identificadores[14]. Usando o identificador, a empresa pode rastrear a unidade até a nota fiscal de compra ou registro de custo[15]. Esse é um exemplo de um sistema de **identificação específica** para calcular o custo das mercadorias vendidas.

Para ilustrar o sistema de identificação específica, considere que uma loja de bicicletas tem um estoque inicial constituído pela bicicleta 1, pela qual ela pagou $ 2.500. Suponha que, durante o período, a loja compre a bicicleta 2 por $ 2.900 e a bicicleta 3 por $ 3.000, e que ela venda uma bicicleta por $ 5.500. As três bicicletas são fisicamente idênticas: a loja as adquiriu em momentos diferentes quando seus custos de aquisição mudaram; assim, só os seus custos diferem.

Podemos usar a equação do estoque como segue, em dólares de custo:

Estoque Inicial	+	Compras	−	Custo das Mercadorias Vendidas	=	Estoque Final
$ 2.500	+	5.900	−	?	=	?

Se a loja de bicicletas estiver usando um sistema específico de identificação com números de série ou código de barras para identificar a bicicleta 2 como a unidade vendida, o custo das mercadorias vendidas será de $ 2.900 e o estoque final, consistindo nas bicicletas 1 e 3, será de $ 5.500 (= $ 2.500 + $ 3.000).

Se uma empresa não tem um sistema de identificação específica de unidades vendidas e unidades remanescentes no estoque, ela terá registros do custo do estoque inicial e do custo das compras, mas não do custo das mercadorias vendidas nem do estoque final. Ela pode usar uma contagem física do estoque final para obter o número de unidades do estoque final, mas não terá registros dos custos dessas unidades. O que ela tem são os registros dos custos das unidades disponíveis para a venda durante o período (o custo do estoque inicial somado ao custo das compras). Ela poderia calcular o custo das unidades do estoque final (ou, inversamente, o custo das mercadorias vendidas) usando os custos unitários mais recentes, os mais antigos, ou uma média do custo das unidades disponíveis para a venda. Uma vez que ela determine o custo para uma quantidade desconhecida – ou do estoque final ou do custo das mercadorias vendidas –, a equação do estoque automaticamente determina o custo da outra quantidade. A soma das duas incógnitas, Custo das Mercadorias Vendidas e Estoque Final, deve ser igual ao Custo dos Produtos Disponíveis para a Venda (= Estoque Inicial + Compras). Quanto maior for o custo atribuído a uma incógnita, menor será o custo atribuído à outra.

Em suma, a empresa precisa conhecer ou presumir uma premissa sobre quais unidades vendeu e quais permanecem em estoque. A identificação específica evita adotar suposições, mas não é praticável se os itens de estoque forem muito similares ou fluidos; por exemplo, gasolina em um tanque de armazenagem ou calcário em uma pedreira. Mesmo que a tecnologia permita às empresas rastrear o custo de cada item do estoque (como *scanners* de códigos de barras de produtos), ela pode não ser custo-efetiva.

Nem U.S. GAAP nem IFRS requerem que as empresas usem identificação específica. Ambos os padrões permitem que as empresas assumam uma **premissa de fluxo de custo**. *Essa premissa de fluxo de custo não precisa corresponder ao fluxo real das unidades dentro da empresa.* Pressupostos de fluxo de custo típicos são:

1. Média ponderada.
2. Primeiro a entrar, primeiro a sair (PEPS = First-in, first-out [FIFO]).
3. Último a entrar, primeiro a sair (UEPS = Last-in, first out [LIFO], que o U.S. GAAP permite, mas o IFRS não.

Ilustraremos esses pressupostos utilizando os dados da **Figura 9.6**.

Considerando o fluxo de custo pela **média ponderada**, a empresa calcula a média dos custos de todas as unidades disponíveis para a venda durante o período contábil, incluindo o custo aplicável ao estoque inicial. Esse custo médio ponderado é aplicado às unidades vendidas durante o período e às unidades disponíveis no fim do período. A coluna **(2)** da **Figura 9.6** ilustra o pressuposto do fluxo de custo pela média ponderada. O custo médio ponderado de cada bicicleta disponível para a venda durante o período é de $ 2.800 [1/3 × ($ 2.500 + $ 2.900 + $ 3.000)]. O Custo das Mercadorias Vendidas é, assim, $ 2.800 e o estoque final é de $ 5.600 (= 2 × $ 2.800).

---

14. Embora, teoricamente, uma empresa possa aplicar identificadores similares em itens manufaturados e em produtos em processo, pode ser impraticável usar identificação específica para produtos que contêm milhares de partes, cada uma criada por sua operação específica de manufatura. Muitas empresas adotam sistemas de custo padrão para produtos manufaturados. O custeio padrão é um tópico importante na contabilidade gerencial e de custos.

15. Quando uma empresa calcula o custo dos produtos vendidos cada vez que ela vende um item de estoque, ela usa um *sistema de estoque perpétuo*. Se uma empresa calcula o custo dos produtos vendidos no fim de cada período tomando o estoque e assumindo que ela vendeu os itens que não constam do estoque final, ela usa um *sistema de estoque periódico*. Ver no **Glossário** a descrição desses dois sistemas de estoque. Neste livro, pressupomos o uso do sistema periódico, a menos que declaremos especificamente o contrário ou mostremos um lançamento específico para custo dos produtos vendidos no momento da venda em um exemplo.

Figura 9.6
Comparação entre Pressupostos do Fluxo de Custo com Base do Custo Histórico

Dados Assumidos

Estoque Inicial:	Custo da Bicicleta 1	$ 2.500
Compras:	Custo da Bicicleta 2	2.900
	Custo da Bicicleta 3	3.000
Custo dos Produtos Disponíveis para Venda..		$ 8.400
Receita de Vendas: Uma bicicleta..		$ 5.500

	Premissas de Fluxo de Custo		
	PEPS	Média Ponderada	UEPS
Demonstrações Financeiras	(1)	(2)	(3)
Receita de Vendas	$ 5.500	$ 5.500	$ 5.500
Custo das Mercadorias Vendidas	2.500[a]	2.800[b]	3.000[c]
Lucro Bruto	$ 3.000	$ 2.700	$ 2.500
Estoque Final..	$ 5.900[d]	$ 5.600[e]	$ 5.400[f]

[a] A bicicleta 1 custa $ 2.500.
[b] Custo médio das bicicletas $ 2.800 (= $ 8.400/3).
[c] A bicicleta 3 custa $ 3.000.
[d] As bicicletas 2 e 3 custam $ 2.900 + $ 3.000 = $ 5.900.
[e] Duas bicicletas pelo custo médio 2 × $ 2.800 = $ 5.600.
[f] Custo das bicicletas 1 e 2 $ 2.500 + $ 2.900 = $ 5.400.

© Cengage Learning 2014

O pressuposto do fluxo de custo **primeiro a entrar, primeiro a sair** (**PEPS**) atribui os custos das primeiras (ou anteriores) unidades adquiridas às unidades vendidas e o custo das aquisições mais recentes ao estoque final. Esse pressuposto do fluxo de custo corresponde ao fluxo de produtos e materiais se a empresa usa/vende primeiramente os materiais e bens mais antigos. A coluna **(1)** da **Figura 9.6** ilustra o PEPS, que atribui o custo da bicicleta 1 ao custo das mercadorias vendidas, enquanto os custos das bicicletas 2 e 3 permanecem no estoque. O PEPS é como uma esteira rolante: os primeiros custos vêm antes para uso ou venda, enquanto os últimos permanecem no fim do período.

O pressuposto do fluxo de custo **último a entrar, primeiro a sair** (**UEPS**) atribui os custos das últimas (ou *posteriores*) unidades adquiridas às retiradas e os custos das unidades mais antigas ao estoque final. Alguns argumentam que o UEPS contrapõe custos correntes a receitas correntes e, portanto, que o UEPS é uma medida melhor do lucro. A coluna **(3)** da **Figura 9.6** ilustra o UEPS, que atribui o custo da bicicleta 3 ao custo das mercadorias vendidas, ao passo que os custos das bicicletas 1 e 2 permanecem no estoque. O UEPS é como uma pilha de bandejas em uma cafeteria: o último custo, no topo da pilha, é o primeiro a ser despendido, e a unidade mantida há mais tempo, que em fases de aumento de preços terá o custo mais baixo, permanece enquanto a empresa tiver estoque. O UEPS *não* reflete os fluxos físicos normais, isto é, o primeiro produto que a empresa vende não costuma ser o último que ela comprou ou produziu. Como descrito a seguir, as empresas usam UEPS porque ele produz um custo de produtos vendidos com base nos custos mais recentes e, portanto, em alguns casos, resulta em lucro líquido menor e pagamentos inferiores de impostos.

Como antes mencionado, o padrão IFRS proíbe o uso do pressuposto UEPS. As autoridades tributárias norte-americanas permitem que uma empresa use o UEPS para fins de tributos sobre o lucro desde que elas também o usem para fins da informação financeira[16]. Em períodos de custos crescentes de aquisição do estoque e quantidades crescentes de estoque, o UEPS resulta em maior custo das mercadorias vendidas do que os pressupostos de fluxo de custo do PEPS e da média ponderada. Os dados da **Figura 9.6** ilustram esse padrão, que mostra que, durante

---

16. O requisito de que as empresas norte-americanas usem UEPS para fins tributários se também o empregarem para fins de informação financeira é chamado de *regra de conformidade* do UEPS. As regras norte-americanas de evidenciação requerem que a empresa que usa UEPS evidencie o estoque final pelo seu custo corrente ou em uma base PEPS. Ao lado de outras informações das demonstrações financeiras, essa evidenciação proporciona informações suficientes para permitir aos usuários das demonstrações financeiras calcular os valores do estoque e o custo dos produtos vendidos na assunção PEPS ou como uma sua aproximação.

esse período, caracterizado por custos crescentes das bicicletas (de $ 2.500 para $ 2.900 para $ 3.000), o UEPS resulta no menor lucro bruto ($ 2.500) das três premissas do fluxo de custo. O UEPS nem sempre, contudo, proporciona um menor lucro, como discutiremos no **Apêndice 9.1**, porque as quantidades de estoque ou os custos de sua aquisição nem sempre aumentam.

Comparação e escolha entre pressupostos de fluxo de custo

Note, na **Figura 9.6**, que o custo das mercadorias vendidas somado ao estoque final é igual a $ 8.400, o total do custo dos produtos disponíveis para venda, nos três casos. Quando os preços de compra mudam, nenhum dos pressupostos de fluxo de custo coloca custos atualizados no balanço patrimonial nem na demonstração do resultado. Por exemplo, em um período de aumento de preços (como na **Figura 9.6**), se o custo dos produtos inclui os preços mais recentes, mais altos, como ocorre no UEPS, então os preços mais antigos, mais baixos, devem aparecer no custo do estoque final no balanço. Como a empresa usa os custos de aquisição para avaliar o estoque, o balanço patrimonial ou a demonstração do resultado, mas nunca ambos, refletirá os custos atuais.

Dos três pressupostos de fluxo de custo, o PEPS resulta em números do balanço patrimonial mais próximos dos custos atuais, pois as últimas compras dominam os valores do estoque final. O custo das mercadorias vendidas estará pelo PEPS desatualizado, uma vez que este assume como despesas os custos anteriores do estoque inicial e as primeiras aquisições do estoque no período. Quando os preços de compra aumentam, o PEPS normalmente conduz ao mais alto valor do lucro líquido entre os três pressupostos e, quando eles caem, ao mais baixo valor.

O estoque final pelo UEPS pode conter custos de itens adquiridos muitos anos antes. Quando os custos de estoque se elevam e a quantidade do estoque aumenta, o UEPS pode produzir números do balanço patrimonial muito inferiores aos custos atuais, ao passo que o número do custo UEPS dos produtos vendidos se aproxima dos custos correntes. Dos três pressupostos do fluxo de custo, o UEPS resulta no menor valor do lucro líquido quando os custos do estoque são crescentes (maior valor do custo das mercadorias vendidas) e no maior valor do lucro líquido quando os custos do estoque são decrescentes (menor custo das mercadorias vendidas). Além disso, o UEPS resulta em menor flutuação da margem bruta em empresas cujos preços de venda tendem a variar com os custos de aquisição do estoque.

O pressuposto da média ponderada está entre as outras duas nos seus efeitos, mas ela mais se assemelha ao PEPS que ao UEPS nos seus efeitos sobre as demonstrações financeiras. Quando o estoque gira rapidamente, o pressuposto do fluxo de custo pela média ponderada proporciona valores virtualmente idênticos ao PEPS. A discussão restante deste capítulo trata o PEPS e a média ponderada nos mesmos termos para efeitos da demonstração do resultado.

As diferenças entre o custo das mercadorias vendidas e o estoque nos diferentes pressupostos do fluxo de custo se relacionam em parte com a taxa de variação dos custos de aquisição do estoque. A utilização de preços mais antigos de compra para o estoque pelo UEPS ou a utilização dos preços mais antigos para o custo das mercadorias vendidas pelo PEPS tem pouco impacto quando os preços são estáveis. Na medida em que aumenta a taxa de variação dos preços, o efeito de utilizar preços mais antigos ou mais recentes também aumenta, resultando em diferenças maiores no custo das mercadorias vendidas e nos números do estoque pelo PEPS e pelo UEPS.

Diferenças no custo das mercadorias vendidas também se relacionam em parte com o índice de *giro do estoque* – isto é, a velocidade com a qual a empresa vende seus produtos. Na medida em que o giro do estoque aumenta, as aquisições do estoque no período atual perfazem uma porção crescente do custo dos produtos disponíveis para a venda. Como o pressuposto de fluxo de custo não afeta o custo das compras no período, o custo das mercadorias vendidas não variará muito com a escolha do pressuposto de fluxo de custo. Mesmo com um rápido giro do estoque, os valores do estoque no balanço patrimonial podem diferir significativamente, dependendo do pressuposto de fluxo de custo. Quanto maior for o tempo em que a empresa usa o UEPS, maior será a diferença entre estoques com base em UEPS e PEPS. O **Apêndice 9.1** descreve os efeitos nas demonstrações financeiras introduzidos pela diferença em estoques contabilizados pelo UEPS *versus* PEPS.

PROBLEMA 9.2 PARA APRENDIZAGEM

Calculando o custo das mercadorias vendidas e do estoque final sob vários pressupostos de fluxo de custo. A Figura 9.7 apresenta dados do estoque inicial, compras, retiradas e estoque final de junho e julho.

a. Calcule o custo das mercadorias vendidas e do estoque final de junho usando (1) PEPS, (2) UEPS e (3) média ponderada.
b. Calcule o custo das mercadorias vendidas e o estoque final de julho usando (1) PEPS, (2) UEPS e (3) média ponderada.

Figura 9.7
Dados para Cálculos do Estoque
(Problema 9.2)

	Quantidade	Custo Unitário	Custo Total
ITEM X			
Estoque inicial, 1º de junho	–	–	–
Compras, 1º de junho	100	$ 10,00	$ 1.000
Compras, 7 de junho	400	11,00	4.400
Compras, 18 de junho	100	12,50	1.250
Total dos Produtos Disponíveis para Venda	600		6.650
Retiradas em junho	(495)		?
Estoque final (30 de junho) e Estoque Inicial (1º de julho)	105		?
Compras, 5 de julho	300	13,00	3.900
Compras, 15 de julho	200	13,50	2.700
Compras, 23 de julho	250	14,00	3.500
Total dos Produtos Disponíveis para Venda	855		?
Retiradas em julho	(620)		?
Estoque final (31 de julho)	235		?

Analisando evidenciações de estoques

As demonstrações financeiras e as notas explicativas proporcionam informações para a análise dos efeitos dos estoques e do custo dos produtos vendidos na mensuração da lucratividade e do risco. Este tópico ilustra várias dessas análises.

Dois índices apresentados no **Capítulo 7**, que dizem respeito à gestão do estoque, são a **porcentagem do custo dos produtos vendidos** e o **índice de giro do estoque**. A porcentagem do custo dos produtos vendidos é a razão entre o custo dos produtos vendidos e a receita de vendas. Quanto maior esse índice, maior a porção da receita de vendas necessária para cobrir os custos do produto e, portanto, menos está disponível como contribuição para a lucratividade. As características econômicas do setor, as estratégias de negócios e os ambientes operacionais afetam as porcentagens do custo dos produtos vendidos. Mercados altamente competitivos forçam as empresas a colocar os preços próximos ao custo dos produtos (resultando em maior porcentagem do custo dos produtos vendidos) do que os mercados menos competitivos. O índice de giro do estoque é igual ao custo dos produtos vendidos dividido pelo estoque médio durante o período e mensura a rapidez com que a firma vende seu estoque.

Podemos calcular a porcentagem do custo dos produtos vendidos e o índice de giro do estoque da Great Deal no exercício findo em 27 de fevereiro de 2013 usando os dados do seu balanço patrimonial mostrado na **Figura 1.1** e da sua demonstração do resultado exibida na **Figura 1.2**, no **Capítulo 1**. A porcentagem do custo das mercadorias vendidas da Great Deal é de 75,5%:

$$\frac{\text{(Custo dos Produtos Vendidos)}}{\text{(Receita de Vendas)}} = \frac{\$\ 37.534}{\$\ 49.694} = 75,5\%$$

Seu índice de giro do estoque é 7,3:

$$\frac{\text{(Custo dos Produtos Vendidos)}}{\text{(Estoque Médio)}} = \frac{\$\ 37.534}{(0,5 \times (\$\ 5.486 + \$\ 4.753))} = 7,3$$

Um índice de giro do estoque de 7,3 implica que os itens permanecem no estoque da Great Deal em média por 50 dias (= 365 dias/7,3 vezes por ano) antes que a empresa os venda.

Tanto a porcentagem do custo dos produtos vendidos como o índice de giro do estoque utilizam o custo dos produtos vendidos; assim, pode haver, mas não necessariamente, uma relação entre esses índices[17]. Variações na porcentagem do custo dos produtos vendidos afetam a margem do lucro. Variações no giro do estoque afetam o giro do ativo total. Os tópicos a seguir descrevem possíveis explicações de diversas combinações de variações no custo dos produtos vendidos e no índice de giro do estoque.

---

17. O **Capítulo 7** apresentou a desagregação da taxa de retorno sobre o ativo (ROA) em margem de lucro multiplicada pelo giro do ativo total.

Aumento da porcentagem do custo dos produtos vendidos e aumento do índice de giro do estoque. Essa combinação resulta em menor margem de lucro e maior giro do ativo total. O efeito líquido no ROA depende de qual dos efeitos predomina. A empresa pode ter orientado seu *mix* de vendas para produtos de saída rápida e gerar menor margem de lucro, ou pode ter aumentado a proporção de manufatura terceirizada para outros fabricantes. A terceirização reduz estoques de matérias-primas e produtos em processo, mas a empresa precisa partilhar algo de sua margem de lucro com o fornecedor, a empresa terceirizada.

Diminuição da porcentagem do custo dos produtos vendidos e aumento do índice de giro do estoque. Por aumentar tanto a margem de lucro como o giro do ativo total, essa combinação aumenta o ROA. Essa combinação pode ocorrer se a empresa incrementa seus sistemas de controle de estoque e aumenta o giro do estoque. As economias de custo de armazenagem e de obsolescência reduzem a porcentagem do custo dos produtos vendidos.

Ou então a demanda por produtos da empresa pode aumentar e o estoque se movimentar mais rapidamente. A demanda aumentada permite à empresa elevar os preços e, com isso, diminuir a porcentagem do custo dos produtos vendidos. Se a empresa manufatureira tem alta proporção de custos fixos em sua estrutura de custos e capacidade ociosa para atender ao aumento da demanda, o custo dos produtos vendidos aumentará; no entanto, o custo unitário diminuirá, pois a empresa não incorrerá em custos fixos adicionais. Consequentemente, a sua porcentagem do custo dos produtos vendidos diminuirá.

Aumento da porcentagem do custo dos produtos vendidos e diminuição do índice de giro do estoque. Essa combinação, que diminui tanto a margem de lucro como o giro do ativo total e reduz o ROA, pode ocorrer se uma empresa experimenta um incremento de estoque obsoleto e precisa reduzir o custo do estoque para o menor valor entre custo e mercado ou o preço de venda. Se uma empresa manufatureira com alta proporção de custos fixos experimenta um declínio na demanda, a produção se reduzirá, assim como o giro do estoque, e o custo de fabricação unitário aumentará porque a empresa precisará alocar o mesmo valor de custos fixos a um número menor de unidades produzidas.

Diminuição da porcentagem do custo dos produtos vendidos e diminuição do índice de giro do estoque. Essa combinação aumenta a margem de lucro, mas diminui o giro total do ativo. O efeito líquido no ROA depende de qual dos efeitos predomina. Essa combinação pode ocorrer se uma empresa reduz o valor da terceirização e, com isso, captura mais da margem bruta, ao passo que a necessidade de mais estoques de materiais e de trabalho em processo retarda o giro do estoque. Ou então a empresa orienta seu *mix* de vendas para produtos de maior margem, que vendem mais lentamente.

Outras explicações podem causar as diversas combinações descritas. Combinações adicionais de variações em um dos dois índices e não no outro também são possíveis.

PROBLEMA 9.3 PARA APRENDIZAGEM

Efeito de pressupostos de fluxo de custo nos índices financeiros. Consulte os dados no **Problema 9.2**. Considere o seguinte:

	31 de julho	30 de junho
Ativo Circulante, Excluindo Estoques	$ 3.480	$ 1.650
Passivo Circulante	$ 4.820	$ 2.290

a. Calcule o índice de liquidez corrente em 30 de junho e 31 de julho utilizando os pressupostos de fluxo de custo em estoques (1) PEPS, (2) UEPS e (3) média ponderada. Suponha que não há diferenças de tributos sobre o lucro a pagar entre os três pressupostos.
b. Calcule o índice de giro do estoque (= custo dos produtos vendidos/estoque médio) em julho utilizando os pressupostos de fluxo de custo em estoques (1) PEPS, (2) UEPS e (3) média ponderada.

PRINCIPAIS CONTAS DO PASSIVO CIRCULANTE

Ativos circulantes vencem dentro do próximo ciclo operacional, geralmente um ano, e abrangem as seguintes contas: contas a pagar (fornecedores), notas promissórias de curto prazo a pagar, outras contas a pagar (como folha de pagamento e tributos sobre o lucro), obrigações de cumprimento diferido (incluindo adiantamentos de clientes e passivos de garantias) e passivos de reestruturação. O passivo circulante inclui também a porção da dívida de longo prazo que requer pagamento dentro de um ano da data do balanço[18].

Uma empresa paga continuamente seus passivos e os repõe com novos passivos no curso de suas operações. Dado que ela não pagará essas obrigações antes de várias semanas ou meses depois da data atual do balanço, eles têm um valor presente menor que o valor a ser pago[19]. A empresa normalmente informa esses valores pelo valor total devido porque, considerando a diferença pequena entre o valor devido e o seu valor presente, uma contabilidade separada para essa diferença (como despesa de juros) não seria custo-efetiva.

Fornecedores

Uma empresa geralmente posterga o pagamento por itens comprados dos fornecedores até receber uma duplicata (uma fatura) do fornecedor, momento em que ela registra um passivo chamado **fornecedores** (por vezes chamada de **transações a pagar** [*trades payable*] ou contas a pagar). A empresa pode não pagar essa fatura imediatamente, mas acumulá-la com outras contas até um momento específico do mês no qual ela paga todas as contas. Como essas contas nem sempre geram juros explícitos[20], a empresa obtém recursos dos seus fornecedores ao postergar pagamentos. Atrasos, contudo, podem levar a más classificações de crédito e a restrições de crédito.

O **Capítulo 7** apresentou o índice de giro de fornecedores – a razão entre as compras durante o período sobre a média de contas a pagar a fornecedores. Recordemos a equação do estoque com termos reordenados[21]:

$$\text{Estoques Inicial} + \text{Compras} = \text{Custo das Mercadorias Vendidas} - \text{Estoque Final}$$

Utilizando as informações do balanço patrimonial da Great Deal (**Figura 1.1**) e sua demonstração do resultado (**Figura 1.2**) para o exercício findo em 27 de fevereiro de 2013, podemos calcular as compras da Great Deal utilizando a equação precedente (valores em milhões de dólares):

$$\$ 4.753 + \text{Compras} = \$ 37.534 + \$ 5.486$$
$$\text{Compras} = \$ 38.267$$

O índice de giro de fornecedores da Great Deal é, portanto:

$$\frac{\text{Compras}}{\text{(Média de Fornecedores)}} = \frac{\$ 38.267}{(0,5 \times (\$ 5.276 + \$ 4.997))} = 7,5$$

Um modo de entender o índice de giro de fornecedores de 7,5 considera o número de dias, em média, que a empresa deve a seus fornecedores antes de pagar suas faturas de compra. Essa medida da eficiência da gestão de contas a pagar divide 365 pelo índice de giro de fornecedores para obter o prazo médio de pagamento. O prazo médio de pagamento a fornecedores da Great Deal no ano findo em 27 de fevereiro de 2013 é de 49 dias (365/7,5), implicando que a empresa paga seus fornecedores aproximadamente a cada 50 dias.

Apresentamos agora o **ciclo de caixa** (também chamado **ciclo de lucro** [*earnings cicle*] ou **ciclo financeiro**). O ciclo financeiro é o espaço de tempo entre a aquisição de um estoque inicial (ou seus componentes), a seguir processando-o e vendendo os produtos finais e, finalmente, recebendo dos clientes e pagando aos fornecedores. O ciclo financeiro é igual ao Prazo Médio de Estocagem + Prazo Médio de Recebimento – Prazo Médio de Pagamento. Utilizando os dados da Great Deal para o exercício findo em 27 de fevereiro de 2013, podemos calcular o ciclo financeiro da seguinte forma:

$$\underset{\text{(Prazo Médio de Estocagem)}}{50 \text{ dias}} + \underset{\text{(Prazo Médio de Recebimento)}^{22}}{10 \text{ dias}} - \underset{\text{(Prazo Médio de Pagamento)}}{49 \text{ dias}} = 11 \text{ dias}$$

---

18. Discutiremos esse item no **Capítulo 11**.
19. O **Apêndice 9.1** deste capítulo explica o conceito de valor presente.
20. Nos Estados Unidos. (NT)
21. Essa discussão presume que todos os créditos em Fornecedores se referem a compras de estoque, enquanto todos os débitos se referem a pagamentos a fornecedores desse estoque. Na realidade, Contas a Pagar também podem incluir um passivo pelas compras de itens administrativos, como material de escritório.
22. Derivamos esse número no **Capítulo 7**.

Isso significa que as operações da Great Deal requerem recursos de caixa de 11 dias, um período curto quando comparado com alguns outros varejistas. Se a Great Deal reduzir o número de dias em que as unidades permanecem em estoque (isto é, aumentar o giro do estoque), receber mais rapidamente dos clientes (aumentando o giro de clientes) ou alongar os pagamentos a fornecedores (reduzindo o giro de fornecedores), o seu ciclo financeiro diminuirá. Tudo o mais permanecendo constante, quanto mais curto é o ciclo financeiro, maior é a rentabilidade da empresa.

A maioria das empresas tem ciclos financeiros positivos. Uma exceção é a Dell, uma fabricante e distribuidora de computadores, que tem um ciclo de caixa *negativo*. Em anos normais, as demonstrações financeiras da Dell mostraram um giro de contas de clientes de 11,6 (ou prazo médio de recebimento de 31,5), giro de estoque de 53,8 (ou prazo médio de estocagem de 6,8) e giro de fornecedores de 4,4 (ou prazo médio de pagamento de 83). O ciclo financeiro da Dell é, assim, de – 44,7 dias (= 31,5 dias + 6,8 dias – 83 dias). O ciclo financeiro negativo da Dell significa que ela recebe financiamento sem juros de seus fornecedores por cerca de 45 dias. O ciclo financeiro da Dell é incomum, em parte, devido ao seu alto índice de giro do estoque. Como a Dell não monta um computador até que o cliente faça um pedido, ela não tem muito estoque (especialmente de produtos acabados) no seu balanço patrimonial. Como o tempo entre a produção e a venda do computador é pequeno, o giro do estoque é alto.

Notas promissórias de curto prazo e juros a pagar

As empresas obtêm financiamento de menos de um ano dos bancos e de outros credores assinando **notas promissórias a pagar**. Pelo caixa que recebe do credor, o tomador registra um passivo circulante, Notas Promissórias a Pagar[23]. Suponha que, em 1º de junho de 2013, a Great Deal toma emprestados $ 1.000.000 de um banco local, prometendo pagar juros de 6% ao ano. Em 1º de junho de 2013, ela registra o seguinte lançamento no livro diário:

Caixa	1.000.000	
Empréstimos a Pagar		1.000.000
Para registrar um empréstimo bancário de $ 1.000.000.		

À medida que o tempo passa, o tomador faz lançamentos, geralmente de ajustes, debitando Despesa de Juros e creditando Juros a Pagar, para refletir juros que estão acrescidos mas ainda não pagos. Por exemplo, no fim de fevereiro de 2014 (o fim do seu exercício de 2013), a Great Deal faria o seguinte lançamento de ajuste no livro diário para registrar os juros acrescidos:

Despesa de Juros	45.000	
Juros a Pagar		45.000
Para registrar juros de 6% ao ano por nove meses (junho-fevereiro): 0,06 × 1.000.000 × (9/12) = $ 45.000.		

Quando o tomador faz pagamentos de juros, o lançamento credita Caixa e debita Juros a Pagar. O acordo do empréstimo também especifica os pagamentos que o tomador precisa fazer para reduzir o principal de Empréstimos a Pagar. Se a Great Deal pagasse o total de suas obrigações para com o banco em 30 de maio de 2013, ela apresentaria os seguintes dois lançamentos no livro diário:

Despesa de Juros	15.000	
Juros a Pagar		15.000
Para registrar os juros remanescentes de 6% ao ano por três meses finais (março-maio), 0,06 × 1.000.000 × (3/12) = $ 15.000.		

Empréstimos a Pagar	1.000.000	
Juros a Pagar	60.000	
Caixa		1.060.000
Para registrar o pagamento de juros e quitação do principal.		

---

23. No Brasil, é mais usado o termo "Empréstimos a Pagar". (NT)

Remunerações, salários e outros itens da folha de pagamento

O fim do período dos relatórios de uma empresa frequentemente não coincide com os pagamentos de remunerações e salários para os empregados. Por exemplo, uma empresa pode terminar seu exercício em 31 de dezembro, mas ainda não ter pago todos os valores devidos pelo trabalho feito até essa data. Para assegurar que as demonstrações financeiras reflitam os valores devidos aos empregados, as empresas debitam Despesa com Salários e Encargos e creditam **Remunerações e Salários a Pagar** pelo valor que os empregados ganharam, mas a empresa ainda não pagou no fim do período dos relatórios.

Os empregados devem parte dos seus salários aos governos, na forma de imposto de renda e outros. Eles podem também dever outros valores a sindicatos e planos de seguro. Esses valores fazem parte da despesa do empregador com salários, mas ele retém esses valores do pagamento bruto de cada trabalhador e então paga-os por conta de cada empregado aos governos, sindicatos e companhias de seguro. Além disso, o empregador pode pagar ele mesmo diversos encargos sociais sobre a folha de pagamento e ter concordado em pagar por outros benefícios adicionais, como férias vendidas. O empregador precisa acumular os custos de férias ganhas, mas não exercidas (incluindo encargos sociais sobre a folha e benefícios adicionais de férias) no momento em que os empregados as ganham e não quando entram em férias ou recebem os seus salários. Esse tratamento resulta em registrar, em cada mês do ano, uma porção do custo das férias, em vez de deixar para alocar todos os custos do período quando os empregados entrarem em férias.

Exemplo 2. Suponha que os empregados da Sacramento Radio Shack ganham $ 100.000 e que o empregador (Sacramento Radio Shack) retém diversos impostos e encargos sociais no valor médio de 40% desse total. Além disso, os empregados devem, no total, $ 500 ao sindicato e $ 3.000 de seguro, valores a serem retidos pelo empregador. A empresa precisa ainda pagar diversos encargos sociais sobre a folha de pagamento, em uma média de 18% dos salários brutos, bem como $ 4.500 ao Fireman's Fund para cobertura de seguros de vida e de saúde. Os empregados ganharam férias estimadas em $ 4.000; a Sacramento Radio Shack estima que os encargos sociais sobre a folha e benefícios adicionais serão de 18% do valor bruto das férias.

Os lançamentos a seguir registram essas remunerações. Se os trabalhadores da produção ganharam alguns desses salários, a empresa debitará esses valores em Estoque de Produtos em Processo e não em Despesa com Salários e Encargos.

Despesa com Salários e Encargos	100.000	
Encargos Trabalhistas a Pagar a Vários Governos		40.000
Contribuições Sindicais Retidas		500
Prêmios de Seguro a Pagar		3.000
Remunerações e Salários a Pagar		56.500
Para registrar a despesa de salários; conta de chegada de $ 56.500 pagável a empregados.		

Despesa com Salários e Encargos	18.000	
Despesa de Seguros	4.500	
Encargos Trabalhistas a Pagar		18.000
Prêmios de Seguro a Pagar		4.500
Para registrar a despesa do empregador por valores não pagáveis aos empregados.		

Despesa com Salários e Encargos	4.720	
Salários e Benefícios Adicionais de Férias a Pagar		4.720
Para registrar estimativa de pagamento e benefícios adicionais de férias ganhos durante o período atual, de $ 4.720 (= $ 4.000 + [0,18 × $ 4.000]).		

Tributos sobre o lucro a pagar

A maior parte das empresas organizadas como companhias (*corporations*) paga tributos sobre o lucro baseadas no lucro tributável (o lucro informado na declaração do imposto de renda)[24]. Algumas jurisdições não taxam o lucro das companhias. O lucro tributável (que geralmente difere do lucro antes dos impostos informado nas demonstrações contábeis) e as alíquotas tributárias corporativas determinam o valor dos tributos sobre o lucro a pagar, ou seja, em muitas jurisdições, o lucro informado às autoridades tributárias, ao qual sempre nos referimos como *lucro tributável*, difere do valor do lucro informado nas demonstrações contábeis, ao qual nos referimos sempre como *lucro antes dos tributos*. A diferença entre lucro tributável e lucro antes dos tributos (por vezes chamada de "lucro contábil" ["*book income*"]) decorre de vários fatores, como descrito no **Capítulo 12**.

Notamos que as empresas informam o valor dos impostos que devem pagar às autoridades tributárias na conta do passivo **Imposto de Renda a Pagar**. Algumas empresas adotam um título mais geral da conta **Tributos a Pagar** refletindo outros tipos de tributos (por exemplo, tributos sobre a propriedade, sobre as vendas, municipais e estaduais)[25]. Um lançamento normal para registrar tributos a pagar debitará despesas de tributos e creditará tributos a pagar.

Garantias de produtos

O **Capítulo 8** apresentou passivos de cumprimento protelado na forma de adiantamentos de clientes. Um passivo de cumprimento protelado se origina quando uma empresa aceita pagamentos de um cliente, mas ainda não entregou o produto nem prestou o serviço ao cliente. Outro passivo diferido surge quando a empresa fornece uma **garantia** de serviços ou reparos por um período após a venda. No momento da venda, a empresa estimará o valor provável do **passivo de garantia**. (Empresas que adotam o padrão IFRS usam o termo **provisão para garantia**, em vez de passivo de garantia[26].)

À medida que o tempo passa, as empresas recebem informações tanto sobre o exercício como sobre o valor das despesas com garantias. Para ilustrar a contabilização de custos de garantia, suponha que a Thames vendeu sistemas de controle do tráfego aéreo por € 280 milhões durante o período contábil. A Thames estima que ela eventualmente gastará em torno de 4% da receita de vendas para atender a reclamações de garantia dos sistemas. A despesa de garantias do período atual é, portanto, € 11,2 milhões (= 0,04 × € 280). A Thames fará o seguinte lançamento no momento da venda dos sistemas de controle de tráfego aéreo:

Contas a Receber	280,0
Despesa de Garantia	11,2
Receita de Vendas	280,0
Provisão para Garantia	11,2
Para registrar vendas e provisão estimada para garantias sobre itens vendidos. A Thames registrará também o custo dos produtos vendidos imediatamente, se usar o inventário permanente, ou no fim do período, se usar o inventário periódico.	

A Thames reconhece a despesa de garantia e a respectiva provisão para garantia no período em que reconhece a receita, não quando incorre em custos para fazer os reparos. O preço de venda de um produto garantido inclui valores do produto vendido e dos futuros serviços de garantia. O reconhecimento da despesa de garantia no período da venda resulta em confrontar a despesa de garantia com a respectiva receita de venda. Nesse caso, tanto o valor como o tempo do passivo são incertos, mas a Thames pode estimá-los com razoável precisão. Tanto os U.S. GAAP como as IFRS requerem que as empresas reconheçam a despesa e a provisão relacionada para garantia quando podem "estimar razoavelmente" o valor.

---

24. Por outro lado, os negócios organizados como parcerias (*partnerships*) ou proprietários individuais não pagam tributos sobre o lucro. Em vez disso, a maioria das autoridades tributárias tributa o lucro da entidade como lucro dos parceiros individuais ou do único proprietário. Cada parceiro ou o único proprietário adiciona sua parte do lucro do negócio a suas outras fontes de renda pessoais ao preparar a declaração de renda. [Para as diversas modalidades de empresas no Brasil, ver Código Civil, Livro II, Do Direito de Empresa, Arts. 966 a 1.195. Para a tributação sobre o lucro das empresas no Brasil, ver www.receita.fazenda.gov.br.] (NT)

25. No Brasil, os tributos sobre o lucro das empresas incluem o Imposto de Renda (IR) e a Contribuição Social sobre o Lucro Líquido (SLL). (NT)

26. A palavra *provisão* geralmente se refere, no padrão U.S. GAAP, a uma despesa; no IFRS, a um passivo. Ver **Glossário** (disponível na página do livro, no site da Editora em www.cengage.com.br).

Em um período subsequente, a Thames gasta € 4,8 milhões com reparos sob garantia. Nesse momento, ela faria os seguintes lançamentos no livro diário:

Provisão para Garantia..	4,8	
Caixa (ou outros ativos consumidos nos reparos)		4,8
Para registrar reparos feitos. A empresa não reconhece despesa quando presta serviços de garantia porque reconhece a despesa no momento da venda.		

Dispêndios para atender às reclamações de garantia não afetam o lucro líquido. O efeito no lucro líquido ocorre no período da venda, quando a Thames reconhece uma despesa igual aos dispêndios *esperados* para atender às reclamações de garantia originadas dos produtos vendidos naquele período. Com a experiência, a empresa ajustará a Despesa de Garantia para manter o Passivo de Garantia (ou Provisão de Garantia conforme IFRS) na data de cada balanço patrimonial com um saldo credor que razoavelmente estime o custo dos reparos que ela fará pelas garantias dadas até essa data.

A contabilização de garantias se assemelha ao método da provisão para contas incobráveis discutido no **Capítulo 8**, o qual, por isso, também é chamado de "método da provisão para garantias". Conforme o **método da provisão para garantias**, o lucro do período atual reflete uma estimativa do custo dos futuros dispêndios com garantias de produtos vendidos durante o período atual. A empresa revê essa estimativa ao longo do tempo, de modo que o seu balanço patrimonial contenha uma obrigação de garantia cujo valor seja uma estimativa razoável do custo em que ela incorrerá para cumprir as obrigações remanescentes de garantia. A empresa trata qualquer reversão dos encargos prévios de garantia como mudança de estimativa contábil, o que aumenta o lucro líquido imediatamente.

Quando o período de garantia é de um ano ou menos, a provisão para garantia é um passivo circulante. Quando a provisão para garantia excede um ano, a empresa registra tanto a porção circulante do passivo como a porção não circulante. Empresas que adotam IFRS classificam ambos os valores como Provisões no balanço patrimonial. O padrão U.S. GAAP não provê uma terminologia comum para passivos de garantia. Frequentemente, as empresas os agregam em Outros Passivos.

PROBLEMA 9.4 — PARA APRENDIZAGEM

Provisão para garantias. No ano findo em 31 de dezembro de 2013, a SwedeTrucks relatou as seguintes informações sobre seu passivo de Obrigações de Produtos (valores em milhões de euros). Para este exercício, ignore as diferenças de taxas de câmbio. A Swede Trucks usa a terminologia do padrão IFRS, na qual *Provisão* significa passivo.

	Obrigações de Produtos
2013	
1º de janeiro	1.028
Provisões durante o ano	1.339
Provisões utilizadas durante o ano	– 1.056
Provisões revertidas durante o ano	– 230
Diferenças de taxa de câmbio	– 24
31 de dezembro	**1.057**

a. Que valor a SwedeTrucks informou para Obrigações de Produto no seu balanço patrimonial no fim de 2013?
b. Que lançamento no livro diário a SwedeTrucks fez para registrar despesas de garantia em 2013? Que efeito teve esse lançamento no lucro líquido da SwedeTrucks em 2013?
c. Que lançamento fez a SwedeTrucks em 2013 das despesas reais para cumprir suas obrigações de garantia? Que efeito teve esse lançamento no lucro líquido da SwedeTruck em 2013?
d. Em 2013, que lançamento no livro diário fez a SwedeTruck para reverter encargos de garantia anteriormente reconhecidos? Que efeito teve esse lançamento no lucro líquido da SwedeTruck em 2013?

Provisão para reestruturação

Periodicamente, uma empresa pode decidir reestruturar em todo ou em parte suas operações. Uma **reestruturação** envolve mudanças substanciais no escopo ou na condução do negócio. Exemplos de atividades de reestruturação incluem venda ou fechamento de divisões ou fábricas, combinação de escritórios, mudar as operações de um lugar para outro, despedir empregados, cancelar aluguéis e vender ativos. As empresas reestruturam suas operações porque acreditam que a firma reestruturada operará com maior eficiência e lucratividade.

Tanto U.S. GAAP como IFRS requerem que as empresas estimem os custos de um esforço de reestruturação e registrem essa estimativa como uma despesa, associada a um **passivo de reestruturação** (terminologia do U.S. GAAP) ou à **provisão para reestruturação** (terminologia do IFRS)[27]. Se os esforços de reestruturação se prolongarem por mais de um ano, o balanço patrimonial da empresa apresentará passivos ou provisões circulantes e não circulantes da reestruturação. Os padrões U.S. GAAP e IFRS diferem a respeito do momento do reconhecimento. Sob U.S. GAAP, as empresas reconhecem encargos de reestruturação apenas sob as seguintes condições:

1. A administração se comprometeu com o plano de reestruturação.
2. Os custos de reestruturação atendem à definição de passivo – uma obrigação presente que a empresa tem pouca ou nenhuma discrição de evitar.

Sob IFRS, as empresas reconhecem custos de reestruturação quando se comprometem e aprovam um plano de reestruturação que a administração controlará. O compromisso requer que a administração tenha estimado o tempo e os custos das ações que ela identificou e tenha notificado os empregados que serão demitidos com o plano. O IFRS não requer que os custos de reestruturação atendam à definição de passivo; por isso, as empresas reconhecem custos de reestruturação antes, conforme o IFRS.

Tanto sob U.S. GAAP como sob IFRS a contabilização dos encargos de reestruturação é similar à contabilização de dispêndios de garantia utilizando o método da provisão. Para ilustrar os lançamentos no livro diário, considere as demonstrações financeiras da Swede Trucks em 2013, que mostram uma Provisão (Passivo) de Reestruturação de € 38 milhões em 31 de dezembro de 2013. A Swede Trucks usa a terminologia do IFRS na qual *Provisão* significa passivo; as demonstrações financeiras mostram o seguinte (em milhões de euros):

2013	
1º de janeiro	€ 45
Provisões durante o ano	14
Provisões usadas durante o ano	–18
Provisões revertidas durante o ano	–2
Diferenças de taxas de câmbio	–1
31 de dezembro	**€ 38**

O saldo inicial da conta Provisão para Reestruturação (um passivo) era de € 45 milhões. Em 2013, a Swede Trucks reconheceu encargos de reestruturação de € 14 milhões (descritos como "Provisões durante o ano") e fez o seguinte lançamento no diário:

Despesa de Reestruturação	14	
Provisão para Reestruturação		14
Para registrar encargos de reestruturação no ano.		

A Swede Trucks também informa que, em 2013, teve gastos de € 18 milhões para esforços de reestruturação (descritos como "Provisões usadas durante o ano"):

Provisão para Reestruturação	18	
Caixa (ou outros ativos consumidos na reestruturação)		18
Para registrar dispêndios de reestruturação.		

---

27. FASB, **Codification Topic 420**; IASB, *International Accounting Standard 37*, "Provisions, Contingent Assets and Contingent Liabilities", 1998.

Por fim, ignorando o efeito das variações das taxas de câmbio, a Swede Trucks também informa que, em 2013, reverteu € 2 milhões de encargos de reestruturação antes registrados (descritos como "Provisões revertidas durante o ano").

Provisão de Reestruturação	2
Despesas de Reestruturação	2
Para reverter encargos de reestruturação antes registrados.	

PROBLEMA 9.5 — PARA APRENDIZAGEM

Lançamentos no livro diário de transações envolvendo passivos circulantes. Prepare lançamentos no livro diário de cada uma das seguintes transações da Ashton S.A. no ano findo em 31 de dezembro de 2008. A Ashton adota IFRS na preparação dos relatórios financeiros.

a. 2 de janeiro: A empresa toma emprestado o valor de € 10.000 contra uma nota promissória de 90 dias a juros de 9% ao ano do First National Bank.

b. 3 de janeiro: A empresa adquire de fornecedores, a prazo, mercadorias que custam € 8.000.

c. 10 de janeiro: A empresa recebe € 1.500 de um cliente como depósito para uma mercadoria que a Ashton espera entregar em fevereiro.

d. Mês de janeiro: A empresa vende mercadorias custando € 6.000 a clientes pelo valor de € 12.000, a prazo.

e. Mês de janeiro: A empresa paga a fornecedores € 8.000 do valor devido por compras de mercadorias a prazo e recebe € 7.000 de valores devidos pelos clientes.

f. 31 de janeiro: Os produtos vendidos em janeiro incluem dois anos de garantia. A Ashton S.A. estima que as reclamações das garantias serão de 8% das vendas. Nenhum cliente fez reclamação em janeiro.

g. 31 de janeiro: Os funcionários ganharam salários de € 4.000 no mês de janeiro. A empresa retém os seguintes itens dos valores pagos: 20% de imposto de renda, 10% de encargos sociais de aposentadoria e seguros (*welfare*) e € 200 de contribuições sindicais. Além disso, o empregador precisa pagar mais 10% de encargos sociais de aposentadoria e seguros e 3,5% de taxa de desemprego. Esses salários e encargos não foram pagos até o fim de janeiro.

h. 31 de janeiro: A empresa reconhece despesa de juros sobre o empréstimo bancário (ver transação **a**).

i. 31 de janeiro: A empresa registra, em janeiro, despesa de tributos sobre o lucro, mas não faz nenhum pagamento, à alíquota de 40% do lucro líquido.

j. 1º de fevereiro: A Ashton paga aos empregados os salários de janeiro, líquidos de retenções.

k. 10 de fevereiro: A empresa entrega mercadoria custando € 800 ao cliente conforme a transação em **c**, satisfazendo totalmente o pedido.

l. 15 de fevereiro: A empresa remete os encargos sobre folha e contribuições sindicais ao governo e aos sindicatos.

m. 20 de fevereiro: Um cliente que comprou mercadoria em janeiro devolve produtos para reparos sob garantia. Os reparos custam € 220 à empresa, que são pagos à vista.

n. 14 de março: A Ashton decide reestruturar suas operações e se compromete com um plano de reestruturação que foi aprovado e será controlado pela administração. A administração identificou e notificou os empregados que serão demitidos. Os custos estimados das atividades do plano de reestruturação são de € 50.000.

o. 20 de junho: A Ashton começa a fechar fábricas conforme o plano de reestruturação de março e incorre em pagamentos de € 20.000 em dinheiro. Nesse momento, ela percebe que sua estimativa dos custos totais de reestruturação é € 12.500 mais alta que o necessário.

RESUMO

Capital de giro é a diferença entre o ativo circulante e o passivo circulante de uma empresa. O ativo circulante inclui caixa, contas a receber (discutidas no **Capítulo 8**), títulos negociáveis (discutidos no **Capítulo 13**), adiantamentos e estoque. O passivo circulante inclui contas a pagar, notas promissórias de curto prazo a pagar, a porção circulante de empréstimos e financiamentos de longo prazo (discutida no **Capítulo 11**), adiantamentos de clientes (discutidos no **Capítulo 8**), certos passivos de curto prazo (como salários a pagar e tributos a pagar), a porção circulante dos tributos diferidos (discutidas no **Capítulo 12**), certas garantias de curto prazo e a porção das obrigações de reestruturação que a gestão espera quitar no próximo ano.

Das contas do capital de giro discutidas neste capítulo, o estoque é a mais complexa. A mensuração do estoque afeta a demonstração do resultado (por meio do custo das mercadorias vendidas e dos encargos de *impairment*) e o balanço patrimonial, que informa o valor contábil do estoque no fim do período. A soma do custo das mercadorias vendidas e do saldo do estoque final é igual à soma do saldo do estoque inicial mais compras ou outras aquisições do estoque durante o período. A soma dos valores alocados a despesas (custo das mercadorias vendidas) e estoque no ativo (saldo do estoque final), qualquer que seja a variação dessas parcelas, sempre chegará a determinado valor.

Sua subdivisão entre despesa e ativo resulta, em parte, das escolhas da empresa quanto aos pressupostos de fluxo de custo (PEPS, UEPS e média ponderada). Quando os preços estão subindo e as quantidades de estoque estão aumentando, o UEPS (último a entrar, primeiro a sair) resulta no maior custo das mercadorias vendidas e no menor valor contábil do estoque no balanço patrimonial. O PEPS (primeiro a entrar, último a sair) resulta em valores contábeis no balanço patrimonial que se aproximam dos custos atuais.

APÊNDICE 9.1: EFEITOS DO UEPS NAS DEMONSTRAÇÕES FINANCEIRAS

O UEPS em geral apresenta um valor de custos dos produtos vendidos que reflete os custos correntes. Se um contribuinte usa o UEPS em períodos de preços crescentes, o UEPS geralmente resulta na informação de lucro tributável mais baixo e, portanto, incorrerá em menor pagamento de impostos. As regras norte-americanas permitem o UEPS para fins tributários, mas poucas outras jurisdições aceitam isso. As empresas norte-americanas que usam o UEPS para fins tributários devem também usá-lo para fins das demonstrações financeiras; assim, elas informam lucro menor aos acionistas do que informariam se adotassem o PEPS (a regra de conformidade com o UEPS está descrita na nota de rodapé 16). A postergação dos tributos sobre o lucro aumenta o valor presente dos fluxos de caixa para as firmas que usam o UEPS, embora elas informem lucros menores aos acionistas.

Camadas de UEPS

Em qualquer período, quando as compras excedem as vendas, a quantidade de unidades no estoque cresce. A quantidade adicionada ao estoque nesse ano é chamada de **camada UEPS do estoque**. Por exemplo, se uma empresa adquire 100 celulares por ano e vende 98 por ano, por quatro anos, começando em 2009, o seu estoque no final do quarto ano contém oito unidades. O custo dessas unidades pelo UEPS é o custo dos telefones de número 1 e 2 (2009), 101 e 102 (2010), 201 e 202 (2011) e 301 e 302 (2012). A terminologia comum diria que essa empresa tem quatro camadas de UEPS, cada uma marcada com seu ano de aquisição. As unidades físicas disponíveis serão quase certamente as unidades recém-adquiridas em 2012, as unidades numeradas de 393 a 400, mas elas aparecerão no balanço patrimonial pelos custos incorridos nas compras em cada um dos quatro anos.

Gastando as camadas de UEPS

Uma empresa norte-americana que usa UEPS deve considerar as implicações de gastar as camadas de UEPS, o que também é chamado de **liquidação de UEPS**. O UEPS reduz os impostos atuais em períodos de preços de compra crescentes e quantidades crescentes de estoque. Se as quantidades de estoque diminuem, o efeito oposto ocorre no ano do declínio: custos antigos menores de camadas de UEPS de anos anteriores deixam o balanço patrimonial e se tornam despesas. Se uma empresa reduz as quantidades do estoque físico do fim do período para quantidades inferiores às do início do período, o custo das mercadorias vendidas refletirá as compras do período atual mais a porção dos custos mais antigos e mais baixos constante no estoque inicial. A empresa terá menor custo das mercadorias vendidas, implicando informação de lucro líquido maior e tributos maiores sobre o lucro nesse período do que se a empresa tivesse mantido o seu estoque final nos níveis do estoque inicial do período.

Para ilustrar, suponha que um estoque UEPS no início de 2012 consiste em 460 unidades a um custo total de $ 34.200, como na **Figura 9.8**. Considere que o custo no final de 2012 é de $ 120 por unidade e que a alíquota de imposto sobre o lucro é de 40%. Se o estoque final de 2012 cai para 100 unidades, todas as 360 unidades compradas em 2009, 2010 e 2011 entrarão em custo das mercadorias vendidas. Essas 360 unidades custaram $ 29.200 (= $ 6.600 + $ 9.600 + $ 13.000), mas o custo atual das unidades comparáveis é de $ 43.200 (= 360 unidades × $ 120 por unidade). O custo das mercadorias vendidas será $ 14.000 menor ($ 43.200 − $ 29.200) do que se as quantidades não tivessem diminuído, pois a empresa gastou as camadas de UEPS. O lucro sujeito aos tributos sobre o lucro será $ 14.000 maior e o lucro depois dos impostos será $ 8.400 maior (= [1 − 0,40] × $ 14.000) do que se as quantidades não tivessem diminuído de 460 para 100 unidades. O UEPS resulta em que as empresas tenham impostos diferidos (postergados) desde que não gastem as camadas de UEPS.

Balanço patrimonial UEPS

Em geral, o UEPS conduz a um valor de estoque no balanço patrimonial materialmente menor que o custo atual desse estoque. A SEC (U.S. Securities and Exchange Commission) tem se preocupado com que essa informação desatualizada possa confundir os usuários das demonstrações financeiras. Consequentemente, a SEC

Figura 9.8

Dados para Ilustração das Camadas de UEPS
(Estoque em 1º de janeiro de 2012)

	Camadas de UEPS		Custo	
Ano da Compra		Número de Unidades	Por Unidade	Custo Total
2005		100	50	$ 5.000
2006		110	60	6.600
2007		120	80	9.600
2008		130	100	13.000
		460		$ 34.200

requer que as empresas que estão nela registradas e usam UEPS evidenciem nas notas explicativas das demonstrações financeiras os valores pelos quais os estoques baseados em PEPS ou em custos correntes excedem os seus valores informados pelo UEPS. Alguns gestores se referem a esses valores excedentes do PEPS ou custo corrente sobre o UEPS como **reserva UEPS**. Outro termo, menos frequente, é "provisão de avaliação UEPS" (*LIFO valuation allowance*).

Conversão das informações das demonstrações financeiras de UEPS para PEPS

Usando evidenciações sobre o excedente de PEPS ou custo corrente de estoques sobre o UEPS, um analista pode calcular estoques e custo das mercadorias vendidas assumindo um fluxo de custo PEPS e, com isso, obter dados comparáveis entre uma empresa UEPS e sua concorrente PEPS. Para ilustrar a conversão, considere as informações divulgadas pela Super Soap Company (SSC) no ano findo em 31 de dezembro de 2012. A **Figura 9.9** mostra a demonstração do resultado, a **Figura 9.10** exibe a parte do ativo do balanço patrimonial e a **Figura 9.11** mostra extratos das evidenciações relativas aos estoques, que a SEC requer das firmas que usam UEPS.

As evidenciações da SSC revelam que ela usa o método PEPS para cerca de 80% do seu estoque e UEPS para o restante (20%). Quando uma empresa usa UEPS para informar sobre uma porção material do seu estoque, a prática comum nos Estados Unidos a descreve como empresa UEPS (*LIFO firm*), mesmo que ela, no caso da SSC, use o PEPS para a maior parte (80%) do seu estoque.

A **Figura 9.12** mostra a conversão de estoques e custo das mercadorias vendidas de UEPS para PEPS. Os valores da primeira coluna conforme UEPS aparecem no balanço patrimonial da SSC, e o custo das mercadorias vendidas vem da demonstração do resultado. Calculamos as compras usando a equação do estoque. Os valores evidenciados de excedente do PEPS sobre o UEPS permitem o cálculo do estoque inicial e final conforme o PEPS na terceira coluna. A SSC informa que, no fim de 2012, o excedente do custo PEPS sobre o custo UEPS era de $ 87,4 milhões ($ 46,9 milhões no fim de 2011). Isso significa que, se a SSC tivesse usado PEPS para medir todo o

Figura 9.9

Super Soap Company
Demonstração do Resultado Consolidada
para o Ano Findo em 31 de Dezembro de 2012

Vendas líquidas	$ 13.789,7
Custo das mercadorias vendidas	6.042,3
Lucro bruto	7.747,4
Despesas de vendas, gerais e administrativas	4.973,0
Outras despesas (receitas), líquidas	121,3
Lucro operacional	2.653,1
Despesa de juros, líquida	156,6
Lucro antes dos tributos sobre o lucro	2.496,5
Provisão para tributos sobre o lucro	759,1
Lucro líquido	1.737,4
Lucro por ação ordinária, básico	3,35
Lucro por ação ordinária, diluído	3,20

Com base nas demonstrações financeiras da Colgate Palmolive Company

Figura 9.10

Super Soap Company
Extrato do Balanço Patrimonial Consolidado

Em 31 de dezembro	2012	2011
Ativo		
Ativo Circulante		
Caixa e equivalentes de caixa	$ 428,7	$ 489,5
Recebíveis (líquidos de provisões de $ 50,6 e $ 46,4, respectivamente)	1.680,7	1.523,2
Estoques	1.171,0	1.008,4
Outros ativos circulantes	338,1	279,9
Total do ativo circulante	3.618,5	3.301,0
Imobilizado	3.015,2	2.696,1
Goodwill, líquido	2.272,0	2.081,8
Outros ativos intangíveis, líquidos	844,8	831,1
Outros ativos	361,5	228,0
Total do ativo	$ 10.112,0	$ 9.138,0

Figura 9.11

Super Soap Company
Extratos de Evidenciações sobre o Estoque

ESTOQUES

Os estoques são informados pelo menor valor entre custo e mercado. O custo aproximado de 80% dos estoques é mensurado usando o método primeiro a entrar, primeiro a sair (PEPS). O custo de todos os outros estoques, predominantemente nos Estados Unidos e no México, é medido pelo método último a entrar, primeiro a sair (UEPS).

16. INFORMAÇÃO SUPLEMENTAR DO BALANÇO PATRIMONIAL

Estoques	2012	2011
Matérias-primas e suprimentos	$ 258,2	$ 248,3
Produtos em processo	43,7	45,4
Produtos acabados	869,1	714,7
Total dos Estoques	$ 1.171,0	$ 1.008,4

Os estoques avaliados sob UEPS totalizaram $ 498,8 e $ 438,2 em 31 de dezembro de 2012 e 2011, respectivamente. O excedente do custo corrente sobre o custo UEPS no fim de cada ano foi de $ 87,4 e $ 46,9, respectivamente. As liquidações de quantidades do estoque UEPS não tiveram efeito no lucro de 2012, 2011 nem 2010.

estoque, este seria $ 87,4 milhões maior que o informado no fim de 2012 e $ 46,9 milhões maior que o informado no início de 2012. As compras são as mesmas sob UEPS e sob PEPS. Utilizando a equação do estoque, calculamos o custo das mercadorias vendidas sob PEPS como sendo $ 6.041,8 milhões, comparado com $ 6.042,3 milhões sob UEPS. O lucro bruto sob UEPS é de $ 7.747,4 milhões, comparado com $ 7.787,9 sob PEPS. O lucro maior sob PEPS sugere que o estoque cresceu durante o ano.

Podemos agora calcular os índices de giro do estoque sob UEPS e PEPS:

UEPS: $ 6.042,3/[0,5 × ($ 1.008,4 + $ 1.171,0)] = 5,5 vezes por ano
PEPS: $ 6.001,8/[0,5 × ($ 1.055,3 + $ 1.258,4)] = 5,2 vezes por ano

O índice de giro do estoque sob UEPS é enganoso porque ele usa custos relativamente correntes no numerador e os custos antigos das camadas UEPS no denominador. O giro do estoque sob PEPS é mais preciso, pois usa dados de custos relativamente correntes tanto no numerador como no denominador.

Também o índice de liquidez corrente (= ativo circulante/passivo circulante) é uma medida de liquidez de curto prazo. Se uma empresa usa UEPS em períodos de preços em elevação enquanto as quantidades do estoque aumentam, o valor do estoque incluído no numerador do índice será menor que se a empresa medisse o estoque a

Figura 9.12

Super Soap Company
Derivação do Lucro PEPS a Partir das Demonstrações Financeiras e Notas Explicativas
(todos os valores em milhões de dólares)

(Os valores em negrito aparecem nas demonstrações financeiras da SSC. Derivamos outros valores como indicado.)

	UEPS (de fato usado)	+	Excedente de valor PEPS sobre UEPS	=	PEPS (hipotético)
Estoque Inicial	**1.008,4**		46,9		1.055,3
Compras	6.204,9ª		0,0		6.204,9
Custo das Mercadorias Disponíveis para Venda	7.213,3		46,9		7.260,2
Menos Estoque Final	**1.171,0**		87,4		1.258,4
Custo das Mercadorias Vendidas	**6.042,3**		(40,5)		6.001,8
Vendas	**13.789,7**		0,0		**13.789,7**
Menos Custo das Mercadorias Vendidas	**6.042,3**		(40,5)		6.001,8
Lucro Bruto sobre Vendas	7.747,4		40,5		7.787,9

ª Cálculo de Compras, não apresentadas nas demonstrações financeiras:

Compras	=	Custos das Mercadorias Vendidas	+	Estoque Final	−	Estoque Inicial
6.204,9	=	6.042,3	+	1.171,0	−	1.008,4

© Cengage Learning 2014

custos mais correntes usando PEPS. Assim, o usuário menos preparado poderá subestimar a liquidez da empresa que adota o pressuposto de fluxo de custo UEPS.

A escolha UEPS-PEPS

As empresas norte-americanas enfrentam a escolha entre UEPS e PEPS porque as autoridades tributárias norte-americanas permitem o UEPS para fins tributários. (Lembre que o padrão IFRS proíbe o UEPS para informação financeira.) Para as empresas norte-americanas, a decisão sobre qual pressuposto de custo usar dependerá de diversos fatores:

1. **A extensão de variações nos custos de manufatura e de aquisição:** se tais custos não mudam significativamente, os três pressupostos de fluxo de custo proporcionam valores similares de estoque e de custo dos produtos vendidos.
2. **A taxa de giro do estoque:** quanto mais rápida a taxa de giro do estoque, menores as diferenças no estoque e no custo das mercadorias vendidas entre os três pressupostos de fluxo de custo.
3. **A direção das variações esperadas nos custos:** o PEPS resulta em maior lucro líquido e maiores tributos sobre o lucro quando os custos totais aumentam, e em menor lucro e impostos quando os custos diminuem.
4. **A ênfase relativa em informar maiores ganhos para os acionistas** *versus* **economizar impostos sobre o lucro:** é uma questão restrita aos Estados Unidos.
5. **Os custos contábeis crescentes do UEPS (por exemplo, manter o rastreio das camadas de UEPS para todos os produtos da empresa) e sua inconsistência com o fluxo físico normal dos estoques:** questão restrita aos Estados Unidos.
6. **O requisito de que as empresas precisem usar o UEPS para fins de demonstração financeira se elas usam o UEPS para fins fiscais:** idem.

Nos últimos anos, mais da metade das empresas norte-americanas tem adotado o PEPS para uma boa porção dos seus estoques e mais de um quarto usa o UEPS para uma porção significativa. Menos de um terço das empresas usa a média ponderada ou identificação específica. Setores com muitas empresas usando o UEPS incluem o setor químico e fábricas de equipamento industrial e agrícola. As empresas de varejo também usam o UEPS extensamente. Setores com a menor proporção de empresas que usam UEPS incluem empresas de tecnologia, que experimentam decréscimo em custos de produção, como computadores e outros equipamentos eletrônicos. A maioria das autoridades tributárias de outros países não aceita o UEPS para fins tributários, de modo que a maioria das empresas que usam o UEPS para os estoques norte-americanos utiliza o PEPS para seus estoques em outros países.

PROBLEMA 9.6 PARA APRENDIZAGEM

Avaliando o impacto da liquidação de uma camada de UEPS. Consulte os dados do **Problema 9.2**. Em agosto, a empresa comprou 600 unidades por $ 15 cada uma e vendeu 725 unidades.

a. Calcule o custo das mercadorias vendidas e o estoque final em agosto usando (1) PEPS, (2) UEPS e (3) média ponderada.
b. Calcule o efeito da liquidação UEPS no lucro líquido antes dos impostos no período.

SOLUÇÕES DOS PROBLEMAS PARA APRENDIZAGEM

Solução sugerida para o problema 9.1
(Haskell; fluxo de custos de manufatura pelas contas.)

a.	Estoque Inicial de Matérias-primas	42.400
	Aquisição de Matérias-primas	60.700
	Matérias-primas Disponíveis para Uso	103.100
	Menos: Estoque Final de Matérias-primas	(46.900)
	Custo das Matérias-primas Usadas	56.200
b.	Estoque Inicial de Produtos em Processo	75.800
	Custo das Matérias-primas Usadas (do item a)	56.200
	Custos Incorridos de Mão de Obra Direta	137.900
	Custos de Energia	1.260
	Encargos de Aluguel dos Equipamentos da Fábrica	1.800
	Encargos de Aluguel do Edifício da Fábrica	4.100
	Custos de Consumo de Adiantamento de Seguro	1.440
	Total de Estoque Inicial de Produtos em Processo e Custos Incorridos de Manufatura	278.500
	Menos: Estoque Final de Produtos em Processo	(63.200)
	Custo dos Produtos Concluídos e Transferidos para o Depósito de Produtos Acabados	215.300
c.	Estoque Inicial de Produtos Acabados	44.200
	Custo dos Produtos Concluídos e Transferidos para o Depósito de Produtos Acabados (do item b)	215.300
	Menos: Estoque Final de Produtos Acabados	(46.300)
	Custo dos Produtos Vendidos	213.200

O lucro antes dos impostos é £ 61.800 (= £ 400.000 − £ 213.200 − £ 125.000)

Solução sugerida para o problema 9.2
(Calculando o custo das mercadorias vendidas e do estoque final sob vários pressupostos de fluxo de custo.)

a. Ver **Figura 9.13**.
b. Ver **Figura 9.14**.

Solução sugerida para o problema 9.3
(Efeito de pressupostos de fluxo de custo nos índices financeiros.)

a. Índice de Liquidez Corrente

	PEPS	UEPS	Média Ponderada
30 de junho			
($ 1.650 + $ 1.305)/$ 2.290	1,29		
($ 1.650 + $ 1.055)/$ 2.290		1,18	
($ 1.650 + $ 1.164)/$ 2.290			1,23
31 de julho			
($ 3.480 + $ 3.290)/$ 4.820	1,40		
($ 3.480 + $ 2.745)/$ 4.820		1,29	
($ 3.480 + $ 3.096)/$ 4.820			1,36

Figura 9.13
Solução sugerida para o Problema 9.2, Parte a

	Unidades	Custo Unitário	Custo Total PEPS	Custo Total UEPS	Custo Total Média Ponderada
Estoque Inicial............................	–	–	–	–	–
Compras, 1º de junho..................	100	$ 10,00	$ 1.000	$ 1.000	$ 1.000
Compras, 7 de junho....................	400	11,00	4.400	4.400	4.400
Compras, 18 de junho..................	100	12,50	1.250	1.250	1.250
Total das Mercadorias Disponíveis para Venda...	600		6.650	6.650	6.650
Retiradas em Junho......................	(495)		(5.345)[a]	(5.595)[c]	(5.486)[e]
Estoque Final	105		$ 1.305[b]	$ 1.055[d]	$ 1.164[f]

[a] $(100 \times \$ 10,00) + (395 \times \$ 11,00) = \$ 5.345$.
[b] $(100 \times \$ 12,50) + (5 \times \$ 11,00) = \$ 1.305$.
[c] $(100 \times \$ 12,50) + (395 \times \$ 11,00) = \$ 5.595$.
[d] $(100 \times \$ 10,00) + (5 \times \$ 11,00) = \$ 1.055$.
[e] $495 \times (\$ 6.650/600) = \$ 5.486$.
[f] $105 \times (\$ 6.650/600) = \$ 1.164$.

Figura 9.14
Solução sugerida para o Problema 9.2, Parte b

	Unidades	Custo Unitário	Custo Total PEPS	Custo Total UEPS	Custo Total Média Ponderada
Estoque Inicial, 1º de julho............	105	Ver **Figura 9.13**	$ 1.305	$ 1.055	$ 1.164
Compras, 5 de julho......................	300	13,00	3.900	3.900	3.900
Compras, 15 de julho....................	200	13,50	2.700	2.700	2.700
Compras, 23 de julho....................	250	14,00	3.500	3.500	3.500
Total das Mercadorias Disponíveis para Venda...	855		11.405	11.155	11.264
Retiradas em Julho.......................	(620)		(8.115)[a]	(8.410)[c]	(8.168)[e]
Estoque Final	235		$ 3.290[b]	$ 2.745[d]	$ 3.096[f]

[a] $\$ 1.305 + (300 \times \$ 13,00) + (200 \times \$ 13,50) + (15 \times \$ 14,00) = \$ 8.115$.
[b] $(235 \times \$ 14,00) = \$ 3.290$.
[c] $(250 \times \$ 14,00) + (200 \times \$ 13,50) + (170 \times \$ 13,00) = \$ 8.410$.
[d] $\$ 1.055 + (130 \times \$ 13,00) = \$ 2.745$.
[e] $620 \times (\$ 11.264/855) = \$ 8.168$.
[f] $235 \times (\$ 11.264/855) = \$ 3.096$.

b. Índice de Giro do Estoque

Julho	PEPS	UEPS	Média Ponderada
$ 8.115/0,5($ 1.305 + $ 3.290).................................	3,53		
$ 8.410/0,5($ 1.055 + $ 2.745).................................		4,43	
$ 8.168/0,5($ 1.164 + $ 3.096).................................			3,83

Solução sugerida para o problema 9.4

(Swede Trucks: provisão para garantias)

a. O balanço patrimonial da Swede Trucks no ano findo em 31 de dezembro de 2013 mostra um saldo final de Obrigações de Produtos de € 1.057 milhão.

b. Lançamento no livro diário feito para registrar despesa em 2013 (descrita como "Provisões durante o ano"):

Despesas com Garantia	1.339	
Provisão para Garantia		1.339
Este lançamento reduziu o lucro de 2013 da SwedeTrucks em € 1.339 milhão.		

c. Lançamento feito em 2013 por dispêndios reais sob garantia (descrito como "Provisões usadas durante o ano"):

Provisão para Garantia	1.056	
Caixa (ou outro ativo consumido nos reparos)		1.056
Este lançamento não teve efeito no lucro de 2013 da SwedeTrucks.		

d. Lançamento feito para reverter despesas com garantia anteriormente reconhecidas (descrito como "Provisões revertidas durante o ano").

Provisão para Garantia	230	
Despesas com Garantia		230
Este lançamento aumentou o lucro de 2013 da SwedeTrucks em € 230 milhões.		

Solução sugerida para o problema 9.5

(Ashton S.A.; lançamentos de transações envolvendo passivos circulantes)

a.	*2 de janeiro*		
	Caixa	10.000	
	Empréstimos a Pagar		10.000
	Para registrar um empréstimo bancário de 90 dias a 9% ao ano.		
b.	*3 de janeiro*		
	Estoque de Mercadoria	8.000	
	Fornecedores		8.000
	Para registrar compras de mercadoria a prazo.		
c.	*10 de janeiro*		
	Caixa	1.500	
	Adiantamento de Clientes		1.500
	Para registrar o adiantamento de um cliente por mercadoria a ser entregue em fevereiro.		
d.	*Mês de janeiro*		
	Contas a Receber	12.000	
	Receita de Vendas		12.000
	Para registrar vendas a prazo em janeiro.		
	Custo das Mercadorias Vendidas	6.000	
	Estoque de Mercadoria		6.000
	Para registrar o custo das mercadorias vendidas.		
e.	*Mês de janeiro*		
	Fornecedores	8.000	
	Caixa		8.000
	Para registrar pagamentos a fornecedores por compras a prazo.		

(continua)

	Caixa	7.000	
	Contas a Receber		7.000
	Para registrar recebimentos de clientes por vendas a prazo.		

f. *31 de janeiro*

	Despesa com Garantia	960	
	Provisão para Garantia		960
	Para registrar custo estimado de garantia por produtos vendidos em janeiro; 0,08 × $ 12.000 = € 960.		

g. *31 de janeiro*

Despesa de Salários		4.000	
Retenção de Encargos a Pagar			800
Contribuições de Pensão e Seguridade Social a Pagar			400
Contribuições Sindicais a Pagar			200
Salários a Pagar			2.600
Para registrar salários de janeiro, líquidos de encargos e contribuições.			
Despesa de Salários		540	
Contribuições de Pensão e Seguridade Social a Pagar			400
Taxas de Desemprego a Pagar			140
Para registrar participação do empregador em encargos de folha.			

h. *31 de janeiro*

	Despesa de Juros	75	
	Juros a Pagar		75
	Para registrar despesa de juros sobre empréstimos a pagar em janeiro; $ 10.000 × 0,09 × 30/360 = € 75.		

i. *31 de janeiro*

	Despesa de Tributos sobre o Lucro	170	
	Tributos sobre o Lucro a Pagar		170
	Para reconhecer tributos sobre o lucro a pagar em janeiro: 0,40 × (12.000 – € 6.000 – € 960 – € 4.000 – € 540 – € 75) = € 170.		

j. *1º de fevereiro*

	Salários a Pagar	2.600	
	Caixa		2.600
	Para pagar aos empregados salários de janeiro, líquidos de retenções.		

k. *10 de fevereiro*

	Adiantamento de Clientes	1.500	
	Receita de Vendas		1.500
	Para registrar a entrega de mercadorias ao cliente, resultando em receita sendo reconhecida.		
	Custo das Mercadorias Vendidas	800	
	Estoque de Mercadorias		800
	Para registrar o custo das mercadorias vendidas.		

(*continua*)

l.	*15 de fevereiro*	
	Retenção de Encargos a Pagar	800
	Contribuições de Pensão e Seguridade Social a Pagar	800
	Taxas de Desemprego a Pagar	140
	Contribuições Sindicais a Pagar	200
	Caixa	1.940
	Para registrar pagamento de encargos e contribuições sindicais sobre a folha.	
m.	*20 de fevereiro*	
	Provisão para Garantia	200
	Caixa	200
	Para registrar o custo de reparos sob garantia de produtos vendidos em janeiro.	
n.	*14 de março*	
	Despesa de Reestruturação	50.000
	Provisão para Reestruturação	50.000
	Para registrar despesa de reestruturação.	
o.	*20 de junho*	
	Provisão para Reestruturação	20.000
	Caixa	20.000
	Para registrar pagamentos pelo fechamento de fábricas conforme plano de reestruturação.	
	Provisão para Reestruturação	12.500
	Despesa de Reestruturação	12.500
	Para reverter despesas de reestruturação excedentes.	

Solução sugerida para o problema 9.6

(Avaliando o impacto de uma liquidação de camada de UEPS.)

a. Ver **Figura 9.15**.
b. $125 \times (\$15 - \$13) = \$250$.

Figura 9.15

Sugestão Sugerida para o Problema 9.6, Parte a.

	Unidades	Custo Unitário	Custo Total		
			PEPS	UEPS	Média Ponderada
Estoque Inicial	235	Ver **Figura 9.14**	$ 3.290	$ 2.745	$ 3.096
Compras em Agosto	600	$ 15	9.000	9.000	9.000
Total das Mercadorias Disponíveis para Venda	835		12.290	11.745	12.096
Retiradas em Agosto	(725)		(10.640)[a]	(10.625)[c]	(10.503)[e]
Estoque Final	110		$ 1.650[b]	$ 1.120[d]	$ 1.593[f]

[a] $\$3.290 + (490 \times \$15) = \$10.640$.
[b] $(110 \times \$15) = \$1.650$.
[c] $(600 \times \$15) + (125 \times \$13) = \$10.625$.
[d] $\$1.055 + (5 \times \$13) = \$1.120$.
[e] $(\$12.096/835) \times 725 = \$10.503$.
[f] $(\$12.096/835) \times 110 = \$1.593$.

PRINCIPAIS TERMOS E CONCEITOS

Adiantamentos, adiantamento de ativos
Ativos financeiros, passivos financeiros
Ativos operacionais, passivos operacionais
Caixa
Camada UEPS do estoque
Capital de giro
Ciclo de caixa, ciclo de lucro, ciclo financeiro
Custo de reposição
Custo dos produtos vendidos
Custos do produto
Custos indiretos de fabricação
Despesas de período
Empresa comercial
Empresa manufatureira
Equivalentes de caixa
Estoque
Estoque de matérias-primas
Estoque de produtos acabados
Estoque de produtos em processo, Estoque de trabalho em progresso
Fornecedores, Contas a pagar
Garantia
Identificação específica
Índice de giro do estoque
Índice de liquidez corrente, índice do capital de giro
Liquidação de UEPS
Liquidez
Mão de obra direta
Materiais diretos, matérias-primas
Média ponderada
Menor valor entre custo e mercado
Método da provisão para garantias
Notas promissórias a pagar
Porcentagem do custo dos produtos vendidos
Pressuposto de fluxo de custo
Primeiro a entrar, primeiro a sair (PEPS)
Provisão para garantia, passivo de garantia
Provisão para reestruturação, passivo de reestruturação
Reestruturação
Remunerações e salários a pagar
Reserva UEPS
Tributos a pagar, Imposto de renda a pagar
Último a entrar, primeiro a sair (UEPS)

QUESTÕES, EXERCÍCIOS E PROBLEMAS

Questões

1. Reveja o significado dos termos e conceitos listados em **Principais Termos e Conceitos.**
2. Que características dos adiantamentos qualificam-se como ativos? Qual é a contabilização de adiantamentos?
3. Identifique o princípio subjacente que guia a mensuração do custo de aquisição de estoques. Qual a lógica desse princípio contábil?
4. As empresas podem tratar a depreciação de equipamentos como custo de produto ou como despesa de período, dependendo do tipo de equipamento. Explique.
5. Compare e diferencie a conta Estoque de Mercadorias de uma empresa comercial e a conta Estoque de Produtos Acabados de uma empresa manufatureira.
6. "Os cálculos de estoques requerem os pressupostos de fluxo de custo somente porque a identificação específica de itens é custosa. A identificação específica é teoricamente superior a qualquer pressuposto de fluxo de custo e elimina a possibilidade de manipulação do lucro existente em alguns pressupostos de fluxo de custo." Comente.
7. Suponha que não houve variação nas quantidades físicas no período. Durante um período de preços em elevação, qual dos pressupostos de fluxo de custo, PEPS ou UEPS, resultará no maior valor contábil do estoque final no balanço patrimonial? Qual dos pressupostos de fluxo de custo resultará no maior custo das mercadorias vendidas? Qual resultará no menor custo das mercadorias vendidas?
8. "As empresas deveriam obter o máximo possível de financiamentos dos fornecedores, mediante contas a pagar, porque essa é uma fonte gratuita de recursos." Você concorda? Por quê?
9. A Francis W. Parker School, uma escola particular de ensino fundamental, tem seu exercício findo em 30 de junho. Ela contrata professores por períodos de dez meses, de setembro a junho do ano seguinte, e programa o pagamento dos professores em 12 prestações, de setembro de um ano até agosto do próximo ano. Suponha que,

no presente ano acadêmico, a escola pague $ 3.600.000. Como ela deveria contabilizar esse valor nas demonstrações financeiras em 30 de junho, o final do seu ano escolar?

10. Um renomado contador observou, certa ocasião, que o número ideal de televisores defeituosos a serem vendidos pela Sony é "não zero", mesmo que ela prometa reparar todos os televisores que quebrem, por qualquer razão, dentro de dois anos da venda. Por que o número ideal pode ser "não zero"?

11. Descreva as semelhanças e diferenças entre o método da provisão para créditos de liquidação duvidosa (ver **Capítulo 8**) e o método da provisão para garantias.

12. O que significa para uma empresa reverter uma porção de um encargo anteriormente reconhecido, como a despesa que gera uma provisão para garantia ou uma provisão para reestruturação? Qual o efeito de uma reversão na demonstração do resultado, no balanço patrimonial e na demonstração dos fluxos de caixa no período da reversão?

Exercícios

13. **Contabilizando adiantamentos.** Um distribuidor de alimentos da Bélgica informou saldos finais de Adiantamentos de € 30,7 milhões, € 25,8 milhões e € 42,1 milhões para os anos findos em 31 de dezembro de 2012, 2011 e 2010, respectivamente. Suponha que Adiantamentos dizem respeito a prêmios de seguros sobre o armazém e mercadorias. Em cada um dos três anos, a empresa pagou prêmios de € 50 milhões. A empresa usa IFRS e informa seus resultados em milhões de euros (€).
    a. Que lançamentos no livro diário o distribuidor de alimentos fez em cada um dos três anos para reconhecer adiantamentos?
    b. Que lançamentos no livro diário a empresa fez em 2011 e 2012 para reconhecer o seguro de seu armazém e estoque?

14. **Contabilizando adiantamentos.** A Liquid Crystal Display Corporation (LCD), uma multinacional coreana, informou um saldo final de Adiantamentos de KRW 345.609 milhões no exercício findo em 31 de dezembro de 2012. Em 31 de dezembro de 2011, o saldo final dessa conta era de KRW 260.324 milhões. Suponha que, no início de 2012, o saldo de Adiantamentos consistia em três meses de aluguel adiantado dos galpões da fábrica; no fim de três meses, a LCD adiantou um ano de aluguel. A empresa segue os princípios contábeis geralmente aceitos na Coreia e informa seus resultados em milhões de won coreanos (KRW). Para fins deste problema, assuma que a LCD usa U.S. GAAP ou IFRS (a escolha é indiferente).
    a. Que lançamento no livro diário fez a LCD em cada um dos três meses, janeiro-março de 2012, associado a esse aluguel adiantado?
    b. Que lançamento no livro diário fez a LCD no fim de março de 2012 para refletir o seu adiantamento de um ano de aluguel?
    c. Que lançamento no livro diário fez a LCD em cada um dos meses, abril-dezembro de 2012, associado a esse aluguel adiantado?

15. **Identificando inclusões de custo no estoque.** A Ringgold Winery é uma grande vinícola norte-americana. Em 2012, ela despendeu $ 2,2 milhões (inclusive custos de transporte de $ 200.000) para adquirir uvas. A empresa incorreu em custos de processamento de $ 50.000 em materiais (como barris, garrafas e rolhas), $ 145.000 em trabalho, $ 100.000 em custos de máquinas e $ 250.000 em custos com água, energia e telefone. Nos dois ou três anos de período de amadurecimento, a Ringgold Winery incorreu em custos adicionais de armazenagem ($ 600.000), seguro ($ 120.000), trabalho indireto ($ 180.000) e imposto predial ($ 28.000), um custo de produto. A vinícola gastou também $ 400.000 com pesquisa e desenvolvimento e $ 200.000 com propaganda nesse período. Identifique os custos que a Ringgold deveria incluir na sua conta Estoque de Vinho, independentemente de quando ela venda o vinho.

16. **Identificando inclusões de custo no estoque.** A Trembly Department Store começou a operar em 1º de janeiro de 2012. Ela realizou as transações a seguir em janeiro. Identifique o valor que a empresa deveria incluir no custo do estoque de mercadoria.
    a. Compras de mercadoria a prazo em janeiro num total de $ 300.000.
    b. O custo do frete para transportar a mercadoria até o armazém da Trembly foi de $ 13.800.
    c. O salário do gerente de compras foi de $ 3.000.
    d. Depreciação, impostos e gastos com água, luz e telefone para o armazém totalizaram $ 27.300.
    e. O salário do gerente do armazém foi de $ 2.200.

f. O custo da mercadoria que a Trembly comprou no item **a** e devolveu ao fornecedor totalizou $ 18.500.

g. Descontos em dinheiro obtidos pela Trembly em compras a prazo, conforme **a**, totalizaram $ 4.900.

17. **Efeito da avaliação do estoque no balanço patrimonial e no lucro líquido.** A ResellFast adquire imóveis residenciais e comerciais para revenda. Seu final de exercício é em 31 de dezembro, e ela prepara suas demonstrações financeiras trimestralmente. Em 5 de fevereiro de 2012, a ResellFast adquiriu um *shopping* ao ar livre em Miami, Florida, com espaço para 15 lojas, por $ 20 milhões. Em 12 de abril de 2012, uma tempestade provocou uma enchente em parte do imóvel, reduzindo o valor justo do *shopping* para $ 16,5 milhões. Em 14 de agosto de 2012, uma grande varejista anunciou planos de abrir uma nova loja adjacente ao *shopping* ao ar livre; esse anúncio, combinado aos reparos da ResellFast, atraiu diversas varejistas menores buscando espaço no *shopping* ao ar livre. Em 30 de setembro de 2012, o valor justo do *shopping* ao ar livre aumentou para $ 26 milhões. Em 8 de novembro de 2012, a ResellFast o vendeu por $ 27,5 milhões. Calcule o valor contábil do shopping ao ar livre no balanço da ResellFast e o efeito relativo na sua demonstração do resultado em cada trimestre de 2012. A ResellFast adota o padrão U.S. GAAP.

18. **Lançamentos de estoque e de contas a pagar.** A Target Corporation, uma varejista norte-americana, segue o padrão U.S. GAAP e divulga seus resultados em milhões de dólares ($). Seu balanço patrimonial no fim do ano e começo do ano tem as seguintes informações:

	(Milhões de $)	
	Fim do Ano	Começo do Ano
Estoque de Mercadoria	6.780	6.254
Fornecedores	6.721	6.575

A demonstração do resultado informa Custos das Mercadorias Vendidas de $ 41.895 milhões no ano. Considere que Fornecedores se referem apenas ao estoque.

a. Quanto estoque de mercadoria a Target comprou durante o ano?

b. Que lançamento a Target fez em relação ao item **a**? Suponha que a Target fez todas as compras a prazo.

c. Que lançamento a varejista fez no ano para registrar seus pagamentos aos fornecedores?

19. **Lançamentos de estoque e de contas a pagar.** A Tesco é a maior cadeia de lojas de alimentos da Inglaterra. Ela aplica IFRS e divulga seus resultados em milhões de libras esterlinas (£). Em um ano recente, a Tesco informou o seguinte no fim e no início do ano:

	(Milhões de £)	
	Fim do Ano	Começo do Ano
Estoque de Mercadorias	2.420	1.911
Contas a Pagar (*Trade Payables*)	3.936	3.317

Durante o ano findo, a Tesco pagou a seus fornecedores £ 43.558 milhões. Considere que Contas a Pagar se refere apenas ao estoque.

a. Que lançamento no livro diário a Tesco fez para registrar seus pagamentos a fornecedores durante o ano?

b. Quanto estoque de mercadorias a cadeia de lojas comprou durante o ano e que lançamento ela fez para registrar essas compras?

c. Qual o Custo das Mercadorias Vendidas da Tesco no ano? Que lançamento ela fez para registrá-lo?

20. **Cálculo do lucro de uma empresa manufatureira.** Fun-in-the-Sun Tanning Lotion Company fabrica uma loção bronzeadora feita de materiais orgânicos. Em seu primeiro ano de operação, ela comprou materiais custando $ 78.200, dos quais usou $ 56.300 para fabricar loções bronzeadoras. Ela incorreu em custos de fabricação de $ 36.100 e despesas gerais de manufatura de $ 26.800 durante o ano. Uma verificação dos estoques no fim do ano mostrou que havia $ 12.700 em loções não concluídas e $ 28.500 em loções acabadas. Calcule o custo dos produtos vendidos no ano.

21. **Cálculo do lucro de uma empresa manufatureira.** Os dados a seguir se referem à GenMet, uma fábrica de produtos de consumo com sede nos Estados Unidos, para o exercício findo em 31 de outubro de 2013. Os valores são informados em milhões de dólares (US$):

	31 de outubro de 2013	31 de outubro de 2012
Estoque de Matérias-primas..	101,5	73,7
Estoque de Produtos em Processo...	119,1	100,8
Estoque de Produtos Acabados..	322,3	286,2

A GenMet incorreu em custos de manufatura (material direto, mão de obra direta e custos indiretos de manufatura, totalizando $ 2.752,0) durante o exercício de 2013. A receita de vendas foi de $ 6.700,2, as despesas de vendas e administrativas foram de $ 2.903,7 e a despesa de juros foi de $ 151,9. A alíquota do imposto sobre o lucro é de 35%. Arredonde os cálculos para um dígito após o ponto decimal. Calcule o lucro líquido da GenMet no exercício de 2013.

22. **Cálculo do lucro de uma empresa manufatureira.** Os dados a seguir se referem à Crystal Chemical Corporation para o exercício findo em 31 de dezembro de 2013 (valores em milhões de euros, €):

	31 de dezembro de 2013	31 de dezembro de 2012
Estoque de Matérias-primas..	373	452
Estoque de Produtos em Processo...	837	843
Estoque de Produtos Acabados..	2.396	2.523

A empresa incorreu em custos de manufatura (material direto, mão de obra direta e custos indiretos de fabricação) durante o ano totalizando € 28.044. A receita de vendas foi de € 32.632, as despesas de vendas e administrativas foram de € 2.436 e as despesas de juros foram de € 828. A alíquota de imposto é de 35%. Calcule o lucro líquido do exercício.

23. **Efeito de erros de estoque.** A Warren Company adota o PEPS e calcula o Custo das Mercadorias Vendidas como Estoque Inicial + Compras – Estoque Final. Ela usa uma contagem física da mercadoria à mão para determinar o saldo do Estoque Final. Em 30 de dezembro de 2012, a Warren Company recebeu mercadorias de um fornecedor e as colocou em seu depósito de mercadorias. A empresa inclui as mercadorias na sua contagem física do estoque em 31 de dezembro de 2012. Embora a Warren Company ainda não tivesse recebido a fatura dessas mercadorias, ela conhecia o custo de $ 1.000 pela confirmação do pedido de compra fornecida pelo vendedor. Quando a empresa recebeu a fatura real em 4 de janeiro de 2013, ela registrou a compra da mercadoria. Em resumo, a Warren Company recebeu a mercadoria em dezembro de 2012, incluiu-a na sua contagem física do estoque no fim de dezembro de 2012, mas não fez nenhum lançamento em dezembro para registrar a compra do estoque. Em vez disso, a empresa registrou a compra da mercadoria em janeiro de 2013. Suponha que a empresa jamais descobriu seu erro. Indique o efeito, superavaliado (SUP), subavaliado (SUB) ou nenhum efeito (NÃO), nos seguintes valores (ignore os impostos sobre o lucro):
    a. Estoque, 31/12/2012.
    b. Estoque, 31/12/2013.
    c. Custo das mercadorias vendidas, 2012.
    d. Custo das mercadorias vendidas, 2013.
    e. Lucro líquido, 2012.
    f. Lucro líquido, 2013.
    g. Contas a pagar, 31/12/2012.
    h. Contas a pagar, 31/12/2013.
    i. Lucros acumulados, 31/12/2013.

24. **Estoque pelo menor valor entre custo e mercado.** A Cemex S.A., uma empresa mexicana de cimento e construção, informou um estoque final, líquido, no exercício findo em 31 de dezembro, de $ 19.631 milhões (todos os valores em pesos mexicanos). Durante o ano, a Cemex informou que a aplicação da regra de menor valor entre custo e mercado aos estoques resultou em um *impairment* de $ 131 milhões. A provisão da empresa para perdas por desvalorização de estoques tinha um saldo final de $ 556 milhões.
    a. Qual o valor bruto do estoque da Cemex em 31 de dezembro?
    b. Que lançamento a Cemex fez no fim do ano para registrar a despesa com *impairment* do estoque?

25. Estoque pelo menor valor entre custo e mercado. A Ericsson, uma empresa de redes e comunicações da Suécia, informou um valor bruto de estoque de SEK 25.227 em 31 de dezembro. Ela também informou um saldo final da provisão para *impairment* de SEK 2.752 milhões. Durante o ano, a Erikson reconheceu uma perda por desvalorização (*impairment*) do estoque no valor de SEK 1.276 milhão. Suponha que o custo de aquisição do estoque baixado é de SEK 3.500 milhões. A Ericsson aplica o IFRS e informa seus resultados em milhões de coroas suecas (SEK).

a. Qual o valor contábil do estoque da Ericsson em 31 de dezembro?

b. Que lançamento no livro diário a Ericsson fez para registrar o *impairment* do estoque?

c. Suponha que, em janeiro do ano seguinte, o valor de mercado do estoque que tinha desvalorizado aumentou em SEK 2.800. Que lançamento, se houver, a Ericsson deveria fazer?

d. Quais seriam as suas respostas em **a** e **e** se a Ericsson adotasse o padrão U.S. GAAP?

26. Cálculos envolvendo diferentes pressupostos de fluxos de custo. A Sun Health Food fez as seguintes compras de vitaminas no seu primeiro ano de operação:

	Quantidade	Custo Unitário	Custo Total
Compra, 5 de janeiro	460	4,30	1.978
Compra, 16 de abril	670	4,20	2.814
Compra, 26 de agosto	500	4,16	2.080
Compra, 13 de novembro	870	4,10	3.567
Totais	2.500		10.439

O estoque em 31 de dezembro era de 420 unidades. Calcule o custo do estoque em 31 de dezembro e o custo das mercadorias vendidas no ano para cada um dos seguintes pressupostos de fluxos de custo:

a. PEPS.

b. Média ponderada.

c. UEPS.

27. Cálculos envolvendo diferentes pressupostos de fluxos de custo. A Arnold Company fez as seguintes compras de matéria-prima em janeiro, seu primeiro mês de operação:

	Quantidade	Custo Unitário	Custo Total
Compra, 2/1	1.200 libras	2,20	2.640
Compra, 8/1	2.200 libras	2,25	4.950
Compra, 15/1	2.800 libras	2,28	6.384
Compra, 23/1	1.500 libras	2,30	3.450
Compra, 28/1	3.000 libras	2,32	6.960
Total dos Produtos Disponíveis para Uso	10.700 libras		24.384

O estoque em 31 de janeiro era de 3.500 libras. Calcule o custo do estoque em 31 de janeiro e o custo das matérias-primas mandadas à produção em janeiro em cada um dos seguintes pressupostos de fluxo de custo:

a. PEPS.

b. Média ponderada.

c. UEPS.

28. Efeito do UEPS nas demonstrações financeiras ao longo de vários períodos. A Harmon Corporation começou a operar em 1º de janeiro de 2011. Ela adota o UEPS para avaliação de estoque. Suas compras e vendas nos primeiros três anos de operações são mostradas a seguir:

	Compras		Vendas	
	Unidades	Custo Unitário	Unidades	Preço Unitário
2011	83.000	20,00	64.000	32,00
2012	92.000	25,00	101.000	40,00
2013	120.000	30,00	110.000	48,00

a. Calcule o valor do estoque final em cada um dos três anos.
b. Calcule o valor do lucro de cada um dos três anos.

29. **UEPS dá oportunidade de manipulações do lucro.** A EKG Company, uma fábrica de suprimentos médicos, começou o ano com 10 mil unidades de um produto custando $ 8 cada uma. Durante o ano, ela produziu outras 60 mil unidades ao custo de $ 15 cada uma. As vendas totais esperadas do ano eram de 70 mil unidades. Em novembro, a empresa precisa planejar a produção para o restante do ano. A empresa pode não produzir unidades adicionais às 60 mil já produzidas. Por outro lado, ela poderia produzir até 100 mil unidades adicionais; o custo seria $ 22 por unidade, independentemente da quantidade produzida. Considere que as vendas são de 70 mil unidades por ano a um preço médio de $ 30 por unidade. A empresa adota o UEPS para avaliação do estoque.

   a. Qual nível de produção para o restante do ano dá o maior custo dos produtos vendidos no ano? Qual é esse custo?
   b. Qual nível de produção para o restante do ano dá o menor custo dos produtos vendidos no ano? Qual é este custo?
   c. Compare as margens brutas implicadas nos dois planos de produção delineados em **a** e **b**.

30. **Conversão de UEPS para PEPS.** A Cat Incorporated fabrica maquinário e motores para as indústrias de construção, agricultura e florestal. Ela segue U.S. GAAP e informa seus resultados em milhões de dólares (US$). No exercício findo em 31 de dezembro de 2013, ela informou estoques UEPS de $ 7.204 milhões, comparados com $ 6.351 milhões em 31 de dezembro de 2012. O custo dos produtos vendidos da Cat em 2013 foi de $ 32.626 milhões. A Cat informa nas notas explicativas de suas demonstrações financeiras de 2013 que os estoques teriam sido maiores em $ 2.617 milhões em 31 de dezembro de 2013 se ela tivesse usado o PEPS, e do mesmo modo maiores em $ 2.403 milhões em 31 de dezembro de 2012. Calcule o custo dos produtos vendidos da Cat em 2013 se a empresa tivesse usado PEPS em vez de UEPS.

31. **Análise de evidenciações UEPS e PEPS.** A Falcon Motor Company, uma indústria automotiva americana, informa que usa o UEPS para avaliação do estoque. No exercício findo em 31 de dezembro de 2013, o custo dos produtos vendidos da Falcon foi de $ 142.587 milhões. Ela prestou a seguinte informação em suas notas explicativas das demonstrações financeiras de 2013:

	31 de dezembro de 2013	31 de dezembro de 2012
Estoque Total sob PEPS	11.221	11.032
Menos: Ajuste UEPS	(1.100)	(1.015)
Estoque Total sob UEPS	10.121	10.017

   a. Qual o valor contábil do estoque da Falcon em 31 de dezembro de 2012 e de 2013?
   b. Qual seria o custo dos produtos vendidos da Falcon em 2013 se ela tivesse usado o PEPS?

32. **Lançamentos no livro diário para folha de pagamento.** No exercício findo em 30 de junho, os funcionários do escritório da McGee Associates ganharam salários de $ 700.000. A McGee reteve 30% desse valor para pagamentos de diversos impostos e encargos sociais sobre a folha. Além disso, a McGee tem de pagar 10% dos salários brutos como a parte do empregador em vários encargos sociais. A McGee prometeu contribuir com 4% dos salários brutos para um fundo de participação nos lucros, que os funcionários poderão retirar quando se aposentarem. Os funcionários receberam pagamentos de férias estimados em $ 14.000; os benefícios adicionais são de 20% desse valor.

   a. Prepare lançamentos no livro diário para esses itens relativos a salários.
   b. Qual a despesa total com salários e encargos?

33. **Contabilização de contas incobráveis e de garantias.** A Hurley Corporation vende utilidades domésticas (por exemplo, geladeiras, lava-louças) a clientes a prazo. A empresa também fornece serviços de garantia dos produtos vendidos. A Hurley estima que 2% das vendas se tornarão incobráveis e que os custos com garantia serão iguais a 6% das vendas. As contas incobráveis reais e os gastos com garantia ocorrem geralmente dentro de três anos do momento da venda. Valores de contas selecionadas são apresentados a seguir:

31 de dezembro:	2013	2012	2011
Contas a Receber, Líquidas de Provisão para Devedores Duvidosos de $ 245 em 31 de dezembro de 2013, $ 405 em 31 de dezembro de 2012 e $ 355 em 31 de dezembro de 2011...........................	6.470	7.750	7.000
Provisão para Garantia...	1.720	1.535	1.325
No ano:	2013	2012	
Receita de Vendas..	16.000	18.000	

a. Prepare uma análise explicando a variação da Provisão para Devedores Duvidosos em 2012 e 2013.

b. Prepare uma análise explicando a variação de Provisão para Garantias em 2012 e 2013.

34. **Lançamentos no livro diário de provisões para garantia e dispêndios subsequentes.** A Miele Company é uma empresa familiar alemã de utilidades domésticas. Suponha que a Miele oferece garantia de dois anos em seus produtos e que ela estima que, no ano atual, os custos com garantia serão de 4% da receita de vendas. No início do último ano, o valor contábil das provisões para garantia da Miele foi de € 30.000. A Miele incorrerá em custos reais de garantia ao longo de dois anos da data da venda. Considere que as vendas (todas a prazo) e os dispêndios reais (todos pagos à vista) foram os seguintes:

	Vendas	Dispêndios Reais com Garantias
Último Ano...	1.200.000	12.000
Ano Atual...	1.500.000	50.000

a. Prepare lançamentos no livro diário para o reconhecimento da receita de vendas, despesas com garantia e dispêndios reais com garantia para os dois anos. Lançamentos de fechamento não são necessários.

b. Qual o saldo da conta Provisão para Garantia no fim do ano atual?

35. **Lançamentos no diário de passivos de garantia e dispêndios subsequentes.** A Kingspeed Bikes oferece três anos de garantia contra defeitos de suas bicicletas de corrida de alto padrão. A empresa estima que o custo total de reclamações de garantia ao longo do período de garantia de três anos da data da venda será de 6% da receita de vendas. A Kingspeed incorrerá em gastos reais com garantia ao longo desses três anos. As vendas (todas à vista) e os gastos reais incorridos de 2011 a 2013 com as bicicletas sob garantia (60% em dinheiro e 40% em peças) são apresentados abaixo:

	Vendas	Custos Reais de Garantia Incorridos com Bicicletas de Corrida sob Garantia
2011...	800.000	22.000
2012...	1.200.000	55.000
2013...	900.000	52.000

a. Prepare lançamentos no livro diário para os eventos de 2011, 2012 e 2013. Lançamentos de fechamento não são necessários.

b. Qual o saldo da conta Passivo de Garantia no fim de 2013?

36. **Lançamentos no livro diário de provisões para reestruturação e dispêndios subsequentes.** No seu ano contábil findo em 30 de setembro, a Sappi Paper Limited, uma companhia de papel da África do Sul, informou um saldo final na sua conta Provisão para Reestruturação no balanço patrimonial de 16 milhões de South Africa Rand (ZAR). O saldo inicial dessa conta era de ZAR 41 milhões. Durante o ano, a Sappi teve desembolsos de caixa de ZAR 32 milhões para cobrir custos de encargos rescisórios e fechamentos de fábricas. A companhia não modificou nenhuma estimativa de reestruturação durante o ano. Prepare os lançamentos no livro diário referentes à provisão para reestruturação da Sappi durante o ano.

37. **Lançamentos no livro diário de provisões para reestruturação e dispêndios subsequentes.** Em 31 de dezembro de 2012, o Delchamps Group informou um saldo de Provisões para Reestruturação de € 50,9 milhões, dos quais ele esperava pagar € 12,5 milhões em 2013 e o restante em 2014-2015. O saldo dessa conta no início

do ano era de € 84 milhões. Em 2012, suponha que a Delchamps agregou encargos de reestruturação de € 14,2 milhões e reverteu € 7,3 milhões de encargos prévios.

a. Prepare o lançamento no livro diário que a Delchamps fez em 2012 referente a suas atividades de reestruturação.
b. Como a Delchamps informará sua Provisão para Reestruturação no balanço patrimonial do ano findo em 31 de dezembro de 2012?
c. Qual o efeito das atividades de reestruturação de 2012 da Delchamps na sua demonstração do resultado? Como essas atividades são informadas na demonstração dos fluxos de caixa? Ignore os efeitos tributários.

Problemas

38. Preparação de lançamentos no livro diário e da demonstração do resultado de uma empresa manufatureira. A Katherine's Outdoor Furniture, uma fábrica especializada em móveis para áreas gramadas, *decks* e piscinas, informou os seguintes valores de suas contas de estoque em 1º de janeiro:

Estoque de Matérias-primas	226.800
Estoque de Produtos em Processo	427.900
Estoque de Produtos Acabados	182.700

A Katherine's Outdoor Furniture realizou as seguintes transações em janeiro:

(1) Adquiriu matérias-primas a prazo ao custo de $ 667.200.
(2) Enviou aos departamentos de produção matérias-primas custando $ 689.100.
(3) Pagou salários e remunerações em janeiro por serviços recebidos no mês, como segue:

Trabalhadores de Fábrica	432.800
Pessoal de Vendas	89.700
Funcionários Administrativos	22.300

(4) Calculou a depreciação de prédios e equipamentos em janeiro, como segue:

Instalações de Manufatura	182.900
Instalações de Vendas	87.400
Instalações Administrativas	12.200

(5) Incorreu em outros gastos operacionais e os pagou em dinheiro, como segue.

Manufatura	218.500
Vendas	55.100
Administrativas	34.700

(6) O custo dos produtos manufaturados e transferidos para o depósito de produtos acabados totalizou $ 1.564.500.
(7) Vendas a prazo em janeiro totalizaram $ 2.400.000.
(8) A contagem do estoque físico em 31 de janeiro revelou um estoque de produtos acabados de $ 210.600.

a. Apresente os lançamentos no livro diário para registrar as transações e os eventos que ocorreram em janeiro.
b. Prepare uma demonstração do resultado da Katherine's Outdoor Furniture para janeiro. Ignore tributos.

39. Fluxo de produtos manufaturados pelas contas. Os seguintes dados se referem às atividades de manufatura da Lord Crompton Plc. em junho.

	30 de junho	1º de junho
Estoque de Matérias-primas	£ 43.600	£ 46.900
Estoque de Suprimentos da Fábrica	7.700	7.600
Estoque de Produtos em Processo	115.200	110.900
Estoque de Produtos Acabados	71.400	76.700

Ela incorreu em custos de fábrica durante o mês de junho como segue:

Compras de Matérias-primas	429.000
Compras de Suprimentos da Fábrica	22.300
Serviços de Trabalho	362.100
Energia Térmica e Elétrica	10.300
Seguro	4.200

Ela também experimentou expirações de aquisições anteriores relativas à fábrica e de adiantamentos, como segue:

Depreciação de Equipamento de Fábrica	36.900
Adiantamento de Aluguel Expirado	3.600

Outras informações foram as seguintes:

Vendas	1.350.000
Despesas de Vendas e Administrativas	246.900
Despesas de Juros	47.100
Alíquota de Tributos sobre o Lucro	40%

a. Calcule o custo das matérias-primas e dos suprimentos da fábrica usados em junho.
b. Calcule o custo das unidades concluídas em junho e transferidas para o depósito de produtos acabados.
c. Calcule o custo dos produtos vendidos em junho.
d. Calcule o valor do lucro líquido no mês de junho.

40. **Fluxo dos custos de manufatura.** A Sedan Corporation, uma fábrica de automóveis japonesa, segue o padrão U.S. GAAP e informa seus resultados em milhões de ienes (¥). Em 31 de março de 2013 e de 2012, a Sedan informou o seguinte com referência a seus estoques:

	(Milhões de ienes) 31 de março	
	2013	2012
Estoque de Matérias-primas e Suprimentos	374.210	362.686
Estoque de Produtos em Processo	239.937	236.749
Estoque de Produtos Acabados	1.211.569	1.204.521

A Sedan informou Custo de Produtos Vendidos de ¥ 20.452.338 no ano findo em 31 de março de 2013. A empresa não reconheceu perdas de valor do estoque pelo menor valor entre custo e mercado nesses anos.

a. Qual o valor contábil do estoque total da Sedan em 31 de março de 2013?
b. Qual o custo das unidades concluídas pela Sedan em 2012?
c. Suponha que a mão de obra direta e os custos indiretos de fabricação da Sedan foram ¥ 12.000.000 para o ano findo em 31 de março de 2013. Quanto de custos de matéria-prima e suprimentos a Sedan alocou a Produtos em Processo no ano findo em 31 de março de 2013? Que lançamento no livro diário ela fez para registrar essa alocação?
d. Qual foi o custo de matéria-prima e suprimentos comprados pela Sedan no ano findo em 31 de março de 2013? Supondo que todas as compras foram feitas a prazo, que lançamento no livro diário a empresa fez para registrar essas compras?

41. **Fluxo de custos de manufatura.** O Minevik Group trabalha com engenharia de alta tecnologia da Suécia. Ele segue o padrão IFRS e informa seus resultados em milhões de coroas suecas (SEK). Nos anos findos em 31 de dezembro de 2013 e 2012, o Minevik informou o seguinte sobre seus estoques:

	(Milhões de SEK) 31 de dezembro	
	2013	2012
Estoque de Matérias-primas	6.964	5.690
Estoque de Produtos em Processo	5.157	4.093
Estoque de Produtos Acabados	13.180	8.955

O Minevik informou Custo dos Produtos Vendidos de SEK 57.222 milhões em 2013. As notas explicativas das suas demonstrações financeiras declaram que Custo dos Produtos Vendidos inclui SEK 281 milhões de perdas por *impairment* do estoque de produtos acabados.

a. Qual o valor contábil do estoque total do Minevik Group em 31 de dezembro de 2013?

b. Que lançamento no livro diário o Minevik fez em 2013 para refletir as perdas por *impairment* do estoque?

c. Qual foi o Custo dos Produtos Vendidos do Minevik antes da perda de seu estoque pelo menor valor entre custo e mercado?

d. Qual foi o custo das unidades concluídas pelo Minevik em 2013?

e. Suponha que o Minevik tenha custos de mão de obra direta e custos indiretos de fabricação de 300% do custo de material direto, ou seja, a cada SEK 1 de custos de material direto, ele incorre em SEK 3 adicionais de mão de obra direta e custos indiretos de fabricação. Quanto de materiais diretos o Minevik alocou a Produtos em Processo em 2013? Que lançamento o grupo fez para registrar essa alocação?

f. Qual foi o custo das matérias-primas compradas em 2013?

42. **Avaliação do estoque pelo menor valor entre custo e mercado; U.S. GAAP *versus* IFRS.** A Good Luck Brands informou um valor contábil do seu estoque total de $ 2.047,6 milhões em 31 de dezembro de 2013; o número correspondente de dezembro de 2012 foi de $ 1.937,8. A Good Luck Brands aplica o padrão U.S. GAAP e informa seus resultados em milhões de dólares (US$).

a. Suponha que, em 1º de janeiro de 2013, o valor de mercado do estoque da Good Luck Brands aumentou para $ 2.300 milhões. Que lançamento no livro diário, se houver, a Good Luck Brands deveria fazer em 1º de janeiro?

b. Suponha que, em 1º de janeiro de 2014, o valor de mercado do estoque da Good Luck Brands diminuiu para $ 1.880,6 milhão. Que lançamento no livro diário, se houver, a Good Luck Brands deveria fazer em 1º de janeiro de 2014?

c. Continuando o cenário em **b**, suponha que o valor de mercado do estoque anteriormente baixado aumentou para 1.962,3 milhão em 16 de fevereiro de 2014. Que lançamento no livro diário, se houver, a Good Luck Brands deveria fazer para registrar isso nessa data?

d. Suas respostas para os itens **a**, **b** e **c** seriam diferentes se a Good Luck Brands aplicasse o padrão IFRS?

43. **Comparação detalhada de várias escolhas de contabilização do estoque.** A Burton Corporation iniciou suas operações de varejo em 1º de janeiro de 2011. As compras de estoque de mercadorias em 2011 e 2012 foram:

	Quantidade Comprada	Preço Unitário	Custo de Aquisição
10/01/2011	600	10	$ 6.000
30/06/2011	200	12	2.400
20/10/2011	400	15	6.000
Total 2011	1.200		$ 14.400

	Quantidade Comprada	Preço Unitário	Custo de Aquisição
18/02/2012	500	14	$ 7.000
15/07/2012	500	12	6.000
15/12/2012	800	10	8.000
Total 2012	1.800		$ 21.000

A Burton Corporation vendeu mil unidades em 2011 e 1.500 unidades em 2012.
a. Calcule o custo das mercadorias vendidas em 2011 usando o PEPS.
b. Calcule o custo das mercadorias vendidas em 2011 usando o UEPS.
c. Calcule o custo das mercadorias vendidas em 2011 usando a média ponderada.
d. Calcule o custo das mercadorias vendidas em 2012 usando o PEPS.
e. Calcule o custo das mercadorias vendidas em 2012 usando o UEPS.
f. Calcule o custo das mercadorias vendidas em 2011 usando a média ponderada.
g. O maior lucro líquido informado em 2011 será sob PEPS ou UEPS? Explique.
h. O maior lucro líquido informado em 2012 será sob PEPS ou UEPS? Explique.

44. **Efeito do PEPS e UEPS na demonstração do resultado e no balanço patrimonial.** A Hanover Oil Products (HOP) opera um posto de gasolina. Ela põe o preço 10% acima do seu preço de compra da gasolina. As compras de gasolina em janeiro, fevereiro e março foram:

	Galões Comprados	Preço Unitário	Custo de Aquisição
1º de janeiro	4.000	$ 1,40	$ 5.600
13 de janeiro	6.000	1,46	8.760
28 de janeiro	5.000	1,50	7.500
Total	15.000		$ 21.860

	Galões Comprados	Preço Unitário	Custo de Aquisição
5 de fevereiro	7.000	$ 1,53	$ 10.710
14 de fevereiro	6.000	1,47	8.820
21 de fevereiro	10.000	1,42	14.200
Total	23.000		$ 33.730

	Galões Comprados	Preço Unitário	Custo de Aquisição
2 de março	6.000	$ 1,48	$ 8.880
15 de março	5.000	1,54	7.700
26 de março	4.000	1,60	6.400
Total	15.000		$ 22.980

As vendas de cada mês foram:
Janeiro: $ 20.840 (13 mil galões)
Fevereiro: $ 35.490 (22 mil galões)
Março: $ 28.648 (17 mil galões)

a. Calcule o custo das mercadorias vendidas em janeiro usando ambos os pressupostos de fluxo de custo, PEPS e UEPS.
b. Faça o mesmo que em **a** para fevereiro.
c. Faça o mesmo que em **b** para março.
d. Por que o pressuposto de fluxo de custo que resulta no maior custo das mercadorias vendidas muda a cada mês?
e. Calcule a porcentagem do custo das mercadorias vendidas a cada mês usando ambos os pressupostos de fluxo de custo, PEPS e UEPS.
f. Qual dos pressupostos de fluxo de custo proporciona o custo das mercadorias vendidas mais estável ao longo dos três meses? Justifique.
g. A HOP deixou deliberadamente seu estoque diminuir para mil galões no fim de março em virtude do alto custo da compra. Considere aqui que a HOP comprou 6 mil galões em 26 de março em vez de 4 mil, mantendo com isso um estoque final igual ao estoque inicial do mês, de 3 mil galões. Calcule o valor do custo das mercadorias vendidas em março usando PEPS e UEPS. Por que suas respostas são as mesmas ou diferentes em relação às dadas em **c**? Explique.

45. Reconstruindo eventos subjacentes aos valores finais do estoque. (Adaptado de um exame do CPA[28].) A Burch Corporation começou seu negócio comercial em 1º de janeiro de 2010. Ela adquiriu mercadoria custando $ 100.000 em 2010, $ 125.000 em 2011 e $ 135.000 em 2012. Seguem informações sobre o estoque da empresa tais como apareceriam no balanço patrimonial, conforme diferentes métodos de avaliação do estoque:

31 de dezembro	Valores de Estoque no Balanço		
	Valor pelo UEPS	Valor pelo UEPS	O Menor Valor entre Custo e Mercado
2010	40.200	40.000	37.000
2011	36.400	36.000	34.000
2012	41.800	44.000	44.000

Ao responder a cada questão a seguir, indique como deduziu a resposta. Você pode considerar que, em qualquer dos anos, os preços apenas subiram ou apenas caíram, mas não que subiram e caíram.

a. Os preços subiram ou caíram em 2010?
b. Os preços subiram ou caíram em 2012?
c. Que método de estoque apresentaria o maior lucro em 2010?
d. Que método de estoque apresentaria o maior lucro em 2011?
e. Que método de estoque apresentaria o maior lucro em 2012?
f. Que método de estoque apresentaria o menor lucro nos três anos considerados um único período?
g. Em 2012, o quanto maior ou menor seria o lucro no pressuposto PEPS de fluxo de custo do que na base menor valor entre custo e mercado?

46. Camadas de UEPS influenciam o comportamento de compra e possibilitam manipulação de resultados.
A Wilson Company vende compostos químicos feitos de *expensium*. O estoque de *expensium* em 31 de dezembro de 2012 incluía 4.000 libras desde 2003 até 2012, a preços variando de $ 30 a $ 52 por libra:

Ano de Aquisição	Preço de Compra	Libras	Custo
2003	$ 30	2.000	$ 60.000
2008	46	200	9.200
2009	48	400	19.200
2012	52	1.400	72.800
Total		4.000	$ 161.200

O *expensium* custa $ 62 por libra em 2013, mas o agente de compras espera que o seu preço caia para $ 52 por libra em 2014. As vendas de 2013 requerem 7.000 libras de *expensium*. A Wilson Company deseja um valor contábil de 4.000 libras no estoque. O agente de compras sugere que a empresa diminua o estoque de 4.000 para 600 libras no fim de 2013 e volte a completá-lo no nível desejado de 4.000 libras no início de 2014.

O *controller* argumenta que tal política seria insensata. Se a empresa permitir que o estoque diminua para 600 libras, o custo das mercadorias vendidas será extraordinariamente baixo (porque a Wilson estará consumindo camadas de UEPS) e os impostos sobre o lucro serão extraordinariamente altos. O *controller* sugere que a empresa planeje as compras de 2013 de modo a terminar o ano com 4.000 libras no estoque.

Suponha que as vendas de 2013 requerem 7.000 libras de *expensium*, que os preços de 2013 e 2014 são como previsto e que a alíquota de imposto da Wilson é de 40%.

a. Calcule o custo das mercadorias vendidas em 2013 e o estoque UEPS no final do ano, considerando que a empresa tenha seguido a recomendação do *controller* e que o estoque no fim de 2013 seja de 4.000 libras.
b. Calcule o custo das mercadorias vendidas e o estoque UEPS em 2013, considerando que a empresa tenha seguido a recomendação do agente de compras e que o estoque no final de 2013 seja de 600 libras.
c. Suponha que a empresa siga a recomendação do *controller* e não a do agente. Calcule a economia de impostos em 2013 e o custo extra do estoque.

---
28. CPA = *Certified Public Accountant*, exame para o registro profissional de CPA nos Estados Unidos. (NT)

d. O que a Wilson deveria fazer? Considere questões de qualidade do lucro na sua resposta.

e. A administração da Wilson Company deseja saber que critério ela tem para variar o lucro de 2013 planejando suas compras de *expensium*. Se a empresa seguir a política do *controller*, o lucro depois dos impostos de 2013 será de $ 50.000. Que nível de lucro depois dos impostos a empresa pode conseguir pela prática de gerenciamento de resultados adotando o gerenciamento planejado das compras de *expensium*?

47. Interpretando evidenciações do estoque. Consulte as informações do **Problema 40** sobre o estoque da Sedan Corporation nos anos findos em 31 de março de 2013 e de 2012. As notas explicativas das demonstrações financeiras do ano findo em 31 de março de 2013 informam que uma parte do estoque da Sedan é avaliada usando o método UEPS. Especificamente, a empresa informou que, no ano findo em 31 de março de 2013, ¥ 283.735 milhões do estoque foram avaliados conforme UEPS, comparados com ¥ 357.055 milhões no ano findo em 31 de março de 2012. Os valores do estoque UEPS excederam os respectivos valores PEPS em ¥ 13.780 milhões no ano findo em 31 de março de 2013, e em ¥ 30.360 milhões no ano findo em 31 de março de 2012.

a. Qual teria sido o valor contábil do estoque da Sedan em 31 de março de 2013 e de 2012 se a empresa tivesse usado o PEPS para avaliar todo o estoque?

b. Qual teria sido o custo dos produtos vendidos da Sedan no ano findo em 31 de março de 2013 se ela tivesse usado o PEPS em todo o seu estoque? *Observação*: A convenção atribui toda reserva UEPS ao Estoque de Produtos Acabados.

48. Método da provisão para garantias; reconstruindo transações. Considere que a Central Appliances vende aparelhos domésticos, todos à vista. Ela debita todas as compras de aparelhos durante o ano na conta Estoque de Mercadorias. A companhia fornece a todos os seus produtos a garantia de que fará os reparos necessários, durante um ano da data da venda, em todos os aparelhos que apresentarem defeito. A empresa tem uma longa experiência com seus produtos e garantias.

A tabela a seguir mostra dados resumidos e extratos das demonstrações financeiras da Central Appliance no final de 2012 e alguns eventos em 2013. A empresa fez lançamentos na conta Provisão para Garantia em 2013 na medida em que realizava reparos, o que converteu seu saldo credor no final de 2012 em um saldo devedor de $ 15.000 no fim de 2013. Isto é, antes que a empresa faça o lançamento reconhecendo a despesa de garantia para o ano inteiro, a conta Provisão para Garantia tem um saldo *devedor* de $ 15.000. Além disso, a conta Estoque de Mercadorias, na qual a empresa debitou todas as compras de mercadorias, tem um saldo de $ 820.000 antes do lançamento de ajuste em Custo das Mercadorias Vendidas, de modo que Produtos Disponíveis para a Venda totalizaram $ 820.000. A Central Appliance faz seus lançamentos de ajuste e fecha os seus livros apenas uma vez por ano, no final do ano.

Extratos do Balanço Patrimonial	Fim de 2012
Estoque de Mercadorias	$ 100.000
Todas as Outras Contas do Ativo	110.000
Total do Ativo	$ 210.000
Provisão para Garantia	6.000
Todas as Outras Contas do Passivo e do Patrimônio Líquido	204.000
Total do Passivo e do Patrimônio Líquido	$ 210.000

Extratos da Demonstração do Resultado	2013	2012
Receita de Vendas	$ 1.000.000	$ 800.000
Despesa com Garantia	?	18.000

No fim de 2013, a administração da Central Appliance analisa os aparelhos vendidos nos 12 meses anteriores. Ela classifica todos os aparelhos ainda cobertos pela garantia: os vendidos anteriormente a 30 de junho, inclusive (vendidos há mais de seis meses), os vendidos entre 30 de junho e 30 de novembro, inclusive (vendidos há mais de um mês e menos de seis meses) e os vendidos a partir de 1º de dezembro, inclusive. Considere que a empresa estime que metade de 1% dos aparelhos vendidos há mais de seis meses precisarão de reparos, 5% dos aparelhos vendidos entre um e seis meses antes do final do ano precisarão de reparos e 8% dos aparelhos vendidos dentro do último mês precisarão de reparos. A partir dessa análise, a administração estima que $ 5.000 de reparos ainda precisarão ser feitos em 2014 nos aparelhos vendidos em 2013. Os itens remanescentes no estoque de 31 de dezembro de 2013 tinham um custo de $ 120.000.

a. Quais foram as compras totais do estoque de mercadorias em 2013?

b. Qual o custo das mercadorias vendidas em 2013?

c. Qual foi o valor em dólares dos reparos feitos em 2013?

d. Qual foi a despesa com garantia em 2013?

e. Faça os lançamentos dos reparos feitos em 2013, das despesas com garantia em 2013 e do custo das mercadorias vendidas em 2013.

49. Interpretando evidenciações de reestruturação. As notas explicativas das demonstrações financeiras do Bayer Group, uma empresa farmacêutica da Alemanha, informam um saldo de € 154 milhões em Provisões para Reestruturação em 31 de dezembro; no ano anterior, o saldo final nessa conta do passivo foi de € 196 milhões. No ano corrente, a Bayer informa Utilizações (isto é, gastos) de € 134 milhões e Reversões de € 31 milhões. Outros efeitos (tais como diferenças de taxas de câmbio e variações no escopo da consolidação) reduziram o saldo dessa conta em € 5 milhões no ano corrente.

a. Que lançamento no livro diário fez a Bayer no ano corrente para registrar Utilizações e Reversões?

b. Que lançamento no livro diário fez a Bayer no ano corrente para registrar as novas adições à conta Provisão para Reestruturação?

Capítulo

10

Ativos tangíveis e intangíveis de vida longa

O **Capítulo 3** apresentou a distinção entre ativo *circulante* e ativo *não circulante*. O **Capítulo 9** descreveu a contabilização de certos ativos circulantes (ativos que a empresa espera consumir nos próximos 12 meses). Ativos não circulantes, também chamados de ativos de vida longa, são aqueles que a empresa espera consumir nos períodos que se estendem além dos próximos 12 meses. Tanto ativos circulantes como não circulantes incluem **ativos operacionais**, usados nas operações da empresa, e **ativos financeiros**, mantidos para fins de investimento[1]. Este capítulo foca os ativos operacionais de vida útil longa, incluindo **ativos tangíveis**, como terrenos, prédios e equipamentos, e **ativos intangíveis**, como patentes, nomes (*brand names*) e marcas comerciais (*trademarks*)[2]. Tanto U.S. GAAP como IFRS provêm orientação regulatória para as seguintes áreas desses tipos de ativos:

1. Definir quais gastos com benefícios potenciais de longo prazo as empresas devem reconhecer no balanço patrimonial e como despesa na demonstração do resultado.
2. Determinar se a empresa deve depreciar ou amortizar o custo de um ativo de vida longa e, em caso positivo, a extensão do tempo e o padrão da depreciação ou amortização.
3. Incorporar variações das estimativas utilizadas para calcular depreciação e amortização.
4. Contabilizar a venda de ativos de vida longa.
5. Reconhecer variações no valor justo de ativos de vida longa.

Ativos de vida longa têm características que representam desafios contábeis especiais, que incluem os seguintes:

- Eles têm longas vidas úteis. A contabilidade requer que as empresas aloquem apropriadamente os benefícios derivados dos ativos de vida longa a cada período contábil.
- As vidas úteis e os valores justos desses ativos podem variar à medida que a tecnologia muda, empresas introduzem

OBJETIVOS DE APRENDIZAGEM

1 Entender os conceitos que estabelecem a diferença entre os gastos com ativos de vida útil longa que aumentam o valor contábil desses ativos e os dispêndios que a empresa trata como despesas.

2 Conhecer os conceitos subjacentes à mensuração do custo de aquisição de ativos de vida longa.

3 Saber a distinção entre ativos de vida útil definida e indefinida e as implicações para depreciação e amortização.

4 Aprender a calcular a depreciação e amortização com base em estimativas iniciais e ajustar a depreciação e amortização segundo as variações nessas estimativas.

5 Desenvolver a habilidade de registrar a venda de ativos de vida útil longa a vários preços de venda.

6 Saber registrar uma perda por *impairment* de ativos de vida longa.

---

[1] Os **Capítulos 13** e **14** discutem a contabilização de ativos financeiros.
[2] Nomes (*brand names*) se referem à marca geral da empresa, por exemplo, Apple; marcas comerciais (*trademarks*) se referem a marcas específicas de comercialização de produtos, por exemplo, iPhone. (NT)

novos produtos, regulações governamentais se alteram e outras razões similares. A contabilidade deve responder a essas mudanças.

- Os ativos intangíveis de vida longa não têm uma substância física. Por isso, a contabilidade pode não se basear nos mesmos tipos de evidência que fundamentam o reconhecimento e a mensuração dos ativos tangíveis.

Para muitas empresas, investimentos em ativos de vida longa representam itens importantes do balanço patrimonial, bem como usos significativos do caixa. Por exemplo, o balanço patrimonial da Great Deal do ano findo em 17 de fevereiro de 2013 (**Figura 1.1**) inclui $ 4.070 milhões de ativos tangíveis de vida longa e $ 2.890 milhões de ativos intangíveis de vida longa (a soma dos valores informados de *goodwill*, marcas comerciais e carteira de clientes). A demonstração dos fluxos de caixa do mesmo período (**Figura 1.3**) mostra que a Great Deal usou $ 615 milhões do caixa para adquirir ativos de vida longa. Segundo o balanço patrimonial da Thames para o exercício findo em 31 de dezembro de 2013 (**Figura 1.5**) e sua demonstração dos fluxos de caixa do mesmo período (**Figura 1.7**), o valor contábil dos ativos tangíveis de vida longa é de € 1.338,3 milhão (e o valor dos intangíveis é de € 3.912,2 milhões, a soma do *goodwill* e de outros intangíveis) e seus gastos para adquirir ativos de vida longa são de € 418,9 milhões.

O **Capítulo 7** discutiu o índice de giro do ativo fixo, a razão entre vendas e ativo fixo, como medida de eficiência operacional. Ativo fixo, em geral, refere-se ao ativo tangível[3]. Quanto maior é esse índice, mais vendas a empresa é capaz de gerar a cada dólar investido nos ativos tangíveis de vida longa. A habilidade da administração em utilizar efetivamente os ativos de vida longa afetará o índice e, portanto, o desempenho da empresa. Para incrementar o desempenho, a administração pode adquirir ativos de vida longa com maior capacidade de produzir produtos e serviços com elevadas margens brutas (a diferença entre a receita de vendas e o custo das vendas) ou de descartar ativos de vida longa improdutivos ou de baixo desempenho.

Para entender como a empresa está usando seus ativos de vida longa, os usuários das demonstrações financeiras precisam entender tanto as normas contábeis aplicáveis aos ativos de vida longa como os julgamentos e estimativas que as empresas fazem ao aplicar essas normas.

TRATAMENTO DOS DISPÊNDIOS COMO ATIVOS *VERSUS* COMO DESPESAS

As empresas tratam os dispêndios com potencial de benefícios de longo prazo como um ativo no balanço patrimonial ou como despesas na demonstração do resultado. Relembremos do **Capítulo 4** que um gasto se qualifica como um ativo se ele preenche a definição de ativo e satisfaz os critérios de reconhecimento de um ativo. Essas condições significam que uma empresa classifica gastos como ativos se ela (1) adquiriu direitos de uso futuro de um recurso econômico como resultado de uma transação ou evento passado; e (2) pode medir confiavelmente os benefícios esperados por ocasião do reconhecimento inicial. Gastos que não atendem a essas duas condições são despesas incorridas no período.

A troca de caixa por um recurso com potencial de serviço futuro normalmente satisfaz a primeira condição (a definição de ativo). A satisfação da segunda condição, a condição de mensurabilidade, pode ser mais difícil, em virtude do tempo que transcorre antes que os benefícios esperados se materializem. Satisfazer a segunda condição é mais desafiador para ativos intangíveis do que para ativos tangíveis, dada a dificuldade de observar a realização dos benefícios. Os exemplos a seguir ilustram a aplicação dos critérios para o reconhecimento dos ativos de vida longa.

Exemplo 1. A Great Deal desembolsa caixa para adquirir um terreno e um edifício, os quais lhe proporcionam benefícios futuros. A troca entre comprador e vendedor independentes estabelece o custo dos benefícios esperados no momento da aquisição. O terreno e o edifício são, por conseguinte, ativos no balanço patrimonial da empresa.

Exemplo 2. A Great Deal constrói novas lojas, por conta própria, empregando seus funcionários e empreiteiros terceirizados. As novas lojas, quando concluídas, proporcionarão benefícios futuros à empresa. Este exemplo difere do **Exemplo 1** porque a Great Deal (1) incorre em parte dos custos internamente e (2) faz dispêndios para construir as lojas em vez de comprar um ativo finalizado. A construção das lojas proporciona evidência provável

---

3. Por vezes, o ativo fixo é interpretado mais amplamente, incluindo ativos tangíveis e intangíveis.

de benefícios futuros. Durante a construção, os custos acumulados mensuram o custo desses benefícios esperados. Todos os dispêndios do processo de construção integram o custo do ativo construído por conta própria. O ativo construído por conta própria (chamado de construção em andamento até que a loja esteja terminada) é um ativo no balanço patrimonial da Great Deal.

Exemplo 3. A Merck adquire uma patente de seu inventor por $ 120 milhões. A patente dá à empresa o direito exclusivo de desenvolver e comercializar o composto químico patenteado por um período específico. A transação entre a Merck e o vendedor fixa tanto o direito de uso da patente pela empresa como o custo dos benefícios esperados. A patente é um ativo no balanço patrimonial da Merck.

Exemplo 4. A Merck gasta $ 4,8 bilhões em pesquisa, este ano, para identificar, desenvolver e testar novos medicamentos. Este exemplo difere do **Exemplo 3** porque a empresa (1) incorre nos custos internamente e (2) não adquire um ativo concluído. A Merck não se dedicaria à pesquisa se não esperasse benefícios futuros. O U.S. GAAP requer que as empresas reconheçam como despesa os custos de pesquisa e desenvolvimento (P&D) no período incorrido, baseando-se no raciocínio de que os custos não satisfazem o segundo critério de reconhecimento de um ativo porque a empresa não pode medir os benefícios futuros com confiabilidade suficiente[4]. A dificuldade é identificar a porção do dispêndio de cada ano que conduz a benefícios futuros e a porção que não leva a tal. Assim, a Merck reconhece os $ 4,8 bilhões como despesa.

O IFRS requer um tratamento diferente para os dispêndios de P&D. Ele trata os custos da *pesquisa* (a parte P de P&D) como despesa, assim como U.S. GAAP, e trata os custos do *desenvolvimento* (a parte D de P&D) como ativo[5]. O IFRS define a transição da pesquisa para o desenvolvimento se três condições são atendidas: (1) o projeto alcança factibilidade técnica; (2) a empresa tem a intenção e a capacidade de desenvolver a tecnologia para uso ou venda final; e (3) a empresa pode mensurar confiavelmente o ativo em desenvolvimento. Se essas condições são atendidas, o projeto se move da fase de pesquisa para a fase de desenvolvimento. A empresa trata como ativo o desenvolvimento após essa transição.

Exemplo 5. A IBM incorre em custos internamente para desenvolver novos softwares. O padrão U.S. GAAP trata os dispêndios associados ao desenvolvimento interno de software de modo similar ao dado pelo IFRS aos dispêndios de P&D[6]. Especificamente, a IBM deve considerar despesa os custos incorridos antes de ficar estabelecida a factibilidade técnica e reconhece como ativo os custos incorridos depois de ficar estabelecida a factibilidade técnica.

Para ilustrar a aplicação dos critérios de reconhecimento do ativo quando a empresa adquire ativos intangíveis, considere que, no ano contábil findo em 27 de fevereiro de 2013, a Great Deal pagou $ 100 milhões para adquirir os seguintes ativos da CarPax, Inc., como parte de uma combinação de negócios (*business combination*). Esses valores são os valores justos de certos ativos; outros ativos adquiridos e passivos assumidos não são mostrados.

Imobilizado	$ 47
Ativos Intangíveis Identificáveis	
Carteira de Clientes	8
Marcas Comerciais	10
Projetos de Pesquisa e Desenvolvimento em Processo	15
Goodwill	20
Total	$ 100

A Great Deal utilizou avaliações e outros meios para estabelecer o valor justo dos ativos identificáveis adquiridos, incluindo intangíveis que a CarPax desenvolveu internamente e, portanto, não aparecem como ativos no seu balanço patrimonial. Um ativo identificável deve (1) ser separável (isto é, deve poder ser separado da entidade adquirida e vendido, transferido, licenciado, alugado ou trocado) ou (2) ser originado de direitos contratuais ou outros direitos legais[7].

---

4. FASB, *Statement of Financial Accounting Standards No. 2*, "Accounting for Research and Development Costs", 1974 (**Codification Topic 730**).
5. IASB, *International Accounting Standard 38*, "Intangible Assets", 1998.
6. FASB, *Statement of Financial Accounting Standards No. 86*, "Accounting for the Costs of Computer Software to Be Sold, Leased or Otherwise Marketed", 1985 (**Codification Topic 350**).
7. Com poucas exceções, a contabilização de ativos tangíveis e intangíveis identificáveis e separáveis é similar, seja se a Great Deal adquiriu os ativos específicos como um grupo da CarPax, seja se ela comprou toda a empresa (uma combinação de negócios). O **Capítulo 14** considera a contabilização de compras de empresas inteiras. FASB, *Statement of Financial Accounting Standards No. 141 (revised)*, "Business Combinations", 2007 (**Codification Topic 805**). IASB, *International Accounting Standard 3*, "Business Combinations", 2007.

Exemplo 6. A Great Deal reconhecerá como ativos o valor justo dos ativos tangíveis ($ 47 milhões) e o valor justo da carteira de clientes ($ 8 milhões) e das marcas comerciais ($ 10 milhões) adquiridas da CarPax. A empresa reconhece esses itens como ativos mesmo que a CarPax os tenha desenvolvido internamente e, como requerido pelo U.S. GAAP, não os tenha reconhecido como ativos.

Exemplo 7. A Great Deal reconhecerá um ativo ($ 15 milhões) pelo valor justo da **pesquisa e desenvolvimento em processo (P&DEP)**. Esse ativo é associado aos custos incorridos para desenvolver projetos de P&D que não atingiram o estágio da factibilidade tecnológica. As empresas reconhecem uma P&DEP adquirida externamente como ativo, medido pelo valor justo, quando a aquisição ocorre em uma combinação de negócios, mesmo que a empresa que desenvolveu a P&DEP a tenha considerado despesa quando seus custos foram incorridos[8].

Exemplo 8. Além dos valores justos dos ativos identificáveis tangíveis e intangíveis, a Great Deal reconhecerá como ativo $ 20 milhões de *goodwill*. Em uma combinação de negócios, o preço de compra mede o valor justo da *empresa* adquirida, que reflete todos os seus ativos líquidos identificáveis e *não identificáveis* (lembre-se de que ativo líquido = ativo menos passivo). O ***goodwill*** reflete o valor justo dos ativos que a Great Deal não pode identificar separadamente. A Great Deal reconhece o *goodwill* como um ativo porque ele é parte do valor justo da empresa adquirida. Na contabilização de combinações de negócios, o *goodwill* é medido inicialmente como a diferença entre o preço de compra e o valor justo de todos os ativos identificáveis separados.

A **Figura 10.1** resume o tratamento contábil dos gastos com recursos com benefícios futuros potenciais. Fazemos as seguintes generalizações:

1. As empresas reconhecem como ativo os gastos para adquirir ativos tangíveis construídos por conta própria, pois a natureza física do ativo tangível proporciona evidência de prováveis benefícios futuros. O custo de adquirir ou construir o ativo tangível é a melhor evidência do seu valor justo.
2. As empresas tratam como despesa os gastos incorridos para criar internamente ativos intangíveis porque não há validação externa do mercado para a existência de um ativo nem para o seu valor justo. Exceções ocorrem quanto ao desenvolvimento de software depois do ponto de factibilidade tecnológica (U.S. GAAP) e quanto aos custos de desenvolvimento em geral, após o ponto de factibilidade tecnológica (IFRS).
3. As empresas reconhecem como ativo os dispêndios com a aquisição de ativos intangíveis de terceiros. A transação de mercado convalida a existência de um ativo intangível e provê o seu valor justo.
4. Em uma combinação de negócios, o valor excedente entre o preço de compra da empresa como um todo e o valor justo dos seus ativos tangíveis e intangíveis identificáveis (líquidos dos passivos) é o *goodwill*. *Goodwill* é um ativo.

Figura 10.1

Tratamento de dispêndios com benefícios potenciais de longo prazo

	Natureza do recurso	
	Tangível	**Intangível**

Adquirido internamente	Edifícios e equipamentos construídos pela própria empresa (ativo)	Pesquisa e desenvolvimento (despesa sob U.S. GAAP; sob IFRS, pesquisa é uma despesa e desenvolvimento é um ativo)
		 Propaganda (despesa)
		 Treinamento de funcionários (despesa)
		 Custos de desenvolvimento de *software*:
		     Pré-factibilidade tecnológica (despesa)
		     Pós-factibilidade tecnológica (ativo)

Adquirido externamente	Terrenos, edifícios e equipamentos (ativo)	Tecnologias comprovadas (ativo) Tecnologias em processo (ativo) Patentes, marcas comerciais, carteira de clientes e outros recursos identificáveis (ativo) Força de trabalho treinada e outros recursos identificáveis (parte do *goodwill*) *Goodwill* (ativo)

---

8. FASB, *Statement of Financial Accounting Standards N°. 141 (revised 2007)*, "Business Combinations", 2007 (**Codification Topic 805**); IASB, *International Accounting Standard 3*, "Business Combinations", 2007.

Inconsistências entre o tratamento de itens tangíveis e intangíveis e entre custos incorridos interna e externamente para obter ativos intangíveis permeiam os padrões U.S. GAAP e IFRS. O usuário das demonstrações financeiras deve reconhecer essas inconsistências ao comparar empresas. Por exemplo, as regras contábeis resultarão, em geral, no reconhecimento de mais ativos no balanço patrimonial de uma empresa de manufatura com ativos tangíveis significativos do que no balanço de uma empresa de tecnologia ou de serviço, que se dedica a amplas atividades de pesquisa e desenvolvimento, tendo, por isso, ativos intangíveis significativos não reconhecidos. As regras contábeis também resultarão no reconhecimento de mais ativos no balanço patrimonial de uma empresa que adquire ativos intangíveis do que no balanço de outra que desenvolve tais ativos por conta própria.

MENSURAÇÃO PELO CUSTO DE AQUISIÇÃO

As empresas reconhecem (isto é, medem) inicialmente os ativos de vida longa, tangíveis ou intangíveis, pelo custo de aquisição, o qual se presume ser igual ao valor justo na data da aquisição. Esse custo inclui todos os custos incorridos para preparar um ativo de vida longa para prestar serviços. O custo de aquisição de um equipamento, por exemplo, inclui o preço de fatura (menos descontos), os custos do transporte, os encargos de instalação e todos os demais incorridos antes que o equipamento esteja pronto para uso. Vejamos um exemplo mais complexo.

Exemplo 9. Considere o **Exemplo 1**. A Great Deal incorre nos seguintes custos para procurar e adquirir o terreno e o edifício:

1. Preço de compra de um terreno com um prédio, $ 1.000.000.
2. Remuneração paga a um advogado para elaborar os contratos de compra, $ 10.000.
3. Impostos imobiliários pagos às autoridades locais, $ 2.000.
4. Salários da administração ganhos durante a procura do local e a negociação de compra, $ 8.000.
5. Dispêndios operacionais dos automóveis da empresa usados durante a procura, $ 375.
6. Encargos de depreciação dos automóveis da empresa usados durante a procura, $ 440.
7. Remuneração paga a um consultor engenheiro por um relatório sobre o bom estado da estrutura do edifício, o seu valor justo e o custo estimado dos reparos necessários, $ 15.000.
8. Custos não segurados de reparo de automóveis danificados por um acidente entre vários carros durante a procura, $ 3.000.
9. Durante a procura, a administração deu pouca atenção a um novo cliente potencial. Os lucros perdidos foram de $ 20.000.

Os primeiros seis itens de custo se referem à busca e aquisição do terreno e do edifício. A Great Deal acumulará esses itens na conta temporária Terreno e Edifício. Algumas empresas tratariam os itens **5** e **6** como despesas do período porque eles são imateriais (muito pequenos), mas a aplicação estrita da teoria contábil capitaliza esses custos como um ativo. Depois de concluir a aquisição do terreno e do edifício, a Great Deal deve alocar os custos acumulados de $ 1.020.815 (= $ 1.000.000 + $ 10.000 + $ 2.000 + $ 8.000 + $ 375 + $ 440) entre o terreno e o edifício, com base nos seus valores justos relativos. Por exemplo, se o valor justo do edifício é $ 250.000, a Great Deal alocará 25% (= $ 250.000/$ 1.000.000) dos $ 1.020.815 ao edifício e 75% ao terreno. A Great Deal reconhecerá a depreciação do edifício, mas não do terreno. O item **7** se refere apenas ao edifício; assim, o custo dos serviços do engenheiro é parte do custo do edifício. Alguns contadores tratariam o item **8**, custos de reparos pelo acidente, como um ativo, com base em que eles foram incorridos no processo de busca pelo terreno e edifício. Outros tratarão esses custos como uma despesa, com base em que eles não foram necessários para adquirir o terreno e o edifício. O item **9**, lucros cessantes, não é um custo incorrido em uma transação imparcial (*arm's length*) com terceiros. U.S. GAAP e IFRS não reconhecem esse *custo de oportunidade*.

Exemplo 10. Considere o **Exemplo 3**. O custo de aquisição das patentes pela Merck inclui $ 120 milhões pagos a seu inventor, $ 800.000 em honorários legais para avaliar os direitos legais da empresa sobre a patente e $ 1.800 para registrá-la. O custo de aquisição da Merck é, portanto, $ 120.801.800 (= $ 120.000.000 + $ 800.000 + $ 1.800).

Contrapartida em Não Caixa. Por vezes, uma empresa adquire ativos trocando por outro ativo que não seja caixa ou emitindo ações próprias ou instrumentos de dívida. Nesses casos, o custo de aquisição é o valor justo da contrapartida dada ou o valor justo do ativo recebido, dependendo de qual seja o mais confiavelmente mensurável.

Ativo Construído por Conta Própria. Quando uma empresa, como a Great Deal no **Exemplo 2**, constrói seus próprios edifícios ou equipamentos, ela reconhece o trabalho, o material e as despesas gerais incorridas como um ativo. U.S. GAAP e IFRS exigem que ela inclua **custos de juros durante a construção** no custo de um ativo de vida longa construído por conta própria, com base no raciocínio de que as empresas devem incorrer em custos financeiros da construção própria de um ativo de vida longa, tal como incorrem em custos trabalhistas e de materiais[9].

As empresas calculam o valor dos custos de juros capitalizados no ativo baseando-se no montante tomado emprestado para financiar a construção do ativo. O montante representa o custo de juros incorridos durante os períodos da construção que a empresa teria evitado se não tivesse construído o ativo. Assim, se não houver um empréstimo específico para a construção, ou se os custos da construção excederem o valor de um novo empréstimo captado para financiá-la, a empresa usará como taxa de juros para medir o valor dos juros capitalizados a média ponderada das taxas que ela paga por outros empréstimos. O valor total capitalizado não pode exceder o total do custo de juros do período. A capitalização dos juros cessa quando a construção termina.

A inclusão (capitalização) de custos de juros como parte do custo de um ativo construído por conta própria reduz a despesa de juros e, com isso, aumenta o lucro líquido durante o período de construção, mas não tem nenhum efeito no caixa pago por encargos de juros. Esse ativo terá maiores encargos de depreciação porque o valor dos juros capitalizados aumenta o seu custo inicialmente reconhecido. Os encargos maiores de depreciação reduzem o lucro líquido dos períodos futuros. A capitalização dos juros não afeta nem o total das despesas nem o total dos fluxos de caixa ao longo da vida do ativo construído por conta própria.

Exemplo 11. Considere o **Exemplo 2**. Suponha a seguinte estrutura da dívida de longo prazo da Great Deal:

Empréstimo para Construção a 5%, aplicado no Edifício em Construção	$ 1.000.000
Outros Empréstimos a 6% de Taxa Média	3.600.000
Total da Dívida de Longo Prazo	$ 4.600.000

A conta Edifício em Construção tem um saldo médio durante o ano de $ 3.000.000. A Great Deal baseia o valor dos juros capitalizados no novo empréstimo tomado para a construção de $ 1.000.000 e na porção suficiente de $ 2.000.000 do outro empréstimo para chegar ao total de $ 3.000.000. A Great Deal calcula os juros capitalizados como segue:

1.000.000 × 0,05	$ 50.000
2.000.000 × 0,06	120.000
3.000.000	$ 170.000

Os lançamentos para registrar os juros e capitalizar os valores são:

Despesa de Juros	266.000	
Juros a Pagar		266.000
Para registrar todos os juros como despesa: $ 266.000 [= (0,05 × $ 1.000.000) + (0,06 × $ 3.600.000)] = $ 50.000 + $ 216.000.		

Edifício em Construção	170.000	
Despesa de Juros		170.000
Para capitalizar a porção dos juros relativos ao edifício em construção por conta própria. O valor capitalizado reduz a despesa de juros e aumenta o custo registrado do edifício. Não há efeito em pagamento de caixa por juros.		

---

9. FASB, *Statement of Financial Accounting Standards Nº 34*, "Capitalization of Interest Costs", 1979 (**Codification Topic 835**); IASB, *International Accounting Standard 23 (revised 2007)*, "Borrowing Costs".

A empresa pode combinar os dois lançamentos anteriores em um só:

Despesa de Juros	96.000	
Edifício em Construção	170.000	
Juros a Pagar...		266.000

Para registrar o custo de juros do ano como despesa ou como capitalização no custo do edifício que está sendo construído por conta própria.

A empresa precisa evidenciar tanto o custo total dos juros no ano, $ 266.000, como o valor capitalizado, $ 170.000. Neste exemplo, a despesa de juros na demonstração do resultado é de $ 96.000.

PROBLEMA 10.1 — PARA APRENDIZAGEM

Calculando o custo de aquisição de ativos fixos. A Jensen Company comprou um terreno com um prédio para instalar a nova fábrica que ela planejava construir. A companhia recebeu ofertas de vários construtores independentes para a demolição do prédio antigo e construção do novo. Ela rejeitou todas as propostas e empreendeu a demolição e construção usando a força de trabalho da empresa, suas instalações e equipamentos.

A Jensen Company debitou ou creditou valores de todas as transações relativas a essas propriedades em uma única conta, Construção em Andamento. Os vários itens dessa conta são descritos a seguir. Ao término da construção, a empresa retirará todos os valores da conta Construção em Andamento e a fechará. Ela reclassificará os valores nas seguintes contas:

- 1. .... Conta terreno.
- 2. .... Conta edifício.
- 3. .... Conta receita, ganho, despesa ou perda.
- 4. .... Algumas contas do balanço patrimonial além de Terreno e Edifício.

Reclassifique os efeitos das seguintes transações em uma ou mais dessas quatro categorias de contas. Se usar a alternativa **4** (algumas outras contas do balanço), indique a natureza da conta.

- a. Custo do terreno, incluindo o prédio antigo.
- b. Honorários legais pagos para realizar a compra do terreno e transferir o seu título.
- c. Custo de fatura dos materiais e suprimentos usados na construção do novo prédio.
- d. Custo do trabalho direto e de materiais incorridos na demolição do prédio antigo.
- e. Custos diretos de escavação do terreno limpo preparando para as fundações do novo prédio.
- f. Descontos obtidos para pronto pagamento do item **c**.
- g. Juros do ano sobre notas promissórias emitidas para financiar a construção.
- h. Valores equivalentes de juros sobre os recursos financeiros próprios da Jensen, que ela usou na construção mas que teria investido em títulos negociáveis no mercado se tivesse optado por um construtor independente; ela debitou o valor em Construção em Processo e creditou em Receita de Juros, de modo que o custo do imóvel fosse comparável com o custo da alternativa de comprar o edifício de um construtor independente.
- i. Depreciação, no período de construção, dos caminhões usados tanto na construção como em outras operações da empresa.
- j. Proventos da venda de materiais usados do antigo edifício; a empresa debitou Caixa e creditou Construção em Processo.
- k. Custo do licenciamento do prédio.
- l. Salários de alguns engenheiros executivos da empresa; eles representam custos alocados tanto em Despesas de Salários como em Construção em Processo. A porção debitada em Construção em Processo é baseada na estimativa do tempo gasto durante o ano para planejar e construir o novo prédio.
- m. Pagamentos de tributos sobre a propriedade imobiliária do local da fábrica (o proprietário anterior devia esses tributos, mas a Jensen concordou em pagá-los).
- n. Pagamentos de tributos sobre a propriedade imobiliária do local da fábrica durante a construção.
- o. Prêmios de seguros para cobrir riscos dos trabalhadores dedicados às atividades de demolição e construção; a política de seguros requer que a companhia pague os primeiros $ 5.000 (franquia) de danos por qualquer acidente.
- p. Custo de danos pessoais de $ 2.000 pagos pela empresa porque o valor era inferior à franquia da apólice.
- q. Custos do novo maquinário a ser instalado no novo prédio.
- r. Custos de instalação do maquinário do item **q**.
- s. Lucro da construção do novo prédio (calculado pela diferença entre a menor proposta de um construtor independente e o custo real da construção); a empresa debitou em Construção em Andamento e creditou em Receita da Construção.

TRATAMENTO DO CUSTO DE AQUISIÇÃO DURANTE A VIDA DE UM ATIVO DE VIDA LONGA

A contabilização do custo de aquisição de um ativo de vida longa enquanto a empresa o usa esse ativo segue os seguintes princípios:

- A porção do custo de um ativo de vida longa com uma **vida finita** é reconhecida como despesa de cada período em que a empresa consome os serviços do ativo. A vida de um ativo diz respeito à sua **vida de serviço** ou **vida útil**, o período em que a administração tem a intenção de usá-lo. A vida útil de um ativo é finita quando a administração espera usar o ativo ao longo de um período definido ou quando a vida útil é limitada por contrato ou por lei, por exemplo, uma patente. A administração estima a vida útil de um ativo. Exemplos de ativos de vida finita incluem edifícios, equipamentos, patentes, direitos autorais, direitos de aterrissagem e carteiras de clientes. Como será explicado adiante, o valor contábil de balanço do ativo decresce ao longo do tempo em que a empresa reconhece essa despesa periódica.
- O custo de um ativo de vida longa com **vida indefinida** não é reconhecido como despesa a cada período. O ativo permanece no balanço patrimonial pelo seu custo de aquisição[10]. Ativos com vida indefinida têm vidas úteis que não são necessariamente limitadas por fatores legais, regulatórios, contratuais ou econômicos. Exemplos de ativos de vida indefinida incluem nomes, marcas comerciais, certas licenças renováveis e *goodwill*. Alguns ativos tangíveis, incluindo terrenos e obras de arte, são também tratados como tendo vida indefinida porque suas vidas úteis são potencialmente longas e indeterminadas.
- **Depreciação (amortização)** se refere ao encargo periódico alocado contra o resultado pelo custo de aquisição de um ativo tangível de vida longa (ativo intangível) com uma vida útil finita.

Exemplo 12. Considere os **Exemplos 2** e **11**. A Great Deal consome os serviços do edifício ao longo do tempo. Ela deprecia os custos de aquisição menos o valor residual estimado do edifício durante sua vida útil. O valor residual é o valor estimado do edifício no fim da sua vida útil. As empresas comparam os proventos gerados quando o edifício for vendido no fim de sua vida útil com o valor contábil do ativo (seu valor residual) para calcular o ganho ou a perda na venda do ativo.

Exemplo 13. Considere os **Exemplos 3** e **10**, nos quais a Merck adquire uma patente do seu inventor. Embora, legalmente, a patente vigore por 20 anos, as expectativas em relação a mudanças tecnológicas por parte da administração podem ocasionar uma vida econômica mais curta. A empresa deve amortizar o custo de aquisição da patente ao longo de sua vida útil esperada, que corresponde à menor entre a vida econômica e a vida legal.

Conceitos fundamentais de depreciação e amortização

Descreveremos a seguir os conceitos subjacentes à depreciação e à amortização e ilustraremos diversos métodos de depreciação e amortização.

Depreciação e amortização: um processo de alocação de custos. O custo de aquisição de um ativo de vida longa representa um pagamento antecipado pelos serviços que a empresa consumirá no futuro, de modo semelhante a um aluguel pago adiantado. À medida que a empresa usa o ativo em cada período contábil, ela trata uma porção do custo menos o valor residual do ativo como custo do serviço recebido. A contabilidade se refere a esse custo periódico como **despesa de depreciação** (se o ativo é tangível) e **despesa de amortização** (se o ativo é intangível). O custo de um ativo de vida longa é um **custo conjunto** dos períodos contábeis durante os quais o ativo proporciona serviços. Não há uma única maneira correta de alocar um custo conjunto. As empresas escolhem um método de depreciação ou amortização para um ativo de vida longa que aloca o custo de aquisição menos o valor residual a cada período da vida útil esperada, de maneira sistemática e predeterminada.

Depreciação e amortização: não uma medida de declínio do valor econômico. Depreciação e amortização envolvem alocação de custo, não avaliação. Em uma conversa informal, *depreciação* e *amortização* podem significar declínio de valor. Durante a vida útil de um ativo de vida longa, o valor dele normalmente diminui desde a aquisição até que a empresa retire-o de serviço. O encargo periódico de depreciação ou amortização não mede

---

10. O valor contábil do ativo seria, contudo, reduzido, se ocorresse um *impairment*.

esse declínio de valor nem existe para isso. A depreciação e a amortização representam uma alocação sistemática do custo do ativo, ajustada pelo valor residual. Se, em dado período, um ativo aumenta de valor, a empresa ainda reconhecerá depreciação ou amortização nesse período. Em determinado período, há dois processos que se excluem: (1) um *ganho de valorização* do ativo pelo aumento de valor e (2) a alocação do custo de aquisição do ativo ao período na forma de despesa de depreciação ou amortização. Um ganho de valorização se refere a um aumento no valor justo do ativo[11].

Mensuração da depreciação e amortização

O cálculo da depreciação ou amortização de um ativo de vida longa requer da administração:

1. Mensurar a base depreciável ou amortizável do ativo.
2. Estimar a sua vida útil (de serviço).
3. Decidir o padrão da depreciação ou amortização ao longo da vida útil do ativo.

Este tópico discute esses três itens.

Base depreciável ou amortizável de ativos de vida longa: custo de aquisição menos valor residual. As empresas baseiam os encargos de depreciação e amortização no custo de aquisição menos o valor residual dos ativos de vida longa. O **valor recuperável** ou **valor residual** é o valor que a empresa estima que receberá quando vender o ativo ao fim de sua vida útil. O valor residual não é parte da base depreciável ou amortizável do ativo porque as empresas esperam recuperá-lo por meio dos proventos da sua venda.

Para edifícios, a prática comum adota um valor residual zero, presumindo-se que os custos em que a empresa incorrerá para demolir o prédio se aproximarão do valor recuperado pelo material de sucata. Outros ativos tangíveis poderão ter valores residuais substanciais. Por exemplo, uma empresa de aluguel de automóveis repõe seus carros em um tempo após o qual outros proprietários de carros ainda usariam seus veículos por vários anos. A empresa locadora espera recuperar parte substancial do custo de aquisição com a venda dos carros usados. Ativos intangíveis relativos a direito contratual, como direitos de aterrissagem em um aeroporto, geralmente expiram após certo tempo e, portanto, têm valor residual zero.

Alguns ativos não estão prontos para a venda ao fim de suas vidas úteis e descartá-los pode significar custos substanciais; por exemplo, o custo de desmontar uma usina nuclear ao fim de sua vida útil. As empresas precisam estimar o valor justo dos custos de desmontagem e incluí-lo na mensuração inicial do ativo. A empresa também reconhece um passivo, uma *obrigação por baixa de ativos*, de mesmo valor. A empresa calcula a depreciação com base no custo dos ativos, incluindo o valor justo da obrigação de desmontar, porque ela deve recuperar o seu custo mediante a depreciação durante a vida útil do ativo[12].

Estimando a vida útil (de serviço). Além de fatores regulatórios, contratuais e legais, tanto **fatores físicos como funcionais** afetam a vida útil. Fatores físicos incluem desgaste e exaustão por uso, ação química como ferrugem e efeitos do clima. Um importante fator funcional, tanto para ativos tangíveis como intangíveis, é a obsolescência. Mudanças no processo produtivo, por exemplo, podem reduzir o custo unitário de produção a tal ponto que a empresa julgue antieconômico continuar a operar com um equipamento antigo, ainda que ele esteja fisicamente em condições de uso. Os computadores podem estar funcionando tão bem quanto antes, mas as empresas os substituem porque modelos novos ocupam menos espaço e são mais rápidos. Embora mostruários e vitrines possam não estar desgastados, as lojas de varejo os substituem para incrementar a aparência da loja. Intangíveis baseados em tecnologia podem se tornar obsoletos de um dia para outro.

Estimar a vida útil representa a tarefa mais difícil no cálculo da depreciação e amortização. Dado que a obsolescência normalmente resulta de forças externas, o seu efeito na vida útil é incerto. Consequentemente, as empresas precisam rever suas estimativas das vidas úteis a cada ano. Uma mudança nessas estimativas alterará os valores da depreciação e amortização a partir de então. Discutiremos mudanças nas estimativas mais adiante.

Padrão de depreciação e amortização. O custo de aquisição de um ativo, o valor residual e a vida útil determinam o total de encargos de depreciação ou amortização e o tempo ao longo do qual esses custos são alocados. A

---
11. O padrão U.S. GAAP exclui o reconhecimento de ganhos de valorização de ativos tangíveis e intangíveis de vida longa. O IFRS permite o reconhecimento desses ganhos de valorização em certas circunstâncias. Discutiremos esse tratamento mais tarde neste capítulo.
12. FASB, *Statement of Financial Accounting Standards No. 143*, "Accounting for Asset Retirement Obligations", 2001 (**Codification Topic 410**); IASB, *International Accounting Standard 16*, "Property, Plant and Equipment", 1998.

empresa precisa também selecionar o padrão da alocação desses encargos a anos específicos da vida de serviço. Os padrões U.S. GAAP e IFRS conferem às empresas considerável flexibilidade na escolha de métodos de depreciação. Os métodos mais comuns de depreciação de ativos tangíveis são os seguintes:

1. Linear com base no tempo.
2. Linear com base na utilização.
3. Acelerado no tempo (com depreciação mais alta no início da vida útil).

A amortização de ativos intangíveis costuma ser linear no tempo. O próximo tópico descreve e ilustra os padrões de depreciação e amortização.

Método linear (com base no tempo). É o método mais comum na informação financeira. Esse método divide o custo de aquisição de um ativo (incluindo o custo de desmontagem e descarte), subtraído o seu valor residual pela vida útil estimada, para calcular a despesa de depreciação ou amortização:

$$\text{Depreciação ou Amortização Anual} = \frac{\text{(Custo menos valor residual estimado)}}{\text{(Vida útil estimada em anos)}}$$

Por exemplo, se uma máquina custa $ 5.000 com valor residual estimado de $ 200 e vida útil esperada de cinco anos, a despesa anual de depreciação é de $ 960 [= (5.000 − 200)/5]. Se uma patente adquirida por $ 30.000 tem uma vida útil esperada de cinco anos e zero de valor residual, a despesa anual de amortização é de $ 6.000 (= 30.000/5).

Quando uma empresa adquire um ativo de vida longa durante um período contábil, ela calcula depreciação e amortização pela porção do período durante o qual ela usa o ativo. Por exemplo, se uma empresa adquirisse a máquina mencionada anteriormente com três meses remanescentes do ano contábil, a despesa de depreciação seria de $ 240 [= $ 960 × (3 meses/12 meses)].

Método linear (com base na utilização). Para ativos cujo uso varia com o tempo, o método linear (com base no tempo) de depreciação pode resultar em padrões de depreciação não relacionados com os padrões de uso. Por exemplo, as plantas de fábricas costumam ter variações sazonais nas suas operações, usando, por exemplo, certas máquinas 24 horas por dia em uma época do ano e, em outra, por 8 horas ou menos. Caminhões não são utilizados da mesma forma em cada ano de sua vida útil. Um **método linear (com base na utilização)** é apropriado para esses ativos. Por exemplo, uma empresa poderia calcular a depreciação de um caminhão com base na proporção entre os quilômetros rodados em um período e o total de quilômetros a serem rodados ao longo da sua vida útil. O custo por unidade (quilômetro) da depreciação é:

$$\text{Custo de Depreciação ou Amortização por Unidade} = \frac{\text{(Custo menos valor residual estimado)}}{\text{(Unidades estimadas de uso)}}$$

Suponha que um caminhão custa $ 54.000, tem um valor residual estimado de $ 4.000 e proporcionará 200.000 quilômetros de uso antes do descarte. A depreciação por quilômetro é de $ 0,25 [= (54.000 − 4.000)/200.000]. Se o caminhão percorre 24.000 quilômetros em dado ano, o encargo de depreciação é de $ 6.000 (= 24.000 × $ 0,25).

Depreciação acelerada. A capacidade de serviço de alguns ativos depreciáveis declina com a idade ou o uso. Ferramentas cortantes perdem um pouco de sua precisão, máquinas impressoras requerem paradas mais frequentes para reparos, os recebimentos de aluguéis de um prédio antigo são menores que os de um prédio novo. Alguns ativos proporcionam mais e melhores serviços nos primeiros anos de suas vidas e requerem valores crescentes de manutenção à medida que envelhecem. Esses casos justificam métodos de depreciação acelerada, que reconhecem encargos maiores de depreciação nos primeiros anos e encargos menores em anos posteriores.

Dois métodos comuns de depreciação acelerada são o **método do saldo declinante** e o **método da soma dos dígitos**. O método do saldo declinante multiplica o valor contábil (isto é, custo de aquisição menos **depreciação acumulada**)[13] do ativo por uma taxa de depreciação. O método do *duplo saldo declinante* considera a taxa de depreciação como o dobro da taxa de depreciação do método linear. Sendço a taxa do método linear $1/n$, o dobro dessa taxa é $2/n$, onde n é o número de períodos da vida útil do ativo. Uma empresa nunca depreciará completa-

---

13. No método do duplo saldo declinante, o valor residual não é considerado. O valor contábil do ativo não pode jamais ser inferior ao valor residual.

mente um ativo utilizando o método do saldo declinante; as empresas passam para o método linear antes do fim da vida útil do ativo.

O método da soma dos dígitos começa somando os dígitos dos anos de vida útil do ativo. Para um ativo de cinco anos, a soma é 15 (= 5 + 4 + 3 + 2 + 1). A taxa de depreciação do primeiro ano de vida útil é 5/15, no segundo ano é 4/15 e assim por diante. A base da depreciação é a mesma do método linear, custo de aquisição menos valor residual. Multiplicando-se a base da depreciação pela taxa de depreciação, obtém-se o valor da depreciação em cada ano.

Para ilustrar o método do saldo declinante e o método da soma dos dígitos, considere o seguinte exemplo: uma máquina custa $ 5.000 com um valor residual estimado de $ 200 e uma vida útil de cinco anos. A despesa anual de depreciação usando o método do duplo saldo declinante (assumindo que a empresa passe para o método linear [com base no tempo] no final do Ano 4) é:

Ano	Valor contábil		Taxa de depreciação dupla declinante		Despesa anual de depreciação
Ano 1	5.000	×	0,4 = 2* (1/5)	=	2.000
Ano 2	3.000 (= 5.000 − 2.000)	×	0,4 = 2* (1/5)	=	1.200
Ano 3	1.800 (= 3.000 − 1.200)	×	0,4 = 2* (1/5)	=	720
Ano 4	1.080	×	0,5	=	540
Ano 5	540				540

A despesa anual de depreciação pelo método da soma dos dígitos é:

Ano	Custo de aquisição menos valor residual		Razão da soma dos anos		Despesa anual de depreciação
Ano 1	4.800 (= 5.000 − 200)	×	5/15	=	1.600
Ano 2	4.800	×	4/15	=	1.280
Ano 3	4.800	×	3/15	=	960
Ano 4	4.800	×	2/15	=	640
Ano 5	4.800	×	1/15	=	320

Para ambos os métodos acelerados, a despesa de depreciação é maior no primeiro ano da vida do ativo e declina nos anos seguintes.

PROBLEMA 10.2 — PARA APRENDIZAGEM

Calculando a depreciação periódica. A Markam Corporation adquire uma máquina custando $ 20.000 em 1º de janeiro de 2013. A empresa espera:

- Usar a máquina por cinco anos.
- Operar a máquina por 24.000 horas durante esse tempo.
- Recuperar um valor estimado de $ 2.000 no final dos cinco anos.

Calcule os encargos de depreciação para cada um dos cinco anos usando:

a. O método linear (com base no tempo).
b. O método linear (com base na utilização). Os tempos de operação estimados são de 5.000 horas a cada ano pelos quatro primeiros anos e 4.000 horas no quinto ano.
c. O método do duplo saldo declinante (supondo passagem para o método linear [com base no tempo] no início de 2015).
d. O método da soma dos dígitos.

Fatores para a escolha do método de depreciação e amortização

A depreciação e a amortização afetam tanto o lucro líquido informado nas demonstrações financeiras como o lucro tributável na declaração fiscal. Na maioria das jurisdições, as autoridades tributárias especificam métodos permitidos de depreciação para fins fiscais. Quando permitido pela autoridade fiscal, as empresas frequentemente usam diferentes métodos de depreciação para fins financeiros e fiscais. Quando isso acontece, a diferença entre a despesa de depreciação nas demonstrações financeiras e a depreciação dedutível na declaração fiscal conduz a uma questão sobre a contabilização da tributação sobre o lucro[14].

Informação tributária. Caso seja possível a escolha de métodos de depreciação para fins tributários, a empresa deve buscar maximizar o valor presente das reduções dos pagamentos de tributos pela depreciação calculada. Se as alíquotas tributárias não mudam com o tempo e a empresa é suficientemente lucrativa para se beneficiar de devoluções de impostos, as devoluções anteriores têm maior valor que as posteriores, pois os impostos economizados agora têm maior valor que os impostos economizados mais tarde. Se as autoridades tributárias permitem a escolha entre métodos alternativos de depreciação, a empresa deve escolher a alternativa que lhe permita pagar o menor valor de imposto o mais tarde possível, dentro da lei.

Informação financeira. O tratamento da depreciação e amortização na informação financeira tem em vista proporcionar um padrão razoável de alocação de custos. O custo de um ativo de vida longa beneficia o conjunto dos períodos de uso, e não há um único modo correto de alocar tais custos conjuntos. Consequentemente, as orientações reguladoras requerem que as demonstrações financeiras informem encargos de depreciação com base em estimativas razoáveis. Na prática, o método linear (com base no tempo) é o mais comum.

Contabilização da depreciação e amortização periódica

O registro da depreciação e amortização periódica resulta em um débito ou em uma conta de despesa ou em uma conta de custo do produto. A depreciação de edifícios e equipamentos de fábrica usados nas operações de manufatura torna-se parte do custo do estoque de produtos em processo e do estoque de produtos acabados. Na linguagem do **Capítulo 9**, esses encargos de depreciação são custos de produto. A amortização de uma patente de um semicondutor que a empresa usa para fabricar seu produto é, do mesmo modo, um custo de produto que a empresa registrará como débito na conta Estoque de Produtos em Processo[15]. As empresas classificam a amortização de uma carteira de clientes como despesa de amortização ou como despesa de vendas, dependendo de a empresa classificar as despesas pela sua natureza ou pela sua função[16]. As empresas classificam a depreciação do equipamento de escritório da sede corporativa como despesa de depreciação ou como despesa administrativa. A amortização da carteira de clientes e a depreciação do equipamento de escritório não se relacionam com a manufatura do produto e, por isso, são despesas de período.

O registro da depreciação de ativos tangíveis e da amortização de ativos intangíveis poderia, em princípio, resultar em um crédito direto na conta do ativo, tal como Edifício e Equipamento (um ativo tangível) ou Patente (um ativo intangível). Contudo, os padrões U.S. GAAP e IFRS requerem que as empresas evidenciem tanto o custo (o valor contábil bruto) quanto a depreciação ou amortização acumulada dos ativos tangíveis e intangíveis de vida longa[17]. A depreciação e a amortização acumuladas são exemplos de contas redutoras; essas contas acumulam subtrações das suas contas correspondentes. Evidenciar tanto o custo como a depreciação ou amortização acumulada permite ao usuário analisar o valor do custo do ativo que é reduzido do lucro mediante a depreciação ou amortização e o custo de aquisição remanescente. Se a empresa creditasse diretamente a conta do ativo, uma análise das contas apenas revelaria o efeito líquido de ambas, isto é, o valor contábil líquido apresentado no balanço patrimonial.

Para ilustrar, o lançamento no diário para registrar a depreciação de $ 1.500 das instalações da fábrica (um custo de produto) é:

Estoque de Produtos em Processo..	1.500	
Depreciação Acumulada		1.500

---

14. O **Capítulo 12** discute a contabilização de tributos sobre o lucro.
15. A conta Estoque de Produtos em Processo é um ativo. Os custos de produto, como a depreciação das instalações da fábrica, acumulam-se em Estoque de Produtos em Processo até a empresa completar os produtos e transferi-los para o Estoque de Produtos Acabados.
16. No Brasil, as despesas são classificadas por função. (NT)
17. FASB, *Accounting Standards Codification* (ASC) Topic 350-30-50; Topic 360-10-50; IASB, *International Accounting Standard 16*, "Property, Plant and Equipment", 1998; *International Accounting Standard 38,* Intangible Assets, 1998.

O lançamento no diário para registrar a depreciação de $ 1.500 das instalações do escritório (uma despesa de período) é:

Despesa de Depreciação (Despesas Administrativas)...	1.500
Depreciação Acumulada	1.500

O saldo de Depreciação Acumulada representa os consumos totais em todos os períodos contábeis até a data do balanço patrimonial. O saldo dessa conta é subtraído de sua conta correspondente, por exemplo, **Imobilizado, Bruto**, em que *bruto* se refere ao custo de aquisição do ativo. A diferença entre o valor bruto de um ativo e o saldo da correspondente conta Depreciação Acumulada é o *valor contábil líquido* do ativo. Se uma empresa informa um valor de **Imobilizado, Líquido** no balanço patrimonial, esse valor é a diferença entre o custo bruto do imobilizado e o saldo da depreciação acumulada. Ou seja:

        Imobilizado, Bruto
        Menos: Depreciação Acumulada
    =   Imobilizado, Líquido

IMPACTO DE NOVAS INFORMAÇÕES SOBRE ATIVOS DE VIDA LONGA

Este capítulo aborda a aquisição e a depreciação ou amortização de ativos de vida longa com base em transações e conhecimentos quando a empresa adquiriu o ativo. Frequentemente, surge ao longo da vida de ativos tangíveis ou intangíveis uma informação nova que afeta a contabilização desses ativos. Este tópico discute a contabilização das mudanças na vida útil esperada e no valor recuperável, bem como os gastos para manter ou melhorar os ativos.

Mudanças na vida útil ou nos valores residuais

A cada período, uma empresa deve avaliar se suas estimativas sobre a vida útil e o valor residual dos ativos requerem alguma mudança à luz de informações novas. Se uma mudança nas estimativas tiver um impacto material, a empresa deve alterar a planilha de depreciação ou amortização prospectivamente (isto é, daqui para a frente). A empresa não ajusta os valores já registrados anteriormente, mas distribui o valor contábil remanescente menos a nova estimativa do valor residual ao longo da nova vida útil estimada remanescente do ativo[18]. A lógica desse requisito reside na natureza e no papel das estimativas na contabilidade. As estimativas da administração sobre vida útil e valores recuperáveis, contas incobráveis, custos de garantia e itens similares utilizam a informação disponível na época da estimativa. Mudanças nas estimativas ocorrem regularmente à medida que se alteram as informações disponíveis. Se as empresas tivessem de refazer as demonstrações financeiras já publicadas de acordo com as mudanças nessas estimativas, o dispêndio de tempo seria alto e isso poderia confundir os usuários, sugerindo que as estimativas originais estavam erradas (em oposição às estimativas baseadas em informações, que eram razoáveis na época, mas depois se alteraram).

Para entender o **tratamento das variações da depreciação e amortização periódicas**, considere os seguintes fatos, ilustrados no **Quadro 10.1**. Uma empresa:

- Compra uma máquina de escritório por $ 9.200.
- Estima que usará a máquina por 15 anos.
- Estima um valor residual de $ 200.

---

18. FASB, *Statement of Financial Accounting Standards No. 154*, "Accounting Changes and Error Corrections", 2005, par. 19 (**Codification Topic 250**); IASB, *International Accounting Standard 16*, "Property, Plant and Equipment". 1998.

A depreciação registrada para cada um dos primeiros 5 anos pelo método linear é de $ 600 [= ($ 9.200 – $ 200)/15]. Em 31 de dezembro do sexto ano, antes de fechar os seus livros, a empresa avalia suas estimativas de vida útil e valor residual. À luz de novas informações, a empresa estima que:

- A máquina terá uma vida útil de 10, e não de 15 anos.
- O novo valor residual é $ 50 e não $ 200.

As diminuições na vida útil e no valor residual alterarão os encargos de depreciação futura. O valor das mudanças fará com que o total correto acumule na conta Depreciação Acumulada no fim da nova vida útil revista. O total correto é $ 9.150 (= 9.200 do custo original de aquisição – 50 do novo valor residual). A empresa não ajustará os valores antes registrados. No exemplo, o custo de aquisição a ser ainda depreciado antes da mudança no sexto ano é de $ 6.200 [= $ 9.200 – (5 anos × $ 600 por ano)]. A nova estimativa da vida útil remanescente é de 5 anos (o ano ora findo mais os próximos quatro). Essa mudança de estimativa, somada à mudança no valor residual (de $ 200 para $ 50), modifica o valor registrado da depreciação anual dos anos corrente e futuros de $ 600 para $ 1.230 [= ($ 6.200 – $ 50)/5 anos]. O lançamento da depreciação em 31 de dezembro do sexto ano e de cada ano seguinte é:

Despesa de Depreciação	1.230	
Depreciação Acumulada		1.230
Para registrar a depreciação do sexto ano com base em estimativas revisadas.		

O Quadro 10.1 ilustra o roteiro da depreciação revisada.

PROBLEMA 10.3 — PARA APRENDIZAGEM

Ajustes por mudanças nas estimativas. A Central States Electric Company constrói uma usina nuclear ao custo de $ 200 milhões. Ela estima que a vida útil da usina será de 50 anos e que o custo de desmontá-la e descartá-la será de $ 20 milhões. Esses custos de "desmobilização" incluem os custos de desmontagem da usina e descarte dos materiais radioativos. A empresa calcula e registra depreciação linear uma vez por ano, no final do ano.

No 11º ano de operação da usina, o Congresso emite nova regulamentação sobre o descarte de material nuclear. Os custos de desmobilização da usina sobem de $ 20 para $ 24 milhões. Durante o 31º ano de operação, a empresa revê a estimativa de vida útil da usina para o total de 60 anos.

a. Qual é o encargo de depreciação no primeiro ano?
b. Qual é o encargo de depreciação no 11º ano?
c. Qual é o encargo de depreciação no 31º ano?

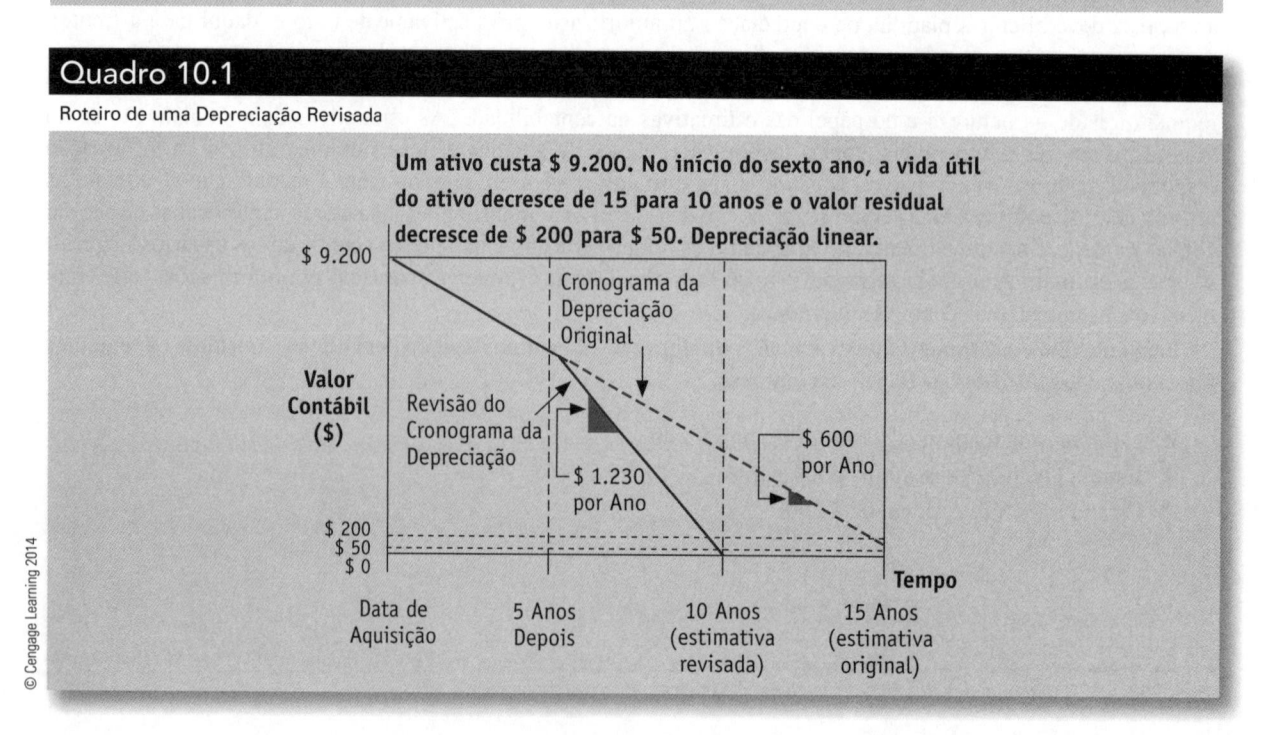

Quadro 10.1
Roteiro de uma Depreciação Revisada

Um ativo custa $ 9.200. No início do sexto ano, a vida útil do ativo decresce de 15 para 10 anos e o valor residual decresce de $ 200 para $ 50. Depreciação linear.

Dispêndios adicionais para manter e melhorar ativos de vida longa

As empresas frequentemente incorrem em custos para manter, reparar e melhorar os seus ativos tangíveis. Os padrões U.S. GAAP e IFRS requerem que as empresas:

- Tratem como despesas os gastos com manutenção e reparos.
- Tratem como ativos os dispêndios para melhorias. As empresas subsequentemente depreciam ou amortizam esses custos porque eles estão incluídos como parte do custo do ativo.

Manutenção e reparos. Para manter os ativos tangíveis em condições normais de operação, uma empresa incorre em custos de **manutenção** de rotina, tais como para limpar e ajustar, e em custos de **reparo**, para restaurar o potencial de serviço do ativo depois de quebras e outros danos ao seu potencial inicial. Como esses gastos não ampliam a vida útil estimada do ativo nem aumentam sua capacidade produtiva, os padrões U.S. GAAP e IFRS tratam-nos como despesas do período no qual a empresa faz o dispêndio.

Melhorias. Os dispêndios para **melhorias** aumentam o desempenho do ativo, por exemplo, aumentando sua vida útil, reduzindo custos operacionais ou aumentando a taxa de produção. Os dispêndios que aumentam o potencial de serviço atendem aos critérios de definição e reconhecimento de um ativo tanto sob U.S. GAAP como sob IFRS. Quando a empresa faz o dispêndio, ela capitaliza o custo da melhoria debitando a conta do ativo existente (ou uma nova conta de ativo). Os encargos subsequentes de depreciação aumentarão em decorrência do investimento aumentado no ativo depreciável.

Exemplo 14. Suponha que a Thames sofra um incêndio em um edifício e gaste € 200.000 em reparos e melhorias. Ela considera que € 160.000 dos gastos se atribuem a reparos dos danos do incêndio e € 40.000 representam melhorias. A empresa faria os seguintes lançamentos no diário:

Edifício	40.000	
Perdas por Incêndio	160.000	
Caixa		200.000
Para registrar perda por incêndio e dispêndio subsequente.		

Os dois lançamentos seguintes são equivalentes e podem ser mais fáceis de entender.

Perda por Incêndio	160.000	
Edifício		160.000
Para registrar a perda por incêndio		
Edifício	200.000	
Caixa		200.000
Para registrar dispêndios para reparos e melhorias do edifício.		

Distinguindo manutenção e reparos de melhorias. Alguns dispêndios podem tanto reparar (uma despesa do período) como melhorar (um ativo). Considere os gastos para repor um telhado danificado. Se os arquitetos projetam o novo telhado para ser mais forte e durar mais que o antigo, parte dos gastos representa reparo e outra parte representa melhoria. As empresas devem ponderar e alocar custos entre manutenção, reparos e melhorias utilizando julgamento profissional e toda a informação disponível.

PROBLEMA 10.4 PARA APRENDIZAGEM

Distinguindo reparos de melhorias. A Purdy Company adquiriu dois caminhões da Foster Company. Embora os caminhões não fossem idênticos, ambos custaram $ 15.000. A Purdy sabia, quando negociou o preço de compra, que o primeiro caminhão precisava de reparos de $ 4.000 no motor. Os reparos foram feitos uma semana após a compra e custaram $ 4.200. A Purdy Company pensou que o segundo caminhão estaria em condições normais de operação quando negociou o preço de compra, mas descobriu, após tomar posse do veículo, que ele precisava de novos rolamentos. A empresa fez esse reparo ao custo de $ 4.200 na semana posterior à compra.

a. Que custos a Purdy Company deve registrar nas contas dos dois caminhões?
b. Se os custos em **a** são diferentes, faça a distinção entre os dois reparos.

DESCARTE DE ATIVOS

Este tópico considera como o descarte de ativos de vida longa, mediante venda, abandono ou troca, afeta a mensuração do ativo e o lucro líquido.

Venda do ativo. A empresa registra o montante recebido pela venda de um ativo (usualmente caixa), elimina todos os débitos e créditos nas contas relacionadas com o ativo vendido e reconhece um ganho ou uma perda. Dado que as vendas de ativos de vida longa costumam ser periféricas às atividades de negócios principais da empresa, a empresa registra o ganho ou perda pelo líquido e não pelo bruto, ou seja, não registra o valor recebido como receita e o valor contábil do ativo vendido como despesa. Em vez disso, ela confronta os dois valores e registra apenas o ganho ou a perda.

Antes de registrar a venda, a empresa reconhece a depreciação e a amortização no ano atual até a data da venda. Quando a empresa descarta um ativo, ela retira o custo do ativo e o valor relativo da depreciação acumulada (ou amortização acumulada) do balanço patrimonial. Como parte desse lançamento, a empresa registra o valor recebido da venda, um débito e o montante do valor contábil líquido retirado dos livros, um crédito líquido (isto é, um crédito na conta do ativo e um débito menor na depreciação ou amortização acumuladas). Em geral, o montante do débito por proventos de caixa difere do crédito líquido para retirar o ativo das contas. A diferença entre os proventos recebidos e o valor contábil é um ganho (se positivo) ou perda (se negativo).

Para ilustrar, suponha que a Great Deal tem um equipamento de escritório que custou originalmente $ 5.000, com uma vida útil de 4 anos e valor residual de $ 200. A Great Deal depreciou esses ativos na base linear em $ 1.200 [= ($ 5.000 − $ 200)/4] por ano. A empresa registrou a depreciação por dois anos e vendeu o equipamento na metade do terceiro ano. A empresa registra a depreciação desde o início do Ano 3 até a data da venda: $ 600 [= 1/2 × ($ 5.000 − $ 200)/4].

Despesa de Depreciação	600	
Depreciação Acumulada		600
Para registrar encargos de depreciação até a data da venda.		

O valor contábil do ativo é agora o seu custo original menos dois anos e meio de depreciação linear de $ 1.200 por ano, ou seja, $ 2.000 [= $ 5.000 − (2$\frac{1}{2}$ × $ 1.200) = $ 5.000 − $ 3.000]. O lançamento para registrar a venda do ativo depende do provento da venda.

1. Se a empresa vende o equipamento por $ 2.000 em dinheiro, o lançamento para registrar a venda é:

Caixa	2.000	
Depreciação Acumulada	3.000	
Equipamento		5.000
Para registrar encargos de depreciação até a data da venda.		

Nesse caso, não há ganho nem perda com a venda porque o seu preço é igual ao valor contábil no momento da venda.

2. Se a empresa vende o equipamento por $ 2.300 em dinheiro, o lançamento para registrar a venda é:

Caixa	2.300
Depreciação Acumulada	3.000
Equipamento	5.000
Ganho na Venda do Equipamento	300

A Great Deal reconhece um ganho porque os proventos excedem o valor contábil do equipamento de escritório no momento da venda. O ganho aparece no lucro e, após os lançamentos de fechamento, aumenta os Lucros Acumulados.

3. Se a empresa vende o equipamento por $ 1.500 em dinheiro, o lançamento para registrar a venda é:

Caixa	1.500
Depreciação Acumulada	3.000
Perda na Venda do Equipamento	500
Equipamento	5.000

A Great Deal reconhece uma perda porque os proventos são menores que o valor contábil do equipamento de escritório no momento da venda. A empresa inclui a perda no lucro, reduzindo Lucros Acumulados.

Abandono de um ativo. As empresas por vezes abandonam ativos se não há mercado para eles, por exemplo, um automóvel muito danificado por um acidente. A empresa elimina o valor contábil do ativo e reconhece uma perda igual ao valor contábil. Por exemplo, se a Great Deal decide abandonar um caminhão de entrega danificado com um preço de compra original de $ 120.000 e depreciação acumulada de $ 67.000 no momento do abandono, o lançamento para registrar o abandono é:

Depreciação Acumulada	67.000
Perda no Abandono do Equipamento	53.000
Equipamento	120.000

Troca de um ativo. Uma empresa pode descartar um ativo trocando-o por outro, com pouco ou nenhum pagamento em dinheiro. A orientação regulatória se refere a essas transações como trocas não monetárias porque elas envolvem pouco ou nenhum ativo monetário[19]. Os padrões U.S. GAAP e IFRS requerem que as empresas registrem **transações de troca** pelo valor justo do ativo entregue na troca, a menos que o valor justo do ativo recebido seja uma estimativa melhor do valor justo do acordo[20]. Para ilustrar, suponha que a Great Deal possua uma van que custou originalmente $ 275.000 e tem $ 25.000 de depreciação acumulada. O valor contábil da van é $ 250.000. A Great Deal troca a van por outra similar com um valor justo de $ 260.000. Considerando que o valor justo do veículo que a empresa obtém na troca é a melhor evidência do valor justo da troca, o lançamento para registrar a transação é:

Equipamento (nova van)	260.000
Depreciação Acumulada (van antiga)	25.000
Equipamento (van antiga)	275.000
Ganho na Troca	10.000
Para registrar a troca de uma van com valor contábil de $ 250.000 e valor justo de $ 250.000 por outra com valor justo de $ 260.000, sendo o valor justo do ativo adquirido a melhor evidência do valor justo da troca.	

---

19. Se a troca envolve um considerável pagamento em dinheiro, o acordo não se caracteriza como transação de troca para fins contábeis.
20. As transações de troca sem **substância comercial** são tratadas de modo diferente. Uma transação é sem substância comercial se não se espera que os fluxos de caixa futuros da empresa mudem significativamente como resultado da substituição do ativo antigo pelo novo. As empresas registram transações sem substância comercial pelo valor contábil do ativo trocado. Ver FASB, *Statement of Financial Accounting Standards No. 153*, " Exchanges of Nonmonetary Assets", 2004 (**Codification Topic 845**); IASB, *International Accounting Standard 16*, "Property, Plant and Equipment", revised 1998.

VARIAÇÕES NO VALOR JUSTO DOS ATIVOS DE VIDA LONGA

Uma empresa adquire ativos pelos seus benefícios futuros. O mundo muda e esses benefícios podem aumentar ou diminuir. Mudanças nos benefícios futuros dão origem a mudanças no valor justo dos ativos que geram esses benefícios. À medida que os benefícios futuros aumentam, o valor justo aumenta. À medida que eles diminuem, o valor justo diminui. A orientação reguladora especifica o reconhecimento dessas variações do valor justo nas demonstrações financeiras. Este tópico discute a contabilização dos aumentos e diminuições no valor justo dos ativos de vida longa.

Aumentos no valor justo de ativos de vida longa

O padrão U.S. GAAP não permite às empresas aumentar o valor contábil dos ativos tangíveis e intangíveis de vida longa no balanço patrimonial quando o valor justo desses ativos aumenta. Isso significa que uma empresa pode reconhecer um aumento no valor justo de um ativo apenas quando ela realiza esse aumento de valor, por exemplo, vendendo o ativo. Uma vez que os proventos da venda seriam iguais ao valor justo do ativo, a empresa reconheceria um ganho na transação. Como descrito no tópico anterior, o ganho aumentará o lucro da empresa no período da venda, independentemente de quando o aumento de valor justo ocorreu.

Por outro lado, o padrão IFRS permite a **reavaliação de ativos** para cima sob certas condições[21]. Uma reavaliação para cima significa que a empresa reconhece um aumento não realizado no valor justo do ativo. Para ativos intangíveis de vida longa, as condições que precisam ser atendidas são tão restritivas que as reavaliações de intangíveis para cima são raras[22]. Para ativos tangíveis de vida longa, as condições são menos restritivas[23], mas reavaliações para cima permanecem incomuns. Se as condições forem preenchidas (seja para ativos tangíveis ou intangíveis), a empresa creditará o aumento no valor contábil reavaliado no balanço patrimonial em outros resultados abrangentes, não no resultado.

Diminuições no valor justo de ativos de vida longa (*Impairment* de Ativos)

Embora U.S. GAAP e IFRS difiram quanto ao reconhecimento de aumentos não realizados no valor justo de um ativo, ambos requerem que as empresas reconheçam as diminuições no valor justo como uma **perda por *impairment*** (perda do valor recuperável do ativo). U.S. GAAP e IFRS distinguem três categorias de ativos de longa vida para fins de mensuração e reconhecimento de perdas por *impairment*:

Categoria 1. Ativos de vida longa com serviços definidos e terrenos. A categoria 1 inclui edifícios, plantas industriais, equipamentos, patentes, direitos de franquia e ativos similares, bem como terrenos. Com exceção de terreno, os ativos da Categoria 1 provêm benefícios ao longo de períodos finitos e estão sujeitos a depreciação ou amortização.

Categoria 2. Ativos intangíveis com vidas úteis indefinidas, exceto *goodwill*. A categoria 2 inclui marcas de empresas, marcas comerciais de produtos e licenças renováveis ou outros direitos legais que provêm benefícios por períodos *indefinidos* de tempo e não estão sujeitos a amortização.

Categoria 3. *Goodwill*. A categoria 3 inclui um único ativo, o *goodwill* adquirido, que se origina de uma transação na qual uma empresa compra outra.

Embora tanto U.S. GAAP como IFRS distingam as mesmas três categorias de ativos de vida longa para análise de *impairment*, os procedimentos para avaliar se um ativo sofreu *impairment* e a mensuração da perda por *impairment* diferem. Para ambos os conjuntos normativos, a administração começa a avaliação de um ativo de vida longa para fins de teste de *impairment* em cada data de relatório, determinando se indicadores de *impairment* estão presentes. Esses indicadores incluem, por exemplo, o declínio no valor de mercado de um ativo significativamente

---

21. IASB, *International Accounting Standard 16*, "Property, Plant and Equipment", 1998 e *International Accounting Standard 38*, "Intangible Assets", 1998.
22. As condições são que a empresa deve (1) basear a reavaliação no preço do ativo intangível em um mercado ativo e (2) realizar a reavaliação de forma regular e simultaneamente para todos os ativos de uma classe de ativos intangíveis.
23. A empresa não precisa basear o valor justo nos preços dos ativos de um mercado ativo. Ela precisa, contudo, manter atualizadas as reavaliações, e os valores precisam ser mensurados confiavelmente.

para além do esperado com o uso e passagem do tempo; mudanças bastante adversas no ambiente tecnológico, de mercado, econômico ou legal da empresa; aumentos significativos no retorno esperado do investimento[24]. A administração, então, segue os procedimentos especificados pelo U.S. GAAP ou pelo IFRS para testar o ativo para *impairment* e, se existe um *impaiment*, para mensurar o valor da perda por *impairment*. Descrevemos separadamente os procedimentos dos padrões U.S. GAAP e IFRS para cada categoria de ativo no **Apêndice** deste capítulo[25].

A forma de lançamento para registrar uma perda por *impairment* é semelhante sob U.S. GAAP e IFRS. No caso de um ativo tangível de vida longa, a contabilização envolve, em primeiro lugar, remover das contas o custo de aquisição do ativo e a respectiva depreciação acumulada e, a seguir, estabelecer uma nova valoração do ativo. Como explicado no **Apêndice**, o cálculo da perda por *impairment* e a nova avaliação do ativo diferem entre U.S. GAAP e IFRS[26]. Para ilustrar a forma de lançamento no diário, suponha uma perda por *impairment* de $ 5 milhões em um ativo tangível de vida longa com custo de aquisição de $ 17 milhões e depreciação acumulada de $ 4 milhões. A nova avaliação do ativo é $ 8 milhões. A forma de um lançamento no livro diário para reconhecer a perda de *impairment* será[27]:

Depreciação Acumulada	4,0
Ativo (Nova Avaliação)	8,0
Perda por *Impairment*	5,0
Ativo (Custo de Aquisição)	17,0

Sob ambos os padrões, U.S. GAAP e IFRS, a perda reduz o lucro, a menos que a empresa já tenha reavaliado o ativo para cima sob o IFRS. Nesse caso, a perda é uma diminuição da reavaliação (um débito em outros resultados abrangentes no PL) até o valor da reavaliação, com toda a perda excedente reconhecida no resultado.

APRESENTAÇÃO DE ATIVOS DE VIDA LONGA NAS DEMONSTRAÇÕES FINANCEIRAS

Balanço patrimonial

O balanço patrimonial separa ativos não circulantes de ativos circulantes. Os ativos tangíveis de vida longa normalmente aparecem entre ativos não circulantes sob o título Imobilizado. Os ativos intangíveis podem aparecer como um item separado ou incluídos em Outros Ativos. As empresas geralmente apresentam o custo de aquisição e a depreciação acumulada dos ativos tangíveis de vida longa de uma das três maneiras seguintes:

1. Toda a informação é apresentada no balanço. A Great Deal utiliza a seguinte forma de apresentação (ver **Figura 1.1**; os valores estão em dólares norte-americanos; exercício findo em 27 de fevereiro de 2013):

---

24. Aumento na taxa de juros. (NT)
25. FASB, *Statement of Financial Accounting Standards No. 144*, "Accounting for Impairment of Long-Lived Assets", 2001 (**Codification Topic 360**) and *Statement of Financial Accounting Standards No. 142*, "Goodwill and other Intangible Assets", 2001 (**Codification Topic 350**); IASB, *International Accounting Standard 36*, "Impairment of Assets", revised 2004.
26. No Brasil, o mais comum é abrir uma nova conta redutora do ativo, denominada Perdas por *Impairment* Acumuladas, para registrar as perdas acumuladas com *impairment*. Nesse caso, o lançamento da perda é semelhante ao de uma depreciação normal, ou seja, debita-se a conta do resultado Perda por *Impairment* e credita-se a conta redutora do ativo Perdas por *Impairment* Acumuladas, ambas em $ 5 milhões, para seguir o exemplo. A vantagem de registrar o *impairment* como uma conta redutora, em vez de adotar o lançamento sugerido neste livro, é que o valor do *impairment* fica registrado de forma separada, facilitando sua evidenciação exigida em Notas Explicativas, bem como a identificação do seu valor acumulado para efeitos de eventuais reversões desse valor no futuro caso o fato que tenha levado à perda deixe de existir. (NT)
27. Nossa leitura de demonstrações financeiras sugere que as empresas usam frequentemente um procedimento contábil alternativo que debita uma perda por *impairment* e credita depreciação acumulada. Tanto essa abordagem como aquela ilustrada no texto reduzem o valor contábil do ativo no balanço patrimonial para o novo valor avaliado; a diferença está no tratamento do custo de aquisição do ativo. Se este não é depreciado ou amortizado, inclusive os intangíveis de vida indefinida, terreno e *goodwill*, algumas empresas reconhecem uma perda por *impairment* (débito) e uma redução no valor contábil do ativo (crédito) no balanço patrimonial.

Imobilizado:	
Terrenos e Edifícios	757
Benfeitorias em Imóveis Alugados	2.154
Instalações e Equipamentos	4.447
Imobilizado sob *Leasing* Financeiro (ou Imobilizado Arrendado)	95
	7.453
Menos Depreciação Acumulada	3.383
Imobilizado Líquido	4.070

2. O custo de aquisição é omitido no balanço patrimonial. Se a Great Deal tivesse usado essa forma de apresentação, o seu balanço patrimonial apresentaria o valor contábil da seguinte maneira:

Imobilizado, Menos Depreciação Acumulada de $ 3.383	$ 4.070

3. O balanço patrimonial apresenta o valor contábil líquido e evidencia o custo de aquisição e a depreciação acumulada nas Notas Explicativas. A Thames utiliza a seguinte forma de apresentação (ver **Figura 1.5**; valores em milhões de euros; exercício findo em 31 de dezembro do 2013):

Ativos Tangíveis, Líquido	€ 1.338,3

A Thames remete à Nota 12, que apresenta a seguinte informação (valores em milhões de euros):

	Bruto	Depreciação	Líquido
Terrenos	54,2	–	54,2
Edifícios	1.039,3	(531,7)	507,6
Planta e Equipamento	2.029,7	(1.518,7)	511,0
Outros	710,6	445,1)	265,5
Ativos Tangíveis	3.833,8	(2.495,5)	1.338,3

As empresas tipicamente evidenciam os montantes das várias classes de ativos tangíveis e intangíveis de vida longa separadamente nas Notas Explicativas das demonstrações financeiras. Algumas empresas usam a terceira forma de apresentação acima do balanço patrimonial também para ativos intangíveis[28].

Demonstração do resultado

As despesas de depreciação e amortização aparecem na demonstração do resultado como um item separado, ou estão incluídas nas despesas de vendas e administrativas, ou (se são custos de produtos) estão incluídas como parte da despesa do custo dos produtos vendidos[29]. Por exemplo, a demonstração do resultado da Great Deal (**Figura 1.2**) inclui a despesa de depreciação da sua rede de distribuição como parte do custo das mercadorias vendidas bem como a despesa de depreciação associada com as operações de varejo e com ativos corporativos como parte das despesas de vendas, gerais e administrativas[30].

Ganhos e perdas na venda ou baixa de imóveis, planta e equipamentos aparecem na demonstração do resultado por vezes incluídos em "Outras receitas e despesas". Por exemplo, ganhos e perdas com as vendas de

---

28. No Brasil, pratica-se a terceira forma de apresentação acima, com os ativos publicados no balanço pelo seu valor contábil líquido e os detalhamentos apresentados em Notas Explicativas. O plano de contas padrão da CVM prevê, no entanto, a evidenciação no balanço patrimonial de dois grupos separados: o Imobilizado (para os ativos tangíveis) e o Intangível. O imobilizado deve ser apresentado no balanço patrimonial subdividido em três linhas: Imobilizado em Operação, Imobilizado Arrendado e Imobilizado em Andamento; e o Intangível, em duas linhas: Intangíveis (para os intangíveis em geral, exceto o *goodwill*) e *Goodwill*. (NT)
29. As despesas de depreciação e amortização se incluem no custo dos produtos vendidos se elas forem custos de produto. Se elas são despesas do período, incluem-se em outra parte da demonstração do resultado.
30. No Brasil, a depreciação da rede de distribuição não seria lançada como parte do custo das mercadorias vendidas, pois, tratando-se de uma empresa comercial, apenas o custo das mercadorias adquiridas (incluindo custos de transação) compõe o custo das mercadorias vendidas. Assim, toda a depreciação seria lançada como despesas de vendas, gerais e administrativas. (NT)

ativos da Great Deal estão incluídos em "Lucro de Investimento e outros" na sua demonstração do resultado (**Figura 1.2**). Por outro lado, a Thames inclui uma linha separada na sua demonstração do resultado para "Ganho (perda) na venda de ativos e outros".

Finalmente, as perdas por *impairment* podem aparecer como linha separada na demonstração do resultado e são por vezes incluídas em despesas de vendas e administrativas. Tanto a Great Deal como a Thames têm itens separados na demonstração do resultado para *impairments*. A Great Deal informa "*Impairment* de *Goodwill* e de marca comercial", ao passo que a Thames informa "*Impairment* de ativos operacionais não circulantes"[31].

RESUMO

Este capítulo começou listando seis áreas nas quais os padrões U.S. GAAP e IFRS provêm orientação para a contabilização de ativos de vida longa. Repetimos aqui essas seis áreas e resumimos a orientação dos padrões em cada área.

1. As empresas capitalizam um dispêndio como um ativo se ele preenche a definição de um ativo e atende aos critérios de reconhecimento de um ativo; de outro modo, o dispêndio é uma despesa do período. Esses critérios são prontamente aplicáveis aos ativos tangíveis (como edifícios e equipamentos) em virtude de seus atributos físicos, ao passo que se aplicam mais dificilmente a intangíveis (como gastos com pesquisa e desenvolvimento, marcas e custos de desenvolvimento de software) em razão da natureza não física desses itens.
2. As empresas depreciam ou amortizam o custo de ativos de vida longa com vidas úteis finitas, por exemplo, edifícios, equipamentos e patentes, mas não depreciam ou amortizam o custo de ativos de vida indefinida, por exemplo, terreno e *goodwill*. Independentemente de um ativo ter vida finita ou indefinida, a empresa deve testar todos os ativos de vida longa para *impairment*.
3. As empresas depreciam ou amortizam o custo de ativos (menos o valor residual, se aplicável) ao longo da vida de serviço esperada desses ativos. A maioria das empresas deprecia ou amortiza um valor igual a cada ano, usando o método linear de informação financeira.
4. Tanto U.S. GAAP como IFRS requerem que as empresas reconsiderem suas estimativas de valor residual e vida útil à luz de informações novas. Se há mudança na estimativa, a empresa deprecia ou amortiza o valor contábil remanescente no momento da mudança ao longo da vida útil remanescente.
5. Quando uma empresa vende um ativo, ela registra os proventos da venda, elimina o valor contábil do ativo e registra o ganho ou a perda pela diferença.
6. O tratamento de variações nos valores justos de ativos de vida longa sob U.S. GAAP é assimétrico. As empresas não podem aumentar os valores contábeis do balanço patrimonial dos ativos de vida longa se os valores justos desses ativos aumentam, mas devem testar ativos para perdas de valor e reconhecer perdas por *impairment*. O IFRS também requer o teste e reconhecimento das perdas por *impairment*, mas os detalhes técnicos dos testes de *impairment* são diferentes. O IFRS também permite reavaliações de ativos para cima, sob certas condições, para reconhecer tanto aumentos de valor justo não realizados como recuperações de perdas por *impairment*.

Tanto U.S. GAAP como IFRS requerem que as empresas exerçam significativos julgamentos na contabilização de ativos de vida longa. Por exemplo, as empresas precisam estimar as vidas úteis e os valores residuais de ativos de vida finita e escolher métodos de depreciação e amortização desses ativos. Tanto o teste de *impairment* como a nova mensuração de ativos pelo valor justo também requerem julgamentos e estimativas substanciais.

---

31. No Brasil, o plano de contas padrão da CVM determina que as perdas por *impaiment* sejam evidenciadas na demonstração do resultado em uma linha separada. (NT)

APÊNDICE 10.1: PROCEDIMENTOS PARA *IMPAIRMENT* DE ATIVOS DE VIDA LONGA CONFORME U.S. GAAP E IFRS

Categoria 1: *Impairment* **de ativos de vida longa com vidas úteis definidas e terrenos.** O padrão U.S. GAAP requer um processo de três passos para mensurar e registrar *impairments* de terrenos e ativos de vida longa com vidas úteis definidas.

Passo 1. Compare a soma dos fluxos de caixa não descontados do ativo com o seu valor contábil no balanço patrimonial. Uma perda por *impairment* ocorre se o valor contábil do ativo exceder a soma dos fluxos de caixa não descontados.

Passo 2. O valor da perda por *impairment* é o excedente do valor contábil do ativo sobre o seu valor justo.

Passo 3. No momento da perda por *impairment*, a empresa reduz o valor contábil do ativo ao seu atual valor justo. A perda reconhecida por *impairment* reduz o lucro líquido. O padrão U.S. GAAP não permite a reversão de perdas por *impairment*.

Ao requerer o uso dos fluxos de caixa não descontado para testar o *impairment* de um ativo no **Passo 1**, o FASB entende que não ocorreu uma perda se a empresa pode recuperar em fluxos de caixa futuros um valor pelo menos igual ao valor contábil do ativo. Sob o padrão U.S. GAAP, as empresas não reconhecem perdas por *impairment* se o *valor justo* de um ativo cai abaixo do valor contábil, mas apenas se os *fluxos de caixa não descontados* desse ativo caem abaixo do valor contábil.

Em contraste ao U.S. GAAP, o teste do IFRS para perda por *impairment* dos ativos da Categoria 1 compara o seu valor contábil com o seu **valor recuperável**, definido como o maior entre (1) o valor justo menos o custo da venda e (2) o valor em uso, definido como o valor presente dos fluxos de caixa futuros do ativo no seu uso atual pela empresa. A perda por *impairment* é o excedente do valor contábil sobre o valor recuperável do ativo. Os requisitos do IFRS diferem do U.S. GAAP de três maneiras:

1. Sob IFRS, as empresas não comparam o valor contábil do ativo com a soma dos fluxos de caixa não descontados para determinar se ocorreu uma perda por *impairment*. Uma perda por *impairment* ocorre sempre que o valor contábil excede o valor recuperável.
2. A perda por *impairment* sob IFRS é o valor contábil menos o valor recuperável (o maior entre o valor justo menos o custo da venda e o valor em uso).
3. Uma empresa que aplica o IFRS reverterá toda ou parte da perda por um *impairment* se houver evidência de que a perda diminuiu ou não mais existe.

Ilustraremos a aplicação dessa orientação reguladora com exemplos.

Exemplo básico de *impairment*. A Great Deal possui um prédio de escritórios que custou $ 20 milhões, com depreciação acumulada de $ 5 milhões. O valor contábil no balanço patrimonial é de $ 15 (= $ 20 – $ 5) milhões. A empresa esperava originalmente receber aluguéis anuais de $ 1,67 milhão por mais 30 anos antes de vender o prédio por $ 8 milhões. Em virtude da abertura de um novo *shopping center*, a Great Deal espera que o prédio proporcione aluguéis apenas por mais 15 anos antes que queira vendê-lo. A empresa usa uma taxa de desconto de 8% ao ano para descontar os aluguéis esperados do prédio.

Exemplo 15. A Great Deal espera receber aluguéis anuais de $ 1,35 milhão por 15 anos e vender o prédio por $ 5,0 milhões após 15 anos. O valor presente dos aluguéis é de $ 13,1 milhões quando descontado a 8% ao ano; esse valor é o valor em uso sob IFRS. O valor justo do prédio hoje é de $ 12,5 milhões. Custos estimados de venda são de $ 500.000.

Sob U.S. GAAP, não ocorreu nenhum *impairment* porque os fluxos de caixa futuros esperados de $ 25,25 milhões [= ($ 1,35 × 15) + $ 5] excedem o valor contábil de $ 15 milhões. Embora a Great Deal tenha sofrido uma perda econômica (porque o valor justo do prédio de $ 12,5 milhões é inferior ao valor contábil de $ 15 milhões), ela não reconhecerá uma perda por *impairment*. Aplicando IFRS, a empresa compararia o valor contábil de $ 15 milhões com o maior entre o valor justo menos o custo da venda de $ 12 milhões (= $ 12,5 milhões – $ 500.000) e o valor de uso de $ 13,1 milhões. A perda por *impairment* seria de $ 1,9 milhão (= $ 15 milhões – $ 13,1 milhões).

Exemplo 16. Agora suponha que a Great Deal espera receber aluguéis anuais de $ 600.000 pelos 15 anos e vender o prédio por $ 3 milhões após esse período. O valor presente desses montantes é $ 6,1 milhões quando descontado a 8% ao ano; esse é o valor de uso sob IFRS. O valor justo do prédio é $ 5,5 milhões hoje e os custos de vendê-lo são de $ 300.000.

Sob U.S. GAAP, a Great Deal tem uma perda por *impairment* porque o valor contábil de $ 15 milhões excede os fluxos de caixa não descontados esperados de $ 12 milhões [= (0,6 × 15) + 3]. A Great Deal reconhece uma perda por *impairment* de $ 9,5 milhões, igual ao excedente do valor contábil do prédio de $ 15 milhões sobre seu valor justo de $ 5,5 milhões. Sob IFRS, a empresa compara seu valor contábil do prédio de $ 15 milhões com seu valor recuperável de $ 6,1 milhões (isto é, o maior entre o valor em uso, de $ 6,1 milhões, e o valor justo menos o custo da venda, de $ 5,2 milhões; $ 5,2 milhões = $ 5,5 milhões menos $ 300.000). Sob IFRS, a Great Deal reconhece uma perda por *impairment* de $ 8,9 milhões (= 15 milhões – 6,1 milhões).

O lançamento para registrar uma perda por *impairment* é similar sob U.S. GAAP e IFRS, aqui ilustrado pelo **Exemplo 16**. A contabilização envolve, em primeiro lugar, remover o custo de aquisição e a depreciação acumulada das contas e, a seguir, estabelecer um novo custo do ativo: o valor justo sob U.S. GAAP e o valor recuperável sob IFRS. O lançamento aplicando U.S. GAAP para reconhecer a perda por *impairment* (valores em milhões) seria[32]:

Depreciação Acumulada	5,0
Prédio (Nova Avaliação)...	5,5
Perda por *Impairment*..	9,5
Prédio (Custo de Aquisição)..	20,0

Aplicando IFRS, a empresa registraria o ativo desvalorizado por um valor mais alto de $ 6,1 milhões[33] e reconheceria uma perda por *impairment* menor ($ 8,9 milhões). Tanto sob U.S. GAAP como sob IFRS, a perda reduz o lucro, a menos que a empresa tenha reavaliado o ativo para cima sob IFRS. Nesse caso, a perda é uma diminuição da reavaliação (um débito em outros resultados abrangentes, uma conta do patrimônio líquido) até o valor da reavaliação, sendo valores excedentes reconhecidos no resultado.

---

32. Como comentado anteriormente, no contexto do padrão IFRS, em geral, é preferível não baixar totalmente o ativo antigo e lançá-lo novamente pela nova avaliação, como descrito no lançamento acima, e sim usar uma conta redutora do ativo, Perdas por *Impairment* Acumuladas, para registrar as perdas acumuladas com *impairment*. Com isso, as perdas acumuladas com *impairment* ficam registradas em uma conta auxiliar separada, o que facilita identificar os limites para eventuais reversões desse valor no futuro, caso o fato que tenha levado à perda deixe de existir. Além disso, facilita o cumprimento da evidenciação exigida em Notas Explicativas. Nesse caso, o lançamento da perda é semelhante ao de uma depreciação normal, como segue:

Perda por *Impairment* (conta de resultado)	8,9
Perdas por *Impairment* Acumuladas (conta redutora do ativo)..	8,9

Observe que ambas as alternativas de lançamento [(i) baixa do ativo pelo valor antigo e seu lançamento simultâneo pelo novo valor ou (ii) uso de uma conta redutora do ativo para acumular as perdas com *impairment*) levam ao mesmo valor contábil líquido do ativo. A diferença está apenas no nível de detalhamento da informação, como demonstrado a seguir, usando no **Exemplo 16**, o *impairment* reconhecido segundo o padrão IFRS:

Saldos das contas no Balanço Patrimonial depois de efetuada cada uma das alternativas de lançamento de perda por *impairment* aplicando-se o IFRS			
Alternativa 1: Baixa do ativo antigo e lançamento simultâneo do ativo pelo novo valor		**Alternativa 2:** Uso de uma conta redutora do ativo para lançar as perdas acumuladas com *impairment* (usada no Brasil)	
Prédio (valor bruto)	6,1	Prédio (valor bruto)	20,0
(-) Depreciação Acumulada	0	(-) Depreciação Acumulada	(5,0)
= Valor Contábil Líquido	6,1	(-) Perda Acumulada por *Impairment*	(8,9)
		= Valor Contábil Líquido	6,1

É importante notar que, independentemente da alternativa escolhida para lançamento do *impairment*, ele estabelece um novo valor para o ativo para fins de depreciação. Ou seja, se a empresa optar pela alternativa 2, a depreciação dos períodos futuros terá como base o valor contábil líquido de $ 6,1 milhões. (NT)

33. Contra $ 5,5 milhões pelo U.S. GAAP. (NT)

Categoria 2: *Impairment* de ativos intangíveis com vidas úteis indefinidas, exceto *goodwill*. Dado que os ativos da Categoria 2 têm a vida indefinida, as empresas não podem aplicar o teste do fluxo de caixa não descontado para *impairment* (a vida indefinida exclui a estimativa dos fluxos de caixa futuros). O padrão U.S. GAAP requer que as empresas reconheçam uma perda por *impairment* de um ativo intangível não amortizável, exceto *goodwill*, sempre que o valor contábil do ativo exceda o valor justo[34]. O tratamento do IFRS desses ativos é similar ao dos ativos amortizáveis e depreciáveis (ativos da Categoria 1), exceto que as empresas devem realizar o teste para *impairment* anualmente, independentemente da presença de indicadores de *impairment*. A mensuração da perda e do valor contábil no balanço patrimonial é a mesma dos ativos da Categoria 1.

Exemplo 17. O balanço patrimonial da Great Deal para o exercício findo em 27 de fevereiro de 2013 (**Figura 1.1**) mostra uma marca comercial de produto com valor contábil de $ 159 milhões. A marca tem uma vida indefinida e, por isso, a Great Deal não a amortiza. Uma publicidade negativa sobre o produto sob essa marca reduziu o valor justo da marca para $ 128 milhões. A Great Deal compara o valor contábil da marca de $ 159 milhões com o seu valor justo de $ 128 milhões e reconhece uma perda por *impairment* de $ 31 milhões. O lançamento é o seguinte:

Perda por *Impairment*	31
Marca Comercial (ou Perda por *Impairment* Acumulada)..	31

Resumo da contabilização de *impairments* das Categorias 1 e 2

A contabilização de *impairment* dos ativos de vida longa é complexa porque os requisitos do padrão U.S. GAAP diferem em relação a vários ativos e porque há requisitos que diferem entre U.S. GAAP e IFRS. A **Figura 10.1** resume esses requisitos para ativos das Categorias 1 e 2.

Categoria 3: *Impairment* de *goodwill*. Recorde do **Exemplo 8** que o *goodwill* surge em uma combinação de empresas (*business combination*) quando o preço de compra excede o valor justo dos ativos líquidos identificáveis. As empresas não amortizam o *goodwill* nem sob U.S. GAAP nem sob IFRS. Ambos os padrões requerem que elas testem o *goodwill* para perdas de *impairment* anualmente ou sempre que haja uma indicação de *impairment*, como mudança no ambiente regulatório ou perda de pessoal chave.

O *goodwill* é avaliado para *impairment* como parte de uma **unidade divulgadora** (U.S. GAAP) ou **unidade geradora de caixa** (IFRS). Essas unidades são grupos identificáveis de ativos que geram fluxos de caixa identificáveis[35]. As empresas utilizam esses grupos para mensurar o valor justo (U.S. GAAP) ou o valor recuperável (IFRS) do *goodwill*.

Figura 10.1
Resumo da Contabilização de *Impairments* de Ativos de Vida Longa, Exceto *Goodwill*

	U.S. GAAP	IFRS
Ativos de vida longa com vidas úteis definidas e terrenos	Um *impairment* de ativo ocorre quando o valor contábil do ativo excede os seus fluxos de caixa futuros não descontados. O valor da perda por *impairment* é o excedente do valor contábil sobre o valor justo do ativo. O valor justo é o montante que a empresa receberia se ela vendesse o ativo em uma transação imparcial na data da mensuração.	A ocorrência do *impairment* de um ativo é identificada e medida pelo excedente do valor contábil do ativo sobre o seu valor recuperável. O valor recuperável é o maior entre o valor justo menos o custo da venda e o valor presente dos fluxos de caixa descontados que a empresa espera que o ativo venha a gerar no seu uso atual.
Intangíveis com vidas úteis indefinidas, exceto *goodwill*	A ocorrência de *impairment* de um ativo é identificada e medida pelo excedente do valor contábil sobre o valor justo do ativo.	Os requisitos são os mesmos que os dos ativos de vida longa sujeitos a depreciação ou amortização.

© Cengage Learning 2014

---

34. O FASB emitiu orientação que permite uma abordagem similar à avaliação qualitativa descrita mais adiante neste **Apêndice** para o *goodwill* para ser aplicada a avaliações de *impairment* de ativos intangíveis de vida indefinida que não o *goodwill*. FASB, *Accounting Standards Update No. 2012-02*, Intangibles – Goodwill and Other (Topic 350), "Testing Indefinite-Lived Intangible Assets for Impairment", 2012.

35. *SFAS No. 142* define uma unidade divulgadora como um segmento ou componente de um segmento que é um negócio com informação financeira separada que a administração revê regularmente. *IAS 36* define uma unidade geradora de caixa como o menor grupo identificável de ativos que gera influxos de caixa em grande parte independentes de influxos de caixa de outros ativos ou grupos de ativos.

PROBLEMA 10.5 — PARA APRENDIZAGEM

Mensurando perdas por *impairment*. A Real Estate Financial Corporation (REFC) adquiriu os ativos da Key West Financing Corporation (KWFC) em 1º de junho de 2011 por $ 250 milhões. Na data da aquisição, os ativos da KWFC consistiam em empréstimos a receber com um valor justo de $ 120 milhões e imóveis alugados para empresas e indivíduos com um valor justo de $ 60 milhões. O restante do preço de compra de $ 70 milhões (= $ 250 – $ 120 – $ 60) representa o *goodwill*. Em 15 de outubro de 2013, um furacão atingiu a Key West e danificou muitas residências e edifícios comerciais. A informação sobre os ativos relativos à KWFC em 15 de outubro de 2013 é a seguinte (valores em milhões):

	Valor Contábil	Fluxos de Caixa Não Descontados	Valor Justo
Empréstimos a Receber	$ 140	$ 160	$ 125
Imóveis	80	65	50
Goodwill	70		
Total	$ 290		

Considere que o valor justo da KWFC em 15 de outubro de 2013, depois do furacão, é de $ 310 milhões. Calcule o valor de todas as perdas por *impairment* de ativos das Categorias 1 e 2 sob U.S. GAAP.

Sob U.S. GAAP, as empresas devem, em primeiro lugar, determinar se há perdas por *impairment* em outros ativos não circulantes antes de examinar o *goodwill*. A seguir, elas seguem um dos dois seguintes procedimentos para avaliar se o *goodwill* sofreu *impairment*[36]. O primeiro procedimento é quantitativo: as empresas comparam o valor justo de uma unidade divulgadora com o valor contábil dos ativos dela (inclusive *goodwill*) menos os passivos. Se o valor contábil é maior que o valor justo, pode ter ocorrido uma perda por *impairment* no *goodwill* e a empresa segue para um segundo passo. No segundo passo, ela aloca o valor justo da unidade divulgadora aos ativos e passivos identificáveis da unidade divulgadora, baseando-se nos seus valores justos atuais, aloca todos os excedentes de valor justo ao *goodwill* e compara-o com o valor contábil do *goodwill* no balanço. Essas alocações não modificam os valores informados dos ativos e passivos, sendo o único propósito dessas alocações o de avaliar o *impairment* do *goodwill*. Se o valor alocado ao *goodwill* é menor que o valor contábil do *goodwill*, a empresa reconhece uma perda por *impairment* igual à diferença.

O segundo procedimento é qualitativo: as empresas avaliam fatores qualitativos, por exemplo, mudanças adversas no setor ou nas condições econômicas, ou mudanças adversas nos custos dos insumos, para determinar se é mais provável do que não que o valor justo de uma unidade divulgadora seja menor que seu valor contábil no balanço patrimonial. Se a empresa conclui que *não* é mais provável do que não que o valor justo dessa unidade divulgadora seja menor que seu valor contábil no balanço, o teste está completo; se sim, a empresa deve voltar ao procedimento quantitativo acima descrito. Desde o início de 2012, as empresas que aplicam U.S. GAAP podem escolher entre essas duas opções; a avaliação qualitativa não é permitida pelo IFRS. No momento da edição deste livro, o FASB propôs permitir que a avaliação qualitativa aqui descrita seja aplicável também à Categoria 2 dos testes de *impairment* de ativos, isto é, às avaliações para *impairment* dos intangíveis de vida longa, que não o *goodwill*.

O exemplo a seguir ilustra a aplicação do procedimento quantitativo:

Exemplo 18. Considere o **Exemplo 8**, envolvendo a aquisição da CarPax pela Great Deal pelo valor de $ 100 milhões, como segue:

Imobilizado	$ 47
Ativos Intangíveis Identificáveis	
Carteira de Clientes	8
Marcas Comerciais	10
Projetos de Pesquisa e Desenvolvimento em Processo	15
Goodwill	20
Total	$ 100

Assuma que a CarPax se qualifique como uma unidade divulgadora pelo U.S. GAAP e que a pressão de competidores do mercado forçou a reduções drásticas de preços dos produtos e serviços da empresa; essas reduções diminuíram o valor justo da CarPax para $ 80 milhões.

---

36. FASB, *Statement of Financial Accounting Standards No. 142*, "Goodwill and Other Intangible Assets", 2001 (**Codification Topic 350**); FASB, *Accounting Standards Update No. 2011-08*, "Intangibles – Goodwill and Other (Topic 350), Testing Goodwill for Impairment", 2011.

- A Great Deal primeiro aplica os requisitos do U.S. GAAP para identificar e mensurar perdas por *impairment* em ativos tangíveis de vida longa, aos imóveis e equipamentos com o valor justo de aquisição de $ 47 milhões. Ela estima que os fluxos de caixa não descontados relativos aos imóveis e equipamentos totalizem $ 50 milhões, sendo o valor contábil $ 47 milhões e o valor justo atual $ 47 milhões. Não há *impairment* de imóveis e equipamentos porque os fluxos de caixa não descontados de $ 50 milhões excedem o valor contábil de $ 47 milhões.
- A seguir, a Great Deal aplica o requisito do U.S. GAAP para identificar e mensurar perdas por *impairment* em ativos intangíveis que não o *goodwill*, a carteira de clientes, marcas comerciais e P&D. A empresa estima que o valor justo desses intangíveis é agora $ 25 milhões, menos que o valor contábil de $ 33 milhões, e reconhece uma perda por *impairment* de $ 8 milhões. Essa perda reduz o valor contábil da CarPax para $ 92 milhões (= 47 milhões de imobilizado + 25 milhões de intangíveis + 20 milhões de *goodwill*).
- Finalmente, a Great Deal aplica o requisito do U.S. GAAP para identificar e mensurar perdas por *impairment* no *goodwill*. Ela identifica o valor justo dos ativos tangíveis de vida longa da CarPax ($ 47 milhões) e dos intangíveis de vida longa ($ 25 milhões). A soma, $ 72 milhões, é o valor justo da CarPax, excluindo o *goodwill*. A diferença entre $ 72 milhões e o valor justo de $ 80 milhões da CarPax implica um valor justo do *goodwill* de $ 8 milhões. O valor contábil do *goodwill* no balanço patrimonial, de $ 20 milhões, excede esse valor justo implícito em $ 12 milhões (= 20 − 8 milhões). A Great Deal reconhecerá uma perda por *impairment* de $ 12 milhões.

O lançamento para registrar as perdas por *impairment* é o que segue:

Perda por *Impairment*	20
Ativos Intangíveis	8
Goodwill	12

A perda aparece na demonstração do resultado. O registro da perda reduz o valor contábil da CarPax para $ 80 milhões (= 47 + 25 + 8), seu valor justo atual.

O teste de *impairment* sob IFRS é aplicado no nível da *unidade geradora de caixa*, definida como o menor grupo identificável de ativos que gera fluxos de caixa, em grande parte, independentes dos fluxos de caixa de outros ativos. Se o valor recuperável da unidade é menor que o valor contábil no balanço, a empresa reconhece uma perda por *impairment*. O crédito para contrapor o débito pela perda por *impairment* é alocado, em primeiro lugar, ao *goodwill* e, a seguir, a outros ativos, na proporção de seus valores contábeis. Em cada instância, o ativo (se *goodwill* ou outro ativo identificável separadamente) é baixado até seu valor recuperável ou zero, o que for maior. Embora esses valores sejam diferentes, porque o teste de *impairment* e o subsequente valor contábil no balanço são diferentes, os lançamentos no diário para reconhecer o *impairment* do *goodwill* sob IFRS são similares aos já mostrados antes para a Great Deal. Contudo, diferentemente do U.S. GAAP, o IFRS requer que as empresas avaliem, em cada período contábil, se houve recuperação de uma perda por *impairment*. Se sim, a empresa deve reconhecê-la[37].

Exemplo 19. Considere o **Exemplo 18**. Suponha que a Great Deal aplica IFRS e considera a CarPax uma unidade geradora de caixa. Assuma os seguintes valores contábeis e valores recuperáveis[38] da CarPax para fins de mensurar perdas por *impairment* (valores em milhões):

	Valor Contábil	Valor Recuperável
Imobilizado	$ 47	$ 47
Ativos Intangíveis	33	25
Goodwill	20	8
Total da Unidade Geradora de Caixa	$ 100	$ 80

A Great Deal reconhece uma perda por *impairment* de $ 20 milhões porque o valor contábil da unidade geradora de caixa ($ 100 milhões) excede o seu valor recuperável de $ 80 milhões. Primeiro, ela reduz o valor contábil

---
37. Exceto no caso de *impairment* de *goodwill*, para o qual o IFRS não permite efetuar reversões. (NT)
38. Para simplificar o exemplo, assumimos que os valores recuperáveis sob IFRS no **Exemplo 19** são iguais aos valores justos sob U.S. GAAP no **Exemplo 18**. Esses valores normalmente diferem.

do *goodwill* em $ 12 milhões até seu valor recuperável, a seguir aloca o remanescente da perda por *impairment* de $ 8 milhões ao imobilizado e intangíveis, com base nos seus relativos valores contábeis. Dado que o valor contábil de imóveis e equipamentos é o seu valor recuperável, nenhuma perda por *impairment* é reconhecida (porque a alocação da perda excedente de *impairment* não pode diminuir um ativo abaixo do seu valor recuperável). Por isso, o *impairment* excedente de $ 8 milhões reduz o valor contábil dos ativos intangíveis de $ 33 milhões para $ 25 milhões. O lançamento no diário é o mesmo que foi mostrado no **Exemplo 18**.

O quadro a seguir resume os requisitos do U.S. GAAP e do IFRS para *impairment* do *goodwill*.

	U.S. GAAP	IFRS
Goodwill	Desde 2012, as empresas podem escolher entre duas abordagens: *Abordagem quantitativa*: primeiro comparar o valor contábil de uma *unidade de divulgação* que tem *goodwill* com o valor justo dessa unidade divulgadora. Se o valor contábil da unidade divulgadora é maior que o seu valor justo, continuar para o próximo passo; do contrário, parar. No segundo passo, comparar o valor contábil do *goodwill* com o seu valor justo. Para mensurar o valor justo do *goodwill*, determinar o valor justo da unidade divulgadora à qual o *goodwill* se aplica. Alocar esse valor justo total aos ativos e passivos identificáveis no balanço, com base nos seus valores justos. O valor justo remanescente da unidade divulgadora é o valor justo do *goodwill*. Uma empresa aloca o valor justo total da unidade divulgadora apenas com o fim de mensurar o valor justo do *goodwill*. Se o valor contábil do *goodwill* excede o valor desse segundo passo, reconhecer uma perda por *impairment* do *goodwill*. *Abordagem qualitativa*: utilizar informação qualitativa disponível para avaliar se é mais provável do que não que o valor justo da unidade divulgadora é menor que seu valor contábil. Se a entidade determina que é mais provável do que não que o valor justo da unidade divulgadora excede seu valor contábil, ela aplica a abordagem quantitativa.	A perda por *impairment* do *goodwill* ocorre quando o valor contábil dos ativos líquidos de uma *unidade geradora de caixa* com *goodwill* excede o valor recuperável dessa unidade. Primeiro, reduzir o valor contábil do *goodwill* pelo valor da perda por *impairment*, mas não abaixo do valor recuperável. Em seguida, reduzir todos os outros ativos proporcionalmente aos seus valores contábeis, mas não abaixo dos seus valores recuperáveis, pelas perdas remanescentes por *impairment*.

PROBLEMA 10.6 PARA APRENDIZAGEM

Considere as informações do **Problema 10.5**. Assuma que o valor de mercado da KWFC em 15 de outubro de 2013, depois do furacão, é de $ 220 milhões. Calcule o valor das perdas por *impairment* de ativos das Categorias 1 e 2 e do *goodwill*, sob U.S. GAAP.

SOLUÇÕES DOS PROBLEMAS PARA APRENDIZAGEM

Solução sugerida para o problema 10.1

(Jensen Company; calculando o custo de aquisição de ativos fixos.)

1. a, b, d, j, m, o, p.
2. c, e, f, g, i, k, l, n, o, p.
3. h, i, l, p.
4. i, q, r.

Comentários e explicações

d. Remover o edifício antigo torna o terreno pronto para aceitar o novo. Esses custos se aplicam ao terreno, não ao novo edifício.

f. A redução no custo de materiais e suprimentos reduzirá o custo do edifício. Os lançamentos contábeis reais dependerão do método usado para registrar o desconto potencial. Este livro não discute essas questões.

h. Os juros explícitos são capitalizados, mas não os juros de custos de oportunidade ou juros imputados a recursos próprios. O lançamento de ajuste credita Construção em Andamento e debita Receita de Juros. O débito reduz o lucro, removendo a receita que a empresa tinha reconhecido.

i. O cálculo dos valores a serem alocados requer uma estimativa. Uma vez que a empresa tenha estimado os valores, ela os debita em Edifícios ou em Despesas de Depreciação ou Estoque de Produtos em Processo, conforme o caso, para as operações regulares da empresa.

j. Crédito na conta Terreno, reduzindo o seu custo.

l. Alocar a Edifício e a despesa, com base na estimativa de quanto tempo foi despendido. Pela descrição, a maioria desses custos é provavelmente do edifício.

m. Incluir como parte do custo do terreno.

n. Capitalizar como parte da conta do Edifício pelas mesmas razões pelas quais a empresa capitaliza juros durante a construção.

o. Alocar os custos do seguro dos empregados às mesmas contas de seus salários.

p. Provavelmente como uma despesa ou uma perda do período. Uma alternativa de tratamento justificável é incluir isso como parte do custo do edifício, similarmente ao tratamento do custo explícito do seguro. Se, contudo, a empresa foi imprevidente ao adquirir apólices de seguro com cláusulas dedutíveis, esse item será uma despesa ou perda. A contabilidade geralmente assume que a maioria das equipes da administração toma decisões racionais na maior parte do tempo.

q. Debitar na conta Máquinas e Equipamentos, uma conta do ativo separada de Edifícios.

r. Tratar da mesma forma que no item precedente; custos de instalação são parte dos custos do ativo.

s. Reconhecer a receita é incorreto. Estornar o lançamento efetuado pela empresa, creditando a conta Construção em Processo e debitando a conta Receita de Construção.

Solução sugerida do problema 10.2

(Markam Corporation; calculando a depreciação periódica.)

a. Método Linear (Tempo):

> Anos 2013 a 2017: ($ 20.000 – $ 2.000)/5 = $ 3.600 a cada ano
> Total: $ 3.600 × 5 = $ 18.000

b. Método Linear (Utilização):

> Anos 2013 a 2016: 5.000 × 0,75^a = $ 3.750 por ano
> Ano 2017: 4.000 × 0,75^a = $ 3.000
> Total [($3.750 × 4) + $ 3.000] = $ 18.000
> ^{a}($ 20.000 – $ 2.000)/24.000 = $ 0,75 por hora

c. Método do Duplo Saldo Declinante (assumindo que a empresa passe para o método linear [tempo] no início de 2015):

Ano	Valor contábil		Taxa de depreciação dupla declinante		Despesa anual de depreciação
2013	$ 20.000	×	0,4 = 2 × (1/5)	=	$ 8.000
2014	12.000 (20.000 – 8.000)	×	0,4 = 2 × (1/5)	=	4.800
2015	7.200 (12.000 – 4.800)	×	0,33	=	1.733^a
2016	5.467	×	0,33	=	1.733
2017	3.734	×	0,33	=	1.733
Fim de 2017	2.000 (= valor residual)				

^{a}A despesa de depreciação nos anos 2015-2017 é calculada usando o método linear (tempo), tomando o valor contábil do ativo no fim do ano de 2014 e seu valor residual esperado de $ 2.000. Despesa anual de depreciação = $ 1.733 (= [7.200 – $ 2.000]/3 anos remanescentes).

d. Método da Soma dos Dígitos:

Ano	Custo de aquisição menos valor recuperável		Razão da soma dos anos		Despesa anual de depreciação
2013	$ 18.000 (20.000 − 2.000)	×	5/15	=	$ 6.000
2014	18.000	×	4/15	=	4.800
2015	18.000	×	3/15	=	3.600
2016	18.000	×	2/15	=	2.400
2017	18.000	×	1/15	=	1.200

Solução sugerida do problema 10.3

(Central States Electric Company; ajustes por mudanças em estimativas.) (Todos os valores em milhões de dólares norte-americanos.)

a. $ 4,4 por ano = (200 + 20)/50 anos

b. $ 4,5 por ano = [200 + 20 + 4 − (4,4 por ano × 10 anos)]/40 anos de vida remanescente
= (224 − 44)/40 = 180/40

c. $ 3,0 por ano = [180 − ($ 4,5 × 20 anos)]/30 anos de vida remanescente
= (180 − 90)/30 = 90/30

Solução sugerida do problema 10.4

(Purdy Company; distinguindo reparos de melhorias.)

a. Registre o primeiro caminhão a $ 19.200. Registre o segundo caminhão a $ 15.000; debite $ 4.200 em despesas ou perdas.

b. Quando a Purdy Company adquiriu o primeiro caminhão, ela sabia que teria de fazer o "reparo", que é uma melhoria. O preço de compra foi menor devido ao conhecimento do custo a ser incorrido. No momento da aquisição, a empresa antecipou o custo como necessário para produzir o serviço potencial esperado do ativo. O fato de que o custo foi $ 4.200 e não "aproximadamente $ 4.000" não parece violar as expectativas da Purdy Company no momento em que ela adquiriu o caminhão. Se o reparo tivesse custado significativamente mais que $ 4.000 – digamos, $ 7.000 –, a diferença poderia ser uma perda ou despesa.

Quando concordou com a compra, a Purdy Company acreditava que o segundo caminhão estava operacional. A empresa incorreu no custo do reparo para obter o nível de potencial de serviço que ela pensou ter adquirido. Não há benefícios futuros maiores depois do reparo do que ela antecipou no momento da aquisição. Portanto, os $ 4.200 são uma despesa ou uma perda.

Solução sugerida do problema 10.5

(Real Estate Financial Corporation; mensurando perdas por *impairment* em ativos das Categorias 1 e 2.)

Os fluxos de caixa não descontados relativos aos empréstimos recebíveis de $ 160 milhões excedem o seu valor contábil de $ 140 milhões, portanto não ocorre perda por *impairment* nesses recebíveis. O valor contábil do imóvel de $ 80 milhões excede os seus fluxos de caixa de $ 65 milhões, por isso a Real Estate Financial Corporation reconhece uma perda por *impairment* de $ 30 (= 50 − 80) milhões. O valor contábil da empresa depois de reconhecer a perda por *impairment* é de $ 260 milhões (= $ 140 milhões dos empréstimos a receber + $ 50 milhões do imóvel + $ 70 milhões do *goodwill*).

Solução sugerida do problema 10.6

(Real Estate Financial Corporation; mensurando perdas por *impairment* em ativos das Categorias 1 e 2 e no *goodwill*.)

As respostas sobre os empréstimos a receber e sobre o imóvel no **Problema 10.5** também se aplicam aqui. Nesse caso, contudo, o valor contábil da empresa de $ 260 milhões excede o valor justo de $ 220 milhões, o que dá origem a uma perda por *impairment* do *goodwill*. Para medir a perda por *impairment*, o contador atribui $ 125 milhões do valor justo de $ 220 milhões aos empréstimos a receber, $ 50 milhões ao imóvel e $ 45 milhões ao *goodwill*.

Comparando o valor justo de $ 45 milhões ao valor contábil do *goodwill* de $ 70 milhões, obtém-se a perda por *impairment* de $ 25 milhões.

PRINCIPAIS TERMOS E CONCEITOS

Amortização, despesa de amortização
Ativos financeiros
Ativos intangíveis
Ativos operacionais
Ativos tangíveis
Custo conjunto
Custos de juros durante a construção
Depreciação acumulada
Depreciação, despesa de depreciação
Fatores físicos e funcionais
Goodwill
Imobilizado, Bruto
Imobilizado, Líquido
Manutenção
Melhorias
Método da soma dos dígitos
Vida indefinida

Métodos dos saldos declinantes
Métodos lineares (tempo e uso)
Perda por *impairment*
Pesquisa e Desenvolvimento em Processo (P&DEP)
Reavaliações de ativos
Reparos
Substância comercial
Transação de troca
Tratamento das variações na depreciação e amortização periódicas
Unidade divulgadora
Unidade geradora de caixa
Valor recuperável
Valor recuperável, valor residual
Vida de serviço, vida útil
Vida finita

QUESTÕES, EXERCÍCIOS E PROBLEMAS

Questões

1. Reveja o significado dos **Principais Termos e Conceitos**.
2. Uma empresa que faz dispêndios para construir por conta própria um edifício trata os dispêndios como um ativo. Quando a mesma empresa faz dispêndios com pesquisa e desenvolvimento para criar uma nova tecnologia patenteada, ela precisa tratá-los como despesa. Quando a mesma empresa faz dispêndios para criar softwares de computador para venda a consumidores, ela pode tratar alguns deles como ativos e outros como despesas. Explique a lógica do padrão U.S. GAAP para o tratamento diferente desses dispêndios.
3. Se a Merck, uma empresa farmacêutica, tem gastos para pesquisar novos remédios, ela deve tratá-los como despesas. Se ela adquire a patente de um novo remédio do seu inventor, ela deve tratar esse dispêndio como um ativo. Se ela adquire outra empresa com P&D em processo, ela deve tratar a porção do preço de compra alocada à P&D em processo como um ativo. Explique o entendimento do padrão U.S. GAAP para o tratamento diferente desses dispêndios.
4. Qual é o efeito de capitalizar os custos de juros associados com ativos de construção pela própria empresa no lucro informado, somado ao longo de todos os períodos da vida de um ativo construído por conta própria, desde a construção até o seu eventual descarte? Confronte com a política de tratar os juros como despesas na medida em que incidem.
5. Contraponha os termos *vida finita* e *vida indefinida* aplicados à depreciação de ativos de vida longa e à amortização de ativos intangíveis.
6. Quando a Thames adquire outra empresa, ela aloca uma porção do preço de compra a marcas, algumas das quais ela amortiza, outras não. Como a Thames provavelmente justifica esse tratamento diferente para as marcas?
7. Uma companhia aérea depreciou sua frota ao longo de 25 anos. Agora, novo uso de combustível e novos padrões de segurança indicam que uma vida útil mais curta é apropriada para todos os seus aviões. Dependendo das circunstâncias, a companhia pode (a) distribuir o custo não depreciado de um avião ao longo da sua vida

remanescente, ou (2) reconhecer uma perda por *impairment* do ativo imediatamente e então distribuir o valor contábil ao longo da vida remanescente do avião. Em que circunstâncias cada um desses tratamentos pode ser apropriado?

8. Uma empresa espera usar um caminhão de entrega por cinco anos. Ao fim de três anos, há um problema na transmissão e a substituição custa $ 4.000. A empresa argumenta que deveria capitalizar o dispêndio porque sem ele a vida útil é zero e com ele a vida útil será de mais três anos. Comente esse entendimento da empresa em relação aos padrões U.S. GAAP e IFRS.

9. Relacione o conceito de retorno do capital com o critério do U.S. GAAP para decidir se uma perda por *impairment* de um ativo de vida longa, exceto intangíveis não amortizados, ocorreu.

10. Por que o critério da recuperabilidade do caixa se aplica sob U.S. GAAP às perdas por *impairment* de intangíveis amortizáveis, mas não aos intangíveis não amortizáveis?

11. O uso de fluxos de caixa *não descontados* em vez de *descontados* para identificar perdas por *impairment* sob U.S. GAAP parece carecer de base conceitual. Explique por que os fluxos de caixa descontados são preferíveis aos fluxos de caixa não descontados nesse cenário.

12. Suponha que a competição entre empresas compradoras em uma aquisição corporativa tenha causado um erro de avaliação tal que a empresa adquirente pague a mais pela empresa adquirida. A empresa adquirente alocará o excedente do preço de compra ao *goodwill*, juntamente com valores atribuíveis a benefícios intangíveis não identificáveis. Dado que U.S. GAAP e IFRS não requerem que as empresas amortizem o *goodwill*, o preço de compra excedente não afetará o lucro líquido. Você concorda? Justifique.

Exercícios

13. **Calculando os custos de aquisição de ativos de vida longa.** A Outback Steakhouse abriu um novo restaurante em um prédio existente. Ela pagou ao proprietário $ 260.000 pelo terreno e edifício, atribuindo $ 52.000 ao terreno e $ 208.000 ao edifício. A Outback incorreu em custos legais de $ 12.600 para conduzir a busca de titularidade e preparar os documentos necessários para a compra. Ela pagou a seguir $ 35.900 na reforma do prédio para adequá-lo ao uso. O seguro da propriedade e contra terceiros sobre o terreno e edifício para o primeiro ano foi de $ 12.000, dos quais $ 4.000 foram aplicados ao período durante a renovação e $ 8.000 ao período depois da abertura. Tributos imobiliários sobre o terreno e edifício para o primeiro ano totalizaram $ 15.000, sendo $ 5.000 aplicados durante a renovação e $ 10.000 ao período após a abertura. Calcule os valores que a Outback Steakhouse deverá incluir na conta Terreno e na conta Edifício.

14. **Classificando dispêndios como ativo ou despesa.** Para cada dispêndio ou aquisição abaixo, indique o tipo de conta debitada. Classifique a conta como (1) ativo, que não o custo de produto; (2) custo de produto (Estoque de Produtos em Processo); ou (3) despesa. Se a conta debitada é uma conta do ativo, especifique se é circulante ou não circulante.
    a. $ 150 para reparos de máquinas de escritório.
    b. $ 1.500 para reparos de emergência em uma máquina de escritório.
    c. $ 250 para manutenção em um caminhão de entrega.
    d. $ 5.000 para uma máquina adquirida em troca de uma nota promissória de três anos.
    e. $ 4.200 para salários da equipe de pesquisa e desenvolvimento.
    f. $ 3.100 para anúncios em jornais.
    g. $ 6.400 para salários dos trabalhadores dedicados à produção.
    h. $ 3.500 para salários dos trabalhadores da fábrica para instalação de um equipamento que a empresa adquiriu.
    i. $ 2.500 para salários da força de trabalho do escritório.
    j. $ 1.000 para honorários legais para adquirir um depósito de minério.
    k. $ 1.200 para apólice de um ano de seguro começando no próximo mês.
    l. $ 1.800 para Notas do Tesouro dos EUA, a serem vendidas para pagar a próxima parcela devida do imposto de renda.
    m. $ 4.000 para pagamento de *royalty* pelo direito de patente usada na manufatura.
    n. $ 10.000 para compra de uma marca comercial.
    o. $ 100 de taxa para registro de direito de autor.
    p. $ 1.850 para comprar software de computador usado na contabilidade.
    q. $ 8.600 para compra da pesquisa inicial sobre uma possível droga para curar a hipertensão.

15. Custo de ativos construídos por conta própria.
A Bolton Company comprou um lote de terreno por $ 90.000 como área da fábrica. Existe um pequeno prédio de escritório no lote, avaliado conservadoramente em $ 20.000. A companhia planeja usar o edifício fazendo algumas modificações e reformas (item **(4)** a seguir). A empresa tinha plantas desenhadas para uma fábrica e recebeu ofertas para sua construção. Ela rejeitou essas ofertas e decidiu construir ela mesma a fábrica. A administração acredita que as contas dos ativos deveriam incluir os seguintes itens adicionais:

(1) Materiais e Suprimentos para o Edifício da Fábrica	$ 200.000
(2) Escavação do Terreno	12.000
(3) Trabalho na Construção do Edifício da Fábrica	140.000
(4) Custo de Remodelar o Edifício Antigo em Prédio de Escritório	13.000
(5) Juros Pagos por Empréstimo para Construir a Fábricaª	6.000
(6) Juros Perdidos pelo Uso de Caixa Próprio da Bolton	9.000
(7) Descontos por Pagamento à Vista em Compras de Materiais para o Edifício da Fábrica	7.000
(8) Supervisão do Edifício da Fábrica pelos Gestores	10.000
(9) Prêmios de Seguro para Compensação dos Trabalhadores em (3)	8.000
(10) Pagamentos de Reclamações por Acidentes durante a Construção do Edifício da Fábrica não Cobertas pelo Seguro	3.000
(11) Trabalho de Escritório e Outras Despesas da Construção do Edifício da Fábrica	8.000
(12) Pavimentação de Ruas e Calçadas	5.000
(13) Plantas e Especificações do Arquiteto para o Edifício da Fábrica	4.000
(14) Custos Legais de Transferência do Terreno	2.000
(15) Custos Legais de Acidentes durante a Construção do Edifício da Fábrica	1.000
(16) Lucro Creditado na Conta Lucros Acumulados (diferença entre o custo incorrido e a menor oferta proposta pelos construtores)	11.000

ª Esse é o valor total dos juros pagos durante o período da construção

Mostre em detalhes os itens que a Bolton deveria incluir nas seguintes contas: Terreno, Edifício da Fábrica, Prédio de Escritório e Melhorias no Local. Explique as razões para excluir dessas quatro contas quaisquer desses itens.

16. Custo de um produto desenvolvido por conta própria.
A Duck Vehicle Manufacturing Company incorre em vários custos para desenvolver um novo veículo anfíbio para uso em passeios sobre terra e água. Indique o tratamento contábil de cada um dos seguintes dispêndios. A empresa aplica U.S. GAAP.

(1) Salários dos Engenheiros da Empresa para Desenhar o Novo Veículo	$ 325.000
(2) Custo do Protótipo do Novo Veículo Construído por um Terceiro Contratado	278.200
(3) Custo dos Suprimentos e Salários do Pessoal para Testar o Protótipo	68.900
(4) Taxas Pagas à Agência de Proteção Ambiental para Testar Emissões do Novo Veículo	15.200
(5) Custos Legais Incorridos para Registrar e Estabelecer uma Patente do Novo Veículo	12.500
(6) Custo de Peças Fundidas e Moldes para Partes Metálicas do Novo Veículo	46.000
(7) Custo das Licenças Locais para Começar a Manufaturar o Novo Veículo	5.000
(8) Custo da Fabricação do Primeiro Veículo para um Cliente	167.600

17. Calculando os juros capitalizados durante a construção.
A Bulls Eye Stores construiu novas lojas durante o ano corrente. O saldo médio da conta Construção em Processo, excluindo os custos de juros capitalizados do ano atual, foi de $ 3.400.000. A empresa tomou empréstimos diretamente relacionados com essas lojas no valor de $ 2.000.000, a uma taxa de juros de 6%. A Bulls Eye tem outro empréstimo em aberto de $ 8.000.000 a uma taxa de juros de 7%. Calcule o valor dos juros capitalizados na conta Construção em Andamento durante o ano atual.

18. Calculando os juros capitalizados durante a construção.
A Nexor, uma manufatura de aço, constrói por conta própria uma nova fábrica em Vermont. No início de 2013, a conta Construção em Andamento tem um saldo de $ 30 milhões. A atividade de construção foi uniforme durante todo o ano. No fim de 2013, o saldo era de $ 60 milhões, antes da capitalização dos juros para o ano. Os empréstimos em aberto da empresa durante o ano eram os seguintes:

Empréstimos para a Nova Construção a 8% ao Ano	$ 25.000.000
Antigas Emissões de Debêntures à Taxa Média de 6%	100.000.000
Total da Dívida com Incidência de Juros	$ 125.000.000

a. Calcule o valor dos juros capitalizados na conta Construção em Andamento em 2013.
b. Apresente os lançamentos no diário dos juros de 2013.
c. Em 31 de dezembro de 2014, a Nexor concluiu a fábrica e a colocou em operação. A média de Construção em Processo em 2014 foi de $ 110 milhões. A dívida listada permaneceu em aberto durante todo o projeto de construção e a empresa não emitiu nenhuma dívida com incidência de juros nesse período. Apresente os lançamentos no diário para 2014 referentes à despesa de juros e capitalização de juros.

19. **Cálculos segundo vários métodos de depreciação.** Em 2013, a Carlton, Inc., adquire uma máquina por $ 88.800. Ela espera que a máquina dure seis anos e opere por 30 mil horas durante esse tempo. O valor estimado de recuperação no fim da vida útil é de $ 4.800. Calcule o encargo de depreciação em cada um dos três anos usando os seguintes métodos:
    a. O método linear (tempo).
    b. O método linear (uso) com os seguintes tempos de operação: primeiro ano, 4.500 horas; segundo ano, 5 mil horas; terceiro ano, 5.500 horas.

20. **Cálculos segundo vários métodos de depreciação.** Em 1º de janeiro de 2013, a Luck Delivery Company adquiriu um novo caminhão por $ 30.000. Ela estimou que o caminhão tem uma vida útil de 5 anos e nenhum valor residual. A companhia fecha seus livros anualmente em 31 de dezembro. Indique o valor do encargo de depreciação em cada ano da vida útil sob os seguintes métodos:
    a. O método linear (tempo).
    b. O método dos duplos saldos declinantes, passando para o linear em 2016.
    c. O método da soma dos dígitos.
    d. O caminhão pertence a uma categoria de propriedade para fins tributários que requer que as seguintes proporções do custo do ativo sejam depreciadas a cada ano: 0,20, 0,32, 0,192, 0,115; 0,115, 0,058. A lei tributária permite às empresas ignorar o valor de recuperação ao calcular a depreciação.

21. **Mudança na vida depreciável e no valor recuperável.** A Thom Corporation adquiriu um computador em 1º de janeiro de 2011 por $ 10.000.000. O computador tinha uma vida útil estimada de 6 anos e um valor residual estimado de $ 1.000.000. A empresa adota o método linear de depreciação. Em 1º de janeiro de 2013, a Thom Corporation descobre que novas tecnologias tornam provável que o computador dure apenas quatro anos e que o valor recuperável seja de apenas $ 600.000. Calcule o valor da despesa de depreciação em 2013 com essa mudança da vida depreciável e do valor residual. Suponha que a mudança não represente uma perda por *impairment*.

22. **Lançamentos no diário de revisões de estimativas de vida útil.** Faça o lançamento no diário das seguintes transações da Florida Manufacturing Corporation. A companhia usa o método linear de cálculo da depreciação e divulga em 31 de dezembro.
    a. A empresa compra uma máquina cortadeira em 1º de novembro de 2013 por $ 180.000. Ela estima que a máquina terá uma vida útil de 12 anos e um valor residual de $ 7.200 ao fim desse período. Faça o lançamento dessa depreciação em 31 de dezembro de 2013.
    b. Registre a depreciação no ano findo em 31 de dezembro de 2014.
    c. Em agosto de 2019, a empresa estima que a máquina terá provavelmente uma vida útil de 14 anos e um valor residual de $ 3.840. Registre a depreciação no ano findo em 31 de dezembro de 2019.
    d. A empresa vende a máquina por $ 40.000 em 31 de março de 2024. Registre os lançamentos dessa data, considerando que a empresa registre a depreciação como indicado em **c**.

23. **Distinguindo reparos de melhorias.** A Disney World sofreu danos na Space Mountain, uma de suas atrações mais populares, em decorrência de um tornado. Ela pagou $ 30.200 para substituir barras de reforço de aço das estruturas danificadas, $ 86.100 por um novo telhado arrancado pelo tornado, $ 26.900 por um novo sistema de ar-condicionado que estava instalado no telhado e $ 12.600 para substituir o carpete danificado pela água. A Disney World estima que a qualidade mais alta do aço utilizado na substituição adicionou 20% mais suporte estrutural em termos de capacidade de sustentação de peso. O novo sistema de ar-condicionado fornece 25% mais força de refrigeração que o sistema anteriormente instalado. Calcule os valores desses gastos que a Disney World deve tratar como reparos e como melhorias.

24. **Calculando o valor de uma perda por *impairment* de ativos tangíveis de vida longa.** A Wildwood Properties possui um prédio de apartamentos com valor contábil de $ 15.000.000 em 1º de janeiro de 2013. O departamento de estradas decidiu construir uma nova autoestrada perto do edifício, o que diminuiu substancialmente sua atratividade para os locatários. A Wildwood Porperties estima que ela agora receberá aluguéis

de $ 1.400.000 por ano do edifício pelos próximos seis anos e venderá o prédio ao fim desse período por $ 4.000.000. A empresa utilizará o valor presente dos fluxos de caixa esperados para mensurar o valor justo do edifício sob U.S. GAAP e o valor recuperável sob IFRS. Uma taxa de juros apropriada para o desconto dos fluxos de caixa é 10%. Suponha que todos os fluxos de caixa ocorrem no final do ano. Calcule o valor de qualquer perda por *impairment* que a Wildwood Properties deva reconhecer sob U.S. GAAP e sob IFRS.

25. **Calculando o valor de uma perda por *impairment*.** A Tillis Corporation adquiriu os ativos da Kieran Corporation (Kieran) em 1º de janeiro de 2011 por $ 2.400.000. Nessa data, os valores justos da Kieran eram os seguintes: terreno, $ 400.000; prédio, $ 600.000; equipamentos, $ 900.000. Em 15 de junho de 2013, um concorrente introduziu um novo produto que provavelmente afetará de modo significativo as vendas futuras dos produtos da Kieran. Isso também afetará o valor do imóvel, da planta da fábrica e dos equipamentos, dada a sua natureza especializada, voltada para os produtos existentes da Kieran. As informações a seguir se referem ao imobilizado da Kieran em 15 de junho de 2013:

	Valor Contábil	Fluxos de Caixa Não Descontados	Valor Justo
Terreno	$ 550.000	$ 575.000	$ 550.000
Edifício	580.000	600.000	580.000
Equipamento	1.200.000	950.000	800.000

O valor justo da Kieran como entidade em 15 de junho de 2013 é $ 2.200.000.

Calcule o valor da perda por *impairment* reconhecida no terreno, edifício e equipamento da Kieran, bem como no seu *goodwill*, em 15 de junho de 2013, sob U.S. GAAP.

26. **Calculando ganho ou perda com a venda de um equipamento.** A Fedup Express adquiriu um caminhão de entrega em 1º de janeiro de 2009 por $ 48.000. Ela estimava que o caminhão tivesse vida útil de 6 anos e valor residual de $ 6.000. A empresa utiliza o método linear de depreciação. Em 1º de julho de 2013, ela vende o caminhão por $ 14.000. Apresente os lançamentos que a Fedup Express fará em 1º de julho de 2013 para reconhecer a depreciação de 2013 e a venda do caminhão.

27. **Trabalhando retroativamente para derivar o valor de venda de ativos de planta industrial.** Os balanços patrimoniais da Wilcox Corporation no início e no final do ano contêm os seguintes dados:

	Começo do Ano	Fim do Ano
Imobilizado (pelo custo)	$ 400.000	$ 550.000
Depreciação Acumulada	180.000	160.000
Valor Contábil Líquido	$ 220.000	$ 390.000

Durante o ano, a Wilcox Corporation vendeu máquinas e equipamentos com um ganho de $ 4.000. Ela comprou novas máquinas e equipamentos a um custo de $ 230.000. Os encargos de depreciação de máquinas e equipamentos no ano totalizaram $ 50.000. Calcule o valor pelo qual a empresa vendeu máquinas e equipamentos.

28. **Lançamentos no diário para corrigir erros contábeis.** Apresente os lançamentos corretivos das seguintes situações. Em cada caso, a empresa usa o método linear de depreciação e fecha seus livros anualmente em 31 de dezembro.

   a. A empresa comprou um computador por $ 3.000 em 1º de janeiro de 2011. Ela o depreciou a uma taxa de 25% do custo de aquisição por ano. Em 30 de junho de 2013, ela vendeu o computador por $ 800 e adquiriu um novo computador por $ 4.000. O contador fez o seguinte lançamento para registrar a transação:

Equipamentos	3.200	
Caixa		3.200

   b. Uma empresa comprou um caminhão usado por $ 7.000. O seu custo, quando novo, era de $ 12.000. O auxiliar de contabilidade fez o seguinte lançamento para registrar a compra:

Caminhão	12.000	
Depreciação Acumulada		5.000
Caixa		7.000

c. Uma empresa adquiriu um mecanismo de teste em 1º de abril de 2011 por $ 1.200. Ela o depreciou a uma taxa anual de 10%. Um ladrão furtou o mecanismo em 30 de junho de 2013. A empresa não tinha seguro contra esse furto. O auxiliar de contabilidade fez o seguinte lançamento:

Perda por Furto	1.200
Máquina de Teste	1.200

Problemas

29. **Registrando transações envolvendo ativos tangíveis e intangíveis.** Apresente lançamentos no diário para cada uma das seguintes transações da Moon Macrosystems:
    a. Adquiriu computadores custando $ 400.000 e software de computador custando $ 40.000 em 1º de janeiro de 2011. A Moon espera que os computadores tenham uma vida de serviço de 10 anos e $ 40.000 de valor recuperável. Ela espera que o software tenha vida de serviço de 4 anos e valor recuperável zero.
    b. Pagou $ 20.000 para instalação dos computadores no escritório e $ 10.000 para instalar e testar o software.
    c. Registrou depreciação e amortização usando o método linear em 2011 e 2012. A Moon registra um ano inteiro de depreciação no ano da aquisição. Trate depreciação e amortização como despesas de período.
    d. Em 1º de janeiro de 2013, um novo software oferecido no mercado tornou o software adquirido em **a** completamente obsoleto. Faça o lançamento requerido.
    e. Em 2 de janeiro de 2013, a Moon revisou a vida depreciável dos computadores para um total de 14 anos e o valor recuperável para $ 56.000. Faça o lançamento para registrar a depreciação em 2013.
    f. Em 31 de dezembro de 2014, a Moon vendeu os computadores por $ 260.000. Faça os lançamentos requeridos para 2014.

30. **Efeito no lucro líquido de mudanças nas estimativas de ativos depreciáveis.** A Cloud Airlines tem $ 3 bilhões de ativos, incluindo aviões custando $ 2,5 bilhões com valor contábil líquido de 1,6 bilhão. Ela obtém lucro líquido igual a aproximadamente 6% dos ativos totais. A Cloud Airlines deprecia seus aviões para fins de demonstrações financeiras com base linear ao longo de 10 anos de vida e com valor residual de 10% do custo de aquisição. A empresa anuncia uma mudança na política de depreciação: ela usará 14 anos de vida e valores residuais iguais a 12% do custo de aquisição. Todos os aviões têm 4 anos de idade. Considere uma alíquota tributária de 35%.

    Calcule o impacto aproximado no lucro líquido da mudança na política de depreciação. Calcule os efeitos tanto em dólares quanto em percentuais.

31. **Reconhecendo e mensurando perdas por *impairment*.** Faça os lançamentos no diário para reconhecer uma perda por *impairment*, se apropriada, em cada um dos casos a seguir, sob U.S. GAAP. Se uma perda não se qualifica como uma perda por *impairment*, explique a razão e indique o tratamento contábil apropriado.
    a. A Commercial Realty Corporation aluga espaços de escritório a locatários em Boston. Um dos seus prédios custou originalmente $ 80 milhões e tem uma depreciação acumulada de $ 20 milhões. A cidade de Boston anunciou sua intenção de construir uma rampa de saída de uma via expressa próxima a um dos lados do edifício de escritório. As taxas de aluguel do prédio vão provavelmente diminuir como resultado. Os fluxos de caixa futuros não descontados dos aluguéis e da venda do prédio decresceram de $ 120 milhões antes do anúncio para $ 50 milhões depois. O valor justo do prédio diminuiu de $ 85 milhões antes do anúncio para $ 32 milhões depois.
    b. Considere a parte **a**. Suponha que os fluxos de caixa não descontados totalizaram $ 70 milhões e que o valor justo totalizou $ 44 milhões depois do anúncio.
    c. A Medical Services Corporation planeja, e depois constrói, seu próprio edifício de escritórios e clínica. Ela originalmente previu que o edifício custaria $ 15 milhões. Os médicos encarregados de supervisionar a construção tinham consultórios médicos tão ocupados que não monitoraram os custos rigorosamente, os quais, em última análise, chegaram a $ 25 milhões. Os fluxos de caixa futuros do uso do prédio totalizam $ 22 milhões, e o valor justo do prédio totaliza $ 16 milhões.
    d. A Medco Pharmaceuticals adquiriu a New Start Biotechnology dois anos atrás por $ 40 milhões. A Medco alocou $ 25 milhões a uma patente da New Start e $ 15 milhões ao *goodwill*. No fim do período atual, a Medco amortizou o valor contábil da patente para $ 20 milhões. Um competidor recentemente recebeu aprovação para uma droga biotecnológica que reduzirá o valor justo da patente que a Medco adquiriu da New Start. Os fluxos de caixa futuros não descontados esperados das vendas da droga patenteada totalizam

$ 18 milhões, e o valor justo da patente é de $ 12 milhões. O valor justo da antiga operação da New Start Biotechnology de propriedade da Medco é agora $ 25 milhões.

e. A Chicken Franchises, Inc., adquire os direitos de franquia na área de Atlanta da Chicken Delights Restaurants, uma cadeia nacional de restaurantes. Os direitos de franquia originalmente custaram $ 15 milhões; desde a aquisição, a Chicken Franchises amortizou o valor contábil para $ 10 milhões. A Chicken Delight Restaurants recentemente recebeu publicidade negativa porque os frangos que ela entregava aos seus franqueados continham pesticidas potencialmente nocivos. Consequentemente, os negócios declinaram. A Chicken Franchises estima que os fluxos de caixa futuros não descontados associados com o nome Chicken Delight totalizarão $ 6 milhões e que os direitos de franquia têm um valor justo de $ 3 milhões.

32. **Despesa *versus* capitalização de custos de pesquisa e desenvolvimento.** A Pfizer, uma empresa farmacêutica, planeja gastar $ 90 milhões em pesquisa e desenvolvimento (P&D) no começo de cada um dos próximos sete anos para desenvolver novas drogas. Como resultado do dispêndio em P&D em dado ano, ela espera que o lucro antes dos impostos (não contando a despesa com P&D) cresça em $ 36 milhões por ano durante três anos, incluindo o próprio ano do dispêndio. A Pfizer tem outro lucro antes dos impostos de $ 30 milhões por ano. O *controller* da Pfizer está curioso sobre o efeito nas demonstrações financeiras de seguir uma das duas políticas contábeis com respeito aos dispêndios em P&D:

(1) Considerar como despesas os custos do ano (política requerida nos Estados Unidos).

(2) Capitalizar os custos de P&D e amortizá-los ao longo de três anos, incluindo o próprio ano do dispêndio.

Considere que a companhia gasta $ 90 milhões no começo de cada um dos quatro anos e que o aumento planejado dos lucros ocorra. Ignore os efeitos tributários.

a. Prepare um resumo de quatro anos de lucro antes dos impostos, considerando que a Pfizer segue a política (1) e considera como despesas os gastos com P&D incorridos.

b. Prepare um resumo de quatro anos de lucro antes dos impostos, assumindo que a Pfizer segue a política (2) e capitaliza os gastos com P&D, em seguida os amortiza ao longo de três anos. Calcule também o valor de Gastos com P&D Diferidos (ativo) que aparece no balanço patrimonial no fim de cada um dos quatro anos.

c. Em que sentido a política (1) é conservadora?

d. Avalie o efeito no lucro antes dos impostos no balanço patrimonial se a Pfizer continuar a gastar $ 90 milhões a cada ano e se os efeitos continuarem como nos primeiros quatro anos.

33. **Interpretando evidenciações sobre ativos de vida longa.** A **Figura 10.2** apresenta um balanço patrimonial parcial da Comerica Mills, Inc., uma companhia processadora de alimentos de consumo, para os exercícios findos em 28 de maio de 2012 e 27 de maio de 2013.

Figura 10.2

Balanço Parcial da Comerica Mills Inc.
(valores em milhões de dólares)
(Problema 10.33)

	28 de Maio de 2012	27 de Maio de 2013
Ativo Circulante	3.054	3.041
Terreno	61	54
Edifícios	1.518	1.430
Equipamentos	4.016	3.859
Software Capitalizado	225	211
Construção em Progresso	276	252
Total do Imobilizado	6.096	5.806
Menos Depreciação Acumulada	(3.082)	(2.809)
Total do Imobilizado – Líquido	3.014	2.997
Intangíveis Sujeitos a Amortização:		
Patentes e Marcas de Produtos – Líquido	12	12
Intangíveis Não Sujeitos a Amortização:		
Marcas	3.682	3.595
Goodwill	6.835	6.652
Total dos Intangíveis	10.529	10.259
Outros Ativos	1.587	1.778
Ativo Total	18.184	18.075

a. A Comerica Mills não está no negócio de desenvolvimento de softwares. Por que então o software aparece como ativo no seu balanço patrimonial?
b. É plausível que a Comerica Mills reconheça depreciação no seu software? Explique.
c. Usando o método linear, a Comerica Mills reconheceu $ 421 milhões de depreciação durante o exercício de 2013. Calcule a vida total média e a média de idade dos ativos depreciáveis no exercício de 2013.
d. A Comerica Mills descartou algum ativo depreciável durante o exercício de 2013? Explique.
e. A Comerica Mills parece ser uma empresa que cresce primariamente por expansão interna ou pela aquisição de outras empresas de alimentos para consumo? Explique.
f. É provável que a Comerica Mills tenha efetuado alguma aquisição corporativa no exercício de 2013? Explique.
g. Qual a lógica provável de a Comerica Mills tratar patentes e marcas de produtos como um intangível sujeito a amortização?
h. Qual a lógica provável de a Comerica Mills tratar marcas como um intangível não sujeito a amortização?
i. A demonstração do resultado da Comerica Mills (não mostrada) informa Despesa de Juros – Líquida. Com base nas informações da **Figura 10.2**, que item a empresa provavelmente deduziu da despesa de juros bruta?

34. **Interpretando evidenciações sobre ativos de vida longa.** A **Figura 10.3** apresenta um balanço patrimonial parcial da Hargon, Inc., um desenvolvedor e fabricante de produtos biotecnológicos farmacêuticos, em 31 de dezembro de 2012 e de 2013.
    a. A Hargon provavelmente reconhece depreciação sobre o valor da conta Construção em Progresso a cada ano? Explique.
    b. Utilizando o método linear, a Hargon reconheceu $ 593 milhões de depreciação durante 2013. Calcule a vida média total e a média de idade dos ativos depreciáveis da empresa em 2013.
    c. A Hargon parece ter vendido algum ativo depreciável em 2013? Explique.
    d. Descreva as razões prováveis pelas quais a Hargon trata Tecnologia Desenvolvida de Produto, Tecnologia Fundamental, Marcas comerciais e Direitos Adquiridos de Tecnologia como intangíveis sujeitos a amortização. Considere esses itens separadamente.

Figura 10.3

Balanço Parcial da Hargon, Inc.
(valores em milhões de dólares)
(Problema 10.34)

	31 de Dezembro de 2013	31 de Dezembro de 2012
Ativo Circulante	11.712	9.235
Terreno	398	294
Edifícios e Melhorias	2.776	2.485
Equipamentos	4.243	3.584
Construção em Progresso	1.271	958
Total do Imobilizado	8.688	7.321
Menos Depreciação Acumulada	(2.767)	(2.283)
Total do Imobilizado – Líquido	5.921	5.038
Intangíveis Sujeitos a Amortização:		
Tecnologia Desenvolvida de Produto	2.877	3.077
Tecnologia Fundamental	1.348	1.348
Marcas Comerciais	190	190
Direitos Adquiridos de Tecnologia	350	–
Outros Ativos Intangíveis	454	335
Total de Intangíveis Sujeitos a Amortização	5.219	4.950
Menos Amortização Acumulada	(1.472)	(1.208)
Total de Intangíveis Sujeitos a Amortização – Líquido	3.747	3.742
Goodwill	11.302	10.495
Outros Ativos	1.106	787
Ativo Total	33.788	29.297

e. Usando o método de amortização linear, a Hargon reconheceu $ 370 milhões de amortização em 2013. Calcule a vida média total e a média de idade dos ativos da empresa sujeitos a amortização em 2013.

f. Descreva as razões prováveis pelas quais a Tecnologia Desenvolvida de Produto diminuiu de $ 3.077 milhões para $ 2.877 em 2013, enquanto os valores de Tecnologia Fundamental e Marcas comerciais permaneceram os mesmos.

g. Dada a natureza do negócio da Hargon, sugira os itens prováveis que compõem o *goodwill* no balanço patrimonial.

h. A demonstração do resultado da Hargon (não mostrada) informa Despesa de Juros – Líquida. Com base nas informações da **Figura 10.3**, que item a empresa provavelmente deduziu da despesa de juros bruta?

35. **Interpretando evidenciações sobre ativos de vida longa.** A **Figura 10.4** apresenta um balanço patrimonial parcial da HP3, um desenvolvedor e fabricante de *hardware* e software e serviços relacionados, para os seus exercícios de 31 de outubro de 2012 e de 2013.

    a. A HP3 usa o método linear para depreciar seus edifícios, benfeitorias em imóveis de terneiros, maquinário e equipamentos. Ela reconheceu uma despesa de depreciação de $ 1.922 milhão durante o exercício de 2013. Calcule a vida média total e a média de idade dos seus ativos depreciáveis em 2013.

    b. A empresa parece ter abandonado ou vendido algum ativo depreciável em 2013? Explique.

    c. Quais as razões prováveis pelas quais a HP3 trata Contratos com Clientes, Tecnologia Fundamental, Patentes e Marcas comerciais de Produtos como intangíveis sujeitos a amortização? Considere cada um desses quatro itens separadamente.

    d. Usando o método de amortização linear para intangíveis sujeitos a amortização, a HP3 reconheceu $ 783 milhões de amortização em 2013. Calcule a vida média total e a média de idade dos ativos da empresa sujeitos a amortização em 2013.

    e. A HP3 adquiriu a Casio Computer Company sete anos atrás. Por que ela trata o nome da empresa Casio como um intangível não sujeito a amortização?

    f. A HP3 parece ter feito alguma aquisição corporativa durante o exercício de 2013? Explique.

Figura 10.4

Balanço Parcial da HP3
(valores em milhões de dólares)
(Problema 10.35)

	31 de Outubro de 2013	31 de Outubro de 2012
Ativo Circulante	47.402	48.264
Terreno	464	534
Edifícios e Benfeitorias em Imóveis Alugados	6.044	5.771
Máquinas e Equipamentos	9.903	8.719
Total do Imobilizado	16.411	15.024
Menos Depreciação Acumulada	(8.613)	(8.161)
Total do Imobilizado – Líquido	7.798	6.863
Intangíveis Sujeitos a Amortização:		
Contratos com Clientes, Carteira de Clientes e Acordos de Distribuição	3.239	2.586
Tecnologia Desenvolvida e Fundamental e Patentes	2.768	1.923
Marcas Comerciais de Produtos	115	103
Total de Intangíveis Sujeitos a Amortização	6.122	4.612
Menos Amortização Acumulada	(3.465)	(2.682)
Total de Intangíveis Sujeitos a Amortização – Líquido	2.657	1.930
Intangíveis Não Sujeitos a Amortização:		
Nome da Empresa Casio	1.422	1.422
Goodwill	21.773	16.853
Total de Intangíveis	25.852	20.205
Outros Ativos	7.647	6.649
Ativo Total	88.699	81.981

Capítulo

11

Notas (empréstimos), *bonds* e *leasing*

O **Capítulo 9** indicou que as empresas costumam financiar ativos circulantes operacionais, como clientes e estoques, com empréstimos de curto prazo e créditos comerciais (pagamentos postergados aos fornecedores). As empresas usam o caixa recebido dos clientes nos próximos meses para pagar a fornecedores e credores de curto prazo. As empresas geralmente financiam ativos de longo prazo, particularmente imobilizados, com empréstimos de longo prazo ou recursos proporcionados direta ou indiretamente pelos acionistas. Este capítulo discute a contabilização de acordos de empréstimos de longo prazo (isto é, os que requerem pagamento além de um ano da data do balanço patrimonial).

Quanto maior a dívida de longo prazo na estrutura de capital de uma empresa, maior o risco de que a empresa venha a ter dificuldades de fazer os requeridos pagamentos quando devidos e, portanto, maior o risco de inadimplência ou falência. Os analistas financeiros utilizam diversos índices financeiros para avaliar o risco relativo ao endividamento de longo prazo. Por exemplo, o índice de endividamento de longo prazo relaciona o valor da dívida de longo prazo com o valor das fontes de recursos totais da empresa.

$$\text{Índice de Endividamento de Longo Prazo} = \frac{\text{Dívida de Longo Prazo}}{\text{Passivo} + \text{Patrimônio Líquido}}$$

O índice do endividamento sobre o patrimônio líquido relaciona a dívida de longo prazo ao patrimônio líquido[1], indicando o *mix* relativo de recursos de longo prazo obtidos de credores *versus* proprietários.

$$\text{Índice de Endividamento sobre o Patrimônio Líquido} = \frac{\text{Dívida de Longo Prazo}}{\text{Patrimônio Líquido}}$$

OBJETIVOS DE APRENDIZAGEM

1 Calcular o preço de emissão, o valor contábil e o valor justo de notas e *bonds* a pagar, mediante desconto de fluxos de caixa futuros contratuais ao valor presente, com uma taxa apropriada de desconto.

2 Entender o método de juros efetivos e aplicá-lo ao prêmio da dívida e à amortização do desconto.

3 Compreender a aplicação da opção pelo valor justo aos passivos financeiros.

4 Distinguir entre *leasing* financeiro (*capital lease* pelo U.S. GAAP ou *finance lease* pelo IFRS) e *leasing* operacional com base em critérios contábeis, e entender os efeitos dessa distinção nas demonstrações financeiras.

5 Contabilizar o *leasing* financeiro e o operacional.

---

1. O uso clássico da palavra *equity* (patrimônio líquido) se refere a todos os itens do lado direito do balanço patrimonial – todas as fontes de financiamento da empresa. O uso moderno restringe a palavra *equity* apenas ao patrimônio líquido, ou seja, capital contribuído e lucros acumulados. Contudo, o uso atual da palavra é ainda diversificado, de modo que você precisa entender o que as outras pessoas querem dizer quando usam o termo *equity*. (NT: No Brasil também há um problema similar a esse, mas em relação à palavra "passivo". O uso clássico da palavra "passivo" se referia a todo o lado direito do balanço patrimonial. Já o uso moderno restringe a palavra passivo apenas às obrigações com terceiros, excluindo o patrimônio líquido. Assim como ocorre nos Estados Unidos com a palavra *equity*, o uso da palavra "passivo" no Brasil ainda é diversificado, de modo que você precisa entender pelo contexto que significado da palavra está sendo usado. Neste livro estamos usando o significado moderno dessas palavras.)

Figura 11.1
Índices de Endividamento de Quatro Empresas

Empresa	Índice de Endividamento de Longo Prazo	Índice de Endividamento sobre o Patrimônio Líquido	Imobilizado sobre o Ativo Total
SA Electric	43,4%	193,5%	81,5%
Boise Cascade	44,9	59,1	54,1
WPP Group	8,3	24,1	2,8
Intel	3,8	5,0	36,4

A **Figura 11.1** apresenta esses dois índices de endividamento, bem como a razão entre o imobilizado e o ativo total, de quatro empresas de setores diferentes. Usaremos esses índices para avaliar as relações entre as características econômicas do setor a que a empresa pertence, o seu uso de imobilizado e o seu uso do endividamento de longo prazo.

SA Electric. A SA Electric é uma provedora regulada de serviços elétricos (empresa de serviços de utilidade pública) na África do Sul. O imobilizado domina os ativos da SA Electric. Ela se apoia mais no endividamento de longo prazo que no patrimônio líquido para financiar esses ativos (como indica o índice do endividamento sobre o patrimônio líquido de mais de 100%). O estado de empresa regulada da SA Electric praticamente elimina o risco de inadimplência ou falência; por isso, ela obtém custos relativamente baixos de empréstimos. Suas instalações de produção e transmissão também servem de garantia para a dívida, o que significa que os credores podem vender as instalações e utilizar o caixa para quitar a dívida caso a SA Electric não o possa fazer.

Boise Cascade. A Boise Cascade, uma empresa com sede nos Estados Unidos, processa polpa de madeira em produtos de papel e suas instalações são intensivas em ativos fixos. Ela tem a segunda maior razão do imobilizado sobre o ativo total e o segundo índice do endividamento sobre o patrimônio líquido entre as quatro empresas. A Boise Cascade tem níveis mais elevados de risco que uma empresa regulada de serviços de utilidade pública – em primeiro lugar, porque a Boise Cascade não é regulada e são as forças do mercado e não a regulamentação o que determina os preços dos seus produtos; em segundo lugar, porque as vendas da Boise Cascade são mais sensíveis a variações no nível de atividade dos negócios que as de uma empresa elétrica; em terceiro lugar, porque a Boise Cascade tem menos ativos que possam servir como garantia de empréstimos. O risco maior da Boise Cascade aumenta os seus custos de captação financeira e diminui sua confiança em financiamento via dívida.

WPP Group. O WPP Group é uma empresa de serviços de comunicações com sede no Reino Unido cujos empregados promovem anúncios, pesquisas de mercado, relações públicas e outros serviços em âmbito global. Além de uns poucos equipamentos, ela não possui virtualmente nenhum imobilizado (ela aluga a maior parte do seu espaço de escritório). Das quatro empresas deste exemplo, ela mostra a menor intensidade de ativos fixos e o segundo índice de endividamento sobre o patrimônio líquido. O WPP Group cria valor com serviços de seus empregados, não com ativos operacionais; portanto, não há a necessidade nem a habilidade de fazer empréstimos de longo prazo usando o imobilizado como garantia.

Intel. A Intel é uma empresa com sede nos Estados Unidos dedicada ao desenho e à fabricação de semicondutores. Ela produz semicondutores em instalações intensivas em ativos fixos. A fração moderada de seu ativo total constituída pelo imobilizado resulta da depreciação de suas instalações intensivas em tecnologia por períodos curtos, de cerca de quatro anos. A Intel tem o menor índice de endividamento de longo prazo e de endividamento sobre o patrimônio líquido das quatro empresas deste exemplo. Há pelo menos duas razões para essa pouca dependência de endividamento. Em primeiro lugar, a Intel é excepcionalmente lucrativa e, por isso, gera recursos de suas operações. Em segundo lugar, ela incorre em substanciais riscos tecnológicos de obsolescência de produtos, com ciclos de vida de menos de 2 anos. Uma alta dependência de financiamento aumentaria o risco financeiro e incrementaria o custo dos empréstimos.

Esses exemplos ilustram a importância de entender o setor de uma empresa e suas características econômicas quando se analisa o endividamento de longo prazo e se avalia o risco. Este capítulo discute o reconhecimento e a mensuração da dívida de longo prazo. Quais obrigações de uma empresa os padrões U.S. GAAP e IFRS reconhecem como dívida de longo prazo? Como U.S. GAAP e IFRS mensuram o valor que as empresas informam como dívida no seu balanço patrimonial? Com poucas exceções, a contabilização de dívidas sob U.S. GAAP e IFRS é similar. Neste capítulo, consideramos notas, *bonds* e *leasing*. O próximo tópico aborda notas e *bonds*. Em seguida, discute-se o *leasing*.

VISÃO GERAL DOS MERCADOS DE DÍVIDA DE LONGO PRAZO

Este tópico descreve mercados de dívida para melhor entendimento da dívida de longo prazo discutida nos tópicos posteriores. Os mercados de dívida têm um vocabulário próprio; por isso, prepare-se para novos termos.

Fontes de financiamento de longo prazo

As empresas que desejam utilizar caixa para propósitos de longo prazo, como adquirir edifícios e equipamentos, ou financiar aquisições de uma empresa, podem fazê-lo de duas maneiras:

1. Tomar empréstimos de bancos comerciais, companhias de seguro e outras instituições financeiras.
2. Emitir instrumentos de dívida, como *bonds*, no mercado de capitais.

Os contratos de financiamento com bancos privados e outras instituições financeiras frequentemente requerem que as empresas deem ativos como garantia. Por exemplo, uma empresa que tomasse empréstimos para financiar a aquisição de um equipamento provavelmente empenharia o equipamento como garantia. Se a empresa não mantém níveis especificados de saúde financeira enquanto o empréstimo está em aberto ou não efetua os pagamentos do empréstimo quando devido, o credor tem o direito de tomar a garantia e vendê-la para satisfazer o valor devido. A terminologia comum se refere ao contrato subjacente a empréstimos bancários como uma **nota (ou nota promissória)**, de modo que esses empréstimos às vezes aparecem nos balanços sob o título de **Notas a Pagar** (ou **Notas Promissórias a Pagar**)[2]. As notas de empresas geralmente têm datas de vencimento de menos de 10 anos e se originam do empréstimo tomado de um só credor. Tomar emprestado de um só credor evita algumas exigências de relatos de emissões públicas de dívida. Não há mercado de bolsa para a dívida nesse caso; por isso, o tomador terá dificuldade de se liberar do contrato de empréstimo antes do vencimento, a menos que o contrato preveja o pagamento antecipado em certas condições.

Muitas empresas emitem ***bonds*** nos mercados abertos de dívida para obter caixa de longo prazo. Um *bond* é um contrato financeiro, conceitualmente similar aos acordos de empréstimo com bancos e companhias de seguro, nos quais o tomador e o credor concordam com certas condições sobre a quitação dos *bonds*, políticas operacionais, outras atividades de empréstimos enquanto os *bonds* permanecem em aberto e outras matérias. A **escritura (contrato) de *bond* (*bond indenture*)** se refere a esse contrato de financiamento[3]. Os *bonds* aparecem no balanço patrimonial sob o título **Bonds a Pagar** (ou Debêntures a Pagar). Ao contrário dos empréstimos e financiamentos, os *bonds* têm datas de vencimento de mais de 10 anos, aproximadamente, e envolvem muitos credores em vez de um único. As empresas classificam a porção dos *bonds* devida dentro do ano como um passivo circulante e a porção remanescente como um passivo não circulante. As empresas devem também evidenciar uma lista de suas obrigações de dívidas de longo prazo em notas explicativas das demonstrações financeiras.

Variedade das provisões de *bonds*

As emissões de *bonds* variam quanto às suas provisões específicas. Por exemplo, uma garantia particular pode dar suporte a *bonds* (um empréstimo garantido) ou as empresas podem emitir *bonds* com base apenas na sua credibilidade como entidade (***bond* não garantido**). Empréstimos não garantidos podem conter **direitos de senioridade (*senior rights*)** ou **direitos subordinados** em caso de falência. Em caso de falência, os detentores seniores de dívida não garantida têm prioridade de pagamento sobre os detentores subordinados (juniores).

Os *bonds* também variam quanto às condições de pagamento. A **debênture (*debenture bond*)** típica paga juros periodicamente, em geral a cada seis meses, durante a vida do *bond* e repaga o valor do principal emprestado no vencimento. Um ***bond* serial** requer pagamentos periódicos de juros mais uma porção do principal ao longo de toda a vida do *bond*. Um ***bond* de cupom zero** não prevê pagamentos periódicos de juros no período de vigência,

---

2. No Brasil, é mais usado o termo **Empréstimos e Financiamentos**. (NT)
3. É similar, no Brasil, à "escritura de emissão de debêntures", cujas características e procedimentos se aproximam aos dos *bonds*. (NT)

mas requer o pagamento do total do principal mais juros no vencimento final. Um tópico posterior define *principal* e *juros* mais precisamente.

Bonds conversíveis permitem ao detentor trocar os *bonds* por ações da empresa em condições específicas. A opção de conversão tem valor porque o detentor pode se beneficiar de aumentos no valor de mercado das ações da empresa depois da emissão dos *bonds*. Se o detentor não converte os *bonds* em ações antes do vencimento, a empresa emissora paga o débito no vencimento, da mesma forma como nos *bonds* não conversíveis. Discutiremos os *bonds* conversíveis mais detalhadamente no **Capítulo 15**.

Alguns *bonds* são **resgatáveis (*callable*)**, ou seja, a empresa emissora tem o direito de recomprá-los antes do vencimento por um preço especificado. Uma empresa emissora pode exercer esse direito de chamada (*call*), ou seja, exercer a opção de compra, se a taxa de juros cai após a emissão dos *bonds*. A empresa pode tomar um empréstimo a taxas de juros menores e usar o caixa para financiar a recompra dos *bonds* inicialmente emitidos.

Os investidores em *bonds* por vezes detêm uma **opção de venda (*put option*)**, ou seja, eles podem forçar a empresa emissora a quitar (recomprar) os *bonds* em condições especificadas. Os investidores podem exercer essa opção se as taxas de juros crescerem no mercado; eles podem utilizar o caixa obtido para reinvestir em outros títulos de dívida com rendimentos mais altos.

Os *bonds* podem ter **taxas de juros fixas** ou **taxas de juros variáveis.** *Bonds* com taxa de juros fixa pagam juros a essa taxa fixa durante toda a vida do *bond*. *Bonds* com taxa variável de juros pagam juros a taxas que variam durante a vida do *bond*. A escritura do *bond* especifica a fórmula para o cálculo periódico da taxa variável de juros.

As características econômicas do setor, a situação financeira da empresa e as condições particulares da emissão do *bond* determinam o risco de investir nele, o que por sua vez afeta a taxa de juros que os investidores demandam e, portanto, o preço do *bond* na data da emissão e posteriormente. O tópico a seguir discute a mensuração de instrumentos financeiros em geral. Os tópicos posteriores discutem a mensuração de notas, *bonds* e *leasing*. Para entender os cálculos ilustrados no restante deste capítulo, você precisa entender juros capitalizados e seu uso no cálculo do **valor presente de fluxos de caixa futuros**.

Mensuração de instrumentos financeiros: princípios gerais

Usamos o termo **instrumento financeiro** para nos referirmos a um acordo financeiro pelo qual uma empresa contrata para receber ou fazer pagamentos específicos no futuro em troca de caixa ou outros recursos pagos ou recebidos atualmente. Notas, *bonds* e *leasing* são instrumentos financeiros. Derivativos, discutidos no **Capítulo 13**, são também instrumentos financeiros. Uma característica desses exemplos de instrumentos financeiros é que eles tomam a forma de contratos que especificam os meios de calcular os valores que a empresa receberá ou pagará em momentos específicos do futuro.

A mensuração contábil de notas e *bonds* a pagar segue dois princípios gerais:

1. O valor inicialmente emprestado ou o valor de mercado de uma nota ou *bond* em qualquer data subsequente ao empréstimo inicial é igual ao valor presente dos fluxos de caixa futuros ou remanescentes descontados a uma taxa apropriada de juros (discutida).

2. A **taxa interna de retorno**, por vezes chamada de **rendimento (*yield to maturity*)**, é a taxa de desconto que equaliza os fluxos de caixa futuros com o valor justo do instrumento em qualquer data. A terminologia comum também a chama de **taxa de juros do mercado**. Quando um instrumento financeiro não especifica a taxa interna de retorno, o investidor pode calcular essa taxa, chamada de **taxa de juros implícita**. Na data da emissão, o valor justo será igual aos proventos da emissão inicial – o valor tomado de empréstimo. Para entender a contabilização de notas e *bonds*, são necessárias duas definições adicionais:

   - **Taxa de juros histórica do mercado:** a taxa de desconto prevalecente na data do empréstimo inicial. O desconto dos fluxos de caixa contratuais a essa taxa equaliza o valor presente dos fluxos de caixa futuros com o valor do empréstimo inicial – o valor justo na data da emissão.

   - **Taxa de juros corrente do mercado:** a taxa de desconto em qualquer data subsequente à data do empréstimo inicial. O desconto dos fluxos de caixa contratuais a essa taxa equaliza o valor presente dos fluxos de caixa futuros remanescentes com o valor justo na data da mensuração subsequente.

Tópicos posteriores neste capítulo indicam que U.S. GAAP e IFRS permitem às empresas contabilizar notas e *bonds* sob uma destas duas abordagens:

1. **Custo amortizado.** Usa a taxa histórica do mercado para calcular o valor contábil de notas e *bonds* enquanto essas obrigações estão em aberto e evidenciar em notas explicativas das demonstrações financeiras os valores justos desses instrumentos financeiros com base na taxa corrente de juros do mercado. Essa abordagem é predominante nos relatórios financeiros; portanto, é a que este capítulo enfoca.
2. **Valor justo.** Mensura notas e *bonds* pelo valor justo em cada período, usando o valor corrente da taxa de juros do mercado em vez da taxa de juros histórica do mercado para descontar os fluxos de caixa remanescentes. FASB e IASB se referem a essa abordagem como a **opção pelo valor justo**[4]. Um tópico posterior deste capítulo descreve a opção pelo valor justo.

CONTABILIZAÇÃO DE NOTAS (EMPRÉSTIMOS)

As empresas geralmente tomam empréstimos de bancos, seguradoras e outras instituições financeiras mediante assinatura de uma nota promissória, que especifica os termos do acordo de empréstimo.

Exemplo 1. A Newsom Company toma um empréstimo de $ 125.000 do seu banco para comprar um terreno em 1º de janeiro de 2014. A empresa dá o terreno como garantia do empréstimo. Os juros sobre o saldo devedor são de 12% ao ano, capitalizados semestralmente (ou seja, 6% a cada seis meses). O tomador paga $ 17.000 em 30 de junho e em 31 de dezembro de cada ano por quatro anos e meio, e paga $ 16.782 – o valor exato para quitar o empréstimo – ao fim de cinco anos.

Mensuração inicial. A mensuração inicial do empréstimo é pelos $ 125.000 captados. Esse valor é igual ao valor presente dos pagamentos futuros de caixa, descontados pelo rendimento requerido pelo credor, que assumimos ser também 12% ao ano, capitalizados semestralmente.

Quando a taxa fixada de juros de um empréstimo (6% capitalizados semestralmente, neste exemplo) é igual ao rendimento requerido pelo credor (também 6% capitalizados semestralmente), o valor tomado é igual ao valor principal do empréstimo (também chamado de valor de face, no caso de bonds*).* A significação desse conceito será mais evidente quando abordarmos como mensurar o valor contábil dos *bonds*.

Os lançamentos para registrar o empréstimo e a compra do terreno nos livros da Newsom Company são:

1º de Janeiro de 2014

Caixa..	125.000	
Notas a Pagar (ou Empréstimos e Financiamentos)...		125.000

Para registrar $ 125.000 de caixa recebido do banco em troca de uma nota promissória a pagar durante cinco anos com juros de 12% ao ano, capitalizados semestralmente, requerendo pagamentos de $ 17.000 no fim de cada semestre e um pagamento final de $ 16.782.

1º de Janeiro de 2014

Terreno..	125.000	
Caixa..		125.000

Para registrar a compra de terreno por $ 125.000.

Mensuração subsequente à data do empréstimo inicial. Nos primeiros seis meses, incidem juros de $ 7.500 (= 0,06 × $ 125.000) sobre o empréstimo. A empresa faz então o pagamento em caixa requerido de $ 17.000. O lançamento para registrar a despesa de juros, o pagamento do empréstimo e a redução do valor de Notas a Pagar é:

---

[4]. FASB, *Statement of Financial Accounting Standards No. 159*, "The Fair Value Option for Financial Assets and Financial Liabilities", 2007 (**Codification Topic 825**). IASB, *International Accounting Standard 39*, "Financial Instruments: Recognition and Measurement", 1999, revised 2003.

414 Contabilidade financeira

30 de Junho de 2014		
Despesa de Juros	7.500	
Notas a Pagar (ou Empréstimos e Financiamentos)..	9.500	
Caixa		17.000
Para registrar despesa de juros, pagamento de caixa e redução em Empréstimos e Financiamentos pelos primeiros seis meses.		

Assim, o valor contábil do empréstimo muda nos primeiros seis meses:

Saldo em Notas a Pagar em 1º de Janeiro de 2014	$ 125.000
Mais Juros pelos Primeiros Seis Meses: 0,06 × 125.000	7.500
Menos Pagamento em Caixa em 30 de Junho de 2014	(17.000)
Saldo em Notas a Pagar em 30 de Junho de 2014..	$ 115.500

O valor contábil do empréstimo em 30 de junho de 2014 equivale ao valor presente dos fluxos de caixa remanescentes, descontados à taxa de 12% ao ano, capitalizados semestralmente.

Esses cálculos ilustram um segundo conceito importante: *o valor informado no balanço patrimonial ao longo da vida do empréstimo (isto é, o valor contábil) é igual ao valor presente dos fluxos de caixa remanescentes descontados pela taxa histórica de juros (12% capitalizados semestralmente, neste exemplo). A taxa de juros atual do mercado normalmente difere da taxa de juros histórica durante a vida do empréstimo. Uma empresa que não contabiliza os empréstimos de longo prazo e bonds, optando pelo valor justo (mais adiante discutido), utiliza a taxa de juros histórica do mercado para contabilizar o empréstimo enquanto ele está em aberto.*

Planilha de amortização. A **Figura 11.2** apresenta uma **planilha de amortização** desse empréstimo. Ela mostra a despesa de juros e os pagamentos em caixa a cada seis meses e a resultante redução no valor contábil

Figura 11.2

Planilha de Amortização de Empréstimo de $ 125.000
Pago em Nove Prestações Semestrais de $ 17.000 e um Pagamento Final de $ 16.781.
A Taxa de Juros é de $ 12% Composta Semestralmente (6% composta a cada seis meses)[5]

Período (1)	Saldo Inicial do Período (2)	Despesa de Juros do Período (3)	Pagamento de Caixa (4)	Porção Reduzida do Principal pelo Pagamento (5)	Saldo no Final do Período (6)
0..................................					$ 125.000
1..................................	$ 125.000	$ 7.500	$ 17.000	$ 9.500	115.500
2..................................	115.500	6.930	17.000	10.070	105.430
3..................................	105.430	6.326	17.000	10.674	94.756
4..................................	94.756	5.685	17.000	11.315	83.441
5..................................	83.441	5.006	17.000	11.994	71.448
6..................................	71.448	4.287	17.000	12.713	58.734
7..................................	58.734	3.524	17.000	13.476	45.259
8..................................	45.259	2.716	17.000	14.284	30.974
9..................................	30.974	1.858	17.000	15.142	15.832
10................................	15.832	950	16.782	15.832	0

Observação: Na preparação desta tabela, arredondamos os números para o próximo dólar, mas os cálculos subjacentes no Excel® utilizaram diversos dígitos significativos depois da vírgula decimal.
Coluna (2) = Coluna (6) do período anterior.
Coluna (3) = 0,06 × Coluna (2), exceto para o período 10, no qual é o valor tal que
   Coluna (3) = Coluna (4) − Coluna (5).
Coluna (4) é dada.
Coluna (5) = Coluna (4) − Coluna (3).
Coluna (6) = Coluna (2) − Coluna (5).

---

5. As ilustrações deste capítulo utilizam fatores de valor presente com cinco dígitos significativos nas tabelas.

do empréstimo nos dez períodos. A despesa de juros é igual ao rendimento requerido (6% a cada seis meses) vezes o saldo devedor do empréstimo no começo de cada período de seis meses. A terminologia comum se refere aos cálculos ilustrados na **Figura 11.2** para amortização de um instrumento financeiro ao longo do tempo até seu vencimento como **método dos juros efetivos**. Esse método tem as seguintes características:

1. A nota, *bond* ou outro instrumento financeiro aparecerá no balanço patrimonial tanto na data inicial como nas datas subsequentes pelo valor presente dos fluxos de caixa remanescentes descontados pela taxa de juros histórica do mercado (isto é, o seu rendimento inicial no vencimento).
2. O valor da despesa de juros em cada período é igual à taxa de juros histórica do mercado vezes o valor contábil do instrumento financeiro no início de cada período.

Neste exemplo, o valor contábil do empréstimo muda a cada período, aumentando para refletir o efeito dos fluxos de caixa remanescentes mais próximos no tempo e diminuindo pelo pagamento dos juros e do principal.

PROBLEMA 11.1 PARA APRENDIZAGEM

Taxa de juros implícita e planilha de amortização de um empréstimo com juros. A Vera Company recebe $ 97.375,69 de caixa contra uma nota promissória de $ 100.000 de três anos, prometendo pagar $ 6.000 no fim de um ano, $ 6.000 no fim de dois anos e $ 106.000 no fim de três anos.

a. Demonstre que o rendimento requerido ou a taxa implícita de juros deste empréstimo é de 7% ao ano, capitalizados anualmente.
b. Prepare uma tabela de amortização deste empréstimo similar à da **Figura 11.2**.

CONTABILIZAÇÃO DE *BONDS*

As empresas geralmente emitem *bonds* para um grande número de investidores no mercado de títulos de dívida para obter caixa para objetivos de longo prazo. Conforme já explicado, as condições das emissões de *bonds* variam, dependendo das necessidades de caixa da empresa ao longo do tempo e das preferências dos investidores nos *bonds*. Os bancos de investimento frequentemente assessoram os emissores corporativos de *bonds* nos mercados abertos de títulos de dívida.

Padrões de fluxos de caixa de *bonds*

Os *bonds* variam quanto ao padrão de fluxos de caixa dos pagamentos feitos pelo tomador da dívida aos seus investidores. Há três tipos comuns de *bonds*: *bonds* com cupons, *bonds* seriais e *bonds* de cupons zero.

Exemplo 2. A Ford Motor Company emite $ 250 milhões de *bonds* de 20 anos com cupons de 8% ao ano, capitalizados semestralmente. A escritura dos *bonds* requer que a Ford faça pagamentos de cupons de $ 10 milhões (= 0,08 × $ 250 milhões × 1/2) a cada seis meses durante 20 anos e pague o principal de $ 250 milhões ao final de 20 anos. A terminologia comum se refere aos $ 250 milhões como **principal** ou **valor de face** dos *bonds* e aos 8% da taxa como **taxa de juros do cupom** dos *bonds*. Nesse caso, $ 250 milhões é também o **valor de vencimento** dos *bonds*. O termo *valor de face* se refere ao valor principal impresso na face do certificado do *bond*. O valor principal ou de face é a base para calcular o valor de cada pagamento do cupom semestral[6]. Cada certificado de *bond* tem todos os cupons nele afixados, sendo cada cupom igual a 4% vezes o valor principal do certificado de *bonds* e sendo os cupons datados de seis em seis meses. Os investidores destacam a cada seis meses os cupons predatados do certificado de *bonds* e os depositam em suas contas bancárias tal como se depositassem um cheque recebido. Embora os cheques e as transferências eletrônicas de fundos tenham substituído os cupons, o termo *cupom* permanece em uso. Assim, a taxa de 8% do cupom multiplicada pelo valor de $ 250

---
6. Muitos se referem aos pagamentos periódicos como *pagamentos de juros*. O termo causa confusão porque, como logo veremos, o valor da despesa de juros em um período quase nunca é igual ao caixa pago aos credores no mesmo período, enquanto a terminologia comum por vezes usa a palavra *juros* para se referir ao dispêndio (ao pagamento do cupom) e algumas vezes para se referir à despesa – despesa de juros. Buscaremos usar a palavra *juros* apenas quando nos referirmos ao valor da despesa, não do dispêndio, quando esses valores diferem. O pagamento periódico sempre incluirá algum valor para pagar juros ao credor, mas não necessariamente todos os juros incidentes desde o último pagamento. Se o pagamento excede os juros, então ele abaterá algum valor do principal. Tanto o pagamento dos juros como o pagamento do principal reduzem a dívida, assim um termo geral utilizado para o pagamento é *pagamentos do serviço da dívida*.

milhões do principal é igual ao pagamento anual de 20 milhões, que a Ford paga em duas prestações semestrais de $ 10 milhões cada uma.

Exemplo 3. A Chrysler Corporation emite $ 180 milhões de *bonds* seriais de 15 anos. A escritura dos *bonds* requer que a Chrysler pague $ 10.409.418 a cada seis meses pelos próximos 15 anos. Cada pagamento periódico inclui juros e reembolso de uma porção do principal. O valor principal ou de face desse *bond* é de $ 180 milhões. Esse *bond* não especifica determinada taxa de juros, mas cada pagamento inclui juros implícitos. Discutiremos os *bonds* seriais mais detalhadamente adiante neste capítulo.

Exemplo 4. A General Motors Corporation emite $ 300 milhões em *bonds* de cupom zero de 10 anos. Esses *bonds* não requerem pagamentos periódicos de juros. Em vez disso, o valor de vencimento de $ 300 milhões inclui tanto o principal como os juros. Embora esses *bonds* não estabeleçam uma taxa de juros, há uma taxa implícita de juros incorporada no valor de vencimento. Abordaremos os *bonds* de cupom zero com maior profundidade adiante.

Revisão da terminologia de *bonds*

Faremos neste momento uma revisão:

1. O contrato de *bond* especifica as bases para o cálculo de fluxos de caixa futuros dessa emissão de *bonds*. A identificação desses fluxos de caixa é o ponto de partida para a contabilização do *bond* tanto na data inicial como nas datas posteriores de mensuração.
2. A terminologia relativa aos *bonds* inclui:
    a. *Valor de face*: o valor impresso na face do certificado de *bond* que serve como base para calcular os pagamentos periódicos de cupons dos *bonds* com cupons[7]. O valor de face é igual ao valor de vencimento nos *bonds* com cupons e nos *bonds* de cupom zero, mas não nos *bonds* seriais.
    b. *Principal*: o mesmo que valor de face nos *bonds* com cupons e nos *bonds* seriais, mas não nos *bonds* de cupom zero.
    c. *Valor de vencimento*: valor pago por um emissor na data de vencimento dos *bonds*. O valor de vencimento é igual ao valor de face nos *bonds* com cupons e nos *bonds* de cupom zero.
    d. *Valor justo* (às vezes chamado de **valor de mercado**): valor pelo qual os *bonds* são vendidos no mercado ou na data da emissão ou em qualquer data subsequente durante a vigência dos *bonds*.
    e. *Taxa do cupom*: taxa estabelecida no contrato do *bond* que, quando multiplicada pelo valor de face ou valor principal dos *bonds* com cupons, é igual ao pagamento periódico de caixa requerido. A taxa do cupom é sempre anual. O emissor pode fazer pagamentos em mais de uma prestação durante o ano, geralmente a cada semestre. Por exemplo, se a taxa de cupom é 6% paga semestralmente, o emissor paga juros de 3% a cada seis meses. A frequência dos pagamentos afeta o rendimento do *bond* e os cálculos de amortização. A taxa do cupom não precisa ser igual à taxa histórica de juros do mercado, uma possibilidade que discutiremos mais amplamente adiante neste capítulo.
    f. *Taxa de juros histórica do mercado e rendimento inicial no vencimento*: a taxa de juros que desconta todos os fluxos de caixa futuros, de tal forma que o seu valor presente represente o preço inicial de emissão do *bond*.
    g. *Taxa de juros corrente do mercado*: a taxa de juros que desconta todos os fluxos de caixa futuros, de tal forma que o seu valor presente represente o valor justo do *bond*.

Mensuração inicial dos *bonds*

O preço inicial de emissão de um *bond* depende de dois fatores:

1. Dos pagamentos de caixa prometidos, indicados no contrato do *bond*, como discutido no tópico anterior.
2. Do rendimento no vencimento requerido pelos investidores para induzi-los à compra dos *bonds*, o que será discutido e ilustrado no próximo tópico.

---

[7]. A terminologia comum também se refere ao valor de face (*face value*) dos *bonds* como valor ao par (*par value*). Para reduzir a ambiguidade, utilizaremos valor de face com referência aos *bonds* e valor ao par com relação às ações ordinárias e preferenciais neste livro.

Exemplo 2 (continuação). Os *bonds* no **Exemplo 2** requerem que a Ford pague $ 10 milhões ao fim de cada seis meses e quite os $ 250 milhões do principal ao fim de 20 anos. A linha do tempo desse *bond* com cupom cobre 40 períodos de seis meses conforme o gráfico a seguir (valores em milhões):

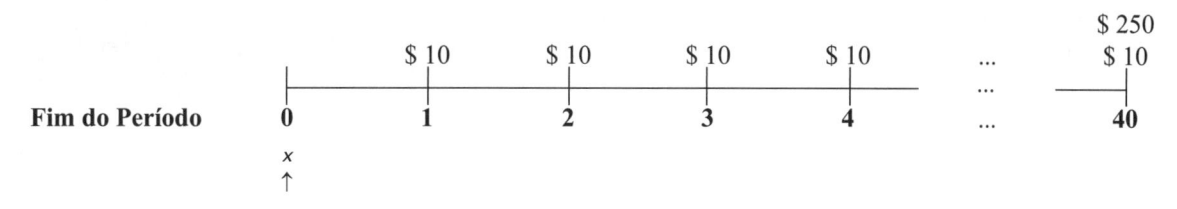

```
                                                                    $ 250
              $ 10    $ 10    $ 10    $ 10            $ 10
              ──┬──────┬──────┬──────┬─── ... ─────────┬──
Fim do Período  0   1      2      3      4      ...      40
              x
              ↑
```

Considere que o mercado requer um rendimento no vencimento dos *bonds* da Ford de 8% capitalizados semestralmente. Assim, o preço inicial de emissão desses *bonds* é de $ 250 milhões, calculado como segue:[8]

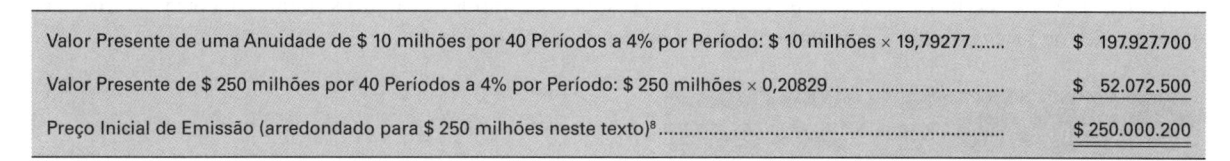

Valor Presente de uma Anuidade de $ 10 milhões por 40 Períodos a 4% por Período: $ 10 milhões × 19,79277.......	$ 197.927.700
Valor Presente de $ 250 milhões por 40 Períodos a 4% por Período: $ 250 milhões × 0,20829.................................	$ 52.072.500
Preço Inicial de Emissão (arredondado para $ 250 milhões neste texto)[8]...	$ 250.000.200

Note o conceito descrito antes no **Exemplo 1**: quando a taxa do cupom é igual à taxa histórica de juros do mercado ou ao rendimento inicial no vencimento, o preço inicial de emissão é igual ao valor de face dos *bonds*.

Exemplo 3 (continuação). Agora, considere a avaliação dos *bonds* seriais da Chrysler. A empresa deve pagar $ 10.409.418 ao fim de cada seis meses por 15 anos. A linha do tempo é a seguinte (valores em milhões):[9]

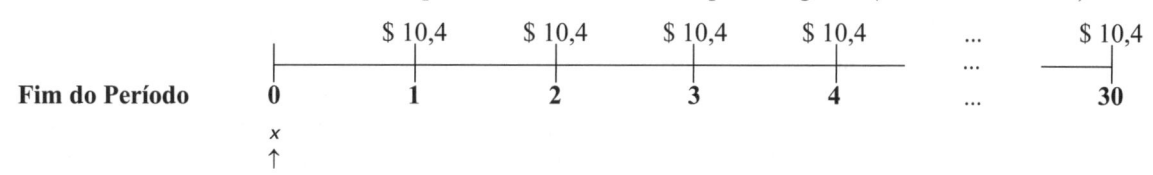

```
              $ 10,4  $ 10,4  $ 10,4  $ 10,4           $ 10,4
              ──┬──────┬──────┬──────┬─── ... ─────────┬──
Fim do Período  0   1      2      3      4      ...      30
              x
              ↑
```

Suponha que o mercado requer um rendimento no vencimento de 8% capitalizados semestralmente. O cálculo do preço inicial de emissão é:

Valor Presente de uma Anuidade de $ 10.409.418 por 30 Períodos a 4% por Período: $ 10.409.418 × 17,29203, aproximadamente[9]...........	$ 180.000.000

Um preço inicial de emissão igual ao valor de face dos *bonds* significa que a taxa implícita de juros é igual ao rendimento no vencimento.

Exemplo 4 (continuação). Os *bonds* da General Motors requerem o pagamento de $ 300 milhões ao fim de 10 anos. A linha do tempo é a seguinte (valores em milhões):

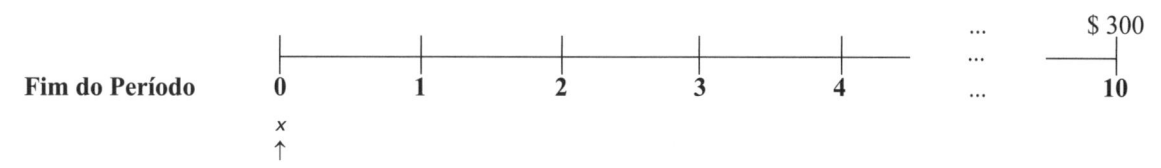

```
                                                          $ 300
              ──┬──────┬──────┬──────┬─── ... ─────────┬──
Fim do Período  0   1      2      3      4      ...      10
              x
              ↑
```

---

8. Este livro utiliza um fator multiplicador tabelado para efetuar o desconto de 40 parcelas de $ 10 milhões à taxa de 4% ao período. Para calcular usando a calculadora HP 12C, inserir: 250 VF; 10 PMT; 40 n ; 4 i; PV; Resposta = 250. Também pode ser utilizada a fórmula de valor presente [PV = FV / (1 + i)n] para trazer os 250 milhões e cada uma das 40 parcelas a valor presente e depois somá-los, ou pode ser usada a função valor presente numa planilha de Excel. (NT)

9. Para calcular usando a calculadora HP 12C, inserir: –10.409.418 PMT; 30 n; 4 i; PVd. Resposta = 180.000.003. O número encontrado difere um pouco do calculado usando o fator multiplicador porque o fator pressupõe arredondamentos. (NT)

Considere que, do mesmo modo que a Ford e a Chrysler, o mercado requer dos *bonds* da General Motors um rendimento no vencimento de 8% ao ano, capitalizados semestralmente. O cálculo do preço inicial de emissão é:

Valor Presente de $ 300 milhões por 20 períodos a 4% por Período:	
$ 300 milhões × 0,45639[10]	$ 136.917.000

O valor de face e o valor de vencimento dos *bonds* excedem o preço de emissão. A diferença entre o valor de face e o valor presente de $ 163.083.000 (= $ 300.000.000 − $ 136.917.000) representa os juros sobre os $ 136.917.000 tomados emprestados. Para entender isso, observe que o valor futuro de $ 136.917.000 por 20 períodos a 4% é aproximadamente $ 300.000.000 (= $ 136.917.000 × 2,19112). Os investidores nos *bonds* pagam hoje à General Motors $ 136.917.000 pelo direito de receber $ 300.000.000 de hoje a 10 anos. Esse cálculo mostra que os investidores em *bonds* de cupom zero ganham juros sobre o valor investido, mas eles os recebem todos no vencimento. A taxa de juros de *bonds* de cupom zero é uma taxa implícita de juros porque decorre da diferença entre o valor de face pago no vencimento e o preço inicial de emissão.

PROBLEMA 11.2 — PARA APRENDIZAGEM

Planilha de Amortização de *Bonds* de Cupom Zero

a. Prepare uma planilha de amortização como a da **Figura 11.2** para a emissão do *bond* de cupom zero do **Exemplo 4**.
b. Por que o valor do *bond* de cupom zero aumenta para $ 300 milhões ao longo do período de 10 anos?

O preço de emissão difere do valor de face. A taxa de cupom de um *bond* não é necessariamente igual ao rendimento no vencimento que os investidores requerem na data da emissão de um novo *bond*. A preparação de uma nova emissão para o mercado exige meses de esforço. É provável que as taxas de juros do mercado se alterem entre o momento em que a empresa emissora especifica a taxa do cupom no contrato de *bond* (mesmo que isso ocorra no dia anterior ao da emissão efetiva) e em outros documentos e o dia em que ela faz a emissão do *bond*. A diferença de taxas é frequentemente pequena (exceto para os *bonds* de cupom zero), mas a contabilização dos *bonds* deve considerar essas diferenças. Se a taxa cupom difere do rendimento no vencimento requerido pelo mercado, o preço de emissão será diferente do valor de face dos *bonds*. As seguintes generalizações se aplicam:

1. Quando o rendimento requerido pelo mercado é maior que a taxa de cupom, o *bond* inicialmente vende por menos que o seu valor de face, ou seja, com um **desconto sobre o valor de face**.
2. Quando o rendimento requerido pelo mercado é menor que a taxa de cupom, o *bond* inicialmente vende por mais que o seu valor de face, ou seja, com um **prêmio sobre o valor de face**.

Por exemplo, suponha que o rendimento no vencimento, requerido pelo mercado para os *bonds* da Ford, seja de 10% capitalizados semestralmente. O preço inicial de emissão é:

Valor Presente de uma Anuidade de $ 10 milhões por 40 Períodos a 5% por Período: $ 10 milhões × 17,15909	$ 171.590.900
Valor Presente de $ 250 milhões por 40 Períodos a 5% por Período: $ 250 milhões × 0,14205	35.512.500
Preço Inicial de Emissão[11]	$ 207.103.400

Se os credores pagarem os $ 250 milhões do valor de face dos *bonds*, eles realizarão um rendimento no vencimento de 8%. Os credores que requerem um rendimento de 10% não pagarão $ 250 milhões porque o valor dos pagamentos prometidos descontados a 10% é de $ 207.103.400. A falta de demanda dos investidores por *bonds* precificados pelo seu valor de face resulta em um declínio do preço de mercado para $ 207.103.400, a cujo preço

---
10. Para calcular usando a calculadora HP 12C, inserir: 300.000.000 FV; 20 n; 4 i; PV. Resposta = 136.916.084. O número encontrado difere um pouco do calculado usando o fator multiplicador porque o fator pressupõe arredondamentos. (NT)
11. Para calcular usando a calculadora HP 12C, inserir: 250.000.000 FV; 10.000.000 PMT; 40 n; 3 i; PV. Resposta = 307.786.930. O número encontrado difere um pouco do calculado usando o fator multiplicador porque o fator pressupõe arredondamentos. (NT)

os *bonds* proporcionam o rendimento no vencimento requerido de 10% capitalizados semestralmente. A diferença entre os $ 207.103.400 da emissão inicial e os $ 250.000.000 do valor de vencimento representa juros adicionais que a Ford pagará no vencimento. Assim, a despesa total de juros nesse *bond* é igual a $ 442.897.600 [= $ 10 milhões × 40) + ($ 250.000.000 − $ 207.103.400). Os fluxos de caixa prometidos aos investidores não mudam; estão especificados no contrato do *bond*. O único fator que muda é o rendimento requerido no vencimento e, portanto, o preço inicial de emissão.

Esse exemplo mostra que, quando o rendimento que os investidores demandam (10% neste exemplo) é maior que a taxa do cupom (8%), o *bond* venderá com um desconto sobre o valor de face. A diferença entre os proventos e o valor de face compensa os investidores pela diferença de taxa de juros. Um *bond* de cupom zero, como o da General Motors no **Exemplo 4**, é um exemplo extremo de um *bond* emitido com desconto. A taxa de cupom é zero; assim, a diferença entre o rendimento requerido e a taxa de cupom é igual ao rendimento requerido.

Examinemos o caso oposto, em que a taxa do cupom é maior que o rendimento requerido pelos investidores. Considere agora que os investidores em *bonds* requerem dos *bonds* da Ford um retorno de 6% capitalizados semestralmente. O cálculo do preço inicial de emissão é:

Valor Presente de uma Anuidade de $ 10 milhões por 40 Períodos a 3% por Período: $ 10 milhões × 23,11477	$ 231.147.700
Valor Presente de $ 250 milhões por 40 Períodos a 3% por Período: $ 250 milhões × 0,30656	76.640.000
Preço Inicial de Emissão[12]	$ 307.787.700

Se os investidores pagarem $ 250 milhões por essa emissão de *bonds*, eles obterão um rendimento de 8% ao ano, capitalizados semestralmente. Se os investidores requerem um rendimento de 6% ao ano, capitalizados semestralmente, a concorrência entre investidores para comprar esses *bonds* forçará o preço de mercado para cima até $ 307.787.700. Neste ponto, o rendimento no vencimento será igual aos 6% capitalizados semestralmente, requerido pelo mercado. A diferença entre os $ 307.787.700 de proventos de caixa na emissão e os $ 250.000.000 pagos no vencimento representa uma redução na despesa de juros. Assim, a despesa total de juros ao longo da vida dos *bonds* é igual a $ 342.213.000 [= (10 milhões × 40) − ($ 307.787.700 − $ 250.000.000)]. Tal como anteriormente, os fluxos de caixa contratuais não mudam; apenas o rendimento requerido pelo mercado se altera e, com ele, o preço inicial de emissão.

A existência de um desconto ou prêmio por si só nada indica quanto ao risco de crédito do tomador. Uma empresa sólida, como a General Electric, com um pequeno risco de crédito que lhe permitiria tomar recursos a 6%, pode emitir *bonds* de 5% que seriam vendidos com desconto. Por outro lado, uma empresa com uma posição de crédito inferior, que requer que ela pague 10% em seus empréstimos, pode emitir *bonds* de 12% que venderão com um prêmio. Na prática, não se espera encontrar taxas de cupons que difiram em mais de 1 ou 2 pontos percentuais (referidos como *100 a 200 pontos base*) do rendimento no vencimento (exceto no caso de *bonds* de cupom zero). Por isso, descontos e prêmios encontrados na prática raramente diferem tanto dos valores de face como esses exemplos indicam.

Os próximos exemplos derivam dos proventos da emissão inicial de uma debênture de valor de face de $ 100.000 e cupom semestral de 12%, com vencimento cinco anos após sua emissão inicial.

Emissão ao valor de face (*at par*). A Macaulay Corporation emite, em 1º de julho do Ano 1, debêntures de $ 100.000 de valor de face com cupom semestral de 12%. A empresa deve pagar o valor do principal cinco anos mais tarde, em 1º de julho do Ano 6. A Macaulay deve pagamentos periódicos (cupons) em 1º de janeiro e 1º de julho de cada ano. O valor de cada pagamento de cupom é de $ 6.000. O **Quadro 11.1** apresenta a linha do tempo dos dois conjuntos de fluxos de caixa associados a esse *bond*. Considere que a taxa de juros do mercado da Macaulay em 1º de julho do Ano 1 é 12% capitalizados semestralmente. Assim, o cálculo dos proventos do empréstimo seria o seguinte:

---

12. Para calcular usando a calculadora HP 12C, inserir: 250.000.000 FV; 10.000.000 PMT; 40 n; 5 i; PV. Resposta = 207.102.284. O número encontrado difere um pouco do calculado usando o fator multiplicador porque o fator pressupõe arredondamentos. (NT)

a. Valor Presente de $ 100.000 a Serem Pagos no Fim de Cinco Anos	$ 55.839
b. Valor Presente de $ 6.000 a Serem Pagos a cada Seis Meses por Cinco Anos	44.161
Total dos Proventos[13]	$ 100.000

a. Valor Presente de $ 100.000 a Serem Pagos no Fim de Cinco Anos	$ 50.835
(O valor presente de $ 1 a ser pago em 10 períodos, a 7% por período, é de $ 0,50835; $ 100.000 × 0,50835 = $ 50.835.)	
b. Valor Presente de $ 6.000 a Serem Pagos a cada Seis Meses por Cinco Anos	42.141
(O valor presente de uma anuidade padrão de $ 1 por período, por 10 períodos, descontada a 7% por período é de $ 7,02358; $ 6.000 × 7,02358 = $ 42.141.)	
Total dos Proventos[14]	$ 92.976

Emissão por valor inferior ao valor de face. Suponha que a Macaulay Corporation emitiu essas mesmas debêntures a um preço que permita um rendimento de 14% ao ano, capitalizados semestralmente. Os fluxos de caixa prometidos depois de 1º de julho do Ano 1 associados a essas debêntures (pagamentos periódicos mais pagamento do principal) são iguais aos da linha do tempo no **Quadro 11.1**. O mercado desconta esses fluxos de caixa futuros ao seu valor presente usando uma taxa de desconto de 14% capitalizada semestralmente. O cálculo dos proventos da emissão (isto é, o preço inicial de mercado) é:

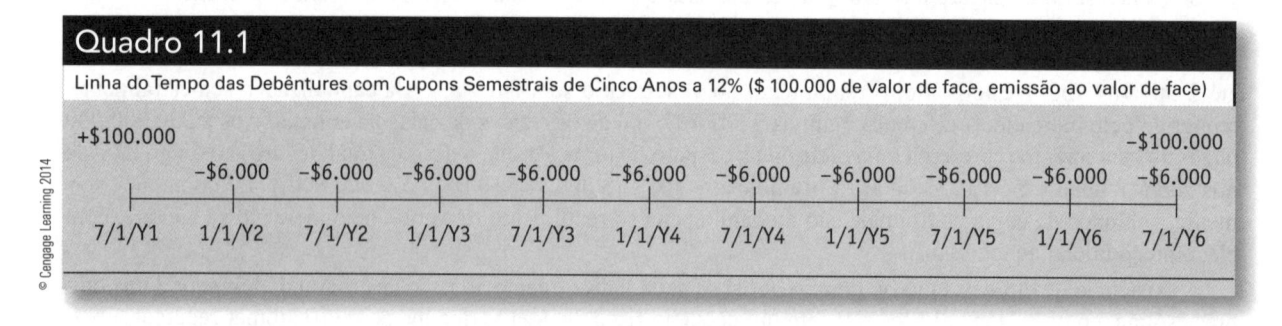

Quadro 11.1

Linha do Tempo das Debêntures com Cupons Semestrais de Cinco Anos a 12% ($ 100.000 de valor de face, emissão ao valor de face)

```
+$100.000                                                                                              -$100.000
          -$6.000  -$6.000  -$6.000  -$6.000  -$6.000  -$6.000  -$6.000  -$6.000  -$6.000  -$6.000
  |--------|--------|--------|--------|--------|--------|--------|--------|--------|--------|
7/1/Y1   1/1/Y2   7/1/Y2   1/1/Y3   7/1/Y3   1/1/Y4   7/1/Y4   1/1/Y5   7/1/Y5   1/1/Y6   7/1/Y6
```

Considere que a Macaulay emita essas debêntures a 92,98 (ou seja, 92,98% do valor de face) por $ 92.980. Isso implica um rendimento de mercado de pouco menos do que os 14% ao ano, capitalizados semestralmente.

Emissão a valor superior ao valor de face. Considere que a Macaulay Corporation emitiu essas mesmas debêntures a um preço que permita um rendimento de 10% ao ano, capitalizados semestralmente. Os fluxos de caixa prometidos depois de 1º de julho do Ano 1 são novamente iguais aos do **Quadro 11.1**. O mercado desconta esses fluxos de caixa futuros a 10% capitalizados semestralmente. O cálculo dos proventos é o seguinte:[15]

a. Valor Presente de $ 100.000 a Serem Pagos no Fim de Cinco Anos	$ 61.391
(O valor presente de $ 1 a ser pago em 10 períodos, a 5% por período, é de $ 0,61391; $ 100.000 × 0,61391 = $ 61.391.)	
b. Valor Presente de $ 6.000 a Serem Pagos a cada Seis Meses por Cinco Anos	46.330
(O valor presente de uma anuidade padrão de $ 1 por período, por 10 períodos, descontada a 5% por período = $ 7,72173; $ 6.000 × 7,72173 = $ 46.330.)	
Total dos Proventos[15]	$ 107.721

---

13. Para calcular usando a calculadora HP 12C, inserir: 100.000 FV; 6.000 PMT; 10 n; 6 i; PV. Resposta = 100.000. (NT)
14. Para calcular usando a calculadora HP 12C, inserir: 100.000 FV; 6.000 PMT; 10 n; 7 i; PV. Resposta = 92.976. (NT)
15. Para calcular usando a calculadora HP 12C, inserir: 100.000 FV; 6.000 PMT; 10 n; 5 i; PV. Resposta = 107.722. O número encontrado difere um pouco do calculado usando o fator multiplicador porque ele pressupõe arredondamentos. (NT)

Suponha que a Macaulay emita essas debêntures a 107,72 (ou seja, 107,72% do valor de face) por $ 107.720. O preço implicaria um rendimento de mercado um pouco superior a 10% ao ano, capitalizados semestralmente.

As seguintes generalizações descrevem os proventos de *bonds* na data da emissão e o seu valor justo em qualquer data subsequente:

1. Quando a taxa de juros de mercado é igual à taxa do cupom, os proventos ou o valor justo posterior serão iguais ao valor de face.
2. Quando a taxa de juros de mercado é maior que a taxa do cupom, os proventos ou o valor justo posterior serão menores que o valor de face.
3. Quando a taxa de juros de mercado é menor que a taxa do cupom, os proventos ou o valor justo posteriores serão maiores que o valor de face.

PROBLEMA 11.3 PARA APRENDIZAGEM

Calculando o preço de emissão de *bonds*. A Engel Corporation emite *bonds* com $ 1.000.000 de valor de face em 1º de janeiro do Ano 1. Eles têm uma taxa de cupom de 10%, pagáveis em duas prestações em 30 de junho e 31 de dezembro de cada ano. Os *bonds* vencem em 31 de dezembro do Ano 10.

Calcule o preço de emissão desses *bonds*, considerando que o mercado requer os seguintes rendimentos:

a. 8% ao ano, capitalizados semestralmente.
b. 10% ao ano, capitalizados semestralmente.
c. 12% ao ano, capitalizados semestralmente.

Contabilização de *bonds* em períodos posteriores à emissão

***Bonds* emitidos ao valor de face.** Ilustraremos a seguir *bonds* emitidos ao valor de face. Vamos usar os dados apresentados nos tópicos anteriores em relação aos *bonds* emitidos ao valor de face pela Macaulay, e supor que a empresa fecha seus livros semestralmente em 30 de junho e 31 de dezembro. O lançamento na data da emissão é:

1/7/Ano 1		
Caixa	100.000	
Debêntures a Pagar		100.000
$ 100.000 de debêntures com cupons a 12% semestrais, emitidos ao par.		

O tomador reconhecerá juros no fim do período contábil e nas datas dos pagamentos. Os lançamentos em 1º de janeiro do Ano 2 serão:

31/12/Ano 1		
Despesa de Juros	6.000	
Juros a Pagar		6.000
Para registrar despesa de juros de seis meses.		
1/1/Ano 2		
Juros a Pagar	6.000	
Caixa		6.000
Para registrar o pagamento de juros de seis meses.		

***Bonds* emitidos por valor menor que o valor de face.** Considere os dados apresentados anteriormente, em que a Macaulay Corporation emitiu debêntures com valor de face de $ 100.000 de cinco anos a 12% com rendimento de 14% ao ano, capitalizados semestralmente. Já concluímos antes que o preço de emissão é $ 92.976. O lançamento seria:

1/7/Ano 1		
Caixa	92.976	
Debêntures a Pagar		92.976

A emissão dessas debêntures por $ 92.976, em vez dos $ 100.000 de valor de face, indica que os credores demandam mais de 12% da Macaulay Corporation, o tomador. Ao preço de $ 92.976, os que investem nas debêntures obterão o retorno desejado de 14%. O retorno compreenderá dez pagamentos de cupons de $ 6.000 cada um pelos próximos cinco anos, mais $ 7.024 (= $ 100.000 − $ 92.976) como parte do pagamento no vencimento.

Para a Macaulay Corporation, o total da despesa de juros ao longo da vida das debêntures será igual a $ 67.024 (= pagamentos periódicos totalizando $ 60.000 mais $ 7.024 pagos no vencimento). A contabilização desses pagamentos aloca a despesa total de juros de $ 67.024 aos períodos do empréstimo utilizando o método dos juros efetivos, explicado a seguir. Será mais fácil acompanhar a próxima discussão se você consultar a **Figura 11.3**.

Despesa de juros sob o método dos juros efetivos. Sob o **método dos juros efetivos**, a despesa de juros de cada período é igual à taxa de juros de mercado na data em que a empresa fez a emissão inicial dos *bonds* (14% ao ano, capitalizados semestralmente, ou seja, 7% a cada seis meses, neste exemplo) multiplicada pelo valor contábil do passivo no início do período de juros. Por exemplo, a despesa de juros do período de 1º de julho do Ano 1 a 31 de dezembro do Ano 1, o primeiro período de seis meses, é $ 6.508 (= 0,07 × $ 92.976). A escritura da debênture determina que o tomador pague apenas $ 6.000 (= 0,06 × $ 100.000) em 1º de janeiro do Ano 2, um valor igual à taxa do cupom vezes o valor de face das debêntures. A diferença entre a despesa de juros de $ 6.508 e os juros a pagar de $ 6.000 aumenta o valor contábil das debêntures. O tomador pagará esse valor como parte do pagamento do principal no vencimento. O lançamento no diário, feito em 31 de dezembro do Ano 1, para reconhecer os juros dos últimos seis meses do Ano 1, é:

Figura 11.3

Planilha de Amortização de Juros Efetivos de uma Debênture de $ 100.000 de Cinco Anos com Cupom Semestral de 12%, Emitida a 92,976% do Par para um Rendimento de Juros de 14% ao ano, Capitalizados Semestralmente

Lançamento Semestral no Diário

Despesa de Juros	Valor na Coluna (3)
Caixa	Valor na Coluna (4)
Debêntures a Pagar	Valor na Coluna (5)

Período (Intervalos de 6 Meses) (1)	Passivo no Início do Período (2)	Juros Efetivos: 7% por Período (3)	Taxa do Cupom: 6% do Par (4)	Aumento do Valor Contábil Reconhecido do Passivo (5)	Passivo no Final do Período (6)
0					92.976
1	92.976	6.508	6.000	508	93.484
2	93.484	6.544	6.000	544	94.028
3	94.028	6.582	6.000	582	94.610
4	94.610	6.623	6.000	623	95.233
5	95.233	6.666	6.000	666	95.899
6	95.899	6.713	6.000	713	96.612
7	96.612	6.763	6.000	763	97.375
8	97.375	6.816	6.000	816	98.191
9	98.191	6.873	6.000	873	99.064
10	99.064	6.936	6.000	936	100.000
Total		67.024	60.000	7.024	

Observação: Na preparação desta tabela, arredondamos os números para o próximo dólar.
Coluna (2) = Coluna (6) do período anterior.
Coluna (3) = 0,07 × Coluna (2), exceto para o período 10, no qual há uma conta de chegada.
Coluna (4) é dada.
Coluna (5) = Coluna (3) − Coluna (4), exceto para o período 10, no qual há uma conta de chegada.
Coluna (6) = Coluna (2) + Coluna (5).

31/12/Ano 1		
Despesa de Juros	6.508	
Juros a Pagar		6.000
Debêntures a Pagar		508
Para reconhecer despesa de juros de seis meses.		

Juros a Pagar aparecem como passivo circulante no fim do Ano 1. Debêntures a Pagar de $ 93.484 (= $ 92.976 + $ 508) aparecem no balanço patrimonial como passivo não circulante.

Em 1º de janeiro do Ano 2, o tomador faz o primeiro pagamento periódico.

1/1/Ano 2		
Juros a Pagar	6.000	
Caixa		6.000
Para reconhecer pagamento de juros de seis meses.		

A despesa de juros do segundo período de seis meses (de 1º de janeiro do Ano 2 até 30 de junho do Ano 2) é de $ 6.544 (= 0,07 × $ 93.484). Ela excede os $ 6.508 do primeiro semestre porque o valor contábil reconhecido do passivo no início do segundo semestre aumentou. O lançamento em 30 de junho do Ano 2 para reconhecer a despesa de juros é:

30/6/Ano 2		
Despesa de Juros	6.544	
Juros a Pagar		6.000
Debêntures a Pagar		544
Para reconhecer despesa de juros de seis meses.		

Uma planilha de amortização dessas debêntures ao longo de cinco anos aparece na **Figura 11.3**. A Coluna **(3)** mostra a despesa periódica de juros, e a Coluna **(6)** mostra o valor contábil que aparece no balanço patrimonial no fim de cada período.

O método dos juros efetivos para reconhecer a despesa de juros em uma debênture tem os seguintes efeitos nas demonstrações financeiras:

1. A despesa de juros é igual a uma porcentagem constante do passivo reconhecido no início de cada período de juros. Essa porcentagem é igual à taxa de juros do mercado desses *bonds* quando o tomador os emitiu. Quando ele emite *bonds* por um valor inferior ao valor ao par, o valor em dólar da despesa de juros cresce a cada período à medida que o valor contábil reconhecido aumenta.

2. No balanço patrimonial ao fim de cada período, os *bonds* aparecem pelo valor presente das saídas de caixa remanescentes, descontado pela taxa de juros de mercado medida na data da emissão inicial dos *bonds*. Por exemplo, em 1º de julho do Ano 2, logo após o tomador ter feito um pagamento de cupom, os pagamentos de caixa remanescentes têm um valor presente calculado como segue:

a. Valor Presente de $ 100.000 a Serem Pagos no Fim de Quatro Anos	$ 58.201
b. Valor Presente de Oito Pagamentos Semestrais Remanescentes Descontados a 14%, Capitalizados Semestralmente	35.827
Total do Valor Presente[16]...	$ 94.028

---

16. Para calcular usando a calculadora HP 12C, inserir: 100.000 FV; 6.000 PMT; 8 n; 7 i; PV. Resposta = 94.029. O número encontrado difere um pouco do calculado usando o fator multiplicador porque ele pressupõe arredondamentos. (NT)

O valor de $ 94.028 aparece na coluna **(6)** da **Figura 11.3** como passivo no fim do segundo período de seis meses.

Bonds emitidos a valor superior ao valor de face. A discussão a seguir ilustra *bonds* emitidos por valor maior que seu valor de face. Considere os dados apresentados da Macaulay Corporation, que emitiu debêntures com valor de face de $ 100.000 de cinco anos a 12%, com rendimento de aproximadamente 10% ao ano, capitalizados semestralmente. O preço de emissão já anteriormente derivado foi de $ 107.721. O lançamento na data da emissão é:

1/7/Ano 1		
Caixa	107.721	
Debêntures a Pagar		107.721

A empresa capta $ 107.721 de dívida. A emissão dessas debêntures por $ 107.721 em vez de $ 100.000 do seu valor de face indica que 12% excedem a taxa que os investidores (credores) demandam. O seu retorno compreende dez pagamentos de cupons de $ 6.000 ao longo dos próximos cinco anos, reduzidos pelos $ 7.721 (= $ 107.721 − $ 100.000), pagos como parte do valor inicial transferido ao tomador, mas não repagos no vencimento.

Para a Macaulay Corporation, a despesa total de juros ao longo da vida das debêntures é igual a $ 52.279 (= pagamentos periódicos totalizando $ 60.000 menos $ 7.721 recebidos na data da emissão original mas não repagos no vencimento). Consulte a **Figura 11.4** para facilitar a próxima discussão.

Figura 11.4

Planilha de Amortização de Juros Efetivos de uma Debênture de $ 100.000 de Cinco Anos com Cupom Semestral de 12%, Emitida a 107,721% do Par para um Rendimento de Juros de 10%, Capitalizados Semestralmente

Lançamento Semestral no Diário

Despesa de Juros .... Valor na Coluna **(3)**

Debêntures a Pagar .... Valor na Coluna **(5)**

　Caixa .... Valor na Coluna **(4)**

Ativo	=	Passivo	+	Patrimônio Líquido	(Class.)
− Col **(4)**		− Col **(5)**		− Col **(3)**	DRE → LA

Período (Intervalos de 6 Meses) (1)	Passivo no Início do Período (2)	Juros Efetivos: 5% por Período (3)	Taxa do Cupom: 6% do Par (4)	Diminuição do Valor Contábil Reconhecido do Passivo (5)	Passivo no Final do Período (6)
0					$ 107.721
1	$ 107.721	$ 5.386	$ 6.000	$ 614	107.107
2	107.107	5.355	6.000	645	106.462
3	106.462	5.323	6.000	677	105.785
4	105.785	5.289	6.000	711	105.074
5	105.074	5.245	6.000	746	104.328
6	104.328	5.216	6.000	784	103.544
7	103.544	5.177	6.000	823	102.721
8	102.721	5.136	6.000	864	101.857
9	101.857	5.093	6.000	907	100.950
10	100.950	5.050	6.000	950	100.000
Total		$ 52.279	$ 60.000	$ 7.721	

Observação: Na preparação desta tabela, arredondamos os números para o próximo dólar.
Coluna (2) = Coluna (6) do período anterior.
Coluna (3) = 0,05 × Coluna (2), exceto para o período 10, no qual há uma conta de chegada.
Coluna (4) é dada.
Coluna (5) = Coluna (4) − Coluna (3), exceto para o período 10, no qual há uma conta de chegada.
Coluna (6) = Coluna (2) − Coluna (5).

Despesa de juros sob o método dos juros efetivos. Sob o método dos juros efetivos, a despesa de juros de cada período é igual à taxa de juros de mercado na data da emissão inicial (10% ao ano, capitalizados semestralmente, ou seja, 5% ao semestre, neste exemplo) multiplicada pelo valor contábil reconhecido no passivo no início do período de juros. Por exemplo, a despesa de juros do período de 1º de julho do Ano 1 até 31 de dezembro do Ano 1, o primeiro período de seis meses, é de $ 5.386 (= 0,05 × $ 107.721). A escritura da debênture requer que o tomador pague $ 6.000 (= 0,06 × $ 100.000) em 1º de janeiro do Ano 2. Esse valor é igual à taxa do cupom vezes o valor de face das debêntures. A diferença entre o pagamento de $ 6.000 e a despesa de juros de $ 5.386 reduz o valor do passivo. O lançamento no diário feito em 31 de dezembro do Ano 1, para reconhecer os juros dos últimos seis meses do Ano 1, é o seguinte:

31/12/Ano 1		
Despesa de Juros	5.386	
Debêntures a Pagar	614	
Juros a Pagar		6.000
Para reconhecer despesa de juros por seis meses.		

Juros a Pagar aparecem como um passivo circulante no balanço patrimonial no fim do Ano 1. Debêntures a Pagar tem um novo saldo de $ 107.107 (107.721 − 614), que aparece como um passivo não circulante.

Em 1º de janeiro do Ano 2, o tomador faz o primeiro pagamento periódico de caixa e o seguinte lançamento:

1/1/Ano 2		
Juros a Pagar	6.000	
Caixa		6.000
Para reconhecer pagamento de juros de seis meses.		

A despesa de juros do segundo período de seis meses (de 1º de janeiro do Ano 2 até 30 de junho do Ano 2) é igual a $ 5.355 (= 0,05 × $ 107.107). Uma vez que o valor do passivo declinou do início do período anterior ao início do período atual, a despesa de juros do período declina de $ 5.386 dos primeiros seis meses, e o tomador registra como segue:

30/6/Ano 2		
Despesa de Juros	5.355	
Debêntures a Pagar	645	
Juros a Pagar		6.000
Para reconhecer despesa de juros de seis meses.		

Uma planilha de amortização dessas debêntures ao longo dos seus 5 anos de vida aparece na **Figura 11.4**. A Coluna **(3)** mostra a despesa periódica de juros, e a Coluna **(6)** mostra o valor contábil que aparece no balanço patrimonial do fim do período.

O método dos juros efetivos para reconhecer a despesa de juros em um *bond* tem os seguintes efeitos nas demonstrações financeiras:

1. A despesa de juros na demonstração do resultado é igual a uma porcentagem do passivo no início de cada período de juros. Esta porcentagem é igual à taxa de juros de mercado quando o tomador emitiu os *bonds*. Quando ele emite *bonds* por um valor superior ao valor ao par, o valor em dólar da despesa de juros decresce a cada período à medida que o passivo não pago decresce até chegar ao valor a ser pago no vencimento.
2. No balanço patrimonial ao fim de cada período, os *bonds* aparecem pelo valor presente dos fluxos de caixa remanescentes, descontado pela taxa de juros de mercado na data da emissão inicial dos *bonds*.

PROBLEMA 11.4 PARA APRENDIZAGEM

Preparando lançamentos no diário para contabilizar *bonds.* Considere o **Problema 11.3**. Prepare os lançamentos no diário em 1º de janeiro e em 30 de dezembro do Ano 1 para contabilizar os *bonds,* considerando as seguintes taxas de juros exigidas pelo mercado na data em que a empresa emitiu os *bonds*:

a. 8% ao ano, capitalizados semestralmente.
b. 10% ao ano, capitalizados semestralmente.
c. 12% ao ano, capitalizados semestralmente.

Resgate de dívida

Muitos *bonds* permanecem em vigência até a data estabelecida de vencimento. Considere a **Figura 11.3**, em que a Macaulay Corporation emitiu debêntures a 12% com rendimento de 14%. A empresa paga o cupom final de $ 6.000 e o valor de face de $ 100.000 na data fixada do vencimento. Os lançamentos são os seguintes:

1/7/Ano 6		
Despesa de Juros	6.936	
Caixa		6.000
Debêntures a Pagar		936
Ver a linha do Período 10 na **Figura 11.3**.		
Debêntures a Pagar	100.000	
Caixa		100.000
Para reconhecer resgate de debêntures no vencimento.		

Resgate antes do vencimento. Uma empresa por vezes recompra seus próprios *bonds* dos investidores antes do vencimento. Em virtude de variações nas taxas de juros de mercado, o preço de compra (isto é, o valor justo dos *bonds* quando eles são recomprados) raramente será igual ao valor contábil dos *bonds* no balanço patrimonial. Suponha que a Macaulay Corporation emitiu originalmente suas debêntures de 12% com rendimento de 14% ao ano, capitalizado semestralmente. Considere que, três anos depois, em 30 de junho do Ano 4, as taxas de juros de mercado cresceram tanto que o mercado atual requer que a Macaulay Corporation pague 15% de taxa de juros. Nós calculamos, mas não mostramos aqui os cálculos, que o valor justo de debêntures de 12% com dois anos até o vencimento é de 94,9760% do valor de face quando a taxa atual de juros é de 15% ao ano, capitalizados semestralmente.

Os princípios e práticas contábeis não condicionam a precificação dos *bonds* no mercado. Mesmo que a Macaulay Corporation mostre no balanço patrimonial Debêntures a Pagar de $ 96.612 (ver linha do Período 6 na **Figura 11.3**), o mercado coloca o preço de apenas $ 94.976 na emissão da debênture. Do ponto de vista dos investidores, essas debêntures são o mesmo que *bonds* de dois anos emitidos em 30 de junho do Ano 4 com um rendimento efetivo de 15%; portanto, eles incluem um desconto de $ 5.024 (= $ 100.000 – $ 94.976).

Se, em 30 de junho do Ano 4, a Macaulay recomprasse $ 10.000 de valor ao par de suas debêntures, ela pagaria $ 9.498 (= 0,94976 × $ 10.000) por essas debêntures, que têm um valor contábil de $ 9.661. A empresa faria os seguintes lançamentos na data da recompra:

30/6/Ano 4		
Despesa de Juros	6.713	
Juros a Pagar		6.000
Debêntures a Pagar		713
Veja a linha do Período 6 na **Figura 11.3**.		
Juros a Pagar	6.000	
Caixa		6.000
Para registrar pagamentos de cupons, normalmente.		
Debêntures a Pagar	9.661	
Caixa		9.498
Ganho com o Resgate de Debêntures		163
Para reconhecer recompra de debêntures por valor menor que o valor contábil no balanço patrimonial. O ganho é a diferença entre o preço da compra e o valor contábil no balanço patrimonial.		

O ganho no resgate de debêntures aparece porque a empresa pode extinguir um passivo reconhecido a $ 9.661 pagando um valor menor, de $ 9.498. O tomador obteve esse ganho porque as taxas de juros aumentaram entre o Ano 1 e o Ano 4. A contabilização pelo custo histórico informa o ganho como obtido no período em que o tomador o realiza – ou seja, no período em que ele resgata as debêntures. Esse fenômeno se assemelha aos eventos econômicos que ocorrem quando uma empresa investe em um terreno, mantém o terreno à medida que seu valor aumenta, vende-o num ano posterior e informa todos os ganhos no ano da venda. O fenômeno resulta da convenção contábil de registrar valores pelos seus custos históricos e não reconhecer mudanças nos seus valores justos até que a empresa realize essas mudanças em transações imparciais com terceiros.

Evidenciações do valor contábil e do valor justo da dívida

A orientação regulatória requer que empresas que contabilizam notas e *bonds* utilizando a taxa histórica de juros de mercado informem os valores contábeis no balanço patrimonial e evidenciem os valores justos dessas notas e *bonds* em notas explicativas das demonstrações financeiras[17]. O valor justo da dívida de longo prazo é o valor que a empresa teria de pagar para recomprá-la em uma transação imparcial de mercado na data da mensuração, normalmente na data do balanço. O valor justo de *bonds* não ativamente negociados no mercado é o valor presente dos pagamentos de caixa contratuais descontados pela taxa de juros que um credor demandaria na data da mensuração.

OPÇÃO PELO VALOR JUSTO

Um tópico anterior indicou que U.S. GAAP e IFRS permitem às empresas contabilizar certos ativos financeiros e certos passivos financeiros, incluindo notas e *bonds*, utilizando (1) o custo amortizado, com mensurações baseadas na taxa histórica de juros do mercado, como ilustrado em tópicos anteriores, ou (2) o valor justo, com mensurações baseadas nas condições atuais do mercado, incluindo a taxa corrente de juros[18]. O **Capítulo 3** introduziu a mensuração pelo valor justo. Este tópico introduz certas implicações da mensuração dos ativos e passivos financeiros pelos seus valores justos nos balanços patrimoniais, e do reconhecimento de variações não realizadas dos valores justos (chamadas frequentemente de "ganhos e perdas não realizados") na demonstração do resultado. Esta discussão da opção pelo valor justo se aplica também a outros itens discutidos em capítulos posteriores, inclusive a investimentos em títulos de dívida, em ações e em derivativos abordados no **Capítulo 13**.

A orientação regulatória tomou a posição de que as mensurações dos ativos e passivos financeiros pelo valor justo proporciona informações mais relevantes e confiáveis que as mensurações baseadas no custo. A contabilização de notas e *bonds* utilizando a taxa histórica de juros do mercado na abordagem do custo amortizado é uma abordagem de custo. Os padrões U.S. GAAP e IFRS exigem que as empresas informem o valor justo de certos instrumentos financeiros relacionados com atividades de *hedging*[19], um tópico discutido no **Capítulo 13**. U.S. GAAP e IFRS permitem mas não exigem a mensuração pelo valor justo para qualificar ativos e passivos financeiros, talvez como um passo provisório para divulgar todos os instrumentos financeiros pelo valor justo.

As empresas podem escolher entre a mensuração pelo valor justo ou pelo custo amortizado com base na taxa de juros histórica do mercado caso a caso (instrumento por instrumento) para qualificar os instrumentos financeiros. Elas fazem essa escolha quando adotam pela primeira vez o *FASB Statement No. 159* ou o *IAS 39*, ou quando adquirem subsequentemente um ativo financeiro ou incorrem em um passivo financeiro. A escolha de adotar a opção pelo valor justo para determinado instrumento é geralmente irrevogável.

O *Statement No. 157*[20] (**Codification Topic 820**) e o IFRS 13 estabelecem requisitos para a mensuração de valores justos, quando a orientação regulatória permite ou requer que itens sejam mensurados pelo valor justo. In-

---

17. FASB, *Statement of Financial Accounting Standards No. 107*, "Disclosures about Fair Value of Financial Instruments", 1991 (**Codification Topic 825**); *Statement of Financial Accounting Standards No. 157*, "Fair Value Measurements", 2006 (**Codification Topic 820**); IASB, *International Accounting Standard 7*, "Financial Instruments: Disclosures", 2005.
18. FASB, *Statement of Financial Accounting Standards No. 159*, "The Fair Value Option for Financial Assets and Financial Liabilities", 2007 (**Codification Topic 825**); IASB, *International Accounting Standard 39*, "Financial Instruments: Recognition and Measurement", 1999, revised 2003.
19. FASB, *Statement of Financial Accounting Standards No. 133*, "Accounting for Derivative Instruments and Hedging Activities", 1998 (**Codification Topic 815**); IASB, *International Accounting Standard 39*, "Financial Instruments: Recognition and Measurement".
20. FASB, *Statement of Financial Accounting Standards No. 157*, "Fair Value Measurements", 2006 (**Codification Topic 820**); IASB, *International Accounting Standard 13*, "Fair Value Measurement", 2011. O IFRS 13 vigora desde 1º de janeiro de 2013. A orientação dessas duas normas é similar.

dependentemente de uma empresa usar o valor justo ou o custo amortizado (custo histórico) para mensurar *bonds* no seu balanço patrimonial, e independentemente dos métodos que ela use para registrar despesa, ganhos e perdas, o efeito total no lucro ao longo da vida de um *bond* depende apenas dos fluxos de caixa relativos à emissão desse *bond*. A empresa emissora dos *bonds* recebe caixa dos investidores. Ela fará, ao longo do tempo, pagamentos de obrigações periódicas, por exemplo, pagamentos de cupons e o pagamento final no vencimento, ou quando ela recompra os *bonds*. A despesa total ao longo da vida do *bond* será a diferença entre o caixa pago pelo serviço da dívida e o caixa recebido dos credores. Se este excede o total dos pagamentos do serviço da dívida, então a empresa tomadora terá um ganho com a emissão dos *bonds*. Uma das questões no fim do capítulo pergunta a você como isso pode acontecer.

Conceitos subjacentes à opção pelo valor justo

Valor justo é o valor que a empresa receberia se vendesse um ativo ou pagaria se transferisse ou liquidasse um passivo em uma transação imparcial com um participante do mercado na data da mensuração. A mensuração do valor justo repousa na suposição de que a transação ocorreria no mercado principal do ativo ou passivo ou, na ausência do mercado principal, no mercado mais vantajoso do ponto de vista da entidade divulgadora. Assim, uma empresa que normalmente obtém e quita dívidas de longo prazo em mercados abertos de capital mensurará o valor justo com base no valor que ela pagaria para quitar *bonds* em tais mercados.

A mensuração do valor justo também repousa no pressuposto de que os participantes do mercado principal (ou mais vantajoso) são independentes da entidade divulgadora, conhecedores do ativo ou passivo, concordes com e aptos à transação com a entidade divulgadora. O valor justo na divulgação financeira reflete pressupostos de que os participantes do mercado, contrapostos à entidade divulgadora, farão o melhor uso do ativo financeiro ou dos melhores termos de liquidação de um passivo financeiro.

Há três categorias de *inputs* para a mensuração do valor justo[21]:

1. Nível 1: preços de mercado observáveis em mercados ativos para ativos ou passivos idênticos que a entidade divulgadora possa acessar na data da mensuração.
2. Nível 2: dados observáveis outros que não os preços de mercado do Nível 1. Essa categoria pode incluir preços de ativos ou passivos similares em mercados ativos ou preços de mercado para ativos ou passivos idênticos em mercados não ativos. Essa categoria também abrange fatores observáveis que seriam de relevância particular para a determinação do valor presente de fluxos de caixa para mensurar o valor justo, incluindo taxas de juros, curvas de rendimento, taxas de câmbio de moeda estrangeira, classificações (*ratings*) de crédito e índices de inadimplência.
3. Nível 3: dados não observáveis, que refletem as premissas próprias da entidade divulgadora sobre os pressupostos que os participantes do mercado fariam para precificar o ativo ou liquidar o passivo.

As empresas devem utilizar os dados de Nível 1, se disponíveis, para mensurar o valor justo, a seguir os dados de Nível 2 e, finalmente, os de Nível 3[22].

Considerando-se que a opção pelo valor justo oferece uma livre escolha entre mensuração pelo valor justo e pelo custo amortizado para qualificar instrumentos, as empresas poderiam informar alguns instrumentos financeiros usando as taxas históricas de juros do mercado (mensuração pelo custo amortizado) e outros mediante valores justos. Os requisitos de evidenciação visam proporcionar informação suficiente, possibilitando ao usuário das demonstrações financeiras entender o efeito dessa combinação de mensurações contábeis.

Uma empresa deve identificar os ativos e os passivos financeiros no balanço patrimonial para os quais ela utilizou a opção pelo valor justo e evidenciar as razões de tal decisão.

CONTABILIZAÇÃO DE *LEASING*

Nota dos autores. No momento da publicação deste livro, o FASB e o IASB propuseram mudanças na orientação regulatória para a contabilização de *leasing*, tanto para o arrendador (*lessor*) como para o arrendatário (*lessee*).

---
21. Também denominadas hierarquias de valor justo. (NT)
22. Para uma discussão das dificuldades que as empresas encontram para mensurar o valor justo utilizando dados de Nível 2 e de Nível 3, ver Securities and Exchange Commission, "Report and Recommendations Pursuant to Section 133 of the Emergency Economic Stabilization Act of 2008: Study on Mark-to-Market Accounting".

A orientação regulatória atual sobre a contabilização de *leasing* distingue *leasing operacional* (*operating leases*) de *leasing financeiro* (*capital leases* [U.S. GAAP] ou *finance leases* [IFRS]). Este livro descreve a contabilização tanto do *leasing* operacional como do *leasing* financeiro. As propostas do FASB e do IASB eliminariam essa distinção, requerendo que os arrendatários contabilizem a maior parte dos seus arrendamentos com uma abordagem similar à usada para o *leasing* financeiro. Neste tópico nos referimos às *regras antigas*, ou seja, as que estão em vigor no momento em que escrevemos, e, quando apropriado, às *regras propostas* para nos referirmos às que foram propostas pelo IASB e FASB.

Uma alternativa a tomar emprestado dinheiro para comprar edifícios, equipamentos e outros ativos é assinar um contrato de arrendamento mercantil (isto é, *leasing*) com o proprietário, o arrendador (*lessor*). As características dos arrendamentos variam, mas todos concedem ao arrendatário (*lessee*) o direito de usar um ativo. Os padrões U.S. GAAP e IFRS preveem dois métodos para contabilizar arrendamentos de longo prazo: o **método do *leasing* operacional** (*operating lease method*) e o **método do *leasing* financeiro** (*capital or finance lease method*)[23]. Sob o método do *leasing* financeiro, o arrendatário registra tanto o direito de usar o ativo como o passivo do *leasing*, de forma muito similar a um empréstimo que ele teria tomado para comprar o ativo.

Para entender esses dois métodos, suponha que a Food Barn queira adquirir um computador que tem 3 anos de vida e um preço de compra de $ 45.000. Considere que a empresa precisa pagar 8% ao ano para tomar emprestados recursos por três anos. O fabricante venderá o computador por $ 45.000 ou fará o *leasing* por três anos, por $ 17.461 ao ano, pagáveis no fim de cada ano[24]. Na prática, os arrendatários fazem pagamentos adiantados, mas assumir pagamentos no final do ano simplifica os cálculos. A Food Barn deve pagar por impostos de propriedade, manutenção e reparos do computador, seja comprando ou arrendando. Ela assina o contrato de *leasing* em 1º de janeiro de 2013.

Método do *leasing* operacional – regras antigas

A designação contábil de um *leasing* como operacional baseia-se na ideia de que o proprietário ou arrendador retém a maior parte dos benefícios e riscos inerentes à propriedade. O arrendatário meramente paga pelo direito de usar o ativo por um período específico. Um exemplo comum de *leasing* operacional ocorre quando você aluga um carro da Hertz ou Avis por alguns dias. Se o *leasing* especifica que o arrendatário deve retornar ao arrendador o ativo arrendado no final do prazo de *leasing*, cujo ativo pode ainda proporcionar substanciais benefícios futuros, o arrendador precisará então rearrendar ou vender o ativo. O arrendador tem o risco da mudança tecnológica e de outros fatores que afetariam a possibilidade de arrendar ou vender o ativo. Se o fabricante do computador e não a Food Barn tem a maior parte do risco e dos benefícios da propriedade, as regras antigas consideram esse arrendamento um *leasing* operacional, que não resulta em um ativo nem em um passivo no balanço patrimonial do arrendatário. A Food Barn não faria nenhum lançamento em 1º de janeiro de 2013, quando ela assinou o contrato de *leasing*, se esse arrendamento estivesse classificado como *leasing* operacional. Ela faria o seguinte lançamento em 31 de dezembro de cada ano:

31 de Dezembro de Cada Ano		
Despesas de Arrendamento...	17.461,51	
Caixa...		17.461,51
Para reconhecer despesa anual de arrendamento de um computador sob o método do *leasing* operacional.		

Método do *leasing* financeiro – regras antigas

A designação contábil de um arrendamento como *leasing* financeiro resulta da ideia de que o arrendatário tem a totalidade ou a maior parte dos benefícios e riscos de possuir o ativo arrendado. Se, no exemplo, o período de *leasing* é quase igual à vida útil do computador arrendado, então a Food Barn arca com o risco dos fatores que afetam o valor de mercado do ativo. Se a Food Barn – e não o fabricante do computador – arca com a maior parte

---
23. FASB, *Statement of Financial Accounting Standards No. 13*, "Accounting for Leases", 1975 (reissued and interpreted 1980) (**Codification Topic 840**); IASB, *International Accounting Standard 17*, "Leases", 1982, revised 1997 and 2003. U.S. GAAP usa o termo *método do leasing de capital* (*capital lease method*), enquanto o IFRS 13 usa *método do leasing financeiro* (*finance lease method*).
24. O valor presente de uma anuidade de $ 17.461,51 por três anos a uma taxa de desconto de 8% é $ 45.000.

dos riscos e compensações da propriedade, a regra antiga classifica esse arrendamento como um *leasing* financeiro. Esse tratamento reconhece a assinatura do contrato de *leasing* como uma aquisição simultânea de um ativo de longo prazo (o direito de usar o ativo arrendado) e de uma dívida de longo prazo pelos pagamentos do *leasing*. Quando a Food Barn assina o contrato de *leasing*, ela reconhece tanto um ativo como um passivo pelo valor presente dos pagamentos de caixa requeridos, de $ 45.000 neste exemplo. O lançamento no momento da assinatura do contrato de *leasing* de três anos da empresa é o seguinte:

1º de Janeiro de 2013

Ativos Arrendados – Computador	45.000	
Arrendamentos a Pagar		45.000

Para reconhecer o arrendamento de um ativo sob o método do *leasing* financeiro.

No final de cada ano, a Food Barn deve contabilizar o ativo e o passivo desse *leasing*. Na prática, muitas empresas tratam o direito de usar o ativo arrendado de forma similar ao próprio ativo e reconhecem uma despesa de depreciação. Sob esse tratamento e assumindo o método linear de depreciação e zero de valor residual, a Food Barn faz o seguinte lançamento no fim de cada ano:

31 de Dezembro de Cada Ano

Despesa de Depreciação (de Computador)	15.000	
Depreciação Acumulada – Computador		15.000

Para reconhecer despesa de depreciação em ativo arrendado pelo método do *leasing* financeiro.

O segundo lançamento feito pela Food Barn no fim de cada ano reconhece que cada pagamento do *leasing* especificado no contrato tanto paga juros como reduz o saldo devedor do *leasing*. A separação entre a porção do pagamento do *leasing* que representa os juros da porção que reduz o passivo segue o método dos juros efetivos, ilustrado neste capítulo para as notas e *bonds*. A planilha de amortização para esse *leasing* aparece na **Figura 11.5**.

Os lançamentos no final de cada ano dos pagamentos do *leasing* são:

31 de Dezembro de 2013

Despesa de Juros	3.600,00	
Arrendamentos a Pagar	13.861,51	
Caixa		17.461,51

Para reconhecer pagamento de *leasing*, de juros sobre o arrendamento a pagar do primeiro ano de $ 3.600,00 (= 0,08 × $ 45.000) e a redução no arrendamento a pagar, igual à diferença entre o pagamento do *leasing* e a Despesa de Juros. O valor presente do arrendamento a pagar após este lançamento é de $ 31.138,49 (= 45.000 – 13.861,51).

Figura 11.5

Planilha de Amortização para Arrendamento a Pagar de $ 45.000, Contabilizada como *Leasing* Financeiro, Pago em Três Prestações Anuais de $ 17.461,51, Taxa de Juros de 8%, Capitalizada Anualmente

Período (1)	Saldo no Início do Período (2)	Despesa de Juros do Período (3)	Pagamento de Caixa (4)	Porção do Pagamento Reduzindo o Principal (5)	Saldo no Fim do Período (6)
1	$ 45.000,00	$ 3.600,00	$ 17.461,51	$ (13.861,51)	$ 31.138,49
2	31.138,49	2.491,08	17.461,51	(14.970,43)	16.168,06
3	16.168,06	1.293,45	17.461,51	(16.168,06)	0

© Cengage Learning 2014

31 de Dezembro de 2014

Despesa de Juros	2.491,08	
Arrendamentos a Pagar..	14.970,43	
Caixa		17.461,51

Para reconhecer pagamento de *leasing*, de juros sobre o arrendamento a pagar do segundo ano de $ 2.491,08 (= 0,08 × $ 31.138,49) e a redução do arrendamento a pagar igual à diferença entre o pagamento do *leasing* e a Despesa de Juros. O valor presente do arrendamento a pagar após este lançamento é de $ 16.168,06 (= $ 31.138,49 – $ 14.970,43).

31 de Dezembro de 2015

Despesa de Juros	1.293,45	
Arrendamentos a Pagar..	16.168,06	
Caixa		17.461,51

Para reconhecer pagamento de *leasing*, de juros sobre o arrendamento a pagar do terceiro ano de $ 1.293,45, o qual difere levemente do arredondamento de $ 1.293,44 (= 0,08 × $ 16.168,06), e a redução do arrendamento a pagar. O valor presente do arrendamento a pagar após este lançamento é zero (= $ 16.168,06 – $ 16.168,06).

Efeito dos métodos de *leasing* operacional e de *leasing* financeiro nas demonstrações financeiras do arrendatário

Tanto o ativo arrendado como o arrendamento a pagar aparecem no balanço patrimonial do arrendatário sob o método do *leasing* financeiro, embora nenhum deles apareça no balanço patrimonial sob o método do *leasing* operacional.

A **Figura 11.6** resume a natureza e o valor das despesas sob os métodos de *leasing* operacional e de *leasing* financeiro no exemplo do *leasing* do computador da Food Barn. O total da despesa de arrendamento sob o método do *leasing* operacional é igual a $ 52.384,53 (= $ 17.461,51 × 3). A despesa total de depreciação de $ 45.000 (= $ 15.000 × 3) mais o total da despesa de juros de $ 7.384,53 (= $ 3.600 + $ 2.491,08 + $ 1.293,45) é também igual a $ 52.384,53. Os totais das despesas sob os métodos do *leasing* operacional e do *leasing* financeiro são iguais, e iguais ao total dos dispêndios de caixa. Para o arrendatário, o método do *leasing* financeiro reconhece as despesas antes que o método do *leasing* operacional.

O método do *leasing* operacional classifica todos os pagamentos do *leasing* de cada período em um uso operacional do caixa na demonstração dos fluxos de caixa. O método do *leasing* financeiro classifica a porção do pagamento do *leasing* relativa à despesa de juros como um uso operacional do caixa[25] e a porção relativa a uma redução do passivo do *leasing* como um uso financeiro do caixa. Além disso, o arrendatário adiciona a despesa de depreciação ao lucro ou ao prejuízo líquidos para calcular o fluxo de caixa das operações.

Distinção contábil entre *leasing* operacional e *leasing* financeiro – regras antigas

O método do *leasing* financeiro resulta em maior dívida de longo prazo e em maiores índices de endividamento sobre o patrimônio líquido que o método do *leasing* operacional. Um índice maior de endividamento faz a empresa parecer mais arriscada. Assim, se houver possibilidade de escolha, os arrendatários preferem o método do *leasing* operacional ao método do *leasing* financeiro. O método do *leasing* operacional também reconhece a despesa de modo mais lento ao longo da vida do arrendamento do que o método do *leasing* financeiro. Esses efeitos nas demonstrações financeiras frequentemente levam os arrendatários a estruturar transações de *leasing* que, conforme as regras antigas, possam se qualificar como *leasing* operacional.

---

25. Ou financeiro, uma alternativa permitida pelo IFRS. (NT)

Figura 11.6
Comparação de Despesas Reconhecidas pelos Métodos de *Leasing* Operacional e de *Leasing* Financeiro

Ano	Despesa Reconhecida a Cada Ano pelo:	
	Método de *Leasing* Operacional	Método de *Leasing* Financeiro
1	$ 17.461,51	$ 18.600,00 = $ 15.000,00 + $ 3.600,00
2	17.461,51	17.491,08 = 15.000,00 + 2.491,08
3	17.461,51	16.293,45 = 15.000,00 + 1.293,45
Total	$ 52.384,53	$ 52.384,53 = $ 45.000,00 + $ 7.384,53

© Cengage Learning 2014

Critérios do U.S. GAAP para contabilização de *leasing* – Regras antigas. O padrão U.S. GAAP especifica critérios de classificação de um *leasing* como *leasing* financeiro no balanço patrimonial do arrendatário. Se o *leasing* não preenche *nenhuma* das quatro seguintes condições, o arrendatário deve tratá-lo como operacional.

1. O *leasing* transfere propriedade do ativo arrendado ao arrendatário no final do período de arrendamento.
2. O *leasing* dá ao arrendatário a opção por uma compra vantajosa, com direito de comprar o ativo arrendado em um tempo especificado futuro por um preço menor que o valor justo que se prevê, atualmente, que o bem terá nesse tempo futuro.
3. O *leasing* se estende por pelo menos 75% da vida útil esperada do ativo.
4. O valor presente dos pagamentos mínimos contratados no *leasing* é igual ou superior a 90% do valor justo do ativo no momento em que o arrendatário assina o contrato. O cálculo do valor presente utiliza uma taxa de desconto apropriada ao risco de crédito do arrendatário.

Esses critérios buscam identificar quem goza dos benefícios e arca com os riscos econômicos da propriedade arrendada. Se o ativo arrendado, automaticamente ou por um preço vantajoso, torna-se propriedade do arrendatário no fim do período do arrendamento, então o arrendatário goza dos benefícios econômicos do ativo e incorre em todos os riscos da propriedade. Se a vida do *leasing* se estende pela maior parte da vida útil esperada do ativo (U.S. GAAP especifica 75% ou mais), então o arrendatário goza da maior parte dos benefícios, particularmente quando os mensuramos pelo valor presente, e incorre na maior parte do risco de obsolescência tecnológica.

Arrendadores e arrendatários podem frequentemente estruturar contratos de *leasing* para evitar as primeiras três condições. Evitar a quarta condição é mais difícil. Essa condição compara o valor presente dos pagamentos mínimos do arrendatário conforme o contrato com o valor justo do ativo arrendado no momento em que o arrendatário assina o contrato. O arrendador presumivelmente poderia vender o ativo pelo seu valor justo ou arrendá-lo ao arrendatário. O valor presente dos pagamentos mínimos tem a característica econômica de um empréstimo, pois o arrendatário se compromete a fazer pagamentos da mesma forma que pagaria a um banco. Quando o valor presente dos pagamentos mínimos do *leasing* contratado é igual a pelo menos 90% do que receberia se vendesse o ativo em vez de arrendá-lo, o arrendador recebe a maior parte do seu retorno do contrato de *leasing*. Ou seja, 90% do valor justo do ativo não está em risco e o arrendador precisa receber apenas 10% do valor justo do ativo pela venda ou novo arrendamento do ativo após o período de *leasing*.

Por outro lado, se o arrendador tem mais de 10% do valor justo inicial do ativo no risco, então o critério contábil considera que ele goza da maior parte dos benefícios e arca com a maior parte do risco da propriedade, o que caracteriza um *leasing* como operacional. Pequenas variações de valor ou de tempo dos pagamentos do *leasing* podem deslocar o valor presente dos pagamentos do *leasing* para pouco abaixo ou pouco acima do limite de 90%.

Critérios do IFRS para contabilização de *leasing* – Regras antigas. O padrão IFRS adota o mesmo critério geral para classificar o *leasing*: *que parte do contrato de* leasing *goza dos benefícios e arca com os riscos?* Diferentemente do U.S. GAAP, o IFRS não especifica percentuais estritos, como os critérios de 75% da vida útil ou de 90% do valor presente. Em vez disso, o IFRS identifica diversos indicadores para determinar que entidade goza dos benefícios e arca com os riscos em um contrato de *leasing*, e permite às empresas e seus contadores independentes aplicar seu julgamento profissional para classificar um *leasing* como operacional ou financeiro. Os critérios são similares aos do U.S. GAAP, mas não tão específicos:

1. A propriedade é transferida do arrendador ao arrendatário no final do *leasing*?
2. Há opção por uma compra vantajosa?
3. O arrendamento se estende pela maior parte da vida econômica do ativo?

4. O valor presente dos pagamentos mínimos do *leasing* é substancialmente igual ao valor justo total do ativo?
5. O ativo arrendado é de uso especializado do arrendatário?

Um *leasing* com valor presente de pagamentos mínimos de 89% do valor justo do ativo arrendado no início do *leasing* poderia escapar do tratamento de *leasing* financeiro sob U.S. GAAP, mas não sob IFRS.

Contabilização do arrendatário – Regras propostas. Em um projeto conjunto, IASB e FASB propuseram que os arrendatários deveriam usar o método do *leasing* financeiro para a maior parte dos contratos de *leasing*. Ou seja, o arrendatário calcula o valor presente dos seus pagamentos de caixa esperados do *leasing* e reconhece tanto um direito de uso como um passivo de *leasing* no mesmo valor. Ele utiliza então métodos similares aos do *leasing* financeiro para reconhecer as despesas.

Contabilização no arrendador – regras antigas

Sob as regras antigas, os lançamentos contábeis do *leasing* operacional e do *leasing* financeiro para o arrendador refletem os lançamentos do arrendatário com importantes diferenças.

Contabilização do *leasing* operacional pelo arrendador – Regras antigas. O ativo arrendado aparece nos livros do arrendador em um *leasing* operacional. Se o arrendador também fabricou a propriedade arrendada, o ativo arrendado aparecerá pelo seu custo de fabricação. Se o arrendador é uma instituição financeira que comprou a propriedade que ele a seguir arrenda, o ativo arrendado aparecerá pelo custo de aquisição pela instituição financeira. Suponha que o custo de manufatura do arrendador do computador por ele arrendado à Food Barn é de $ 39.000. O primeiro lançamento feito pelo arrendador é reclassificar o ativo arrendado de estoque, um ativo circulante, para equipamento, um ativo não circulante.

1º de Janeiro de 2013

Equipamento (Computador Arrendado a Clientes)	39.000	
Estoque		39.000

Para reclassificar um computador de estoque para equipamento, pelo seu custo de fabricação de $ 39.000.

A cada ano o arrendador reconhece o caixa recebido como Receita de Arrendamento, espelhando os lançamentos de Despesa de Arrendamento do arrendatário.

31 de Dezembro de Cada Ano

Caixa	17.461,51	
Receita de Arrendamento		17.461,51

Para registrar a receita anual de arrendamento de um computador pelo método do *leasing* operacional.

O arrendador deve também reconhecer a despesa de depreciação do ativo arrendado. O arrendador utiliza seu custo de fabricação (ou de aquisição) de $ 39.000 para calcular a depreciação (analogamente ao arrendatário que usa o seu custo de aquisição de $ 45.000 para calcular a depreciação pelo método do *leasing* financeiro já ilustrado). O arrendador também considera a vida útil esperada do ativo arrendado, que pode exceder o período de *leasing*. Supomos que o computador tem vida útil de 3 anos com zero de valor recuperável e que o arrendador adota o método de depreciação linear.

31 de Dezembro de Cada Ano

Despesa de Depreciação	13.000	
Depreciação Acumulada – Computador		13.000

Para registrar a despesa de depreciação de um computador arrendado de $ 13.000 ($ 39.000/3).

Contabilização de *leasing* financeiro pelo arrendador – Regras antigas. O arrendador inicialmente registra um *leasing* financeiro como se ele tivesse *vendido* o ativo ao arrendatário. (Recorde que o arrendatário registra um *leasing* financeiro como se tivesse *comprado* o ativo com financiamento proporcionado pelo arrendador.) O arrendador recebe uma promessa pelo arrendatário de fazer pagamentos futuros do *leasing*, o que dá origem a Leasing a Receber. Pressupondo ainda que o arrendador fabricou o computador arrendado à Food Barn, ele faz os dois lançamentos seguintes na data da assinatura do contrato de *leasing* em 1º de janeiro de 2013:

1º de Janeiro de 2013		
Leasing a Receber..	45.000	
Receita de Vendas..		45.000
Para registrar a "venda" de um computador por uma série de fluxos de caixa futuros com valor presente de $ 45.000. O arrendador não vende formalmente o ativo, mas transfere uma porção dos seus benefícios futuros e riscos ao usuário, de modo que a transação torna o uso transferido do ativo similar a uma venda.		

1º de Janeiro de 2013		
Custo dos Produtos Vendidos..	39.000	
Estoque..		39.000
Para registrar como uma despesa o custo de um computador "vendido".		

Assim, o fabricante do computador reconhece $ 6.000 (= $ 45.000 – $ 39.000) como lucro bruto ao assinar o contrato de *leasing*.

O arrendador faz, a cada ano, lançamentos que espelham os do arrendatário sobre o pagamento do *leasing*, sobre a porção do pagamento que representa Receita de Juros e a porção que representa uma redução de Arrendamentos a Receber. Os seguintes lançamentos utilizam os valores de amortização da **Figura 11.5**.

31 de Dezembro de 2013		
Caixa..	17.461,51	
Receita de Juros...		3.600,00
Arrendamentos a Receber...		13.861,51
Para reconhecer pagamento de *leasing* recebido, de juros sobre o arrendamento a receber do primeiro ano de $ 3.600,00 (= 0,08 × $ 45.000) e de redução do recebível igual à diferença entre o caixa recebido e a Receita de Juros. O valor presente do arrendamento a receber após este lançamento é de $ 31.138,49 (= $ 45.000 + $ 3.600 – $ 17.461,51).		

31 de Dezembro de 2014		
Caixa..	17.461,51	
Receita de Juros...		2.491,08
Arrendamentos a Receber...		14.970,43
Para reconhecer pagamento de *leasing* recebido, de juros sobre o arrendamento a receber do segundo ano de $ 2.491,08 (= 0,08 × $ 31.138,49) e de redução do recebível igual à diferença entre o caixa recebido e a Receita de Juros. O valor presente do arrendamento a receber após este lançamento é de $ 16.168,06 (= $ 31.138,49 + $ 2.491,08 – $ 17.461,51).		

31 de Dezembro de 2015		
Caixa..	17.461,51	
Receita de Juros...		1.293,45
Arrendamentos a Receber...		16.168,06
Para reconhecer pagamento de *leasing* recebido, de juros sobre o arrendamento a receber do segundo ano de $ 1.293,45, que difere levemente do arredondamento de $ 1.293,44 (= 0,08 × $ 16.168,06), e de redução do recebível. O valor presente do arrendamento a receber após este lançamento é zero (= $ 16.168,06 + $ 1.293,45 – $ 17.461,51).		

Efeito dos métodos de *leasing* operacional e financeiro nas demonstrações financeiras do arrendador – regras antigas

Tanto os ativos como os passivos aumentam para o arrendatário que usa o método do *leasing* financeiro comparado com o método do *leasing* operacional. Para o arrendador, contudo, sob as regras antigas, ou o ativo arrendado (método do *leasing* operacional) ou o arrendamento a receber (método do *leasing* financeiro) aparece no balanço patrimonial. O valor da conta Arrendamento a Receber excede o valor da conta Equipamento pelo lucro bruto (isto é, vendas menos custo dos produtos vendidos) reconhecido pelo arrendador pela "venda" do ativo arrendado. Os efeitos dos métodos do *leasing* operacional e do *leasing* financeiro no balanço patrimonial diferem menos para os arrendadores do que para os arrendatários.

Os efeitos dos métodos do *leasing* operacional *versus* financeiro na demonstração do resultado do arrendador são mais pronunciados. O arrendador reconhece o lucro bruto da "venda" do ativo arrendado no momento da assinatura do contrato de *leasing* ($ 6.000 neste caso) e então reconhece a receita de juros ao longo da vida do *leasing*. O lucro total ao longo da vida do *leasing* de $ 13.384,53 é igual às entradas de caixa dos pagamentos recebidos de $ 52.384,53 (= $ 17.461,51 × 3) menos os $ 39.000,00 do custo de fabricação do computador. A **Figura 11.7** resume essas diferenças no lucro.

Contabilização do arrendatário – Regras propostas. As propostas conjuntas do IASB-FASB para a contabilização do arrendador requerem uma única abordagem para todos os acordos de *leasing* abrangidos pelo escopo da orientação proposta. Sob essas propostas, o arrendador deve reconhecer tanto um recebível (o valor presente dos pagamentos do *leasing* especificados no contrato) quanto um ativo residual (com base no valor residual estimado do ativo arrendado no fim do período de *leasing* e outros fatores). A contabilização do caixa recebido do arrendatário é similar à contabilização do arrendador sob as regras antigas para o *leasing* financeiro. A maior parte das complexidades do arrendador sob as regras propostas está além do escopo deste livro introdutório.

PROBLEMA 11.5 PARA APRENDIZAGEM

Métodos do *leasing* operacional e financeiro para arrendatário e arrendador. Em 1º de janeiro de 2013, a Holt Book Store deseja adquirir uma *van* que um revendedor local vende por $ 40.000. O revendedor comprou a *van* do fabricante por $ 36.000. O revendedor oferece à Holt Book Store a opção de arrendá-la por quatro anos, com aluguéis de $ 11.543,65 devidos em 31 de dezembro de cada ano. A Holt Book Store deverá devolvê-la ao final dos quatro anos, embora o revendedor antecipe que o valor de revenda da *van* depois de quatro anos será desprezível. O revendedor considera 6% uma taxa de juros apropriada para cobrar da Holt Book Stores para financiar a aquisição.

a. Este *leasing* se qualifica como um *leasing* operacional ou como um *leasing* financeiro para efeitos de divulgação financeira conforme as quatro regras especificadas pelo U.S. GAAP sob as regras antigas? Explique.
b. Suponha agora que o *leasing* se qualifica como um *leasing* operacional. Apresente os lançamentos feitos pela Holt Book Store ao longo dos dois primeiros anos de vida do *leasing*.
c. Repita o item b para a concessionária de automóveis. Use o método linear de depreciação e zero de valor recuperável.
d. Considere agora que o *leasing* se qualifica como um *leasing* financeiro. Apresente os lançamentos feitos pela Holt Book Store ao longo dos primeiros dois anos de vida do *leasing*.
e. Repita o item d para a concessionária de automóveis.
f. Calcule o valor das despesas que a Holt Book Store reconhece durante cada um dos quatro anos sob os métodos do *leasing* operacional e do *leasing* financeiro.
g. Calcule o valor das receitas e despesas que a concessionária de automóveis reconhece durante cada um dos quatro anos sob os métodos do *leasing* operacional e do *leasing* financeiro.
h. Por que as despesas totais do arrendatário são as mesmas sob o *leasing* operacional e sob o *leasing* financeiro? Por que o lucro total (receita menos despesas) do arrendador é o mesmo sob os métodos do *leasing* operacional e financeiro?
i. Por que as despesas totais do arrendatário diferem do lucro total do arrendador?

Figura 11.7

Comparação do Lucro Reconhecido sob os Métodos do *Leasing* Operacional e Financeiro para o Arrendador

Ano	Método do *Leasing* Operacional			Método do *Leasing* Financeiro			
1	$ 4.461,51	= $ 17.461,51	− $ 13.000	$ 9.600,00	= $ 6.000,00	+	$ 3.600,00
2	4.461,51	= 17.461,51	− 13.000	2.491,08	= 0,00	+	2.491,08
3	4.461,51	= 17.461,51	− 13.000	1.293,45	= 0,00	+	1.293,45
Total	$ 13.384,53	= $ 52.384,53	− $ 39.000	$ 13.384,53	= $ 6.000,00	+	$ 7.384,53

Evidenciações de *leasing*

As empresas devem evidenciar em notas explicativas das demonstrações financeiras os fluxos de caixa associados com as transações de *leasing* financeiro e de *leasing* operacional em cada um dos primeiros cinco anos e, depois desse período, para todos os anos em conjunto. As empresas também precisam indicar o valor presente dos fluxos de caixa das transações de *leasing* financeiro[26]. A **Figura 11.8** apresenta evidenciações de *leasing* da Mall Stores Corporation (baseadas nas demonstrações financeiras da Target Corporation).

A Mall Stores Corporation inclui $ 4 milhões em passivos circulantes de *leasing* financeiro e $ 123 milhões em dívida de longo prazo. A Mall Store Corporation, como a maioria das empresas, não indica a taxa média ponderada de juros que ela utilizou para calcular o valor presente das transações de *leasing* financeiro.

A maioria das transações de *leasing* da Mall Stores Corporation é de *leasing* operacional. Assim, nem os ativos arrendados nem os arrendamentos a pagar aparecem no balanço patrimonial. O usuário das demonstrações financeiras poderá seguir duas abordagens de *leasing* operacional:

1. Deixar os compromissos de *leasing* operacional fora do balanço patrimonial.
2. Reduzir a valor presente os compromissos de *leasing* operacional e incluir esse valor no ativo não circulante e na dívida de longo prazo, um processo chamado de **capitalização construtiva**.

A redução a valor presente dos compromissos do *leasing* operacional requer duas estimativas:

1. A taxa de desconto a ser aplicada aos pagamentos do *leasing* operacional.
2. O tempo dos fluxos de caixa agregados depois do quinto ano.

A taxa de desconto deve refletir uma taxa de juros de longo prazo para empréstimos garantidos. Considere que a taxa média ponderada de empréstimos das notas e debêntures de longo prazo da Mall Stores Corporation em 2 de fevereiro de 2013 era de 5,5%. Utilizaremos uma taxa de desconto de 5,5% para ilustrar a capitalização construtiva de transações de *leasing* operacional.

Os fluxos de caixa de arrendamentos operacionais nos primeiros cinco anos declinam a cada ano. Poder-se-ia assumir um declínio contínuo em algum padrão nos anos a partir de 2017. Uma abordagem alternativa considera que a Mall Stores Corporation continuará a fazer pagamentos de arrendamentos operacionais em valor igual ao de 2017, ou seja, $ 123 milhões ao ano, até que ela pague o valor agregado de $ 2.843 milhões. Assim, a empresa continuará a pagar $ 123 milhões por 23,1 (= $ 2.843/$ 123) anos adicionais. O total de anos desses arrendamentos operacionais de 28,1 anos (= 5,0 + 23,1) sugere que eles são primariamente de lojas de varejo.

Figura 11.8

Evidenciações de *Leasing* da Mall Stores Corporation

Os pagamentos mínimos futuros de *leasing* sob contratos não canceláveis existentes em 2 de fevereiro de 2013 eram os seguintes:

Pagamentos Mínimos Futuros de *Leasing* (milhões)	*Leasing* Operacional	*Leasing* Financeiro
2013	$ 239	$ 12
2014	187	16
2015	173	16
2016	129	16
2017	123	17
Depois de 2017	2.843	155
Total dos pagamentos futuros mínimos de *leasing*	$ 3.694[a]	232
Menos Juros[b]		(105)
Valor presente dos pagamentos mínimos futuros de *leasing* financeiro		$ 127[c]

[a] Os pagamentos contratuais totais de *leasing* incluem $ 1.721 milhões relativos a opções de prorrogar termos de *leasing* que se considera com segurança razoável que serão exercidas, e também inclui $ 98 milhões de pagamentos mínimos com vínculo legal das lojas que serão abertas em 2013 ou mais tarde.
[b] Calculado utilizando a taxa de juros no início de cada arrendamento.
[c] Inclui a porção circulante de $ 4 milhões.

---

26. As empresas não podem atualmente adotar opções de valor justo para os ativos e passivos reconhecidos sob *leasing* financeiro. Ver FASB, *Statement of Financial Accounting Standards N. 159*, "The Fair Value Option for Financial Assets and Financial Liabilities", par. 8, 2007 (**Codification Topic 825**); IASB, *International Accounting Standard 39*, "Financial Instruments: Recognition and Measurement", 1999, revised 2003.

Figura 11.9
Valor Presente de Compromissos de *Leasing* Operacional

Ano	Pagamentos	Fator de Valor Presente a 5,5%	Valor Presente
2013	$ 239	0,94787	$ 227
2014	187	0,89845	168
2015	173	0,85161	147
2016	129	0,80722	104
2017	123	0,76513	94
Depois de 2017	2.843[a]	13,19369[b] × 0,76513[c]	1.242
Total			% 1.982

[a] Considere que a Mall Stores Corporation faz pagamentos de $ 2.843 milhões depois de 2017 à taxa de $ 123 milhões ao ano. A empresa faz esses pagamentos por 23,1 anos (= $ 2.843/$ 123).
[b] Fator de valor presente de uma anuidade de $ 123 milhões por 23,1 períodos.
[c] Fator de valor presente de $ 1 por cinco períodos.

A **Figura 11.9** mostra o cálculo do valor presente dos compromissos de *leasing* operacional da Mall Stores Corporation em 2 de fevereiro de 2013. O cálculo do valor presente dos fluxos de caixa depois de 2017 envolve o valor presente de uma anuidade diferida.

A capitalização construtiva dos arrendamentos operacionais da Mall Stores Corporation adiciona $ 1.982 milhão ao imobilizado, $ 227 milhões à porção circulante da dívida de longo prazo e $ 1.755 milhão (= $ 1.982 – $ 227) à dívida de longo prazo classificada como passivo não circulante no balanço patrimonial. Os índices de endividamento de longo prazo e de endividamento sobre o patrimônio líquido da Mall Stores Corporation em 2 de fevereiro de 2013, com base nos valores divulgados e ajustados pela capitalização de arrendamentos operacionais, são os seguintes:

Endividamento de Longo Prazo
Valores Divulgados: $ 15.126/$ 44.560 = 33,9%
Valores Ajustados: ($ 15.126 + $ 1.755)/($ 44.560 + $ 1.982) = 36,3%

Índice de Endividamento sobre o Patrimônio Líquido
Valores Divulgados: $ 15.126/$ 15.307 = 98,8%
Valores Ajustados: ($ 15.126 + $ 1.755)/$ 15.307 = 110,3%

Os índices de endividamento da Mall Stores Corporation crescem com a capitalização dos arrendamentos operacionais. Maiores aumentos em índices de endividamento ocorrem em companhias aéreas, ferrovias, frotas de caminhões e outros varejistas, muitos dos quais utilizam extensivamente o *leasing* operacional.

Resumo da contabilização de passivos de longo prazo

Passivos de longo prazo obrigam a empresa tomadora a pagar valores específicos em datas futuras além de um ano. Resumiremos agora a apresentação de passivos de longo prazo no balanço patrimonial e os procedimentos para o cálculo tanto dos valores do balanço patrimonial como dos valores da despesa de juros.

Apresentação no balanço patrimonial. A menos que a empresa eleja a opção do valor justo, os passivos de longo prazo descritos neste capítulo aparecem no balanço patrimonial pelo valor presente dos pagamentos futuros. Os cálculos do valor presente utilizam a taxa histórica de juros – a taxa de juros do mercado na data em que o tomador incorreu na obrigação.

Cálculo dos valores do balanço patrimonial e da despesa de juros para mensuração pelo custo amortizado. Os métodos de cálculo dos valores do balanço patrimonial dos passivos de longo prazo descritos neste capítulo e das despesas com eles correlacionadas seguem os seguintes procedimentos:

1. Inicialmente registrar o passivo pelo valor equivalente de caixa dos ativos recebidos. Esse valor é igual ao valor presente dos pagamentos contratuais futuros, descontados utilizando a taxa de juros de mercado para o tomador

na data de início do empréstimo ou do *leasing*. (Às vezes, o tomador precisa calcular a taxa de juros de mercado na emissão original mediante identificação da taxa interna de retorno.)

2. Quando a empresa faz um pagamento de caixa ou um lançamento de ajuste pelos juros, ela calcula a despesa de juros pelo valor contábil do passivo no começo do período (incluindo todos os juros acumulados de períodos anteriores) multiplicado pela taxa histórica de juros. O contador debita o valor em Despesa de Juros e credita na conta do passivo. Se a empresa faz um pagamento de caixa, o contador debita as contas do passivo e credita o Caixa.

O efeito do segundo procedimento mudará o valor contábil dos passivos para um número mais próximo do valor ao par (ou deixará o valor ao par se o valor contábil já for igual a ele) para o início do próximo período. Se o contador segue esses procedimentos, os passivos no balanço patrimonial terão valor contábil igual ao valor presente dos pagamentos futuros remanescentes descontados pela taxa histórica de juros.

Planilhas de amortização, tais como as das **Figuras 11.2**, **11.3** e **11.4**, ilustram esse procedimento para uma variedade de passivos de longo prazo. O próximo problema foca esse procedimento.

PROBLEMA 11.6 PARA APRENDIZAGEM

Unificando princípios de contabilização de passivos de longo prazo. Este problema ilustra a contabilização de passivos de longo prazo descrita anteriormente. Suponha que uma empresa fecha seus livros uma vez por ano, fazendo lançamentos de ajuste uma vez por ano. Na data em que a empresa toma empréstimo, a taxa de juros é 10% ao ano, capitalizada anualmente para todos os empréstimos até dois anos. Observe os seguintes passos:

1. Calcule os proventos recebidos pela empresa emitente de uma obrigação (isto é, que está tomando dinheiro emprestado) na data da emissão.
2. Faça o lançamento no diário da emissão do passivo e do recebimento do caixa.
3. Mostre o(s) lançamento(s) no diário dos juros incidentes e do pagamento, se houver, no fim do primeiro ano, e recalcule o valor contábil de todos os passivos relativos ao empréstimo no fim do primeiro ano. Combine as contas do passivo do empréstimo principal e dos juros incidentes em uma única conta chamada Passivo Monetário.
4. Mostre o(s) lançamento(s) no diário pelos juros incidentes e pagamento de caixa no final do segundo ano, e recalcule o valor contábil de todos os passivos relativos ao empréstimo no fim do segundo ano.

Siga estes passos para cada um dos seguintes empréstimos:

a. A empresa emite uma nota promissória de pagamento único no primeiro dia do primeiro ano, prometendo pagar $ 1.000 no último dia do segundo ano.
b. A empresa emite um *bond* com cupom a 10% ao ano, prometendo pagar $ 100 no último dia do primeiro ano e $ 1.100 (= $ 1.000 + $ 100) no último dia do segundo ano.
c. A empresa emite um *bond* com cupom a 8% ao ano, prometendo pagar $ 80 no último dia do primeiro ano e $ 1.080 (= $ 1.000 + $ 80) no último dia do segundo ano.
d. A empresa emite um *bond* com cupom a 12% ao ano, prometendo pagar $ 120 no último dia do primeiro ano e $ 1.120 (= $ 1.000 + $ 120) no último dia do segundo ano.
e. A empresa emite uma nota promissória de pagamentos uniformes (*level-payment note*) (como uma hipoteca ou nota com prestações iguais), prometendo pagar $ 576,19 no último dia do primeiro ano e $ 576,19 no último dia do segundo ano.

RESUMO

Este capítulo discutiu a contabilização de obrigações de longo prazo na forma de notas promissórias (empréstimos), *bonds* e *leasing*. A contabilização dessas obrigações depende de qual dos seguintes critérios de mensuração a empresa usa:

1. Mensuração pelo custo amortizado, baseada na taxa histórica de juros.
2. Mensuração pelo valor justo.

A opção pelo valor justo conforme U.S. GAAP e IFRS permite às empresas utilizar ambos os métodos para mensurar notas e *bonds* de longo prazo, mas não o *leasing*.

A **Figura 11.10** resume a apresentação no balanço patrimonial dos passivos de longo prazo considerados neste capítulo e os procedimentos de cálculo tanto dos valores do balanço patrimonial como da despesa de juros na mensuração, seja pelo custo amortizado, seja pelo valor justo.

Figura 11.10

Resumo da Contabilização de Obrigações de Longo Prazo

Mensuração pelo Custo Amortizado Usando a Taxa Histórica de Juros de Mercado

Apresentação no Balanço Patrimonial

Passivos de longo prazo aparecem no balanço patrimonial pelo valor presente dos fluxos de caixa remanescentes descontados pela taxa histórica de juros de mercado na data em que o tomador incorreu na obrigação.

Cálculos

1. Inicialmente registrar o passivo pelo valor de caixa (ou equivalente de caixa) recebido. Esse valor é igual ao valor presente dos pagamentos contratuais futuros, descontados pela taxa histórica de juros de mercado para o tomador na data de início do empréstimo. (Às vezes, o tomador precisa calcular a taxa de juros de mercado na emissão original mediante identificação da taxa interna de retorno.)
2. Em qualquer momento subsequente, quando a empresa faz um pagamento de caixa ou um lançamento de ajuste pelos juros, ela calcula a despesa de juros como valor contábil do passivo no começo do período (o que inclui todos os juros acumulados de períodos anteriores) multiplicado pela taxa histórica de juros de mercado. O contador debita o valor em Despesa de Juros e credita a conta do passivo. Se a empresa faz um pagamento de caixa, o contador debita a conta do passivo e credita o Caixa.

Mensuração pelo Valor Justo

Apresentação no Balanço Patrimonial

Passivos de longo prazo aparecem no balanço patrimonial pelo valor justo.

Cálculos

1. Inicialmente registra o mesmo valor que à esquerda. No início do empréstimo, a taxa histórica de juros de mercado e a taxa corrente de mercado são iguais.
2. A cada data subsequente do balanço patrimonial, registre o valor justo do passivo. Uma abordagem é calcular o valor presente dos fluxos de caixa contratuais utilizando as taxas correntes de mercado nessa data. A diferença entre o valor do passivo no início e no fim do período é o valor líquido do pagamento de caixa, despesa de juros e ganhos e perdas não realizados. A orientação regulatória não especifica um procedimento para alocar a variação líquida de valor entre os dois elementos do resultado (despesa de juros e ganhos ou perdas).

SOLUÇÕES DOS PROBLEMAS PARA APRENDIZAGEM

Solução sugerida para o problema 11.1

(Vera Company; taxa de juros implícita e planilha de amortização de nota promissória com incidência de juros)

a.

Ano	Pagamento de Caixa	Fator de Valor Presente a 7%	Valor Presente[a]
1	$ 6.000	0,93458	$ 5.607,48
2	6.000	0,87344	5.240,63
3	106.000	0,81630	86.527,58
Total			$ 97.375,69

[a] Os cálculos de valor presente usam fatores de valor presente com mais casas decimais do que aqui mostrado[27].

b. A planilha de amortização aparece na **Figura 11.11**.

Figura 11.11

Planilha de Amortização de uma Nota de $ 100.000 Descontada a 6% para o Rendimento Requerido de 7% Capitalizados Anualmente (Problema 11.1 para Autoestudo)

Período (1)	Saldo no Início do Período (2)	Despesa de Juros do Período (3)	Pagamento de Caixa (4)	Aumento (Diminuição) no Passivo (5)	Saldo no Fim do Período (6)
1	$ 97.375,69	$ 6.816,30	$ 6.000,00	$ 816,30	$ 98.191,99
2	98.191,99	6.873,44	6.000,00	873,44	99.065,43
3	99.065,43	6.934,57[a]	106.000,00	934,57	0

[a] Valor reduzido em $ 0,01 para compensar o arredondamento.

---

27. Usando a calculadora HP 12C: – 97.375,69 g CF$_0$; 6.000 g CF$_j$ 2 g N$_j$; 106.000 g CF$_j$; f IRR. Resposta = 7. (NT)

Solução sugerida do problema 11.2

(Planilha de amortização de *bonds* com cupom zero.)

a. Ver **Figura 11.2**.
b. À medida que o tempo até o pagamento no vencimento diminui, o valor presente desse pagamento aumenta. O aumento de cada período é a despesa de juros do período.

Figura 11.12

Planilha de Amortização de um *Bond* com $ 300.000 de Valor de Face de 10 anos e com Cupom Zero, Precificado Inicialmente para um Rendimento de 8% Capitalizados Anualmente
(Problema 11.2 para Autoestudo)

Período (1)	Saldo no Início do Período (2)	Despesa de Juros do Período (3)	Pagamento de Caixa (4)	Aumento no Passivo (5)	Saldo no Fim do Período (6)
1	$ 136.916.084	$ 5.476.643	0	$ 5.476.643	$ 142.392.727
2	142.392.727	5.695.709	0	5.695.709	148.088.436
3	148.088.436	5.923.537	0	5.923.537	154.011.974
4	154.011.974	6.160.479	0	6.160.479	160.172.453
5	160.172.453	6.406.898	0	6.406.898	166.579.351
6	166.579.351	6.663.174	0	6.663.174	173.242.525
7	173.242.525	6.929.701	0	6.929.701	180.172.226
8	180.172.226	7.206.889	0	7.206.889	187.379.115
9	187.379.115	7.495.165	0	7.495.165	194.874.280
10	194.874.280	7.794.971	0	7.794.971	202.669.251
11	202.669.251	8.106.770	0	8.106.770	210.776.021
12	210.776.021	8.431.041	0	8.431.041	219.207.062
13	219.207.062	8.768.282	0	8.768.282	227.975.344
14	227.975.344	9.119.014	0	9.119.014	237.094.358
15	237.094.358	9.483.774	0	9.483.774	246.578.132
16	246.578.132	9.863.125	0	9.863.125	256.441.258
17	256.441.258	10.257.650	0	10.257.650	266.698.908
18	266.698.908	10.667.956	0	10.667.956	277.366.864
19	277.366.864	11.094.675	0	11.094.675	288.461.539
20	288.461.539	11.538.462	0	11.538.462	300.000.000

© Cengage Learning 2014

Solução sugerida do problema 11.3

(Engel Corporation; calculando o preço de emissão de *bonds*.)[28]

a.

Fluxos de Caixa Requeridos	Fator de Valor Presente da Taxa de 8% Capitalizada Semestralmente por 10 Anos	Valor Presente dos Fluxos de Caixa Requeridos
$ 1.000.000 ao fim de 10 anos	0,45639	% 456.390
$ 50.000 a cada seis meses por 10 anos	13,59033	679.516
Preço de Emissão		$ 1.135.906[28]

---

28. Usando a calculadora HP 12C: 1.000.000 FV; 50.000 PMT; 20 n; 4 i; PV. Resposta = 1.135.903. O número encontrado difere um pouco do calculado usando o fator multiplicador porque ele pressupõe arredondamentos. (NT)

b.

Fluxos de Caixa Requeridos	Fator de Valor Presente da Taxa de 10% Capitalizada Semestralmente por 10 Anos	Valor Presente dos Fluxos de Caixa Requeridos
$ 1.000.000 ao fim de 10 anos	0,37689	$ 376.890
$ 50.000 a cada seis meses por 10 anos	12,46221	623.110
Preço de Emissão		$ 1.000.000[29]

c.

Fluxos de Caixa Requeridos	Fator de Valor Presente da Taxa de 12% Composta Semestralmente por 10 Anos	Valor Presente dos Fluxos de Caixa Requeridos
$ 1.000.000 ao fim de 10 anos	0,31180	$ 311.800
$ 50.000 a cada seis meses por 10 anos	11,46992	573.496
Preço de Emissão		$ 885.296[30]

Solução sugerida do problema 11.4

(Engel Corporation; preparando lançamentos no diário para contabilizar *bonds*.)

a.

1º de Janeiro

Caixa	1.135.906	
Bonds a Pagar		1.135.906

Para reconhecer emissão de *bonds* com $ 1.000.000 de valor de face com cupons de 10% semestrais, precificados para um rendimento de 8% ao ano capitalizados semestralmente.

30 de Junho

Despesa de Juros (= 0,04 × 1.135.906)	45.436	
Bonds a Pagar	4.564	
Caixa (= 0,05 × $ 1.000.000)		50.000

Para reconhecer despesa de juros e valor pago nos primeiros seis meses.

31 de Dezembro

Despesa de Juros [= 0,04 × ($ 1.135.906 − $ 4.564)]	45.254	
Bonds a Pagar	4.746	
Caixa (= 0,05 × $ 1.000.000)		50.000

Para reconhecer despesa de juros e valor pago nos segundos seis meses.

---

29. Usando a calculadora HP 12C: 1.000.000 FV; 50.000 PMT; 20 n; 5 i; PV. Resposta = 1.000.000. (NT)
30. Usando a calculadora HP 12C: 1.000.000 FV; 50.000 PMT; 20 n; 6 i; PV. Resposta = 885.301. O número encontrado difere um pouco do calculado usando o fator multiplicador porque o fator pressupõe arredondamentos. (NT)

b.

1º de Janeiro		
Caixa	1.000.000	
Bonds a Pagar		1.000.000
Para reconhecer emissão de *bonds* com $ 1.000.000 de valor de face com cupons de 10% semestrais, precificados para um rendimento de 10% ao ano, capitalizados semestralmente.		
30 de Junho		
Despesa de Juros (= 0,05 × $ 1.000.000)	50.000	
Caixa (= 0,05 × $ 1.000.000)		50.000
Para reconhecer despesa de juros e valor pago nos primeiros seis meses.		
31 de Dezembro		
Despesa de Juros (= 0,05 × $ 1.000.000)	50.000	
Caixa (= 0,05 × $ 1.000.000)		50.000
Para reconhecer despesa de juros e valor pago nos segundos seis meses.		

c.

1º de Janeiro		
Caixa	885.296	
Bonds a Pagar		885.296
Para reconhecer emissão de *bonds* com $ 1.000.000 de valor de face com cupons de 10% semestrais, precificados para um rendimento de 12% ao ano, capitalizados semestralmente.		
30 de Junho		
Despesa de Juros (= 0,06 × $ 885.296)	53.118	
Caixa (= 0,05 × $ 1.000.000)		50.000
Bonds a Pagar		3.118
Para reconhecer despesa de juros e valor pago nos primeiros seis meses.		
31 de Dezembro		
Despesa de Juros [(= 0,06 × ($ 885.296 + $ 3.118)]	53.305	
Caixa (= 0,05 × $ 1.000.000)		50.000
Bonds a Pagar		3.305
Para reconhecer despesa de juros e valor pago nos segundos seis meses.		

Solução sugerida do problema 11.5

(Holt Book Store e revendedor de automóveis; métodos do *leasing* operacional e financeiro para arrendatário e arrendador.)

    a. A aplicação dos quatro critérios é:

        (1) Propriedade transferida ao arrendatário no fim do período de *leasing*: não satisfeita.

        (2) O *leasing* contém uma opção de compra vantajosa: não satisfeita.

        (3) O período do *leasing* se estende por pelo menos 75% da vida do ativo: satisfeita.

        (4) O valor presente dos pagamentos contratuais mínimos é maior ou igual a 90% do valor justo de mercado do ativo no momento em que o arrendador assina o contrato de *leasing*: satisfeita. O valor presente dos pagamentos do *leasing* quando descontados a 6% é $ 40.000 (= $ 11.543,65 × 3,46511)[31], que é igual aos $ 40.000 do valor de mercado do ativo no início do *leasing*.

---

31. Usando a calculadora HP 12C; 11.543,65 PMT; 4 n; 6 i; PV; Resposta = 40.000). (NT)

Trata-se, portanto, de um *leasing* financeiro porque ele atende a pelo menos um critério (na verdade, ele preenche duas condições).

b.

31 de Dezembro de Cada Ano		
Despesa de Arrendamento	11.543,65	
Caixa		11.543,65
Para reconhecer a despesa anual de arrendamento de uma *van* de entrega contabilizada como *leasing* operacional.		

c.

1º de Janeiro de 2013		
Equipamento (*van* de entrega arrendada ao cliente)	36.000	
Estoque		36.000
Para reconhecer a transferência de *van* de entrega do estoque para equipamento.		
31 de Dezembro de Cada Ano		
Caixa	11.543,65	
Receita de Arrendamento		11.543,65
Para reconhecer a receita anual de arrendamento de uma *van* de entrega contabilizada como *leasing* operacional.		
31 de Dezembro de Cada Ano		
Despesa de Depreciação	9.000	
Depreciação Acumulada		9.000
Para reconhecer a depreciação anual de $ 9.000 (= $ 36.000/4) da *van* arrendada contabilizada como *leasing* operacional.		

d.

1º de Janeiro de 2013		
Ativo Arrendado – *Van* de Entrega	40.000	
Arrendamento a Pagar		40.000
Para reconhecer a "aquisição" de uma *van* de entrega e passivo relacionado, contabilizada como *leasing* financeiro.		
31 de Dezembro de 2013		
Despesa de Juros (= 0,06 × $ 40.000)	2.400,00	
Arrendamento a Pagar	9.143,65	
Caixa		11.543,65
Para reconhecer a despesa de juros de 2013, o pagamento de caixa e a redução do passivo sob o método do *leasing* financeiro. O valor contábil do passivo no fim de 2013 é $ 30.856,35 (= $ 40.000 + $ 2.400 – $ 11.543,65).		
31 de Dezembro de 2013		
Despesa de Depreciação	10.000	
Depreciação Acumulada		10.000
Para registrar a despesa de depreciação de 2013 de $ 10.000 (= $ 40.000/4) para o arrendatário.		

(continua)

31 de Dezembro de 2014		
Despesa de Juros (= 0,06 × 30.856,35)	1.851,38	
Arrendamento a Pagar	9.692,27	
Caixa		11.543,65
Para reconhecer a despesa de juros de 2014, o pagamento de caixa e a redução do passivo sob o método do *leasing* financeiro. O valor contábil do passivo no fim de 2014 é $ 21.164,08 (= $ 30.856,35 + $ 1.851,38 – $ 11.543,65).		

31 de Dezembro de 2014		
Despesa de Depreciação	10.000	
Depreciação Acumulada		10.000

e.

1º de Janeiro de 2013		
Arrendamento a Receber	40.000	
Receita de Vendas		40.000
Para reconhecer a "venda" de uma *van* de entrega, contabilizada como *leasing* financeiro.		

2 de Janeiro de 2013		
Custo das Mercadorias Vendidas	36.000	
Estoque		36.000
Para registrar o custo de uma *van* de entrega "vendida" sob o método do *leasing* financeiro.		

31 de Dezembro de 2013		
Caixa	11.543,65	
Receita de Juros		2.400,00
Arrendamento a Receber		9.143,65
Para registrar a receita de juros, o recebimento de caixa e a redução em *leasing* a receber em 2013. Esses valores espelham os do arrendatário.		

31 de Dezembro de 2014		
Caixa	11.543,65	
Receita de Juros		1.851,38
Arrendamento a Receber		9.692,27
Para registrar a receita de juros, o recebimento de caixa e a redução em *leasing* a receber em 2014. Esses valores espelham os do arrendatário.		

f.

	Despesa Reconhecida a Cada Ano sob:				
Ano	Método do *Leasing* Operacional	Método do *Leasing* Financeiro			
2013	$ 11.543,65	$ 12.400,00	(= $ 10.000,00	+	$ 2.400,00)
2014	11.543,65	11.851,38	(= 10.000,00	+	1.851,38)
2015	11.543,65	11.269,84	(= 10.000,00	+	1.269,84)
2016	11.543,65	10.653,38	(= 10.000,00	+	653,38)
Total	$ 46.174,60	$ 46.174,60	(= $ 40.000,00	+	$ 6.174,60)

g.

Ano	Lucro Reconhecido a Cada Ano sob:					
	Método do *Leasing* Operacional			Método do *Leasing* Financeiro		
2013............................	$ 2.543,65	(= 11.543,65	– 9.000,00)	$ 6.400,00	(= 4.000,00	+ 2.400,00)
2014............................	2.543,65	(= 11.543,65	– 9.000,00)	1.851,38	(= 0,00	+ 1.851,38)
2015............................	2.543,65	(= 11.543,65	– 9.000,00)	1.269,84	(= 0,00	+ 1.269,84)
2016............................	2.543,65	(= 11.543,65	– 9.000,00)	653.38	(= 0,00	+ 653,38)
Total............................	$ 10.174,60	(= 46.174,60	– 36.000,00)	$ 10.174,60	(= 4.000,00	+ 6.174,60)

h. Enquanto as despesas totais do arrendatário são iguais às saídas de caixa, o lucro do arrendador é igual às entradas de caixa menos as saídas de caixa. Os métodos de *leasing* operacional e de *leasing* financeiro reconhecem as receitas, as despesas e o lucro associados com esses fluxos de caixa em períodos diferentes.

i. As despesas totais do arrendatário são iguais a suas saídas totais de caixa de $ 46.174,60 (= $ 11.543,65 × 4). O lucro do arrendador é igual às suas entradas totais de caixa de $ 46.174,60 (= $ 11.543,60 × 4) menos a sua saída de caixa para comprar a *van* de $ 36.000.

Solução sugerida do problema 11.6

(Unificando princípios de contabilização de passivos de longo prazo.)

A **Figura 11.13** mostra a contabilização de cinco tipos de passivos monetários de longo prazo determinados pelo valor presente dos fluxos de caixa futuros nas colunas de **a** a **e**. A contabilização de cada um desses passivos monetários segue um procedimento comum.

1. Calcule o valor inicial do caixa recebido pelo tomador, bem como a taxa histórica de juros de mercado. Por vezes, você conhecerá ambos. Outras vezes, você conhecerá o caixa recebido e precisará calcular a taxa de juros. Algumas vezes, como ilustra a **Figura 11.13**, em todos os cinco casos, você conhecerá a taxa de juros e precisará calcular o caixa inicial recebido.

   a. Para calcular o valor inicial do caixa recebido, dados os pagamentos contratuais e a taxa de juros histórica do mercado, multiplique cada pagamento contratual pelo fator de valor presente para um único pagamento de $ 1 a ser recebido no futuro. A **Figura 11.13** mostra os fatores de valor presente a 10% de juros para pagamentos a serem recebidos em um ano (0,90909) e em dois anos (0,82645).

   b. O cálculo da taxa de juros histórica do mercado, dados os proventos iniciais de caixa e a série de pagamentos contratuais, requer encontrar a *taxa interna de retorno* da série de fluxos de caixa. A **Figura 11.13** mostra que apenas o *bond* com cupom de 10% e a nota de pagamentos uniformes (*level-payment note*) têm proventos iniciais de caixa iguais a $ 1.000. A diferença de valores surge porque cada item tem um valor presente diferente, apesar de algumas pessoas poderem, falando informalmente, chamar a todos de "um passivo de $ 1.000".

2. Registre o lançamento no diário debitando o caixa e creditando o passivo monetário pelo valor do caixa recebido. A apresentação mostrando o tema comum utiliza a conta genérica Passivo Monetário, embora na prática as empresas usem títulos mais descritivos.

3. A cada pagamento contratual e no fim de um período contábil, calcule a despesa de juros como o valor contábil do passivo no início do período (o que inclui a conta do passivo principal e a conta Juros a Pagar se a empresa mantém esses valores em contas separadas) multiplicado pela taxa de juros histórica do mercado. Debite o valor calculado em Despesa de Juros e credite na conta Passivo Monetário.

   Se o tomador faz um pagamento de caixa, credite caixa e debite a conta Passivo Monetário. O valor contábil do passivo é agora igual ao saldo inicial mais a despesa de juros registrada menos os pagamentos de caixa efetuados, se houver.

   A **Figura 11.13** não ilustra esse fato diretamente, mas, se você retornar ao Passo **1** neste ponto e calcular o valor presente dos pagamentos contratuais remanescentes usando a taxa de juros histórica (de 10% nos exemplos), ele será igual ao valor contábil calculado conforme o Passo **3**.

4. A cada data de pagamento contratual, ou na data de fechamento de um período contábil, repita o passo 3. Por fim, quando o tomador faz o pagamento final (como ilustrado em baixo na **Figura 11.13**), ele abate o valor total do passivo mais juros. O passivo remanescente é zero. A contabilidade amortizou o passivo até zero, ao mesmo tempo que a empresa extinguiu a sua obrigação.

446 Contabilidade financeira

Figura 11.13

Contabilização de Passivos Financeiros de Longo Prazo Baseados no Valor Presente de Fluxos de Caixa Futuros
(Problema 11.6)

		a. Nota de Pagamento Único de $ 1.000 e Vencimento em Dois Anos			b. *Bond* de Dois Anos e Cupom – Cupons de 10% ($ 100)		
		Valor	Débito	Crédito	Valor	Débito	Crédito
(1)	Calcule o valor presente dos pagamentos contratuais futuros usando a taxa de juros histórica no dia que o Passivo Monetário foi reconhecido pela primeira vez. A taxa é 10%.						
	(a) 1 Ano...	$ –			$ 100,00		
	(b) 2 Anos...	$ 1.000,00			$ 1.100,00		
	Multiplique o pagamento pelos fatores de valor presente						
	0,90909 × (a)...	$ –			$ 90,91		
	0,82645 × (b)...	$ 826,45			$ 909,09		
	(c) Total do Valor Presente	$ 826,45			$ 1.000,00		
(2)	Registre o Passivo Inicial e Caixa ou Outros Ativos recebidos no Passo 1.						
	Caixa ou Outros Ativos............................		$ 826,45			$ 1.000,00	
	Passivo Monetário.....................................			$ 826,45			$ 1.000,00
(3)	Primeiro registro (data do pagamento ou final do período):						
	Final do primeiro ano						
	(a) Calcule a Despesa de Juros como Passivo Financeiro × taxa de juros histórica						
	Valor na linha **1(c)** × 0,10	$ 82,64			$ 100,00		
	(b) Registre as Despesas de Juros.						
	Despesas de Juros.............................		$ 82,64			$ 100,00	
	Passivo Monetário.............................			$ 82,64			$ 100,00
	(c) Registre o pagamento em dinheiro (se houver).						
	Passivo Monetário.............................		$ –			$ 100,00	
	Caixa..			$ –			$ 100,00
	(d) Calcule o valor contábil do Passivo Monetário.						
	Saldo Inicial.......................................	$ 826,45			$ 1.000,00		
	Mais Despesas de Juros	$ 82,64			$ 100,00		
	Subtotal...	$ 909,09			$ 1.100,00		
	Menos pagamentos em dinheiro (se houver)..	$ –			($ 100,00)		
	= Saldo Final......................................	$ 909,09			$ 1.000,00		
(4)	Segundo registro: Final do segundo ano						
	(a) Calcule a Despesa de Juros como Passivo Financeiro × taxa de juros histórica..						
	Valor na linha **3(d)** × 0,10	$ 90,91			$ 100,00		
	(b) Registre as Despesas de Juros.......						
	Despesas de Juros.............................		$ 90,91			$ 100,00	
	Passivo Monetário.............................			$ 90,91			$ 100,00
	(c) Registre o pagamento em dinheiro (se houver).						
	Passivo Monetário.............................		$ 1.000,00			$ 1.100,00	
	Caixa..			$ 1.000,00			$ 1.100,00
	(d) Calcule o valor contábil do Passivo Monetário.						
	Saldo Inicial.......................................	$ 909,09			$ 1.000,00		
	Mais Despesas de Juros	$ 90,91			$ 100,00		
	Subtotal...	$ 1.000,00			$ 1.100,00		
	Menos pagamento em dinheiro (Se ouver)	($ 1.000,00)			($ 1.100,00)		
	= Saldo Final......................................	$ 0			$ 0		

© Cengage Learning 2014

c. *Bond* de Dois Anos e Cupom – Cupons de 8% ($ 80)			d. *Bond* de Dois Anos e Cupom – Cupons de 12% ($ 120)			e. Nota de Pagamentos Iguais – Pagamentos Anuais de $ 576,19		
Valor	Débito	Crédito	Valor	Débito	Crédito	Valor	Débito	Crédito
$ 80,00			$ 120,00			$ 576,19		
$ 1.080,00			$ 1.120,00			$ 576,19		
$ 72,73			$ 109,09			$ 523,81		
$ 892,56			925,62			476,19		
$ 965,29			$ 1.034,71			$ 1.000,00		
	965,29			1.034,71			1.000,00	
		965,29			1.034,71			1.000,00
$ 96,53			$ 103,47			$ 100,00		
	$ 96,53			$ 103,47			100,00	
		$ 96,53			$ 103,47			100,00
	$ 80,00			$ 120,00			576,19	
		$ 80,00			$ 120,00			576,19
$ 965,29			$ 1.034,71			$ 1.000,00		
96,53			103,47			100,00		
$ 1.061,82			$ 1.138,18			$ 1.100,00		
($ 80,00)			(120,00)			($ 576,19)		
$ 981,83			$ 1.018,18			$ 523,81		
$ 98,18			$ 101,82			$ 52,38		
	98,18			101,82			52,38	
		98,18			101,82			52,38
	1.080,00			1.120,00			576,19	
		1.080,00			1.120,00			576,19
$ 981,82			$1.018,18			$ 523,81		
98,18			101,82			52,38		
$ 1.080,00			$1.120,00			$ 576,19		
(1.080,00)			(1.120,00)			(576,19)		
$ 0			$ 0			$ 0		

PRINCIPAIS TERMOS E CONCEITOS

Bond
Bond com cupom zero
Bond não garantido
Bond resgatável
Bond serial
Bonds a Pagar
Bonds conversíveis
Capitalização construtiva
Custo amortizado
Debênture (Bond debênture)
Desconto sobre o valor de face; prêmio sobre o valor de face
Direitos seniores; direitos subordinados
Escritura de bond
Instrumento financeiro
Método do leasing financeiro
Método do leasing operacional
Método dos juros efetivos

Nota (Nota Promissória)
Notas a Pagar
Opção de venda (de um bond)
Opção pelo valor justo
Planilha de amortização
Taxa de juros corrente de mercado
Taxa de juros de mercado
Taxa de juros do cupom
Taxa de juros fixa; taxa de juros variável
Taxa de juros histórica de mercado
Taxa de juros implícita
Taxa interna de retorno; rendimento no vencimento
Valor de mercado
Valor justo
Valor no vencimento
Valor presente de fluxos de caixa futuros
Valor principal (de face)

QUESTÕES, EXERCÍCIOS E PROBLEMAS

Questões

1. Reveja o significado dos **Principais Termos e Conceitos.**
2. "A utilização do custo amortizado, com base na taxa de juros histórica de mercado, para contabilizar *bonds* nos períodos subsequentes à sua emissão inicial, leva a um valor contábil dos *bonds* consistente com o uso do custo histórico, ou de aquisição, na mensuração dos ativos." Explique.
3. "A aplicação do método de juros efetivos utilizando a taxa de juros histórica de mercado leva a um valor constante da despesa de juros dos *bonds* em cada período." Você concorda? Se não, como você modificaria essa frase para torná-la correta?
4. Uma empresa emite dois *bonds* com preços idênticos de emissão, rendimentos requeridos e datas finais de vencimento. Um é um *bond* com cupom semestral e o outro é um *bond* serial. A despesa de juros total ao longo da vida desses dois *bonds* será a mesma ou diferente? Explique.
5. A empresa A emite *bonds* com $ 1.000.000 de valor de face, com cupons de 9% semestrais, a um preço para rendimento de 8% capitalizados semestralmente. A empresa B emite *bonds* com $ 1.000.000 de valor de face, com cupons de 7% semestrais, a um preço para rendimento de 8% capitalizados semestralmente. Ambas as emissões de *bonds* vencem em 20 anos. Essas empresas receberão o mesmo preço inicial de emissão desses *bonds*? Explique.
6. "O efeito total no lucro antes dos impostos ao longo da vida de um *bond* que a empresa repagará no vencimento será o mesmo, quer a empresa contabilize o *bond* utilizando a mensuração pelo custo amortizado com base na taxa de juros histórica de mercado, quer ela mensure pelo valor justo com base na taxa corrente de juros de mercado." Você concorda? Explique.
7. Considere a questão 6. Sua resposta seria diferente se a empresa repagasse o *bond* antes do vencimento?
8. Considere as duas questões anteriores. Descreva as circunstâncias sob as quais uma empresa informaria um ganho líquido nas suas atividades de tomar empréstimos. Dê um exemplo e o princípio geral. Você poderá achar que a utilização de *bonds* com cupom zero é uma boa forma de pensar nessas questões, embora os princípios se apliquem a todos os tipos de empréstimo.

9. Uma varejista aluga espaço em um *shopping center*, cujo edifício tem 30 anos de vida, mediante um *leasing* de 10 anos. O arrendatário paga um valor pequeno por mês mais 10% das vendas do mês anterior. Como o varejista tratará esse *leasing* conforme as regras antigas/atuais?

10. Considere a questão anterior. Como o varejista tratará esse *leasing* conforme as regras novas/propostas?

11. Quais as semelhanças e diferenças, para o arrendatário, entre um *leasing* financeiro e a compra de um equipamento utilizando os procedimentos de um empréstimo a ser pago em prestações?

12. "O arrendador que fabricou o equipamento que ele arrenda ao arrendatário reconhece o mesmo valor de lucro (receita menos despesas) ao longo do período do *leasing* que o valor das despesas que o arrendatário reconhece." Você concorda ou discorda? Explique.

13. "Se permitido, um arrendatário em geral prefere contabilizar *leasing* utilizando o método do *leasing* operacional de informação financeira e o método de *leasing* financeiro para informação fiscal." Explique.

14. "Se permitido, um arrendador em geral prefere contabilizar *leasing* utilizando o método do *leasing* financeiro de informação financeira e o método de *leasing* operacional para informação fiscal." Explique.

Exercícios

15. **Planilha de amortização de nota promissória cuja taxa estabelecida de juros difere da taxa de juros histórica do mercado.** A Hager Company adquire um computador da Volusia Computer Company. O preço à vista (valor justo) do computador é de $ 37.938. A Hager Company dá uma nota promissória de três anos com juros e com valor de $ 40.000 no vencimento. A nota requer pagamentos anuais de 6% do valor de face, ou seja, $ 2.400 ao ano, pagáveis ao fim de cada ano. A taxa de juros implícita da nota é de 8% ao ano.
    a. Elabore uma planilha de amortização da nota promissória similar à **Figura 11.2**.
    b. Prepare os lançamentos no diário da Hager Company ao longo da vida da nota. Ignore os lançamentos da despesa de depreciação do computador.

16. **Calculando o preço de emissão de *bonds*.** Calcule o preço de emissão de cada um dos seguintes *bonds*.
    a. *Bonds* com $ 10.000.000 de valor de face, com cupom zero, vencimento em 20 anos, precificados para um rendimento de 8% capitalizados semestralmente.
    b. *Bonds* seriais com $ 10.000.000 de valor de face, repagáveis em 40 prestações semestrais iguais de $ 500.000, que incluem pagamentos de cupons e pagamento do principal, por 20 anos, precificados no mercado para um rendimento de 6% capitalizados semestralmente.

17. **Calculando o preço de emissão de *bonds*.** Calcule o preço de emissão de cada um dos seguintes *bonds*.
    a. *Bonds* com $ 1.000.000 de valor de face, com cupom zero, vencimento em 20 anos, precificados no mercado para um rendimento de 10% capitalizados semestralmente.
    b. *Bonds* seriais com $ 1.000.000 de valor de face, repagáveis em prestações semestrais iguais de $ 50.000 por 20 anos, precificados no mercado para um rendimento de 6% semestrais.
    c. *Bonds* com $ 1.000.000 de valor de face, com cupom de 10% semestrais, com juros pagáveis a cada seis meses e o principal com vencimento em 20 anos, precificados no mercado para um rendimento de 8% capitalizados semestralmente.
    d. *Bonds* com $ 1.000.000 de valor de face, com cupom à taxa de 6% para os primeiros 10 anos e de 8% para os segundos 10 anos, e o principal com vencimento em 20 anos, precificados no mercado para um rendimento de 10% capitalizados semestralmente.

18. **Planilha de amortização de *bonds*.** No dia 1º de janeiro do ano atual, a Womack Company emite *bonds* com cupons semestrais de 10%, com vencimento após cinco anos da data da emissão. A empresa emite-os para um rendimento de 8% capitalizados semestralmente. Os *bonds* têm um valor de face de $ 100.000.
    a. Calcule os proventos da emissão inicial desses *bonds*.
    b. Elabore uma planilha de amortização similar à da **Figura 11.2** para essa emissão de *bonds*, considerando que a Womack Company usa a mensuração pelo custo amortizado com base na taxa de juros histórica de mercado para contabilizar esses *bonds*.
    c. Suponha que, no fim do terceiro ano de vida dos *bonds*, a Womack Company readquire $ 10.000 de valor de face desses *bonds* por 103% do valor de face e os cancela. Faça o lançamento no diário para registrar esse cancelamento.

19. Planilha de amortização de *bonds*. No dia 1º de janeiro de 2012, a Seward Corporation emite *bonds* com valor de face de $ 100.000 com cupons de 8% semestrais, com vencimento após três anos da data da emissão. Os cupons são datados para 30 de junho e 31 de dezembro de cada ano, pagando em cada data 4% do valor de face, pelo total anual de 8%. A empresa emite-os para um rendimento de 10% capitalizados semestralmente.

   a. Calcule os proventos da emissão inicial desses *bonds*.

   b. Construa uma planilha de amortização similar à da **Figura 11.2** para essa emissão de *bonds*, considerando que a Seward Corporation usa a mensuração pelo custo amortizado com base na taxa de juros histórica do mercado para contabilizar esses *bonds*.

   c. Apresente os lançamentos no diário relativos a esses *bonds* em 2012. A Seward adota o ano-calendário como seu exercício contábil.

   d. Em 1º de janeiro de 2014, a Seward Corporation readquire $ 20.000 de valor de face desses *bonds* por 102% do valor de face e os cancela. Faça o lançamento no diário para registrar esse cancelamento.

20. Contabilizando *bonds* adotando a mensuração pelo custo amortizado com base na taxa de juros histórica do mercado. A O'Brien Corporation emite *bonds* com $ 8.000.000 de valor de face e cupons semestrais de 8%, com vencimento em 20 anos. O mercado precifica esses *bonds* inicialmente para um rendimento de 6% capitalizados semestralmente. A O'Brien Corporation contabiliza-os pelo custo amortizado mensurado com base na taxa de juros histórica do mercado.

   a. Calcule o preço de emissão desses *bonds*.

   b. Calcule a despesa de juros desses *bonds* para os primeiros seis meses.

   c. Calcule a despesa de juros desses *bonds* para os segundos seis meses.

   d. Calcule o valor contábil desses *bonds* no fim do segundo período de seis meses.

   e. Utilize o cálculo do valor presente para verificar o valor contábil dos *bonds* no fim do segundo período de seis meses, como calculado no item **d**.

21. Contabilizando *bonds* adotando a mensuração pelo custo amortizado com base na taxa de juros histórica do mercado. A Robinson Company emite *bonds* com $ 5.000.000 de valor de face e cupons semestrais de 8%, com vencimento em 10 anos. O mercado precifica esses *bonds* inicialmente para um rendimento de 10% capitalizados semestralmente. A Robinson Company contabiliza-os pelo custo amortizado mensurado com base na taxa de juros histórica do mercado.

   a. Calcule o preço de emissão desses *bonds*.

   b. Calcule a despesa de juros desses *bonds* para os primeiros seis meses.

   c. Calcule a despesa de juros desses *bonds* para os segundos seis meses.

   d. Calcule o valor contábil desses *bonds* no fim do segundo período de seis meses.

   e. Utilize o cálculo do valor presente para verificar o valor contábil dos *bonds* no fim do segundo período de seis meses, como calculado no item **d**.

22. Contabilizando *bonds* adotando a mensuração pelo custo amortizado com base na taxa de juros histórica do mercado. Vários anos atrás, a Huergo Dooley Corporation (HDC) emitiu *bonds* com $ 2.000.000 de valor de face com cupons semestrais de 8%, precificados no mercado inicialmente para um rendimento de 10% capitalizados semestralmente. Os *bonds* requerem que a HDC faça pagamentos semestrais de 4% do valor de face em 30 de junho e 31 de dezembro de cada ano. Os *bonds* vencem em 31 de dezembro de 2012.

   a. Calcule o valor contábil desses *bonds* em 1º de janeiro de 2008, assumindo que a HDC usou a mensuração pelo custo amortizado com base na taxa de juros histórica do mercado para contabilizá-los.

   b. Apresente o lançamento no diário da HDC para reconhecer a despesa de juros e o pagamento de caixa em 30 de junho de 2008.

   c. Apresente o lançamento no diário da HDC para reconhecer a despesa de juros e o pagamento de caixa em 31 de dezembro de 2008.

   d. Em 1º de janeiro de 2009, esses *bonds* eram negociados no mercado a um preço para um rendimento de 6% capitalizados semestralmente. Nessa data, a HDC recomprou 20% desses *bonds* no mercado aberto e os cancelou. Apresente o lançamento no diário para registrar essa recompra.

23. Contabilizando *bonds* adotando a mensuração pelo custo amortizado com base na taxa de juros histórica do mercado. A Stroud Corporation emite, em 1º de janeiro de 2013, *bonds* com $ 10.000.000 de valor de face e cupons semestrais de 6%, com vencimento em 10 anos. Os *bonds* requerem pagamentos semestrais em 30 de junho e 31 de dezembro de cada ano. O mercado inicialmente precificou os *bonds* para um rendimento de

6% capitalizados semestralmente. O rendimento desses *bonds* no mercado corrente era de 6,2% capitalizados semestralmente em 30 de junho de 2013 e de 6,6% capitalizados semestralmente em 31 de dezembro de 2013. A Stroud Corporation calcula a despesa de juros para cada período de seis meses usando o rendimento do mercado no início do período.

   a. Calcule o valor contábil desses *bonds* em 1º de janeiro, 30 de junho e 31 de dezembro de 2013 usando a opção pelo valor justo. Você pode interpolar na tabela de juros ou usar uma calculadora ou um programa de planilha de computador para calcular os fatores de juros capitalizados não constantes nas tabelas.
   b. Calcule o valor total da despesa de juros e de ganhos ou perdas não realizados para os primeiros seis meses de 2013. Não separe esse valor entre despesa de juros e ganhos e perdas não realizados.
   c. Calcule o valor total da despesa de juros e ganhos ou perdas não realizados nos segundos seis meses de 2013. Não separe esse valor entre despesa de juros e ganhos e perdas não realizados.

24. **Contabilizando *bonds* adotando a mensuração pelo custo amortizado com base na taxa de juros histórica do mercado.** A Restin Corporation emite, em 1º de janeiro de 2014, *bonds* com $ 20.000.000 de valor de face e cupons semestrais de 8%, com vencimento em 10 anos. Os *bonds* prometem pagamentos dos cupons em 30 de junho e 31 de dezembro de cada ano. O mercado inicialmente precificou os *bonds* para um rendimento de 7% capitalizados semestralmente. O rendimento desses *bonds* no mercado corrente era de 6,8% capitalizados semestralmente em 30 de junho de 2014 e de 6,4% em 31 de dezembro de 2014. A empresa calcula a despesa de juros para cada período de seis meses usando o rendimento do mercado no início do período.

    a. Calcule o valor contábil desses *bonds* em 1º de janeiro, 30 de junho e 31 de dezembro de 2014 usando a opção pelo valor justo. Você pode interpolar na tabela de juros ou usar uma calculadora ou um programa de planilha de computador para calcular os fatores de juros capitalizados não constantes nas tabelas.
    b. Calcule o valor total da despesa de juros e de ganhos ou perdas não realizados para os primeiros seis meses de 2014. Não separe esse valor entre despesa de juros e ganhos e perdas não realizados.
    c. Calcule o valor total da despesa de juros e ganhos ou perdas não realizados nos segundos seis meses de 2014. Não separe esse valor entre despesa de juros e ganhos e perdas não realizados.

25. **Aplicação dos critérios de *leasing* financeiro sob as regras atuais/antigas.** A Boeing fabrica um jato a um custo de $ 50 milhões. O preço normal de venda desse avião é de $ 60 milhões, e sua vida útil normal é de 25 anos. A United Airlines deseja arrendar esse avião da Boeing. As partes consideram as seguintes alternativas para estruturar o *leasing*. Indique se cada uma se qualifica como *leasing* operacional ou *leasing* financeiro sob as regras atuais/antigas. Considere que os fluxos de caixa ocorrem ao final de cada ano.

    a. A United Airlines arrendará o avião por 20 anos por um arrendamento anual de $ 6 milhões. Ao fim desse período, ela devolverá o avião à Boeing. A taxa de juros apropriada para um empréstimo garantido de 20 anos é de 10%.
    b. A United Airlines arrendará o avião por 15 anos por um arrendamento anual de $ 7,2 milhões. Ao fim desse período, ela devolverá o avião à Boeing. A taxa de juros apropriada para um empréstimo garantido de 15 anos é de 10%.
    c. A United Airlines arrendará o avião por 10 anos por um arrendamento anual de $ 5,5 milhões. No fim desse período, ela tem a opção de devolver o avião à Boeing ou de comprá-lo por $ 55 milhões. A taxa de juros apropriada para um empréstimo garantido de 10 anos é de 8%.
    d. A United Airlines arrendará o avião por 18 anos por um arrendamento anual de $ 6,2 milhões e o devolverá no final do período. Além disso, ela pagará uma remuneração de $ 1.500 por hora, por 5 mil horas voadas por ano. A média de uso desse avião pela United Airlines é de 6.200 horas por ano. A taxa de juros apropriada para um empréstimo garantido de 18 anos é de 10%.

26. **Aplicação dos critérios de *leasing* financeiro sob as regras atuais/antigas.** Considere os quatro cenários da questão anterior. Descreva a contabilização desses arrendamentos sob as regras novas/propostas.

27. **Preparando lançamentos do arrendador de um *leasing* operacional e de um *leasing* financeiro.** A Sun Microsystems fabrica uma estação de trabalho de engenharia por $ 7.200 e a vende por $ 12.000. Embora a estação de trabalho tenha uma vida útil de aproximadamente 10 anos, a rápida mudança tecnológica limita sua vida útil esperada a 3 anos. A Sun arrenda a estação de trabalho à Design Consultants por um período de três anos começando em 1º de janeiro de 2013. Os pagamentos anuais do arrendamento de $ 4.386,70 vencem no início de cada ano. A taxa de juros apropriada para descontar fluxos de caixa é de 10% capitalizados anualmente. A Sun adota o ano-calendário com seu exercício contábil.

    a. Esse *leasing* se qualifica como operacional ou financeiro sob as regras atuais/antigas? Explique.

b. Suponha que esse *leasing* se qualifica como operacional. Apresente os lançamentos no diário da Sun Microsystems ao longo do período de três anos.

c. Reconsidere o item **b** supondo que esse *leasing* é financeiro.

28. **Preparando lançamentos do arrendatário de um *leasing* operacional e de um *leasing* financeiro.** Em 1º de janeiro de 2013, a Baldwin Products arrenda uma máquina usada em suas operações. O pagamento anual de $ 10.000 do arrendamento vence em 31 de dezembro de 2013, 2014 e 2015. A máquina retorna ao arrendador ao final de três anos. Ele pode vender a máquina ou arrendá-la a outra empresa pelo remanescente de sua vida útil esperada de cinco anos. A Baldwin Products poderia tomar um empréstimo por três anos com garantia a 8%. O valor de mercado da máquina no início do *leasing* é de $ 30.000. Arredonde todos os valores até o próximo dólar.

a. Esse *leasing* se qualifica como operacional ou financeiro?

b. Suponha que esse *leasing* se qualifique como operacional. Apresente os lançamentos no diário da Baldwin Products ao longo do período de três anos.

c. Considere que esse *leasing* é financeiro. Refaça o item **b**.

d. Calcule o total de despesas do período de três anos sob os métodos do *leasing* operacional e do *leasing* financeiro.

Problemas

29. **Contabilização de *bonds* de longo prazo.** As notas explicativas das demonstrações financeiras da Aggarwal Corporation de 2013 revelam a seguinte informação com respeito à dívida de longo prazo. *Todas as taxas de juros deste problema assumem uma capitalização semestral e o método dos juros efetivos de amortização usando a mensuração pelo custo amortizado com base na taxa de juros histórica de mercado.*

	31 de dezembro	
	2013	2012
Notas de $ 800.000 com cupom zero, vencimento em 31 de dezembro de 2022, precificadas inicialmente para um rendimento de 10%..	?	301.512
Bonds de $ 1.000.000 a 7%, vencimento em 31 de dezembro de 2017. Juros pagáveis em 30 de junho e 31 de dezembro. O preço inicial dos *bonds* implica um rendimento de 8%..	966.336	?
Bonds de $ 1.000.000 a 9%, vencimento em 31 de dezembro de 2028. Juros pagáveis em 30 de junho e 31 de dezembro. O preço inicial dos *bonds* implica um rendimento de 6%..	?	1.305.832

a. Calcule o valor contábil das notas com cupom zero em 31 de dezembro de 2013. Uma nota de cupom zero não requer pagamentos periódicos; apenas o valor de face é pagável no vencimento. Não deixe de levar em consideração a frase em itálico escrita anteriormente.

b. Calcule o valor da despesa de juros em 2013 dos *bonds* de 7%.

c. Em 1º de julho de 2013, a Aggarwal Corporation adquire a metade dos *bonds* de 9% ($ 500.000 de valor de face) no mercado por $ 526.720 e os cancela. Apresente os lançamentos no diário para registrar esse cancelamento.

d. Calcule o valor da despesa de juros dos *bonds* de 9% na segunda metade de 2013.

30. **Contabilizando uma dívida com cupom zero.** Quando a Time Warner anunciou sua intenção de tomar emprestados cerca de $ 500 milhões emitindo notas de 20 anos com cupom zero (único pagamento), o *The Wall Street Journal* fez a seguinte reportagem:

Nova York – A Time Warner anunciou uma oferta de dívida que poderá obter para a empresa $ 500 milhões... A gigante de mídia e entretenimento disse que oferecerá $ 1,55 bilhão em notas com cupom zero... com vencimento [em 20 anos]... por meio da Merryll Lynch... A dívida de cupom zero é precificada com um grande desconto sobre o principal [o qual] é pago todo no vencimento... Um prospecto preliminar... não incluiu o preço de emissão e o rendimento das notas.[32]

---
32. *The Wall Street Journal*, December 8, 1992, p. A6. Considere que a Time Warner toma o recurso no início de 2013 e pagará $ 1,55 bilhão em um único pagamento no fim de 2032.

a. Suponha que o rendimento inicial das notas é de 6% ao ano, capitalizados anualmente. Que proventos iniciais a Time Warner obterá com a emissão dessas notas?

b. Considere que os proventos da emissão inicial dessas notas são de $ 500 milhões. Qual é o rendimento inicial dessas notas?

c. Assuma que os proventos da emissão inicial dessas notas são de $ 400 milhões e que seu rendimento anual é de 7% capitalizados anualmente. Qual despesa de juros a Time Warner registrará em 2013, o primeiro ano em que essas notas estão no mercado, considerando que ela usa o método do custo amortizado com base na taxa de juros histórica do mercado?

d. Suponha que os proventos da emissão inicial dessas notas são de $ 400 milhões e que seu rendimento anual é de 7% capitalizados anualmente. Qual despesa de juros a Time Warner registrará em 2032, o último ano em que essas notas estão no mercado, assumindo que ela usa o método do custo amortizado com base na taxa de juros histórica do mercado?

e. Considere que a Time Warner inicialmente emitiu as notas para um rendimento de 6% capitalizados anualmente e que elas foram negociadas no mercado em 31 de dezembro de 2022, para um rendimento de 8% capitalizados anualmente. Apresente o lançamento que a Time Warner faria no diário se recomprasse e cancelasse $ 700 milhões de valor de face dessas notas de cupom zero nessa data. Arredonde os valores para o próximo um milhão.

31. **Entendendo e utilizando a tabela de *bonds*.** A **Figura 11.14** apresenta uma tabela de *bonds* de vários rendimentos de mercado e anos de vencimento. Lembre-se de que essa tabela apresenta valores para *bonds* com cupons semestrais, os mais usuais. Os valores da tabela são porcentagens do valor de face para dada taxa de juros e número de anos para o vencimento. A taxa de juros é capitalizada semestralmente.

    a. Por que os valores na coluna de 8% de rendimento do mercado são iguais a 100% independentemente do número de anos para vencimento?

    b. Por que os valores nas colunas à esquerda da coluna de 8% de rendimento do mercado são maiores do que 100% e os valores à direita da coluna de 8% de rendimento do mercado são menores do que 100% para todos os anos de vencimento?

    c. Por que os valores nas colunas à esquerda da coluna de 8% de rendimento do mercado decrescem até 100% e os valores à direita da coluna de 8% de rendimento do mercado crescem até 100% à medida que diminuem os anos de vencimento?

Figura 11.14

Valores de *Bonds* em Percentuais do Valor de Face
Bonds com Cupons de 8% Semestrais[a]
(Problema 31)

Anos até o Vencimento	Percentual de Rendimento do Mercado por Ano Capitalizado Semestralmente					
	6,0	7,0	7,8	8,0	8,3	9,0
0,5....	100,9709%	100,4831%	100,0962%	100%	99,8560%	99,5215%
1,0....	101,9135	100,9498	100,1889	100	99,7177	99,0637
1,5....	102,8286	101,4008	100,2780	100	99,5849	98,6255
2,0....	103,7171	101,8365	100,3638	100	99,4574	98,2062
2,5....	104,5797	102,2575	100,4464	100	99,3350	97,8050
5,0....	108,5302	104,1583	100,8151	100	98,7924	96,0436
9,0....	113,7535	106,5948	101,2763	100	98,1240	93,9200
9,5....	114,3238	106,8549	101,3246	100	98,0548	93,7034
10,0....	114,8775	107,1062	101,3711	100	97,9883	93,4960
15,0....	119,6004	109,1960	101,7504	100	97,4528	91,8556
19,0....	122,4925	110,4205	101,9649	100	97,1564	90,9750
19,5....	122,8082	110,5512	101,9874	100	97,1257	90,8852
20,0....	123,1148	110,6775	102,0091	100	97,0962	90,7992
25,0....	125,7298	111,7278	102,1855	100	96,8588	90,1190
30,0....	127,6756	112,4724	102,3059	100	96,7007	89,6810
40,0....	130,2008	113,3744	102,4440	100	96,5253	89,2173

[a] Os valores de entrada desta tabela resultam do uso da função valor presente em uma planilha e a seguir dividindo o resultado por 10.000 para expressar como uma porcentagem.

Considere, para as partes remanescentes deste problema, que uma empresa emite, em 1º de janeiro de 2013, *bonds* com valor de face de $ 1 milhão com cupons de 8% semestrais, precificados para um rendimento de 7% capitalizados semestralmente. A empresa usa a taxa de juros histórica do mercado para contabilizar esses *bonds* para os itens **d** a **f**.

d. Quais os proventos da emissão inicial desses *bonds* se eles vencerem em 25 anos?

e. Qual o valor contábil desses *bonds* depois de cinco anos?

f. Use a tabela do *bond* para calcular a despesa de juros de 2018 utilizando o método de custo histórico. Independentemente disso, verifique esse valor da despesa de juros de 2018 multiplicando a taxa de juros histórica do mercado pelo passivo no começo de cada período de seis meses em 2018.

32. Interpretando evidenciações da dívida de longo prazo. A **Figura 11.15** apresenta partes das Notas Explicativas das demonstrações contábeis da Home Supply Company.

Figura 11.15

Partes das Notas Explicativas das Demonstrações Financeiras da Home Supply Company (em milhões)
(Problema 32)

NOTA EXPLICATIVA 6 – DÍVIDA DE LONGO PRAZO:

	Taxa de Juros %	Exercício no Vencimento Final	2 de Fevereiro de 2013	3 de Fevereiro de 2012
Dívida Garantida				
Notas Hipotecárias	6,57 a 8,25	2028	$ 30	$ 38
Dívida Não Garantida				
Debêntures	6,50 a 6,88	2029	693	693
Notas	8,25	2010	498	498
Notas de Prazo Médio - Série A	7,35 a 8,20	2023	27	27
Notas de Prazo Médio - Série B	6,70 a 7,61	2037	267	267
Notas Seniores	5,00 a 5,80	2036	1.980	988
Notas Conversíveis *Leasing* Financeiro e Outros	0,86 a 2,50	2021	518	596
Total da Dívida de Longo Prazo		2030	400	424
Menos Vencimentos Correntes			$ 4.413	$ 3.531
Dívida de Longo Prazo Excluindo			88	32
Vencimentos Correntes			$ 4.325	$ 3.499

NOTAS SENIORES:

Em outubro de 2011, a Home Supply emitiu $ 1 bilhão de Notas Seniores não garantidas, compostas de duas parcelas de $ 500 milhões com vencimento em outubro de 2021 e outubro de 2041, respectivamente. A primeira parcela de $ 500 milhões de Notas Seniores a 5% foi vendida com um desconto de $ 4 milhões. A segunda parcela de $ 500 milhões de Notas Seniores a 5,5% foi vendida com um desconto de $ 8 milhões. Os juros das Notas Seniores são pagáveis semestralmente no final de abril e de outubro de cada ano, até o vencimento. O desconto associado à emissão está incluído na dívida de longo prazo e está sendo amortizado ao longo dos respectivos prazos das Notas Seniores. Os proventos líquidos de aproximadamente $ 988 milhões foram usados para o repagamento de $ 600 milhões de notas vigentes vencidas em dezembro de 2011, para propósitos gerais da empresa, incluindo investimentos de capital e necessidades de capital de giro, e para financiar recompras de ações ordinárias.

Em outubro de 2012, a empresa emitiu $ 1 bilhão de Notas Seniores não garantidas, compostas de duas parcelas: $ 550 milhões de Notas Seniores a 5,4% com vencimento em outubro de 2022 e $ 450 milhões de Notas Seniores a 5,8% com vencimento em outubro de 2042. As Notas Seniores a 5,4% e as Notas Seniores a 5,8% foram cada uma emitidas com desconto aproximado de $ 4,4 milhões. Os juros das Notas Seniores são pagáveis semestralmente no final de abril e de outubro de cada ano, até o vencimento, começando em abril de 2013. O desconto associado à emissão está incluído na dívida de longo prazo e está sendo amortizado ao longo dos respectivos prazos das Notas Seniores. Os proventos líquidos de aproximadamente $ 991 milhões foram usados para o repagamento de $ 600 milhões de notas vigentes vencidas em dezembro de 2011, para propósitos gerais da empresa, incluindo investimentos de capital e necessidades de capital de giro, e para financiar recompras de ações ordinárias.

NOTA EXPLICATIVA 7 – INSTRUMENTOS FINANCEIROS:

O valor justo da dívida de longo prazo da Home Supply, excluindo *leasing* financeiro e outros, é:

	2 de Fevereiro de 2013		3 de Fevereiro de 2012	
(em milhões)	Valor Contábil	Valor Justo	Valor Contábil	Valor Justo
Passivo:				
Dívida de Longo Prazo (excluindo *leasing* financeiro e outros)	$ 4.013	$ 4.301	$ 3.107	$ 3.578

As taxas de juros que estão correntemente disponíveis para a empresa para emissão de dívida nos termos e vencimentos semelhantes são usadas para estimar o valor justo das emissões de dívida que não são cotadas em uma bolsa.

a. Os valores apresentados das Debêntures, Notas e Notas de Médio Prazo aparecem com o mesmo valor em 1º de fevereiro de 2012 e de 2013. Qual a interpretação provável desses valores idênticos divulgados no começo e no fim do ano?

b. As Notas Seniores incluem duas emissões de dívida em 1º de fevereiro de 2012 e duas emissões adicionais de dívida em 1º de fevereiro de 2013. Indique os valores nas células a seguir.

Dica: Considerando-se o valor de face, a data de vencimento e a taxa do cupom, use o Excel para resolver pela taxa de juros histórica do mercado. A solução para essa taxa envolve introduzir várias taxas de juros até que o valor presente esteja dentro de $ 1 milhão do preço de emissão. Lembre-se de considerar pagamentos semestrais e composição semestral. Expresse a taxa de juros do cupom e a taxa de juros histórica de mercado nas células seguintes como taxas anuais com base na composição semestral.

Data de Emissão	Valor de Face	Prazo de Vencimento na Data de Emissão	Preço de Emissão	Taxa de Juros do Cupom	Taxa de Juros Histórica do Mercado
Outubro de 2011					
Outubro de 2011					
Outubro de 2012					
Outubro de 2012					

c. O valor das Notas Seniores em 1º de fevereiro de 2013 de $ 1.980 milhão excede levemente o total do preço de emissão das quatro Notas Seniores de $ 1.979 milhão (= $ 988 × $ 991). Por que esses valores diferem e por que a diferença é tão pequena?

d. Por que as taxas de juros das notas conversíveis são muito mais baixas que as outras dívidas da Home Supply Company?

e. Consulte a Nota Explicativa 7 das Demonstrações Financeiras. A taxa média ponderada de juros histórica de mercado sobre a dívida de longo prazo é maior ou menor que a taxa média ponderada de juros atual do mercado em 1º de fevereiro de 2013? Explique.

33. **Contabilização de *leasing* pelo arrendador e arrendatário.** A IBM fabrica um computador particular por $ 6.000 e o vende por $ 10.000. A Adair Corporation precisa desse computador em suas operações e considera três maneiras de adquiri-lo em 1º de janeiro de 2013. O computador tem vida útil estimada de três anos e zero de valor recuperável. Ambas as empresas usam o método linear de depreciação.

   (1) Compra direta: a Adair Corporation toma um empréstimo de $ 10.000 de um banco e compra o computador da IBM. O empréstimo bancário tem 8% de juros anuais e requer pagamentos de $ 3.880, que incluem principal mais juros, em 31 de dezembro de 2013, 2014 e 2015.

   (2) *Leasing* operacional: a Adair Corporation arrenda o computador da IBM e o contabiliza como *leasing* operacional sob as regras atuais/antigas. A IBM fixa em $ 3.810 os pagamentos anuais devidos em 31 de dezembro de 2013, 2014 e 2015.

   (3) *Leasing* financeiro: a Adair Corporation arrenda o computador da IBM e o contabiliza como *leasing* financeiro usando uma taxa anual de juros de 7%. O pagamento anual devido em 31 de dezembro de 2013, 2014 e 2015 é de $ 3.810.

   a. Apresente os lançamentos no diário da Adair Corporation em 1º de janeiro de 2013, 31 de dezembro de 2013 e 31 de dezembro de 2014, relativos à aquisição do equipamento, assumindo a alternativa de compra direta.
   b. Repita o item **a** assumindo a alternativa de *leasing* operacional sob as regras antigas.
   c. Repita o item **a** assumindo a alternativa de *leasing* financeiro sob as regras antigas.
   d. Apresente os lançamentos no diário da IBM em 1º de janeiro de 2013, 31 de dezembro de 2013 e 31 de dezembro de 2014, relativos à venda do equipamento, assumindo a alternativa de venda direta.
   e. Repita o item **d** assumindo a alternativa de *leasing* operacional sob as regras antigas.
   f. Repita o item **d** assumindo a alternativa de *leasing* financeiro sob as regras antigas.
   g. Prepare uma planilha das despesas totais incorridas pela Adair Corporation em 2013, 2014 e 2015 sob cada uma das três alternativas.
   h. Elabore uma planilha das receitas e das despesas totais reconhecidas pela IBM em 2013, 2014 e 2015 sob cada uma das três alternativas.

34. Comparação entre empréstimo/compra e *leasing* operacional e financeiro. A Carom Sports Collectibles Shop planeja adquirir em 1º de janeiro de 2013 um sistema computadorizado de caixas registradoras que custa $ 100.000 e tem uma vida útil de cinco anos e nenhum valor residual. A companhia considera dois planos para adquirir o sistema:

(1) Compra direta. Para financiar a compra, a empresa emitirá um *bond* com valor de face de $ 100.000 com cupons a 10% semestrais, em 1º de janeiro de 2013, ao par. Os *bonds* vencem em cinco anos.

(2) Arrendamento. O arrendamento requer cinco pagamentos anuais em 31 de dezembro de 2013, 2014, 2015, 2016 e 2017. Os pagamentos do *leasing* são tais que têm um valor presente de $ 100.000 em 1º de janeiro de 2013, quando descontados a 10% ao ano.

A empresa usa o método linear de depreciação e amortização de ativos.

a. Aplicando as regras antigas, verifique que o valor do pagamento requerido do *leasing* é de $ 26.380 construindo uma planilha de amortização dos cinco pagamentos. Note que haverá um erro de arredondamento de $ 2 no quinto ano. Contudo, você pode considerar que o pagamento é de $ 26.380 para o restante do problema.

b. Que contas do balanço patrimonial são afetadas se a empresa selecionar o plano (1)? E se a empresa escolher o plano (2) usando o método do *leasing* operacional? O que ocorre se a empresa escolher o plano (2) usando o método do *leasing* financeiro?

c. Qual o total da depreciação e da despesa de juros dos cinco anos sob o plano (1)?

d. Qual a despesa total dos cinco anos sob o plano (2) se a empresa pudesse contabilizá-lo como *leasing* operacional? E como *leasing* financeiro?

e. Por que as respostas no item **d** são as mesmas? Por que as respostas do item **e** são diferentes das do item **d**?

f. Qual a despesa total do primeiro ano sob o plano (1)? E sob o plano (2) como um *leasing* operacional? E sob o plano (2) como um *leasing* financeiro?

g. Repita o item **f** para 2014.

35. Efeitos do *leasing* operacional e financeiro nas demonstrações financeiras. Partes extraídas das Notas Explicativas das demonstrações financeiras da Northern Airlines de dois anos recentes revelam o seguinte (valores em milhões): a Northern Airlines usa as regras atuais/antigas de contabilização de *leasing*.

	31 de Dezembro	
	2013	2012
Ativo Capitalizado de *Leasing*	$ 865	$ 1.019
Arrendamento Financeiro a Pagar	927	1.088
Dívida de Longo Prazo (incluindo *Leasing* Financeiro)	12.041	13.456
Total do Ativo	29.145	29.495

Os compromissos futuros mínimos de *leasing* além do período de um ano tomados das Notas Explicativas das demonstrações financeiras do exercício findo em 31 de dezembro de 2012 aparecem na seguinte tabela:

Ano	Arrendamentos Financeiros	Arrendamentos Operacionais
2013	$ 263	$ 1.065
2014	196	1.039
2015	236	973
2016	175	872
2017	140	815
Após 2017	794	7.453
Total	1.804	$ 12.217
Menos Porção de Juros	(716)	
Arrendamento Financeiro a Pagar	$ 1.088	

Os compromissos futuros mínimos de *leasing* além do período de um ano tomados das Notas Explicativas das demonstrações financeiras do exercício findo em 31 de dezembro de 2013 aparecem na seguinte tabela:

Ano	Arrendamentos Financeiros	Arrendamentos Operacionais
2014	$ 196	$ 1.098
2015	236	1.032
2016	175	929
2017	140	860
2018	142	855
Após 2018	652	6.710
Total	1.541	$ 11.484
Menos Porção de Juros	(614)	
Arrendamento Financeiro a Pagar	$ 927	

a. Considere que a Northern Airlines faz todos os pagamentos de *leasing* ao fim de cada ano. Prepare uma análise que explique como o passivo de *leasing* financeiro diminuiu de $ 1.088 milhão em 31 de dezembro de 2012 para $ 927 milhões em 31 de dezembro de 2013.

b. Calcule a taxa média ponderada de juros que a Northern Airlines aparentemente usou para calcular o valor presente dos compromissos de *leasing* financeiro em 31 de dezembro de 2012.

c. Prepare uma análise que explique como o ativo capitalizado de *leasing* diminuiu de $ 1.019 milhão em 31 de dezembro de 2012 para $ 865 milhões em 31 de dezembro de 2013.

d. Apresente os lançamentos no diário para contabilizar os arrendamentos financeiros em 2013.

e. Apresente os lançamentos no diário para contabilizar os arrendamentos operacionais em 2013.

f. Suponha que 10% é uma taxa de juros apropriada para calcular o valor presente dos compromissos de *leasing* operacional em 31 de dezembro de 2012 e em 31 de dezembro de 2013. Calcule o valor presente dos compromissos de *leasing* operacional em cada data. Considere que o pagamento do *leasing* operacional após o quinto ano continue com esse valor ($ 815 milhões para os compromissos de *leasing* em 31 de dezembro de 2012 e $ 855 milhões para os compromissos de *leasing* em 31 de dezembro de 2013) até que a empresa tenha feito o pagamento de todos os compromissos dos anos após 2017 e após 2018, respectivamente.

g. Calcule o índice de endividamento de longo prazo em 31 de dezembro de 2012 e em 31 de dezembro de 2013 com base nos valores informados (isto é, sem capitalização de arrendamentos operacionais).

h. Repita a parte **g**, mas capitalize os compromissos de *leasing* operacional.

i. Considerando esses resultados, explique por que muitos arrendatários preferem evitar tratar os arrendamentos como *leasing* financeiro.

36. **Mensurando a despesa financeira.** A GSB Corporation emitiu, há vários anos, *bonds* com valor de face de $ 110.000 com cupons semestrais. A taxa anual do cupom é de 8% com dois cupons devidos a cada ano com intervalo de seis meses. A taxa de juros histórica do mercado era de 10% capitalizados semestralmente quando a empresa emitiu os *bonds*, correspondendo a uma taxa efetiva de juros de 10,25% [= (1,05 × 1,05) − 1]. A GSB Corporation contabiliza esses *bonds* usando a mensuração pelo custo amortizado com base na taxa de juros histórica do mercado. A taxa de juros atual do mercado no começo do ano corrente para esses *bonds* era de 6% capitalizados semestralmente, para uma taxa de juros efetiva de 6,09% [= (1,03 × 1,03) − 1]. A taxa de juros do mercado permaneceu a mesma durante todo o ano atual. Os *bonds* tinham um valor contábil de $ 100.000 no começo do ano atual. Quando a empresa fez o pagamento no fim dos primeiros seis meses do ano atual, o contador debitou um passivo pelo valor exato do caixa pago. Calcule o valor da despesa de juros desses *bonds* nos últimos seis meses da vida dos *bonds*, assumindo que todos os *bonds* permanecem em negociação no mercado até a data do cancelamento.

Capítulo

12

Passivos: financiamentos fora do balanço, benefícios de aposentadoria e tributos sobre o lucro

O **Capítulo 4** apresentou o conceito de passivo contábil, o **Capítulo 9** discutiu o passivo circulante e o **Capítulo 11** abordou empréstimos (notas) de longo prazo, *bonds* e *leasing*. Este capítulo explora três tópicos adicionais relativos ao reconhecimento e à mensuração dos passivos:

1. Financiamentos fora do balanço, que não sejam arrendamentos operacionais.
2. Benefícios de aposentadoria.
3. Tributos sobre o lucro.

FINANCIAMENTOS FORA DO BALANÇO

Financiamento fora do balanço refere-se à obtenção de caixa, ativos ou serviços sem um contrato de empréstimo que se qualifique para o reconhecimento de um passivo sob os padrões U.S. GAAP ou IFRS. Este tópico abrange a lógica do financiamento fora do balanço e os acordos, que não o *leasing* operacional (discutido no **Capítulo 11**), que normalmente criam tais obrigações.

A lógica dos financiamentos fora do balanço

Alguns gestores citam as seguintes razões para utilizar o financiamento fora do balanço:

1. *Custos reduzidos de empréstimos.* O custo de empréstimos pode cair para a empresa se os credores ignorarem os financiamentos fora do balanço ao fixar suas taxas de juros em empréstimos.
2. *Evitar violação de acordo (covenant) de endividamento.* Se os contratos de financiamento incluírem apenas os itens reconhecidos no balanço patrimonial, os acordos fora do balanço não afetarão o seu cumprimento. Por exemplo, tais contratos podem proibir a empresa de aumentar seu índice de endividamento.

A primeira razão baseia-se no pressuposto de que alguns financiadores não têm o devido conhecimento, habilidade e informação

> **OBJETIVOS DE APRENDIZAGEM**
>
> **1** Entender como e por que as empresas utilizam financiamentos fora do balanço e a orientação regulatória para isto.
>
> **2** Compreender as questões sobre mensuração e reconhecimento do custo de benefícios de aposentadoria e a divulgação de benefícios sub ou superfinanciados.
>
> **3** Conhecer os efeitos do reconhecimento de receitas e despesas nas demonstrações financeiras em períodos diferentes dos usados para fins tributários.

para identificar e tratar acordos fora do balanço. Embora haja pouca evidência de que os financiadores ignorem essas obrigações, os administradores por vezes estruturam os acordos de financiamento como se acreditassem que eles os ignoram. A segunda razão resulta do desejo da empresa de tomar emprestado mais do que seria permitido pelos contratos de dívida que já possui.

Estruturando Financiamentos Fora do Balanço

O **Capítulo 4** definiu passivos como obrigações presentes de uma entidade de transferir ativos ou prover serviços a outras entidades no futuro, como resultado de transações e eventos passados. Muitos financiamentos fora do balanço pertencem a uma de duas categorias que a contabilidade não reconhece como passivos: contratos executórios e obrigações contingentes.

Contratos executórios (contratos ainda não completamente executados) (*executory contracts*). As empresas podem assinar contratos prometendo pagar no futuro valores definidos em troca de benefícios futuros. Para uma obrigação se qualificar como passivo contábil, a empresa precisa ter recebido um benefício *passado* ou *atual*. Se ela vai receber benefícios apenas no futuro e não recebeu benefícios passados ou atuais, a contabilidade tratará essa obrigação como um **contrato executório**. As empresas geralmente não reconhecem contratos executórios como passivos.

Exemplo 1. Compromissos de *leasing* (arrendamento) operacional, discutidos no **Capítulo 11**, são um exemplo comum de contrato executório. Se a United Airlines (United) deseja adquirir um avião adicional, ela pode tomar emprestados os recursos necessários e comprá-lo. Essa transação acrescenta uma dívida no balanço patrimonial. Em vez disso, a United assina um contrato de *leasing* operacional pelo qual concorda em pagar ao proprietário do avião determinado valor anual por 12 anos. O avião tem uma vida útil estimada de 18 anos. A United pinta o seu nome no avião, usa o aparelho em suas operações e faz os pagamentos requeridos do *leasing*. O pressuposto subjacente ao *leasing* operacional é de que a United recebe benefícios quando usa o avião, não quando assina no início o contrato de arrendamento. Ou seja, a empresa tem benefícios futuros, não benefícios passados ou atuais. Assim, a United obtém financiamento para alguns aviões sem mostrar um passivo no seu balanço patrimonial.

Exemplo 2. A Louisiana-Pacific Corporation e a Weyerhaeuser Company (companhias de produtos florestais) precisam aumentar a capacidade de processamento de polpa. Cada empresa poderia tomar emprestados os recursos necessários e construir sua própria fábrica. Em vez disso, elas formam uma *joint venture* pela qual cada empresa concorda em utilizar a metade da capacidade anual da fábrica por 20 anos e em pagar a metade de todos os custos operacionais e do serviço da dívida. A *joint venture* usa os compromissos de compra das duas empresas para obter um empréstimo para construir a fábrica. Como a contabilidade considera os compromissos de compra contratos executórios – todos os benefícios ocorrem no futuro –, nenhuma das empresas reconhecerá um passivo pela porção do seu empréstimo. O empréstimo aparecerá como passivo no balanço patrimonial da *joint venture*[1].

Obrigações contingentes. Como alternativa a tomar emprestado e dar um ativo particular como garantia, uma empresa pode obter caixa pela venda (cessão) de um ativo a um comprador (cessionário). Em alguns casos, a transação requer que o vendedor pague caixa ao comprador em certas condições. Por exemplo, se o ativo gera menos caixa ao comprador do que o previsto, a transação pode requerer que o vendedor faça um pagamento de caixa ao comprador. Há pelo menos duas questões contábeis quanto a essa transação:

1. O cedente deve contabilizar a cessão do ativo como uma venda ou como um empréstimo com garantia?
2. Se o cedente contabiliza a cessão como uma venda, como poderá ele contabilizar a obrigação de fazer um futuro pagamento de caixa se certas condições forem preenchidas?

Apresentaremos a seguir dois exemplos para ilustrar essas transações, e retornaremos a essas questões mais tarde neste capítulo.

---

1. Essas empresas provavelmente estruturarão o contrato de modo que nenhuma delas tenha o controle da *joint venture* e, por isso, nenhuma tenha de preparar demonstrações contábeis consolidadas da *joint venture*. Como o **Capítulo 14** explicará mais amplamente, a consolidação das demonstrações financeiras da *joint venture* com as de um dos proprietários da *joint venture* resultaria em informar o empréstimo para financiar a planta processadora de polpa no balanço patrimonial consolidado da empresa controladora.

Exemplo 3. A Great Deal concede créditos a seus clientes para comprar televisões, aparelhos de som e outros itens eletrônicos. Ela poderia tomar um empréstimo de um banco, usando as contas a receber como garantia, e utilizar os recebimentos de caixa dos recebíveis para quitar o empréstimo bancário com juros. Alternativamente, a empresa poderia vender seus recebíveis a um banco, por um valor que refletisse tanto a inadimplência esperada quanto o custo do banco pelo trabalho da necessária cobrança. Se a Great Deal contabilizar essa transação como uma venda, ela não reconhecerá nenhum aumento de dívida no seu balanço patrimonial.

Exemplo 4. A Seagram Company, uma destiladora de bebidas alcoólicas, envelhece seus uísques por cerca de dez anos. A empresa precisa arcar com os custos de produzir o uísque e armazená-lo durante o processo de envelhecimento. Usando os uísques como garantia, a Seagram poderia financiar os custos incorridos durante o processo de envelhecimento e reconhecer o passivo. Alternativamente, a Seagram poderia vender o uísque a um banco e concordar em supervisionar o processo de envelhecimento por conta e ordem do banco. Ao término do envelhecimento, a destiladora ajuda o banco a encontrar um comprador, mas não é responsável por garantir a venda. Nessa transação, o banco arca com os riscos das mudanças no preço de venda do uísque. A Seagram provavelmente tratará essa operação como uma venda, sem qualquer aumento do seu endividamento no balanço patrimonial.

Tratamento de transações de financiamentos fora do balanço sob U.S. GAAP e IFRS

Os padrões U.S. GAAP e IFRS fornecem orientação para determinar se dada transação de financiamento é informada como um passivo no balanço patrimonial ou é evidenciada nas Notas Explicativas. A orientação reguladora tende a se ater a fatos e circunstâncias específicos de determinada transação. Dois temas emergem dessa orientação reguladora:

- Identificar a parte que goza dos benefícios econômicos do recurso em cada transação e arca com o risco econômico de mantê-lo.
- Identificar a parte que obtém o financiamento.

Se a entidade que *obtém* o financiamento também controla os benefícios e riscos, a consequência normal é o reconhecimento de um passivo por essa entidade. Se a entidade que *provê* o financiamento também controla os benefícios e riscos, a consequência normal é o não reconhecimento de um passivo pela entidade que necessita do financiamento. O financiamento permanece fora do balanço patrimonial.

Exemplo 5. Considere o **Exemplo 1**. Recordemos do **Capítulo 11** que os critérios para o *leasing* financeiro objetivam identificar a entidade, arrendador ou arrendatário, que goza dos benefícios e incorre nos riscos do ativo arrendado. Quando o *arrendador* goza dos benefícios e incorre nos riscos, o *leasing* é operacional e nenhum passivo aparece no balanço patrimonial do arrendatário. Quando o *arrendatário* goza dos benefícios e arca com os riscos, o *leasing* é financeiro e um passivo de *leasing* aparece no balanço patrimonial do arrendatário.

Exemplo 6. Considere o **Exemplo 2**. Se o credor confia apenas nos compromissos de compra, nem a Louisiana-Pacific nem a Weyerhaeuser garantem o repagamento do empréstimo e nenhuma delas controla a *joint venture*, então nenhum passivo aparecerá no balanço patrimonial de cada uma das empresas. Se, contudo, o credor requer que pelo menos uma empresa garanta o pagamento do empréstimo, o(s) garantidor(es) deve(m) reconhecer o valor justo da garantia (tanto sob U.S. GAAP como sob IFRS)[2]. Se a inadimplência do empréstimo se tornar provável, o garantidor contabilizará uma **perda por contingência** (*loss contingency*) (U.S. GAAP) ou uma **provisão para contingência** (IFRS) e reconhecerá um passivo.

Exemplo 7. Considere o **Exemplo 3**. Suponha que a Great Deal precisará transferir recebíveis adicionais ao credor se alguns dos recebíveis negociados se tornarem incobráveis ou se as taxas de juros se elevarem acima de um nível especificado. A empresa arca tanto com o risco de crédito quanto com o risco da taxa de juros e deve tratar a transferência dos recebíveis como um empréstimo. Portanto, a dívida aparecerá no balanço patrimonial da Great Deal.

Exemplo 8. Considere o **Exemplo 4**. Se a Seagram garante um preço de venda que pague ao credor tanto o preço da compra original como um retorno razoável sobre esse valor, a destiladora arca com o risco econômico e deve

---

[2]. A garantia poderá determinar se o controle da *joint venture* é de um ou de ambos os garantidores e quem deverá consolidá-la.

apresentar um passivo no seu balanço patrimonial. Se, contudo, o credor não requer que a Seagram garanta um preço de venda mínimo, ele arca com o risco tanto das mudanças de preço do mercado quanto da incerteza sobre a qualidade do uísque. Nesse caso, a Seagram registrará a transação como uma venda, e não como um empréstimo.

Transferência de recebíveis em troca de caixa

Transferência de recebíveis é uma forma comum de financiamento. Os **Exemplos 3** e **7** envolvem transferências de recebíveis para um banco. Em transações financeiras mais complicadas, algumas empresas vendem lotes de recebíveis a uma entidade legalmente separada cujo único propósito é manter os recebíveis e emitir direitos sobre os seus fluxos de caixa. Tal entidade é chamada de **sociedade de propósito específico (SPE)** ou **entidade de participação variável (EPV)**[3]. A empresa que vende os recebíveis é a *cedente*. A SPE ou EPV emite títulos aos investidores em troca de caixa, e então o transfere ao cedente em pagamento pelos recebíveis. Os investidores recebem pagamentos originados dos fluxos de caixa dos recebíveis transferidos. Esse processo é chamado de **securitização** dos recebíveis. A **Figura 12.1** mostra uma estrutura simplificada de securitização.

As transações de securitização podem incluir um envolvimento contínuo do cedente com os recebíveis transferidos. Por exemplo, o cedente pode continuar a atender aos recebíveis recebendo o caixa e cobrando os clientes que não pagam pontualmente ou sequer pagam. Ele também pode reter algum risco de crédito ou de taxa de juros. As normas dos padrões U.S. GAAP e IFRS se aplicam aos cedentes, como ilustrado na **Figura 12.1**. Se o cedente contabiliza a transação como uma venda, ele reconhecerá os ativos que controla e os passivos em que incorreu[4].

Resumo do tratamento contábil das transações de financiamento fora do balanço

A contabilização de transferências de recebíveis tem estado sob escrutínio das autoridades reguladoras, tal como a contabilidade de transferências envolvendo estoques e transações de pesquisa e desenvolvimento[5]. Um objetivo na formulação de normas apropriadas é refletir o efeito econômico desses acordos. A tendência nas normas recentes é reconhecer mais obrigações como passivos.

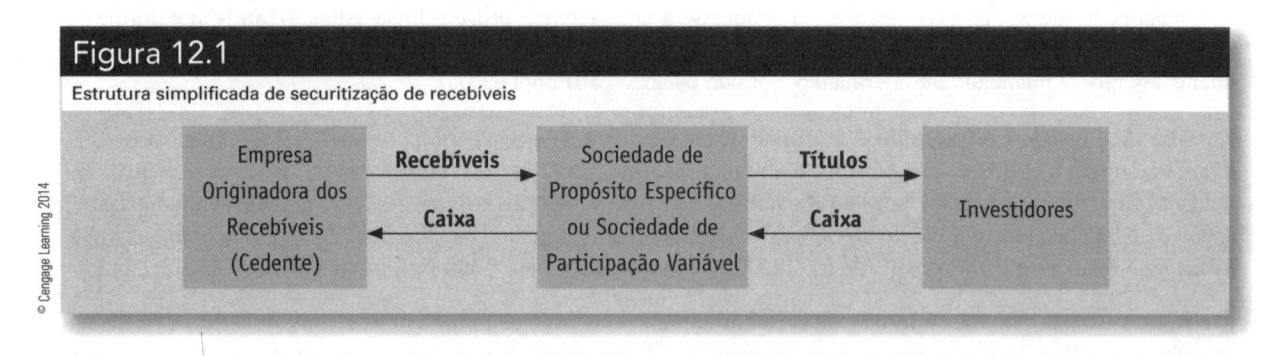

Figura 12.1
Estrutura simplificada de securitização de recebíveis

Empresa Originadora dos Recebíveis (Cedente) → Recebíveis → Sociedade de Propósito Específico ou Sociedade de Participação Variável → Títulos → Investidores

Investidores → Caixa → Sociedade de Propósito Específico ou Sociedade de Participação Variável → Caixa → Empresa Originadora dos Recebíveis (Cedente)

---

3. O **Capítulo 14** discute as condições de preparação das demonstrações contábeis pelas empresas com essas sociedades.
4. FASB, *Statement of Financial Accounting Standards N. 166*, "Accounting for Transfers of Financial Assets", 2009 (**Codification Topic 860**); *Statement of Financial Accounting Standards N. 156*, "Accounting for Servicing of Financial Assets", 2006 (**Codification Topic 860**); IASB, *International Financial Accounting Standard 39*, "Financial Instruments: Recognition and Measurement", rev. 2003.
5. A orientação do U.S. GAAP para transferências envolvendo estoques é o FASB, *Statement of Financial Accounting Standards N. 49*, "Accounting for Product Financing Arrangements", 1981 (**Codification Topic 470**); para transações de pesquisa e desenvolvimento, a orientação do U.S. GAAP é o FASB, *Statement of Financial Accounting Standards N. 68*, "Research and Development Arrangements", 1982 (**Codification Topic 730**). As orientações do IFRS são mais gerais; algumas delas estão contidas na norma do IFRS que descreve a política de consolidação, IASB, *International Financial Accounting Standard 10*, "Consolidated Financial Statements", 2011.

> **PROBLEMA 12.1 PARA APRENDIZAGEM**
>
> **Financiamento fora do balanço patrimonial.** Weyerhaeuser, uma companhia de produtos florestais e de papel, deseja obter $ 75 milhões em financiamento adicional. Ela cria um fundo (*trust*) legalmente separado para o qual transfere, em 1º de janeiro, direitos de corte de uma área de madeira madura. O fundo pagará por esses direitos tomando emprestados $ 75 milhões por cinco anos de um banco, com juros de 8% ao ano. O fundo promete fazer pagamentos em prestações iguais em 31 de dezembro de cada ano por cinco anos. Ele cortará e venderá madeira em tora a cada ano para obter caixa para fazer os pagamentos do empréstimo e pagar os custos operacionais. A preços correntes, o valor da madeira em pé é 10% maior que os valores de que o fundo necessita para pagar a dívida e os custos das operações. O preço de venda futuro da madeira em tora determinará as ações do fundo, como segue:
>
> - Se o preço da madeira em tora diminuir, o fundo colherá mais madeira e a venderá para pagar o serviço da dívida e os custos operacionais.
> - Se o preço da madeira aumentar, o fundo colherá madeira no nível planejado originalmente e investirá os recebimentos de caixa que excederem o serviço da dívida e os custos operacionais. Ao fim de cinco anos, o fundo distribuirá à Weyerhaeuser todo o caixa e madeira em pé remanescentes.
>
> A Weyerhaeuser garante a dívida caso os fluxos de caixa da venda da madeira sejam inadequados para pagar os custos operacionais e o serviço da dívida. O banco tem o direito de inspecionar a área a qualquer momento e de substituir o pessoal de gestão florestal da Weyerhaeuser por administradores de sua escolha se julgar que ela não está gerenciando bem a área.
> a. Identifique os riscos e retornos econômicos da Weyerhaeuser nesse contrato.
> b. Identifique os riscos e retornos econômicos do banco nesse contrato.
> c. A Weyerhaeuser deve tratar essa transação como um empréstimo (um passivo no seu balanço patrimonial) ou como uma venda (sem nenhum passivo no balanço)? Justifique. Suponha que a empresa não consolidará o fundo.

BENEFÍCIOS DE APOSENTADORIA

Algumas empresas provêm benefícios pós-emprego a seus empregados, principalmente aposentadorias e seguros de saúde. Este tópico discute duas questões relativas a esses benefícios:

- A mensuração e o reconhecimento do custo dos planos de aposentadoria.
- A informação dos ativos e obrigações dos planos de aposentadoria.

A discussão foca na contabilidade de planos de pensão, mas princípios similares se aplicam aos benefícios de seguro de saúde. As provisões sob U.S. GAAP e sob IFRS se baseiam em princípios semelhantes, embora alguns dos requisitos específicos possam diferir[6].

Reconhecimento da despesa de pensão

O empregador deve reconhecer o custo dos planos de pensão. Uma importante questão conceitual é se ele deve reconhecer esse custo como uma despesa:

1. Durante o tempo em que os empregados prestam serviços, ou
2. Quando os empregados aposentados recebem benefícios.

A primeira abordagem registra o custo dos benefícios de pensão como **remuneração diferida** no período em que os empregados prestam serviços. Essa abordagem é similar à contabilização de remunerações correntes, como salários e outras remunerações.

A segunda abordagem registra o custo dos benefícios de pensão como despesa depois que os empregados prestaram serviços. Em geral, a contabilidade registra um custo como despesa quando a empresa recebe serviços (quando os empregados fazem jus aos benefícios de pensão), independentemente de quando ela realmente cumpre a obrigação (quando os empregados recebem os benefícios). Tanto U.S. GAAP como IFRS requerem que as empresas reconheçam o custo dos benefícios de pensão como uma despesa durante os anos em que os empregados prestam serviços.

---

6. FASB, *Statement of Financial Accounting Standards N. 158*, *"Employers' Accounting for Defined Benefit Pension and Other Postretirement Plans"*, 2006 (**Codification Topic 715**); IASB, *International Financial Accounting Standard 19*, "Employee Benefits", rev. 2011.

Estrutura e definições de um plano de pensão

A **Figura 12.2** apresenta a estrutura de um típico plano de pensão.

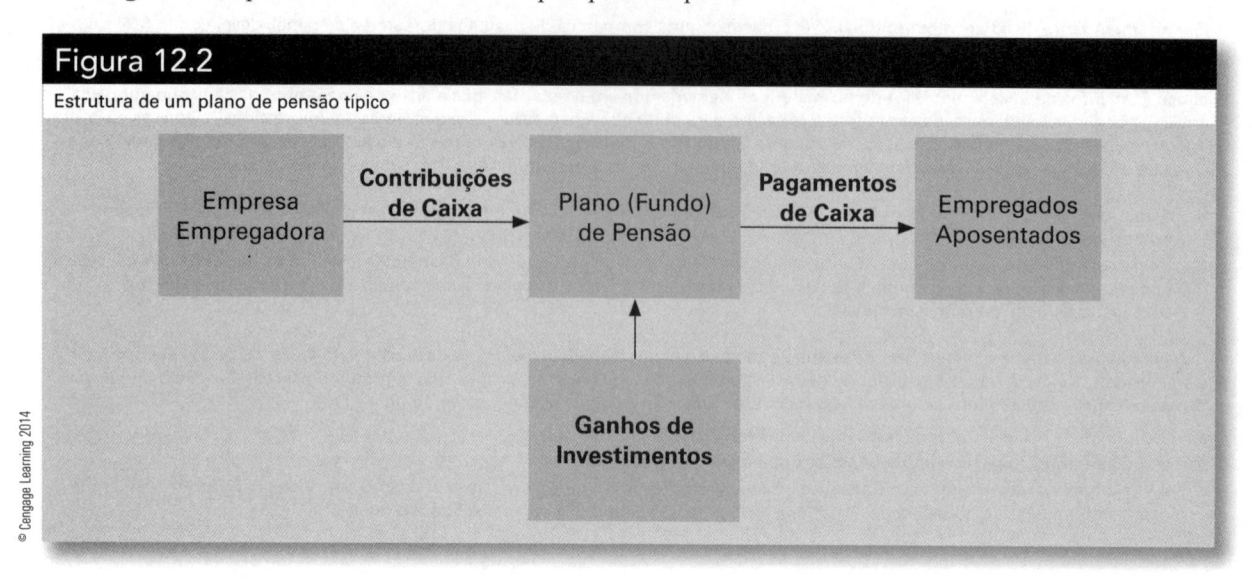

Figura 12.2
Estrutura de um plano de pensão típico

Empresa Empregadora → (Contribuições de Caixa) → Plano (Fundo) de Pensão → (Pagamentos de Caixa) → Empregados Aposentados

Ganhos de Investimentos → Plano (Fundo) de Pensão

© Cengage Learning 2014

Os elementos da estrutura são os seguintes:

1. O empregador estabelece um plano de pensão que é legalmente separado do empregador. O plano especifica a elegibilidade dos empregados, as promessas aos empregados, o método de financiamento e o administrador do plano. Alguns empregadores prometem contribuir com certo valor para o plano a cada período (geralmente com base no salário do empregado). Os **planos de contribuição definida** não especificam os benefícios que os empregados receberão durante a aposentadoria. Esses valores dependerão do desempenho dos investimentos do plano. Na maioria dos planos de contribuição definida, os empregados têm uma indicação de como o administrador investe os valores contribuídos em favor deles. Os **planos de benefício definido** especificam o benefício de aposentadoria que os empregados receberão. As contribuições dos empregadores somadas aos ganhos de investimentos feitos com essas contribuições pagam o benefício especificado. Por motivos que serão discutidos adiante, os ativos de um plano de benefício definido geralmente não serão iguais aos passivos do plano, resultando em um plano sub ou superfinanciado.

2. A cada período, o empregador transfere caixa ao plano de pensão. O plano costuma ser organizado como um fundo fiduciário (*trust*), e o administrador do plano serve na qualidade fiduciária em benefício dos empregados. O empregador não tem acesso ao plano, exceto sob condições específicas que variam conforme a jurisdição, nem consolida os ativos e passivos do plano com os ativos e passivos da empresa. A despesa de pensão reconhecida em um período particular é igual à contribuição de caixa nos planos de contribuição definida. Nos planos de benefício definido, a contribuição de caixa raramente é igual à despesa de pensão[7].

3. A cada período, o plano de pensão investe o caixa que recebe do empregador e paga caixa aos empregados aposentados. Os ativos do plano mudam a cada período, como segue:

$$
\begin{array}{rl}
& \text{Ativos no Início do Período} \\
+/- & \text{Ganhos Reais dos Investimentos do Plano de Pensão} \\
+ & \text{Contribuições Recebidas do Empregador} \\
- & \text{Pagamentos aos Aposentados} \\
= & \text{Ativos no Fim do Período}
\end{array}
$$

U.S. GAAP e IFRS requerem que as empresas informem os ativos de um plano de pensão pelo valor justo. Assim, os ganhos reais dos investimentos de um plano de pensão incluem juros e dividendos mais as variações realizadas e não realizadas do valor justo dos investimentos do plano.

---

7. Discutiremos adiante a mensuração da despesa de pensão em planos de benefício definido.

4. O plano de pensão calcula o valor do passivo de pensão a cada período. O passivo de um plano de contribuição definida é igual ao ativo do plano. O cálculo do passivo de um plano de benefícios definidos usa a fórmula do benefício de pensão estabelecida no plano. Essa fórmula requer que a administração estime a rotatividade, a mortalidade, as taxas de juros e outras *estimativas atuariais* ou *premissas atuariais*. O passivo do plano de pensão é igual ao valor presente dos benefícios esperados que ele pagará aos empregados. A taxa de desconto que as empresas utilizam para mensurar o passivo é a taxa de retorno de investimentos de renda fixa de alta qualidade, com vencimento aproximadamente igual ao vencimento dos benefícios de pensão.

A fórmula típica do benefício de um plano de benefício definido leva em conta a duração do serviço e o salário. Por exemplo, o empregador pode prometer pagar a um empregado uma pensão anual igual a uma porcentagem estabelecida (digamos, 2% por ano trabalhado) do salário médio anual do empregado durante os seus cinco anos de maior salário. Neste exemplo, um empregado com 40 anos de serviço recebe uma pensão anual de 80% do seu salário médio durante os cinco anos de maior salário do seu tempo de trabalho.

O padrão U.S. GAAP define a mensuração principal do passivo de pensão como **obrigação por benefícios projetados** (**PBO**, *projected benefit obligation*). A PBO é o valor presente do montante que o plano de pensão espera pagar aos empregados durante a aposentadoria, com base no serviço acumulado e no nível esperado de salário *futuro*. O IFRS utiliza métodos de mensuração similares, mas define o passivo de pensão como o **valor presente de uma obrigação de benefício definido**.

Uma mensuração relativa à obrigação de pensão, encontrada no U.S. GAAP, mas não no IFRS, é a **obrigação por benefícios acumulados** (**ABO**, *accumulated benefit obligation*). A ABO é o valor presente do montante que o plano de pensão espera pagar aos empregados durante a aposentadoria, com base no serviço acumulado e no nível de salário *corrente* no momento da mensuração do passivo. A diferença entre a PBO e a ABO se refere aos aumentos esperados do salário futuro. A PBO os incorpora, enquanto a ABO não.

U.S. GAAP e IFRS requerem que as empresas baseiem tanto as despesas de pensão como a posição financeira (*funded status*) na PBO. O passivo de um plano de pensão muda a cada período, como segue:

	PBO no Início do Período
+	Aumento da PBO por Juros
+	Aumento da PBO por Serviço Atual do Empregado (Custo do Serviço)
+/−	Ganhos e Perdas Atuariais
−	Pagamentos aos Aposentados
=	PBO no Fim do Período

A obrigação por benefícios projetados varia por diversas razões:

- Os juros se acumulam à medida que as datas de pagamento se aproximam (isto é, a cada ano fica mais próximo de o pagamento se tornar saída de caixa).
- A pensão aumenta a cada novo período de trabalho do empregado.
- Mudanças nos parâmetros de rotatividade de empregados, mortalidade e outros fatores similares.

Resumo da estrutura e definições de um plano de pensão

Os seguintes pontos resumem a discussão sobre a estrutura de um plano de pensão:

1. A empresa empregadora e o plano de pensão são entidades legalmente separadas, cada uma com suas próprias demonstrações financeiras.
2. O balanço patrimonial de um plano de pensão de benefício definido inclui ativos do plano mensurados pelo valor justo e obrigações por benefícios projetados mensuradas usando a taxa corrente de juros de investimentos em renda fixa de alta qualidade. A diferença entre o ativo e o passivo indica o quanto um plano de pensão está sub ou superfinanciado.
3. A despesa total de pensão ao longo do tempo é igual ao valor do caixa contribuído ao plano de pensão. No entanto, em cada período, a contribuição de caixa raramente é igual à despesa de pensão daquele período em um plano de benefício definido.

Ilustração da contabilização de um plano de benefício definido

A **Figura 12.3** apresenta os ativos e passivos de um plano de pensão simplificado nos seus primeiros quatro anos.

2010. Considere que a empresa inicia suas atividades em 1º de janeiro de 2010 e estabelece um plano de benefício definido. Em 31 de dezembro, a empresa calcula o valor presente dos benefícios de aposentadoria obtidos pelos empregados durante o ano, com base em um ano de serviço e nos valores esperados de salários futuros, sobre os quais o plano pagará benefícios aos empregados. Esses cálculos consideram estimativas de rotatividade de empregados, mortalidade e outros fatores atuariais. O cálculo da obrigação por benefícios projetados usa uma taxa de desconto de 8%. Em 2010, o empregador contribui com $ 100, chamado de **custo de serviço**, que é igual ao aumento da obrigação por benefícios projetados de acordo com os serviços correntes dos empregados. O ativo do plano é igual ao passivo no final do ano, ou seja, o plano é totalmente financiado.

2011. Em 2011, a obrigação por benefícios projetados aumenta em $ 8 (= 0,08 × $ 100) porque os benefícios ganhos em 2010 estão um ano mais próximos de ser pagos. Esse valor é chamado de **custo de juros**. A obrigação por benefícios projetados também aumenta em $ 120 pelo serviço corrente de empregados, sugerindo que a empresa contratou mais empregados em 2011 ou que os níveis projetados de salários ultrapassaram o previsto no fim de 2010. O plano investiu o caixa disponível em 1º de janeiro de 2011. O retorno real dos ativos do plano foi de 8%, resultando em um lucro de investimento de $ 8. O empregador contribui com $ 120 para o plano. O ativo do plano no fim de 2011 é igual à obrigação por benefícios projetados (isto é, o plano continua totalmente financiado). Esse resultado ocorre porque (1) o ativo do plano no fim de 2011 é igual à obrigação por benefícios projetados no início do ano; (2) a taxa de retorno sobre o ativo é igual à taxa de desconto usada para calcular a obrigação por benefícios projetados; (3) a contribuição do empregador é igual ao aumento da obrigação por benefícios projetados dos serviços correntes; e (4) não há mudanças nas estimativas atuariais de rotatividade de empregados, mortalidade e outros fatores. A divergência em algum dos três primeiros ou uma mudança no quarto causaria uma diferença entre o valor do ativo do plano e a obrigação por benefícios projetada.

2012. Em 2012, a ilustração muda, como segue:

- A taxa corrente de retorno dos investimentos de pensão é de 4,8% (= $ 11/$ 228), não mais os 8% obtidos em 2011. O retorno esperado do ativo é de $ 18 (= 0,08 × $ 228).

Figura 12.3
Dados ilustrativos de um plano de pensão de benefícios definidos

	Ativo do Plano de Pensão			
	2010	2011	2012	2013
Ativo do Plano de Pensão no Início do Ano	$ 0	$ 100	$ 228	$ 379
Contribuições do Empregador	100	120	140	160
Lucro de Investimentos	0	8	11	30
Pagamentos aos Aposentados	0	0	0	0
Ativo do Plano de Pensão no Fim do Ano	$ 100	$ 228	$ 379	$ 569
	Passivo do Plano de Pensão			
	2010	2011	2012	2013
Passivo do Plano de Pensão no Início do Ano	$ 0	$ 100	$ 228	$ 421
Aumento pelo Custo Corrente de Serviço	100	120	140	160
Aumento por Juros	0	8	18	34
Mudanças em Premissas Atuariais	0	0	5	0
Mudança Devida a Serviço Anterior	0	0	30	0
Pagamentos a Aposentados	0	0	0	0
Passivo do Plano de Pensão no Fim do Ano	$ 100	$ 228	$ 421	$ 615

- Mudanças em premissas atuariais aumentaram a obrigação por benefícios projetados em $ 5.
- O empregador muda a fórmula do benefício de pensão e concorda em dar aos empregados crédito pelo tempo que eles já trabalharam. Esse benefício retroativo aumenta a obrigação por benefícios projetados em $ 30. O custo desse benefício aumentado é chamado de **custo de serviço anterior**.

Continuamos a usar a taxa de desconto de 8% para calcular a obrigação por benefícios projetados. O custo de serviço cresce em 2012 para $ 140 porque há mais empregados ou maiores níveis projetados de salários.

A **Figura 12.3** mostra que os ativos do plano de pensão no fim de 2012 são menores que a obrigação por benefícios projetados em $ 42 (= $ 379 – $ 421). O plano de pensão está subfinanciado em $ 42, como segue:

Retorno Real dos Investimentos de $ 11 é Menor que os $ 18 Esperados	$ 7
Mudança em Premissas Atuariais	5
Mudança na Fórmula do Benefício de Pensão Aumentando o Custo do Serviço Anterior	30
Valor Total do Subfinanciamento	$ 42

Em um plano de benefício definido, o empregador é responsável pelo subfinanciamento. Assim, o empregador deve aumentar sua contribuição de caixa, os investimentos de pensão devem gerar retornos mais altos ou as mudanças na obrigação por benefícios projetados no futuro devem compensar as obrigações aumentadas.

2013. Em 2013, os investimentos do fundo de pensão ganham 8% (= $ 30/$ 379), superando os 4,8% de 2012. Não há alteração na taxa de juros usada para calcular a obrigação por benefícios projetados (8%), nem nas premissas atuariais nem na fórmula do benefício de pensão. Assim, no fim de 2013, o plano de pensão está subfinanciado em $ 46 (= $ 569 – $ 615), como segue:

Retornos Deficientes em $ 7 sobre o Ativo em 2012 mais Retornos Deficientes em $ 4 [= 0,08 x ($ 7 + $ 5 + $ 30)] em 2013, Devidos a Lucros Perdidos de $ 7 pelo Retorno Deficiente em 2012 e Lucros Perdidos Porque os Empregados Não Contribuíram com Caixa Imediato para a Mudança nas Premissas Atuariais e no Custo de Serviço Anterior de 2012	$ 11
Mudança em Premissas Atuariais Transferidas de 2012	5
Mudança na Fórmula do Benefício de Pensão Aumentando o Custo de Serviço Anterior, Transferidas de 2012	30
Valor Total do Subfinanciamento	$ 46

O plano de pensão carrega para a frente os efeitos do subfinanciamento na medida em que o passivo cresce em decorrência do custo dos juros. Uma vez que o ativo é menor que o passivo, os retornos dos investimentos são menores que o custo dos juros. O direito sobre os ativos do empregador ajuda a explicar a contabilização dos contratos de pensão discutidos no próximo tópico.

Ilustração da contabilização do empregador de um plano de benefício definido

A contabilização de um plano de pensão de benefício definido considera o balanço patrimonial, a mensuração da despesa de pensão e a relação entre a contabilização do plano de pensão no balanço patrimonial e na demonstração do resultado.

Informando o *Status* de Financiamento no Balanço Patrimonial. Tanto U.S. GAAP como IFRS requerem que os empregadores reconheçam o *status* do financiamento de um plano de benefício definido como um ativo (o plano de pensão está superfinanciado) ou como um passivo (o plano de pensão está subfinanciado)[8]. Uma empresa com múltiplos planos compensa os ativos de pensão com os passivos de pensão de cada plano e pode em seguida combinar todos os planos superfinanciados e, separadamente, todos os planos subfinanciados. Uma empresa com planos subfinanciados e superfinanciados líquidos mostrará tanto um ativo como um passivo. O padrão IFRS se

---
8. FASB, *Statement of Financial Accounting Standards N. 158*, "Employers' Accounting for Defined Benefit Pension and Other Postretirement Plans", 2006 (**Codification Topics 715 and 958**); IASB, *International Financial Accounting Standard 19*, "Employee Benefits", rev. 2011.

refere a esse valor como o **passivo (ativo) líquido de benefício definido**, dependendo de o plano estar sub ou superfinanciado. A empresa debita ou credita o valor da diferença em Outros Resultados Abrangentes, uma conta do patrimônio líquido que não faz parte do lucro líquido. Continuamos com o exemplo resumido na **Figura 12.3**.

2010 e 2011. Os ativos de pensão são iguais aos passivos de pensão no final de 2010 e 2011. Como o ativo (ou passivo) líquido é zero, o balanço patrimonial do empregador não mostra nem um ativo nem um passivo.

2012. No fim de 2012, o plano de pensão está subfinanciado em $ 42 e o empregador registra o seguinte lançamento no livro diário:

---

31 de Dezembro de 2012

Outros Resultados Abrangentes: Perdas de Desempenho e Atuariais...	12
Outros Resultados Abrangentes: Custo de Serviço Anterior..	30
Passivo de Benefícios de Pensão..	42

Ativos	=	Passivos	+	Patrimônio Líquido	(Classificação)
		+ 42		− 12	ORA → ORAA
				− 30	ORA → ORAA

Para reconhecer tanto o passivo de um plano de pensão subfinanciado de $ 42 como a diferença em outros resultados abrangentes.

O débito de $ 12 em Outros Resultados Abrangentes (ORA) inclui os ganhos deficientes de investimentos de pensão de $ 7 e a perda atuarial de $ 5. O padrão U.S. GAAP requer que a empresa amortize esses encargos em Outros Resultados Abrangentes[9].

Reconhecimento da Despesa de Pensão na Demonstração do Resultado. A despesa de pensão (ou crédito) de um plano de benefício definido[10] sob U.S. GAAP abrange:

	Custo de Juros (o aumento da obrigação em virtude da passagem do tempo)
+	Custo do Serviço (o aumento da obrigação em decorrência de um ano adicional de serviço do empregado)
−	Retorno Esperado dos Investimentos de Pensão
+/−	Amortização dos Ganhos e Perdas de Desempenho e Atuariais
+/−	Amortização do Custo de Serviço Anterior
=	Despesa (ou Crédito) de Pensão Líquida

A inclusão do custo de juros como valor positivo e do retorno esperado de investimentos de pensão como valor negativo ilustra até que ponto os ganhos esperados dos investimentos de pensão cobrem o aumento do passivo de pensão. Se o retorno esperado é suficientemente alto, a empresa informará um crédito de pensão ao lucro, não uma despesa. Se os ativos de pensão são iguais aos passivos de pensão e a taxa esperada de retorno dos investimentos de pensão é igual à taxa de desconto utilizada, então os valores dessas duas linhas se compensam. Este foi o caso em 2011 no exemplo anterior. Quando o custo dos juros excede o retorno esperado dos investimentos de pensão, como ocorreu em 2012, a diferença precisa ser coberta pelas contribuições do empregador ou pelos ganhos futuros dos investimentos do plano de pensão. O cálculo da despesa de pensão utilizando o retorno esperado (não o retorno efetivo) baseia-se na visão de que os planos de pensão deveriam ter uma perspectiva de longo prazo e gerar ganhos de investimentos com base em uma taxa de retorno de longo prazo. Desvios anuais dessa taxa esperada de longo

---

9. As regras de amortização dessas contas são complexas e estão além do escopo deste livro.
10. A despesa de pensão de um plano de contribuição definida é igual à contribuição do empregador para o plano.

prazo não devem ir para o lucro líquido. Por fim, a inclusão do custo de serviço como aumento da despesa é similar ao tratamento de salários e remunerações como despesas.

Os requisitos do IFRS para o reconhecimento do custo de pensão diferem dos requisitos do U.S. GAAP de três maneiras:

1. Sob IFRS, o custo de serviço inclui tanto o aumento da obrigação em decorrência de um ano adicional de serviço do empregado quanto os efeitos de alguma mudança na obrigação devida a uma emenda ao plano. Esta última, à qual o U.S. GAAP se refere como custo do serviço anterior, é imediatamente convertida em despesa e não amortizada.
2. O custo de pensão sob IFRS não inclui valores separados de custo de juros e de retorno esperado dos ativos do plano. Em vez disso, inclui um valor igual aos juros líquidos sobre o valor sub ou superfinanciado. Esses juros líquidos combinam o lucro de juros dos ativos do plano com o custo dos juros da obrigação do benefício definido. O lucro de juros dos ativos do plano é análogo ao retorno esperado sob U.S. GAAP, embora os detalhes desse cálculo sejam diferentes.
3. Sob IFRS, os ganhos e perdas atuariais mais as diferenças entre o lucro de juros dos ativos do plano e o retorno real dos ativos do plano são considerados remensurações do plano. Eles vão para outros resultados abrangentes.

Resumo da contabilização de planos de pensão de benefício definido

Tanto sob U.S. GAAP quanto IFRS, o *status* de financiamento do plano de benefício definido no balanço patrimonial do empregador reflete o *status* financeiro dos livros do plano de pensão. As diferenças entre os ativos de pensão e os passivos de pensão são relativas às políticas do empregador, ao desempenho dos investimentos, às mudanças das premissas atuárias e às alterações na fórmula do benefício de pensão. Os planos de pensão mensuram e informam ativos pelo valor justo e mensuram e informam passivos utilizando a taxa de juros corrente do mercado para investimentos de renda fixa de alta qualidade. Assim, os valores informados nos balanços patrimoniais do empregador e do fundo de pensão refletem as mudanças de valor na medida em que ocorrem.

Tanto U.S. GAAP como IFRS exigem que os empregadores registrem a despesa de pensão (ou crédito) que inclui o custo do serviço, mensura o retorno dos ativos do plano e o custo dos passivos do plano e de outros componentes que diferem entre as duas orientações reguladoras. Sob U.S. GAAP, os empregadores incluem o desempenho não amortizado, ganhos e perdas atuariais e o custo do serviço anterior não amortizado em outros resultados abrangentes. As empresas amortizam esses itens e os incluem em despesa de pensão. Sob o padrão IFRS, os valores incluídos em outros resultados abrangentes não são amortizados.

Outros planos de benefícios pós-emprego

A contabilização e informação de planos de saúde e outros planos pós-emprego seguem os conceitos e procedimentos discutidos e ilustrados dos planos de pensão de benefício definido. O passivo de uma obrigação subfinanciada de assistência de saúde pode exceder o passivo de pensões subfinanciadas. Esse passivo maior ocorre porque a taxa projetada do aumento dos custos de assistência de saúde é maior que a dos salários e porque alguns empregadores não fazem contribuições em caixa para cobrir as obrigações de assistência de saúde pós-aposentadoria[11].

Interpretando evidenciações de benefícios de aposentadoria

As empresas apresentam informações detalhadas sobre os seus planos de pensão nas Notas Explicativas das demonstrações financeiras. Ilustramos algumas dessas evidenciações a partir das Notas Explicativas das demonstrações financeiras da Intertel Corporation, uma fabricante norte-americana de computadores, do exercício findo em 31 de dezembro de 2013.

A **Figura 12.4** mostra as evidenciações relativas ao *status* financeiro dos planos de pensão da Intertel em dois anos recentes. Os valores subfinanciados aparecem no passivo não circulante no balanço patrimonial do fim de

---

11. Os tratamentos regulatórios e fiscais das contribuições do empregador para os benefícios de pós-aposentadoria, incluindo pensões, são específicos de cada jurisdição. Nos Estados Unidos, tanto o tratamento regulatório como o fiscal das contribuições do empregador diferem substancialmente entre os planos de saúde pós-aposentadoria e os planos de pensão de benefício definido. Os tratamentos regulatórios e fiscais criam maiores incentivos (e, nos Estados Unidos, requisitos) para as contribuições para os planos de pensão de benefício definido do que para os planos de saúde pós-aposentadoria.

2012 ($ 156 milhões) e de 2013 ($ 170 milhões). Os valores que a Intertel inclui em outros resultados abrangentes representam perdas líquidas atuariais não amortizadas. A empresa não tinha custos de serviço anterior não amortizados em 2012 e 2013.

A **Figura 12.5** mostra os componentes do custo de pensão líquido da Intertel em 2012 e 2013. O custo de juros e o retorno esperado dos ativos do plano de pensão se compensam em grande parte.

A **Figura 12.6** apresenta algumas estimativas que a Intertel utilizou para contabilizar seus planos de pensão. A Intertel diminuiu a taxa de desconto que ela usa para calcular a obrigação de pensão de 6,7% no fim de 2012 para 6,1% no fim de 2013. Uma menor taxa de desconto aumenta a obrigação de pensão. A empresa manteve o retorno esperado dos ativos do plano em 4,5% e aumentou a taxa de compensação de 5,0% para 5,1%. O aumento da compensação também aumenta a obrigação de pensão.

Das **Figuras 12.4** e **12.5** podemos decompor os itens que afetam a perda atuarial não amortizada incluída em outros resultados abrangentes:

	Planos de Pensão
Perda Atuarial Não Amortizada no Fim de 2012	$ (268)
Perda Atuarial em 2013	(123)
Amortização de Perda Atuarial em 2013	18
Perda Atuarial Não Amortizada no Fim de 2013	$ (373)

Figura 12.4

Intertel Corporation
Status Financeiro de Planos de Pensão com Benefício Definido Selecionados
(valores em milhões de US$)

	Planos de Pensão	
	2013	2012
Obrigação de Benefícios, 1º de Janeiro	567	542
Custo de Serviço	38	12
Custo de Juros	34	35
Perda (Ganho) Atuarial	123	(10)
Benefícios Pagos	(23)	(12)
Obrigação de Benefícios, 31 de Dezembro	739	567
Valor Justo dos Ativos do Plano em 1º de Janeiro	411	303
Retorno Real sobre Ativos	18	20
Contribuições do Empregador	163	100
Benefícios Pagos	(23)	(12)
Valor Justo dos Ativos do Plano, 31 de Dezembro	569	411
Status sem Financiamento em 31 de Dezembro	170	156
Valores reconhecidos no balanço patrimonial:		
Passivo Não Circulante	170	156
Outros Resultados Abrangentes Acumulados	373	268

Figura 12.5

Intertel Corporation
Elementos de Despesa de Pensão
(valores em milhões de US$)

	Planos de Pensão	
	2013	2012
Custo de Serviço	38	12
Custo de Juros	34	35
Retorno Esperado sobre Ativos	(18)	(13)
Amortização de Custo de Serviços Anteriores	–	–
Amortização de Perda Atuarial Anterior	18	22
Despesa Líquida	72	56

Figura 12.6

Intertel Corporation
Premissas Atuariais de Planos de Pensão

	Planos de Pensão	
Premissas Atuariais:	2013	2012
Taxa de Desconto	6,1%	6,7%
Retorno Esperado sobre Ativos	4,5%	4,5%
Taxa de Aumento de Compensação	5,1%	5,0%

A perda atuarial de 2013 aparece na análise da variação na obrigação de pensão na **Figura 12.4**. A **Figura 12.5** inclui o valor da amortização da perda atuarial.

Lançamento para registrar a variação nas obrigações de benefícios

O lançamento do diário da Intertel para registrar a variação na obrigação de pensão subfinanciada em 2013 é:

2013		
Despesa de Pensão	72	
Outros Resultados Abrangentes (Perda Atuarial: $ 373 – $ 268)	105	
Passivo de Pensão (Passivo Não Circulante: $ 170 – $ 156)		14
Caixa		163

Ativos	=	Passivos	+	Patrimônio Líquido	(Classificação)
– 163		+ 14		– 72	DRE → LA
				– 105	ORA → ORAA

Para reconhecer despesa de pensão, financiamento de pensão e a variação nas contas do balanço patrimonial relativas ao plano de pensão.

As **Figuras 12.4** e **12.5** apresentam os valores da contribuição de pensão e a despesa de pensão, respectivamente. O lançamento do passivo de pensão subfinanciada, informado no passivo não circulante, ajusta o valor no balanço patrimonial no fim de 2012 para o valor do fim de 2013. Os lançamentos em Outros Resultados Abrangentes refletem a variação em perdas atuariais não amortizadas em 2013.

PROBLEMA 12.2 — PARA APRENDIZAGEM

Interpretando evidenciações de planos de aposentadoria. A **Figura 12.7** apresenta os elementos de despesas de pensão, assistência de saúde e seguros da Microgen Incorporated em 2011, 2012 e 2013. A **Figura 12.8** apresenta o *status* financeiro dos planos de pensão, assistência de saúde e seguro de vida em 2012 e 2013 e as premissas atuariais assumidas.

a. Considere as evidenciações na **Figura 12.8** da obrigação de benefício dos principais planos de pensão da Microgen. Qual a explicação provável para o ganho atuarial de $ 3.205 milhões em 2013?

b. Considere as evidenciações na **Figura 12.8** para o valor do custo de serviço anterior dos planos tanto de pensão como de assistência de saúde. Qual a explicação provável para o aumento do custo de serviço anterior em 2013?

c. Avalie o desempenho dos investimentos dos planos de pensão e de assistência de saúde da Microgen em 2012 e 2013 com relação às expectativas.

d. Por que a Microgen inclui o ativo líquido financiado dos seus principais planos de pensão tanto no ativo como no passivo do seu balanço patrimonial?

e. Prepare uma análise que explique a variação do custo de serviço anterior incluído no patrimônio líquido de $ 831 no fim de 2012 para $ 2.060 no fim de 2013 nos principais planos de pensão e de $ 2.046 no fim de 2012 para $ 5.700 no fim de 2013 para os planos de assistência de saúde.

f. Prepare uma análise que explique as variações na perda (ganho) atuarial incluída no patrimônio líquido dos principais planos de pensão da Microgen (de uma perda de $ 2.162 no fim de 2012 para um ganho de $ 4.974 no fim de 2013) e para os seus planos de assistência de saúde (de um ganho de $ 31 no fim de 2012 para uma perda de $ 210 no fim de 2013).

g. Apresente o lançamento no diário que a Microgen fez em seus livros para reconhecer a despesa de pensão, o financiamento de pensão e a variação do ativo financiado líquido em 2013.

h. Apresente o lançamento no diário que a Microgen fez em seus livros para reconhecer a despesa e o financiamento do plano de assistência de saúde e a variação do passivo financiado líquido em 2013.

Figura 12.7

Microgen Incorporated
Elementos de Despesa de Pensão (Planos Principais) e de Assistência de Saúde
(valores em milhões de US$)
(Problema 12.2)

	Principais Planos de Pensão			Planos de Assistência de Saúde		
	2013	2012	2011	2013	2012	2011
Custo de Serviço	1.355	1.402	1.359	286	229	243
Custo de Juros	2.416	2.304	2.248	577	455	507
Retorno Esperado sobre Ativos	(3.950)	(3.811)	(3.885)	(125)	(127)	(138)
Custo de Serviço Anterior	241	253	256	603	363	326
Perda Atuarial	693	729	351	(17)	64	70
Despesa Líquida	755	877	329	1.324	984	1.008

Figura 12.8

Microgen Inc.
Status Financeiro dos Planos de Pensão (Principais) e de Assistência de Saúde
(valores em milhões de US$)
(Problema 12.2)

	Principais Planos de Pensão		Planos de Assistência de Saúde	
	2013	2012	2013	2012
Obrigação de Benefício, 1º de Janeiro	43.293	43.331	8.262	9.084
Custo de Serviço	1.355	1.402	286	229
Custo de Juros	2.416	2.304	577	455
Emendas ao Plano	1.470	80	4.257	–
Perda (Ganho) Atuarial	(3.205)	(1.514)	320	(707)
Contribuições de Participantes	173	162	47	43
Benefícios Pagos	(2.555)	(2.472)	(796)	(810)
Outros	–	–	30	(32)
Obrigação de Benefício, 31 de Dezembro	42.947	43.293	12.983	8.262
Valor Justo dos Ativos do Plano, 1º de Janeiro	54.758	49.096	1.710	1.619
Retorno Real sobre Ativos	7.188	7.851	221	222
Contribuições do Empregador	136	121	622	636
Contribuições de Participantes	173	162	47	43
Benefícios Pagos	(2.555)	(2.472)	(796)	(810)
Valor Justo dos Ativos, 31 de Dezembro	59.700	54.758	1.804	1.710
Ativo (Passivo) Financiado Líquido	16.753	11.465	(11.179)	(6.552)
Reconhecido em:				
Ativo Não Circulante	20.190	15.019	–	–
Passivo Circulante	(111)	(106)	(675)	(681)
Passivo Não Circulante	(3.326)	(3.448)	(10.504)	(5.871)
Ativo (Passivo) Líquido Reconhecido	16.753	11.465	(11.179)	(6.552)
Reconhecido no Patrimônio Líquido				
Custo de Serviço Anterior	2.060	831	5.700	2.046
Perda (Ganho) Atuarial Líquido	(4.974)	2.162	210	(31)
Premissas Atuariais:				
Taxa de Desconto	6,34%	5,70%	6,31%	5,75%
Retorno Esperado sobre Ativos	8,50%	8,50%	8,50%	8,50%
Aumento da Taxa de Compensação	5,00%	5,00%	–	–
Taxa Tendencial Inicial do Custo de Assistência de Saúde	–	–	9,10%	9,20%
Taxa Tendencial Final do Custo de Assistência de Saúde	–	–	6,00%	5,00%
Número de Anos da Taxa Tendencial Final	–	–	18 anos	7 anos

TRIBUTOS SOBRE O LUCRO

A despesa com tributos sobre o lucro afeta as avaliações de lucratividade tanto quanto as demais despesas. Um índice comum para analisar os efeitos dos tributos sobre o lucro sobre a lucratividade é a **taxa efetiva de tributos**, calculada como despesa com tributos sobre o lucro[12] dividida pelo lucro antes dos tributos sobre o lucro apresentado na demonstração do resultado:

$$\text{Taxa Tributária Efetiva} = \frac{\text{(Despesa com Tributos sobre o Lucro)}}{\text{(Lucro Contábil Antes dos Tributos sobre o Lucro)}}$$

Considere os dados da Intertel e da Great Deal na **Figura 12.9**.

O índice de margem de lucro da Intertel é mais alto que o da Great Deal: 26,3% *versus* 4,4%. Parte dessa margem de lucro mais alta se deve à alíquota tributária efetiva mais baixa da Intertel: 28,6% *versus* 36,5%. A tributação sobre o lucro é um dos fatores que fazem com que a margem de lucro da Intertel seja mais alta que a da Great Deal. Outros fatores incluem despesas associadas com as estruturas operacionais e os modelos de negócio das duas empresas[13].

Este tópico discute a mensuração da despesa tributária sobre o lucro e como a informação sobre as posições dos tributos sobre o lucro aparece nas Notas Explicativas das demonstrações financeiras. Consideramos tanto o U.S. GAAP como o IFRS, que fornecem orientações regulatórias similares.

Mensuração da despesa tributária sobre o lucro

O valor da despesa tributária sobre o lucro determinado pelo governo é o valor dos tributos sobre o lucro a pagar. Os tributos sobre o lucro a pagar não são iguais às despesas com tributos sobre o lucro. Os valores das receitas e despesas reconhecidas para fins da informação financeira usualmente diferem dos valores das receitas e despesas informadas para fins de cálculo dos tributos sobre o lucro. Na discussão a seguir usaremos os termos:

- *Fins contábeis* e *fins fiscais* para distinguir as demonstrações financeiras das declarações tributárias.
- *Lucro contábil* para o lucro das demonstrações financeiras e *lucro tributável* para a declaração tributária (declaração do imposto de renda).
- *Base contábil* para o custo não amortizado de um item para fins da informação financeira e *base tributária* para o custo não amortizado de um item para fins da informação tributária.

A diferença entre lucro contábil e lucro tributável decorre de dois fatores:

1. **Diferenças permanentes.** O lucro contábil inclui receitas e despesas que o lucro tributável nunca inclui. Um exemplo nos Estados Unidos é a receita de juros de certos *bonds* municipais[14].
2. **Diferenças temporárias.** O lucro contábil inclui receitas e despesas em um período, enquanto o lucro tributável as inclui em outros períodos. Um exemplo comum é a depreciação de ativos de vida útil longa.

Figura 12.9

Alíquotas Efetivas de Tributos sobre o Lucro e Dados da Margem de Lucro

	Intertel	Great Deal
Alíquota Efetiva de Tributos	28,6%	36,5%
Margem de Lucro (= Lucro Líquido/Receitas)	26,3%	4,4%

© Cengage Learning 2014

---

12. As empresas que aplicam U.S. GAAP algumas vezes usam o termo *provisão para tributo sobre o lucro,* em vez de *despesa de tributos sobre o lucro,* nas suas demonstrações financeiras. Ver o **Glossário.** De acordo com o padrão U.S. GAAP, *provisão* significa uma despesa; no IFRS, *provisão* significa um passivo.
13. Os fatores que influenciam as margens de lucro são discutidos no **Capítulo 7**.
14. Um exemplo no Brasil é a despesa com multas de caráter punitivo, que nunca são dedutíveis do imposto de renda. (NT)

Passivos: financiamentos fora do balanço, benefícios de aposentadoria e tributos sobre o lucro

As empresas usam o lucro tributável como base para o cálculo dos **tributos sobre o lucro a pagar**. O lucro tributável exclui as diferenças permanentes e usa os métodos contábeis que as leis tributárias requerem ou permitem que as empresas usem para informação fiscal. O número e a natureza das diferenças permanentes e temporárias são específicos de cada jurisdição.

Despesa com tributos sobre o lucro é o valor informado no cálculo do lucro contábil. A despesa com tributos sobre o lucro deveria ser igual a:

1. Tributos sobre o lucro realmente a pagar em cada período com base no lucro tributável?
2. Tributos sobre o lucro realmente a pagar em cada período mais (menos) os tributos sobre o lucro que a empresa espera pagar (economizar) no futuro quando as diferenças temporárias entre o lucro contábil e o lucro tributável do período atual forem revertidas?

Os que defendem a primeira abordagem consideram os tributos sobre o lucro similares a outros tributos, como sobre a propriedade. Os governos definem a base tributária (por exemplo, valor de avaliação da propriedade) e lhe aplicam a alíquota para medir o imposto devido em cada período.

Os que defendem a segunda abordagem enfocam dois objetivos da informação financeira: reconhecer o valor dos tributos a pagar no ano corrente e reconhecer os **ativos tributários diferidos** e **passivos tributários diferidos** pelas consequências futuras das diferenças temporárias. Sob essa abordagem, a diferença temporária que implica uma futura dedução tributária é considerada um ativo tributário diferido, enquanto uma diferença temporária que implica um aumento futuro em um tributo sobre o lucro a pagar é considerada um passivo tributário diferido. A despesa tributária sobre o lucro é baseada no lucro contábil, não no lucro tributável. Observe que as diferenças permanentes nunca são revertidas, nunca afetam as saídas de caixa para tributos sobre o lucro e, portanto, nunca afetam as despesas tributárias sobre o lucro de qualquer período. A segunda abordagem é a base usada tanto pelo U.S. GAAP como pelo IFRS[15].

Ilustração de diferenças temporárias

A **Figura 12.10**, que apresenta os dados da Burns Corporation para um período de seis anos, ilustra algumas das questões da contabilização de tributos sobre o lucro de uma empresa com diferenças temporárias. A empresa adquire equipamentos que custam $ 120.000 e têm 6 anos de vida sem valor residual esperado. As Colunas **(1)** e **(5)** mostram que o lucro da Burns Corporation *antes da despesa de depreciação e antes da despesa com tributos sobre o lucro* é de $ 100.000 para cada um dos 6 anos de vida do ativo.

As Colunas **(1)** a **(4)** mostram os dados da declaração do imposto de renda da Burns Corporation para cada um dos seis anos. A empresa usa um método de depreciação permitido sob o código tributário, que resulta em deduções aceleradas de depreciação com relação ao método linear de depreciação. A Coluna **(3)** exibe o valor do lucro tributável depois de subtrair a depreciação acelerada, enquanto a Coluna **(4)** mostra o valor dos tributos a pagar em cada ano, considerando uma alíquota de tributos sobre o lucro de 40%.

Os dados das Colunas **(5)** a **(7)** vêm das demonstrações financeiras da Burns Corporation. A Coluna **(6)** mostra a despesa de depreciação calculada pelo método linear e a Coluna **(7)** mostra o valor do lucro contábil antes dos impostos.

Suponha que, ao contrário do U.S. GAAP e do IFRS, a Burns Corporation informou uma despesa tributária igual ao tributo a pagar, de modo que a despesa tributária sobre o lucro é igual aos valores da Coluna **(4)**, resultando nos números hipotéticos de lucro líquido na Coluna **(8)**. O título da Coluna **(8)** não diz *Lucro Líquido* porque U.S. GAAP e IFRS não mensuram as despesas de tributos sobre o lucro dessa maneira. A Coluna **(8)** mostra o lucro contábil antes dos tributos menos os tributos sobre o lucro a pagar.

Note o comportamento dos números hipotéticos do lucro na Coluna **(8)**: mais 11,6% do primeiro para o segundo ano, menos 11,3% do segundo para o terceiro ano e diminuindo em cada um dos três anos seguintes em valores variados. Lembre-se de que um dos propósitos da demonstração do resultado é ajudar o usuário das demonstrações financeiras a entender *por que* o lucro se comporta de tal maneira. Se as operações permanecem as mesmas e as alíquotas tributárias não mudam, o usuário das informações financeiras esperará que o lucro líquido permaneça o mesmo. Os números da Coluna **(8)**, contudo, retratam uma instabilidade, mesmo que a Burns Corporation faça a

---
15. FASB, *Statement of Financial Accounting Standards N. 109*, "Accounting for Income Taxes", 1996 (**Codification Topic 740**); IASB, *International Financial Accounting Standard 12*, "Income Taxes", 1996, 2001. Ambas as normas têm requisitos similares, mas há diferenças que estão além do escopo deste livro.

mesma coisa e que o seu desempenho permaneça constante ao longo do período de seis anos. Se a despesa com tributos sobre o lucro fosse igual aos tributos sobre o lucro a pagar, os lucros informados variariam de ano para ano simplesmente porque as diferenças temporárias fariam que o lucro contábil fosse diferente do lucro tributável.

A **Figura 12.11** resume o cálculo da despesa com tributos sobre o lucro em cada ano. A despesa com tributos sobre o lucro na Coluna **(7)** é igual aos tributos sobre o lucro correntes a pagar na Coluna **(2)** mais (menos) o tributo sobre o lucro que a empresa espera pagar (economizar) no futuro pela diferença temporária de depreciação da coluna **(5)**. A despesa total de tributo sobre o lucro de $ 192.000 para os seis anos é igual aos pagamentos totais de caixa de tributos sobre o lucro de $ 192.000. O padrão da despesa difere do padrão das saídas de caixa.

Os padrões U.S. GAAP e IFRS exigem que as empresas calculem as despesas de tributos sobre o lucro com base no lucro contábil antes dos tributos. Assim, quando o lucro contábil antes dos tributos permanece o mesmo, $ 80.000 (= $ 100.000 – $ 20.000) neste exemplo, a despesa com tributos sobre o lucro também não muda, $ 32.000 (0,40 × $ 80.000). O lucro líquido é $ 48.000 (= $ 80.000 – $ 32.000) em cada ano, como mostra a Coluna **(10)**. Esse exemplo considera que não há diferenças permanentes.

Registro da despesa com tributos sobre o lucro

As **Figuras 12.10** e **12.11** ilustram que a despesa com tributos sobre o lucro difere do tributo sobre o lucro a pagar em cada período. A diferença no primeiro ano origina um passivo tributário diferido. A diferença temporária associada à depreciação acelerada para fins tributários e à depreciação linear para fins contábeis significa que a Burns Corporation pagará tributos menores sobre o lucro nos primeiros anos da vida do ativo. Essa diferença temporária será revertida ao longo do total de seis anos, resultando em impostos mais altos nos anos posteriores. O lançamento no livro diário para registrar tributos sobre o lucro no primeiro ano é o seguinte:

31 de Dezembro do Primeiro Ano		
Despesa com Tributos sobre o Lucro	32.000	
Tributos sobre o Lucro a Pagar		30.400
Tributos Diferidos no Passivo		1.600

O crédito em Tributos Diferidos no Passivo representa os tributos sobre o lucro economizados (hoje) porque a Burns Corporation teve maior depreciação para fins tributários do que para fins contábeis. A empresa fará lançamentos similares para o segundo e o terceiro ano, adicionando $ 7.360 a Tributos Diferidos no Passivo para o segundo ano e $ 1.120 para o terceiro ano. O saldo em Tributos Diferidos no Passivo no fim do terceiro ano é $ 10.080 (= $ 1.600 + $ 7.360 + $ 1.120). Esse valor é igual à alíquota de 40% vezes a diferença cumulativa entre a depreciação tributária de $ 85.200 (= $ 24.000 + $ 38.400 + $ 22.800) e a depreciação contábil de $ 60.000 (= $ 20.000 por ano × 3 anos).

As diferenças temporárias de depreciação começam a reverter no quarto ano. O lançamento no livro diário para reconhecer a despesa com tributos sobre o lucro no quarto ano é:

31 de Dezembro do Quarto Ano		
Despesa com Tributos sobre o Lucro	32.000	
Tributos Diferidos no Passivo	2.240	
Tributo sobre o Lucro a Pagar		34.240

A depreciação reconhecida para fins contábeis no quarto ano, de $ 20.000, excede a dedução da depreciação para fins tributários de $ 14.400. A porção dos Tributos Diferidos no Passivo que é pagável correntemente é de $ 2.240 [= 0,40 × ($ 20.000 – $ 14.400)]. A Burns Corporation fará lançamentos similares no quinto ano, reduzindo (debitando) Tributos Diferidos no Passivo em $ 2.720 [= 0,40 × ($ 20.000 – $ 13.200)] e, no sexto ano, reduzindo Tributos Diferidos no Passivo em $ 5.120 (= 0,40 × ($ 20.000 – $ 7.200)]. As reduções em Tributos Diferidos no Passivo nesses três anos totalizam $ 10.080 (= $ 2.240 + $ 2.720 + $ 5.120), resultando em um saldo zero no fim do sexto ano. Os valores totais da depreciação durante a vida são os mesmos tanto para a informação financeira como para a informação tributária: $ 120.000; apenas o momento no tempo difere. A **Figura 12.2** ilustra os lançamentos dos seis anos na conta T de Tributos Diferidos no Passivo.

Figura 12.10

Burns Corporation
Cálculo dos Tributos sobre o Lucro nos Seis Anos de Vida dos Equipamentos
(Equipamentos Custam $ 120.000 e têm 6 Anos de Vida Útil)

Informação com Base nas Declarações Tributárias

Ano	Lucro Antes da Depreciação e Tributos [1]	Dedução da Depreciação na Declaração Tributária [2]	Lucro Tributável [3]	Tributos sobre o Lucro a Pagar [4]
1........	$ 100.000	$ 24.000	$ 76.000	$ 30.400
2........	100.000	38.400	61.600	24.640
3........	100.000	22.800	77.200	30.880
4........	100.000	14.400	85.600	34.240
5........	100.000	13.200	86.800	34.720
6........	100.000	7.200	92.800	37.120
Totais		$ 120.000	$ 480.000	$ 192.000

Informação com Base nas Demonstrações Contábeis

Contabilização Não Autorizada pelo U.S. GAAP e IFRS

Ano	Lucro Antes da Depreciação e Tributos [5]	Despesa de Depreciação [6]	Lucro Antes dos Tributos = $ 100.000 − $ 20.000 [7]	Lucro Antes dos Tributos Menos Tributos sobre o Lucro a Pagar [8]	Variação Percentual da Coluna (8) [9]
1........	$ 100.000	$ 20.000	$ 80.000	$ 49.600	
2........	100.000	20.000	80.000	55.360	11,6%
3........	100.000	20.000	80.000	49.120	−11,3%
4........	100.000	20.000	80.000	45.760	−6,8%
5........	100.000	20.000	80.000	45.280	−1,0%
6........	100.000	20.000	80.000	42.880	−5,3%
Totais		$ 120.000	$ 480.000	$ 288.000	

Contabilização Requerida pelo U.S. GAAP e IFRS

	Lucro Antes dos Tributos Menos Tributos a 40% do Lucro Antes dos Tributos [10]	Variação Percentual da Coluna (10) [11]
	$ 48.000	
	48.000	—
	48.000	—
	48.000	—
	48.000	—
	48.000	—
	288.000	

[1] = Dado
[2] = Dado
[3] = [1] − [2]
[4] = 0,40 × [3]
[5] = Dado
[6] = $ 120.000/6
[7] = [5] − [6]
[8] = [7] − [4]
[9] = ([8] deste ano/[8] do ano anterior) − 1
[10] = (1,00 − 0,40) × [7]

Figura 12.11

Burns Corporation
Resumo do Cálculo da Despesa com Tributos sobre o Lucro

Ano (1)	Tributos sobre o Lucro a Pagar (2)	Depreciação Tributária (3)	Depreciação Contábil (4)	Diferença Temporária (5)	40% de Diferença Temporária (6)	Despesa de Tributos sobre o Lucro (7)
1	$ 30.400	$ 24.000	$ 20.000	$ 4.000	$ 1.600	32.000
2	24.640	38.400	20.000	18.400	7.360	32.000
3	30.880	22.800	20.000	2.800	1.120	32.000
4	34.240	14.400	20.000	(5.600)	(2.240)	32.000
5	34.720	13.200	20.000	(6.800)	(2.720)	32.000
6	37.120	7.200	20.000	(12.800)	(5.120)	32.000
Totais	$ 192.000	$ 120.000	$ 120.000	$ 0	$ 0	$ 192.000

Coluna (5) = Coluna (3) − Coluna (4).
Coluna (6) = 0,40 × Coluna (5).
Coluna (7) = Coluna (2) + Coluna (6).

PROBLEMA 12.3 — PARA APRENDIZAGEM

Calculando a despesa de tributos sobre o lucro. A Wade Corporation adquire uma máquina em 1º de janeiro do ano atual, custando $ 80.000 e tendo 4 anos de vida útil e zero de valor residual. A Wade deduz a depreciação na sua declaração de renda como segue:

- 33% do custo da máquina no primeiro ano;
- 44% no segundo ano;
- 15% no terceiro ano;
- 8% no quarto ano.

A empresa usa o método linear para informação financeira. O lucro antes da depreciação e dos tributos sobre o lucro é de $ 100.000 a cada ano, e a alíquota de tributos sobre o lucro é de 40%.

a. Calcule o valor dos tributos sobre o lucro a pagar em cada ano.
b. Calcule o valor da despesa com tributos sobre o lucro de cada ano.
c. Apresente os lançamentos no livro diário dos tributos sobre o lucro de cada ano.

Figura 12.12

Burns Corporation
Conta Tributos Diferidos no Passivo
(os valores com marcador aparecem no balanço patrimonial)

			Tributos Diferidos no Passivo		
			0	✓	Saldo no Início do Primeiro Ano
			1.600	[1]	Lançamento do Primeiro Ano
			1.600	✓	Saldo no Fim do Primeiro Ano
			7.360	[2]	Lançamento do Segundo Ano
			8.960	✓	Saldo no Fim do Segundo Ano
			1.120	[3]	Lançamento do Terceiro Ano
			10.080	✓	Saldo no Fim do Terceiro Ano
Lançamento do Quarto Ano	[4]	2.240			
			7.840	✓	Saldo no Fim do Quarto Ano
Lançamento do Quinto Ano	[5]	2.720			
			5.120	✓	Saldo no Fim do Quinto Ano
Lançamento do Sexto Ano	[6]	5.120			
			0	✓	Saldo no Fim do Sexto Ano

Enfocando os requisitos de informação financeira dos tributos sobre o lucro

A ilustração da Burns Corporation no tópico anterior mostrou que a despesa com tributos sobre o lucro em cada período é igual ao lucro contábil antes dos tributos multiplicado pela alíquota de tributos sobre o lucro. Neste exemplo, a despesa de tributos sobre o lucro é de $ 32.000 (= 0,40 × 80.000) em cada ano. A despesa com tributos sobre o lucro da Burns Corporation é também igual aos tributos sobre o lucro a pagar mais a variação de Tributos Diferidos no Passivo. Por exemplo, a despesa com tributos sobre o lucro do primeiro ano é igual aos tributos sobre o lucro atualmente a pagar de $ 30.400 mais $ 1.600 do aumento em Tributos Diferidos no Passivo. A variação anual de Tributos Diferidos no Passivo é o efeito tributário das diferenças temporárias entre a depreciação para informação contábil e para informação tributária.

Os padrões U.S. GAAP e IFRS requerem um procedimento mais complexo de contabilização dos tributos sobre o lucro do que o ilustrado para a Burns Corporation. As complexidades incluem:

1. As alíquotas de tributos sobre o lucro mudam com o tempo; por isso, a conta Tributos Diferidos no Passivo não representa necessariamente o valor dos tributos que a empresa de fato pagará mais tarde.
2. Algumas diferenças temporárias criam tributos diferidos no ativo. Um tributo diferido no ativo surge quando uma empresa reconhece uma despesa para informação financeira e não para informação fiscal. Por exemplo, as empresas incluem contas de perdas estimadas com valores incobráveis nas suas demonstrações contábeis no período em que reconhecem vendas a prazo, mas deduzem esses valores nas suas declarações tributárias quando a legislação tributária determina que as contas de clientes específicos são incobráveis. Como outro exemplo, as empresas incluem estimativas de custos de garantia nas suas demonstrações financeiras no ano em que elas vendem produtos com garantia, mas a dedução tributária ocorre mais tarde quando elas fazem desembolsos para reparos garantidos.
3. As empresas reconhecem ativos tributários diferidos apenas na medida em que esperam gerar lucro tributável suficiente para realizar futuras economias tributárias. O padrão U.S. GAAP requer o uso de uma **provisão para avaliação do ativo tributário diferido** para reduzir o saldo na conta Tributo Diferido do Ativo até o valor que a empresa espera realizar da economia tributária no futuro. O padrão IFRS requer que as empresas reconheçam o valor realizável esperado dos tributos diferidos no ativo, com evidenciações em Notas Explicativas.

Assim, as contas Tributo Diferido no Ativo e no Passivo do balanço patrimonial podem variar em cada período pelas seguintes razões:

1. Diferenças temporárias são originadas ou revertidas durante o período corrente.
2. As alíquotas tributárias que se espera aplicar em períodos futuros quando as diferenças tributárias se reverterem mudam durante o período corrente.
3. As expectativas de lucro tributável futuro da empresa mudam. Essas expectativas têm impacto sobre a capacidade de a empresa realizar seus tributos diferidos no ativo pela redução de pagamentos futuros de tributos.

O exemplo da Burns Corporation na **Figura 12.10** ilustra apenas o primeiro fator, as diferenças temporárias. Nesses casos, podemos mensurar as despesas tributárias usando valores do lucro contábil antes dos tributos e adicionar ou subtrair a diferença entre a despesa de tributos sobre o lucro e o tributo sobre o lucro a pagar nas contas de tributários diferidos do ativo ou do passivo. Uma vez que o segundo e terceiro fatores ocorrem frequentemente, os padrões U.S. GAAP e IFRS requerem que as empresas mensurem a despesa com tributos sobre o lucro seguindo um procedimento mais complexo que o ilustrado para a Burns Corporation.

Interpretando evidenciações de tributos sobre o lucro

A **Figura 12.13** contém informações sobre as evidenciações das demonstrações financeiras do exercício de 2012 da Great Deal.

A diferença entre as taxas tributárias oficiais e efetivas refletem (1) diferenças de alíquotas tributárias e (2) diferenças permanentes entre valores informados do lucro contábil e do lucro tributável. No exercício de 2012, a alíquota federal oficial da Great Deal era de 35%. Suas alíquotas estaduais eram de mais 4,6%, ou um aumento de 3% (= 4,6% × [1 − 0,35]) da alíquota efetiva depois de ajustada pelos benefícios tributários federais. Sua alíquota tributária foi reduzida por causa de suas operações no exterior. A empresa informa uma diferença de $ 42 milhões

Figura 12.13

Great Deal
Evidenciações de Tributos sobre o Lucro
Ano Findo em 27 de Fevereiro de 2013

	%	$ milhões
Tributo Federal sobre o Lucro à Alíquota Oficial	35,0%	$ 768
Tributos Estaduais sobre o Lucro, Líquidos de Benefícios Federais de Tributos sobre o Lucro	3,0%	66
Benefícios de Operações no Exterior	(1,9%)	(42)
Outros	0,5%	10
Alíquota Efetiva de Tributos sobre o Lucro	36,5%	$ 802

no lucro, ou seja, 1,9% de redução de sua alíquota tributária em virtude de suas operações no exterior. Esses $ 42 milhões refletem diferenças de alíquotas tributárias incidentes no lucro gerado pelas subsidiárias do exterior (subsidiárias não norte-americanas) quando comparadas com as alíquotas vigentes nos Estados Unidos ou diferenças permanentes entre itens incluídos no lucro tributável e no lucro contábil dessas subsidiárias no exterior.

Na sua evidenciação sobre tributos diferidos, a Great Deal presta a seguinte informação sobre os tributos correntes a pagar e os tributos diferidos:

	2012	2011
Correntes	$ 832	$ 717
Diferidos	(30)	(43)
Despesa com Tributos sobre o Lucro	$ 802	$ 674

A partir dessa informação, podemos concluir que a Great Deal fez os seguintes lançamentos resumidos para reconhecer os tributos sobre o lucro no exercício de 2012:

Despesa com Tributos sobre o Lucro	802	
Tributo Diferido no Ativo ou Passivo	30	
Tributos Correntes sobre o Lucro a Pagar		832

A evidenciação da Great Deal mostra a variação líquida em tributos diferidos, não os tributos diferidos específicos debitados ou creditados no ativo ou no passivo. A empresa deve manter registros detalhados sobre todas as contas de ativos e passivos tributários diferidos, e seus registros internos devem refletir esses detalhes.

A **Figura 12.14** mostra os componentes dos tributos diferidos no ativo e no passivo da Great Deal.

Pela **Figura 12.14**, os tributos diferidos no ativo da Great Deal eram de $ 885 milhões em 27 de fevereiro de 2013. A empresa também informa uma provisão igual a $ 151 milhões para a avaliação de ativos tributários diferidos. Esse valor indica que a Great Deal espera não ser capaz de realizar, na forma de futuras deduções tributárias, $ 151 milhões dos $ 885 milhões de ativos tributários diferidos. A provisão para avaliação aumentou entre 2011 e 2012 de $ 79 milhões para $ 151 milhões, ou seja, em $ 72 milhões.

A empresa informa passivos tributários diferidos no total de $ 608 milhões no fim do exercício de 2012, dos quais $ 381 milhões se referem a imóveis e equipamentos. Esse valor provavelmente reflete os efeitos tributários da diferença de métodos de depreciação descritos no exemplo da Burns Corporation.

A Great Deal informa um ativo tributário diferido líquido de $ 126 milhões, incluído no seu balanço patrimonial em Outros Ativos Circulantes ($ 244 milhões), Outros Ativos ($ 19 milhões) e Outros Passivos de Longo Prazo ($ 137 milhões).

Figura 12.14
Great Deal
Evidenciações de Tributos Diferidos

	2012	2011
TRIBUTOS DIFERIDOS NO ATIVO		
Despesas com Imóveis	$ 275	$ 297
Receita Diferida	150	115
Compensação e Benefícios	189	192
Compensação de Perdas Operacionais Líquidas	211	150
Outros	60	84
Total dos Tributos Diferidos do Ativo	885	838
Provisão para Avaliação	(151)	(79)
Total dos Tributos Diferidos do Ativo Após a Provisão para Avaliação	734	759
TRIBUTOS DIFERIDOS NO PASSIVO		
Imóveis e Equipamentos	(381)	(383)
Goodwill e Ativos Intangíveis	(196)	(192)
Outros	(31)	(47)
Total dos Tributos Diferidos no Passivo	(608)	(622)
Ativos Tributários Diferidos Líquidos	$ 126	$ 137
Incluídos nas Seguintes Linhas do Balanço Patrimonial:		
Outros Ativos Circulantes	$ 244	$ 236
Outros Ativos	19	28
Outros Passivos de Longo Prazo	(137)	(127)
Ativos Tributários Diferidos Líquidos	$ 126	$ 137

PROBLEMA 12.4 PARA APRENDIZAGEM

Trabalhando retroativamente até os componentes do lucro contábil e fiscal. A Dominiak Company apresenta a seguinte informação para fins financeiros e fins fiscais em um exercício:

Despesa de Depreciação para Informação Financeira	$ 270.000
Lucro Antes dos Tributos para Informação Financeira	160.000
Despesa de Tributos sobre o Lucro para Informação Financeira	36.000
Tributos sobre o Lucro a Pagar para Informação Tributária	24.000

A taxa combinada federal e estadual de tributos oficiais sobre o lucro é de 40%. As diferenças permanentes resultam dos juros de *bonds* municipais que aparecem como receita para fins contábeis, mas são isentos de impostos federais e estaduais sobre o lucro. As diferenças temporárias resultam do uso da depreciação acelerada para fins tributários e do método linear para fins de informação financeira.

Reconstrua a demonstração do resultado para fins de informação financeira e informação fiscal no exercício, identificando as diferenças permanentes e as temporárias.

Resumo da contabilização de tributos sobre o lucro

As questões centrais da contabilização dos efeitos tributários das diferenças temporárias entre o lucro contábil e o lucro tributável são: quando elas se originam e quando elas revertem? Na mensuração da despesa tributária sobre o lucro, tanto U.S. GAAP quanto IFRS requerem o reconhecimento do efeito tributário quando as diferenças temporárias se originam. Qualquer diferença entre a despesa tributária sobre o lucro e os tributos a pagar em dado período de informação resulta em um tributo diferido no ativo ou no passivo.

SOLUÇÕES DOS PROBLEMAS PARA APRENDIZAGEM

Solução sugerida para o problema 12.1

(Weyerhaeuser; financiamento fora do balanço patrimonial.)

a. A Weyerhaeuser recebe um benefício imediato de $ 75 milhões em caixa em 1º de janeiro. Ela retém um juro residual no caixa e madeira não cortada ao fim de cinco anos. O principal risco da empresa é de que os fluxos de caixa de cortar e vender a madeira sejam inadequados para pagar a dívida e os custos adicionais, de modo que a Weyerhaeuser precise fazer os pagamentos do serviço da dívida.

b. O banco tem direitos sobre um fluxo futuro de receitas de 8% do saldo não pago do empréstimo e sobre a quitação do empréstimo quando ele vencer. O banco corre um risco relativamente pequeno porque a empresa garantiu o empréstimo e porque, a preços atuais, a madeira produzirá um excedente de fluxo de caixa de 10%.

c. A Weyerhaeuser deverá inicialmente reconhecer um passivo igual ao valor justo da sua garantia da dívida. O valor justo da garantia refletirá o excedente de fluxos de caixa da madeira, de 10% dos seus preços correntes. Se o preço ou a qualidade da madeira declinar de tal forma que a Weyerhaeuser tenha de fazer pagamentos do serviço da dívida, então a empresa reconhecerá um passivo pela dívida. Observação: o enunciado do problema pediu que você considere que a Weyerhaeuser não consolidará o fundo. Na prática, contudo, o padrão U.S GAAP poderá exigir que o fundo seja considerado uma entidade de participação variável e que a Weyerhaeuser analise sua associação com o fundo para determinar se ela deve consolidar o fundo e incluir a dívida do banco como um passivo no balanço patrimonial consolidado.

Solução sugerida para o problema 12.2

(Microgen; interpretando evidenciações de planos de aposentadoria.)

a. A Microgen aumentou a taxa de desconto que ela usa para calcular o valor presente da obrigação de benefício de 5,7% para 6,34%, o que fez diminuir o passivo e resultou em um ganho atuarial. Outra possibilidade é que a Microgen tenha alterado alguma das suas premissas atuariais e que essas alterações tenham diminuído o passivo.

b. A empresa pode ter feito emendas ao plano que aumentaram os benefícios dos empregados aposentados. A análise das alterações da obrigação de benefício na **Figura 12.8** indica que as emendas ao plano aumentaram a obrigação dos benefícios tanto de aposentadoria como de assistência de saúde.

c. O retorno real dos investimentos excedeu o retorno esperado em cada ano e para cada tipo de plano. O retorno real de $ 7.188 milhões em 2013 do plano principal de pensão da Microgen se contrapõe ao retorno esperado de $ 3.950 milhões.

d. A Microgen tem muitos planos de pensão, alguns dos quais são superfinanciados, outros subfinanciados. Dado que a empresa não pode usar os ativos de um plano superfinanciado para financiar a obrigação de um plano subfinanciado, a orientação regulatória requer que ela informe tanto os ativos líquidos dos planos superfinanciados como os passivos líquidos dos planos subfinanciados.

e.

	Principais Planos de Pensão	Planos de Assistência de Saúde
Custo do Serviço Anterior, 31 de Dezembro de 2012	$ 831	$ 2.046
Mais Custo Adicional do Serviço Anterior de 2013	1.470	4.257
Menos Amortização do Custo do Serviço Anterior de 2013	(241)	(603)
Custo do Serviço Anterior, 31 de Dezembro de 2013	$ 2.060	$ 5.700

f.

	Principais Planos de Pensão	Planos de Assistência de Saúde
Perda (Ganho) Atuarial Líquido, 31 de Dezembro de 2012..................................	$ 2.162	$ (31)
Menos Diferimento do Excedente do Retorno Real dos Investimentos sobre o Retorno Esperado de 2013: ($ 7.188 – $ 3.950) e ($ 221 – $ 125)........	(3.238)	(96)
Perda (Ganho) Atuarial de 2013..	(3.205)	320
Amortização do Ganho (Perda) Atuarial de 2013	(693)	17
Perda (Ganho) Atuarial Líquido, 31 de Dezembro de 2013..................................	$ (4.974)	$ 210

g.

31 de Dezembro de 2013		
Despesa de Pensão..	755	
Ativo de Pensão (Ativo Não Circulante: $ 20.190 – $ 15.019)	5.171	
Passivo de Pensão (Passivo Não Circulante: $ 3.326 – $ 3.448).........................	122	
Outros Resultados Abrangentes (Custo do Serviço Anterior e Amortização do Custo do Serviço Anterior: $ 1.470 – $ 241)	1.229	
Caixa..		136
Passivo de Pensão (Passivo Circulante: $ 111 – $ 106)................................		5
Outros Resultados Abrangentes (Excedente de Retorno dos Investimentos do Plano de Pensão: $ 7.188 – $ 3.950)		3.238
Outros Resultados Abrangentes (Ganho Atuarial e Amortização da Perda Atuarial: $ 3.205 – $ 693)		3.898

Ativo	=	Passivo	+	Patrimônio Líquido	(Classificação)
+ 5.171		– 122		– 755	DRE → LA
– 136		+ 5		– 1.229	ORA → ORAA
				+ 3.238	ORA → ORAA
				+ 3.898	ORA → ORAA

h.

31 de Dezembro de 2013		
Despesa de Assistência de Saúde	1.324	
Passivo de Assistência de Saúde (Passivo Circulante: $ 675 – $ 681)	6	
Outros Resultados Abrangentes (Custo do Serviço Anterior e Amortização do Custo do Serviço Anterior: $ 4.257 – $ 603)	3.654	
Outros Resultados Abrangentes (Perda Atuarial e Amortização de Ganho Atuarial: $ 320 + $ 17)..	337	
Outros Resultados Abrangentes (Outros)..	30	
Caixa..		622
Passivo de Assistência de Saúde (Passivo Não Circulante: $ 10.504 – – $ 5.871)		4.633
Outros Resultados Abrangentes (Excedente de Retorno dos Investimentos de Plano de Assistência de Saúde: $ 221 – $ 125)		96

Ativo	=	Passivo	+	Patrimônio Líquido	(Classificação)
– 622		– 6		– 1.324	DRE → LA
		+ 4.633		– 3.654	ORA → ORAA
				– 337	ORA → ORAA
				– 30	ORA → ORAA
				+ 96	ORA → ORAA

Solução sugerida para o problema 12.3

(Wade Corporation; calculando a despesa de tributos sobre o lucro.)

a.

Ano	Lucro Antes da Depreciação e dos Tributos sobre o Lucro [1]	Dedução na Declaração de Renda [2]	Lucro Tributável [3]	Tributos sobre o Lucro a Pagar [4]
1............	$ 100.000	$ 26.400	$ 73.600	$ 29.440
2............	100.000	35.200	64.800	25.920
3............	100.000	12.000	88.000	35.200
4............	100.000	6.400	93.600	37.440
Totais......	$ 400.000	$ 80.000	$ 320.000	$ 128.000

Coluna [1] é dada.
Coluna [2] = $ 80.000 × 0,33 para o primeiro ano, 0,44 para o segundo ano, 0,15 para o terceiro ano e 0,08 para o quarto ano.
Coluna [3] = [1] – [2].
Coluna [4] = 0,40 × [3].

b.

Ano	Lucro Antes da Depreciação e dos Tributos sobre o Lucro [1]	Dedução na Declaração de Renda [2]	Lucro Tributável [3]	Tributos sobre o Lucro a Pagar [4]
1............	$ 100.000	$ 20.000	$ 80.000	$ 32.000
2............	100.000	20.000	80.000	32.000
3............	100.000	20.000	80.000	32.000
4............	100.000	20.000	80.000	32.000
Totais......	$ 400.000	$ 80.000	$ 320.000	$ 128.000

Coluna [1] é dada.
Coluna [2] = $ 80.000/4 = $ 20.000.
Coluna [3] = [1] – [2].
Coluna [4] = 0,40 × [3].

c.

Primeiro Ano	
Despesa com Tributos sobre o Lucro	32.000
Tributos sobre o Lucro a Pagar	29.440
Tributos Diferidos no Passivo	2.560

(Continua)

(Continuação)

Ativo	=	Passivo	+	Patrimônio Líquido	(Classificação)
		+ 29.440		– 32.000	DRE → LA
		+ 2.560			

Para reconhecer a despesa com tributos sobre o lucro, tributos sobre o lucro a pagar e a variação em tributos diferidos para o primeiro ano.

Segundo Ano

Despesa com Tributos sobre o Lucro	32.000	
Tributos sobre o Lucro a Pagar		25.920
Tributos Diferidos no Passivo		6.080

Ativo	=	Passivo	+	Patrimônio Líquido	(Classificação)
		+ 25.920		– 32.000	DRE → LA
		+ 6.080			

Para reconhecer a despesa com tributos sobre o lucro, tributos sobre o lucro a pagar e a variação em tributos diferidos para o segundo ano.

Terceiro Ano

Despesa com Tributos sobre o Lucro	32.000	
Tributos Diferidos no Passivo	3.200	
Tributos sobre o Lucro a Pagar		35.200

Ativo	=	Passivo	+	Patrimônio Líquido	(Classificação)
		– 3.200		– 32.000	DRE → LA
		+ 35.200			

Para reconhecer a despesa com tributos sobre o lucro, tributos sobre o lucro a pagar e a variação em tributos diferidos para o terceiro ano.

Quarto Ano

Despesa com Tributos sobre o Lucro	32.000	
Tributos Diferidos no Passivo	5.440	
Tributos sobre o Lucro a Pagar		37.440

Ativo	=	Passivo	+	Patrimônio Líquido	(Classificação)
		– 5.440		– 32.000	DRE → LA
		+ 37.440			

Para reconhecer a despesa com tributos sobre o lucro, tributos sobre o lucro a pagar e a variação em tributos diferidos para o quarto ano.

Solução sugerida para o problema 12.4

(Dominiak Company; trabalhando retroativamente até os componentes do lucro contábil e tributável.)
Ver **Figura 12.15**.

Figura 12.15

Dominiak Company
Diferenças Temporárias e Permanentes
(Solução Sugerida para o Problema 12.4)

	Demonstrações Financeiras	Tipo de Diferença	Declaração Fiscal
Lucro Operacional Exceto Depreciação	$ 360.000 (6)	–	$ 360.000 (4)
Depreciação	(270.000) (g)	Temporária	(300.000) (3)
Juros sobre *Bond* Municipal	70.000 (5)	Permanente	–
Lucro Tributável			$ 60.000 (2)
Lucro Contábil Antes dos Tributos	$ 160.000 (g)		
Lucro Tributável a 40%			$ 24.000 (g)
Despesa com tributos sobre o lucro a 40% de $ 90.000 = $ 160.000 – $ 70.000, ou seja, lucro contábil menos as diferenças permanentes	(36.000) (g)		
Lucro Líquido	$ 124.000 (1)		

Ordem e derivação dos cálculos:
(g) Dado.
(1) $ 124.000 = $ 160.000 – $ 36.000.
(2) $ 60.000 = $ 24.000/0,40.
(3) Diferença temporária de depreciação é $ 30.000 = ($ 36.000 – $ 24.000)/0,40. Como os tributos sobre o lucro a pagar são menores que a despesa com tributos sobre o lucro, a depreciação deduzida na declaração fiscal excede a despesa de depreciação nas demonstrações contábeis. Assim, a dedução da depreciação na declaração fiscal é $ 300.000 = $ 270.000 + $ 30.000.
(4) $ 360.000 = $ 300.000 + $ 60.000.
(5) Na demonstração financeira, o lucro antes dos tributos, excluindo as diferenças permanentes, é de $ 90.000 = $ 36.000/0,40. Na demonstração financeira, o lucro antes dos tributos, incluindo as diferenças permanentes, é de $ 160.000. Portanto, as diferenças permanentes são de $ 160.000 – $ 90.000 = $ 70.000.
(6) $ 160.000 + $ 270.000 – $ 70.000 = $ 360.000. Ver também em (4), para conferência.

PRINCIPAIS TERMOS E CONCEITOS

Ativo tributário diferido
Contrato executório
Custo de juros
Custo de serviço
Custo de serviço anterior
Despesa com tributos sobre o lucro
Diferença permanente
Diferença temporária
Entidade de participação variável (VIE)
Financiamento fora do balanço
Obrigação por benefícios acumulados (ABO)
Obrigação por benefícios projetados (PBO)
Passivo (ativo) líquido de benefício definido
Passivo contingente (U.S. GAAP e IFRS) *versus* provisão (IFRS)
Passivo tributário diferido
Perda por contingência ou provisão para contingência
Plano de benefício definido
Plano de contribuição definida
Provisão para avaliação do ativo tributário diferido
Remuneração diferida
Securitização
Sociedade de propósito específico (SPE)
Taxa efetiva de tributos
Tributos sobre o lucro a pagar
Valor presente de uma obrigação de benefício definido

QUESTÕES, EXERCÍCIOS E PROBLEMAS

Questões

1. Reveja o significado dos Principais Termos e Conceitos.
2. Compare e contraponha os efeitos nas demonstrações contábeis da obtenção de um financiamento fora do balanço mediante um contrato executório *versus* uma venda de ativos na qual o vendedor reembolsará o comprador por qualquer falta de recebimentos do ativo comprado.
3. "O reconhecimento de direitos e obrigações incorporados em todos os contratos executórios eliminaria um instrumento de financiamento fora do balanço." De que forma essa proposta poderia confundir e possivelmente induzir a erro os usuários das demonstrações financeiras?
4. Que papel desempenha uma sociedade de propósito específico ou uma entidade de participação variável na obtenção de financiamentos fora do balanço envolvendo a venda de recebíveis?
5. "A questão contábil principal envolvendo a compensação diferida diz respeito a quando as empresas reconhecem o custo da compensação como uma despesa." Explique.
6. Sugira razões pelas quais o ativo e o passivo total de um plano de pensão de benefício definido não aparecem, ao contrário do seu valor, no balanço patrimonial do empregador.
7. Considerando um período suficientemente longo, por que o valor total da despesa de pensão de um empregador é igual ao caixa que ele paga conforme o plano de pensão, e não o caixa que o plano de pensão paga aos empregados aposentados?
8. Em quais circunstâncias uma empresa empregadora informa tanto o ativo como o passivo líquido de pensão no seu balanço patrimonial? Por que os padrões U.S. GAAP e IFRS não permitem que uma empresa compense esses valores e mostre apenas um único ativo ou um passivo líquido de pensão?
9. Quando uma empresa empregadora reconhece a variação em um ativo ou um passivo de pensão em um período, a compensação por crédito e débito requerida pelo U.S GAAP é usualmente em Outros Resultados Abrangentes. Por que, em vez disso, esse valor não afeta imediatamente a despesa de pensão como um crédito ou um débito?
10. Descreva a lógica do U.S. GAAP em reduzir a despesa de pensão pelo retorno dos investimentos de pensão.
11. Descreva a lógica do U.S. GAAP em reduzir a despesa de pensão pelo retorno esperado e não pelo retorno real dos investimentos de pensão.
12. "A questão contábil principal dos tributos sobre o lucro diz respeito a quando uma empresa reconhece os efeitos tributários das diferenças temporárias entre o lucro para fins contábeis e para fins fiscais." Explique.
13. "Pode-se considerar um tributo diferido no passivo como um empréstimo sem juros do governo." Você concorda? Justifique.
14. Em que circunstâncias uma empresa informará um tributo diferido no ativo no balanço patrimonial? Em que circunstâncias uma empresa informará um tributo diferido no passivo no balanço patrimonial?
15. "A contabilização requerida dos tributos diferidos retarda o reconhecimento no lucro líquido dos benefícios e custos das diferenças temporárias do período no qual eles se originaram para aquele no qual eles se revertem." Explique.
16. Qual o valor da informação na reconciliação de tributos relativa às razões das diferenças entre a alíquota oficial e a alíquota real dos tributos?
17. Qual o valor da informação sobre os componentes dos tributos diferidos no ativo e no passivo, dado que as empresas calculam a despesa de tributos sobre lucros com base nos lucros antes dos impostos e não com base nas receitas e despesas individuais?

Exercícios

18. **Usando contas a receber para obter financiamento fora do balanço.** A Cypres Appliance Store tinha $ 100.000 de contas a receber em 2 de janeiro de 2013. Esses recebíveis eram devidos em 31 de dezembro de 2013. A empresa queria usar essas contas a receber para obter financiamento.
    a. Prepare os lançamentos no livro diário de 2013 das transações em **(i)** e **(ii)** abaixo:
       (i) A empresa toma um empréstimo de $ 92.593 do seu banco, usando as contas a receber como garantia. O empréstimo é repagável em 31 de dezembro de 2013, com juros de 8%.

(ii) A empresa vende as contas a receber ao banco por $ 92.593. Ela recebe os valores devidos pelos clientes dessas contas e repassa o caixa para o banco.

b. Compare e contraponha os efeitos na demonstração do resultado e no balanço patrimonial dessas duas transações.

c. Como a Cypres Appliance Store deveria estruturar essa transação para que ela se caracterizasse como uma venda e não como um empréstimo com garantia?

19. **Usando o estoque para obter financiamento fora do balanço.** A Lorimar Company planta e envelhece tabaco. Em 2 de janeiro de 2013, a empresa tem tabaco em envelhecimento no estoque ao valor de custo de $ 200.000 e ao valor corrente de mercado de $ 300.000. A Lorimar deseja usar esse tabaco para obter financiamento. O exercício da empresa termina em 31 de dezembro.

a. Prepare os lançamentos no livro diário de 2013 e 2014 das transações em (i) e (ii):

(i) A empresa toma emprestados $ 300.000 do seu banco, oferecendo o estoque de tabaco como garantia. O empréstimo é repagável em 31 de dezembro de 2014, com juros de 10% ao ano, capitalizados anualmente. Considere um custo zero de armazenagem. A empresa espera vender (e de fato vende) o tabaco em 31 de dezembro de 2014 por $ 363.000.

(ii) A empresa vende o estoque de tabaco ao banco por $ 300.000. Ela promete vendê-lo por conta e ordem do banco ao final de dois anos e repassar os proventos para o banco.

b. Compare e contraponha os efeitos na demonstração do resultado e no balanço patrimonial dessas duas transações.

c. Como deveria a Lorimar estruturar essa transação para que ela se caracterizasse como uma venda e não como um empréstimo com garantia?

20. **Preparando um lançamento resumido de um plano de benefício definido.** A AirFlight, uma fábrica de produtos aeroespaciais, apresenta a seguinte informação relativa ao seu único plano de pensão de 2013 (valores em milhões de euros). A AirFlight aplica U.S. GAAP.

Ativo do Plano de Pensão, Início de 2013	43.484
Mais Retorno Real sobre Investimentos	4.239
Mais Contribuição do Empregador	526
Menos Benefícios Pagos	(2.046)
Ativo do Plano de Pensão, Fim de 2013	$ 46.203
Passivo do Plano de Pensão, Início de 2013	$ 45.183
Mais Custo de Serviço	908
Mais Custo de Juros	2.497
Menos Ganho Atuarial	(960)
Menos Benefícios Pagos	(2.046)
Passivo do Plano de Pensão, Fim de 2013	$ 45.582
Custo de Serviço	$ 908
Custo de Juros	2.497
Retorno Esperado dos Investimentos do Plano de Pensão	(3.456)
Amortização de Perdas Atuariais	1.101
Despesa de Pensão Líquida	$ 1.050

Faça um único lançamento no livro diário da AirFlight para reconhecer a despesa de pensão, a contribuição do plano de pensão e a variação do ativo ou do passivo de pensão líquido de 2013. Não deixe de considerar os lançamentos necessários em Outros Resultados Abrangentes, justificando-os com os valores das evidenciações. Ignore os tributos sobre o lucro.

21. Preparando um lançamento resumido de um plano de benefício definido. A Tasty Dish Inc., uma empresa de alimentos de consumo, apresenta a seguinte informação relativa ao seu único plano de pensão de 2013 (valores em milhões de dólares). A empresa aplica o padrão U.S. GAAP.

Ativo do Plano de Pensão, Início de 2013	$ 5.086
Mais Retorno Real sobre Investimentos	513
Mais Contribuição do Empregador	19
Menos Benefícios Pagos	(233)
Ativo do Plano de Pensão, Fim de 2013	$ 5.385
Passivo do Plano de Pensão, Início de 2013	$ 5.771
Mais Custo de Serviço	245
Mais Custo de Juros	319
Menos Ganho Atuarial	(155)
Menos Benefícios Pagos	(233)
Passivo do Plano de Pensão, Fim de 2013	$ 5.947
Custo de Serviço	$ 245
Custo de Juros	319
Retorno Esperado dos Investimentos do Plano de Pensão	(391)
Amortização de Perdas Atuariais	167
Despesa de Pensão Líquida	$ 340

Faça um único lançamento no diário da Tasty Dish Inc. para reconhecer a despesa de pensão, a contribuição do plano de pensão e a variação do ativo ou do passivo de pensão líquido de 2013. Não deixe de considerar os lançamentos necessários em Outros Resultados Abrangentes, justificando-os com os valores das evidenciações. Ignore os tributos sobre o lucro.

22. Preparando um lançamento resumido de um plano de assistência de saúde. A Reliance, uma fábrica de automóveis, apresenta a seguinte informação relativa ao seu plano de assistência de saúde de 2013 (valores em milhões de euros). A empresa aplica o padrão U.S. GAAP.

Ativo do Plano de Assistência de Saúde, Início de 2013	€ 6.497
Mais Retorno Real sobre Investimentos	510
Mais Contribuição do Empregador	0
Menos Benefícios Pagos	(1.547)
Ativo do Plano de Assistência de Saúde, Fim de 2013	€ 5.460
Passivo do Plano de Assistência de Saúde, Início de 2013	€ 39.274
Mais Custo de Serviço	617
Mais Custo de Juros	2.004
Menos Ganho Atuarial	(9.485)
Menos Benefícios Pagos	(1.547)
Passivo do Plano de Assistência de Saúde, Fim de 2013	€ 30.863
Custo de Serviço	617
Custo de Juros	2.004
Retorno Esperado dos Investimentos do Plano de Assistência de Saúde	(479)
Amortização de Perdas Atuariais	41
Despesa Líquida de Benefícios de Assistência de Saúde	€ 2.183

Faça um único lançamento no livro diário da Reliance para reconhecer a despesa de benefícios de assistência de saúde, a contribuição do plano de assistência de saúde e a variação do ativo ou do passivo de benefícios de assistência de saúde líquido de 2013. Não deixe de considerar os lançamentos necessários em Outros Resultados Abrangentes, justificando-os com os valores das evidenciações. Ignore os tributos sobre o lucro.

23. **Preparando lançamentos no livro diário de despesas de tributos sobre o lucro.** A Fleet Sneaks, uma empresa de calçados esportivos, apresenta a seguinte informação sobre os seus tributos sobre o lucro de três anos recentes (valores em milhões de euros):

Componentes da Despesa com Tributos sobre o Lucro	2013	2012	2011
Corrente a Pagar	€ 775,6	€ 622,8	€ 495,4
Diferida	(26,0)	25,4	9,0
Total da Despesa com Tributos sobre o Lucro	€ 749,6	€ 648,2	€ 504,4

a. Apresente os lançamentos no livro diário que a Fleet Sneaks fez para registrar a despesa de tributos sobre o lucro de 2011, 2012 e 2013.

b. Descreva as razões prováveis para o padrão de tributos correntes a pagar e tributos diferidos em cada ano da empresa. Considere que os tributos diferidos dizem respeito principalmente a benefícios de aposentadoria e que a alíquota efetiva de tributos da Fleet Sneaks ficou relativamente estável de 2011 a 2013.

24. **Preparando lançamentos no livro diário de despesas de tributos sobre o lucro.** A Marytown Energy, uma concessionária de energia elétrica, apresenta as seguintes informações sobre os seus tributos sobre o lucro de três anos recentes (valores em milhões de dólares):

Componentes da Despesa com Tributos sobre o Lucro	2013	2012	2011
Corrente a Pagar	€ 46	€ 415	€ (96)
Diferida	344	(74)	368
Total da Despesa com Tributos sobre o Lucro	€ 390	€ 341	€ 272

a. Apresente os lançamentos que a Marytown Energy fez no livro diário para registrar a despesa com tributos sobre o lucro de 2011, 2012 e 2013.

b. Descreva as razões prováveis para o padrão de tributos correntes a pagar e tributos diferidos em cada ano da concessionária. Assuma que os tributos diferidos dizem respeito principalmente a diferenças temporárias de depreciação e que a alíquota efetiva de tributos da Marytown Energy ficou relativamente estável de 2011 a 2013.

25. **Derivando diferenças permanentes e temporárias das evidenciações das demonstrações financeiras.** A Pownall Company apresenta as seguintes informações para o exercício:

Lucro Contábil Antes dos Tributos sobre o Lucro	€ 318.000
Despesa com Tributos sobre o Lucro	156.000
Tributos sobre o Lucro a Pagar no Ano	48.000
Alíquota de Tributos sobre o Lucro, sobre o Lucro Tributável	40%

A empresa tem diferenças permanentes e temporárias entre o lucro contábil e o lucro fiscal.

a. Qual o valor das diferenças temporárias para o ano? Dê o valor e indique se o efeito torna o lucro contábil maior ou menor que o lucro fiscal.

b. Qual o valor das diferenças permanentes no ano? Dê o valor e indique se o efeito torna o lucro contábil maior ou menor que o lucro fiscal.

26. **Reconstruindo informação sobre tributos sobre o lucro.** A Lilly Company apresenta as seguintes informações sobre as suas demonstrações contábeis e a declaração fiscal do exercício (valores em euros):

Despesa de Depreciação nas Demonstrações Contábeis	€ 322.800
Lucro Contábil Antes dos Tributos nas Demonstrações Contábeis	190.800
Despesa de Tributo sobre o Lucro nas Demonstrações Contábeis	42.000
Tributos sobre o Lucro a Pagar pela Declaração Fiscal	27.600

O governo tributa o lucro tributável a uma alíquota de 40%. As diferenças permanentes resultam dos juros de *bonds* municipais que aparecem como receita nas demonstrações contábeis, mas são isentos de tributos sobre o lucro. As diferenças temporárias resultam do uso da depreciação acelerada nas declarações fiscais e da depreciação linear nas informações financeiras.

Reconstrua a demonstração do resultado para fins de informação financeira e informação fiscal no ano, identificando as diferenças temporárias e as permanentes.

27. **Efeito das diferenças temporárias no tributo sobre o lucro.** A Woodward Corporation adquire uma nova máquina por $ 50.000 em 1º de janeiro de 2013. A máquina tem vida útil estimada de 4 anos e um valor residual de zero. Depois de pagar o custo de funcionar e manter a máquina, a empresa obtém um excedente sobre as despesas de $ 25.000 por ano (exceto depreciação e impostos). Além dos $ 25.000 da máquina, a empresa obtém outros lucros antes dos impostos em cada ano de $ 35.000. A Woodward utiliza a depreciação linear para a informação financeira e deprecia a máquina para efeitos fiscais usando as seguintes porcentagens: 33% no primeiro ano, 44% no segundo, 15% no terceiro e 8% no quarto. A depreciação é a única diferença temporária da Woodward. A empresa paga impostos combinados federais e locais a uma taxa de 40% sobre o lucro tributável.

   a. Calcule o valor dos tributos sobre o lucro correntes a pagar em cada um dos quatro anos.
   b. Calcule o valor contábil da máquina para informação financeira e a base de tributos da máquina para a informação fiscal no fim de cada um dos quatro anos. A base de tributos é o custo amortizado para fins de impostos sobre o lucro.
   c. Calcule o valor da despesa de tributo sobre o lucro para cada um dos quatro anos.
   d. Faça os lançamentos do diário para registrar a despesa de tributos sobre o lucro e o tributo sobre o lucro a pagar de 2013 a 2016.

Problemas

28. **Interpretando evidenciações sobre vendas de contas a receber.** A Federal Stores possui diversas cadeias de lojas de varejo. Em 30 de agosto de 2013, ela vendeu todos os seus recebíveis de cartões de crédito das lojas de departamento ao Community Bank. A **Figura 12.16** informa a venda desses recebíveis.

   a. Usando as informações da Figura 12.16, discuta por que a venda das contas de cartão de crédito e recebíveis ao Community Bank provavelmente se caracteriza como uma venda e não como um empréstimo garantido.
   b. Quais os benefícios para a Federal Store e quais os custos da venda das contas de cartão de crédito e recebíveis?

29. **Interpretando Notas Explicativas sobre financiamento fora do balanço.** A Lewis Corporation vendeu alguns ativos de madeira e recebeu caixa e notas promissórias a receber do comprador. A Lewis então iniciou uma transação para converter as notas a receber em caixa sem reconhecer um passivo no seu balanço patrimonial. A **Figura 12.17** apresenta as Notas Explicativas das demonstrações contábeis descrevendo a transação.

Figura 12.16

Federal Stores
Nota Explicativa sobre a Venda de Recebíveis
(Problema 28)

Venda de Contas de Cartão de Crédito e Recebíveis

Em 13 de agosto de 2012, a Federal Store ("a Companhia") vendeu ao Community Bank certas contas de cartão de crédito da Companhia, juntamente com os saldos de recebíveis relacionados, por aproximadamente $ 3,6 bilhões em caixa, resultando em um ganho antes dos tributos de $ 480 milhões. Os proventos recebidos foram utilizados para pagar dívidas associadas a várias aquisições. Em conexão com as vendas das contas de cartão de crédito e saldos de recebíveis relacionados, a Companhia e o Community Bank estabeleceram um acordo de marketing e serviços de longo prazo ("o Acordo") com um prazo inicial de dez anos e, a menos que terminado por qualquer das partes no vencimento desse acordo inicial, com uma prorrogação de três anos. O Acordo prevê, entre outras coisas, **(i)** a propriedade do Community Bank das contas compradas pelo Community Bank da Companhia; **(ii)** a propriedade pelo Community Bank de novas contas abertas pelos clientes da Companhia; **(iii)** a provisão do crédito pelo Community Bank para os detentores de cartões de crédito cujas contas foram vendidas ao Community Bank pela Companhia; **(iv)** o serviço das contas pelo Community Bank.

Com base nas evidenciações da **Figura 12.17**, discuta as razões prováveis pelas quais a transação se caracteriza como uma venda e não como um empréstimo garantido.

Figura 12.17
Lewis Corporation
Nota Explicativa sobre a Venda de Notas a Receber
(Problema 29)

12. Acordo Fora do Balanço

Em conexão com a venda pela Lewis de madeira e plantações de madeira em 2013, a empresa recebeu $ 26,4 milhões em caixa e notas a receber de $ 410 milhões. A fim de tomar emprestados recursos de um modo custo-efetivo, (i) a Lewis contribuiu com $ 410 milhões em notas recebíveis para uma sociedade de propósito específico (SPE); (ii) a SPE emitiu para terceiras partes não relacionadas $ 368,7 milhões em *bonds* apoiados por uma carta de crédito de um banco, que são garantidos pelas notas a receber; e (iii) a SPE distribuiu à Lewis, como um retorno de capital, $ 365,8 milhões dos proventos realizados pela SPE com a emissão dos seus *bonds*. A SPE não tem outra fonte de liquidez a não ser as notas a receber, o fluxo de caixa gerado pelas notas a receber será dedicado ao pagamento dos *bonds* emitidos pela SPE e os credores da SPE não terão recurso à Lewis pelas obrigações da SPE. O valor principal do empréstimo da SPE é de aproximadamente 90% (= $ 368,7/$ 410) do valor principal das notas a receber contribuídas à Lewis pela Lewis. Os ativos da SPE (as notas a receber = $ 410 milhões) foram removidos do controle da Lewis e não estão disponíveis para satisfazer os credores da empresa. Os credores da SPE não têm recurso aos ativos da Lewis.

30. **Interpretando evidenciações de plano de aposentadoria.** As **Figuras 12.18** e **12.19** apresentam determinadas informações sobre as Notas Explicativas das demonstrações financeiras da Juicy-Juice, uma companhia de bebidas norte-americana, relativa aos seus planos de pensão e de assistência de saúde.

   a. Qual é a razão provável dos ganhos atuariais das obrigações de pensão e de assistência de saúde em 2013?
   b. Os investimentos do plano de pensão tiveram o desempenho esperado em 2012 e 2013? Explique.
   c. Por que o retorno esperado dos ativos de assistência de saúde são iguais a zero em cada um dos anos?
   d. Elabore uma análise que explique a variação do custo de serviço anterior dos planos de pensão de $ 5 milhões no fim de 2012 para $ 13 milhões no fim de 2013.
   e. Prepare uma análise que explique a variação na perda atual líquida dos planos de pensão de $ 2.285 milhões no fim de 2012 para $ 1.836 milhão no fim de 2013.
   f. Faça uma análise que explique a variação no crédito de serviço anterior dos planos de assistência de saúde de $ 114 milhões no fim de 2012 para $ 101 milhões no fim de 2013.
   g. Prepare uma análise que explique a variação na perda atuarial líquida dos planos de assistência de saúde de $ 419 milhões no fim de 2012 para $ 364 milhões no fim de 2013.
   h. Apresente os lançamentos no livro diário que a empresa fará no final de 2013 para reconhecer a despesa de pensão líquida, o financiamento de pensão e a variação nas contas do balanço patrimonial para o seu plano de pensão.
   i. Mostre os lançamentos no livro diário que a empresa fará no final de 2013 para reconhecer a despesa de assistência de saúde líquida, o financiamento de assistência de saúde e a variação nas contas do balanço patrimonial para o seu plano de saúde.

Figura 12.18
Elementos de Despesa de Pensão e de Saúde da Juicy-Juice
(valores em milhões de US$)
(Problema 30)

	Planos de Pensão			Planos de Saúde		
	2013	2012	2011	2013	2012	2011
Custo de Serviço..............................	245	213	193	46	40	38
Custo de Juros................................	319	296	271	72	78	72
Retorno Esperado dos Ativos........	(391)	(344)	(325)	–	–	–
Custo de Serviço Anterior.............	3	3	6	(13)	(11)	(8)
Perda Atuarial.................................	164	106	81	21	26	19
Despesa Líquida.............................	340	274	226	126	133	121

Figura 12.19

Status Financeiro dos Planos de Pensão e de Saúde da Juicy-Juice
(valores em milhões de US$)
(Problema 30)

	Planos de Pensão		Planos de Saúde	
	2013	2012	2013	2012
Obrigação de Benefício, 1º de Janeiro	5.771	4.968	1.312	1.319
Custo de Serviço	245	213	46	40
Custo de Juros	319	296	72	78
Emendas ao Plano	11	–	–	(8)
Perda (Ganho) Atuarial	(163)	517	(34)	(45)
Benefícios Pagos	(233)	(241)	(75)	(74)
Outros	(3)	18	49	2
Obrigação de Benefício, 31 de Dezembro	5.947	5.771	(1.370)	(1.312)
Valor Justo dos Ativos do Plano, 1º de Janeiro	5.086	4.152	–	–
Retorno Real dos Ativos	513	477	–	–
Contribuições dos Empregadores	19	699	75	74
Benefícios Pagos	(233)	(241)	(75)	(74)
Outros	(7)	(1)	–	–
Valor Justo dos Ativos do Plano, 31 de Dezembro	5.378	5.086	–	–
Ativo (Passivo) Financiado Líquido	(569)	(685)	1.370	1.312
Reconhecido em:				
Ativo Não Circulante	185	2.068	–	–
Passivo Circulante	(25)	–	(100)	–
Passivo Não Circulante	(729)	(2.753)	(1.270)	(1.312)
Ativo (Passivo) Líquido Reconhecido	(569)	(685)	(1.370)	(1.312)
Reconhecido no Patrimônio Líquido:				
Custo de Serviço Anterior (Crédito)	13	5	(101)	(114)
Perda Atuarial Líquida	1.836	2.285	364	419
Premissas Atuariais:				
Taxa de Descontos	5,8%	5,7%	5,8%	5,7%
Retorno Esperado dos Ativos	7,8%	7,8%	–	–
Aumento da Taxa de Compensação	4,5%	4,4%	–	–
Taxa Tendencial Inicial do Custo do Plano de Saúde	–	–	9,0%	10,0%
Taxa Tendencial Final do Custo do Plano de Saúde	–	–	5,0%	5,0%
Número de Anos para a Taxa Tendencial Final	–	–	5 anos	5 anos

31. Interpretando evidenciações de planos de aposentadoria. As **Figuras 12.20** e **12.21** apresentam determinadas informações sobre as Notas Explicativas das demonstrações financeiras da Treadaway Inc., uma fábrica de pneus, quanto aos seus planos de pensão e de assistência de saúde.

    a. Considere a **Figura 12.20**. Por que o custo de juros dos planos de pensão e de saúde excede o retorno esperado dos ativos de 2011 e 2012, mas esses valores são idênticos em 2013?

    b. Qual a razão provável do declínio da despesa líquida dos planos de saúde da fábrica entre 2011 e 2012?

    c. Por que a Treadaway não apresenta nenhuma subtração pelo retorno esperado dos investimentos ao calcular a despesa de assistência de saúde em cada ano?

    d. Por quais prováveis razões a Treadaway informa um ganho atuarial na sua obrigação de pensão e na sua obrigação de assistência social em 2013?

    e. Faça uma análise que explique a variação no custo de serviço anterior dos planos de pensão da Treadaway de $ 314 no fim de 2012 para $ 366 no fim de 2013.

    f. Prepare uma análise que explique a variação da perda atuarial líquida dos planos de pensão da Treadaway de $ 1.646 no fim de 2012 para $ 1.252 no fim de 2013.

    g. Elabore uma análise que explique a variação no custo de serviço anterior dos planos de assistência de saúde da Treadaway de $ 339 no fim de 2012 para $ 299 no fim de 2013.

    h. Prepare uma análise que explique a variação da perda atuarial dos planos de assistência de saúde da Treadaway de $ 340 no fim de 2012 para $ 221 no fim de 2013.

    i. Apresente o lançamento no livro diário que a fábrica faria no fim de 2013 para reconhecer a despesa líquida de pensão, o financiamento de pensão e a variação nas contas do seu plano de pensão no balanço patrimonial.

    j. Mostre o lançamento no livro diário que a Treadaway faria no fim de 2013 para reconhecer a despesa líquida de assistência de saúde, o financiamento de assistência de saúde e a variação nas contas do seu plano de assistência de saúde no balanço patrimonial.

32. Interpretando evidenciações de tributos sobre o lucro. A **Figura 12.22** apresenta determinadas informações sobre as Notas Explicativas das demonstrações financeiras da Catiman Limited, uma fabricante de equipamentos agrícolas, quanto aos exercícios findos em 31 de outubro de 2013, 2012 e 2011. A Catiman aplica o padrão U.S. GAAP.

    a. Apresente o lançamento no livro diário para reconhecer a despesa de tributo sobre o lucro e o tributo sobre o lucro a pagar no exercício findo em 31 de outubro de 2012. Não deixe de considerar o efeito nas contas de tributos diferidos do ativo e do passivo.

    b. Repita o item **a** para o exercício findo em 31 de outubro de 2013.

    c. Por que os tributos estaduais e locais aparecem como uma adição na reconciliação tributária entre os tributos sobre o lucro a pagar pela alíquota oficial e a despesa de tributos a pagar?

    d. A Catiman combina o efeito de custos não dedutíveis e outros itens na sua reconciliação de tributos sobre o lucro. Os custos não dedutíveis terão o efeito de aumentar ou diminuir a taxa de juros efetiva? Explique.

Figura 12.20

Elementos da Despesa de Pensão e de Assistência de Saúde da Treadaway
(valores em milhões de US$)
(Problema 31)

	Planos de Pensão			Planos de Saúde		
	2013	2012	2011	2013	2012	2011
Custo do Serviço.............................	103	56	41	25	23	25
Custo de Juros................................	295	294	300	135	149	188
Retorno Esperado dos Ativos.........	(295)	(258)	(234)	–	–	–
Custo do Serviço Anterior...............	59	63	71	41	43	45
Perda Atuarial.................................	91	86	79	9	10	35
Despesa Líquida.............................	253	241	257	210	225	293

e. Por que um passivo reconhecido de assistência de saúde e um passivo reconhecido de pensão dão origem a tributos diferidos no ativo, ao passo que um ativo pré-pago de pensão reconhecido origina um passivo tributário diferido? Explique.

f. Provisões de vendas dizem respeito aos valores que a Catiman paga depois da venda por garantias de reparo, descontos e devolução de equipamento. Por que tais provisões dão origem a um ativo tributário diferido?

Figura 12.21

Status Financeiro dos Planos de Pensão e de Saúde da Treadaway
(valores em milhões de US$)
(Problema 31)

	Planos de Pensão		Planos de Saúde	
	2013	2012	2013	2012
Obrigação de Benefício, 1º de Janeiro	5.407	5.191	2.629	3.218
Custo de Serviço	103	56	25	23
Custo de Juros	295	294	135	149
Emendas ao Plano	111	–	1	–
Perda (Ganho) Atuarial	(120)	174	(110)	(532)
Contribuições dos Participantes	10	11	26	19
Benefícios Pagos	(409)	(334)	(255)	(260)
Outros	20	15	27	12
Obrigação de Benefício, 31 de Dezembro	5.417	5.407	2.478	2.629
Valor Justo dos Ativos do Plano, 1º de Janeiro	3.404	3.046	–	–
Retorno Real dos Ativos	478	261	–	–
Contribuições dos Empregadores	567	420	233	241
Benefícios Pagos	10	11	26	19
Outros	(409)	(334)	(255)	(260)
Valor Justo dos Ativos do Plano, 31 de Dezembro	4.050	3.404	4	–
Ativo (Passivo) Financiado Líquido	1.367	(2.003)	(2.474)	(2.629)
Reconhecido em:				
Passivo Circulante	(19)	(736)	(231)	(254)
Passivo Não Circulante	(1.348)	(1.267)	(2.243)	(2.375)
Ativo (Passivo) Líquido Reconhecido	(1.367)	(2.003)	(2.474)	(2.629)
Reconhecido no Patrimônio Líquido:				
Custo de Serviço Anterior (Crédito)	366	314	299	339
Perda Atuarial Líquida	1.252	1.646	221	340
Premissas Atuariais:				
Taxa de Descontos	5,75%	5,50%	5,75%	5,50%
Retorno Esperado dos Ativos	8,50%	8,50%	–	–
Aumento da Taxa de Compensação	4,04%	4,04%	–	–
Taxa Tendencial Inicial do Custo do Plano de Saúde	–	–	11,20%	11,50%
Taxa Tendencial Final do Custo do Plano de Saúde	–	–	5,00%	5,00%
Número de Anos para a Taxa Tendencial Final	–	–	8 anos	8 anos

g. Por qual provável razão a provisão de avaliação dos ativos tributários diferidos aumentou continuamente durante os três anos?
h. Qual a explicação provável para a direção da variação do tributo diferido no passivo com respeito à depreciação?
i. A Catiman faz *leasing* de equipamento a seus clientes, o qual origina um tributo diferido no passivo. Para fins de informação financeira, a empresa contabilizará provavelmente esses *leasings* como operacionais ou financeiros? Que método contábil a empresa provavelmente utilizará para esses mesmos *leasings* para fins de informação fiscal?

33. **Interpretando evidenciações de tributos sobre o lucro.** A **Figura 12.23** apresenta determinadas informações sobre as Notas Explicativas das demonstrações financeiras referentes a tributos da E-Drive, uma fabricante europeia de computadores, dos exercícios findos em 31 de outubro de 2013, 2012 e 2011. A E-Drive aplica IFRS.

Figura 12.22

Evidenciações de Tributos sobre o Lucro da Catiman
(valores em milhões de US$)
(Problema 32)

	2013	2012	
Lucro Antes dos Tributos sobre o Lucro	2.174	2.107	
Despesa de Tributos sobre o Lucro:			
Corrente	736	738	
Diferida	6	(39)	
Total de Despesa de Tributos sobre o Lucro	742	699	
Tributos sobre o Lucro à Alíquota Oficial de 35% sobre o Lucro Antes dos Tributos	761	737	
Tributos Estaduais e Locais (Líquidos de Benefícios Tributários Federais)	22	10	
Alíquotas de Tributos no Exterior	8	(6)	
Custos Não Dedutíveis e Outros	(49)	(42)	
Despesa com Tributos sobre o Lucro	742	699	
31 de Outubro:	**2013**	**2012**	**2011**
COMPONENTES DE TRIBUTOS DIFERIDOS			
Tributos Diferidos no Ativo:			
Passivo de Assistência de Saúde	825	997	1.017
Provisões de Vendas	327	324	304
Passivo de Pensão	246	250	156
Perdas Fiscais e Créditos Fiscais a Compensar	132	93	55
Outros	362	225	257
Provisão para Avaliação	(50)	(25)	(1)
Total de Tributos Diferidos no Ativo	1.842	1.864	1.788
Tributos Diferidos no Passivo:			
Ativo de Pensão Pré-Paga	845	860	778
Depreciação	214	231	263
Lucro de *Leasing* Diferido	144	154	159
Outros	122	96	104
Total de Tributos Diferidos no Passivo	1.325	1.341	1.304

a. Apresente o lançamento no livro diário da despesa de tributo sobre o lucro e dos tributos a pagar no exercício findo em 31 de dezembro de 2012. Use uma única conta de tributos diferidos em vez de contas separadas para tributos diferidos no ativo e no passivo.
b. Repita o item **a** para o exercício findo em 31 de dezembro de 2013.
c. Por que os valores dos tributos diferidos nos lançamentos em **a** e **b** não são iguais às variações em ativos e em passivos de tributos diferidos na **Figura 12.23** em cada ano?
d. Por que os tributos locais aparecem como uma adição na reconciliação entre a alíquota tributária oficial e a efetiva?
e. Por que a E-Drive mostra tanto tributos diferidos no ativo como no passivo para os benefícios de aposentadoria?

Figura 12.23

Evidenciações de Tributos sobre o Lucro da E-Drive
(valores em milhões de euros)
(Problema 33)

	2013	2012	
Lucro Antes dos Tributos sobre o Lucro	€ 13.317	€ 12.226	
Despesa de Tributos sobre o Lucro:			
Corrente	€ 2.177	€ 2.047	
Diferida	1.724	2.185	
Total de Despesa de Tributos sobre o Lucro	€ 3.901	€ 4.232	
Tributos sobre o Lucro à Alíquota Oficial de 35%	35%	35%	
Tributos Locais (Líquidos de Benefícios Tributários Federais)	1	1	
Alíquotas de Tributos no Exterior	(5)	(5)	
Outros	(2)	4	
Taxa de Tributos Efetiva	29%	35%	
31 de Dezembro:	**2013**	**2012**	**2011**
COMPONENTES DE TRIBUTOS DIFERIDOS			
Tributos Diferidos no Ativo:			
Pagamentos Baseados em Ações e Outras Compensações	€ 3.147	€ 3.022	€ 3.122
Benefícios de Pensão	3.002	3.039	3.908
Custos de Desenvolvimento Capitalizados	1.355	1.728	1.794
Dívidas Incobráveis e Garantias	724	937	1.050
Outros	3.128	3.471	4.855
Provisão para Avaliação	(510)	(562)	(603)
Total de Tributos Diferidos no Ativo	€ 10.846	€ 11.635	€ 14.126
Tributos Diferidos no Passivo:			
Benefícios de Pensão	€ 2.906	€ 7.267	€ 7.057
Lucro de *Leasing* Diferido	1.385	964	622
Custos de Desenvolvimento de *Software*	505	348	381
Outros	1.340	1.502	1.324
Total de Tributos Diferidos no Passivo	€ 6.136	€ 10.081	€ 9.384

f. O que a informação sobre tributos diferidos ativos decorrentes de dívidas incobráveis e garantias sugere sobre o momento em que a E-Drive reconhece despesas desses itens para fins de informação financeira e informação fiscal?

g. A E-Drive faz *leasing* de seus equipamentos aos clientes, originando um tributo diferido no passivo. A fabricante contabilizará, provavelmente, esses *leasings* como operacionais ou financeiros para fins de informação financeira? Que método contábil para esses *leasings* a E-Drive provavelmente utiliza para fins fiscais?

h. O que a informação sobre tributos diferidos no passivo por custos de desenvolvimento sugere sobre o momento em que a E-Drive reconhece uma despesa desse item para fins de informação financeira e informação fiscal?

34. Interpretando evidenciações de tributos sobre o lucro. A **Figura 12.24** apresenta informações sobre as Notas Explicativas das demonstrações financeiras referentes a tributos da Dime Store, uma varejista de descontos, dos exercícios findos em 31 de janeiro de 2013, 2012 e 2011. A Dime Store aplica U.S. GAAP.

a. Apresente o lançamento no livro diário para reconhecer a despesa de tributo sobre o lucro e dos tributos a pagar da Dime Store no exercício findo em 31 de dezembro de 2011. Use uma única conta de tributos diferidos em vez de contas separadas para tributos diferidos no ativo e no passivo.

Figura 12.24

Evidenciações de Tributos sobre o Lucro da Dime Store
(valores em milhões de US$)
(Problema 34)

Exercício Findo em 31 de Janeiro:	2013	2012	2011
Lucro Antes dos Tributos sobre o Lucro	4.500	3.862	3.032
Despesa de Tributos sobre o Lucro:			
Corrente	1.911	1.574	1.052
Diferida	(201)	(122)	94
Total de Despesa de Tributos sobre o Lucro	1.710	1.452	1.146
Tributos sobre o Lucro à Alíquota Oficial de 35%	35,0%	35,0%	35,0%
Tributos Estaduais e Locais (Líquidos de Benefícios Tributários Federais)	4,0	3,3	3,3
Outros	(1,0)	(0,7)	(0,5)
Alíquota Efetiva de Tributos	38,0%	37,6%	37,8%

	31 de Janeiro:			
	2013	2012	2011	2010
COMPONENTES DE TRIBUTOS DIFERIDOS				
Tributos Diferidos no Ativo:				
Pagamentos Baseados em Ações	466	399	332	297
Benefícios Autoassegurados	238	217	179	143
Débitos Incobráveis	191	167	147	133
Benefícios de Assistência de Saúde	39	39	38	42
Outros	192	152	175	97
Total de Tributos Diferidos no Ativo	1.126	974	871	712
Tributos Diferidos no Passivo:				
Imobilizado	1.041	1.080	1.136	806
Pensão	100	287	268	218
Outros	135	114	96	84
Total de Tributos Diferidos no Passivo	1.276	1.481	1.500	1.108

b. Repita o item **a** para o exercício findo em 31 de dezembro de 2012.
c. Repita o item **a** para o exercício findo em 31 de dezembro de 2013.
d. Por que os valores dos tributos diferidos nos lançamentos em **a**, **b** e **c** não são iguais às variações em ativos e em passivos de tributos diferidos na **Figura 12.24** em cada ano?
e. Por que os tributos locais e estaduais aparecem como uma adição na reconciliação entre a alíquota tributária oficial e a efetiva?
f. O que a informação sobre um tributo diferido no ativo por benefícios de assistência de saúde e um tributo diferido no passivo sugere sobre o *status* financeiro dos planos de pensão e de saúde da Dime Store?
g. O tributo diferido do passivo relativo ao imobilizado permaneceu relativamente estável entre 31 de janeiro de 2011 e de 2012. O que esse comportamento de tributos diferidos no passivo sugere sobre as despesas da Dime Store com o imobilizado?
h. Qual é a interpretação da ausência de uma provisão para avaliação dos tributos diferidos no ativo?

35. **Comportamento da conta de tributo sobre o lucro diferido quando uma empresa adquire novos ativos a cada ano.** A Equilibrium Company adotou um programa de compra de uma nova máquina a cada ano. Ela usa um método prescrito de depreciação na sua declaração fiscal e depreciação linear nas suas demonstrações financeiras. Cada máquina custa € 12.000 instalada e tem uma vida econômica de 6 anos para informação financeira. A Equilibrium deprecia seus equipamentos para fins fiscais utilizando as seguintes porcentagens do custo de aquisição a cada ano: 20%, 32%, 19%, 12%, 11% e 6% do custo em cada um dos seis anos, respectivamente.

   a. Calcule o total da dedução da depreciação na declaração fiscal em cada um dos primeiros sete anos.
   b. Calcule a depreciação de cada ano usando o método linear de depreciação.
   c. Calcule a diferença anual nas despesas de depreciação usando os resultados de **a** e **b**.
   d. Calcule o aumento anual da conta Tributos Diferidos no Passivo do balanço patrimonial, multiplicando a alíquota tributária, de 40%, pelo valor encontrado em **c**.
   e. Calcule os saldos de final de exercício da conta Tributos Diferidos no Passivo do balanço patrimonial.
   f. Se a Equilibrium continuar a seguir a sua política de comprar uma nova máquina a cada ano por € 12.000, o que acontecerá com o saldo da conta de Tributos Diferidos no Passivo do seu balanço patrimonial?

36. **Tentativa de conseguir financiamento fora do balanço.** (Adaptado de materiais de R. Dieter, D. Landsittel, J. Stewart e A. Wyatt.) A Shiraz Company deseja levantar $ 50 milhões em caixa, mas, por várias razões, não deseja fazê-lo de modo que isso resulte em um novo passivo registrado. Ela é suficientemente solvente e lucrativa para que o seu banco lhe empreste até $ 50 milhões à taxa de juros *prime*. Os executivos financeiros da Shiraz Company delinearam seis diferentes planos, descritos nos parágrafos a seguir.

   Plano 1: Transferência de recebíveis com recurso. A Shiraz Company transferirá para a Credit Company suas contas a receber que têm a receber pagamentos ao longo dos próximos dois anos. Nesses recebíveis incidem taxas de juros fixas. A Credit Company pagará um valor igual ao valor presente dos recebíveis menos uma provisão para incobráveis, bem como um desconto, porque ela pagará agora, mas só receberá o caixa depois. A Shiraz Company deve recomprar da Credit Company pelo valor de face todos os recebíveis que se tornem incobráveis, além do valor da provisão para incobráveis. Ademais, ela pode recomprar qualquer dos recebíveis não vencidos pelo valor de face menos um desconto especificado por fórmula e com base na taxa *prime* da transferência inicial. (Esta opção permite à Shiraz se beneficiar de uma queda inesperada das taxas de juros após a transferência.) A questão contábil é se essa transferência é uma venda (a Shiraz Company debita o Caixa, credita Contas a Receber e debita uma despesa ou perda na transferência) ou é um empréstimo garantido pelos recebíveis (a Shiraz Company debita o Caixa e credita Empréstimo a Pagar no momento da transferência).

   Plano 2: Acordo de financiamento de produto. A Shiraz Company transferirá estoque à Credit Company, a qual armazenará o estoque em um armazém público. A Credit Company pode usar o estoque como garantia para seus próprios empréstimos, cujos proventos ela usará para pagar a Shiraz Company. Esta pagará custos de armazenagem e recomprará o estoque dentro dos próximos quatro anos a preços fixados em contrato mais juros acumulados pelo tempo decorrido entre a transferência e a recompra posterior. A questão contábil é se a Shiraz vendeu o estoque à Credit Company, com as recompras posteriores tratadas pela Shiraz como novas aquisições de estoque, ou se a Shiraz tomou o empréstimo da Credit Company com estoque permanecendo no balanço patrimonial da Shiraz.

Plano 3: Contrato de compra. A Shiraz Company deseja um ramal ferroviário construído a partir da ferrovia principal para transportar a matéria-prima diretamente até sua fábrica. Ela poderia tomar emprestados os recursos e construir o ramal ela mesma. Em vez disso, ela assinará um acordo com a ferrovia para embarcar quantidades específicas de material a cada mês por dez anos. A Shiraz pagará os custos de transporte acordados, mesmo que não deseje receber entregas de qualquer material. A ferrovia levará o contrato ao seu banco e, utilizando-o como garantia, tomará emprestados os recursos para construir o ramal. A questão contábil é se a Shiraz Company deveria debitar um ativo por serviços ferroviários futuros e creditar um passivo pelos pagamentos à ferrovia. A alternativa é não registrar nada, exceto quando a Shiraz fizer pagamentos à ferrovia.

***Plano 4: Constituição de uma* joint venture.** A Shiraz Company e a Mission Company construirão em conjunto uma fábrica de produtos químicos de que ambas as empresas precisam para o seu processo de produção. Cada uma contribuirá com $ 5 milhões para o projeto, que se chamará Chemical. Esta tomará emprestados outros $ 40 milhões de um banco, com a Shiraz (mas não a Mission) garantindo a dívida. A Shiraz e a Mission contribuirão cada uma igualmente para as despesas operacionais futuras e para os pagamentos do serviço da dívida da Chemical. Em troca da garantia de débito, a Shiraz terá a opção de comprar os direitos de participação da Mission por $ 20 milhões após quatro anos. A questão contábil é se a Shiraz Company, que em última análise será responsável por todos os pagamentos do serviço da dívida, deverá reconhecer um passivo pelos recursos que a Chemical tomou emprestados. Alternativamente, a garantia da dívida é um compromisso que a Shiraz Company deverá evidenciar nas Notas Explicativas das suas demonstrações financeiras.

Plano 5: Parceria em pesquisa e desenvolvimento. A Shiraz Company contribuirá com um laboratório e resultados preliminares de pesquisa sobre uma descoberta potencialmente lucrativa de duplicação genética para uma empresa constituída sob a forma de uma *partnership* chamada Venture. Esta levantará fundos mediante a venda da participação remanescente na *partnership* para investidores externos pelo valor de $ 2 milhões e tomando um empréstimo de $ 48 milhões de um banco, com a Shiraz Company garantindo o débito. Embora a Venture venha a operar sob a direção da Shiraz Company, ela estará livre para vender os resultados de suas descobertas posteriores e esforços de desenvolvimento a qualquer interessado, inclusive à Shiraz Company. A Shiraz não tem obrigação de comprar nenhum resultado da Venture. A questão contábil é se a Shiraz Company deverá reconhecer um passivo pelos $ 48 milhões do empréstimo bancário. A sua análise mudaria se a Shiraz Company não garantisse o empréstimo bancário, mas em vez disso tivesse a opção ou a obrigação de comprar os resultados do trabalho da Venture?

Plano 6: Financiamento de hotel. A Shiraz Company possui e opera um hotel lucrativo. Ela poderia usá-lo como garantia para um empréstimo convencional com hipoteca. Em vez disso, ela considera vender o hotel a uma *partnership* por $ 50 milhões em caixa. A *partnership* venderá a participação societária a investidores externos por $ 5 milhões e tomará um empréstimo de $ 45 milhões de um banco como um empréstimo convencional hipotecário usando o hotel como garantia. A empresa garante a hipoteca. A questão contábil é se ela deveria registrar um passivo pelo empréstimo bancário da parceria.

Discuta se a Shiraz Company deverá reconhecer alguma dessas obrigações ou compromissos como um passivo no seu balanço patrimonial.

Capítulo 13

Títulos de mercado e derivativos

As empresas frequentemente adquirem **títulos de mercado** (títulos de dívida, ações preferenciais e ações ordinárias) de outras entidades, incluindo empresas e governos. Seguem alguns exemplos de aquisições desses títulos.

Exemplo 1 O Goldman Sachs, um banco de investimento, faz operações com títulos (*trading operations*) que focam variações de curto prazo nos preços dos títulos. Ele adquiriu ações ordinárias da Toyota Motor Corporation a $ 45,66 por ação e as vendeu três dias depois a $ 46,25 por unidade.

Exemplo 2 A Southwest Airlines vende passagens aéreas e recebe caixa antes de prestar os serviços de transporte. Em vez de deixar o caixa ocioso em uma conta bancária, a empresa adquire Notas do Tesouro Americano, obtendo juros enquanto mantiver esses títulos. Ela venderá as notas quando precisar de caixa para suas operações.

Exemplo 3 A Roche Holding, uma companhia farmacêutica, adquire ações ordinárias de diversas empresas dedicadas à pesquisa em biotecnologia. A Roche se beneficiará de aumentos do preço de mercado dessas ações se o esforço de pesquisa for bem-sucedido.

As empresas também fecham contratos financeiros com outras entidades para se proteger (fazer *hedge*) contra vários riscos.

Exemplo 4 A Nestlé, uma empresa de alimentos de consumo, adquire grãos de cacau para seus chocolates. Com base no seu plano de produção, a Nestlé pretende comprar 2 mil toneladas métricas de grãos de cacau com entrega em seis meses. A empresa pode adquirir os grãos de cacau no mercado *spot* dentro de seis meses ou comprá-los hoje para entrega em seis meses, usando um contrato de *compra para entrega futura* (*forward purchase contract*). A primeira alternativa a expõe às variações de preços do grão de cacau, ao passo que a última fixa o preço hoje. Se a Nestlé travar o preço hoje usando um contrato futuro, ela economizará custos desembolsáveis se o preço do cacau subir nos próximos seis meses, mas terá uma perda de oportunidade se os preços declinarem.

Exemplo 5 A Siemens AG, uma empresa diversificada alemã, faz um pedido de 5 mil bombas para serem fabricadas no México e entregues em seis meses. A Siemens concorda em pagar 64 pesos mexicanos por bomba ao fornecedor. A taxa atual de câmbio entre o euro e o peso mexicano é de aproximadamente € 0,06 = 1 peso

---

OBJETIVOS DE APRENDIZAGEM

1. Entender por que as empresas adquirem títulos emitidos por outras empresas e por entidades governamentais e como a finalidade do investimento afeta a contabilização desse investimento.

2. Compreender a contabilização de investimentos de curto e longo prazos em títulos de mercado.

3. Saber por que as empresas usam contratos de derivativos para fazer *hedge* do risco de variações das taxas de juros, das taxas de câmbio, dos preços das *commodities* e outros fatores.

4. Desenvolver habilidades para aplicar a contabilidade de *hedge* aos contratos de derivativos.

5. Desenvolver a capacidade de aplicar a opção pelo valor justo aos títulos de mercado e aos contratos de *hedge*.

(P1), o que implica um preço atual de € 19.200 (= 64 pesos × 5.000 × € 0,06) para as 5 mil bombas. Se a Siemens estiver preocupada que a taxa de câmbio varie antes de receber as bombas em seis meses e que elas possam custar mais que os atuais € 19.200, que equivalem a 320.000 pesos (P 320.000) (= 64 pesos × 5.000), a empresa poderá adquirir um *contrato futuro de câmbio* de um banco para adquirir P 320.000 a € 25.600 em seis meses, ou seja, a uma taxa de € 0,08 por P1. Se o euro se desvalorizar a ponto de a taxa de câmbio se elevar para mais de € 0,08 por peso, o banco pagará à Siemens a diferença. Se a taxa de câmbio for de € 0,08 ou menor, o contrato futuro expira e a Siemens troca os euros necessários para comprar P 320.000. Assim, a empresa se beneficia do contrato se o euro se desvalorizar e o peso subir para mais de € 0,08. A Siemens assume o custo para as taxas de câmbio entre € 0,06 e € 0,08; esse valor é igual ao retorno do banco por vender o contrato futuro. A Siemens pagou agora para neutralizar o seu risco de que a taxa de câmbio exceda € 0,08.

Exemplo 6 A Arcelor Mittal, uma companhia siderúrgica, emite € 50 milhões em *bonds* com taxa de juros variando conforme a taxa de juros *prime* da Holanda, atualmente de 6%. Para fixar a taxa de juros de seus empréstimos em 6%, a Arcelor Mittal fecha um *contrato de swap de taxa de juros* com o seu banco. Se a taxa de juros variável aumentar para mais de 6%, digamos, para 8%, a siderúrgica precisará pagar aos detentores dos seus *bonds* juros de 8%. Contudo, o banco pagará a ela 2% do valor emprestado, fixando o custo líquido do empréstimo da Arcelor Mittal em 6%. Se a taxa de juros cair para menos de 6%, digamos, para 5%, a Arcelor Mittal precisará pagar aos detentores dos seus *bonds* juros de 5%. Contudo, a Arcelor Mittal precisará pagar ao banco 1% do valor emprestado, novamente fixando seu custo de empréstimo em 6%.

Os ativos financeiros descritos nos **Exemplos 1, 2 e 3** aparecem ou na seção do ativo circulante ou na do ativo não circulante[1] do balanço patrimonial, dependendo do período em que os títulos são mantidos pelas empresas. Esses ativos financeiros são títulos negociáveis no mercado. Os contratos financeiros nos **Exemplos 4, 5 e 6** são *derivativos*, que podem ser ativos ou passivos, dependendo do movimento da variável financeira (por exemplo, taxa de juros ou taxas correntes de câmbio) vinculada ao contrato financeiro. Este capítulo aborda a contabilização dos investimentos em títulos negociáveis no mercado e em derivativos. A discussão procederá da seguinte maneira:

1. Começaremos com uma explanação geral sobre questões de mensuração e de informação dos efeitos da mensuração dos títulos negociáveis no mercado e dos derivativos.
2. A seguir descreveremos os requisitos dos padrões U.S. GAAP e IFRS para contabilização dos investimentos em títulos negociáveis no mercado.
3. Descreveremos em seguida os requisitos dos padrões U.S. GAAP e IFRS para contabilização dos derivativos.
4. Concluiremos discutindo e ilustrando a opção pelo valor justo, que possibilita às empresas escolher mensurar certos ativos financeiros pelo valor justo.

QUESTÕES SOBRE MENSURAÇÃO DE ATIVOS E RECONHECIMENTO DO LUCRO

Como pano de fundo para a orientação regulatória dos padrões U.S. GAAP e IFRS para títulos de mercado e derivativos, identificaremos em primeiro lugar as questões contábeis envolvidas na mensuração de ativos financeiros no balanço patrimonial e no reconhecimento do lucro na demonstração do resultado.

Exemplo 7 Para ilustrar essas questões contábeis, considere que:

1. **1º de janeiro de 2013**. A Thames adquire 100 ações ordinárias da Elseve Limited a € 50 cada uma.
2. **31 de dezembro de 2013**. O preço de mercado das ações ordinárias da Elseve é de € 60 por ação. A Thames continua a manter as ações.
3. **31 de dezembro de 2014**. O preço de mercado das ações ordinárias da Elseve é de € 80 por ação. A Thames mantém as ações.
4. **2 de janeiro de 2015.** A Thames vende as 100 ações da Elseve Limited a € 80 cada uma.

Deixando de lado por um momento os requisitos dos padrões U.S. GAAP e IFRS, a Thames poderia mensurar as ações da Elseve no seu balanço patrimonial usando o custo de aquisição ou o valor justo. Se a Thames usar

---
1. Realizável a longo prazo. (NT)

o valor justo, ela poderá reconhecer as variações no valor justo ou (1) em Outros Resultados Abrangentes (sem passar pela DRE) quando o valor justo varia e no lucro líquido (passando pela DRE) apenas quando ela vende as ações ou (2) no Lucro Líquido na medida em que o valor justo varia. A **Figura 13.1** ilustra os valores no balanço patrimonial e em outros resultados abrangentes, e no lucro líquido sob essas três abordagens. As setas significam o fechamento do lucro líquido em Lucros Acumulados ou o fechamento de Outros Resultados Abrangentes (ORA) em Outros Resultados Abrangentes Acumulados (ORAA).

Método 1: Mensuração pelo custo de aquisição

O método do custo de aquisição mensura o investimento pelo custo de aquisição em todos os períodos, a menos que o investimento sofra *impairment*[2]. Esse método resulta em que a Thames informe títulos de mercado no valor de € 5.000 no balanço patrimonial ao fim de 2013 e 2014. No momento da venda em 2015, a Thames realiza um ganho de € 3.000 (= € 8.000 – € 5.000). O ganho aumenta o lucro líquido de 2015. O método do custo de aquisição não *reconhece* ganhos e perdas antes do momento da venda. Assim, esse método ignora ganhos e perdas não realizados enquanto a empresa mantém os títulos. Ele informa apenas ganhos e perdas *realizados* na demonstração do resultado. Esse método não informa o valor justo dos títulos no balanço patrimonial, embora os usuários das demonstrações provavelmente considerem os valores justos dos títulos de mercado mais relevantes que seus custos de aquisição.

Método 2: Mensuração a valor justo com ganhos e perdas não realizados no resultado

O segundo método mensura e informa os títulos pelo valor justo no balanço patrimonial no fim de cada exercício contábil. Assim, a Thames informaria os títulos de mercado a € 6.000 no seu balanço de 31 de dezembro de 2013 e a € 8.000 no balanço de 31 de dezembro de 2014. A mensuração de títulos pelo valor justo proporciona aos usuários das demonstrações financeiras informação sobre o valor que a empresa receberia com a venda dos títulos na data do balanço patrimonial.

As variações nos valores justos dos títulos de mercado dão origem a ganhos (ou perdas) não realizados. O segundo método reconhece esses ganhos (ou perdas) não realizados no resultado na medida em que o valor justo varia e não espera até que a Thames venda as ações para reconhecer ganhos (ou perdas) do lucro líquido. Sob esse método, os leitores das demonstrações financeiras têm a informação sobre as decisões das empresas de comprar, manter e vender títulos de mercado apresentada na demonstração do resultado. Os defensores desse método argumentam que, se os valores justos são suficientemente confiáveis para mensurar ativos, eles deveriam ser confiáveis o bastante para reconhecer ganhos e perdas não realizados desses ativos no lucro líquido.

Figura 13.1
Ilustração da Mensuração do Ativo e do Reconhecimento do Lucro

	2013	2014	2015
Método 1: Custo de Aquisição			
Balanço Patrimonial	€ 5.000	€ 5.000	€ 0
Outros Resultados Abrangentes (ORA) → Outros Resultados Abrangentes Acumulados (ORAA)	0	0	0
Lucro Líquido (LL) → Lucros Acumulados (LA)	0	0	3.000
Método 2: Valor Justo com Ganhos e Perdas Não Realizados no Resultado			
Balanço Patrimonial	€ 6.000	€ 8.000	0
Outros Resultados Abrangentes → Outros Resultados Abrangentes Acumulados	0	0	0
Lucro Líquido → Lucros Acumulados	1.000	2.000	0
Método 3: Valor Justo com Ganhos e Perdas em Outros Resultados Abrangentes			
Balanço Patrimonial	€ 6.000	€ 8.000	€ 0
Outros Resultados Abrangentes → Outros Resultados Abrangentes Acumulados	1.000	2.000	(3.000)
Lucro Líquido → Lucros Acumulados	0	0	3.000

---

2. Tanto U.S. GAAP como IFRS requerem que as empresas avaliem os investimentos em títulos pelo custo de aquisição para fins de *impairment*. Este livro não considera os detalhes dessas avaliações de *impairment*.

Método 3: Mensuração a valor justo com ganhos e perdas não realizados em outros resultados abrangentes

O terceiro método, tal como o segundo, informa os títulos de mercado pelo valor justo em cada período. Em contraste com o segundo método, o terceiro *não* informa variações nesses valores justos na demonstração do resultado até que a empresa realize o ganho pela venda dos títulos. Assim, o lucro líquido de 2015 incluirá o total de € 3.000 de ganhos realizados com a venda dos títulos.

Para manter a igualdade do balanço patrimonial nessa ilustração, o terceiro método precisa ter um crédito que compense o débito em Títulos de Mercado que surge do aumento do valor justo a cada ano. O terceiro método aumenta Outros Resultados Abrangentes, que no final de cada período de divulgação a empresa encerra e transfere para Outros Resultados Abrangentes Acumulados, outra conta do patrimônio líquido. Assim, os € 1.000 de aumento no valor justo em 2013 aumentam Outros Resultados Abrangentes em € 1.000 e resultam em um saldo de € 1.000 em Outros Resultados Abrangentes Acumulados no fim de 2013. O aumento de € 2.000 no valor justo em 2014 aumenta Outros Resultados Abrangentes em € 2.000 e resulta em um saldo de € 3.000 (= € 1.000 + € 2.000) em Outros Resultados Abrangentes Acumulados no fim de 2014. Quando a empresa vende os títulos em 2015 por € 8.000, ela faz o seguinte lançamento:

---

2 de Janeiro de 2015

Caixa	8.000	
Outros Resultados Abrangentes	3.000	
Títulos de Mercado		8.000
Ganhos Realizados na Venda de Títulos de Mercado		3.000

Ativo	=	Passivo	+	Patrimônio Líquido	Classificação
+ 8.000				– 3.000	ORA → ORAA
– 8.000				+ 3.000	LL → LA

Para registrar a venda por € 8.000 de títulos de mercado com valor contábil de € 8.000 e reverter os ganhos não realizados previamente reconhecidos de € 3.000 pelo lançamento de uma redução em Outros Resultados Abrangentes. O ganho realizado é de € 3.000. O resultado abrangente (a soma do lucro líquido com outros resultados abrangentes) mostra € 1.000 em 2013, € 2.000 em 2014 e zero em 2015, na medida em que o ganho realizado e a reversão dos ganhos não realizados previamente reconhecidos levam a zero o resultado abrangente de 2015.

Cada um desses três métodos tem vantagens e desvantagens reconhecidas. Tanto U.S. GAAP como IFRS usam uma combinação desses métodos na especificação da contabilização requerida para os títulos de mercado e para os derivativos.

CONTABILIZAÇÃO E INFORMAÇÃO DE TÍTULOS DE MERCADO

As empresas podem adquirir títulos de mercado para fins de negociação, como mostra o **Exemplo 1** para a Goldman Sachs. Podem também adquirir títulos de mercado como um investimento de curto prazo do excedente de caixa, como o **Exemplo 2** descreve para a Southwest Airlines. Em ambos os exemplos, os títulos serão classificados como ativos circulantes no balanço patrimonial. As empresas que adquirirem títulos de mercado como um investimento de longo prazo, como no **Exemplo 3** para a Roche, classificam os **investimentos em títulos e valores mobiliários** como um ativo não circulante. O termo *títulos de mercado* implica a existência de um mercado no qual os títulos são ativamente negociados, permitindo uma mensuração relativamente fácil e confiável dos valores justos. Discutiremos e ilustraremos os requisitos dos padrões U.S. GAAP e IFRS a seguir[3].

---

3. FASB, *Statement of Financial Accounting Standards N. 115*, "Accounting for Certain Investments in Debt and Equity Securities", 1993 (**Codification Topic 320**); IASB, *International Accounting Standard 39*, "Financial Instruments: Recognition and Measurement", rev. 2003. Em novembro de 2009, o IASB emitiu o *International Financial Reporting Standards 9*, "Financial Instruments" (IFRS 9). Em dezembro de 2011, o IASB diferiu a data de vigência do IFRS 9 para 1º de janeiro de 2015, com adoção anterior permitida. O **Apêndice** deste capítulo resume algumas das mudanças que serão requeridas pelo IFRS 9.

Classificação de títulos de mercado

U.S. GAAP e IFRS requerem que as empresas classifiquem os títulos de mercado em três categorias:

1. **Títulos de dívida mantidos até o vencimento** (U.S. GAAP) ou **investimentos mantidos até o vencimento** (IFRS) são títulos de dívida que a empresa detém com a intenção e a capacidade de manter até o vencimento. Títulos mantidos até o vencimento são divulgados no balanço patrimonial pelo seu custo de aquisição (custo amortizado), sujeito a *impairment*. A contabilização de títulos mantidos até o vencimento segue o primeiro método ilustrado na **Figura 13.1**.
2. Títulos patrimoniais (ações) e de dívida mantidos como **títulos para negociação** (U.S. GAAP) ou como **ativos financeiros mensurados a valor justo por meio do resultado** (IFRS) são aqueles que a empresa tem a intenção de negociar para obter um lucro. Utilizamos o termo *títulos para negociação* para nos referirmos a esses títulos. Os títulos para negociação são divulgados no balanço patrimonial pelo valor justo. Variações nos valores justos desses títulos são apresentadas a cada período na demonstração do resultado. A contabilização desses títulos observa o segundo método ilustrado na **Figura 13.1**.
3. Títulos patrimoniais e de dívida mantidos como **títulos disponíveis para venda** (U.S. GAAP) ou como **ativos financeiros disponíveis para venda** (IFRS) são títulos que não são nem mantidos até o vencimento nem para negociação. Os títulos disponíveis para venda são divulgados no balanço patrimonial pelo valor justo. Variações nos valores justos desses títulos são incluídas em Outros Resultados Abrangentes (denominadas ganhos/perdas não realizados), sendo transferidas para o lucro líquido apenas quando a empresa vende os títulos (denominadas ganhos/perdas realizados). A contabilização dos títulos disponíveis para venda segue o terceiro método ilustrado na **Figura 13.1**.

Mensuração de títulos na aquisição

Uma empresa registra, inicialmente, a compra de títulos de mercado pelo custo de aquisição, o qual inclui o preço de compra mais todas as comissões, impostos e outros custos incorridos[4]. Por exemplo, se uma empresa adquire títulos classificados como títulos de mercado por $ 10.000, o lançamento é o seguinte:

Títulos de Mercado	10.000	
Caixa		10.000
Para registrar a aquisição de títulos de mercado custando $ 10.000.		

O investidor reconhece dividendos sobre títulos patrimoniais como receita quando o conselho de administração da empresa declara dividendos e reconhece lucro sobre juros nos títulos de dívida quando os juros incidem ao longo do tempo. Suponha que uma empresa mantém ações que declararam $ 250 de dividendos e títulos de dívida sobre os quais obteve $ 300 de juros e que ela não recebeu esses valores em caixa. O lançamento é o seguinte:

Dividendos e Juros a Receber	550	
Receita de Dividendos		250
Receita de Juros		300
Para registrar receita de dividendos e de juros sobre Títulos de Mercado.		

A mensuração de títulos de mercado na data da aquisição e o registro de dividendos e juros não apresentam novas questões. A mensuração de títulos após a aquisição, contudo, afasta-se da contabilização pelo custo de aquisição.

---

4. Os padrões U.S. GAAP e IFRS excluem custos de transação dos custos de aquisição dos títulos para negociação, tratando-os como despesas do período.

Mensuração de títulos após a aquisição

Títulos de dívida mantidos até o vencimento. As empresas algumas vezes adquirem títulos de dívida com a intenção de mantê-los até o vencimento, como no próximo exemplo.

Exemplo 8 A Consolidated Edison (ConEd), uma concessionária de serviços de energia elétrica, tem $ 100 milhões de *bonds* a pagar em circulação no mercado com vencimento em cinco anos. A concessionária adquire títulos do governo americano cujos pagamentos de juros periódicos e valor no vencimento são exatamente iguais aos dos seus *bonds* em circulação no mercado. A empresa tem a intenção de usar o caixa recebido dos títulos do governo para fazer os pagamentos dos juros e do principal dos seus próprios títulos.

Os padrões U.S. GAAP e IFRS requerem que as empresas mensurem pelo **custo amortizado** os títulos de dívida de mercado que elas têm a intenção e a capacidade de manter até o vencimento. Uma empresa registra inicialmente esses títulos de dívida pelo custo de aquisição. Esse custo é diferente do valor de vencimento da dívida se a taxa de cupom dos títulos (taxa nominal) for diferente da taxa de juros efetiva desses títulos. A empresa usa o método dos juros efetivos para amortizar, como um ajuste na receita de juros, qualquer diferença entre o custo de aquisição e o valor de vencimento ao longo da vida da dívida[5]. O procedimento de amortização envolve os seguintes passos:

1. O detentor de títulos de dívida (o investidor) registra a receita de juros a cada período. O valor da receita de juros é igual ao valor contábil da dívida no início do período multiplicado pela taxa efetiva de juros. Ele debita a conta Aplicações Financeiras (ou Investimento em Títulos e Valores Mobiliários) nesse valor e credita Receita de Juros. A Receita de Juros vai para Lucros Acumulados no fim do período.
2. Se o investidor recebe caixa em cada período, ele debita Caixa e credita Títulos de Mercado. O resultado desse processo é um novo valor contábil (chamado de *custo amortizado*) para uso nos cálculos durante o próximo período.

Exemplo 9 Considere o **Exemplo 8**. Suponha que o governo americano pagará ao investidor $ 2.500.000 a cada seis meses, iguais a 2,5% dos $ 100 milhões de valor de face dos *bonds* (cupom anual de 5%, pago em duas prestações em cada ano), e liquidará os $ 100 milhões ao fim de cinco anos. Presuma que, no momento em que a ConEd adquire os *bonds*, a taxa efetiva de juros é de 6% ao ano, capitalizados semestralmente (3% a cada seis meses). Como a taxa de juros efetiva (6% ao ano, capitalizados semestralmente) é maior que a taxa do cupom (5% ao ano, pagos semestralmente), os *bonds* serão vendidos com desconto. A ConEd pagará $ 95.734.898[6] por eles. A **Figura 13.2** mostra a planilha de amortização desses *bonds* pelos dez períodos de seis meses até o vencimento em cinco anos.

A ConEd faz os seguintes lançamentos no momento da compra dos títulos do governo americano:

Início do Período 1		
Aplicações Financeiras...	95.734.898	
Caixa...		95.734.898
Para registrar a compra, por $ 95.734.898, de *bonds* com valor de face de $ 100 milhões, classificados como títulos mantidos até o vencimento.		

A ConEd classificará esses investimentos como um ativo não circulante (Realizável a Longo Prazo) no seu balanço patrimonial porque ela pretende manter os títulos por mais de um ano.

No final do primeiro período de seis meses, a ConEd faz o seguinte lançamento:

Final do Primeiro Período de Seis Meses		
Aplicações Financeiras...	2.872.047	
Receita de Juros...		2.872.047
Para reconhecer a receita de juros de *bonds*: $ 2.872.047 = 0,03 × $ 95.734.898.		

---

5. O processo de amortização envolve os mesmos cálculos de juros compostos que o **Capítulo 11** discutiu com relação ao emissor da dívida e ilustrou na **Figura 11.2** para um empréstimo.
6. O valor é igual à soma do valor presente da anuidade de $ 2,5 milhões por dez períodos com o valor presente dos $ 100 milhões recebidos no final de dez períodos, ambos os fluxos de caixa descontados à taxa de 3% ao período. (Usando a calculadora HP 12C: PMT = 2.500.000; FV = 100.000.000; n = 10; i = 3; PV = ? (NT).

Figura 13.2

Planilha de Amortização de *Bonds* de $ 100 Milhões com Taxa de Juros Declarada de 5% ao Ano e Taxa Requerida pelo Mercado de 6% ao Ano, Ambas Capitalizadas e Pagas Semestralmente

Período (1)	Títulos de Mercado no Início do Período (2)	Receita de Juros a 3% por Período (3)	Caixa Recebido por Período (4)	Aumento do Valor Contábil do Título de Mercado (5)	Título de Mercado no Fim do Período (6)
1	$ 95.734.898	$ 2.872.047	$ 2.500.000	$ 372.047	$ 96.106.945
2	96.106.945	2.883.208	2.500.000	383.208	96.490.153
3	96.490.153	2.894.705	2.500.000	394.705	96.884.858
4	96.884.858	2.906.546	2.500.000	406.546	97.291.404
5	97.291.404	2.918.742	2.500.000	418.742	97.710.146
6	97.710.146	2.931.304	2.500.000	431.304	98.141.450
7	98.141.450	2.944.244	2.500.000	444.244	98.585.694
8	98.585.694	2.957.571	2.500.000	457.571	99.043.265
9	99.043.265	2.971.298	2.500.000	471.298	99.514.563
10	99.514.563	2.985.437	2.500.000	485.437	100.000.000

Observações: A Coluna (2) é igual à Coluna (6) do período anterior, exceto para o primeiro período, em que ela é igual ao preço de compra dos *bonds*.
A Coluna (3) = 0,03 × Coluna (2).
A Coluna (4) é dada.
A Coluna (5) = Coluna (3) − Coluna (4).
A Coluna (6) = Coluna (2) + Coluna (5).

© Cengage Learning 2014

Final do Primeiro Período de Seis Meses

Caixa	2.500.000	
Aplicações Financeiras		2.500.000
Para registrar o recebimento de caixa do investimento em *bonds* do governo americano.		

A ConEd poderia combinar os dois lançamentos anteriores em um só:

Final do Primeiro Período de Seis Meses

Caixa	2.500.000	
Aplicações Financeiras	372.047	
Receita de Juros		2.872.047

A ConEd faz lançamentos similares a cada seis meses durante os cinco anos utilizando os valores da **Figura 13.2**. Ao fim dos cinco anos, o valor contábil dos *bonds* será de $ 100 milhões. A concessionária faz o seguinte lançamento no vencimento dos *bonds* quando recebe o caixa:

Final do Último Período de Seis Meses

Caixa	100.000.000	
Aplicações Financeiras		100.000.000
Para registrar o caixa recebido no vencimento dos *bonds*.		

A contabilização de títulos de dívida mantidos até o vencimento se baseia no método do custo de aquisição ilustrado na **Figura 13.1**. Tanto o valor inicial registrado como os ajustes para amortização em cada período têm por base o preço inicial de $ 95.734.898. O valor que resulta da aplicação dessa abordagem de mensuração é chamado de *custo amortizado* do título mantido até o vencimento. Títulos mantidos até o vencimento estão também sujeitos a *impairment*, isto é, as empresas precisam reconhecer os declínios no valor justo (perdas não realizadas)[7].

O argumento para mensurar títulos de dívida mantidos até o vencimento pelo custo amortizado (e ignorar as variações no valor justo, exceto por perdas por *impairment*, durante o período contratual da dívida) é que as mudanças no valor justo não são relevantes se a empresa tem a intenção e a capacidade de mantê-los até o vencimento. O contra-argumento tem dois elementos: (1) as variações das circunstâncias econômicas (tais como variações nas taxas de juros ou no risco de crédito do tomador) poderiam mudar a disposição do investidor ou a capacidade de manter os títulos até o vencimento; e (2) o valor justo do título reflete o custo de oportunidade de manter os títulos.

PROBLEMA 13.1 — PARA APRENDIZAGEM

Contabilização de um investimento em *bonds*. A General Electric Capital Services (GECS) paga $ 105.346 para adquirir *bonds* da Sapra Company. A GECS classifica esses *bonds* como mantidos até o vencimento. A GECS receberá $ 8.000 ao fim do primeiro ano, $ 8.000 ao fim do segundo ano e $ 108.000 ao fim do terceiro ano. O rendimento requerido pelo mercado no momento em que ela comprou os *bonds* é de 6% ao ano, capitalizados anualmente.

a. Elabore uma tabela de amortização, similar à da **Figura 13.2**, para a vida dos *bonds*.
b. Prepare os lançamentos que a GECS faria no diário na data da compra e no fim do primeiro ano após a data da compra.

Títulos para negociação. As empresas por vezes compram e vendem (negociam) títulos patrimoniais e de dívida visando a um lucro potencial de curto prazo, como a Goldman Sachs no **Exemplo 1**. O termo *negociação* implica uma atividade de compra e venda ativa e frequente com o objetivo de gerar lucro com as variações de curto prazo nos preços de mercado. A atividade de aquisição e venda de títulos para negociação é geralmente operacional. Os bancos de investimentos, por exemplo, frequentemente negociam títulos em diferentes mercados de capitais globais para ter vantagens com as diferenças temporárias nos preços de mercado. Outras instituições financeiras, como as empresas de seguro e corretoras de valores, também negociam títulos. Empresas industriais, comerciais e outras empresas não financeiras também investem em títulos para negociação, mas com menor frequência e em menores valores que aquelas de serviços financeiros. As empresas incluem os títulos para negociação nas Aplicações Financeiras na seção do ativo circulante do balanço patrimonial.

As empresas inicialmente registram os títulos para negociação pelo valor justo, excluindo os custos de transação[8]. Os padrões U.S. GAAP e IFRS requerem que as empresas informem os títulos para negociação pelo valor justo no balanço patrimonial. Para esses títulos, os mercados ativos de capitais proporcionam medidas objetivas dos seus valores justos. Esses valores proporcionam aos usuários das demonstrações financeiras informações das mais relevantes para avaliar o sucesso das atividades de negociação de títulos de uma empresa ao longo do tempo. A demonstração do resultado informa o débito (perda) pelas diminuições no valor justo e o crédito (ganho) pelos aumentos no valor justo dos títulos em uma conta denominada *Perdas* (ou *Ganhos ou Ganhos e Perdas, Líquidos*) *Não Realizados com Títulos para Negociação*[9].

Exemplo 10 A First Insurance adquiriu ações ordinárias da Sun Microsystems em 28 de dezembro de 2013 por $ 400.000 e as classificou como títulos para negociação. O valor justo desses títulos em 31 de dezembro de 2013 era de $ 402.000. A First Insurance vendeu essas ações em 3 de janeiro de 2014 por $ 405.000. Os lançamentos para registrar essas transações aparecem a seguir.

28 de Dezembro de 2013		
Aplicações Financeiras..	400.000	
Caixa..		400.000
Para registrar a aquisição de títulos de mercado.		

---

[7]. Se o investidor julga que um título mantido até o investimento deve sofrer *impairment*, ele reconhece (debita) uma perda por *impairment* (incluída na demonstração do resultado) e reduz (credita) o valor contábil do investimento no balanço patrimonial. Este livro não aborda os requisitos dos padrões U.S. GAAP e IFRS para determinar se uma perda por *impairment* ocorreu e, se sim, como mensurá-la.
[8]. Os custos de transação são despesas incorridas nas negociações de títulos.
[9]. Ou Ganhos/Perdas por Variação do Valor Justo, ambas dentro do grupo Receitas/Despesas Financeiras. (NT)

31 de Dezembro de 2013		
Aplicações Financeiras	2.000	
Ganhos Não Realizados em Títulos para Negociação		2.000
Para mensurar títulos de mercado pelo valor justo e reconhecer ganhos não realizados no lucro líquido.		

3 de Janeiro de 2014		
Caixa	405.000	
Aplicações Financeiras		402.000
Ganhos Realizados na Venda de Títulos para Negociação		3.000
Para registrar a venda de títulos para negociação com um ganho.		

O lucro total na compra e venda desses títulos é de $ 5.000 (= $ 405.000 de entradas de caixa – $ 400.000 de saídas de caixa). A mensuração de títulos para negociação pelo valor justo reflete esse lucro quando ele ocorre na forma de uma mudança no valor justo, não quando o investidor realiza um ganho ou perda no momento da venda. Em 2013, o efeito no lucro é de $ 2.000, a variação no valor justo durante o ano, e em 2014 é de $ 3.000, a variação no valor justo durante o ano. Essa contabilização segue o segundo método ilustrado na **Figura 13.1**.

Títulos disponíveis para venda. Os padrões U.S. GAAP e IFRS requerem que as empresas classifiquem os títulos de mercado que não são títulos mantidos até o vencimento nem títulos para negociação como títulos disponíveis para a venda. Títulos disponíveis para a venda que a empresa tem a intenção de vender dentro de um ano são apresentados como títulos de mercado na seção do ativo circulante do balanço patrimonial. A aquisição e alienação desses títulos são normalmente classificadas como atividades de investimento na demonstração dos fluxos de caixa. U.S. GAAP e IFRS requerem que as empresas informem esses títulos pelo valor justo no balanço patrimonial.

As empresas inicialmente registram os investimentos em títulos disponíveis para venda pelo custo de aquisição, incluindo os custos de transação[10]. Na data de cada balanço patrimonial subsequente, as empresas mensuram os títulos disponíveis para venda pelo valor justo. A diferença entre o valor contábil e o valor justo dos títulos é o ganho ou perda não realizados. Os ganhos ou perdas não realizados aumentam ou diminuem Outros Resultados Abrangentes (uma conta temporária da Demonstração do Resultado Abrangente – DRA, que no final afeta o patrimônio líquido). No encerramento do exercício, a empresa transfere o valor da conta Outros Resultados Abrangentes (da DRA) para a conta Outros Resultados Abrangentes Acumulados (uma conta permanente do patrimônio líquido que aparece no balanço patrimonial). A conta Outros Resultados Abrangentes Acumulados (também chamada Ajustes de Avaliação Patrimonial) inclui a soma de todos os aumentos e diminuições no valor justo dos títulos disponíveis para venda que não apareceram ainda no lucro líquido. As variações no valor justo desses títulos afetam o lucro líquido apenas quando a empresa os vende. A contabilização dos títulos disponíveis para venda segue o terceiro método ilustrado na **Figura 13.1**.

Exemplo 11 A Nike adquire ações ordinárias da Merck por $ 400.000 em 1º de novembro de 2013 e designa esse investimento temporário como disponível para venda. O valor justo dessas ações é de $ 435.000 em 31 de dezembro de 2013. A Nike vende essas ações em 15 de agosto de 2014 por $ 480.000. O lançamento no livro diário para registrar essas transações é o seguinte:

1º de Novembro de 2013		
Aplicações Financeiras	400.000	
Caixa		400.000

Ativo	=	Passivo	+	Patrimônio Líquido	Classificação
+ 400.000					
– 400.000					

Para registrar a aquisição de títulos disponíveis para a venda.

---

[10]. Se uma empresa classifica um título de dívida como disponível para venda, ela precisa amortizar qualquer diferença entre o preço de compra e o valor da dívida no vencimento ao longo do período remanescente até o vencimento. Essa amortização torna a receita de juros desses títulos de dívida diferente dos recebimentos de caixa pelos pagamentos do serviço da dívida feitos pelo tomador.

31 de Dezembro de 2013

Aplicações Financeiras..	35.000	
Ganhos Não Realizados em Títulos Disponíveis para Venda..		35.000

Ativo	=	Passivo	+	Patrimônio Líquido	Classificação
+ 35.000				+ 35.000	ORA → ORAA

Para mesurar títulos disponíveis para venda pelo valor justo e reconhecer um ganho não realizado mantido em outros resultados abrangentes.

15 de Agosto de 2014

Caixa..	480.000	
Ganhos Não Realizados em Títulos Disponíveis para Venda..	35.000	
Aplicações Financeiras..		435.000
Ganhos Realizados na Venda de Títulos Disponíveis para Venda...		80.000

Ativo	=	Passivo	+	Patrimônio Líquido	Classificação
+ 480.000				− 35.000	ORA → ORAA
− 435.000				+ 80.000	LL → LA

Para registrar a venda de títulos disponíveis para venda com um ganho realizado e reverter o valor anteriormente reconhecido como ganho não realizado mediante uma redução em outros resultados abrangentes, que no final é encerrado em outros resultados abrangentes acumulados.

O lucro total na compra e venda desses títulos é de $ 80.000 (= $ 480.000 das entradas de caixa − $ 400.000 das saídas de caixa). A variação total do valor justo afeta o lucro líquido do ano da venda, embora o balanço patrimonial informe as variações dos ativos na medida em que elas ocorrem. Ao longo do período de dois anos, o efeito total em Resultado Abrangente é de $ 80.000. As demonstrações refletem isso como Outros Resultados Abrangentes de $ 35.000 no primeiro ano, reversão de ganhos mantidos de $ 35.000 em Outros Resultados Abrangentes no segundo ano e Lucro Líquido realizado de $ 80.000 no segundo ano. O total do patrimônio líquido aumenta em $ 35.000 no primeiro ano e em $ 45.000 (= $ 80.000 − $ 35.000) no segundo.

As empresas devem testar para *impairment* os títulos disponíveis para venda. Se a empresa investidora julga que os títulos devem sofrer *impairment*, ela trata as perdas não realizadas em Outros Resultados Abrangentes Acumulados como se elas fossem realizadas. Por exemplo, se uma empresa determina que títulos disponíveis para venda com uma perda de $ 5.000 anteriormente reconhecida (em Outros Resultados Abrangentes) sofrem *impairment* em 31 de dezembro de 2013, o lançamento no livro diário é:

31 de Dezembro de 2013

Perdas por *Impairment*...	5.000	
Perdas Não Realizadas em Títulos Disponíveis para Venda..		5.000

Ativo	=	Passivo	+	Patrimônio Líquido	Classificação
				− 5.000	ORA → ORAA
				+ 5.000	ORAA → LL

Para registrar no lucro líquido uma perda por *impairment* em títulos disponíveis para venda. Não há efeito no total de resultados abrangentes, uma vez que a perda no lucro líquido é compensada pela reversão da perda em outros resultados abrangentes. Assim, não há efeito no total do patrimônio líquido[11].

---
11. Mas a perda antes demonstrada na DRA passa a ser demonstrada na DRA passa a ser demonstrada na DRE. (NT)

A contabilização requerida para títulos para negociação e para títulos disponíveis para venda é diferente quanto à demonstração do resultado, mas não ao balanço patrimonial. Os ganhos e perdas não realizados de títulos para negociação aparecem no lucro líquido período por período quando ocorrem variações do valor justo e o valor acumulado vai para Lucros Acumulados. Os ganhos e perdas não realizados em títulos disponíveis para venda aparecem em Outros Resultados Abrangentes período por período e o seu valor acumulado vai para a conta Outros Resultados Abrangentes Acumulados do balanço patrimonial. A administração pode decidir vender títulos disponíveis para venda com ganhos (ou perdas) não realizados acumulados e transferir todo esse valor (ou seja, a variação total do valor justo desde que a empresa adquiriu os títulos) para o lucro líquido e depois para Lucros Acumulados. A administração tem a capacidade de afetar o momento do reconhecimento do ganho ou perda no lucro líquido de títulos disponíveis para venda, mas não o dos títulos para negociação. Essa capacidade de escolher um momento para lançar os ganhos e perdas não realizados no resultado é, contudo, assimétrica, porque as regras de *impairment* excluem o diferimento indefinido do reconhecimento no lucro das perdas não realizadas, mas não o dos ganhos não realizados. Os usuários das demonstrações contábeis devem ficar atentos para essa contabilização ao avaliar a lucratividade de empresas com ambos os tipos de títulos[12].

Reclassificação dos títulos

A finalidade de manter títulos por uma empresa pode mudar, requerendo que ela os transfira de uma das três categorias para outra. A empresa transfere os títulos pelo valor justo no momento da transferência[13]. Observe que uma transferência de títulos mantidos até o vencimento, seja para títulos para negociação, seja para títulos disponíveis para venda, pode colocar em questão a designação original desse investimento.

PROBLEMA 13.2 — PARA APRENDIZAGEM

Contabilização de títulos disponíveis para venda e de títulos para negociação. As transações envolvendo os títulos de mercado da Conlin Corporation aparecem na **Figura 13.3**.

a. Faça os lançamentos no livro diário para contabilizar esses títulos em 2013 e 2014, assumindo que a Conlin Corporation os classifica como títulos disponíveis para venda.
b. Considerando-se o item **a**, qual seria a diferença se a Conlin Corporation classificasse esses títulos como títulos para negociação?

Evidenciações sobre títulos de mercado

Os padrões U.S. GAAP e IFRS requerem evidenciações sobre títulos de mercado em cada período. Ilustraremos a seguir essas evidenciações utilizando as informações do balanço patrimonial e Notas Explicativas da Starling Corporation apresentadas na **Figura 13.4**. Essas evidenciações refletem exigências do U.S. GAAP. As exigências do IFRS são similares, mas podem resultar em evidenciações menos detalhadas[14]. A **Figura 13.4** inclui:

1. O valor justo agregado, os ganhos brutos não realizados, as perdas brutas não realizadas e o custo amortizado dos títulos de dívida mantidos até o vencimento e de títulos disponíveis para a venda. Os investimentos de curto prazo da Starling abrangem títulos disponíveis para venda e títulos para negociação. Seus investimentos de longo prazo incluem títulos disponíveis para venda. Os títulos disponíveis para venda abrangem títulos de dívida de várias entidades governamentais. Ela não informa nenhum título mantido até o vencimento. A coluna do custo amortizado na **Figura 13.4** mostra o valor contábil dos títulos de dívida após amortizada qualquer diferença entre o preço de compra desses títulos e o seu valor de vencimento. A coluna do valor justo mostra o valor justo desses títulos em cada data do balanço patrimonial. As duas colunas do meio mostram os ganhos brutos e as perdas brutas não realizados nos títulos disponíveis para venda. O requisito de separar a evidenciação dos ganhos não realizados da evidenciação das perdas não realizadas proporciona uma informação que não apareceria se as empresas compensassem esses valores.

---

12. A administração tem aí uma oportunidade para a prática de manipulação ou gerenciamento de resultados. (NT)
13. FASB, *Statement N. 115* e IASB *IAS 39* prescrevem a contabilização de ganhos e perdas não realizados no momento da transferência, tópico que se encontra além do escopo deste livro-texto.
14. FASB, *Statement of Financial Accounting Standards N. 115*, "Accounting for Certain Investments in Debt and Equity Securities", 1993 (**Codification Topic 320**); IASB, *International Financial Reporting Standard 7*, "Financial Instruments: Disclosures", 2005.

Figura 13.3

Conlin Corporation
(Problema 13.2)

Título	Data da Aquisição	Custo de Aquisição	Data da Venda	Preço de Venda	Valor Justo 31 de Dezembro de 2013	Valor Justo 31 de Dezembro de 2014
A	3/2/2013	$ 40.000	–	–	$ 38.000	$ 33.000
B	15/7/2013	75.000	6/9/2014	$ 78.000	79.000	–
C	27/11/2013	90.000	–	–	93.000	94.000
		$ 205.000			$ 210.000	$ 127.000

Figura 13.4

Starling Corporation
Evidenciações Relativas a Títulos de Mercado
(Valores em Milhares de US$)

Balanço Patrimonial	30 de Setembro de 2013	30 de Setembro de 2012
Ativo Circulante:		
Títulos Disponíveis para Venda	83.845	87.542
Títulos para Negociação	73.588	53.496
Ativo Não Circulante:		
Investimentos de Longo Prazo – Títulos Disponíveis para a Venda	21.022	5.811

	Exercício de 2013	Exercício de 2012
Demonstração dos Fluxos de Caixa: Atividades de Investimento		
Compras de Títulos Disponíveis para Venda	(237.422)	(639.192)
Vencimentos de Títulos Disponíveis para Venda	178.167	269.134
Vendas de Títulos Disponíveis para Venda	47.497	431.181

Nota 3: Investimentos de Curto Prazo

Os investimentos de curto prazo da Starling são os seguintes:

	Custo Amortizado	Ganhos Não Realizados Mantidos	Perdas Não Realizadas Mantidas	Valor Justo
30 de Setembro de 2013				
Investimentos de Curto Prazo – Títulos Disponíveis para Venda:				
Obrigações de Governo Estadual e Local	81.366	–	(21)	81.345
Obrigações de Agências do Governo Americano	2.500	–	–	2.500
Total	83.866	–	(21)	83.845
Investimentos de Curto Prazo – Títulos para Negociação	67.837			73.588
Total de Investimentos de Curto Prazo	151.703			157.433
Investimentos de Longo Prazo – Títulos Disponíveis para Venda				
Obrigações de Agências do Governo Americano	21.000	22	–	21.022
30 de Setembro de 2012				
Investimentos de Curto Prazo – Títulos Disponíveis para Venda:				
Obrigações de Governo Estadual e Local	75.379	9	(332)	75.056
Obrigações de Agências do Governo Americano	10.000	–	–	10.000
Títulos de Dívida de Empresas	2.488	–	(2)	2.486
Total	87.867	9	(334)	87.542
Investimentos de Curto Prazo – Títulos para Negociação	55.265			53.496
Total de Investimentos de Curto Prazo	143.132			141.038
Investimentos de Longo Prazo – Títulos Disponíveis para Venda:				
Obrigações de Governo Estadual e Local	5.893	–	(82)	5.811

O caixa obtido nas vendas de títulos disponíveis para venda foi de $ 47 milhões e $ 431 milhões nos exercícios de 2013 e 2012, respectivamente. Os ganhos brutos realizados nas vendas foram de $ 3,8 milhões e $ 0,1 milhão nos exercícios de 2013 e 2012, respectivamente. As perdas brutas nas vendas foram de $ 0,1 milhão e $ 1,7 milhão nos exercícios de 2013 e 2012, respectivamente. No exercício de 2013, não houve perdas realizadas e apenas um valor imaterial de ganhos realizados.
Nos exercícios de 2013 e 2012, as variações em ganhos/perdas líquidos não realizados no portfólio de títulos para negociação incluídas no resultado foram um ganho líquido de $ 7,5 milhões e uma perda líquida de $ 4,2 milhões, respectivamente.

As diferenças entre o custo amortizado e o valor justo se apresentam como relativamente pequenas em ambas as datas do balanço.

2. O caixa proveniente das vendas de títulos disponíveis para venda, os ganhos e as perdas brutos realizados dessas vendas. A demonstração dos fluxos de caixa mostra os desembolsos de caixa para comprar títulos disponíveis para venda e os recebimentos de caixa dos vencimentos e das vendas de títulos disponíveis para venda. Para a Starling, o caixa recebido pelas vendas compensa amplamente os desembolsos de cada ano e os seus valores são maiores que o dos títulos disponíveis para venda no balanço patrimonial no começo e no fim do ano. Isso implica que a Starling gira o seu portfólio de títulos disponíveis para a venda várias vezes em cada ano. O parágrafo no final do painel de dados na **Figura 13.4** também evidencia os proventos da venda dos títulos disponíveis para venda, bem como os ganhos e as perdas brutos realizados. Tal como nas evidenciações sobre ganhos e perdas não realizados no balanço patrimonial, o requisito de separar a evidenciação dos ganhos realizados da evidenciação das perdas realizadas proporciona informação que não apareceria se as empresas compensassem esses valores.

3. A variação, durante o período, dos ganhos ou perdas não realizados nos títulos disponíveis para venda incluídos em contas separadas do patrimônio líquido. A demonstração das variações do patrimônio líquido mostra que a conta Outros Resultados Abrangentes Acumulados aumentou em $ 1.767 mil no exercício de 2012 e diminuiu em $ 20.380 mil no exercício de 2013 em decorrência de ganhos e perdas líquidos não realizados. A Starling não indica o quanto dessas variações em Outros Resultados Abrangentes Acumulados se refere aos títulos de mercado e o quanto se refere a *hedges* do fluxo de caixa, um assunto discutido no próximo tópico.

4. A variação durante o período em ganhos e perdas não realizados em títulos para negociação incluída nos lucros. O segundo parágrafo no final do painel de dados da **Figura 13.4** indica o valor do ganho no exercício de 2013 e o valor da perda no exercício de 2012 decorrentes das variações em ganhos e perdas não realizados de títulos para negociação.

INSTRUMENTOS DERIVATIVOS

As empresas incorrem em riscos na realização das suas atividades. Um incêndio pode destruir um armazém de uma cadeia varejista e interromper o fluxo de mercadorias para as lojas. Um acidente de automóvel envolvendo um membro da equipe de vendas pode ferir o empregado ou outras pessoas e danificar o veículo da empresa. Os produtos da empresa podem causar danos aos clientes e sujeitar a empresa a demandas judiciais. A maioria das empresas adquire seguros de propriedade, saúde e de perdas e danos contra tais riscos. O seguro transfere para a empresa de seguros o risco da perda, além de um valor de franquia até os limites da apólice do seguro. A empresa paga prêmios de seguro pelo direito de transferir o risco segurado.

As empresas realizam outras transações que as sujeitam a riscos financeiros específicos. Considere os seguintes cenários:

Exemplo 12 A Great Deal faz a um fornecedor da Inglaterra um pedido de £ 10.000 (moeda em libras inglesas) de estoques em 30 de junho de 2013 para entrega em 30 de junho de 2014. A taxa de câmbio entre o dólar americano e a libra inglesa é atualmente de $ 1,60 para £ 1,00, indicando um preço de compra de $ 16.000. Se o valor do dólar diminuir entre 30 de junho de 2013 e 30 de junho de 2014, quando ela precisar converter os dólares americanos em libras inglesas, a Great Deal pagará mais de $ 16.000 para comprar o estoque.

Exemplo 13 A Thames emitiu uma nota promissória datada de 1º de janeiro de 2013 pela compra de um equipamento da fábrica. O título a pagar tem um valor de face de € 100.000 e juros de 8% ao ano. Os juros são pagáveis anualmente em 31 de dezembro e a nota vence em 31 de dezembro de 2015. Se a taxa de juros mudar, haverá alteração no valor justo do título.

Exemplo 14 A Elseve emite uma nota promissória pagável a um fornecedor em 1º de janeiro de 2013 para adquirir um equipamento de fábrica. O título tem valor de face de € 100.000 e juros pela *prime rate*, que é de 8% em 1º de janeiro de 2013. O fornecedor ajusta a taxa de juros a cada 31 de dezembro para estabelecer os encargos de juros para o próximo ano-calendário. Os juros são pagáveis em 31 de dezembro de cada ano, e a nota vence em 31 de dezembro de 2015. Se a taxa de juros se elevar acima de 8% durante a vigência do título, a Elseve terá de pagar juros a uma taxa maior.

Exemplo 15 A Delmar Limited mantém em estoque 10 mil galões de uísque em 31 de outubro de 2013. A empresa espera completar o envelhecimento do uísque em 31 de março de 2014, data em que ela tem a intenção de vendê-lo. Incertezas quanto à qualidade da bebida envelhecida e às condições econômicas futuras tornam difícil prever o preço de venda em 31 de março de 2014.

A maioria das empresas se confronta com riscos – isto é, variabilidade de resultados – decorrentes de variações nas taxas de juros, nas taxas de câmbio e nos preços de *commodities*. As empresas podem comprar instrumentos financeiros para reduzir esses riscos dos negócios, isto é, para reduzir a volatilidade de certos resultados. Alguns desses instrumentos possuem condições padrão e são negociados em mercados de bolsas relativamente ativos, ao passo que outros possuem condições específicas e não são negociados em bolsas. O termo geral utilizado para os tipos de instrumentos financeiros que as empresas podem comprar para diminuir os riscos descritos nos **Exemplos 12 a 15** é **derivativo**. A contabilização de instrumentos financeiros derivativos segue os princípios que governam a contabilização de títulos de mercado discutida no tópico anterior, com algumas exceções. Este tópico discute a natureza, o uso, a contabilização e a informação de instrumentos financeiros derivativos[15].

Natureza e uso de instrumentos derivativos

Um derivativo é um instrumento financeiro cujo valor se modifica como resposta a mudanças em uma variável observável subjacente, como o preço de uma ação, uma taxa de juros, uma taxa de câmbio ou um preço de *commodity*. Diversamente das ações, que não têm uma data definida de liquidação, as empresas liquidam um derivativo em uma data especificada no instrumento. Por fim, um derivativo requer um investimento que é pequeno em relação ao investimento em um contrato que tem exposição similar a mudanças em fatores do mercado ou não requer nenhum investimento[16]. Uma opção de compra de uma quantidade de ações tem seu valor definido a partir dos movimentos no preço de mercado dessa ação. Um compromisso de comprar certa quantidade de moeda estrangeira no futuro deriva seu valor das mudanças na taxa de câmbio dessa moeda. As empresas usam instrumentos derivativos para se proteger (fazer *hedge*) dos riscos que surgem das mudanças de taxas de juros, taxas de câmbio e preços de *commodities*. A ideia geral por trás do *hedge* é que as variações no valor justo do instrumento derivativo compensam as variações no valor justo de um ativo ou passivo, ou variações em fluxos de caixa futuros, neutralizando ou pelo menos reduzindo os efeitos dessas mudanças. Consideremos os quatro exemplos anteriores:

Exemplo 16 Relembre o **Exemplo 12**. A Great Deal deseja incorrer em um custo agora para eliminar o efeito das variações na taxa de câmbio entre o dólar americano e a libra inglesa enquanto espera a entrega do estoque. Ela compra de um banco em 30 de junho de 2013 um **contrato futuro de câmbio**, pelo qual promete que pagará em 30 de junho de 2014 um montante fixo de dólares americanos em troca de £ 10.000 recebidos nessa data. A taxa de câmbio futura entre o dólar americano e a libra inglesa em 30 de junho de 2013 para liquidação em 30 de junho do ano seguinte estabelece o número de dólares que ela deverá entregar. Se a taxa futura em 30 de junho de 2013 para liquidação de um contrato futuro em 30 de junho de 2014 é de $ 1,64 por £ 1,00, a Great Deal pode comprar um contrato futuro e, com isso, travar o custo de estoque em $ 16.400,00 (= £ 10.000 × $ 1,64 por libra). Ao comprar um contrato de câmbio futuro, a Great Deal evita a volatilidade no custo do estoque em decorrência de movimentos da moeda; com isso, ela perde a possibilidade de obter um benefício se o dólar americano se fortalecer contra a libra, mas evita a possibilidade de uma perda se o dólar americano se enfraquecer.

Exemplo 17 Veja o **Exemplo 13**. A Thames deseja neutralizar o efeito de mudanças no valor justo de uma nota promissória a pagar causado por variações na taxa de juros. Ela faz um ***swap* de taxa de juros** com o seu banco. O *swap* permite à Thames trocar a sua obrigação de uma taxa de juros fixa por outra de taxa de juros variável. O valor justo do título e o respectivo contrato de *swap* permanecem em € 100.000 na medida em que a taxa de juros variável do *swap* for a mesma que a taxa variável usada para reavaliar a nota enquanto ela estiver pendente.

---

15. FASB *Statements 133 and 138 and IAS 39* fornecem orientação para a contabilização e evidenciação de derivativos. FASB, *Statement of Financial Accounting Standards* N. *133*, "Accounting for Derivative Instruments and Hedging Activities" 1998 (**Codification Topic 815**); FASB, *Statement of Financial Accounting Standards* N. *138*, "Accounting for Certain Derivative Instruments and Certain Hedging Activities", 2000 (**Codification Topic 815**); IASB, *International Accounting Standard 39*, "Financial Instruments Recognition and Measurement", rev. 2003.
16. As definições de derivativo nos padrões U.S. GAAP e IFRS são similares. A natureza e complexidade dos instrumentos financeiros tornam difícil discernir, em certos casos, se dado instrumento é um derivativo. Além disso, tanto U.S. GAAP como IFRS contêm exceções – instrumentos que parecem preencher a definição de um derivativo, mas não são considerados derivativos.

Exemplo 18 Reveja o **Exemplo 14**. A Elseve deseja neutralizar os efeitos das variações nas taxas de juros. Ela faz um *swap* de taxa de juros com o seu banco que tem como efeito permitir que a Elseve troque a sua obrigação de uma taxa de juros variável por outra de uma taxa de juros fixa, a saber, um pagamento de caixa fixo de 8% vezes os € 100.000 do valor de face da nota. A empresa não pode se beneficiar de uma diminuição na taxa de juros para menos de 8%, mas deixa de correr riscos – e os respectivos custos – se a taxa de juros subir para mais de 8%.

Exemplo 19 Volte ao **Exemplo 15**. A Delmar desejaria fixar o preço pelo qual ela pode vender uísque do seu estoque em 31 de março de 2014. Ela adquire um **contrato futuro de** *commodity* pelo qual promete vender 10 mil galões de uísque em 31 de março de 2014 a um preço fixo. O preço futuro do uísque em 31 de outubro de 2013, para entrega em 31 de março do ano seguinte, é de $ 320 por galão. Assim, a Delmar trava uma entrada total de caixa de $ 3.200.000 pela venda do uísque.

Os contratos futuros e os contratos de *swap* descritos nesses exemplos ilustram dois tipos de instrumentos derivativos. A natureza e a complexidade dos derivativos variam amplamente. Usaremos contratos de *swap* para ilustrar a contabilização e a informação de derivativos.

Terminologia de derivativos

Considere os seguintes elementos de um derivativo:

1. Um derivativo tem um ou mais **ativos-objeto** ou **ativos subjacentes**. Um ativo-objeto é uma variável observável, tal como uma taxa de juros especificada, um preço de *commodity* ou uma taxa de câmbio entre moedas. O ativo-objeto no **Exemplo 16** é uma taxa de câmbio; nos **Exemplos 17** e **18**, é uma taxa de juros; no **Exemplo 19**, é o preço do uísque.
2. Um derivativo tem um ou mais **valores nocionais**. Um valor nocional é um número de unidades monetárias, *bushels,* ações ou outras unidades especificadas no contrato. O valor nocional no **Exemplo 16** é de £ 10.000; nos **Exemplos 17 e 18**, é € 100.000, o valor de face da nota promissória; e, no **Exemplo 19**, é 10 mil galões de uísque.
3. Um derivativo por vezes não requer nenhum investimento inicial, ou seja, nenhum pagamento de caixa inicial. A empresa normalmente adquire um derivativo trocando promessas com uma **contraparte**, tal como um banco. A troca de promessas é um contrato mutuamente não executado.
4. Os derivativos em geral requerem ou permitem uma **liquidação líquida** (liquidação pelo valor justo), o que significa que, quando as contrapartes liquidam o contrato de derivativo, uma das partes contratuais paga à outra o valor justo do contrato. Por exemplo, a Great Deal, no **Exemplo 16**, não entregará $ 16.400 e receberá em troca £ 10.000. Na verdade, a Great Deal comprará £ 10.000 no mercado em 30 de junho de 2014, à taxa de câmbio vigente nessa data, quando ela precisará das libras inglesas para adquirir o estoque. Em seguida, a empresa receberá caixa da contraparte (isto é, o banco) na extensão que a taxa de câmbio em 30 de junho de 2014 exceda $ 1,64 por £ 1,00, ou pagará à contraparte nessa data na extensão que a taxa de juros seja menor que $ 1,64 por £ 1,00. A diferença entre a taxa de câmbio de 30 de junho de 2014 e a taxa de $ 1,64 por £ 1,00 determinará o valor justo naquela data. A Thames, no **Exemplo 17**, pagará ao fornecedor os 8% de juros estabelecidos na nota promissória com taxa de juros fixa. Se a taxa de juros variável usada no contrato de *swap* de taxa de juros aumentar para 10%, a empresa pagará à contraparte um valor igual a 2% (= 10% − 8%) do valor nocional da nota, € 100.000. O pagamento de 8% ao fornecedor e de 2% à contraparte resulta em pagamento de juros total de 10%. Se a taxa de juros variável diminuir para 5%, a Thames ainda pagará ao fornecedor juros de 8%, como especificado na nota original, e receberá da contraparte 3% (= 8% − 5%) do valor da nota, resultando em pagamentos líquidos iguais à taxa variável de 5%.

Uma vez que muitos derivativos não requerem um investimento inicial, a mensuração pelo custo de aquisição faz pouco sentido para esses instrumentos, ou seja, um derivativo pode ter custo inicial zero, mas potencialmente um grande valor justo mais tarde. Tanto U.S. GAAP como IFRS requerem que as empresas registrem os derivativos pelo valor justo no balanço patrimonial.

Contabilização de derivativos

As empresas devem reconhecer os derivativos nos seus balanços patrimoniais como ativos ou passivos, dependendo dos direitos e obrigações contratados. O contrato futuro no **Exemplo 16** é um ativo ou um passivo da Great

Deal, dependendo da taxa de câmbio. Os contratos de *swap* nos **Exemplos 17** e **18** podem ser ativos ou passivos da Thames e da Elseve, dependendo das taxas de juros. Se um derivativo é um ativo ou um passivo depende de se, na data do balanço, o detentor do derivativo tem de receber caixa da contraparte (ativo) ou tem de pagá-la à contraparte (passivo). Similarmente, o contrato futuro do **Exemplo 19** pode ser um ativo ou passivo, dependendo do preço do uísque.

As empresas devem remensurar os derivativos pelo valor justo a cada período. A variação no valor justo aumenta ou diminui o valor contábil do derivativo, ativo ou passivo. Ela também afeta (1) o lucro líquido imediatamente (como um título para negociação) ou (2) outros resultados abrangentes imediatamente e, depois, o lucro líquido (como os títulos disponíveis para venda).

O efeito no lucro líquido de uma alteração no valor justo de um derivativo depende da finalidade para a qual a empresa adquire o derivativo e de se ela decide aplicar a técnica de ***hedge accounting***. Tanto sob U.S. GAAP como sob IFRS, a técnica de *hedge accounting* é opcional, e sua aplicação está sujeita a amplas exigências de documentação e de evidenciação. As empresas não precisam designar nenhum derivativo como *hedge accounting*, independentemente do grau em que eles reduzam a volatilidade dos resultados de outros contratos.

Os padrões U.S. GAAP e IFRS requerem que as empresas classifiquem os derivativos como (1) *hedges* de valor justo, (2) *hedges* de fluxo de caixa, ou (3) como um instrumento que não é *hedge*[17]. Os derivativos designados como *hedge* de fluxo de caixa ou *hedge* de valor justo recebem um tratamento contábil especial. A escolha entre as duas designações depende do objetivo da empresa ao adquirir um derivativo particular. Se a empresa não designa um derivativo particular como um *hedge* de valor justo ou um *hedge* de fluxo de caixa, a orientação regulatória requer que ela contabilize o derivativo como se ele fosse um título para negociação (U.S. GAAP) ou um título mensurado a valor justo por meio de resultado (IFRS). As empresas em cada período mensuram pelo valor justo os derivativos que elas não designam como *hedges* e incluem no lucro líquido o ganho ou a perda resultante. Essa contabilização é a mesma que a do segundo método ilustrado na **Figura 13.1**.

***Hedge* de valor justo** Os instrumentos derivativos adquiridos para proteção contra riscos de variações no valor justo dos ativos ou passivos são ***hedges* de valor justo**. Os *hedges* de valor justo são (1) *hedges* de um ativo ou passivo *reconhecido* (ou de uma porção identificada de um ativo ou passivo reconhecido) ou (2) *hedges* de um compromisso *não reconhecido* da empresa (ou de uma porção identificada desse compromisso). A Great Deal, nos **Exemplos 12** e **16**, adquiriu um contrato futuro de câmbio para neutralizar os efeitos das variações das taxas de câmbio no seu compromisso de comprar o estoque[18]. A Thames, nos **Exemplos 13** e **17**, fechou um contrato de *swap* de juros para neutralizar o efeito das variações das taxas de juros no valor justo de seus títulos a pagar[19]. As duas empresas podem designar esses derivativos como *hedges* de valor justo.

***Hedge* de fluxos de caixa** Os instrumentos derivativos adquiridos para proteção contra o risco da variabilidade dos fluxos de caixa são ***hedges* de fluxos de caixa**. Os *hedges* de fluxos de caixa são (1) *hedges* de fluxos de caixa de alguns ou todos os fluxos de caixa decorrentes de um ativo ou passivo *reconhecido*, ou (2) *hedges* de alguns ou todos os fluxos de caixa de transações *previstas*. A Elseve, nos **Exemplos 14** e **18**, fechou um contrato de *swap* de juros para neutralizar as variações nos fluxos de caixa dos pagamentos de juros sobre seus títulos a pagar com juros variáveis, um passivo reconhecido. A Delmar, nos **Exemplos 15** e **19**, adquiriu o contrato futuro de uísque para se proteger das variações no preço de venda do uísque em 31 de março de 2014, um ativo não reconhecido. Tanto a Elseve como a Delmar podem designar esses instrumentos derivativos como *hedges* de fluxos de caixa.

As empresas podem usar um derivativo particular para proteger o valor justo ou fluxos de caixa, mas não ambos. Tanto o contrato futuro de câmbio no **Exemplo 16** como o contrato futuro do preço do uísque no **Exemplo 19** fixam ou travam fluxos de caixa, e a empresa pode, portanto, designar esses derivativos como *hedges* de fluxo de caixa para fins contábeis. Alternativamente, a Great Deal, no **Exemplo 16**, poderia adquirir o contrato futuro para fixar ou travar o valor justo do equipamento adquirido e, portanto, designar esse derivativo como *hedge* de valor justo. A Delmar, no **Exemplo 19**, poderia adquirir o derivativo para travar o valor justo do estoque e, portanto, designar o contrato como *hedge* de valor justo.

Os quatro exemplos descritos até agora ilustram a contabilização dos seguintes possíveis cenários:

---

17. Os padrões U.S. GAAP e IFRS também permitem às empresas designar derivativos como *hedges* de um investimento líquido em uma operação no exterior. Não consideraremos esses *hedges* neste livro.
18. Um contrato *não reconhecido* como passivo no seu balanço. (NT)
19. Um contrato *reconhecido* como passivo no balanço. (NT)

Exemplo	Tipo de *Hedge*	Instrumentos Derivativos Usados
12 e 16	Valor Justo – Compromisso da Empresa	Contrato Futuro de Câmbio
13 e 17	Valor Justo – Passivo Reconhecido	Contrato de *Swap* – Taxa de Juros Variável por Taxa Fixa
14 e 18	Fluxo de Caixa – Pagamentos de Juros	Contrato de *Swap* – Taxa de Juros Fixa por Taxa Variável
15 e 19	Fluxo de Caixa – Transação Prevista	Contrato Futuro de *Commodity*

Tratamento de ganhos e perdas com *hedge*

Os padrões U.S. GAAP e IFRS permitem às empresas escolher se designarão um derivativo particular como *hedge* para fins contábeis. Elas remensuram pelo valor justo, em cada data do balanço patrimonial, os derivativos não designados como *hedge* para fins contábeis e incluem as variações do valor justo no lucro líquido. Para um derivativo designado como um *hedge* as empresas devem, além disso, apontá-lo como uma proteção ou contra o risco de uma variação no valor justo (*hedge* de valor justo) ou contra o risco de uma variação nos fluxos de caixa (*hedge* de fluxo de caixa). A contabilização de *hedges* de valor justo e de fluxos de caixa é similar sob U.S. GAAP e IFRS. Para *hedges* de valor justo, U.S. GAAP e IFRS requerem que as empresas remensurem tanto o item objeto do *hedge* como o derivativo correspondente (o instrumento de *hedge*) pelo valor justo em cada período e reconheçam no *lucro líquido* ganhos e perdas com as variações no valor justo tanto do item objeto do *hedge* como do instrumento de *hedge*. Se o *hedge* é totalmente eficaz, o ganho (perda) com o derivativo compensará precisamente a perda (ganho) do ativo ou passivo-objeto do *hedge*. O efeito líquido no lucro será zero. Se o *hedge* não é totalmente eficaz, o ganho ou perda líquida aumentará ou diminuirá os lucros na extensão em que a compensação for incompleta. A contabilização segue o segundo método ilustrado na **Figura 13.1** no sentido de que *ambos os lados* da relação de *hedge* são mensurados pelo valor justo, com as variações dele reconhecidas no lucro.

Para os *hedges* de fluxos de caixa, U.S. GAAP e IFRS requerem que as empresas remensurem o derivativo (o instrumento de *hedge*) pelo valor justo a cada período. As empresas incluem ganhos e perdas pelas variações nos valores justos em Outros Resultados Abrangentes em cada período na extensão em que o instrumento de *hedge* for "altamente eficaz" em neutralizar o risco do item objeto do *hedge*. Ao mesmo tempo, as empresas devem incluir a porção ineficaz dos ganhos e perdas no lucro líquido. No fim do período, a empresa encerra a conta Outros Resultados Abrangentes, transferindo seu saldo para a conta do balanço patrimonial Outros Resultados Abrangentes Acumulados. A empresa reserva o montante relativo a um instrumento de *hedge* particular em Outros Resultados Abrangentes Acumulados e o reporta em Outros Resultados Abrangentes, removendo o efeito dessa transação para Outros Resultados Abrangentes Acumulados. Os montantes aparecem no lucro líquido periodicamente durante a vida do instrumento de *hedge* ou no momento da liquidação, dependendo do tipo de instrumento de derivativo utilizado como *hedge*. A contabilização segue o terceiro método ilustrado na **Figura 13.1**.

O regime de competência fornece a base para a técnica de *hedge accounting* assim como a lógica para tratar ganhos e perdas com variações nos valores justos dos *hedges* de valor justo diferentemente das existentes nos valores justos dos *hedges* de fluxos de caixa. Em um *hedge* de valor justo de um ativo ou passivo reconhecido, tanto o item-objeto do *hedge* como o seu derivativo correspondente (o instrumento do *hedge*) aparecem no balanço patrimonial. A remensuração pelo valor justo, tanto do item objeto do *hedge* quanto do seu derivativo correspondente, aparece em cada período, e a inclusão do ganho ou perda do item objeto do *hedge* e do seu derivativo correspondente resulta em um ganho ou perda *líquida* que indica a eficácia do *hedge* em neutralizar o risco. Se o *hedge* for completamente eficaz, o efeito líquido no lucro será zero, ou seja, um ganho ou perda do item objeto de *hedge* compensará exatamente a perda ou ganho do instrumento do *hedge*.

Em um *hedge* de fluxos de caixa de uma transação prevista, o compromisso objeto do *hedge* de fluxo de caixa não aparece no balanço, mas o instrumento derivativo aparece. O reconhecimento em cada período de um ganho ou perda do instrumento derivativo no lucro líquido de cada período, juntamente com o não reconhecimento da perda ou ganho da transação antecipada, resulta em uma confrontação deficiente. A aplicação do regime de competência implica classificar o ganho ou a perda do instrumento derivativo em Outros Resultados Abrangentes até que a transação prevista ocorra, em cujo momento o lucro líquido incluirá o ganho ou a perda com o derivativo.

Ilustrações da contabilização de derivativos

Este tópico ilustra a contabilização dos derivativos usados nos dois exemplos envolvendo os *swaps* de taxas de juros. (O **Problema 13.3** examina a contabilização do contrato futuro de câmbio do **Exemplo 16**. O **Problema 28** no fim do capítulo examina o contrato futuro de *commodity* do **Exemplo 19**.)

Hedge de valor justo: *swap* de taxa de juros para converter dívida com taxa fixa em dívida com taxa variável. Este tópico ilustra a contabilização de um *swap* de taxa de juros designado como um *hedge* de valor justo. Considere os **Exemplos 13** e **17**. Suponha que a Thames deseja se proteger dos efeitos da variação na taxa de juros no valor justo da sua nota promissória a pagar, de € 100.000 e taxa de juros fixa. A Thames fecha um contrato de *swap* de taxa de juros para converter os 8% de taxa fixa da dívida para uma taxa variável da dívida e designa esse contrato como um *hedge* de valor justo. Para melhor entendimento da contabilização desse *hedge*, a **Figura 13.5** resume os efeitos no balanço patrimonial e na demonstração do resultado dos lançamentos discutidos a seguir. Você poderá consultar a **Figura 13.5** enquanto estuda esses lançamentos no livro diário.

(1) A Thames emite a nota promissória ao fornecedor em 1º de janeiro de 2013 e faz o seguinte lançamento:

1º de Janeiro de 2013		
Equipamento..	100.000	
Títulos a Pagar...		100.000
Para registrar a aquisição de equipamento dando uma nota promissória de € 100.000 a pagar com taxa fixa de juros de 8%.		

(2) O contrato de *swap* é um contrato mutuamente não executado em 1º de janeiro de 2013. A taxa de juros variável nessa data é de 8%, a mesma da taxa fixa da nota a pagar. O contrato de *swap* tem um valor justo de zero nessa data. Assim, a Thames não faz nenhum lançamento para registrar o contrato de *swap*.

(3) Em 31 de dezembro de 2013, a Thames faz o requerido pagamento de 2013 da nota:

31 de Dezembro de 2013		
Despesa de Juros..	8.000	
Caixa...		8.000
Para registrar a despesa de juros e o pagamento de caixa à taxa fixa de juros de 8%: € 8.000 = = 0,08 × € 100.000.		

Figura 13.5

Títulos a Pagar de € 100.000 com Taxa de Juros Fixa e seu Correspondente *Swap* de Taxa de Juros Contabilizados conforme um *Hedge* de Valor Justo

	Caixa	Equipamento: pelo Custo	Títulos a Pagar: pelo Valor justo	Contrato de Swap: pelo Valor Justo	Demonstração do Resultado
2013					
(1) Emissão de Nota pelo Equipamento....................	–	€ 100.000	€ (100.000)	–	–
(2) Fechamento do Contrato de *Swap*.......................	–	–	–	–	–
(3) Registro dos Juros da Nota...................................	(8.000)	–	–	–	8.000
(4) Remensuração da Nota a Pagar............................	–	–	(3.667)	–	3.667
(5) Remensuração do Contrato de *Swap*...................	–	–	–	3.667	(3.667)
31 de Dezembro de 2013..	€ (8.000)	€ 100.000	€ (103.667)	€ 3.667	€ 8.000
2014					
(6) Registro de Juros da Nota.....................................	(8.000)	–	1.780	–	6.220
(7) Registro de Juros do Contrato de *Swap*...............	–	–	–	220	(220)
(8) Registro de Juros de *Swap* Recebidos.................	2.000	–	–	(2.000)	–
(9) Remensuração da Nota a Pagar............................	–	–	3.705	–	(3.705)
(10) Remensuração do Contrato de *Swap*.................	–	–	–	(3.705)	3.705
31 de Dezembro de 2014..	€ (14.000)	€ 100.000	€ (98.182)	€ (1.818)	€ 6.000
2015					
(11) Registro de Juros da Nota...................................	(8.000)	–	(1.818)	–	9.818
(12) Registro de Juros do Contrato de *Swap*.............	–	–	–	(182)	182
(13) Registro de Juros de *Swap* Pagos......................	(2.000)	–	–	2.000	–
(14) Quitação da Nota a Pagar....................................	(100.000)	–	100.000	–	–
31 de Dezembro de 2015..	€ (124.000)	€ (100.000)	€ –	€ –	€ 10.000

Observação: Os valores entre parênteses são créditos nas diversas contas.

(4) As taxas de juros caem em 2013. Em 31 de dezembro, a taxa de juros variável do contrato de *swap* redefine a taxa de juros de 2014 para 6%. A Thames remensura a nota a pagar pelo valor justo e registra a mudança no valor justo do contrato de *swap* causada pelo declínio da taxa de juros.

O valor presente dos fluxos de caixa remanescentes da nota a pagar, quando descontado à taxa de 6%, é:

Valor Presente dos Pagamentos de Juros: € 8.000 × 1,83339[20]	€ 14.667
Valor Presente do Principal: € 100.000 × 0,89000	89.000
Total do Valor Presente	€ 103.667

A Thames faz o seguinte lançamento para registrar a variação no valor justo:

31 de dezembro de 2013

Perda na Remensuração de Títulos a Pagar Avaliados a Valor Justo	3.667
Títulos a Pagar	3.667

Ativo	=	Passivo	+	Patrimônio Líquido	Classificação
		+ 3.677		– 3.667	DRE → LA

Para mensurar Títulos a Pagar pelo valor justo com fluxos de caixa descontados a 6%, com a perda lançada no lucro líquido.

A maior parte das empresas não remensura a valor justo seus passivos, como no caso dessa nota promissória, quando as taxas de juros variam. Elas continuam a contabilizá-los usando a taxa de juros do momento do primeiro registro do instrumento financeiro nas contas. A técnica de *hedge accounting*, contudo, *requer* o reconhecimento das variações nos valores justos de um instrumento financeiro que as empresas tenham designado como item de *hedge* (a nota promissória a pagar) e *requer* o reconhecimento das variações no valor justo do instrumento de *hedge* (o contrato de *swap*).

(5) O declínio da taxa de juros para 6% significa que a Thames economizará € 2.000 [= (0,08 – 0,06) × € 100.000] em pagamento de juros a cada ano. O valor presente de uma anuidade de € 2.000 por dois períodos a 6% é de € 3.667 (= € 2.000 × 1,83339). Assim, o valor justo do contrato de *swap* aumentou de zero no começo de 2013 para € 3.667 no fim do ano. A Thames faz o seguinte lançamento:

31 de dezembro de 2013

Contrato de *Swap*	3.667
Ganho na Remensuração do Contrato de *Swap*	3.667

Ativo	=	Passivo	+	Patrimônio Líquido	Classificação
+ 3.667				+ 3.667	DRE → LA

Para mensurar o contrato de *swap* a valor justo e reconhecer um ativo no balanço patrimonial e um ganho no lucro líquido.

A perda no valor justo da nota promissória a pagar compensa exatamente o ganho no valor justo do contrato de *swap*, indicando que ele foi totalmente efetivo, isto é, a Perda com a Remensuração de Títulos a Pagar é compensada pelo Ganho na Remensuração do Contrato de *Swap*.

(6) A Thames segue um procedimento similar no fim de 2014. Primeiro, ela registra a despesa de juros nas notas a pagar:

---

20. N.T.: Este número é um múltiplo tabelado para trazer a valor presente um fluxo de caixa de 2 períodos à taxa de 6% ao período. Ou, usando uma calculadora HP 12C para o valor presente dos pagamentos de juros: pmt = 8.000; n = 2; i=6%; PV = ? → PV = 14.667. Para o valor presente do principal: FV = 100.000; n = 2; i = 6; PV = ? → PV = 89.000.

31 de Dezembro de 2014

Despesa de Juros..	6.220
Títulos a Pagar..	1.780
Caixa..	8.000

Para registrar a despesa de juros a 6% no valor contábil da nota a pagar no início do ano (€ 6.220 = 0,06 × € 103.667), o pagamento de caixa pela taxa de juros contratual de 8% sobre o valor de face da nota (€ 8.000 = 0,08 × € 100.000) e a redução no valor contábil da nota a pagar, pela diferença.

A Thames usa o método dos juros efetivos para calcular a despesa de juros. A taxa de juros efetiva para 2014 é de 6%, e o valor contábil da nota a pagar no começo do ano é de € 103.667. O pagamento de caixa de € 8.000 é o valor especificado no contrato original de empréstimo com o fornecedor do equipamento.

(7) Em segundo lugar, a Thames registra uma receita de juros pela variação no valor justo do contrato de *swap* no período.

31 de Dezembro de 2014

Contrato de *Swap*..	220
Receita de Juros...	220

Para registrar a receita de juros pelo aumento no valor contábil do contrato de *swap* pela passagem do tempo: € 220 = 0,06 × € 3.667.

A despesa de juros (líquida) com o resultado dos dois lançamentos é de € 6.000 (= € 6.220 – € 220), que é o mesmo da taxa variável de juros de 2014, de 6% vezes o valor de face da nota.

(8) Em terceiro lugar, a Thames recebe € 2.000 de sua contraparte em função do contrato de *swap* porque as taxas de juros baixaram de 8% para 6%.

31 de Dezembro de 2014

Caixa..	2.000
Contrato de *Swap*...	2.000

Para registrar o caixa recebido da contraparte em decorrência da diminuição da taxa de juros de 8% para 6%.

Os € 2.000 de caixa recebidos da contraparte são um benefício para a Thames em 2014 em decorrência do declínio da taxa de juros para 6%.

(9) Em quarto lugar, a Thames deve remensurar a nota a pagar e o contrato de *swap* pelas variações no valor justo no fim de 2014. Considere que as taxas de juros aumentaram em 2014 e que, assim, a taxa de juros do contrato de *swap* será ajustada para 10% em 2015. O valor presente dos pagamentos remanescentes da nota a 10% é:

Valor Presente dos Pagamentos de Juros: € 8.000 × 0,90909...	€ 7.273
Valor Presente do Principal: € 100.000 × 0,90909...	90.909
Total do Valor Presente...	€ 98.182

O valor contábil da nota a pagar antes da remensuração é de € 101.887 (= € 103.667 – € 1.780). O lançamento para mensurar a nota a pagar pelo valor justo é:

31 de Dezembro de 2014

Nota a Pagar..	3.705
Ganho na Remensuração de Títulos a Pagar...	3.705

Ativo	=	Passivo	+	Patrimônio Líquido	Classificação
		– 3.705		+ 3.705	LL → LA

Para mensurar a nota a pagar a valor justo usando uma taxa de juros de 10% para descontar os fluxos de caixa remanescentes ao seu valor presente: € 3.705 = € 101.887 – € 98.182. O ganho é incluído no lucro líquido.

(10) O valor justo do contrato de *swap* diminui e a Thames agora paga à contraparte € 2.000 em 2015 em virtude do contrato de *swap*. Assim, o contrato de *swap* é um passivo para a Thames, e não um ativo. O valor presente de € 2.000, quando descontado a 10%, é € 1.818 (= € 2.000 × 0,90909). O valor contábil do contrato de *swap* antes da remensuração é um ativo de € 1.887 (= € 3.667 + € 220 – € 2.000). O lançamento para remensurar o contrato de *swap* é:

31 de Dezembro de 2014		
Perda na Remensuração do Contrato de *Swap*	3.705	
Contrato de *Swap* (Ativo)		1.887
Contrato de *Swap* (Passivo)		1.818
Para registrar o contrato de *swap* pelo seu valor justo usando uma taxa de 10% e reconhecendo o decréscimo no valor justo. A perda está incluída no lucro líquido.		

O ganho na remensuração da nota a pagar compensa exatamente a perda na remensuração do contrato de *swap*, de forma que o contrato faz o *hedge* da variação das taxas de juros.

(11) O primeiro lançamento de 2015 reconhece a despesa de juros e o pagamento em caixa dos juros.

31 de Dezembro de 2015		
Despesa de Juros	9.818	
Títulos a Pagar		1.818
Caixa		8.000
Para registrar a despesa de juros de 10% do valor contábil da nota a pagar no começo do ano (€ 9.818 = 0,10 × € 98.182), o pagamento em caixa da taxa de juros contratual de 8% do valor de face da nota (€ 8.000 = 0,08 × € 100.000) e o aumento, pela diferença, do valor contábil da nota a pagar.		

(12) A Thames também precisa reconhecer os juros do contrato de *swap*:

31 de Dezembro de 2015		
Despesa de Juros	182	
Contrato de *Swap* (Passivo)		182
Para registrar a despesa de juros pelo aumento no valor contábil do contrato de *swap* pela passagem do tempo: € 182 = 0,10 × € 1.818.		

A despesa de juros (líquida) após esses dois lançamentos é de € 10.000 (= € 9.818 + € 182), que é igual à taxa de juros variável de 10% vezes o valor de face da nota.

(13) A Thames paga à contraparte 2% do valor de face da nota porque a taxa variável de juros de 10% excede a taxa fixa de juros de 8%.

31 de Dezembro de 2014		
Contrato de *Swap* (Passivo)	2.000	
Caixa		2.000
Para registrar o caixa pago à contraparte uma vez que a taxa variável de 10% excedeu a taxa fixa de juros de 8%.		

(14) A Thames liquida a nota e fecha a conta Contrato de *Swap*.

31 de Dezembro de 2015		
Títulos a Pagar	100.000	
Caixa		100.000
Para registrar a liquidação da nota a pagar no vencimento.		

A conta Contrato de *Swap* tem saldo zero em 31 de dezembro de 2015, depois que a Thames fez esses lançamentos (= € 1.818 + € 182 − € 2.000).

A **Figura 13.5** resume os efeitos desses lançamentos em várias contas (lançamentos de crédito entre parênteses). O lucro líquido reflete a taxa de juros variável de cada ano, 8% em 2013, 6% em 2014 e 10% em 2015. A soma dos valores contábeis no balanço patrimonial da nota a pagar e do contrato de *swap* (o valor líquido) é de € 100.000 no fim de cada ano. A Thames reconhece ganhos e perdas pelas variações no valor justo tanto do item objeto do *hedge* quanto do seu derivativo no lucro líquido na medida em que seus valores justos se alteram.

Resumo da contabilização de um *hedge* de valor justo de um ativo ou passivo reconhecido. Segue o resumo da contabilização de um *hedge* de valor justo de um ativo ou passivo reconhecido.

1. Uma empresa reconhece o ativo ou passivo-objeto de *hedge* mesmo na ausência de *hedge accounting*. Na ausência de *hedge accounting*, a mensuração do item objeto de *hedge* depende da contabilização requerida para o item (por exemplo, o menor valor entre custo e mercado para estoques, valor presente dos futuros fluxos de caixa futuros para recebíveis e pagáveis de longo prazo).
2. Na data em que a empresa fecha o contrato de derivativo e designa o contrato como um *hedge* de valor justo, ela reconhece o derivativo como um ativo se ela faz um pagamento inicial. Ela o reconhece como um passivo se recebe um pagamento inicial. De outra forma, nenhum valor aparece no balanço patrimonial pelo derivativo.
3. No fim de cada período, a empresa remensura a valor justo o ativo ou passivo-objeto do *hedge* e inclui o ganho ou perda resultante no lucro líquido.
4. No fim de cada período, a empresa remensura a valor justo o instrumento derivativo (instrumento de *hedge*) e inclui o ganho ou perda resultante no lucro líquido.
5. A empresa informa tanto o ativo ou passivo-objeto de *hedge* como o seu instrumento de *hedge* separadamente no balanço patrimonial, sem compensá-los.
6. Quando a empresa liquida o contrato de derivativo e o item objeto do *hedge*, ela remove das contas o ativo ou passivo-objeto do *hedge* e o seu respectivo derivativo.

***Hedge* de fluxo de caixa: *swap* de taxa de juros para converter uma dívida com taxa variável em uma dívida com taxa fixa.** Este tópico ilustra os lançamentos no diário de um *swap* de taxa de juros para um *hedge* de fluxo de caixa. Considere os **Exemplos 14 e 18**. A Elseve deseja se proteger contra o risco de variações nas taxas de juros dos seus desembolsos de caixa para pagamento de juros. Ela fecha um contrato de *swap* com uma contraparte para converter a taxa variável (atualmente de 8%) de sua nota a pagar em uma nota com taxa fixa. Os fatos desse caso são semelhantes aos da Thames. A nota promissória tem € 100.000 de valor de face e uma taxa variável de juros inicial de 8%, ajustada para 6% em 2014 e para 10% em 2015. A nota vence em 31 de dezembro de 2015. A **Figura 13.6** resume os efeitos dos lançamentos no balanço patrimonial e na demonstração do resultado, discutidos a seguir. Você pode consultar a **Figura 13.6** enquanto estuda esses lançamentos.

(1) O lançamento para registrar a nota a pagar é:

1º de Janeiro de 2013

Equipamento.. 100.000

    Títulos a Pagar.. 100.000

Para registrar a aquisição de equipamentos emitindo uma nota promissória a pagar de € 100.000 com uma taxa de juros variável de 8%.

---

(2) Como o contrato de *swap* apresentava valor zero em 1º de janeiro de 2013, a Elseve não faz nenhum lançamento na data.

(3) A Elseve registra juros de 2013 sobre a nota.

---
31 de Dezembro de 2013

Despesa de Juros... 8.000

    Caixa... 8.000

Para reconhecer despesa de juros e desembolso de caixa à taxa variável de juros de 8%:
€ 8.000 = 0,08 × € 100.000.

Figura 13.6

Swap de Nota de € 100.000 de Taxa Variável e da Respectiva Taxa de Juros Contabilizada como *Hedge* de Valor Justo

	Caixa	Equipamento: pelo Custo	Títulos a Pagar: pelo Valor Justo	Contrato de *Swap*: pelo Valor Justo	Demonstração do Resultado	Outros Resultados Abrangentes
2013						
(1) Emissão de Nota pelo Equipamento	–	€ 100.000	€ (100.000)	€–	€–	€–
(2) Fechamento do Contrato de *Swap*	–	–	–	–	–	–
(3) Registro dos Juros da Nota	(8.000)	–	–	–	8.000	–
(4) Remensuração do Contrato de *Swap*	–	–	–	(3.667)	–	3.667
31 de dezembro de 2013	€ (8.000)	€ 100.000	€ (100.000)	€ (3.667)	€ 8.000	€ 3.667
2014						
(5) Registro dos Juros da Nota	(6.000)	–	–	–	6.000	–
(6) Registro dos Juros do Contrato de *Swap*	–	–	–	(220)	–	220
(7) Registro dos Juros de *Swap* Pagos	(2.000)	–	–	2.000	–	–
(8) Reclassificação da Porção de Outros Resultados Abrangentes	–	–	–	–	2.000	(2.000)
(9) Remensuração do Contrato de *Swap*	–	–	–	3.705	–	(3.705)
31 de Dezembro de 2014	€ (16.000)	€ 100.000	€ (100.000)	€ 1.818	€ 8.000	€ (1.818)
2015						
(10) Registro dos Juros da Nota	(10.000)	–	–	–	10.000	–
(11) Registro dos Juros do Contrato de *Swap*	–	–	–	182	–	(182)
(12) Registro de Juros de *Swap* Recebidos	2.000	–	–	(2.000)	–	–
(13) Reclassificação da Porção de Outros Resultados Abrangentes	–	–	–	–	(2.000)	2.000
(14) Quitar Nota a Pagar	(100.000)	–	100.000	–	–	–
(15) Liquidação do Contrato de *Swap*	–	–	–	–	–	–
31 de dezembro de 2015	€ (124.000)	€ 100.000	€ –	€ –	€ 8.000	€ –

Observação: Os valores entre parênteses são créditos em várias contas.

(4) O valor justo da nota a pagar nesse caso não variará na medida em que as taxas de juros variam porque a nota possui uma taxa de juros variável[21]. O valor justo do contrato de *swap* acompanha as variações das taxas de juros. O valor justo do contrato de *swap* em 31 de dezembro de 2013, depois do ajuste na taxa de juros para 6%, é de € 3.667. Esse valor é o valor presente dos € 2.000 que a Elseve pagará à contraparte em 31 de dezembro de 2014 e 2015 se a taxa de juros permanecer em 6%. Esse valor é o mesmo da ilustração anterior do *hedge* de valor justo. O lançamento, contudo, difere daquele feito anteriormente.

31 de Dezembro de 2014

Perda na Remensuração do Contrato de *Swap*	3.667	
Contrato de *Swap*		3.667

Ativo	=	Passivo	+	Patrimônio Líquido	Classificação
		+ 3.677		– 3.667	ORA → ORAA

Para mensurar o contrato de *swap* pelo valor justo e reconhecer um passivo no balanço patrimonial e uma perda em outros resultados abrangentes.

---

21. Ou seja, seu valor contábil já é seu valor justo. (NT)

O contrato de *swap* é um passivo porque a Elseve deve pagar à contraparte € 2.000 ao fim de 2014 e de 2015. Na ilustração anterior, o contrato de *swap* ao fim de 2013 é um ativo porque a Thames tem o direito de receber da contraparte € 2.000 ao fim de 2014 e de 2015. O valor de € 3.667 diminui outros resultados abrangentes da Elseve, ao passo que a Thames reconheceu um ganho no lucro líquido.

O valor contábil da nota a pagar de € 100.000 mais o valor contábil do contrato de *swap* de € 3.667 é de € 103.667. Esse também é o valor presente dos fluxos de caixa esperados combinando-se a nota de taxa fixa e o contrato de *swap*, descontados a 6% (como apresentado anteriormente para a Thames).

(5) O lançamento em 31 de dezembro de 2014 para reconhecer e pagar juros da nota à taxa de juros variáveis é:

31 de Dezembro de 2014		
Despesa de Juros	6.000	
Caixa		6.000
Para reconhecer despesa de juros e pagamento de caixa à taxa variável de juros de 6%: € 6.000 = 0,06 × € 100.000.		

(6) A Elseve precisa também reconhecer os juros do contrato de *swap* em virtude da passagem do tempo. O encargo de juros não afeta o lucro líquido imediatamente, mas, em vez disso, diminui Outros Resultados Abrangentes. As empresas encerram a conta Outros Resultados Abrangentes (ORA) em Outros Resultados Abrangentes Acumulados (ORAA).

(7) A Elseve paga à contraparte os € 2.000 [= € 100.000 × (0,08 − 0,06)] requeridos pelo contrato de *swap*. O lançamento é:

31 de Dezembro de 2014		
Contrato de *Swap*	2.000	
Caixa		2.000
Para registrar o desembolso de caixa à contraparte porque a taxa de juros declinou de 8% para 6%.		

(8) Dado que o contrato de *swap* fez o *hedge* de fluxos de caixa relativos ao risco da taxa de juros em 2014, a Elseve reclassifica uma porção de outros resultados abrangentes para o lucro líquido (LLL). O lançamento é:

31 de Dezembro de 2014		
Despesa de Juros	2.000	
Outros Resultados Abrangentes		2.000

Ativo	=	Passivo	+	Patrimônio Líquido	Classificação
				− 2.000	LL → LA
				+ 2.000	ORA → ORAA

Para reclassificar uma porção de outros resultados abrangentes no lucro líquido pela porção do objeto de *hedge* da despesa de juros da nota a pagar.

As despesas de juros na demonstração do resultado incluem (1) juros a 6% sobre a nota a pagar, pagos ao titular da nota conforme o contrato de empréstimo com taxa variável e (2) juros de 2% decorrentes do contrato de *swap* para gerar um total de despesas de juros de € 8.000 em 2014. A Elseve fechou um contrato de *swap* para fixar o seu desembolso de caixa em 8% da nota a pagar, o que ela faz com o seu contrato de *hedge*. Nesse ponto, a conta Contrato de *Swap* tem um saldo credor de € 1.887 (= € 3.667 + € 220 − € 2.000). Outros resultados abrangentes acumulados relativos a esse *swap* de taxa de juros tem um saldo devedor de € 1.887.

(9) O ajuste da taxa de juros para 10% em 31 de dezembro de 2014 altera o contrato de *swap* de passivo para ativo. O valor presente dos € 2.000 que a Elseve receberá da contraparte no fim de 2015, quando descontado a 10%, é de € 1.818. O lançamento da remensuração do contrato de *swap* é:

31 de Dezembro de 2014

Contrato de *Swap* (Passivo)	1.887	
Contrato de *Swap* (Ativo)	1.818	
Ganho nas Remensurações do Contrato de *Swap*		3.705

Ativo	=	Passivo	+	Patrimônio Líquido	Classificação
+ 1.818		– 1.887		+ 3.705	ORA → ORAA

Para mensurar o contrato de *swap* pelo valor justo e reconhecer um ativo no balanço patrimonial e um ganho em outros resultados abrangentes.

O ganho de € 3.705 incluído em Outros Resultados Abrangentes é encerrado em Outros Resultados Abrangentes Acumulados. Outros Resultados Abrangentes Acumulados tem o valor de crédito de € 1.818, que é igual ao saldo devedor na conta Contrato de *Swap*.

(10) O lançamento no fim de 2015 para reconhecer e pagar juros sobre a nota de taxa variável é:

31 de Dezembro de 2015

Despesa de Juros	10.000	
Caixa		10.000

Para reconhecer despesa de juros e desembolso de caixa à taxa variável de juros de 10%:
€ 10.000 = 0,10 × € 100.000.

(11) A Elseve também aumenta o valor contábil do contrato de *swap* pela passagem do tempo.

31 de Dezembro de 2015

Contrato de *Swap*	182	
Juros do Contrato de *Swap*		182

Ativo	=	Passivo	+	Patrimônio Líquido	Classificação
+ 182				+ 182	ORA → ORAA

Para registrar juros pelo aumento no valor contábil do contrato de *swap* pela passagem do tempo:
€ 182 = 0,10 × € 1.818. Os juros estão incluídos em outros resultados abrangentes.

(12) O contrato de *swap* requer que a contraparte pague € 2.000 à empresa.

31 de Dezembro de 2015

Caixa	2.000	
Contrato de *Swap*		2.000

Para registrar o caixa recebido da contraparte em virtude do aumento da taxa de juros de 6% para 10%.

(13) Dado que o contrato de *swap* protegeu os fluxos de caixa contra o risco de variações na taxa de juros em 2015, a Elseve reverte uma porção de outros resultados abrangentes acumulados e informa o valor no lucro líquido como despesa. O lançamento é:

31 de Dezembro de 2015

Outros Resultados Abrangentes	2.000	
Despesa de Juros		2.000

(continua)

(continuação)

Ativo	=	Passivo	+	Patrimônio Líquido	Classificação
				– 2.000	ORA → ORAA
				+ 2.000	LL → LA

Para reclassificar uma porção de outros resultados abrangentes acumulados para o lucro líquido pela porção da despesa de juros da nota a pagar, objeto do *hedge*.

Assim, a despesa de juros (líquida) de 2015 é de € 8.000 (= € 10.000 – € 2.000), o que equivale ao desembolso líquido de caixa que a Elseve protegeu com o *swap* da taxa de juros.

(14) A Elseve repaga a nota em 31 de dezembro de 2015:

31 de Dezembro de 2015

Títulos a Pagar... 100.000

    Caixa.. 100.000

Para registrar a quitação da nota a pagar no vencimento.

A conta Contrato de *Swap* tem saldo zero em 31 de dezembro de 2015 (= € 1.818 + € 182 – € 2.000). Se o contrato de *swap* tivesse sido altamente eficaz, mas não perfeitamente eficaz para neutralizar o risco da taxa de juros, a conta Outros Resultados Abrangentes Acumulados teria um saldo relativo ao contrato, que a Elseve reclassificaria para o lucro líquido.

A **Figura 13.6** mostra que a despesa de juros é de € 8.000 em cada ano; portanto, a Elseve atingiu o seu objetivo de pagar uma taxa fixa de juros de 8%. Os valores em Outros Resultados Abrangentes refletem variações no valor justo do contrato de *swap*. A conta Contrato de *Swap* começa e termina com valor zero.

Resumo da contabilização do *hedge* de fluxos de caixa de um ativo ou passivo. Segue o resumo da contabilização do *hedge* de fluxos de caixa de um ativo ou passivo:

1. A empresa reconhece no balanço patrimonial um ativo ou passivo-objeto de *hedge*. A sua mensuração depende da contabilização requerida para o ativo ou passivo particular (por exemplo, o menor entre custo e mercado para estoques, valor presente dos futuros fluxos de caixa para recebíveis e pagáveis de longo prazo).
2. A empresa reconhece o derivativo como um ativo na data da aquisição, na medida em que ela faz um investimento inicial, ou como um passivo, na medida em que ela recebe caixa. De outra forma, nenhum valor aparece no balanço patrimonial quanto ao derivativo. A empresa designa o derivativo como um instrumento de *hedge*.
3. Ao fim de cada período, a empresa mensura o instrumento derivativo (o instrumento de *hedge*) pelo valor justo e inclui a perda ou ganho resultante em outros resultados abrangentes.
4. A empresa reclassifica ganhos e perdas em outros resultados abrangentes para o lucro líquido quando o ganho ou perda do item objeto de *hedge* afeta o lucro líquido. Se o derivativo não é altamente eficaz para neutralizar o ganho ou perda do item objeto de *hedge*, a empresa reclassifica a porção ineficaz imediatamente para o lucro líquido. Ela não espera até que o ganho ou perda do item objeto de *hedge* afete o lucro líquido.
5. A empresa informa o ativo ou passivo-objeto do *hedge* e o instrumento de *hedge* separadamente no balanço patrimonial. Ela informa o valor acumulado das variações líquidas do valor justo do instrumento de *hedge* em outros resultados abrangentes acumulados.
6. A empresa remove o ativo ou passivo-objeto de *hedge* e o seu derivativo correspondente das contas no momento da liquidação.

Resumo da contabilização de derivativos

Os derivativos aparecem no balanço patrimonial pelo valor justo. O seu efeito no lucro líquido depende de a empresa designá-lo como um *hedge* e, em caso afirmativo, se este é um *hedge* de valor justo ou de fluxo de caixa.

- Ganhos e perdas nos derivativos não designados como *hedges* de um risco específico, ganhos e perdas em *hedges* de valor justo e a porção ineficaz dos *hedges* de fluxo de caixa afetam o lucro líquido simultaneamente com as variações no valor justo. Essa contabilização observa o segundo método ilustrado na **Figura 13.1**.
- Ganhos e perdas em *hedges* eficazes de fluxo de caixa afetam outros resultados abrangentes, não o lucro líquido. O detentor do instrumento de *hedge* excluirá dos lucros correntes, mas incluirá em outros resultados abrangentes acumulados, os ganhos e perdas utilizados efetivamente para proteger os fluxos de caixa. As empresas revertem para o lucro líquido esses ganhos e perdas anteriormente informados em outros resultados abrangentes, quando o ganho ou perda do item objeto de *hedge* afetar o lucro líquido. Essa contabilização segue o terceiro método ilustrado na **Figura 13.1**.

Evidenciações relativas a instrumentos derivativos

Os padrões U.S. GAAP e IFRS requerem que as empresas evidenciem os valores justos dos instrumentos financeiros nas Notas Explicativas das demonstrações financeiras. O U.S. GAAP também requer que as empresas evidenciem as seguintes informações (entre outras) com respeito aos derivativos (o IFRS requer evidenciações similares, mas não idênticas).

1. **Uma descrição da estratégia dos gestores de risco da empresa e de como derivativos particulares ajudam a cumprir os objetivos de proteção da empresa. A descrição deve diferenciar instrumentos derivativos designados como *hedges* de valor justo, *hedges* de fluxo de caixa e todos os outros derivativos.**

   Esta evidenciação ajuda o usuário das demonstrações financeiras a entender como uma empresa usa os derivativos para se proteger dos riscos.

2. **Para *hedges* de valor justo e de fluxo de caixa, as empresas devem evidenciar os ganhos ou perdas líquidos reconhecidos nos lucros resultantes das ineficácias do *hedge* e a linha da demonstração do resultado que inclui esse ganho ou perda líquida.**

   Esta evidenciação ajuda o usuário das demonstrações financeiras a entender a eficácia das atividades de *hedge* de uma empresa, incluindo o valor de qualquer ganho ou perda decorrente das ineficácias do *hedge*.

3. **Para *hedges* de fluxo de caixa, as empresas devem descrever as transações ou eventos que resultarão na reclassificação de ganhos e perdas de outros resultados abrangentes acumulados para o lucro líquido e o valor estimado dessas reclassificações durante os próximos 12 meses.**

   A conta Outros Resultados Abrangentes Acumulados inclui ganhos e perdas não realizados que afetarão o lucro líquido no futuro. A maior parte dos derivativos não possibilita aos gestores decidir sobre quando tais ganhos e perdas afetarão os lucros, ao contrário dos títulos de mercado classificados como disponíveis para venda, sobre os quais os gestores têm alguma discricionariedade para determinar o momento dos efeitos nos lucros. A evidenciação de derivativos requer que as empresas mostrem suas expectativas sobre o valor que elas vão transferir de outros resultados abrangentes acumulados para o lucro líquido no próximo ano, de modo a auxiliar os usuários das demonstrações financeiras na previsão dos lucros do próximo ano.

4. **O valor líquido dos ganhos e perdas reconhecidos nos lucros porque o compromisso da empresa que faz *hedge* não o qualifica mais como *hedge* de valor justo ou porque uma transação prevista de *hedge* já não se qualifica como um *hedge* de fluxo de caixa.**

   Uma empresa pode usar um derivativo para proteger um compromisso ou uma transação prevista não reconhecida. Se ocorrem eventos em decorrência dos quais a empresa deixa de ter a intenção de cumprir o compromisso ou realizar a transação prevista, quaisquer ganhos e perdas não realizados relativos a esses compromissos e transações previstos afetam o lucro líquido. A evidenciação informa o usuário das demonstrações financeiras sobre os ganhos e perdas que resultam de um derivativo não mais se qualificar como *hedge* de valor justo ou de fluxo de caixa.

PROBLEMA 13.3 PARA APRENDIZAGEM

Contabilização de um contrato futuro de câmbio como um *hedge* de valor justo. Considere os **Exemplos 12** e **16** neste capítulo. A Great Deal faz um pedido de equipamento em 30 de junho de 2013. Simultaneamente, ela assina o contrato de câmbio futuro de £ 10.000. A taxa futura em 30 de junho de 2013 para liquidação em 30 de junho de 2014 é de $ 1,64 por £ 1. A empresa designa o contrato futuro como um *hedge* de valor justo do compromisso da empresa.

(continua)

(continuação)

> a. A orientação dos padrões U.S. GAAP e IFRS não requer que a Great Deal registre nem o compromisso de compra nem o contrato futuro no balanço patrimonial como um passivo ou como um ativo em 30 de junho de 2013. Qual a lógica dessa contabilização?
> b. Em 31 de dezembro de 2013, a taxa do contrato futuro de câmbio para liquidação em 30 de junho de 2014 é de $ 1,73 por £ 1. Faça os lançamentos para registrar a variação nos valores justos do compromisso de compra e do contrato futuro em 2013. Considere uma taxa de juros de 8% para desconto dos fluxos de caixa ao seu valor presente em 31 de dezembro de 2013.
> c. Faça os lançamentos no livro diário em 30 de junho de 2014 para registrar a variação do valor presente do compromisso de compra e do contrato futuro pela passagem do tempo.
> d. Em 30 de junho de 2014, a taxa de câmbio *spot* (mercado à vista) é de $ 1,75 por £ 1. Prepare os lançamentos no livro diário para registrar a variação nos valores justos do compromisso de compra e do contrato futuro decorrente das variações da taxa de câmbio nos primeiros seis meses de 2014.
> e. Faça o lançamento em 30 de junho de 2014 para comprar £ 10.000 com dólares americanos e adquirir o equipamento.
> f. Prepare o lançamento em 30 de junho de 2014 para liquidar o contrato futuro.
> g. Quais seriam as diferenças nos lançamentos dos itens **b** a **f** se a Great Deal tivesse escolhido designar o contrato de câmbio futuro como um *hedge* de fluxo de caixa de uma transação prevista, em vez de um *hedge* de valor justo de um compromisso da empresa?
> h. Sugira um cenário que justificaria o tratamento pela Great Deal do contrato futuro de câmbio como um *hedge* de valor justo e um cenário que justificaria o tratamento pela empresa desse contrato como um *hedge* de fluxo de caixa.

A OPÇÃO PELO VALOR JUSTO APLICADA A TÍTULOS DE MERCADO E A DERIVATIVOS

Tanto U.S. GAAP como IFRS oferecem a opção de informar ativos e passivos financeiros selecionados pelo valor justo e de reconhecer ganhos e perdas no lucro líquido à medida que os valores justos variam[22]. As empresas podem aplicar a **opção pelo valor justo** em uma base de instrumento por instrumento quando a empresa adota inicialmente a norma que permite a opção pelo valor justo, quando ela adquire um instrumento elegível e em certos eventos de mensuração, como combinações de negócios. Uma vez escolhida, a opção pelo valor justo é irrevogável (para o instrumento ao qual a empresa aplica essa opção). Essa opção resulta na contabilização ilustrada pelo segundo método da **Figura 13.1**. Ambos os padrões requerem a mensuração pelo valor justo com variações incluídas no lucro de três itens anteriormente discutidos neste capítulo[23]:

1. Títulos para negociação.
2. *Hedges* de valor justo.
3. Derivativos não designados como *hedges*.

Assim, as empresas podem eleger a opção pelo valor justo dos seguintes itens discutidos neste capítulo:

1. Títulos de dívida mantidos até o vencimento.
2. Títulos disponíveis para venda.
3. *Hedges* de fluxo de caixa.

A aplicação da opção pelo valor justo a títulos de dívida mantidos até o vencimento resulta em contabilizar investimentos como se eles fossem títulos para negociação, medidos pelo valor justo com as variações deste reconhecidas no lucro a cada período. A aplicação da opção pelo valor justo a títulos disponíveis para venda e a *hedges* de fluxo de caixa resulta em informar ganhos e perdas no lucro líquido, não em outros resultados abrangentes.

---

22. A opção pelo valor justo sob o IFRS está no IASB, *International Accounting Standard 39*, "Financial Instruments Recognition and Measurement", rev. 2003. A opção pelo valor justo sob o U.S. GAAP está no FASB, *Statement of Financial Accounting Standards* N. *159*, "The Fair Value Option for Financial Assets and Financial Liabilities, Including an Amendment of FASB Statement N. 115", 2007 (**Codification Topic 825**). O U.S. GAAP dá orientação para mensuração do valor justo em Accounting Standards Update N. 2011-04, "Fair Value Measurement", 2011 (**Codification Topic 820**). O IFRS dá orientação para mensuração do valor justo no *International Financial Reporting Standard 13*, "Fair Value Measurement", 2011. As orientações de mensuração do valor justo pelo U.S. GAAP e pelo IFRS convergem amplamente.

23. Os padrões U.S. GAAP e IFRS especificam os itens elegíveis para a opção pelo valor justo. Os critérios qualificadores diferem entre esses dois conjuntos de normas. Não consideraremos todos esses itens neste livro-texto.

RESUMO

As empresas adquirem títulos emitidos por outras entidades, incluindo empresas e governos, por várias razões. As empresas também adquirem derivativos ou entram em acordos com outras entidades para fazer *hedge* dos riscos das variações de taxas de juros, taxas de câmbio e preços de *commodities*. Os padrões U.S. GAAP e IFRS atualmente requerem a seguinte contabilização para títulos de mercado e derivativos se uma empresa não escolhe a opção pelo valor justo:

Método Contábil	Aplicável a:
Método 1: Custo de Aquisição Amortizado	Títulos de Dívida Mantidos até o Vencimento
Método 2: Valor Justo com Ganhos e Perdas Não Realizados Reconhecidos no Lucro Líquido à Medida que o Valor Justo Varia	Títulos de Mercado Classificados como Títulos para Negociação *Hedges* de Valor Justo Derivativos Não Classificados como *Hedges*
Método 3: Valor Justo com Ganhos e Perdas Não Realizados Reconhecidos em Outros Resultados Abrangentes à Medida que o Valor Justo Varia, e mais Tarde no Lucro Líquido	Títulos de Mercado Classificados como Títulos Disponíveis para Venda *Hedges* de Fluxos de Caixa

A inclusão postergada de ganhos e perdas não realizados no lucro líquido dos itens da terceira categoria resulta em mensurar títulos disponíveis para venda e *hedges* de fluxo de caixa pelo valor justo sem reconhecer o efeito das variações dele no lucro líquido até que a empresa realize os ganhos ou perdas. As empresas que adotam a opção pelo valor justo reconhecerão as variações dele no lucro líquido à medida que os valores justos variam. A contabilização é a mesma daquela dos itens da terceira categoria.

APÊNDICE 13.1: RESUMO DO IFRS 9, *INSTRUMENTOS FINANCEIROS*

O IASB emitiu a norma *International Financial Reporting Standard 9*, "Financial Instruments" (IFRS 9), em novembro de 2009. No momento da publicação deste livro, a data de vigência é janeiro de 2015, com adoção anterior permitida.

O IFRS 9 elimina a classificação dos ativos financeiros em títulos de dívida mantidos até o vencimento, títulos disponíveis para a venda e ativos financeiros a valor justo mediante resultados (títulos para negociação), e requer que as empresas classifiquem todos os ativos financeiros com base em dois critérios. O primeiro critério é o modelo de gestão do ativo financeiro da empresa; o segundo, a natureza dos termos contratuais que governam o fluxo de caixa do ativo financeiro. Se o objetivo da empresa é manter o ativo financeiro visando receber os seus caixa contratuais (o critério do modelo de negócio) *e* os termos contratuais que governam esses fluxos especificam apenas os pagamentos do principal e dos juros (critério dos termos contratuais), ela mensura o ativo financeiro pelo custo amortizado. Exceto no caso de perdas por *impairment*, as variações no valor justo não são reconhecidas, a menos que o ativo seja vendido ou reclassificado. Todos os outros ativos financeiros são mensurados a valor justo, com variações no valor justo incluídas no lucro líquido no período em que ocorrem, com uma exceção. Essa exceção permite que uma empresa designe investimentos em títulos patrimoniais (ações) como "não mantidos para negociação", mensurados pelo valor justo com variações no valor justo incluídas em outros resultados abrangentes. A designação é irrevogável e os ganhos e perdas não realizados desses títulos patrimoniais *não* são reclassificados de outros resultados abrangentes acumulados se e quando os títulos forem vendidos.

SOLUÇÕES DOS PROBLEMAS PARA APRENDIZAGEM

Solução sugerida para o problema 13.1

(General Electric Capital Services e Sapra Company; contabilização de um investimento em *bonds*.)

a. Ver a **Figura 13.7**.

b.

Data da Compra		
Aplicações Financeiras..	105.346	
Caixa..		105.346
Para registrar a compra de *bonds* de $ 105.346.		

Fim do Primeiro Ano		
Aplicações Financeiras..	6.321	
Receita de Juros..		6.321
Para reconhecer a receita de juros do primeiro ano depois da compra.		

Fim do Primeiro Ano		
Caixa..	8.000	
Aplicações Financeiras..		8.000
Para registrar o caixa recebido no fim do primeiro ano e a redução em Aplicações Financeiras.		

AGECS poderia combinar os dois últimos lançamentos como segue.

Fim do Primeiro Ano		
Caixa..	8.000	
Receita de Juros..		6.321
Aplicações Financeiras..		1.679

Figura 13.7

Planilha de Amortização de *Bonds* de $ 100.000 com uma Taxa Declarada de Juros de 8% e um Rendimento Requerido pelo Mercado de 6%

Período (1)	Aplicações Financeiras no Início do Período (2)	Receita de Juros a 6% por Período (3)	Caixa Recebido (4)	Porção do Caixa Recebido Reduzindo o Valor Contábil (5)	Aplicações Financeiras no Fim do Período (6)
1..	$ 105.346	$ 6.321	$ 8.000	$ (1.679)	$ 103.667
2..	$ 103.667	6.321	8.000	(1.780)	101.887
3..	101.887	6.321	108.000	(101.887)	0

© Cengage Learning 2014

Solução sugerida para o problema 13.2

(Conlin Corporation; contabilização de títulos disponíveis para venda e de títulos para negociação.)

(1) 2 de Fevereiro de 2013		
Aplicações Financeiras	40.000	
Caixa..		40.000
Para registrar a compra do Título A.		

(2) 15 de Julho de 2013		
Aplicações Financeiras...	75.000	
Caixa...		75.000
Para registrar a compra do Título B.		

(3) 27 de Novembro de 2013		
Aplicações Financeiras...	90.000	
Caixa...		90.000
Para registrar a compra do Título C.		

(4) 31 de Dezembro de 2013		
Perda Não Realizada no Título A..	2.000	
Aplicações Financeiras..		2.000
Para mensurar o Título A pelo valor justo com perda não realizada incluída em outros resultados abrangentes.		

(5) 31 de Dezembro de 2013		
Aplicações Financeiras...	4.000	
Ganho Não Realizado do Título B...		4.000
Para medir o Título B pelo valor justo com ganho não realizado incluído em outros resultados abrangentes.		

(6) 31 de Dezembro de 2013		
Aplicações Financeiras...	3.000	
Ganho Não Realizado do Título C...		3.000
Para medir o Título C pelo valor justo com ganho não realizado incluído em outros resultados abrangentes.		

Os lançamentos **(4)**, **(5)** e **(6)** poderiam ser combinados como segue:

31 de Dezembro de 2013		
Aplicações Financeiras...	5.000	
Ganho Não Realizado Líquido em Títulos de Mercado		5.000
Para medir a carteira de títulos de mercado disponíveis para venda pelo valor justo com o ganho não realizado líquido incluído em outros resultados abrangentes.		

(7) 6 de Setembro de 2014		
Caixa...	78.000	
Ganho Não Realizado no Título B (ORA)...	4.000	
Aplicações Financeiras..		79.000
Ganho Realizado com a Venda de Títulos de Mercado..		3.000
Para medir a venda do Título B, revertendo o ganho não realizado anteriormente reconhecido em outros resultados abrangentes, o qual, quando encerrado em outros resultados abrangentes acumulados, removerá dessa conta o aumento no patrimônio líquido. O ganho realizado aparecerá no lucro líquido e, quando encerrado em lucros acumulados, aumentará o patrimônio líquido. O efeito líquido da transação total no patrimônio líquido é um aumento de $ 3.000. O resultado abrangente terá sido de $ 4.000 em 2013 e será negativo em $ 1.000 em 2014, compensando-se para $ 3.000 ao longo do período de dois anos.		

(8) 31 de Dezembro de 2014		
Perda Não Realizada no Título A..	5.000	
Aplicações Financeiras..		5.000
Para mensurar o Título A pelo valor justo com a perda não realizada incluída em outros resultados abrangentes.		

(9) 31 de Dezembro de 2014		
Aplicações Financeiras..	1.000	
Ganho Não Realizado no Título C..		1.000
Para mensurar o Título C pelo valor justo com o ganho não realizado incluído em outros resultados abrangentes.		

Os lançamentos **(8)** e **(9)** poderiam ser combinados como segue:

31 de Dezembro de 2014		
Perda Não Realizada Líquida em Títulos de Mercado..	4.000	
Aplicações Financeiras..		4.000

b. Os primeiros três lançamentos no livro diário são idênticos. As contas de ganhos e perdas não realizados nos lançamentos **(4)**, **(5)**, **(6)**, **(8)** e **(9)** são contas da demonstração do resultado quando a empresa classifica esses títulos como títulos para negociação. O lançamento **(7)** é o seguinte:

(7) 6 de Setembro de 2014		
Caixa...	78.000	
Perda Realizada na Venda de Títulos de Mercado...	1.000	
Aplicações Financeiras..		79.000
Para registrar a venda de título para negociação por menos que o seu valor contábil no momento da venda.		

Solução sugerida para o problema 13.3

(Contabilização de um contrato futuro de câmbio como um *hedge* de valor justo.)

a. O compromisso de compra e o contrato futuro de câmbio são contratos mutuamente não executados em 30 de junho de 2013. Os padrões U.S. GAAP e IFRS não requerem que as empresas reconheçam em suas contas os contratos mutuamente não executados.

b. A variação no valor dos fluxos de caixa não descontados relativos ao compromisso de compra e ao contrato futuro é de $ 900 [= (10.000 × $ 1,73) − (10.000 × $ 1,64)]. O valor presente de $ 900, descontado a 8% por seis meses, é de $ 865 [= $ 900/(1 + 0,08/2)].

31 de Dezembro de 2013		
Perda no Compromisso da Empresa	865	
Compromisso para Comprar Estoque		865
Para registrar uma perda no compromisso da empresa não reconhecido anteriormente porque o valor do dólar americano diminuiu em relação à libra inglesa. A perda é incluída no lucro líquido.		

31 de Dezembro de 2013		
Contrato Futuro..	865	
Ganho no Contrato Futuro...		865
Para mensurar um contrato futuro (um ativo) pelo valor justo e reconhecer o ganho no lucro líquido.		

c.

30 de Junho de 2014		
Despesa de Juros...	35	
Compromisso de Comprar Estoque..		35
Para reconhecer juros no compromisso em virtude da passagem do tempo; $ 35 = 0,04 × $ 865.		

30 de Junho de 2014		
Contrato Futuro..	35	
Receita de Juros...		35
Para reconhecer juros no contrato de câmbio futuro em virtude da passagem do tempo; $ 35 = 0,04 × $ 865.		

d. A variação no valor do compromisso de compra e do contrato futuro, decorrente das variações na taxa de câmbio, é de $ 200 [= (10.000 × $ 1,75) − (10.000 × $ 1,73)].

30 de Junho de 2014		
Perda no Compromisso da Empresa..	200	
Compromisso de Comprar Estoque..		200
Para registrar uma perda no compromisso de compra porque o valor do dólar americano diminuiu em relação à libra inglesa. A perda é incluída no lucro líquido.		

30 de Junho de 2014		
Contrato Futuro..	200	
Ganho no Contrato Futuro...		200
Para registrar um aumento no valor justo do contrato futuro (um ativo) porque o valor do dólar americano diminuiu em relação à libra inglesa. O ganho é incluído no lucro líquido.		

e.

30 de Junho de 2014		
Estoque..	16.400	
Compromisso de Compra do Estoque..	1.100	
Caixa...		17.500
Para registrar o valor pago em dólares americanos para adquirir £ 10.000 ($ 17.500 = 10.000 × × 1,75), para eliminar o saldo da conta Compromisso de Compra de Estoque de $ 1.100 (= $ 865 + + $ 35 + $ 200) e registrar o custo de aquisição do estoque ($ 16.400).		

f.

30 de Junho de 2014		
Caixa	1.100	
Contrato Futuro		1.100
Para registrar o caixa recebido da contraparte e eliminar o saldo da conta Contrato Futuro de $ 1.100 (= $ 865 + $ 35 + $ 200).		

g. A Great Deal não reconhecerá variações no valor justo do compromisso de compra. Em vez disso, cada um dos lançamentos relativos a variações no valor justo do derivativo e envolvendo contas da demonstração do resultado de **b** a **d** afetará Outros Resultados Abrangentes, que a empresa encerrará em Outros Resultados Abrangentes Acumulados. Considerando que o *hedge* foi altamente eficaz, qualquer saldo em Outros Resultados Abrangentes Acumulados relativo ao contrato futuro em 30 de junho de 2014 afetará a demonstração do resultado dessa data.

h. Para tratar esse *hedge* como um *hedge* de valor justo, a Great Deal precisa ter a intenção de fixar o valor que ela paga pelo estoque. Talvez a empresa tenha se comprometido a revender o estoque a um cliente em 30 de junho de 2014 por um preço fixo em dólares americanos e queira proteger a sua margem de lucro esperada com essa venda. Para tratar esse *hedge* como um *hedge* de fluxo de caixa, a Great Deal precisa ter a intenção de fixar o valor do caixa que ela paga ao fornecedor inglês.

PRINCIPAIS TERMOS E CONCEITOS

Ativos subjacentes ou ativos-objeto
Contraparte
Contrato futuro de câmbio
Contrato futuro de *commodity*
Custo amortizado
Derivativo
Hedge accounting
Hedge de valor justo
Hedges de fluxos de caixa
Investimentos em títulos e valores mobiliários

Liquidação líquida
Opção pelo valor justo
Swap de taxa de juros
Títulos de dívida mantidos até o vencimento, ou investimentos mantidos até o vencimento
Títulos de mercado
Títulos disponíveis para venda, ou ativos financeiros disponíveis para venda
Títulos para negociação, ou ativos financeiros mensurados a valor justo por meio do resultado
Valores nocionais

QUESTÕES, EXERCÍCIOS E PROBLEMAS

Questões

1. Reveja o significado dos Principais Termos e Conceitos.
2. Diferencie os seguintes pares de termos:
    a. Títulos de dívida classificados como "mantidos até o vencimento" *versus* "disponíveis para venda".
    b. Títulos patrimoniais classificados como "para negociação" *versus* "disponíveis para venda".
    c. Custo amortizado *versus* valor justo de títulos de dívida.
    d. Ganhos e perdas não realizados em títulos para negociação *versus* títulos disponíveis para venda.
    e. Ganhos e perdas realizados em títulos para negociação *versus* títulos disponíveis para venda.
3. Qual a razão para incluir ganhos e perdas não realizados em títulos para negociação no lucro, mas incluí-los em títulos disponíveis para venda em Outros Resultados Abrangentes?
4. "Informar títulos de mercado disponíveis para venda pelo valor justo no balanço patrimonial, mas não incluir ganhos e perdas não realizados no lucro é inconsistente e gera uma oportunidade para gerenciamento de resultados." Você concorda? Por quê?
5. Quando um derivativo é também um *hedge accounting*? Quando ele não é um *hedge accounting*?

6. Diferencie um *hedge* de valor justo de um *hedge* de fluxo de caixa.
7. "Reconhecer um derivativo de um compromisso de uma empresa classificado como um *hedge* de valor justo como um ativo, mas não reconhecer o compromisso que o derivativo está protegendo como um passivo é inconsistente." Você concorda? Por quê?
8. Tanto U.S. GAAP como IFRS requerem o reconhecimento imediato no lucro líquido de ganhos e perdas não realizados em derivativos classificados como *hedges* de valor justo. Os dois padrões postergam o reconhecimento no lucro líquido de ganhos e perdas não realizados com derivativos classificados como *hedges* de fluxo de caixa. Qual a razão provável para esses tratamentos diferentes?
9. Sugira razões pelas quais uma empresa adquiriria um derivativo e não o trataria como *hedge accounting*.
10. "Adotar a opção pelo valor justo em títulos de mercado reduz os métodos contábeis discutidos neste capítulo a um único método contábil." Você concorda? Por quê?

Exercícios

11. **Classificando títulos.** As empresas que não elegem a opção pelo valor justo classificam os títulos de mercado em duas dimensões:

    ■ Finalidade do investimento: títulos de dívida mantidos até o vencimento, títulos para negociação ou títulos disponíveis para venda.

    ■ Extensão do período esperado de manutenção do título: ativo circulante (Aplicações Financeiras) ou ativo não circulante (Aplicações Financeiras – Ativo Realizável em Longo Prazo).

    Classifique cada um dos títulos a seguir conforme essas duas dimensões.

    a. Uma empresa de produtos florestais planeja construir uma planta processadora de polpa começando em abril do próximo ano. Ela emite $ 200 milhões em ações ordinárias em 10 de dezembro desse ano para financiar a construção. A empresa investe esse valor em *bonds* do tesouro americano para gerar lucro até que ela necessite de caixa para a construção.
    b. Uma concessionária elétrica tem no mercado títulos a pagar no valor de $ 100 milhões que vencem em cinco anos. A concessionária elétrica adquire *bonds* do tesouro americano com valor de $ 100 milhões e vencimento em cinco anos. A empresa planeja usar os proventos dos *bonds* do tesouro para liquidar os seus próprios *bonds* no mercado.
    c. Um banco adquire títulos de dívida do estado de Nova York para obter receita de juros isenta de impostos. O banco planeja vendê-los quando necessitar de caixa para suas operações correntes.
    d. Uma companhia farmacêutica adquire ações ordinárias de uma empresa *start up* de biogenética que conduz pesquisas sobre hormônios do crescimento humano. A companhia farmacêutica espera que o investimento possa conduzir a uma *joint venture* no futuro.
    e. Um banco mantém um departamento que compra e vende títulos regularmente. Esse departamento adquire ações ordinárias da Nissan Motors por considerar que o preço de mercado não reflete totalmente as notícias favoráveis sobre a Nissan.
    f. Uma companhia de computadores americana possui títulos de dívida no mercado que são pagáveis em francos suíços e vencem mediante prestações nos próximos cinco anos. A companhia compra títulos de dívida de uma vinícola suíça, em francos suíços, que vencem em sete anos. A companhia de computadores venderá uma porção dos títulos de dívida da vinícola suíça a cada ano para obter os francos suíços necessários para liquidar os títulos de dívida nessa moeda.

12. **Princípios contábeis para títulos de mercado e derivativos.** Para os itens a a d a seguir, descreva o tratamento contábil utilizando uma das quatro abordagens seguintes, considerando que a empresa não elegeu a opção pelo valor justo:

    (1) Mensurado pelo valor justo com variações reconhecidas no lucro líquido.
    (2) Mensurado pelo custo amortizado.
    (3) Mensurado pelo valor justo com variações inicialmente reconhecidas em outros resultados abrangentes.
    (4) A mensuração depende de a empresa usar *hedge accounting*.

    a. Um derivativo julgado eficaz, usado para fazer *hedge* de vendas previstas.
    b. Derivativos que aparecem como passivos. Esses derivativos não fazem *hedge* de ativos ou passivos ou de transações previstas.

c. Títulos de dívida que a empresa comprou com a capacidade de manter até o vencimento. Depois do ano atual, a intenção da empresa de mantê-los até o vencimento é incerta. Ela frequentemente compra e vende dívidas desse tipo.

d. Títulos patrimoniais de mercado mantidos por um período indefinido como títulos disponíveis para venda.

13. **Contabilização de títulos de dívida mantidos até o vencimento.** A Murray Company adquiriu em 1º de janeiro de 2013 no mercado *bonds* da Campbell Company com valor de face de $ 100.000. Os *bonds* pagam juros semestrais em 30 de junho e em 31 de dezembro a uma taxa anual de 6% e vencem em 31 de dezembro de 2016. O mercado precificou esses *bonds* em 1º de janeiro de 2013 para um rendimento de 8% ao ano capitalizados semestralmente. A Murray Company classifica-os como títulos mantidos até o vencimento.

    a. Calcule o valor que a Murray Company pagou por esses títulos de dívida, excluindo comissões e impostos.

    b. Prepare uma planilha de amortização desses *bonds*, similar à da **Figura 13.2**.

    c. Elabore os lançamentos que a Murray Company faria para contabilizar esses títulos em 2013.

    d. Prepare os lançamentos que a empresa faria para contabilizar esses títulos em 31 de dezembro de 2016.

14. **Contabilização de títulos de dívida mantidos até o vencimento.** A Kelly Company adquiriu em 1º de janeiro de 2013 no mercado *bonds* da Steedly Company com valor de face de $ 500.000. Os títulos pagam juros semestrais em 30 de junho e em 31 de dezembro, a uma taxa anual de 7%, e vencem em 31 de dezembro de 2015. O mercado precificou esses *bonds* em 1º de janeiro de 2013 para um rendimento de 6% ao ano capitalizados semestralmente. A Kelly Company classifica-os como títulos mantidos até o vencimento.

    a. Calcule o valor que a Kelly Company pagou por esses títulos, excluindo comissões e impostos.

    b. Prepare uma planilha de amortização desses títulos, similar à da **Figura 13.2**.

    c. Elabore os lançamentos que a Kelly Company faria para contabilizar esses títulos em 2013.

    d. Faça os lançamentos da empresa para contabilizar esses títulos em 31 de dezembro de 2015.

15. **Contabilização de títulos disponíveis para venda.** Seguem alguns eventos relativos a investimentos pela Elston Corporation de um excedente temporário de caixa. A empresa classifica esses investimentos como títulos disponíveis para venda e não adota a opção pelo valor justo.

Título	Data da Aquisição	Custo de Aquisição	Valor Justo em 31 de Dezembro		Data da Venda	Preço de Venda
			2013	2014		
A	15/10/2013	$ 28.000	$ 25.000	–	10/2/2014	$ 24.000
B	2/11/2013	$ 49.000	$ 55.000	$ 53.000	15/7/2015	$ 57.000

A Elston não recebeu dividendos pelo Título A. Ela recebeu dividendos pelo Título B de $ 1.000 em 31 de dezembro de 2013 e de $ 1.200 em 2014. Faça todos os lançamentos relativos a esses títulos em 2013, 2014 e 2015, incluindo os relativos a:

a. Aquisição dos títulos.

b. Recebimento de dividendos.

c. Remensuração em 31 de dezembro.

d. Venda dos títulos.

16. **Contabilização de títulos disponíveis para venda**. Seguem alguns eventos relativos a investimentos pela Simmons Corporation de um excedente temporário de caixa. A empresa classifica esses investimentos como títulos disponíveis para venda e não elege a opção pelo valor justo.

Título	Data da Aquisição	Custo de Aquisição	Valor Justo em 31 de Dezembro		Data da Venda	Preço de Venda
			2013	2014		
S	13/6/2013	$ 12.000	$ 13.500	$ 15.200	15/2/2015	$ 14.900
T	13/6/2013	$ 29.000	$ 26.200	$ 31.700	22/8/2015	$ 28.500
U	13/6/2013	$ 43.000	–	–	11/10/2013	$ 39.000

Nenhum desses três títulos pagou dividendos. Faça todos os lançamentos relativos a esses títulos em 2013, 2014 e 2015, incluindo os lançamentos relativos a:

a. Aquisição dos títulos.
b. Remensuração em 31 de dezembro.
c. Venda dos títulos.

17. **Trabalhando retroativamente a partir de dados de uma transação com títulos de mercado.** (Adaptado de um problema de S. A. Zeff.) Em 2013, a Fischer/Black Company adquiriu títulos patrimoniais classificados como disponíveis para venda. Em 22 de maio de 2014, a companhia registrou o seguinte lançamento correto no livro diário da venda desses títulos:

Caixa..	16.000	
Perda Realizada (incluída no lucro líquido)...	5.000	
Perda Não Realizada (Outros Resultados Abrangentes)........................		3.000
Aplicações Financeiras..		18.000

a. Qual foi o custo de aquisição desses títulos em 2013?
b. Qual era o preço de mercado desses títulos no final de 2013?
c. Qual é o valor total dos ganhos ou perdas com títulos informados pela Fischer/Black na demonstração do resultado em 2014?

18. **Trabalhando retroativamente a partir de dados de uma transação com títulos de mercado.** (Adaptado de um problema de S. A. Zeff.) Em 12 de dezembro de 2013, a Canning adquiriu 2 mil ações da Werther. Em 31 de dezembro, o preço de mercado dessas ações caiu para $ 1.000. Em 2 de março de 2014, a Canning vendeu todas as ações por $ 18.000 e informou um ganho realizado na transação de $ 4.000.

a. Qual o custo de aquisição desses títulos se a Canning os tivesse contabilizado como títulos para negociação?
b. Qual o custo de aquisição desses títulos se a Canning os tivesse contabilizado como títulos disponíveis para venda?

19. **Reconstruindo eventos a partir de lançamentos.** Identifique a provável transação ou o evento que deu origem a cada um dos lançamentos independentes a seguir:

a.

Perda Não Realizada em Títulos Disponíveis para Venda............................	4.000	
Aplicações Financeiras..		4.000

b.

Caixa..	1.100	
Perda Realizada em Títulos Disponíveis para Venda..................................	200	
Aplicações Financeiras..		1.300

c.

Aplicações Financeiras...	750	
Ganho Não Realizado em Títulos Disponíveis para Venda....................		750

d.

Caixa..	1.800	
Aplicações Financeiras..		1.700
Ganho Realizado na Venda de Títulos Disponíveis para Venda.............		100

20. **Reconstruindo transações envolvendo títulos disponíveis para venda, de curto prazo.** Em 2013, a Zeff Corporation vendeu títulos de mercado por $ 14.000 que tinham um valor contábil de $ 13.000 no momento da operação. As demonstrações financeiras da Zeff Corporation revelam as seguintes informações a respeito de títulos disponíveis para venda:

	31 de Dezembro	
	2013	2012
Balanço Patrimonial		
Títulos Mensurados a Valor Justo	$ 195.000	$ 187.000
Ganho Não Realizado Líquido em Títulos Disponíveis para Venda	$ 10.000	$ 12.000
	2013	
Demonstração do Resultado		
Ganho Realizado na Venda de Títulos Disponíveis para Venda	$ 4.000	

   a. Qual foi o custo de aquisição dos títulos de mercado vendidos?
   b. Qual foi o ganho não realizado nos títulos vendidos no momento da operação?
   c. Qual foi o ganho não realizado em 2013 com títulos ainda mantidos no fim desse ano?
   d. Qual foi o custo de aquisição dos títulos de mercado adquiridos em 2013?

21. **Contabilizando um contrato futuro de câmbio como *hedge* de valor justo.** Em 1º de setembro de 2013, a Turner Corporation faz um pedido a um fornecedor japonês de um equipamento de fábrica a ser entregue em 30 de junho de 2014. O valor da compra, em ienes japoneses, é de ¥ 5.200.000. A Turner Corporation adquire um contrato futuro de câmbio em 1º de setembro de 2013 para compra de ¥ 5.200.000 a uma taxa futura de câmbio de $ 1 = ¥ 102 para liquidação em 30 de junho de 2014. A empresa designa o contrato futuro como *hedge* de valor justo. A taxa futura de câmbio em 31 de dezembro de 2013 para liquidação em 30 de junho de 2014 é de $ 1 = ¥ 100, e a taxa real de câmbio em 30 de junho de 2014 é de $ 1 = ¥ 95. Essas informações estão resumidas a seguir:

Data	Tipo de Taxa de Câmbio	Taxa de Câmbio	Valor em Ienes Japoneses	Valor Equivalente em Dólares Americanos
1º de Setembro de 2013	Taxa Futura para Liquidação em 30 de junho de 2014	$ 1 = ¥ 102	¥ 5.200.000	$ 50.980
31 de Dezembro de 2013	Taxa Futura para Liquidação em 30 de junho de 2014	$ 1 = ¥ 100	¥ 5.200.000	$ 52.000
30 de Junho de 2014	Câmbio Real	$ 1 = ¥ 95	¥ 5.200.000	$ 54.737

   a. Usando uma taxa de desconto de 8% ao ano, qual é o valor justo do contrato futuro em 31 de dezembro de 2013? Esse valor é um ativo ou um passivo?
   b. Que valor a Turner Corporation informará em seu balanço de 31 de dezembro de 2013 relativo ao seu compromisso de comprar o equipamento?
   c. Qual o valor justo do contrato futuro em 30 de junho de 2014, pouco antes de liquidar a transação?
   d. Prepare o lançamento no livro diário em 30 de junho de 2014 pela compra do equipamento.
   e. Faça o lançamento no livro diário em 30 de junho de 2014 para liquidar o contrato futuro.

22. **Contabilizando um contrato futuro de câmbio como *hedge* de fluxo de caixa.** Em 1º de outubro de 2013, a Biddle Corporation adquire a prazo um equipamento de um fornecedor da França pelo preço de € 40.000 e denomina a transação em euros. A Biddle Corporation precisa pagar esse valor em 31 de março de 2014. Para proteger os seus fluxos de caixa, a empresa adquire um contrato futuro de câmbio em 1º de outubro de 2013 por € 40.000 a uma taxa futura de câmbio de € 1 = $ 1,32 para liquidação em 31 de março de 2014. A Biddle Corporation designa o contrato futuro como um *hedge* de fluxo de caixa. A taxa futura de câmbio em 31 de dezembro de 2013 para liquidação em 31 de março do ano seguinte é de € 1 = $ 1,35, e a taxa real de câmbio

em 31 de março de 2014 é de € 1 = $ 1,40. Ignore o desconto dos fluxos de caixa nesse exercício. Essas informações são resumidas a seguir:

Data	Tipo de Taxa de Câmbio	Taxa de Câmbio	Valor em Euros	Valor Equivalente em U.S. Dólares
1º de Outubro de 2013	Taxa Futura para Liquidação em 31 de Março de 2014	€ 1 = $ 1,32	€ 40.000	$ 52.800
31 de Dezembro de 2013	Taxa Futura para Liquidação em 31 de Março de 2014	€ 1 = $ 1,35	€ 40.000	$ 54.000
30 de Junho de 2014	Câmbio Real	€ 1 = $ 1,40	€ 40.000	$ 56.000

a. Qual o valor justo do contrato futuro em 31 de dezembro de 2013? Esse valor é um ativo ou um passivo?
b. Que valor a Biddle Corporation informará no seu balanço patrimonial em 31 de dezembro de 2013 para seus Títulos a Pagar ao fornecedor?
c. Qual é o valor justo do contrato futuro em 31 de março de 2014 pouco antes de liquidar a transação?
d. Prepare o lançamento no livro diário de 31 de março de 2014 para o pagamento de caixa ao fornecedor.
e. Faça o lançamento no livro diário de 31 de março de 2014 para a liquidação do contrato futuro.

Problemas

23. Lançamentos no diário e apresentação nas demonstrações financeiras de títulos disponíveis para venda, de curto prazo. As seguintes informações resumem os dados sobre títulos de mercado mantidos pela Dostal Corporation como ativos circulantes e classificados como títulos disponíveis para venda:

Título	Data de Aquisição	Custo de Aquisição	Data da Venda	Preço de Venda	Valor Justo 31 de Dezembro de 2013	Valor Justo 31 de Dezembro de 2014
A	5/2/2013	$ 60.000	5/6/2014	$ 72.000	$ 66.000	–
B	12/8/2013	$ 25.000	–	–	$ 20.000	$ 20.000
C	22/1/2014	$ 82.000	–	–	–	$ 79.000
D	25/2/2014	$ 42.000	5/6/2014	$ 39.000	–	–
E	25/3/2014	$ 75.000	–	–	–	$ 80.000

a. Faça todos os lançamentos no diário relativos a esses títulos patrimoniais de mercado em 2013 e 2014, considerando que o período contábil é o ano calendário.
b. Faça uma apresentação correta dos títulos de mercado no balanço patrimonial e Notas Explicativas correspondentes em 31 de dezembro de 2013.
c. Faça uma apresentação correta dos títulos de mercado no balanço patrimonial e Notas Explicativas correspondentes em 31 de dezembro de 2014.

24. Lançamentos no livro diário e apresentação nas demonstrações financeiras de títulos disponíveis para venda de longo prazo. As seguintes informações resumem os dados de investimentos da Rice Corporation em títulos patrimoniais como ativos não circulantes e classificados como títulos disponíveis para venda:

Título	Data de Aquisição	Custo de Aquisição	Data da Venda	Preço da Venda	Valor Justo 31 de Dezembro de 2013	Valor Justo 31 de Dezembro de 2014
A	5/3/2013	$ 40.000	5/10/2014	$ 52.000	$ 45.000	–
B	12/5/2013	$ 80.000	–	–	$ 70.000	$ 83.000
C	22/3/2014	$ 32.000	–	–	–	$ 27.000
D	25/5/2014	$ 17.000	5/10/2014	$ 16.000	–	–
E	25/5/2014	$ 63.000	–	–	–	$ 67.000

a. Faça todos os lançamentos no diário relativos a esses títulos patrimoniais em 2013 e 2014, considerando que o período contábil é o ano-calendário.
b. Elabore uma apresentação correta dos títulos de mercado no balanço patrimonial e Notas Explicativas correspondentes em 31 de dezembro de 2013.
c. Faça uma apresentação correta dos títulos de mercado no balanço patrimonial e Notas Explicativas correspondentes em 31 de dezembro de 2014.

25. **Análise de evidenciações de demonstrações contábeis de títulos disponíveis para venda**. A **Figura 13.8** reproduz dados sobre títulos patrimoniais de mercado classificados como títulos disponíveis para venda da Moonlight Mining Company. Suponha que a Moonlight não mantém nenhum título de mercado de curto prazo no fim de 2013, não vendeu nenhum título de mercado de curto prazo em 2014, não comprou nenhum título de mercado de longo prazo em 2014 e não transferiu nenhum título de mercado de longo prazo para o portfólio de curto prazo em 2014. A demonstração do resultado de 2014 mostra uma perda realizada com a venda de títulos de longo prazo de $ 3.068.000.

a. Qual o valor do ganho ou perda líquidos não realizados em títulos de mercado não circulantes presente no balanço patrimonial no fim de 2013?
b. Qual o valor do ganho ou perda líquidos não realizados em títulos de mercado não circulantes presente no balanço patrimonial no fim de 2014?
c. Quais foram as entradas de caixa provenientes da venda de títulos de mercado não circulantes em 2014?
d. Qual o valor do ganho ou perda não realizados em títulos de mercado presente na demonstração do resultado em 2014?

Figura 13.8

Moonlight Mining Company
Dados de Títulos Patrimoniais de Mercado
(valores em milhares de US$)
(Problema 25)

Títulos Patrimoniais de Mercado	Custo de Aquisição	Valor Justo
Em 31 de Dezembro de 2014:		
Títulos de Mercado Circulantes	$ 7.067	$ 4.601
Títulos de Mercado Não Circulantes	$ 6.158	$ 8.807
Em 31 de Dezembro de 2013:		
Títulos de Mercado Não Circulantes	$ 21.685	$ 11.418

26. **Efeito de vários métodos de contabilização de títulos patrimoniais de mercado.** Seguem informações relativas a títulos patrimoniais de mercado da Callahan Corporation.

Título	Custo de Aquisição em 2013	Dividendos Recebidos durante 2013	Valor Justo em 31 de Dezembro de 2013	Preço de Venda em 2014	Dividendos Recebidos durante 2014	Valor Justo em 31 de Dezembro de 2014
G	$ 18.000	$ 800	$ 16.000	$ 14.500	$ 200	–
H	25.000	1.500	24.000	26.000	500	–
I	12.000	1.000	14.000	–	1.500	$ 17.000
	$ 55.000	$ 3.300	54.000	$ 40.500	$ 2.200	$ 17.000

a. Suponha que esses títulos são para negociação. Indique a natureza e o valor do lucro reconhecido em 2013 e 2014 e apresente as informações sobre esses títulos no balanço patrimonial em 31 de dezembro de 2013 e 2014.
b. Repita o item **a** considerando que esses títulos são disponíveis para venda como investimentos temporários do excedente de caixa da Callahan Corporation.
c. Repita o item **a** presumindo que esses títulos representam investimentos de longo prazo da Callahan Corporation mantidos como títulos disponíveis para venda.

d. Calcule o lucro combinado de 2013 e 2014 sob cada um dos três tratamentos desses títulos em **a**, **b** e **c**. Por que os valores do lucro combinado diferem? Os respectivos patrimônios líquidos totais serão diferentes? Por quê?

27. Análise de evidenciações em Notas Explicativas referentes a títulos de mercado e à qualidade dos lucros.
Um banco apresenta as seguintes informações relativas a títulos de mercado classificados como títulos disponíveis para venda em um ano recente (valores em milhões de US$):

	31 de Dezembro	
	2014	2013
Títulos de Mercado pelo Custo de Aquisição............................	$ 13.968	$ 14.075
Ganhos Não Realizados Brutos...	1.445	957
Perdas Não Realizadas Brutas..	(218)	(510)
Títulos de Mercado pelo Valor Justo.......................................	$ 15.195	$ 14.522

As entradas de caixa pelas vendas e vencimentos de títulos de mercado totalizaram $ 37.600 milhões em 2014. Os ganhos realizados brutos totalizaram $ 443 milhões e as perdas realizadas brutas, $ 113 milhões em 2014. O valor contábil dos títulos de mercado vendidos ou vencidos totalizou $ 37.008 milhões. A receita de juros e de dividendos em 2014 totalizou $ 1.081 milhão. As compras de títulos de mercado totalizaram $ 37.163 milhões em 2014.

a. Faça os lançamentos no livro diário para registrar a venda de títulos de mercado em 2014.

b. Analise a variação do ganho não realizado líquido de $ 447 milhões em 31 de dezembro de 2013 para $ 1.227 milhão em 31 de dezembro de 2014.

c. Calcule o lucro total (tanto realizado como não realizado) *ocorrido em 2014* dos investimentos do banco em títulos.

d. Como uma seleção intencional dos títulos de mercado vendidos em 2014 poderia possibilitar ao banco apresentar um ganho realizado líquido ainda maior?

28. Contabilizando um contrato futuro de *commodity* como *hedge* de fluxo de caixa. Considere os **Exemplos 15** e **19** deste capítulo. A Delmar mantém 10 mil galões de uísque em estoque em 31 de outubro de 2013, que custa $ 225 por unidade. A Delmar considera vender o uísque em 31 de março de 2014. A incerteza sobre o preço de venda da bebida nessa data leva a empresa a adquirir um contrato futuro de uísque. O contrato futuro não requer um investimento inicial. A Delmar designa o contrato futuro como um *hedge* de fluxo de caixa de uma transação prevista. O preço futuro em 31 de outubro de 2013, para entrega em 31 de março de 2014, é de $ 320 por galão.

a. Prepare o lançamento no livro diário, se houver, que a Delmar faria em 31 de outubro de 2013 quando adquiriu o contrato futuro de *commodity*.

b. Em 31 de dezembro de 2013, o final do período contábil da Delmar, o preço futuro do uísque para entrega em 31 de março de 2014 era de $ 310 por galão. Faça o lançamento no livro diário para registrar a variação do valor do contrato futuro de preço de *commodity*. Ignore os descontos dos fluxos de caixa neste item e no restante do problema.

c. Elabore o lançamento no livro diário, se houver, que a Delmar faria em 31 de dezembro de 2013 pelo declínio de valor do estoque de uísque.

d. Em 31 de março de 2014, o preço do uísque cai para $ 270 por galão. Faça, para a Delmar, o devido lançamento no livro diário Delmar para remensurar o contrato futuro.

e. Faça, para a Delmar, o devido lançamento no livro diário, se houver, em 31 de março de 2014 para refletir o declínio no valor do estoque.

f. Prepare o lançamento no livro diário que a Delmar fará em 31 de março de 2014 para liquidar o contrato futuro.

g. Suponha que a Delmar venda o uísque em 31 de março de 2014 por $ 270 por galão. Faça os lançamentos no livro diário para registrar essa venda e reconhecer o custo dos produtos vendidos.

h. Quais seriam as diferenças nos lançamentos de **b** a **g** se a Delmar tivesse escolhido designar o contrato futuro de *commodities* como um *hedge* de valor justo em vez de um *hedge* de fluxo de caixa?

i. Sugira um cenário que justificaria o tratamento pela empresa de um contrato futuro de *commodity* como *hedge* de valor justo e o cenário que justificaria tratá-lo como de fluxo de caixa.

29. **Contabilização de um contrato futuro de câmbio como um *hedge* de valor justo e como um *hedge* de fluxo de caixa.** Em 1º de julho de 2013, a Owens Corporation faz um pedido a um fornecedor europeu de um equipamento para a fábrica para entrega em 30 de junho de 2014. O valor da compra, em euros, é de € 60.000. A empresa compra um contrato futuro de câmbio em 1º de julho de 2013 para compra de € 60.000 a uma taxa futura de câmbio para liquidação em 30 de junho de 2014 de € 1 = $ 1,32. A Owens Corporation designa o contrato futuro como um *hedge* de valor justo. A taxa futura de câmbio em 31 de dezembro de 2013 para liquidação em 30 de junho de 2014 é de € 1 = $ 1,35, e a taxa real de câmbio em 30 de junho de 2014 é de € 1 = $ 1,40. Essas informações estão resumidas a seguir:

Data	Tipo de Taxa de Câmbio	Taxa de Câmbio	Valor em Euros	Valor Equivalente em Dólares Americanos
1º de Julho de 2013..................................	Taxa Futura para Liquidação em 30 de Junho de 2014	€ 1 = $ 1,32	€ 60.000	$ 79.200
31 de Dezembro de 2013............................	Taxa Futura para Liquidação em 30 de Junho de 2014	€ 1 = $ 1,35	€ 60.000	$ 81.000
30 de Junho de 2014.................	Câmbio Real	€ 1 = $ 1,40	€ 60.000	$ 84.000

a. Utilizando a taxa de desconto de 8% ao ano, faça, para a Owens Corporation, os devidos lançamentos no livro diário em 1º de julho de 2013, 31 de dezembro de 2013 e 30 de junho de 2014 para contabilizar o compromisso de compra e o contrato futuro. O exercício da Owens Corporation é o ano-calendário.

b. Quais seriam as diferenças nos lançamentos no livro diário no item **a** se a Owens Corporation designasse o contrato futuro como um *hedge* de fluxo de caixa em vez de um *hedge* de valor justo?

c. Sugira um cenário que justificaria o tratamento do contrato futuro pela empresa como um *hedge* de valor justo e um cenário que justificaria um tratamento como *hedge* de fluxo de caixa.

30. **Contabilizando um *swap* de taxa de juros como um *hedge* de valor justo.** A Sandretto Corporation emite, em 1º de janeiro de 2013, uma nota promissória a pagar a um fornecedor pela compra de um equipamento. A nota tem valor de face de $ 50.000 e juros de 6% ao ano. Os juros são pagáveis anualmente em 31 de dezembro e a nota vence em 31 de dezembro de 2015. A empresa tem a opção de liquidar a nota a qualquer momento antes do vencimento pelo seu valor justo. A Sandretto Corporation liquidará a nota antecipadamente apenas se a taxa de juros cair. Nesse caso, o valor justo da nota excederia $ 50.000 e a Sandretto Corporation não captaria os benefícios da taxa de juros mais baixa. Para neutralizar os efeitos das variações no valor justo da nota a pagar, a Sandretto faz um *swap* de taxa de juros com o seu banco que tem o efeito de mudar o seu passivo de taxa de juros fixa para uma obrigação de taxa variável. Considere que a taxa de juros variável é de 6% em 1º de janeiro de 2013, sendo que taxa é alterada para 8% em 31 de dezembro de 2013 e para 4% em 31 de dezembro de 2014.

a. Elabore os lançamentos que a Sandretto Corporation faria no livro diário em 1º de janeiro de 2013, 31 de dezembro de 2013 e 31 de dezembro de 2014.

b. A Sandretto Corporation decide liquidar essa nota em 1º de janeiro de 2015. Faça os lançamentos no livro diário da liquidação da nota e do fechamento do contrato de *swap*, supondo que a Sandretto Corporation não incorre em custos adicionais pelo pagamento antecipado e pelo fechamento do contrato de *swap*.

c. Quais seriam as diferenças nos lançamentos no livro diário no item **a** se a Sandretto Corporation escolhesse a opção pelo valor justo para a nota a pagar e para o *swap* de taxa de juros?

31. **Contabilizando um *swap* de taxa de juros como um *hedge* de fluxo de caixa.** A Avery Corporation emite, em 1º de janeiro de 2013, uma nota a pagar a um fornecedor pela compra de um equipamento. A nota tem um valor de face de $ 50.000 e juros a uma taxa variável, a qual é de 6% em 1º de janeiro de 2013. Os juros são pagáveis anualmente em 31 de dezembro e a nota vence em 31 de dezembro de 2015. Para proteger os seus fluxos de caixa das variações da taxa de juros, a Avery Corporation fecha um *swap* de taxa de juros com o seu banco que tem o efeito de lhe permitir alterar o seu passivo de taxa variável de juros para uma obrigação de taxa fixa. Considere que a taxa de juros variável é alterada para 8% em 31 de dezembro de 2013 e para 4% em 31 de dezembro de 2014. A empresa designa o *swap* de taxa de juros como um *hedge* de fluxo de caixa. Elabore os lançamentos que a Avery Corporation faria no livro diário em 1º de janeiro de 2013, 31 de dezembro de 2013, 31 de dezembro de 2014 e de 2015.

Capítulo 14

Investimentos intercompanhia em ações ordinárias

Por várias razões, as corporações frequentemente adquirem ações ordinárias emitidas por outras entidades.

Exemplo 1 O Citigroup tem operações de negociação focadas nas variações de curto prazo nos preços dos títulos. Ele adquire ações ordinárias da Roche Holding Limited, uma companhia farmacêutica, em 28 de dezembro de 2013, com expectativa de vendê-las no início de 2014.

Exemplo 2 A Microsoft Corporation adquire 5% das ações ordinárias de uma empresa *startup* com a intenção de se beneficiar dos aumentos de valor dessas ações se a companhia de tecnologia obtiver sucesso.

Exemplo 3 A Coca-Cola Company (Coke) possui 40% das ações ordinárias da Coca-Cola Enterprises, uma engarrafadora de seus refrigerantes. Essa porcentagem de participação permite à Coke exercer influência significativa, talvez mesmo o controle, das operações da Coca-Cola Enterprises. Como discutido mais tarde neste capítulo, o valor dos direitos da Coca-Cola não é grande o suficiente para garantir a consolidação da engarrafadora mediante inclusão de todos os seus ativos e passivos no balanço patrimonial da Coke, segundo as normas do padrão U.S. GAAP; contudo, se aplicasse IFRS, a Coke possivelmente teria de consolidar a Coca-Cola Enterprises.

Exemplo 4 A Walt Disney Company possui todas as ações ordinárias da ESPN e pode, portanto, controlar tanto as políticas gerais da ESPN como suas decisões cotidianas de negócios. A Walt Disney preparará demonstrações financeiras consolidadas que incluirão os ativos e passivos da ESPN.

OBJETIVOS DE APRENDIZAGEM

1 Compreender por que as empresas investem em ações ordinárias emitidas por outras entidades, e como o propósito e o tamanho relativo de um investimento determinam o método da contabilização desse investimento.

2 Desenvolver a habilidade de aplicar o método de equivalência patrimonial (*equity method*) a investimentos minoritários ativos.

3 Conhecer os conceitos que norteiam as demonstrações financeiras consolidadas para investimentos majoritários ativos, incluindo o conceito de controle.

4 Entender a política de consolidação de uma entidade, para a qual a análise dos direitos de voto não revela controle.

VISÃO GERAL DA CONTABILIZAÇÃO E APRESENTAÇÃO DE INVESTIMENTOS EM AÇÕES ORDINÁRIAS

A contabilização de investimentos em ações ordinárias depende de dois fatores:

1. O período esperado de manutenção do investimento.
2. O propósito e o tamanho relativo do investimento.

Período Esperado de Manutenção

O período esperado de manutenção determina se um investimento em ações ordinárias é classificado como um ativo circulante ou como um ativo não circulante no balanço patrimonial. Títulos patrimoniais com valores justos prontamente determinados que a empresa espera vender no próximo ano são apresentados como **Aplicações Financeiras** (ou **Aplicações em Títulos e Valores Mobiliários**) e incluídos entre os ativos circulantes no balanço patrimonial. No **Exemplo 1**, o Citigroup classificará os seus investimentos na Roche Holding Limited como um ativo circulante. Os títulos que uma empresa espera manter por mais de um ano após a data do balanço patrimonial são apresentados como **Investimentos** (ou **Participações Societárias**), classificados como um ativo não circulante no balanço patrimonial. Por exemplo, o investimento da Microsoft na empresa *startup* de tecnologia no **Exemplo 2** e o investimento da Coke na Coca-Cola Enterprises no **Exemplo 3** são apresentados como Investimentos. Um tópico posterior explica que a Walt Disney no **Exemplo 4** preparará demonstrações financeiras consolidadas com a ESPN. O procedimento de consolidação requer que a Walt Disney substitua a sua conta Investimento na ESPN por contas que mostrem os ativos e passivos individuais da ESPN, e informem as duas entidades legalmente separadas como uma única entidade econômica. A conta Investimento na ESPN não aparece no balanço patrimonial consolidado.

Propósito de um investimento em ações ordinárias

Este tópico descreve como o propósito de investimento em ações ordinárias e o percentual mantido dessas ações são combinados para determinar a contabilização do investimento. Considere o **Quadro 14.1**, que identifica três tipos de investimento.

1. **Investimentos minoritários passivos.** Um investidor adquire ações ordinárias de outra entidade (a investida) na expectativa de dividendos e de apreciação do preço das ações possuídas. A porcentagem da participação da empresa adquirente (a investidora) é suficientemente pequena para que ela não possa controlar a outra empresa ou exercer **influência significativa** sobre ela. O investimento do Citigroup na Roche Holding Limited no **Exemplo 1** e o investimento de 5% da Microsoft na companhia tecnológica *startup* no **Exemplo 2** são do tipo minoritário passivo. Os padrões U.S. GAAP e IFRS consideram investimentos de menos de 20% do capital votante em outra companhia investimentos minoritários passivos[1]. Um investidor que tem a intenção de manter as ações por menos de um ano as classificará como ativo circulante. Se o período de manutenção for maior, a investidora as classificará como ativo não circulante. O **Capítulo 13** discutiu a contabilização de investimentos minoritários passivos tanto em títulos de dívida como em títulos patrimoniais (ações).

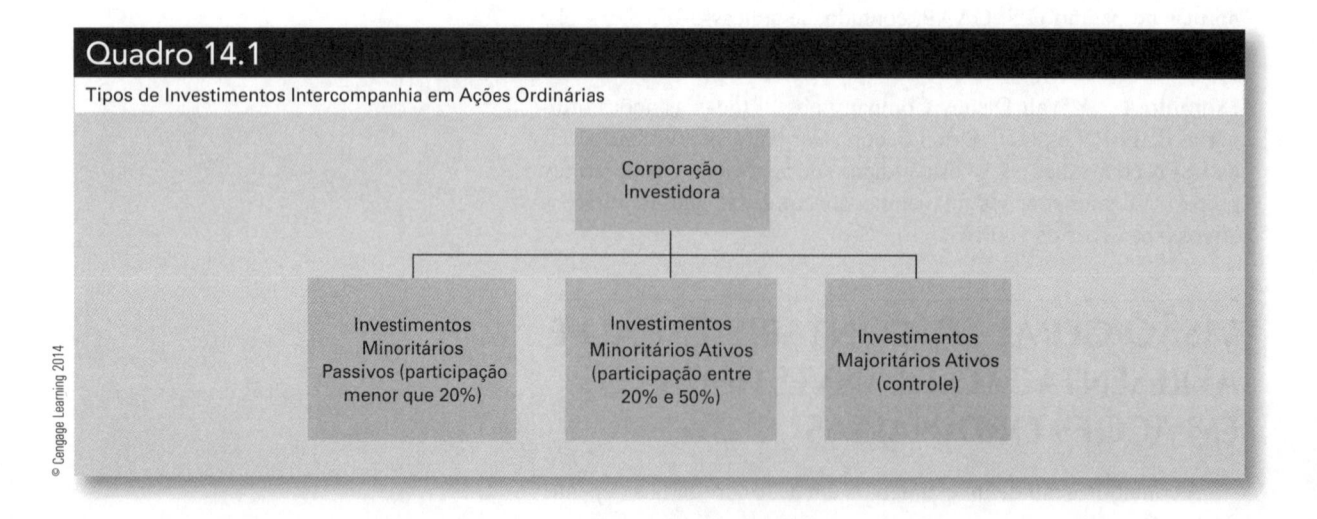

Quadro 14.1
Tipos de Investimentos Intercompanhia em Ações Ordinárias

```
                    Corporação
                    Investidora
                         |
        ┌────────────────┼────────────────┐
  Investimentos     Investimentos     Investimentos
   Minoritários     Minoritários Ativos  Majoritários Ativos
   Passivos (participação  (participação entre   (controle)
   menor que 20%)         20% e 50%)
```

---

1. Accounting Principles Board, *Opinion N. 18*, "The Equity Method of Accounting for Investments in Common Stock", 1971 (**Codification Topic 323**); IASB, *International Accounting Standard 28*, "Investments in Associates and Joint Ventures", 2011.

2. **Investimentos minoritários ativos.** Um investidor adquire ações ordinárias da investida com a intenção de exercer influência significativa sobre ela. Investidores que possuem menos da maioria (menos que 50%) das ações ordinárias da investida são frequentemente aptos a exercer influência significativa sobre a investida porque a propriedade de empresas negociadas em bolsa é difusa[2]. Um exemplo de investimento minoritário ativo é o da Coke em ações da Coca-Cola Enterprises no **Exemplo 3**. U.S. GAAP e IFRS consideram os investimentos entre 20% e 50% do capital votante de outra companhia como investimento minoritário ativo[3]. Os investimentos minoritários ativos são classificados como ativos não circulantes no balanço patrimonial e frequentemente são chamados de **investimentos pelo método de equivalência patrimonial, investimentos em coligadas** (*affiliates*) ou **investimentos em associadas**. As empresas usam termos diferentes para se referir a esses tipos de investimentos, de modo que o usuário dos relatórios financeiros devem ler as Notas Explicativas e as evidenciações para determinar como a empresa descreve os seus investimentos minoritários ativos.
3. **Investimentos majoritários ativos.** Um investidor detém uma participação financeira de controle na investida e está apto a tomar decisões por ela, tanto no nível mais amplo de políticas como no nível operacional diário. Consulte o **Exemplo 4**. A Walt Disney adquiriu a ESPN para adicionar transmissões esportivas de televisão às suas competências de entretenimento. Segundo os padrões U.S GAAP e IFRS, a propriedade de mais de 50% de uma investida implica o controle sobre ela[4]. Como será discutido posteriormente, o IFRS prevê condições nas quais uma participação menor que 50% implica controle.

Este capítulo descreve e ilustra a contabilização de investimentos minoritários e majoritários ativos em ações ordinárias. Ao longo da nossa discussão, designaremos a empresa adquirente (a investidora) como **C**, de compradora ou empresa-mãe, e a empresa adquirida (a investida) como **S**, de vendedora ou subsidiária.

INVESTIMENTOS MINORITÁRIOS ATIVOS

Quando uma investidora possui menos que uma participação financeira de controle em outra empresa, deve determinar se ela pode exercer influência significativa. Tanto U.S. GAAP como IFRS presumem que existe influência significativa a partir de 20% de participação, ou seja, quando a investidora possui 20% ou mais do capital votante da investida. A influência significativa pode existir em níveis menores de participação, se há uma base contratual ou outra para demonstrar essa influência. U.S. GAAP e IFRS requerem que as empresas contabilizem os investimentos minoritários ativos usando o **método de equivalência patrimonial (MEP)**. Descreveremos este método e seus fundamentos a seguir[5].

Método de equivalência patrimonial: Fundamentos

Para introduzir os fundamentos do método de equivalência patrimonial, recordaremos, em primeiro lugar, a contabilização de títulos de mercado disponíveis para venda, discutida no **Capítulo 13**. A investidora, **C**, mensura os seus investimentos em títulos de mercado disponíveis para venda pelo valor justo no balanço patrimonial e reconhece a receita quando ela recebe um dividendo ou vende alguns dos títulos com ganho ou perda. (**C** reconhece variações não realizadas pelo valor justo dos títulos disponíveis para venda em outros resultados abrangentes, não nos lucros.) Suponha que a investida, **S**, segue uma política de financiar suas operações usando ativos gerados mediante retenção de lucros, declarando consistentemente dividendos menores que o seu lucro líquido e, talvez, não declarando nenhum dividendo. O valor justo das ações de **S** provavelmente aumentará para refletir a sua retenção de ativos. Contudo, **C** informa o lucro apenas dos dividendos que ela recebe. Assim, o aumento do valor justo das

---
2. *Propriedade difusa* significa que há muitos diferentes proprietários de ações ordinárias que não cooperam para alinhar seus votos (também conhecido como capital diluído [NT]).
3. FASB, *Interpretation N. 35*, "Criteria for Applying the Equity Method of Accounting for Investments in Common Stock", 1981 (**Codification Topic 323**); IASB, *International Accounting Standard 28*, "Investments in Associates and Joint Ventures", 2011.
4. FASB, *Statement of Financial Standards N. 94*, "Consolidation of All Majority-owned Subsidiaries", 1987 (**Codification Topic 810**); IASB, *International Financial Reporting Standard 10*, "Consolidated Financial Statements", 2011.
5. As empresas podem aplicar a opção pelo valor justo a certos investimentos avaliáveis pelo método de equivalência patrimonial. A opção pelo valor justo requer a remensuração do investimento pelo valor justo a cada período, com ganhos e perdas não realizados incluídos no lucro líquido. FASB, *Statement of Financial Accounting Standards N. 159*, "The Fair Value Option for Financial Assets and Financial Liabilities", 2007 (**Codification Topic 825**); IASB, *International Accounting Standard 39*, "Financial Instruments: Recognition and Measurements", rev. 2003, e *International Financial Reporting Standard 9*, "Financial Instruments", 2010.

ações ordinárias de **S** não aparecerá nos lucros de **C** até que a investidora venda as ações ordinárias e realize o aumento do valor justo.

Considere o que aconteceria se esse tratamento contábil fosse permitido para porcentagens de participação que assegurassem a **C** exercer influência significativa sobre **S**. Se **C** pode exercer influência significativa sobre a investidora, **C** pode afetar a política de dividendos de **S**, afetando, assim, seu próprio lucro líquido. Por exemplo, se **C** buscasse aumentar o seu próprio lucro em um período particular, ela poderia pressionar **S** a aumentar seus dividendos periódicos ou a pagar um dividendo especial. Para evitar essas consequências, a contabilidade requer um tratamento diferente para investimentos minoritários ativos (o método de equivalência patrimonial) do método para investimentos minoritários passivos.

Método de equivalência patrimonial: Procedimentos

O método de equivalência patrimonial registra a compra inicial de um investimento pelo custo de aquisição. A cada período, **C** trata como lucro (ou perda) sua participação no lucro líquido (ou perda) de **S**. Esse lucro também aumenta o valor do investimento de **C** em **S**, um ativo no balanço patrimonial de **C**. Finalmente, **C** trata sua participação nos dividendos declarados e pagos por **S** como uma redução do Investimento de **C** na conta Participação em **S**.

Exemplo 5 Suponha que **C** adquire 30% das ações de **S** no mercado por $ 600.000. O lançamento para registrar a compra no balanço patrimonial de C é o seguinte:

(1) Participação em S...	600.000	
Caixa...		600.000
Para registrar o investimento de C em 30% das ações ordinárias da Companhia S.		

Entre o momento de aquisição e o final do próximo período contábil de **C**, **S** informa lucro de $ 80.000. **C**, usando o método de equivalência patrimonial, faz o seguinte lançamento no diário:

(2) Participação em S...	24.000	
Resultado de Equivalência Patrimonial..		24.000
Para registrar 30% dos lucros de S, contabilizados usando o método de equivalência patrimonial: $ 24.000 = 0,30 × $ 80.000.		

A conta Resultado de Equivalência Patrimonial é uma conta da demonstração do resultado[6]. As empresas que aplicam IFRS usam com mais frequência o título Participação nos Lucros de Associadas (ou Companhias Associadas).

Se **S** declara e paga um dividendo de $ 30.000 para os detentores de suas ações ordinárias, **C** recebe $ 9.000 (= 0,30 × $ 30.000) e registra o seguinte lançamento:

(3) Caixa..	9.000	
Participação em S...		9.000
Para registrar 30% do dividendo declarado e pago por S, contabilizado usando o método de equivalência patrimonial.		

C registra sua participação no lucro obtido por **S** como um aumento no investimento, enquanto o dividendo, que é um retorno parcial desse investimento, diminui a conta de **C** Investimento em **S**. Para entender o lançamento em **(3)**, o qual apresenta um crédito em uma conta do ativo pela investidora quando a investida paga um dividendo, considere uma conta de poupança em um banco. Suponha que você coloque $ 600.000 em uma conta de poupança.

---

6. Se, em vez de lucros de $ 80.000, S tivesse um prejuízo de $ 20.000, C faria o lançamento debitando Resultado de Equivalência Patrimonial e creditando Investimento em **S** por $ 6.000 (= 0,30 × $ 20.000), ou seja, assim como os lucros de S aumentam os lucros de C, também os prejuízos de S diminuem o lucro de C.

Posteriormente, o banco adiciona juros de 4% (ou $ 24.000) à conta e, ainda mais tarde, você retira dela $ 9.000. Você pode fazer os lançamentos de **(1)** a **(3)** desses três eventos com pequenas mudanças nos títulos das contas: Investimento em S muda para Aplicação em Poupança, e Resultado de Equivalência Patrimonial muda para Receita de Juros. A retirada de caixa de $ 9.000 reduz o valor investido na conta de poupança. Similarmente, o pagamento do dividendo em dinheiro pela investida, conforme o método de equivalência patrimonial, reduz o investimento da investidora porque ele reduz os lucros acumulados da investida. A investidora, **C**, possui uma porcentagem suficientemente alta das ações votantes, de modo a poder influenciar **S** a pagar um dividendo, do mesmo modo como você poderia requerer ao banco em que está sua poupança para liberar caixa quando desejar.

Suponha que **S** informe lucros de $ 100.000 e pague dividendos de $ 40.000 no próximo exercício contábil. Os lançamentos de **C** são os seguintes:

(4)	Participação em S...	30.000	
	Resultado de Equivalência Patrimonial		30.000
	Para registrar 30% do lucro de S, contabilizados pelo método de equivalência patrimonial: $ 30.000 = 0,30 × $ 100.000.		

(5)	Caixa...	12.000	
	Participação em S		12.000
	Para registrar 30% do dividendo declarado e pago por S, contabilizados pelo método de equivalência patrimonial: $ 12.000 = 0,30 × $ 40.000.		

O investimento de **C** na conta Participação em **S** tem agora um saldo de $ 633.000, como segue:

Participação em S			
(1)	600.000	9.000	**(3)**
(2)	24.000	12.000	**(5)**
(4)	30.000		
Saldo	633.000		

Suponha agora que **C** vende um quarto do seu Investimento em **S** por $ 165.000. O lançamento é o seguinte:

(6)	Caixa...	165.000	
	Participação em S		158.250
	Ganho na Venda de Investimento em S..		6.750
	Para registrar a venda de um quarto do investimento em S. O valor contábil do investimento vendido no balanço patrimonial é de $ 158.250 = 1/4 × $ 633.000. O Ganho na Venda de Investimentos aumenta o lucro líquido de C em $ 6.750.		

Depois da venda, o saldo na conta Participação em **S** é de $ 474.750, como segue:

Participação em S			
(1)	600.000	9.000	**(3)**
(2)	24.000	12.000	**(5)**
(4)	30.000		
Saldo	633.000		
		158.250	**(6)**
Saldo	474.750		

Reconhecendo a participação da investidora em outros resultados abrangentes da investida. Além de reconhecer sua participação no lucro líquido da investida, a investidora também reconhece sua participação em outros resultados abrangentes da investida[7]. A investidora pode combinar sua participação em elementos de outros resultados abrangentes da investida com itens similares originados de suas próprias operações. Por exemplo, no caso anterior, considere que outros resultados abrangentes de S no primeiro período são os seguintes:

Ganhos Não Realizados em Títulos de Mercado..	$ 3.000
Perdas Não Realizadas em *Hedges* de Fluxo de Caixa...	(2.000)
Outros Resultados Abrangentes..	$ 1.000

C faria os seguintes lançamentos para reconhecer sua participação em outros resultados abrangentes de S, com base nos seus 30% de participação em S.

Participação em S	300	
Perdas Não Realizadas em *Hedges* de Fluxo de Caixa (Outros Resultados Abrangentes)	600	
Ganhos Não Realizados em Títulos de Mercado (Outros Resultados Abrangentes)		900
Para reconhecer a participação de C em Outros Resultados Abrangentes de S. Os valores de Outros Resultados Abrangentes (DRA) são encerrados em Outros Resultados Abrangentes Acumulados (PL) de C.		

Excedente do preço de compra na aquisição de um investimento pelo método de equivalência patrimonial. O investimento de C em S representa uma participação proporcional (no exemplo anterior, de 30%) no patrimônio líquido de S. C pode ter de pagar mais que o valor contábil desse investimento, ou seja, o pagamento de C por S pode exceder o valor contábil de 30% de seus direitos aos ativos líquidos de S (= ativo − passivo = patrimônio líquido) na data da aquisição. Por exemplo, suponha que, quando C adquiriu 30% das ações ordinárias da S por $ 600.000, o total do patrimônio líquido de S era de $ 1,5 milhão. O custo de aquisição de C excede o valor contábil de sua participação proporcional nos ativos líquidos adquiridos em $ 150.000 [= $ 600.000 − (0,30 × $ 1.500.000)]. C pode se dispor a pagar esse prêmio (o excedente do preço de compra) porque os valores justos dos ativos líquidos de S diferem dos seus valores contábeis, ou porque existam ativos não registrados (por exemplo, segredos comerciais) de S.

A contabilização na investidora desse preço excedente de compra incorporado na conta Investimento em S é similar ao tratamento do preço excedente de compra em uma combinação de negócios. Como discutido no **Capítulo 10**, a investidora identifica todos os ativos e passivos com valores justos que diferem dos seus valores contábeis, bem como ativos e passivos não registrados. Ela atribui o preço excedente de compra a esses ativos e passivos, com base nos seus direitos de participação proporcional, e atribui todo o preço excedente de compra ao *goodwill*. Por exemplo, presuma que C atribua os $ 150.000 excedentes do preço de venda do exemplo anterior da seguinte forma: $ 100.000 por remensurar edifícios e equipamentos a valor justo e $ 50.000 pelo *goodwill*. C não reclassifica esse excedente do Investimento em S em Edifícios e Equipamentos e no *Goodwill*. Ela deve, contudo, amortizar (ou depreciar) todos os valores atribuídos aos ativos com vidas definidas. Assim, C deve depreciar os $ 100.000 atribuídos a Edifícios e Equipamentos ao longo de suas vidas úteis remanescentes. Os padrões U.S. GAAP e IFRS não permitem à investidora amortizar o excedente do preço de compra atribuído ao *goodwill* e outros ativos com vida indefinida. Em vez disso, ela precisa testar a conta investimento anualmente para possível *impairment*.

Evidenciações sobre o método de equivalência patrimonial

O balanço patrimonial da Thames, exibido na **Figura 1.6**, indica que a empresa tem investimentos em ações de coligadas. A Thames se refere a esses investimentos no seu balanço patrimonial como Participação nos Ativos Líquidos de Coligadas. O valor informado desses investimentos aumentou de € 692,4 milhões no fim do ano fiscal de 2012 para € 711,0 milhões no fim do exercício de 2013. A **Figura 14.1** apresenta informações das evidenciações nas Notas Explicativas da Thames relativas a esses investimentos. A Thames os contabiliza pelo método de equivalência patrimonial.

O primeiro painel da **Figura 14.1** mostra os nomes das investidas, as porcentagens de participação e os valores contábeis dos investimentos da Thames em seis companhias coligadas. A última linha dessa tabela, denominada

---
7. FASB, *Statement of Financial Accounting Standards N. 130*, "Reporting Comprehensive Income", 1997, par. 121 (**Codification Topic 220**).

Figura 14.1

Nota Explicativa da Thames sobre Investimentos em Coligadas

Coligada	Participação % 2013	Participação % 2012	Participação no Ativo Líquido (€ milhões) 2013	Participação no Ativo Líquido (€ milhões) 2012	Participação no Lucro (€ milhões) 2013
Plane Ltd.	30	30	54,9	57,3	4,6
Dante Plc.	20	20	50,0	48,9	6,4
LJGD	25	25	520,2	505,5	23,5
GePix	20	20	16,4	15,7	1,3
Electronica	33	33	30,4	28,1	6,1
Indo Technica	33	33	16,3	16,3	1,2
Outros	–	–	22,8	20,6	4,9
Total			711,0	692,4	48,0

Participação no Ativo Líquido de Coligadas, em 31 de Dezembro de 2012	692,4
Participação nos Lucros (Prejuízos) de Coligadas	48,0
Dividendos Pagos	(26,5)
Efeito de Taxas de Câmbio	(2,9)
Participação no Ativo Líquido de Coligadas, em 31 de Dezembro de 2013	711,0

"Outros", captura a propriedade agregada de pequenas empresas que ela também contabiliza usando o método de equivalência patrimonial. As porcentagens de participação indicam que, no fim do exercício de 2012, a Thames possuía entre 20% e 33% de seis coligadas nomeadas. Os dados também indicam que ela não aumentou nem diminuiu seus direitos de participação nessas empresas em 2013. Os valores contábeis desses investimentos no balanço patrimonial da Thames se alteraram em decorrência dos lucros gerados e dos dividendos pagos pelas coligadas.

O segundo painel mostra, para todas as coligadas combinadas, as causas das variações nos seus valores contábeis. O valor contábil do investimento da Thames em coligadas aumentou em virtude da sua participação nos lucros gerados pelas coligadas. Em 2013, o valor dessa participação da Thames foi de € 48,0 milhões. A demonstração do resultado da Thames, na **Figura 1.6**, mostra esse valor. O valor contábil do investimento da Thames em coligadas declinou em € 26,5 milhões, refletindo a porção dela nos dividendos pagos pelas suas coligadas em 2013. Finalmente, o valor contábil da conta Investimento em Coligadas declinou em € 2,9 milhões em razão de efeitos de taxas de câmbio[8].

As informações apresentadas na **Figura 14.1** se conectam com as da demonstração dos fluxos de caixa da Thames, mostradas na **Figura 1.7**. A demonstração dos fluxos de caixa da empresa mostra uma subtração de € 21,5 milhões do lucro líquido. Esse valor é igual à porção da Thames sobre os lucros das coligadas incluídos no lucro líquido, de € 48,0 milhões, líquidos da porção dela sobre os dividendos pagos pelas coligadas, de € 26,5 milhões, ou seja, € 21,5 = € 48,0 – € 26,5 milhões.

Resumo da contabilização de investimentos pelo método de equivalência patrimonial. No balanço patrimonial da investidora, um investimento contabilizado pelo método de equivalência patrimonial aparece entre os ativos não circulantes. O valor apresentado é igual ao custo de aquisição das ações mais a participação de **C** nos lucros (ou prejuízos) de **S**, menos as amortizações e depreciações associadas com o preço excedente de compra alocado a ativos com vidas úteis definidas. **C** inclui no seu lucro de cada período a sua participação no lucro (ou prejuízo) de **S** como um ganho (ou perda). **C** também reconhece sua participação em outros resultados abrangentes da investida. O método de equivalência patrimonial que a investidora, **C**, utiliza não afeta as demonstrações financeiras separadas da investida, **S**.

---

8. Não consideramos neste livro a contabilização dos efeitos das variações das taxas de câmbio.

PROBLEMA 14.1 PARA APRENDIZAGEM

Lançamentos no livro diário para aplicar o método de equivalência patrimonial. A **Figura 14.2** resume dados sobre os investimentos minoritários ativos do Equigroup. Suponha que todo o excedente do custo de aquisição sobre o valor contábil dos ativos líquidos adquiridos (preço excedente de compra) se refere a equipamentos com 10 anos remanescentes de vida útil em 1º de janeiro de 2013. Prepare os lançamentos para:

a. Registrar a aquisição desses investimentos em 1º de janeiro de 2013.
b. Aplicar o método de equivalência patrimonial em 2013.
c. Aplicar o método de equivalência patrimonial em 2014.
d. Registrar a venda do investimento E em 2 de janeiro de 2015, por $ 190.000.

Figura 14.2

Equigroup
(Problema 14.1)

Título	Data de Aquisição	Custo de Aquisição	Porcentagem de Participação	Valor Contábil dos Ativos Líquidos em 1º de Janeiro de 2013	Lucros (Prejuízos) 2013	Lucros (Prejuízos) 2014	Dividendos 2013	Dividendos 2014
D	1/1/2013	$ 80.000	40 %	$ 200.000	$ 40.000	$ 50.000	$ 10.000	$ 12.000
E	1/1/2013	190.000	30	500.000	120.000	(40.000)	30.000	–
F	1/1/2013	200.000	20	800.000	200.000	50.000	60.000	60.000

INVESTIMENTOS MAJORITÁRIOS ATIVOS

Quando a investidora controla uma companhia investida, ela pode determinar as atividades da investida tanto em termos de formulação de políticas como de operações cotidianas. O padrão U.S. GAAP estabelece que uma investidora controla uma investida quando tem um direito financeiro de controle na investida; a condição normal de controle é a detenção de mais de 50% das ações votantes da investida, ou seja, participação majoritária. O padrão IFRS define controle em termos de três condições: (1) a investidora tem poder sobre a investida; (2) a investidora tem exposição a retornos variáveis (por exemplo, variações nos preços das ações) por causa do seu envolvimento com a investida; (3) a investidora pode usar o seu poder sobre a investida para forçar o retorno que ela deseja receber (por exemplo, ela pode dirigir as atividades operacionais, de financiamento e de investimento da investida). A abordagem do IFRS para determinar o controle é mais ampla que a do U.S. GAAP e, para aplicá-la, é requerido um nível significativo de julgamento. A abordagem do controle pelo IFRS pode abranger, por exemplo, o seguinte, além da propriedade da maioria das ações:

- Um investidor tem um direito de participação amplo, mas não majoritário. Nenhum outro investidor tem mais que um pequeno direito de participação, e esses outros investidores não atuam em conjunto para alinhar os seus votos. A participação de 40% da Coke na Coca-Cola Enterprises pode colocá-la em posição de controle da engarrafadora, sob o IFRS, dependendo do número e da natureza dos outros acionistas.
- Um investidor tem tanto um direito de participação como um contrato que lhe dá poder de eleger a maioria do conselho que governa a investida (o conselho de administração).

A linguagem comum se refere à investidora que controla a investida como uma **controladora** ou empresa-mãe (*parent*) (**C**) e à controlada (por exemplo, à empresa em que se possui participação majoritária) como **controlada** ou **subsidiária** (**S**). Os padrões U.S. GAAP e IFRS requerem que a controladora combine as demonstrações financeiras da controlada com as suas em **demonstrações financeiras consolidadas**[9]. Uma consolidação das demons-

---

9. FASB, *Statement of Financial Accounting Standards N. 94*, "Consolidation of All Majority-Owned Subsidiaries", 1987 (**Codification Topic 810**); IASB, *International Financial Reporting Standard 10*, "Consolidated Financial Statements", 2011.

trações financeiras da controladora e de cada uma de suas controladas apresenta os resultados das operações, a posição financeira e os fluxos de caixa de um grupo de empresas controlado pela empresa-mãe, tal como se o grupo de empresas formasse uma única entidade. A controladora e cada subsidiária são entidades legalmente separadas que operam como uma entidade econômica centralmente controlada.

Razões para empresas legalmente separadas

As empresas têm diversas razões para preferir operar como um grupo de empresas separadas (um grupo controlado) e não como uma única entidade. Do ponto de vista da empresa-mãe, entre as razões para manter empresas subsidiárias legalmente separadas, incluem-se:

1. **Reduzir o risco legal ou operacional.** Empresas separadas podem obter matérias-primas, transportá-las a uma fábrica, fabricar o produto e vendê-lo pronto ao público. Se uma das subsidiárias mostra-se não lucrativa ou ineficiente, as perdas com insolvência recairão apenas sobre os proprietários e credores dessa subsidiária, e não sobre as outras.
2. **Reduzir os custos de tratar com diferentes jurisdições e suas leis e regulações tributárias específicas.** Uma organização que realiza negócios em várias localidades se confronta com regulamentações e tributações que interferem entre si e geram inconsistências. Organizar de empresas legalmente separadas para conduzir operações em vários locais pode reduzir os custos de tratar com regras locais específicas.
3. **Expandir ou diversificar.** Uma empresa pode iniciar uma nova linha de negócio ou expandir uma linha existente mediante a aquisição de um direito de controle sobre as ações votantes de outra empresa. Essa abordagem pode ser mais rápida, menos dispendiosa e menos arriscada do que construir uma nova fábrica ou desenvolver uma nova linha de negócios.
4. **Reduzir os custos de desinvestimento de ativos.** As empresas, geralmente, economizam mais custos quando vendem as ações ordinárias de uma subsidiária do que quando tentam vender cada um dos seus ativos separadamente.

Objetivo das demonstrações consolidadas

As demonstrações financeiras consolidadas proporcionam informações mais úteis que o método de equivalência patrimonial, uma vez que incluem todos os ativos, passivos, receitas e despesas das subsidiárias controladas (legalmente separadas). Por outro lado, o método de equivalência patrimonial mostra apenas: (1) a conta investimento, que representa o investimento da empresa-mãe no patrimônio líquido da subsidiária; (2) a participação da empresa-mãe no lucro líquido (ou prejuízo) da subsidiária.

Uma empresa-mãe que controla uma subsidiária pode controlar o uso de *todos* os ativos desta. A controladora não precisa possuir 100% das ações com direito a voto para obter controle sobre todos os ativos. Por exemplo, uma controladora que possui 70% das ações votantes da investida pode exercer o controle sobre todos os ativos, e não apenas sobre 70% deles. A consolidação dos ativos, passivos, receitas e despesas individuais, tanto da matriz como da subsidiária, proporciona uma visão mais realista das operações e da posição financeira da entidade econômica única.

As demonstrações financeiras separadas da matriz e de suas subsidiárias formam as bases para as demonstrações financeiras consolidadas. Em um sentido legal, estas suplementam, e não substituem, as demonstrações separadas das empresas individuais. As demonstrações anuais publicadas normalmente só contêm as demonstrações consolidadas[10].

Exemplo 6 A Great Deal e a Thames, entre outras, possuem subsidiárias financeiras 100% controladas que fazem empréstimos aos clientes que desejam comprar produtos fabricados pela entidade consolidada. A empresa-mãe consolida as demonstrações financeiras dessas subsidiárias financeiras[11]. Nada impede uma apresentação separada das demonstrações financeiras da subsidiária financeira (e, em certas circunstâncias, é requerida a apresentação de demonstrações financeiras separadas da subsidiária).

Exemplo 7 Uma empresa de mineração possui todas as ações de uma subsidiária mineradora na América do Sul, em um país cujo governo exerce controle estrito sobre qualquer distribuição de dinheiro fora do país. Como

---

10. No Brasil, essas demonstrações incluem dois conjuntos de relatórios: as demonstrações individuais (da controladora) e as demonstrações consolidadas. (NT)
11. Denominadas subsidiárias integrais. (NT)

a matriz não pode controlar todos os ativos da subsidiária, apesar de possuir a maioria das ações votantes, ela não prepara demonstrações consolidadas que a incluem.

A transação de aquisição

Em uma combinação de negócios, uma empresa:

1. Adquire o ativo e assume o passivo de outra empresa; ou
2. Adquire o controle de outra empresa, por exemplo, obtendo a maioria das ações ordinárias dessa outra empresa. Com isso, o adquirente obtém o direito de controle sobre os ativos líquidos da outra empresa.

Tanto U.S. GAAP como IFRS requerem que as empresas contabilizem uma combinação de negócios usando o **método de aquisição**, também chamado de **método de compra (*purchase method*)**[12]. Tal método considera uma combinação de negócios conceitualmente idêntica à compra de um único ativo (por exemplo, estoque ou uma máquina). A aplicação do método de aquisição envolve dois passos:

1. Mensuração dos ativos e passivos tangíveis e intangíveis identificáveis da empresa adquirida pelos seus valores justos. Em alguns casos, a empresa adquirida pode não ter reconhecido alguns passivos ou ativos nos seus registros contábeis. Por exemplo, a empresa adquirida pode possuir patentes e marcas que ela desenvolveu internamente. Esses ativos intangíveis desenvolvidos internamente não são registrados como ativos no balanço patrimonial da empresa[13]. O balanço patrimonial consolidado deverá reconhecê-los pelos seus valores justos.
2. Comparação entre valor justo do caixa, ações ordinárias e outros itens dados em pagamento pela transação de compra com o valor justo dos ativos líquidos identificáveis (ativos identificáveis menos passivos identificáveis) adquiridos. O excedente do valor justo desses gastos sobre o valor justo dos ativos líquidos identificáveis da empresa adquirida é o *goodwill*. Se o valor justo dos ativos líquidos identificáveis da empresa adquirida exceder o valor justo desses gastos, o excedente é um ganho por **compra vantajosa (*bargain purchase*)**, que o comprador imediatamente inclui no lucro líquido[14].

PROBLEMA 14.2 PARA APRENDIZAGEM

Efeitos do método de aquisição nas demonstrações financeiras. A **Figura 14.3** apresenta dados do balanço patrimonial da Powell Corporation e da Steele Corporation em 1º de janeiro de 2013. Nessa data, a Powell troca 2.700 ações ordinárias com $ 1 de valor de face e negociadas a $ 20 por ação por todos os ativos e passivos individuais da Steele.

a. Faça o lançamento no livro diário da Powell Corporation para registrar a aquisição dos ativos e passivos da Steele Corporation.
b. Prepare um balanço patrimonial da Powell Corporation depois da aquisição da Steele Corporation em 1º de janeiro de 2013, usando o método de aquisição.

Entendendo as demonstrações financeiras consolidadas

Registrando a aquisição. No **Problema 14.2**, a Powell adquiriu os ativos e passivos da Steele e os reconheceu pelos seus valores justos. Depois da aquisição, os ativos da Steele consistirão apenas no pagamento recebido da Powell (ou seja, as 2.700 ações ordinárias da Powell). A Steele poderá distribuir esse pagamento entre seus acionistas e se dissolver como empresa legal. Se fizer isso, deixará de ser uma empresa legalmente separada.

Uma empresa investidora (empresa-mãe) prepara demonstrações contábeis consolidadas quando adquire o controle de uma empresa investida, por exemplo, obtendo a maioria das ações ordinárias da investida. Nesse caso, a empresa adquirente registra a aquisição na conta Investimento no seu balanço patrimonial separado (da controladora) pelo mesmo valor líquido, como se tivesse adquirido os ativos líquidos dos passivos. Se a Powell fosse emitir

---

12. FASB, *Statement of Financial Accounting Standards N. 141R (rev. 2007)*, "Business Combinations", 2007 (**Codification Topic 805**); IASB, *International Financial Reporting Standard 3*, " Business Combinations", rev. 2008.
13. O **Capítulo 10** discute a contabilização de ativos intangíveis desenvolvidos internamente.
14. Parágrafo 36 do FASB, *Statement of Financial Accounting Standards N. 141R, (rev. em 2007)*, "Business Combinations", 2007 (**Codification Topic 805**); parágrafo 34 do IASB, *International Financial Reporting Standard 3*, " Business Combinations", rev. em 2008.

Figura 14.3

Powell Corporation e Steele Corporation
Dados das Demonstrações Financeiras de 1º de Janeiro de 2013
(Problema 14.2)

	Valor Contábil		Valor Justo
	Powell Corp.	Steele Corp.	Steele Corp.
ATIVO			
Ativo Circulante	$ 10.000	$ 7.000	$ 7.000
Imobilizado (Líquido)	30.000	18.000	23.000
Goodwill	–	–	40.000
Total do Ativo	$ 40.000	$ 25.000	$ 70.000
PASSIVO E PATRIMÔNIO LÍQUIDO			
Passivo	$ 25.000	$ 16.000	$ 16.000
Ações Ordinárias (a $ 1 de Valor de Face)	1.000	1.000	1.000
Ágio na Emissão de Ações	9.000	5.000	5.000
Lucros Acumulados	5.000	3.000	3.000
Excedente Não Registrado do Valor Justo sobre o Valor Contábil	–	–	45.000
Total do Passivo e do Patrimônio Líquido	$ 40.000	$ 25.000	$ 70.000

© Cengage Learning 2014

2.700 ações com valor de face de $ 1 e valor de mercado de $ 20 para adquirir todas as ações da Steele, registraria seu investimento na Steele como segue:

1º de Janeiro de 2013		
Investimento na Steele Corporation	54.000	
Capital Social – Ações Ordinárias		2.700
Ágio na Emissão de Ações		51.300

Preparando um balanço consolidado na data da aquisição. As primeiras duas colunas da **Figura 14.4** apresentam os balanços patrimoniais separados da Powell e da Steele em 1º de janeiro de 2013, imediatamente após a aquisição das ações ordinárias da Steele pela Powell. O balanço patrimonial separado da Powell inclui a conta Investimento na Steele mensurada em 1º de janeiro de 2013 pelo pagamento feito ($ 54.000). Esse pagamento é igual ao valor justo dos ativos líquidos e identificáveis da Steele mais $ 40.000 de *goodwill*.

Para preparar o balanço patrimonial consolidado em 1º de janeiro de 2013, a Powell construirá uma **planilha de trabalho de consolidação (*consolidation worksheet*)**, como a da **Figura 14.4**. As primeiras duas colunas mostram os valores dos balanços patrimoniais separados da Powell e da Steele. Somar esses valores significaria uma contagem dupla tanto dos ativos líquidos como do patrimônio líquido das duas entidades. O balanço da Powell contém um ativo pelo seu investimento nos ativos líquidos da Steele, enquanto os livros da Steele contêm os ativos líquidos individuais. Similarmente, o patrimônio líquido da Powell mostra o financiamento de capital dos seus ativos, um dos quais é o seu investimento na Steele. O balanço da Steele inclui o patrimônio líquido possuído pela Powell. Assim, para preparar um balanço patrimonial consolidado que reflita ativo, passivo e patrimônio líquido como se essas duas empresas fossem uma só entidade, precisaremos eliminar a dupla contagem. Fazemos o lançamento dessa eliminação na planilha de trabalho de consolidação, não nos livros de cada empresa. Esse lançamento envolve a eliminação da conta Investimento na Steele, no valor de $ 54.000, a eliminação das contas do patrimônio líquido da Steele no valor de $ 9.000 (= $ 1.000 + $ 5.000 + $ 3.000) e a alocação da diferença de $ 45.000 (= $ 54.000 – $ 9.000) para a remensuração do Imobilizado (Líquido) pelo seu valor justo (o valor é $ 5.000) e ao *Goodwill* (o valor é $ 40.000). O lançamento na planilha de trabalho de consolidação é o seguinte:

1º de Janeiro de 2013		
Capital Social – Ações Ordinárias	1.000	
Ágio na Emissão de Ações	5.000	
Lucros Acumulados	3.000	
Imobilizado Líquido	5.000	
Goodwill	40.000	
Investimento na Steele Corporation		54.000
Lançamento na planilha de consolidação para eliminar a conta de investimento e as contas do patrimônio líquido da Steele e para alocar o preço excedente de compra ao imobilizado (líquido) e ao goodwill.		

Figura 14.4

Planilha de Consolidação da Powell Corporation e Steele Corporation
1º de Janeiro de 2013

	Powell Corp.	Steele Corp.	Débito	Crédito	Consolidado
ATIVO					
Ativo Circulante	$ 10.000	$ 7.000			$ 17.000
Imobilizado (Líquido)	30.000	18.000	5.000		53.000
Investimento na Powell Corp.	54.000			54.000	–
Goodwill	–	–	40.000		40.000
Total do Ativo	$ 94.000	$ 25.000			$ 110.000
PASSIVO E PATRIMÔNIO LÍQUIDO					
Passivo	$ 25.000	$ 16.000			$ 41.000
Capital Social – Ações Ordinárias (a $1 de Valor de Face)	3.700	1.000	1.000		3.700
Ágio na Emissão de Ações	60.300	5.000	5.000		60.300
Lucros Acumulados	5.000	3.000	3.000		5.000
Total do Passivo e do Patrimônio Líquido	$ 94.000	$ 25.000			$ 110.000

Os valores na coluna Consolidado são idênticos aos da **Figura 14.9** da solução do **Problema 14.2**, no qual a Powell adquire ativos e passivos da Steele diretamente.

Contabilização de investimento subsequente à data de aquisição. Após a aquisição, a Powell contabilizará o seu investimento na Steele nos livros da controladora usando o método de equivalência patrimonial. Para ilustrar a contabilização subsequente, considere que, em 2013, o lucro líquido da Steele é de $ 2.500, que ela declara e paga dividendos de $ 400. Suponha também que a vida remanescente dos ativos depreciáveis na data de aquisição é de 10 anos. A Powell faz os seguintes lançamentos nos seus livros de empresa separada (que produzirão as demonstrações financeiras individuais ou da controladora) para aplicar o método de equivalência patrimonial em 2013:

31 de Dezembro de 2013		
Investimento na Steele Corporation	2.500	
Resultado de Equivalência Patrimonial – Steele Corp.		2.500
Para reconhecer a participação da Powell nos lucros da Steele.		

31 de Dezembro de 2013		
Caixa	400	
Investimento na Steele Corporation		400
Para reconhecer a participação da Powell nos dividendos da Steele.		

31 de Dezembro de 2013		
Despesa de Depreciação	500	
Investimento na Steele Corporation		500
Para registrar despesa adicional de depreciação pelo excedente de valor justo sobre o valor contábil do imobilizado da Steele em 1º de janeiro de 2013; $ 500 = $ 5.000/10.		

A conta Investimento na Steele Corporation tem um saldo de $ 55.600 (= $ 54.000 + $ 2.500 − $ 400 − $ 500) em 31 de dezembro de 2013.

Preparando demonstrações financeiras consolidadas subsequentes à data de aquisição. A **Figura 14.5** apresenta as informações dos registros contábeis da Powell na Coluna **(1)** e da Steele na Coluna **(2)** em 31 de dezembro de 2013. A Coluna **(3)** indica o somatório dos valores dos registros contábeis de cada empresa, os quais não representam os valores corretos para as demonstrações consolidadas pelas razões a seguir discutidas. A Coluna **(4)** mostra os valores consolidados corretos. Utilizamos a **Figura 14.5** para entender melhor as demonstrações financeiras consolidadas. Consideraremos três tópicos:

1. A necessidade de eliminações intercompanhia.
2. O significado do lucro líquido consolidado.
3. A natureza da participação de não controladores.

Figura 14.5

Dados Ilustrativos para Preparação de Demonstrações Financeiras Consolidadas

	Powell (1)	Steele (2)	Somatório (3)	Consolidado (4)
BALANÇO RESUMIDO EM 31 DE DEZEMBRO DE 2013				
Ativo				
Ativo Circulante	$ 12.000	$ 8.200	$ 20.200	$ 14.200
Imobilizado (Líquido)...	35.400	20.000	55.400	59.900
Investimento na Steele Corporation	55.600	–	55.600	–
Goodwill..	–	–	–	40.000
Total do Ativo...	103.000	$ 28.200	$ 131.200	$ 114.100
Passivo e Patrimônio Líquido				
Passivo..	$ 26.500	$ 17.100	$ 43.600	$ 37.600
Capital Social - Ações Ordinárias (a $ 1 de Valor de Face)	3.700	1.000	4.700	3.700
Ágio na Emissão de Ações...	60.300	5.000	65.300	60.300
Lucros Acumulados..	12.500	5.100	17.600	12.500
Total do Passivo e do Patrimônio Líquido.............	$ 103.000	$ 28.200	$ 131.200	$ 114.100
DEMONSTRAÇÃO DO RESULTADO RESUMIDA EM 2013				
Receitas				
De Vendas...	$ 200.000	$ 50.000	$ 250.000	$ 230.000
Resultado de Equivalência Patrimonial – Steele Corp.	2.500	–	2.500	–
Total das Receitas..	$ 202.500	$ 50.000	252.500	$ 230.000
Despesas				
Custo dos Produtos Vendidos..	$ 125.000	$ 30.000	$ 155.000	$ 135.000
Despesa de Vendas e Administrativas..............................	50.000	11.800	61.800	61.800
Juros...	2.000	1.500	3.500	3.500
Tributos sobre o Lucro	10.200	4.200	14.400	14.400
Total das Despesas..	$ 187.200	$ 47.500	234.700	$ 214.700
Lucro Líquido	15.300	$ 2.500	$ 17.800	$ 15.300
Dividendo Declarado..	(7.800)	(400)	(8.200)	(7.800)
Aumento em Lucros Acumulados no Ano.......................	$ 7.500	$ 2.100	$ 9.600	$ 7.500

A necessidade de eliminações intercompanhia. As leis corporativas normalmente requerem que cada entidade legalmente separada mantenha seus registros contábeis separados. Durante um período contábil, cada empresa registrará suas transações com todas as outras entidades (tanto afiliadas como não afiliadas). No fim de cada período, cada empresa preparará suas próprias demonstrações financeiras. A consolidação dessas demonstrações financeiras envolve somar valores cruzando demonstrações de empresas separadas e, a seguir, ajustar essas somas para eliminar a dupla contagem resultante de **transações intercompanhia**, ou seja, aquelas realizadas entre empresas do mesmo grupo.

Segundo o princípio orientador dos procedimentos de consolidação, as demonstrações financeiras consolidadas refletem os resultados que o grupo empresarial informaria se ele fosse uma única empresa. Tais demonstrações refletem transações entre o grupo consolidado de entidades e outros *fora* dele. Assim, se uma subsidiária em um grupo consolidado vende produtos a outra, o procedimento de consolidação precisa eliminar os efeitos dessa transação intercompanhia.

Eliminando a dupla contagem de pagáveis intercompanhia. Os registros das empresas separadas mostram que $ 6.000 dos recebíveis da Powell representam valores que ela tem a receber da Steele. A Coluna **(3)** da **Figura 14.5** conta os ativos circulantes relativos a essa transação duas vezes: primeiro, como um recebível nos livros da Powell; depois, como o caixa que a Steele usará para pagar à Powell. Além disso, o passivo mostrado nos livros da Steele aparece na soma dos passivos na Coluna **(3)**. O grupo consolidado não deve esses $ 6.000 a um terceiro externo. Para eliminar a dupla contagem no lado do ativo e informar o passivo pelo valor a ser pago a terceiros, o processo de consolidação elimina $ 6.000 do valor dos recebíveis e dos valores a pagar da Coluna **(3)**. O lançamento na planilha de consolidação é o seguinte:

31 de Dezembro de 2013		
Passivo..	6.000	
Ativo Circulante..		6.000
Para eliminar recebíveis e pagáveis intercompanhia.		

Na Coluna **(4)**, tanto o Ativo Circulante consolidado, que inclui os recebíveis, quanto o Passivo consolidado, que inclui o valor a pagar à Powell, apresentam $ 6.000 a menos que a sua soma na Coluna **(3)**.

Se a empresa-mãe ou uma subsidiária investe em *bonds* ou notas de longo prazo emitidas pela outra, o processo de consolidação elimina do balanço consolidado o investimento e o passivo correspondente. Ele também elimina da demonstração do resultado consolidado a despesa de juros do tomador e a receita de juros do credor.

Eliminando a dupla contagem do investimento. Enquanto o balanço patrimonial da Powell mostra um ativo, Investimento na Steele Corporation, que representa o investimento da Powell nos ativos líquidos da Steele, o da subsidiária mostra seus ativos e passivos individuais. Quando a Coluna **(3)** adiciona os dois balanços patrimoniais, a soma mostra o investimento da Powell nos ativos da Steele e os ativos reais da Steele. O processo de consolidação elimina da Coluna **(3)** o valor de $ 55.600 do investimento da Powell e a conta Investimento na Steele Corporation. O lançamento na planilha de consolidação é o seguinte:

31 de Dezembro de 2013		
Capital Social – Ações Ordinárias...	1.000	
Ágio na Emissão de Ações...	5.000	
Lucros Acumulados...	3.000	
Resultado de Equivalência Patrimonial – Steele Corporation...	2.500	
Imobilizado (Líquido)...	4.500	
Goodwill...	40.000	
Dividendos Declarados...		400
Investimento na Steele Corporation...		55.600
Para eliminar a conta Investimento na Steele Corporation e as contas do patrimônio líquido da Steele e reconhecer a diferença não amortizada entre os valores justos dos ativos líquidos da empresa na aquisição e os seus valores contábeis.		

Esse lançamento de eliminação é similar ao lançamento na planilha de trabalho feito na data de aquisição (1º de janeiro de 2013), exceto pelo seguinte:

1. O saldo da conta Investimento na Steele Corporation variou em 2013 como resultado da aplicação do método de equivalência patrimonial. Eliminamos a conta Investimento na Steele Corporation dos livros da Powell e as contas correspondentes do patrimônio líquido dos livros da Steele. Estas últimas incluem Capital Social – Ações Ordinárias, Ágio na Emissão de Ações, Lucros Acumulados e Dividendos Declarados. Também eliminamos a conta Resultado de Equivalência Patrimonial – Steele Corporation, de $ 2.500, que está na demonstração do resultado da Powell. A demonstração do resultado da Steele mostra receitas e despesas individuais que resultam em um lucro de $ 2.500. Quando a Coluna (3) soma as receitas e despesas das duas empresas, ela conta esse lucro duas vezes. O processo de consolidação elimina a conta Resultado de Equivalência Patrimonial – Steele Corporation. Do mesmo modo, a Steele pagou o dividendo declarado à Powell, e não a um terceiro externo; portanto, eliminamos o dividendo intercompanhia.
2. O valor adicionado ao Imobilizado (Líquido) é igual à diferença entre o valor justo e o valor contábil desses ativos em 1º de janeiro de 2013, de $ 5.000 menos um ano de amortização, de $ 500.
3. Dado que o *goodwill* não é amortizado, seu valor contábil em 31 de dezembro de 2013 é o mesmo que em 1º de janeiro de 2013, de $ 40.000. A cada período, a Powell testará o valor do *goodwill* para *impairment*. Nesse exemplo, assumimos que não houve *impairment* do *goodwill*.

Eliminando as vendas intercompanhia. O processo de consolidação elimina as transações intercompanhia da soma das demonstrações do resultado, de modo que a demonstração do resultado consolidada apresente apenas as transações da entidade consolidada com terceiros externos. Considere a ocorrência de vendas intercompanhia. Os registros separados da empresa indicam que, durante o ano, a Powell vendeu à Steele, por $ 20.000, mercadorias que haviam lhe custado $ 20.000. Nada desse estoque permanece no estoque da Steele em 31 de dezembro de 2013. Portanto, o estoque de mercadorias vendido aparece na Receita de Vendas tanto nos livros da Powell (venda à Steele) como nos livros da Steele (venda a externos), e a Coluna (3) superavalia as vendas da entidade consolidada a externos. De modo similar, o Custo dos Produtos Vendidos na Coluna (3) conta duas vezes o custo dos produtos vendidos, a primeira pela venda da Powell à Steele e a segunda pela venda desta a externos. O processo de consolidação elimina os efeitos da venda intercompanhia com o seguinte lançamento na planilha de consolidação:

31 de Dezembro de 2013		
Receita de Vendas	20.000	
Custo dos Produtos Vendidos		20.000
Para eliminar vendas de produtos intercompanhia.		

Uma complicação realista. Nós simplificamos o exemplo colocando o valor da venda à Powell pelo custo, de $ 20.000, de modo que você pudesse ver facilmente que o processo de consolidação reduz tanto as vendas quanto o custo dos produtos vendidos em $ 20.000. Contudo, a receita de vendas normalmente excede o custo dos produtos vendidos. Suponha, agora, que a Powell vendeu à Steele produtos custando $ 15.000 por $ 20.000 e esta, depois, os vendeu a externos por $ 23.000. O processo de consolidação elimina a venda intercompanhia de $ 20.000 tanto das vendas combinadas quanto do custo dos produtos vendidos. As transações que permanecem na demonstração do resultado consolidada serão as vendas da Steele a externos, por $ 23.000, e o custo dos produtos vendidos da Powell, de $ 15.000. Isso é exatamente o que apareceria se a Powell e a Steele fossem uma única empresa vendendo mercadorias que custaram $ 15.000 pelo preço de $ 23.000.

É possível que a Steele não tenha, no fim do exercício contábil, vendido todos os produtos que ela comprou da Powell. Nesse caso, a demonstração do resultado individual da Powell contém um lucro pelos produtos remanescentes em estoque, o que a consolidação precisa eliminar. Nós não ilustramos essa complicação.

Lucro consolidado. O valor do lucro líquido (ou prejuízo) consolidado em um exercício é igual ao que a controladora apresentaria nos seus livros como empresa separada (demonstrações financeiras individuais) se ela usasse o método de equivalência patrimonial para todas as suas subsidiárias. Assim, o lucro líquido consolidado consiste no seguinte:

Lucro Líquido das   Participação da   Lucro (ou Prejuízo)
Próprias Atividades da + Controladora no Lucro − nas Transações
Controladora   Líquido das Subsidiárias   Intercompanhia

A Powell usou o método de equivalência patrimonial para contabilizar o seu investimento na Steele Corporation e informou um lucro líquido de $ 15.300 em 2013, incluindo os $ 2.500 de Resultado de Equivalência Patrimonial decorrentes de sua participação na Steele Corporation. O lançamento na planilha de consolidação para eliminar a conta Investimento na Steele Corporation eliminou a conta Resultado de Equivalência Patrimonial – Steele Corporation, no valor de $ 2.500, e o substituiu na consolidação pelas receitas e despesas da Steele Corporation em 2013, as quais resultaram em um líquido de $ 2.500.

Uma demonstração do resultado consolidada difere de uma demonstração do resultado de uma controladora que usa o método de equivalência patrimonial apenas nos componentes apresentados. Alguns contadores descrevem o método de equivalência patrimonial como uma *consolidação em uma única linha*, em razão dessas características. Quando uma controladora aplica o método de equivalência patrimonial, sua participação nas receitas menos despesas da subsidiária aparece em uma única conta Resultado de Equivalência Patrimonial, enquanto sua participação no valor (líquido) dos ativos menos passivos da subsidiária aparece em uma única conta, Investimento em Controladas. A aplicação do método de equivalência patrimonial trata receitas, despesas, ativos e passivos da investida de modo que o lucro da controladora fique igual ao valor que ela teria informado se ela tivesse consolidado a investida em vez de usar o método de equivalência patrimonial.

Participação de minoritários em controladas consolidadas. Se a controladora não possui 100% das ações votantes de uma subsidiária consolidada, os proprietários das ações votantes remanescentes são as **participações de minoritários** ou **participações de não controladores**[15]. Em virtude de sua propriedade de ações, esses acionistas proporcionaram uma porção do financiamento do patrimônio líquido da subsidiária. Esses acionistas não controladores têm também um direito a essa porção dos ativos líquidos e dos lucros da subsidiária.

A participação de minoritários nos ativos líquidos no balanço patrimonial consolidado. Suponha que a Powell adquiriu no mercado 80% do estoque da Steele, em vez dos 100% ilustrados até agora. Assim, os acionistas não controladores possuem 20% da Steele.

A Powell, com o seu direito de controle, pode decidir sobre o uso de *todos* os ativos e passivos da Steele, e não apenas sobre 80% deles (que refletiriam os direitos de propriedade das ações da Steele). O balanço consolidado informa a participação dos acionistas não controladores na subsidiária controlada como sua parte no patrimônio líquido.

O valor das participações de minoritários que aparece no balanço *na data de aquisição* pode diferir entre U.S. GAAP e IFRS. Sob U.S. GAAP, o balanço patrimonial consolidado mostra todos os ativos e passivos pelo valor justo e a participação de minoritários pela sua porcentagem de propriedade das ações vezes o seu valor justo[16]. Considere as informações da Steele Corporation em 1º de janeiro de 2013 na **Figura 14.3**. O valor justo do ativo líquido da Steele é de $ 54.000 (= $ 70.000 – $ 16.000). Sob U.S. GAAP, uma participação minoritária de 20% apareceria no balanço patrimonial consolidado por $ 10.800 (= 0,20 × $ 54.000) em 1º de janeiro de 2013. Por outro lado, o IFRS permite que a empresa escolha entre a abordagem requerida pelo U.S. GAAP e uma abordagem alternativa. Nesta alternativa permitida, o valor justo dos ativos líquidos *identificáveis* da subsidiária é a base de mensuração da participação minoritária; o *goodwill* não é um ativo separadamente identificável[17]. Assim, sob IFRS, a participação minoritária apareceria no balanço patrimonial por $ 2.800 [= 0,20 × ($ 7.000 + $ 23.000 – $ 16.000)] ou por $ 10.800, como mensurado sob U.S. GAAP.

A demonstração do resultado consolidada mostra todas as receitas menos todas as despesas de ambas as empresas, a controladora e a subsidiária, mais ou menos as receitas, despesas, ganhos e perdas intercompanhia. Esse cálculo produz o lucro consolidado. A demonstração do resultado consolidada apresenta a porção do lucro consolidado sobre a qual os participantes não controladores têm direito. O direito dos participantes minoritários sobre o lucro líquido é igual ao lucro líquido da subsidiária multiplicado pela porcentagem de sua participação. A **Figura 14.6** ilustra essa participação.

---

15. A prática comum nos Estados Unidos tem sido usar o termo *minority interest*. O padrão IFRS não utiliza esse termo e o U.S. GAAP o eliminou; contudo, você poderá continuar a encontrá-lo nos relatórios financeiros.
16. FASB, *Statement of Financial Accounting Standards N. 160*, "Noncontrolling Interests in Consolidated Financial Statements", 2007 (**Codification Topic 810**).
17. IASB, *International Financial Reporting Standard 3*, "Business Combinations", rev. 2008.

Investimentos intercompanhia em ações ordinárias 559

PROBLEMA 14.3 PARA APRENDIZAGEM

Entendendo conceitos de consolidação. A **Figura 14.6** apresenta dados da demonstração do resultado, e a **Figura 14.7** apresenta dados do balanço patrimonial da Pomel Coporation e sua participação de 80% na sua subsidiária, a Static Company, no exercício findo em 31 de dezembro de 2013. As primeiras duas colunas em cada figura mostram os valores extraídos dos registros contábeis individuais de cada empresa separada. A terceira coluna soma os valores das duas primeiras. A quarta coluna mostra os valores consolidados da Pomel e Static depois de fazer eliminações intercompanhia.

a. A conta Investimento na Static (método de equivalência patrimonial), que está nos livros da Pomel, inclui algum excedente de custo de aquisição em relação ao valor justo do patrimônio líquido da Static?
b. Sugira quatro maneiras pelas quais os dados das **Figuras 14.6** e **14.7** confirmam que a Pomel possui 80% da Static.
c. Por que o valor de contas a receber na Coluna **(3)** da **Figura 14.7** difere do valor na Coluna **(4)**?
d. Explique por que a conta Investimento na Static não aparece no balanço patrimonial consolidado.
e. Por que o patrimônio líquido total de $ 740 no balanço patrimonial consolidado excede o patrimônio líquido de $ 692, registrado na contabilidade individual da Pomel?
f. Calcule o valor das vendas intercompanhia durante o ano.
g. Explique por que o Resultado de Equivalência Patrimonial decorrente dos investimentos na Static, de $ 80, não aparece na demonstração de resultado consolidada.
h. Por que a conta Participação de Minoritários nos Lucros da Static aparece na demonstração do resultado consolidada, mas não aparece nas demonstrações do resultado individual nem da Pomel nem da Static?

Figura 14.6

Pomel e Static
Dados de Demonstração do Resultado de 2013
(Problema 14.3)

	Pomel (1)	Static (2)	Soma (3) = (1) + (2)	Consolidado (4)
RECEITAS				
De Vendas	$ 4.000	$ 2.000	$ 6.000	$ 5.500
Resultado de Equivalência Patrimonial — Static	80	–	80	–
Total das Receitas	$ 4.080	$ 2.000	$ 6.080	$ 5.500
DESPESAS				
Custo das Mercadorias Vendidas	$ 2.690	$ 1.350	$ 4.040	$ 3.540
Vendas e Administrativas	1.080	480	1.560	1.560
Juros	30	20	50	50
Tributo sobre o Lucro	70	50	120	120
Total das Despesas	$ 3.870	$ 1.900	$ 5.770	$ 5.270
Lucro Antes da Participação Minoritária	$ 210	$ 100	$ 310	$ 230
Participação de Não Controladores nos Lucros da Static	–	–	–	(20)
Lucro Líquido	$ 210	$ 100	$ 310	$ 210

Evidenciação da política de consolidação

O resumo das políticas contábeis significativas é uma parte necessária das Notas Explicativas das demonstrações financeiras e precisa incluir uma descrição da **política de consolidação** da controladora. Se a investidora não consolida uma subsidiária por ela majoritariamente controlada, as Notas Explicativas deverão evidenciar esse fato. As Notas Explicativas das demonstrações contábeis da Great Deal descrevem a sua contabilização da aquisição de subsidiárias e a preparação das demonstrações financeiras consolidadas.

Figura 14.7

Pomel e Static
Dados do Balanço Patrimonial de 31 de Dezembro de 2013
(Problema 14.3)

	Pomel (1)	Static (2)	Soma (3) = (1) + (2)	Consolidado (4)
ATIVO				
Caixa	$ 125	$ 60	$ 185	$ 185
Contas a Receber	550	270	820	795
Estoque	460	210	670	670
Investimento na Static (Método de equivalência patrimonial)	192	–	192	–
Imobilizado (Líquido)	680	380	1.060	1.060
Ativo Total	$ 2.007	$ 920	$ 2.927	$ 2.710
PASSIVO E PATRIMÔNIO LÍQUIDO				
Contas a Pagar	$ 370	$ 170	$ 540	$ 515
Notas a Pagar	400	250	650	650
Outros Passivos Circulantes	245	60	305	305
Dívida de Longo Prazo	300	200	500	500
Passivo Total	$ 1.315	$ 680	$ 1.995	$ 1.970
Participação de Não Controladores nos Ativos Líquidos da Static	$ –	$ –	$ –	$ 48
Capital Social – Ações Ordinárias	200	50	250	200
Lucros Acumulados	492	190	682	492
Patrimônio Líquido Total	$ 692	$ 240	$ 932	$ 740
Total dos Passivos e do Patrimônio Líquido	$ 2.007	$ 920	$ 2.927	$ 2.710

DEMONSTRAÇÕES FINANCEIRAS CONSOLIDADAS

As demonstrações financeiras consolidadas incluem as contas da Great Deal e de suas subsidiárias consolidadas. Os investimentos em entidades não consolidadas, sobre as quais nós exercemos influência significativa, mas das quais não temos controle, são contabilizados usando o método de equivalência patrimonial. Nossa participação nos lucros ou prejuízos líquidos das investidas pelo método de equivalência patrimonial não foi significativa no período apresentado. Eliminamos todas as contas e transações intercompanhia.

Para discernir se a Great Deal possui 100% de suas subsidiárias consolidadas, podemos consultar o balanço patrimonial mostrado na **Figura 1.1** e determinar se existe alguma participação de não controladores. Para o exercício findo em 27 de fevereiro de 2013, a empresa informa uma participação de não controladores de $ 644 milhões. A demonstração do resultado da Great Deal, apresentada na **Figura 1.2**, indica que $ 77 milhões dos lucros do exercício de 2012 eram atribuíveis a participações de não controladores. Subtraindo esse valor do total dos lucros, obtém-se o lucro líquido da Great Deal de $ 1.317 (= $ 1.394 – $ 77) milhões no exercício fiscal de 2012.

Limitações das demonstrações consolidadas

As demonstrações consolidadas, fornecidas pelos acionistas controladores, não substituem as demonstrações das empresas individuais.

- Os credores normalmente se baseiam nos recursos da entidade à qual eles emprestam fundos e, por isso, estão interessados nas demonstrações financeiras não consolidadas (de cada empresa separada) dessa entidade.
- Uma empresa pode declarar dividendos apenas contra os seus próprios lucros acumulados.
- Quando a empresa-mãe não possui todas as ações da subsidiária, os acionistas não controladores podem julgar as restrições a dividendos apenas inspecionando as demonstrações da subsidiária.

ENTIDADES DE PARTICIPAÇÃO VARIÁVEL (OU ENTIDADES DE PROPÓSITO ESPECÍFICO)

No padrão U.S. GAAP, o critério normal para preparar demonstrações financeiras consolidadas é uma participação financeira controladora, normalmente evidenciada pelo controle dos votos na forma da propriedade majoritária de ações ordinárias. Para algumas entidades, a propriedade de ações ordinárias não indica controle porque falta às ações uma ou mais das características econômicas associadas à equivalência patrimonial. Consideremos, para tal, o seguinte acordo de negócio da Companhia C, que deseja tomar um empréstimo para financiar a aquisição de um avião.

1. A Companhia C paga $ 100.000 para uma terceira parte comprar 100% das ações da Entidade S. A terceira parte compra essas ações por $ 60.000 em dinheiro, contribuindo com o caixa da Entidade S em troca de suas ações, e mantém os restantes $ 40.000.
2. A Entidade S toma um empréstimo de $ 50 milhões de um grupo de Credores para comprar o avião que a Companhia C deseja usar. Ela concorda em liquidar o empréstimo em 120 prestações mensais de $ 717.500. A taxa implícita de juros é de 1% ao mês e o empréstimo estará quitado após o pagamento das 120 prestações.
3. A Companhia C fornece uma garantia escrita aos Credores de que pagará qualquer serviço da dívida se a Entidade S não o fizer no devido tempo. Sem essa garantia, os Credores não farão o empréstimo à Entidade S, uma vez que o avião por si só não oferece garantia suficiente para o empréstimo.
4. A Companhia C concorda em pagar $ 717.500 por mês à Entidade S como aluguel do avião, mais uma módica remuneração adicional para cobrir os custos de transação da Entidade S. Tal entidade assina um contrato com a Companhia C para usar os pagamentos de aluguel desta para repagar o empréstimo de $ 50 milhões. Essa companhia assume a posse do avião, incluindo a responsabilidade pelo seu uso e manutenção. Os documentos jurídicos que estabelecem a Entidade S vetam qualquer outra transação que não a tomada e liquidação do empréstimo e o aluguel contratado com a Companhia C.

O **Quadro 14.2** descreve essa estrutura.

Sob esse acordo, a terceira parte possui 100% da Entidade S, mas a Companhia C controla o uso do único ativo (o avião) da Entidade S e é responsável pelo pagamento do empréstimo. A parte não relacionada que possui a Entidade S não tem nenhuma responsabilidade de gestão nem nenhuma oportunidade de gerar ganhos ou perdas.

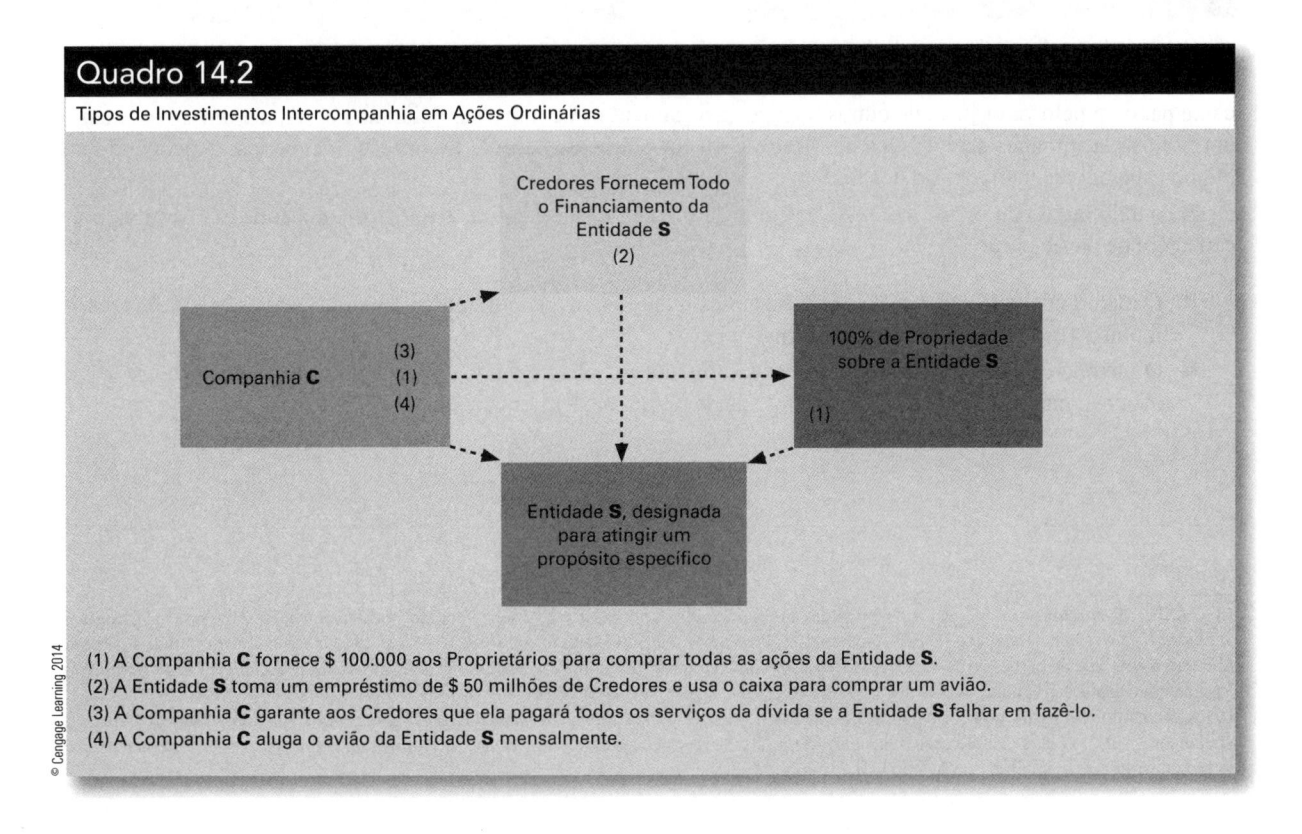

Quadro 14.2

Tipos de Investimentos Intercompanhia em Ações Ordinárias

[Diagrama: Companhia C conectada a "Credores Fornecem Todo o Financiamento da Entidade S (2)", "100% de Propriedade sobre a Entidade S" e "Entidade S, designada para atingir um propósito específico", com as setas (1), (3) e (4)]

(1) A Companhia C fornece $ 100.000 aos Proprietários para comprar todas as ações da Entidade S.
(2) A Entidade S toma um empréstimo de $ 50 milhões de Credores e usa o caixa para comprar um avião.
(3) A Companhia C garante aos Credores que ela pagará todos os serviços da dívida se a Entidade S falhar em fazê-lo.
(4) A Companhia C aluga o avião da Entidade S mensalmente.

562 Contabilidade financeira

Como descrito no **Capítulo 12**, as empresas têm utilizado entidades como a Entidade S para converter recebíveis em caixa, para financiar grandes projetos bem como esforços de pesquisa e desenvolvimento. A questão contábil é sob quais condições tal entidade deverá ser consolidada e por quem.

O padrão U.S. GAAP se refere a entidades como a Entidade S em nossa ilustração como uma **entidade de participação variável (EPV)**[18]. Também conhecida como **entidade de propósito específico (SPE)**, uma entidade de participação variável preenche um ou ambos dos seguintes critérios:

1. O valor do capital investido é tão pequeno que a entidade requer outro suporte financeiro para sustentar suas atividades.
2. Os proprietários do capital não possuem direitos significativos de decisão ou exposição significativa a perdas ou retornos.

Se a entidade se qualifica como EPV, o U.S. GAAP requer que o **beneficiário principal** (se houver) da EPV consolide-a. A Entidade S no nosso exemplo se qualifica como uma EPV porque os seus proprietários não têm direito significativo de decisão nem possuem exposição a perdas ou retornos. A Companhia C na ilustração será o beneficiário principal da Entidade S se a Companhia C tiver duas características:

1. O poder de dirigir as atividades da entidade que mais afetam o desempenho desta.
2. Estiver exposta a perdas e retornos potencialmente significativos.

As atividades da Entidade S são determinadas pelos documentos jurídicos que a Companhia C elaborou quando a criou. Além disso, a Companhia C garante toda a dívida da EPV. Por isso, a Companhia C é o beneficiário principal da Entidade S e deve consolidá-la. As demonstrações financeiras consolidadas refletirão tanto o ativo da Entidade S (o avião) como sua obrigação (o empréstimo): o resultado desse arranjo financeiro está no balanço de C.

O padrão IFRS não contém o conceito de uma EPV, mas uma norma geral de política de consolidação que é aplicável a todas as entidades; segundo o IFRS, não há distinção, para fins de política de consolidação, entre entidades cujo controle é evidenciado por propriedade de ações e entidades cujo controle é evidenciado por outros tipos de acordo[19]. Empresas que aplicam IFRS devem analisar cada entidade usando os critérios descritos anteriormente neste capítulo sob o título "Investimentos Majoritários Ativos".

RESUMO

Este capítulo discute a contabilização de investimentos em ações ordinárias quando a porcentagem de participação é de 20% ou mais. A investidora registra a aquisição das ações ordinárias de outra entidade pelo valor de caixa pago ou pelo valor justo de outras formas de pagamento. A conta a ser debitada no caso de um investimento em títulos patrimoniais será Títulos de Mercado ou Investimentos em Participações Societárias, dependendo do tempo esperado de manutenção dos títulos.

A contabilização de investimentos em títulos de mercado, subsequente à aquisição, depende em parte da porcentagem de participação:

- O método do valor justo geralmente se aplica quando a investidora possui menos de 20% e os títulos patrimoniais (ações) são negociáveis no mercado.
- O método de equivalência patrimonial geralmente se aplica quando a investidora possui pelo menos 20%, mas não mais de 50% das ações ordinárias de outra empresa (a investida).

---

18. FASB, *Interpretation N. 46 R*, "Consolidation of Variable Interest Entities", 2003, alterado por *Statement of Financial Accounting Standard N. 167*, "Amendments to FASB Interpretation N. 46(R)", 2009 (**Codification Topic 810**). Em alguns casos, a terminologia comum se refere à entidade de participação variável (EPV) como uma entidade de propósito específico (SPE, *special purpose entity*). Este termo não é usado em orientação regulatória.
19. A norma do IFRS para política de consolidação está no IASB, *International Financial Reporting Standard 10*, "Consolidated Financial Statements", 2011. O guia de aplicação que é parte desta norma ilustra a aplicação do critério de controle às entidades com características que as tornam similares a uma EPV no padrão U.S. GAAP.

- Sob o U.S. GAAP, a investidora geralmente prepara demonstrações consolidadas quando ela possui mais de 50% das ações votantes da outra empresa. Sob IFRS, a investidora prepara demonstrações consolidadas quando ela controla outra empresa; o controle pode ser evidenciado pela propriedade majoritária de ações ou por outros meios.
- Sob o U.S. GAAP, uma investidora aplica regulamentação especializada para determinar se uma entidade com a qual está envolvida e se qualifica como EPV e, se sim, se a investidora é a sua beneficiária principal e fará a consolidação.

A **Figura 14.8** resume a contabilização de investimentos subsequente à aquisição, tal como estudado nos **Capítulos 13** e **14**.

As demonstrações consolidadas e o método de equivalência patrimonial têm o mesmo efeito no lucro líquido. A investidora inclui no seu lucro a sua participação no lucro (ou prejuízo) periódico da investida desde a aquisição, depois de eliminadas as transações intercompanhia. No método de equivalência patrimonial, essa participação aparece em uma única linha da demonstração do resultado da investidora. A demonstração do resultado consolidada combina as receitas e despesas da empresa adquirida (subsidiária) com as da controladora. Os componentes do balanço patrimonial na consolidação excederão os do método de equivalência patrimonial porque o balanço patrimonial consolidado substitui a conta Investimento em Controladas da empresa-mãe pelos ativos e passivos individuais da subsidiária.

Figura 14.8

Efeitos dos Vários Métodos de Contabilização de Investimentos de Curto e Longo Prazos em Títulos Corporativos.

Método Contábil	Balanço Patrimonial	Demonstração de Resultado
Método do valor justo para títulos de mercado classificados como disponíveis para venda (geralmente usado quando a porcentagem de participação é inferior a 20%) e para *hedges* de fluxo de caixa.[a]	A conta Investimento (Aplicações Financeiras) ou derivativo aparece pelo valor justo. Ganhos e perdas não realizados aparecem em Outros Resultados Abrangentes.	Dividendos declarados pela investida incluídos na receita de dividendos da investidora. Ganhos e perdas incluídos no lucro quando realizados em transações com terceiros externos independentes.
Método do valor justo para títulos de mercado classificados como para negociação (geralmente usado quando a porcentagem de participação é inferior a 20%) e para *hedges* de valor justo.	A conta Investimento (Aplicações Financeiras) ou derivativo aparece pelo valor justo. Ganhos e perdas não realizados aparecem na demonstração do resultado, e os efeitos aumentam ou diminuem a conta Lucros Acumulados.	Dividendos declarados pela investida incluídos na receita de dividendos da investidora. Ganhos e perdas (valor justo – valor contábil) incluídos no resultado que o valor justo muda.
Método do custo amortizado (usado apenas para dívida que o detentor tem a intenção e a capacidade de manter até o vencimento).[a]	Custo de aquisição mais juros acrescidos (*accrued*) ainda não recebidos em dinheiro.	Valor contábil no início do período multiplicado pela taxa de juros histórica de mercado na data da aquisição do título de dívida.
Método de equivalência patrimonial (geralmente usado quando a porcentagem de participação é de pelo menos 20%, mas não mais de 50%).[a]	A conta Investimento aparece pelo custo de aquisição mais participação no lucro líquido da investida menos participação nos dividendos da investida, desde a aquisição, menos a amortização do excedente do preço de compra sobre o valor justo dos ativos identificáveis com vidas limitadas.	A participação no lucro líquido da investida é parte do lucro da investidora no período em que aquela obtém lucro. Reduz (aumenta) pelo valor, se houver, dos ganhos (perdas) intercompanhia.
Consolidação (geralmente usado quando a porcentagem de participação excede 50% [U.S. GAAP] ou quando a investidora controla a investida [IFRS]).	Elimina a conta Investimento e a substitui pelos ativos e passivos individuais da subsidiária. Mostra a participação de acionistas não controladores no patrimônio líquido. Elimina ativos e passivos intercompanhia.	Combina receitas e despesas individuais da subsidiária com as da empresa-mãe e elimina itens intercompanhia. Subtrai a participação de não controladores no lucro líquido da subsidiária.

[a] As empresas podem eleger a opção pelo valor justo para contabilização desses títulos. Os efeitos no balanço patrimonial e na demonstração de resultado são os mesmos descritos para títulos para negociação e para *hedges* de valor justo.

SOLUÇÕES DOS PROBLEMAS PARA APRENDIZAGEM

Solução sugerida para o problema 14.1

(Equigroup; lançamentos no livro diário para aplicar o método de equivalência patrimonial.)

a.

1º de Janeiro de 2013		
Participações Societárias [D]	80.000	
Participações Societárias [E]	190.000	
Participações Societárias [F]	200.000	
Caixa		470.000

b.

31 de Dezembro de 2013		
Participações Societárias [D] (0,40 × $ 40.000)	16.000	
Participações Societárias [E] (0,30 × $ 120.000)	36.000	
Participações Societárias [F] (0,20 × $ 200.000)	40.000	
Resultado de Equivalência Patrimonial		92.000

31 de Dezembro de 2013		
Caixa	25.000	
Participações Societárias [D] (0,40 × $ 10.000)		4.000
Participações Societárias [E] (0,30 × $ 30.000)		9.000
Participações Societárias [F] (0,20 × $ 60.000)		12.000

31 de Dezembro de 2013		
Despesa de Amortização	8.000	
Participações Societárias [E]		4.000
Participações Societárias [F]		4.000

Título	Valor Contábil dos Ativos Líquidos da Investida em 1º de Janeiro de 2013	Porcentagem de Participação	Participação do Valor Contábil Adquirida	Custo de Aquisição do Investimento	Excedente do Custo de Aquisição	Amortização Anual por 10 Anos
D	$ 200.000	40%	$ 80.000	$ 80.000	–	–
E	500.000	30	150.000	190.000	$ 40.000	$ 4.000
F	800.000	20	160.000	200.000	40.000	4.000

c.

31 de Dezembro de 2014		
Participações Societárias [D] (0,40 × $ 50.000)............	20.000	
Participações Societárias [F] (0,20 × $ 50.000)............	10.000	
Participações Societárias [E] (0,30 × $ 40.000)............		12.000
Resultado de Equivalência Patrimonial............		18.000

31 de Dezembro de 2014		
Caixa............	16.800	
Participações Societárias [D] (0,40 × $ 12.000)............		4.800
Participações Societárias [F] (0,20 × $ 60.000)............		12.000

31 de Dezembro de 2014		
Despesa de Amortização............	8.000	
Participações Societárias [E]............		4.000
Participações Societárias [F]............		4.000

d.

2 de Janeiro de 2015		
Caixa............	190.000	
Perdas na Venda de Participações Societárias............	7.000	
Participações Societárias [E]............		197.000

$ 197.000 = $ 190.000 + $ 36.000 − $ 9.000 − $ 4.000 − $ 12.000 − $ 4.000.

Solução sugerida para o problema 14.2

(Powell e Steele; efeitos do método de aquisição nas demonstrações financeiras.)

a.

1º de Janeiro de 2013		
Ativo Circulante............	7.000	
Imobilizado (Líquido)............	23.000	
Goodwill............	40.000	
Passivo............		16.000
Capital Social – Ações Ordinárias (2.700 × $ 1)............		2.700
Ágio na Emissão de Ações (2.700 × $ 19)............		51.300

b. A **Figura 14.9** apresenta o balanço patrimonial consolidado de 1º de janeiro de 2013, usando o método de aquisição.

Figura 14.9
Powell Corporation e Steele Corporation
Balanço Patrimonial Consolidado, 1º de Janeiro de 2013
(Problema 14.2)

ATIVO	
Ativo Circulante	$ 17.000
Imobilizado (Líquido)	53.000
Goodwill	40.000
Total do Ativo	$ 110.000
PASSIVO E PATRIMÔNIO LÍQUIDO	
Passivo	$ 41.000
Capital Social – Ações Ordinárias	3.700[a]
Ágio na Emissão de Ações	60.300[b]
Lucros Acumulados	5.000
Total do Passivo e do Patrimônio Líquido	$ 110.000

[a] $ 3.700 = $ 1.000 + (2.700 × $ 1).
[b] $ 60.300 = $ 9.000 + (2.700 × $ 19).

Solução sugerida para o problema 14.3

(Pomel e Static; entendendo conceitos de consolidação.)

a. Não. A conta Investimento mostra um saldo de $ 192, que é igual a 80% do patrimônio líquido da Static ($ 192 = 0,80 × $ 240). Se houve um excedente de valor justo sobre o valor contábil dos ativos líquidos da Static na data de aquisição, a Pomel ou o amortizou totalmente ou reconheceu perdas por *impairment*, o que eliminou o excedente.

b. **(1)** A conta Investimento na Static tem um saldo de $ 192, que é igual a 80% do patrimônio líquido da Static. Esse indício suporta os 80% de participação apenas porque não existe um excedente não amortizado sobre o custo de aquisição (ver resposta no item **a**).

(2) A participação de não controladores nos ativos líquidos da Static é de $ 48, o que equivale a 20% do patrimônio líquido da Static ($ 48 = 0,20 × $ 240).

(3) A conta Resultado de Equivalência Patrimonial decorrente dos investimentos na Static, que está nos livros da Pomel, tem um saldo de $ 80 em 2013, o que equivale a 80% do lucro líquido da Static em 2013 ($ 80 = 0,80 × $ 100).

(4) A conta Participação de Não Controladores nos Lucros da Static tem um saldo de $ 20 em 2013 ($ 20 = 0,20 × × $ 100).

c. A Pomel e a Static têm contas a receber e contas a pagar intercompanhia. As contas a receber somadas excedem as contas a receber consolidadas em $ 25 (= $ 820 – $ 795), o mesmo que o excedente das contas a pagar somadas sobre as contas a pagar consolidadas ($ 25 = $ 540 – $ 515).

d. A dupla contagem ocorre se ambos, a conta de investimento e os ativos e passivos individuais da Static, aparecem no balanço patrimonial consolidado.

e. O patrimônio líquido consolidado inclui o patrimônio líquido da Pomel mais 20% da participação minoritária na Static.

f. $ 500 (= $ 6.000 – $ 5.500 ou $ 4.040 – $ 3.540).

g. Os valores consolidados incluem receitas e despesas individuais, bem como a participação de não controladores nos lucros, os quais se compensam em $ 80. A dupla contagem desses lucros ocorrerá se o contador não eliminar a conta Resultado de Equivalência Patrimonial.

h. A demonstração do resultado individual da empresa informa o total das receitas e despesas de cada entidade sem considerar quem possui as ações ordinárias de cada empresa. A demonstração do resultado consolidada mostra os lucros alocáveis aos acionistas não controladores e aos acionistas da Pomel. Estes têm um direito sobre todos os lucros da empresa e sobre 80% dos lucros da Static. Receitas e despesas consolidadas incluem os valores somados das duas empresas, ajustados pelas transações intercompanhia. A participação de não controladores no lucro líquido da Static mostra a porção do lucro líquido da empresa que não pertence aos acionistas da Pomel.

PRINCIPAIS TERMOS E CONCEITOS

Aplicações financeiras, ou Aplicações em títulos e valores mobiliários
Beneficiário principal
Compra vantajosa
Controlada ou Subsidiária
Controladora ou empresa-mãe
Demonstrações financeiras consolidadas
Entidade de participação variável (EPV), entidade de propósito específico (SPE)
Goodwill
Influência significativa
Investimentos majoritários ativos

Investimentos minoritários ativos
Investimentos minoritários passivos
Investimentos pelo método de equivalência patrimonial, investimentos em coligadas, investimentos em associadas
Investimentos, ou Participações societárias
Método de aquisição ou de compra
Método de equivalência patrimonial
Participação de minoritários ou de não controladores
Planilha de trabalho de consolidação
Política de consolidação
Transações intercompanhia

QUESTÕES, EXERCÍCIOS E PROBLEMAS

Questões

1. Reveja o significado dos **Principais Termos e Conceitos.**
2. Diferencie *influência significativa* de *controle*, descrevendo a relação desses conceitos com o método de contabilização de investimentos intercompanhia.
3. "Dividendos recebidos ou a receber de outra companhia são receitas no cálculo do lucro líquido, um retorno do investimento, ou eliminadas, dependendo do método de contabilização que a investidora utiliza." Explique.
4. Descreva as razões pelas quais um investidor que utiliza o método de equivalência patrimonial deve amortizar todo o excedente do preço de compra atribuível a ativos com uma vida útil definida.
5. Descreva as razões pelas quais um investidor que usa o método de equivalência patrimonial deve eliminar todo lucro ou perda em transações entre a investidora e a investida.
6. Descreva as razões pelas quais um investidor que usa o método de equivalência patrimonial deve reconhecer sua participação em Outros Resultados Abrangentes da investida.
7. Por que o resultado da aplicação do método de equivalência patrimonial é chamado por vezes de *consolidação em uma linha*? Considere tanto o balanço patrimonial como a demonstração do resultado na sua resposta.
8. "Contabilizar um investimento em uma subsidiária usando o método de equivalência patrimonial em vez da consolidação chega ao mesmo lucro líquido que consolidando-a. Os ativos totais serão diferentes, dependendo se a investidora consolidar a subsidiária." Explique.
9. Diferencie investimentos minoritários em outras companhias da participação de não controladores ou minoritários em uma subsidiária consolidada.
10. Defina o conceito de uma *entidade econômica* e explique sua importância na preparação das demonstrações financeiras de uma empresa controladora com suas subsidiárias controladas.
11. A conta Investimento em Controladas é um ativo. Por que uma investidora deve eliminá-la quando prepara as demonstrações financeiras consolidadas com a controlada?
12. Distinga entre a participação de não controladores ou minoritários no lucro líquido de uma subsidiária consolidada e a participação de não controladores ou minoritários no ativo líquido de uma subsidiária consolidada.
13. Por que devemos eliminar as transações intercompanhia quando preparamos demonstrações financeiras consolidadas?
14. Sob quais circunstâncias uma participação majoritária em outra entidade pode não servir como um indicador de controle?

Exercícios

15. **Lançamentos pelo método de equivalência patrimonial.** A Cayman Company adquiriu 100% das ações ordinárias da Denver Company em 2 de janeiro por $ 550.000. O total dessas ações nessa data era de $ 200.000, e o saldo de lucros acumulados era de $ 350.000. Durante o ano, o lucro da Denver foi de $ 120.000 e os dividendos declarados foram de $ 30.000. A Cayman usa o método de equivalência patrimonial para contabilizar esse investimento. Apresente os lançamentos que a Cayman fez durante o ano para contabilizar seu investimento na Denver.

16. **Lançamentos pelo método de equivalência patrimonial.** A Weber Corporation adquiriu influência significativa sobre a Albee Computer Company em 2 de janeiro mediante a aquisição de 20% de suas ações no mercado por $ 100 milhões. A Weber Corporation atribui o total do excedente do custo de aquisição sobre o valor contábil do ativo líquido da Albee a uma patente, que ela amortiza em dez anos. As contas do patrimônio líquido da Albee Computer Company foram apresentadas como segue em 2 de janeiro e em 31 de dezembro do ano atual (valores em milhões):

	2 de Jan.	31 de Dez.
Capital Social - Ações Ordinárias	$ 300	$ 300
Lucros Acumulados	120	190

A Albee Computer Company teve lucros de $ 100 milhões e declarou dividendos de $ 30 milhões durante o ano. As contas a receber da Weber Corporation em 31 de dezembro incluíam $ 600.000 originados da Albee Computer Company. A Weber contabiliza seu investimento na Albee usando o método de equivalência patrimonial. Apresente os lançamentos para registrar a aquisição das ações da Albee Computer Company e para aplicar o método de equivalência patrimonial durante o ano nos livros da Weber Corporation.

17. **Lançamentos para aplicar o método de equivalência patrimonial na contabilização de participações societárias.** A Wood Corporation fez três investimentos intercompanhia de longo prazo em 2 de janeiro. Os dados relativos a esses investimentos para o exercício são apresentados a seguir.

Companhia	Porcentagem Adquirida	Valor Contábil e Valor Justo dos Ativos Líquidos Identificáveis em 2 de Janeiro	Custo de Aquisição	Lucro Líquido (Prejuízo) no Ano	Dividendos Declarados Durante o Ano
Knox Corporation	50%	$ 700.000	$ 350.000	$ 70.000	$ 30.000
Vachi Corporation	30	520.000	196.000	40.000	15.000
Snow Corporation	20	400.000	100.000	(24.000)	–

Faça os lançamentos para registrar a aquisição desses investimentos e aplicar o método de equivalência patrimonial durante o ano. Não há *impairments* de *goodwill*.

18. **Lançamentos para aplicar o método de equivalência patrimonial na contabilização de participações societárias.** As seguintes informações resumem dados sobre investimentos minoritários ativos da Stebbins Corporation:

Investimento	Data de Aquisição	Custo de Aquisição	Porcentagem de Participação	Valor Contábil dos Ativos Líquidos Identificáveis em 1º de Janeiro de 2013
R	1/1/2013	$ 250.000	25%	$ 800.000
S	1/1/2013	325.000	40	750.000
T	1/1/2013	475.000	50	950.000

Investimento	Lucros (Prejuízos) 2013	Lucros (Prejuízos) 2014	Dividendos 2013	Dividendos 2014
R	$ 200.000	$ 225.000	$ 125.000	$ 130.000
S	120.000	75.000	80.000	80.000
T	(150.000)	50.000	–	–

A Company **R** possui um edifício com 10 anos de vida útil remanescente e valor justo excedendo o seu valor contábil em $ 160.000. Desse valor, $ 40.000 é a parte da Stebbins. A Stebbins atribui ao *goodwill* o restante do excedente do custo de aquisição sobre o valor contábil adquirido. Os valores justos dos ativos líquidos registrados das Companhias **S** e **T** são iguais aos seus valores contábeis. Não há *impairments* de *goodwill*.

a. Apresente os lançamentos no livro diário para registrar a aquisição desses investimentos e aplicar o método de equivalência patrimonial em 2013 e 2014.

b. A Stebbins vende o investimento em **R** em 1º de janeiro de 2015 por $ 275.000. Faça o lançamento para registrar essa venda.

19. **Trabalhando retroativamente até as relações de consolidação.** A Laesch Company, como empresa-mãe, possui ações da Lily Company. Ela possui essas ações desde que formou a Lily. A Lily nunca declarou um dividendo. A Laesch tem lucros acumulados de suas próprias operações, independentes de investimentos intercompanhia, de $ 100.000. O balanço patrimonial consolidado não apresenta *goodwill* mas lucros acumulados de $ 156.000. Considere cada uma das seguintes questões independentemente:

    a. Se a Laesch possui 80% da Lily, sua subsidiária consolidada, quais os lucros acumulados desta?

    b. Se a Lily tem lucros acumulados de $ 77.000, que fração da companhia é possuída pela Laesch?

    c. Se a Laesch não tivesse consolidado a Lily, mas, em vez disso, a tivesse contabilizado usando o método de equivalência patrimonial, que receita desse investimento ela deveria reconhecer?

20. **Trabalhando retroativamente a partir de demonstrações do resultado consolidadas.** A Dealco Corporation publicou uma demonstração do resultado consolidada do exercício, apresentada na **Figura 14.10**. A coligada não consolidada reteve 25% dos seus lucros de $ 140.000 durante o ano, tendo pago o restante como dividendos. A subsidiária consolidada lucrou $ 280 milhões durante o ano e não declarou dividendos.

    a. Que porcentagem da coligada não consolidada possui a Dealco Corporation?

    b. Que valor de dividendos a Dealco Corporation recebeu da coligada não consolidada durante o ano?

    c. Que porcentagem da subsidiária consolidada possui a Dealco Corporation?

21. **Política de consolidação e conceitos principais de consolidação.** A CAR Corporation fabrica computadores nos Estados Unidos. Ela possui 75% das ações votantes da Charles Electronics, 80% das ações votantes da Alexandre du France Software Systems (na França) e 90% das ações votantes da R Credit Corporation (uma instituição financeira). A CAR Corporation prepara demonstrações financeiras consolidando a Charles Electronics, usa o método de equivalência patrimonial para a R Credit Corporation e trata o seu investimento na Alexandre du France Software Systems como títulos disponíveis para venda. Os dados dos relatórios anuais dessas companhias aparecem a seguir. Não há transações intercompanhia.

Figura 14.10

Dealco Corporation: Demonstração de Resultado Consolidada
(Exercício 20)

RECEITAS		
De Vendas		$ 1.400.000
Resultado de Equivalência Patrimonial de Coligadas Não Consolidadas		56.000
Total das Receitas		$ 1.456.000
DESPESAS		
Custo dos Produtos Vendidos (Excluindo Depreciação)		$ 910.000
Despesas Administrativas		140.000
Despesa de Depreciação		161.000
Amortização do *Goodwill*		7.000
Despesas de Tributos sobre o Lucro:		
A Pagar no Exercício	$ 58.800	
Diferido	14.000	72.800
Total das Despesas		$ 1.290.800
Lucro Consolidado do Grupo		$ 165.200
Menos Participação de Não Controladores nos Lucros de Subsidiária Consolidada		(42.000)
Lucro Líquido para os Acionistas		$ 123.200

	Porcentagem de Participação	Lucro Líquido	Dividendos	Método Contábil
CAR Corporation Consolidated	–	$ 1.200.000	$ 84.000	–
Charles Electronics	75%	120.000	48.000	Consolidado
Alexandre du France Software Systems[a]	80	96.000	60.000	Valor Justo (Títulos Disponíveis para Venda)
R Credit Corporation	90	144.000	120.000	Equivalência Patrimonial

[a] O valor justo das ações excede o custo de aquisição.

   a. Qual das empresas, se houver, está contabilizada incorretamente pela CAR conforme o U.S. GAAP?

      Supondo que os métodos contábeis e a contabilização dessas três subsidiárias estão corretos, responda às seguintes questões:

   b. Quanto do lucro líquido informado pela CAR Corporation Consolidated resulta de operações com as três subsidiárias?

   c. Qual o valor da participação de não controladores, ou de minoritários, agora apresentada na demonstração do resultado consolidada, e como ele afeta o lucro líquido da CAR Corporation Consolidated?

   d. Se a CAR tivesse consolidado todas as três subsidiárias, qual seria o seu lucro líquido?

   e. Se a CAR tivesse consolidado todas as três subsidiárias, que participação de não controladores ou minoritários apareceria na demonstração do resultado?

22. Lançamentos do método de equivalência patrimonial. A Vogel Company é uma subsidiária da Joyce Company. A Joyce contabiliza o seu investimento na Vogel usando o método de equivalência patrimonial nos seus livros de empresa separada. Apresente os lançamentos das seguintes transações selecionadas. Registre o conjunto dos lançamentos nos livros da Vogel Company separadamente do conjunto de lançamentos nos livros da Joyce Company.

   (1) Em 2 de janeiro, a Joyce Company adquiriu no mercado, em dinheiro, 100% das ações ordinárias da Vogel Company. O desembolso foi de $ 420.000. O valor total das ações de capital social da Vogel Company disponíveis no mercado era de $ 300.000; o saldo dos lucros acumulados era de $ 80.000. A Joyce atribui o excedente do custo de aquisição sobre o valor contábil dos ativos líquidos adquiridos a uma patente internamente desenvolvida que possui 10 anos de vida útil remanescente em 2 de janeiro.

   (2) A Vogel Company adquiriu $ 29.000 em materiais da Joyce Company a prazo e pelo custo desta última.

   (3) A Vogel Company obteve um adiantamento de $ 6.000 da Joyce Company e depositou esses recursos em um banco.

   (4) A Vogel Company pagou $ 16.000 pelas compras em **(2)**.

   (5) A Vogel Company liquidou $ 4.000 do empréstimo recebido da Joyce Company em **(3)**.

   (6) A Vogel Company declarou e pagou dividendos de $ 20.000 durante o ano.

   (7) O lucro líquido da Vogel Company no exercício foi de $ 30.000.

23. Trabalhando retroativamente a partir de dados que eliminaram transações intercompanhia. (Adaptado de um problema de S. A. Zeff.) Alpha possui 100% de Omega e a consolida como uma entidade chamada Alpha/Omega. No início de 2013, Alpha vendeu mercadorias a Omega por um preço 50% maior que os custos de Alpha. Omega vendeu apenas alguns desses produtos a clientes com um *markup* adicional. Itens extraídos das demonstrações individuais de Alpha e de Omega e das demonstrações financeiras consolidadas da entidade aparecem a seguir.

	Demonstração Individual da Empresa		Demonstrações Financeiras Consolidadas
	Alpha	Omega	
Receita de Vendas	$ 450.000	$ 250.000	$ 620.000
Custo dos Produtos Vendidos	300.000	210.000	430.000
Estoque de Mercadorias	60.000	50.000	100.000

   a. Qual o preço total dos produtos vendidos por Alpha à Omega em 2013?

b. Qual foi o custo de Omega dos produtos comprados de Alpha, mas ainda não vendidos no fim de 2013? Qual foi o custo de Alpha desses produtos? Qual desses dois números aparece no total do Estoque de Mercadorias no balanço patrimonial consolidado?

24. Trabalhando retroativamente a partir de dados de aquisição. (Adaptado de um problema de S. A. Zeff.) Em 1º de maio de 2013, a Homer adquiriu os ativos e concordou em assumir e pagar os passivos da Tonga em troca de 10 mil de suas ações. A Homer contabilizou a aquisição dos ativos líquidos da Tonga usando o método de aquisição. Na data da aquisição, o valor contábil dos ativos depreciáveis da Tonga excedeu as estimativas da Homer quanto ao seu valor justo, mas esta julgou que todos os outros itens dos livros da Tonga refletiam o valor justo na data, de modo que o preço de aquisição excedeu o valor justo dos ativos identificáveis, gerando um *goodwill*. Na data da aquisição, o patrimônio líquido da Tonga era de $ 980.000, e seu passivo totalizava $ 80.000. A Tonga não informava nenhum *goodwill* no seu balanço patrimonial.

A Homer fez os seguintes lançamentos no livro diário para registrar a aquisição:

Ativo Circulante..	210.000
Ativos Depreciáveis (líquidos)..	700.000
Goodwill...	120.000
Passivo..	80.000
Capital Social – Ações Ordinárias (valor nominal)...................................	150.000
Ágio na Emissão de Ações...	800.000

a. Qual era o valor contábil nos livros da Tonga dos seus ativos totais momentos antes da aquisição?

b. Qual era o valor contábil de ativos depreciáveis da Tonga pouco antes da aquisição?

25. Efeito do método de equivalência patrimonial *versus* consolidação. A **Figura 14.11** apresenta uma planilha que usamos para comparar os efeitos da utilização do método de equivalência patrimonial com os da utilização das demonstrações financeiras consolidadas.

a. Para este item, suponha que a Controladora possui 80% da Sub. Responda às seguintes questões:

(1) Por que o lucro líquido é o mesmo, independentemente de a Controladora utilizar o método de equivalência patrimonial ou preparar demonstrações financeiras consolidadas com a Sub?

(2) Por que a razão (*ratio*) entre ativo e passivo é mais elevada quando a Controladora prepara demonstrações consolidadas com a Sub em vez de usar o método de equivalência patrimonial?

b. Agora, altere a participação da Controladora na Sub de 80% para 60%. Responda às seguintes questões:

(1) Por que o lucro líquido decresce com a alteração da porcentagem de participação, independentemente de a Controladora usar o método de equivalência patrimonial ou preparar demonstrações financeiras consolidadas?

(2) Por que o ativo total decresce usando o método de equivalência patrimonial, mas permanece o mesmo no balanço patrimonial consolidado com o decréscimo da porcentagem de participação?

(3) Por que o ativo total usando o método de equivalência patrimonial não muda com o decréscimo da porcentagem de participação?

(4) Por que o ativo total no balanço patrimonial consolidado permanece o mesmo com o decréscimo da porcentagem de participação?

(5) Por que o patrimônio líquido decresce usando o método de equivalência patrimonial, mas não muda no balanço patrimonial com o decréscimo?

(6) Por que a razão entre ativo e passivo no balanço patrimonial consolidado permanece a mesma com o decréscimo da porcentagem de participação?

26. Efeito de erros nas demonstrações financeiras. Utilizando a notação Sobre (sobrevalorizado), Sub (subvalorizado) e N (nenhum efeito), indique os efeitos nos ativos, passivos, patrimônio líquido e lucro líquido de cada um dos erros independentes que seguem. Ignore os efeitos tributários.

Figura 14.11
Planilha para Estudar os Efeitos do
Método de Equivalência Patrimonial e da Consolidação
(Exercício 25)

	A	B	C	D
1				
2	Para ver como variam, altere este número ⟶		80,0%	[A terceira coluna não tem significado, a menos que a participação exceda 50%]
3		Método de Equivalência Patrimonial na Controladora Individual	Porcentagem de Participação na Sub	
4	**Demonstração do Resultado**			Consolidado
5	Receita	$ 1.000	400	$ 1.400
6	Resultado de Equivalência Patrimonial na Sub	80		
7	Despesas	(700)	(300)	(1.000)
8	Participação de Não Controladores no Lucro Líquido da Sub [Nota A]			(20)
9	Lucro Líquido	$ 380	$ 100	$ 380
10	Nota A: Participação de Não Controladores (1 – Fração da Controladora)		20,0%	
11	**Balanço Patrimonial**			
12	Ativos, exceto Investimento na Sub	$ 3.000	$ 2.000	$ 5.000
13	Investimento na Sub	400	–	–
14	Total do Ativo	$ 3.400	$ 2.000	$ 5.000
15	Total do Passivo	$ 1.800	$ 1.500	$ 3.300
16	Participação de Não Controladores no Ativo Líquido da Sub	–	–	100
17	Patrimônio Líquido	1.600	500	1.600
18	Total do Passivo e do Patrimônio Líquido	$ 3.400	$ 2.000	$ 5.000

a. Ao aplicar o método de equivalência patrimonial, **C** corretamente incorpora sua porção do lucro líquido de **S** no ano. Ao receber um dividendo, **C** credita Receita de Dividendo.

b. **C** adquiriu 30% de **S** em 1º de janeiro do ano atual por um valor excedente ao valor contábil do ativo líquido de **S**. Esse excesso é relativo a patentes. **C** corretamente contabilizou sua participação no lucro líquido de S e nos dividendos do ano, mas negligenciou a amortização do excedente do preço de compra.

c. No ano corrente, **C** vendeu itens de estoque a **S**, sua subsidiária totalmente controlada, com lucro. **S** vendeu esses itens e pagou a **C** por eles antes do fim do ano. As empresas não fizeram lançamentos de eliminação dessa venda intercompanhia na planilha de trabalho de consolidação.

d. Considere o item **c**. Suponha que **S** deve a **C**, no final do ano, $ 10.000 por compras intercompanhia. A empresa não fez nenhum lançamento de eliminação por essa dívida intercompanhia.

e. **C** possui 90% de **S**. Ela trata a participação de não controladores nas subsidiárias consolidadas como um passivo. Na preparação da planilha de trabalho de consolidação, as empresas não fizeram lançamentos para incorporar a participação de minoritários no lucro líquido ou nos ativos de **S**.

Problemas

27. Preparando um balanço patrimonial consolidado. As primeiras duas colunas da **Figura 14.12** apresentam informações dos registros contábeis da Ely Company e da Sims Company no fim do exercício atual. A Ely Company adquiriu 100% das ações ordinárias da Sims Company em 1º de janeiro do ano atual por $ 70.000

Figura 14.12

Ely Company e Sims Company: Informações dos Registros
Contábeis em 31 de Dezembro do Ano Atual
(Problema 27)

	Ely Company	Sims Company	Consolidado
ATIVO			
Caixa	$ 12.000	$ 5.000	
Recebíveis	25.000	15.000	
Investimento na Sims Company	78.000	–	
Outros Ativos	85.000	80.000	
Total do Ativo	$ 200.000	$ 100.000	
PASSIVO E PATRIMÔNIO LÍQUIDO			
Passivo Circulante	$ 45.000	$ 40.000	
Capital Social – Ações Ordinárias	50.000	10.000	
Lucros Acumulados	105.000	50.000	
Total do Passivo e do Patrimônio Líquido	$ 200.000	$ 100.000	

em dinheiro. Nessa data, o saldo da conta Lucros Acumulados da Sims Company era de $ 42.000. Todo excedente sobre o preço de compra é atribuído a *goodwill*. A Ely Company não registrou *impairment* do *goodwill*. Os recebíveis da Ely Company e os passivos da Sims Company contêm um adiantamento de $ 7.500 da Ely Company à Sims Company. Preencha os valores apropriados na coluna Consolidado do balanço patrimonial consolidado das duas companhias em 31 de dezembro do exercício atual.

28. **Preparando um balanço patrimonial consolidado.** As primeiras duas colunas da **Figura 14.13** apresentam informações dos registros contábeis das Companhias **C** e **S** em 31 de dezembro de 2014. A Companhia **C** adquiriu 100% das ações ordinárias da Companhia **S** em 1º de janeiro de 2013, quando o saldo dos lucros acumulados desta era de $ 40.000. A Companhia **C** atribui todo excedente dos custos de aquisição sobre o valor contábil do ativo líquido da Companhia **S** a um imóvel com 10 anos de vida útil remanescente em 1º de janeiro de 2013. A Companhia **C** detém uma nota promissória emitida pela Companhia **S** em 31 de dezembro de 2014 no valor de $ 16.400.

    a. Preencha os valores apropriados na coluna Consolidado do balanço consolidado das duas companhias em 31 de dezembro de 2014.

Figura 14.13

Companhia C e Companhia S: Informações dos Registros
Contábeis em 31 de Dezembro de 2014
(Problema 28)

	Companhia C	Companhia S	Consolidado
ATIVO			
Caixa	$ 36.000	$ 26.000	
Contas e Notas a Receber	180.000	50.000	
Estoque	440.000	250.000	
Investimento na Companhia S (pelo Método de Equivalência Patrimonial)	726.000	–	
Imobilizado (Líquido)	600.000	424.000	
Total do Ativo	$ 1.982.000	$ 750.000	
PASSIVO E PATRIMÔNIO LÍQUIDO			
Contas e Notas a Receber	$ 110.000	$ 59.000	
Outros Passivos	286.000	21.000	
Capital Social – Ações Ordinárias	1.200.000	500.000	
Ágio na Emissão de Ações	–	100.000	
Lucros Acumulados	386.000	70.000	
Total do Passivo e do Patrimônio Líquido	$ 1.982.000	$ 750.000	

b. Calcule o custo de aquisição do investimento da Companhia **C** na Companhia **S** em 1º de janeiro de 2013.

c. Prepare uma análise que explique as variações na conta Investimento na Companhia **S** entre 1º de janeiro de 2013 e 31 de dezembro de 2014.

29. Método de equivalência patrimonial e demonstrações financeiras consolidadas. As primeiras duas colunas da **Figura 14.14** apresentam informações dos registros contábeis da Peak Company e da Valley Company em 31 de dezembro do ano atual. A Peak adquiriu 100% das ações ordinárias da Valley em 1º de janeiro desse ano por $ 50.000 em dinheiro. O patrimônio líquido da Valley Company em 1º de janeiro abrangia $ 5.000 de ações ordinárias e $ 45.000 de lucros acumulados. Ela lucrou $ 10.000 e declarou e pagou dividendos de $ 4.000 durante o exercício atual. Os adiantamentos da Peak para a Valley totalizam $ 8.000 em 31 de dezembro. A Peak inclui os adiantamentos em suas Contas a Receber e a Valley mostra os adiantamentos em Contas a Pagar.

a. Apresente os lançamentos no diário que a Peak Company fez em 1º de janeiro do ano atual para adquirir as ações ordinárias da Valley Company e aplicar o método de equivalência patrimonial durante o exercício atual.

b. Insira na coluna Consolidado da **Figura 14.14** os valores de um balanço patrimonial consolidado e de uma demonstração do resultado consolidada das duas companhias.

c. Considere, para os itens **c**, **d** e **e**, que a Peak Company pagou $ 70.000 em vez de $ 50.000 por todas as ações ordinárias da Valley Company. Os valores justos dos ativos e passivos registrados pela Valley Company são iguais aos seus valores contábeis. Ela detém uma patente que resultou de esforços internos de pesquisa e desenvolvimento da empresa. A patente tem zero de valor contábil, um valor justo de $ 20.000 e 10 anos de vida remanescente na data da aquisição. Apresente os lançamentos no livro diário que a Peak Company faria nos seus livros em 1º de janeiro do ano atual para adquirir as ações ordinárias da Valley Company e aplicar o método de equivalência patrimonial durante o exercício. A Peak Company incluiu a amortização da patente em Despesas de Vendas e Administrativas. A amortização da patente é uma diferença permanente entre o lucro contábil e o lucro tributável, ou seja, para fins de informação financeira, a empresa amortizará o custo da patente como despesa, mas para fins tributários esse custo não constitui uma dedução. Se a Peak vendesse a patente, ela calcularia o ganho ou perda tributária como proventos menos o valor justo alocado à patente no momento da aquisição. Assim, a despesa de tributo sobre o lucro não se alterará como resultado da amortização da patente.

Figura 14.14

Peak Company e Valley Company
Informações sobre Registros Contábeis
em 31 de Dezembro do Ano Atual
O Custo de Aquisição é $ 50.000
(Problema 29)

	Peak Company	Valley Company	Consolidado
ATIVO			
Caixa	$ 33.000	$ 6.000	
Contas a Receber	42.000	20.000	
Investimento na Valley Company (pelo Método de Equivalência Patrimonial)	56.000	–	
Outros Ativos	123.000	85.000	
Total do Ativo	$ 254.000	$ 111.000	
PASSIVO E PATRIMÔNIO LÍQUIDO			
Contas a Pagar	$ 80.000	$ 25.000	
Bonds a Pagar	50.000	30.000	
Capital Social – Ações Ordinárias	10.000	5.000	
Lucros Acumulados	114.000	51.000	
Total do Passivo e do Patrimônio Líquido	$ 254.000	$ 111.000	
Receitas de Vendas	$ 400.000	$ 125.000	
Resultado de Equivalência Patrimonial – Valley Company	10.000	–	
Custo dos Produtos Vendidos	(320.000)	(90.000)	
Despesas de Vendas e Administrativas	(44.000)	(20.000)	
Despesas de Tributos sobre o Lucro	(12.000)	(5.000)	
Lucro Líquido	$ 34.000	$ 10.000	

d. A **Figura 14.15** apresenta informações da Peak Company e da Valley Company no fim do exercício atual, considerando que a Peak pagou $ 70.000 por todas as ações ordinárias da Valley em 1º de janeiro do exercício atual. Faça o lançamento dos valores marcados com ponto de interrogação(?) nos livros da Peak Company em 31 de dezembro do ano atual. *Dica*: Considere os valores dos lançamentos em **c**.

e. Insira na coluna Consolidado da **Figura 14.15** os valores de um balanço consolidado e de uma demonstração do resultado consolidada da Peak Company e da Valley Company.

30. **Método de equivalência patrimonial e demonstrações financeiras consolidadas com participação de não controladores.** As primeiras duas colunas da **Figura 14.16** apresentam informações dos registros contábeis da Companhia Controladora e da Companhia Sub em 31 de dezembro do exercício atual. A Companhia Controladora adquiriu 80% das ações ordinárias da Companhia Sub em 1º de janeiro do exercício atual por $ 96.000 em dinheiro. O patrimônio líquido da Companhia Sub nessa data inclui $ 50.000 de ações ordinárias e $ 70.000 de lucros acumulados. A Companhia Sub lucrou $ 20.000 e declarou e pagou dividendos de $ 8.000 durante o exercício atual. Insira na coluna Consolidado da **Figura 14.16** os valores de um balanço patrimonial consolidado e de uma demonstração do resultado consolidada da Companhia Controladora com a Companhia Sub.

31. **Efeito das políticas de investimento intercompanhia nas demonstrações financeiras.** A Ganton segue uma política de deter menos de 50% de participação nas empresas que engarrafam a sua bebida. A **Figura 14.17** apresenta dados selecionados do balanço patrimonial da Ganton e das suas coligadas engarrafadoras em 31 de dezembro de 2013. A primeira coluna mostra valores da Ganton como divulgados; a empresa adota o método de equivalência patrimonial para contabilizar os investimentos nas suas engarrafadoras. A segunda coluna mostra valores das engarrafadoras da Ganton, tais como refletidos em uma Nota Explicativa das demonstrações financeiras da empresa. O investimento da Ganton em suas engarrafadoras excede em $ 785 milhões sua participação no valor contábil dos ativos líquidos dessas engarrafadoras em 31 de dezembro de 2013.

a. Sugira as razões pelas quais o valor de outros ativos não circulantes na coluna Consolidado excede a soma dos valores do ativo não circulante nos registros contábeis da Ganton e de suas coligadas engarrafadoras.

b. Calcule a razão ativo/passivo e a razão dívida/patrimônio líquido da Ganton, considerando que (1) ela contabiliza os seus investimentos pelo método de equivalência patrimonial e (2) consolida suas engarrafadoras.

c. Sugira as razões pelas quais a Ganton poderá ter escolhido ter uma participação de 50% nas suas engarrafadoras.

Figura 14.15

Peak Company e Valley Company
Informações sobre Registros Contábeis
em 31 de Dezembro do Ano Atual
O Custo de Aquisição é $ 70.000
(Problema 29)

	Peak Company	Valley Company	Consolidado
ATIVO			
Caixa	$ 13.000	$ 6.000	
Contas a Receber	42.000	20.000	
Investimento na Valley Company (pelo Método de Equivalência Patrimonial)	?	—	
Outros Ativos	123.000	85.000	
Total do Ativo	$?	$ 111.000	
PASSIVO E PATRIMÔNIO LÍQUIDO			
Contas a Pagar	$ 80.000	$ 25.000	
Bonds a Pagar	50.000	30.000	
Capital Social – Ações Ordinárias	10.000	5.000	
Lucros Acumulados	?	51.000	
Total do Passivo e do Patrimônio Líquido	$?	$ 111.000	
Receitas de Vendas	$ 400.000	$ 125.000	
Resultado de Equivalência Patrimonial – Valley Company	?	—	
Custo dos Produtos Vendidos	(320.000)	(90.000)	
Despesas de Vendas e Administrativas	?	(20.000)	
Despesas de Tributos sobre o Lucro	(12.000)	(5.000)	
Lucro Líquido	$?	$ 10.000	

Figura 14.16

Companhia Controladora e Companhia Sub
Informações sobre Registros Contábeis
em 31 de Dezembro do Ano Atual
(Problema 30)

	Companhia Controladora	Companhia Sub	Consolidado
ATIVO			
Caixa	$ 38.000	$ 12.000	
Contas a Receber	63.000	32.000	
Investimento na Companhia Sub (por Equivalência Patrimonial)	105.600	–	
Outros Ativos	296.400	160.000	
Total do Ativo	$ 503.000	$ 204.000	
PASSIVO E PATRIMÔNIO LÍQUIDO			
Contas a Pagar	$ 85.000	$ 32.000	
Bonds a Pagar	150.000	40.000	
Total do Passivo	$ 235.000	$ 72.000	
Participação de Não Controladoras no Ativo Líquido da Companhia Sub	–	–	
Capital Social – Ações Ordinárias	$ 20.000	$ 50.000	
Lucros Acumulados	248.000	82.000	
Total do Patrimônio Líquido	$ 268.000	132.000	
Total do Passivo e do Patrimônio Líquido	$ 503.000	204.000	
Receitas de Vendas	$ 800.000	$ 145.000	
Resultado de Equivalência Patrimonial – Companhia Sub	16.000	–	
Custo dos Produtos Vendidos	(620.000)	(85.000)	
Despesas de Vendas e Administrativas	(135.000)	(30.000)	
Despesas de Tributos sobre o Lucro	(24.000)	(10.000)	
Lucro Líquido da Entidade Consolidada	$ 37.000	$ 20.000	
Participação Minoritária no Lucro Líquido da Companhia Sub	–	–	
Lucro Líquido	$ 37.000	$ 20.000	

Figura 14.17

Dados do Balanço Patrimonial Resumido da Ganton
(valores em milhões de US$)
(Problema 31)

	Ganton como Divulgado	Coligadas Engarrafadoras	Consolidado
ATIVO			
Ativo Circulante	12.105	14.251	26.356
Investimento em Engarrafadoras Coligadas	7.289	–	–
Outros Ativos Não Circulantes	23.875	44.636	71.116
Total do Ativo	43.269	58.887	97.472
PASSIVO E PATRIMÔNIO LÍQUIDO			
Passivo Circulante	13.225	13.930	27.155
Passivo Não Circulante	8.300	23.374	31.674
Total do Passivo	21.525	37.304	58.829
Patrimônio Líquido	21.744	21.583	21.744
Participação de não Controladoras em Engarrafadoras Coligadas	–	–	16.899
Total do Patrimônio Líquido	21.744	21.583	38.643
Total do Passivo e do Patrimônio Líquido	43.269	58.887	97.472

Capítulo

15

Patrimônio líquido: contribuições e distribuições de capital

Os **Capítulos 8** a **14** discutiram a contabilização de ativos e passivos sob os padrões U.S. GAAP e IFRS. As variações nos ativos e nos passivos provocam frequentemente alterações no patrimônio líquido[1]. As variações no patrimônio líquido resultam de três tipos de transações:

1. **Contribuições em capital.** As empresas emitem ações ordinárias ou preferenciais para obter recursos para financiar atividades operacionais e de investimento ou para remunerar empregados.
2. **Distribuições.** As empresas distribuem ativos aos acionistas, como dividendos ou por recompra de ações ordinárias.
3. **Lucros (ou prejuízos).** As empresas usam ativos financiados pelos credores e proprietários para gerar lucro líquido.

A **Figura 15.1** apresenta a seção do patrimônio líquido da Great Deal, extraída do balanço patrimonial exibido na **Figura 1.1**.

1. O patrimônio líquido é um direito residual. Ele representa o direito dos acionistas sobre os ativos de uma empresa depois que esta cumpre todos os outros direitos.
2. Todas as companhias emitem ações ordinárias. Algumas também emitem ações preferenciais, que possuem um direito de prioridade sobre os acionistas ordinários. A Great Deal não possuía ações preferenciais no mercado no exercício de 2012.
3. As ações ordinárias têm normalmente um valor de face ou declarado. As ações ordinárias da Great Deal têm um valor de face de $ 0,10 por ação. As empresas informam os valores recebidos em emissões de ações ordinárias superiores a seu valor de face ou declarado como Ágio na Emissão de Ações, ou Capital Excedente ao Valor de Face ou uma conta de título similar[2]. O valor do ágio na emissão de ações da Great Deal excede o valor de Capital Social – Ações Ordinárias, indicando que a empresa emitiu ações ordinárias com valor maior que $ 0,10 de valor nominal, uma prática comum entre empresas com ações negociadas em Bolsas.

OBJETIVOS DE APRENDIZAGEM
1 Conhecer os diferentes direitos prioritários dos acionistas e a evidenciação desses direitos na seção do patrimônio líquido do balanço patrimonial.
2 Entender a contabilização da emissão de ações.
3 Compreender a contabilização de dividendos e desdobramentos de ações.
4 Conhecer a contabilização da aquisição e reemissão de ações em tesouraria.
5 Entender a contabilização de contratos de opção.

---

1. A prática comum de negócios nos Estados Unidos usa ambos os termos, *shareholder' equity* e *stockholders' equity*, para patrimônio líquido. Uma vez que *stock* significa estoque no Reino Unido, o uso do IFRS é primariamente *shareholders' equity*.
2. No Brasil, essa conta entra no grupo Reservas de Capital. (NT)

Figura 15.1

Great Deal, Inc.
Evição do Patrimônio Líquido
(valores em milhões de US$)

	27 de Fevereiro	
	2013	2012
Ações Preferenciais (valor nominal: $ 1,00; ações autorizadas: 400.000); emitidas e em circulação no mercado – nenhuma	0	0
Ações Ordinárias (valor nominal: $ 0,10; ações autorizadas: 1,0 bilhão); emitidas e em circulação no mercado: 2013 e 2012: 418.815.000 e 413.684.000, respectivamente	42	41
Ágio na Emissão de Ações	441	205
Lucros Acumulados	5.797	4.714
Outros Resultados Abrangentes Acumulados	40	(317)
Participação de Não Controladores	644	513
Total do Patrimônio Líquido	6.964	5.156

4. As empresas acumulam informações sobre receitas e despesas durante um período contábil para preparar a demonstração do resultado. O lucro líquido de um período aumenta os lucros acumulados; um prejuízo líquido reduz lucros acumulados[3].

5. Os lucros acumulados mensuram os ativos líquidos cumulativos gerados por lucros excedentes aos dividendos declarados. Os lucros acumulados da Great Deal excedem o capital proporcionado pela emissão de ações ordinárias. Assim, para a Great Deal, a retenção dos ativos líquidos gerados pelas operações representa a fonte primária de recursos. Esse é o caso da maior parte das empresas bem-sucedidas.

6. As empresas podem periodicamente distribuir aos acionistas ativos líquidos gerados pelos lucros sob a forma de dividendos. As empresas reduzem seus ativos líquidos e lucros acumulados pela distribuição de dividendos. A Great Deal declarou dividendos de $ 234 milhões sobre suas ações ordinárias no ano fiscal de 2012.

Este capítulo explora esses conceitos em maior profundidade e expande a discussão do patrimônio líquido, considerando:

1. As razões para emitir ações ordinárias e preferenciais e as diferenças entre esses dois tipos de ação.
2. O uso de opções em conexão com a emissão de ações ordinárias.
3. As razões de recompra de ações e a contabilização de recompras de ações.

Assim como nos capítulos anteriores, discutiremos tanto U.S. GAAP como IFRS. Começaremos com as contribuições de capital e passaremos às distribuições. A seguir, passaremos aos contratos de opção.

CONTRIBUIÇÕES DE CAPITAL (CAPITAL SOCIAL)

A maior parte das empresas negociadas em Bolsa opera como **companhias** (*corporations*)[4]. A forma de companhia tem pelo menos três vantagens:

1. Proporciona ao proprietário (acionista) uma **responsabilidade limitada**. Isso significa que, se a companhia se tornar insolvente, os credores podem reivindicar apenas os ativos da entidade, e não os ativos dos proprietários individuais. Por outro lado, os credores das empresas de parcerias (*partnerships*) e empresas individuais (*proprietorships*) podem reivindicar tanto os ativos da empresa como os pessoais[5].

---
3. Um saldo negativo (devedor) em Lucros Acumulados é um *prejuízo acumulado*. (No Brasil, o saldo positivo de lucros acumulados é apresentado em um grupo de contas denominado Reservas de Lucros; quando o saldo é negativo, é usada a conta Prejuízos Acumulados. [NT])
4. No Brasil, sociedades anônimas ou companhias. (NT)
5. Em anos recentes, muitas das empresas organizadas sob a forma de parcerias e de empresas individuais se tornaram empresas de responsabilidade limitada (*limited liability companies – LLCs*) ou parcerias de responsabilidade limitada (*limited liability partnerships – LLPs*). Esses contratos limitam a responsabilidade social do proprietário em relação a dívidas e outras obrigações originadas de más surpresas envolvendo os negócios, como ações judiciais dos clientes.

NOTA TERMINOLÓGICA

O termo *capital* pode ter vários significados:

- *Caixa* ("A empresa levantou capital com uma emissão de ações").
- *Ativos de longo prazo* ("Os ativos de capital têm vida depreciável de 7 a 10 anos").
- *Todas as fontes de financiamento*, ou seja, todos os itens do lado direito do balanço patrimonial ("O custo médio ponderado de capital da empresa é de 11%").
- *Patrimônio líquido*.

- *Capital contribuído*, a parte do patrimônio líquido originada de contribuições dos proprietários em caixa ou em outros ativos em troca de ações (capital social).

Recomendamos que você use essas palavras para se referir apenas ao capital contribuído, mas o resto do mundo continuará a usar a palavra para o que for conveniente a quem está falando no momento. Preste atenção aos vários significados e entenda o que um usuário particular quer dizer com a palavra *capital*. Ver a discussão de *capital* no **Glossário**.

2. Permite à empresa levantar recursos pela emissão de ações aos investidores.
3. Facilita a transferência dos direitos de participação, pois os proprietários podem vender suas ações sem afetar a continuidade das operações da empresa. A transferência é uma transação entre acionistas; ela não envolve a empresa cujas ações trocam de mãos.

A companhia tem um *status* legal separado dos seus proprietários. Os investidores fazem contribuições de capital mediante um contrato entre eles e a companhia. Várias leis e contratos regem as obrigações de um acionista:

1. As leis das companhias[6] da jurisdição na qual a companhia é estabelecida.
2. As cláusulas da incorporação (*articles of incorporation – corporate charter*). Esse contrato estabelece o acordado entre a empresa e a jurisdição na qual ela é incorporada. A jurisdição assegura à empresa os privilégios de operar como uma companhia e de obter capital mediante emissão de ações.
3. O **estatuto social** (*corporate bylaws*)[7]. O conselho de administração adota estatutos, que são regras e regulamentações que governam os interesses internos da corporação.
4. O **contrato de ações de capital**. Cada tipo de **ação de capital** tem suas próprias provisões em matérias como voto, participação nos lucros, distribuição de ativos gerados pelos lucros e participação nos ativos no caso de dissolução da empresa. Tanto U.S. GAAP como IFRS requerem a evidenciação das informações sobre os direitos de cada tipo de ação em circulação[8].

Ações ordinárias

Todas as companhias emitem **ações ordinárias**. Os acionistas ordinários têm o direito sobre os ativos de uma empresa depois que os credores e os acionistas preferenciais receberam os valores a eles prometidos. Frequentemente, as companhias garantem direitos de voto apenas aos acionistas ordinários. Isso significa que eles têm o direito de eleger os membros do conselho de administração e de decidir certas políticas corporativas.

Emissão de ações

As empresas podem emitir ações (preferenciais ou ordinárias) em troca de dinheiro ou outros ativos não caixa, ou de serviços prestados. Algumas emissões de ações ordinárias resultam de vários contratos de opção. Abordaremos os contratos de opção mais tarde neste capítulo.

---
6. No Brasil, a Lei das SAs. (NT)
7. No Brasil, o estatuto social das companhias reúne características tanto do *corporate charter* como dos *corporate bylaws*. (NT)
8. FASB, *Statement of Financial Accounting Standards N. 129*, "Disclosure of Information about Capital Structure", 1997 (**Codification Topic 505**); IASB, *International Accounting Standard 1*, "Presentation of Financial Statements", rev. 2003.

Emissão contra caixa. As empresas normalmente emitem ações para obter caixa no momento da sua constituição inicial e a intervalos periódicos quando elas necessitam de novos recursos de acionistas. Elas geralmente emitem ações ordinárias tanto no momento da constituição inicial como nos anos subsequentes para obter valores maiores que o **valor de face (nominal ou declarado)**[9]. A empresa credita os valores obtidos na emissão que excedem seu valor nominal (ou declarado) na conta **Ágio na Emissão de Ações**.

Exemplo 1 Considere que a Great Deal emite 1.000 ações ordinárias do seu capital por $ 100.000, ao valor nominal de $ 0,10. O lançamento no diário é o seguinte:

Caixa	100.000	
Capital Social – Ações Ordinárias (Valor de Face = $ 0,10)		100
Ágio na Emissão de Ações		99.900

Emissão contra ativos não caixa As empresas também emitem ações ordinárias recebendo outros ativos que não caixa, por exemplo, para adquirir outra empresa. A empresa registra as ações trocadas por ativos não caixa pelo valor justo das ações dadas. Se ela não puder fazer uma estimativa razoável do valor justo das ações dadas, então o valor das ações trocadas será registrado pelo valor justo dos ativos recebidos[10]. Uma empresa pode não ser apta a fazer uma estimativa razoável do valor justo de suas ações se ela for fechada e suas ações não forem negociadas no mercado.

Exemplo 2 A Great Deal emite 1.000 ações ordinárias de seu capital, com $ 0,10 de valor de face (e um valor justo de $ 100 por ação), para adquirir ativos de outra empresa que tem os seguintes valores justos: contas a receber, $ 6.000; estoque, $ 12.000; terreno, $ 10.000; edifício, $ 62.000; equipamentos, $ 10.000. O lançamento para registrar essa troca é:

Contas a Receber	6.000	
Estoque	12.000	
Terreno	10.000	
Edifício	62.000	
Equipamentos	10.000	
Capital Social – Ações Ordinárias (Valor de Face = $ 0,10)		100
Ágio na Emissão de Ações		99.900

Emissão contra serviços recebidos Se uma empresa emite ações ordinárias em troca de serviços que não os dos empregados (discutidos mais tarde), ela registra a transação pelo valor justo dos serviços recebidos se puder mensurá-lo com maior confiabilidade que o valor justo das ações emitidas. Caso contrário, a empresa registrará a transação pelo valor justo das ações emitidas.

Exemplo 3 A Great Deal emite 100 ações ordinárias do seu capital com valor nominal de $ 0,10 cada uma, por $ 10.000, a seus advogados pelos seus serviços legais. O lançamento no diário é o seguinte:

Despesas Legais	10.000	
Capital Social – Ações Ordinárias (Valor de Face = $ 0,10)		100
Ágio na Emissão de Ações		9.900

---

9. Nem todas as ações ordinárias têm um valor nominal ou declarado; algumas empresas emitem ações sem valor nominal. As leis da jurisdição na qual a empresa foi constituída determinam se a empresa emite ações com ou sem valor nominal. Os valores nominais ou declarados têm menos relevância agora do que anos atrás, quando o valor de face estabelecia o limite mais baixo de valor pelo qual a empresa poderia emitir ações.
10. FASB, *Statement of Financial Accounting Standards N. 141R* (revised 2007), "Business Combinations", 2007 (**Codification Topic 805**); IASB, *International Financial Reporting Standard 3*, "Business Combinations", rev. 2008.

Ações preferenciais

Os detentores de **ações preferenciais** têm um direito de preferência sobre os ativos da empresa em relação ao direito dos acionistas ordinários. As ações preferenciais também possuem direitos especiais. O *status* de senioridade e os direitos especiais reduzem o risco dos acionistas preferenciais em relação aos ordinários. Portanto, os acionistas preferenciais devem esperar um retorno mais baixo que os acionistas ordinários. Os direitos dos acionistas preferenciais e as obrigações da empresa emissora variam e incluem:

Direitos a dividendos. As ações preferenciais frequentemente habilitam os seus detentores a dividendos em determinada proporção, que a empresa precisa pagar antes de pagar dividendos aos acionistas ordinários. As empresas podem, por vezes, adiar ou omitir dividendos preferenciais. A maioria das ações preferenciais, contudo, possui **direitos a dividendos cumulativos**, o que significa que uma empresa precisa pagar todos os dividendos preferenciais, atuais e anteriormente adiados antes que ela possa pagar qualquer dividendo sobre ações ordinárias.

Opção de recompra (*call provisions*). As **ações preferenciais com opção de recompra (*callable preferred shares*)** proporcionam ao emitente o direito, mas não a obrigação, de recomprar ações preferenciais a um preço específico, que pode variar de acordo com uma planilha predeterminada. Uma opção de recompra é valiosa para a empresa emitente. Suponha que um financiamento fique disponível a um custo menor que a taxa especificada das ações preferenciais. A empresa emitente pode reduzir os seus custos financeiros emitindo novos títulos e, então, exercendo o direito de readquirir as ações preferenciais a um preço fixo. Essa opção de comprar as ações reduz o seu valor para os potenciais acionistas preferenciais. Assim, a empresa receberá um valor menor pela emissão de ações com opção de recompra (*callable shares*) do que pela emissão de ações sem tal opção.

Ações conversíveis. **Ações preferenciais conversíveis** dão ao detentor de ações preferenciais o direito, mas não a obrigação, de convertê-las em ações ordinárias, em certas condições. As ações preferenciais conversíveis proporcionam aos detentores desses títulos, junto com um dividendo relativamente assegurado, um direito que é sênior em relação ao dos acionistas ordinários, e a possibilidade de uma apreciação do capital (pela conversão das ações preferenciais em ações ordinárias, se o preço de mercado destas aumenta). Em virtude da opção de conversão, as variações no preço de mercado das ações preferenciais conversíveis frequentemente se dão em paralelo com as do mercado das ações ordinárias. A empresa se beneficia da emissão de ações preferenciais conversíveis porque essas ações costumam ter uma taxa de dividendo mais baixa que aquela que os compradores, de outro modo, teriam requerido para comprá-las. Descreveremos o tratamento contábil das ações preferenciais conversíveis mais tarde neste capítulo.

PROBLEMA 15.1 PARA APRENDIZAGEM

Lançamentos no diário de contribuições de capital. Prepare os lançamentos no diário para registrar as seguintes transações da Healy Corporation no ano atual sob U.S. GAAP. O período contábil da Healy Corporation termina em 31 de dezembro.

a. Emissão em 2 de janeiro de 100.000 ações ordinárias ao valor nominal de $ 10 por $ 14 por ação.
b. Emissão em 2 de janeiro de 10.000 ações ordinárias para aquisição de uma patente. A empresa não tem informações separadas sobre o valor justo da patente.
c. Emissão em 31 de janeiro de 5.000 ações preferenciais com $ 5 de valor de face a $ 10 por unidade.

DISTRIBUIÇÕES CORPORATIVAS

As empresas usam ativos líquidos para gerar mais ativos líquidos por meio do processo de geração de lucros. As empresas normalmente retêm alguma parte ou todos os ativos líquidos gerados pelos lucros, de modo que o ativo líquido aumente mediante lucros acumulados. A retenção dos ativos líquidos gerados pelos lucros geralmente aumenta o preço de mercado das ações ordinárias da empresa. Algumas empresas pagam dividendos periódicos aos acionistas ordinários. Cada acionista ordinário recebe o mesmo dividendo por ação. Este tópico discute as políticas corporativas de dividendos e a contabilização de dividendos.

As empresas podem também escolher utilizar os ativos líquidos gerados pelos lucros para recomprar ações ordinárias. Essas recompras resultam em saídas de caixa da empresa, similarmente a um dividendo em dinheiro.

No caso de recompra de ações, apenas os acionistas que escolhem vender suas ações recebem caixa. Este tópico discute as razões das empresas para recompras de ações e a contabilização de tais recompras.

Dividendos

O conselho de administração tem autoridade legal para declarar dividendos. Os membros do conselho devem concluir que a declaração de dividendo tanto é legal como financeiramente desejável.

Limites legais de dividendos (pela legislação). As leis corporativas específicas de cada jurisdição limitam a liberdade do conselho de declarar dividendos. Sem esses limites, os diretores poderiam dissipar os ativos da empresa em benefício dos acionistas ordinários, prejudicando os credores e outros agentes não acionistas[11].

Um exemplo de limitação na declaração de dividendos estipula que o conselho de administração não pode declarar dividendos "tirados do capital (*out of capital*)". Isso significa que o conselho não pode pagar dividendos debitando as contas do capital contribuído (que resultam de transações para levantar recursos dos proprietários). Pelo contrário, o conselho deve pagar os dividendos "tirados dos lucros (*out of earnings*)", debitando-os da conta Lucros Acumulados (que resultam de transações de lucro). Algumas jurisdições permitem às empresas declarar dividendos tirados dos lucros do ano corrente, mesmo que a conta Lucros Acumulados tenha um saldo negativo, devido a perdas acumuladas de períodos anteriores.

Os limites da legislação geralmente não influenciam a contabilização do patrimônio líquido e dos dividendos. Um balanço patrimonial não provê detalhes de valores legalmente disponíveis para dividendos, mas deverá evidenciar a informação necessária para o usuário poder aplicar as regras da companhia, próprias da jurisdição onde foi constituída.

Limites contratuais de dividendos. Frequentemente, contratos com detentores de títulos de dívida, com outros credores e com acionistas preferenciais limitam os pagamentos de dividendos. Por exemplo, um contrato de *bond* pode requerer que o passivo total não exceda o total do patrimônio líquido. Tal determinação envolve restringir dividendos para que seja obtida essa relação. As Notas Explicativas das demonstrações financeiras devem evidenciar limitações significativas a declarações de dividendos[12].

Dividendos e política financeira corporativa. Os diretores usualmente declaram dividendos menores que o máximo legal e, com isso, possibilitam o aumento dos lucros acumulados por várias razões:

1. O caixa disponível não aumentou tanto quanto o valor dos lucros, de modo que pagar o máximo legal de dividendos requereria levantar mais caixa[13].
2. A restrição de dividendos em anos prósperos pode permitir o pagamento de dividendos estáveis ou crescentes em anos desfavoráveis[14].
3. A empresa pode necessitar de recursos para expansão do capital de giro e para o imobilizado.
4. O uso do caixa para reduzir o valor de empréstimos, em vez de pagar dividendos, pode ser prudente.

Contabilização de dividendos

Uma empresa pode pagar dividendos em dinheiro, em outros ativos ou em ações ordinárias.

Dividendos em dinheiro. Quando o conselho de administração declara um **dividendo em dinheiro** igual a $ 150.000, o lançamento no diário é o seguinte:

Lucros Acumulados (Dividendos Declarados)	150.000
Dividendos a Pagar...	150.000

---

11. No Brasil, a legislação também se preocupa com o comportamento oposto, ou seja, com o conselho não distribuir dividendos, prejudicando os acionistas minoritários. Assim, a lei societária brasileira prevê o dividendo mínimo obrigatório. (NT)
12. FASB, *Statement of Financial Accounting Standards N. 5*, "Accounting for Contingencies", 1975 (**Codification Topic 450**). A evidenciação requerida está implícita no IASB, *International Accounting Standard 1*, "Presentation of Financial Statement", rev. 2003.
13. No Brasil, essa retenção de lucros é designada em uma conta específica denominada Reserva de Lucros a Realizar. (NT)
14. No Brasil, essa retenção de lucros é designada na conta Reserva para Contingências. (NT)

Assim que o conselho de administração declara um dividendo, este se torna um passivo legal da companhia. Dividendos a Pagar aparece como um passivo circulante no balanço patrimonial se a empresa ainda não pagou os dividendos no fim do período contábil. Quando a empresa paga os dividendos, o lançamento é o seguinte:

Dividendos a Pagar..	150.000
Caixa	150.000

Dividendos em bens. As empresas às vezes distribuem ativos que não caixa; tais dividendos são conhecidos como **dividendos em espécie** ou **dividendos em bens**.

A contabilização de dividendos em bens é semelhante à de dividendos em dinheiro, exceto que, quando a empresa paga o dividendo, ela credita o ativo transferido e não o Caixa. O valor debitado em Lucros Acumulados é igual ao valor justo do ativo distribuído. Quando esse valor justo difere do valor contábil dos ativos distribuídos, a empresa reconhece um ganho ou perda no lucro líquido[15].

Dividendos em ações. A retenção dos lucros pode conduzir a um aumento substancial no patrimônio líquido na medida em que a empresa acumula ativos líquidos que ela mantém investidos no negócio. Para indicar tal comprometimento de ativos gerados por lucros reinvestidos, o conselho de administração pode declarar um **dividendo em ações**. A contabilização envolve um débito em Lucros Acumulados e créditos em contas do capital social. Os dividendos em ações não afetam o patrimônio líquido total. Ele realoca valores de Lucros Acumulados a contas do capital social. Quando a empresa declara um dividendo em ações, os acionistas recebem ações adicionais na mesma proporção das que eles possuem. Se, por exemplo, a empresa emite um dividendo de 5%, cada acionista receberá uma ação adicional para cada 20 ações detidas antes do dividendo. Tanto U.S. GAAP como IFRS requerem que as empresas registrem as ações emitidas como dividendo em ações pelo seu valor justo[16].

Exemplo 4 Uma empresa tem 1.000.000 ações ordinárias sem valor de face no mercado antes de declarar 5% de dividendos em ações. As ações são negociadas a um preço de $ 18 por ação. O dividendo de 5% em ações resultou em uma emissão de 50.000 (= 0,05 × 1.000.000) ações adicionais. O lançamento no diário para registrar o dividendo em ações é o seguinte:

Lucros Acumulados (Dividendos Declarados)	900.000
Capital Social – Ações Ordinárias (sem Valor de Face)..	900.000

Os dividendos em ações reclassificam uma porção dos lucros acumulados que estavam legalmente disponíveis para declarações de dividendos como uma forma mais permanente do patrimônio líquido. A empresa não tem esse caixa disponível para dividendos. O dividendo em ações assinala aos leitores do balanço patrimonial o compromisso de investimento.

Desdobramento de ações

O **desdobramento de ações** é semelhante aos dividendos em ações. A companhia emite ações adicionais aos acionistas em proporção às que eles atualmente detêm. A empresa não recebe nenhum ativo adicional. Normalmente, executa um desdobramento de ações de duas formas[17]:

1. **Reduz o valor nominal da ação ordinária na proporção do novo número de ações emitidas.** Uma companhia pode, por exemplo, ter 1.000 ações em circulação com $ 10 de valor nominal e trocá-las por 2.000 ações com valor nominal de $ 5 (um *split* de dois por um) ou por 4.000 ações de $ 2,50 (um *split* de quatro por um).

---

15. FASB, *Opinion N. 29*, "Accounting for Nonmonetary Transactions", 1973 (**Codification Topic 845**). Essa contabilização é consistente com os pronunciamentos do IASB em tópicos relacionados.
16. Committee on Accounting Procedure, *Accounting Research Bulletin N. 43, 1953*, "Restatement and Revision of Accounting Research Bulletins Ns. 1-42", 1953 (**Codification Topic 505**). Essa contabilização é consistente com os pronunciamentos do IASB em tópicos relacionados.
17. As empresas também executam um *desdobramento de ações reverso*. Neste caso, elas reduzem o número de ações emitidas, ou aumentando o valor nominal da ação, ou simplesmente cancelando ações.

2. **Não altera o valor nominal, mas emite ações adicionais com o mesmo valor de face.** Por exemplo, a companhia executando um *split* de dois por um pode emitir ações adicionais no mesmo número das ações já em circulação.

Um desdobramento de ações efetuado mediante alteração do valor de face na proporção direta do número de novas ações não requer lançamento no diário. Se a mudança no valor nominal não é proporcional ao novo número de ações ou se a empresa não altera o valor de face, a empresa diminui a conta Ágio na Emissão de Ações ou Lucros Acumulados. O valor apresentado na conta Capital Social – Ações Ordinárias representa um número diferente de ações. Naturalmente, a empresa deve registrar o novo número de ações detido por cada acionista nos registros subsidiários das ações.

Dividendos em ações e desdobramento de ações: pontos comuns e diferenças

Pode ser difícil distinguir um dividendo em ações de um desdobramento em ações. Por exemplo, considere um aumento de 50% no número de ações. A empresa estará contabilizando essa distribuição como um dividendo em ações, utilizando o valor de mercado da ação, ou estará fazendo um desdobramento de 1,5 por um de ações, utilizando o valor nominal da ação? Normalmente, as empresas tratam as distribuições de porcentagens menores, digamos, menos de 25% do aumento do número de ações, como dividendos em ações, e distribuições maiores como desdobramento de ações.

Dividendos em ações e desdobramento de ações têm pouca substância econômica para os acionistas. Um aumento proporcional no número de ações detidas pelo acionista não altera a participação deste ou o poder de voto proporcional. Embora o valor contábil por ação ordinária (total do patrimônio líquido dos acionistas dividido pelo número de ações ordinárias em circulação) decresça, cada acionista tem um número proporcionalmente maior de ações, de modo que o valor contábil total da participação de cada acionista permanece inalterado.

Desdobramentos de ações e dividendos em ações reduzem o valor de mercado por ação na proporção inversa do desdobramento ou dividendo. Por exemplo, um desdobramento dois por um resulta em uma redução de 50% no preço de mercado por ação. Os gestores e conselhos podem utilizar desdobramento de ações e dividendos para manter o preço de mercado por ação dentro de uma faixa de limites objetivada de negociações no mercado. Por exemplo, o conselho de administração pode pensar que um preço de mercado de $ 60 a $ 80 é uma faixa eficaz para suas ações. Se o preço da ação subiu para $ 150 no mercado, o conselho de administração poderá declarar um desdobramento de dois por um, reduzindo, assim, o preço da ação para $ 75.

PROBLEMA 15.2 — PARA APRENDIZAGEM

Lançamentos no diário de dividendos em ações e desdobramentos de ações. A seção do patrimônio líquido do balanço patrimonial da Baker Corporation em 1º de janeiro do ano atual aparece a seguir:

Patrimônio Líquido	
Capital Social – Ações Ordinárias, valor de face de $ 10, 25.000 ações emitidas e em circulação......	$ 250.000
Ágio na Emissão de Ações..	50.000
Lucros Acumulados...	150.000
Total...	$ 450.000

Prepare um lançamento no diário para cada uma das transações da Baker Corporation no ano atual. Ignore os tributos sobre o lucro.

a. 31 de março: o conselho de administração declara dividendos em dinheiro de $ 0,50 por ação. A empresa pagará o dividendo em 15 de abril.
b. 15 de abril: a empresa paga o dividendo declarado em 31 de março.
c. 30 de junho: o conselho de administração declara e distribui dividendos de 10% em ações. O preço de mercado da ação nessa data é de $ 15.
d. 31 de dezembro: o conselho de administração declara um desdobramento de duas por uma ação e altera o valor de face da ação ordinária de $ 10 para $ 5.

Recompra de ações

Ações em tesouraria são ações que uma empresa emitiu anteriormente e depois readquiriu. As ações em tesouraria não recebem dividendos, não têm direitos de voto e não entram nos cálculos do lucro por ação, uma vez que as leis corporativas não as consideram ações em circulação. Entre as razões para readquirir ações ordinárias em circulação se incluem:

1. **Usar em contratos de opção.** Uma empresa pode readquirir ações para cumprir compromissos de entregar ações a seus empregados sob planos de opções de ações. Frequentemente, uma empresa faz isso para manter um número mais ou menos constante de ações emitidas. Ao fazê-lo, ela evita a diluição do direito de voto dos acionistas existentes e, talvez, mantenha os níveis de lucro por ação.
2. **Investir o excedente de caixa.** Algumas empresas acreditam que suas próprias ações são um bom investimento. As evidências corroboram a noção de que os preços das ações frequentemente aumentam depois que uma empresa anuncia um programa de recompra de ações.
3. **Defender-se diante de uma oferta de compra hostil.** Dois motivos diferentes são plausíveis:

   - Recompras de ações reduzem o patrimônio líquido e aumentam a proporção da dívida na estrutura de capital, tornando a empresa mais arriscada e, portanto, menos atrativa a um ofertante hostil. Algumas empresas até mesmo tomam dinheiro emprestado para recomprar ações, o que afeta ainda mais os índices de endividamento.
   - Recompras de ações usam caixa e, portanto, reduzem a atratividade da companhia diante de terceiros que acreditam que o caixa torna a companhia um alvo atrativo.

4. **Distribuir caixa aos acionistas com vantagens fiscais.** Em vez de pagar dividendos a todos os acionistas, muitos dos quais terão impostos pessoais sobre todo o valor do dividendo[18], a empresa pode recomprar as ações dos que desejam receber caixa. Alguns acionistas terão menores taxas de tributos sobre os recebimentos decorrentes de vendas de ações do que sobre os recebimentos de dividendos.

Contabilização de ações em tesouraria

U.S. GAAP e IFRS, ao contabilizar as recompras e reemissões de ações em tesouraria, seguem o princípio de que a empresa jamais deve registrar um ganho ou perda em transações que envolvem as suas próprias ações[19]. Ainda que a empresa possa vender as ações em tesouraria por mais ou por menos que o custo de aquisição, a contabilidade não registra o ganho ou perda como um componente do lucro. A contabilização requerida considera as compras e vendas de ações em tesouraria como transações financeiras, e não operacionais. Por isso, a contabilidade debita (por perdas) ou credita (por ganhos) a conta Capital Social por esses ajustes.

As duas abordagens mais comuns da contabilização de ações em tesouraria segundo o U.S. GAAP são[20]:

1. O método de custo.
2. O método da retirada construtiva.

As duas abordagens reduzem o patrimônio líquido, mas as contas específicas afetadas diferem. Ambas são consistentes com o IFRS, que requer que as empresas reduzam o patrimônio líquido pelo custo de aquisição das ações e não registrem ganho ou perda em transações com ações em tesouraria[21]. Para ilustrar essas duas abordagens, suponha que a empresa emitiu originalmente 1.000 ações com $ 1 de valor nominal por $ 40 por ação e, mais tarde, as readquiriu por $ 50.

Método de custo para recompra de ações. Quando uma empresa readquire ações ordinárias sob o método de custo, ela debita a conta Ações em Tesouraria pelo total pago para readquiri-las.

---
18. Dividendos são tributados nos EUA, embora não o sejam no Brasil. (NT)
19. Accounting Principles Board, *APB Opinion N. 6*, "Status of Accounting Research Bulletins", 1965 (**Codification Topic 505)**; IASB, *International Accounting Standard 32*, "Financial Instruments Presentation", rev. 2003.
20. Uma terceira abordagem, o método do valor de face, é menos usada.
21. Committee on Accounting Procedure, *Accounting Research Bulletin 43*, "Restatement and Revision of Accounting Research Bulletins 1-42", 1953 (**Codification Topic 505)**; International Accounting Standards Board, *International Accounting Standard 32*, "Financial Instruments: Presentation", rev. 2003.

Títulos de Tesouraria	50.000	
Caixa		50.000

A conta Ações em Tesouraria tem um saldo devedor, e, portanto, reduz o patrimônio líquido total.

Método de custo para reemissão de ações em tesouraria. Se uma empresa posteriormente reemite ações em tesouraria contra caixa, ela debita Caixa pelo valor recebido e credita Ações em Tesouraria pelo custo das ações. O preço de reemissão normalmente será diferente do preço pago para adquirir as ações em tesouraria. Se o preço de reemissão excede o de aquisição, o crédito para fazer o lançamento do saldo é em Ágio na Emissão de Ações[22]. Se a empresa reemitiu 1.000 ações, neste exemplo, por $ 55 por ação, o lançamento pelo método de custo é:

Caixa	55.000	
Ações em Tesouraria – Ordinárias		50.000
Ágio na Emissão de Ações		5.000

Método da retirada construtiva para recompra de ações. Quando uma empresa utiliza o método da retirada construtiva para contabilizar ações em tesouraria, ela debita Capital Social – Ações em Tesouraria pelo valor nominal das ações recompradas, debita Ágio na Emissão de Ações pela diferença entre o preço original de emissão e o valor nominal e completa em Lucros Acumulados quaisquer diferenças entre o preço de recompra ($ 50 neste caso) e o preço de emissão original ($ 40 neste caso). As empresas utilizam este método quando os gestores e o conselho de administração não têm a intenção de reemitir as ações dentro de um tempo razoável, ou quando as leis definem as ações readquiridas como ações retiradas. O lançamento no diário para recompra de ações sob o método da retirada construtiva é o seguinte:

Capital Social – Ações Ordinárias	1.000	
Ágio na Emissão de Ações	39.000	
Lucros Acumulados	10.000	
Caixa		50.000

Método da retirada construtiva na reemissão de ações em tesouraria. As empresas que adotam este método da retirada construtiva não têm ações em tesouraria para reemitir. Qualquer emissão subsequente de ações reflete emissões de novas ações. O lançamento para registrar as emissões de novas ações é o mesmo que foi descrito anteriormente neste capítulo: crédito em Capital Social – Ações Ordinárias pelo valor nominal das ações emitidas e crédito em Ágio na Emissão de Ações pelo excedente do preço de emissão sobre o valor de face. O lançamento no diário é o seguinte:

Caixa	55.000	
Capital Social – Ações Ordinárias		1.000
Ágio na Emissão de Ações		54.000

---

22. Em alguns casos, o valor pago pela empresa para readquirir as ações em tesouraria excede o preço da reemissão subsequente. Sob o método de custo, a empresa debita o saldo em Ágio na Emissão de Ações até o ponto em que essa conta tenha um saldo credor suficiente. Na medida em que o débito requerido exceda o saldo credor na conta Ágio na Emissão de Ações, a empresa reduz essa conta a zero e debita o restante em Lucros Acumulados.

Patrimônio líquido: contribuições e distribuições de capital **587**

PROBLEMA 15.3 PARA APRENDIZAGEM

Lançamentos no diário de transações relativas a ações em tesouraria. Prepare os lançamentos das seguintes transações da Crissie Corporation, utilizando o método de custo para contabilizar transações relativas a ações em tesouraria:

a. Readquiriu em 15 de janeiro 2.000 ações ordinárias com $ 10 de valor nominal por $ 45 por ação.
b. Emitiu em 26 de abril 1.200 ações em tesouraria para empregados após o exercício de opções de ações pelo preço de $ 28 por ação.
c. Readquiriu em 15 de agosto 3.000 ações com $ 10 de valor nominal por $ 52 por ação.
d. Emitiu em 24 de novembro 1.600 ações em tesouraria para detentores de 800 ações preferenciais conversíveis que tinham um valor contábil de $ 80.000 naquela data. A Crissie Corporation utiliza o pressuposto primeiro a entrar, primeiro a sair (*first-in, first-out*) nas reemissões de ações em tesouraria e utiliza valores contábeis para registrar as conversões de ações preferenciais.
e. Vendeu 1.500 ações em tesouraria no mercado aberto por $ 47 por ação em 20 de dezembro.

Contratos de opção

As empresas frequentemente vendem ou trocam por bens e serviços **opções de compra** (*call options*) de suas ações. Uma opção de compra dá ao detentor o direito de adquirir ações a um preço fixo, chamado de **preço de exercício**. Se o preço de mercado das ações aumenta acima do preço de exercício, o detentor da opção se beneficia ao exercer a opção de compra das ações. O excedente do preço de mercado sobre o preço de exercício é o **valor intrínseco** da opção.

Opções de ações (*stock options*). Muitas empresas pagam a seus empregados uma parte da remuneração mediante a emissão de opções de compra de suas ações. Essas **opções de ações de empregados** (*employee stock options – ESOs*) permitem que eles comprem ações do capital do empregador no futuro a um preço fixo de exercício. As empresas adotam planos de opções de ações para motivar empregados a realizar ações que aumentem o valor de mercado das ações ordinárias da empresa, para conservar caixa e, nos EUA, para obter vantagens de tratamento tributário favorável que as leis fiscais oferecem a essa forma de remuneração.

Direitos de subscrição de ações (*stock purchase rights*). As empresas podem também assegurar ou vender **direitos de compra de ações (ou direito de subscrição de ações)** aos acionistas atuais. Direitos de compra de ações dão aos acionistas o direito de comprar ações ordinárias a um preço específico.

Bônus de subscrições de ações (*stock warrants*). As empresas às vezes emitem títulos de dívida com **bônus de subscrição de ações (*stock warrants*)**, que têm a mesma característica que as opções de compra (*call options*). O título de dívida dá ao detentor o direito de receber pagamentos periódicos de juros e o valor principal no vencimento. O bônus de subscrição permite ao detentor trocar o bônus e um montante especificado de caixa por uma porção de ações da empresa. A adição de um bônus de subscrição de ações permite à empresa emitir títulos de dívida a um custo menor de juros do que o mercado requereria por títulos sem tal bônus.

Contratos como o de opções de ações, direitos de compra de ações e bônus de subscrição de ações têm valor econômico. Tanto U.S. GAAP quanto IFRS requerem que as empresas reconheçam o valor justo das opções de ações dos empregados nos registros contábeis[23], como discutido a seguir.

Planos de opção de ações para empregados (*employee stock option plans*). Diversas definições são necessárias para entender a contabilização de opções de ações a empregados (*employee stock options – ESOs*). Considere o **Gráfico 15.1**. A *data de outorga (grant date)* é aquela na qual uma empresa outorga uma opção de ações aos empregados. A *data do direito de exercício (vesting date)* é a primeira na qual os empregados podem exercer suas opções de ações. O *período para o direito de exercício (vesting period)* é o vigente entre a data de outorga e a da obtenção do direito de exercício. Os períodos para o direito de exercício normalmente dependem do preenchimento de uma ou mais condições, como as seguintes:

- Um período para o direito de exercício que depende apenas da passagem do tempo é uma condição de serviço.
- Um período para o direito de exercício que depende da obtenção de um nível específico de lucratividade é um exemplo de condição de desempenho.

---
23. FASB, *Statement of Financial Accounting Standards N. 123R*, "Share-Based Payment", 2004 (**Codification Topic 718**); IASB, *International Financial Reporting Standard 2*, "Share-Based Payment", 2004.

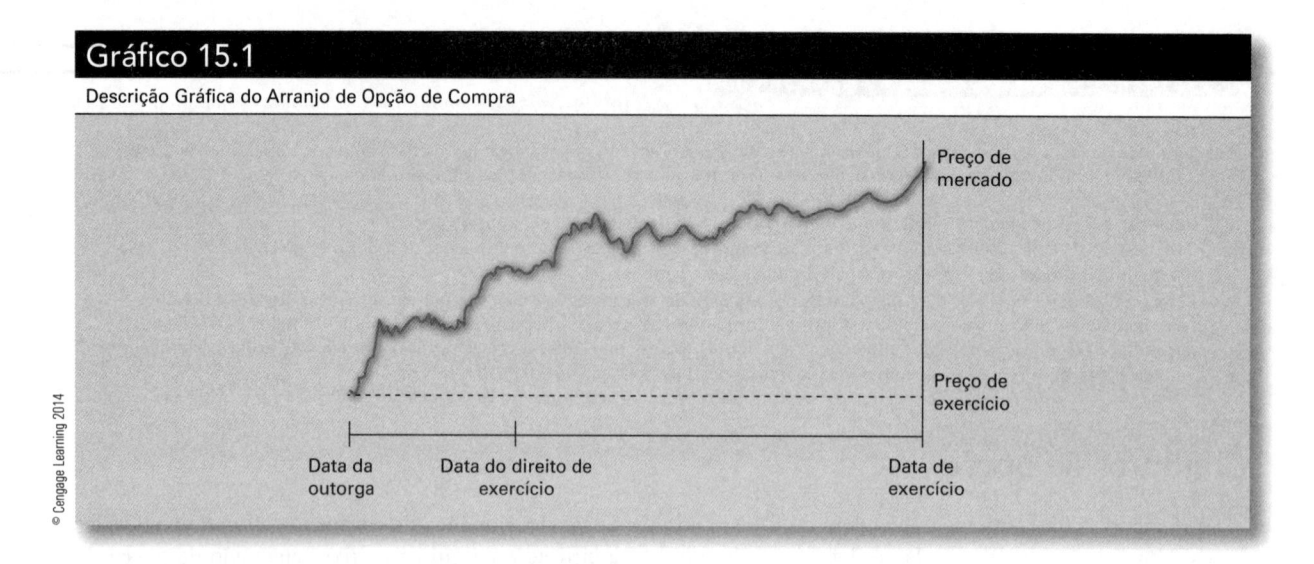

Gráfico 15.1
Descrição Gráfica do Arranjo de Opção de Compra

Preço de mercado

Preço de exercício

Data da outorga — Data do direito de exercício — Data de exercício

- Um período para o direito de exercício que depende de o preço da ação da empresa atingir determinada meta é uma condição de mercado.

As condições para obtenção do direito de exercício servem para dois propósitos:

1. Elas aumentam a probabilidade de que os empregados continuem a trabalhar para a empresa.
2. Elas motivam os empregados a se empenhar para aumentar o preço da ação.

A *data de exercício* é aquela em que os empregados trocam a opção de ações e dinheiro por uma porção de ações da empresa. O *preço de exercício* é o especificado no contrato de opção de ações para a compra de ações. O *preço de mercado* é o preço da ação negociada no mercado.

O valor da opção de ações resulta de dois elementos:

1. O **elemento benefício** refere-se ao benefício realizado na data de exercício porque o preço de mercado da ação excede o preço de exercício. Essa diferença é o *valor intrínseco* da opção na data de exercício.
2. O **elemento valor do tempo** é a extensão do período durante o qual o detentor pode exercer a opção.

Não é possível mensurar o valor do benefício do elemento antes da data de exercício. As opções de ações com preços de exercício menores que os preços de mercado correntes da ação (descritas como *ganhando dinheiro [in the money]*) têm um valor maior que as opções de ações cujo preço de exercício excede os preços correntes de mercado da ação (descritas como *perdendo dinheiro [out of the money]*). O elemento valor do tempo resulta da possibilidade de aumento do preço de mercado da ação durante o período de exercício. O valor do tempo é tanto maior quanto mais longo for o período de exercício e quanto mais volátil for o preço de mercado da ação. Uma opção de ações cujo preço de exercício excede o preço atual do mercado (zero de valor intrínseco e, portanto, valor zero para o elemento de benefício) tem valor econômico em virtude da possibilidade de o preço de mercado vir a exceder o preço de exercício na data de exercício (valor positivo para o segundo elemento). À medida que a data de expiração da opção se aproxima, o valor do segundo elemento se aproxima de zero[24].

A contabilização de opções de ações para empregados envolve:

1. Mensurar o valor justo das opções de ações na data da outorga usando um modelo de precificação de opções[25]. O custo total da remuneração é o número de opções a que a empresa espera que o empregado fará jus (*vest*) vezes o valor justo por opção. As empresas usam a sua experiência histórica de cancelamentos devidos a empregados saírem do emprego antes de fazer jus ao direito de opção (*vest*) para estimar o número esperado de opções às quais os empregados farão jus (*vest*).

---
24. Para uma elaboração sobre a teoria da precificação de opções, ver Fischer Black e Myron Scholes, "The Pricing of Options and Corporate Liabilities", *Journal of Political Economy* (maio-jun. 1973), p. 637-54.
25. Para calcular o valor justo da opção, os modelos de precificação de opções incorporam informações sobre o preço de mercado atual, o preço de exercício, o tempo esperado entre a outorga e o exercício, a volatilidade esperada do preço esperado de mercado da ação, os dividendos esperados e a taxa de juros livre de risco.

2. Amortizar o valor justo das opções de ações na data de outorga ao longo do *período requerido de serviço*, ou seja, o período ao longo do qual os empregados fornecem serviços a fim de fazer jus às opções. A empresa debita Despesa de Remuneração e credita Reserva de Capital (Opções de Ações) pelo valor amortizado. Ela não recalcula o valor justo da opção a cada data sucessiva dos balanços para refletir novas informações.
3. Quando os empregados exercem as suas opções, a empresa debita Caixa pelos proventos, debita Reserva de Capital (Opções de Ações) por todos os valores creditados nessa conta conforme o passo **2**, credita Capital Social – Ações Ordinárias pelo valor nominal das ações emitidas e credita Reserva de Capital (Ágio na Emissão de Ações) por todo o excesso de caixa recebido mais o valor amortizado no passo **2** sobre o valor de face das ações emitidas.

Exemplo 5 A Fulton Group outorga a empregados, em 1º de março de 2013, opções de adquirir 1.000 ações ordinárias com $ 0,10 de valor nominal a um preço de exercício de $ 35 por ação. A empresa usa um modelo de precificação de opções para avaliar as opções em $ 8.000. O período de serviço requerido é de dois anos. Os empregados obtêm todos os direitos de exercício das opções (*all of the options vest*) e exercem as opções em 31 de dezembro de 2016, quando o preço de mercado das ações é de $ 50 por unidade. O exercício contábil da Fulton Group termina em 31 de dezembro. A empresa faz os seguintes lançamentos:

1º de Março de 2013		
Sem Lançamento		
31 de Dezembro de 2013		
Despesa de Remuneração	4.000	
Reserva de Capital (Opções de Ações)		4.000
31 de Dezembro de 2014		
Despesa de Remuneração	4.000	
Reservas de Capital (Opções de Ações)		4.000
31 de Dezembro de 2015		
Caixa (1.000 × $ 35)	35.000	
Reserva de Capital (Opções de Ações)	8.000	
Capital Social – Ações Ordinárias – Valor de Face (1.000 × $ 0,10)		100
Reserva de Capital (Ágio na Emissão de Ações) {8.000 + [1.000 × ($ 35 – $ 0,10)]}		42.900

Essa contabilização reconhece uma despesa quando a empresa recebe os benefícios ($ 4.000 em cada um dos exercícios, 2013 e 2014) e aumenta o capital contribuído pelo valor equivalente de caixa dos serviços prestados pelos empregados para obter as ações ($ 8.000) e o caixa recebido quando os empregados exercem as suas opções ($ 35.000)[26].

Direito de subscrição de ações (*stock rights*). Assim como as opções de ações, os direitos de subscrição de ações possibilitam ao detentor adquirir ações a um preço especificado. As principais diferenças entre opções de ações e direitos de subscrição de ações são:

- **As empresas outorgam opções de ações aos empregados.** Os empregados as recebem como uma forma de remuneração e, em geral, não podem transferi-las ou vendê-las. Portanto, as opções de ações de empregados não podem ser negociadas no mercado financeiro.
- **As empresas outorgam direitos de subscrição de ações aos acionistas atuais.** Os acionistas podem subscrever ações ou vendê-las. Os direitos de compra de ações são normalmente negociados nos mercados de capitais.

---

26. Note que o valor total do capital contribuído, no exemplo, de $ 43.000 ($ 8.000 + $ 35.000), precisa ser subdividido entre as contas Capital Social (ao valor de face) e Ágio na Emissão de Ações (tudo o que exceder o valor de face das ações). Note também que o preço de mercado da ação na data do exercício da opção não é registrado na contabilidade; aparecem na contabilidade apenas o valor justo da opção e o preço de exercício da opção. (NT)

As empresas frequentemente emitem direitos de subscrição de ações para levantar capital novo dos atuais acionistas. A outorga de direitos de subscrição de ações aos acionistas atuais não requer lançamentos contábeis. Os padrões U.S. GAAP e IFRS não requerem o reconhecimento dos direitos na data da outorga. Quando os detentores exercem os direitos, a empresa registra a emissão das ações ao preço pago.

Bônus de subscrição de ações (*stock warrants*). As empresas emitem bônus de subscrição de ações para o público investidor em geral para receber caixa ou *bonds* de títulos de dívida. Suponha que uma empresa emite títulos de dívida contra $ 15.000 em caixa. Os bônus de subscrição de ações permitem aos detentores comprar 10.000 ações por $ 20 cada uma. O lançamento é o seguinte:

Caixa	15.000	
Reservas de Capital (Bônus de Subscrição de Ações)		15.000

Quando o detentor dos bônus de subscrição exerce os seus direitos, a empresa emite 10.000 ações ordinárias com valor nominal de $ 5 em troca dos bônus, mais $ 200.000 em dinheiro, e faz o seguinte lançamento:

Caixa	200.000	
Reservas de Capital (Bônus de Subscrição de Ações)	15.000	
Capital Social – Ações Ordinárias – Valor de Face de $ 5		50.000
Reservas de Capital (Ágio na Emissão de Ações)		165.000

Se os bônus de subscrição expirarem antes que os detentores os exerçam, a empresa registrará o seguinte lançamento:

Reservas de Capital (Bônus de Subscrição de Ações)	15.000	
Reservas de Capital (Ágio na Emissão de Ações)		15.000

Detentores de títulos de dívida ou de ações preferenciais vinculados a bônus de subscrição de ações ordinárias podem resgatar os bônus separadamente do título de dívida ou das ações preferenciais. O detentor recebe juros periódicos ou dividendos preferenciais e detém uma opção de comprar (*call option*) ações ordinárias. Os padrões U.S. GAAP e IFRS requerem que as empresas mensurem o valor justo dos bônus de subscrição de ações separadamente do valor do título de dívida ou da ação preferencial e aloquem o preço de emissão entre os dois títulos[27].

Exemplo 6 Suponha que a Great Deal emita $ 1.000.000 em títulos de dívida de 20 anos com cupons semestrais de 7%. Os *bonds* estão associados a bônus de subscrição de ações cujos detentores podem vender no mercado aberto ou exercer para adquirir 10.000 ações ordinárias por $ 200.000. O preço de emissão dos *bonds* e dos bônus é de $ 1.050.000. Logo após a emissão, os *bonds* têm um valor de mercado de $ 1.035.000, e os bônus, de $ 15.000. O lançamento para registrar a emissão dos *bonds* é o seguinte:

Caixa	1.050.000	
Bonds a Pagar		1.035.000
Reservas de Capital (Bônus de Subscrição de Ações)		15.000

Enquanto a contabilização subsequente dos *bonds* segue os procedimentos discutidos no **Capítulo 11** para os *bonds* emitidos acima do valor de face, a contabilização dos bônus de subscrição segue os procedimentos ilustrados anteriormente para os bônus emitidos para obter caixa.

---

27. Accounting Principles Board, *Opinion N. 14*, "Accounting for Convertible Debt and Debt Issued with Stock Purchase Warrants", 1969 (**Codification Topic 470**); IASB, *International Accounting Standard 32*, "Financial Instruments: Presentation", rev. 2003.

Títulos de dívida ou ações preferenciais conversíveis. **Títulos de dívida conversíveis** permitem aos detentores convertê-los em ações ordinárias. **Ações preferenciais conversíveis** permitem aos acionistas preferenciais convertê-las em ações ordinárias. O proprietário não pode destacar e transferir a opção de conversão, como poderia um detentor de títulos de dívida ou ações ordinárias emitidos em associação a um bônus de subscrição de ações. O preço de emissão de um *bond* conversível é pagamento tanto pela dívida como pela opção de conversão. Similarmente, o preço de emissão de uma ação preferencial é pela ação preferencial e pela opção de conversão. Contudo, ninguém pode observar o valor justo desses componentes separados. Os padrões U.S. GAAP e IFRS diferem no tratamento da emissão de títulos conversíveis.

U.S. GAAP – Emissão de títulos de dívida conversíveis ou de ações preferenciais conversíveis. Na maioria dos casos, o U.S. GAAP requer que as empresas aloquem o preço total de emissão aos *bonds* ou às ações preferenciais e nada desse preço ao componente da conversibilidade[28].

Exemplo 7 O *rating* de crédito da Great Deal lhe permite emitir *bonds* de 10 anos com valor nominal de $ 100.000 e cupom semestral de 8% ou $ 100.000 de *bonds* com cupom semestral de 6% que permitem aos detentores converter cada *bond* de $ 1.000 em 50 ações ordinárias da Great Deal com valor de face de $ 0,10. (O conjunto dos detentores pode converter toda a emissão em 5.000 ações.) O preço de conversão, que é o preço de exercício da opção de compra incorporada na conversão, é de $ 20 por unidade (= $ 1.000/50 ações). U.S. GAAP requer o seguinte lançamento:

Caixa..	100.000
Bonds Conversíveis a Pagar...	100.000

Esse lançamento efetivamente trata os *bonds* conversíveis como *bonds* não conversíveis e registra o valor do componente de conversão como zero.

IFRS – Emissão de títulos de dívida conversíveis ou de ações preferenciais conversíveis. O IFRS[29] requer que as empresas aloquem uma porção do preço de emissão ao componente de conversão. O cálculo desse valor requer o conhecimento dos procedimentos da emissão de *bonds* não conversíveis que, no mais, são semelhantes aos dos *bonds* conversíveis.

Exemplo 8 Considere o **Exemplo 7**. A Great Deal pode captar crédito a 8% sem o componente de conversão e a 6% com esse componente. O valor presente dos *bonds* (não conversíveis) de 10 anos com cupons semestrais de 6%, descontados a 8%, é de $ 86.410. Para a empresa emitir pelo valor de face *bonds* conversíveis a 6%, o componente de conversão precisa valer $ 13.590 (= $ 100.000 – $ 86.410), ou seja, os compradores de *bonds* pagaram $ 13.590 pelo componente de conversão. O IFRS reconhece o valor da conversão separadamente, como crédito em Reserva de Capital[30].

Conversão de títulos de dívida conversíveis e de ações preferenciais conversíveis. A contabilização da conversão de *bonds* ou de ações preferenciais em ações ordinárias utiliza valores contábeis ou valores justos para registrar a conversão, embora a prática esteja em evolução.

O lançamento normal para registrar a conversão de *bonds* conversíveis e de ações preferenciais em ações ordinárias ignora os preços correntes de mercado e mostra a troca de ações ordinárias por *bonds* ou ações ordinárias pelos seus valores contábeis.[31]

Exemplo 9 Considere que o preço de mercado das ações ordinárias da Great Deal aumente para $ 30 por ação e que o detentor de um *bond* de $ 1.000 conversível em 50 ações possa convertê-lo em ações com preço de mercado de $ 1.500. Se o detentor convertesse todos os *bonds* conversíveis em ações ordinárias nesse momento, a Great Deal emitiria 5.000 ações com valor nominal de $ 0,10 para essa conversão e faria o seguinte lançamento no diário utilizando os valores contábeis dos *bonds*:

---

28. Accounting Principles Board, *Opinion N. 14*, "Accounting for Convertible Debt and Debt Issued with Stock Purchase Warrants", 1969 (**Codification Topic 470**).
29. IASB, *International Accounting Standard 32*, "Financial Instruments: Presentation", rev. 2003.
30. O FASB está reconsiderando a contabilização de *bonds* conversíveis. Há uma possibilidade de vir a adotar o tratamento do IFRS para os *bonds* conversíveis.
31. O valor contábil dos *bonds* sob o IFRS seria inferior a $ 100.000 porque uma porção do preço de emissão foi alocada no início à opção de conversão. Uma empresa que segue o IFRS e usa valores contábeis para registrar a conversão usaria para este lançamento o valor contábil da dívida no momento da conversão.

Bonds Conversíveis a Pagar	100.000	
Capital Social – Ações Ordinárias – Valor de Face de $ 0,10		500
Ágio na Emissão de Ações		99.500

Uma alternativa permitida de tratamento reconhece que os preços de mercado fornecem informações úteis para quantificar o valor das ações emitidas. Sob esse tratamento alternativo, com o preço de mercado de $ 30 por ação e $ 150.000 de valor de mercado das 5.000 ações emitidas para essa conversão, o lançamento no livro diário seria:

Bonds Conversíveis a Pagar	100.000	
Perda na Conversão de *Bonds*	50.000	
Capital Social – Ações Ordinárias – Valor de Face de $ 0,10		500
Ágio na Emissão de Ações		149.500

PROBLEMA 15.4 PARA APRENDIZAGEM

Lançamentos no livro diário de contribuições de capital. Considere o **Problema 15.1**. Prepare os lançamentos no livro diário para registrar as seguintes transações da Healy Corporation durante o exercício atual sob U.S. GAAP.

a. Emissão de 2.000 ações preferenciais conversíveis de $ 100 em 1º de março a $ 100 cada uma. Os detentores podem converter cada ação preferencial em quatro ações ordinárias.
b. Venda de 10.000 bônus de subscrição de ações ordinárias no mercado aberto em 1º de junho a $ 5 por bônus. Os detentores podem trocar cada bônus mais $ 24 em caixa por uma ação ordinária.
c. Os detentores de 600 ações preferenciais conversíveis (ver item **a**) trocaram suas ações por ações ordinárias em 15 de setembro. O preço de mercado da ação ordinária nessa data era de $ 26 por ação. Registre a conversão usando os valores contábeis.
d. Os detentores de 4.000 bônus de subscrição de ações ordinárias trocaram seus bônus (ver item **b**) mais $ 96.000 em caixa por ações ordinárias em 20 de novembro. O valor de mercado da ação ordinária nessa data era de $ 32 por ação.
e. Foram outorgadas opções a empregados de comprar 5.000 ações ordinárias a $ 35 por unidade em 2 de janeiro. O valor justo dessas opções é de $ 30.000 e o período requerido de serviço é de três anos. A empresa espera que todas as opções venham a ter o direito de exercício assumido pelos empregados.

RESUMO

A seção patrimônio líquido do balanço patrimonial registra as fontes de financiamento proporcionadas por acionistas ordinários e preferenciais. A participação dos acionistas ordinários é igual à soma dos valores que aparecem em Capital Social – Ações Ordinárias, Reservas de Capital, Lucros Acumulados, Outros Resultados Abrangentes Acumulados, Ações em Tesouraria e outras contas do patrimônio líquido. O usuário das demonstrações financeiras só compreende melhor as transações com contribuições de capital, lucro líquido, outros resultados abrangentes, dividendos e ações em tesouraria estudando as variações nas contas individuais.

SOLUÇÕES DOS PROBLEMAS PARA APRENDIZAGEM

Solução sugerida para o problema 15.1

(Healy Corporation; lançamentos no diário de contribuições de capital.)

a.

2 de Janeiro		
Caixa	1.400.000	
Capital Social – Ações Ordinárias – Valor de Face de $ 10		1.000.000
Reservas de Capital – Ágio na Emissão de Ações		400.000

b.

2 de Janeiro		
Patente..	140.000	
Capital Social – Ações Ordinárias – Valor de Face de $ 10..........................		100.000
Reservas de Capital – Ágio na Emissão de Ações..		40.000

c.

31 de Janeiro		
Caixa...	50.000	
Capital Social – Ações Preferenciais – Valor de Face de $ 5.........................		25.000
Reservas de Capital – Ágio na Emissão de Ações..		25.000

Solução sugerida para o problema 15.2

(Baker Corporation; lançamentos no diário de dividendos em ações e desdobramento de ações.)

a.

31 de Março		
Lucros Acumulados...	12.500	
Dividendos a Pagar..		12.500

b.

15 de Abril		
Dividendos a Pagar..	12.500	
Caixa...		12.500

c.

30 de Junho		
Lucros Acumulados...	37.500	
Capital Social – Ações Ordinárias – Valor de Face de $ 10..........................		25.000
Reservas de Capital – Ágio na Emissão de Ações..		12.500

d.

31 de Dezembro		
Capital Social – Ações Ordinárias – Valor de Face de $ 10..............................	275.000	
Capital Social – Ações Ordinárias – Valor de Face de $ 5............................		275.000

Como alternativa, a empresa não precisa fazer nenhum lançamento, porque a redução no valor de face é diretamente proporcional ao número adicional de ações.

Solução sugerida para o problema 15.3

(Crissie Corporation; lançamentos no diário de transações relativas a ações em tesouraria.)

a.

15 de Janeiro		
Ações em Tesouraria – Ordinárias	90.000	
Caixa		90.000
Para registrar a reaquisição de 2.000 ações ordinárias a $ 45 por unidade.		

b.

26 de Abril		
Caixa	33.600	
Reservas de Capital – Ágio na Emissão de Ações	20.400	
Ações em Tesouraria – Ordinárias		54.000

c.

15 de Agosto		
Ações em Tesouraria – Ordinárias	156.000	
Caixa		156.000

d.

24 de Novembro		
Capital Social – Ações Preferenciais	80.000	
Ações em Tesouraria – Ordinárias		77.600
Reservas de Capital – Ágio na Emissão de Ações		2.400

e.

20 de Dezembro		
Caixa	70.500	
Reservas de Capital – Ágio na Emissão de Ações	7.500	
Ações em Tesouraria – Ordinárias		78.000

Solução sugerida para o problema 15.4

(Healy Corporation; lançamentos no diário de contribuições de capital.)

a.

1º de Março		
Caixa	200.000	
Capital Social – Ações Preferenciais		200.000

b.

1º de Junho		
Caixa..	50.000	
Reservas de Capital (Bônus de Subscrição de Ações)..		50.000

c.

15 de Setembro		
Capital Social – Ações Preferenciais..	60.000	
Capital Social – Ações Ordinárias – Valor de Face de $ 10...		24.000
Reservas de Capital (Ágio na Emissão de Ações)		36.000

d.

20 de Novembro		
Caixa..	96.000	
Reservas de Capital (Bônus de Subscrição de Ações)..	20.000	
Capital Social – Ações Ordinárias – Valor de Face de $ 10...		40.000
Reservas de Capital (Ágio na Emissão de Ações)		76.000

e.

Despesa de Remuneração	10.000	
Reservas de Capital (Opções de Ações)		10.000

PRINCIPAIS TERMOS E CONCEITOS

Ações de capital
Ações em tesouraria
Ações ordinárias
Ações preferenciais
Ações preferenciais com opção de recompra
Ações preferenciais conversíveis
Ágio na emissão de ações
Bônus de subscrição de ações (*stock warrants*)
Companhia (*corporation*)
Contrato de ações de capital
Desdobramento de ações
Direitos a dividendos cumulativos
Direitos de compra de ações (ou direito de subscrição de ações)
Dividendos em ações

Dividendos em dinheiro
Dividendos em espécie ou em bens
Elemento benefício
Elemento valor do tempo
Estatuto social (*corporate charter*)
Opções de ações para empregados (*employee stock options*)
Opções de compra (*call options*)
Preço de exercício
Responsabilidade limitada
Títulos de dívida conversíveis ou ações preferenciais conversíveis
Valor de face (nominal ou declarado)
Valor intrínseco

QUESTÕES, EXERCÍCIOS E PROBLEMAS

Questões

1. Reveja o significado dos **Principais Termos e Conceitos**.
2. Uma empresa está pensando em emitir 10.000 ações preferenciais com valor nominal de $ 100 por ação. As ações preferenciais prometem um dividendo anual de $ 4 por ação. A empresa está considerando tornar essas ações com direito de recompra e conversíveis. Será o preço de emissão o mesmo nos dois casos? Explique.
3. Acionistas ordinários têm direito de voto, mas os acionistas preferenciais têm maior senioridade. O que significa a diferença em senioridade?
4. Compare opção de ações, direito de subscrição de ações e bônus de subscrição de ações. Quais as diferenças entre as respectivas contabilizações?
5. Modelos de avaliação de opções de ações indicam que o valor de uma opção de ação aumenta com a volatilidade da ação, aumenta com o tempo entre a data de outorga e a data esperada de exercício, e diminui com o aumento da taxa de desconto. Explique.
6. U.S. GAAP e IFRS requerem que as empresas amortizem o valor justo de opções de ações como uma despesa ao longo dos períodos em que a empresa espera receber os serviços de empregados como um resultado da outorga de opções. Qual a razão teórica dessa amortização?
7. "A contabilização de opções de ações, dividendos em ações e ações em tesouraria obscurece a distinção entre transações de capital e transações de lucro." Explique.
8. Compare a posição de um acionista que recebe um dividendo em caixa, um dividendo em bens e um dividendo em ações.
9. Uma empresa que vende estoque por mais que o seu custo de aquisição realiza um ganho econômico que os contadores incluem no lucro líquido, mas uma empresa que vende ações em tesouraria por um valor superior seu custo de aquisição realiza um ganho econômico que os contadores excluem do lucro. O que justifica a diferença de tratamento entre esses ganhos econômicos?
10. Considere a seguinte declaração: "Quando uma empresa recompra suas ações, elas desaparecem." Você concorda?

Exercícios

11. **Emissão de ações ordinárias.** A Carter emitiu 100.000 ações ordinárias com $ 1 de valor de face em 1º de dezembro de 2013. Nessa data, o preço de mercado das ações era de $ 18 por ação. Que lançamento no diário a Carter fez para refletir essa transação?
12. **Emissão de ações ordinárias.** Em 30 de setembro de 2014, a Homing Corporation emitiu 500.000 ações ordinárias com $ 0,10 de valor de face. O valor de mercado das ações nessa data era de $ 30 por ação. Que lançamento no diário a Homing fez para refletir essa transação?
13. **Lançamentos de dividendos no diário.** Faça os lançamentos, se necessário, das seguintes transações da Grable:
    a. A Grable declara um dividendo trimestral regular de $ 1,50 por ação para as suas ações preferenciais com $ 100 de valor de face. Há 30.000 ações autorizadas e 15.000 ações emitidas, das quais a Grable readquiriu anteriormente 2.000 ações e as mantém como ações em tesouraria.
    b. A Grable paga o dividendo das ações preferenciais (item **a**).
    c. A Grable declara e emite um dividendo de $ 300.000 em ações para os detentores de suas ações ordinárias sem valor de face.
    d. As ações sem valor de face da Grable estão à venda no mercado a $ 200 cada uma. Para fazer baixar o preço de mercado para um nível mais popular e, com isso, aumentar a distribuição dos seus detentores de ações, o conselho de administração da empresa vota pela emissão de quatro ações extras para cada ação detida pelos acionistas. A Grable emite as ações.
14. **Lançamentos de dividendos no diário.** Prepare os lançamentos no diário das seguintes transações da Watt Corporation. A Watt tem emitidas 20.000 ações ordinárias com valor de face de $ 15 em 1º de janeiro de 2013. O saldo na conta Ágio na Emissão de Ações nessa data é de $ 200.000.

a. Declara um dividendo em caixa de $ 0,50 por ação em 31 de março de 2013.
b. Paga o dividendo conforme o item **a** em 15 de abril de 2013.
c. Declara e distribui um dividendo de 10% em ações em 30 de junho de 2013. O preço de mercado da ação é de $ 20 nessa data.
d. Declara um dividendo em caixa de $ 0,50 por ação em 30 de setembro de 2013.
e. Paga o dividendo conforme o item **d** em 15 de outubro de 2013.
f. Declara um desdobramento de ações de três por duas em 31 de dezembro de 2013, mas não altera o valor de face.

15. **Lançamentos no diário para transações com ações em tesouraria.** Prepare os lançamentos no diário sob o método de custo para registrar as seguintes transações da Danos Corporation.
    a. Compra de 10.000 das suas próprias ações ordinárias com $ 10 de valor de face a $ 30 por ação.
    b. Emite 6.000 ações em tesouraria para seus empregados conforme planos de opções de ações. O preço de exercício é de $ 32 por ação. Suponha que o preço de mercado da ação ordinária na data de exercício é de $ 35 por ação. As opções de ação tinham um valor de $ 6 por opção quando emitidas, as quais a empresa já amortizou como despesa.
    c. Compra 7.000 das suas próprias ações ordinárias a $ 38 por ação.
    d. Emite 8.000 ações em tesouraria para aquisição de um terreno no valor de $ 300.000. A Danos Corporation adota o pressuposto PEPS para reemitir ações em tesouraria.
    e. Vende 3.000 ações em tesouraria remanescentes a $ 36 por ação.

16. **Lançamentos no diário para transações com ações em tesouraria.** Prepare os lançamentos no diário sob o método de custo para registrar as seguintes transações da Melissa Corporation.
    a. Compra de 10.000 das suas próprias ações ordinárias com $ 5 de valor de face a $ 12 por ação.
    b. Emite 6.000 ações de tesouraria para conversão de *bonds* com valor contábil de $ 72.000. A Melissa Corporation registra as conversões de *bonds* usando o método do valor contábil.
    c. Compra 20.000 de suas próprias ações ordinárias com $ 5 de valor de face a $ 15 por ação.
    d. Emite 24.000 ações de tesouraria e 6.000 novas ações ordinárias para a aquisição do terreno com valor de mercado de $ 540.000.

17. **Contabilização de opções de ações.** A Intelliant outorgou opções de ações aos seus empregados em 1º de janeiro de 2013, permitindo-lhes comprar 24,6 milhões de ações ordinárias a $ 22,63 cada uma. Um modelo de precificação de opções indica que o valor de cada opção nessa data é de $ 5,79. A empresa espera receber o benefício de maiores serviços dos empregados nos próximos três anos. Em 31 de dezembro de 2016, os empregados exercem essas opções quando o preço de mercado da ação é de $ 40 por ação. Calcule o efeito antes dos impostos desse plano de opção no lucro líquido da Intelliant de 2013 a 2017.

18. **Lançamentos no diário de opções de ações para empregados.** A Morrissey Corporation outorga 50.000 opções de ações para os seus empregados gestores em 31 de dezembro de 2013 para comprar 50.000 ações ordinárias com $ 1 de valor de face a $ 60 por ação. O preço de mercado de uma ação ordinária nessa data é de $ 60 por ação. Os empregados precisam esperar dois anos antes de estar aptos a exercer as opções de ações, e esse período de dois anos é o mesmo esperado de benefício das opções de ações. Um modelo de precificação de opções indica que o valor dessas opções na data da outorga é de $ 400.000. Em 30 de junho de 2016, os detentores de 30.000 opções exercem suas opções no momento em que o preço de mercado da ação é de $ 65 por ação. Em 15 de novembro de 2016, detentores das opções remanescentes as exercem no momento em que o preço de mercado da ação é de $ 72 por ação.

    Apresente os lançamentos no diário para registrar os efeitos das transações com opções de ações em 2013, 2014, 2015 e 2016. A empresa divulga seus resultados com base no ano-calendário. Ignore os efeitos tributários sobre o lucro.

19. **Lançamentos no diário de opções de ações para empregados.** A Watson Corporation outorga 20.000 opções de ações para os seus empregados gestores em 31 de dezembro de 2013 para comprar 20.000 ações ordinárias com $ 10 de valor de face a $ 25 cada uma. O preço de mercado de uma ação ordinária nessa data é de $ 25 por ação. Os empregados precisam trabalhar mais três anos antes que possam exercer as opções. Um modelo de precificação de opções indica que o valor dessas opções na data da outorga é de $ 75.000. Em 30 de abril de 2017, os detentores de 15.000 opções exercitam suas opções no momento em que o preço de mercado da ação é de $ 30 por ação. Em 15 de setembro de 2017, detentores das opções remanescentes as exercem no momento em que o preço de mercado da ação é de $ 38 por ação.

Apresente os lançamentos para registrar os efeitos dessas transações em 31 dezembro de 2014, 2015 e 2016, em 30 de abril de 2017 e em 15 de setembro de 2018. Suponha que a empresa recebe todos os benefícios do plano de opção de ações em 2015, 2016 e 2017 e divulga seus resultados com base no ano-calendário. Ignore os efeitos tributários sobre o lucro.

20. **Lançamentos no diário de *títulos de dívida* conversíveis.** A Higgins Corporation emite $ 1 milhão em *bonds* de 20 anos com valor de face de $ 1.000 e cupom semestral de 10% ao valor de face em 2 de janeiro de 2013. Cada *bond* de $ 1.000 é conversível em 40 ações ordinárias com valor de face de $ 1. Considere que o *rating* de crédito da Higgins Corporation é tal que ela pode emitir *bonds* não conversíveis com 15% de juros semestrais ao valor de face. Em 2 de janeiro de 2017, os detentores convertem os seus *bonds* em ações ordinárias. As ações ordinárias têm um valor de mercado de $ 45 por ação em 22 de janeiro de 2017.

    Apresente os lançamentos feitos sob U.S. GAAP em 2 de janeiro de 2013 e de 2017 para registrar a emissão e a conversão desses *bonds*. Use o método do valor contábil para registrar a conversão.

21. **Contabilizando a conversão de títulos de dívida.** A Symantec tem emitido *bonds* conversíveis com valor de face de $ 10.000.000 e valor contábil de $ 10.255.000. Os detentores dos *bonds* os convertem em 100.000 ações ordinárias de $ 10 de valor de face. As ações ordinárias vendem a $ 105 por ação no mercado. Faça os lançamentos no diário para registrar a conversão dos *bonds* usando (1) o método do valor contábil e (2) o método do valor justo.

22. **Lançamentos no diário de bônus de subscrição de ações.** A Kiersten Corporation vende 60.000 bônus de subscrição de ações a $ 4 cada uma em 26 de fevereiro de 2013. Cada bônus permite ao detentor comprar ações ordinárias da empresa com $ 10 de valor de face a $ 30 por ação a qualquer momento nos próximos dois anos. O preço de mercado das ações ordinárias era $ 20 por ação em 26 de fevereiro de 2013. Os detentores de 40.000 bônus exerceram seus bônus em 6 de junho de 2015, em um momento em que o preço de mercado das ações era de $ 38 por ação. A Kiersten Corporation teve uma perda por um incêndio não segurado no fim de 2015 e o mercado caiu imediatamente a $ 22 por ação. O preço de mercado permaneceu em torno de $ 22 até que os bônus expirassem em 26 de fevereiro de 2017. Apresente os lançamentos no diário em 26 de fevereiro de 2013, 6 de junho de 2015 e 26 de fevereiro de 2017 relativos a esses bônus.

23. **Lançamentos no diário de bônus de subscrição de ações.** Em 7 de dezembro de 2008, a Alpharm emitiu ações preferenciais conversíveis e bônus de compra de ações preferenciais adicionais em um valor total de emissão de $ 46.180.000 em uma subscrição privada de títulos. Os bancos de investimento estimaram o valor justo dos bônus nessa data em $ 2.730.000. A Alpharm, portanto, alocou $ 43.450.000 às ações preferenciais e $ 2.730.000 aos bônus. Entre a data de emissão e 15 de janeiro de 2013, $ 19.083.000 de dividendos foram atribuídos às ações ordinárias, mas permaneceram não pagos. As ações ordinárias possuem direitos a dividendos cumulativos. Devido a um déficit em Lucros Acumulados, a Alpharm em cada período debitou os dividendos em Reservas de Capital e creditou Ações Preferenciais Conversíveis. Em 15 de janeiro de 2013, a Alpharm fez a sua primeira oferta pública (*Inicial Public Offering – IPO*) de ações ordinárias. Os detentores das ações ordinárias converteram suas ações em 5.269.705 ações ordinárias de $ 0,01 de valor de face. Os bônus de compra de ações preferenciais se tornaram bônus de compra de ações ordinárias. Apresente os lançamentos em 7 de dezembro de 2008 para emitir as ações preferenciais e os bônus, e os lançamentos em 15 de janeiro de 2013 para converter as ações preferenciais em ordinárias. Utilize o método do valor contábil para registrar a conversão. Os bônus continuam emitidos.

Problemas

24. **Lançamentos no diário para registrar a emissão de ações.** Prepare os lançamentos no diário segundo o padrão U.S. GAAP para registrar a emissão de ações em cada um dos seguintes casos. Você pode omitir as explicações nos lançamentos. A empresa:

    a. Emite 50.000 ações ordinárias com $ 5 de valor de face a $ 30 por ação.

    b. Emite 20.000 ações preferenciais com $ 100 de valor de face ao par.

    c. Emite 16.000 ações ordinárias com $ 10 de valor de face na aquisição de uma patente. As ações da empresa foram negociadas no mercado financeiro a $ 15 por ação no dia da transação. O vendedor colocou o preço de venda da patente em $ 250.000.

    d. Emite 25.000 ações ordinárias com $ 1 de valor de face em troca de ações preferenciais conversíveis com valor ao par e contábil de $ 400.000. As ações ordinárias foram negociadas no mercado a $ 18 por ação na data da transação. Use o método do valor contábil para registrar a conversão.

e. Emite 5.000 ações ordinárias com $ 10 de valor nominal a empregados como bônus pelo alcance das metas de vendas no ano. As ações eram negociadas a $ 12 por ação no dia da transação.

25. **Lançamentos no livro diário para emissão de ações.** Prepare os lançamentos no livro diário para registrar a emissão de ações em cada um dos seguintes casos. Você pode omitir as explicações nos lançamentos. A empresa:
    a. Emite 20.000 ações ordinárias com $ 10 de valor nominal para aquisição de estoque com valor de mercado de $ 175.000, terreno no valor de $ 220.000, edifício avaliado em $ 1.400.000 e equipamento avaliado em $ 405.000.
    b. Emite 10.000 ações preferenciais com $ 100 de valor nominal ao par.
    c. Emite 5.000 ações ordinárias com $ 1 de valor nominal para o exercício de bônus de subscrição de ações. A empresa havia emitido os bônus de subscrição de ações há vários anos por $ 8 por bônus e registrou corretamente a venda deles nas contas. O preço de exercício é de $ 24 mais um bônus de subscrição para cada ação ordinária.
    d. Emite 20.000 ações ordinárias com $ 10 de valor de face para conversão de 10.000 ações preferenciais conversíveis de $ 50 de valor nominal, originalmente emitidas ao par. Registre a conversão usando valores contábeis.

26. **Transações para incorporação e operação de uma empresa.** Os seguintes eventos se relacionam a transações de patrimônio líquido da Wilson Supply Company no primeiro ano da sua existência. Apresente o lançamento no livro diário das seguintes transações:
    a. 2 de janeiro: a empresa dá entrada no estatuto social (*articles of incorporation*) perante a State Corporation Commission. O capital social autorizado consiste em 5.000 ações preferenciais com $ 100 de valor de face que oferecem um dividendo anual de 8% e 50.000 ações ordinárias sem valor de face. Os incorporadores originais adquirem 300 ações ordinárias a $ 30 cada uma; a empresa recebe caixa pelas ações. Ela atribui um valor declarado de $ 30 às ações ordinárias.
    b. 6 de janeiro: a empresa emite 2.000 ações ordinárias a $ 30 por ação em dinheiro.
    c. 8 de janeiro: a empresa emite 4.000 ações preferenciais ao par.
    d. 9 de janeiro: a empresa emite certificados de ações preferenciais.
    e. 12 de janeiro: a empresa adquire os ativos tangíveis e o *goodwill* da Richardson Supply, uma limitada (*partnership*), em troca de 1.000 ações preferenciais e 12.000 ações ordinárias. Ela avalia os ativos tangíveis adquiridos da seguinte forma: estoques, $ 50.000; terreno, $ 80.000; edifícios, $ 210.000; e equipamento, $ 120.000.
    f. 3 de julho: os diretores declaram um dividendo semestral para as ações preferenciais emitidas, pagável em 25 de julho aos acionistas registrados em 12 de julho.
    g. 5 de julho: a empresa operou lucrativamente nos primeiros seis meses e decide expandir-se. Ela emite 25.000 ações ordinárias a $ 33 por ação em dinheiro.
    h. 25 de julho: ela paga o dividendo às ações preferenciais, como declarado em 3 de julho.
    i. 2 de outubro: os diretores declaram dividendo de $ 1 por ação ordinária, pagável em 25 de outubro aos acionistas registrados em 12 de outubro.
    j. 25 de outubro: a empresa paga os dividendos às ações ordinárias, declarados em 2 de outubro.

27. **Reconstruindo transações envolvendo o patrimônio líquido.** A Fisher Company começou a operar em 1º de janeiro. Seu balanço em 31 de dezembro contém a seção do patrimônio líquido conforme a **Figura 15.2**. Durante o ano, a Fisher Company realizou as seguintes transações:

Figura 15.2

Fisher Company
Patrimônio Líquido em 31 de Dezembro
(Problema 27)

Capital Social – Ações Ordinárias (valor de face de $ 10)	$ 60.000
Ágio na Emissão de Ações	31.440
Lucros Acumulados	12.000
Mais Ganhos Não Realizados Acumulados de Títulos Disponíveis para Venda	2.000
Menos 360 Ações em Tesouraria – Pelo Custo	(7.200)
Total do Patrimônio Líquido	$ 98.240

(1) Emitiu ações de $ 15 cada uma.

(2) Adquiriu um bloco de 600 ações para tesouraria em uma única transação.

(3) Reemitiu algumas das ações em tesouraria.

(4) Vendeu por $ 10.000 títulos disponíveis para a venda com custo original de aquisição de $ 6.000. No fim do ano, os títulos disponíveis para venda, ainda em mãos, tinham um custo original de $ 12.000 e um valor justo de $ 14.000.

Supondo que essas foram todas as transações com ações ordinárias durante o ano e que a empresa usou o método de custo para contabilizar transações com ações em tesouraria, responda às seguintes questões:

a. Quantas ações a Fisher Company emitiu por $ 15?
b. Qual foi o preço das ações em tesouraria e quando ela as adquiriu?
c. Quantas ações ela reemitiu do bloco de ações em tesouraria?
d. Qual foi o preço de reemissão das ações em tesouraria?
e. Quais lançamentos ela fez durante o ano para os itens (1) e (4)?
f. Em que demonstração a Fisher Company informará os vários ganhos e perdas dos títulos disponíveis para a venda por ela mantidos?

28. **Reconstruindo transações envolvendo patrimônio líquido.** A Shea Company deu início a suas atividades em 1º de janeiro. Seu balanço patrimonial em 31 de dezembro contém a seção do patrimônio líquido apresentada na **Figura 15.3**. Durante o ano, a Shea Company realizou as seguintes transações:

(1) Emitiu ações a $ 30 cada uma.

(2) Adquiriu um bloco de 2.000 ações para tesouraria em uma única transação.

(3) Reemitiu algumas das ações em tesouraria.

(4) Vendeu por $ 12.000 títulos disponíveis para venda com custo original de aquisição de $ 14.000. No fim do ano, os títulos disponíveis para venda, ainda em mãos, tinham um custo original de $ 25.000 e um valor justo de $ 18.000.

Supondo que essas foram as transações com ações ordinárias durante o ano e que a empresa usou o método de custo para contabilizar transações com ações em tesouraria, responda:

a. Quantas ações a Shea Company emitiu a $ 30 cada uma?
b. Qual foi o preço das ações em tesouraria?
c. Quantas ações ela reemitiu do bloco de ações em tesouraria?
d. Qual foi o preço de reemissão das ações em tesouraria?
e. Quais lançamentos ela fez durante o ano para os itens (1) e (4)?
f. Em que demonstração a Shea Company informará os vários ganhos e perdas dos títulos disponíveis para a venda por ela mantidos?

29. **Contabilizando opções de ações.** A Lowen Corporation outorga opções de ações a seus empregados gestores em 31 de dezembro de cada ano. Eles podem adquirir uma ação ordinária para cada opção de ação. A Lowen estabelece o preço de exercício igual ao preço de mercado da sua ação ordinária na data da outorga. Os empregados devem continuar a trabalhar por dois anos após a data da outorga antes de poder exercê-las. Esses dois anos referem-se ao período de benefício. A **Figura 15.4** apresenta informações sobre as opções de ações outorgadas pela Lowen em 31 de dezembro de cada ano.

Calcule o efeito das opções de ações no lucro líquido antes dos tributos sobre o lucro de 2013 a 2017.

Figura 15.3

Shea Company
Patrimônio Líquido em 31 de Dezembro
(Problema 28)

Capital Social – Ações Ordinárias (valor de face de $ 5)	$ 100.000
Ágio na Emissão de Ações	509.600
Lucros Acumulados	50.000
Menos Perda Não Realizada Acumulada de Títulos Disponíveis para Venda	(7.000)
Menos 1.200 Ações em Tesouraria – Pelo Custo	(33.600)
Total do Patrimônio Líquido	$ 619.000

Figura 15.4

Lowen Corporation
Dados de Opções de Ações
(Problema 29)

Ano	Opções Outorgadas no Final do Ano	Preço de Exercício por Ação	Valor Justo da Opção
2013	5.000	$ 18	$ 2,40
2014	6.000	$ 22	$ 3,00
2015	7.000	$ 25	$ 3,14
2016	8.000	$ 30	$ 3,25
2017	9.000	$ 38	$ 5,33

30. **Contabilizando opções de ações.** A Pramble Corporation outorga opções de ações a seus empregados gestores em 31 de dezembro de cada ano. Eles podem adquirir uma ação ordinária para cada opção de ação. A empresa estabelece o preço de exercício igual ao preço de mercado da sua ação ordinária na data da outorga. Os empregados devem continuar a trabalhar por dois anos após a data da outorga antes de poder exercê-las. Esses dois anos são o período de benefício. A **Figura 15.5** apresenta informação sobre as opções de ações outorgadas pela Pramble em 31 de dezembro de cada ano.

    Calcule o efeito das opções de ações no lucro líquido antes dos tributos sobre o lucro de 2013 a 2017.

31. **Reconstruindo transações que afetam o patrimônio líquido.** A **Figura 15.6** reproduz uma parte da demonstração das mutações do patrimônio líquido da Microtel Corporation em 2013. Quando a empresa recompra suas ações ordinárias, cancela as ações emitidas. Prepare os lançamentos no diário para cada uma das sete transações listadas na **Figura 15.6**. Registre o efeito dos itens que afetam os outros resultados abrangentes acumulados usando os valores da **Figura 15.6** (ou seja, tratando esses valores líquidos de impostos como se fossem valores antes dos impostos).

32. **Lançamentos no diário de mutações no patrimônio líquido.** A **Figura 15.7** apresenta uma parte da demonstração das mutações no patrimônio líquido da Sirens, Inc., em 2013. Prepare os lançamentos no diário para cada uma das seis transações listadas na **Figura 15.7**. As transações **(4)** e **(5)** não foram com empregados, e a transação **(5)** não requereu uso de caixa. Registre a conversão das notas da transação **(6)** pelo valor contábil.

33. **Lançamentos no diário de mutações no patrimônio líquido.** A **Figura 15.8** apresenta uma parte da demonstração das mutações no patrimônio líquido da Busch Corporation em 2013. Prepare os lançamentos no diário para cada uma das oito transações listadas na **Figura 15.8**. Registre o efeito dos itens que afetam os outros resultados abrangentes acumulados usando os valores da **Figura 15.8** (ou seja, como se fossem valores antes dos impostos).

Figura 15.5

Pramble Company
Dados de Opções de Ações
(Problema 30)

Ano	Opções Outorgadas no Final do Ano	Preço de Exercício por Ação	Valor Justo da Opção
2013	35.759	$ 35,75	$ 10,99
2014	40.866	$ 51,06	$ 12,50
2015	29.100	$ 53,75	$ 14,34
2016	33.904	$ 59,97	$ 16,30
2017	33.091	$ 63,33	$ 17,29

Figura 15.6

Microtel Corporation
Excerto da Demonstração das Mutações no Patrimônio Líquido
(valores em milhões de US$)
(Problema 31)

	2013
AÇÕES ORDINÁRIAS E ÁGIO	
Saldo, Início do Ano	59.005
(1) Ações Ordinárias Emitidas	6.783
(2) Ações Ordinárias Recompradas	(6.162)
(3) Despesa de Remuneração Baseada em Ações	889
Outros	42
Saldo, Fim do Ano	60.557
LUCROS ACUMULADOS	
Saldo, Início do Ano	(20.130)
(4) Lucro Líquido	14.065
(5) Dividendos Ordinários	(3.837)
(2) Ações Ordinárias Recompradas	(21.212)
Saldo, Fim do Ano	(31.114)
OUTROS RESULTADOS ABRANGENTES ACUMULADOS	
Saldo, Início do Ano	1.229
(6) Variação Líquida em Ganhos e Perdas Não Realizados com Títulos de Mercado (líquido de impostos)	326
(7) Variação Líquida em Ganhos e Perdas Não Realizados com Derivativos (líquido de impostos)	14
Variação Líquida com Ajustes de Conversão Cambial (líquido de impostos)	85
Saldo, Fim do Ano	1.654
RESULTADO ABRANGENTE	
Lucro Líquido	14.065
Variação Líquida de Outros Resultados Abrangentes Acumulados	425
Resultado Abrangente	14.490

Figura 15.7

Sirens, Inc.
Excerto da Demonstração das Mutações no Patrimônio Líquido
(valores em milhares de US$)
(Problema 32)

	Número de Ações Ordinárias	Valor Nominal das Ações Ordinárias	Ágio
Saldo, Início do Ano	1.434.635.501	1.435	3.443.214
(1) Ações Ordinárias Emitidas a Terceiros	22.058.824	22	82.919
(2) Ações Ordinárias Emitidas a Empregados	4.279.097	4	19.242
(3) Despesa com Remuneração Baseada em Ações			52.683
(4) Exercício de Opções	2.859.232	3	3.529
(5) Exercício de Bônus	4.988.726	5	(5)
(6) Troca de Notas Conversíveis	2.322.190	2	3.182
Saldo, Fim do Ano	1.471.143.570	1.471	3.604.764

Figura 15.8

Busch Corporation
Excerto de Demonstração das Mutações no Patrimônio Líquido
(valores em milhões de US$, exceto as quantidades de ações)
(Problema 33)

	2013
AÇÕES ORDINÁRIAS, VALOR DE FACE DE $ 1	
Saldo, Início do Ano	1.473,7
(1) Ações Emitidas sob Planos de Opções de Ações	8,8
Saldo, Fim do Ano	1.482,5
RESERVAS DE CAPITAL	
Saldo, Início do Ano	2.962,5
(1) Ações Emitidas sob Planos de Opções de Ações	283,5
(2) Remuneração em Ações Relacionadas	136,1
Saldo, Fim do Ano	3.382,1
LUCROS ACUMULADOS	
Saldo, Início do Ano	16.741,0
(3) Lucro Líquido	2.115,3
(4) Dividendos sobre Ações Ordinárias	(932,4)
Saldo, Fim do Ano	17.923,9
AÇÕES EM TESOURARIA, PELO CUSTO	
Saldo, Início do Ano	(16.007,7)
(5) Ações em Tesouraria Adquiridas	(2.707,2)
(2) Remuneração em Ações Relacionadas	0,2
Saldo, Fim do Ano	(18.714,7)
OUTROS RESULTADOS ABRANGENTES ACUMULADOS	
Saldo, Início do Ano	(1.230,8)
(6) Variação Líquida em Ganhos e Perdas Não Realizados com Títulos de Mercado (líquido de impostos)	(0,3)
(7) Variação Líquida em *Hedges* de Fluxo de Caixa (líquido de impostos)	(2,0)
Variação Líquida com Ajustes de Conversão Cambial (líquido de impostos)	105,2
(8) Ajustes de Passivos de Pensão	205,2
Variação Líquida de Outros Resultados Abrangentes Acumulados	308,1
Saldo, Fim do Ano	(922,7)
RESULTADO ABRANGENTE	
Lucro Líquido	2.115,3
Variação Líquida de Outros Resultados Abrangentes Acumulados	308,6
Resultado Abrangente	2.423,9

34. **Ações em tesouraria e seus efeitos nos índices de desempenho.** A **Figura 15.9** apresenta as mutações no patrimônio líquido ordinário da Monk Corporation de 2013 a 2015. A empresa compra regularmente suas ações ordinárias e as reemite em conexão com planos de opções de ações. Em geral, ela emite um pequeno número de novas ações ordinárias quando requer lotes de ações para completar uma transação de opção de ações. Os lucros por ação ordinária foram de $ 2,70 em 2013, $ 3,20 em 2014 e $ 3,83 em 2015.

   a. Faça os lançamentos de 2013 para registrar (1) a emissão de ações ordinárias em conexão com planos de opções de ações e (2) a compra de ações em tesouraria.
   b. Calcule a variação percentual do lucro líquido e dos lucros por ação entre 2013 e 2014 e entre 2014 e 2015. Por que a porcentagem de variação dos lucros por ação excede a de variação do lucro líquido tanto em 2014 como em 2015?
   c. Calcule o valor contábil por ação ordinária emitida no fim de 2013, 2014 e 2015, e a variação percentual do valor contábil por ação entre 2013 e 2014 e entre 2014 e 2015. Por que as porcentagens de variação do valor contábil por ação ordinária são menores que as de variação do lucro líquido e dos lucros por ação?
   d. Calcule a taxa de retorno sobre o patrimônio líquido ordinário em 2013, 2014 e 2015.
   e. A Monk parece adquirir ações em tesouraria principalmente para cumprir compromissos de planos de opções de ações? Explique.

Figura 15.9

Monk Corporation
Análise das Mutações no Patrimônio Líquido
(todos os valores em milhões de US$)
(Problema 34)

	Ações Ordinárias			Ações em Tesouraria		
	Ações	Valor	Lucros Acumulados	Ações	Valor	Total
31 de Dezembro, Exercício 2012	1.483,168	4.667,8	10.942,0	(235,342)	(4.470,8)	11.139,0
Lucro Líquido	–	–	3.376,6	–	–	3.376,6
Dividendos	–	–	(1.578,0)	–	–	(1.578,0)
Exercício de Opções de Ações	0,295	74,7	–	14.104	294,3	369,0
Ações em Tesouraria Compradas	–	–	–	(33,377)	(1.570,9)	(1.570,9)
31 de Dezembro de 2013	1.483,463	4.742,5	12.740,6	(254,615)	(5.747,4)	11.735,7
Lucro Líquido	–	–	3.870,5	–	–	3.870,5
Dividendos	–	–	(1.793,4)	–	–	(1.793,4)
Exercício de Opções de Ações	0,156	225,0	–	15.982	426,0	651,0
Ações em Tesouraria Compradas	–	–	–	(38,384)	(2.493,3)	(2.493,3)
31 de Dezembro de 2014	1.483,619	4.967,5	14.817,7	(277,017)	(7.814,7)	11.970,5
Lucro Líquido	–	–	4.596,5	–	–	4.596,5
Dividendos	–	–	(2.094,8)	–	–	(2.094,8)
Exercício de Opções de Ações	0,307	286,5	–	14.183	427,6	714,1
Ações em Tesouraria Compradas	–	–	–	(27,444)	(2.572,8)	(2.572,8)
31 de Dezembro de 2015	1.483,926	5.254,0	17.319,4	(290,278)	(9.959,9)	12.613,5

SÍNTESE

Parte 4

Capítulo

16

Demonstração dos fluxos de caixa: um outro olhar

O **Capítulo 6** apresentou a demonstração dos fluxos de caixa, discutindo sua lógica e ilustrando a abordagem das contas T na sua preparação. Os capítulos seguintes descreveram o efeito das várias transações na demonstração do resultado e no balanço patrimonial, mas não consideraram os seus efeitos na demonstração dos fluxos de caixa. Este capítulo discute o efeito dessas transações na demonstração dos fluxos de caixa, utilizando um exemplo abrangente.

REVISÃO DOS CONCEITOS SUBJACENTES À DEMONSTRAÇÃO DOS FLUXOS DE CAIXA

O **Capítulo 6** discutiu os seguintes conceitos subjacentes à demonstração dos fluxos de caixa:

1. A demonstração dos fluxos de caixa explica as razões da variação do caixa e dos equivalentes de caixa durante um período. Essa demonstração classifica as razões como relacionadas às decisões operacionais, de investimentos ou de financiamento.
2. As receitas das vendas de bens ou serviços aos clientes durante um período não são necessariamente iguais ao caixa recebido dos clientes durante esse período. O recebimento de caixa pode preceder, coincidir ou ser posterior ao reconhecimento da receita. Despesas incorridas para gerar receitas durante um período não necessariamente igualam o caixa gasto com as mercadorias ou serviços consumidos na operação durante aquele período. O desembolso de caixa pode preceder, coincidir ou ser posterior ao reconhecimento das despesas. Portanto, o lucro líquido de um período provavelmente irá diferir do fluxo de caixa das operações daquele período.
3. A maioria das empresas, mas não todas, informa os fluxos de caixa das operações usando o método indireto. O método indireto parte do lucro líquido, adiciona todos os valores de despesa que não requerem desembolso de caixa e subtrai todos os valores de receita que não geram caixa. Os ajustes para converter o lucro líquido no fluxo de caixa das operações envolvem, geralmente:
   (1) Adicionar o montante de despesa que exceder seu desembolso de caixa no período (para depreciação, adicionar o valor total, já que não há desembolso de caixa no período atual).

OBJETIVOS DE APRENDIZAGEM

1 Revisão da lógica da demonstração dos fluxos de caixa, enfatizando por que o lucro líquido difere dos fluxos de caixa.

2 Revisão do procedimento das contas T, apresentado no **Capítulo 6**, para preparar a demonstração dos fluxos de caixa.

3 Consolidar o entendimento sobre os efeitos no fluxo de caixa de várias transações apresentadas nos **Capítulos 8 a 15**.

4 Desenvolver habilidades de análise e interpretação da demonstração dos fluxos de caixa.

(2) Subtrair (ou adicionar) o montante de receita que exceder (ou for inferior a) o recebimento de caixa no período. Um exemplo comum de transação na qual a receita é inferior ao recebimento de caixa no período é um recebimento adiantado do cliente por um produto ou serviço que será entregue em um período contábil posterior.

(3) Ajustar por elementos de lucro não caixa que não são receitas nem despesas, incluindo ganhos e perdas na venda de ativos não circulantes; resultados positivos de equivalência patrimonial que não sejam iguais aos dividendos recebidos e resultados negativos de equivalência patrimonial.

(4) Adicionar variações de créditos[1] em contas de capital de giro operacional não caixa, como contas a receber, estoques e contas a pagar.

(5) Subtrair variações de débito em contas de capital de giro operacional.

4. O fluxo de caixa das atividades de investimento inclui as compras em dinheiro e vendas em dinheiro da maioria dos ativos não circulantes, inclusive títulos de mercado que não são classificados como títulos para negociação; imobilizado; intangíveis; e investimentos em títulos.

5. O fluxo de caixa das atividades de financiamento inclui emissões em dinheiro e liquidações em dinheiro de empréstimos de longo prazo, vendas em dinheiro e recompras em dinheiro de ações ordinárias e preferenciais, e dividendos em dinheiro.

REVISÃO DO PROCEDIMENTO DAS CONTAS T PARA PREPARAR A DEMONSTRAÇÃO DOS FLUXOS DE CAIXA

Os contadores preparam a demonstração dos fluxos de caixa depois de completar o balanço patrimonial e a demonstração do resultado. O **Capítulo 6** descreve e ilustra um procedimento para preparação da demonstração dos fluxos de caixa utilizando uma planilha de trabalho das contas T. Um resumo do procedimento é o seguinte:

Passo 1. Obter um balanço patrimonial do início e do fim do período para o qual você deseja preparar uma demonstração dos fluxos de caixa.

Passo 2. Preparar uma planilha de trabalho das contas T. Uma conta T *master* do caixa aparece no topo da planilha. Essa conta T *master* tem três seções denominadas, respectivamente, Operações, Investimento e Financiamento. Coloque os saldos inicial e final do caixa e equivalentes de caixa na conta T *master*. *Equivalentes de caixa* representam investimentos de curto prazo e alta liquidez nos quais a empresa colocou o excedente de caixa. Em geral, apenas os investimentos com vencimento em 3 meses ou menos se qualificam como equivalentes de caixa. Usamos o termo *fluxos de caixa* para nos referir a variações no caixa e em equivalentes de caixa. Complete a planilha de trabalho das contas T, preparando uma conta T para cada conta do balanço patrimonial que não o caixa ou equivalentes de caixa, e coloque os saldos inicial e final.

Passo 3. Explique a variação da conta Caixa *master* entre o início e o fim do período, contabilizando as variações das outras contas do balanço patrimonial. Faça isso reconstruindo os lançamentos originais feitos nas contas durante o período e registrando-os em contas T apropriadas da planilha de trabalho. Ao explicar as variações das contas do balanço patrimonial que não são caixa nem equivalentes de caixa, esse processo também explica a variação do caixa e dos equivalentes de caixa. Fazemos um uso extensivo da Equação da Variação do Caixa neste capítulo e, por isso, utilizaremos as seguintes abreviações e símbolos:

Equação da Variação do Caixa

Variação no Caixa	=	Variação no Passivo	+	Variação no Patrimônio Líquido	–	Variação em Ativos Não Caixa
ΔCaixa	=	ΔP	+	ΔPL	–	ΔANC

Passo 4. Prepare uma demonstração dos fluxos de caixa usando as informações da planilha de trabalho das contas T.

---

[1]. No que se refere a uma única conta, o termo *variação de crédito* significa um decréscimo em uma conta de ativo ou um acréscimo em uma conta do passivo (ou patrimônio líquido). Assim, "variações de crédito em contas de capital de giro" significam "uma diminuição em uma conta de um ativo circulante operacional ou um aumento em uma conta de um passivo circulante operacional". Em paralelo, no tocante a uma única conta, o termo *variação de débito* significa um aumento em uma conta do ativo ou uma diminuição em uma conta do passivo (ou patrimônio líquido).

ILUSTRAÇÃO ABRANGENTE DA DEMONSTRAÇÃO DOS FLUXOS DE CAIXA

A ilustração abrangente a seguir usa os dados da Ellwood Corporation de 2013. A **Figura 16.1** apresenta a demonstração do resultado de 2013; a **Figura 16.2** apresenta um balanço patrimonial comparativo de 31 de dezembro de 2013 e de 2012; e a **Figura 16.3** apresenta a demonstração dos fluxos de caixa. O cálculo do fluxo de caixa das operações primeiramente está apresentado pelo método indireto. Os tópicos a seguir explicam cada linha da **Figura 16.3**. A **Figura 16.4** mostra a planilha de trabalho das contas T. Caixa e equivalentes de caixa decresceram em $ 790 durante o ano, de $ 2.670 (= $ 1.150 + $ 1.520) para $ 1.880 (= $ 1.090 + $ 790).

Linha 1: Lucro líquido

A demonstração do resultado indica um lucro líquido de $ 760 no período. O lançamento na planilha de trabalho presume provisoriamente que o caixa cresça pelo valor do lucro líquido.

(1a) Caixa (Operação – Lucro Líquido)	760
Lucros Acumulados	760

O efeito do lucro líquido na equação da variação do caixa é o seguinte:

$$\Delta\text{Caixa} = \Delta P + \Delta PL - \Delta ANC$$
$$\text{Operações} + \$\,760\ (1a) = \$\,0 + \$\,760\ (1a) - \$\,0$$

Ao longo deste capítulo, os lançamentos com um número seguido da letra a indicam lançamentos na planilha de trabalho da demonstração dos fluxos de caixa. Os lançamentos com um número e não seguidos da letra a indicam lançamentos feitos durante o ano nos registros contábeis da Ellwood Corporation.

Linha 2: Depreciação de edifícios e equipamentos

Os registros internos indicam que a depreciação das instalações industriais totalizou $ 450 e das instalações de vendas e administrativas totalizou $ 250 durante o ano. A empresa incluiu esses valores no custo dos produtos

Figura 16.1

Ellwood Corporation
Demonstração do Resultado Consolidada
Para o Exercício de 2013

RECEITAS E OUTROS GANHOS	
Vendas	$ 10.500
Juros e Dividendos	320
Resultado de Equivalência Patrimonial em Coligadas	480
Ganho na Venda de Equipamentos	40
Total	$ 11.340
DESPESAS	
Custo dos Produtos Vendidos	$ 6.000
Despesa de Vendas e Administrativas	3.550
Despesa de Remuneração (Opções de Ações a Empregados)	170
Perdas com *Impairment* de Terreno	80
Perdas na Venda de Ações Negociáveis de Mercado	30
Despesa de Juros	450
Despesa com Tributos sobre o Lucro	300
Total de Despesas e Perdas	$ 10.580
Lucro Líquido	$ 760

vendidos e em despesas de vendas e administrativas, respectivamente, na demonstração do resultado, conforme a **Figura 16.1**. Nenhuma parte desses $ 700 de depreciação demandou uma saída de caixa operacional em 2013. A empresa informou desembolsos de caixa para esses ativos como atividades de investimento em períodos anteriores quando ela os adquiriu. Assim, o lançamento na planilha de trabalho para explicar a variação da conta Depreciação Acumulada retorna a depreciação ao lucro líquido para derivar o fluxo de caixa das operações.

Figura 16.2

Ellwood Corporation
Balanço Patrimonial Consolidado

	31 de Dezembro	
	2013	2012
ATIVO		
Ativo Circulante		
Caixa	$ 1.090	$ 1.150
Certificado de Depósito	790	1.520
Ações Classificadas como Disponíveis para Venda	190	280
Contas a Receber (Líquido)	4.300	3.400
Estoque	2.350	1.500
Pagamentos Antecipados	600	800
Total Ativo Circulante	$ 9.320	$ 8.650
Investimentos		
Investimento na Companhia A (15% - Disponível para a Venda)	$ 1.280	$ 1.250
Investimento na Companhia B (40%)	2.420	2.100
Total Investimento	$ 3.700	$ 3.350
Imobilizado		
Terrenos	$ 920	$ 1.000
Edifícios	8.900	8.600
Equipamentos	11.540	10.840
Menos Depreciação Acumulada	(6.480)	(6.240)
Total do Imobilizado	$ 14.880	$ 14.200
Ativo Intangível		
Patente	$ 2.550	$ 2.550
Menos Amortização Acumulada	(750)	(600)
Total Ativo Intangível	$ 1.800	$ 1.950
Total Ativo	$ 29.700	$ 28.150
PASSIVO E PATRIMÔNIO LÍQUIDO		
Passivo Circulante		
Empréstimos Bancários a Pagar	$ 2.750	$ 2.000
Fornecedores	3.230	2.450
Provisão para Garantia	900	1.200
Adiantamentos de Clientes	1.000	600
Total Passivo Circulante	$ 7.880	$ 6.250
Passivo Não Circulante		
Bonds a Pagar	$ 1.370	$ 2.820
Obrigação de *Leasing* Financeiro	2.100	1.800
Tributos sobre o Lucro Diferidos	650	550
Total Passivo Não Circulante	$ 4.120	$ 5.170
Patrimônio Líquido		
Capital Social - Ações Preferenciais	$ 1.200	$ 1.000
Capital Social - Ações Ordinárias	2.110	2.000
Reservas de Capital	4.400	4.000
Outros Resultados Abrangentes Acumulados		
Perda Não Realizada com Títulos de Mercado	(40)	(30)
Ganho Não Realizado em Investimentos em Títulos	80	50
Lucros Acumulados	10.330	9.960
Total	$ 18.080	$ 16.900
Menos Custo de Ações em Tesouraria	(380)	(250)
Total Patrimônio Líquido	$ 17.700	$ 16.730
Total Passivo e Patrimônio Líquido	$ 29.700	$ 28.150

Figura 16.3

Ellwood Corporation
Demonstração Consolidada dos Fluxos de Caixa
Para o Exercício de 2013

OPERAÇÕES		
(1) Lucro Líquido	$ 760	
Receitas, Despesas, Ganhos e Perdas Não Caixa Incluídos no Lucro:		
(2) Depreciação de Edifícios e Equipamentos	700	
(3) Amortização de Patentes	150	
(4) Despesa com Remuneração (na Forma de Opções de Ações a Empregados)	170	
(5) Perda por *Impairment* de Terreno	80	
(6) Perda na Venda de Títulos e Valores Mobiliários (Ações)	30	
(7) Tributos sobre o Lucro Diferidos	100	
(8) Excedente de Pagamento de Cupons sobre a Despesa de Juros	(50)	
(9) Ganhos na Venda de Equipamentos	(40)	
(10) Ganho de Equivalência Patrimonial de Coligada Não Distribuído	(320)	
(11) Redução em Pagamentos Antecipados	200	
(12) Aumento em Fornecedores	780	
(13) Aumento em Adiantamentos de Clientes	400	
(14) Aumento em Contas a Receber (Líquido)	(900)	
(15) Aumento em Estoque	(850)	
(16) Redução em Provisão para Garantia	(300)	
Fluxo de Caixa de Operações		910
INVESTIMENTOS		
(17) Venda de Títulos e Valores Mobiliários (Ações)	$ 50	
(18) Venda de Equipamentos	180	
(19) Aquisição de Equipamentos	(1.300)	
(20) Fluxo de Caixa de Investimentos		(1.070)
FINANCIAMENTOS		
(20) Empréstimo Bancário de Curto Prazo	$ 750	
(21) Emissão de *Bonds* de Longo Prazo	400	
(22) Emissão de Ações Preferenciais	200	
(23) Liquidação de Dívida de Longo Prazo no Vencimento	(1.500)	
(24) Aquisição de Ações Ordinárias	(130)	
(25) Dividendos	(390)	
(26) Ações Ordinárias (Emitidas no Exercício de Opções de Ações a Empregados)	40	
Fluxo de Caixa de Financiamentos		(630)
Variação Líquida do Caixa		(790)
Caixa, Início de 2013		$ 2.670
Caixa, Fim de 2013		$ 1.880

(2a) Caixa (Operações – Estorno de Despesa de Depreciação)	700	
Depreciação Acumulada		700

Estorno da depreciação como um custo do produto. O estorno de $ 450 da depreciação das instalações da fábrica requer uma elaboração. O **Capítulo 9** explica que os contadores tratam esses encargos de depreciação como um custo do produto, não como uma despesa do período. O contador debita esses $ 450 em Estoque de Produtos em Processo e credita Depreciação Acumulada. Se, durante o período, a empresa vende todos os produtos que ela produz, o custo dos produtos vendidos inclui esses $ 450. Uma vez que o custo dos produtos vendidos inclui um valor que não gera saída de caixa, a adição desse valor ao lucro líquido ajusta pela porção do encargo de depreciação incluída no custo dos produtos vendidos.

Se a empresa não vende todos os produtos que ela produz durante o período, o saldo final de Estoque de Produtos em Processo ou de Estoque de Produtos Acabados inclui uma porção dos $ 450 do encargo de depreciação. Suponha, por exemplo, que a empresa vendeu 80% das unidades produzidas durante o período. O custo dos produtos vendidos inclui $ 360 (= 0,80 × $ 450) da depreciação, e as contas de estoque incluem os remanescentes $ 90. A demonstração dos fluxos de caixa retorna para o lucro líquido o total de $ 450 da depreciação nas instalações de fábrica do período. Os $ 90 de depreciação incluídos no custo das unidades não vendidas fazem com que a conta

Figura 16.4

Ellwood Corporation
Planilha de Trabalho de Conta T

		Caixa			
		√	2.670		
		Operações			
Lucro Líquido	(1a)	760	50	(8a)	Excedente de Pagamentos de Cupons
Despesa de Depreciação	(2a)	700	40	(9a)	Ganho na Venda de Equipamentos
Despesa de Amortização	(3a)	150	320	(10a)	Ganho de Equiv. Patrim. Não Distribuídos
Stock Options a Empregados	(4a)	170	900	(14a)	Aumento nas Contas a Receber
Impairment de Terrenos	(5a)	80	850	(15a)	Aumento no Estoque
Perda na Venda de Títulos de Mercado	(6a)	30	300	(16a)	Redução de Passivo de Garantia
Tributos sobre o Lucro Diferidos	(7a)	100			
Redução em Despesas Antecipadas	(11a)	200			
Aumento em Fornecedores	(12a)	780			
Aumento de Adiantamentos de Clientes	(13a)	400			
		Investimentos			
Venda de Títulos de Mercado	(6a)	50	1.300	(19a)	Aquisição de Equipamentos
Venda de Equipamentos	(9a)	180			
		Financiamentos			
Empréstimos de Curto Prazo	(20a)	750	1.500	(23a)	Liquidação de Dívida de Longo Prazo
Emissão de *Bonds* de Longo Prazo	(21a)	400	130	(24a)	Aquisição de Ações Ordinárias
Emissão de Ações Preferenciais	(22a)	200	390	(25a)	Dividendos
Emissão de Ações Ordinárias	(26a)	40			
		√	1.880		

Títulos de Mercado Disponíveis para Venda					Contas a Receber (Líquido)				Estoque			
√	280					3.400			√	1.500		
(6b)	10	80	(6a)	(14a)	900				(15a)	850		
		20	(27a)									
√	190				√	4.300			√	2.350		

Despesas Antecipadas					Investimento na Cia. A Disponível para Venda				Investimento na Cia. B			
√	800				√	1.250			√	2.100		
		200	(11a)	(28a)	30				(10a)	320		
√	600				√	1.280			√	2.420		

Terrenos					Edifícios				Equipamentos			
√	1.00				√	8.600			√	10.840		
		80	(5a)	(29a)	300				(19 a)	1.300	600	(9a)
√	920				√	8.900			√	11.540		

(*continua*)

(*continuação*)

Figura 16.4
Ellwood Corporation
Planilha de Trabalho de Conta T

	Depreciação Acumulada				Patente				Amortização Acumulada	
		6.240	√	√	2.550				600	√
(9a)	460	700	(2a)						150	(3a)
		6.480	√	√	2.550				750	√

	Empréstimos a Pagar				Fornecedores				Passivo de Garantia	
		2.000	√			2.450	√			1.200	√
		750	(20a)			780	(12a)	(16a)	300		
		2.750	√			3.230	√			900	√

	Adiantamentos de Clientes				Bonds a Pagar				Leasing Financeiro a Pagar	
		600	√			2.820	√			1.800	√
		400	(13a)	(8a)	50	400	(21a)			300	(29a)
				(23a)	1.500						
				(30a)	300						
		1.000	√			1.370	√			2.100	√

	Tributos sobre o Lucro Diferidos				Ações Preferenciais				Ações Ordinárias	
		550	√			1.000	√			2.000	√
		100	(7a)			200	(22a)			100	(30a)
										10	(26a)
		650	√			1.200	√			2.110	√

	Ágio na Emissão de Ações				Perda Não Realizada em Títulos de Mercado				Ganho Não Realizado em Investimentos em Títulos	
		4.000	√	√	30					50	√
		170	(4a)			10	(4a)			30	(28a)
		200	(30a)	(27a)	20						
		30	(26a)								
		4.400	√	√	40					80	√

	Lucros Acumulados				Ações em Tesouraria		
		9.960	√	√	250		
(25a)	390	760	(1a)	(24a)	130		
		10.330	√	√	380		

estoques aumente em $ 90. Sob o método indireto de cálculo do fluxo de caixa das operações, o contador subtrai esse aumento da conta estoques ao computar o fluxo de caixa das operações. A adição de $ 450 de depreciação menos a subtração de $ 90 do aumento dos estoques se compensam, gerando um ajuste líquido de $ 360 ao lucro na demonstração dos fluxos de caixa. Uma vez que o custo dos produtos vendidos inclui apenas $ 360 de depreciação, a adição requerida para ajustar pela depreciação incluída no custo dos produtos vendidos é igual a $ 360. Assim, o lançamento **(2a)** na planilha de trabalho mostra o estorno de todo o valor da depreciação do período (como um custo de produto e como uma despesa do período), e não apenas o valor incluído no custo dos produtos vendidos; assim, a linha **15** da demonstração dos fluxos de caixa inclui uma subtração pelo aumento de $ 90 nos estoques, causada pela adição da depreciação ao estoque de produtos em processo.

Linha 3: Amortização de patente

O efeito da amortização de patente no fluxo de caixa é conceitualmente idêntico ao dos encargos de depreciação, tanto nas despesas do período como no custo dos produtos. Os registros da Companhia indicam que o custo dos produtos vendidos em 2013 inclui uma amortização de patente no valor de $ 150. O lançamento na planilha de trabalho para explicar a variação na conta Amortização Acumulada é o seguinte:

(3a) Caixa (Operações – Estorno de Despesa de Amortização)	150
Amortização Acumulada	150

Linha 4: Despesa com remuneração via opções de ações

As notas explicativas das demonstrações financeiras da Ellwood Corporation indicam que uma parte da remuneração dos executivos tomou a forma de opções para comprar ações da Ellwood Corporation. O **Capítulo 15** discute que as empresas utilizam um modelo de precificação de opção para calcular a medida do valor justo das opções de ações outorgadas durante um período; essa medida é o valor do custo da remuneração a ser reconhecido durante o período esperado do benefício, normalmente o período para obtenção do direito de exercício (*vesting period*). A Ellwood Corporation amortizou $ 170 como despesa de remuneração em 2013. Segue o lançamento dessa despesa nos registros contábeis:

(4) Despesa de Remuneração	170
Reservas de Capital	170

Ativo	=	Passivo	+	Patrimônio Líquido	Classificação
				–170	DRE → LA
				+170	Reserva de Capital

Os $ 170 de remuneração reduziram o lucro líquido, mas não demandaram uma saída de caixa em 2013. O lançamento explica parte da variação da conta Reserva de Capital. O lançamento da planilha de trabalho para o lançamento do custo da remuneração relativo às opções de ações de empregados é o seguinte:

(4a) Caixa (Operações – Estorno de Despesa de Remuneração)	170
Reservas de Capital	170

Efeitos de tributos sobre o lucro nas opções de ações a empregados. As leis tributárias em algumas jurisdições permitem às empresas obter uma dedução de impostos por opções de ações. Por exemplo, a lei tributária dos Estados Unidos permite atualmente às empresas deduzir o valor intrínseco (= preço de mercado na data de exercício – preço de exercício) de uma opção de ações não qualificada no ano em que os empregados exercem as opções de ações. As questões levantadas pelos benefícios de tributos sobre o lucro e seus efeitos na demonstração dos fluxos de caixa são mais avançadas e não se incluem no exemplo da Ellwood Corporation na **Figura 16.3**.

Linha 5: Perda por *impairment* de terreno

As notas explicativas das demonstrações financeiras da Ellwood Corporation indicam que a soma dos valores esperados de aluguel sobre o terreno que a companhia aluga a terceiros mais o valor que ela espera receber pela venda eventual do terreno diminuíram tanto que ocorreu um *impairment* do terreno. A diferença entre o valor contábil do terreno e o valor justo no fim de 2013 é de $ 80. O lançamento contábil dessa perda é o seguinte:

(5) Perda por *Impairment* de Terreno	80
Terreno	80

Os $ 80 de perda por *impairment* reduziram o lucro líquido e o valor contábil do terreno, mas não demandaram uma saída de caixa em 2013. O lançamento na planilha de trabalho para refletir a variação na conta Terreno é o seguinte:

(5a) Caixa (Operações – Estorno da Perda por *Impairment* de Ativo)................	80
Terreno	80

Linha 6: Perda na venda de títulos e valores mobiliários

Os registros contábeis indicam que a Ellwood Corporation vendeu ações classificadas como títulos disponíveis para venda em 2013. A Ellwood Corporation adquiriu esses títulos por $ 80 em 2012, reduziu-os a seu valor justo de $ 70 no fim de 2012 e os vendeu em 2013 por $ 50. A empresa fez os seguintes lançamentos no diário para registrar essa venda:

(6) Caixa	50
Perda Realizada na Venda de Títulos e Valores Mobiliários (DRE)	30
Títulos e Valores Mobiliários	70
Perda Não Realizada em Títulos Disponíveis para Venda (Outros Resultados Abrangentes)	10

Ativo	=	Passivo	+	Patrimônio Líquido	Classificação
+50				−30	DRE → LA
−70				+10	ORA → ORAA

ΔCaixa	=	ΔL	+	ΔPL	ΔANC
+50 (investimento)		0		−20	−70

Recorde que os números dos lançamentos sem letras, tais como este de número **(6)**, referem-se aos lançamentos reais da Ellwood registrados em seus livros. Apresentamos alguns desses lançamentos na Equação da Variação do Caixa, derivada da equação do balanço patrimonial. Para algumas transações complexas, como a presente, apresentamos a Equação do Balanço Patrimonial. Para outras, apresentamos ambas as equações.

Os lançamentos na planilha de trabalho para refletir essa transação são feitos da seguinte forma:

(6a) Caixa (Investimento – Venda de Títulos e Valores Mobiliários)...................	50
Caixa (Operações – Estorno da Perda na Venda de Títulos e Valores Mobiliários).........	30
Títulos e Valores Mobiliários	70
Perda Não Realizada em Títulos Disponíveis para a Venda (Outros Resultados Abrangentes)	10

A demonstração dos fluxos de caixa classifica a entrada de caixa de $ 50 como atividade de investimento na linha **17**. O lucro líquido na linha **1** na **Figura 16.3** inclui uma subtração pela perda com a venda de títulos e valores mobiliários. Para evitar subestimar o valor do fluxo de caixa das operações, o contador estorna a perda no lucro líquido. O estorno compensa a perda incluída no cálculo do lucro líquido e elimina o seu efeito no fluxo de caixa das operações. A linha **17** mostra o total das entradas de caixa decorrentes da venda como uma atividade de investimento. O analista pode com razão considerar as compras e vendas de títulos e valores mobiliários como atividades operacionais porque essas transações envolvem o uso de excedentes provisórios de caixa. A maioria das empresas, mas não todas, considera essas transações suficientemente periféricas à atividade operacional principal da empresa – vender produtos e serviços aos clientes – para que possam classificar essas compras e vendas como atividades de investimento.

Linha 7: Tributos sobre o lucro diferidos

As notas explicativas das demonstrações financeiras da Ellwood Corporation indicam que a despesa de $ 300 de tributo sobre o lucro abrange $ 200 de tributos correntes a pagar e $ 100 diferidos para pagamento em períodos futuros. A Ellwood Corporation fez os seguintes lançamentos durante o ano para reconhecer a despesa de tributos sobre o lucro:

(7) Despesa de Tributos sobre o Lucro	300	
Caixa		200
Tributos sobre o Lucro Diferidos no Passivo		100

Ativo	=	Passivo	+	Patrimônio Líquido	Classificação
–200		+100		–300	DRE → LA
ΔCaixa	=	ΔP	+	ΔPL	ΔANC
–200 (Operações)		+100		–300	0

Nos Estados Unidos, um título comum da conta para débito é "Provisão para Imposto de Renda", mas veja o termo *provisão* no **Glossário**.

Os $ 100 de tributos sobre o lucro diferidos reduziram o lucro líquido mas não demandaram saídas de caixa em 2013. Para explicar a mudança na conta Tributos sobre o Lucro Diferidos no Passivo, a planilha de trabalho precisa estornar do lucro líquido o aumento dos tributos sobre o lucro diferidos no passivo para derivar o fluxo de caixa das operações.

(7a) Caixa (Operações – Estorno de Tributos Diferidos)	100	
Tributos sobre o Lucro Diferidos no Passivo		100

Preparamos a demonstração dos fluxos de caixa da Ellwood Corporation usando U.S. GAAP. Se a Ellwood estivesse usando IFRS, ela desagregaria a despesa de tributos sobre o lucro em porções operacionais, de investimento e de financiamento, dependendo da atividade que causou a porção da despesa de tributos sobre o lucro, e informaria cada porção na seção correspondente da demonstração.

Linha 8: Excedente do pagamento de cupons sobre a despesa de juros

Bonds a Pagar no balanço patrimonial incluem uma série de *bonds* inicialmente emitidos com um prêmio (isto é, a taxa do cupom excedia a taxa de juros demandada pelo mercado quando a Ellwood Corporation emitiu os *bonds*, ou seja, os proventos da emissão inicial excederam o valor de face dos *bonds*). A amortização do prêmio do *bond* faz com que o valor da despesa de juros reconhecida ao longo da vida dos títulos seja menor que os pagamentos periódicos de caixa pelo serviço da dívida dos cupons. O lançamento contábil feito para registrar a despesa de juros durante o período é o seguinte:

(8) Despesa de Juros					450
Bonds a Pagar					50
Caixa					500

ΔCaixa	=	ΔP	+	ΔPL	ΔANC
−500 (Operações)		−50		−450	0

A empresa gastou $ 500 de caixa, embora tenha subtraído apenas $ 450 de despesa de juros ao calcular o lucro líquido. Para explicar a variação na conta *Bonds* a Pagar, a planilha de trabalho subtrai um adicional de $ 50 do lucro líquido para derivar o fluxo de caixa das operações.

(8a) *Bonds* a Pagar	50
Caixa (Operações – Subtração do Excedente de Pagamentos de Cupons)	50

A demonstração dos fluxos de caixa classifica o caixa usado para despesa de juros como uma atividade operacional porque ela considera os juros como um custo para realizar as operações. Alguns analistas de títulos sugerem que esses $ 50 de uso do caixa para amortização do principal são uma atividade de financiamento decorrente do serviço da dívida e não uma atividade operacional, e os colocariam na seção de financiamentos. O IFRS permite, mas não exige, que os pagamentos de juros sejam mostrados como uma saída de caixa de financiamentos. O U.S. GAAP, contudo, determina a classificação da saída de caixa de $ 50 como uma atividade operacional, o que o IFRS permite.

Linha 9: Ganho na venda de equipamentos

Os registros contábeis indicam que a Ellwood Corporation vendeu por $ 180 em 2013 uma máquina que havia custado originalmente $ 600 e tinha uma depreciação acumulada de $ 460. O lançamento no diário para registrar essa venda é o seguinte:

(9) Caixa	180
Depreciação Acumulada	460
Equipamentos	600
Ganho na Venda de Equipamentos	40

ΔCaixa	=	ΔP	+	ΔPL	ΔANC
+180 (Investimento)		0		+40	+460 −600

A linha 18 mostra a entrada de caixa de $ 180 como um aumento de caixa da atividade de investimento. O lucro líquido informado na linha 1 inclui os $ 40 de lucro na venda. Para evitar a superavaliação do valor do caixa derivado desta venda, o contador exclui o ganho de $ 40 do lucro líquido ao calcular o fluxo de caixa das operações.

(9a) Caixa (Investimento – Venda de Equipamentos)	180
Depreciação Acumulada	460
Equipamento	600
Caixa (Operações – Estorno de Ganhos na Venda de Equipamentos)	40

A demonstração dos fluxos de caixa classifica todos os proventos de caixa com a venda de equipamentos como atividade de investimento e nenhum como atividade operacional. A maioria das empresas adquire e vende ativos fixos com o objetivo de proporcionar a capacidade de realizar operações e não tanto como um meio de gerar lucro operacional.

Ilustração de perda, alternativa ao exemplo principal da Ellwood. Ativos fixos vendidos em dinheiro com uma perda, e não com um ganho, requerem um estorno no lucro líquido ao derivar o fluxo de caixa das operações. O lançamento na planilha de trabalho assumindo os mesmos dados do lançamento precedente, exceto que a Ellwood Corporation vende o equipamento por $ 110, seria o seguinte:

Caixa (Investimento – Venda de Equipamentos)	110
Depreciação Acumulada	460
Caixa (Operações – Estorno da Perda na Venda de Equipamentos)	30
Equipamentos	600

Linha 10: Ganhos de equivalência patrimonial de coligadas não distribuídos

O balanço patrimonial indica que a Ellwood Corporation possui 40% das ações ordinárias da Companhia B. Em 2013, a Companhia B lucrou $ 1.200 e pagou $ 400 de dividendos. A Ellwood Corporation fez os seguintes lançamentos nos seus livros no ano:

(10) Investimento na Companhia B	480
Resultado de Equivalência Patrimonial de Coligada	480

Ativo	=	Passivo	+	Patrimônio Líquido	Classificação
+480				+480	ORA → LA

ΔCaixa	=	ΔP	+	ΔPL	ΔANC
0		0		+480	+480

Para registrar a participação no lucro da Companhia B, de $ 480 (= 0,40 x $ 1.200).

Caixa	160
Investimento na Companhia B	160

ΔCaixa	=	ΔP	+	ΔPL	ΔANC
+160 (Operações)		0		0	–160

Para registrar dividendos recebidos de $ 160 (= 0,40 x $ 400).

O lucro líquido da Ellwood Corporation na linha **1** da **Figura 16.3** inclui $ 480 de ganho de equivalência patrimonial, mas a Ellwood Corporation recebeu apenas $ 160 em caixa. Assim, a planilha de trabalho subtrai $ 320 (= 480 – 160) do lucro líquido ao derivar o caixa das operações.

(10a) Investimento na Companhia B	320
Caixa (Operações – Estorno da Participação em Lucros Não Distribuídos de Coligada)	320

Linha 11: Redução de pagamentos antecipados

Dado que os pagamentos antecipados diminuíram em $ 200 em 2013, a empresa pagou caixa em 2013 para novos pagamentos antecipados em valor menor que o despendido para antecipações em anos anteriores. Suponha que todos os pagamentos antecipados são relativos a atividades de vendas e administrativas. O respectivo lançamento contábil no diário da Ellwood Corporation durante o ano tem o seguinte efeito combinado:

(11) Despesas de Venda e Administrativas	3.550			
Caixa				3.550
Pagamentos Antecipados				200

ΔCaixa	=	ΔP	+	ΔPL	ΔANC
–3.350 (Operações)		0		–3.350	–200

Para explicar a variação de pagamentos antecipados na planilha de trabalho, subtraia $ 200 do lucro líquido pela variação credora[2] em uma conta do ativo circulante operacional, de modo que o fluxo de caixa das operações informe o valor dos desembolsos.

(11a) Caixa (Operações – Redução em Pagamentos Antecipados)	200	
Pagamentos Antecipados		200

Linha 12: Aumento em contas a pagar

Um aumento em contas a pagar indica que novas compras a prazo em 2013 excederam os pagamentos no período de compras anteriores feitas a prazo. Esse aumento em contas a pagar, uma conta do passivo circulante operacional, implica aumento do caixa. Os fornecedores concederam financiamento, de modo que a Ellwood Corporation pode adquirir bens à vista. Considere isso da seguinte maneira: imagine que uma empresa toma emprestado caixa de um fornecedor, debitando Caixa e creditando Notas Promissórias a Pagar. A seguir, a empresa usa o caixa para adquirir estoque e outros itens. Você pode ver que o fornecedor proporcionou caixa e que a empresa aumenta uma conta do passivo circulante. Uma empresa que compra a prazo obtém o mesmo resultado, exceto por creditar Fornecedores e não Notas Promissórias a Pagar. Dado que o fornecedor vincula o financiamento à compra de produtos usados nas operações, a contabilidade classifica a fonte de caixa na seção de operações e não de financiamentos na demonstração dos fluxos de caixa.

(12a) Caixa (Operações – Aumento de Fornecedores)	780	
Fornecedores		780

Examinaremos como o ajuste pela variação de contas a pagar a fornecedores afeta a equação da variação do caixa quando discutirmos o ajuste do estoque.

Linha 13: Aumento em adiantamentos de clientes

O aumento de $ 400 em adiantamentos de clientes significa que a empresa recebeu $ 400 a mais em 2013 do que ela reconheceu como receita. A planilha de trabalho adiciona esse excedente ao lucro líquido na derivação do fluxo de caixa das operações.

---

2. Dado que os pagamentos antecipados diminuíram, o valor do declínio é uma adição ao caixa. Se os pagamentos antecipados tivessem aumentado, uma variação devedora, o valor do incremento seria uma subtração ao caixa.

(13a) Caixa (Operações – Aumento em Adiantamento de Clientes)	400	
Adiantamento de Clientes		400

Consideraremos como o ajuste pela variação nos adiantamentos de clientes afeta a equação da variação do caixa quando discutirmos mais adiante o ajuste de contas a receber.

Linha 14: Aumento de contas a receber

O aumento de contas a receber indica que a empresa recebeu menos caixa dos clientes que o valor apresentado em vendas a prazo. A planilha de trabalho subtrai o aumento de contas a receber ao derivar o fluxo de caixa das operações.

(14a) Contas a Receber (Líquido)	900	
Caixa (Operações – Aumento em Contas a Receber)		900

Esse lançamento incorpora automaticamente o efeito de qualquer mudança nas Perdas Estimadas com Contas Incobráveis (ou Provisão para Devedores Duvidosos – PDD). A planilha de trabalho poderia apresentar lançamentos separados pela variação do valor bruto das contas a receber e a variação das perdas estimadas com contas incobráveis.

Podemos agora resumir como as variações nas contas a receber e as variações nos adiantamentos de clientes afetam a equação das variações do caixa. Um único lançamento abaixo combina os lançamentos reais no diário da Ellwood Corporation feitos para as transações **13** e **14**.

Caixa	10.000	
Contas a Receber (Líquido)	900	
Adiantamentos de Clientes		400
Receitas de Venda		10.500

ΔCaixa	=	ΔP	+	ΔPL	ΔANC
+10.000 (Operações)		+400		+10.500	+900

Linha 15: Aumento de estoque

O aumento no estoque indica que a empresa adquiriu mais matérias-primas e suprimentos do que vendeu em 2013. A planilha de trabalho subtrai a variação do estoque ao derivar o fluxo de caixa das operações.

(15a) Estoque	850	
Caixa (Operações – Aumento de Estoque)		850

Podemos agora considerar o efeito no caixa da variação dos estoques e da variação de fornecedores. Um único lançamento no diário combina a seguir os lançamentos reais da Ellwood Corporation para as transações **12** e **15**.

Custo dos Produtos Vendidos	6.000	
Estoque	850	
Fornecedores		780
Caixa		6.070

ΔCaixa	=	ΔP	+	ΔPL	ΔANC
−6.070 (Operações)		+780		−6.000	+850

Linha 16: Redução de provisão para garantia

Como explica o **Capítulo 9**, as empresas estimam os custos futuros de garantias nas vendas correntes usando o método de provisão para garantias. A conta de Provisão para Garantia aumenta pelos custos estimados de serviços de garantia sobre produtos vendidos durante o período e diminui pelo gasto real com serviços de garantia realizados no mesmo período. Em 2013, a empresa pagou $ 300 a mais em reclamações de garantia do que ela informou como despesas na demonstração do resultado. A Ellwood Corporation estimou uma despesa de garantia de $ 920 e incluiu esse valor nas despesas de vendas e administrativas na sua demonstração do resultado, conforme a **Figura 16.1**. A empresa fez lançamentos durante o ano com o seguinte efeito combinado:

(16) Despesas com Vendas e Administrativas...	920	
Provisão para Garantia..		300
Caixa..		1.220

ΔCaixa	=	ΔP	+	ΔPL	ΔANC
−1.220 (Operações)		−300		−920	0

A planilha de trabalho subtrai essa diminuição na Provisão para Garantia, de modo que o fluxo de caixa das operações informa o valor dos desembolsos de caixa, e não o valor das despesas.

(16a) Provisão para Garantia...	300	
Caixa (Operações − Redução de Provisão para Garantia)..		300

O fluxo de caixa de operações, totalizado pelas transações registradas que afetam as atividades operacionais, é de $ 910 em 2013.

Linhas 17 e 18

Veja as discussões nas linhas **6** e **9**.

Linha 19: Aquisição de equipamentos

A empresa adquiriu equipamentos custando $ 1.300 em 2013. O lançamento desta atividade de investimento é o seguinte:

(19a) Equipamento	1.300	
Caixa (Investimentos − Aquisição de Equipamento)		1.300

O fluxo de caixa de investimentos, totalizado pelas transações registradas que afetam as atividades de investimento de 2013, é uma saída líquida de $ 1.070.

Linha 20: Empréstimos bancários de curto prazo

A Ellwood Corporation tomou um empréstimo em seu banco no valor de $ 750 em 2013 como contrato de financiamento de curto prazo. Mesmo sendo esse empréstimo de curto prazo, a demonstração dos fluxos de caixa o classifica como atividade de financiamento, e não operacional. O lançamento na planilha de trabalho é o seguinte:

(20a) Caixa (Financiamentos – Empréstimo Bancário de Curto Prazo)..	750	
Empréstimos a Pagar		750

Linha 21: Emissão de *bonds* de longo prazo

A empresa emitiu títulos de dívida de longo prazo totalizando $ 400 em 2013.

(21a) Caixa (Financiamentos – Emissão de *Bonds* de Longo Prazo)...	400	
Bonds a Pagar		400

Linha 22: Emissão de ações preferenciais

A empresa emitiu ações preferenciais por $ 200 em dinheiro durante o ano.

(22a) Caixa (Financiamentos – Emissão de Ações Preferenciais)...	200	
Capital Social – Ações Preferenciais..		200

Linha 23: Liquidação de dívida de longo prazo no vencimento

A Ellwood Corporation quitou $ 1.500 em dívidas de longo prazo no vencimento. A demonstração do resultado na **Figura 16.1** mostra que não houve ganho ou perda com a liquidação dessa dívida. Assim, a empresa tem de ter liquidado essa dívida pelo seu valor contábil. Fazemos o seguinte lançamento na planilha de trabalho:

(23a) *Bonds* a Pagar..	1.500	
Caixa (Financiamentos – Liquidação de Dívida de Longo Prazo)..		1.500

Se a empresa tivesse liquidado a dívida antes do vencimento, ela provavelmente teria reconhecido um ganho ou perda. A planilha de trabalho eliminaria o ganho ou perda do lucro líquido ao calcular o fluxo de caixa das operações e classificaria como uma atividade de financiamento o valor total do caixa utilizado para liquidar a dívida.

Linha 24: Aquisição de ações ordinárias

A empresa adquiriu ações ordinárias de sua própria emissão a um custo de $ 130 em 2013 e contabiliza a transação usando o método das ações em tesouraria. O lançamento na planilha de trabalho é o seguinte:

(24a) Ações em Tesouraria	130	
Caixa (Financiamentos – Aquisição de Ações Ordinárias)		130

Linha 25: Dividendos

A Ellwood Corporation declarou e pagou $ 390 de dividendos aos seus acionistas em 2013. O lançamento é o seguinte:

(25a) Lucros Acumulados..	390	
Caixa (Financiamentos – Dividendos)..		390

O IFRS permite às empresas apresentar o caixa usado em dividendos como um uso operacional.

Linha 26: Exercício de opções de ações por empregados

Em 2013, os funcionários da Ellwood Corporation exerceram certas opções de compra de ações. Em um ano anterior, eles haviam recebido opções para as quais a Ellwood Corporation havia reconhecido $ 20 de despesa de remuneração (e creditado Reservas de Capital). (Veja o lançamento (4) para o mesmo tipo de lançamento feito neste ano.) Em 2013, os empregados exerceram essas opções, pagando $ 40 em dinheiro para adquirir ações ordinárias com valor nominal de $ 10. O lançamento feito para o registro contábil no exercício é o seguinte:

(26) Caixa	40	
Reservas de Capital		20
Capital Social – Ações Ordinárias..		10
Reservas de Capital – Ágio na Emissão de Ações...		50

Ativo	=	Passivo	+	Patrimônio Líquido	Classificação
+40				–20	Reserva de Capital
				+10	Capital Social
				+50	Res. Capital – Ágio

ΔCaixa	=	ΔP	+	ΔPL	–	ΔANC
40		0		–20		0
				+10		
				+50		

O contador reflete essa transação financeira na planilha de trabalho das contas T fazendo o seguinte lançamento:

(26a) Caixa (Financiamentos – Emissão de Ações Ordinárias)	40	
Reservas de Capital		20
Capital Social – Ações Ordinárias (valor de face)		10
Reservas de Capital – Ágio na Emissão de Ações...		50

Totalizando as transações que afetam as atividades de financiamento, chegamos ao cálculo de uma saída líquida de caixa de financiamentos de $ 630 durante o ano.

Investimentos não caixa e transações financeiras

Algumas transações de investimentos e financiamentos não envolvem caixa, e, portanto, não aparecem nas seções de operações, investimentos ou financiamentos na demonstração dos fluxos de caixa. Essas transações, entretanto, ajudam a explicar as variações nas contas do balanço patrimonial. O contador precisa inserir essas transações na planilha de trabalho de contas T para contabilizar integralmente as variações do balanço patrimonial e calcular corretamente a porção dessas variações que afetam o caixa.

Remensuração de títulos e valores mobiliários a valor justo. Em 2013, a Ellwood Corporation remensurou ações pelo seu valor justo. O lançamento é o seguinte:

(27) Perda Não Realizada em Títulos Disponíveis para Venda (ORA)	20	
Títulos Disponíveis para Venda		20

Ativo	=	Passivo	+	Patrimônio Líquido	Classificação
−20				−20	ORA → ORAA

ΔCaixa	=	ΔP	+	ΔPL	−	ΔANC
0		0		−20		−20

Esse lançamento não afeta o caixa, e, por isso, não aparece na demonstração dos fluxos de caixa. A perda não realizada não está incluída no lucro líquido porque esses títulos estão classificados como disponíveis para venda (a perda está incluída em Outros Resultados Abrangentes – ORA). O lançamento no diário ajuda a explicar a variação durante o ano na conta acima de títulos e valores mobiliários, e requer o seguinte lançamento na planilha de trabalho de contas T:

(27a) Perda Não Realizada em Títulos Disponíveis para a Venda	20	
Títulos Disponíveis para a Venda		20

Remensuração do investimento na companhia A pelo valor justo. Em 2013, a Ellwood Corporation também remensurou seu investimento na Companhia A, um título disponível para a venda, para refletir a variação no seu valor justo. O lançamento no diário é o seguinte:

(28) Investimento na Companhia A	30	
Ganho Não Realizado em Investimentos em Títulos (ORA)		30

Ativo	=	Passivo	+	Patrimônio Líquido	Classificação
+30				+30	ORA → ORAA

ΔCaixa	=	ΔP	+	ΔPL	−	ΔANC
0		0		+30		+30

Esse lançamento não afeta os fluxos de caixa, e a variação do valor justo não afeta o lucro líquido. O lançamento ajuda a explicar a variação durante o período na conta Investimento na Companhia A, e requer o seguinte lançamento na planilha de trabalho de contas T:

(28a) Investimento na Companhia A	30	
Ganho Não Realizado em Investimentos em Títulos		30

Leasing **financeiro.** Em 2013, a Ellwood Corporation assinou um contrato de arrendamento de longo prazo de um edifício. Ela classificou o arrendamento como um *leasing* financeiro e o registrou em suas contas da seguinte maneira[3]:

---

3. Tecnicamente, a conta debitada não é Edifício, mas Edifício Arrendado. Nossa pesquisa sobre a prática real sugere que muitas empresas a denominam apenas Edifício.

(29) Edifício Arrendado...	300	
Leasing Financeiro a Pagar..		300

Ativo	=	Passivo	+	Patrimônio Líquido	Classificação
+300		+300			

ΔCaixa	=	ΔP	+	ΔPL	−	ΔANC
0		+300		0		+300

Esse lançamento não afeta o caixa nem o lucro. Contudo, ele afeta as atividades de investimento e de financiamento da Ellwood Corporation e requer evidenciação, seja em um anexo suplementar à demonstração dos fluxos de caixa, seja nas notas explicativas das demonstrações financeiras. O contador fará o seguinte lançamento na planilha de trabalho das contas T:

(29a) Edifício Arrendado...	300	
Leasing Financeiro a Pagar..		300

A empresa deverá evidenciar transações como esta, mas não incluirá essas transações não caixa nas seções de operações, de financiamento ou de investimento na demonstração dos fluxos de caixa.

Conversão de dívida em capital. Em 2013, os investidores em *bonds* conversíveis da Ellwood Corporation exerceram sua opção de converter seus títulos de dívida em ações ordinárias. O lançamento contábil para registrar essa conversão é o seguinte:

(30) *Bonds* a Pagar..	300	
Capital Social – Ações Ordinárias...		100
Reserva de Capital – Ágio na Emissão de Ações		200

Ativo	=	Passivo	+	Patrimônio Líquido	Classificação
		−300		+100	Capital Social
				+200	Reserva de Capital

ΔCaixa	=	ΔP	+	ΔPL	−	ΔANC
0		+300		+100		0
				+200		

Essa transação é, tal como os contratos de *leasing* financeiro, uma transação material não caixa que a empresa precisa evidenciar separadamente, ainda que a Demonstração dos Fluxos de Caixa não mostre nenhum dos seus efeitos. O contador reflete esta transação financeira na planilha de trabalho de contas T fazendo o seguinte lançamento:

(30a) *Bonds* a Pagar...	300	
Capital Social – Ações Ordinárias...		100
Reserva de Capital – Ágio na Emissão de Ações		200

A **Figura 16.4** apresenta a planilha de trabalho de contas T da Ellwood Corporation para 2013.

PROBLEMA 16.1 PARA APRENDIZAGEM

Efeitos de transações na demonstração dos fluxos de caixa. A **Figura 6.12** do **Capítulo 6** apresenta uma demonstração dos fluxos de caixa simplificada. Para cada transação que segue, indique o(s) número(s) da(s) linha(s) na **Figura 6.12** afetado(s) pela transação, o valor e a direção (aumento ou diminuição) do efeito. Amplie a definição da Linha **(1)**, de modo a incluir recebimentos de outras fontes de receita operacional. Se a transação afeta o lucro líquido, indique se ele aumenta ou diminui. Ignore os efeitos de tributos sobre o lucro.

a. Uma empresa vende por $ 12.000 equipamento que custou originalmente $ 30.000 e que tinha uma depreciação acumulada de $ 16.000 no momento da venda.
b. Uma empresa possui 25% das ações ordinárias de uma investida adquirida há vários anos pelo seu valor contábil líquido e usa o método de equivalência patrimonial. A investida teve um lucro líquido de $ 80.000 e pagou dividendos de $ 20.000 durante o período.
c. Uma empresa, como arrendatária, registra pagamentos de arrendamento de $ 50.000 por *leasing* financeiro no período, dos quais $ 35.000 representam despesas com juros.
d. A despesa de tributo sobre o lucro no período totaliza $ 120.000, dos quais a empresa paga $ 90.000 imediatamente e difere os remanescentes $ 30.000 por causa de diferenças temporárias entre os princípios contábeis usados para a informação financeira e os usados para a informação fiscal.
e. Uma empresa possui 10% das ações ordinárias de uma investida e as contabiliza como um título disponível para a venda classificado como um investimento de longo prazo. A investida teve um lucro líquido de $ 100.000 e pagou dividendos de $ 40.000 no período. O valor justo do investimento no fim do período é igual ao valor justo no início do período.

ILUSTRAÇÃO DO MÉTODO DIRETO PARA O FLUXO DE CAIXA DAS OPERAÇÕES

A **Figura 16.5** deriva o Fluxo de Caixa das Operações da Ellwood Corporation apresentado pelo método direto. Embora o método direto de apresentação do fluxo de caixa requeira menos entendimento do contraste entre a contabilidade pelo regime de caixa e a contabilidade pelo regime de competência, sua derivação requer o mesmo entendimento que o método indireto. Cada adição e subtração na apresentação pelo método indireto aparece na derivação pelo método direto.

Para visualizar a relação entre os métodos indireto e direto, considere o seguinte contraste da aritmética equivalente utilizada nas duas derivações do fluxo de caixa das operações.

- O método indireto parte do total do lucro líquido. A seguir, adiciona os valores das despesas que não usam caixa e subtrai os valores das receitas que não geram caixa. Em seguida, remove os efeitos dos ganhos e perdas não operacionais – subtraindo o valor dos ganhos e estornando o valor das perdas. Finalmente, adiciona ou subtrai as variações do balanço patrimonial que envolvem contas operacionais não caixa (variações no capital de giro).
- O método direto parte dos componentes do lucro, as receitas e despesas individuais, mas não os ganhos ou perdas, e adiciona ou subtrai as mesmas variações do balanço patrimonial que envolvem as mesmas contas operacionais. Tome uma linha da demonstração do resultado e, a seguir, liste a seu lado, horizontalmente, as adições e subtrações.

O método indireto apresenta o total líquido das receitas menos despesas, adicionando a esse total ou subtraindo desse total. O método direto parte de uma linha da demonstração do resultado e, a seguir, faz adições ou subtrações a este componente. Dado que os valores das variações do balanço patrimonial adicionadas e subtraídas são os mesmos, o resultado – fluxo de caixa das operações – tem de ser o mesmo.

Pensamos que você entenderá melhor o fluxo de caixa das operações se dominar o método direto, porque sua apresentação e também a derivação corresponderão a sua intuição. Além disso, o entendimento da causa das variações de período a período no fluxo de caixa das operações é melhor com a apresentação do método direto. Contudo, poucas empresas usam o método direto nos seus relatórios financeiros auditados.

INTERPRETANDO A DEMONSTRAÇÃO DOS FLUXOS DE CAIXA

O **Capítulo 6** mostrou que uma interpretação apropriada das informações contidas na demonstração dos fluxos de caixa requer:

Figura 16.5

Ellwood Corporation
Derivando o Método Direto do Fluxo de Caixa de Operações
Usando Dados da Conta T da Planilha de Trabalho

1. Copiar a Demonstração do Resultado [coluna (a)] e o Fluxo de Caixa das Operações [coluna (b)]
2. Copiar a Informação da Planilha de Trabalho das Contas T e Juntar ao Item Relacionado da Demonstração do Resultado [colunas (b) e (c)]
3. Somar Através das Colunas e Derivar Recebimentos e Desembolsos Diretos [colunas (d) e (e)]

Operações Demonstração do Resultado: Receitas, Ganhos, Despesas e Perdas (a)	Método Indireto (b)	Variações nas Contas do Balanço a partir da Planilha de Trabalho das Contas T (c)	Método Direto (d)	Das Operações: Recebimentos Menos Desembolsos (e)
Receita de Vendas .... $ 10.500	$ 400	= Aumento de Adiantamentos de Clientes	$ 10.00	Recebimentos de Clientes
	(900)	= Aumento de Contas a Receber		
Receita de Dividendos 320			320	Recebimentos de Investimentos
Resultado de Equivalência Patrimonial em coligadas.. 480	(320)	Dividendos Recebidos foram de apenas $160	160	Recebimentos de Investimentos Avaliados por Equivalência Patrimonial
Ganho na Venda de Equipamentos...................... 40	(40)	Ganho não produz nenhum efeito sobre o Caixa das Operações	–	
Custo dos Produtos Vendidos .... (6.000)	450	Depreciação das Instalações da Fábrica	(5.470)	Pagamentos a Fornecedores
	150	Amortização das Patentes Usadas na Fabricação		
	780	Aumento de Fornecedores		
	(850)	Aumento de Estoques		
Despesas de Vendas e Administrativas .... (3.550)	250	Depreciação de Equipamentos e Prédios Administrativos	(3.400)	Pagamentos de Despesas de Vendas e Administrativas
	200	Diminuição nos Pagamentos Antecipados		
	(300)	Diminuição nas Provisões para Garantia		
Despesa com Remuneração - Opções de Ações a Empregados .... (170)	170	Remuneração Paga em Opções	–	
Perda por *Impairment* de Terreno................................. (80)	80	Perda Reduz o Valor Contábil do Terreno	–	
Perda na Venda de Títulos e Valores Mobiliários .... (30)	30	Perda Não Usa Nenhum Caixa	–	
Despesa de Juros .... (450)	(50)	Pagamentos de Cupons Excedentes às Despesas de Juros	(500)	Pagamentos pelo Serviço da Dívida
Despesa com Tributos sobre o Lucro .... (300)	100	Imposto de Renda Diferido não Usa Nenhum Caixa neste Período	(200)	Pagamentos de Tributos sobre o Lucro
		Totais...................................	$ 910	= Caixa das Operações pelo Método Direto
Lucro Líquido .... $ 760 =	760			
	$ 910	= Caixa das Operações pelo Método Indireto		

- Um entendimento das características econômicas dos setores nos quais uma empresa conduz suas operações.
- Uma visão multiperíodo.

Este tópico discute com mais detalhes a interpretação da demonstração dos fluxos de caixa.

Relação entre lucro líquido e fluxo de caixa das operações

O lucro líquido (Receita menos Despesas) difere do Fluxo de Caixa de Operações (Recebimento das operações menos Pagamentos das operações). O balanço patrimonial reflete essas diferenças nas variações das contas circulantes e não circulantes:

1. Variações dos ativos e passivos não circulantes.
2. Variações nas contas do capital de giro operacional.

Variações dos ativos e passivos não circulantes. A medida na qual uma empresa ajusta o lucro líquido pelas variações dos ativos e passivos não circulantes ao derivar o fluxo de caixa das operações depende da natureza das suas operações. Empresas de capital intensivo provavelmente apresentarão um estorno substancial da despesa de depreciação no lucro líquido, ao passo que empresas de serviço apresentarão um valor menor. Empresas que crescem rapidamente costumam mostrar um estorno de despesas tributárias diferidas, ao passo que empresas que pararam de crescer ou que estão se retraindo mostram uma subtração. Empresas que crescem ou diversificam pela aquisição de posições minoritárias de participação em outras empresas frequentemente mostrarão uma subtração ao lucro líquido de ganhos de equivalência patrimonial não distribuídos. Empresas que diminuem em tamanho apresentam normalmente adições ou subtrações para perdas e ganhos na alienação de ativos.

Variações nas contas de capital de giro. O ajuste pelas variações das contas de capital de giro depende, em parte, da taxa de crescimento da empresa. Empresas que crescem rapidamente experimentam, em geral, aumentos significativos em contas a receber e em estoques. Algumas empresas usam fornecedores e outros credores para financiar essas necessidades de capital de giro (classificadas como atividades operacionais), enquanto outras usam empréstimos de curto e longo prazos ou financiamentos de capital (classificados como atividades financeiras).

Relações entre os fluxos de caixa das atividades operacionais, de investimento e de financiamento

O conceito de ciclo de vida do produto, da microeconomia e do marketing proporciona um entendimento importante das relações entre os fluxos de caixa das atividades de operações, de investimentos e de financiamento.

Durante a fase inicial de introdução, a saída de caixa excede a entrada das operações porque as operações ainda não estão obtendo lucros, ao passo que a empresa precisa investir em contas a receber e em estoques. As atividades de investimento resultam em uma saída líquida de caixa para construir capacidade produtiva. As empresas precisam se apoiar em financiamentos externos nessa fase para superar o fluxo de caixa negativo das operações e de investimentos.

A fase de crescimento possui características de fluxo de caixa similares à fase da introdução. A fase de crescimento reflete vendas de produtos bem-sucedidos e o lucro líquido se torna positivo. Uma empresa que cresce faz mais vendas, mas também precisa adquirir mais produtos e criar mais serviços para vender. Uma vez que frequentemente precisa pagar pelos produtos que adquire antes de receber pelos produtos que vende, a empresa que cresce encontra-se frequentemente com falta de caixa das operações. Quanto mais rápido ela cresce (mesmo sendo lucrativa), de mais caixa precisa. O amadurecimento de um produto altera essas relações de fluxo de caixa. O lucro líquido normalmente atinge um pico e o capital de giro para de crescer. As operações geram fluxo de caixa positivo suficiente para financiar dispêndios no imobilizado. Os investimentos costumam ser para manter, e não tanto aumentar, a capacidade produtiva. As empresas usam o excedente de fluxo de caixa para repagar empréstimos das fases de introdução e decrescimento e, possivelmente, para começar a pagar dividendos aos acionistas.

Uma lucratividade mais fraca – por vendas reduzidas ou por margens de lucro reduzidas nas vendas existentes – sinaliza o início da fase de declínio, mas contas a receber e estoques que diminuem continuamente podem produzir um fluxo de caixa positivo das operações. Além disso, vendas de imobilizado desnecessário podem resultar em um fluxo de caixa positivo das atividades de investimento. As empresas podem usar o fluxo de caixa excedente para repagar dívidas remanescentes ou para diversificar em novas áreas de negócios.

OS EFEITOS DE TRANSAÇÕES ENVOLVENDO DERIVATIVOS E A OPÇÃO PELO VALOR JUSTO NA DEMONSTRAÇÃO DOS FLUXOS DE CAIXA

O **Capítulo 13** apresenta as razões pelas quais as empresas realizam transações envolvendo derivativos e mostra a sua contabilização. Na maioria dos casos, as partes complexas dessas transações ocorrem depois que a empresa adquiriu o derivativo, mas essas transações subsequentes não afetam os fluxos de caixa até, possivelmente, a sua liquidação. A seguinte discussão refere-se a uma demonstração dos fluxos de caixa que usa o método indireto para apresentar os fluxos de caixa das operações.

- A empresa adquire um derivativo contra caixa. A maioria das aquisições de derivativos representa títulos de mercado mantidos como ativos circulantes. O fluxo de caixa da seção de operações mostra uma subtração pelo aumento das contas do ativo circulante em um valor igual ao dispêndio da empresa para adquirir o derivativo. Se a empresa classifica o derivativo como um ativo não operacional, então a saída de caixa aparece na seção de investimento da demonstração dos fluxos de caixa.

- Subsequentemente à aquisição, a empresa pode informar[4] no lucro as variações do valor justo do derivativo. Essas mudanças não afetam o fluxo de caixa. Uma subtração na seção de operações dos fluxos de caixa das operações compensa o valor do ganho informado no lucro. Uma adição na seção de operações compensa o valor de uma perda informada no lucro.

- Subsequentemente à aquisição, a empresa pode informar[5] as variações do valor justo dos derivativos em Outros Resultados Abrangentes. Essas variações não têm efeito em qualquer linha da demonstração dos fluxos de caixa nem afetam o lucro líquido.

- Quando uma transação com derivativos é liquidada, pode haver vários efeitos. Algumas das liquidações envolvem fluxo de caixa líquido, como quando um derivativo não é um *hedge*. Os derivativos com liquidação em caixa podem envolver fluxos de caixa mesmo quando a empresa os utiliza como um *hedge*; frequentemente, contudo, a entrada ou saída de caixa de um derivativo compensa outra saída ou entrada de caixa do outro lado de *hedge*. Outras liquidações envolvem o recebimento de ativos, como estoque ou equipamento, o que não envolve caixa. Uma discussão sobre essas possibilidades está além do escopo deste livro.

O **Capítulo 13** discute também a opção pelo valor justo de certos ativos e passivos financeiros. As empresas que utilizam a opção pelo valor justo remensuram em cada período o valor contábil do ativo pelo valor justo.

- Se a variação do valor justo aumenta o valor contábil, então a empresa informa um ganho no lucro igual ao valor do aumento do valor contábil durante o período corrente. O fluxo de caixa da seção de operações começa com o lucro mais alto resultante. Esse lucro mais alto, contudo, não resulta em uma entrada de caixa durante o período corrente; assim, o fluxo de caixa das seções de operações mostra uma subtração do valor do ganho.

- Se a variação do valor justo do derivativo diminui o valor contábil, a empresa informa o valor dessa diminuição como uma perda no período corrente. A seção do fluxo de caixa das operações mostra um lucro mais baixo como resultado. A perda, contudo, não resulta em saídas ou decréscimo de caixa durante o período corrente; assim, a seção do fluxo de caixa das operações apresenta um estorno dessa perda.

---

4. Veja o **Capítulo 13** para essas situações.
5. Veja o **Capítulo 13** para essas situações.

O EFEITO DAS TRANSAÇÕES ENVOLVENDO INVESTIMENTOS NA DEMONSTRAÇÃO DOS FLUXOS DE CAIXA

O **Capítulo 14** discute a contabilização de investimentos. A **Figura 14.8** resume o efeito das várias formas de investimento no balanço patrimonial e na demonstração do resultado. Aqui, resumimos os efeitos na demonstração dos fluxos de caixa segundo o U.S. GAAP.

Método Contábil	Efeitos na Demonstração dos Fluxos de Caixa
■ Método do valor justo para títulos disponíveis para a venda e *hedges* de fluxo de caixa. Ganhos e perdas realizados aparecem no lucro líquido. Ganhos e perdas não realizados aparecem em Outros Resultados Abrangentes.	■ Dividendos recebidos de uma investida incluem-se no fluxo de caixa das operações do investidor. No método indireto, estornar perdas realizadas acumuladas e subtrair ganhos realizados acumulados incluídos no lucro do período ao derivar o fluxo de caixa das operações. Todos os proventos da venda de títulos disponíveis para a venda aparecem como entrada de caixa nas atividades de investimento.
■ Método do valor justo para títulos classificados como para negociação e para *hedges* de valor justo. Ganhos e perdas, tanto realizados como não realizados, aparecem no lucro líquido.	■ Dividendos recebidos de uma investida incluem-se no fluxo de caixa das operações do investidor. No método indireto, estornar perdas acumuladas, tanto realizadas como não realizadas, e subtrair ganhos acumulados, tanto realizados como não realizados, do lucro do período. Todos os proventos da venda de títulos de mercado aparecem como entrada de caixa nas atividades de investimento.
■ Método do custo amortizado para dívida que o investidor tem habilidade e intenção de manter até o vencimento. O investidor informa receita de juros usando métodos como os ilustrados na **Figura 13.4**.	■ Se o investidor adquiriu uma dívida a um preço abaixo do valor de face, então o fluxo de caixa das operações inclui apenas os juros recebidos de cupons. Se o investidor adquiriu investimento em títulos de dívida acima do valor de face, então o fluxo de caixa das operações incluirá o valor da receita de juros no período, com o caixa remanescente recebido sendo apresentado como uma entrada de caixa das atividades de investimento, do mesmo modo como os proventos de uma venda de investimento.
■ Método de equivalência patrimonial pelo qual o investidor informa sua participação no lucro da investida.	■ O fluxo de caixa de operações do investidor aumenta apenas pelo valor dos dividendos recebidos. No método indireto, deduzir a parte do investidor nos lucros não distribuídos da investida. Se a investida informa uma perda, então o investidor informará no lucro sua parte nessa perda, e, ao usar o método indireto, estornará o valor desta perda, dado que não há saída de caixa.
■ Consolidação pela qual o investidor informa todo o lucro das subsidiárias consolidadas e subtrai a participação de não controladores no lucro de subsidiárias das quais participa com menos de 100%.	■ No método indireto, estornar a subtração da participação de não controladores nos lucros consolidados de subsidiárias das quais possui menos de 100% para derivar o fluxo de caixa das operações.

RESUMO

Este capítulo fornece exemplos abrangentes da demonstração dos fluxos de caixa que incluem muitas das transações que o texto apresenta depois do **Capítulo 6**.

SOLUÇÕES DOS PROBLEMAS PARA APRENDIZAGEM

Solução sugerida para o problema 16.1

(Efeitos de transações nas demonstrações de fluxos de caixa.)

a. O lançamento no livro diário para registrar esta transação é o seguinte:

Caixa...	12.000
Depreciação Acumulada..	16.000
Perda na Venda de Equipamento...	2.000
Equipamento..	30.000

ΔCaixa	=	ΔP	+	ΔPL	−	ΔANC
+12.000 (Investimento)		0		−2.000		+16.000
						−30.000

O débito em Caixa resulta em um aumento de $ 12.000 na linha **(11)**. A venda de equipamentos é uma transação de investimento, logo, a linha **(6)** aumenta em $ 12.000. A perda na venda reduz o lucro líquido; então a linha **(3)** se reduz em $ 2.000. Visto que a perda não envolve saída de caixa, a linha **(4)** aumenta em $ 2.000 para estornar a perda no lucro líquido ao calcular o fluxo de caixa de operações.

b. O lançamento no livro diário para registrar esta transação é o seguinte:

Caixa...	5.000
Investimento em Títulos..	15.000
Resultado de Equivalência Patrimonial de Coligada...	20.000

ΔCaixa	=	ΔP	+	ΔPL	−	ΔANC
+5.000 (Operações)		0		+20.000		+15.000

O débito no Caixa resulta em um aumento de $ 5.000 na linha **(11)**. A linha **(1)** aumenta em $ 5.000 pelo recebimento do investimento, considerado uma fonte operacional de caixa. A linha **(3)** aumenta em $ 20.000 pela participação nos lucros de coligada. Visto que a empresa recebe apenas $ 5.000 em caixa, a linha **(5)** deve aumentar em $ 15.000 para subtrair dos lucros o excedente de participação nos lucros sobre os dividendos recebidos.

c. O lançamento no livro diário para registrar essa transação é:

Despesa de Juros..	35.000
Leasing Financeiro a Pagar..	15.000
Caixa...	50.000

Ativo	=	Passivo	+	Patrimônio Líquido	Classificação
−50.000		−15.000		−35.000	DRE→LAc

ΔCaixa	=	ΔP	+	ΔPL	−	ΔANC
−50.000 (Operações)		−15.000		−35.000		0

O crédito em Caixa reduz a linha **(11)** em $ 50.000. A linha **(2)** aumenta em $ 35.000 pelo aumento da utilização de caixa, o dispêndio para a porção de pagamento do serviço dívida referente aos juros. O reconhecimento de uma despesa de juros reduz o lucro líquido na linha **(3)** em $ 35.000. Esse valor representa um uso operacional de caixa e, portanto, não requer estorno ou subtração no cálculo do fluxo de caixa das operações. O pagamento em caixa remanescente de $ 15.000 é um uso do caixa de financiamentos; logo, a linha **(9)** aumenta em $ 15.000.

d. O lançamento no livro diário para registrar essa transação é:

Despesa com Tributos sobre o Lucro (IR) 120.000
Tributos sobre o Lucro Diferidos (IR Diferido) 30.000
    Caixa 90.000

Ativo	=	Passivo	+	Patrimônio Líquido	Classificação
−90.000		+30.000		−120.000	DRE→LAc

ΔCaixa	=	ΔP	+	ΔPL	−	ΔANC
−90.000 (Operações)		+30.000		−120.000		0

O crédito em Caixa reduz a linha **(11)** em $ 90.000. A linha **(2)** aumenta em $ 90.000 pelos dispêndios relacionados aos tributos sobre o lucro. O reconhecimento da despesa de tributos sobre o lucro reduz o lucro líquido na linha **(3)** em $ 120.000. Visto que a empresa utilizou apenas $ 90.000 de caixa para pagar os tributos sobre o lucro nesse período, a linha **(4)** aumenta em $ 30.000 pela porção da despesa que não utilizou caixa.

e. O lançamento no livro diário para registrar essa transação é:

Caixa 4.000
    Receita de Dividendos 4.000

ΔCaixa	=	ΔP	+	ΔPL	−	ΔANC
+4.000 (Operações)		0		+4.000		0

O débito em Caixa resulta em um aumento na linha **(11)** de $ 4.000. O reconhecimento da receita de dividendos aumenta o lucro líquido em $ 4.000 na linha **(3)**. Visto que o recebimento de dividendos dos investimentos em títulos é uma transação operacional e o valor da receita de dividendos é igual ao valor do caixa recebido, o contador não faz ajustes no lucro líquido para calcular o fluxo de caixa das operações. O IFRS permite que a empresa apresente o caixa recebido com dividendos de investimentos como atividade operacional ou como atividade de investimento.

PROBLEMAS

1. **Efeitos de transações na demonstração dos fluxos de caixa.** A **Figura 6.12** do **Capítulo 6** apresenta uma demonstração simplificada dos fluxos de caixa. Para cada uma das transações que seguem, indique o(s) número(s) da(s) linha(s) na **Figura 6.12** afetadas pela transação e o valor e a direção (aumento ou diminuição) do efeito. Se a transação afetar o lucro líquido na linha **(3)** ou o caixa na linha **(11)**, indique se a linha aumenta ou diminui. Amplie a definição da linha **(1)** para incluir recebimentos de outras fontes de receita operacional. Ignore os efeitos de tributos sobre o lucro. Indique os efeitos de cada transação na Equação da Variação do Caixa.

    a. Uma empresa declara dividendos em dinheiro de $ 15.000, dos quais ela paga $ 12.000 imediatamente aos seus acionistas; ela pagará os remanescentes $ 3.000 no próximo período contábil.
    b. Uma empresa toma um empréstimo de $ 75.000 do seu banco.
    c. Uma empresa vende por $ 20.000 um maquinário que tinha custado originalmente $ 40.000 e tinha uma depreciação acumulada de $ 35.000.

d. Uma empresa como arrendatária registra pagamentos de *leasings* operacionais de $ 28.000 no período.

e. Uma empresa adquire, com excedente de caixa temporário, ações de mercado custando $ 39.000.

f. Uma empresa dá baixa (*writes off*) em um caminhão totalmente depreciado que tinha custado originalmente $ 14.000.

g. Uma ação classificada como disponível para a venda adquirida durante o período atual por $ 90.000 tem um valor justo de $ 82.000 no final do período. Indique o efeito dos lançamentos de ajuste no fim do exercício aplicando o método do valor de mercado.

h. Uma empresa registra uma despesa de juros de $ 15.000 no período, referente a títulos de dívida emitidos vários anos antes com desconto, composta de $ 14.500 de pagamento em caixa e $ 500 adicionados a *Bonds* a Pagar.

i. Uma empresa registra uma perda por *impairment* de $ 22.000 no período referente a um *goodwill* proveniente de uma aquisição, anos atrás, de um investimento de 80% em uma subsidiária.

2. Efeitos de transações na demonstração dos fluxos de caixa. A **Figura 6.12** do **Capítulo 6** apresenta uma demonstração simplificada dos fluxos de caixa. Para cada uma das transações que seguem, indique o(s) número(s) da(s) linha(s) na **Figura 6.12** afetadas pela transação e o valor e a direção (aumento ou diminuição) do efeito. Se a transação afetar o lucro líquido na linha **(3)** ou o caixa na linha **(11)**, indique se a linha aumenta ou diminui. Amplie a definição da linha **(1)** para incluir recebimentos de outras fontes de receita operacional. Ignore os efeitos de tributos sobre o lucro. Indique os efeitos de cada transação na Equação da Variação do Caixa.

a. Uma empresa adquire um edifício pelo custo de $ 400.000, pagando $ 40.000 em caixa e assinando uma nota promissória de $ 360.000 ao vendedor.

b. Uma empresa, utilizando o método da provisão, registra $ 32.000 de despesa com maus pagadores no período.

c. Uma empresa, utilizando o método da provisão, dá baixa em contas totalizando $ 28.000 como incobráveis.

d. Uma empresa possui 30% das ações ordinárias de uma investida adquirida há vários anos pelo valor contábil. A investida teve um lucro líquido de $ 40.000 e pagou dividendos de $ 50.000 durante o período.

e. Uma empresa vende por $ 22.000 ações classificadas como disponíveis para venda que custaram originalmente $ 25.000 e com valor contábil de $ 23.000 no momento da venda.

f. Os detentores de ações preferenciais de uma empresa com valor contábil de $ 10.000 convertem suas ações preferenciais em ações ordinárias com valor nominal de $ 2.000. Use o método do valor contábil.

g. Uma empresa dá um terreno com custo de aquisição e valor de mercado de $ 5.000 como pagamento de honorários para o seu advogado corporativo.

h. Uma empresa reduz a conta do passivo Aluguel Recebido Antecipadamente em $ 8.000 quando presta os serviços de aluguel.

i. Uma empresa reclassifica uma dívida de longo prazo de $ 30.000, que vence no próximo ano, como passivo circulante.

3. Efeitos de transações na demonstração dos fluxos de caixa. A **Figura 6.12** do **Capítulo 6** apresenta uma demonstração simplificada dos fluxos de caixa. Para cada uma das transações que seguem, indique o(s) número(s) da(s) linha(s) na **Figura 6.12** afetadas pela transação e o valor e a direção (aumento ou diminuição) do efeito. Se a transação afetar o lucro líquido na linha **(3)** ou o caixa na linha **(11)**, indique se a linha aumenta ou diminui. Amplie a definição da linha **(1)** para incluir recebimentos de outras fontes de receita operacional. Ignore os efeitos de tributos sobre o lucro. Indique os efeitos de cada transação na Equação da Variação do Caixa.

a. Uma empresa, utilizando o método da porcentagem completada para contratos de longo prazo, reconhece $ 15.000 de receitas no período.

b. Um governo local doa um terreno com valor justo de $ 50.000 para uma empresa, para induzi-la a implantar instalações fabris na área.

c. Uma empresa dá baixa de $ 8.000 em investimentos de longo prazo em títulos para refletir uma diminuição no valor justo.

d. Uma empresa registra $ 60.000 em depreciação das instalações industriais no período. A empresa vendeu todos os produtos que fabricou no período.

e. Uma empresa, utilizando o método da provisão, reconhece $ 35.000 como despesa com garantia no período.

f. Uma empresa, utilizando o método da provisão, faz dispêndios totalizando $ 28.000 para prestar serviços de garantia durante o período.

g. Uma empresa reconhece despesa com tributos sobre o lucro de $ 80.000 no período, composta de $ 100.000 pagos no período corrente e uma redução de $ 20.000 na conta do passivo Tributos sobre o Lucro Diferidos.

h. Uma empresa dá baixa de $ 18.000 em estoque para refletir uma avaliação de menor valor entre custo e mercado.

4. **Trabalhando retroativamente a partir da demonstração dos fluxos de caixa.** A **Figura 16.6** apresenta uma demonstração do resultado e uma demonstração dos fluxos de caixa da Metals Company em 2014 (baseada nas demonstrações financeiras da Alcoa). Faça o lançamento na planilha de trabalho de contas T para cada um dos itens de linha numerados. Por exemplo, o lançamento da planilha de trabalho para a linha **(1)** é o seguinte (valores em milhões de US$):

Caixa (Operações – Lucro Líquido)	1.367,4
Lucros Acumulados..	1.367,4

5. **Derivando o método direto de apresentação dos fluxos de caixa das operações, utilizando dados da planilha de trabalho das contas T.** Considere os dados da **Figura 16.6** da Metals Company em 2014 (baseados nas demonstrações financeiras da Alcoa). Derive a apresentação do fluxo de caixa das operações utilizando o método direto.

6. **Trabalhando retroativamente a partir da demonstração dos fluxos de caixa.** A **Figura 16.7** apresenta uma demonstração dos fluxos de caixa da Ingers Company em 2013. Faça o lançamento na planilha de trabalho de contas T para cada um dos itens de linha numerados. Por exemplo, o lançamento da planilha de trabalho para a linha **(1)** é o seguinte (valores em milhões de US$):

Caixa (Operações – Lucro Líquido)	270,3
Lucros Acumulados..	270,3

7. **Preparando uma demonstração dos fluxos de caixa.** (Adaptado de um exame para Contador Público Certificado.) A direção da Warren Corporation, preocupada com uma diminuição do caixa, apresenta a você uma análise comparativa das variações nos saldos contábeis entre 30 de junho de 2013 e 30 de junho de 2014, como apresentado na **Figura 16.8**.

    Durante o exercício findo em 30 de junho de 2014, a Warren Corporation realizou as seguintes transações:

    (1) Comprou máquinas novas por $ 463.200. Além disso, vendeu algumas máquinas obsoletas com valor contábil de $ 73.200 por $ 57.600. Ela não fez outros lançamentos em Máquinas e Equipamentos ou Contas Relacionadas além da depreciação.

    (2) Pagou $ 2.400 de custos legais na defesa bem-sucedida de uma nova patente, o que corretamente debitou na conta Patentes. Ela registrou amortização de patente no valor de $ 5.040 durante o exercício findo em 30 de junho de 2014.

    (3) Adquiriu 120 ações preferenciais com valor nominal de $ 100 por $ 110 e subsequentemente cancelou as ações. A Warren Corporation debitou o prêmio pago em Lucros Acumulados.

    (4) Em 10 de junho de 2014, a diretoria declarou um dividendo em dinheiro de $ 0,24 por ação, pagáveis aos detentores de ações ordinárias em 10 de julho de 2014.

    (5) A ilustração seguinte apresenta uma análise comparativa de lucros acumulados em 30 de junho de 2013 e em 30 de junho de 2014:

	30 de Junho	
	2014	2013
Saldo em 30 de Junho, Início do Exercício	$ 321.600	$ 157.200
Lucro Líquido	234.000	206.400
Subtotal	$ 555.600	$ 363.600
Dividendos Declarados	(48.000)	(42.000)
Prêmio sobre Ações Preferenciais Recompradas	(1.200)	–
Saldo em 30 de Junho, Fim do Exercício	$ 506.400	$ 321.600

Figura 16.6

Metals Company
(todos os valores em milhões de US$)
(Problema 4)

Demonstração do Resultado de 2014

Receita de Vendas	$ 20.465,0
Ganhos com Venda de Títulos de Mercado	20,8
Resultado de Equivalência Patrimonial de Coligadas	214,0
Total de Receitas e Ganhos	$ 20.699,8
Custo dos Produtos Vendidos	$ 9.963,3
Despesas Gerais e Administrativas	5.570,2
Despesa de Juros	2.887,3
Despesa de Tributos sobre o Lucro	911,6
Total das Despesas	$ 19.332,4
Lucro Líquido	$ 1.367,4

Demonstração dos Fluxos de Caixa de 2014

OPERAÇÕES

(1) Lucro Líquido	$ 1.367,4
Ajustes para Transações Não Caixa:	
(2) Depreciação	664,0
(3) Aumento nos Tributos sobre o Lucro Diferidos no Passivo	82,0
(4) Ganhos de Equivalência Patrimonial Não Distribuídos de Coligada	(47,1)
(5) Ganhos com Vendas de Títulos Disponíveis para Venda	(20,8)
(6) (Aumento) Redução em Contas a Receber	74,6
(7) (Aumento) Redução em Estoque	(198,9)
(8) (Aumento) Redução em Pagamentos Antecipados	(40,3)
(9) Aumento (Redução) em Fornecedores	33,9
(10) Aumento (Redução) em Outros Passivos Circulantes	(110,8)
Fluxo de Caixa de Operações	$ 1.804,0

INVESTIMENTOS

(11) Venda de Títulos de Mercado Disponíveis para a Venda	$ 49,8
(12) Aquisição de Títulos de Mercado Disponíveis para a Venda	(73,2)
(13) Aquisição de Imobilizado	(875,7)
(14) Aquisição de Subsidiárias	(44,5)
Fluxo de Caixa de Investimentos	$ (943,6)

FINANCIAMENTOS

(15) Emissão de Ações Ordinárias para Empregados	$ 34,4
(16) Recompra de Ações Ordinárias	(100,9)
(17) Dividendos Pagos aos Acionistas	(242,9)
(18) Acréscimos em Empréstimos de Curto Prazo	127,6
(19) Acréscimos em Dívida de Longo Prazo	121,6
(20) Pagamento de Dívida de Longo Prazo	(476,4)
Fluxo de Caixa de Financiamentos	$ (536,6)
Variação do Caixa	$ 323,8
Caixa, Início do Exercício	506,8
Caixa, Fim do Exercício	$ 830,6

INFORMAÇÕES SUPLEMENTARES

(21) Aquisição de Imobilizado Mediante Empréstimos com Hipoteca	$ 76,9
(22) Aquisição de Imobilizado Mediante *Leasing* Financeiro	98,2
(23) Conversão de Dívida em Ações Ordinárias	47,8
(24) Outros Passivos Circulantes representam obrigações com Despesas Gerais e Administrativas.	

Figura 16.7

Ingers Company
Demonstração dos Fluxos de Caixa, 2013
(todos os valores em milhões de US$)
(Problema 6)

OPERAÇÕES

(1) Lucro Líquido	$ 270,3
Ajustes de Transações Não Caixa:	
(2) Depreciação	179,4
(3) Ganhos com Vendas de Imobilizado	(3,6)
(4) Participação em Lucros de Coligada	(41,5)
(5) Tributos sobre Lucro Diferidos	15,1
(6) (Aumento) Redução em Contas a Receber	50,9
(7) (Aumento) Redução em Estoque	(15,2)
(8) (Aumento) Redução em Outros Ativos Circulantes	(33,1)
(9) Aumento (Redução) em Contas a Pagar	(37,9)
(10) Aumento (Redução) em Outros Passivos Circulantes	19,2
Fluxo de Caixa de Operações	$ 403,6
(11) Investimentos em Ativos Operacionais *(Capital Expenditures)*	$ (211,7)
(12) Proventos da Venda de Imobilizado	26,5
(13) (Aumento) Redução em Títulos de Mercado	(4,6)
(14) Adiantamentos de Participação em Companhias	18,4
Fluxo de Caixa de Investimentos	$ (171,4)

FINANCIAMENTOS

(15) Redução em Empréstimos de Curto Prazo	$ (81,5)
(16) Emissão de Dívida de Longo Prazo	147,6
(17) Pagamento de Dívida de Longo Prazo	(129,7)
(18) Proventos com Exercício de Opções de Ações	47,9
(19) Proventos com a Venda de Ações em Tesouraria	59,3
(20) Dividendos Pagos	$ (78,5)
Fluxo de Caixa de Financiamentos	$ (34,9)
Variação do Caixa	197,3
Caixa, Início do Exercício	48,3
Caixa, Fim do Exercício	$ 245,6

INFORMAÇÕES SUPLEMENTARES

(21) Novos Arrendamentos Mercantis Financeiros Contratados	$ 147,9
(22) Conversão de Ações Preferenciais em Ações Ordinárias	62,0
(23) Emissão de Ações Ordinárias para Adquirir Investimentos em Títulos e Valores Mobiliários	94,3

© Cengage Learning 2014

(6) A Warren Corporation baixou como incobráveis contas totalizando $ 3.600 em 2014.

a. Prepare uma planilha de trabalho de contas T para elaboração de uma demonstração de fluxos de caixa.

b. Prepare uma demonstração de fluxos de caixa formal da Warren Corporation no exercício findo em 30 de junho de 2014 utilizando o método indireto de apresentação do fluxo de caixa das operações.

8. **Preparando uma demonstração dos fluxos de caixa.** (Adaptado de um exame para Contador Público Certificado.) A Roth Company preparou suas demonstrações financeiras do exercício findo em 31 de dezembro de 2013 e dos três meses findos em 31 de março de 2014. Você preparará a demonstração dos fluxos de caixa dos três meses findos em 31 de março de 2014. A **Figura 16.9** apresenta o balanço patrimonial da companhia em 31 de dezembro de 2013 e em 31 de março de 2014, e a **Figura 16.10** apresenta sua demonstração do resultado dos três meses findos em 31 de março de 2014. Você acredita que os valores estão corretos.

Sua discussão com o *controller* da empresa e uma revisão dos registros financeiros revelam as seguintes informações:

Figura 16.8
Warren Corporation
Variações em Saldos de Contas
Entre 30 de Junho de 2013 e 30 de Junho de 2014
(Problema 7)

	30 de Junho	
	2014	2013
SALDOS DEVEDORES		
Caixa	$ 174.000	$ 223.200
Contas a Receber	306.000	327.600
Estoques	579.600	645.600
Títulos Detidos para Fins de Expansão do Imobilizado	180.000	–
Máquinas e Equipamentos	1.112.400	776.400
Benfeitorias em Imóveis Alugados	104.400	104.400
Patentes	33.360	36.000
Totais	$ 2.489.760	$ 2.113.200
SALDOS CREDORES		
Provisão para Contas Incobráveis	$ 19.200	$ 20.400
Depreciação Acumulada de Máquinas e Equipamentos	499.200	446.400
Amortização Acumulada para Benfeitorias em Imóveis Alugados	69.600	58.800
Contas a Pagar	279.360	126.000
Dividendos em Dinheiro a Pagar	48.000	–
Porção Corrente a Pagar de *Bonds* Seriais de 6%	60.000	60.000
Bonds Seriais de 6% a Pagar (porção não corrente)	300.000	360.000
Ações Preferenciais	108.000	120.000
Ações Ordinárias	600.000	600.000
Lucros Acumulados	506.400	321.600
Totais	$ 2.489.760	$ 2.113.200

(1) Em 8 de janeiro de 2014, a empresa vendeu contra caixa títulos de mercado. Ela tinha comprado esses títulos em 31 de dezembro de 2013. Empresa não tinha comprado títulos de mercado em 2013.

(2) As ações preferenciais da companhia são conversíveis em ações ordinárias a uma taxa de uma ação preferencial por duas ações ordinárias. As ações preferenciais e as ações ordinárias têm valores de face de $ 2 e $ 1, respectivamente.

(3) Em 17 de janeiro de 2014, o governo local desapropriou três acres de terreno. A Roth Company recebeu uma compensação de $ 48.000 em caixa em 22 de março de 2014. Ela não espera comprar terrenos adicionais em substituição.

(4) Em 25 de março de 2014, a companhia comprou equipamentos contra caixa.

(5) O pagamento de juros de *bonds* a pagar excedeu os pagamentos de cupons em $ 225 no período de três meses. Em 29 de março de 2014, a companhia emitiu *bonds* a pagar contra caixa.

(6) A Roth Company declarou dividendos de $ 12.000 nos primeiros três meses de 2014.

a. Elabore uma planilha de trabalho de contas T para preparação da demonstração dos fluxos de caixa definindo recursos como caixa e equivalentes de caixa.

b. Prepare uma demonstração de fluxos de caixa formal da Roth Company dos três meses findos em 31 de março de 2014. Utilize o método indireto.

c. Derive uma apresentação dos fluxos de caixa das operações utilizando o método direto.

9. **Preparando uma demonstração dos fluxos de caixa.** (Adaptado de um exame para Contador Público Certificado.) A **Figura 16.11** apresenta uma demonstração comparativa da posição financeira da Biddle Corporation em 31 de dezembro de 2013 e de 2014. A **Figura 16.12** apresenta uma demonstração do resultado de 2014. Informações adicionais seguem depois da Figura 16.11:

Figura 16.9

Roth Company
Balanço Patrimonial
(Problema 8)

	31 de Março de 2014	31 de Dezembro de 2013
Caixa	$ 131.100	$ 37.950
Títulos de Mercado Disponíveis para a Venda	10.200	24.000
Contas a Receber (Líquido)	73.980	36.480
Estoque	72.885	46.635
Total do Ativo Circulante	$ 288.165	$ 145.065
Terrenos	28.050	60.000
Edificações	375.000	375.000
Equipamentos	122.250	–
Depreciação Acumulada	(24.375)	(22.500)
Participação em 30% de Empresa (Usando Método de Equivalência Patrimonial)	100.470	91.830
Outros Ativos	22.650	22.650
Total do Ativo	$ 912.210	$ 672.045
Contas a Pagar	$ 25.995	$ 31.830
Dividendos a Pagar	12.000	–
Tributos sobre o Lucro a Pagar	51.924	–
Total do Passivo Circulante	$ 89.919	$ 31.830
Outros Passivos	279.000	279.000
Bonds a Pagar	169.275	71.550
Tributos sobre o Lucro Diferidos	1.269	765
Ações Preferenciais	–	45.000
Ações Ordinárias	165.000	120.000
Perdas Acumuladas Não Realizadas com Títulos de Mercado	(750)	(750)
Lucros Acumulados	208.497	124.650
Total Passivo e Patrimônio Líquido	$ 912.210	$ 672.045

Figura 16.10

Roth Company
Dados da Demonstração do Resultado
Para os Três Meses Findos em 31 de Março de 2014
(Problema 8)

Vendas	$ 364.212
Ganho com a Venda de Títulos de Mercado	3.600
Ganho de Equivalência de Participação de 30% em Empresa Investida	8.640
Ganhos com Desapropriação de Terreno	16.050
Total das Receitas	$ 392.502
Custo das Mercadorias Vendidas	$ 207.612
Despesas Gerais e Administrativas	33.015
Depreciação	1.875
Despesa de Juros	1.725
Tributos sobre o Lucro	52.428
Total das Despesas	$ 296.655
Lucro Líquido	$ 95.847

Figura 16.11

Biddle Corporation
Demonstração da Posição Financeira
(Problema 9)

	31 de Dezembro	
	2014	2013
ATIVO		
Caixa	$ 50.000	$ 45.000
Contas a Receber (Líquidas de Provisão para Devedores Duvidosos de $ 10.000 e $ 8.000, respectivamente)	105.000	70.000
Estoque	130.000	110.000
Total do Ativo Circulante	$ 285.000	$ 225.000
Terreno	162.500	100.000
Planta e Equipamento	290.000	316.500
Menos Depreciação Acumulada	(45.000)	(50.000)
Patentes	15.000	16.500
Total do Ativo	$ 707.500	$ 608.000
PASSIVO E PATRIMÔNIO LÍQUIDO		
Passivo		
Fornecedores	$ 130.000	$ 100.000
Despesas a Pagar	100.000	105.000
Total do Passivo Circulante	$ 230.000	$ 205.000
Tributos sobre o Lucro Diferidos	70.000	50.000
Bonds de Longo Prazo (Vencimento em 15 de Dezembro de 2020)	65.000	90.000
Total Passivo	$ 365.000	$ 345.000
Patrimônio Líquido		
Ações Ordinárias, Valor de Face $ 5; 50.000 Ações Autorizadas; 25.000 Emitidas e em Circulação no Fim de 2014 e 21.000 no Fim de 2013	$ 125.000	$ 105.000
Reservas de Capital	116.500	85.000
Lucros Acumulados	101.000	73.000
Total do Patrimônio Líquido	$ 342.500	$ 263.000
Total do Passivo e Patrimônio Líquido	$ 707.500	$ 608.000

(1) Em 2 de fevereiro de 2014, a Biddle emitiu um dividendo de 10% em ações para os acionistas registrados em 15 de janeiro de 2014. O preço de mercado da ação ordinária em 2 de fevereiro de 2014 era de $ 15.

(2) Em 1º de março de 2014, a Biddle emitiu 1.900 ações ordinárias para adquirir um terreno. As ações ordinárias e o terreno tinham valores justos de aproximadamente $ 20.000 em 1º de março de 2014.

(3) Em 15 de abril de 2014, a Biddle recomprou *bonds* de longo prazo com valor nominal e contábil de $ 25.000. Ela informou um ganho de $ 6.000 na demonstração do resultado.

(4) Em 30 de junho de 2014, a Biddle vendeu equipamento que tinha custado originalmente $ 26.500, com um valor contábil de $ 11.500, por $ 9.500 em caixa.

(5) Em 30 de setembro de 2014, a Biddle declarou e pagou um dividendo de $ 0,04 por ação aos acionistas registrados em 1º de agosto de 2014.

(6) Em 10 de outubro de 2014, a Biddle comprou um terreno por $ 42.500 em caixa.

(7) Tributos sobre o lucro diferidos representam diferenças temporárias relativas à utilização de diferentes métodos de depreciação entre as informações para fins de cálculo dos tributos sobre o lucro e para fins das demonstrações financeiras.

a. Elabore uma planilha de trabalho de contas T para preparação da demonstração dos fluxos de caixa.

b. Prepare uma demonstração de fluxos de caixa formal da Biddle Corporation no exercício findo em 31 de dezembro de 2014. Utilize o método indireto.

Figura 16.12

Biddle Corporation
Demonstração do Resultado
do Exercício Findo em 31 de Dezembro de 2014
(Problema 9)

Vendas	$ 500.000
Ganho com a Recompra de *Bonds*	6.000
Total das Receitas	$ 506.000
Despesas:	
Custo dos Produtos Vendidos	$ 280.000
Salários	95.000
Depreciação	10.000
Amortização de Patente	1.500
Perda com a Venda de Equipamento	2.000
Juros	8.000
Diversos	4.000
Despesas antes de Tributos sobre o Lucro	$ 400.500
Lucro antes de Tributos sobre o Lucro	$ 105.500
Tributos sobre o Lucro	
Corrente	$ 25.000
Diferido	20.000
Provisão para Tributos sobre o Lucro	$ 45.000
Lucro Líquido	$ 60.500
Lucro por Ação	$ 2,45

© Cengage Learning 2014

10. Preparando uma demonstração dos fluxos de caixa. (Adaptado de um exame para Contador Público Certificado.) A **Figura 16.13** apresenta os balanços comparativos da Plainview Corporation em 2013 e 2014.

As seguintes informações adicionais referem-se às atividades de 2014:

(1) A conta Lucros Acumulados apresentou as seguintes variações:

Lucros Acumulados, 31 de Dezembro de 2013		$ 755.700
Mais Lucro Líquido		236.580
Subtotal		$ 992.280
Deduções:		
Dividendos em Caixa	$ 130.000	
Perda com a Reemissão de Ações de Tesouraria	3.000	
Dividendos em Ações	100.200	233.200
Lucros Acumulados, 31 de Dezembro de 2014		$ 759.080

(2) Em 2 de janeiro de 2014, a Plainview vendeu por $ 127.000 títulos de mercado com custo de aquisição e valor contábil de $ 110.000. A empresa utilizou os proventos dessa venda, os recursos de um fundo de amortização de *bonds* (*bond sinking fund*) e o valor recebido da emissão de debêntures de 8% para quitar *bonds* hipotecários de 6%.

(3) A empresa reemitiu ações em tesouraria em 28 de fevereiro de 2014. Ela trata "perdas" na reemissão de ações em tesouraria como um encargo (*charge*) em Lucros Acumulados.

(4) A empresa declarou dividendos em ações em 31 de outubro de 2014, quando o preço de mercado das ações da Plainview Corporation era de $ 12 por ação.

(5) Em 30 de abril de 2014, um incêndio destruiu um armazém que tinha custado $ 100.000, com depreciação acumulada de $ 65.000. A empresa não possuía seguro para essa perda. A Plainview Corporation incluiu apropriadamente a perda na seção de Operações Continuadas da demonstração do resultado.

Figura 16.13

Plainview Corporation
Balanços Patrimoniais Comparativos
31 de Dezembro de 2014 e 2013
(Problema 10)

	2014	2013
ATIVO		
Caixa	$ 142.100	$ 165.300
Títulos de Mercado (pelo Valor Justo)	122.600	129.200
Contas a Receber (Líquido)	312.200	371.200
Estoque	255.200	124.100
Pagamentos Antecipados	23.400	22.000
Fundo de Amortização de *Bonds*	–	63.000
Investimento em Subsidiária (pelo Método de Equivalência)	134.080	152.000
Imobilizado (Líquido)	1.443.700	1.534.600
Total do Ativo	$ 2.433.280	$ 2.561.400
FONTES DE FINANCIAMENTO		
Contas a Pagar	$ 238.100	$ 213.300
Notas a Pagar – Circulante	–	145.000
Despesas a Pagar	16.500	18.000
Tributos sobre o Lucro a Pagar	97.500	31.000
Tributos sobre o Lucro Diferidos (Não Circulante)	127.900	128.400
Obrigações Hipotecárias a Pagar com Juros 6% (Vencimento 2022)	–	310.000
Debêntures a Pagar com Juros 8% (Vencimento 2029)	125.000	–
Ações Ordinárias, $ 10 Valor de Face	1.033.500	950.000
Reservas de Capital	67.700	51.000
Outros Resultados Abrangentes Acumulados		
Ganhos Acumulados Não Realizados com Títulos de Mercado	2.500	2.500
Lucros Acumulados	759.080	755.700
Ações em Tesouraria – pelo custo de $ 3 por Ação	(34.500)	$ (43.500)
Total das Fontes de Financiamento	$ 2.433.280	$ 2.561.400

(6) As transações com planta e equipamentos consistiram na venda de um edifício pelo seu valor contábil de $ 4.000 e da compra de máquinas por $ 28.000.

(7) A empresa baixou clientes incobráveis de $ 16.300 em 2013 e de $ 18.500 em 2014, e reconheceu seguros expirados de $ 4.100 em 2013 e de $ 3.900 em 2014.

(8) A subsidiária, da qual a empresa participa com 40% do capital, informou uma perda de $ 44.800 em 2014.

a. Elabore uma planilha de trabalho de contas T da Plainview Corporation para preparação de uma demonstração dos fluxos de caixa.

b. Prepare uma demonstração de fluxos de caixa formal do exercício findo em 31 de dezembro de 2014, utilizando o método indireto.

11. **Preparando e interpretando a demonstração dos fluxos de caixa.** A **Figura 16.14** apresenta o balanço comparativo e a **Figura 16.15**, a demonstração do resultado comparativa da Airlines Corporation de 2013 e 2014 (com base nas demonstrações financeiras da UAL). Os dispêndios com novo imobilizado foram de $ 1.568 milhão em 2013 e de $ 2.821 milhões em 2014. Variações em outros ativos não circulantes são atividades de investimento e em outros passivos não circulantes são atividades de financiamento.

a. Elabore planilhas de trabalho de contas T de 2013 e de 2014 para preparação da demonstração dos fluxos de caixa.

b. Prepare uma demonstração de fluxos de caixa comparativa de 2013 e de 2014 utilizando o método indireto.

c. Comente as relações entre os fluxos de caixa das atividades de operações, investimento e financiamento em 2013 e 2014.

Figura 16.14

Airlines Corporation
Balanço Patrimonial Comparativo
(todos os valores em milhões de US$)
(Problema 11)

	31 de Dezembro		
	2014	2013	2012
ATIVOS			
Caixa	$ 221	$ 465	$ 1.087
Títulos de Mercado	1.066	1.042	–
Contas a Receber (Líquido)	913	888	741
Estoque	323	249	210
Pagamentos Antecipados	209	179	112
Total Ativo Circulante	$ 2.732	$ 2.823	$ 2.150
Imobilizado	8.587	7.704	7.710
Depreciação Acumulada	(3.838)	(3.805)	(3.769)
Outros Ativos	605	570	610
Total do Ativo	$ 8.086	$ 7.292	$ 6.701
PASSIVO E PATRIMÔNIO LÍQUIDO			
Contas a Pagar	$ 552	$ 596	$ 540
Empréstimos de Curto Prazo	447	446	121
Porção Circulante de Dívidas de Longo Prazo	89	84	110
Adiantamentos de Clientes	843	661	619
Outros Passivos Circulantes	1.826	1.436	1.485
Total do Passivo Circulante	$ 3.757	$ 3.223	$ 2.875
Dívida de Longo Prazo	1.475	1.334	1.418
Tributos sobre o Lucro Diferidos	368	64	352
Outros Passivos Não Circulantes	721	719	715
Total do Passivo	$ 6.321	$ 5.640	$ 5.360
Ações Ordinárias	120	119	119
Reservas de Capital	52	48	48
Outros Resultados Abrangentes Acumulados			
Ganhos Não Realizados em Títulos de Mercado	92	85	–
Lucros Acumulados	1.613	1.512	1.188
Ações em Tesouraria	(112)	(112)	(14)
Total do Patrimônio Líquido	$ 1.765	$ 1.652	$ 1.341
Total do Passivo e Patrimônio Líquido	$ 8.086	$ 7.292	$ 6.701

12. **Preparando e interpretando a demonstração dos fluxos de caixa.** A Irish Paper Company (Irish) fabrica e comercializa vários produtos de papel em todo o mundo. Fabricação de papel é uma atividade de capital intensivo. Uma empresa que não use adequadamente a sua capacidade de manufatura terá um desempenho operacional ruim. A venda de produtos de papel tende a ser cíclica de acordo com as condições econômicas gerais, embora os produtos de papel para consumo sejam menos cíclicos que os para empresas.

A **Figura 16.16** apresenta demonstrações de resultado comparativas, e a **Figura 16.17**, os balanços comparativos da Irish Paper Company em 2012, 2013 e 2014. Informações adicionais são apresentadas a seguir (valores em milhões de US$).

(1)

Informações dos Fluxos de Caixa	2014	2013	2012
Investimento em Coligadas[a]	$ (13)	$ 86	$ (92)
Dispêndios com Imobilizado	(315)	(931)	(775)
Emissão de Dívida de Longo Prazo	36	890	449

[a] Excluir lucros e dividendos.

Figura 16.15

Airlines Corporation
Demonstração do Resultado Comparativa
(todos os valores em milhões de US$)
(Problema 11)

	2014	2013
RECEITAS		
Vendas	$ 11.037	$ 9.794
Receita de Juros	123	121
Ganhos na Venda de Imobilizado	286	106
Total das Receitas	$ 11.446	$ 10.021
DESPESAS		
Remuneração	$ 3.550	$ 3.158
Combustível	1.811	1.353
Comissões	1.719	1.336
Depreciação	560	517
Outros Custos Operacionais	3.514	2.950
Juros	121	169
Tributos sobre o Lucro	70	214
Total das Despesas	$ 11.345	$ 9.697
Lucro Líquido	$ 101	$ 324

Figura 16.16

Irish Paper Company
Demonstração do Resultado Comparativa
(todos os valores em milhões de US$)
(Problema 12)

Para o Exercício Findo em 31 de Dezembro	2014	2013	2012
Vendas	$ 4.976	$ 5.356	$ 5.066
Equivalência Patrimonial dos Lucros de Coligadas	30	38	31
Receita de Juros	60	23	34
Ganho (Perda) na Venda de Imobilizado	(34)	19	221
Total das Receitas	$ 5.032	$ 5.436	$ 5.352
Custo dos Produtos Vendidos	$ 3.388	$ 3.721	$ 3.493
Despesas com Vendas	1.005	925	857
Despesas Administrativas	581	414	303
Despesa de Juros	221	199	158
Despesa com Tributos sobre o Lucro	(21)	8	165
Total das Despesas	$ 5.174	$ 5.267	$ 4.976
Lucro Líquido	$ (142)	$ 169	$ 376

(2) A despesa de depreciação foi de $ 306 milhões em 2012, $ 346 milhões em 2013 e $ 353 milhões em 2014.

(3) Em 2012, a Irish comprou $ 201 milhões em bônus de subscrição de ações (*stock warrants*). Ela registrou a transação debitando a conta Ações Ordinárias.

(4) Em 2012, a Irish vendeu áreas florestadas com lucro. Ela recebeu $ 5 milhões em caixa e uma nota a receber de longo prazo no valor de $ 220 milhões, que incluiu em Outros Ativos no balanço patrimonial.

(5) Além dos desembolsos de caixa anteriores, a Irish adquiriu $ 221 milhões em imobilizado em 2013, assumindo uma hipoteca a pagar em longo prazo.

(6) Em 2014, a Irish revendeu ações em tesouraria por um valor maior que o custo.

Figura 16.17

Irish Paper Company
Balanços Patrimoniais Comparativos
(todos os valores em milhões de US$)
(Problema 12)

31 de Dezembro	2014	2013	2012	2011
ATIVOS				
Caixa	$ 184	$ 114	$ 49	$ 374
Contas a Receber (Líquido)	670	829	723	611
Estoque	571	735	581	522
Pagamentos Antecipados	56	54	54	108
Total Ativo Circulante	$ 1.481	$ 1.732	$ 1.407	$ 1.615
Investimentos em Coligadas	333	322	375	254
Imobilizado	7.172	7.079	5.969	5.272
Depreciação Acumulada	(2.977)	(2.698)	(2.392)	(2.160)
Outros Ativos	484	465	387	175
Total do Ativo	$ 6.493	$ 6.900	$ 5.746	$ 5.156
PASSIVO E PATRIMÔNIO LÍQUIDO				
Contas a Pagar	$ 1.314	$ 1.178	$ 992	$ 920
Porção Circulante de Dívidas de Longo Prazo	158	334	221	129
Outros Passivos Circulantes	38	83	93	98
Total do Passivo Circulante	$ 1.510	$ 1.595	$ 1.306	$ 1.147
Dívida de Longo Prazo	2.333	2.455	1.678	1.450
Tributos sobre o Lucro Diferidos	661	668	694	607
Total do Passivo	$ 4.504	$ 4.718	$ 3.678	$ 3.204
Ações Preferenciais	$ 7	$ 7	$ 7	$ 7
Ações Ordinárias	439	432	428	629
Lucros Acumulados	1.557	1.758	1.648	1.331
Ações em Tesouraria	(14)	(15)	(15)	(15)
Total do Patrimônio Líquido	$ 1.989	$ 2.182	$ 2.068	$ 1.952
Total do Passivo e Patrimônio Líquido	$ 6.493	$ 6.900	$ 5.746	$ 5.156

© Cengage Learning 2014

(7) As variações em Outros Ativos são atividades de investimento.

a. Elabore uma planilha de trabalho de contas T dos fluxos de caixa da Irish em 2012, 2013 e 2014.

b. Prepare uma demonstração comparativa dos fluxos de caixa da Irish em 2012, 2013 e 2014 utilizando o método indireto.

c. Comente sobre o padrão dos fluxos de caixa das atividades de operações, de investimento e de financiamento em cada um dos três anos.

13. **Preparando uma demonstração dos fluxos de caixa.** (Adaptado de um problema preparado por Stephen A. Zeff.) A seguir são apresentadas informações dos registros contábeis da Breda Enterprises. A empresa utiliza o ano-calendário como exercício. Prepare uma demonstração dos fluxos de caixa da Breda Enterprises em 2014. Utilize o método indireto. Relacione os números da demonstração dos fluxos de caixa aos itens numerados a seguir.

(1) Lucro líquido de $ 90.000 em 2014.

(2) Os saldos inicial e final de três contas relacionadas com os clientes são os seguintes:

	31 de Dezembro de 2014	31 de Dezembro de 2013
Contas a Receber (Bruto)	$ 53.000	$ 41.000
Provisão para Devedores Duvidosos	3.200	1.800
Adiantamentos de Clientes	1.000	3.700

Em 1º de novembro de 2014, um cliente deu à empresa uma nota promissória no valor de $ 15.000, com juros de 8% ao ano, pagável em seis meses. Os juros são pagos no vencimento. Esta foi a única nota promissória a receber detida pela companhia em 2014.

(3) Os saldos em Estoque de Mercadorias e em Fornecedores eram os seguintes:

	31 de Dezembro de 2014	31 de Dezembro de 2013
Estoque de Mercadorias	$ 43.000	$ 47.000
Fornecedores	39.000	27.000

(4) Em 2014, a empresa vendeu, por $ 25.000 em dinheiro, equipamentos com valor contábil de $ 38.000. A empresa também comprou equipamentos em dinheiro. A despesa de depreciação em 2014 foi de $ 42.000. O saldo na conta Equipamento pelo custo de aquisição diminuiu em $ 26.000 entre o início e o fim de 2014. O saldo na conta Depreciação Acumulada aumentou em $ 11.000 entre o começo e o fim de 2014.

(5) Os saldos das contas Ativo Arrendado e *Leasing* Financeiro a Pagar foram os seguintes nas várias datas:

	31 de Dezembro de 2014	31 de Dezembro de 2013	31 de Dezembro de 2012
Ativo Arrendado (Líquido)	$ 71.000	$ 76.000	$ 0
Leasing Financeiro a Pagar	73.600	76.000	0

Em 31 de dezembro de 2013, a empresa contratou um arrendamento de longo prazo que, pelos seus termos, se qualificava como *leasing* financeiro. A empresa fez um pagamento de $ 10.000 por esse arrendamento em 31 de dezembro de 2014.

(6) A empresa declarou dividendos em dinheiro de $ 26.000 em 2014, dos quais $ 10.000 permaneciam não pagos em 31 de dezembro de 2014. Em 2014, a empresa desembolsou $ 8.000 de caixa para pagamento de dividendos declarados em 2013.

(7) A empresa classifica todos os títulos de mercado como disponíveis para venda. Ela não comprou nenhum título de mercado em 2014, mas vendeu em novembro de 2014 títulos (ações) de mercado, que haviam custado originalmente $ 4.500, por $ 9.100 em caixa. Os valores justos dos títulos (ações) de mercado eram de $ 4.000 em 31 de dezembro de 2013 e de $ 10.500 em 31 de dezembro de 2014. Esses valores eram também os valores contábeis desses títulos nessas duas datas.

(8) Diversos investidores, que detinham *bonds* conversíveis da Breda Enterprises com valor de face de $ 100.000, converteram esses *bonds* em 2014 em 8.000 ações ordinárias da empresa, com valor de face de $ 12 cada. As ações ordinárias tinham um valor de mercado de $ 15 por ação na data da conversão. A Breda Enterprises tinha emitido originalmente esses *bonds* com um ágio. Seu valor na data da conversão era de $ 105.000. A empresa escolheu a alternativa dos princípios contábeis geralmente aceitos para registrar a emissão de ações ordinárias pelo valor de mercado e reconhecer uma perda de $ 15.000. A perda não é um item extraordinário. A empresa amortizou $ 1.500 do ágio dos *bonds* entre 1º de janeiro de 2014 e a data da conversão.

14. Interpretando a demonstração dos fluxos de caixa. A **Figura 16.18** apresenta uma demonstração dos fluxos de caixa da Gear Locker, uma fabricante de calçados e roupas esportivas, em três anos recentes.

   a. Qual a razão provável do fluxo de caixa negativo das operações?

   b. Como a Gear Locker financiou o fluxo de caixa negativo das operações em cada um dos três anos? Sugira as razões da escolha da fonte de financiamento pela Gear Locker em cada ano.

   c. Gastos com o Imobilizado excederam o estorno da depreciação em cada ano. Qual a explicação provável para essa diferença de valores?

   d. O estorno da despesa de depreciação é uma proporção relativamente pequena do lucro líquido. Qual é a explicação provável para essa situação?

   e. A Gear Locker não tinha dívida de longo prazo na sua estrutura de capital entre 2012 e 2014. Qual a explicação provável para essa estrutura financeira?

Figura 16.18

Gear Locker
Demonstração dos Fluxos de Caixa
(todos os valores em milhões de US$)
(Problema 14)

	2014	2013	2012
OPERAÇÕES			
Lucro Líquido	$ 55.059	$ 22.030	$ 4.371
Depreciação	1.199	446	133
Remuneração a Empregados Não Caixa	558	–	–
Aumento em Contas a Receber	(51.223)	(34.378)	(12.410)
Aumento em Estoque	(72.960)	(50.743)	(1.990)
Aumento em Pagamentos Antecipados	(8.624)	(2.432)	(599)
Aumento em Fornecedores	17.871	7.197	1.656
Aumento (Redução) em Outros Passivos Circulantes	10.587	11.193	(537)
Fluxo de Caixa das Operações	$ (47.533)	$ (46.687)	(9.376)
INVESTIMENTOS			
Venda de Títulos de Mercado	–	–	$ 5.661
Aquisição de Imobilizado	$ (6.168)	$ (2.546)	(874)
Aquisição de Outros Ativos Não Circulantes	(246)	(406)	(241)
Fluxo de Caixa de Investimentos	$ (6.414)	$ (2.952)	$ 4.546
FINANCIAMENTOS			
Aumento (Redução) de Empréstimos de Curto Prazo	$ (19.830)	$ 50.104	$ 4.566
Emissão de Ações Ordinárias	69.925	495	–
Fluxo de Caixa de Financiamentos	$ 50.095	$ 50.599	$ 4.566
Variação do Caixa	$ (3.852)	$ 960	$ (264)
Caixa, Início do Exercício	$ 4.205	3.245	3.509
Caixa, Fim do Exercício	$ 353	$ 4.205	$ 3.245

© Cengage Learning 2014

15. **Interpretando a demonstração dos fluxos de caixa.** A **Figura 16.19** apresenta uma demonstração dos fluxos de caixa da Canned Soup Company, em três anos recentes (com base nas demonstrações financeiras da Campbell Soup Company). A Canned Soup Company atua no setor de alimentos de consumo, um setor relativamente maduro nos Estados Unidos.
    a. O fluxo de caixa das operações de cada ano é aproximadamente igual ao lucro líquido mais os estornos por depreciação, tributos diferidos e outros. Qual a provável explicação dessa relação?
    b. Na seção Investimentos da demonstração dos fluxos de caixa da Canned, quais as indicações de que a companhia está em um setor relativamente maduro?
    c. Na seção Financiamentos da demonstração dos fluxos de caixa da Canned, quais as indicações de que a companhia está em um setor relativamente maduro?
16. **Interpretando a demonstração dos fluxos de caixa.** A Prime Contracting Services presta vários serviços a agências governamentais mediante contratos plurianuais. Em 2011, os serviços envolveram principalmente o transporte de equipamentos e de móveis. No início de 2012, a empresa começou a sair desses negócios de serviços de transporte e começou a oferecer serviços voltados às pessoas (escritório, treinamento). As vendas aumentaram a uma taxa composta anual de 28,9% em um período de cinco anos. A **Figura 16.20** apresenta a demonstração dos fluxos de caixa da Prime Contracting Services de 2011 a 2015. As variações em Outros Passivos Circulantes representam principalmente salários.
    a. Que evidência você vê da mudança estratégica de serviços com base em ativos para serviços voltados às pessoas?
    b. Quais as prováveis razões pelas quais o lucro líquido diminuiu entre 2011 e 2013, enquanto o fluxo de caixa de operações aumentou durante o mesmo período?
    c. Quais as prováveis razões pelas quais o lucro líquido aumentou entre 2013 e 2015, enquanto o fluxo de caixa das operações foi menor durante 2014 e 2015 do que em 2013?
    d. Qual a variação do risco da Prime Contracting Services nesses cinco anos?

Figura 16.19

Canned Soup Company
Demonstração dos Fluxos de Caixa
(todos os valores em milhões de US$)
(Problema 15)

	2014	2013	2012
OPERAÇÕES			
Lucro Líquido	$ 274	$ 247	$ 223
Depreciação	171	145	127
Tributos sobre o Lucro Diferidos	31	46	29
Outros Estornos	11	34	21
(Aumento) em Contas a Receber	(55)	(40)	(19)
(Aumento) Redução em Estoque	6	(13)	13
(Aumento) em Pagamentos Antecipados	(40)	(11)	(7)
Aumento em Fornecedores	72	53	27
Aumento (Redução) em Outros Passivos Circulantes	(1)	2	29
Fluxo de Caixa das Operações	$ 469	$ 463	$ 443
INVESTIMENTOS			
Venda de Imobilizado	$ 41	$ 21	$ 30
Venda de Títulos de Mercado	319	535	328
Aquisição de Imobilizado	(245)	(250)	(275)
Aquisição de Títulos de Mercado	(70)	(680)	(472)
Aquisição de Investimento em Títulos	(472)	–	–
Outras Transações de Investimento	(48)	(34)	(5)
Fluxo de Caixa de Investimentos	$ (475)	$ (408)	$ (394)
FINANCIAMENTOS			
Aumento em Empréstimos de Curto Prazo	$ 86	$ 5	–
Aumento em Empréstimos de Longo Prazo	103	29	$ 220
Emissão de Ações Ordinárias	–	2	4
Redução em Empréstimos de Curto Prazo	(5)	–	(3)
Redução em Empréstimos de Longo Prazo	(106)	(27)	(168)
Aquisição de Ações Ordinárias	(28)	–	–
Dividendos	(103)	(92)	(84)
Fluxo de Caixa de Financiamentos	$ (53)	$ (83)	$ (31)
Variação do Caixa	$ (59)	$ (28)	$ 18
Caixa, Início do Exercício	145	173	155
Caixa, Fim do Exercício	$ 86	$ 145	$ 173

17. **Interpretando a demonstração dos fluxos de caixa.** A **Figura 16.21** apresenta uma demonstração dos fluxos de caixa da Cypress Corporation.
    a. Quais as prováveis razões pelas quais o lucro líquido aumentou entre 2011 e 2013, enquanto o fluxo de caixa de operações diminuiu?
    b. Quais as prováveis razões pelas quais o fluxo de caixa de operações aumentou entre 2013 e 2015?
    c. Qual a variação do risco da Cypress Corporation durante o período de cinco anos?
18. **Derivando fluxos de caixa de dados das demonstrações financeiras: uma revisão geral, incluindo outros resultados abrangentes.** A **Figura 16.22** apresenta dados financeiros, incluindo uma demonstração parcial dos fluxos de caixa, da LKR Company no período. Complete os números na demonstração dos fluxos de caixa. (*Dica*: trabalhe de baixo para cima.) A seguir responda às questões. Utilize números positivos para as entradas de caixa (recebimentos) e números negativos para as saídas de caixa (dispêndios).
    a. Quais foram os proventos da venda de Edifícios e Equipamentos antigos?
    b. Quais foram os proventos da venda de Títulos Disponíveis para Venda?

Figura 16.20

Prime Contracting Services
Demonstração dos Fluxos de Caixa
(todos os valores em milhões de US$)
(Problema 16)

	2015	2014	2013	2012	2011
OPERAÇÕES					
Lucro Líquido	$ 593.518	$ 412.908	$ 46.799	$ 249.438	$ 261.243
Depreciação	606.633	664.882	826.745	616.335	306.423
Tributos sobre o Lucro Diferidos	(154.000)	(110.116)	55.000	179.584	158.966
Perda (Ganho) na Venda de Ativos	(35.077)	(117.804)	–	–	20.000
Outros	9.100	(19.377)	(51.711)	(7.226)	2.200
(Aumento) Redução em Contas a Receber	175.408	(864.555)	(263.164)	(647.087)	(1.420.783)
(Aumento) Redução em Outros Ativos Circulantes	127.548	(9.333)	(40.067)	(25.792)	(38.031)
Aumento (Redução) em Contas a Pagar	(166.672)	(272.121)	(32.732)	(177.031)	507.386
Aumento (Redução) em Outros Passivos Circulantes	(416.856)	927.478	422.929	99.417	266.260
Fluxo de Caixa das Operações	$ 739.602	$ 611.962	$ 963.799	$ 287.638	$ 63.664
INVESTIMENTOS					
Ativos Fixos Vendidos	$ 175.075	$ 117.804	–	–	$ 80.000
Empréstimos a Colaboradores e Executivos	–	–	–	62.894	(16.960)
Aquisição de Ativo Fixo	(48.296)	(19.222)	$ (56.370)	(911.470)	(2.002.912)
Fluxo de Caixa de Investimentos	$ 126.779	$ 98.582	$ (56.730)	$ (848.576)	$ (1.939.872)
FINANCIAMENTOS					
Aumento Líquido (Redução) em Notas a Pagar	$ 325.354	$ 12.650	$ (126.932)	$ 275.475	$ 204.817
Financiamentos de Equipamentos	–	–	208.418	793.590	943.589
Financiamentos na Forma de *Leasing* Financeiro	–	–	–	–	915.596
Empréstimos de Acionistas	–	–	–	117.422	127.500
Repagamento de Financiamentos de Equipamentos	(736.793)	(437.660)	(564.585)	(389.268)	(236.229)
Repagamento de *Leasing* Financeiro	–	(304.054)	(296.495)	(268.556)	(124.012)
Repagamento de Empréstimos de Acionistas	(28.710)	–	(150.000)	–	(63.077)
Fluxo de Caixa de Financiamento	$ (440.149)	$ (729.064)	$ (929.594)	$ 528.663	$ 1.768.184
Variação do Caixa	$ 426.232	$ (18.520)	$ (22.165)	$ (32.275)	$ (108.024)
Caixa, Início do Exercício	5.913	24.433	46.598	78.873	186.897
Caixa, Fim do Exercício	$ 432.145	$ 5.913	$ 24.433	$ 46.598	$ 78.873

c. Quais as compras durante o exercício de novos Títulos Disponíveis para Venda?
d. Durante o exercício, o valor de mercado de Títulos Disponíveis para Venda variou enquanto a LKR os detinha. Quanto o valor de mercado agregado aumenta ou diminui? Dê o valor e assinale *aumento* ou *diminuição*.
e. Quais dividendos, se houver, a LKR recebeu da coligada, da qual participa com 40%?
f. Qual foi o lucro líquido, se houver, da subsidiária da qual a LKR participa com 90%?
g. Qual foi o valor do dispêndio no ano por garantia de serviço, reparos e trocas?
h. Qual foi o valor de contas a receber que a LKR baixou como incobráveis durante o exercício?
i. Qual o total da dedução por depreciação que a LKR registrou na sua declaração tributária no exercício?
j. Qual o total de dividendos em caixa que a LKR pagou no exercício?
k. Qual o total do fluxo de caixa de ou para atividades de *Financiamento* no exercício?
l. Qual o total do fluxo de caixa de ou para atividades de *Investimento* no exercício?
m. Qual o total do fluxo de caixa de ou para *Operações* no exercício?

Figura 16.21

Cypress Corporation
Demonstração dos Fluxos de Caixa
(todos os valores em milhares de US$)
(Problema 17)

	2015	2014	2013	2012	2011
OPERAÇÕES					
Lucro Líquido	$ 6.602	$ 6.583	$ 3.716	$ 1.733	$ 1.045
Depreciação e Amortização	643	586	513	490	491
Outros Estornos	299	151	243	25	20
Outras Subtrações	(97)	0	0	0	0
Capital de Giro Gerado pelas Operações	$ 7.447	$ 7.320	$ 4.472	$ 2.248	$ 1.556
(Aumento) Redução em Recebíveis	4.456	(5.452)	(3.589)	(2.424)	(750)
(Aumento) Redução em Estoque	1.068	1.867	(7.629)	(4.111)	(1.387)
Aumento (Redução) em Fornecedores	(2.608)	1.496	1.393	2.374	1.228
Aumento (Redução) em Outros Passivos Circulantes	(1.508)	1.649	4.737	2.865	473
Fluxo de Caixa das Operações	$ 8.855	$ 6.880	$ (616)	$ 952	$ 1.120
INVESTIMENTOS					
Ativos Fixos Adquiridos (Líquido)	$ (1.172)	$ (1.426)	$ (749)	$ (849)	$ (347)
Títulos de Mercado Adquiridos	(3.306)	0	0	0	0
Outras Transações de Investimento	39	(64)	81	0	45
Fluxo de Caixa de Investimentos	$ (4.439)	$ (1.490)	$ (668)	$ (849)	$ (302)
FINANCIAMENTOS					
Aumento em Empréstimos de Curto Prazo	$ 0	$ 0	$ 2.800	$ 700	$ 0
Aumento em Empréstimos de Longo Prazo	0	0	0	0	0
Emissão de Capital Social	315	0	0	0	0
Redução em Empréstimos de Curto Prazo	0	(3.500)	0	0	0
Redução em Empréstimos de Longo Prazo	(170)	(170)	(170)	(170)	(170)
Aquisição de Ações do Capital	0	0	0	0	(27)
Dividendos Pagos aos Acionistas	(2.243)	(1.427)	(964)	(730)	(614)
Outras Transações de Financiamento	0	0	0	0	0
Fluxo de Caixa de Financiamentos	$ (2.098)	$ (5.097)	$ 1.666	$ (200)	$ (811)
Variação do Caixa	$ 2.318	$ 293	$ 382	$ (97)	$ 7
Caixa, Início do Exercício	1.540	1.247	865	962	955
Caixa, Fim do Exercício	$ 3.858	$ 1.540	$ 1.247	$ 865	$ 962

n. Qual o total de recebimentos dos clientes no exercício?
o. Qual o total de dispêndios com estoque no exercício?
p. Quais foram os dispêndios totais de tributos sobre o lucro no exercício?
q. A LKR usou a assunção de custo UEPS (*LIFO*) ou PEPS (*FIFO*) no exercício?
r. Em qual valor o lucro antes dos impostos da LKR teria mudado no exercício se ela tivesse usado uma outra assunção de fluxo de custo? Dê o valor e assinale *maior* ou *menor*.
s. No fim do exercício, qual o ganho acumulado total do estoque da LKR?
t. Considere o ganho acumulado total conforme **s**. Em qual das seguintes contas esse ganho se reflete mais provavelmente no exercício?
   A. Outros Resultados Abrangentes
   B. Outros Resultados Abrangentes Acumulados
   C. Lucro Líquido
   D. Lucros Acumulados
   E. Nenhuma das opções acima.

Figura 16.22

LKR Company
Demonstração do Resultado e Resultados Abrangentes
(Problema 18)

		Do Ano
Receitas		$ 1.500.000
Ganho na Venda de Títulos Disponíveis para Venda		3.300
Ganho na Venda de Edifícios e Equipamentos		23.000
Equivalência Patrimonial dos Lucros de Coligada		1.600
Despesas:		
Custo dos Produtos Vendidos	$ 788.000	
Salários e Remunerações	280.000	
Depreciação	54.000	
Despesa com Devedores Duvidosos	125.000	
Despesa com Garantia	34.000	
Juros	12.000	
Tributos sobre o Lucro (Corrente)	90.400	
Tributos sobre o Lucro (Diferido)	1.600	
Total das Despesas		(1.385.000)
Participação de Não Controladores nos Lucros de Subsidiária[a]		(1.100)
Lucros		$ 141.800
Outros Resultados Abrangentes		7.000
Resultado Abrangente		$ 148.800

Demonstração dos Fluxos de Caixa	Do Ano	
Fluxo de Caixa das Operações		[9]
Investimento/Desinvestimento:		
(Compra) de Títulos Disponíveis para Venda		[8]
Proventos de Vendas		
Venda de Títulos Disponíveis para Venda		[7]
(Compra) de Terreno		[6]
Venda de Edifícios e Equipamentos		[5]
(Compra) Novos Edifícios e Equipamentos		[4]
Financiamento:		
Aumento (Redução) de Dívidas de Longo Prazo		[3]
Aumento (Redução) de Ações Ordinárias		[2]
Dividendos em Caixa (Pagos)		[1]
Variação Líquida do Caixa		[0]
Caixa, Início do Ano		$ 13.000
Caixa, Fim do Ano		52.000
		$ 65.000

(continua)

a. O padrão IFRS não permite informar Participação de Não Controladores como uma despesa, e o U.S. GAAP não o permite após Junho de 2014.

(*continuação*)

Figura 16.22

LKR Company
Demonstração dos Lucros e Resultados Abrangentes
(Problema 18)

Balanço Patrimonial	Fim do Ano 31 de Dezembro	Início do Ano 1º de Janeiro
ATIVO		
Caixa	$ 65.000	$ 52.000
Contas a Receber	197.000	184.000
Provisão para Devedores Duvidosos	(43.000)	(41.000)
Adiantamentos a Fornecedores do Estoque	4.000	5.000
Estoque pelo PEPS (*FIFO*)	212.000	192.000
Provisão para Redução ao Valor UEPS (*LIFO*)	(58.000)	(50.000)
Antecipação de Tributos sobre o Lucro	—	18.000
Tributos sobre o Lucro Diferidos	9.800	9.000
Investimento em Títulos Disponíveis para Venda	80.000	68.000
Investimento em Coligada	13.700	13.000
Terreno	39.000	28.000
Edifícios e Equipamentos (Custo)	858.000	790.000
Depreciação Acumulada	(504.000)	(460.000)
Total do Ativo	**$ 873.500**	**$ 808.000**
PASSIVO E PATRIMÔNIO LÍQUIDO		
Contas a Pagar de Estoque	$ 141.000	$ 136.000
Adiantamentos de Clientes	6.000	14.000
Provisão para Garantia	28.000	28.000
Juros a Pagar	8.000	10.000
Tributos sobre o Lucro a Pagar	19.000	—
Tributos sobre o Lucro Diferidos	34.400	32.000
Hipoteca a Pagar	118.000	120.000
Participação de Minoritária em Subsidiária	2.100	1.000
Ações Ordinárias	257.000	250.000
Lucros Acumulados	236.000	200.000
Outros Resultados Abrangentes Acumulados	24.000	17.000
Total Passivo e Patrimônio Líquido	**$ 873.500**	**$ 808.000**

INFORMAÇÕES ADICIONAIS

Venda de Ativo: Custo Inicial do Imobilizado Vendido no Ano foi: $ 40.000

Nenhuma Compra ou Venda de Ações de Coligadas e Controladas no Ano; A LKR possui 40% de Coligada e 90% de Controladas.

Custo dos Títulos Disponíveis para Venda Vendidos no Ano foi: $ 4.000

O Valor Justo nas Datas de Vendas de Títulos Disponíveis para Venda Vendidos no Ano foi: $ 5.000

A Alíquota de Tributos sobre o Lucro era de 40%; Todos os Tributos Diferidos no Ativo Resultam de Diferenças Temporárias Causadas por Provisão para Garantia e de Provisão para Devedores Duvidosos.

Todos os Tributos Diferidos no Passivo Resultam de Diferenças Temporárias Causadas por Depreciação

Outros Resultados Abrangentes Acumulados Referem-se apenas a Investimentos em Títulos Disponíveis para Venda

Capítulo 17

Objetivos de aprendizagem

SEÇÃO 1: REVISÃO E SÍNTESE

ESTRUTURA CONCEITUAL

O FASB e o IASB usam uma estrutura conceitual para orientar suas decisões regulatórias. Ambos têm desenvolvido separadamente a maioria das suas estruturas conceituais, que são similares. A estrutura conceitual não é um conjunto rigoroso de princípios a partir dos quais os reguladores deduzem logicamente as normas apropriadas para as demonstrações financeiras. A estrutura conceitual é, antes, uma orientação das decisões normativas, visando melhorar a qualidade e consistência dessas decisões. O **Quadro 17.1** resume os componentes da estrutura conceitual.

O FASB e o IASB estão trabalhando para desenvolver uma estrutura conceitual comum, e têm emitido orientações conceituais convergentes sobre os objetivos das informações financeiras em geral e sobre as características qualitativas das informações úteis à tomada de decisão. Discutiremos nos tópicos a seguir a direção dos esforços do FASB e IASB quanto à estrutura conceitual. Designaremos entre parênteses os capítulos que abordam esses tópicos com mais detalhes.

OBJETIVOS DE APRENDIZAGEM

1. Rever a estrutura conceitual subjacente à orientação reguladora para a divulgação financeira e as variações potenciais nessa estrutura.

2. Sintetizar as normas de divulgação financeira e os conceitos discutidos em capítulos anteriores.

3. Resumir certas diferenças na divulgação financeira entre os padrões U.S. GAAP e IFRS.

4. Ampliar seu entendimento sobre a divulgação e a evidenciação da informação na demonstração do resultado, incluindo a natureza e a divulgação de transações, erros e ajustes contábeis, lucro por ação e informação por segmento.

Objetivos das demonstrações financeiras (Capítulo 1)

Objetivos das informações financeiras referem-se ao propósito das demonstrações financeiras, a seus usuários principais e aos usos dessas demonstrações. O FASB e o IASB completaram a parte do seu projeto de estrutura conceitual que especifica os objetivos das demonstrações financeiras[1]. A orientação conceitual resultante lista os seguintes objetivos das demonstrações financeiras:

---

1. FASB, *Statement of Financial Accounting Concepts N. 8*, "Chapter 1: The Objective of General Purpose Financial Reporting, and Chapter 3: Qualitative Characteristics of Useful Financial Information", 2010; International Accounting Standards Board, *The Conceptual Framework for Financial Reporting 2010*, 2010.

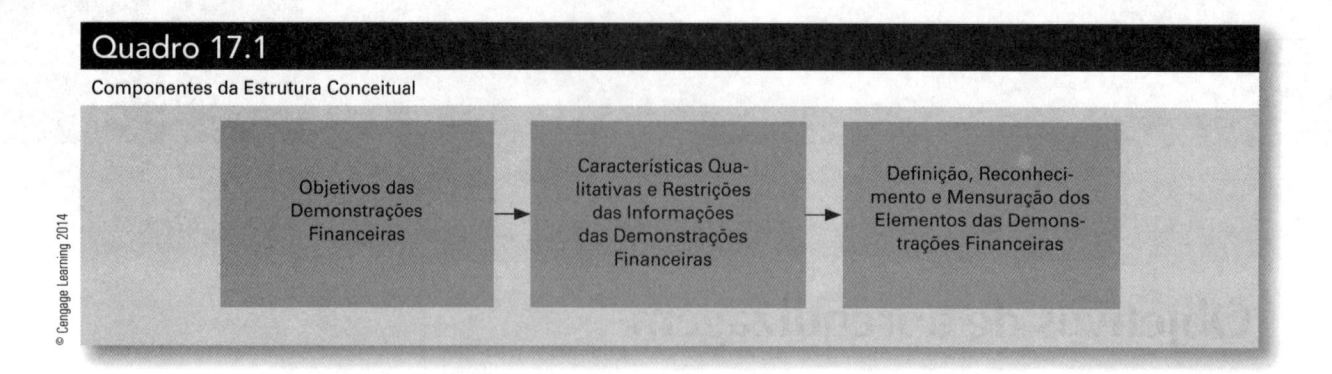

Quadro 17.1
Componentes da Estrutura Conceitual

Objetivos das Demonstrações Financeiras → Características Qualitativas e Restrições das Informações das Demonstrações Financeiras → Definição, Reconhecimento e Mensuração dos Elementos das Demonstrações Financeiras

© Cengage Learning 2014

1. Fornecer informações úteis para a tomada de decisões sobre a obtenção de recursos de uma entidade, incluindo compra, venda, títulos patrimoniais e de dívida mantidos, obtenção e liquidação de empréstimos e outras formas de crédito.
2. Fornecer informações para auxiliar atuais e potenciais investidores e credores a avaliar valores, tempos e incertezas de fluxos de caixa futuros.
3. Fornecer informações sobre os recursos econômicos de uma entidade e os direitos sobre esses recursos, assim como as variações nesses recursos e direitos relacionados.
4. Fornecer informações sobre o desempenho operacional de uma entidade durante um período.
5. Fornecer informações sobre como uma entidade obtém e utiliza caixa (seus fluxos de caixa).
6. Fornecer informações sobre como a gestão desempenhou suas responsabilidades para utilização eficiente e efetiva dos recursos da entidade.

Esses objetivos identificam investidores e credores, sejam atuais ou potenciais, como os principais usuários de demonstrações financeiras. Eles também identificam as informações a serem fornecidas para a tomada de decisões de investimentos e de crédito com o principal objetivo da divulgação financeira. Essa parte da estrutura conceitual especifica que essas informações financeiras não têm a intenção de mostrar o valor da entidade que está relatando, mas esclarecer informações para auxiliar os usuários da demonstração financeira a estimarem esse valor. O IASB e o FASB reconhecem que usuários individuais das demonstrações financeiras podem ter necessidades e desejos de informação diferentes e possivelmente conflitantes, e que a informação financeira de âmbito geral (*general purpose*) pode não ser suficiente para atender a essas necessidades potencialmente especializadas. Por fim, o IASB e o FASB reconhecem que as informações financeiras são baseadas em estimativas, julgamentos e modelos, e especificam a estrutura conceitual como o estabelecimento de conceitos que fundamentem essas estimativas, julgamentos e modelos.

Características qualitativas das informações das demonstrações financeiras (Capítulo 1)

As *características qualitativas* descrevem os atributos que determinam a utilidade das informações das demonstrações financeiras. Os *Concepts Statement 8*, Chapter 3, do FASB, e o *Conceptual Framework 2010* do IASB apresentam as seguintes características qualitativas fundamentais:

1. **Relevância**, descrita como uma característica qualitativa fundamental, refere-se à informação que pode fazer diferença em uma decisão de alocação de recursos. Uma informação é relevante quando auxilia os usuários a fazer predições sobre os resultados de eventos futuros e a confirmar ou corrigir informações ou expectativas anteriores. A recepção tempestiva de informações [denominada tempestividade (*timeliness*), incluída como uma característica que aumenta a qualidade], de forma que possa influenciar as decisões, aumenta a relevância da informação financeira.
2. **Representação fidedigna**, descrita como uma característica fundamental da qualidade, refere-se a que a contabilidade represente fidedignamente aquilo que ela se propõe a representar. A representação fidedigna abrange completude, neutralidade e isenção de erro. A completude significa que toda a informação necessária está presente. A neutralidade refere-se à ausência de viés na seleção ou apresentação da informação financeira. Isenção

de erro não significa que a informação seja inteiramente precisa em todos os aspectos; antes, a isenção de erro refere-se ao processo que gera a informação financeira.
3. **Comparabilidade**, descrita como uma característica que aumenta a qualidade, refere-se a uma informação financeira que trata itens similares da mesma maneira e itens diferentes de maneira diferente. **Consistência** refere-se à informação financeira que aplica os mesmos métodos contábeis aos mesmos itens, seja entre as empresas, seja ao longo do tempo. A estrutura conceitual descreve a consistência como contribuição para a consecução da comparabilidade.
4. **Verificabilidade**, descrita como uma característica que aumenta a qualidade, significa que observadores diferentes e independentes chegariam ao consenso de que uma descrição específica é uma representação fidedigna.
5. **Compreensibilidade**, descrita como uma característica que aumenta a qualidade, significa que a informação é classificada, caracterizada e apresentada de modo claro e conciso.

A estrutura conceitual também discute a **materialidade**, que se refere a se o efeito da informação relevante é suficientemente grande para influenciar uma decisão, e as **restrições de custo** (*cost constraints*), que se referem à ideia de que, ao desenvolver a orientação reguladora, os reguladores ponderam os benefícios da divulgação da informação financeira aos usuários contra os custos de provê-la.

A estrutura conceitual distingue entre características qualitativas fundamentais e características que aumentam a qualidade das seguintes maneiras. Em primeiro lugar, tanto a relevância quanto a representação fidedigna são condições necessárias da informação financeira útil. Em segundo lugar, as características que aumentam a qualidade, sejam consideradas individualmente, sejam em grupo, não podem tornar a informação útil se ela não é relevante ou não tem representação fidedigna. Em terceiro lugar, poderá ser necessário diminuir uma característica que aumenta a qualidade a fim de incrementar uma característica fundamental, por exemplo, reduzindo a comparabilidade para aumentar a relevância.

Definição, reconhecimento e mensuração dos elementos das demonstrações financeiras (Capítulos 4 e 5)

Os elementos das demonstrações financeiras são os componentes essenciais do balanço patrimonial e da demonstração do resultado. Os principais elementos são os seguintes:

Balanço Patrimonial
1. Ativo
2. Passivo
3. Patrimônio Líquido

Demonstração do Resultado
1. Receita
2. Despesa
3. Ganhos e Perdas

Além da discussão desses elementos das demonstrações financeiras, este tópico também discute dois conceitos relacionados: (1) lucro e (2) regime de competência.

Ativo. A estrutura conceitual do FASB define um ativo como um benefício econômico futuro provável que é obtido ou controlado por uma entidade como resultado de uma transação ou evento passado. A estrutura conceitual do IASB define um ativo como um recurso controlado por uma entidade como resultado de um evento passado e do qual a empresa espera benefícios econômicos futuros. Tal como na definição de um ativo, os critérios para reconhecimento de um ativo são similares sob as duas estruturas conceituais:

1. A empresa possui e controla o direito de usar o ativo.
2. O direito de uso do item surge como resultado de uma transação ou evento passado.
3. O benefício futuro tem um atributo de mensuração relevante que a empresa pode quantificar com suficiente confiabilidade.

As duas estruturas conceituais também discutem atributos de mensuração de ativos. Atributos de mensuração incluem, por exemplo, custo de aquisição, custo corrente de reposição e valor realizável líquido.

A definição de um ativo e os critérios de reconhecimento focam em uma "transação passada" e em "benefícios futuros mensuráveis".

- A existência de uma transação passada demonstra que a empresa realizou um sacrifício econômico passado para adquirir o ativo.
- A existência de benefícios futuros mensuráveis permite quantificar o valor dos benefícios futuros que a empresa receberá do ativo.

Essa definição de ativo exclui certas transações. Por exemplo, ela exclui os benefícios esperados que surgem dos direitos de contratos executórios (meras trocas de promessas), porque a estrutura conceitual não considera a assinatura de um contrato, isoladamente, evidência de uma transação passada. Outro exemplo, a definição de ativo exclui os benefícios esperados que surgem de transações cujo recebimento de benefícios futuros depende do resultado de um evento futuro.

Como parte do seu projeto conjunto de estrutura conceitual, o FASB e o IASB estão reconsiderando tanto a definição como os critérios de reconhecimento de um ativo. A definição proposta enfatiza a existência *presente* de um recurso econômico e tira a ênfase das noções de troca *passada* e de benefícios *futuros*. Recursos satisfariam a definição de um ativo se (1) a entidade pode separar os recursos da entidade (por venda, troca, licença ou descarte), ou (2) os recursos surgem de direitos contratuais ou de outras formas legais, sugerindo que negociações entre partes independentes para estabelecer esses direitos permitem a estimativa dos valores, mesmo que a entidade não troque o item.

Os critérios de reconhecimento de um ativo também focam em qual entidade reconhecerá o ativo. A questão é particularmente pertinente quando ela se aplica ao *desreconhecimento* de um ativo. Desreconhecimento refere-se à remoção de um ativo do balanço patrimonial da empresa. Os reguladores modificaram os critérios de desreconhecimento de ativos várias vezes ao longo dos últimos trinta anos.

Critérios de reconhecimento do ativo também afetam o tratamento dos dispêndios que criam benefícios futuros, mas a empresa não pode mensurar esses futuros benefícios com suficiente confiabilidade. Exemplos são os dispêndios para criar uma marca e para pesquisar novas tecnologias. U.S. GAAP e IFRS diferem quanto à extensão na qual requerem às empresas reconhecer uma parte desses dispêndios como ativos *versus* tratar todos os dispêndios como despesas. Uma questão relacionada é o tratamento inconsistente de dispêndios incorridos internamente *versus* valores despendidos para adquirir marcas, tecnologias e outros intangíveis em transações externas de mercado.

Passivo. A estrutura conceitual do FASB define um passivo como um sacrifício futuro provável de um recurso econômico que surge das obrigações presentes de uma entidade particular de transferir ativos ou prestar serviços a outras entidades no futuro como resultado de transações ou eventos passados. A estrutura do IASB o define como uma obrigação presente de uma entidade que surge de eventos passados, cuja quitação é esperada como resultado de uma saída de recursos que incorporam benefícios econômicos. Os critérios de reconhecimento de um passivo são:

1. A obrigação representa uma obrigação presente, não um compromisso ou intenção potencial.
2. A obrigação existe como resultado de uma transação ou troca passada, chamada de *evento obrigante*[2].
3. A obrigação requer o sacrifício futuro provável de um recurso econômico que a empresa tem pouca ou nenhuma discrição para evitar.
4. A obrigação tem um atributo relevante de mensuração que a empresa pode quantificar com suficiente confiabilidade.

As empresas informam muitos passivos financeiros pelo valor presente do montante a pagar, mas elas podem ignorar esse desconto nos passivos que vencem durante um ano. Passivos não financeiros, os que são liquidados mediante a entrega de bens e serviços, em vez de caixa, geralmente aparecem ou pelo valor de caixa recebido (por exemplo, adiantamentos de clientes) ou pelo custo esperado de prover bens e serviços (por exemplo, provisão para garantia).

As obrigações decorrentes de contratos executórios não aparecem normalmente como passivo porque não representam uma obrigação presente. A orientação reguladora[3] vigente na publicação deste livro faz distinção entre

---

2. *Evento obrigante*, que resulta de uma transação ou troca passada intencional, embora seja expressão menos usada no Brasil, é mais precisa que a expressão habitual "fato gerador", uma vez que este pode se referir a todas as causas possíveis. (NT)
3. Como discutido no **Capítulo 10**.

arrendamento (ou *leasing*) operacional, contabilizado como contratos executórios e arrendamento (ou *leasing*) financeiro. As empresas também não reconhecem como passivo obrigações que são incertas quanto ao valor e/ ou ao tempo, a menos que esses itens atinjam um parâmetro de probabilidade e tenham um atributo confiável de mensuração. O U.S. GAAP refere-se a essas obrigações não reconhecidas como uma obrigação possível sob processo judicial não concluído, como *contingências* não reconhecidas, e o IFRS usa o termo *passivo contingente* (*contingent liability*).

Como previamente discutido sobre os ativos, o FASB e o IASB estão reconsiderando a definição de passivo. A definição proposta enfoca uma obrigação *presente* e tira a ênfase em um evento obrigante *passado* e um sacrifício provável *futuro* de recursos. Por exemplo, a definição proposta pode resultar no reconhecimento de certos contratos executórios como passivos e o reconhecimento como passivo de mais obrigações com valores e tempos incertos.

O FASB e o IASB estão reconsiderando o papel da incerteza ou probabilidade na definição, reconhecimento e mensuração dos passivos. Os critérios de reconhecimento existentes incluem um sacrifício provável futuro de recursos; uma questão envolve um nível mínimo de probabilidade para assegurar o reconhecimento como passivo de uma obrigação incerta. O U.S. GAAP não especifica um nível mínimo de probabilidade para o reconhecimento de um passivo, embora uma aproximação na prática seja de 80%. O IFRS especifica que *provável* significa que tem mais chances de ocorrer do que não, implicando mais que 50%.

Algumas vezes, o FASB e o IASB consideram a probabilidade de pagamento como relacionada à mensuração de um passivo, não a sua definição e ao seu reconhecimento. Uma das características da mensuração do valor justo é que a mensuração não incorpore uma probabilidade mínima de reconhecimento. Por exemplo, uma entidade que garante a dívida de outra entidade incorreu em uma obrigação incondicional de estar pronta para repagar a dívida da outra entidade. A probabilidade de ter de fazer o pagamento não afeta a existência dessa obrigação incondicional. Na orientação atual, a obrigação *incondicional* é uma obrigação medida pelo valor justo, que incorpora tanto a probabilidade de pagamento quanto os possíveis valores do pagamento. Ainda sob a orientação atual, a obrigação *condicional,* que depende de a empresa garantida ser apta a repagar a dívida, não aparece como um passivo até que se torne provável, normalmente quando é provável que a empresa garantida não estará apta a pagar a dívida. Enquanto a garantia – uma obrigação incondicional – é inicialmente mensurada pelo valor justo, a obrigação condicional é mensurada pelo valor mais provável.

Patrimônio líquido. Patrimônio líquido de uma companhia é o direito residual dos proprietários sobre os ativos da entidade, depois de subtrair os passivos. O patrimônio líquido é uma medida de ativos trocados pelos acionistas contra seu direito de propriedade sobre a empresa e dos ativos gerados pelas atividades lucrativas da empresa que excedem o valor dos ativos líquidos distribuídos aos proprietários como dividendos. Recompras de direitos de propriedade sobre uma empresa[4] reduzem o seu patrimônio líquido. As empresas podem emitir ações com direitos diferentes, como uma classe de ações ordinárias com dez votos por ação e outra classe de ações ordinárias com um voto por ação.

Títulos híbridos possuem características tanto de dívida como de capital. Exemplos incluem títulos de dívida conversíveis em ações e algumas emissões de ações preferenciais sujeitas a resgate (*redemption*)[5].

Receita. A estrutura conceitual do FASB define receita como entradas ou outros aumentos de ativos de uma entidade ou liquidação de seus passivos, resultantes de entrega ou produção de bens, prestação de serviços e outras atividades que constituem as operações principais ou centrais da entidade. A estrutura conceitual do IASB define receita como aumentos dos benefícios econômicos durante um período contábil na forma de entradas ou aumentos de ativos ou de diminuições de passivos que resultam em aumentos no patrimônio líquido, que não os relacionados às contribuições dos investidores no capital. Sob a orientação regulatória atual (U.S. GAAP e IFRS), as empresas reconhecem a receita quando satisfazem duas condições:

1. **Finalização do processo de geração do lucro.** A empresa fez tudo, ou praticamente tudo, que prometeu fazer ao cliente.
2. **Recebimento de ativos do cliente.** A empresa recebeu caixa ou algum outro ativo que pode converter em caixa, por exemplo, pela cobrança de uma conta a receber.

As empresas medem a receita como o valor de caixa que esperam receber de clientes. Se esperam receber caixa para além de um ano após o momento do reconhecimento da receita, elas medem as receitas pelo valor presente do caixa que esperam receber.

---
4. Ações em tesouraria. (NT)
5. O **Capítulo 15** discute a contabilização de tais títulos.

Contratos com múltiplas entregas criam dificuldades quanto ao momento e à mensuração das receitas. Por exemplo, se uma empresa vende um produto vinculado a uma obrigação de prestar serviços adicionais ao longo do tempo, deveria reconhecer o preço de venda pelo pacote de produtos e serviços no momento da entrega do produto ou reconhecer a receita da venda do produto no momento da sua entrega e a receita dos serviços na medida em que a empresa os vai prestando? Como a empresa deveria medir a porção do preço de venda relativa ao produto e a porção relativa aos serviços? O projeto conjunto IASB-FASB de reconhecimento da receita, em desenvolvimento no momento da publicação deste livro, abordará essas e outras questões de reconhecimento e mensuração da receita.

Despesas. A estrutura conceitual do FASB define despesas como saídas ou outros usos de ativos ou incorrências em passivos pela entrega ou produção de bens, prestação de serviços ou realização de outras atividades que constituem as operações principais ou centrais da entidade. A estrutura conceitual do IASB define despesas como diminuições de benefícios econômicos durante um período contábil na forma de saídas ou usos de ativos ou incorrências em passivos que resultam em uma diminuição do patrimônio líquido, outras que as relativas às distribuições aos investidores de capital. As empresas reconhecem as despesas nas seguintes condições:

1. O consumo de um ativo (ou incorrência em um passivo) resulta de uma transação que leva ao reconhecimento da receita. Isto é, as empresas buscam confrontar as despesas com as receitas a elas associadas.
2. O consumo de um ativo (ou incorrência em um passivo) resulta da passagem do tempo e não leva à criação de outro ativo.

As empresas mensuram as despesas pelo mesmo valor do ativo consumido ou do passivo incorrido.

Ganhos e perdas. Ganhos (perdas) são aumentos (diminuições) nos ativos líquidos procedentes de transações periféricas ou incidentais de uma entidade, bem como de outras ações e eventos que afetam a entidade que não resultem de receitas (despesas) ou investimentos dos proprietários (distribuições). As empresas normalmente informam ganhos e perdas com as vendas de ativos ou liquidações de passivos por um valor líquido; o valor líquido é igual à diferença entre o ativo líquido recebido e o valor contábil do ativo vendido, ou entre o ativo líquido dado e o valor contábil do passivo quitado. Ganhos e perdas podem também surgir da remensuração de ativos e passivos. As empresas reconhecem ganhos e perdas quando esses itens entram na mensuração do lucro líquido ou de outros resultados abrangentes. A empresa realiza ganhos e perdas quando ela vende ou troca ativos ou liquida passivos em uma transação sem favorecimento (*arms-length*).

Resultado abrangente, lucro líquido e outros resultados abrangentes

O resultado abrangente é igual ao valor líquido das receitas, despesas, ganhos e perdas em um período contábil; ele é igual à variação dos ativos líquidos da empresa durante um período, exceto as transações com os proprietários da empresa. A orientação reguladora classifica receitas e despesas que surgem do negócio central da empresa como componentes do lucro líquido. Além das receitas e despesas, o lucro líquido também inclui ganhos e perdas com vendas ou trocas de ativos ou liquidações de passivos relacionadas incidental ou perifericamente com o negócio central da empresa. A orientação reguladora classifica ganhos e perdas com a remensuração de certos ativos e passivos como lucro líquido ou como outros resultados abrangentes. As estruturas conceituais do IASB e o FASB não contêm um modelo conceitual para classificar itens no lucro líquido *versus* em outros resultados abrangentes. As empresas reclassificam ganhos e perdas, inicialmente classificados em outros resultados abrangentes, para o lucro líquido quando um evento subsequente específico ocorre. No fim de cada período contábil, as empresas encerram e transferem valores de Outros Resultados Abrangentes desse período para Outros Resultados Abrangentes Acumulados, uma conta do patrimônio líquido que funciona em relação a outros resultados abrangentes da mesma forma que os lucros acumulados funcionam em relação ao lucro líquido. O resultado abrangente de um período é igual ao lucro líquido mais outros resultados abrangentes.

Regime de competência. O regime contábil de competência mensura os efeitos de transações e eventos nos períodos em que ocorrem. Por outro lado, o regime contábil de caixa reconhece apenas os recebimentos e desembolsos de caixa. No regime de competência, as empresas reconhecem as receitas quando um acordo satisfaz os critérios de reconhecimento da receita listados anteriormente, o que aumenta os ativos líquidos, mas não necessariamente o caixa, no momento do reconhecimento da receita. As empresas reconhecem as despesas quando um acordo satisfaz um dos dois critérios de reconhecimento da despesa listados anteriormente, diminuindo os ativos líquidos, mas não necessariamente o caixa, no momento do reconhecimento. O regime de competência frequentemente utiliza o valor do caixa recebido ou pago em um período para medir o valor das receitas e despesas reconhecidas no período atual, mas o momento do reconhecimento da receita e da despesa não necessariamente coincide com o aumento dos recebimentos ou desembolsos do caixa. O regime de competência é subjacente às mensurações das receitas e despesas na demonstração do resultado.

A contabilidade pelo regime de competência também afeta os valores contábeis do balanço patrimonial. As empresas informam recursos econômicos com benefícios futuros mensuráveis como ativos, ainda que esses recursos não sejam em caixa. As empresas informam obrigações originadas de benefícios econômicos recebidos no passado como passivos, ainda que a empresa ainda não tenha pago em caixa. O patrimônio líquido reflete variações no direito residual dos proprietários decorrentes de transações envolvendo ações e de atividades lucrativas, independentemente de quando há entradas ou saídas nos fluxos de caixa da empresa.

A contabilidade pelo regime de competência separa o momento do reconhecimento na demonstração do resultado e no balanço patrimonial dos momentos dos fluxos de caixa. Portanto, surge a necessidade de uma demonstração financeira que informe os efeitos nos fluxos de caixa[6] das atividades de operações, de investimentos e de financiamentos.

Entidade. As definições dos elementos das demonstrações financeiras, inclusive ativos, passivos, receitas e despesas, referem-se a uma entidade divulgadora. O conceito de entidade divulgadora diz respeito a um grupo de entidades que buscam um propósito comum de negócio, normalmente sob controle de uma das entidades do grupo. Por exemplo, uma única entidade pode operar por intermédio de subsidiárias, *joint ventures*, fundos, parcerias e outras corporações. Ela pode controlar algumas ou todas essas outras entidades. O conceito de controle inclui tanto o poder como a capacidade de dirigir as atividades estratégicas, de operações, de investimentos e de financiamentos de outra entidade, e a capacidade de se beneficiar dos aumentos de valor dessa outra entidade, e de incorrer em perdas com o decréscimo desse valor.

Tanto U.S. GAAP como IFRS referem-se à propriedade da maioria das ações votantes de uma outra entidade como indicativo de controle, a menos que haja evidência que indique que o proprietário majoritário não pode exercer o controle. O IFRS tem uma definição mais ampla de controle que o U.S. GAAP, incluindo condições sob as quais uma entidade pode ter o controle de outra, mesmo tendo direitos de voto menores que a maioria. As empresas, por vezes, operam mediante entidades nas quais não possuem direitos de propriedade economicamente significativos, como um fundo, ou entidades cujo controle decorre de direitos contratuais sem a propriedade de ações votantes. É mais difícil nesses casos identificar a entidade divulgadora.

SÍNTESE DE NORMAS E CONCEITOS DAS DEMONSTRAÇÕES FINANCEIRAS

Existem na contabilidade orientações reguladoras específicas sobre ativos, passivos, patrimônio líquido, receitas, despesas, ganhos e perdas[7]. Este tópico resume a contabilização requerida. Indicaremos entre parênteses o capítulo que discute com mais detalhes a orientação reguladora específica da respectiva informação financeira.

De modo ideal, as normas de divulgação financeira deveriam fluir consistentemente dos objetivos da divulgação financeira, das características qualitativas das informações financeiras e dos elementos das demonstrações financeiras compreendidos pelas estruturas conceituais do FASB e do IASB. Embora essas estruturas conceituais guiem o desenvolvimento das normas de divulgação financeira, elas não objetivam ser um conjunto rigoroso de princípios a partir dos quais os reguladores possam (e devam) deduzir logicamente métodos contábeis aceitáveis. Em alguns casos, as normas conflitam com as estruturas conceituais. As normas têm precedência sobre as estruturas conceituais.

Reconhecimento da receita (Capítulo 8)

Sob a orientação reguladora vigente no momento em que este livro está sendo publicado, as empresas reconhecem a receita quando (1) completaram o processo de geração de lucro ou desempenharam a maior parte das suas obrigações para com os clientes, normalmente a entrega de um produto ou serviço, e (2) receberam caixa ou recebíveis capazes de uma mensuração suficientemente confiável. Em alguns casos, as empresas aplicam crité-

---

6. Este é o propósito da demonstração dos fluxos de caixa discutido nos **Capítulos 6** e **16**.
7. Como discutido nos **Capítulos 8** a **15**.

rios de reconhecimento da receita a cada componente de um contrato com múltiplas entregas. As empresas que vendem produtos sob contrato de longo prazo, como construtoras, reconhecem frequentemente a receita usando o método da porcentagem completada. O U.S. GAAP permite o uso do método do contrato completado quando as empresas não podem razoavelmente estimar receitas e custos, ao passo que o IFRS requer uma variante do método de recuperação do custo nessas circunstâncias (a empresa reconhece as receitas de um período iguais aos custos incorridos nesse período, até que todos os custos tenham sido recuperados). No momento em que este livro está sendo publicado, o FASB e o IASB estão criando uma orientação convergente e aperfeiçoada para o reconhecimento da receita.

Contas a receber (Capítulo 8)

As empresas informam as contas a receber que esperam coletar dentro de um ano pelo valor de caixa que espera receber. O valor pode diferir do montante devido pelos clientes (ou seja, o recebível bruto) em virtude da estimativa de contas incobráveis. As empresas com contas a receber incobráveis significativas devem estimar o valor das contas a receber a cada período contábil e reconhecer a despesa pelas dívidas incobráveis a cada período contábil. As empresas normalmente utilizam uma conta redutora, a conta Perdas Estimadas com Contas Incobráveis, ou Provisão para Créditos de Liquidação Duvidosa, para refletir o valor das contas a receber que a empresa não espera receber. O lançamento para reconhecer valores incobráveis envolve um débito em Despesa com Créditos de Liquidação Duvidosa e crédito em Provisão para Créditos de Liquidação Duvidosa. A baixa de uma conta de um cliente específico que se torna incobrável envolve um débito em Provisão para Créditos de Liquidação Duvidosa e um crédito em Contas a Receber Bruto. A terminologia comum refere-se a essa contabilização como *método da provisão*[8].

Estoque (Capítulo 9)

As empresas inicialmente registram estoques pelo custo de aquisição. O custo de aquisição de uma empresa comercial inclui os custos incorridos na compra e no transporte do estoque antes da venda. O custo de aquisição de uma fábrica inclui o material direto, o trabalho direto e os custos indiretos (*overhead*) para produzir o estoque.

Se os valores de mercado de itens do estoque declinam abaixo do custo de aquisição anterior à venda, as empresas devem reduzir o valor contábil do estoque utilizando o método do menor entre custo e mercado. Com poucas e estritas exceções (por exemplo, metais preciosos), nem U.S. GAAP nem IFRS permitem às empresas remensurar estoques para cima quando o valor de mercado excede o custo de aquisição.

Se o valor de mercado dos estoques aumenta durante o período, o IFRS permite que as empresas reconheçam o ganho não realizado apenas na medida em que ela tenha reconhecido uma perda não realizada com esses itens de estoque. O U.S. GAAP não permite o reconhecimento de tais reversões de perdas não realizadas reconhecidas anteriormente.

As empresas mensuram o custo dos produtos vendidos e o valor dos estoques finais de um período usando uma identificação específica ou fazendo uma assunção de fluxo de custos. O U.S. GAAP permite às empresas utilizar, como assunção de fluxo de custos, o primeiro que entra, primeiro que sai (FIFO-PEPS), a média ponderada e o último que entra, primeiro que sai (LIFO-UEPS). O IFRS não permite o uso do UEPS (LIFO).

Imobilizado (Capítulo 10)

As empresas inicialmente registram o imobilizado, por vezes chamado de *ativo fixo*, pelo custo de aquisição. O custo de aquisição é igual ao caixa pago ou ao valor justo de outra forma de pagamento dada em troca do ativo. O custo de aquisição inclui todos os custos necessários para preparar o ativo para seu uso pretendido. As empresas capitalizam no valor contábil os dispêndios subsequentes que aumentam a vida útil ou os benefícios de um ativo fixo para além do antecipado inicialmente. Edifícios e equipamentos têm uma vida finita; assim, as empresas devem depreciar o custo de aquisição menos o valor residual ao longo da vida útil esperada. As empresas podem utilizar o método linear ou método da depreciação acelerada. Se uma nova informação indicar

---

8. As empresas utilizam também o método da provisão para descontos em vendas, devoluções e provisões estimadas (**Capítulo 8**), bem como para garantias (**Capítulo 9**).

que a vida útil esperada ou o valor residual estimado diferem significativamente do antecipado inicialmente, a empresa revê a sua depreciação prospectivamente[9].

O IFRS permite às empresas remensurar o imobilizado pelos aumentos do valor justo sob certas condições. O U.S. GAAP não permite tais remensurações[10]. As empresas devem testar o imobilizado para possíveis *impairments* (perdas do valor recuperável) de ativos, se houver condições indicando que uma diminuição significativa do valor justo ocorreu.

Outros Intangíveis que não o *goodwill* (Capítulo 10)

Os padrões U.S. GAAP e IFRS requerem que as empresas tratem como despesas do período alguns dispêndios feitos para desenvolver *internamente* marcas, listas de clientes, novas tecnologias e outros intangíveis. O U.S. GAAP trata todos esses dispêndios como despesas do período (exceto para alguns custos de desenvolvimento de *software*). O IFRS trata custos com pesquisa como despesas imediatas, mas os custos qualificados como desenvolvimento como ativos. Os custos com desenvolvimento são despesas depois que um projeto atinge a fase de viabilidade técnica.

Em contraste com os custos incorridos internamente para desenvolver intangíveis, o U.S. GAAP e o IFRS requerem que as empresas reconheçam como ativos os intangíveis identificáveis que elas adquirem em transações externas de mercado. A troca entre um comprador e um vendedor independentes proporciona a evidência da existência de benefícios futuros esperados e o preço de troca proporciona a evidência do valor justo desses benefícios. Intangíveis identificáveis incluem patentes, marcas, listas de clientes e outros recursos econômicos prontos para utilização, bem como pesquisa e desenvolvimento em processo. Ativos intangíveis identificáveis têm vidas finitas (definidas) ou vidas indefinidas. Indefinidas não significa infinitas, mas apenas não conhecíveis. As empresas não amortizam ativos com vidas indefinidas. As empresas devem amortizar os ativos intangíveis com vidas finitas, e também testar para *impairment* os ativos intangíveis, tanto de vidas finitas como de vidas indefinidas.

Goodwill (Capítulos 10 e 14)

Goodwill surge quando uma empresa adquire outra entidade em uma transação externa de mercado e paga mais por essa entidade que o valor justo dos ativos identificáveis líquidos dos passivos identificáveis. *Goodwill* é o excedente do valor pago pela entidade adquirida acima do valor justo dos ativos líquidos identificáveis; ele tem uma vida indefinida e, por isso, não é amortizado. As empresas devem testar o *goodwill* para *impairment* pelo menos anualmente.

Empréstimos e outros títulos de dívida (Capítulo 11)

U.S. GAAP e IFRS contabilizam de modo similar os empréstimos e outros títulos de dívida não conversíveis a pagar. As empresas inicialmente registram empréstimos e *bonds* de longo prazo pelo seu preço de emissão. O preço de emissão é igual ao valor presente dos fluxos de caixa contratuais futuros descontados pela taxa de juros do mercado dos títulos no momento da emissão (à *taxa de juros efetiva*). Se a taxa de juros efetiva é igual à taxa de cupom dos títulos, a empresa emitirá os títulos pelo valor de face. Se a taxa efetiva de juros excede a taxa de cupom, a empresa emitirá os títulos por menos que o valor de face (um *desconto*). Se a taxa de cupom excede a taxa de juros efetiva, a empresa emitirá os títulos por mais que o valor de face (um *prêmio*).

As empresas devem amortizar descontos e prêmios ao longo da vida dos títulos de dívida. A amortização segue o método de juros efetivos, pelo qual a despesa de juros de cada período é igual à taxa de juros efetiva vezes o valor contábil da dívida no começo do período. A diferença entre a despesa de juros e o pagamento de caixa afeta o valor contábil da dívida. A diferença aumenta o valor contábil da dívida dos títulos emitidos originalmente com um desconto e diminui o valor contábil da dívida dos títulos emitidos originalmente com um prêmio. As empresas que repagam a dívida antes do vencimento registram um ganho ou uma perda pela diferença entre o valor contábil da dívida e o valor pago para repagar a dívida.

As empresas devem evidenciar o valor justo dos empréstimos e títulos de dívida de longo prazo nas notas explicativas das demonstrações financeiras. O valor justo é o montante que a empresa pagaria para liquidar a dívida

---

9. Considerando a vida útil remanescente. (NT)
10. O Brasil também não permite. (NT)

na data do balanço patrimonial. Para uma dívida negociada em mercados ativos, o valor justo é o preço corrente de mercado dos títulos de dívida negociados. Para outros itens de dívida, as empresas mensuram o valor justo utilizando técnicas e pressupostos que os participantes de mercado utilizariam. Por exemplo, uma abordagem seria descontar os fluxos de caixa contratuais pela taxa de juros correntes do mercado, que reflete fatores que os participantes de mercado considerariam, inclusive o item risco de crédito.

As empresas podem adotar a opção pelo valor justo para empréstimos e títulos de dívida de longo prazo. Nesse caso, os valores contábeis desses itens no balanço patrimonial são os montantes do valor justo que elas evidenciariam nas notas explicativas, se elas não tivessem adotado a opção pelo valor justo. A baixa no crédito e débito dessas remensurações é feita em ganhos e perdas não realizados. Sob a opção do valor justo, as perdas e ganhos não realizados são incluídos no lucro líquido.

Leasing (Capítulo 11)

Conforme a orientação reguladora vigente no momento da publicação deste livro, as empresas contabilizam o arrendamento mercantil utilizando o método do *leasing* operacional ou o do *leasing* financeiro. O primeiro método trata o *leasing* como um contrato executório: nem o ativo arrendado nem o passivo do arrendamento são reconhecidos no balanço patrimonial. O arrendador reconhece a receita do *leasing* (despesa do arrendamento) na medida em que o arrendatário utiliza o ativo arrendado ao longo do tempo. O método do *leasing* financeiro trata os arrendamentos como equivalentes a compras a prestações: o arrendatário toma emprestados recursos do arrendador para comprar o ativo, e o arrendador reconhece um lucro no momento da venda. O arrendatário registra o ativo arrendado e o passivo do arrendamento no balanço patrimonial pelo valor presente dos fluxos de caixa contratuais no momento da assinatura do *leasing*. O arrendatário reconhece despesas de juros no *leasing* a pagar, similarmente ao reconhecimento de despesas de juros com empréstimos e *bonds* de longo prazo. O arrendador registra a assinatura do contrato de *leasing* financeiro como se ele tivesse vendido o bem arrendado contra *leasing* a receber. O arrendador registra o *leasing* a receber pelo valor presente dos fluxos de caixa contratuais, baixa o custo do ativo arrendado dos seus registros contábeis e reconhece o lucro pela diferença. Ao longo do tempo, o arrendador reconhece a receita de juros em valores equivalentes às despesas de juros reconhecidas pelo arrendatário.

U.S. GAAP e IFRS fornecem critérios para distinguir entre *leasing* operacional e *leasing* financeiro. Esses critérios buscam identificar a entidade que usufrui os benefícios e incorre nos riscos do ativo arrendado. Se o arrendador usufrui os benefícios e arca com o risco, o *leasing* é operacional. Se o arrendatário usufrui os benefícios e arca com o risco, o *leasing* é financeiro. O U.S. GAAP fornece quatro critérios, qualquer um deles qualificando um *leasing* como financeiro. O IFRS fornece critérios mais gerais. No momento da publicação deste livro, o FASB e o IASB estão em processo de criar uma orientação convergente e aperfeiçoada para o *leasing*.

Benefícios de aposentadoria (Capítulo 12)

O U.S. GAAP e o IFRS requerem que as empresas reconheçam o custo dos benefícios pós-emprego (principalmente pensões e atendimento à saúde) como uma despesa enquanto os empregados trabalham, não quando recebem pagamentos ou outros benefícios durante a aposentadoria. Os empregadores frequentemente contribuem com caixa para um fundo, uma entidade legalmente separada do empregador, para financiar suas obrigações de aposentadoria. O fundo investe os recursos recebidos para gerar um retorno desse investimento. Os pagamentos aos empregados vêm tanto das contribuições do empregador quanto dos retornos do investimento. Os registros contábeis do fundo são separados dos registros contábeis do empregador, e os valores dos dois conjuntos de livros realmente são diferentes.

As empresas não consolidam o fundo de pensão. O empregador deve, contudo, informar o *status* do financiamento líquido de cada plano de benefícios definidos (ou seja, o valor justo dos ativos do fundo de pensão menos as obrigações do fundo de pensão) ou como um ativo ou como um passivo no seu balanço patrimonial. A contrapartida a crédito (para um plano superfinanciado) ou a débito (para um plano subfinanciado) é feita em Outros Resultados Abrangentes. Notas Explicativas das demonstrações financeiras proporcionam informações sobre investimentos feitos por um fundo de pensão e sobre como os ativos e passivos do fundo variaram durante o período.

Embora um empregador deva reconhecer as variações no *status* de financiamento de um plano de aposentadoria de benefícios definidos no seu balanço patrimonial em cada período, sob o U.S. GAAP o empregador não reconhece essas variações imediatamente no lucro líquido. As variações no *status* financeiro líquido de um plano de aposentadoria de benefícios definidos inicialmente afetam outros resultados abrangentes e depois são amortizados no lucro líquido, porque o desempenho do investimento difere das expectativas (ou em virtude de variações em pressupostos atuariais, ou na fórmula dos benefícios da aposentadoria). Sob o IFRS, certas variações no *status* financeiro aparecem em outros resultados abrangentes, mas não são amortizadas no lucro líquido.

Tributos sobre o lucro (Capítulo 12)

O lucro antes dos tributos sobre o lucro[11] para fins de informação financeira normalmente difere do lucro tributável informado às autoridades tributárias. As diferenças se devem a (1) diferenças permanentes (itens que afetam o lucro para a informação financeira, mas nunca afetam o lucro tributável, ou vice-versa) ou (2) diferenças temporárias (itens que afetam o lucro para informação financeira em um período diferente que o das informações tributárias). As empresas devem mensurar a despesa de tributos sobre o lucro com base no lucro para a informação financeira (excluindo as diferenças permanentes). As autoridades tributárias impõem alíquotas sobre o lucro tributável. A diferença entre a despesa de tributos sobre o lucro e os tributos sobre o lucro a pagar representa os efeitos tributários das diferenças temporárias.

$$\text{Despesa de Tributos sobre o Lucro} - \text{Tributos sobre o Lucro a Pagar} = \text{Variações em Ativos Tributários Diferidos e Passivos Tributários Diferidos}$$

Tributos diferidos no ativo ou no passivo podem variar em decorrência de diferenças temporárias e variações nas taxas de tributos sobre o lucro que afetam benefícios e obrigações tributárias futuros. Os ativos tributários diferidos líquidos informados no balanço patrimonial de uma empresa também variarão com as variações na avaliação da provisão para ativos tributários diferidos.

Títulos de mercado [ou Títulos e valores mobiliários] (Capítulo 13)

Às vezes, as empresas adquirem títulos de dívida ou ações de outras entidades com vista a obter retornos esperados (mediante juros, dividendos e valorização de preço) sem qualquer intenção de exercer influência ou controle sobre a outra entidade. U.S. GAAP e IFRS presumem que a aquisição de qualquer montante de títulos de dívida e a aquisição de menos de 20% das ações com direito a voto de outra entidade implicam a incapacidade de exercer influência ou controle significativo. As empresas contabilizam esses títulos como investimentos passivos. As empresas classificam esses títulos em três categorias:

1. Títulos de dívida mantidos até o vencimento (o IFRS usa o termo *investimentos mantidos até o vencimento*).
2. Títulos para negociação (o IFRS usa o termo *ativos financeiros pelo valor justo por meio do resultado*).
3. Títulos disponíveis para venda (o IFRS usa o termo *ativos financeiros disponíveis para venda*).

Títulos de mercado com um período de manutenção de menos de um ano aparecem no balanço patrimonial no ativo circulante (Títulos de Mercado) e os títulos com período de manutenção maior que um ano aparecem no ativo não circulante (Títulos de Mercado ou Investimentos em Títulos).

U.S. GAAP e IFRS prescrevem a seguinte contabilização de títulos de mercado[12]:

1. Títulos de dívida mantidos até o vencimento: custo de aquisição amortizado, sujeito a *impairment*.
2. Títulos para negociação: valor justo, com ganhos e perdas não realizados reconhecidos no lucro líquido.
3. Títulos disponíveis para venda: valor justo, com lucros e perdas não realizados reconhecidos em outros resultados abrangentes à medida que o valor justo varia, e com ganhos e perdas realizados mensurados como proventos de venda menos custo de aquisição amortizado reconhecidos no lucro líquido no momento da venda. O custo de aquisição amortizado refere-se ao custo de aquisição de títulos que não de dívida. Títulos disponíveis para venda são também sujeitos ao teste de *impairment*.

---

11. No Brasil, imposto de renda e contribuição social. (NT)
12. Como descrito no **Apêndice** do **Capítulo 13**, o IFRS 9, com vigência a partir de 2015, modifica os requisitos do IFRS para títulos de mercado.

As empresas podem aplicar a opção pelo valor justo a títulos de mercado. Nesse caso, as empresas estão contabilizando títulos de dívida mantidos até o vencimento e títulos disponíveis para venda como se fossem títulos para negociação. As empresas remensuram esses títulos pelo valor justo a cada período e reconhecem ganhos e perdas não realizados no lucro líquido.

Instrumentos financeiros derivativos (Capítulo 13)

As empresas frequentemente adquirem instrumentos derivativos para fazer *hedge* de taxas de juros, de taxas de câmbio, de preços de *commodities* e de outros riscos. U.S. GAAP e IFRS classificam os derivativos em três categorias:

1. *Hedges* de valor justo de um ativo ou passivo reconhecido ou de um compromisso da empresa não reconhecido no balanço.
2. *Hedges* de fluxo de caixa de um ativo ou passivo ou de uma transação prevista.
3. Derivativo não de *hedge*.

As empresas devem designar cada derivativo como um instrumento de *hedge* ou, de outra forma, a contabilidade considerará o derivativo um instrumento não de *hedge*. Além disso, as empresas devem designar cada instrumento de *hedge* ou como *hedge* de valor justo ou como *hedge* de fluxo de caixa. Segue o resumo da contabilização dessas três categorias de derivativos:

1. *Hedges* de valor justo: remensurar tanto o item objeto do *hedge* como o derivativo pelo valor justo em cada período e reconhecer ganhos e perdas no lucro líquido.
2. *Hedges* de fluxo de caixa: remensurar o derivativo pelo valor justo em cada período e incluir o ganho ou perda não realizado em outros resultados abrangentes na medida em que o instrumento de derivativo seja efetivo para neutralizar o risco. Quando a empresa liquidar o item objeto do *hedge*, transferir os ganhos ou perdas não realizados anteriormente de outros resultados abrangentes para o lucro líquido.
3. Derivativo não de *hedge*: remensurar o derivativo pelo valor justo a cada período e incluir os ganhos ou perdas não realizados no lucro líquido.

As empresas podem aplicar a opção do valor justo ao derivativo. Pela opção do valor justo, a principal mudança na contabilização dos derivativos se refere aos *hedges* de fluxo de caixa. Na opção pelo valor justo, as variações no valor justo dos *hedges* de fluxo de caixa afetam o lucro líquido à medida que ocorrem, ao invés de afetar inicialmente outros resultados abrangentes.

Investimentos intercompanhia em ações ordinárias [Participações societárias] (Capítulo 14)

As empresas por vezes investem em ações ordinárias de outras entidades com vista a exercer influência ou controle significativo sobre a outra entidade. U.S. GAAP e IFRS consideram que as empresas que possuem entre 20% e 50% das ações votantes de uma outra entidade podem exercer influência significativa, e empresas que possuem mais de 50% podem exercer o controle, a menos que outra informação indique o contrário. Além disso, o IFRS especifica condições nas quais uma entidade pode controlar outra, mesmo possuindo uma participação menor que a majoritária.

As empresas aplicam o método de equivalência patrimonial para contabilizar uma participação em outra companhia, quando exercem influência significativa sobre a investida. O investidor reconhece sua participação no lucro líquido ou no prejuízo líquido da investida depois de eliminar todos os itens de lucros intercompanhia, e aumenta (no caso do lucro líquido) ou diminui (no caso de prejuízo líquido) sua conta de investimento pelo valor equivalente. O investidor diminui a conta de investimento pelos dividendos recebidos. Se o custo de aquisição do investimento excede a participação do investidor nos ativos líquidos da investida no momento da aquisição, o investidor deve decidir se o excedente refere-se a ativos da investida com uma vida definida. Se sim, o investidor deve amortizar a porção do custo de aquisição do investimento para refletir o declínio nos benefícios esperados.

Uma empresa que controla outra entidade prepara demonstrações financeiras consolidadas com essa entidade. As demonstrações financeiras consolidadas refletem os resultados das entidades legalmente separadas como se elas fossem uma entidade única. Assim, demonstrações financeiras consolidadas eliminam contas decorrentes de transações intercompanhia do balanço patrimonial e da demonstração do resultado, bem como o lucro e prejuízo intercompanhia das transações entre as entidades. Se a empresa mãe não possui 100% da outra entidade, os acionistas remanescentes possuem uma participação não controladora (ou minoritária). Os balanços patrimoniais consolidados consolidam todos os ativos e passivos da entidade controlada e, a seguir, apresentam o direito dos acionistas não controladores contra os ativos líquidos consolidados como parte do patrimônio líquido[13]. Similarmente, as demonstrações do resultado consolidadas consolidam todas as receitas e despesas da entidade controlada e, a seguir, apresentam as porções do lucro líquido consolidado a que os acionistas não controladores e os acionistas controladores têm direito.

Opções de ações para empregados (Capítulo 15)

As empresas calculam uma medida do valor das opções de ações a empregados pelo seu valor justo na data da outorga, usando um modelo de precificação de opções que incorpora a informação sobre o preço atual de mercado, o preço de exercício, o tempo esperado entre a outorga e o exercício, a volatilidade esperada das ações, os dividendos esperados e a taxa de juros livre de risco. O custo total de remuneração é o número de opções que a empresa espera que os empregados exercerão vezes o valor por opção. As empresas amortizam esse custo total ao longo do período de serviço, que é o período esperado de benefícios. Esse período é normalmente entre a data de outorga (*grant date*) e a primeira data de exercício (*vesting date*). As empresas normalmente não remensuram opções de ações depois da data de outorga inicial.

Emissão de títulos com bônus de subscrição ou opção de conversão (Capítulo 15)

As empresas emitem, por vezes, títulos de dívida (*bonds*) com bônus de subscrição de ações. Elas alocam os valores recebidos entre os *bonds* e os bônus de subscrição com base nos seus respectivos valores justos. Quando as empresas emitem títulos de dívida convencionais conversíveis, nos quais a opção de conversão é liquidada mediante emissão de ações, o U.S. GAAP requer que as empresas aloquem o preço total de emissão aos títulos de dívida e nenhum à opção de conversão. O IFRS, contudo, requer que as empresas aloquem o preço de emissão entre os *bonds* e a opção de conversão. A alocação envolve estimar o preço de emissão dos *bonds* em termos similares aos *bonds* emitidos sem a opção de conversão. A empresa aloca esse valor aos *bonds* e o remanescente do preço de emissão à opção de conversão.

Ações de tesouraria (Capítulo 15)

As empresas não reconhecem ganhos e perdas com a aquisição das suas próprias ações ou reemissão de ações anteriormente adquiridas. As diferenças entre o preço de compra e o preço de reemissão não são transações de lucro, mas afetam a conta Reservas de Capital. As empresas contabilizam a aquisição de ações em tesouraria utilizando os métodos de custo, do valor de face ou o de retirada construtiva. Esses métodos diferem em termos das contas afetadas do patrimônio líquido, mas todos resultam em uma redução igual do total do patrimônio líquido quando as empresas compram suas próprias ações.

Resumo das normas de divulgação financeira

A **Figura 17.1** resume certas diferenças entre o U.S. GAAP e o IFRS. Ambos concordaram em planejar o aperfeiçoamento e a convergência de algumas normas U.S. GAAP e IFRS em um único conjunto de normas de alta qualidade. Os *websites* do FASB e do IASB contêm informações sobre o *status* atual das várias atividades de convergência. Como previamente descrito neste livro, algumas das diferenças mostradas na **Figura 17.1** serão eliminadas com a finalização dos projetos conjuntos de convergência.

---

13. Em uma conta separada. (NT)

Figura 17.1

Exemplos de Diferenças entre U.S. GAAP e IFRS

Capítulo	Tópico Informado	U.S. GAAP	IFRS
8	Reconhecimento da Receita	A empresa deve ter entregado um produto ou serviço em troca de um ativo líquido capaz de mensuração suficientemente confiável. Mais de 200 documentos fornecem orientações específicas a setores e transações.	Um critério geral e poucos documentos com orientação específica a setores. Para contratos de longo prazo, utilizar método do percentual completado se os valores forem estimáveis. Se não, utilizar o método da recuperação do custo. Método do contrato completado não é permitido.
9	Estoque e custo dos produtos vendidos: menor entre custo ou mercado	Mensuração do valor de mercado utilizando uma combinação entre custo de reposição e valor realizável líquido.	Mensuração do valor de mercado utilizando valor realizável líquido.
9	Estoque: fluxo de custo	Identificação específica, PEPS (FIFO), média ponderada e pressupostos de fluxo de custo UEPS (LIFO) permitidos.	Identificação específica, PEPS (FIFO), média ponderada e pressupostos de fluxo de custo permitidos. UEPS (LIFO) não é permitido.
10	Imobilizado: Reavaliações acima do custo de aquisição	Não é permitida.	Permitida sob determinadas condições.
10	Custo com pesquisa e desenvolvimento	Reconhecer como uma despesa incorrida no período, exceto para determinados custos de desenvolvimento de *softwares*.	Reconhecer custos de pesquisa como uma despesa incorrida no período. Capitalizar certos custos de desenvolvimento e amortizá-los ao longo do período de benefícios esperados.
10	Imobilizado: perda por *impairment*	Se o valor contábil exceder o valor de fluxo de caixa não descontado, reconhecer uma perda por *impairment* igual ao excedente do valor contábil sobre o valor justo.	Reconhecer uma perda por *impairment* pelo excedente do valor contábil sobre o valor recuperável. O valor recuperável é o maior entre o valor justo menos o custo para vender e o valor de uso. Pode reverter posteriormente a perda por *impairment*, mas não acima do custo de aquisição.
10	Ativo intangível com vida finita: perda por *impairment*	Se o valor contábil exceder o valor de fluxo de caixa não descontado, reconhecer uma perda por *impairment* igual ao excedente do valor contábil sobre o valor justo.	Reconhecer uma perda por *impairment* pelo excedente do valor contábil sobre o valor recuperável. O valor recuperável é o maior entre o valor justo menos o custo para vender e o valor de uso. Pode-se reverter posteriormente a perda por *impairment*, mas não acima do custo de aquisição.
10	Ativo intangível com vida indefinida, exceto *goodwill*: perda por *impairment*	Reconhecer uma perda por *impairment* pelo excedente do valor contábil sobre o valor justo.	Reconhecer uma perda por *impairment* pelo excedente do valor contábil sobre o valor recuperável. O valor recuperável é o maior entre o valor justo menos o custo para vender e o valor de uso. Testar esses ativos anualmente para perda por *impairment*, e reversões de perdas por *impairment*.
10	*Goodwill:* perda por *impairment*	Passo 1: comparar o valor contábil ao valor justo de uma unidade divulgadora. Se o valor contábil exceder o valor justo, proceda ao passo 2. Passo 2: alocar o valor justo de uma unidade divulgadora ao ativo ou ao passivo com base no seu valor justo e qualquer excedente ao *goodwill*. Reconhecer uma perda por *imparment* no *goodwill* se o valor contábil exceder o valor justo alocado. Passo 3: testar o *goodwill* anualmente para perda por *impairment* ou sempre que uma perda por *impairment* no *goodwill* for provável. As empresas podem aplicar também um teste qualitativo de *impairment*.	Passo 1: comparar o valor contábil com o valor recuperável para uma unidade geradora de caixa. Passo 2: reconhecer uma perda por *impairment* para qualquer excedente do valor contábil sobre o valor recuperável de uma unidade geradora de caixa. Primeiro dar baixa no *goodwill* e, a seguir, alocar qualquer perda remanescente a outros ativos com base em seus valores recuperáveis relativos. Passo 3: testar o *goodwill* anualmente para perdas por *impairment*.
12	Obrigações contingentes (U.S. GAAP) e provisões (IFRS)	Reconhecer como passivo se o pagamento for provável (probabilidade normalmente superior a 80%). Mensurar pelo maior valor provável ou pelo segmento inferior do intervalo, se nenhuma estimativa for melhor que qualquer outra.	Reconhecer como passivo se o pagamento for mais provável que o não pagamento (probabilidade acima de 50%). Mensurar pela melhor estimativa do valor para liquidar a obrigação.
11	*Leasing*/ Arrendamento	Um *leasing* é financeiro se satisfaz uma de quatro condições; caso contrário, ele é um *leasing* operacional.	Julgamento necessário com base em diversos indicadores para identificar a entidade que usufrui os benefícios e suporta os riscos do *leasing*.
15	Títulos de Dívida (*bonds*) Conversíveis	A menos que a opção de conversão possa ser liquidada em caixa, alocar o preço de emissão totalmente aos *bonds* e nenhum à opção de conversão.	Alocar o preço de emissão entre os *bonds* e a opção de conversão.

PROBLEMA 17.1 — PARA APRENDIZAGEM

Revisão dos Capítulos 1 a 16. Um conjunto de demonstrações financeiras da Kaplan Corporation é apresentado a seguir, incluindo uma demonstração de resultados consolidada de 2013 (**Figura 17.2**), um balanço patrimonial consolidado comparativo de 31 de dezembro de 2012 e de 2013 (**Figura 17.3**) e uma demonstração dos fluxos de caixa consolidada de 2013 (**Figura 17.4**). Uma série de oito Notas Explicativas fornece informações adicionais sobre certos itens das demonstrações financeiras.

Responda às questões colocadas, depois das oito notas, utilizando as informações das demonstrações financeiras e das notas da Kaplan Corporation. Sugerimos que você estude as demonstrações e as notas cuidadosamente antes de responder às questões.

Nota 1: a Kaplan Corporation aplica as seguintes políticas contábeis:

- *Base de consolidação.* A Kaplan Corporation consolida suas demonstrações financeiras com as da Heimann Corporation, subsidiária da qual possui 80% e que foi adquirida em 2 de janeiro de 2012.
- *Títulos de mercado.* A Kaplan Corporation classifica seus títulos de mercado como disponíveis para venda. Esses títulos aparecem pelo valor justo.
- *Contas a receber.* A Kaplan Corporation utiliza o método da provisão para contas de devedores duvidosos.
- *Estoque.* A Kaplan Corporation utiliza o pressuposto de fluxos de custos último a entrar, primeiro a sair (UEPS/LIFO) para estoques e custo dos produtos vendidos.
- *Investimentos.* A Kaplan Corporation informa investimentos de menos de 20% das ações ordinárias em circulação de outras empresas pelo valor justo e aplica o método de equivalência patrimonial para os investimentos entre 20% e 50% das ações ordinárias em circulação de filiadas não consolidadas.
- *Edifícios e equipamentos.* A Kaplan Corporation utiliza o método linear de depreciação nas demonstrações financeiras e utiliza a depreciação acelerada para a informação tributária.
- *Patente.* A companhia amortiza patentes linearmente ao longo de um período de dez anos.
- *Juros de dívidas de longo prazo.* O cálculo das despesas de juros sobre *bonds* a pagar utiliza o método dos juros efetivos.
- *Tributos sobre o lucro diferidos.* A companhia calcula tributos sobre o lucro diferidos pelas diferenças temporárias entre o lucro contábil e o lucro tributável.

Nota 2: títulos de mercado são apresentados pelos valores justos, que estão menores que seu custo de aquisição em $ 50.000 em 31 de dezembro de 2012 e em $ 70.000 em 31 de dezembro de 2013.

Nota 3: contas a receber são apresentadas líquidas de uma provisão para devedores duvidosos, de $ 200.000 em 31 de dezembro de 2012 e de $ 250.000 em 31 de dezembro de 2013. Despesas com vendas e administrativas incluem despesas com devedores duvidosos de $ 120.000.

Nota 4: estoques abrangem o seguinte:

	31 de dezembro de 2013	31 de dezembro de 2012
Matéria-prima	$ 380.000	$ 330.000
Trabalho em Processo	530.000	460.000
Produtos Acabados	2.200.000	1.800.000
Total	$ 3.110.000	$ 2.590.000

O custo atual do estoque excedeu os valores calculados com base no UEPS em $ 420.000 em 31 de dezembro de 2012 e em $ 730.000 em 31 de dezembro de 2013.

Nota 5: a Burton Corporation teve um lucro líquido de $ 400.000 e pagou dividendos de $ 75.000 em 2013.

Nota 6: em 2 de janeiro de 2012, a Kaplan Corporation adquiriu 100% das ações ordinárias da Heimann Corporation, mediante a emissão de 20.000 ações ordinárias da Kaplan Corporation. O valor justo das ações da Kaplan Corporation em 2 de janeiro de 2012 era de $ 40 por ação. Os valores justos dos ativos e passivos registrados da Heimann Corporation eram iguais aos seus valores contábeis. A Kaplan Corporation atribui qualquer diferença entre o preço de aquisição e o valor justo dos ativos líquidos registrados a uma patente que a Heimann Corporation desenvolveu internamente. A Kaplan Corporation amortiza a patente em um período de 10 anos da data de aquisição.

Nota 7: o passivo circulante inclui um empréstimo a pagar de 1 ano a juros de 5%, com vencimento em 1º de janeiro de 2014.

Nota 8: os *bonds* a pagar são os seguintes:

	31 de dezembro de 2013	31 de dezembro de 2012
Bonds de $ 2.000.000, à taxa de 4% ao ano, vencimento em 31 de dezembro de 2018, e juros pagáveis semestralmente	1.829.390	1.800.920
Bonds de $ 3.000.000, à taxa de 10% ao ano, vencimento em 31 de dezembro de 2022, e juros pagáveis semestralmente	3.379.790	3.407.720
Bonds de $ 1.000.000, à taxa de 8% ao ano, vencimento em 31 de dezembro de 2028, e juros pagáveis semestralmente	1.000.000	1.000.000
Total	6.209.180	6.208.640

(*Continua*)

(*Continuação*)

Pede-se

a. A Kaplan Corporation vendeu títulos de mercado em 2013 que tinham custado originalmente $ 180.000. Apure o preço pelo qual ela vendeu esses títulos.
b. Considerando o item **a**, calcule o custo dos títulos de mercado comprados em 2013.
c. Qual o valor das contas de clientes específicos às quais a Kaplan Corporation deu baixa como incobráveis em 2013?
d. Calcule o valor do caixa recebido de clientes durante o ano.
e. Calcule o custo das unidades completadas e transferidas para o estoque de produtos finais em 2013.
f. Os custos com trabalho direto e custos indiretos de fabricação incorridos na produção em 2013 totalizaram $ 4.500.000. Calcule o custo da matéria-prima adquirida em 2013.
g. Considere que os valores evidenciados na **Nota 4** sobre os custos atuais dos estoques representem os valores que resultariam da utilização do pressuposto de fluxo de custo primeiro a entrar, primeiro a sair (PEPS/FIFO). Calcule o custo dos produtos vendidos caso a empresa tivesse usado UEPS (LIFO) em vez de PEPS.
h. Prepare uma análise que explique as causas das variações em cada uma das três contas de participações societárias.
i. Prepare uma análise que explique as variações em cada uma das seguintes contas em 2013: Imobilizado e Depreciação Acumulada.
j. Faça os lançamentos no livro diário que a Kaplan Corporation fez em 2 de janeiro de 2012, quando ela adquiriu a Heimann Corporation.
k. Calcule o valor contábil dos ativos líquidos da Heimann Corporation em 2 de janeiro de 2012.
l. A Kaplan Corporation inicialmente precificou os *bonds* a pagar de 4% como gerando um rendimento de 6% compostos semestralmente. A empresa inicialmente precificou os *bonds* de 10% como gerando um rendimento de 8% compostos semestralmente. Mostre que $ 1.800.920 e $ 3.407.720 (ver **Nota 8**) são os valores contábeis corretos dessas duas emissões de *bonds* em 31 de dezembro de 2012.
m. Calcule o valor da despesa de juros e das variações do valor contábil nos *bonds* a pagar em 2013 para cada uma das três emissões de *bonds* de longo prazo (ver **Nota 8**).
n. Calcule o valor dos tributos sobre o lucro realmente pagos em 2013.
o. Em 1º de julho de 2013, a Kaplan Corporation emitiu 10.000 ações ordinárias por $ 50 por ação em caixa. Prepare uma análise explicando a variação em 2013 de cada uma das seguintes contas: Capital Social – Ações Ordinárias; Reservas de Capital; Lucros Acumulados; e Ações de Tesouraria.

Figura 17.2

Kaplan Corporation
Demonstração do Resultado Consolidada de 2013
(todos os valores em milhares de US$)
(Problema 17.1)

RECEITAS E GANHOS	
Vendas	12.000
Resultado de Equivalência Patrimonial de Coligadas Não Consolidadas	300
Receita de Dividendos	20
Ganho na Venda de Títulos de Mercado	30
Total de Receitas e Ganhos	12.350
DESPESAS E PERDAS	
Custo dos Produtos Vendidos	7.200
Vendas e Administrativas	2.709
Perda na Venda de Equipamentos	80
Juros (**Notas 7** e **8**)	561
Total de Despesas e Perdas	10.550
Lucro Líquido Antes dos Tributos sobre o Lucro	1.800
Despesa com Tributos sobre o Lucro	540
Lucro Líquido	1.260

Figura 17.3

Kaplan Corporation
Balanço Patrimonial Consolidado
31 de dezembro de 2012 e 2013
(todos os valores em milhares de US$)
(Problema 17.1)

	31 de dezembro de 2013	31 de dezembro de 2012
ATIVO		
Ativo Circulante		
Caixa	2.919	1.470
Títulos de Mercado (**Nota 2**)	550	450
Contas a Receber (Líquido; **Nota 3**)	2.850	2.300
Estoque (**Nota 4**)	3.110	2.590
Pagamentos Antecipados	970	800
Total Ativo Circulante	10.399	7.610
Investimentos (Nota 5)		
Investimento na Maher Corporation (10%)	185	200
Investimento na Johnson Corporation (30%)	410	310
Investimento na Burton Corporation (40%)	930	800
Total de Investimentos	1.525	1.310
Imobilizado		
Terrenos	500	400
Edifícios	940	800
Equipamentos	3.800	3.300
Total pelo Custo de Aquisição	5.240	4.500
Menos Depreciação Acumulada	(930)	(1.200)
Imobilizado Líquido	4.310	3.300
Patente (**Nota 6**)	80	90
Total do Ativo	16.314	12.310
PASSIVO E PATRIMÔNIO LÍQUIDO		
Passivo Circulante		
Empréstimos a Pagar (**Nota 7**)	2.000	–
Contas a Pagar	1.425	1.070
Salários a Pagar	900	1.100
Juros a Pagar	100	0
Tributos sobre o Lucro a Pagar	375	250
Total Passivo Circulante	4.800	2.420
Passivo Não Circulante		
Bonds a Pagar (**Nota 8**)	6.209	209
Tributos Diferidos	940	820
Total do Exigível a Longo Prazo	7.149	7.029
Patrimônio Líquido		
Capital Social – Ações Ordinárias (valor de face de $ 10)	600	500
Reservas de Capital	1.205	800
Outros Resultados Abrangentes Acumulados:		
Perda Não Realizada com Títulos de Mercado	(70)	(50)
Perda Não Realizada com Investimentos em Títulos	(40)	(25)
Lucros Acumulados	2.690	1.666
Total	4.385	2.891
Menos Ações de Tesouraria (pelo custo)	(20)	(30)
Total do Patrimônio Líquido	4.365	2.861
Total do Passivo e Patrimônio Líquido	16.314	12.310

© Cengage Learning 2014

Figura 17.4

Kaplan Corporation
Demonstração Consolidada dos Fluxos de Caixa de 2013
31 de dezembro de 2013
(todos os valores em milhares de US$)
(Problema 17.1)

OPERAÇÕES

Lucro Líquido	1.260	
Adições:		
Depreciação	560	
Tributos Diferidos	120	
Perda na Venda de Equipamentos	80	
Excedente de Despesa de Juros sobre Pagamento de Cupons	28	
Amortização de Patente	10	
Aumento em Contas a Pagar	355	
Aumento em Juros a Pagar	100	
Aumento em Tributos sobre o Lucro a Pagar	125	
Subtrações:		
Ganho na Venda de Títulos de Mercado	(30)	
Participação em Lucros de Coligada Excedente aos Dividendos Recebidos	(180)	
Amortização de Prêmios em *Bonds*	(28)	
Aumento em Contas a Receber	(550)	
Aumento em Estoque	(520)	
Aumento em Pagamentos Antecipados	(170)	
Redução em Salários a Pagar	(200)	
Fluxo de Caixa de Operações		960

INVESTIMENTOS

Venda de Títulos de Mercado	210	
Venda de Equipamentos	150	
Investimento na Johnson Corporation	(50)	
Compra de Títulos de Mercado	(300)	
Aquisição de:		
Terrenos	(100)	
Edifícios	(300)	
Equipamentos	(1.400)	
Fluxo de Caixa de Investimentos		(1.790)

FINANCIAMENTOS

Aumento em Notas a Pagar	2.000	
Emissão de Ações Ordinárias	500	
Ações de Tesouraria Vendidas	15	
Dividendos	(236)	
Fluxo de Caixa de Financiamentos		2.279
Variação Líquida do Caixa		1.449
Caixa, 1º de janeiro		1.470
Caixa, 31 de dezembro		2.919

Objetivos de aprendizagem 671

SEÇÃO 2: EXTENSÕES

CONSIDERAÇÕES ADICIONAIS SOBRE MENSURAÇÃO E INFORMAÇÃO DO RESULTADO

O propósito principal da demonstração do resultado não é mostrar o valor do lucro líquido (ou prejuízo) no período. O leitor das demonstrações financeiras pode geralmente apurar o lucro líquido (ou prejuízo) subtraindo o saldo inicial da conta Lucros Acumulados do seu saldo final e ajustar pelos dividendos. A demonstração do resultado ajuda os usuários das demonstrações financeiras a entender a natureza e os valores das receitas, ganhos, despesas e perdas da empresa. Essa informação permite ao usuário comparar o desempenho da empresa com o de outras empresas (análise transversal) ou com a própria empresa ao longo do tempo (análise temporal) e fazer projeções mais bem informadas sobre o futuro[14].

Capítulos anteriores concentraram-se na *mensuração* de resultados das transações de lucro. Este tópico enfoca a *divulgação* e a *evidenciação* das transações de resultado nas demonstrações financeiras e nas notas explicativas. Os principais tópicos que descrevemos são:

1. Como a natureza de um item de ganho afeta as percepções desse item pelos usuários? Como as empresas divulgam a informação na demonstração do resultado de modo a permitir aos usuários entender a natureza dos itens de ganho?
2. Como erros, variações em políticas contábeis e mudanças nas estimativas contábeis afetam a divulgação do resultado? Como e quando esses itens são divulgados na demonstração do resultado?
3. As empresas divulgam normalmente os lucros atribuídos às ações ordinárias (lucro por ação). O que é o lucro por ação e como ele é calculado?
4. Algumas empresas operam com uma linha única de produto em uma única região geográfica. Outras, mais diversificadas e complexas, operam múltiplas linhas de produtos ou negócios ou em múltiplas regiões geográficas. A contabilidade exigirá que uma empresa diversificada e complexa divulgue informações financeiras separadas para seus segmentos distintos? Como a contabilidade define segmentos? Que informação uma empresa deve divulgar sobre seus segmentos?

Natureza e divulgação de transações de resultado

Para motivar o entendimento de questões envolvidas com a natureza e a divulgação de transações de resultado, considere os dados da Bernard Company na **Figura 17.5**. Para simplificar a ilustração, consideramos que as receitas resultam em recebimentos imediatos de caixa, as despesas requerem desembolsos imediatos de caixa e ignoramos os impostos. Assim, os fluxos de lucro ficam iguais aos fluxos de caixa.

Suponha que um analista deseja avaliar a Bernard Company utilizando o valor presente dos fluxos de caixa de suas atividades individuais, algumas recorrentes, outras não. Considere que a taxa de desconto apropriada para obter o valor presente dos fluxos de caixa da Bernard é 10% ao ano. As aulas sobre avaliação discutem as questões relativas à escolha da taxa de desconto.

A Bernard Company possui 6 atividades, numeradas de 1 a 6 na **Figura 17.5**.

Atividade 1. A primeira atividade gera $ 100 por ano, com fluxo de caixa no fim de cada ano, indefinidamente. O valor presente dessa atividade é de $ 1.000 (= $ 100/0,10).

Atividade 2. A segunda atividade gera $ 30 no fim do primeiro ano e um fluxo de caixa que cresce a 6% por ano daí para a frente. O valor presente dessa atividade é de $ 750 [= $ 30/(0,10 – 0,06)].

Atividade 3. A terceira atividade é cíclica, gerando $ 115 por ano no fim de cada ano ímpar. O valor presente dessa atividade é $ 602,38.

---

14. O **Capítulo 7** descreve a análise transversal e a análise temporal.

Figura 17.5
Bernard Company
Mensuração do Valor da Empresa com Dados do Fluxo de Caixa

Atividades da Empresa	Fluxos de Caixa Ocorrem no Fim de cada Período — Número do Período									Valor Presente da Atividade Usando a Taxa de Desconto de 10%
	1	2	3	4	5	6	7	8		
1. Recorrente	$ 100	$ 100	$ 100	$ 100	$ 100	$ 100	$ 100	$ 100	....	$ 1.000,00
2. Recorrente e crescendo à taxa de 6% ao ano	30	32	34	36	38	40	43	45	....	750,00
3. Cíclico	115	0	115	0	115	0	115	0	....	602,38
4. Não recorrente	120	0	0	0	0	0	0	0	....	109,09
5. Recorrente	(40)	(40)	(40)	(40)	(40)	(40)	(40)	(40)	....	(400,00)
6. Não recorrente	(70)	0	0	0	0	0	0	0	....	(63,64)
Lucro Líquido do Ano 1	$ 255									
Valor Presente da Empresa ...										**$ 1.997,83**

© Cengage Learning 2014

Atividade 4. A quarta atividade é não recorrente, gerando um fluxo de caixa único de $ 120 no fim do primeiro ano, com valor presente de $ 109,09 (= $ 120/1,10) no início do primeiro ano.

Atividade 5. A quinta atividade, um dispêndio (saída), utiliza $ 40 do caixa por ano, no fim de cada ano. O valor presente desta atividade é – $ 400 (= – $ 40/0,10).

Atividade 6. A sexta atividade, um dispêndio único (saída), utiliza $ 70 do caixa no fim do primeiro ano e tem um valor presente de – $ 63,64 (= – $ 70/1,10).

O valor da empresa é a soma dos valores presentes de suas atividades individuais, $ 1.997,83 na **Figura 17.5**. Neste exemplo, a maior parte do valor da empresa vem de atividades recorrentes. Ao mensurar o valor da empresa, investidores normalmente se preocupam mais com atividades recorrentes que com atividades não recorrentes, porque aquelas adicionam valor a cada ano, enquanto as últimas, por definição, acontecem uma vez ou são infrequentes.

A **Figura 17.5** apresenta lucro líquido de $ 225 (lembre-se de que assumimos o lucro igual aos fluxos de caixa). Como analistas e investidores podem deduzir o valor da companhia a partir da demonstração do resultado desse único ano? A resposta é que não podem. Essa empresa é demasiado complexa para que mesmo um usuário sofisticado possa derivar o valor a partir de uma única peça da coluna de dados. Para estimar o valor da empresa, os investidores e analistas precisam de informações sobre os componentes do lucro líquido da empresa e sua natureza recorrente ou não recorrente. Dado que os itens recorrentes são mais fáceis de prever, os analistas ficam mais confiantes em estimar o valor das empresas com atividades recorrentes do que das empresas com atividades não recorrentes.

Visão geral da divulgação de transações de resultado

Os tópicos a seguir discutem a divulgação de vários itens de resultado. Começamos por fornecer uma visão geral dessa divulgação.

1. As empresas devem inicialmente divulgar os resultados da maior parte das transações de lucro na demonstração do resultado, em vez de contornar a demonstração do resultado e divulgar os valores em alguma outra conta do patrimônio líquido. Essa divulgação reflete a ênfase que os analistas e investidores colocam na demonstração do resultado quando avaliam o desempenho operacional da empresa, bem como a preocupação de que os usuários das demonstrações possam deixar passar transações de lucro se forem divulgadas em outro lugar.

2. U.S. GAAP e IFRS reconhecem que algumas transações de resultado são centrais às atividades principais do negócio da empresa e são recorrentes, enquanto outras são periféricas e não recorrentes. As empresas devem divulgar itens nas suas demonstrações do resultado de modo a informar os usuários sobre a natureza (recorrente *versus* não recorrente) dos itens de resultado.
3. Variações nos valores justos dos ativos e passivos afetam o valor da empresa na medida em que ocorrem. As empresas reconhecem algumas dessas variações do valor justo no lucro líquido na medida em que ocorrem, mesmo que elas não tenham ainda vendido o ativo contra caixa ou liquidado o passivo. (Vendas e liquidações confirmam o montante da variação do valor.) As empresas devem postergar a divulgação de variações do valor justo de outros ativos e passivos no lucro líquido até que ocorram eventos que as confirmem. Enquanto isso, as empresas incluem tais variações de valor em Outros Resultados Abrangentes; essa conta é encerrada em Outros Resultados Abrangentes Acumulados, uma componente do patrimônio líquido.
4. As empresas frequentemente descobrem erros em valores anteriormente divulgados, alteram suas políticas contábeis ou modificam estimativas feitas na aplicação dos seus princípios contábeis. As empresas devem restabelecer retrospectivamente os valores anteriormente divulgados pelas correções materiais dos erros e algumas alterações nas políticas contábeis. Tanto U.S. GAAP como IFRS requerem que as empresas ajustem valores atuais e futuros pelas variações de estimativas contábeis e de algumas mudanças nas políticas contábeis.

Examinaremos agora a divulgação de quatro tipos de transações de resultado, discutidas e ilustradas mais amplamente nos tópicos a seguir:

1. Recorrente *versus* não recorrente.
2. Central *versus* periférica.
3. Ganhos e perdas não realizados *versus* realizados por variações nos valores justos de ativos e passivos.
4. Ajustes de erros e mudanças nas políticas e estimativas contábeis.

A contabilização desses quatro itens afeta a interpretação do usuário sobre o lucro líquido divulgado e a previsão de lucros líquidos futuros. U.S. GAAP e IFRS dão suporte a esse processo de análise ao requererem que as empresas classifiquem as transações de resultado de maneiras específicas nas demonstrações financeiras.

Divulgando atividades recorrentes/não recorrentes e centrais/periféricas

Os analistas tendem a fazer duas perguntas quando utilizam a lucratividade passada de uma empresa para projetar sua provável lucratividade futura:

1. O item de resultado decorre de uma atividade na qual a empresa provavelmente continuará envolvida ou de uma transação ou evento cuja recorrência é improvável?
2. O item de resultado decorre de uma atividade operacional principal da empresa (criação e venda de um bem ou serviço aos clientes) ou de uma atividade incidental ou periférica à atividade principal (por exemplo, venda de um equipamento anteriormente utilizado pela empresa na fabricação)?

O **Quadro 17.2** descreve essas distinções com exemplos. Um usuário das demonstrações financeiras que deseja avaliar a lucratividade operacional normal da empresa provavelmente focará os itens de resultado da célula superior esquerda. Um usuário das demonstrações financeiras que deseja projetar o lucro líquido de períodos anteriores para o futuro provavelmente focará nas duas células de *lucro recorrente*. Os itens de resultado nas células não recorrentes não afetarão as avaliações de lucratividade de longo prazo. A discussão a seguir considera a divulgação de cada tipo de item de resultado.

Mensuração do resultado

U.S. GAAP e IFRS distinguem entre receitas e despesas, por um lado, e ganhos e perdas por outro. As receitas e despesas resultam de atividades operacionais principais recorrentes de uma empresa (célula superior esquerda do **Quadro 17.2**). Os itens de resultado dessa primeira categoria são as atividades operacionais ordinárias recorrentes da empresa. Os ganhos e perdas resultam ou de atividades periféricas (célula inferior esquerda) ou de atividades não recorrentes (células superior e inferior à direita). Uma segunda distinção é a divulgação de receitas e despesas por valores brutos *versus* a divulgação de ganhos e perdas por valores líquidos. Os seguintes exemplos ilustram essa distinção.

Exemplo 1. A Thames vende um sistema de comunicação a um cliente por € 400.000 em dinheiro. O custo do sistema para a Thames é de € 300.000. A Thames registra sua venda como segue:

Caixa...	400.000	
Receita de Vendas...		400.000
Para registrar venda.		
Custo dos Produtos Vendidos..	300.000	
Estoque de Produtos Acabados..		300.000
Para registrar o custo dos produtos vendidos.		

Essa transação enquadra-se na célula superior esquerda do **Quadro 17.2** (principal/recorrente). A demonstração do resultado divulga tanto a receita de vendas quanto o custo dos produtos vendidos, fornecendo informações ao usuário das demonstrações financeiras referentes tanto ao custo do sistema para a Thames como à habilidade da Thames em adicionar um *mark up* a esse custo para formar o preço de venda. Os lucros acumulados aumentam em € 100.000 como resultado dessa transação. Note que o valor de € 100.000 não aparece na demonstração do resultado. Em vez disso, o lucro aumenta em € 100.000 como resultado das vendas de € 400.000 compensadas pelo custo dos produtos vendidos de € 300.000.

Exemplo 2. A Great Deal vende computadores anteriormente usados para processar dados nas suas lojas. Essa venda refere-se apenas perifericamente à atividade operacional principal da Great Deal, que é vender produtos eletrônicos de consumo *novos*, e não usados. Suponha que os computadores custaram originalmente $ 500.000 e têm $ 200.000 de depreciação acumulada no momento da venda. Assim, os computadores têm um valor contábil líquido de $ 300.000. A venda desses computadores por $ 400.000 em dinheiro resulta no seguinte lançamento no livro diário da Great Deal:

Caixa...	400.000	
Depreciação Acumulada	200.000	
Equipamentos...		500.000
Ganho na Venda de Equipamentos...		100.000
Venda de computadores por $ 100.000 acima do seu valor contábil.		

Essa transação enquadra-se na célula inferior esquerda do **Quadro 17.2** (periférica/recorrente). A demonstração do resultado divulga apenas o ganho de $ 100.000 na venda, não o preço de venda de $ 400.000 nem o valor contábil de $ 300.000. A demonstração do resultado divulga ganhos e perdas por valores líquidos em vez de brutos, porque, presumivelmente, os usuários da demonstração financeira não necessitam de informação sobre os componentes individuais abrangendo itens de lucro periférico ou não recorrente. O ganho com a venda aumenta os lucros acumulados em $ 100.000.

Observe que tanto as receitas quanto os ganhos aparecem como créditos nos lançamentos no diário e aumentam Lucros Acumulados. Tanto as despesas quanto as perdas aparecem como débitos nos lançamentos no diário e re-

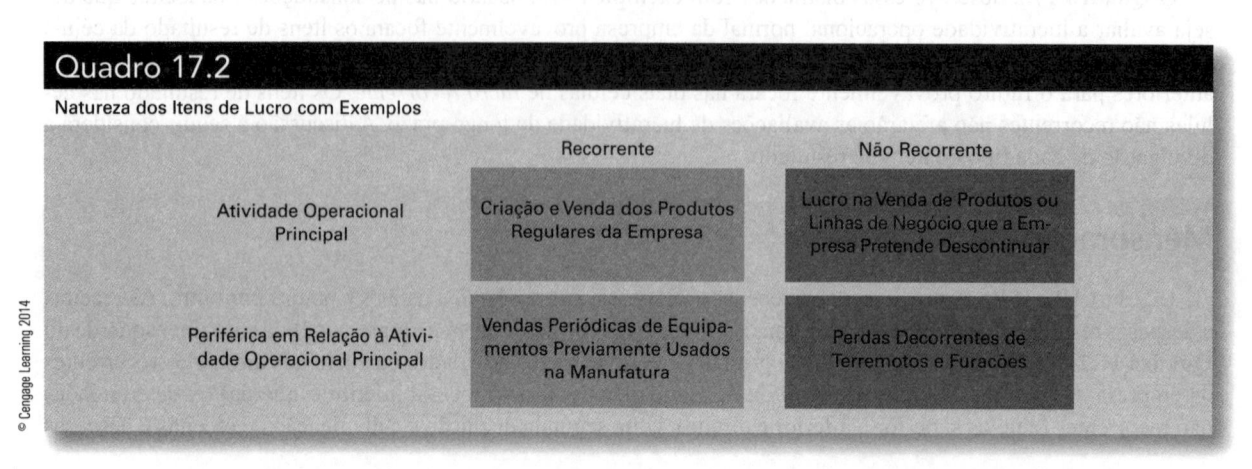

Quadro 17.2
Natureza dos Itens de Lucro com Exemplos

	Recorrente	Não Recorrente
Atividade Operacional Principal	Criação e Venda dos Produtos Regulares da Empresa	Lucro na Venda de Produtos ou Linhas de Negócio que a Empresa Pretende Descontinuar
Periférica em Relação à Atividade Operacional Principal	Vendas Periódicas de Equipamentos Previamente Usados na Manufatura	Perdas Decorrentes de Terremotos e Furacões

duzem Lucros Acumulados. Para repetir, receitas e despesas reportam itens centrais ou operacionais pelos valores brutos; ganhos e perdas reportam itens não recorrentes ou periféricos pelos valores líquidos.

Classificação na demonstração do resultado

A demonstração do resultado contém algumas ou todas as seguintes seções ou categorias, dependendo da natureza dos ganhos da empresa no período[15]:

1. Resultado de operações continuadas.
2. Resultado, ganhos e perdas com operações descontinuadas.
3. Para demonstrações financeiras preparadas sob U.S. GAAP, ganhos e perdas extraordinários. O IFRS não utiliza o termo *extraordinário*, mas requer a evidenciação separada de itens materiais de lucro, juntamente com a sugestão de circunstâncias e itens que se qualificam para evidenciação separada[16].

Muitas demonstrações do resultado incluem apenas a primeira seção. A **Figura 17.6** apresenta a demonstração do resultado da Gavan Company, e inclui todas as três seções.

Lucro de operações continuadas. Receitas, ganhos, despesas e perdas de áreas continuadas da atividade de negócios de uma empresa aparecem na primeira seção da demonstração do resultado, o **Resultado de Operações Continuadas**. Essa seção inclui o lucro derivado das principais atividades de negócio da empresa, bem como das

Figura 17.6

Gavan Company
Demonstração do Resultado
(valores em milhões de US$, exceto valores por ação)

	2013	2012	2011
RESULTADO DE OPERAÇÕES CONTINUADAS			
Vendas	295	265	240
Custo dos Produtos Vendidos	(165)	(154)	(144)
Despesas de Vendas e Administrativas	(67)	(58)	(50)
Resultado Operacional	63	53	46
Receita de Juros	7	5	4
Despesa de Juros	(22)	(19)	(15)
Ganho na Venda de Equipamentos	3	9	4
Resultado de Operações Continuadas antes dos Tributos	51	48	39
Tributos sobre o Lucro	(17)	(16)	(13)
Resultado de Operações Continuadas	34	32	26
LUCRO, GANHOS E PERDAS DE OPERAÇÕES DESCONTINUADAS			
Lucro (Prejuízo) de Operações da Divisão Vendida em 2013 (Líquido de Tributos sobre o Lucro)	2	(4)	16
Ganho na Venda da Divisão (Líquido de Tributos sobre o Lucro)	40	–	–
Lucro de Operações Descontinuadas	42	(4)	16
GANHOS E PERDAS EXTRAORDINÁRIAS			
Perda por Furacões (líquido de tributos sobre o lucro)	–	(12)	–
Lucro Líquido	76	16	42
LUCRO POR AÇÃO ORDINÁRIA			
Operações Continuadas	3,09	3,04	2,60
Operações Descontinuadas	3,82	(0,38)	1,60
Itens Extraordinários	–	(1,14)	–
Lucro Líquido	6,91	1,52	4,20

---

15. Accounting Principles Board, *Opinion N. 30*, "Reporting the Results of Operations", 1973 (**Codification Topic 225**); FASB, *Statement of Financial Accounting Standards N. 130*, "Reporting Comprehensive Income", 1997 (**Codification Topic 225**); IASB, *International Accounting Standard 1*, "Presentation of Financial Statements", rev. 2011.
16. IASB, *International Accounting Standard 1*, "Presentation of Financial Statements", rev. 2001, paragr. 87 preclude a apresentação de itens do resultado abrangente como extraordinários.

atividades periféricas relativas às operações. A empresa espera que essas fontes de lucro continuem. As empresas sem as categorias não recorrentes de lucros em um exercício particular (a seguir discutidas) não necessitam usar o título *Lucro de Operações Continuadas* nas suas demonstrações do resultado. Nesses casos, a ausência de tipos de lucro não recorrentes implica que todas as receitas, ganhos, despesas e perdas se referem a operações continuadas. As empresas frequentemente apresentam um subtotal dentro da seção de operações continuadas da demonstração do resultado intitulado *lucro operacional*. U.S. GAAP e IFRS não definem *operacional* e *não operacional*, de modo que as empresas têm alguma flexibilidade ao classificar receitas e despesas específicas. A **Figura 17.6** inclui receitas e despesas da principal atividade de negócios da empresa na criação e venda de bens e serviços como *lucro operacional*. A receita de juros de títulos de dívida de mercado e de investimentos em títulos de dívida, a despesa de juros de empréstimos e os ganhos e perdas das atividades periféricas aparecem nesse exemplo separadamente como *lucro não operacional* na seção de operações continuadas da demonstração do resultado.

As empresas quase sempre divulgam despesas com *impairments* de ativos ou de reestruturação no Lucro de Operações Continuadas. Embora esses encargos não apareçam a cada ano e, portanto, aparentem ser não recorrentes, a atividade de negócios com a qual são relacionados é a operação continuada da empresa. Como resultado, as empresas normalmente os classificam como parte do Lucro das Operações Continuadas.

Lucro, ganhos e perdas de operações descontinuadas. Às vezes, uma empresa vende uma divisão ou segmento maior do seu negócio durante o ano ou considera a sua venda dentro de um tempo previsível depois do fim do exercício contábil. Se isso ocorre, a empresa deve evidenciar separadamente o lucro, ganhos e perdas relativos a essa divisão ou segmento. A evidenciação em separado aparece na seção seguinte da demonstração do resultado: **Lucro, Ganhos e Perdas de Operações Descontinuadas**. Esta seção é um alerta aos usuários das demonstrações financeiras de que a empresa não espera que esta fonte de ganhos será continuada. A empresa divulga o lucro, ganho ou perda líquidos dos tributos sobre o lucro. Esta seção segue a que apresenta o Lucro de Operações Continuadas.

U.S. GAAP e IFRS são semelhantes quanto à contabilização de operações descontinuadas, embora difiram na definição de operação descontinuada. Sob U.S. GAAP, uma operação descontinuada é um *componente de uma entidade* abrangendo operações e fluxos de caixa que diferem claramente do resto da entidade tanto operacionalmente como para divulgação financeira[17]. Sob U.S. GAAP, segmentos, divisões, subsidiárias e grupos de ativos podem qualificar-se como componentes de uma entidade. O IFRS emprega a ideia de um *grupo de descarte (disposal group)*, definindo-o como um grupo de ativos e de passivos diretamente associados que a empresa descartará como um grupo em uma única transação[18]. A noção de grupo de descarte do IFRS abrange uma unidade maior que a noção de componente do U.S. GAAP.

No ano em que a empresa decide vender uma unidade que se qualifica como uma operação descontinuada, ela agrega os ativos e passivos dessa unidade no balanço patrimonial dentro de quatro grupos:

1. Ativos circulantes de operações descontinuadas.
2. Ativos não circulantes de operações descontinuadas.
3. Passivos circulantes de operações descontinuadas.
4. Passivos não circulantes de operações descontinuadas.

A empresa mensura esses ativos e passivos pelo menor entre o seu valor contábil e o seu valor justo. Ela divulga todos os ganhos e perdas que resultam de que o valor contábil excede o valor justo, na seção Operações Descontinuadas da demonstração do resultado. A seção Operações Descontinuadas também inclui o lucro ou perda por operar a unidade nesse ano. As demonstrações financeiras dos anos anteriores, incluídas para fins comparativos, classificam esses valores como uma operação descontinuada.

A empresa continua a divulgar na demonstração do resultado o lucro da operação dessa unidade antes do descarte na seção de Operações Descontinuadas. Quando a empresa vende ou descarta a unidade, ela inclui os ganhos e perdas com a venda na seção Operações Descontinuadas.

Exemplo 3. O Exterior Group é proprietário da Jaxin S.A. e segue U.S. GAAP. Em 2012, o Exterior Group considerou cindir a Jaxin como dividendos aos seus acionistas, mas não tomou nenhuma medida formal para fazê-lo. Contudo, em preparação para a cisão, o Exterior Group reconheceu perdas por *impairment* nos ativos da Jaxin totalizando $ 1.002 milhão. O reconhecimento das perdas por *impairment* resultou na mensuração dos ativos da

---

17. FASB, *Statement of Financial Accounting Standards N. 144*, "Accounting for the Impairment or Disposal of Long-lived Assets", 2001 (**Codification topic 360**).
18. IASB, *International Financial Reporting Standard 5*, "Non-current Assets Held for Sale and Discontinued Operations", 2004.

Jaxin pelo valor justo. O lançamento no diário para reconhecer perdas por *impairment* em 2012 é o seguinte (valores em milhões e antes dos impostos):

Perdas por *Impairment* de Ativos...	1.002	
Vários Ativos Específicos...		1.002
Para registrar perdas por *impairment* em ativos específicos.		

O Exterior Group divulgou uma perda por *impairment* em Resultado de Operações Continuadas em 2012 porque ainda não havia considerado que a Jaxin seria uma operação descontinuada.

Exemplo 4. Em 31 de janeiro de 2013, o conselho de administração do Exterior Group votou cindir a Jaxin como dividendo aos acionistas. A distribuição deveria ocorrer em 30 de março de 2013. Uma vez que a Jaxin se qualificava como uma componente do Exterior Group com operações e fluxos de caixa separados, o Exterior Group tratou a Jaxin como operação descontinuada sob U.S. GAAP. E reclassificou os ativos e passivos da Jaxin entre os quatro seguintes grupos:

1. Ativos Circulantes de Operações Descontinuadas: $ 7.647 milhões.
2. Ativos Não Circulantes de Operações Descontinuadas: $ 48.805 milhões.
3. Passivos Circulantes de Operações Descontinuadas: $ 9.866 milhões.
4. Passivos Não Circulantes de Operações Descontinuadas: $ 19.629 milhões.
5. Lucros Acumulados e Capital Contribuído de Operações Descontinuadas: $ 26.957 milhões.

A Exterior Group mensurou os ativos da Jaxin pelo valor justo, dados os encargos do *impairment* de ativo reconhecido em 2012.

Exemplo 5. Em 30 de março de 2013, o Exterior Group distribuiu a Jaxin aos seus acionistas como dividendo. Recorde que as empresas debitam Lucros Acumulados pelo valor justo dos ativos líquidos distribuídos e reconhecem um ganho ou perda pelas diferenças entre o valor justo e o valor contábil dos ativos líquidos. O Exterior Group não reconheceu um ganho ou perda em conexão com a distribuição, o que evidencia que os valores contábeis dos ativos e passivos da Jaxin refletiam os seus valores justos. Com base nas informações dessa transação divulgadas pelo Exterior Group, podemos recriar o lançamento no diário para registrar a distribuição como segue:

30 de março de 2013		
Passivos Circulantes de Operações Descontinuadas	9.866	
Passivos Não Circulantes de Operações Descontinuadas	19.629	
Lucros Acumulados e Capital Contribuído de Operações Descontinuadas	26.957	
Ativos Circulantes de Operações Descontinuadas		7.647
Ativos Não Circulantes de Operações Descontinuadas		48.805
Para registrar a cisão e distribuição da Jaxin aos acionistas da Exterior Group.		

Exemplo 6. A demonstração do resultado do Exterior Group do exercício findo em 31 de dezembro de 2013 divulga o lucro da Jaxin como parte das operações descontinuadas de 2011, 2012 e 2013, mesmo que as demonstrações do resultado originalmente apresentadas em 2011 e 2012 tenham incluído o lucro da Jaxin como parte de suas operações continuadas. A **Figura 17.7** resume essa divulgação.

Ganhos e perdas extraordinários. Uma seção separada da demonstração do resultado, preparada sob U.S. GAAP, apresenta **Ganhos e Perdas Extraordinários.** Para que um item seja extraordinário é necessário que ele preencha os seguintes critérios:

1. Atípico por natureza.
2. De ocorrência não frequente.

Um exemplo de provável item extraordinário para a maior parte das empresas é a perda por um terremoto ou o confisco de ativos por um governo estrangeiro. As empresas divulgam itens extraordinários líquidos de seus efeitos tributários. A orientação do IFRS requer a evidenciação separada do item, mas não permite o uso do termo *extraordinário*.

Figura 17.7

Exterior Group
Demonstrações do Resultado, Parciais
Dos Exercícios Findos em 31 de dezembro de 2013, 2012 e 2011

	2013	2012	2011
COMO ORIGINALMENTE INFORMADO PARA 2012 E 2011			
Resultado de Operações Continuadas	–	12.022	10.668
Resultado de Operações Descontinuadas	–	–	(233)
Resultado Líquido	–	12.022	10.435
COMO INFORMADO NO RELATÓRIO ANUAL DE 2013			
Resultado de Operações Continuadas	9.161	9.329	8.170
Resultado de Operações Descontinuadas	625	2.693	2.265
Resultado Líquido	9.786	12.022	10.435

Ganhos e perdas não realizados de variações do valor justo de certos ativos e passivos

Normas emitidas pelo FASB e IASB requerem ou permitem que as empresas divulguem certos ativos e passivos pelos seus valores justos (ou pelo menor entre o valor justo e o custo histórico) no fim de cada período. Os exemplos de capítulos anteriores incluem:

1. Mensuração de estoques pelo menor valor entre custo e mercado (**Capítulo 9**).
2. Mensuração de ativos fixos e intangíveis pelo valor justo quando se reconhece uma perda por *impairment* (**Capítulo 10**).
3. Mensuração de certas ações de mercado pelo valor justo (**Capítulo 13**).

Quando uma empresa aumenta ou diminui os valores contábeis de ativos e passivos para refletir seus valores justos, surge a questão de como ela deveria tratar a contrapartida do crédito (ganho) ou do débito (perda). No momento da remensuração, a empresa ainda não realizou os ganhos e perdas, isto é, ainda não vendeu o ativo ou liquidou o passivo. Em alguns casos, U.S. GAAP e IFRS requerem que as empresas reconheçam os ganhos e perdas na mensuração do lucro líquido no período da remensuração, mesmo que a empresa não tenha ainda realizado o ganho ou perda em cada transação. Por exemplo, as empresas incluem perdas com a diminuição dos valores contábeis do estoque, ativo fixo e intangível no cálculo do lucro líquido no período da remensuração.

U.S. GAAP e IFRS não requerem às empresas incluir no lucro líquido todos os ganhos e perdas não realizados decorrentes das remensurações de ativos e passivos. Ao contrário, U.S. GAAP e IFRS requerem que as empresas reportem certos ganhos e perdas não realizados em outros resultados abrangentes[19]. Outros resultados abrangentes *de um período de divulgação* incluem variações no valor justo de títulos de mercado disponíveis para venda e variações no valor justo de derivativos utilizados como *hedges* de fluxo de caixa[20]. Outros resultados abrangentes também incluem ganhos e perdas referentes a planos de aposentadoria ainda não reconhecidos na mensuração de despesas de benefícios de aposentadoria[21]. Outros Resultados Abrangentes Acumulados, uma conta do patrimônio líquido no balanço patrimonial, divulga os valores *cumulativos* de outros resultados abrangentes na data do balanço patrimonial. O resultado abrangente é igual ao lucro líquido da demonstração tradicional do resultado mais outros resultados abrangentes do período.

Sob U.S. GAAP e IFRS as empresas podem divulgar outros resultados abrangentes de uma entre duas maneiras:

1. Incluí-lo junto com o lucro líquido em uma única demonstração do resultado abrangente.
2. Incluí-lo em uma demonstração separada do resultado abrangente, que segue imediatamente a demonstração do resultado.

---

19. FASB, *Statement of Financial Accounting Standards N. 130*, "Reporting Comprehensive Income", 1997 (**Codification Topic 220**); *IASB, International Accounting Standard 1*, "Presentation of Financial Statements", rev. 2003.
20. Discutido no **Capítulo 13**.
21. Discutido no **Capítulo 12**.

Ajustes devidos a erros e mudanças de políticas contábeis

As empresas ocasionalmente obtêm novas informações sobre os valores incluídos no lucro líquido de períodos anteriores ou alteram suas políticas contábeis ou suas estimativas feitas na aplicação de suas políticas contábeis. Considere os seguintes exemplos:

1. A Great Deal descobriu que superestimou seu estoque final no ano atual. Como consequência, subestimou o custo dos produtos vendidos e superestimou o lucro líquido do exercício. O valor da sub ou superavaliação é de $ 145,9 milhões.
2. A Great Deal utilizou o pressuposto UEPS/LIFO de fluxo de custo para estoque e custo dos produtos vendidos durante muitos anos. Ela decide no decurso do corrente ano mudar para o pressuposto PEPS/FIFO de fluxo de custo. O lucro líquido dos anos anteriores seria diferente se a empresa tivesse usado PEPS/FIFO em vez de UEPS/LIFO.
3. A Thames deprecia seu maquinário de fábrica ao longo de 20 anos de vida. A disponibilidade de máquinas mais eficientes faz que a Thames comece a substituir o maquinário existente por novo maquinário. Ela reduz a vida de depreciação do seu maquinário existente, o que aumenta os encargos de depreciação corrente e futura relativos ao passado recente.

Cada um desses três exemplos requer que o contador aplique a orientação do U.S. GAAP e do IFRS para determinar se deverá:

1. Reapresentar retrospectivamente o lucro líquido dos anos anteriores (*reapresentação retrospectiva*), ou
2. Incluir um ajuste para a correção de erro ou mudança de política contábil no lucro líquido do ano corrente, ou
3. Ajustar o lucro líquido dos períodos corrente e futuros (*ajuste prospectivo*).

Os que advogam a reapresentação retrospectiva consideram úteis os números passados do lucro líquido, na medida em que permitem predições do lucro líquido futuro. As representações retrospectivas resultam em recalcular o lucro líquido dos anos anteriores na mesma base do lucro líquido dos anos atual e futuros, reforçando, portanto, as predições de lucro.

Os que advogam a inclusão de ajustes desses itens na demonstração do resultado do ano corrente argumentam que todos os itens de lucro deveriam aparecer desde o início na demonstração do resultado de algum período. Desse modo, a série cumulativa das demonstrações do resultado inclui todos os itens. Os usuários da demonstração financeira terão menor probabilidade de deixar passar itens se eles aparecerem na demonstração do resultado do que se eles aparecerem como um ajuste do lucro líquido de anos anteriores. Adequar a evidenciação da natureza de cada item na demonstração do resultado permitirá aos usuários das demonstrações financeiras perceber sua importância quando avaliam a lucratividade da empresa.

Os que advogam o ajuste dos lucros prospectivamente argumentam que reapresentar valores anteriormente divulgados reduz a credibilidade do processo de informação financeira. Argumentam ainda que ajustes como os dos três exemplos são uma parte normal e recorrente do processo contábil. O ajuste prospectivo evita a implicação de que a empresa teria calculado incorretamente os lucros de anos passados.

U.S. GAAP e IFRS distinguem a contabilização de (1) correções de erros, (2) ajustes por mudanças nas políticas contábeis e (3) ajustes por mudanças nas estimativas contábeis[22].

Reportando correções de erros. Erros resultam de ações como a contagem errônea de estoques e a aplicação errônea de princípios contábeis. Os padrões U.S. GAAP e IFRS requerem que as empresas contabilizem **correções de erros,** se for material, mediante a reapresentação retrospectiva do lucro líquido de períodos anteriores e ajustando o saldo inicial de Lucros Acumulados do período corrente. No exemplo anterior, no qual a Great Deal fez uma contagem errônea de seus estoques, o efeito cumulativo do erro de estoque no fim de 2012 foi uma sobrevalorização de $ 145,9 milhões em lucros acumulados. Ignorando os efeitos dos tributos sobre o lucro, a Great Deal faz os seguintes lançamentos no início de 2013 para corrigir o erro (valores em milhões de US$):

Lucros Acumulados	145,9	
Estoque		145,9

---

22. FASB, *Statement of Financial Accounting Standards N. 154*, "Accounting Changes and Error Corrections", 2005 (**Codification Topic 250**); IASB, *International Accounting Standard 8*, "Accounting Policies, Changes in Accounting Estimates and Errors", rev. 2003.

Reportando mudanças em políticas contábeis. A mudança de pressuposto fluxo de custo de UEPS/LIFO para PEPS/FIFO, feita pela Great Deal, é uma **mudança de política contábil**. Se for prático recalcular o lucro dos períodos anteriores sob a nova política contábil, U.S. GAAP e IFRS requerem que as empresas apliquem retrospectivamente as novas políticas contábeis para recalcular o lucro líquido dos anos anteriores. Suponha que o estoque da Great Deal no fim do último ano foi de $ 450 milhões sob UEPS/LIFO e $ 525 milhões sob PEPS/FIFO. O lançamento para registrar os efeitos no balanço patrimonial da mudança de princípio contábil, ignorando os tributos sobre o lucro, é o seguinte (valores em milhões de US$):

Estoque de Mercadorias	75	
Lucros Acumulados		75
Para aplicar retrospectivamente o princípio contábil PEPS/FIFO.		

A Great Deal recalculará o lucro líquido de cada ano anterior divulgado nas suas demonstrações financeiras utilizando o pressuposto de fluxo de custo PEPS/FIFO.

Divulgando mudanças em estimativas contábeis. A contabilidade pelo regime de competência requer mudanças frequentes nas estimativas. À medida que o tempo passa e as condições mudam, novas informações se tornam disponíveis que causam mudanças, pelos gestores, de estimativas requeridas na aplicação de princípios contábeis. Exemplos de tais **mudanças de estimativas** incluem o valor de contas incobráveis e da vida útil de ativos depreciáveis. O exemplo anterior de uma mudança na vida de serviço do maquinário da Thames é uma mudança de estimativas contábeis. Capítulos anteriores destacaram que as empresas não recalculam receitas e despesas de períodos anteriores para incorporar novas informações envolvendo estimativas. Em vez disso, as empresas informam o efeito da mudança da estimativa em lucros dos períodos atual e futuros, ou seja, as empresas ajustam os encargos correntes e futuros de depreciação – mas não os passados – para ter em conta o valor contábil no momento em que a nova informação chega, bem como a própria nova informação.

Mudanças nas estimativas nem sempre se referem a mensurações contábeis recorrentes, como vidas depreciáveis. Essas mudanças nas estimativas dizem respeito a eventos incomuns ou não recorrentes. Considere, por exemplo, uma situação de litígio, na qual um tribunal julga nesse período a empresa responsável por um ato que ocorreu diversos anos atrás e causou prejuízo. O valor do dano da sentença difere do montante que a empresa anteriormente reconheceu como um débito em uma perda e um crédito em um passivo. A decisão do tribunal proporciona uma nova informação às mensurações feitas em períodos anteriores. As empresas informam o efeito desses itens no lucro na demonstração do resultado do período atual, com a evidenciação apropriada, não em lucros acumulados como um ajuste direto.

PROBLEMA 17.2 PARA APRENDIZAGEM

Lançamentos no diário de transações que afetam lucro líquido e lucros acumulados. Prepare lançamentos no diário de cada uma das seguintes transações da Able Corporation de 2012. Ignore tributos sobre o lucro.

a. 15 de janeiro: como resultado do erro de um *software* de computador em dezembro passado, a empresa deixou de registrar a depreciação das instalações do escritório totalizando $ 35.000.
b. 20 de março: um terremoto na Califórnia causou um prejuízo de $ 70.000 ao armazém.
c 31 de dezembro: a empresa adquiriu seu edifício comercial seis anos antes de 31 de dezembro de 2012. O edifício custou $ 400.000, tinha zero de valor estimado de recuperação e 40 anos de vida útil. A empresa utiliza o método linear de depreciação. A Able Corporation estima agora que o edifício terá uma vida útil de 30 anos, em vez de 40. Registre a despesa de depreciação do edifício em 2012 e os ajustes para depreciação de anos anteriores.

LUCRO POR AÇÃO

Empresas listadas em bolsa que aplicam U.S. GAAP e IFRS devem informar dados sobre o **lucro por ação (LPA)** no corpo da sua demonstração do resultado[23]. Lucro por ação é uma medida comum de lucratividade[24]. O lucro por ação resulta da divisão do lucro líquido (menos os dividendos de ações preferenciais) pela **média ponderada do número de ações ordinárias em circulação** durante o período contábil. A média ponderada do número

---
23. FASB, *Statement of Financial Accounting Standards N. 128*, "Earnings per Share", 1997 (**Codification Topic 250**); IASB, *International Accounting Standard 33*, "Earnings per Share", rev. 2003.
24. As empresas, ao divulgar múltiplas categorias de itens de lucro, devem evidenciar o lucro por ação para cada categoria informada. Por exemplo, as empresas que informam operações descontinuadas devem informar o lucro por ação das operações continuadas e das descontinuadas.

de ações ordinárias em circulação é calculada multiplicando-se o número de ações em circulação pelo período de tempo (como uma fração do ano) em que essas ações permanecem em circulação.

Exemplo 7. A demonstração do patrimônio líquido da Great Deal (**Figura 1.4**) mostra que ela possuía 419 milhões de ações ordinárias em circulação em 27 de fevereiro de 2013. Suponha que, em 31 de agosto de 2013, a Great Deal emita 100 milhões de ações ordinárias adicionais. Considere, ainda, que, em 31 de janeiro de 2014, ela recomprou 75 milhões de ações ordinárias. A Great Deal não realizou outras transações com ações ordinárias no exercício findo em 27 de fevereiro de 2014.

A média ponderada do número de ações ordinárias em circulação da Great Deal para calcular o lucro por ação no exercício de 2013 é de 462,75 milhões de ações, calculados como segue:

Período do Calendário	Fração do Ano	x	Número de Ações Proeminentes (em milhões)	=	Cálculo Ponderado
1º de março de 2013 – 31 de agosto de 2013	1/2 (= 6 meses/12 meses)	x	419	=	209,50
1º de setembro de 2013 – 31 de janeiro de 2014	5/12 (= 5 meses/12 meses)	x	519 (= 419 + 100)	=	216,25
1º de fevereiro de 2014 – 27 de fevereiro de 2014	1/12 (= 1 mês/12 meses)	x	444 (= 519 – 75)	=	37,00
Média ponderada de números de ações proeminentes durante ano fiscal de 2013					462,75

A **Figura 1.2** apresenta o lucro por ação da Great Deal dos exercícios recentes. Para o exercício de 2012 (findo em 27 de fevereiro de 2013), o lucro por ação, com base na média ponderada de 416,8 milhões de ações em circulação, é de $ 3,16 (= $ 1.317/416,8). A **Figura 1.6** mostra que, no exercício de 2013, a Thames divulgou uma perda por ação de € 1,03 (= € 201,8/195,054).

Algumas empresas podem emitir instrumentos cujos detentores podem trocar por ações ordinárias (como *bonds* conversíveis) ou exercer a compra de ações ordinárias (como opções de ações de empregados). Essas empresas divulgam dois valores de lucro por ação: **lucro básico por ação** (o valor que resulta dos cálculos acima) e **lucro diluído por ação**. Quando os detentores convertem os seus títulos ou exercem suas opções, a empresa emitirá ações ordinárias adicionais. As ações adicionais aumentam o denominador no cálculo do lucro por ação, conduzindo a uma diminuição do valor do lucro por ação. Esse fenômeno é chamado de *diluição*. Se uma empresa possui títulos que, se trocados por ações ordinárias, fazem que o lucro básico por ação seja diluído em 3% ou mais, a contabilidade requer que a empresa apresente tanto o lucro básico por ação como o lucro diluído por ação[25].

A Great Deal e a Thames divulgam tanto o lucro básico por ação como o lucro diluído por ação. No exercício de 2012, a Great Deal divulgou $ 3,10 de lucro diluído por ação sobre 427,5 milhões de ações diluídas (comparadas com 416,8 milhões de ações básicas). A Thames divulgou uma perda de € 1,03 por ação sobre 195.488 milhões de ações diluídas (comparadas com 195.054 milhões de ações básicas). A perda básica e a perda diluída por ação são as mesmas em 2013 (uma perda de € 1,03 por ação) porque a diferença entre ações básicas e diluídas é pequena.

Interpretando lucro por ação. Contadores e analistas financeiros criticam o lucro por ação como uma medida de lucratividade porque ele não considera o valor dos ativos requeridos para gerar esse nível de lucro. Duas empresas com o mesmo lucro e lucro por ação diferirão em sua lucratividade se uma delas requerer mais ativos para gerar seus lucros do que a outra.

Comparando as empresas, valores de lucro por ação têm utilização limitada. Por exemplo, se duas empresas tiverem lucros e patrimônios líquidos idênticos, elas têm o mesmo *retorno sobre o patrimônio líquido* (ROE, *return on equity*). Entretanto, uma empresa pode ter uma quantidade menor de lucro por ação simplesmente por ter um maior número de ações em circulação.

---

25. FASB, *Statement of Financial Accounting Standards N. 128*, "Earnings per Share", 1997 (**Codification Topic 260**). IASB, *International Accounting Standard 33*, "Earnings per Share", rev. 2003.

Índice preço/lucro por ação. Os analistas financeiros frequentemente comparam os valores do lucro por ação com o preço de mercado da ação. Em geral, eles expressam essa comparação como o índice preço/lucro por ação (P/L), igual ao preço de mercado por ação dividido pelo lucro por ação. Por exemplo, suponha que o preço de uma ação ordinária da Great Deal é $ 32,00 em 27 de fevereiro de 2013. Nessa data, o índice preço/lucro por ação da Great Deal, frequentemente chamado de P/L, é de 10,1 (= $ 32,00/$ 3,16) para 1. O analista frequentemente expressa essa relação dizendo: "a ação está vendendo a 10,1 vezes o lucro".

As tabelas de preços de ações e as publicações financeiras frequentemente apresentam os índices preço/lucro. O analista precisa interpretar esses índices P/L com cautela. Nos casos em que o lucro das empresas inclui ganhos incomuns, não recorrentes, o leitor deve avaliar se o índice publicado utiliza o lucro apenas das operações recorrentes ou se o lucro final inclui os itens atípicos. Para esse fim, os índices P/L devem utilizar dados normais e recorrentes no denominador.

Evidenciação por segmento

Tanto U.S. GAAP quanto IFRS requerem que as empresas divulguem certas informações sobre cada um de seus segmentos operacionais[26]. Essas evidenciações permitem a análise de lucratividade em um nível menos agregado. Consideraremos inicialmente as evidenciações por segmento requeridas e, então, ilustraremos sua utilização na análise de lucratividade da Great Deal e da Thames.

Informação por segmento requerida. A orientação reguladora requer que as empresas evidenciem informações sobre seus **segmentos operacionais**. A definição de segmentos tem uma abordagem gerencial. Especificamente, U.S. GAAP e IFRS definem um segmento operacional como uma unidade dentro da empresa para a qual a administração adota os seguintes procedimentos:

- Prepara informação financeira separada.
- Avalia regularmente essa informação financeira a fim de alocar recursos e avaliar o desempenho.

Ao definir segmentos da mesma maneira que os gestores operam um negócio, a contabilidade busca proporcionar aos usuários da demonstração financeira o mesmo tipo de informação que os gestores utilizam para avaliar a empresa. Isso significa que a empresa que escolhe organizar, gerenciar e avaliar o seu negócio por produtos e serviços definirá seus segmentos operacionais pelas linhas de seus produtos e serviços. A maioria das empresas informa segmentos operacionais por produtos e serviços. As empresas podem também apresentar informações por mercados geográficos (se a informação for disponível sem custo indevido) e por clientes que representem mais de 10% das receitas (chamados de grandes clientes). Tanto U.S. GAAP quanto IFRS fornecem critérios para determinar quantos segmentos uma empresa deveria informar. As empresas devem apresentar informação por segmento de todos os segmentos operacionais que constituem 10% ou mais das receitas, ativos ou lucro e perda. As empresas devem também prestar informação suficiente sobre segmentos de modo a abranger pelo menos 75% do total das receitas da empresa.

Para cada segmento operacional, a empresa deve apresentar informação sobre receitas, ativos e medidas dos resultados do segmento operacional[27], bem como sobre componentes do resultado operacional, inclusive depreciação, receita de juros e despesa de juros. As empresas também apresentam geralmente informação sobre ativos de longa e investimentos de capital (capex). O IFRS, mas não o U.S. GAAP, também requer a evidenciação dos passivos dos segmentos, se os gestores utilizam esta informação como parte da estrutura normal de divulgação para gerenciar e avaliar o negócio.

As empresas precisam reconciliar os dados dos seus segmentos operacionais com as receitas totais, o lucro operacional e os ativos, em um nível abrangente da empresa. As receitas dos segmentos normalmente integram a soma das receitas amplas da empresa. O lucro operacional do segmento não será igual ao lucro operacional total da empresa porque as empresas não alocam todas as despesas de nível corporativo (por exemplo, compensação da alta gestão e despesa de juros) a segmentos operacionais. Os ativos dos segmentos não serão iguais aos ativos totais da empresa porque as empresas não alocam os ativos de nível corporativo (por exemplo, sede da empresa) a segmentos operacionais.

---

26. FASB, *Statement of Financial Accounting Standards, N. 131*, "Disclosures About Segments of an Enterprise and Related Information", 1997 (**Codification Topic 280**); IASB, *International Financial Reporting Standard 8*, "Operating Segments".
27. Os padrões U.S. GAAP e IFRS não definem precisamente resultados operacionais, seja no nível mais amplo da empresa, seja no nível do segmento. A maioria das empresas mensura o lucro operacional antes da receita de juros, da despesa de juros e da despesa de tributos sobre o lucro.

Evidenciações por segmento

Neste tópico, analisaremos as evidenciações de segmentos da Great Deal e da Thames. A **Figura 17.8** apresenta as informações por segmento da Great Deal referentes aos exercícios de 2010 a 2012. A **Figura 17.9** apresenta as informações por segmento divulgadas pela Thames no exercício de 2012.

Figura 17.8
Great Deal
Informações por Segmento
(valores em milhões)

	Exercício Findo em 27/28 fevereiro		
	2013	2012	2011
RECEITA			
Doméstico	$ 37.314	$ 35.070	$ 33.328
Internacional	12.380	9.945	6.695
Receita Total	$ 49.694	$ 45.015	$ 40.023
PORCENTAGEM DAS RECEITAS, POR PRODUTO E SERVIÇO			
Doméstico:			
Bens Eletrônicos de Consumo	39%	39%	41%
Home Office	34%	31%	28%
Software de Entretenimento	16%	19%	20%
Utilidades Domésticas	4%	5%	5%
Serviços	6%	6%	6%
Outros	<1%	<1%	<1%
Total	100%	100%	100%
Internacional:			
Bens Eletrônicos de Consumo	20%	26%	39%
Home Office	53%	45%	30%
Software de Entretenimento	7%	9%	13%
Utilidades Domésticas	8%	10%	13%
Serviços	12%	10%	5%
Outros	<1%	<1%	<1%
Total	100%	100%	100%
LUCRO OPERACIONAL			
Doméstico	$ 2.071	$ 1.758	$ 1.999
Internacional	164	112	162
Total do lucro operacional	$ 2.235	$ 1.870	$ 2.161
Outras receitas (despesas):			
Lucro em investimentos	54	35	129
Impairment de investimentos e outros	–	(111)	–
Despesa de juros	(94)	(94)	(62)
Lucros das operações, antes de tributos sobre o lucro, e de participação nos lucros (prejuízos) de coligadas	$ 2.195	$ 1.700	$ 2.228
ATIVO			
Doméstico	$ 10.431	$ 9.059	$ 8.194
Internacional	7.871	6.767	4.564
Total do Ativo	$ 18.302	$ 15.826	$ 12.758
DEPRECIAÇÃO			
Doméstico	$ 585	$ 550	$ 500
Internacional	253	180	80
Total da Depreciação	$ 838	$ 730	$ 580
INVESTIMENTOS DE CAPITAL			
Doméstico	$ 385	$ 971	$ 673
Internacional	230	332	124
Total dos Investimentos de Capital	$ 615	$ 1.303	$ 797

© Cengage Learning 2014

Figura 17.9

Thames
Informação por Segmento
(valores em milhões de euros)

	Aeroespacial	Defesa	Segurança	Outros, Incluindo Valores Não Alocados	Thames Limited
Receita Total	4.164,4	5.932,7	3.303,4	(519,0)	12.881,5
Lucro das Operações	(309,6)	544,4	(11,1)	(171,9)	51,8
Ativo Operacional Não Circulante	1.607,6	1.405,8	1.844,7	392,4	5.250,5
Ativo Operacional Circulante	3.026,5	3.372,0	2.474,2	31,1	8.903,8
Passivo Operacional Circulante	(3.297,4)	(4.595,6)	(2.526,6)	(451,8)	(10.871,4)
Ativo (Passivo) Operacional Circulante Líquido	(270,9)	(1.223,6)	(52,4)	(420,7)	(1.967,6)
Investimentos de Capital	182,4	83,0	80,5	73,0	418,9
Depreciação e Amortização	157,3	88,7	131,9	42,9	420,8

A Great Deal define seus segmentos operacionais em termos geográficos amplos: doméstico e internacional. O segmento doméstico consiste em todas as lojas e operações *on-line* nos Estados Unidos. O segmento internacional consiste em todas as lojas e operações *on-line* fora dos Estados Unidos. As receitas domésticas constituem a maioria das receitas da Great Deal nos últimos três anos. As receitas domésticas, como percentual das receitas totais, têm declinado: de 83% (= $ 33.328/$ 40.023) no exercício de 2010 para 78% (= $ 35.070/$ 45.015) no exercício de 2011 para 75% (= $ 37.314/$ 49.694) no exercício de 2012. Essa tendência, juntamente com o crescimento total das vendas no mesmo período, sugere que a Great Deal tem tido sucesso em buscar uma estratégia de crescimento voltada para mercados fora dos Estados Unidos para os seus produtos e serviços.

A Great Deal também fornece uma desagregação das receitas por produtos e serviços dentro de cada um dos seus segmentos operacionais. Em ambos os segmentos, bens eletrônicos de consumo e produtos para escritórios residenciais constituem a maior parte das vendas em todos os anos. Finalmente, a Great Deal divulga informação sobre o valor do lucro operacional, ativos, dispêndios de capital e depreciação por segmento operacional. Esses dados indicam que a maior parte do lucro operacional da Great Deal deriva de suas vendas domésticas de produtos e serviços. Além disso, a maioria dos ativos, dispêndios de capital e depreciação da Great Deal também se referem ao seu segmento doméstico.

Em contraste com a Great Deal, a Thames define seus segmentos operacionais em termos de produtos e serviços. A Thames agrupa esses produtos e serviços por mercados de produtos atendidos. Esses mercados de produtos são: Aeroespacial, Defesa, Segurança e Outros. O maior desses segmentos em termos de receitas é o segmento de Defesa, que gerou € 5.932,7 milhões em 2012, ou por volta de 46% (= € 5.932,7/€ 12.881,5) do total das receitas consolidadas do ano. Este segmento também gerou a maior parte do lucro operacional em 2012. Na verdade, foi o único que gerou lucro operacional (ao invés de um prejuízo operacional) em 2012.

A quarta coluna da **Figura 17.9** mostra os valores associados com outros segmentos operacionais da Thames. Esse segmento inclui diversos itens:

- As atividades operacionais de segmentos que não atingem o critério de 10% para evidenciação separada das receitas, ativos, lucro ou prejuízo.
- Custos que não são alocados a outros segmentos operacionais (por exemplo, dispêndios com pesquisa e desenvolvimento do grupo).
- A eliminação de transações intersegmento entre os três outros segmentos operacionais (Aeroespacial, Defesa e Segurança) durante o exercício.

As evidenciações por segmento tanto da Great Deal quanto da Thames fazem a reconciliação com os valores informados nas demonstrações financeiras[28]. Por exemplo, a soma das receitas domésticas da Great Deal ($ 37.314) e das receitas internacionais ($ 12.380) é de $ 49.694 – o valor das receitas totais consolidadas informado na primeira linha da demonstração do resultado, mostrada na **Figura 1.2**. A soma das receitas dos segmentos da

---

28. Incluído no **Capítulo 1**.

Thames, € 12.881,5 (= € 4.164,4 + € 5.932,7 + € 3.303,4 − € 519,0) também é igual ao valor das receitas totais informado na primeira linha da sua demonstração do resultado, mostrada na **Figura 1.6**.

Análise de evidenciações por segmento

Podemos aplicar as ferramentas de análise financeira descritas no **Capítulo 7** para melhor entender o desempenho dos segmentos operacionais de uma empresa. Em particular, podemos calcular o retorno sobre o ativo (ROA), a margem de lucro e o giro total do ativo utilizando as evidenciações por segmento. Para esses cálculos, utilizamos o lucro operacional divulgado de cada segmento. A **Figura 17.10** apresenta os índices ROA, a margem de lucro e o giro total do ativo dos segmentos operacionais da Great Deal para os exercícios de 2011 e 2012.

As informações na **Figura 17.10** sugerem diversas inferências sobre a lucratividade dos segmentos operacionais da Great Deal. Em primeiro lugar, o segmento Doméstico é substancialmente mais lucrativo que o segmento Internacional, como indicado pelo ROA de 21,3% do segmento Doméstico no exercício de 2012, comparado com o ROA de 2,2% do segmento Internacional. A decomposição dos cálculos do ROA mostra que o ROA mais elevado das operações Domésticas deriva tanto de uma margem de lucro maior (5,6% *versus* 1,3%) como de um maior índice de giro do ativo (3,8 *versus* 1,69). Essas informações sugerem que, se a Great Deal continuar a crescer internacionalmente, ela experimentará um declínio no seu ROA total. O declínio do ROA se deve à inclusão de uma proporção cada vez mais alta da lucratividade internacional (que tem um ROA mais baixo) no *mix* de lucros gerados pela Great Deal. Ao mesmo tempo, o aumento do ROA do segmento Internacional entre 2011 e 2012, de 2,0% para 2,2%, é um sinal encorajador.

Figura 17.10

Great Deal
Análise da Lucratividade por Segmento
(valores em US$)

	2012		2011	
	Doméstico	**Internacional**	**Doméstico**	**Internacional**
Margem de Lucro	5,6% (= 2.071/37.314)	1,3% (=164/12.380)	5,0% (= 1.758/35.070)	1,1% (= 112/9.945)
Giro total do ativo	3,83 (= 37.314/ 0,5 x [10.431 + 9.059])	1,69 (12.380/0,5 x [7.871 + 6.767])	4,07 (= 35.070/0,5 x [9.059 + 8.194])	1,76 (= 9.945/0,5 x [6.757 + 4.564])
Retorno sobre o ativo (ROA)	21,3% (= 2.071/0,5 x [10.431 + 9.059])	2,2% (= 164/0,5 x [7.871 + 6.767])	20,4% (= 1.758/0,5 x [9.059 + 8.194])	2,0% (= 112/0,5 x [6.767 + 4.564])

SOLUÇÕES DOS PROBLEMAS PARA APRENDIZAGEM

Solução sugerida para o problema 17.1

(Kaplan Corporation; revisão dos **Capítulos 1 a 16**)

a.

Custo dos Títulos de Mercado Vendidos	$ 180.000
Ganho na Venda (da Demonstração do Resultado)	30.000
Preço de Venda	$ 210.000

A demonstração dos fluxos de caixa mostra os $ 210.000 dos proventos de caixa da venda como uma atividade de investimento. O contador deve subtrair o ganho com a venda de títulos de mercado do lucro líquido na seção de operações, para evitar superestimar o montante da entrada de caixa da transação.

b.

Títulos de Mercado pelo Valor Justo em 31 de dezembro de 2012	$ 450.000
Mais Custo dos Títulos de Mercado Adquiridos	?
Menos Custo dos Títulos de Mercado Vendidos	(180.000)
Menos Aumento de Perda Não Realizada (ORA)	(20.000)
Títulos de Mercado pelo Valor Justo em 31 de dezembro de 2013	$ 550.000

O custo de títulos de mercado adquiridos em 2013 foi de $ 300.000. A demonstração dos fluxos de caixa informa essas aquisições como uma atividade de investimento. O reconhecimento de uma perda não realizada de $ 20.000 por declínio do valor justo de títulos de mercado classificados como títulos disponíveis para venda não reduziu o lucro líquido nem o uso do caixa. Assim, o contador não necessita ajustar o lucro líquido quando calcula o fluxo de caixa das operações.

c.

Provisão para Incobráveis, 31 de dezembro de 2012	$ 200.000
Mais Despesa com Devedores Duvidosos em 2013	120.000
Menos Contas Específicas de Clientes Canceladas por Incobráveis em 2013	?
Provisão para Incobráveis, 31 de dezembro de 2013	$ 250.000

As contas específicas de clientes canceladas por incobráveis em 2013 totalizaram $ 70.000.

d.

Contas a Receber Bruto, 31 de dezembro de 2012ª	$ 2.500.000
Mais Vendas Durante o Exercício	12.000.000
Menos Contas a Receber, 31 de dezembro de 2013ᵇ	(3.100.000)
Vendas em Caixa Mais Contas Recebidas ou Canceladas	$ 11.400.000
Menos Cancelamentos	(70.000)
Caixa Recebido Durante o Exercício	$ 11.330.000

ª $ 2.300.000 + $ 200.000.
ᵇ $ 2.850.000 + $ 250.000.

A Kaplan Corporation gerou $ 11.330.000 em caixa recebido de clientes em 2013. O lucro líquido inclui $ 11.880.000 de vendas a crédito (= receitas de vendas de $ 12.000.000 – despesa com devedores duvidosos de $ 120.000). O contador subtrai a diferença de $ 550.000 (= $ 11.880.000 – $ 11.330.000) do lucro líquido ao calcular o fluxo de caixa das operações. Esse valor de $ 550.000 é igual ao aumento das contas a receber (líquido) em 2013 (= $ 2.850.000 – $ 2.300.000).

e.

Estoque de Produtos Acabados, 31 de dezembro de 2012	$ 1.800.000
Mais Custo das Unidades Acabadas Durante o Exercício	?
Menos Custo das Unidades Vendidas Durante o Exercício	(7.200.000)
Estoque de Produtos Acabados, 31 de dezembro de 2013	$ 2.200.000

O custo das unidades acabadas foi de $ 7.600.000.

f.

Estoque de Produtos em Processo, 31 de dezembro de 2012	$ 460.000
Mais Custo de Matéria-Prima Utilizada	?
Mais Trabalho Direto e Custos Indiretos de Fabricação Incorridos	4.500.000
Menos Custo das Unidades Acabadas	(7.600.000)
Estoque de Produtos em Processo, 31 de dezembro de 2013	$ 530.000

O custo da matéria-prima usada em 2013 foi de $ 3.170.000.

Estoque de Matéria-Prima, 31 de dezembro de 2012	$ 330.000
Mais Custo de Matéria-Prima Comprada	?
Menos Custo de Matéria-Prima Utilizada	(3.170.000)
Estoque de Matéria-Prima, 31 de dezembro de 2013	$ 380.000

O custo da matéria-prima comprada foi de $ 3.220000.

g.

	UEPS/LIFO	Diferença	PEPS/FIFO
Estoque, 31 de dezembro de 2012	$ 2.590.000	$ 420.000	$ 3.010.000
Compras Mais Custos Incorridos	7.720.000	–	7.720.000
Produtos Disponíveis para Uso ou Venda	$ 10.310.000	$ 420.000	$ 10.730.000
Menos Estoque, 31 de dezembro de 2013	3.110.000	730.000	3.840.000
Custo dos Produtos Vendidos	$ 7.200.000	$ (310.000)	$ 6.890.000

O custo dos produtos vendidos sob PEPS poderia ter sido de $ 6.890.000. Note que o custo dos produtos vendidos sob UEPS, de $ 7.200.000, é menor que o custo das aquisições mais os custos incorridos, de $ 7.720.000. O contador subtrai a diferença de $ 520.000 (= $ 7.720.000 – $ 7.200.000), que é igual ao aumento dos estoques em 2013 (= $ 3.110.000 – $ 2.590.000), quando se converte o lucro líquido em fluxo de caixa das operações. Para calcular o fluxo de caixa das operações, o contador também adiciona ao lucro líquido o aumento em contas a pagar de $ 355.000, porque a Kaplan Corporation não teve dispêndios de caixa pelo valor total do aumento dos estoques.

h.

Investimento na Maher Corporation (Método do Valor Justo)	
Saldo, 31 de dezembro de 2012	$ 200.000
Mais Investimentos Adicionais	0
Menos Venda de Investimentos	0
Menos Aumento em Perda Não Realizada com Investimentos em Títulos	15.000
Saldo, 31 de dezembro de 2013	$ 185.000
Investimento na Johnson Corporation (Método de Equivalência)	
Saldo, 31 de dezembro de 2012	$ 310.000
Mais Investimentos Adicionais	50.000
Mais Participação nos Lucros (Total Participação nos Lucros de $ 300.000 da Demonstração de Resultado Menos Participação nos Lucros da Burton Corporation de $ 160.000)	140.000
Menos Venda de Investimentos	0
Menos Dividendos Recebíveis (Conta de Chegada)	(90.000)
Saldo, 31 de dezembro de 2013	$ 410.000
Investimento na Burton Corporation (Método de Equivalência)	
Saldo, 31 de dezembro de 2012	$ 800.000
Mais Investimentos Adicionais	0
Mais Participação nos Lucros (0,40 x $ 400.000)	160.000
Menos Venda de Investimentos	0
Menos Dividendos Recebíveis (0,40 x $ 75.000)	(30.000)
Saldo, 31 de dezembro de 2013	$ 930.000

A Kaplan Corporation registrou um total de participação nos lucros de $ 300.000 (= $ 140.000 + $ 160.000), mas recebeu dividendos de $ 120.000 (= $ 90.000 + $ 30.000). A demonstração dos fluxos de caixa mostra uma subtração de $ 180.000 (= $ 300.000 – $ 120.000) do lucro líquido pelo excedente de receitas sobre dividendos dos investimentos, quando se calcula o fluxo de caixa das operações. O fluxo de caixa das operações divulga o investimento adicional na Johnson Corporation como uma atividade de investimento.

i.

Terrenos	
Saldo, 31 de dezembro de 2012	$ 400.000
Mais Aquisições	100.000
Menos Vendas	0
Saldo, 31 de dezembro de 2013	$ 500.000
Edifícios	
Saldo, 31 de dezembro de 2012	$ 800.000
Mais Aquisições	300.000
Menos Baixas (Conta de Chegada)	(160.000)
Saldo, 31 de dezembro de 2013	$ 940.000

(Continua)

(*Continuação*)

Equipamentos

Saldo, 31 de dezembro de 2012	$ 3.300.000
Mais Aquisições	1.400.000
Menos Vendas (Conta de Chegada)	(900.000)
Saldo, 31 de dezembro de 2013	$ 3.800.000

Depreciação Acumulada

Saldo, 31 de dezembro de 2012	$ 1.200.000
Mais Depreciação de 2013	560.000
Menos Depreciação Acumulada sobre Edifícios Baixados (conta de chegada)	(160.000)
Menos Depreciação Acumulada sobre Equipamentos Vendidos (ver abaixo)	(670.000)
Saldo, 31 de dezembro de 2013	$ 930.000
Preço de Venda de Equipamentos Vendidos	$ 150.000
Perda na Venda de Equipamentos	80.000
Valor Contábil dos Equipamentos Vendidos	$ 230.000
Custo dos Equipamentos Vendidos (acima)	900.000
Menos Depreciação Acumulada dos Equipamentos Vendidos (conta de chegada)	(670.000)
Valor Contábil dos Equipamentos Vendidos	$ 230.000

A demonstração dos fluxos de caixa mostra as aquisições de terrenos, edifícios e equipamentos[29] como uma atividade de investimento. Os proventos de caixa da venda de equipamentos de $ 150.000 aparecem como uma atividade de investimento. A demonstração dos fluxos de caixa mostra uma adição ao lucro líquido de $ 80.000 pela perda com a venda de equipamentos. A despesa de depreciação de $ 560.000 de 2013 aparece como uma adição ao lucro líquido, porque essa despesa não utiliza caixa.

j.

Investimento na Heimann Corporation	800.000
Ações Ordinárias (20.000 x $ 10)	200.000
Reserva de Capital – Ágio (20.000 x $ 30)	600.000

k.

Custo do Investimento na Heimann Corporation	$ 800.000
Patente, $ 80.000 + (2 x $ 10.000 de amortização por ano)	(100.000)
Valor Contábil do Ativo Líquido	$ 700.000

l.

***Bonds* de 4% Emitidos**

$ 40.000 x 9,954	$ 398.160
$ 2.000.000 x 0,70138	1.402.760
Total	$ 1.800.920

***Bonds* de 10% Emitidos**

$ 150.000 x 13,59033	$ 2.038.550
$ 3.000.000 x 0,45639	1.369.170
Total	$ 3.407.720

---

29. Imobilizado. (NT)

m.

	Passivo, Início do Período	Taxa de Juros do Mercado	Despesa de Juros	Valor a Pagar	Adições ao (ou Reduções do) Passivo	Passivo, Fim do Período
Bonds de 4% Emitidos						
1º de janeiro de 2013	$ 1.800.920	0,03	$ 54.028	$ 40.000	$ 14.028	$ 1.814.948
1º de julho de 2013	1.814.948	0,03	54.448	40.000	14.448	1.829.396
Total			$ 108.476	$ 80.000	$ 28.476	
Bonds de 10% Emitidos						
1º de janeiro de 2013	$ 3.407.720	0,04	$ 136.309	$ 150.000	$ (13.691)	$ 3.394.029
1º de julho de 2013	3.394.029	0,04	135.761	150.000	(14.239)	3.379.790
Total			$ 272.070	$ 300.000	$ (27.930)	
Bonds de 8% Emitidos						
1º de janeiro de 2013	$ 1.000.000	0,04	$ 40.000	$ 40.000	$ 0	$ 1.000.000
1º de julho de 2013	1.000.000	0,04	40.000	40.000	0	1.000.000
Total			$ 80.000	$ 80.000	$ 0	

A despesa de juros de $ 108.476, dos *bonds* de 4%, excede o valor a pagar de $ 80.000. A demonstração dos fluxos de caixa mostra um estorno ao lucro líquido pela diferença, a amortização do desconto sobre esses *bonds*. A despesa de juros de $ 272.070, sobre os *bonds* de 10%, é menor que o valor a pagar de $ 300.000. A demonstração dos fluxos de caixa mostra uma subtração do lucro líquido pela diferença, a amortização do prêmio sobre esses *bonds*. A demonstração dos fluxos de caixa também mostra uma adição ao lucro líquido pelo aumento de $ 100.000 dos juros a pagar, indicando que os dispêndios de caixa para juros foram menores que os valores acumulados como pagáveis em 2013.

n.

Tributos sobre o Lucro a Pagar, 31 de dezembro de 2012	$ 250.000
Mais Despesa Corrente de Tributos sobre o Lucro em 2013 (ver abaixo)	420.000
Menos Pagamento de Caixa Durante 2013	?
Tributos sobre o Lucro a Pagar, 31 de dezembro de 2013	$ 375.000
Total Despesa de Tributos sobre o Lucro	$ 540.000
Menos Aumento em Tributos Diferidos no Passivo	(120.000)
Despesa Corrente de Tributos sobre o Lucro	$ 420.000

Os pagamentos de caixa de tributos sobre o lucro totalizaram $ 295.000 em 2013. A demonstração dos fluxos de caixa mostra um estorno ao lucro líquido de $ 120.000 pela porção da despesa de tributos sobre o lucro que não requer um dispêndio atual (ou seja, um aumento na conta Tributos Diferidos no Passivo). A demonstração dos fluxos de caixa também mostra uma adição ao lucro líquido pelo aumento dos tributos sobre o lucro a pagar de $ 125.000, indicando que os dispêndios de caixa para tributos sobre o lucro foram menores que o valor acumulado a pagar em 2013.

o.

	Ações Ordinárias		Ágio na Emissão	Lucros Acumulados	Ações em Tesouraria
	Número de Ações	Valor			
Saldo, 31 de dezembro de 2012	50.000	$ 500.000	$ 800.000	$ 1.666.000	$ 30.000
Emissão de Ações Ordinárias	10.000	100.000	400.000	–	–
Ações em Tesouraria Vendidas	–	–	5.000	–	(10.000)
Lucro Líquido	–	–	–	1.260.000	–
Dividendos (Conta de Chegada)[a]	–	–	–	(236.000)	–
Saldo, 31 de dezembro de 2013	60.000	$ 600.000	$ 1.205.000	$ 2.690.000	$ 20.000

[a] Ou, ver demonstração dos fluxos de caixa.

Os proventos de $ 500.000 da emissão de ações ordinárias aparecem como uma atividade financeira na demonstração dos fluxos de caixa. Os proventos em caixa de $ 15.000 da reemissão de ações em tesouraria (= $ 10.000 + $ 5.000) também aparecem como atividade de financiamento. Note que o excedente do preço de reemissão de $ 15.000 sobre o custo das ações em tesouraria de $ 10.000 aumenta o ágio na emissão de ações, não o lucro líquido.

Solução sugerida para o problema 17.2

(Able Corporation; lançamentos no diário de transações que afetam o lucro líquido e lucros acumulados.)

a.

15 de janeiro

Lucros Acumulados 35.000

    Depreciação Acumulada 35.000

Ativo	=	Passivo	+	Patrimônio Líquido	Classificação
−35.000				−35.000	LA

Para corrigir o erro da depreciação nos primeiros anos, aumentando a depreciação acumulada e reduzindo lucros acumulados.

b.

20 de março

Perda por Terremoto 70.000

    Edifícios 70.000

Ativo	=	Passivo	+	Patrimônio Líquido	Classificação
−70.000				−70.000	DRE → LA

Para registrar perdas por terremoto em conta da demonstração do resultado.

A empresa provavelmente classificará a perda como um item extraordinário, se estiver divulgando conforme U.S. GAAP, mas não usará o termo *extraordinário* se estiver divulgando conforme IFRS.

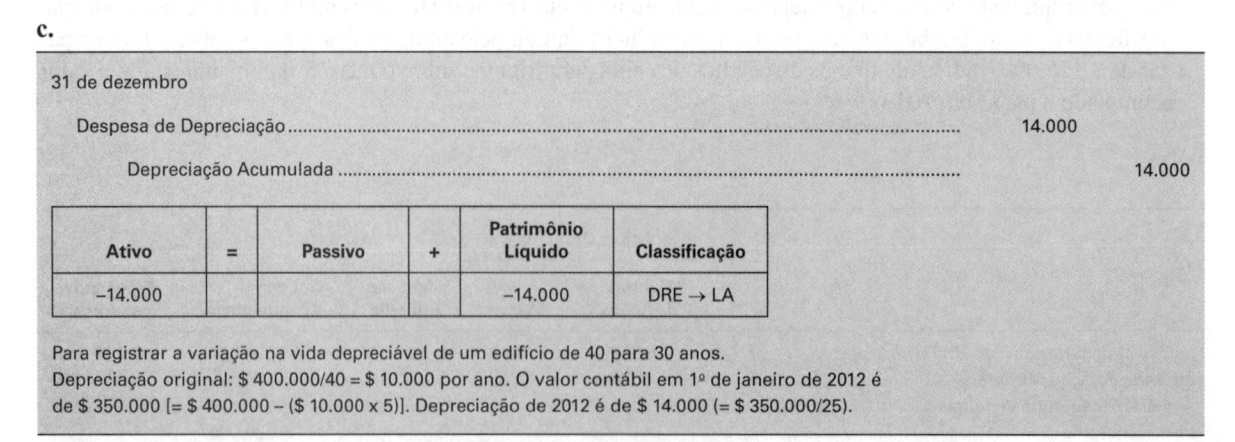

c.

31 de dezembro

Despesa de Depreciação 14.000

    Depreciação Acumulada 14.000

Ativo	=	Passivo	+	Patrimônio Líquido	Classificação
−14.000				−14.000	DRE → LA

Para registrar a variação na vida depreciável de um edifício de 40 para 30 anos.
Depreciação original: $ 400.000/40 = $ 10.000 por ano. O valor contábil em 1º de janeiro de 2012 é de $ 350.000 [= $ 400.000 − ($ 10.000 x 5)]. Depreciação de 2012 é de $ 14.000 (= $ 350.000/25).

PRINCIPAIS TERMOS E CONCEITOS

Comparabilidade
Compreensibilidade
Consistência
Correções de erros
Ganhos e perdas extraordinários
Lucro básico por ação
Lucro diluído por ação
Lucro por ação (LPA)
Lucro, ganhos e perdas de operações descontinuadas
Materialidade

Média ponderada do número de ações ordinárias em circulação
Mudança de política contábil
Mudanças de estimativas
Relevância
Representação fidedigna
Restrições de custo
Resultado de operações continuadas
Segmentos operacionais
Verificabilidade

EXERCÍCIOS E PROBLEMAS

Exercícios

1. **Identificando políticas contábeis.** Indique a política contábil ou o método descrito em cada uma das seguintes afirmações.

   a. Esta assunção de fluxo de custo resulta na divulgação do maior lucro líquido durante períodos de custos de aquisição crescentes e níveis de estoque não decrescentes.

   b. Este método de contabilização de valores incobráveis reconhece a respectiva redução do lucro no período da venda.

   c. Este método de contabilização de investimento de longo prazo em ações ordinárias de outra companhia requer normalmente um ajuste no lucro líquido para calcular o fluxo de caixa das operações sob o método indireto na demonstração dos fluxos de caixa.

   d. Este método de contabilização de *leasing* de longo prazo pelo arrendatário dá origem a um passivo não circulante.

   e. Esta assunção de fluxo de custo do estoque resulta em aproximadamente o mesmo valor no balanço patrimonial que a assunção de fluxo de custo PEPS/FIFO.

   f. Este método de reconhecer a despesa de juros de títulos de dívida proporciona uma taxa anual uniforme de despesa de juros ao longo da vida do título.

   g. A contabilização deste tipo de instrumento de proteção contra riscos designado como *hedge* resulta em uma mudança em outros resultados abrangentes a cada período.

   h. Este método de contabilização de investimentos intercompanhia em títulos e valores mobiliários pode resultar em um decréscimo no patrimônio líquido total do investidor, sem afetar a conta Lucros Acumulados.

   i. Este método de reconhecimento do lucro de contratos de longo prazo geralmente resulta no menor valor de flutuação de lucros ao longo de vários períodos.

   j. Quando uma empresa identifica contas específicas de clientes como incobráveis e lhes dá baixa, este método de contabilização não resulta em mudança no capital de giro.

   k. A contabilização deste tipo de instrumento de proteção contra risco designado como *hedge* afeta o lucro líquido de cada período, mas não outros resultados abrangentes.

   l. Este método de contabilização de arrendamentos de equipamento pelo arrendador mostra na demonstração do resultado um valor para despesa de depreciação.

   m. Este pressuposto de fluxo de custo de estoque resulta em valores de estoque no balanço patrimonial mais próximos do custo corrente de reposição.

   n. Este método de contabilizar investimentos de longo prazo em ações ordinárias resulta em reconhecer uma receita pelos dividendos recebidos ou a receber.

   o. Este método de depreciação geralmente resulta em valores mais altos de ativos depreciáveis no balanço patrimonial durante os primeiros anos da vida do ativo.

p. Este pressuposto de fluxo de custo do estoque resulta na divulgação do menor lucro líquido durante períodos de custos de aquisição decrescentes.

q. Este método de contabilização de *leasing* de longo prazo de equipamentos pelo arrendatário resulta em apresentar um valor de despesa de aluguel na demonstração do resultado.

r. Este pressuposto de fluxo de custo do estoque resulta em valores de estoque no balanço patrimonial que podem diferir significativamente do custo corrente de reposição.

s. Este método de contabilização de arrendamentos de longo prazo de equipamentos pelo arrendador resulta em apresentar receita no momento de assinatura do *leasing*.

t. Este pressuposto de fluxo de custo do estoque pode resultar em variações substanciais na relação entre o custo dos produtos vendidos e as vendas, se as quantidades do estoque decrescem durante um período.

2. Identificando políticas contábeis. Indique a política contábil ou o procedimento aparentemente utilizado para registrar as seguintes transações independentes. Descreva também a transação ou evento registrado em cada caso.

a.

Caixa x
    Receita de Dividendos x

Ativo	=	Passivo	+	Patrimônio Líquido	Classificação
+				+	DRE → LA

b.

Perda Não Realizada em Títulos Disponíveis para Venda x
    Títulos e Valores Mobiliários x

Ativo	=	Passivo	+	Patrimônio Líquido	Classificação
−				−	ORA → ORAA

c.

Caixa x
    Investimento em Companhia Coligada x

Ativo	=	Passivo	+	Patrimônio Líquido	Classificação
+				+	
−					

Dividendo declarado e recebido de companhia coligada.

d.

Despesa com Créditos de Liquidação Duvidosa x
    Perda Estimada com Créditos de Liquidação Duvidosa x

Ativo	=	Passivo	+	Patrimônio Líquido	Classificação
−				−	DRE → LA

e.

Despesa de Arrendamento	x	
Caixa		x

Ativo	=	Passivo	+	Patrimônio Líquido	Classificação
–				–	DRE → LA

f.

Investimento em Companhia Coligada	x	
Resultado de Equivalência Patrimonial de Coligada		x

Ativo	=	Passivo	+	Patrimônio Líquido	Classificação
+				+	DRE → LA

g.

Perda Estimada com Créditos de Liquidação Duvidosa	x	
Contas a Receber		x

Ativo	=	Passivo	+	Patrimônio Líquido	Classificação
+					
–					

h.

Perda por Declínio no Preço de Estoque	x	
Estoque de Mercadorias		x

Ativo	=	Passivo	+	Patrimônio Líquido	Classificação
–				–	DRE → LA

i.

Leasing a Pagar a Longo Prazo	x		
Despesa de Juros	x		
Caixa			x

Ativo	=	Passivo	+	Patrimônio Líquido	Classificação
–		–		–	DRE → LA

j.

Ações de Tesouraria...						x
Caixa..						x

Ativo	=	Passivo	+	Patrimônio Líquido	Classificação
–				–	Capital Contribuído

k.

Taxa de Juros de Contrato de *Swap*						x
Ganho com Remensuração de Contrato de *Swap* (Demonstração do Resultado)						x

Ativo	=	Passivo	+	Patrimônio Líquido	Classificação
+				+	DRE → LA

3. **Calculando o lucro por ação.** A Campbell Incorporated divulgou as seguintes informações na sua demonstração do resultado consolidada dos exercícios findos em 31 de dezembro de 2012 e de 2013:

	2013	2012
Lucro líquido (em milhares)..	$ 1.456.091	$ 1.200.472
Média Ponderada do Número de Ações em Circulação (em milhares)..................		
Básica..	702.987	687.910
Diluída...	713.456	699.012

   a. Qual foi o lucro básico por ação da Campbell em 2012 e 2013?
   b. Qual foi o lucro diluído por ação da Campbell em 2012 e 2013?
   c. Explique, em palavras, a direção da diferença entre LPA básico e LPA diluído.

4. **Calculando o lucro por ação.** As seguintes informações referem-se à Hatchet Limited para os exercícios findos em 31 de dezembro de 2012 e 2013:

	2013	2012
Lucro líquido (em milhões)...	?	?
Média Ponderada do número de Ações em Circulação (em milhões)...................		
Básica..	103,4	?
Diluída...	?	112,7
Lucro Por Ação..		
Básico...	$ 4,13	$ 3,02
Diluído..	$ 4,01	$ 3,16

   Calcule os valores faltantes na tabela:
   a. Lucro líquido de 2012.
   b. Média ponderada do número de ações em circulação, básica, de 2012.
   c. Lucro líquido de 2013.
   d. Média ponderada do número de ações em circulação, diluída, de 2013.

5. **Calculando a média ponderada das ações em circulação.** A Kennett Corporation informou ter 214,6 milhões de ações em circulação no fim do seu exercício mais recente, findo em 31 de dezembro de 2012. Em 1º de abril de 2013, a Kennett emitiu 36,2 milhões de ações ordinárias ao preço de $ 18 por ação. Em 1º de setembro de 2013, empregados da Kennett exerceram opções de ações, levando a Kennett a emitir um adicional de 27,4 milhões de ações ordinárias. A Kennett não teve outras transações com ações ordinárias no exercício de 2013.

   a. Quantas ações ordinárias em circulação a Kennett tinha em 31 de dezembro de 2013?
   b. Qual foi a média ponderada do número de ações da Kennett no exercício findo em 31 de dezembro de 2013?

Objetivos de aprendizagem **695**

6. **Calculando a média ponderada das ações em circulação.** O Boslan Group informou ter 89,1 milhões de ações em circulação no fim do seu exercício mais recente, findo em 31 de dezembro de 2012. Em 1º de março de 2013, o Boslan emitiu 25,1 milhões de ações ordinárias ao preço de $ 32 por ação. Em 1º de agosto de 2013, recomprou 22,2 milhões de ações ordinárias. Em 1º de novembro, recomprou outros 2,9 milhões de ações ordinárias. O Boslan não teve outras transações com ações ordinárias no exercício de 2013.

   a. Quantas ações ordinárias em circulação o Boslan tinha em 31 de dezembro de 2013?

   b. Qual foi a média ponderada do número de ações em circulação do Boslan no exercício findo em 31 de dezembro de 2013?

7. **Interpretando variações no lucro por ação.** Tanto a Companhia A como a Companhia B iniciaram 2012 com um patrimônio líquido de $ 1 milhão e 100.000 ações ordinárias em circulação. Em 2012, ambas tiveram lucro líquido de $ 100.000, um retorno de 10% sobre o patrimônio líquido do início de 2012. A Companhia A declara e paga $ 100.000 de dividendos aos acionistas ordinários no fim de 2012, enquanto a Companhia B retém todos os seus lucros e não declara nenhum dividendo. Em 2013, ambas obtiveram um lucro líquido igual a 10% do patrimônio líquido do início de 2013.

   a. Calcule o lucro por ação das Companhias A e B em 2012 e 2013.

   b. Calcule a taxa de crescimento do lucro por ação das Companhias A e B, comparando o lucro por ação de 2013 com o lucro por ação de 2012.

   c. Utilizando a taxa de crescimento do lucro por ação como critério, qual administração dentre essas companhias parece estar fazendo um trabalho melhor para os seus acionistas? Comente esse resultado.

   d. Utilizando a variação do retorno sobre o patrimônio líquido (discutido no **Capítulo 7**) como critério, qual administração dentre essas companhias parece estar fazendo um trabalho melhor para os seus acionistas? Para esse propósito, utilize o saldo inicial do patrimônio líquido para calcular o retorno sobre o patrimônio líquido. Comente esse resultado.

8. **Tratamento de erros contábeis, mudanças de políticas contábeis e mudanças de estimativas contábeis.** A GenDyn calcula um lucro líquido de $ 1.500 em 2012 e de $ 1.800 em 2013, os dois primeiros anos de sua operação. Antes de publicar suas demonstrações financeiras de 2013, a GenDyn descobre que um item requer um ajuste que levará à redução do lucro em $ 400 depois dos impostos. Indique o valor do lucro líquido de 2012 e de 2013 assumindo (1) o item é um erro de cálculo da despesa de depreciação de 2012 (a despesa de depreciação de 2013 está correta como calculada), (2) o item é a mudança no lucro líquido de 2012, como resultado da adoção de uma mudança de política contábil (a despesa de 2013 reflete a nova política contábil), e (3) o item é a mudança nas contas estimadas como incobráveis em 2012, como resultado do agravamento das perdas com créditos duvidosos experimentado em 2013; a empresa incluiu o montante do ajuste em despesas para devedores duvidosos em 2013.

9. **Lançamentos no diário para corrigir erros e ajustar pelas mudanças de estimativas.** Prepare os lançamentos no diário para registrar os seguintes itens da Union Cable Company em 2012. A Union Cable Company utiliza o ano-calendário como exercício. Ignore os efeitos tributários.

   a. Ela descobre em 15 de janeiro de 2012 que negligenciou a amortização de uma patente em 2011, no valor de $ 12.000.

   b. Ela descobre em 20 de janeiro de 2012 que registrou a venda de uma máquina em 30 de dezembro de 2011 por $ 6.000, com o seguinte lançamento no diário:

Caixa...	6.000	
Perda com Venda de Máquina..	4.000	
Máquina (Custo de Aquisição)...		10.000

Ativo	=	Passivo	+	Patrimônio Líquido	Classificação
+6.000				−4.000	DRE → LA
−10.000					

A máquina tinha uma depreciação acumulada de $ 7.000 na data da venda.

c. Altera a vida depreciável de um edifício em 31 de dezembro de 2012, de uma vida útil total de 30 anos para um total de 42 anos. O edifício teve o custo de aquisição de $ 2.400.000 e tinha 11 anos de vida em 31 de dezembro de 2012. A empresa não registrou a depreciação de 2012. Ela utiliza o método linear e zero de valor residual estimado.

d. A empresa tem utilizado 2% das vendas como estimativa de contas incobráveis durante vários anos. As suas perdas reais foram de apenas 1,50% das vendas em média. Consequentemente, a conta Perdas Estimadas com Créditos de Liquidação Duvidosa tem um saldo credor de $ 25.000 no fim de 2012, antes de fazer a estimativa para 2012. Um relatório por idade das contas a receber dos clientes sugere que a empresa necessita de $ 35.000 na conta da provisão no fim de 2012 para cobrir incobráveis estimados. As vendas de 2012 são de $ 1.000.000.

PROBLEMAS

10. **Problema de revisão abrangente.** As **Figuras 17.11** e **17.12** apresentam um conjunto parcial de demonstrações financeiras da Chicago Corporation de 2013, incluindo a demonstração do resultado consolidada e os lucros acumulados de 2013, e os balanços patrimoniais comparativos consolidados de 31 de dezembro de 2012 e de 2013. Seguem questões relativas às demonstrações financeiras da Chicago Corporation. Você deve estudar novamente as demonstrações financeiras antes de responder a essas questões e problemas. Seguem informações adicionais:

    (1) A única transação afetando ações ordinárias e preferenciais em 2013 foi a venda de ações em tesouraria.

    (2) Os *bonds* a pagar têm um valor (de face) no vencimento de $ 4 milhões.

FIGURA 17.11

Chicago Corporation
Demonstração do Resultado Consolidado e
Lucros Acumulados de 2013
(Problema 10)

RECEITAS		
Vendas..		$ 13.920.000
Ganho na Venda de Maquinário e Equipamentos...		200.000
Equivalência Patrimonial nos Lucros de Coligadas:		
Chicago Finance Corporation..	$ 1.800.000	
Rosenwald Company..	125.000	
Hutchinson Company...	75.000	2.000.000
Total das Receitas..		$ 16.120.000
DESPESAS		
Custo dos Produtos Vendidos..		$ 5.000.000
Despesa com Pagamento de Salários..		3.000.000
Depreciação de Planta e Equipamentos e Amortização de Direitos de Propriedade Arrendada...............		1.000.000
Amortização de Patente..		125.000
Despesa com Créditos de Liquidação Duvidosa...		120.000
Despesa de Juros...		455.000
Despesas Gerais Corporativas...		420.000
Tributos sobre o Lucro – Correntes...		1.430.000
Tributos sobre o Lucro – Diferidos...		170.000
Total das Despesas..		$ 11.720.000
Lucro Líquido..		$ 4.400.000
Menos: Dividendos sobre Ações Preferenciais...		(120.000)
Dividendos sobre Ações Ordinárias...		(2.080.000)
Aumento em Lucros Acumulados..		$ 2.200.000
Lucros Acumulados, 31 de dezembro de 2012...		2.800.000
Lucros Acumulados, 31 de dezembro de 2013...		$ 5.000.000
Lucro Básico por Ação Ordinária (com Base na Média de 1.600.000 Ações em Circulação)......		$ 2,68
Lucro Diluído por Ação (Assumindo Conversão de Ações Preferenciais)...........................		$ 2,20

Figura 17.12

Chicago Corporation
Balanços Patrimoniais Consolidados
31 de dezembro
(Problema 10)

31 de dezembro	2013	2012
ATIVO		
Ativo Circulante		
Caixa	$ 100.000	$ 200.000
Certificado de Depósito	225.000	–
Contas a Receber (Líquido de Incobráveis Estimados de $ 100.000 em 2012 e $ 160.000 em 2013)	600.000	500.000
Estoque de Mercadorias	1.800.000	1.500.000
Pagamentos Antecipados	200.000	200.000
Total Ativo Circulante	$ 2.925.000	$ 2.400.000
Investimentos		
Chicago Finance Corporation (participação de 40%)	$ 4.000.000	2.200.000
Rosenwald Company (participação de 50%)	1.025.000	900.000
Hutchinson Company (participação de 25%)	175.000	100.000
Total de Investimentos	$ 5.200.000	$ 3.200.000
Imobilizado		
Terrenos	$ 500.000	$ 400.000
Edifícios	4.000.000	4.000.000
Maquinário e Equipamentos	8.000.000	7.300.000
Direito de Imóvel Adquirido sob *Leasing*	1.500.000	1.500.000
Total	$ 14.000.000	$ 13.200.000
Menos Depreciação e Amortização Acumuladas	(4.000.000)	(3.800.000)
Total do Imobilizado	$ 10.000.000	$ 9.400.000
Intangíveis (pelo Valor Contábil Líquido)		
Patente	$ 750.000	$ 875.000
Goodwill	1.125.000	1.125.000
Total de Intangíveis	$ 1.875.000	$ 2.000.000
Total do Ativo	$ 20.000.000	$ 17.000.000
PASSIVO E PATRIMÔNIO LÍQUIDO		
Passivo Circulante		
Fornecedores	$ 550.000	$ 400.000
Adiantamentos de Clientes	640.000	660.000
Salários a Pagar	300.000	240.000
Tributos sobre o Lucro a Pagar	430.000	300.000
Aluguéis Recebidos Antecipadamente	50.000	–
Outros Passivos Circulantes	460.000	200.000
Total do Passivo Circulante	$ 2.430.000	$ 1.800.000
Passivo Não Circulante		
Bonds a Pagar	$ 3.648.000	$ 3.600.000
Dívida de Hipoteca de Equipamentos	332.000	1.300.000
Leasing Financeiro a Pagar	1.020.000	1.100.000
Total do Passivo não Circulante	$ 5.000.000	$ 6.000.000
Tributos Diferidos Passivos	$ 1.570.000	$ 1.400.000
Patrimônio Líquido		
Ações Preferenciais Conversíveis	$ 2.000.000	$ 2.000.000
Ações Ordinárias	2.000.000	2.000.000
Ágio na Emissão de Ações	3.000.000	2.400.000
Lucros Acumulados	5.000.000	2.800.000
Total	$ 12.000.000	$ 9.200.000
Menos Custo com Ações em Tesouraria	(1.000.000)	(1.400.000)
Total do Patrimônio Líquido	$ 11.000.000	$ 7.800.000
Total do Passivo e Patrimônio Líquido	$ 20.000.000	$ 17.000.000

Pede-se

a. Calcule o valor das contas específicas de clientes às quais a Chicago Corporation deu baixa como incobráveis em 2013, considerando que ela não teve nenhuma recuperação em 2013 de contas baixadas antes de 2013.

b. A Chicago Corporation utiliza o pressuposto de fluxo de custo UEPS/LIFO para calcular o seu custo dos produtos vendidos, e os valores do seu estoque inicial e final. Se ela tivesse utilizado o pressuposto de fluxo de custo PEPS/FIFO, seu estoque inicial teria sido de $ 1.800.000 e o estoque final teria sido de $ 1.700.000. Calcule o lucro real bruto (receita de vendas líquida menos custo dos produtos vendidos) da Chicago Corporation de 2013 sob UEPS/LIFO e o correspondente valor do lucro bruto se ela tivesse utilizado o PEPS/FIFO (ignore os efeitos tributários).

c. Considere o item **b**. A quantidade e o custo de aquisição do estoque de mercadorias aumentaram ou diminuíram entre o começo e o fim de 2013? Explique.

d. A Chicago Corporation contabiliza os seus três investimentos em coligadas não consolidadas utilizando o método de equivalência patrimonial. O custo de aquisição desses investimentos foi igual tanto ao valor contábil como ao valor justo dos ativos e passivos das investidas no momento da aquisição. Quanto cada uma dessas três companhias declarou como dividendos em 2013? Como você pode saber?

e. Considere o item **d**. Registre o(s) lançamento(s) no diário feito(s) em 2013 para aplicar o método de equivalência patrimonial.

f. A Chicago Corporation adquiriu seu único edifício em 1º de janeiro de 2012. Naquele momento, ela estimou que o edifício teria 40 anos de vida útil e zero de valor residual. Calcule o valor da despesa de depreciação desse edifício em 2013, assumindo que a empresa utiliza o método linear.

g. A Chicago Corporation vendeu máquinas e equipamentos custando $ 1.000.000, com valor contábil de $ 200.000 em 2013. Faça o lançamento para registrar essa venda.

h. Os *bonds* a pagar têm cupom de 6% anuais e requerem o pagamento de juros em 31 de dezembro de cada ano. Mostre o lançamento no diário feito em 31 de dezembro de 2013 para reconhecer a despesa de juros de 2013, considerando que a Chicago Corporation utiliza o método dos juros efetivos.

i. Considere o item **h**. Qual foi a taxa efetiva ou de mercado desses *bonds* na data de sua emissão pela Chicago Corporation? Explique.

j. A porção diferida de $ 170.000 da despesa de tributos sobre o lucro de 2013 inclui $ 150.000 relativos ao uso de diferentes métodos de depreciação para divulgação financeira e fiscal. Se a alíquota tributária tiver sido de 30%, calcule a diferença entre a dedução da depreciação informada na sua declaração de renda e a despesa de depreciação informada na demonstração do resultado.

k. Faça o lançamento no diário que explica a variação em ações em tesouraria em 2013.

l. Se o custo de aquisição original da patente é de $ 1.250.000 e se a empresa amortiza esse custo em base linear, em que data antes de 31 de dezembro de 2013 a empresa adquiriu a patente?

m. A Chicago Corporation adquiriu as ações da Hutchinson Company em 31 de dezembro de 2012. Se ela tivesse o mesmo montante de ações durante o ano, mas se o valor representasse apenas 15% de participação na Hutchinson Company, que diferenças haveria na demonstração financeira? Ignore os efeitos tributários sobre o lucro e suponha que o preço de mercado das ações excedeu em $ 25.000 o seu custo de aquisição, que era de $ 100.000 em 31 de dezembro de 2013.

n. Em 2013, a Chicago Corporation pagou $ 170.000 ao arrendador da propriedade representada no balanço patrimonial por "Direitos sobre Propriedade Adquiridos sob *Leasing*". Os direitos sobre a propriedade adquiridos sob *leasing* têm 10 anos de vida e a Chicago Corporation os amortiza com base linear. Qual a despesa total informada pela Chicago Corporation em 2013 por usar a propriedade arrendada?

o. Que diferença haveria nas demonstrações financeiras se a Chicago Corporation contabilizasse o estoque com base no menor valor entre custo e mercado, e se o valor de mercado dos estoques tivesse sido de $ 1.600.000 no fim de 2013? Ignore os efeitos tributários.

p. Considere os valores do lucro por ação na demonstração do resultado da Chicago Corporation. Quantas ações ordinárias a empresa emitiria se os detentores das ações preferenciais as convertessem em ações ordinárias?

q. Prepare uma planilha de trabalho de contas T para elaboração de uma demonstração dos fluxos de caixa da Chicago Corporation em 2013. O certificado de depósito é um equivalente a caixa.

11. **Problema de revisão abrangente.** A **Figura 17.13** apresenta uma demonstração do resultado e lucro acumulados consolidados em 2013, e a **Figura 17.14** apresenta um balanço patrimonial consolidado da Tuck Corporation em 31 de dezembro de 2012 e de 2013. Uma declaração de políticas contábeis e um conjunto de Notas Explicativas às demonstrações financeiras estão a elas anexados. Depois de estudar essas demonstrações financeiras e notas explicativas, responda a cada uma das seguintes questões e requisitos de cálculo.

Pede-se

a. Prepare uma análise que explique a variação da conta Títulos e Valores Mobiliários (Ações) em 2013.

b. Calcule os proventos das vendas de títulos e valores mobiliários (ações) classificados como ativos circulantes em 2013.

c. Calcule o valor da despesa com créditos de liquidação duvidosa em 2013.

d. Calcule o valor do custo dos produtos vendidos, assumindo que a Tuck Corporation utilizou o pressuposto de fluxo de custo PEPS/FIFO.

e. Faça o(s) lançamento(s) no livro diário da variação da conta Investimento na Thayer Corporation em 2013.

f. Calcule o valor do lucro ou perda na conta Investimento na Thayer Corporation em 2013.

g. Faça o(s) lançamento(s) no livro diário para contabilizar a variação da conta Investimento na Davis Corporation em 2013.

h. Considere a **Nota 5**. Faça o lançamento para registrar a venda de equipamentos em 2013.

i. Considere a **Nota 9**. Demonstre que $ 106.036 é o valor correto do ativo arrendado no início do contrato de *leasing*.

j. Calcule o montante do caixa recebido em 2013 como pagamentos de aluguel.

k. Calcule o custo real incorrido com os serviços de garantia aos clientes em 2013.

l. Considere a **Nota 7**. Calcule o valor da despesa de juros dos *bonds* de $ 1 milhão, a 6%, para 2013.

m. Faça o(s) lançamento(s) no diário para as variações nas contas de Hipoteca a Pagar em 2013. Assegure-se de considerar a porção circulante.

Figura 17.13

Tuck Corporation
Demonstração do Resultado e
Lucros Acumulados Consolidados de 2013
(Problema 11)

RECEITAS E GANHOS	
Vendas	$ 4.000.000
Ganho na Venda de Equipamentos	3.000
Receita de Aluguel	240.000
Receita de Dividendos	8.000
Equivalência Patrimonial nos Lucros de Coligadas Não Consolidadas	102.000
Total das Receitas e Ganhos	$ 4.353.000
DESPESAS, PERDAS E DEDUÇÕES	
Custo dos Produtos Vendidos (Incluindo Depreciação e Amortização)	$ 2.580.000
Despesa de Vendas e Administrativas (Incluindo Depreciação, Amortização e Despesa com Créditos de Liquidação Duvidosa)	1.102.205
Despesa com Garantia	46.800
Despesa de Juros	165.995
Perda na Venda de Títulos e Valores Mobiliários (Ações)	8.000
Despesa com Tributos sobre o Lucro	150.000
Total das Despesas, Perdas e Deduções	4.053.000
Lucro Líquido Consolidado	$ 300.000
Menos Dividendos Declarados	(119.500)
Aumento em Lucros Acumulados em 2013	$ 180.500
Lucros Acumulados, 31 de dezembro de 2012	277.000
Lucros Acumulados, 31 de dezembro de 2013	$ 457.500

Figura 17.14

Tuck Corporation
Balanços Patrimoniais Consolidados
(Problema 11)

	31 de dezembro de 2013	31 de dezembro de 2012
ATIVO		
Ativo Circulante		
Caixa	$ 278.000	$ 240.000
Títulos e Valores Mobiliários (**Nota 1**)	141.000	125.000
Contas a Receber – Líquido (**Nota 2**)	1.509.600	1.431.200
Estoque (**Nota 3**)	1.525.315	1.257.261
Pagamentos Antecipados	32.000	28.000
Total Ativo Circulante	$ 3.485.915	$ 3.081.461
Investimentos (Nota 4)		
Investimento na Thayer Corporation (participação de 15%)	$ 87.000	$ 92.000
Investimento na Hitchcock Corporation (participação de 30%)	135.000	120.000
Investimento na Davis Corporation (participação de 40%)	298.000	215.000
Total de Investimentos	$ 520.000	$ 427.000
Imobilizado (Nota 5)		
Terrenos	$ 82.000	$ 82.000
Edifícios	843.000	843.000
Equipamentos	1.848.418	497.818
Imobilizado Arrendado	106.036	106.036
Total do Imobilizado ao Custo	$ 2.879.454	$ 1.528.854
Menos Depreciação e Amortização Acumuladas	(420.854)	(383.854)
Total do Imobilizado Líquido	$ 2.548.600	$ 1.145.000
Intangíveis		
Goodwill – Líquido	$ 36.000	$ 36.000
Total do Ativo	$ 6.500.515	$ 4.689.461
PASSIVO E PATRIMÔNIO LÍQUIDO		
Passivo Circulante		
Empréstimos (**Nota 6**)	$ 200.000	$ 100.000
Fornecedores	723.700	666.100
Aluguéis Recebidos Antecipadamente	58.000	46.000
Provisão para Garantia	78.600	75.200
Juros a Pagar sobre Empréstimos	2.000	1.500
Dividendos a Pagar	30.000	25.000
Tributos sobre o Lucro a Pagar – Corrente	160.000	140.000
Hipotecas a Pagar – Porção Circulante	37.383	37.383
Leasing Financeiro a Pagar – Porção Circulante	10.000	10.000
Total do Passivo Circulante	$ 1.299.683	$ 1.101.183
Passivo Não Circulante		
Bonds a Pagar (**Nota 7**)	$ 1.931.143	$ 1.104.650
Hipotecas a Pagar (**Nota 8**)	243.560	262.564
Leasing Financeiro a Pagar (**Nota 9**)	46.229	52.064
Tributos sobre o Lucro Diferidos	145.000	130.000
Total do Passivo Não Circulante	$ 2.365.932	$ 1.549.278
Total do Passivo	$ 3.665.615	$ 2.650.461
Patrimônio Líquido		
Ações Preferenciais Conversíveis, valor de face de $ 100 (**Nota 10**)	$ 200.000	$ 700.000
Ações Ordinárias, valor de face de $ 10 (**Nota 11**)	1.650.000	1.000.000
Ágio na Emissão de Ações – Ordinárias	583.600	130.000
Outros Resultados Abrangentes Acumulados		
Perdas Não Realizadas em Investimentos em Títulos e Valores Mobiliários	(21.000)	(25.000)
Perdas Não Realizadas em Investimentos em Ações	(21.000)	(16.000)
Lucros Acumulados	457.500	277.000
Total	$ 2.849.100	$ 2.066.000
Menos Custo com Ações em Tesouraria (**Nota 12**)	(14.200)	(27.000)
Total do Patrimônio Líquido	$ 2.834.900	$ 2.039.000
Total do Passivo e Patrimônio Líquido	$ 6.500.515	$ 4.689.461

n. Verifique se o valor contábil das porções combinadas circulante e não circulante da conta *Leasing* Financeiro a Pagar em 31 de dezembro de 2012 deveria ser de $ 62.064.
o. Prepare uma análise que explique a variação do valor contábil das porções combinadas circulante e não circulante da conta *Leasing* Financeiro a Pagar em 2013.
p. Faça o lançamento para registrar a despesa de tributos sobre o lucro para 2013.
q. Calcule o valor dos desembolsos de caixa para pagamento de tributos sobre o lucro em 2013.
r. A alíquota de tributos sobre o lucro é de 30%. Considere que, em 2013, a Tuck Corporation reconheceu $ 12.000 de despesas com tributos diferidos relativas a diferentes métodos de depreciação. Calcule a diferença entre o valor da depreciação reconhecido para fins de informação financeira e o valor reconhecido para fins fiscais.
s. Registre o lançamento no diário feito em 1º de julho de 2013, no momento da conversão de ações preferenciais.
t. Faça o(s) lançamento(s) no diário para contabilizar a variação na conta Ações de Tesouraria em 2013.

Declaração de políticas contábeis

- **Base de consolidação.** A Tuck Corporation consolida suas demonstrações financeiras com as da Harvard Corporation, uma subsidiária 100% controlada, adquirida em 2 de janeiro de 2011.
- **Títulos e Valores Mobiliários.** A empresa classifica seus títulos e valores mobiliários como disponíveis para venda e os mensura pelo valor justo.
- **Contas a receber.** A empresa contabiliza contas incobráveis utilizando o método da provisão.
- **Estoques.** A Tuck Corporation utiliza o pressuposto de fluxo de custo último a entrar, primeiro a sair (UEPS/LIFO).
- **Investimentos.** A empresa classifica investimentos em menos de 20% das ações ordinárias em circulação de outras companhias como disponíveis para venda, e os mensura pelo valor justo. Ela contabiliza investimentos de 20% a 50% das ações ordinárias em circulação de coligadas utilizando o método de equivalência patrimonial.
- **Edifícios, equipamentos e arrendamentos.** A Tuck Corporation calcula a depreciação para fins de divulgação financeira utilizando o método linear, e um método acelerado para a divulgação de tributos sobre o lucro.
- **Despesa de juros de dívida de longo prazo.** A empresa mensura a despesa de juros de dívida de longo prazo utilizando o método dos juros efetivos.
- **Tributos sobre o lucro diferidos.** A Tuck Corporation contabiliza tributos sobre o lucro diferidos que surgem de diferenças temporárias entre o lucro contábil e o lucro tributável.

Notas explicativas das demonstrações financeiras

- **Nota 1**: o balanço patrimonial apresenta títulos e valores mobiliários (ações), todos classificados como disponíveis para venda, pelo valor justo, o qual é menor que o custo de aquisição em $ 25.000 em 31 de dezembro de 2012 e em $ 21.000 em 31 de dezembro de 2013. A Tuck Corporation vendeu em 2013 ações de mercado que tinham custado $ 35.000. Ela não recebeu em 2013 dividendos sobre essas ações.
- **Nota 2**: o balanço patrimonial apresenta contas a receber líquidas de uma provisão para créditos de liquidação duvidosa de $ 128.000 em 31 de dezembro de 2012 e de $ 210.400 em 31 de dezembro de 2013. A Tuck Corporation, em 2013, deu baixa em um total de $ 63.000 de contas a receber como incobráveis.
- **Nota 3**: a valoração de estoques com base no PEPS/FIFO excedeu os valores com base no UEPS/LIFO em $ 430.000 em 31 de dezembro de 2012 e em $ 410.000 em 31 de dezembro de 2013.
- **Nota 4**: a Davis Corporation informou um lucro líquido de $ 217.500 em 2013 e declarou e pagou dividendos totalizando $ 60.000 durante o ano. A Tuck Corporation investiu adicionalmente $ 20.000 na Davis Corporation em 2013, mas seu percentual de participação permaneceu em 40%.
- **Nota 5**: a Tuck Corporation vendeu em 2013 equipamentos que tinham custado $ 23.000 e têm valor contábil de $ 4.000. Essa foi a única baixa do imobilizado durante o ano.
- **Nota 6**: a Tuck Corporation pagou no vencimento, em 30 de janeiro de 2013, uma nota de 90 dias e 9% de juros, com valor de face de $ 100.000. Em 1º de dezembro de 2013, a Tuck Corporation tomou emprestados $ 200.000 do seu banco local, prometendo liquidar o principal mais juros de 12% em seis meses.

■ **Nota 7**: *Bonds* a Pagar no balanço patrimonial abrangem o seguinte:

	31 de Dezembro de 2013	31 de Dezembro de 2012
$ 1.000.000 em *Bonds* de 20 Anos, Cupom de 6% Semestrais, Vencimento em 31 de dezembro de 2024, Precificados a $ 1.125.510 para um Rendimento de 5%, Compostos Semestralmente, no Momento da Emissão.	$ 1.099.823	$ 1.104.650
$ 1.000.000 em *Bonds* de 20 Anos, Cupom de 8% Semestrais, Vencimento em 31 de dezembro de 2031, Precificados a $ 828.409 para um Rendimento de 10%, Compostos Semestralmente, no Momento da Emissão.	831.320	–
Total	$ 1.931.143	$ 1.104.650

■ **Nota 8**: a Hipoteca a Pagar representa a hipoteca de um edifício com pagamentos de prestações iguais de $ 40.000 em 31 de dezembro de cada ano. O empréstimo subjacente à hipoteca tem juros de 7%, capitalizados anualmente. O pagamento da prestação final é devido em 31 de dezembro de 2013.

■ **Nota 9**: o *Leasing* Financeiro a Pagar representa um *leasing* de 20 anos não cancelável, de certo equipamento. O *leasing* requer pagamentos anuais adiantados de $ 10.000 em 2 de janeiro de cada ano. A Tuck Corporation fará o último pagamento do *leasing* em 2 de janeiro de 2020 e capitaliza o *leasing* pela sua taxa de empréstimo (no início do *leasing*) de 8%.

■ **Nota 10**: cada ação preferencial é conversível em cinco ações ordinárias. Em 31 de julho de 2013, detentores de 5.000 ações preferenciais exerceram suas opções de conversão. A Tuck Corporation registrou a conversão utilizando valores contábeis.

■ **Nota 11**: em 1º de outubro de 2013, a Tuck Corporation emitiu 40.000 ações ordinárias no mercado aberto por $ 15 em caixa por ação.

■ **Nota 12**: as Ações em Tesouraria abrangem o seguinte:

31 de dezembro de 2012: 2.250 Ações a $ 12 por Ação	$ 27.000
31 de dezembro de 2013: 450 Ações a $ 12 por Ação	$ 5.400
550 Ações a $ 16 por Ação	8.800
	$ 14.200

Em 2013, a Tuck Corporation vendeu 1.800 ações em tesouraria e adquiriu 550 ações.

12. **Caso apresentando cálculos de lucro por ação de uma estrutura de capital complexa**. A Layton Ball Corporation tem uma estrutura de capital relativamente complexa, isto é, ela capta recursos utilizando vários mecanismos financeiros. Além das ações ordinárias, ela tem emitido opções de ações, bônus de subscrição de ações e *bonds* conversíveis. A **Figura 17.15** resume algumas informações pertinentes sobre esses itens. O lucro líquido para o ano é de $ 9.500, e a alíquota tributária utilizada para o cálculo da despesa de tributos sobre o lucro é de 40% do lucro antes dos impostos.

   a. Em primeiro lugar, ignore todos os itens do capital, exceto as ações ordinárias. Calcule o lucro por ação ordinária.

   b. Em anos anteriores, a Layton Ball emitiu aos funcionários opções de compra de ações. A **Figura 17.15** indica que o preço das ações ordinárias durante todo o exercício corrente se manteve estável a $ 25, mas que os detentores das opções de ações poderiam exercê-las a qualquer tempo por $ 15 por ação, ou seja, a opção permite a seu detentor entregá-la juntamente com $ 15 em caixa e receber em troca uma ação. Assim, o número de ações aumentaria, o que diminuiria o número do lucro por ação. A companhia, contudo, teria mais caixa. Suponha que os detentores de opções as entregam, juntamente com $ 15 para cada uma, para adquirir ações. Considere que a empresa utilize o caixa para comprar ações para a sua própria tesouraria por $ 25 cada. Calcule o novo número do lucro por ação. A empresa não contabiliza as ações de sua própria tesouraria no denominador do cálculo do lucro por ação.

   c. A **Figura 17.15** indica que havia também bônus de subscrição em circulação nas mãos do público. O bônus de subscrição permite ao detentor entregar esse bônus, juntamente com $ 30 em caixa, para adquirir uma ação. Se os detentores exercessem os bônus de subscrição, o número de ações em circulação aumentaria, o que reduziria o lucro por ação. Contudo, a companhia teria mais caixa, o que ela poderia utilizar para com-

Figura 17.15
Layton Ball Corporation
Informação sobre a Estrutura de Capital
 para Cálculos do Lucro por Ação
(Problema 12)

Considere os seguintes dados sobre a estrutura de capital e de lucros da Layton Ball Corporation para o exercício:	
Número de Ações Ordinárias em Circulação ao Longo do Exercício	2.500 ações
Preço de Mercado da Ação Ordinária ao Longo do Exercício	$ 25
Opções em Circulação Durante o Exercício:	
Número de Ações a Emitir no Exercício das Opções	1.000 ações
Preço de Exercício por Ação	$ 15
Bônus de Subscrição de Ações em Circulação Durante o Exercício:	
Número de Ações a Emitir no Exercício dos Bônus de Subscrição	2.000 ações
Preço de Exercício dos Bônus de Subscrição	$ 30
Bonds Conversíveis em Circulação:	
Número (Emitidos 15 Anos Atrás)	100 *bonds*
Proventos por *Bond* no Momento da Emissão (= Valor de Face)	$ 1.000
Taxa do Cupom (Por Ano)	4%

prar ações para tesouraria, reduzindo o número de ações em circulação. Suponha que todos os detentores de bônus de subscrição os convertam em ações. Calcule o novo número do lucro por ação. Ignore a informação sobre as opções e os cálculos em **b** neste momento. Note, contudo, que este é um cenário improvável, porque os detentores racionais de bônus de subscrição não os exerceriam por $ 30 quando podem comprar as ações por $ 25 cada uma.

d. A empresa também tem *bonds* conversíveis em circulação. Cada *bond* conversível possibilita ao detentor trocar esse *bond* por 10 ações. Se os detentores convertem os *bonds*, o número de ações aumentará, o que tende a reduzir o lucro por ação. Por outro lado, a empresa não terá de pagar juros e, portanto, não terá despesa de juros sobre os *bonds*, porque eles não estarão mais em circulação. Isso tenderia a aumentar os lucros e o lucro por ação. Considere que todos os detentores de *bonds* conversíveis os convertam em ações. Calcule o novo número do lucro líquido (não se esqueça dos efeitos dos tributos sobre o lucro com a economia dos juros) e o novo número do lucro por ação. Ignore a informação sobre opções e bônus de subscrição e os cálculos em **b** e **c** neste momento.

e. Agora, considere todos os cálculos anteriores. Que conjunto combinado de pressupostos em **b**, **c** e **d** conduziria ao menor lucro por ação possível? Calcule um novo lucro por ação sob o conjunto mais restritivo de pressupostos sobre redução no lucro por ação.

f. Os contadores divulgam diversos números de lucro por ação de empresas com estruturas complexas de capital e eventos complexos durante o exercício. As publicações financeiras, contudo, publicam por vezes apenas um número. Quais dos números anteriormente calculados do lucro por ação você julga que as publicações financeiras deveriam publicar como lucro por ação? Por quê?

Índice remissivo

A

Accounting Principles Board (APB), opiniões do
- No. 6 (*status* dos *Accounting Research Bulletins*), 585n
- No. 10 (Omnibus Opinion – 1966), 293n, 296n
- No. 14 (dívida conversível), 590n
- No. 18 (método de equivalência), 545n
- No. 29 (contabilização de transações não monetárias), 583n
- No. 30 (informando os resultados de operações), 675n

Accounting Research Bulletins (ARBs)
- Nº 43 (revisão dos ARBs Nos. 1-42), 332n, 583n, 585n,
- Nº 45 (contratos do tipo de construção de longo prazo), 297n

Accounting Standards Codification (ASC) – Codificação das Normas Contábeis
definição, 22
ASC 220 (apresentação do resultado abrangente), 152n
- ASC 350-30-50, 382n
- ASC360-10-50, 382n
- ASC 820-10 (valor justo), 119n

Accounting Standards Updates (ASU)
- definição, 22
- Nº 2011-02 (testando ativos intangíveis de vida indefinida para *impairment*), 394n
- Nº 2011-04 (mensuração do valor justo), 528n
- Nº 2011-05 (apresentação do resultado abrangente), 152n
- Nº 2011-08 (testando o *goodwill* para *impairment*), 395n

Acionistas, definição, 5

Ações
- bônus de subscrição de ações *(stock warrants)*, 587, 590-591, 665
- de capital, 579
- de tesouraria, 585-587, 622, 665
- desdobramentos (*splits*) de, 583-584
- direitos, 587, 589
- direitos de subscrição de, 587
- dividendos, 583, 584
- de tesouraria, 585-587, 622, 665
- emissão de, 585-586
- opções de, 587-589, 614, 623
- ordinárias. *Ver* Ações ordinárias
- preferenciais ou ordinárias, 579
- preferenciais. *Ver* Ações preferenciais
- recompras, 585-587, 657
- sem valor nominal, 580n
- valorização ou desvalorização do preço da ação, 218

Ações ordinárias
- como investimento, 5
- conta do patrimônio líquido, 49
- conversão da dívida em, 625
- definição, 579
- desdobramentos (*splits*) de, 583-584
- dividendos, 583, 584
- emissão, 579-580
- investimentos intercompanhia. *Ver* Investimentos intercompanhia em ações ordinárias
- projeções nas demonstrações financeiras *pro forma*, 249-250
- recompra, 585-587, 657
- valor de face, 126

Ações preferenciais
- com opção de recompra (*callable preferred shares*) 581
- conversíveis, 581, 591
- definição, 581
- demonstração dos fluxos de caixa, 621-622
- direitos dos acionistas, 581
- no balanço patrimonial, 49
- projeções das demonstrações financeiras *pro forma*, 248

Adiantamento
- a fornecedores, 47
- de aluguel, 47
- de ativos, 324, 619
- de clientes, 48, 292-293, 619-620
- de locatários, 48
- seguros, 47

Administração, definição, 6

Ágio (*additional paid-in capital* – APIC)
- definição, 126
- na emissão de ações, 126, 580
- no balanço patrimonial, 49
- projeções na demonstração financeira *pro forma*, 249-250

AICPA. *Ver* American Institute of Certified Public Accounting (AICPA)

Alavancagem financeira, 221-222, 229

Aluguel recebido antecipadamente, 48
American Institute of Certified Public Accounting (AICPA), 128n, 332n
    Accounting Research Bulletins. *Ver Accounting Research Bulletins* (ARBs)
    Accounting Standards Executive Committee, Statement of Position 937, *Reporting on Advertising Costs*, 128n
    Committee on Accounting Procedures, *Accounting Research Bulletin No. 43*, 332n
    órgãos normatizadores, 22
Amortização (depreciação)
    de opções de ações, 588
    de patentes, 614
    definição, 378-379
    depreciação periódica, 382-384
    despesa, 378-379, 390
    métodos de mensuração, 379-382
    planilha, 414-415, 422, 424
    títulos mantidos até o vencimento, 506
    tratamento de variações, 383-384
Análise
    de decomposição DuPont, 224-228
    de índices. *Ver* Índices financeiros
    de séries temporais, 240
    transversal (*cross-section analysis*), 240
Análise das demonstrações financeiras, 217-272
    análise de rentabilidade, 220-230
    análise de risco, 230-236
    benefícios de aposentadoria, 469-471
    despesa de tributos sobre o lucro, 479-480
    introdução, 217-218
    limitações, 236-237
    objetivos, 218-219
Anexos, 19. *Ver também* Notas explicativas das demonstrações financeiras
Anexos de apoio, 19. *Ver também* Notas explicativas das demonstrações financeiras
Ano
    fiscal, 7
    natural de negócios, 25
APIC. *Ver* Ágio (*additional paid-in capital* – APIC)
Apple, Inc., reconhecimento da receita, 277, 278, 292, 293
ARBs. *Ver Accounting Research Bulletins* (ARBs)
Arcelor Mittal, aquisições de títulos de mercado, 502
Arrendador (*lessors*), 433-435
Arrendatário (*lesses*), 431-433
ASC. *Ver* Accounting Standards Codification (ASC)
ASU. *Ver* Accounting Standards Updates (ASU)

Atividades
    centrais *versus* periféricas, 673-677
    empresariais, visão geral, 4-6
    periféricas *versus* centrais, 673-678
    recorrentes/não recorrentes, 673-677
Atividades de financiamento
    fluxos de caixa de, 169, 188-189
    na demonstração dos fluxos de caixa, 19, 169, 623-625
Atividades de investimento
    definição, 5-6
    fluxos de caixa de, 18, 167-169, 188-189
Atividades operacionais
    ativos, 324, 371
    ciclo de caixa ou ciclo de lucro, 114, 167, 188-189, 232, 340-341
    definição, 6
    despesas, 143-144, 244-246
    fluxos de caixa das, 18-19. *Ver também* Fluxo de caixa das operações
    leasing, 429, 460
    lucro, 86, 676
    método de *leasing*, 429, 431-436
    passivos, 324
    resultado, 86-87, 143-144, 676
    segmentos, 682-685
Ativos
    abandono, 387
    circulantes. *Ver* Ativos circulantes
    contas do balanço patrimonial, 47-48
    construídos por conta própria, 376
    de longa vida. *Ver* Ativos de longa vida
    definição, 9, 13, 47, 116, 655-656
    depreciação de. *Ver* Igualdade entre ativos e passivos mais patrimônio líquido, 15-16
    endividamento geral, 234
    financeiros. *Ver* Ativos financeiros
    fixos, 372, 660. *Ver também* ativos de vida longa
    impairments. *Ver* Perdas por *impairment*
    índice de giro de ativos, 224-229
    intangíveis. *Ver* Ativos intangíveis
    líquidos, 49
    mensuração, 116-121
    não circulantes. *Ver* Ativos não circulantes
    não financeiro, 120
    obrigação por baixa de ativos, 379
    -objeto (ativo subjacente), 515
    operacionais, 324, 371
    pré-pagos, 324
    projeções na demonstração financeira *pro forma*, 246-247
    realizados, 121

reavaliação de, 388
reconhecidos, 121
reconhecimento de, 116-118, 655-656
retorno sobre o ativo (*return on assets* – ROA), 221-222
tangíveis, 371. *Ver também* Ativos de vida longa
valor justo. *Ver* Valor justo
venda de, 183-186, 386-387

Ativos circulantes
caixa. *Ver* Caixa
conta do balanço patrimonial, 46-47
definição, 16, 49, 114
equivalentes de caixa, 324
estoques. *Ver* Estoques
pré-pago, 324
projeções nas demonstrações financeiras *pro forma*, 247
títulos de mercado. *Ver* Títulos de mercado (títulos e valores mobiliários)

Ativos de vida longa, 371-408
apresentação das demonstrações financeiras, 389-390
características, 371-372
definições, 371
descarte de, 386-387
dispêndios, 372-374
impacto de nova informação sobre, 383-387
impairment. *Ver* Perdas por *impairment*
mensuração pelo custo de aquisição, 375-377
tratamento do custo de aquisição sobre a vida de, 378-383
variações no valor justo, 388-389

Ativos financeiros
classificação, 529
definição, 324, 371
mensuração, 120
mensurados a valor justo por meio do resultado ou perda, 505, 508-509, 528, 663. *Ver também* Títulos de mercado (títulos e valores mobiliários)

Ativos intangíveis. *Ver também* Ativos de vida longa
definição, 371
patentes, 5, 47, 614
procedimentos para *impairment* de ativos, 394
projeções das demonstrações financeiras *pro forma*, 247
resumo das normas de divulgação, 665

Ativos não circulantes
ajustes ao lucro líquido, 628
definição, 16, 49, 114
investimentos em títulos. *Ver* Investimentos em títulos

Auditores, 24
independentes, 24
Auditorias internas, 24n

B

Balanço patrimonial, 47-71, 113-140
agregação, 16
análise, 16
ativo. *Ver* Ativo
classificações, 16, 114
contas T, 52-60
definição, 9
demonstração do resultado e, 18, 74-75
demonstração dos fluxos de caixa e, 19
derivativos, 515-516
efeito dual das transações, 50-53, 54, 57
equação, 15-16, 51-53, 114-115
exemplos, 8, 9, 12, 49-51, 88-89, 145, 168, 223
formato IFRS, 115
formato pelo U. S. GAAP, 114-115
investimentos em ações ordinárias, 562
investimentos pelo método de equivalência patrimonial, 549-550
lançamentos no livro diário, 55-59
mensuração, 16
mensuração das contas típicas do patrimônio líquido, 49, 125-126, 577-578
passivo de longo prazo, 437-438
passivo. *Ver* Passivo
planos de benefício definido, 467-468
preparação, 88-89
terminologia, 46-49
títulos de mercado e derivativos, 501-504
Baixa da conta do cliente (*writting off*), 281-282
Balanços patrimoniais padronizados, 237-239
Base
contábil, 474
do menor valor entre custo e mercado, 332
tributária, 474
Benefícios de aposentadoria, 463-474
análise das demonstrações financeiras, 469-471
estrutura de planos de pensão, 464-466
lançamentos no diário para registrar variações nas obrigações, 471-474
plano de saúde, 469
planos de benefício definido, 464, 465-469
reconhecimento de despesa de pensão, 463
resumo das normas de divulgação, 662-663
Beneficiário principal, 562
Boise Cascade, 410
Bombardier, reconhecimento da receita, 277, 278

Bonds
   a pagar, 48, 411, 412
   como investimento, 5
   contabilização depois da emissão, 421-425
   conversíveis, 412, 591-592, 665
   de cupom zero, 411-412
   de empréstimo, 414
   debêntures, 411
   definição, 5, 411-412
   demonstração dos fluxos de caixa, 621-622
   padrões de fluxo de caixa, 415-416
   preço inicial de emissão, 416-421
   resgatáveis, 412
   resgate de dívida, 426-427
   seriais, 411
   síntese das normas de divulgação, 659
   taxas de juros, 412
   terminologia, 416
   valor ao par. *Ver* Valor, nominal
   variedade de provisões, 411-412
Bônus. *Ver* Ações, opções de
   de subscrição de ações, 587, 590-591, 665

C

Caixa
   como investimento, 6
   contas do balanço patrimonial, 45-46
   definição, 324
   emissão de ações contra caixa, 580
   fluxo de caixa. *Ver* Fluxo de caixa
   incerteza do recebimento, 293-296
   mensuração, 120
   na demonstração dos fluxos de caixa, 166-167
   projeções nas demonstrações financeiras *pro forma*, 247
   recebimento de caixa, 278
   transferências de contas a receber, 289
Capital
   ágio. *Ver* Ágio *(additional paid-in capital – APIC)*
   contribuído, 126
   contribuído acima do valor nominal, 126. *Ver também* Ágio *(additional paid-in capital – APIC)*
   de giro. *Ver* Capital de giro
   definição, 579
Capital de giro, 323-369
   ajustes no lucro líquido, 628
   contas do ativo circulante, 324-339
   contas do passivo circulante, 340-346
   definição, 323-324
   índice, 323

   índices de giro, 232-234
   terminologia,
Capitalização construtiva, 436
Características qualitativas, 654-655
Chrysler Corportation, emissão de *bonds*, 416, 417
Ciclo
   de caixa (de lucros ou operacional), 232, 340
   de caixa negativo, 341
   do lucro (ciclo de caixa ou ciclo operacional), 232, 340
Citigroup, investimentos intercompanhia em ações ordinárias, 543, 544
Cláusulas da incorporação *(articles of incorporation – corporate charter)*, 579
Clientes, adiantamentos de, 48, 292, 620
Coca-Cola Company, investimentos intercompanhia em ações ordinárias, 543, 544-545
Coligadas, 618
Combinações de negócios, 552
Comitê de Princípios Contábeis. *Ver* Accounting Principles Board (APB)
Committee on Accounting Procedures, *Accounting Research Bulletins. Ver Accounting Research Bulletins* (ARBs)
Companhias *(corporations)*
   atividades empresariais, 4-6
   distribuições. *Ver* Investimentos em distribuições. *Ver* Investimentos intercompanhia em ações ordinárias
   vantagens da forma de negócio, 578-579
Companhias abertas, 5
Comparabilidade, 23, 655
Compra, 6
   vantajosa *(bargain purchase)*, 552
Compreensibilidade, 23, 655
Confiabilidade, 121-122
Conselho de administração *(board of directors)*, 4, 21
Conselho Supervisor da Contabilidade das Empresas Abertas (Public Company Accounting Oversight Board – PCAOB), 24
Conselhos de administração, 4, 21
Conservadorismo, 122
Consistência, 655
Consolidação em uma única linha, 558
Consolidated Edison (ConEd), investimentos mantidos até o vencimento, 506-507
Conta construção em progresso (ou processo), 297
Conta Despesa com Créditos de Liquidação Duvidosa, 281
Contabilidade de *hedge (hedge accounting)*, 516-526
   classificação de derivativos, 516
   definição, 516

swaps de taxa de juros designados como *hedge* de valor de caixa, 522-526
swaps de taxa de juros designados como *hedge* de valor justo, 518-522
tratamento de ganhos e perdas, 517
Contabilidade pelo regime de competência
definição, 27-28
necessidade da demonstração dos fluxos de caixa, 165-166
reconhecimento da receita, 275,
versus contabilidade pelo regime de caixa, 658-659
Contabilidade financeira, definição, 3
Contabilidade pelo regime de caixa, 26-27, 28
Contas
balanço patrimonial, 47-49
de controle, 281
definição, 46-47, 73
demonstração do resultado, 74-75
denominações, 46
permanentes, 46, 73
redutoras (contracontas), 53n, 83
temporárias, 46, 73
Contas a pagar.
ciclo de caixa, 340-341
definição, 339-340
demonstração dos fluxos de caixa, 619-620
índice de giro, 233, 340
no balanço patrimonial, 47
projeções na demonstração financeira *pro forma*, 248
Contas a receber
apresentação na demonstração financeira, 287-289
como investimento, 6
definição, 6, 279
demonstração dos fluxos de caixa, 181-182, 620
incobráveis, 279-287
índice de giro, 226-227, 289
índices financeiros, 289
mensuração, 120
no balanço patrimonial, 47
projeções na demonstração financeira *pro forma*, 247
síntese de normas das demonstrações financeiras, 659-660
transferências em troca de caixa, 289
Contas a Receber, Bruto, 280
Contas a Receber, Líquido, 280
Contas incobráveis, 279-287
definição, 279
estimativa, 282-287
evitando, 279-280

método da provisão, 280-287, 660
resumo da contabilização, 287
Contas T, 52-60
aumentos e diminuições, 53-54
débito e crédito, 54
definição, 52-53
efeito dual das transações, 54-55
exemplos, 53-54, 174, 177-178, 185
lançamentos no livro diário, 56-59
preparação da demonstração dos fluxos de caixa, 608-609, 612-613
preparação da planilha de trabalho, 172-177, 608, 612-613
Continuidade, 121
Contrapartes, 515
Contratos
de ações de capital, 579
de opção, 587-592
de longo prazo, reconhecimento da receita, 277-279, 297-300
de múltipla entrega, 278, 658
executórios, 123, 460, 656
futuros de câmbio de moeda estrangeira, 514-515. *Ver também* Derivativos
futuros de *commodities*, 515. *Ver também* Derivativos
mutuamente não executados (executórios), 123, 656-657
não completamente executados (contratos executórios), 123, 460, 656-657
swaps de taxa de juros. *Ver* Contratos de *swap* de taxas de juros
Contratos de *swap* de taxas de juros. *Ver também* Derivativos
designação como *hedge* de fluxo de caixa,
designação como *hedge* de valor justo, 518-522
exemplo, 502
propósito, 514
Contribuições de capital, 577, 578-581
Controladora, 550-551. *Ver também* Investimentos majoritários ativos, 550
Convenção do período contábil, 25
Convenções e conceitos básicos de contabilidade, visão geral, 25-26
Convergência, normas FASB e IASB, 23-24
Correções de erros, 679
Costco Wholesale Corporation, reconhecimento da receita, 276, 292
Crédito, 54, 56-57
Credores, 5
de longo prazo, 5
Curto prazo

credores, 5
empréstimo, 621-622
investimentos, projeções na demonstração financeira *pro forma*, 247
notas promissórias a pagar, 341
risco de liquidez, 230-234
Custos
administrativos, 150
amortizado, 413, 506-508
conjuntos, 378
corrente de reposição, 118
das mercadorias vendidas, 17
de aquisição. *Ver* Custos de aquisição
de juros (despesas de juros), 376, 466
de juros durante a construção, 376
de juros, planos de benefício definido, 466
de manufatura, 326
de marketing de resposta direta, 128n
de oportunidade, 119
de produto,149, 326, 611
de reposição, 332
de serviço, 466
de serviços anteriores, 467
dos serviços prestados, 74, 143
indiretos de fabricação (*manufacturing overhead*), 326
fluxo. *Ver* Fluxo de custos
Custos de aquisição
definição, 118
mensuração, 375-377, 503
registro de estoques pelo, 331-332
títulos de mercado e derivativos, 503, 505
tratamento durante a vida de ativos de vida longa, 378-383
Custos, fluxos de *Ver* Fluxo de custos
Custo dos produtos vendidos, 17
cálculo usando diferentes bases de avaliação de estoque, 332-333
definição,17, 74, 143, 327
porcentagem, 338-339
projeções nas demonstrações financeiras *pro forma*, 245

D

Dados desagregados, 46
Data
da outorga, 587
de exercício, 588
Débito (endividamento/dívida), 54, 57

índices, 234-235, 409-410
mercados, 411-412
pagamentos do serviço da dívida, 415n
resgate/liquidação, 426-427, 622
títulos mantidos até o vencimento, 505, 528-529, 663. *Ver também* Títulos de mercado (títulos e valores mobiliários)
títulos, conversão em ações ordinárias, 625. *Ver também* Bonds
violação de acordo (*covenants*), 459
Declarações de Conceitos. *Ver* Statements of Financial Accounting Concepts (Declarações dos Conceitos da Contabilidade Financeira)
Dell Inc., fluxo de caixa, 341
Demonstração da atividade operacional. *Ver* Demonstração do resultado
Demonstração da posição financeira. *Ver* Balanço patrimonial
Demonstração das mutações do patrimônio liquido
definição, 19
exemplos de, 11, 15
Demonstração das operações. *Ver* Demonstração do resultado
Demonstração de lucros e perdas (*profit and loss statement* – P&L). *Ver* Demonstração do resultado
Demonstração de lucros e perdas (*profit and loss statement* – P&L). *Ver* Demonstração do resultado
Demonstração de resultados, exemplos de, 9, 168. *Ver também* Demonstração do resultado
Demonstração do resultado, 73-111, 141-164
apresentação, 142-146
ativos de vida longa, 395
balanço patrimonial e, 18, 75-76
classificação do resultado, 675-678
componentes da, 17-18
contabilização de receitas, despesas e dividendos, 76-85
definição, 17
despesas. *Ver* Despesas
dos fluxos de caixa e, 19, 165-166
efeito dual das transações, 78-80
exemplos, 13, 15, 74-75, 141-142, 145-146, 224, 609
lançamentos de ajuste, 81-86
lançamentos no livro diário, 78-80
participações societárias em ações ordinárias, 562
planos de benefício definido, 469
padronizada, 225, 237
preparação, 85-88
processo de fechamento, 86-87
propósito, 76, 141

receitas. *Ver* Receitas
resultado abrangente, 151-152
terminologia, 74-75, 141-142
tipos de, 74
títulos de mercado e derivativos, 501-504
Demonstração dos fluxos de caixa, 165-215, 607-651
  ações em tesouraria, 622
  adiantamentos de clientes, 620
  amortização de patente, 614
  aquisição de equipamentos, 621
  atividades de financiamento, 19, 623-624
  atividades de investimento, 18
  atividades operacionais, 18
  balanço patrimonial e, 19
  conceitos subjacentes, 607-608
  contas a pagar, 619-620
  contas a receber, 620
  definição, 17, 165
  demonstração do resultado e, 19, 165-166
  depreciação de edifícios e equipamentos, 609-611
  despesa com remuneração via opção de ações, 614
  dividendos, 622
  emissão de ações preferenciais, 622
  emissão de *bonds*, 622
  empréstimo de curto prazo, 621
  estoques, 620
  excedente do pagamento de cupons sobre a despesa de juros, 616-617
  exemplos, 10, 14, 88, 166-171, 609-625
  exercícios de opções de ações por empregados, 623
  formatos de apresentação, 170
  ganho na venda de equipamento, 617
  ganhos de equivalência patrimonial de coligadas não distribuídos, 618-618
  interpretação, 170-171, 189-191, 628-629
  investimentos intercompanhia em ações ordinárias, 629-630
  investimentos não caixa, 623-626
  liquidação da dívida de longo prazo no vencimento, 622
  lucro líquido, 609
  método direto *versus* indireto, 88-89, 171, 177-182, 626
  necessidade de, 165-166
  pagamentos antecipados, 619
  perdas na venda de ações de mercado, 615
  perdas por *impairment* de terreno, 615
  planilha de trabalho de contas T, 608, 612
  preparação, 86-89, 171-188
  projeções na demonstração financeira *pro forma*, 250-251

provisão para garantia, 621
reconciliação do lucro líquido com o fluxo de caixa das operações, 171-172
transações com derivativos, 629-630
transações com opção pelo valor justo, 629
tributos sobre o lucro diferidos, 616,
usando a informação de, 188-189
vendas de ativos, 183-186
visão geral, 166-171
Demonstrações financeiras
  análise. *Ver* Análise das demonstrações financeiras
  atividades empresariais relativas a, 4-6+
  ativos de vida longa, 389-390
  balanço patrimonial. *Ver* Balanço patrimonial
  contas a receber, 287-289
  convenções da demonstração financeira, 7
  demonstração das mutações do patrimônio líquido. *Ver* Demonstração das mutações do patrimônio líquido
  demonstração do resultado. *Ver* Demonstração do resultado
  demonstração dos fluxos de caixa. *Ver* Demonstração dos fluxos de caixa
  demonstrações financeiras *pro forma*, 243-252
  leasing, 436-437
  notas explicativas. *Ver* Notas explicativas das demonstrações financeiras
  padronizadas, 237-241
  preparação, 7, 86-90
  responsabilidades do usuário, 25
  visão geral, 6-7
Demonstrações financeiras consolidadas
  definição, 550
  eliminações intercompanhia, 555-556
  evidenciação (*disclosure*) da política de consolidação, 559-560
  investimentos subsequentes à data de aquisição, 554
  limitações, 560
  lucro líquido consolidado, 557-558
  objetivo, 551
  participação de minoritários (ou não controladores), 558
  preparação na data da aquisição, 553
  preparação subsequente à data de aquisição, 555
  registro da aquisição, 552-553
Demonstrações financeiras *pro forma*, 243-252
  definição, 243
  exemplo, 251-252
  passos na preparação, 244-250

Depreciação
   acelerada, 380-381
   acumulada, 47, 380, 610-611
   de edifícios e equipamento, 609-610
   definição, 378-379
   despesa, 378-379, 390
   e amortização periódica, 382-383
   mensuração de ativos, 120
   métodos de mensuração, 378-382
   no balanço patrimonial, 47
   periódica, 382-384
   tratamento das variações, 383-384
Derivativos
   definição, 514
   designação de *hedge*, 516-526
   efeitos na demonstração dos fluxos de caixa, 629
   evidenciações (*disclosures*) sobre, 527-528
   exemplos, 513-515
   no balanço patrimonial, 515
   opção pelo valor justo, 528-529
   questões sobre mensuração de ativos e reconhecimento do lucro, 502-503
   resumo da contabilização, 526-527
   resumo das normas de divulgação, 663-664
   terminologia, 515
Desconto sobre o valor de face, 418
Desempenho, métodos contábeis para medir, 26-28
Despesa com tributos sobre o lucro
   análise das demonstrações financeiras, 479-480
   cálculo, 143, 474-475
   definição, 74, 474-475
   diferenças temporárias, 475-476
   projeções da demonstração financeira *pro forma*, 249
   requisitos de divulgação financeira, 479
Despesa de juros
   definição, 74
   endividamento de longo prazo, 437-438
   excedente do pagamento de cupons sobre a despesa de juros, 616-617
   método dos juros efetivos, 422-425
   projeções das demonstrações financeiras *pro forma*, 249
Despesas
   apresentação na demonstração do resultado, 143-144
   classificação na demonstração do resultado, 17-18
   com marketing (propaganda), 74
   de período, 150, 326
   de vendas, gerais e administrativas, 17-18, 74, 246
   de período, 149-150, 326
   definição, 17-8, 141,
   depreciação, 378-379, 390-391
   dispêndios tratados como, 372-375
   juros. *Ver* Despesas de juros
   marketing, 74
   mensuração, 150-151
   operacionais, 143, 244-246
   pesquisa e desenvolvimento. *Ver* Despesas com pesquisa e desenvolvimento (P&D)
   procedimentos de registro, 77
   reconhecimento de, 150, 166, 276, 658
   tributos sobre o lucro. *Ver* Despesa com tributos sobre o lucro
Despesas com pesquisa e desenvolvimento (P&D)
   definição, 6, 74
   pesquisa e desenvolvimento em processo (P&DEP), 374
   tratamento como ativo *versus* despesa, 373
Despesas de vendas, gerais e administrativas, 17-18, 74, 246. *Ver* Despesas operacionais.
Despesas não operacionais, projeções de demonstrações financeiras *pro forma*, 246
Despesas operacionais (*selling, general, and administrative expenses* – SG&A), 74. *Ver* Despesas de vendas, gerais e administrativas
Devolução de vendas, 277, 290-291
Diferenças
   permanentes, 474
   temporárias, 475-475
Diferimento
   ativo tributário, 475, 480
   margem bruta, 294n
   obrigações de desempenho, 292
   passivo tributário, 475, 480
   provisão para avaliação do ativo tributário diferido, 479
   receitas, 292
   remuneração diferida, 463
   tributos sobre o lucro, 48, 616
Direitos
   a dividendos cumulativos, 581
   contratuais, como investimento, 5
   de senioridade (*senior rights*), 411
   subordinados, 411
Discussão e Análise da Gestão (Management's Discussion and Analysis – MD&A), 6
Dispêndios
   adicionais para manter ou melhorar ativos de vida longa, 385
   tratamento como ativo *versus* despesa, 372-373

Distribuição, 581-592
    contratos de opção, 587-591
    definição, 577
    desdobramento de ações, 583-584
    dividendos. *Ver* Dividendos
    recompras de ações, 585-587

Dívida de longo prazo
    apresentação do balanço patrimonial, 437-438
    bonds. *Ver Bonds*
    cálculo da despesa de juros, 437
    evidenciação de, 427
    índice de endividamento, 234, 409-410
    leasing. *Ver Leasing*
    liquidação da, 622
    mercado de, 411-412
    notas promissórias (empréstimos). *Ver* Notas/empréstimos (*notes*)
    projeções de demonstrações financeiras *pro forma*, 247-248

Dividendos
    definição, 5
    demonstração dos fluxos de caixa, 621-622
    direitos de acionistas, 581
    em bens, 583
    em caixa, 582-583
    em espécie, 583
    limites legais, 582
    política financeira corporativa, 582
    procedimentos de registro, 77
    tipos, 582-583

Divulgação. *Ver* Entidade divulgadora das informações financeiras, 659
    relatórios, 25

E

Edifícios
    como investimento, 5
    conta do ativo, 46
    depreciação 609-611. *Ver também* Depreciação, no balanço patrimonial, 47
    valor residual, 379

Efeito dual das transações, 50-52, 54-56, 78-80

Elemento
    benefício (opções de ações), 588
    valor do tempo, 588

Emerging Issues Task Force. Issue No. 08-01
    (contratos de receitas com múltiplas variáveis), 278n

Emissoras privadas estrangeiras, 22, 24

Empresa
    comerciais, 326
    de manufatura, 326-331
    estrangeira registrada na SEC, 22, 24

Empréstimos
    garantidos, 411
    não garantidos, 411

Entidade, divulgação, 659

Entidade econômica, definição, 551

Entidades de participação variável (EPV), 462, 562-563. *Ver também* Sociedade de propósito específico (SPE)

Equação
    da variação do caixa, 172-173
    do balanço, 16, 51,

Equipamento
    aquisição, 621
    como investimento, 5
    conta do balanço patrimonial, 46
    depreciação, 609-613.*Ver também* Depreciação
    descarte de, 617-618
    no balanço patrimonial, 43
    venda de,183-184

Equivalentes de caixa, 167, 324

Erros, ajustes, 679-680

Erros contábeis, ajustes por, 679-680

Escritura (contrato) de *bond* (*bond indenture*), 411

Estatuto social (*corporate bylaws*), 579

Estimativas contábeis, mudanças em, 680

Estoques
    análise de, 338-339
    avaliação subsequente à aquisição, 331-334
    como investimento, 6
    custos incluídos nos, 326-331
    de mercadorias, 47
    de produtos acabados, 47, 327
    de trabalho em processo ou em progresso, 47, 327
    definição, 325
    demonstração dos fluxos de caixa, 620
    equação do, 325
    no balanço patrimonial, 47, 326
    pressupostos de fluxo de custo, 334-337, 347-351
    projeções na demonstração financeira *pro forma*, 247
    reavaliação, 334
    síntese das normas de divulgação, 661

Estorno da depreciação, 611

Estratégias, 4-5

Estrutura
    conceitual, 22-23
    do financiamento, 114
Evidenciações (*disclosures*)
    demonstrações financeiras consolidadas, 560
    derivativos, 527-528
    hedges de fluxo de caixa, 527
    hedges de valor justo, 527
    notas explicativas das demonstrações financeiras, 23
    por segmento, 682-685
    resultado/lucro, 671-680
    títulos de mercado, 511-513
    transações na demonstração dos fluxos de caixa, 188-190
    valor contábil, 427
    valor justo, 427
Excedente do preço de compra na aquisição de investimentos avaliados por equivalência patrimonial, 548

F

FASB. *Ver* Financial Accounting Standards Board (FASB)
Fato gerador (*obligating event*), 123, 656
Fatores
    físicos, 379
    funcionais, 379
Fazer *hedge,* 514. *Ver também* Derivativos
Financial Accounting Standard Board (FASB)
    Atualização das Normas Contábeis. *Ver* Accounting Standards Updates (ASU)
    Codificação das Normas Contábeis. *Ver* Accounting Standards Codification (ASC)
    estrutura conceitual para decisão normativa, 22-23, 653-659
    Interpretation No. 35 (aplicando o método de equivalência para investimentos em ações ordinárias), 545n
    Interpretation No. 46R (consolidação de entidades de participação variável), 562n
    leasing (arrendamentos), 428-429, 433-435
    Normas Internacionais de Contabilidade . *Ver* Statements of Financial Accounting Standards (SFAS)
    papel do FASB, 22
    projeto conjunto FASB-IASB de reconhecimento da receita, 302-303
Financiamento
    definição, 5
    do pátio (*floor plan financing*), 190
    fora do balanço, 459-463
Fluxo de caixa
    ambiguidades na classificação, 169-170
    bonds, 415-416
    das atividades de financiamento, 169, 188-189
    das atividades de investimento, 167, 188-189
    das atividades operacionais. *Ver* Fluxo de caixa das operações
    definição, 166-167
    demonstração. *Ver* Demonstração dos fluxos de caixa
    hedges. *Ver Hedges* de fluxo de caixa
    lucro líquido e, 165-166, 171-172, 628
    tipos de, 167-169
    valor presente de fluxos de caixa futuros, 412
Fluxo de caixa das operações
    definição, 167-168
    índices financeiros, 232, 235
    lucro líquido e, 628
    na demonstração dos fluxos de caixa, 18-19
    relação com outros fluxos de caixa, 188-189
Fluxo de caixa de atividades
    de financiamento, 169, 188-189
    de atividades de investimento, 167-168, 188-189
Fluxo de caixa livre, 170
Fluxo de custos
    definição, 326
    diagrama, 327
    empresas de manufatura, 329
    pressupostos para o estoque, 334-337, 347-351
Ford Motor Company, emissão de *bonds*, 415, 416, 417
Formulário
    10-K, 25
    10-Q, 25

G

Ganhos
    com *hedges*, 517
    de valorização, 332, 379
    definição, 146
    e perdas extraordinários, 677
    extraordinários, 677
    não realizados, 503-504, 678-679
    na venda de equipamento, 186
    reconhecimento, 658
Garantias, 461
    definição, 124, 343-344
    método da provisão, 291
    passivo, 343-344, 621
    provisão para, 343
General Motors, emissão de *bonds*, 416, 417-418

Generally Accepted Accounting Principles (U.S. GAAP). *Ver* Princípios contábeis geralmente aceitos nos Estados Unidos

Gestores e gestão, 4n, 21

Goldman Sachs, aquisições de títulos de mercado, 501, 504

Goodwill
　definição, 374, 552
　método de aquisição, 552
　no balanço patrimonial, 48
　orientação reguladora, 662
　perda por *impairment*, 389, 394-397

H

Hedges de fluxo de caixa
　definição, 516
　designação de swap de taxa de juros, 522-526
　evidenciações (*disclosures*), 527
　ganhos e perdas, 517
　opção pelo valor justo, 529
　resumo da contabilização, 526-527

Hedges de valor justo
　de ativo ou passivo reconhecido, 517-522
　definição, 516
　evidenciações (*disclosures*), 527
　ganhos e perdas, 517
　resumo da contabilização, 522
　swap de taxas de juros designado como *hedge* de valor justo, 518-522
　valor justo, 528

Hipoteca a pagar, 48

Histórico
　custos. *Ver* Custos de aquisição
　taxa de juros do mercado, 412, 414-415, 416, 427
　valor, 16

I

IAS. *Ver* International Accounting Standard (IAS)

IASB. *Ver* International Accounting Standards Board (IASB)

IBM, gastos tratados como ativos *versus* despesas, 373

Identificação específica, 335

IFRS. *Ver* International Financial Reporting Standards (IFRS)

Imobilizado, 247, 660-661
　valor bruto, 383
　valor líquido, 383

Índice
　de cobertura de juros, 235-236
　de créditos de liquidação duvidosa (PCLD ou PDD) sobre receita de vendas, 289
　de endividamento de longo prazo, 234, 409
　de endividamento sobre o patrimônio líquido, 234, 409-410
　de passivos sobre ativos, 234
　fluxo de caixa das operações sobre o passivo circulante, 231-232
　preço/lucro, 682

Índice de giro
　capital de giro, 232-234
　contas a pagar, 232-233, 340
　contas a receber, 226-227, 288-289
　do ativo fixo, 228-229, 372
　do ativo, 224-229
　estoque. *Ver* Índice de giro do estoque

Índice de giro do estoque
　definição, 227-228, 338-339
　diferenças no custo dos produtos vendidos, 337
　sob UEPS, 349

Índice de liquidez
　corrente, 230, 323, 349
　seca (*quick ratio*), 230-231

Índices financeiros
　análise de desempenho da empresa usando, 237-241
　contas a receber, 289
　definição, 220
　empréstimos de longo prazo, 409-410
　estoque, 338-339
　limitações, 236
　rentabilidade, 220-229
　resumo, 242
　risco de liquidez de curto prazo, 230-233
　risco de liquidez de longo prazo, 234-236

Influência significativa, 544

Informação financeira
　características qualitativas da informação, 654-655
　demonstração financeira, 7
　informação financeira, 3
　demonstrações financeiras. *Ver* Demonstrações financeiras
　estrutura conceitual para decisão normatizadora/reguladoras, 22-23, 653-659
　método de depreciação e amortização, 382-383
　processo, 21-24
　síntese das normas e conceitos, 659-671

Informação tributária, método de depreciação e amortização, 382

Instrumentos financeiros, 412

Intel, índices de endividamento, 410

International Accounting Standard (IAS)
  No. 1 (demonstrações financeiras), 141n, 462n, 579n, 675n, 678n
  No. 2 (estoques), 326n, 332n
  No. 3 (combinações de negócios), 373n, 374n, 552n, 558n, 580n
  No. 5 (ativos não circulantes), 676n
  No. 7 (demonstração dos fluxos de caixa), 167n
  No. 8 (políticas contábeis), 679n
  No. 9 (instrumentos financeiros), 527-528, 545n
  No. 10 (demonstrações financeiras consolidadas), 462n, 545n, 550n, 562n
  No. 12 (tributos sobre o lucro), 475n
  No. 13 (mensuração pelo valor justo), 427-428, 528n
  No. 16 (imobilizado), 379n, 382n, 382n, 387n, 388n
  No. 17 (*leases*), 429n
  No. 18 (receita), 301n
  No. 19 (benefícios a empregados), 463n, 467n
  No. 23 (custos de empréstimos), 376n
  No. 28 (investimentos em coligadas), 544n, 545n
  No. 32 (instrumentos financeiros), 585n, 590n, 591n
  No. 33 (lucro por ação), 680n, 681n
  No. 36 (*impairments*), 389n
  No. 37 (provisões, ativos contingentes e passivos contingentes), 345n
  No. 38 (ativos intangíveis), 373n, 382n, 388n
  No. 39 (reconhecimento e mensuração), 413n, 427n, 436n, 462n, 504n, 511n, 514n, 528n, 545n
International Accounting Standards Board (IASB) – Conselho Internacional de Normas Contábeis
  estrutura conceitual para decisão normativa, 23, 653-659
  Framework for the Preparation and Presentation of Financial Statements, 116n
  leasing (arredondador), 428-429, 433435
  papel do, 23-24
  projeto conjunto com o FASB para reconhecimento da receita, 302
  Ver International Financial Reporting Standards (IFRS)
International Financial Reporting Standards (IFRS) – Normas Internacionais de Contabilidade
  ações de tesouraria, 585
  ajustes por erros e mudanças contábeis, 679-680
  apresentação das demonstrações financeiras, 7
  ativos de vida longa, 371, 374, 375
  benefícios de aposentadoria (plano de pensão), 463-466, 469
  classificação dos fluxos de caixa, 169
  combinações de negócios, 552
  contabilização de *leasing*, 432-433
  custo de juros durante a construção, 376
  custo de patentes, 47-48
  custos de pesquisa e desenvolvimento, 373
  definição, 23
  depreciação e amortização periódica, 382
  derivativos, 516-517, 527
  despesas, 143
  despesas com tributos sobre o lucro, 475-476, 479
  devolução de vendas, 290
  direitos de subscrição de ações, 587, 589
  dispêndios para manter e melhorar ativos de vida longa, 385
  entidades de participação variável, 561-562
  estoque, 331-334
  evidenciação por segmento, 682
  financiamento fora do balanço, 461-462
  formato de demonstração do resultado, 143
  formato do balanço patrimonial, 115
  ganho de estocagem, 379n
  ganhos e perdas não realizados de variações no valor justo, 678
  investimentos intercompanhia em ações ordinárias, 544-545, 550-551,
  mensuração do balanço patrimonial, 16
  mensuração do resultado, 673
  mensuração pelo custo de aquisição, 375
  opção pelo valor justo. *Ver* Opção pelo valor justo
  operações descontinuadas, 676-677
  outros resultados abrangentes, 678
  passivos de reestruturação, 345
  períodos de relatório, 7
  pressupostos de fluxo de custo, 336
  procedimentos para *impairment* de ativos, 392-397
  provisões para garantias, 344
  reconhecimento da receita, 146, 297, 300, 301-302
  resultado abrangente, 151-152
  síntese de, 659-671
  títulos conversíveis, 591
  títulos de mercado,
  transações de troca, 387
  valor justo de ativos de vida longa, 388-389
  versus U.S. GAAP, 666
International Financial Reporting Standards (IFRS), *normas específicas*
  No. 2 (pagamento baseado em ações), 587n
  No.7 (instrumentos financeiros: evidenciação), 427n, 511n
  No. 8 (segmentos operacionais), 682n
  No. 13 (mensuração do valor justo), 119n

Investimento(s)
  de capital, 18
  em associadas, 545
  em conta de subsidiária, 558
  em coligadas (*affiliates*), 545
  mantidos até o vencimento, 505-508, 529, 663. *Ver também* Títulos de mercado (títulos e valores mobiliários)
  pelo método de equivalência patrimonial, 545-550
Investimento majoritário ativo
  abordagem do U.S. GAAP *versus* IFRS, 550
  definição, 545
  demonstrações financeiras consolidadas. *Ver* Demonstrações financeiras consolidadas
  razões para empresas legalmente separadas, 551
  transação de aquisição, 552
Investimentos em títulos
  definição, 504, 544
  emitidos por outras entidades. *Ver* Investimentos intercompanhia em ações ordinárias
  mensuração, 120
  no balanço patrimonial, 47, 502-503
Investimentos intercompanhia em ações ordinárias, 543-576
  entidades de participação variável, 561-562
  exemplos, 543
  impacto na demonstração dos fluxos de caixa, 630
  investimentos majoritários ativos, 545, 550-561
  período esperado de manutenção, 544
  propósito, 544-545
  resumo da contabilização, 562-563
  resumo das normas de divulgação, 664-665
Investimentos minoritários
  ativos, 544-550
  passivos, 544

J-L

Joint ventures, 460
Juros
  definição, 415n
  a pagar, 48, 341-342
  a receber, 47
Lançamentos de ajuste, 81-85
Lançamentos no livro diário (*jornal entries*)
  ajustes de correção, 84
  de contas do balanço patrimonial, 55-56
  de contas na demonstração de resultados, 78-80
  lançamentos de ajuste, 81-85
  variações nas obrigações com benefícios de aposentadoria, 471-474

Leasing
  evidenciação nas demonstrações financeiras, 436-437
  métodos do *leasing* operacional *versus* financeiro, 428-436
  resumo das normas de divulgação, 661-662
Lei Sarbanes-Oxley (2002), 24
Licenças, como investimento, 5
Limites contratuais de dividendos, 582
Liquidação
  de dívida, 622
  líquida, 515
Liquidez
  definição, 230
  impacto das operações, 188
  risco de curto prazo, 230-234
  risco de longo prazo, 234-236
Livro razão, registrando no, 56n
Louisiana-Pacific Corporation, contratos executórios, 460-461
Lucro (*earning*). *Ver também* Lucro líquido
  básico por ação, 681
  definição, 17, 141
  demonstração. *Ver* Demonstração do resultado
  diluído por ação, 681
  índice de preço-lucro, 682
  lucros acumulados. *Ver* Lucros acumulados
  variações no patrimônio líquido resultantes de, 577
Lucro (*income*)
  antes dos tributos sobre o lucro, 144
  contábil, 474-475
  de operações continuadas, 144, 675
  de operações descontinuadas, 144, 675
  divulgação, 671-680
  ganhos e perdas de operações descontinuadas, 676-678
  mensuração, 673-674
  não operacional, 676
  reconhecimento. *Ver* Reconhecimento da receita
Lucro e lucratividade. *Ver também* Lucro líquido
  análise de decomposição DuPont, 224-228
  antes do imposto de renda, 144,
  definição, 17, 141-142, 220
  papel das demonstrações financeiras na avaliação, 219-220
  retorno sobre ativos (ROA), 221-222
  retorno sobre o patrimônio líquido (ROE), 221-222
Lucro líquido
  cálculo, 76
  componentes, 658
  definição, 17-18, 141

demonstrações financeiras consolidadas, 557-558
fluxo de caixa das operações e, 165-166, 171-172, 628
ganhos e perdas não realizados no, 503
planilha de trabalho da demonstração dos fluxos de caixa, 609
versus resultado abrangente, 151-152

Lucro por ação – LPA (*earnings per share* – EPS), 680-684

Lucros acumulados
definição, 15, 126-127
no balanço patrimonial, 49
projeções na demonstração financeira *pro forma*, 249

M

Manutenção, 385
Mão de obra direta, 326
Margem bruta (lucro bruto), 143, 293-294
Margem de lucro, 224-226
Marketing, 6
Materiais diretos, 326
Materialidade, 25, 655
Matérias primas, 47, 326
MD&A (Management's Discussion and Analysis – Discussão e Análise da Gestão), 6
Média ponderada do número de ações ordinárias em circulação, 680-681
Melhorias, 385-386
Mensuração da receita, 275

Merck
gastos tratados como ativo *versus* despesas, 373-374
mensuração pelo custo de aquisição, 375
tratamento do custo de aquisição ao longo da vida útil de ativos de vida longa, 378

Metas, 4-5

Método
com base na utilização, 380
contábil, 26-28
da compra (*purchase method*), 552
da recuperação do custo, 295-296
da retirada construtiva, recompra e reemissão de ações de tesouraria, 585-586
da soma dos dígitos, 380
das prestações, 293-295, 296
de aquisição, para combinações de negócios, 552
de equivalência patrimonial, 545, 558, 563
direto de baixa, 281n
direto para a demonstração dos fluxos de caixa, 88, 171, 177-180, 626
do contrato concluído, 299-300
do custo amortizado, investimentos em ações ordinárias, 562
do custo de aquisição, para mensuração do ativo e reconhecimento do lucro, 503
do custo, recompras e reemissões de ações de tesouraria, 585-586
do duplo saldo declinante, 380-381
do estoque periódico, 325n, 335n
do estoque perpétuo, 325n, 335n
do *leasing* financeiro, 429
do percentual concluído, 297-299, 300
do saldo declinante, 380
dos juros efetivos, 415, 422-425, 661
indireto de gerar a demonstração dos fluxos de caixa, 89, 171, 179-181, 626
linear (com base no tempo e com base na utilização), 380-381

Método da provisão
definição, 280
para créditos de liquidação duvidosa (contas incobráveis), 280-283, 660
para devoluções de vendas, 290-291
para garantias de produtos, 291
para garantias, 344

Método do *leasing* financeiro, 429-435
definição, 429
efeitos na demonstração financeira do arrendador, 434-435
efeitos na demonstração financeira do arrendatário, 431
regras antigas, 429-431, 433-434
versus método do *leasing* operacional, 431-433

Microsoft Corporation, investimentos societários em ações ordinárias, 543, 544

Mitchells & Butlers Plc., reconhecimento da receita, 277-278

Mudanças
de estimativas, 680
depreciação e amortização periódica, 383-384
políticas contábeis, 680
vida útil, 383-384

Móveis e instalações, 47

N

Nestlé, 333, 501
Nike, títulos disponíveis para venda, 509-511
Normatização, 22-24. *Ver também Ver também* U.S. GAAP (Generally Accepted Accounting Principles); IFRS (International Financial Reporting Standards)
Normatização contábil, 22-25. *Ver também* U.S. GAAP (Generally Accepted Accounting

Principles); IFRS (International Financial Reporting Standards)
Notas a pagar/empréstimos a pagar (*notes payable*)
definição, 341, 411
mensuração contábil, 413
no balanço patrimonial, 48
Notas/empréstimos (*notes*)
avaliação inicial, 413
definição, 411
mensuração subsequente à data do empréstimo inicial, 413, 415
resumo das normas de divulgação, 662-663
Notas explicativas das demonstrações financeiras
benefícios de aposentadoria, 469-472
definição, 19-20
evidenciação nas, 23
leasing, 436-43
política de consolidação, 559-560
Notas (promissórias) a receber, 47

O

Obrigação
condicionais, 657
contingentes ou provisões, 460, 657
incondicional, 657
por benefícios acumulados (*accumulated benefit obligations* – ABO), 465, 486
por benefícios projetados (*projected benefit obligation* – PBO), 465
substancial, reconhecimento do lucro após a venda quando, 291-292
Oferta de compra, 585
Opção pelo valor justo
definição, 413
derivativos, 528-529
impacto na demonstração dos fluxos de caixa, 629-630
implicações da mensuração de ativos e passivos financeiros, 427-428
títulos de mercado, 528-529
Opções
de ações aos empregados (*employee stock options* – ESOs), 587-589, 614, 665
de ações perdendo dinheiro (*out of the money stock options*), 588
de compra (*call options*), 587
de venda (*put option*), 412
Operações descontinuadas, 676-677
ORA. *Ver* Outros resultados abrangentes (ORA)
ORAA. *Ver* Outros resultados abrangentes acumulados (ORAA)
Orientação regulatória, 115

Outros resultados abrangentes (ORA)
definição, 151-152
ganhos e perdas não realizados em, 503, 678
investimentos pelo método de equivalência patrimonial, 547-548
Outros resultados abrangentes acumulados (ORAA)
definição, 152
no balanço patrimonial, 49
projeções na demonstração financeira *pro forma*, 249-250

P

P&D. *Ver* Despesas com pesquisa e desenvolvimento (P&D)
P&DEP. *Ver* Pesquisa e desenvolvimento em processo (P&DEP)
Pagamentos
de cartão de crédito, 276n
de cupons, excedente sobre a despesa de juros, 616-617
progressivos, 297
Parecer dos auditores, 24
Participação
de minoritários (não controladores), 249, 558
de não controladores, 249, 558
Passivo, 459-500
(ativo) líquido de benefício definido, 468
benefícios de aposentadoria, 463-474
bonds. Ver Bonds
circulante. *Ver* Passivo circulante
contas do balanço patrimonial, 47-49
de garantias, 343-344
de longo prazo, projeção das demonstrações financeiras *pro forma*, 247
de reestruturação, 345-346
definição, 9, 13, 46, 122-123, 656-657
despesa com tributos sobre o lucro. *Ver* Despesa com tributos sobre o lucro
equação ativos iguais a passivos mais patrimônio líquido, 15-16
financeiros, 124-125, 324
financiamento fora do balanço, 459-463
leasing, 428-437, 662
mensuração, 124-125
não circulante. *Ver* Passivo não circulante
não financeiro, 125, 656
notas promissórias. *Ver* Notas
operacional, 324
projeções de demonstrações financeiras *pro forma*, 248-249
reconhecimento de, 122-123, 656-657

Passivo circulante
    contas a pagar (fornecedores). *Ver* Contas a pagar
    tributos sobre o lucro a pagar, 343
    juros a pagar, 341-342
    projeções nas demonstrações financeiras *pro forma*, 248
    garantias de produtos, 343-344
    reestruturação, 345
    notas de curto prazo a pagar (empréstimos a pagar), 341
    remunerações e salários a pagar, 342
    definição, 16, 49, 114
Passivo não circulante
    ajustes ao lucro líquido, 628
    definição, 16, 49, 114
Patentes, 5, 47, 614
Paternship, 5n
Patrimônio líquido, 577-604. *Ver* Lucros acumulados; Patrimônio líquido
    capital contribuído, 579
    contribuições em/de capital, 577-581
    definição, 14-15, 47, 125-126, 409n
    distribuições, 577, 581-582
    equação da igualdade entre ativo e passivo mais patrimônio líquido, 15-16
    evidenciação do balanço patrimonial, 49, 125-126, 577-578
    mensuração, 125-126, 577-578
    não circulante, 16-17
    retorno sobre o patrimônio líquido (*return on equity* – ROE), 220-222
PEPS (primeiro a entrar, primeiro a sair). *Ver* Primeiro a entrar, primeiro a sair (PEPS)
Pensões. *Ver* Benefícios de aposentadoria
Perdas
    com *hedges*, 517
    definição, 146
    de estocagem, 332
    extraordinárias, 677
    impairment. *Ver* Perdas por *impairment*
    na venda de equipamentos, 184-186
    não realizadas, 503-504, 678
    por contingência (*loss contingency*), 461
    prejuízo líquido, 17, 141
    reconhecimento de, 658
    venda de títulos e valores mobiliários, 615
Perdas por *impairment*
    apresentação da demonstração do resultado, 390-391
    de terreno, 392-393, 615
    definição, 389-389

goodwill, 388, 394-397
mensuração de ativos e, 121
mensuração e reconhecimento de, 388-389, 391-397
títulos mantidos até o vencimento, 507
Período
    contábil, 7, 25
    esperado de manutenção, 544
    para o direito de exercício, 587
Perspectiva dos participantes do mercado, 119
Pesquisa e desenvolvimento em processo (P&DEP), 374
Planilha de trabalho
    de contas T, 172-177, 608, 612-613
    para consolidação, 553
Planos
    de benefício definido, 466-468
    de contribuição definida, 464
Pol Roget Vineyards, reconhecimento da receita, 276
Política
    contábeis, mudanças em, 679-680
    de consolidação, 559-560
Porcentagem da margem bruta, 293
Prazo médio de recebimento (PMR), 227, 289
Preço
    de exercício (*strike price*), 587, 588
    de mercado, 588
Prejuízo
    (déficit) acumulado, 126
    líquido, 17, 141
Prêmio
    na emissão de ação, 126. *Ver também* Ágio (*additional paid-in capital* – APIC)
    sobre o valor de face, 418
Premissa de custo pela média ponderada, 335
Primeiro a entrar, primeiro a sair (PEPS). *Ver* PEPS (primeiro a entrar, primeiro a sair)
    conversão de UEPS (último a entrar, primeiro a sair) – (*last-in, first-out* – LIFO), 348-350
    definição, 336
    versus outros pressupostos de fluxo de custo, 337, 350
Principal, 415, 416
Princípios contábeis geralmente aceitos nos Estados Unidos – Generally Accepted Accounting Principles (U.S. GAAP)
    Accounting Standards Codification (ASC). *Ver* Accounting Standards Codification (ASC)
    ações de tesouraria, 585-586
    ajustes por erros e mudanças contábeis, 679-680
    apresentação da demonstração financeira, 7

ativos de vida longa, 371, 374, 375
benefícios de aposentadoria/pensão, 463-465, 467-468
classificação dos fluxos de caixa, 169
combinações de negócios,
contabilização de *leasing*, 432
contratos de múltipla entrega, 278
custos de juros durante a construção, 376
custos de patente, 47-48
custos de pesquisa e desenvolvimento, 373
definição, 3n, 22
depreciação e amortização periódica,
derivativos, 516-517, 528-529
despesas com tributos sobre o lucro, 475-476, 479
despesas, 143-144
devoluções de vendas, 290
direitos de subscrição de ações (*stock rights*), 589
dispêndios para manter ou melhorar ativos de vida longa, 385
entidades de participação variável, 561-562
estoque, 331-334
evidenciações por segmento, 682
financiamentos fora do balanço, 461-462
formado da demonstração do resultado, 143
formato do balanço patrimonial, 114-115
ganhos de valorização, 379n
ganhos e perdas extraordinários, 677
ganhos e perdas não realizados por alterações no valor justo, 678
investimentos intercompanhias em ações ordinárias, 544, 550
mensuração do balanço patrimonial, 16
mensuração do resultado, 673-674
mensuração pelo custo de aquisição, 375
opção pelo valor justo. *Ver* Opção pelo valor justo
operações descontinuadas, 676
outros resultados abrangentes, 678
passivos de reestruturação, 345
períodos do relatório, 7
procedimentos para *impairment* de ativos, 392-397
provisão para garantia, 344
reconhecimento da receita, 146, 297, 299, 301-302
resultado abrangente, 151-152
síntese, 659-671
títulos conversíveis, 591
títulos de mercado, 509-513
transações de troca, 387
valor justo de ativos de longa vida, 388-389
versus IFRS, 666
Princípio da confrontação, 28, 149

Procedimento
da idade de vencimento de contas a receber, 283-285
do percentual das vendas, 282-285
Processo de fechamento, 86-87
Produção, 6
Produto
ciclo de vida, 628
custos, 149-150, 326, 614
garantias. *Ver* Garantias
Propriedade difusa, 545n
Proprietorships, 5n
Provável, definição, 124, 657
Provisão
para contas a receber incobráveis, bruto, índice, 288-289
para Contas Incobráveis, 281
para contingência, 461
para créditos de liquidação duvidosa (provisão para devedores duvidosos), 280, 281-282-283
Public Company Accounting Oversight Board (PCAOB), 24

Q
Quantidades monetárias, 7

R
Razão fluxo de caixa das operações sobre o passivo total, 235
Realização, 25
Reapresentação retrospectiva,
Receitas
classificação na demonstração do resultado, 18
definição, 17, 74, 141, 142-143, 657
divulgação na demonstração do resultado, 142-143
mensuração, 149
procedimentos de registro, 76-77
projeções na demonstração financeira *pro forma*, 244
reconhecimento. *Ver* Reconhecimento da receita
Receitas
de juros, 74
diferidas (receitas antecipadas), 292
Reclassificação de títulos de mercado, 511
Recompra de ações. *Ver* Ações, recompra
Reconhecimento, 23
de um ativo, 116-118, 655-656
do lucro quando o recebimento é incerto, 296
Reconhecimento da despesa
condições, 658
critérios, 149
custos de produto, 149

definição, 276
despesas de período, 149-150
tempo (*timing*) de, 149, 166-167
Reconhecimento da receita, 275-321
antes da entrega, 297-300
aplicações de princípios, 275-279
após a venda, 290-296
critérios de, 146, 657
critérios do U.S. GAAP versus IFRS, 301-302
definição, 146
exemplos, 146-149, 275
mensuração, 657
momento de, 165-166
no momento da venda, 279-291
projeto conjunto FASB-IASB, 302-303
resumo das normas de divulgação, 659
versus recebimento em caixa, 278
Reestruturação
definição, 345
passivo de, 345-346
Registro das transações
balanço patrimonial, 45-71
demonstração do resultado, 73-111
introdução, 45
processo, 90
terminologia contábil, 45-46
provisão para, 345
Relatório anual para os acionistas, 6. *Ver também* Demonstrações financeiras
Relatórios intermediários, 6n, 25
Relevância, 23, 121, 654
Remunerações e salários a pagar, 342
Rendimento (*yield to maturity*), 412
Rendimento inicial no vencimento, 416
Reparos, 385
Representação fidedigna, 23, 654
Resgate de dívida, 426-427
Responsabilidade limitada, 578
de empresa (*limited liability companies* – LLCs), 578n
de parcerias (*limited liability partnerships* – LLPs), 578n
Restrições de custo, definição, 655
Resultado abrangente, 151-152, 658-659. *Ver também* Outros resultados abrangentes acumulados (ORAA); Outros resultados abrangentes (ORA)
Retorno
definição, 219-220
devolução de produtos e venda, 278, 290-291
sobre ativos (*return on asset* – ROA), 221-222, 224-225, 338-339
sobre o patrimônio líquido (*return on equity* – ROE), 220-222, 217-218, 224-225
Risco, 219-220, 230-236
de liquidez de longo prazo, 234
de solvência, 234-236
Roche Holding, aquisições de ações ordinárias/títulos de mercado, 501, 504

S

SA Electric, 410
Seagram Company, obrigações contingentes, 461
SEC. *Ver* Securities and Exchange Commission (SEC)
Securities and Exchange Commission (SEC) – Comissão de Valores e Mercado Mobiliário
definição, 22
empresas registradas, 22
estabelecimento de padrões contábeis, formulário 10-K, 25
formulário 10-Q, 25
Staff Accounting Bulletin No. 104, 301
Securitização, 290, 462
Segmentos, definição, 143
Seguro de saúde, 463, 469
Serviços recebidos, emissão de ações para, 580
SFAS. *Ver* Statements of Financial Accounting Standards (SFAS)
Siemens AG, aquisições de títulos de mercado, 501-502
Sistemas de contabilidade financeira. *Ver* Princípios contábeis geralmente aceitos nos Estados Unidos (Generally Accepted Accounting Principles – U.S. GAAP); International Financial Reporting Standards (IFRS)
Sociedade de propósito específico (SPE), 462, 562n
Southwest Airlines, aquisição de títulos de mercado, 501, 504
SPE. *Ver* Sociedade de propósito específico (SPE)
Staff Accounting Bulletin No. 104 (SAB 104), 301
Statements of Financial Accounting Concepts
estrutura conceitual, 22-23
No. 2 (características qualitativas), 122n
No. 5 (reconhecimento e mensuração), 116n, 122n, 141n, 301n
No. 6 (demonstrações financeiras), 116n, 122n, 125n, 294n
No. 8 (características gerais da informação financeira e características qualitativas), 116n, 121n, 122n, 653n
Statements of Financial Accounting Standards (SFAS) – Declarações de Normas da Contabilidade Financeira
definição, 21

No. 2 (custos de pesquisa e desenvolvimento), 373n
No. 5 (contingências), 582n
No. 13 (*leasing*), 429n
No. 34 (capitalização de juros), 376n
No. 45 (franquias), 302n
No. 48 (reconhecimento da receita), 278n, 290n
No. 49 (acordos de financiamento de produtos), 462n
No. 66 (imóveis), 302
No. 68 (pesquisa e desenvolvimento), 462n
No. 86 (custos de software de computador), 373n
No. 94 (subsidiárias com participação majoritária), 545n, 550n
No. 95 (demonstração dos fluxos de caixa), 167n
No. 107 (evidenciações de demonstração financeiras sobre o valor justo), 427n
No. 109 (tributos sobre o lucro), 475n
No. 115 (títulos), 504n, 511n, 528n
No. 123R (pagamento baseado em ações), 587n
No. 128 (lucro por ação), 680n, 681n
No. 129 (estrutura de capital), 579n
No. 130 (informando o resultado abrangente), 548n, 675n, 678n
No. 131 (segmentos), 682n
No. 133 (instrumentos derivativos e *hedging*), 427n, 514n
No. 138 (instrumentos derivativos e *hedging*), 514n
No. 141R (combinações de negócios), 374n, 552n, 580n
No. 142 (*goodwill* e outros ativos intangíveis), 389n, 394n
No. 143 (obrigações com retirada de ativo), 379n
No. 144 (*impairment* de ativos de vida longa), 389n, 676n
No. 153 (trocas de ativos não monetários), 387n
No. 154 (mudanças contábeis e correções de erros), 383n, 679n
No. 156 (serviços de ativos financeiros), 462n
No. 157 (mensurações do valor justo), 427
No. 158 (planos de pensão de benefício definido), 463n, 467n
No. 159 (opção pelo valor justo), 413n, 427n, 436n, 528n, 545n
No. 160 (participação de minoritários), 558n
No. 166 (transferência de ativos financeiros), 462n
No. 167 (*amendments to FASB Interpretation* No. 46(R)), 562n
Status de financiamento no balanço patrimonial, 467-468
Subsidiária, 545, 550
Substância comercial, 387n

Swaps, taxas de juros. *Ver* Contratos de *swap* de taxa de juros

T

Taxa de cupom, 415
Taxas de juros
  bonds, 412
  corrente do mercado, 412, 414-415, 416
  de cupom, 415
  de mercado, 412
  fixas, 412
  históricas de mercado, 412, 414, 416, 427
  implícita, 412
  interna de retorno, 412
  variáveis, 412
Taxa tributária efetiva, 474
Tempestividade, 23
Terreno (*land*)
  como investimento, 5
  no balanço patrimonial, 47
  perda por *impairment*, 391-394, 615
Títulos. *Ver também* Títulos de mercado (títulos e valores mobiliários)
  bonds. *Ver Bonds*
  disponíveis para venda (ou ativos financeiros), 505, 509-511, 528-529, 663.
  híbridos, 657
  investimentos em. *Ver* Investimentos em títulos
  para negociação, 505, 509-511, 528, 663
  patrimoniais. *Ver* Títulos de mercado (títulos e valores mobiliários)
Títulos de mercado (títulos e valores mobiliários)
  ações ordinárias. *Ver* Ações ordinárias
  ações preferenciais. *Ver* Ações preferenciais
  aquisições, 501-502, 504
  bonds (títulos de dívida). *Ver Bonds*
  classificação, 505
  definição, 501, 544
  evidenciação sobre
  mensuração, 506-508
  no balanço patrimonial, 47
  opção pelo valor justo, 528
  perda na venda
  questões sobre mensuração de ativos e reconhecimento de lucro, 502-503
  reclassificação, 511
  resumo das normas de divulgação, 663-664
  variação do valor justo na demonstração dos fluxos de caixa, 511-513
Transações
  classificação e evidenciação (*disclosure*), 189-190

de troca, 387
intercompanhia, 556-557
não caixa, 170, 172, 623-625
não monetárias, 170, 174
Transferência (*posting*), 56n, 80
Transferências de recebíveis, 462
Tratamento
   das variações da depreciação e amortização periódica, 383-384
   tributário de contribuições de empregados para benefícios pós-aposentadoria, 469n
Tributo sobre o lucro
   deduções, 614
   diferido, 48, 616
Tributos sobre o lucro a pagar
   cálculo, 474-475
   definição, 343
   no balanço patrimonial, 48-49
   resumo das normas de divulgação, 665
Tributos a pagar, 343

U

UEPS. *Ver* Último a entrar, primeiro a sair (UEPS)
U.S. GAAP (Generally Accepted Accounting Principles). *Ver* Princípios contábeis geralmente aceitos nos Estados Unidos
Último a entrar, primeiro a sair (UEPS)
   camada de estoque, 347-348
   conversão para PEPS, 348-350
   definição, 336-337
   efeitos nas demonstrações financeiras, 347-351
   índice de giro do estoque sob UEPS, 349
   liquidação, 347
   liquidez corrente sob, 349
   regra de conformidade, 336n
   reserva, 348
   versus outros pressupostos de fluxo de custo, 337, 350
Unidade geradora de caixa, 394, 396
United Airlines, contratos de *leasing* operacional, 460
Usuários das demonstrações financeiras, 25

V

Valor
   agregados, 16
   corrente, 16
   de entrada, 118
   de face, 415, 416, 418-419
   de mercado, de estoque, 332-334. *Ver também* Valor justo
   de saída, 119
   de vencimento, de títulos de dívida, 415, 416
   declarado, 126
   escritural, 47
   nocional, 515
   nominal, 126
   realizável líquido, 118-119
   recuperável, 379-380, 383-384
Valor ao par
   bonds emitidos ao, 416n, 419, 421
   definição, 126, 580
   emissão a valor superior a, 420, 424
   emissão por valor inferior ao, 420
Valor contábil, 47. *Ver também* Valor contábil (valor escritural)
Valor contábil (valor escritural), 47
   ajustes para refletir o valor justo, 679
   definição, 47
   evidenciações (*disclosures*), 427
   líquido, 47
Valor justo
   ativos de vida longa, 374, 388-389
   definição, 118-119, 413, 416
   derivativos, 504, 516
   evidenciações (*disclosures*), 427
   ganhos e perdas realizados *versus* não realizados por variações no valor justo, 678
   hedges. *Ver* Hedges de valor justo
   opção de mensuração. *Ver* Opção pelo valor justo
   opções de ações, 588
   participações societárias em ações ordinárias, 562
   remensuração de investimentos na demonstração dos fluxos de caixa, 624
   remensuração de títulos na demonstração dos fluxos de caixa, 623-624
   títulos de mercado, 503-504
Valor presente
   de fluxos de caixa futuros, 412
   de fluxos de caixa líquidos futuros, 119-120
   de obrigações de benefício definido, 465
Valorização ou desvalorização da ação, 218
Varejo, 86
Variação de crédito, definição, 608n
Vencimento, resgate antes do, 426-427
Vendas de ativos, 183-186, 386-387
   de vida longa, 386-387,
Vendas ou receita de vendas. *Ver* Receitas
Vendedores de automóveis, 190
Verificabilidade, 23
Vida
   finita, 378
   indefinida, 378, 394

longa, procedimentos para *impairment* de ativos com, 392-393
Vida de serviço (vida útil)
    definição, 378
    estimativa, 379
    mudanças na, 383-384
Vida útil. *Ver* Vida de serviço
VIE. *Ver* Entidades de participação variável (VIE). *Ver também* Sociedade de propósito específico (SPE)

W

Walt Disney Company, investimentos intercompanhia em ações ordinárias, 543, 544, 545
Weyerhaeuser Company, contratos executórios, 460, 461
WPP Group, 410